SUSSURROS

ORLANDO FIGES

SUSSURROS

A VIDA PRIVADA NA RÚSSIA DE STALIN

Tradução de
Marcelo Schild
e
Ricardo Quintana

8ª edição

EDITORA RECORD
RIO DE JANEIRO • SÃO PAULO
2024

CIP-BRASIL. CATALOGAÇÃO NA PUBLICAÇÃO
SINDICATO NACIONAL DOS EDITORES DE LIVROS, RJ

F481s
8ª ed.

Figes, Orlando
Sussurros: a vida privada na Rússia de Stalin / Orlando Figes; tradução Marcelo Schild, Ricardo Quintana. – 8ª ed. – Rio de Janeiro: Record, 2024

Tradução de: The whisperers: private life in Stalin's Russia
Inclui bibliografia e índice
ISBN 978-85-01-11917-9

1. Vida urbana - União Soviética. 2. Comunismo - União Soviética - Aspectos psicológicos. 3. União Soviética - Condições sociais. 4. União Soviética - História - 1925-1953. I. Schild, Marcelo. II. Quintana, Ricardo. III. Título.

20-62170

CDD: 306.850947
CDU: 316.356.2(47+57)

Meri Gleice Rodrigues de Souza - Bibliotecária CRB-7/6439

Copyright © Orlando Figes, 2007

Título original em inglês: The whisperers

Composição de miolo: Abreu's System

Todos os direitos reservados. Proibida a reprodução, armazenamento ou transmissão de partes deste livro, através de quaisquer meios, sem prévia autorização por escrito.

Texto revisado segundo o novo Acordo Ortográfico da Língua Portuguesa.

Direitos exclusivos de publicação em língua portuguesa para o Brasil adquiridos pela
EDITORA RECORD LTDA.
Rua Argentina, 171 – 20921-380 – Rio de Janeiro, RJ – Tel.: (21) 2585-2000, que se reserva a propriedade literária desta tradução.

Impresso no Brasil

ISBN 978-85-01-11917-9

Seja um leitor preferencial Record.
Cadastre-se em www.record.com.br e receba informações sobre nossos lançamentos e nossas promoções.

Atendimento e venda direta ao leitor:
sac@record.com.br

*Para minha mãe, Eva Figes (nascida Unger, Berlim, 1932),
e em memória à família que perdemos*

Sumário

	Mapas e Árvores Genealógicas	8
	Introdução	21
1	Crianças de 1917 (1917-28)	35
2	A Grande Ruptura (1928-32)	115
3	A Busca da Felicidade (1932-36)	192
4	O Grande Medo (1937-38)	275
5	Resquícios do Terror (1938-41)	375
6	"Espere por mim" 1941-45	439
7	Stalinistas Comuns (1945-53)	522
8	Retorno (1953-56)	607
9	Memória (1956-2006)	671
	Epílogo e agradecimentos	733
	Notas	745
	Fontes	781
	Índice	793

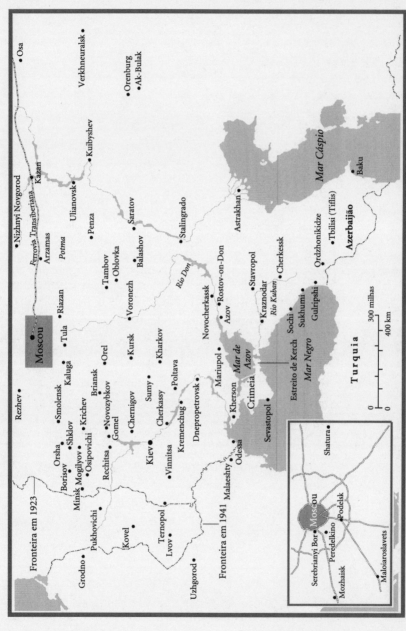

Parte sul da URSS europeia

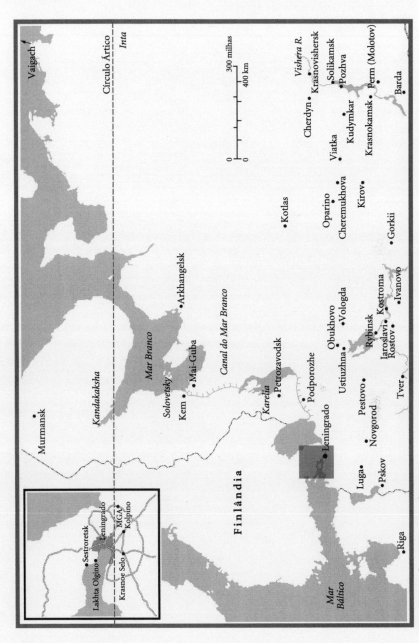

Parte norte da URSS europeia

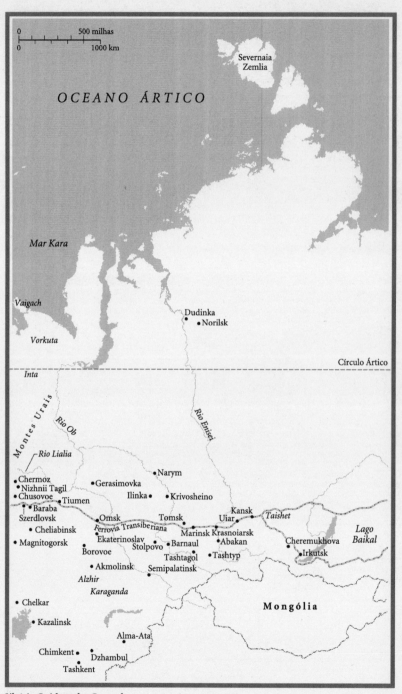

Sibéria Ocidental e Central

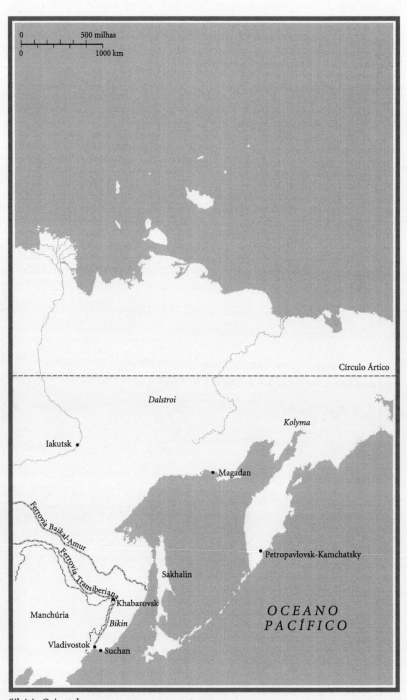

Sibéria Oriental

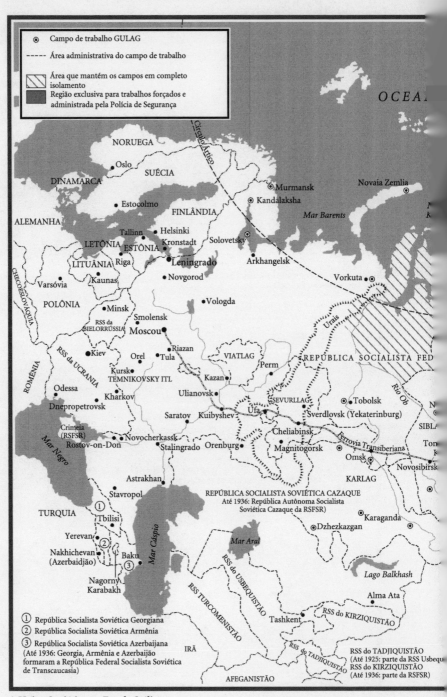

A União Soviética na Era de Stálin

As famílias Simonov e Laskin

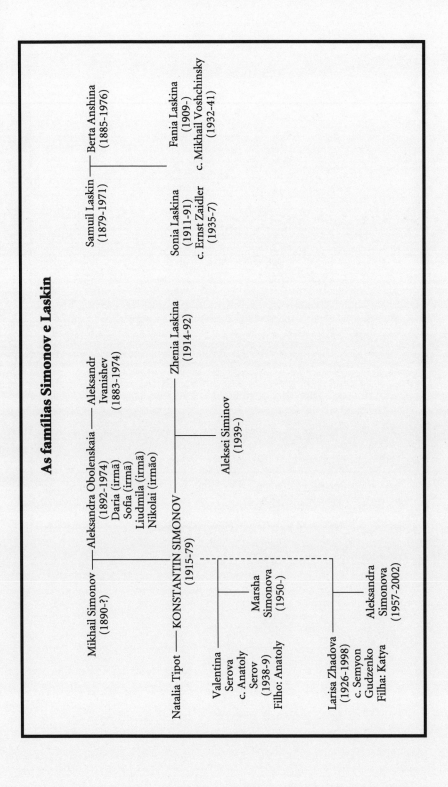

A família Bushuev

Maria Kamenshchikova
(1884-1962)

Vladimir Bushuev —— Zinaida Bushueva (Kamenshchikova)
(1906-38)   (1908-92)

Nelly   Angelina   Slava
(1933-)   (1937-)   (1938-)

A família Golovin

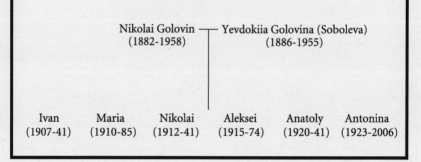

Nikolai Golovin —— Yevdokiia Golovina (Soboleva)
(1882-1958)   (1886-1955)

Ivan   Maria   Nikolai   Aleksei   Anatoly   Antonina
(1907-41)   (1910-85)   (1912-41)   (1915-74)   (1920-41)   (1923-2006)

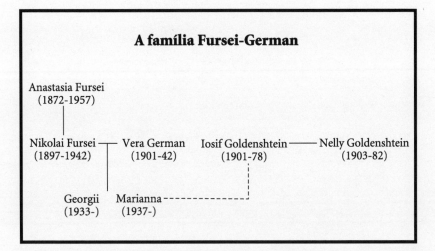

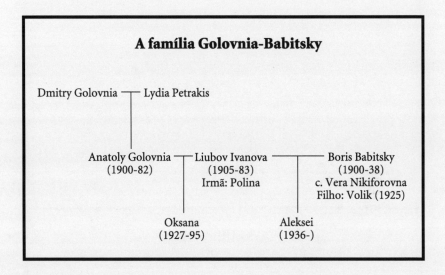

A família Konstantinov

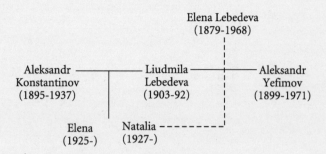

```
                          Elena Lebedeva
                           (1879-1968)
Aleksandr ——————— Liudmila ——————— Aleksandr
Konstantinov       Lebedeva          Yefimov
 (1895-1937)      (1903-92)         (1899-1971)

     Elena      Natalia --------
    (1925-)     (1927-)
```

A família Nizovtsev-Karpitskaia

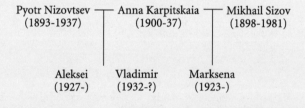

```
Pyotr Nizovtsev ——— Anna Karpitskaia ——— Mikhail Sizov
 (1893-1937)          (1900-37)           (1898-1981)

      Aleksei      Vladimir      Marksena
      (1927-)      (1932-?)      (1923-)
```

A família Slavin

```
Ilia Slavin ——————— Esfir Fainshtein
(1883-1938)            (1901-62)

        Isaak       Ida
     (1912-1921)  (1921-)
```

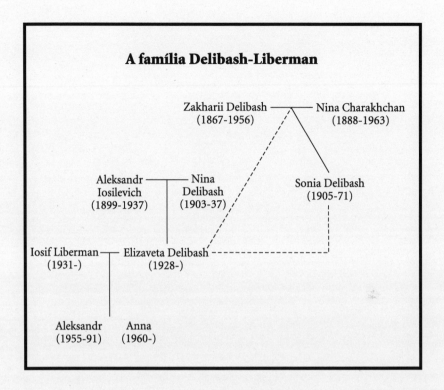

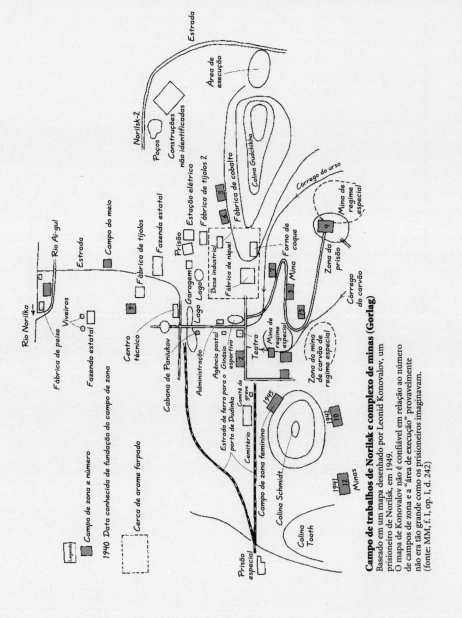

Campo de trabalhos de Norilsk e complexo de minas (Gorlag)
Baseado em um mapa desenhado por Leonid Konovalov, um prisioneiro de Norilsk, em 1949.
O mapa de Konovalov não é confiável em relação ao número de campos de zona e a "área de execução" provavelmente não era tão grande como os prisioneiros imaginavam.
(fonte: MM, f. I, op. I, d. 242)

Introdução

Antonina Golovina tinha 8 anos quando foi exilada com a mãe e dois irmãos mais novos para a remota região de Altai, na Sibéria. Seu pai fora preso e condenado a três anos em um campo de trabalhos como um *kulak*, ou camponês "rico", durante a coletivização da cidade no norte da Rússia onde viviam. A família perdeu para a fazenda coletiva a propriedade em que morava, ferramentas agrícolas e animais. A mãe de Antonina recebera apenas uma hora para separar algumas poucas roupas para a longa viagem. Depois, a casa na qual os Golovin tinham morado por gerações foi destruída, e o resto da família dispersou-se: o irmão e a irmã mais velhos de Antonina, além dos avós, tios, tias e primos, fugiram em todas as direções para não serem presos, mas a maioria deles foi capturada pela polícia e exilada para a Sibéria, ou enviada para os campos de trabalho do Gulag, e muitos deles nunca mais foram vistos.

Antonina passou três anos em um "assentamento especial", um campo madeireiro com cinco barracões de madeira ao longo da margem de um rio onde mil *kulaks* e suas famílias foram instalados. Depois que dois dos barracões foram destruídos pela forte neve do primeiro inverno, alguns dos exilados precisaram morar em buracos escavados no solo congelado. Não havia fornecimento de alimentos porque o assentamento estava isolado pela neve, de modo que as pessoas precisavam sobreviver dos suprimentos que haviam trazido de casa. Tantos morreram de fome, frio e tifo que não foi possível enterrar todos os mortos —

os corpos ficaram congelados em pilhas até a primavera, quando foram jogados no rio.

Antonina e a família retornaram do exílio em dezembro de 1934 e, reunidos com o pai, mudaram-se para uma casa de um cômodo em Pestovo, uma cidade cheia de antigos *kulaks* e suas famílias. Mas o trauma que sofrera deixara uma cicatriz profunda em sua consciência, e a ferida mais marcante de todas era o estigma da origem *kulak*. Em uma sociedade na qual a classe social era tudo, Antonina era estigmatizada como uma "inimiga da classe", excluída de escolas superiores e de muitos empregos, permanecendo sempre vulnerável a perseguições e prisões nas ondas de terror que varreram o país durante o reinado de Stalin. A noção de inferioridade social cultivou em Antonina o que ela própria descreve como uma "espécie de medo", que "por sermos *kulaks*, o regime poderia fazer o que quisesse conosco, não tínhamos direitos, precisávamos sofrer em silêncio". Ela tinha medo demais para se defender das crianças que a maltratavam na escola. Em uma ocasião, um professor resolveu punir Antonina e disse diante de toda a classe que pessoas "do tipo dela" eram "inimigos do povo, malditos *kulaks*! Vocês certamente mereciam ser deportados, espero que todos sejam exterminados aqui!" Antonina sentiu-se vítima de uma injustiça profunda e uma raiva que lhe davam vontade de gritar em protesto — mas foi silenciada por um medo ainda maior.[1]

Esse medo acompanhou Antonina durante toda a vida. A única forma que encontrou para superá-lo foi mergulhar na sociedade soviética. Antonina era uma jovem inteligente com um forte senso de individualidade. Determinada a superar o estigma de seu nascimento, estudou com dedicação na escola para que, um dia, pudesse ser aceita como uma igual social. Apesar da discriminação, saiu-se bem nos estudos, e sua autoconfiança aumentou gradualmente. Ela até chegou a se filiar à Komsomol, a Liga Comunista da Juventude de Toda a União, cujos líderes fizeram vista grossa para sua origem *kulak* porque valorizavam sua iniciativa e energia. Aos 18 anos, Antonina tomou uma decisão ousada que definiu seu destino: ela ocultou sua origem das autoridades — uma estratégia de alto risco — e até falsificou os próprios documentos para

INTRODUÇÃO

que pudesse ingressar na faculdade de medicina. Ela nunca falou sobre a família para os amigos ou colegas no Instituto de Fisiologia de Leningrado, onde trabalhou durante 40 anos. Tornou-se membro do Partido Comunista (e permaneceu como tal até a abolição do Partido, em 1991), não por acreditar na ideologia do Partido — pelo menos, é o que diz hoje —, mas porque desejava proteger a família e não queria levantar suspeitas. Talvez também sentisse que ser membro do Partido ajudaria sua carreira e na conquista de reconhecimento profissional.

Antonina ocultou dos dois maridos a verdade sobre seu passado, tendo vivido mais de vinte anos com cada um. Ela e o primeiro marido, Georgii Znamensky, eram amigos havia muito tempo, mas raramente conversavam sobre o passado de suas famílias. Em 1987, Antonina recebeu uma visita de uma das tias de Georgii, que deixou escapar que ele era filho de um oficial naval tsarista executado pelos bolcheviques. Durante todos aqueles anos, sem saber, Antonina estivera casada com um homem que, como ela, passara a juventude em campos de trabalho e "assentamentos especiais".

O segundo marido de Antonina, um estoniano chamado Boris Ioganson, também vinha de uma família de "inimigos do povo". O pai e o avô de Boris haviam sido presos em 1937, apesar de Antonina não ter descoberto isto nem ter contado ao marido sobre o próprio passado até o início da década de 1990, quando, encorajada pela política da *glasnost* introduzida por Mikhail Gorbachev e pelas críticas abertas na mídia às repressões stalinistas, o casal finalmente começou a conversar. Antonina e Georgii também aproveitaram a oportunidade para revelar as próprias histórias secretas que haviam escondido um do outro por mais de 40 anos. Mas não falaram sobre o assunto com a filha, Olga, uma professora, porque temiam um contra-ataque comunista e acreditavam que o desconhecimento a protegeria se os stalinistas retornassem. Foi apenas muito gradualmente, na metade da década de 1990, que Antonina finalmente superou o medo e teve coragem para contar à filha sobre sua origem *kulak*.

Sussurros revela as histórias ocultas de muitas famílias como os Golovin que, juntas, lançam luz de modo inédito sobre o mundo interior de cidadãos soviéticos comuns vivendo sob a tirania de Stalin. Muitos livros descrevem os aspectos externos do Terror — as prisões e os julgamentos, as escravizações e os assassinatos no Gulag —, mas *Sussurros* é o primeiro a explorar com profundidade sua influência na vida pessoal e familiar. Como o povo soviético conduzia sua vida privada durante o governo de Stalin? O que as pessoas realmente pensavam e sentiam? Que tipo de vida privada era possível nos apartamentos comunais abarrotados de gente, nos quais morava a maior parte da população, onde quartos eram divididos por uma família inteira — às vezes até por mais de uma família — e onde todas as conversas podiam ser ouvidas no quarto ao lado? O que significava a vida privada quando o Estado tocava em quase todos os aspectos dela por meio da legislação, da vigilância e do controle ideológico?

Assim como Antonina, milhões de pessoas viviam em um estado de medo constante porque os parentes haviam sido reprimidos. Como lidavam com tal insegurança? Que tipo de equilíbrio era possível atingir entre os sentimentos naturais de injustiça e alienação do sistema soviético e a necessidade de encontrar um lugar nele? Que ajustes foram necessários para que superassem o estigma da "biografia comprometida" e fossem aceitos como integrantes iguais da sociedade? Refletindo sobre sua vida, Antonina diz que nunca acreditou realmente no Partido e em sua ideologia, apesar de, claramente, ter orgulho da posição de profissional soviética, o que envolvia a aceitação dos objetivos e princípios básicos do sistema nas atividades desempenhadas como médica. Talvez levasse uma vida dupla, adequando-se às normas soviéticas na vida pública, enquanto, na vida privada, continuava a sentir o contrapeso dos valores de cristãos camponeses defendidos pela família. Muitos soviéticos viviam esse tipo de dualidade. Mas também havia as crianças *kulaks*, sem falar nas que nasciam em famílias de origem nobre ou burguesa e rompiam completamente com o passado, mergulhando ideológica e emocionalmente no sistema soviético.

A esfera moral da família é o principal território de *Sussurros*. O livro explora como as famílias reagiam às várias pressões do regime soviético. Como preservavam tradições e crenças e as transmitiam aos filhos se seus valores conflitavam com os objetivos públicos e com a moral do

INTRODUÇÃO

sistema soviético inculcados na geração mais nova por meio das escolas e de instituições como a Komsomol? Como viver em um sistema regido pelo terror afetava os relacionamentos íntimos? O que as pessoas pensavam quando um marido ou uma esposa, um pai ou uma mãe eram presos de repente como "inimigos do povo"? Na condição de cidadãos soviéticos leais, como resolviam na própria mente o conflito entre confiar nas pessoas em que amavam e acreditar no governo que temiam? Como poderiam os sentimentos e as emoções humanas ter qualquer tipo de força no vácuo moral do regime stalinista? Quais foram as estratégias de sobrevivência, os silêncios, as mentiras, as amizades e traições, as concessões e acomodações morais que moldaram milhões de vidas?

Pois foram poucas as famílias intocadas pelo terror stalinista. Estimativas conservadoras mostram que cerca de 25 milhões de pessoas foram reprimidas pelo regime soviético entre 1928, quando Stalin assumiu o controle da liderança do Partido, e 1953, quando o ditador morreu e seu reino de horror, se não o sistema que desenvolvera em um quarto de século, chegou ao fim. Esses 25 milhões — pessoas mortas por esquadrões de execuções, prisioneiros do Gulag, *kulaks* enviados para "assentamentos especiais", trabalhadores escravos de vários tipos e membros de nacionalidades deportadas — representam cerca de um oitavo da população soviética, que em 1941 era de aproximadamente 200 milhões, ou, em média, uma pessoa para cada 1,5 família na União Soviética. Esses números não contabilizam vítimas da fome nem mortos em guerras. [2] Além dos milhões que morreram ou foram escravizados, houve dezenas de milhões de pessoas, parentes das vítimas de Stalin, cujas vidas foram prejudicadas de modos perturbadores, com consequências sociais profundas sentidas até hoje. Depois de anos de separação pelo Gulag, famílias não puderam ser reunidas facilmente, relacionamentos foram perdidos, e não havia mais nenhuma "vida normal" para a qual se pudesse retornar.

Uma população silenciosa e conformista é uma consequência duradoura do reino de Stalin. Famílias como os Golovin aprenderam a não falar sobre o passado — algumas pessoas, como Antonina, chegavam a ocultá-lo dos amigos mais próximos e de parentes. Crianças eram ensinadas a ficar de boca fechada, a não falar para ninguém sobre as próprias famílias, a não julgar e nem criticar qualquer coisa que vissem fora de casa. "Havia certas regras para escutar e falar que nós, crianças, precisávamos aprender", recorda a filha de um oficial bolchevique de médio escalão que cresceu na década de 1930:

Sabíamos que não podíamos repetir para ninguém o que escutávamos os adultos sussurrando ou o que os ouvíamos dizer pelas nossas costas. Teríamos problemas até mesmo se deixássemos que soubessem que tínhamos escutado o que haviam dito. Às vezes, os adultos falavam alguma coisa e depois nos diziam: "as paredes têm ouvidos", ou "segure sua língua", ou alguma outra expressão que era interpretada como uma indicação de que o que tinham acabado de falar não deveria ter sido ouvido por nós.[3]

Outra mulher, cujo pai foi preso em 1936, recorda:

Crescemos aprendendo a ficar de boca fechada. "Você terá problemas por causa de sua língua" — era isso que diziam para nós, crianças, o tempo todo. Vivíamos com medo de falar. Minha mãe costumava dizer que todos eram informantes. Tínhamos medo dos vizinhos e especialmente da polícia... Ainda hoje, quando vejo um policial, tremo de medo.[4]

Em uma sociedade na qual se acreditava que pessoas eram presas por causa de línguas soltas, as famílias sobreviviam se mantendo reservadas. Aprendiam a levar vidas duplas, ocultando dos olhos e ouvidos de vizinhos perigosos, e às vezes até mesmo dos próprios filhos, informações e opiniões, crenças religiosas, valores e tradições familiares e modos de existência privada que iam contra as normas públicas soviéticas. Elas aprenderam a sussurrar.

A língua russa possui duas palavras para um "sussurrador" — uma para quem sussurra por temer ser ouvido (*shepchushchii*) e outra para a pessoa que informa ou sussurra pelas costas das pessoas para as autoridades (*sheptun*). A origem da distinção está no idioma da era de Stalin, quando toda a sociedade soviética era formada por um tipo ou outro de sussurrador.

* * *

INTRODUÇÃO

Sussurros não é sobre Stalin, apesar de sua presença ser sentida em cada página, nem diretamente sobre a política de seu regime, mas sim sobre a maneira pela qual o stalinismo entrou na mente e nas emoções das pessoas, afetando todos os valores e relacionamentos. O livro não tenta resolver o enigma das origens do terror nem fazer uma tabela da ascensão e queda do Gulag, mas tem o objetivo de explicar como o Estado policial foi capaz de se enraizar na sociedade soviética e envolver milhões de pessoas comuns nos papéis de espectadores silenciosos e colaboradores de seu sistema de terror. O poder real e o legado duradouro do sistema stalinista não estavam nas estruturas do Estado nem no culto ao líder, mas como o historiador russo Mikhail Gefter certa vez observou, "no stalinismo que entrou em todos nós".[5]

Os historiadores demoraram a entrar no mundo interior da Rússia de Stalin. Até recentemente, as pesquisas abordavam principalmente a esfera pública, política e ideologia, e a experiência coletiva das "massas soviéticas". O indivíduo — quando ele chegava a aparecer — era apresentado principalmente como alguém que escrevia cartas às autoridades (ou seja, como um agente público, não como um indivíduo ou membro de uma família). A esfera privada de pessoas comuns era largamente oculta. O problema óbvio eram as fontes. A maior parte das coleções particulares (*lichnye fondy*) nos arquivos antigos da extinta União Soviética e do Partido pertencia a figuras conhecidas nos mundos da política, da ciência e da cultura. Os documentos nessas coleções foram selecionados cuidadosamente pelos proprietários para doação ao Estado e estão relacionados principalmente com as vidas públicas dessas figuras. Dos milhares de coleções pessoais analisados nos primeiros estágios da pesquisa para este livro, pouco mais de um punhado revelou algo sobre a vida familiar ou pessoal.*

---

* As coleções particulares mantidas em arquivos de ciência, literatura e arte (por exemplo, SPbF ARAN, RGALI, IRL RAN) algumas vezes são mais reveladoras, embora a maioria tenha fechado seções nas quais estava a maioria dos documentos privados. Depois de 1991, alguns dos antigos arquivos soviéticos pertencentes a coleções particulares foram doados por famílias comuns — por exemplo, os Ts MANLS, que tinham uma grande quantidade de documentos particulares que haviam pertencido aos moscovitas.

As memórias publicadas na União Soviética, ou acessíveis nos arquivos soviéticos antes de 1991, também costumam ser pouco reveladoras no que diz respeito à experiência privada das pessoas que as escreveram, apesar de haver algumas exceções, especialmente entre as publicadas durante o período da *glasnost*, depois de 1985.[6] As memórias de intelectuais emigrados da União Soviética e de sobreviventes soviéticos das repressões stalinistas publicadas no Ocidente não são menos problemáticas, apesar de terem sido amplamente recebidas como a "voz autêntica dos silenciados", que nos dizia como "tinha sido" viver como cidadão comum durante o terror de Stalin.[7] No auge da guerra fria, no princípio da década de 1980, a imagem ocidental do regime stalinista era dominada por essas narrativas de sobrevivência da *intelligentsia*, especialmente as de Yevgeniia Ginzburg e de Nadezhda Mandelshtam, que forneceram provas em primeira mão da concepção liberal do espírito humano individual como força de oposição interna à tirania soviética.[8] Tal visão moral — preenchida e simbolizada pela vitória da "democracia" em 1991 — teve uma grande influência sobre as incontáveis memórias escritas após o colapso do regime soviético.[9] Ela também teve um impacto sobre os historiadores, que depois de 1991 estavam mais inclinados do que nunca a enfatizar a força da resistência popular à ditadura stalinista.[10] Mas apesar de tais memórias contarem uma verdade para muitas pessoas que sobreviveram ao terror, especialmente para a *intelligentsia* fortemente comprometida com ideais de liberdade e de individualismo, elas não falam pelos milhões de pessoas comuns, incluindo muitas vítimas do regime stalinista, que não compartilhavam da mesma liberdade interior ou do mesmo sentimento de discordância, mas, ao contrário, aceitavam silenciosamente e internalizavam os valores básicos do sistema, conformavam-se com as regras públicas e, talvez, colaboravam com seus crimes.

Inicialmente, os diários descobertos nos arquivos pareciam mais promissores. Eles são muito variados (diários de escritores, diários de trabalho, almanaques literários, livros de anotações, crônicas diárias e outros), mas poucos do período de Stalin revelam algo de modo confiável — sem esquemas interpretativos intrusivos — sobre os sentimentos

INTRODUÇÃO

e as opiniões de seus escritores. Poucas pessoas corriam o risco de escrever diários particulares nas décadas de 1930 e 1940. Quando uma pessoa era presa — e quase todo mundo podia ser preso a qualquer momento —, a primeira coisa a ser confiscada era seu diário, que provavelmente seria utilizado como prova incriminatória se contivesse pensamentos ou sentimentos que pudessem ser considerados "antissoviéticos" (o escritor Mikhail Prishvin escreveu seu diário em uma caligrafia minúscula, que quase não era legível com uma lente de aumento, para ocultar seus pensamentos da polícia caso fosse preso e confiscassem seu diário). De modo geral, os diários publicados durante o período soviético foram escritos por intelectuais que eram muito cuidadosos com as próprias palavras.[11] Depois de 1991, mais diários — incluindo alguns de integrantes dos escalões intermediários e inferiores da sociedade soviética — começaram a aparecer nos antigos arquivos soviéticos ou vieram à luz por meio de iniciativas voluntárias como o Arquivo do Povo em Moscou (TsDNA).[12] Mas, de modo geral, o *corpus* dos diários da era de Stalin permanece limitado (apesar de ainda mais poder ser encontrado nos arquivos da antiga KGB), sendo pequeno demais para que possa conduzir a conclusões abrangentes sobre o mundo interior de cidadãos comuns. Um problema adicional para o historiador da vida privada é a "língua soviética" na qual muitos diários foram escritos e as ideias conformistas expressadas por eles; sem conhecimento dos motivos que levavam as pessoas a escrever os diários dessa forma (medo, crença ou modismo), a interpretação deles é difícil.[13]

Nos últimos anos, vários historiadores concentraram a atenção na "subjetividade soviética", enfatizando, a partir da leitura de textos literários e particulares (principalmente diários), até que ponto a vida interior do cidadão individual era dominada pela ideologia do regime.[14] Segundo alguns historiadores, era praticamente impossível para o indivíduo pensar ou sentir de modo diferente dos termos definidos pelo discurso público dos políticos soviéticos, e, provavelmente, qualquer outro tipo de emoção ou pensamento deveria ser sentido como uma "crise pessoal" que precisava ser expurgada da personalidade.[15] A internalização de valores e ideais soviéticos é, na verdade, uma característica presente em muitas personagens de *Sussurros*, apesar de poucas se identificarem com o sistema stalinista no modo de automelhoria sugerido pelos historiadores como representativo da "subjetividade soviética". Na maioria dos casos, as mentalidades soviéticas refletidas neste livro ocupavam uma região da consciência na qual antigos valores e crenças haviam sido suprimidos; elas foram adotadas pelo povo mais por vergonha e medo do que pelo desejo ardente de "tornar-se soviético". Foi nesse sentido que Antonina resolveu ter um bom desempenho na escola e se tornar uma igual na sociedade — para que pudesse superar os próprios sentimentos de inferioridade (experimentados por ela como uma "espécie de medo") por ser filha de um *kulak*. A imersão no sistema soviético era um meio de sobrevivência para a maioria das pessoas, incluindo muitas vítimas do regime stalinista, um modo necessário de silenciar suas dúvidas e seus temores, que, se fossem manifestados, poderiam tornar a vida impossível. Acreditar e colaborar com o projeto soviético era uma maneira de dar sentido ao sofrimento que sentiam, o qual, sem esse propósito maior, poderia conduzir ao desespero. Nas palavras de outra criança *kulak*, um homem exilado por muitos anos como "inimigo do povo" que, apesar de tudo, permaneceu stalinista convicto durante toda a vida, "acreditar na justiça de Stalin... tornava mais fácil aceitar nossas punições e removia nosso medo".[16]

Esses tipos de mentalidades são refletidos com menos frequência nos diários e cartas da era de Stalin — cujos conteúdos eram geralmente regidos pelas regras de escrita e de propriedade soviéticas que não permitiam o reconhecimento do medo — do que na história oral.[17] Historiadores do regime stalinista têm se voltado cada vez mais para as técnicas da história oral.[18] Como qualquer outra disciplina que seja refém dos truques da memória, a história oral possui as próprias dificuldades metodológicas, e na Rússia, uma nação ensinada a sussurrar, onde a memória da história soviética é sobreposta por mitos e ideologias, esses problemas são especialmente graves. Tendo vivido em uma sociedade na qual milhões foram presos por falarem inadvertidamente com informantes, muitas pessoas mais velhas são extremamente cautelosas ao falar com pesquisadores portando microfones (equipamentos associados à KGB). Por medo, vergonha ou estoicismo, esses sobreviventes suprimiram suas memórias dolorosas. Muitos são incapazes de refletir sobre a própria vida porque se acostumaram demais a evitar perguntas desconfortáveis sobre qualquer coisa, especialmente sobre as próprias escolhas morais em momentos definitivos de seus avanços pessoais no sistema soviético. Outros relutam em admitir que tenham feito coisas das quais se envergonham, com frequência justificando o comportamento ao citar motivos e crenças que impuseram ao próprio passado. Apesar desses desafios e, em muitos aspectos, por causa deles, a história oral oferece benefícios enormes ao historiador da vida privada, desde que tratada de modo adequado, o que significa um exame cruzado das provas das entrevistas e, sempre que possível, a confirmação delas em registros por escrito em arquivos particulares e públicos.

Sussurros é baseado em centenas de arquivos familiares (cartas, diários, documentos pessoais, memórias, fotografias e artefatos) escondidos até pouco tempo por sobreviventes do terror de Stalin em gavetas secretas e sob colchões em casas particulares espalhadas pela Rússia. Em cada família, foram feitas longas entrevistas com os parentes mais velhos, que foram capazes de explicar o contexto dos documentos privados e situá-los na história praticamente não contada da família. O projeto de história oral ligado à pesquisa para este livro, que se concentra no mundo interior de famílias e de indivíduos, é notavelmente diferente de histórias orais anteriores ao período soviético, que eram principalmente sociológicas ou focadas nos detalhes externos do terror e na experiência do Gulag.[19] Esses materiais foram reunidos em um arquivo especial, que representa uma das maiores coleções de documentos sobre a vida privada no período de Stalin.*

---

* A maior parte dos arquivos foi reunida pelo autor em colaboração com a Memorial Society, uma associação de direitos humanos e história organizada no final dos anos 1980 para representar as vítimas da repressão soviética. Localizados nos arquivos da Memorial Society em São Petersburgo (MSP), Moscou (MM) e Perm (MP), a maioria também está disponível on line (www.orlandofiges.com), com transcrições e arquivos sonoros das entrevistas. Parte do material está disponível em inglês. Para mais detalhes do projeto de pesquisa relacionado a este livro, ver o Epílogo e os Agradecimentos.

As famílias cujas histórias são contadas em *Sussurros* representam uma amostragem bastante variada da sociedade soviética. Elas vêm de diversas origens sociais, de cidades, vilas e aldeias em toda a Rússia e incluem famílias que foram reprimidas e famílias cujos membros estavam envolvidos no sistema de repressão como agentes do NKVD ou administradores do Gulag. Houve também famílias que não foram tocadas pelo terror de Stalin, se bem que, estatisticamente, o número delas é muito pequeno.

A partir desses materiais, *Sussurros* define a história de uma geração nascida nos primeiros anos da Revolução, principalmente entre 1917 e 1925, cujas vidas, portanto, seguiram a trajetória do sistema soviético. Nos últimos capítulos, o livro também dá voz aos seus descendentes. Uma abordagem multigeracional é importante para a compreensão dos legados do regime. Durante três quartos de século, o sistema soviético influenciou a esfera moral da família; nenhum outro sistema totalitário teve um impacto tão profundo na vida privada de seu povo — nem mesmo a China comunista (a ditadura nazista, comparada com frequência ao regime stalinista, durou apenas 12 anos). A tentativa de compreender o fenômeno stalinista sob o ponto de vista da *longue durée* também coloca este livro à parte dos outros. Histórias anteriores sobre o assunto concentraram-se principalmente na década de 1930 — como se uma explicação para o Grande Terror de 1937-38 fosse a única coisa necessária para a compreensão da essência do regime stalinista. O Grande Terror foi, de longe, o episódio mais mortífero do reino de Stalin (respondendo por 85% das execuções políticas realizadas entre 1917 e 1955). Mas foi apenas uma de diversas séries de ondas repressoras (1918-21, 1928-31, 1934-5, 1937-8, 1943-6, 1948-53) que destruíram muitas vidas; a população dos campos de trabalho do Gulag e dos "assentamentos especiais" atingiu o ápice não em 1938, mas em 1953. E o impacto desse longo reino de terror continuou a ser sentido por milhões de pessoas durante muitas décadas após a morte de Stalin.

As histórias familiares entrelaçadas através da narrativa pública de *Sussurros* provavelmente são numerosas demais para serem seguidas pelo leitor como narrativas individuais, apesar de o índice poder

INTRODUÇÃO

ser utilizado para relacioná-las deste modo. Na verdade, devem ser lidas como variações de uma história comum — do stalinismo que marcou a vida de todas as famílias. Mas existem diversas famílias, incluindo os Golovin, cujas histórias atravessam toda a narrativa, e existe uma árvore genealógica para cada uma delas. No coração de *Sussurros* estão os Laskin e os Simonov, famílias ligadas pelo casamento, cujos destinos contrastantes no terror de Stalin tornaram-se tragicamente relacionados.

Konstantin Simonov (1915-79) é a figura central e talvez (dependendo do ponto de vista do leitor) o herói trágico de *Sussurros*. Nascido em uma família nobre que sofreu repressão do regime soviético, Simonov refez-se como um "escritor proletário" na década de 1930. Apesar de praticamente esquecido hoje em dia, Simonov foi uma figura importante no *establishment* literário soviético — tendo recebido seis prêmios Stalin, um prêmio Lenin e um prêmio de Herói do Trabalho Socialista. Ele era um poeta lírico talentoso, e seus romances que falavam sobre a guerra eram imensamente populares. Suas peças podem ter sido fracas e propagandísticas, mas ele era um jornalista de primeira linha — um dos melhores da Rússia durante a guerra. E, mais tarde na vida, foi um memorista magnífico, que examinou honestamente os próprios pecados e concessões morais em relação ao regime stalinista. Em 1939, Simonov casou com Yevgeniia Laskina, a mais jovem de três filhas de uma família judia que viera para Moscou da Zona de Residência, mas logo a abandonou e o bebê que tiveram para cortejar a bela atriz Valentina Serova — um romance que inspirou seu poema mais famoso, "Espere por Mim" (1941), conhecido de cor por quase todo soldado que lutava para voltar aos braços da namorada ou da esposa. Simonov tornou-se uma figura importante na União de Escritores entre 1945 e 1953, período em que os líderes da literatura soviética foram convocados pelos ideólogos de Stalin para participar da perseguição aos colegas que fossem considerados excessivamente liberais e para se juntar ao coro da campanha contra os judeus nas artes e nas ciências. Uma das vítimas desse antissemitismo oficial foi a família Laskin, mas àquela altura Simonov já estava envolvido demais com o regime stalinista para ajudá-la. De todo modo, talvez não houvesse nada que pudesse fazer.

Simonov era um personagem complexo. Herdou dos pais os valores do serviço público da aristocracia e, especialmente, o caráter de dever e obediência militares que, em sua mente, foram assimilados como as virtudes soviéticas do ativismo público e do sacrifício patriótico, capacitando-o a assumir seu lugar na hierarquia do comando stalinista. Simonov tinha muitas qualidades humanas admiráveis. Se fosse possível ser um "stalinista bom", ele poderia se enquadrar na categoria. Era honesto e sincero, organizado e estritamente disciplinado, apesar de não carecer de calor nem de charme. Ativista por educação e temperamento, perdeu-se no sistema soviético ainda jovem e carecia de meios para se libertar de suas pressões e exigências morais. Nesse sentido, Simonov incorporava todos os conflitos e dilemas morais de sua geração — aquela cujas vidas foram obscurecidas pelo regime stalinista —, e compreender seus pensamentos e ações talvez seja compreender esse período.

I

Crianças de 1917

(1917-28)

I

Elizaveta Drabkina não reconheceu o pai quando o viu no Instituto Smolny, o quartel-general bolchevique, em outubro de 1917. Tinha apenas 5 anos na última vez em que o vira, pouco antes de desaparecer no submundo revolucionário. Agora, 12 anos depois, ela havia se esquecido de como ele era. Conhecia-o apenas pelo pseudônimo que utilizava no Partido. Como secretária do Instituto Smolny, Elizaveta estava familiarizada com o nome "Sergei Gusev" por meio das dúzias de decretos que ele assinara como presidente do Comitê Militar Revolucionário do Conselho de Petrogrado, corpo encarregado da manutenção da lei e da ordem na capital. Atravessando apressada os intermináveis corredores arqueados do Smolny, onde soldados em descanso e Guardas Vermelhos gracejavam e assoviavam quando passava, Elizaveta distribuíra os decretos para os escritórios improvisados do novo governo soviético, instalado nas salas de aula daquela antiga escola para mulheres nobres, que mais parecia um quartel. Mas quando disse aos outros secretários que a assinatura pertencia ao seu pai, desaparecido há anos, ninguém achou nada demais. Nunca sugeriram que o contatasse. Nesses círculos, nos quais se esperava que cada bolchevique subordinasse os interesses pessoais à causa comum, era considerado "filistinismo" pensar na própria vida em um momento no qual o Partido estava envolvido na luta decisiva pela libertação da humanidade.[1]

No final, foi a fome que levou Elizaveta a procurar o pai. Ela acabara de almoçar no porão-refeitório enfumaçado quando um homem pequeno, mas musculoso e bonito, em trajes militares e com um pincenê, entrou, seguido por uma comitiva de trabalhadores do Partido e de Guardas Vermelhos, e sentou-se na longa mesa central, onde dois soldados estavam servindo sopa de repolho e mingau para os proletários ansiosos. Elizaveta continuava com fome. De uma mesa menor em um canto, ela observou o recém-chegado, enquanto ele tomava a sopa com uma colher em uma das mãos e, com um lápis na outra, assinava os papéis que os acompanhantes colocavam à sua frente.

De repente, ouvi alguém chamá-lo: "Camarada Gusev."
Percebi que aquele homem devia ser meu pai. Sem pensar, levantei-me e fui em sua direção, espremendo-me entre as mesas lotadas.
"Camarada Gusev, preciso de você", disse eu. Ele voltou-se para mim. Parecia muito cansado. Seus olhos estavam vermelhos por causa do sono.
"Estou ouvindo, camarada!"
"Camarada Gusev, sou sua filha. Dê-me três rublos para comprar uma refeição."
Talvez ele estivesse tão cansado que só tenha prestado atenção ao pedido de três rublos.
"Obviamente, camarada", disse Gusev, colocando a mão no bolso e retirando uma pequena nota de três rublos. Peguei o dinheiro, agradeci e comprei outro almoço.[2]

Lenin amava esta história. Ele costumava chamar Drabkina para recontá-la nos anos que antecederam sua morte, em 1924, quando os dois se aproximaram. A história adquiriu caráter lendário nos círculos do Partido, ilustrando o ideal bolchevique de sacrifício pessoal e dedicação abnegada à causa revolucionária. Como Stalin diria: "Um bolchevique verdadeiro não devia nem podia ter uma família, porque devia se dedicar integralmente ao Partido." [3]

Os Drabkin eram um bom exemplo desse princípio revolucionário. O pai de Elizaveta (cujo nome verdadeiro era Iakov Drabkin) filiara-se aos Democratas Sociais de Lenin em 1895, quando ainda estava na escola. A mãe, Feodosia, era uma agente importante ("Natasha") no submundo do Partido, que, frequentemente e como disfarce, levava a filha consigo nas muitas viagens que fazia para Helsingfors (Helsinki) para comprar munição para os revolucionários em São Petersburgo (a dinamite e os cartuchos eram contrabandeados de volta em uma mala que continha os brinquedos de Elizaveta). Depois da frustrada Revolução de 1905, os pais de Elizaveta foram forçados pela polícia do tsar a se esconder. A menina, então com 5 anos, foi morar com o avô em Rostov, onde permaneceu até a Revolução de Fevereiro de 1917, quando todos os revolucionários foram libertados pelo recém-instaurado Governo Provisório.* Elizaveta reuniu-se à mãe em Petrogrado (antigo nome de São Petersburgo), onde se filiou ao Partido Bolchevique, tornou-se operadora de metralhadora na Guarda Vermelha, participou da invasão do Palácio de Inverno durante a tomada do poder pelos bolcheviques em 25 de outubro e foi contratada como secretária de Iakov Sverdlov, principal organizador do Partido dos bolcheviques. O trabalhou levou-a a Smolny, onde seu pai, Gusev, também trabalhava.[4]

Os líderes bolcheviques instigavam suas fileiras a seguir o exemplo dos revolucionários da Rússia tsarista, que haviam "sacrificado a felicidade pessoal e renunciado às famílias para servir à classe operária".** Eles criaram o culto ao "revolucionário abnegado", construindo uma nova moralidade na qual todos os antigos mandamentos foram substituídos pelo princípio único de serviço ao Partido e à sua causa. Na visão utópica deles, o ativista

---

* O Governo Provisório era formado por liberais e por socialistas moderados para dirigir o país durante o fim da Primeira Guerra Mundial e da eleição democrática da Assembleia Constituinte. Sua autoridade política logo desmoronou, entretanto, trabalhadores, camponeses e soldados constituíram seus próprios Comitês revolucionários, especialmente os sovietes, para levar a cabo uma revolução radical. Foi em nome dos sovietes que bolcheviques leninistas tomaram o poder em outubro de 1917. Os bolcheviques, que eram aproximadamente 350 mil às vésperas da insurreição, representavam o braço revolucionário do partido social-democrata (marxista), cujo lado moderado eram os mencheviques, que apoiaram o Governo Provisório. Em março de 1918, os bolcheviques passaram a se denominar partido comunista russo.
** Havia muitos exemplos a se escolher, como Aleksandr Fadeyev (pai do futuro escritor), que abandonou a mulher e três filhos para dedicar-se à "causa do povo", em 1905, ou Liuba Radchenko, que abandonara o marido e as duas filhas pequenas porque, como escreveu em seu diário, "era obrigação do verdadeiro revolucionário não estar amarrado a uma família" (RGAE, f. 9455, op. 3, d. 14, l. 56).

revolucionário era um protótipo de uma nova espécie de ser humano — uma "personalidade coletiva" que viveria apenas pelo bem comum — que popularia o futuro da sociedade comunista. Muitos socialistas viam a criação desse tipo de ser humano como o objetivo fundamental da Revolução. "A nova estrutura da vida política exige de nós uma nova estrutura da alma", escreveu Máximo Gorki na primavera de 1917.[5]

Para os bolcheviques, a realização radical da "personalidade coletiva" envolvia "romper a concha que envolve a vida privada". A permissão para que houvesse uma "distinção entre vida privada e vida pública", defendia a mulher de Lenin, Nadezhda Krupskaia, "levará, mais cedo ou mais tarde, à traição do comunismo".[6] Segundo os bolcheviques, a ideia de uma "vida privada" separada do âmbito da política não fazia sentido, pois a política afetava tudo; não havia nada na suposta "vida privada" de uma pessoa que não fosse política. A esfera pessoal devia, portanto, estar submetida à supervisão e ao controle público. Espaços privados além do controle do Estado foram considerados pelos bolcheviques como perigosas áreas de reprodução de contrarrevolucionários, que precisavam ser expostos e extirpados.

Elizaveta viu o pai poucas vezes depois do encontro. Ambos estavam preocupados com atividades revolucionárias. Depois de 1917, Elizaveta continuou a trabalhar no gabinete de Sverdlov; durante a Guerra Civil (1918-20), serviu no Exército Vermelho, primeiro como assistente médica e depois como operadora de metralhadora, atirando contra os Exércitos Brancos, ou contrarrevolucionários, e contra os poderes ocidentais que os apoiavam na Sibéria, no território báltico e no sul da Rússia. Durante a campanha contra o Exército Branco do almirante Koldchak no *front* oriental, ela chegou a combater sob o comando do pai, que àquela altura mantinha uma posição sênior no Conselho Militar Revolucionário, o órgão central de comando das forças soviéticas, lideradas por Leon Trotski. Elizaveta com frequência ouvia o pai falar aos soldados, mas nunca o abordou porque, como disse posteriormente, não achava que os bolcheviques devessem "se preocupar com questões pessoais". Eles encontraram-se apenas duas vezes durante a Guerra Civil, uma vez no funeral de Sverdlov, em março de 1919, e depois, ainda no mesmo ano, em uma reunião oficial no Kremlin. Na década de 1920, quando tanto pai quanto filha estavam envolvidos ativamente no trabalho do Partido em Moscou, os dois se encontraram com mais frequência, chegando a morar juntos durante um tempo, mas nunca se tornaram próximos. Haviam passado tanto tempo afastados que não conseguiram criar uma relação familiar. "Meu pai nunca falava sobre ele para mim", lembrou Elizaveta, "e agora percebo que só passei a conhecê-lo depois de sua morte [em 1933], quando as pessoas me contaram histórias a seu respeito."[7]

A Guerra Civil não foi apenas um embate militar contra os Exércitos Brancos: foi uma guerra revolucionária contra os interesses privados da antiga sociedade. Para combaterem os Brancos, os bolcheviques desenvolveram sua primeira versão de economia planejada (comunismo de guerra), que se tornaria um modelo para os Planos Quinquenais de Stalin. Eles tentaram pôr fim ao comércio privado e à propriedade (havia até planos para a substituição do dinheiro por racionamento universal); tomaram os grãos dos camponeses para alimentar as cidades e as tropas; convocaram milhões de pessoas para exércitos de trabalho, utilizados no "*front* econômico" para cortar árvores, obter combustível, construir estradas e consertar ferrovias; impuseram formas experimentais de trabalho coletivo e de moradia em dormitórios e casernas ligadas a fábricas; lutaram contra a religião, perseguindo padres e fiéis e fechando centenas de igrejas; e silenciaram toda a dissidência e oposição à Ditadura do Proletariado. No "*front* interno" da Guerra Civil, os bolcheviques lançaram uma campanha de terror (o "Terror Vermelho") contra "a burguesia" — antigos oficiais tsaristas, proprietários de terras, mercadores, camponeses *kulaks*, pequenos comerciantes e a antiga *intelligentsia* — cujos valores individualistas tornavam-nos apoiadores em potencial dos Brancos e de outros "contrarrevolucionários". Os bolcheviques acreditavam que esse expurgo violento da sociedade ofereceria um atalho para a utopia comunista.

Na primavera de 1921, as políticas do comunismo de guerra tinham arruinado a economia soviética e deixado boa parte dos camponeses russos à beira da inanição. Um quarto dos camponeses da Rússia soviética estava morrendo de fome. Em todo o país, os camponeses levantaram-se contra o regime bolchevique e suas requisições de grãos em uma série de rebeliões que, segundo o próprio Lenin, eram "muito mais perigosas do que todos os Brancos juntos". Em boa parte da Rússia rural, o poder praticamente deixara de existir, à medida que os camponeses assumiam o controle das aldeias e cortavam o suprimento de grãos para as cidades. Trabalhadores famintos entraram em greve. Os marinheiros da base naval de Kronstadt, que ajudaram os bolcheviques a tomar o poder na região de Petrogrado, em outubro de 1917, voltaram-se contra eles em um motim cujos cartazes de revolta com inspiração anarquista pediam eleições livres para os soviéticos, "liberdade de expressão, de imprensa e de assembleia para todos os trabalhadores" e "liberdade para os camponeses trabalharem a terra como quiserem". Estava claro que os bolcheviques estavam enfrentando uma situação revolucionária. "Estamos nos segurando a duras penas", reconheceu Lenin no princípio de março. Trotski, que chamara os marinheiros de Kronstadt de "orgulho e alegria da Revolução", liderou o ataque à base naval. Poder militar e terror impiedoso foram utilizados em medidas iguais contra os levantes camponeses. Estima-se que 100 mil pessoas tenham sido presas ou deportadas e que 15 mil tenham sido mortas durante a supressão das revoltas. Mas Lenin também percebeu que os bolcheviques precisariam abandonar as políticas odiadas de comunismo de guerra e reinstaurar o livre comércio para conter a revolta popular e fazer com que os camponeses voltassem a fornecer comida para as cidades. Tendo derrotado os exércitos brancos, os bolcheviques renderam-se aos camponeses.[8]

A Nova Política Econômica (NEP, na sigla em inglês), introduzida por Lenin no Décimo Congresso do Partido em março de 1921, substituiu as requisições de comida por um imposto relativamente leniente pago em espécie e legalizou o retorno do comércio privado e da manufatura em pequena escala, priorizando a agricultura e a produção de bens de consumo em vez do desenvolvimento industrial de grande porte. Aos olhos de Lenin, a NEP era uma concessão temporária mas necessária aos pequenos proprietários camponeses — combinada com os princípios da produção privada familiar — para salvar a Revolução e reerguer o país. A restauração do mercado ressuscitou a economia soviética. O comércio privado respondeu rapidamente às faltas crônicas de produtos que haviam se acumulado ao longo dos anos da Revolução e da Guerra Civil. Em 1921, a população soviética usava sapatos e roupas remendados, cozinhava com utensílios quebrados e bebia em copos rachados. Todos precisavam de alguma coisa nova. Comerciantes montaram barracas e estandes, houve uma explosão de mercados de pulgas, e comerciantes camponeses trouxeram alimentos para as cidades. Licenciados por novas leis, cafés privados, lojas, restaurantes, casas noturnas, bordéis, hospitais, clínicas, associações econômicas e de crédito e até pequenos produtores brotaram como cogumelos depois da chuva. Repentinamente, Moscou e Petrogrado, cidades-cemitérios durante a Guerra Civil, explodiram com vida, com comerciantes barulhentos, táxis ocupados e lojas brilhantes iluminando as ruas como antes de 1917.

Para muitos bolcheviques, o retorno do mercado parecia uma traição à Revolução. A introdução da NEP foi recebida com suspeições profundas pelas fileiras do Partido (até o "favorito" de Lenin, Nikolai Bukharin, que se tornou o maior defensor da NEP, só começou a apreciá-la lentamente, entre 1921 e 1923), e Lenin precisara utilizar todos os seus poderes de persuasão e de autoridade para forçar a aprovação do projeto no Congresso. Entre os trabalhadores urbanos, em particular, havia um sentimento disseminado de que a NEP estava sacrificando os interesses da classe em prol dos camponeses, que enriqueciam à custa deles por causa dos preços mais altos dos alimentos. Para eles, parecia que um grande crescimento do comércio privado levaria, inevitavelmente, a uma diferença maior entre os ricos e os pobres e à reinstauração do capitalismo. Eles chamaram a NEP de "Nova Exploração do Proletariado". Boa parte da ira dos trabalhadores era concentrada nos "homem NEP", comerciantes privados que prosperaram na década de 1920. Na imaginação popular, formada pela propaganda e por desenhos animados soviéticos, os "homens NEP" vestiam mulheres e amantes com diamantes e casacos de peles, dirigiam carros importados enormes, roncavam na ópera, cantavam em restaurantes e vangloriavam-se aos brados em bares caros de hotéis das fortunas em dólar que haviam desperdiçado nas novas pistas de corridas de cavalos e nos cassinos. A gastança lendária dessa nova classe rica, colocada contra o pano de fundo de desemprego em massa e de pobreza urbana da década de 1920, despertou um sentimento amargo de ressentimento entre aqueles que pensavam que a Revolução deveria acabar com as desigualdades.

No "*front* interno", a NEP mantinha uma herança dos vestígios da "cultura burguesa" que o comunismo prometera eliminar, mas da qual ainda não podia abrir mão. Ela interrompera a guerra contra a antiga classe média e a *intelligentsia* profissional, de cujo conhecimento a economia soviética precisava. Entre 1924 e 1928, também houve um relaxamento temporário na guerra contra a religião: as igrejas deixaram de ser fechadas e os membros do clero não eram mais perseguidos no mesmo ritmo de antes (nem no que seriam depois). Apesar de a intensidade da propaganda de guerra contra a Igreja não ter diminuído, o povo voltou a ter permissão de praticar a própria fé. Finalmente, a NEP permitiu que os antigos hábitos domésticos e tradições familiares da vida privada respirassem um pouco, o que era uma fonte de preocupações reais para muitos bolcheviques, que temiam que os costumes e mentalidades da "pequena burguesia" — os milhões de comerciantes e pequenos produtores cujos números haviam sido inflados pela NEP — detivessem e até prejudicassem a campanha revolucionária. "Aprisionando as mentes de milhões de trabalhadores", declarou Stalin em 1924, "as atitudes e os hábitos que herdamos da antiga sociedade são os inimigos mais perigosos do socialismo."[9]

Os bolcheviques vislumbraram a criação da própria utopia comunista como uma batalha constante contra costumes e hábitos. Com o fim da Guerra Civil, prepararam-se para uma nova e mais longa batalha no "*front* interno": uma guerra revolucionária pela liberação da personalidade comunista por meio da erradicação do comportamento individualista ("burguês") e de hábitos fora dos padrões (prostituição, alcoolismo, vandalismo e religião) herdados da antiga sociedade. Poucos bolcheviques discordavam de que a batalha para transformar a natureza humana levaria décadas. A única discordância girava em torno de quando a batalha deveria começar. Marx ensinara que a alteração da consciência dependia de mudanças na base material, e Lenin, quando introduziu a NEP, afirmou que até que fossem criadas as condições materiais para a existência de uma sociedade comunista — processo que levaria um período histórico inteiro — não haveria sentido em tentar projetar um sistema de moralidade comunista na vida privada. Mas a maioria dos bolcheviques não aceitava que a NEP exigisse um afastamento da esfera privada. Eles estavam cada vez mais inclinados a pensar o contrário, ou seja, que o envolvimento ativo era essencial em todos os momentos e em todos os campos de batalha da vida cotidiana — na família, no lar e no mundo interior do indivíduo, onde a persistência de mentalidades antigas era uma ameaça de grande importância aos objetivos ideológicos básicos do Partido. E quando viram os instintos individualistas das massas "pequeno-burguesas" ficarem cada vez mais fortes na cultura da NEP, redobraram os esforços. Como Anatoly Lunacharsky escreveu em 1927: "A dita esfera da vida privada não pode nos escapar, porque é precisamente nela que o objetivo final da Revolução deve ser alcançado."[10]

A família foi a primeira arena na qual os bolcheviques começaram a luta. Na década de 1920, eles consideravam a nocividade social da "família burguesa" uma verdade inquestionável: ela olhava para dentro de si própria e era conservadora, uma fortaleza da religião, da superstição, da ignorância e do preconceito; ela fomentava o egotismo e as aquisições materiais, além de oprimir mulheres e crianças. Os bolcheviques esperavam que a família desaparecesse conforme a Rússia soviética se desenvolvesse até se transformar em um sistema totalmente socialista, no qual o Estado assumiria a responsabilidade por todas as funções básicas do lar, oferecendo creches, lavanderias e refeitórios em centros públicos e em prédios residenciais. Liberadas do trabalho em casa, as mulheres ficariam livres para ingressar na força de trabalho em um nível igual ao dos homens. O casamento patriarcal, com suas correspondentes morais sexuais, morreria — para ser substituído, acreditavam os radicais, por "uniões livres de amor".

Como viam os bolcheviques, as famílias eram o maior obstáculo à socialização das crianças. "Por amar a criança, a família a torna um ser egotista, encorajando-a a ver-se como o centro do universo", escreveu a pensadora educacional soviética Zlata Lilina.[11] Teóricos bolcheviques concordavam com a necessidade de substituir esse "amor egotista" pelo "amor racional" de uma "família social" mais ampla. *O ABC do comunismo* (1919) vislumbrava uma sociedade futura na qual os pais deixariam de utilizar a palavra "eu" em referência a um filho, pois se importariam com todas as crianças na comunidade. Entre os bolcheviques, havia visões diferentes acerca de quanto tempo tal mudança deveria levar para ocorrer. Os radicais argumentavam que o Partido deveria agir diretamente para minar a família de modo imediato, mas a maioria aceitava os argumentos de Bukharin e dos teóricos da NEP, que diziam que em um país camponês como a Rússia a família permaneceria durante algum tempo como a principal unidade de produção e de consumo e enfraqueceria gradualmente conforme o país fizesse a transição para uma sociedade socialista urbana.

Enquanto isso, os bolcheviques adotaram diversas estratégias — como a transformação do espaço doméstico — cujas intenções eram acelerar a desintegração da família. Para lidar com a falta de casas nas cidades superpopulosas, os bolcheviques forçaram famílias ricas a dividirem seus apartamentos com os pobres urbanos — política conhecida como "condensação" (*uplotnenie*). Durante a década de 1920, o tipo mais comum de apartamento comunal (*kommunalka*) era aquele em que os proprietários originais ocupavam os cômodos principais na "parte da frente", enquanto os quartos dos fundos eram ocupados por outras famílias. Naquela época, os proprietários antigos podiam selecionar os comoradores, desde que estivessem de acordo com a "norma sanitária" (o racionamento *per capita* de espaço para viver, que caíra de 13,5 metros quadrados em 1926 para apenas 9 metros quadrados em 1931). Muitas famílias traziam os empregados ou conhecidos para dentro de casa para evitar a chegada de um estranho transferido para ocupar o espaço excedente. A política tinha um apelo ideológico forte não somente como uma guerra contra o privilégio, como foi apresentada na propaganda do novo regime ("Guerra contra os palácios!"), mas também como parte de uma cruzada para projetar um modo de vida mais coletivo. Forçando as pessoas a compartilhar apartamentos comunais, os bolcheviques acreditavam que poderiam transformá-las em comunistas em seus pensamentos e comportamentos básicos. O espaço e a propriedade privada desapareceriam, a família individual ("burguesa") seria substituída pela fraternidade e por organizações comunistas, e a vida do indivíduo passaria a ser imersa na comunidade. A partir da metade da década de 1920, novos tipos de moradias foram projetados com essa transformação em mente. Os arquitetos soviéticos mais radicais, como os construtivistas da União de Arquitetos Contemporâneos, propuseram a obliteração completa da esfera privada construindo "casas comunais" (*doma kommuny*), nas quais toda a propriedade, incluindo roupas e roupas íntimas, seria compartilhada pelos moradores, onde tarefas domésticas como cozinhar e cuidar das crianças seriam designadas rotativamente a grupos e onde todos dormiriam em um grande dormitório, dividido por gênero, com quartos particulares para práticas sexuais. Poucas casas como essas foram construídas, apesar de terem ocupado uma grande parte da imaginação utópica e de romances futuristas, como *Nós* (1920), de Yevgeny Zamiatin. Muitos dos projetos que se concretizaram, como a casa do Narkomfin (Ministério das Finanças) em Moscou (1930), projetada pelo construtivista Moisei Ginzburg, tendiam a ser interrompidos antes de alcançarem a forma comunal total e contavam tanto com espaços privados de habitação quanto com blocos comunalizados para lavanderias, casas de banho, salas de jantar e cozinhas, creches e escolas. Mas o objetivo continuava a ser dominar a arquitetura de modo a induzir o indivíduo a afastar-se das formas privadas ("burguesas") de domesticidade, dirigindo-se a um modo de vida mais coletivo.[12]

Os bolcheviques também interferiram mais diretamente na vida doméstica. O novo Código do Casamento e da Família (1918) estabeleceu uma estrutura legislativa que visava claramente facilitar a ruptura da família tradicional, removendo a influência da Igreja sobre o casamento e o divórcio, tornando-os simples processos de registro com o Estado, e assegurando direitos legais iguais aos casamentos *de facto* (casais vivendo juntos) e aos casamentos legais. O Código transformou o divórcio de um luxo dos ricos em algo fácil e disponível para todos. O resultado foi um enorme aumento de casamentos casuais e o maior índice de divórcios do mundo — três vezes mais alto que na França ou na Alemanha e 26 vezes mais alto que na Inglaterra em 1926 — à medida que o colapso da ordem cristã-patriarcal e o caos dos anos revolucionários afrouxaram a moral sexual e os laços familiares e comunais.[13]

Nos primeiros anos do poder soviético, a ruptura familiar era tão comum entre os ativistas revolucionários que quase constituía um risco do trabalho. Relações casuais eram praticamente a norma nos círculos bolcheviques durante a Guerra Civil, quando qualquer camarada podia ser enviado de uma hora para a outra para algum setor distante do *front*. Essas atitudes relaxadas permaneceram comuns durante a década de 1920, uma vez que os ativistas do Partido e seus jovens emuladores na Komsomol (Liga Jovem Comunista) eram ensinados a colocar o comprometimento com o proletariado acima do amor romântico ou da família. A promiscuidade sexual era mais acentuada nos escalões jovens do que entre a juventude soviética de modo geral. Muitos bolcheviques viam a licença sexual como uma forma de libertação de convenções morais burguesas e um sinal da "modernidade soviética". Alguns até defendiam a promiscuidade como um modo de reagir à formação de relações bígamas que separavam os amantes do coletivo e os afastavam da lealdade ao Partido.[14]

Era comum que os bolcheviques fossem maus pais e maridos porque as exigências do Partido os afastavam de casa. "Nós, comunistas, não conhecemos nossas próprias famílias", observou um bolchevique de Moscou. "Você sai cedo e chega tarde em casa. Você vê a esposa raramente e quase nunca vê os filhos." Em congressos do Partido, nos quais a questão foi discutida no decorrer da década de 1920, reconhecia-se que os maridos bolcheviques eram muito mais inclinados do que os não membros a abandonar mulheres e famílias, algo muito ligado à primazia das lealdades partidárias em relação à fidelidade sexual. Mas, na verdade, o problema de esposas e mulheres ausentes era quase igualmente grave nos círculos do Partido, ocorrendo também nos círculos mais abrangentes da *intelligentsia* soviética, nos quais a maioria das mulheres estava envolvida na esfera pública.[15]

Trotski concordava que os bolcheviques eram mais afetados do que os outros pela ruína da estrutura doméstica por serem os que estavam "mais expostos às influências de condições novas". Como pioneiro de um estilo de vida moderno, em 1923, Trotski escreveu que, "a vanguarda comunista simplesmente passa com mais rapidez e violência pelo inevitável" do que a população como um todo.[16] Em muitas residências do Partido, certamente havia uma sensação de estarem sendo pioneiros em um novo tipo de família — uma família que liberava os dois pais para atividades públicas — se bem que à custa do envolvimento íntimo com os filhos.

Anna Karpitskaia e o marido, Pyotr Nizovtsev, eram ativistas do alto escalão do Partido em Leningrado (como Petrogrado passou a ser chamada depois da morte de Lenin). Viviam em um apartamento privado próximo ao Instituto Smolny com os três filhos, incluindo Marksena,* nascida em 1923, filha do primeiro casamento de Anna. Marksena raramente via os pais, que de manhã saíam para o trabalho antes que acordasse e voltavam muito tarde à noite. "Eu sentia falta da atenção materna", lembra Marksena, "e sempre tinha ciúmes de crianças cujas mães não trabalhavam." Na ausência dos pais, as crianças foram colocadas sob os cuidados de duas serviçais, uma faxineira e uma cozinheira, ambas camponesas recém-chegadas do interior. No entanto, sendo a criança mais velha, aos 4 anos, até onde se lembra, Marksena tinha "autoridade e responsabilidade total pela casa". A cozinheira perguntava a ela o que cozinhar e pedia-lhe dinheiro para comprar comida de uma loja especial reservada aos oficiais do Partido. Marksena denunciava as empregadas à mãe quando quebravam as regras da casa "ou quando faziam algo de que eu não achasse certo", mas, com mais frequência, lembra, "eu chamava a atenção delas quando faziam algo de que eu não gostava". Marksena sentia a responsabilidade — ela compreendia que era apropriado para sua mãe deixá-la a cargo da casa — e a aceitava com naturalidade: "Minha mãe deixava claro que o que acontecia em casa não lhe dizia respeito, e nunca questionei isso."

Criada para refletir os valores da nova sociedade, Marksena era uma criança de 1917. Era vista pelos pais como uma "pequena camarada". Não tinha brinquedos e nem um espaço próprio onde pudesse brincar livremente como uma criança. "Meus pais tratavam-me como uma igual e falavam comigo como com um adulto", lembra Marksena. "Fui

---

* Em homenagem a Marx e Engels — um dos muitos nomes soviéticos criados pelos anais da Revolução depois de 1917. Outros nomes "soviéticos" comuns incluíam: Vladlen (Vladimir Lenin), Engelina, Ninel, Marlen (por causa de Marx e de Lenin) e Melor (para Marx, Engels, Lenin e Revolução de Outubro).

ensinada desde cedo a ser independente e a fazer tudo por conta própria." Em sua primeira manhã na escola primária, quando tinha apenas 7 anos, a mãe caminhou com ela até a escola e disse-lhe que memorizasse o caminho — uma viagem complexa de quase três quilômetros — para que pudesse caminhar para casa sozinha naquela tarde. "A partir daquele dia, sempre caminhei para a escola", lembra Marksena. "Nunca me passou pela cabeça que alguém devesse caminhar comigo." Marksena comprava os próprios livros e materiais em uma loja no centro da cidade, a uma hora a pé. A partir dos 8 anos, ia ao teatro sozinha, usando o passe de oficiais do Partido dos pais, o qual lhe permitia sentar em um dos camarotes ao lado dos corredores. "Ninguém jamais me disse o que fazer", lembra Marksena. "Eduquei-me sozinha."

Os pais eram figuras distantes na vida de Marksena. Mesmo durante as férias, viajavam por conta própria para um dos *resorts* para oficiais do Partido na Crimeia, deixando as crianças em Leningrado. Mas os pais impunham sua rigidez ideológica, o que Marksena lembra como uma fonte de irritação. A mãe costumava repreendê-la por ler Pushkin e Tolstoi em vez dos livros didáticos para crianças preferidos pelo Partido, como a aventura científica *Terra de Sannikov* (1926), de Vladimir Obruchev, ou *A República de Shkid* (1927), de Grigorii Belykh e Aleksei Panteleyev, uma história sobre órfãos desabrigados enviados para a escola em Leningrado, ambos trazidos para casa por Anna e devidamente lidos por Marksena, sendo depois guardados e esquecidos em uma prateleira. Marksena era proibida pela mãe de convidar amigos da escola para casa porque, dizia, era melhor que não vissem com que conforto viviam os líderes do Partido — se bem que modestamente e em estilo espartano — em comparação com as próprias famílias. Ela raramente era elogiada ou parabenizada pelos pais e quase nunca era beijada ou abraçada. A única fonte de afeto era a avó, que cuidava dela quando adoecia. "Eu gostava de ir para a casa dela", lembra Marksena. "Ela me dava muita atenção. Ensinou-me a costurar e a fazer colares de contas. Ela tinha brinquedos e até comprou uma pequena cozinha de madeira para mim, a qual montou no canto de seu quarto, onde eu gostava de brincar."[17]

A ausência de afeição paternal foi descrita por muitas crianças nascidas em famílias do Partido depois de 1917. A esse respeito, os costumes de criação de crianças da elite soviética não eram diferentes daqueles da aristocracia russa do século XIX, que demonstrava pouco interesse na maternidade e deixava as crianças, desde os primeiros dias, aos cuidados de babás, empregadas e outros serviçais da casa.[18]

Angelina Yevseyeva nasceu em 1922 em uma família de bolcheviques. Os pais se conheceram quando lutavam pelo Exército Vermelho na Guerra Civil. Regressando a Petrogrado em 1920, o pai tornou-se comandante de uma das divisões envolvidas na repressão do motim de Kronstadt. Em 1925, alistou-se na Academia Médico-Militar, onde passava as noites estudando. A mãe de Angelina era oficial no comissariado de comércio e também estudava à noite. Angelina recorda-se de uma infância passada principalmente sob os cuidados de uma governanta:

> Minha mãe me amava, era paciente e atenciosa, mas não afetuosa; nunca satisfez meus desejos nem brincava comigo quando eu era criança. Ela esperava que me comportasse como um adulto e tratava-me como tal... Meu pai era completamente perturbado pelo trabalho. Eu sentia que o atrapalhava. Eu devo ter atrapalhado meus pais. Eu não gostava de estar em casa. Cresci no pátio e na rua e era uma criança malcriada. Certa vez, quando tinha 8 anos, meu pai comprou um aquário em uma viagem de trabalho a Moscou. Como não me deixava sair para brincar, virei o aquário e deixei que todos os peixes caíssem no chão. Ele bateu em mim com uma mangueira, e eu gritava de volta: "Você não é um pai, você é uma madrasta, uma madrasta!"[19]

Maria Budkevitch nasceu em Moscou em 1923 na família de um funcionário do Partido na Enciclopédia Militar, a principal editora das forças armadas soviéticas. O pai de Maria vivia em um apartamento separado da mãe, pesquisadora da história do Partido na Guerra Civil, pois ele achava mais conveniente para o trabalho viver sozinho. Maria via o pai tão pouco que, aos 5 ou 6 anos, começou a duvidar de que tivesse um pai. "Eu não entendia o que era um pai", lembra. "Eu sabia que outras garotas tinham alguém que chamavam de 'papai', mas eu quase nunca via meu pai. Ele aparecia repentinamente de uma viagem ao exterior.

Havia muita festa, com presentes para todos, e depois ele desaparecia de novo."[20]

Os pais de Elena Bonner eram ativistas do Partido em Leningrado. Trabalhavam desde de manhã cedo até tarde da noite e raramente viam os filhos, que ficavam aos cuidados da avó. Elena ansiava pelo afeto da mãe. Ela "se fazia de chorona", fingia frequentemente estar doente para forçar a mãe a ficar em casa e tinha inveja de outras crianças cujas mães não trabalhavam e, comparativamente, pareciam "sempre muito bem-humoradas". Mesmo quando os pais estavam em casa, ficavam tão preocupados com seu trabalho no Partido que mal davam atenção aos filhos. Quando tinha 9 ou 10 anos, lembra Elena, "meus pais passavam as noites escrevendo panfletos, que diziam ser sobre 'questões da construção do Partido'. Durante muito tempo, pensei que o Partido construísse casas".[21]

Os Bonner viviam em um albergue especial para trabalhadores do Partido no antigo Hotel Astoria, em Leningrado. Tudo nos quartos parcamente mobiliados era voltado para o trabalho. Até a década de 1930, quando Stalin começou a recompensar os oficiais leais com apartamentos luxuosos e bens de consumo, a maioria dos membros do Partido vivia de modo similarmente minimalista. Mesmo os oficiais superiores viviam de modo bastante modesto. A família de Nikolai Semashko, comissário de saúde entre 1923 e 1930, ocupava um apartamento pequeno e pouco mobiliado na casa Narkomfin, em Moscou. "Eles nunca se interessaram por qualquer tipo de *byt* [conforto burguês] ou por decoração", lembra-se um dos vizinhos.[22]

Os idealistas bolcheviques da década de 1920 criaram um culto ao seu estilo de vida espartano. Eles herdaram um forte elemento de asceticismo do submundo revolucionário, fonte de seus valores e princípios nos primeiros anos do regime soviético. A rejeição de posses materiais era central à cultura e à ideologia da *intelligentsia* russa socialista, que lutava para eliminar todos os sinais de domesticidade "pequeno-burguesa" — a porcelana chinesa ornamental na lareira, os canários cantantes, todas as plantas, as mobílias macias, os retratos de família e outros objetos banais do ambiente doméstico — e dirigir-se rumo a uma existência mais espiritual e elevada. A batalha contra o "*byt* filistino" estava no coração do impulso revolucionário de estabelecer um modo de vida mais comunista. Como escreveu o poeta Maiakovski em 1921:

> Do muro, Marx observa e observa
> E de repente,
> Abrindo a boca,
> Começa a gritar:
> A Revolução está emaranhada em fios filistinos
> Mais terrível do que Wrangel* é o *byt* filistino
> Melhor
> Arrancar a cabeça dos canários —
> Então o comunismo
> Não será derrubado por canários.[23]

Na estética bolchevique, era filistino dedicar atenção à decoração doméstica. O "espaço de moradia" ideal (como os oficiais soviéticos chamavam as casas) era minimamente decorado e mobiliado. Ele era puramente funcional, com mobília adequada ao espaço disponível, como divãs que também serviam de camas. Na imaginação bolchevique, esse modo simples de viver era uma forma de libertação da sociedade burguesa na qual o povo era escravizado pelo culto às posses. Em *Cimento* (1925), influente romance de Fiodor Gladkov, um homem e uma mulher, ambos ativistas do Partido, sacrificam a felicidade pessoal e deixam o lar e a filha para ajudar a reconstruir uma fábrica de cimento destruída na Guerra Civil. Quando o marido, Gleb, começa a sentir falta dos antigos confortos domésticos, ele logo é lembrado pela mulher de um propósito maior: "Você quer flores bonitas desabrochando na janela e uma cama coberta da travesseiros? Não, Gleb, no inverno eu vivo em um quarto sem aquecimento e como na cozinha comunal. Como pode ver, sou uma cidadã soviética livre."[24]

Entre os bolcheviques, havia uma atitude similarmente austera em relação à aparência pessoal — roupas da moda, penteados elaborados,

---

* Líder do Exército Branco no sul da Rússia durante a Guerra Civil.

joias, perfumes e cosméticos eram todos consignados ao reino do *byt* vulgar. O "povo novo" da vanguarda do Partido vestia roupas lisas e simples — em vestimentas pseudoproletárias ou quase militares — sem nenhum adorno. Durante o período da NEP, quando os líderes bolcheviques temiam que as fileiras do Partido fossem corrompidas pelos confortos e tentações da cultura "burguesa" que repentinamente se tornaram disponíveis, tais atitudes espartanas eram promovidas como um símbolo de pureza ideológica. Em 1922, Aron Solts, principal porta-voz do Partido em ética comunista, avisou que a NEP poderia seduzir os membros convencendo-os de que "existe algum tipo de vida pessoal na qual são completamente livres para seguir os próprios gostos e até mesmo para imitar o que a burguesia considera elegante". Solts convocou os bolcheviques a expurgar de si mesmos o instinto burguês por meio de uma mudança em suas atitudes estéticas. Era "feio alguém ter anéis, braceletes ou dentes de ouro", e ele considerava que tal comportamento "deveria despertar indignação estética" nas fileiras do Partido.[25]

Valentina Tikhanova nasceu em Moscou em 1922. Ela cresceu na casa do líder bolchevique Vladimir Antonov-Ovseyenko, que comandara a tomada do Palácio de Inverno em outubro de 1917. A mãe conhecera o famoso bolchevique em Praga, onde Vladimir era o embaixador soviético, e abandonara o pai de Valentina, um editor, para casar-se com ele em 1927. Valentina lembra-se de que o pequeno apartamento no qual a família vivera em Moscou na década de 1920 era "mobiliado com simplicidade, com os móveis mais comuns e camas de metal forjado". A única coisa de valor era uma grande caixa de malaquita que pertencia à sua mãe. Não havia ornamentos nem decoração no apartamento, e os pais de Markina não tinham interesse por essas coisas. Mesmo quando a mãe se tornou mulher de um embaixador, não passou a usar joias. O asceticismo também predominava na casa de Antonov-Ovseyenko. Seu apartamento na segunda casa de Sovnarkom, um grande bloco de apartamentos para oficiais seniores do Partido em Moscou, consistia em quatro cômodos pequenos. No quarto de Valentina, mais parecido com uma cela, a única mobília era uma cama dobrável, uma escrivaninha e uma pequena estante de livros. Recordando-se da atmosfera austera,

Valentina a descreve como um elemento consciente dos princípios de *intelligentsia* da família (*intelligentnost*) e da ideologia soviética. "Éramos do povo soviético (*sovki*)", reflete. "Vivíamos por acreditarmos na felicidade futura de nossa sociedade, não pela satisfação de nossas próprias necessidades. Havia uma pureza moral em nosso estilo de vida."[26]

Liudmila Eliashova cresceu em uma família de um bolchevique da Letônia. Seu pai, Leonid, fugira de Riga na adolescência e juntara-se aos bolcheviques em Petrogrado, em 1917. Ele sentia vergonha e ressentimento em relação aos pais judeus e ricos, que eram rigorosos e cruéis, e parte de sua atração pelo movimento dos trabalhadores era o modo de vida espartano, o qual, como reconheceu em uma carta para a esposa em 1920, abraçou como uma "renúncia à minha classe burguesa". Segundo sua filha Liudmila, Leonid atribuía significado pessoal às palavras do *Internationale* "Renunciamos ao antigo mundo / Tiramos sua poeira de nossos pés!" "Ele precisava renunciar não apenas à classe", diz Liudmila, "mas também à família e ao estilo de vida com o qual se acostumara, com apartamentos e dachas confortáveis, boa cozinha, roupas da moda, partidas de tênis e muito mais." Ele ensinou as filhas, Liudmila (nascida em 1921) e Marksena (em 1923), a sentirem vergonha de qualquer riqueza ou conforto que as colocasse acima da classe trabalhadora. Ele dizia que deveriam sentir culpa ao desfrutar um bom café da manhã, quando havia crianças mais pobres que tinham menos comida. Nas refeições, ele dizia: "É vergonhoso que estejamos comendo peixe ou salsicha quando todos os outros comem pão e ovos. O que nos torna melhores do que os outros?" Ele acreditava fortemente no "Máximo do Partido" — um sistema de estabelecer um limite máximo aos salários dos membros do Partido da década de 1920 — e criou a família dentro de seus limites. As crianças não podiam comprar sapatos novos até que os antigos estivessem literalmente caindo aos pedaços e só podiam comer doces nos principais feriados soviéticos. "Vivíamos muito modestamente", lembra Liudmila.

Nossa mobília era barata — toda comprada do governo. As refeições eram simples, assim como nossas roupas. Nunca vi meu pai vestindo nada além do uniforme militar, um casaco e as botas. Mamãe tinha sua "roupa especial" para o teatro e mais um ou dois vestidos, mas isso era tudo... Idas ao teatro eram nosso único luxo — isso e muitos livros.

Como muitas crianças de 1917, Liudmila e a irmã foram criadas para acreditar que a abnegação era sinônimo de pureza moral e da luta revolucionária para a felicidade futura de todos. Em 1936, escreveu na capa de seu diário: "O sofrimento destrói os insignificantes e fortalece os fortes." [27]

Para algumas famílias, o asceticismo do ativista do Partido exigia esforço demais. Os Voitinsky são um exemplo. Iosif Voitinsky nasceu em São Petersburgo em 1884 em uma família liberal de judeus que havia se tornado russa. O pai era professor de matemática, o irmão Nikolai era engenheiro, e Iosif, assim como o irmão mais velho, Vladimir, formara-se na faculdade de direito da Universidade de São Petersburgo. A família foi dividida pela Revolução de Outubro. Os pais de Iosif fugiram para a Finlândia. Vladimir, ex-menchevique e uma das figuras à frente do governo provisório de 1917, emigrou para Berlim, onde se tornou um crítico fervoroso dos bolcheviques. Iosif e a irmã, Nadejda, foram os únicos membros da família que permaneceram em Petrogrado. Como Vladimir, Iosif era um ex-menchevique, mas esperava ter sucesso se juntando aos bolcheviques e lutando na Guerra Civil. Para provar a própria lealdade, até escreveu para o irmão, em Berlim — sem dúvida, esperando que a carta fosse lida por seus superiores —, implorando-lhe que "reavalie seus princípios políticos e retorne à Rússia soviética para nosso trabalho comum". Aterrorizado com a possibilidade de ser punido pela atividade contrarrevolucionária, Iosif entregou-se inteiramente à causa do Partido. "Por causa de meus pecados em uma vida anterior, fizeram de mim apenas um membro em período de experiência", escreveu para Nikolai, "mas estou assumindo muitos deveres no Partido e, como bom comunista, estou sempre pronto para ser enviado ao inferno."[28]

Na verdade, Iosif foi enviado para Yekaterinoslav, onde trabalhou no departamento da organização local de comércio. Ele morava com a esposa, Aleksandra, em um porão úmido e parcamente mobiliado. "Não podemos encontrar nada melhor", escreveu Aleksandra para Nadejda em 1922. "Tudo é muito caro e somente os homens-NEP podem pagar os aluguéis. E quanto à nossa vida doméstica, carecemos das coisas mais básicas — roupa de cama, roupas, agulhas, linha. Em uma palavra, carecemos de tudo." Iosif estava preocupado demais para lidar com tais "detalhes domésticos". Ele era "pouco prático e desorganizado em tudo, exceto no trabalho", disse a esposa. O casal não tinha dinheiro porque o "Máximo do Partido" os deixava com uma pequena quantia, da qual boa parte era enviada para a mãe de Iosif na Finlândia. Aleksandra fazia o possível para ajudar na renda do casal realizando trabalhos casuais, mas lamentava ter que trabalhar e culpava o Partido por arruinar seus "sonhos de ter uma família". Em 1922, Aleksandra fez um aborto. Como explicou em uma carta para Nadejda, ela queria ter o bebê, mas interrompera a gravidez porque estava "desgastada pela saúde ruim" e não queria "aumentar o fardo sobre Iosif" em um período em que estava "sobrecarregado pelo trabalho no Partido". O casamento estava em crise. Havia discussões frequentes sobre dinheiro. Iosif estava tendo um caso com outra mulher, que teve um filho em 1924, e também os ajudava financeiramente. O relacionamento com Aleksandra chegou ao ponto de ruptura. Iosif costumava viajar a serviço do Partido, ou para Moscou, onde dava um curso sobre leis trabalhistas, ou para Kuban, onde trabalhava para as uniões de comércio. "Raramente vejo meu Iosif", escreveu Aleksandra para Nadejda em 1925. "Sinto amargura por ter terminado dessa forma, mas nossa vida hoje em dia é assim. Não há espaço para a vida privada e precisamos enterrar o romance como uma relíquia do passado."[29]

2

Os bolcheviques viam a educação como a chave para a criação de uma nova sociedade. Por intermédio das escolas e das ligas comunistas para crianças e jovens (os Pioneiros e a Komsomol), visavam doutrinar a geração seguinte no novo estilo de vida coletivo. Como declarou um dos teóricos do ensino soviético em 1918:

> Precisamos transformar os jovens em uma geração de comunistas. Crianças, como cera macia, são muito maleáveis e devem ser moldadas como bons comunistas...

Precisamos resgatar as crianças da influência prejudicial da família... Precisamos nacionalizá-las. Desde os primeiros dias de suas pequenas vidas, elas precisam se encontrar sob a influência benéfica das escolas comunistas... Obrigar a mãe a dar o filho ao Estado soviético — esse é o nosso dever.[30]

A missão principal da escola soviética era retirar as crianças das famílias "pequeno-burguesas", nas quais a mentalidade antiga da vida privada minava o cultivo de instintos sociais, e inserir nelas os valores públicos de uma sociedade comunista. "O jovem deve ser ensinado a pensar em termos de 'nós'", escreveu Anatoli Lunatcharsky, comissário de educação, em 1918, "e todos os interesses privados devem ser deixados para trás."[31]

A disseminação dos valores comunistas era o princípio que guiava o currículo escolar soviético. Nesse aspecto, como reconheciam os pensadores educacionais soviéticos, o papel do marxismo nas escolas soviéticas era parecido com o papel da religião nas escolas tsaristas. Nas escolas mais experimentais, havia uma forte ênfase no aprendizado por meio de atividades práticas no lugar da teoria. Mesmo nas Escolas Unidas de Trabalho, que deveriam fornecer uma estrutura nacional para todos os estudantes soviéticos do nível primário à universidade, o programa geralmente era organizado em torno de uma série de oficinas (em vez de em salas de aula) nas quais as crianças aprendiam habilidades técnicas e profissionais, além de uma introdução aos temas acadêmicos principais, especialmente ciências e economia.[32]

A doutrinação política era voltada para a produção de ativistas. A imagem disseminada da criança ideal era a de um orador político precoce vociferando propaganda agitadora. O comunismo não podia ser ensinado a partir de livros, defendiam os pensadores educacionais. Ele precisava ser instilado durante toda a vida escolar, a qual, por sua vez, devia estar ligada ao mundo mais amplo da política por meio de atividades extracurriculares, como celebrações de feriados soviéticos, participações em marchas públicas, leitura de jornais e organização de debates e de julgamentos escolares. A ideia era iniciar as crianças nas práticas, nos cultos e nos rituais do sistema soviético para que crescessem tornando-se comunistas ativos e leais.

As crianças eram doutrinadas no culto do "Tio Lenin" desde cedo. Em jardins de infância, eram chamadas de "crianças de outubro" (*oktiabriata*) a partir do momento em que conseguiam apontar para o retrato do líder soviético. Depois da morte de Lenin, quando se temia que uma geração de crianças crescesse sem saber quem ele tinha sido, as escolas foram instruídas a criarem "cantos de Lenin", altares políticos para a exposição de propaganda sobre o fundador quase deificado do Estado soviético. Histórias lendárias sobre Lenin e outros heróis da Revolução eram um meio importante de educação política. A maioria das crianças não compreendia a ideologia do Estado soviético, vendo a Revolução como uma simples luta entre o "bem" e o "mal", mas podia se identificar com os feitos heroicos dos revolucionários.

Escolas progressistas eram organizadas como versões em miniatura do Estado soviético: planos de trabalho e de conquistas eram exibidos nas paredes em gráficos e tabelas, as turmas eram organizadas como regimentos e a administração diária da escola era regulada por uma estrutura burocrática de conselhos e comitês, incutindo nas crianças o mundo adulto da política soviética. Havia escolas nas quais as crianças eram estimuladas a organizar a própria polícia, a escrever delações contra alunos que desrespeitavam as regras da escola e até mesmo a realizar julgamentos em aula. Para instilar um caráter distinto de obediência coletiva, algumas escolas introduziram um sistema de treinamento politizado, com marchas, canções e juramentos de fidelidade à liderança soviética. "As turmas marchavam em feriados públicos", lembra Ida Slavina dos tempos de escola em Leningrado. "Tínhamos orgulho de marchar como representantes de nossa escola. Quando passávamos por um prédio com pessoas olhando nas janelas, andávamos mais devagar e cantávamos em uníssono: 'Vocês que ficam em casa olhando pelas janelas — que vergonha!'"[33]

Aleksei Radchenko nasceu em 1910 em uma família de revolucionários famosos. Seu tio Stepan era veterano do submundo do movimento marxista desde os dias pré-Lenin, enquanto seu pai, Ivan, era membro fundador do Partido Bolchevique, encarregado de desenvolver a indústria de turfa soviética (vista como fonte vital de energia) depois de 1917.

A família vivia em Shatura, uma pequena cidade a leste de Moscou, em uma casa grande e confortável próxima da casa de força que transformava turfa em eletricidade para a capital soviética. A mãe de Aleksei, Alisia, vinha de uma família pequeno-burguesa alemã-suíça de Tallinn, e havia traços da educação de classe média em seu gosto pessoal, em suas aspirações por respeitabilidade e em sua preocupação com a felicidade doméstica. Mas, ideologicamente, estava comprometida com o ideal comunista de eliminar a antiga cultura burguesa e de criar um novo tipo de ser humano. Pioneira em teorias pedagógicas soviéticas e colaboradora próxima de Krupskaia em seu trabalho educacional, Alisia via a educação escolar do filho como um laboratório para sua educação comunista. Suas teorias derivavam largamente das ideias de Pyotr Lesgaft, fundador da educação física russa — a cujas palestras Alisia assistiu em São Petersburgo em 1903-4 —, e de Máximo Gorki, em cuja homenagem batizara o filho (o nome real de Gorki era Aleksei Peshkov). Ela ensinou outras línguas a Aleksei, fez com que estudasse piano e violino, determinava tarefas que ele devia fazer na casa e no jardim para estimular o respeito do filho pelo trabalho manual e organizava visitas a casas de pobres para desenvolver sua consciência social. Como diretora da Escola Unida de Trabalho de Shatura a partir de outubro de 1917, Alisia organizou a escola como uma comuna, combinando lições acadêmicas com trabalho agrícola para que as crianças compreendessem desde o início o que significava viver uma vida comunista.[34]

Aleksei foi educado para venerar o pai e outros revolucionários. Sendo um garoto debilitado, que sofria de uma doença espinhal que o dificultava caminhar, Aleksei vivia em um mundo de fantasias livrescas. Idolatrava Lenin e incorporou as palavras do pai, que o estimulava a "tornar-se como ele". Quando soube da doença mortal de Lenin em dezembro de 1923, confessou ao seu diário: "Eu fugiria de casa e daria todo meu sangue a Lenin, se isso pudesse ajudar a salvar sua vida." Depois da morte do líder soviético, Aleksei montou um Canto de Lenin em seu quarto, cobrindo as paredes com fotos do líder soviético e textos de discursos que sabia de cor. Alisia mantinha um histórico do desenvolvimento político de Aleksei, o qual preenchia com trechos do diário do garoto, exemplos de trabalhos escolares e desenhos, complementados por seus próprios comentários sobre a educação do filho. Como ela própria descrevera, o histórico era um "arquivo científico" que poderia servir como um "guia para a questão da educação comunista em famílias e escolas". Alisia encorajou o filho a interagir com as outras crianças em Shatura — que vinham das famílias de vários camponeses que trabalhavam na casa de força — e tentou fazer com que sentisse que era um líder daqueles amigos menos privilegiados, organizando jogos e atividades para eles em sua grande casa. "Siga o exemplo de seu pai", escreveu Alisia nas margens do diário do filho. "Aprenda a ser um líder para seus amiguinhos, assim como ele é um líder da classe trabalhadora." Estimulado pela mãe, Aleksei criou uma organização "secreta" com alguns camaradas da escola: o Escritório Central do Comitê Russo da Associação de Crianças do Mundo. Eles tinham a própria insígnia, a própria canção revolucionária ("O Início"), escrita para as crianças por Alisia, e as próprias bandeiras vermelhas feitas em casa, com as quais marchavam por Shatura nos feriados públicos.[35]

As crianças de 1917 eram estimuladas a brincar de revolucionários. Os pensadores educacionais soviéticos foram influenciados pelas ideias de "aprender brincando" promovidas por pedagogos europeus como Friedrich Froebel e Maria Montessori. Eles viam a brincadeira estruturada como uma experiência educacional por meio da qual as crianças assimilariam os valores soviéticos de coletividade, ativismo social e responsabilidade. Todo o propósito da escola soviética, com seus jornais nas paredes, Cantos de Lenin, conselhos e comitês, era instilar nas crianças a ideia de que também eram revolucionárias em potencial e que deveriam estar prontas se para levantarem em revolta — se necessário, contra os próprios pais — se assim fossem ordenadas pela liderança do Partido. Raisa Berg, que cresceu em uma família da *intelligentsia* de Leningrado durante a década de 1920, lembra-se da camaradaria e da prontidão para a batalha dos amigos da escola:

Os estudantes de nossa turma eram unidos por um grande espírito de amizade, confiança e solidariedade. Entre nós e nossos professores maravilhosos, os quais amávamos a todos, sem exceção, existia, contudo, uma incessante batalha, uma verdadeira luta de classe. Não havia necessidade de estratégias calculadas nem de conspirações; vivíamos segundo um código não escrito: a única coisa que importava era a lealdade aos camaradas. Não podíamos dizer nada aos pais: eles poderiam nos trair com os professores.[36]

Um dos jogos de quintal mais populares da década de 1920 era Vermelhos e Brancos, uma versão soviética da brincadeira de caubóis e índios na qual os eventos da Guerra Civil eram encenados pelas crianças, que geralmente usavam pistolas de ar (*pugachi*) comercializadas especialmente para o jogo. Vermelhos e Brancos costumava terminar em brigas de verdade, porque todos os garotos queriam ser Lenin, como recorda um deles:

Brigávamos pelo direito de interpretar o papel de líder. Todos queriam ser os Vermelhos, os bolcheviques, e ninguém queria ser os Brancos, os mencheviques. Somente os adultos conseguiam resolver as brigas — sugerindo que lutássemos sem atribuir nomes e que os vencedores ficassem sendo os bolcheviques.

Outra brincadeira era Busca e Requerimento, na qual um grupo (geralmente os meninos) desempenhava o papel de um brigada de requerimento do Exército Vermelho e outro grupo (as meninas) atuava como "especuladores burgueses" ou camponeses *kulak* escondendo grãos.[37]

Brincadeiras como Vermelhos e Brancos e Busca e Requerimento estimulavam as crianças a aceitar a divisão soviética do mundo entre "bom" e "mau". Estudos realizados nas escolas soviéticas na década de 1920 demonstraram que as crianças, de modo geral, ignoravam os fatos básicos da história recente (muitos alunos não sabiam o que era um tsar), mas tinham sido influenciadas pelas imagens sombrias e ameaçadoras dos apoiadores do antigo regime na propaganda, nos livros e filmes soviéticos. Tais imagens estimulavam muitas crianças a acreditar que "inimigos ocultos" ainda existiam, crença propensa a produzir medos irracionais, histeria e agressão contra qualquer sinal do antigo regime. Uma jovem estudante perguntou ao professor: "Os burgueses comem crianças?" Outra, que vira um colega de turma vestindo uma camisa antiga com uma coroa bordada no punho rígido da manga da camisa, gritou de repente na classe: "Vejam, ele apoia o tsar!"[38]

Muitas das crianças de 1917 tiveram a primeira experiência com política nos Pioneiros. Estabelecida em 1922, a organização Pioneiros era moldada no movimento dos escoteiros, um dos últimos corpos públicos independentes na Rússia comunista ilegalizados pelo governo soviético em 1920. O caráter distinto dos escoteiros, que buscavam cultivar em seus jovens membros uma noção de dever público por meio de atividades práticas, continuava a prevalecer em muitas das organizações Pioneiros (como em algumas escolas da elite soviética) durante a década de 1920. Cerca de um quinto das crianças soviéticas com idade entre 10 e 14 anos estava alistado nos Pioneiros em 1925, e a proporção aumentou nos anos seguintes. Como os escoteiros, os Pioneiros tinham os próprios códigos morais e rituais. Eles tinham um juramento que todo Pioneiro precisava saber de cor (muitos ainda conseguem se lembrar dele três quartos de século depois): "Eu, um Jovem Pioneiro da União Soviética, diante de meus camaradas, juro solenemente ser verdadeiro aos princípios de Lenin, defender com firmeza a causa de nosso Partido Comunista e a causa do Comunismo." Os Pioneiros marchavam e cantavam muito, além de fazerem muita ginástica e esportes. Eles tinham um canto responsivo ("Pioneiros, estejam preparados!" Resposta: "Sempre preparados!") que fora pego emprestado do Exército Vermelho e eram organizados em brigadas. Tinham os próprios estandartes, bandeiras e canções, bem como um uniforme próprio (uma camisa branca com um lenço vermelho), que era fonte de muito orgulho e, aparentemente, para muitos, a principal atração dos Pioneiros. "Eu não compreendia as obrigações do movimento. Como todo mundo, eu só queria o lenço vermelho", recorda um Pioneiro. Vera Minusova, que se juntou aos Pioneiros em Perm, em 1928, lembra: "Eu gostava do uniforme, especialmente do lenço, que eu passava a ferro todo dia e vestia na escola. Eram as únicas roupas legais e interessantes que eu tinha. Eu tinha orgulho e me sentia adulta quando as vestia." Valerii Frid, estudante em Moscou na década de 1920, tinha tanto orgulho do lenço vermelho que dormiu com ele durante várias noites depois de ingressar nos Pioneiros.[39]

Por meio dos Pioneiros, as crianças soviéticas experimentavam um forte senso de inclusão social. Todas as crianças queriam ser Pioneiros, e o lenço vermelho era uma marca importante de aceitação e igualdade social. Crianças excluídas dos Pioneiros — o que acontecia com muitas, por causa da origem social — experimentavam intensos sentimentos de vergonha e inferioridade. Maria Drozdova foi expulsa dos Pioneiros porque vinha de uma família *kulak*. O desejo de ser aceita novamente era tão intenso que ela usou o lenço vermelho escondido sob a camisa durante muitos anos. Sofia Ozemblovskaia, filha de um nobre polonês, foi banida dos Pioneiros depois de ser vista na igreja. Ela ainda se recorda emocionada da expulsão:

> De repente, colocaram um anúncio — uma "notícia urgente" — no jornal de parede no corredor da escola. "Formem filas imediatamente!" As crianças vieram correndo de todas as salas de aula e formaram filas na área de recreação. Fizeram-me ficar diante de toda a brigada para ser humilhada. As crianças gritavam: "Vejam a vergonha que ela trouxe para nossa brigada por ir à igreja!" "Ela não é digna do lenço!" "Ela não tem o direito de usar o lenço." Jogaram terra em mim, depois tentaram arrancar o meu lenço. Comecei a chorar e gritei: "Não darei o lenço para vocês! Não darei o lenço para vocês!" Caí de joelhos e implorei para que não me tirassem o lenço. Mesmo assim, pegaram-no. A partir daquele dia, eu deixei de ser uma Pioneira.[40]

O propósito da organização Pioneiros era doutrinar as crianças soviéticas nos valores e na disciplina comunista. Elas eram submetidas aos mesmos regimes de "planos de trabalho" e de "avaliações" usados na Komsomol e no Partido. Segundo o psicólogo e teórico educacional A. B. Zalkind, principal porta-voz do Partido sobre o condicionamento social da personalidade, o objetivo do movimento dos Pioneiros era treinar "combatentes revolucionário-comunistas totalmente libertos dos venenos de classe da ideologia burguesa". Krupskaia acreditava que os Pioneiros substituiriam a família como a principal influência sobre as crianças soviéticas. Os Pioneiros eram ensinados a trabalhar muito e a ser obedientes, puros no pensamento e nas ações. "Por meio dos Pioneiros, aprendi a ser esperto e arrumado, a terminar todas as tarefas na hora certa e a ser disciplinado em tudo o que fazia", reflete Minusova. "Esses se transformaram nos meus princípios de vida."[41]

Os Pioneiros eram ativistas. Havia uma vasta gama de atividades de clubes — organizações de demonstrações, edições de jornais de parede, trabalho voluntário (*subbotniki*),* peças e concertos — planejadas para instilar o ativismo social e um senso de liderança nos Pioneiros. Vasili Romashkin nasceu em 1914 em uma família de camponeses na província de Moscou. Revendo sua carreira escolar e o envolvimento com os Pioneiros durante a década de 1920, ele recorda a ênfase nas atividades públicas:

O que significava ser uma "pessoa soviética"? Significava amar a pátria soviética, trabalhar duro e ser um exemplo, como éramos ensinados na escola e nos Pioneiros. Acolhi aquelas palavras no coração. Na terceira série [em 1924], eu já era presidente do comitê escolar. Depois, fui presidente do tribunal da escola, promotor em julgamentos escolares e vice-presidente da união de comércio da escola. Eu era um Pioneiro ativo. Por meio dos Pioneiros, aprendi a amar a minha escola e o meu país mais do que minha própria família. Eu amava a professora-chefe da escola de nossa aldeia como se fosse minha própria mãe.[42]

Nem todos os Pioneiros eram tão ativos quanto Romashkin. Para muitas crianças, as atividades dos Pioneiros na verdade eram apenas uma espécie de brincadeira. Ida Slavina, filha de um jurista soviético proeminente, lembra-se de ter formado o próprio clube no bloco de apartamentos em que cresceu, em Leningrado.

Eu gostava de ler a publicação das crianças, *Murzilka*, que tinha na capa o slogan "Mamãe! Papai! Tomaremos o seu poder!" O jornal convocava as crianças a restabelecerem um novo modo de vida juntando os brinquedos de todos e criando um clube, parecido com os Pioneiros. Eu era a líder das crianças em nossa escadaria. Eu lia o jornal em voz alta e explicava o significado dos artigos para os membros do meu clube. A administração do prédio permitia que utilizássemos um cômodo

---

* As *subbotniki*, campanhas de trabalho aos sábados, foram introduzidas na Guerra Civil. Estudantes, trabalhadores e outros cidadãos eram obrigados a ser "voluntários" na realização de trabalhos braçais, como remover lixo das ruas. Em pouco tempo, as campanhas tornaram-se uma característica permanente do estilo de vida soviético: não somente dias, mas semanas inteiras eram reservadas para que a população fosse convocada a trabalhar sem remuneração.

no porão para os encontros. Cobrimos as paredes com fotos de nossos heróis revolucionários e guardamos todos os nossos brinquedos lá.[43]

Outros Pioneiros encaravam suas atividades políticas com mais seriedade. Estimulados pelos superiores, imitavam as práticas dos comunistas adultos e desempenhavam papéis de burocratas e policiais. Esses entusiastas precoces traziam pastas para "encontros executivos", onde falavam por meio de slogans do Partido, registravam minutas formais e denunciavam os professores suspeitos de terem opiniões contrarrevolucionárias. Até havia Pioneiros que ajudavam a polícia a localizar "espiões" e "inimigos" agindo como informantes nas ruas.[44]

Aos 15 anos, as crianças soviéticas progrediam dos Pioneiros para a Komsomol. Nem todas as crianças faziam a transição. Em 1925, a Komsomol tinha um milhão de membros — cerca de 4% dos jovens em idade para ser membros da organização (dos 15 aos 23 anos) —, fração cinco vezes menor do que a porcentagem de crianças nos Pioneiros.[45] Ingressar na Komsomol era começar a trilhar uma carreira rumo ao Partido. Havia muitos empregos e cursos em faculdades que só eram abertos para membros da Komsomol ou que favoreciam a seleção de membros em relação a candidatos mais qualificados. Nina Vishniakova lembra-se de que ingressar na Komsomol foi um "acontecimento importante":

Até hoje [escreveu em 1990] lembro-me de cada palavra do livro de regras — tantos sentimentos foram despertados em mim: lembro-me de pensar que, de repente, passara a ser uma adulta responsável... Parecia que eu era capaz de fazer muito mais do que antes de ingressar. Eu sempre sonhara em pertencer à elite soviética, em conquistar algo importante, e agora o sonho estava se tornando realidade.[46]

O poeta Yevgeny Dolmatovsky, que nasceu em 1915 em uma família de advogados de Moscou, lembra-se da transição dos Pioneiros para a Komsomol, em 1930. Por chegar atrasado à reunião de admissão, Dolmatovsky foi repreendido pelo secretário da Komsomol, que disse que ele "obviamente não era maduro o bastante para ingressar na Komsomol" e estava "ingressando apenas como carreirista". Quando Dolmatovsky contou ao pai sobre o incidente, foi criticado por não dar importância ao ocorrido. "Eles o estão observando", avisou seu pai, "e você precisa provar que está pronto para dar-se a eles." Na reunião seguinte, Dolmatovsky foi interrogado por uma menina, que perguntou se estava "pronto para sacrificar a vida pelo poder soviético".[47]

Pertencer à Komsomol envolvia aceitar as ordens, as regras e a ética do Partido Comunista. Membros da Komsomol deviam colocar a lealdade à Revolução acima da lealdade à família. Não eram mais crianças, mas jovens comunistas, dos quais se esperava, como dos membros do Partido, que passassem a vida na esfera pública. A Komsomol funcionava como um exército reserva de ativistas jovens e entusiastas para o Partido, fornecendo-lhe voluntários para a execução de seus trabalhos, além de espiões e informantes prontos para denunciar a corrupção e o abuso. Tais tarefas eram de grande apelo para a juventude soviética nas décadas de 1920 e 1930, que fora formada pelos ideais da Revolução e da Guerra Civil, quando a ordem do dia era ação e energia. Muitos jovens ingressaram na Komsomol não por serem comunistas, mas porque eram ativistas: queriam fazer algo, e não havia nenhum outro canal para descarregar sua energia social.[48] Membros eram encarregados de denunciar "inimigos da classe" entre pais e professores e, como em um treinamento para o trabalho, participavam de julgamentos encenados de "contrarrevolucionários" em escolas e faculdades.

Nascidos tarde demais (entre 1905 e 1915) para serem criados sob os valores da antiga sociedade, e jovens demais para terem participado da sangrenta luta da Guerra Civil, esses jovens ativistas tinham uma visão altamente romântica do "período heroico" da Revolução. "Desejávamos estar associados aos revolucionários, nossos irmãos e pais mais velhos", lembra-se Romashkin. "Nós nos identificávamos com a luta deles. Vestíamo-nos como eles, no estilo militar, e falávamos uma espécie de jargão do exército, o qual copiamos dos garotos mais velhos da aldeia, que tinham trazido a linguagem do Exército Vermelho para casa." Os ativistas abraçaram com dedicação redobrada a cultura espartana dos bolcheviques. Tendo crescido na inóspita paisagem econômica da Primeira Guerra Mundial, da Revolução e da Guerra Civil, a austeridade não era novidade para eles. Mesmo assim, eram especialmente militantes na rejeição ascética de toda a riqueza e prazer pessoais ("burgueses") que se desviassem do esforço revolucionário. Alguns criaram comunas e juntaram o dinheiro e as posses de todos para "abolir o individualismo". Também eram absolutistas em termos morais, lutando para se libertarem das antigas convenções.[49]

Os idealistas da Komsomol da década de 1920 formavam um grupo especial — um grupo que desempenharia um papel importante no regime stalinista. Os princípios que os orientavam foram descritos por Mikhail Baitalsky, ativista da Komsomol na região da Odessa, que criara um clube com os amigos. "Todos eram puros e estavam prontos para dar a própria vida para defender o comunismo, caso fosse necessário", escreveu Baitalsky em suas memórias. "Quem se exibia ou reclamava era chamado de intelectual podre. 'Intelectual podre' era um dos títulos mais insultantes. Somente 'individualista' era pior." Nesses círculos, havia comprometimento total com a causa do Partido. Ninguém ficou chocado, por exemplo, quando foi noticiado que um agente da Cheka (a polícia política) confiscara a loja de materiais de construção do próprio pai para atender às necessidades da Revolução. Pensamentos de felicidade pessoal eram considerados vergonhosos e deviam ser banidos. A Revolução exigia o sacrifício dos prazeres do dia de hoje em prol de uma vida melhor no futuro. Como colocou Baitalsky:

> Com a esperança voltada para o futuro, uma sensação de participação pessoal na revolução do mundo, que era iminente, e uma prontidão para compartilhar a responsabilidade total por ele, sentíamo-nos entusiasmados e fortificados em todas as coisas, mesmo nas mais comuns. Era como esperar por um trem que nos levaria a algum lugar para realizar algo maravilhoso e fazer força, com felicidade, para ouvir seu sinal a distância...[50]

Relações íntimas entre homens e mulheres jovens eram vistas como uma distração da paixão coletiva pela Revolução. O casamento era rejeitado como uma convenção "burguesa". "É inadmissível pensar em relações pessoais", declarou um ativista da Komsomol na Fábrica Putilov Vermelho em Leningrado, em 1926. "Tais ideias pertencem a uma era — anterior à Revolução de Outubro — que passou há muito tempo."[51]

Baitalsky teve um longo período de corte com uma jovem judia chamada Yeva, secretária da célula local da Komsomol. Mas as oportunidades para o romance eram poucas, pois Yeva era zelosamente dedicada ao trabalho, e o máximo que ele poderia esperar era segurar sua mão e roubar um beijo quando a levava de volta para casa após os encontros da Komsomol. Por fim, acabaram se casando, e Yeva teve um filho, a quem chamaram de Vi, em homenagem a Lenin (as letras dos dois primeiros nomes de Lenin). Em 1927, Baitalsky foi expulso como "contrarrevolucionário trotskista", após a expulsão de Trotski do Partido. Yeva colocou a lealdade ao Partido em primeiro lugar. Aceitando que o marido era culpado de atividades contrarrevolucionárias, separou-se dele e o expulsou de casa. Baitalsky foi preso em 1929.

Revendo esses eventos da perspectiva da década de 1970, Baitalsky considerou que Yeva era uma pessoa boa, mas que sua bondade recuara diante do senso de dever em relação ao Partido, cujos dogmas haviam predefinido sua reação ao "bem" e ao "mal" no mundo. Ela subordinara a própria personalidade e seu poder de raciocínio à "autoridade intocável" e coletiva do Partido. Existiam "dezenas de milhares" de Yevas entre os bolcheviques, e sua aceitação sem questionamento do julgamento do Partido persistiu mesmo quando a Revolução deu lugar à ditadura stalinista:

> As pessoas não se degeneravam. Ao contrário, elas mudavam muito pouco. Seu mundo interno permanecia como antes, impedindo-as de ver o que começara a mudar no mundo exterior. O infortúnio delas era seu conservadorismo (o qual chamo de "conservadorismo revolucionário"), expresso em sua devoção imutável... aos padrões e definições adquiridos durante os primeiros anos da Revolução. Era até possível convencer essas pessoas que, para o bem da Revolução, precisavam confessar que eram espiões. E muitos foram convencidos e morreram acreditando na necessidade revolucionária de fazê-lo.[52]

3

"Nós, comunistas, somos especiais", disse Stalin em 1924. "Somos feitos de matéria-prima melhor... Não há nada mais elevado do que a honra de pertencer a este exército." Os bolcheviques viam a si mesmos como portadores de virtudes e responsabilidades que os distinguiam do resto da sociedade. Em seu influente livro sobre *Party Ethics* (1925), Aron Solts comparou os bolcheviques à aristocracia do período tsarista. "Hoje", escreveu, "somos nós que formamos a classe dominante... É de acordo com a forma que vivemos, vestimo-nos, valorizamos uma relação ou outra, de acordo com nosso comportamento, que os costumes serão estabelecidos em nosso país." Como uma casta proletária dominante, os bolcheviques consideravam inaceitável a mistura com outras classes sociais. Era de "mau gosto", por exemplo, argumentava Solts, que um bolchevique se casasse com uma mulher de uma classe fora do proletariado, e tais casamentos seriam condenados do mesmo modo que "o casamento de um conde com uma criada teria sido condenado no século passado".[53]

A ética do Partido passou a dominar todos os aspectos da vida pública na Rússia soviética, do mesmo modo que a ética da aristocracia dominara a vida pública na Rússia tsarista. O próprio Lenin comparava os bolcheviques à nobreza, e realmente, depois de 1917, ingressar no Partido era como subir de classe. Era algo que trazia preferência na seleção para cargos burocráticos, status de elite e privilégios, além de uma cota pessoal do Estado-Partido. No final da Guerra Civil, os bolcheviques tinham se posicionado em todas as principais posições do governo, cuja burocracia inflou conforme cada aspecto da vida na Rússia soviética era colocado sob controle do Estado. Em 1921, a burocracia soviética era dez vezes maior do que o Estado tsarista já fora. Havia 2,4 milhões de oficiais do Estado, mais do que o dobro do número de trabalhadores industriais na Rússia. Eles formavam a principal base social do regime.

Atitudes de elite enraizaram-se muito rapidamente nas famílias de bolcheviques e foram transmitidas para as crianças. A maioria das crianças soviéticas em idade escolar aceitava como dado que os membros do Partido tinham um status mais elevado do que outros membros da sociedade, segundo um estudo realizado em 1925 que utilizou brincadeiras controladas em várias escolas. Deixando a seu cargo a decisão de uma disputa entre dois garotos, as outras crianças costumavam decidir a favor do garoto que alegasse prioridade pelos pais serem bolcheviques. O estudo sugeriu que as escolas soviéticas tinham realizado uma mudança importante nos valores das crianças, substituindo o antigo senso de justiça e igualdade que um dia prevalecera na classe operária por um novo sistema hierárquico. Filhos de membros do Partido tinham um senso bem desenvolvido de terem direitos especiais. Em uma brincadeira controlada, um grupo de crianças estava brincando de trens. Os garotos queriam que o trem partisse e não estavam dispostos a esperar que uma menininha subisse a bordo, mas ela disse: "O trem esperará. Meu marido trabalha na GPU [a polícia política], e eu também." Em seguida, subiu a bordo do trem e exigiu uma passagem gratuita.[54]

A qualificação que definia essa elite autoproclamada era "moralidade comunista". O Partido Bolchevique identificava-se como uma vanguarda moral e também política, cuja noção messiânica de liderança exigia que os membros provassem ser dignos de pertencer àquela elite. Como um dos eleitos, cada membro era obrigado a demonstrar que sua conduta e suas convicções privadas estavam de acordo com os interesses do Partido. Ele precisava mostrar que acreditava verdadeiramente no comunismo, que possuía uma consciência moral e política mais elevada do que a massa da população, que era honesto, disciplinado, trabalhador e abnegadamente devotado à causa. O que existia não era um sistema moral no sentido convencional. Os bolcheviques rejeitavam a ideia de uma moralidade abstrata ou cristã por serem formas de "opressão burguesa". Na verdade, era um sistema no qual todas as questões morais estavam subordinadas às necessidades da Revolução. "Moralidade", escreveu um teórico do Partido em 1924, "é o que ajuda o proletariado na luta de classes. Imoralidade é tudo aquilo que o prejudica."[55]

Crença era a qualidade moral crucial de todo bolchevique "consciente". Ela distinguia o verdadeiro comunista do "carreirista", que ingressava no Partido visando a objetivos pessoais. E crença era sinônimo de consciência limpa. As expulsões e os julgamentos encenados foram concebidos como uma inquisição para forçar a alma do acusado a expor a verdade de suas crenças (daí a importância atribuída às confissões, que eram vistas como uma revelação do eu oculto). Além disso, a crença era uma questão pública e não privada, o que talvez estivesse relacionado com a tradição ortodoxa de confissão e penitência públicas, muito diferente da natureza privada da confissão no Ocidente cristão.

Independentemente do caso, a moralidade comunista não dava espaço para a noção ocidental de consciência como um diálogo privado com o eu interior. A palavra em russo para "consciência" nesse sentido (*sovest'*) quase desapareceu do uso oficial depois de 1917, sendo substituída pela palavra soznatel'nost', que transmite a ideia de consciência ou da capacidade de se atingir um nível mais elevado de julgamento e de compreensão moral do mundo. No discurso bolchevique, *soznatel'nost'* significava a obtenção de uma lógica moral-revolucionária mais elevada, ou seja, marxista-leninista.[56]

Não se esperava que todos os bolcheviques possuíssem um conhecimento detalhado da ideologia do Partido, obviamente. Nas fileiras do Partido, bastava estar envolvido nas práticas diárias de seus rituais — juramentos e canções, cerimônias, cultos e códigos de conduta —, do mesmo modo que os fiéis de uma religião organizada exercitavam a própria fé indo à igreja. Mas as doutrinas do Partido deveriam ser vistas como dogmas por todos os seguidores. O julgamento coletivo deveria ser aceito como justiça. Esperava-se que o membro acusado de crimes pela liderança se redimisse, ficasse de joelhos diante do Partido e recebesse o veredicto. Defender-se era acrescentar mais um crime à lista: discordância com a vontade do Partido. Isso explica por que tantos bolcheviques rendiam-se aos seus destinos nos expurgos, mesmo quando eram inocentes dos crimes pelos quais eram acusados. Tal atitude foi revelada em uma conversa relatada por um amigo do líder bolchevique Iurii Piatakov, pouco depois de Piatakov ter sido expulso do Partido por ser trotskista, em 1927. Para ser readmitido, Piatakov abjurou muitas de suas crenças políticas mais antigas — mas isso não o tornava um covarde, como acusara o amigo. Na verdade, como explicou Piatakov, tal ação mostrava que

> um verdadeiro bolchevique expulsará prontamente de sua mente ideias nas quais acreditou por anos. Um bolchevique verdadeiro submergiu a tal ponto sua personalidade na coletividade, "o Partido", que pode fazer o esforço necessário para desligar-se das próprias opiniões e convicções... Ele deve estar pronto para acreditar que preto é branco e que branco é preto, se o Partido assim exigir.[57]

Apesar disso, como ocorreu com outros "renegados", por Piatakov ter mudado de visão tão radicalmente, Stalin, que ordenou sua prisão em 1936, nunca acreditou nem confiou totalmente nele.

Os expurgos começaram muito antes de Stalin subir ao poder, originados da Guerra Civil, quando as fileiras do Partido cresceram rapidamente e seus líderes temiam ser derrubados por carreiristas e "individualistas". Os alvos dos primeiros expurgos foram grupos sociais inteiros: "elementos burgueses regenerados", "*kulaks*" e outros. Bolcheviques de origem operária eram isentos de escrutínio, a não ser que uma delação específica fosse feita contra eles em uma reunião de expurgo. Mas durante a década de 1920, ocorreu uma mudança gradual na prática de expurgo, com ênfase crescente na conduta privada e nas convicções individuais dos bolcheviques.

A mudança foi acompanhada por um sistema ainda mais elaborado de inspeção e de controle da vida privada dos membros do Partido. Candidatos ao Partido precisavam demonstrar crença em sua ideologia. Havia muita ênfase em quando tinham sido convertidos à causa, e somente os que tinham lutado no Exército Vermelho na Guerra Civil foram escolhidos para provar seu comprometimento. Em intervalos regulares no decorrer da vida, os membros do Partido precisavam escrever uma pequena autobiografia ou preencher um questionário (*anketa*), dando detalhes sobre sua origem social, educação e carreira, bem como sobre a evolução de sua consciência política. Esses documentos eram essencialmente uma forma de confissão pública na qual os membros do Partido reafirmavam ser dignos de estar entre os eleitos. O principal era mostrar como a formação da consciência política deles devia tudo à Revolução e à tutela do Partido.[58]

Um incidente trágico na Academia de Mineração de Leningrado serviu de apoio para a insistência do Partido em supervisionar a vida privada de seus membros. Em 1926, uma estudante cometeu suicídio no albergue da academia. Descobriu-se que ela fora levada a cometer tal ato pelo comportamento cruel do companheiro. Konstantin Korenkov não foi levado a julgamento, apesar de ter sido expulso da Komsomol tendo por base a "responsabilidade moral pelo suicídio de uma camarada". A Comissão de Controle da organização regional do Partido — uma espécie de tribunal do Partido — negou a decisão, que considerou ríspida demais, e substituiu-a por uma "repreensão severa e advertência". Algumas semanas depois, Korenkov e o irmão mais novo roubaram o escritório do caixa da Academia de Mineração, esfaqueando mortalmente o caixeiro e ferindo sua esposa. O caso foi assumido por Sofia Smidovich, membro sênior da Comissão Central de Controle, corpo encarregado da ética e da legalidade do Partido, que retratava o "korenkovismo" como uma "doença" cujo principal sintoma era a indiferença à moral e ao comportamento dos camaradas:

> A vida privada de meu camarada não é do meu interesse. O coletivo dos estudantes assiste como Korenkov tranca a esposa doente, literalmente sangrando — bem, isso é a vida privada dele. Ele xinga a esposa e faz comentários humilhantes — ninguém interfere. E tem mais: se fosse ouvido o som de um tiro vindo do quarto de Korenkov, um estudante no andar de baixo nem cogitaria a necessidade de conferir o que estava ocorrendo. Ele consideraria o ocorrido como uma questão privada.

Smidovitch argumentou que era a missão do coletivo defender os padrões morais entre os membros por meio da vigilância mútua e da intervenção em suas vidas privadas. Somente isso, defendia, fomentaria o verdadeiro coletivismo e uma "consciência comunista".[59]

O sistema de vigilância mútua e de delações vislumbrado por Smidovich não era inteiramente uma invenção da Revolução de 1917. As delações eram parte da forma de governo russo havia séculos. Petições ao tsar contra oficiais que abusavam do poder desempenhavam um papel vital no sistema tsarista, reforçando o mito popular de um "tsar justo" que (na ausência de tribunais ou de outras instituições públicas) protegia o povo dos "servidores do mal". Em dicionários russos, o ato de "delação" (*donos*) era definido como uma virtude cívica ("a revelação de atos ilegais") e não um ato egoísta ou malicioso, e tal definição foi mantida durante as décadas de 1920 e 1930.[60] Mas durante o regime soviético a cultura da delação assumiu significado e intensidade novos. Cidadãos soviéticos eram encorajados a denunciar vizinhos, colegas, amigos e até parentes. A vigilância era o primeiro dever de todo bolchevique. "Lenin ensinou-nos que todo membro do Partido deve se tornar um agente da Cheka, ou seja, deve observar e escrever relatórios", argumentou Sergei Gusev, que ascendera ao posto de membro sênior da Comissão Central de Controle.[61] Os membros do Partido eram instruídos a informar sobre os camaradas caso acreditassem que seus pensamentos ou suas condutas privadas ameaçavam a unidade do Partido. Em fábricas e casernas, uma lista de candidatos a membros era colocada do lado de fora do escritório da célula do Partido. Membros do coletivo eram então convidados a escrever acusações contra os candidatos, destacando suas limitações pessoais (por exemplo, beber demais ou ser rude), que seriam discutidas posteriormente em uma reunião do Partido. Relatos de conversas privadas tornaram-se uma forma cada vez mais comum da prática delatória, apesar de alguns líderes do Partido terem manifestado reservas acerca da moralidade de tais ações. No Décimo Quarto Congresso do Partido, em 1925, foi decidido que relatar uma conversa privada devia ser uma ação geralmente vista com maus olhos, mas não se a conversa fosse considerada "uma ameaça à unidade do Partido".[62]

Convites para a realização de delações eram parte central da cultura do expurgo que se desenvolveu durante a década de 1920. Em organizações do Partido e soviéticas, eram realizadas reuniões de expurgo regulares, nas quais membros do Partido e oficiais respondiam a críticas emitidas pelas fileiras do Partido na forma de acusações orais e escritas. Os encontros podiam se tornar muito pessoais, como descobriu a jovem Elena Bonner quando acompanhou um deles no albergue Comintern:

Eles perguntavam sobre as esposas dos homens e às vezes sobre seus filhos. Acabou sendo revelado que alguns batiam nas mulheres e bebiam muita vodca. Batania [avó de Bonner] teria dito que pessoas decentes não fazem esse tipo de pergunta. Às vezes, o membro que estava sendo expulso dizia que não bateria mais na mulher ou que pararia de beber. E a respeito do trabalho, muitos diziam que "não fariam novamente" e que "entendiam tudo". Portanto, era como ser chamado à sala do professor: o professor está sentado, você fica de pé, é repreendido, os outros professores sorriem perversamente, e você diz rapidamente "compreendo", "não farei" ou "é claro, eu estava errado". Mas você não quer dizer essas coisas, deseja apenas sair dali para juntar-se às outras crianças no recreio. Só que essas pessoas ficavam mais nervosas do que você ficaria diante do professor. Algumas estavam praticamente chorando. Era desagradável observá-las. Cada expulsão levava muito tempo; em algumas noites julgavam três pessoas; em outra apenas, uma.[63]

Cada vez havia menos elementos da vida privada do bolchevique que não estivessem sujeitos ao olhar e à censura da liderança do Partido. Essa cultura pública, na qual cada membro deveria revelar seu eu interior ao coletivo, foi única aos bolcheviques — não havia nada parecido no movimento nazista nem no fascista, cujos membros, individualmente, tinham permissão para ter uma vida privada, desde que ela aderisse às regras e à ideologia do Partido — até a Revolução Cultural na China. Qualquer distinção entre vida privada e pública era explicitamente rejeitada pelos bolcheviques. "Quando um camarada diz: 'o que estou fazendo agora diz respeito à minha vida privada e não à sociedade', falamos que isso não pode estar certo", escreveu um bolchevique em 1924.[64] Tudo na vida privada dos membros do Partido era social e político, tudo que faziam tinha um impacto direto sobre os interesses do Partido. Era esse o significado de "unidade partidária" — a fusão completa do indivíduo com a vida pública do Partido.

Em seu livro sobre *Party Ethics*, Solts concebeu o Partido como um coletivo autopoliciado, no qual cada bolchevique escrutinizaria e criticaria as motivações e os comportamentos privados dos camaradas. Desse modo, imaginou, o bolchevique individual passaria a se conhecer pelos olhos do Partido. Mas, na realidade, a vigilância mútua fez justamente o contrário: encorajou as pessoas a se apresentarem como se estivessem de acordo com os ideais soviéticos enquanto escondiam suas verdadeiras personalidades em uma esfera privada secreta. Essa dissimulação viria a se espalhar pelo sistema soviético, que exigia a *demonstração* de lealdade e punia a *expressão* de discordância. Durante o terror, na década de 1930, quando manter segredos e enganar haviam se tornado estratégias de sobrevivência necessárias para quase todos na União Soviética, surgiu um tipo inteiramente novo de personalidade e de sociedade. Mas essa vida dupla já era realidade para grande parte da população na década de 1920, especialmente para as famílias do Partido, que viviam sob o olhar público, e para aqueles vulneráveis à repressão por causa de sua origem social ou de suas crenças. As pessoas aprendiam a colocar uma máscara e a desempenhar o papel de cidadãos soviéticos leais, mesmo que vivessem sob outros princípios na privacidade do próprio lar.

Falar era perigoso nessa sociedade. Conversas familiares repetidas fora de casa poderiam resultar em detenções e até em prisões. As crianças eram a principal fonte de perigo. Naturalmente falantes, eram jovens demais para compreender o significado político do que tinham ouvido. Os parques infantis, especialmente, eram locais de criação de informantes. "Éramos ensinados a ficar de boca fechada e a não falar com ninguém sobre nossa família", lembra a filha de um bolchevique de médio escalão em Saratov:

> Havia certas regras para escutar e falar que nós, crianças, precisávamos aprender. Sabíamos que não podíamos repetir para ninguém o que ouvíamos os adultos dizendo em sussurros nem o que ouvíamos pelas nossas costas. Teríamos problemas até mesmo se deixássemos que soubessem que tínhamos ouvido o que haviam dito. Às vezes, um adulto dizia alguma coisa e depois falava para nós: "as paredes têm ouvidos", "boca fechada" ou alguma outra expressão... Mas, principalmente, aprendemos essas regras instintivamente. Ninguém nos explicava que o que era dito poderia ser perigoso politicamente, mas, de algum modo, nós compreendíamos.[65]

Nina Iakovleva cresceu em uma atmosfera de oposição silenciosa ao regime soviético. Sua mãe vinha de uma família nobre de Kostroma que fugira dos bolcheviques na Guerra Civil. O pai era um revolucionário socialista* que fora preso depois de participar de um grande levante de camponeses contra os bolcheviques na província de Tambov, em 1921 (ele escapou da prisão e fugiu para Leningrado, onde foi preso novamente em 1926, sendo condenado a cinco anos no campo prisional especial de isolamento de Suzdal). Tendo crescido na década de 1920, Nina sabia instintivamente que não podia falar sobre o pai para os amigos na escola. "Minha mãe era ostensivamente silenciosa a respeito de política", lembra Nina. "Ela declarava sua falta de interesse por política." A

---

* Em 1917, os socialistas revolucionários (SRs, na sigla em inglês) constituíam o maior partido na Rússia. Apoiados pelo campesinato, mantiveram a maioria na Assembleia Constituinte, que foi fechada pelos bolcheviques em janeiro de 1918.

partir desse silêncio, Nina aprendeu a ficar de boca fechada. "Ninguém estabelecera regras específicas sobre o que poderia ser dito, mas havia um sentimento geral, uma atmosfera na família, que deixava claro para nós que não deveríamos falar sobre nosso pai." Nina também aprendeu a desconfiar de todos de fora de sua família mais próxima. "Não amo ninguém, amo apenas mamãe, papai e tia Liuba", escreveu para o pai em 1926. "Amo apenas nossa família. Não amo mais ninguém."[66]

Galina Adasinskaia nasceu em 1921 em uma família de oposicionistas ativos. O pai era um socialista revolucionário e a mãe e a avó eram mencheviques (os três foram presos em 1929). Na década de 1920, quando antigos socialistas revolucionários e mencheviques ainda podiam trabalhar no governo soviético, os pais de Galina levavam uma vida dupla. O pai trabalhava na administração de cooperativas, uma organização econômica promovida pela NEP, e a mãe no Ministério do Comércio, mas na privacidade ambos mantinham as antigas opiniões políticas. Galina era protegida e excluída dessa esfera política secreta. Ela foi criada para ser uma "criança soviética" (ingressou nos Pioneiros e na Komsomol). "Política era algo que meus pais faziam no trabalho, ou escreviam a respeito. Mas em casa eles nunca falavam sobre esse tipo de coisa... Eles consideravam política um negócio sujo." [67]

Os lares nos quais Nina e Galina cresceram podem ter sido extremos, mas as regras de silêncio que instintivamente aprenderam eram observadas por muitas famílias. Sofia Ozemblovskaia, filha do nobre polonês expulsa dos Pioneiros depois de ter sido vista em uma igreja, vivia com a família na metade dianteira de uma casa de madeira em uma aldeia próxima a Minsk. "Em casa, nunca falávamos sobre política nem nada parecido", lembra. "Papai sempre dizia: 'As paredes têm ouvidos.' Uma vez, até nos mostrou como ouvir a conversa do vizinho escutando através de um copo colocado contra a parede. Então compreendemos. A partir daquele momento, também passamos a temer os vizinhos." [68]

Liubov (Liuba) Tetiueva nasceu em 1923 em Cherdyn, uma pequena cidade nos Urais. Seu pai, Aleksandr, um padre ortodoxo, foi preso em 1922 e ficou na prisão por quase um ano. Depois de libertado, foi pressionado pela OGPU (a polícia política) a tornar-se um informante e escrever relatórios sobre os membros da própria paróquia, mas recusou. O Conselho de Cherdyn negou os direitos civis aos Tetiuev e também o cartão de racionamento, quando este foi introduzido, em 1929.* A igreja de Aleksandr foi tomada pelos "renovacionistas" (*obnovlentsy*), reformadores de igrejas que buscavam simplificar a liturgia ortodoxa e tinham o apoio do regime soviético. Pouco depois, Aleksandr foi preso pela segunda vez, após uma delação dos *obnovlentsys*, que o acusaram de semear "discórdia entre os fiéis" (recusando-se a se juntar a eles). A mãe de Liubov foi demitida do emprego no museu de Cherdyn, onde trabalhava no catálogo da biblioteca, e o mais velho de seus dois irmãos foi expulso da escola e da Komsomol. A família dependia da renda da irmã mais velha de Liubov, que trabalhava como professora. Liubov relembra a infância na década de 1920:

> Se meus pais precisassem falar sobre algo importante, sempre iam para fora da casa e conversavam aos sussurros. Às vezes, falavam com minha avó no jardim. Eles nunca mantinham tais conversas na frente das crianças — nunca... Jamais discutiram ou falaram criticamente sobre o poder soviético — apesar de terem muito o que criticar — pelo menos nenhuma vez que pudéssemos ouvir. A única coisa que minha mãe sempre nos disse foi: "Não saiam falando por aí, não falem por aí. Quanto menos escutarem, melhor." Crescemos em uma casa de sussurradores.[69]

4

Muitas famílias experimentaram uma separação crescente entre as gerações durante a década de 1920: os costumes e hábitos da antiga sociedade permaneceram dominantes nos espaços privados do lar, onde os mais velhos mandavam, mas os jovens eram cada vez mais expostos à influência da propaganda soviética na escola, nos Pioneiros e na Komsomol. Para as

---

* Eles eram *lishentsy* (literalmente, "privados de direitos") — uma categoria de pessoas, principalmente integrantes da antiga *intelligentsia*, da pequena burguesia e do clero, privadas de direitos civis e eleitorais. Durante a década de 1920, os *lishentsy* foram submetidos a um nível crescente de discriminação pelos bolcheviques, com muitas famílias tendo acesso negado às escolas soviéticas e às habitações fornecidas pelo Estado ou sendo privadas de cartões de racionamento.

gerações mais velhas, a situação impunha um dilema moral: por um lado, queriam transmitir para os filhos as tradições e as crenças familiares, mas, por outro, precisavam educá-los como cidadãos soviéticos.

Avôs e avós eram os principais transmissores de valores tradicionais na maioria das famílias. A avó, em particular, desempenhava um papel especial, assumindo a principal responsabilidade pela criação das crianças e pela administração do lar, caso ambos os pais trabalhassem, ou desempenhando um importante papel auxiliar, caso a mãe trabalhasse em meio expediente. Nas palavras do poeta Vladimir Kornilov: "Parecia que, em nossa época, não havia mães. / Havia somente avós."[70] A influência das avós era sentida de diversos modos. Administrando a casa, as avós tinham um efeito direto sobre os modos e os hábitos das crianças. Elas contavam aos netos histórias sobre "antigamente" (antes de 1917), que com o tempo serviriam como ponto de referência ou contrapeso para a história soviética, possibilitando o questionamento da propaganda com a qual eram alimentados na escola. Elas mantinham vivos os valores culturais do século XIX, lendo para as crianças literatura russa pré-revolucionária, pouco lida nas escolas soviéticas, ou levando-as ao teatro, às galerias ou aos concertos.[71]

Elena Bonner foi educada pela avó. "Batania, e não mamãe, era o centro da minha vida", escreveu posteriormente. Como ativistas do Partido, os pais de Elena costumavam estar ausentes do lar dos Bonner. Elena encontrou no relacionamento com a avó o amor e o afeto que desejava mas não recebia dos pais. Batania oferecia um contrapeso moral à influência soviética dos pais de Elena. Na infância, Elena tinha consciência de que a avó — uma mulher grande, mas "impressionantemente bela", com "jeito calmo e imperativo" — habitava um mundo diferente do mundo soviético no qual os pais viviam.

> Os amigos e conhecidos de Batania raramente vinham ao nosso prédio, onde somente ela e as crianças não eram membros do Partido. Mas eu costumava visitá-los com ela. Eu via que viviam de modo diferente — tinham pratos diferentes, móveis diferentes. (Em nossa casa, Batania era a única que tinha móveis normais e algumas coisas bonitas...) Eles falavam de modo diferente sobre tudo. Eu sentia (impressão que vinha definitivamente de papai e mamãe) que eram um tipo diferente de pessoas — o que eu não conseguia saber era se seriam melhores ou piores.

A disposição moral conservadora de Batania tinha raízes no mundo da burguesia russo-judia. Ela era trabalhadora, rígida, mas carinhosa e inteiramente dedicada à família. Na década de 1920, Batania trabalhou como "especialista" (*spets*) — uma classe muito desprezada, mas ainda necessária de especialistas e técnicos "burgueses" — no escritório da alfândega de Leningrado, onde era contadora. Ela recebia mais do que os pais da família Bonner no "Maximo do Partido". Batania tinha atitudes antiquadas e frugais em relação ao dinheiro e ao modo de cuidar da casa que eram uma fonte constante de atrito com o "regime soviético" imposto pelos pais de Elena na casa. Ela lia muito, mas "recusava-se teimosamente a ler literatura contemporânea" e, "por princípio", não ia ao cinema, tal era seu desprezo pelo mundo moderno. Ela não sentia "nada além de desprezo pela nova ordem", falava disparates sobre os líderes do Partido e repreendia a própria filha pelos excessos da ditadura bolchevique. Quando ficava realmente com raiva, dizia coisas que começavam com a frase: "Deixem-me lembrá-los de que antes dessa Revolução de vocês..." Depois que o governo soviético extinguiu o feriado de Shrovetide, o mais animado do calendário ortodoxo, Batania, que simpatizava com todos os costumes antigos, disse para a neta: "Bem, você pode agradecer à sua mãe e ao seu pai por isso." Não é de surpreender que Elena ficasse confusa com o conflito de valores em sua família. "Havia um conflito colossal em torno de nossa educação", recordou em uma entrevista.

Minha avó trazia para mim livros da Biblioteca de Ouro das Crianças, várias bobagens, e minha mãe fechava a cara em reprovação, mas nunca ousou dizer nada para ela. Minha mãe trazia para casa livros diferentes, Pavel Korchagin,[*] por exemplo, que trouxe para mim em um manuscrito e que também li. Eu não sabia de qual tipo de livro gostava mais.

Elena amava a avó e a respeitava "mais do que qualquer outra pessoa no mundo", mas, não é de surpreender, também desejava se identificar com os pais e com o mundo deles: "Sempre percebi os amigos dos meus

---

[*] *Assim foi temperado o aço* (1932-4), livro de Nikolai Ostrovski sobre o estabelecimento do poder soviético e a vida heroica de um ativista da Komsomol, Pavel Korchagin, que inspirou muitas crianças soviéticas nas décadas de 1930 e 1940.

pais como sendo do mesmo tipo que eu, e os de Batania como estranhos. Essencialmente, eu já pertencia ao Partido."[72]

Na casa em Moscou de Anatoly Golovnia, que trabalhou como câmera na maioria dos filmes de Vsevolod Pudovkin nas décadas de 1920 e 1930, a mãe de Anatoly, Lydia Ivanovna, era uma influência dominante. Nascida em uma família de mercadores gregos de Odessa, ela fora educada no Instituto Smolny, onde adquiriu as atitudes refinadas e os hábitos da aristocracia russa. Lydia passou tais costumes para o lar dos Golovnia, que administrava com mão de ferro à maneira "russa vitoriana". Lydia desprezava os modos "vulgares" da esposa de Anatoly, uma atriz de cinema de beleza extraordinária chamada Liuba, que viera para Moscou de uma família camponesa pobre em Cheliabinsk. Ela achava que seu gosto por roupas e móveis caros refletia o consumismo da "nova burguesia soviética", a classe de camponeses e trabalhadores em ascendência na hierarquia burocrática. Em uma discussão acalorada, depois de Liuba voltar de um surto de compras, Lydia disse-lhe que ela representava "o lado feio da Revolução". A própria Lydia tinha gostos simples. Vestia sempre o mesmo vestido preto longo com bolsos fundos nos quais guardava uma caixa de pó de arroz e uns óculos com cabo longo. Sobrevivente da fome que se espalhara pelo sudeste da Rússia e da Ucrânia no final da Guerra Civil, vivia com medo da fome, apesar da renda de Anatoly ser mais do que suficiente para manter a casa, onde também moravam a irmã de Liuba e sua filha, Oksana. Lydia planejava cada refeição em um pequeno caderno, com as quantidades exatas dos itens que precisavam ser comprados. Ela tinha suas lojas favoritas, a padaria de elite Filippovsky e a loja Yeliseyec na rua Tverskaia, onde "podia se dar ao luxo de beber um copo gelado de suco de tomate". Relembrando a infância, Oksana escreveu em 1985:

> Minha avó era uma mulher muito modesta e disciplinada. Ela era uma espécie de moralista, talvez uma pedagoga. Sempre tentava fazer a "coisa certa". Lembro-me de como gostava de dizer ao filho, um bolchevique convicto: "Se vocês fizessem as coisas do mesmo jeito que eu, já teriam construído seu comunismo há muito tempo." Ela não temia falar o que lhe desse vontade e nem ocultava nada do que pensava ou fazia. Ela acreditava fortemente que as ideias deveriam ser ditas

claramente e em voz alta, sem pretensão, disfarce ou medo. Ela costumava dizer para mim: "Não sussurre, é falta de educação!"* Agora percebo que se comportava dessa maneira para servir de exemplo para a neta — para mostrar o jeito certo de se comportar. Obrigada, vovó![73]

As avós também eram as principais praticantes e guardiãs da fé religiosa. Quase sempre eram elas que organizavam os batizados das crianças soviéticas, às vezes sem o conhecimento nem o consentimento dos pais, e que levavam as crianças para a igreja e lhes transmitiam costumes e crenças religiosas. Mesmo quando mantinham a fé religiosa, os pais das crianças soviéticas eram menos inclinados a transmiti-la aos filhos, parcialmente por medo de que a exposição das crenças na escola, por exemplo, trouxesse consequências desastrosas para a família. "Minha avó levou-me para ser batizada, embora meus pais se opusessem violentamente", relembra Vladimir Fomin, que nasceu em uma família de operários industriais em Kolpino, próximo a Leningrado. "Foi tudo realizado secretamente em uma igreja no campo. Meus pais temiam perder os empregos na fábrica se descobrissem que eu fora batizado."[74]

As crenças religiosas da avó poderiam colocar a criança em conflito com o sistema ideológico das escolas soviéticas. Nascida em 1918 em uma família de engenheiros ricos de Tíflis, Yevgeniia Yevangulova passou boa parte da infância com os pais em Rybinsk, pois seu pai, Pavel, chefe de minas no Conselho de Mineração Soviético, viajava com frequência a negócios para a Sibéria, enquanto a mãe, Nina, que estudava em Moscou, não conseguia lidar com o trabalho de cuidar da criança. Esposa devota de um mercador da velha guarda, a avó de Yevgeniia foi uma grande influência em sua criação. Ela deu à neta uma pequena cruz para usar sob a camisa no primeiro dia na escola. Entretanto, um grupo de garotos descobriu e zombaram dela. "Ela acredita em Deus!", apontavam e gritavam. Yevgeniia ficou traumatizada com o incidente e

---

* Tendo crescido em Roma, onde nasceu em 1924, Elena Volkonskaia lembra-se de ouvir a mãe dizer a mesma frase. Nascida em 1893, a mãe de Elena era filha de Pyotr Stolypin, primeiro-ministro da Rússia entre 1906 e 1911 e também formado pelo Instituto Smolny (entrevista com Elena Volkonskaia, julho de 2006).

se retraiu. Quando foi convidada a ingressar nos Pioneiros, recusou, um raro ato de protesto entre as crianças da mesma idade, e posteriormente se recusou a ingressar na Komsomol.[75]

Boris Gavrilov nasceu em 1921. Seu pai era gerente de uma fábrica e membro sênior do Partido em um dos subúrbios industriais de Leningrado, e sua mãe, professora. Boris foi criado pela avó materna, viúva de um rico mercador de marfim, cuja fé religiosa exerceu uma influência duradoura sobre ele:

Minha avó tinha seu próprio quarto — tínhamos cinco quartos no total —, cujas paredes eram cobertas por imagens religiosas e grandes ícones com velas devocionais. Era o único quarto na casa em que meu pai permitia a presença dos ícones. Minha avó ia à igreja e me levava com ela, sem dizer ao meu pai. Eu amava a missa de Páscoa, apesar de ser muito longa... A igreja era a única alegria dela — não ia ao teatro nem ao cinema —, e tudo o que lia eram livros religiosos, que também foram a primeira coisa que aprendi a ler. Minha mãe também era religiosa, mas não ia à igreja. Não tinha tempo, e, de todo modo, meu pai não permitiria. Na escola, ensinavam-me a ser ateu. Mas eu era mais ligado à beleza da igreja. Quando minha avó morreu e meus pais se divorciaram [em 1934], fui estimulado por minha mãe a continuar a ir à igreja. Às vezes eu até comungava e me confessava. Sempre usei uma cruz, apesar de não me considerar particularmente religioso. Naturalmente, nunca disse uma palavra sobre minha religião na escola, nem quando ingressei no exército [em 1941]. Coisas assim precisavam ficar em segredo.[76]

A divisão entre o lar e a escola criou conflitos em muitas famílias. As crianças costumavam ficar confusas pela contradição entre o que os pais diziam e o que os professores ensinavam. "Em casa você ouve uma coisa, e na escola, outra. Não sei qual é melhor", escreveu um garoto em 1926. A questão da religião era particularmente confusa. Uma garota observou que se sentia "dividida entre duas forças": na escola, ensinavam que "não existe Deus, mas em casa minha avó diz que Deus existe". A questão da religião dividia os jovens e os velhos, especialmente no campo, onde os professores encorajavam as crianças a desafiar as crenças e a autoridade dos mais velhos. "Durante o chá, eu discutia com minha mãe sobre a existência de Deus", escreveu um estudante da região rural em 1926. "Ela disse que o poder soviético estava errado em lutar contra a religião e em atacar os padres. Mas assegurei a ela: 'Não, mamãe, você está errada. O poder soviético está correto. O padre é um mentiroso.'" Quando ingressavam nos Pioneiros, a autoconfiança das crianças aumentava. Elas tornavam-se conscientes de si próprias como membros de um movimento dedicado a erradicar os costumes retrógrados do passado. "Um dia, durante o Lent, quando cheguei em casa da escola, minha avó deu-me somente batatas para o chá", escreveu um Pioneiro. "Reclamei, e minha avó disse: 'Não fique com raiva, o jejum do Lent ainda não acabou.' Mas respondi: 'Para vocês, pode ser que sim, porque são velhos. Mas nós somos Pioneiros e não somos obrigados a reconhecer esses rituais.'" Tal firmeza era ainda mais pronunciada na Komsomol, onde o ateísmo militante era considerado sinal de consciência política "progressista" e quase um requisito para ser membro.[77]

Os pais precisavam escolher com muito cuidado o que diziam aos filhos sobre Deus, em geral decidindo conscientemente não dar uma criação religiosa aos filhos, mesmo que eles próprios tivessem inclinações religiosas, pois reconheciam que os filhos precisavam se adaptar à cultura soviética se quisessem ter sucesso na vida adulta. Tal concessão era particularmente comum em famílias de profissionais, que compreendiam que a realização das ambições de uma criança dependia da confiança do Estado. Um engenheiro, filho de um arquiteto, lembra que os pais, educados antes da Revolução, aprenderam a acreditar em Deus e a seguir os princípios que tinham aprendido com os avós. Mas ele foi educado para honrar princípios diferentes, "ser decente", como ele colocou, "e a responder a todas as exigências sociais feitas a ele". Uma situação parecida prevalecia na residência de Pyotr e Maria Skachkova, ambos bibliotecários, em Moscou. Apesar de serem religiosos e sempre irem à igreja, não educaram as três filhas para que acreditassem em Deus. Como uma delas recordou:

Meus pais pensavam assim: como a religião foi proibida, eles não falariam sobre o assunto com as filhas, porque precisaríamos viver em uma sociedade diferente daquela na qual eles haviam crescido. Eles não queriam fazer com que levássemos uma vida dupla caso ingressássemos nos Pioneiros ou na Komsomol.[78]

Muitas famílias viviam vidas duplas: celebravam os feriados públicos soviéticos como o Primeiro de Maio e o Sete de Novembro (Dia da Revolução) e agiam de acordo com a ideologia ateia do regime, mas continuavam a respeitar sua fé religiosa na privacidade do próprio lar. Yekaterina Olitskaia era membro do Partido Socialista Revolucionário. Na década de 1920, foi exilada para Riazan, onde foi morar com uma senhora, viúva de um ex-funcionário ferroviário, e sua filha, membro da Komsomol e operária em uma fábrica de papel. A velha era devotadamente religiosa, mas, por insistência da filha, mantinha os ícones em um armário secreto ocultado por uma cortina no quarto nos fundos da casa. A filha temia ser demitida se a Komsomol descobrisse que havia ícones religiosos em sua casa. "Aos sábados e nos grandes feriados, elas fechavam as cortinas à noite e acendiam as velas votivas", escreve Olitskaia. "Geralmente, conferiam para ver se as portas estavam trancadas." Antonina Kostikova cresceu em uma casa similarmente dissimulada. Seu pai foi o presidente camponês do conselho de uma aldeia na província de Saratov entre 1922 e 1928, mas, privadamente, manteve a fé ortodoxa. "Nossos pais eram muito religiosos", lembra-se Antonina. "Eles sabiam todas as orações. Meu pai era especialmente devoto, mas raramente falava sobre religião, e apenas em casa, à noite. Ele nunca nos deixou [os três filhos] vê-lo rezar. Ele dizia que devíamos aprender o que nos ensinavam sobre Deus na escola." A mãe de Antonina, uma camponesa simples, mantinha um ícone religioso escondido em um compartimento dentro de uma gaveta de mesa, descoberto por Antonina somente após sua morte, na década de 1970.[79]

A observância secreta de rituais religiosos ocorria até mesmo em famílias do Partido. Era realmente bastante comum, julgando a partir de um relatório da Comissão de Controle Central, que revelou que quase metade dos membros expulsos do Partido em 1925 havia sido expurgada por prática religiosa. Havia um enorme número de lares do Partido nos quais Cristo ficava lado a lado com o ideal comunista, e o retrato de Lenin era exibido ao lado dos ícones religiosos da família no canto "vermelho" ou "sagrado" da sala de estar.[80]

A babá, outra transmissora de valores tradicionais russos dentro da família soviética, era uma aliada natural da avó. Babás eram empregadas por muitas famílias urbanas, especialmente em residências nas quais os dois pais trabalhavam. Havia uma oferta quase infinita de babás vindas do campo, sobretudo depois de 1928, quando milhões de camponeses fugiram para as cidades para escapar da coletivização, trazendo consigo seus costumes e crenças.

Praticamente todos os bolcheviques empregavam babás para cuidar dos filhos. Era uma necessidade prática para a maioria das mulheres do Partido, pelo menos até que o Estado oferecesse cuidado infantil universal, pois trabalhavam fora de casa. Em muitas famílias do Partido, a babá agia como um contrapeso moral às atitudes soviéticas que governavam a residência. Ironicamente, os bolcheviques de escalão mais alto tendiam a empregar as babás mais caras, que geralmente mantinham opiniões reacionárias. Os Bonner, por exemplo, tiveram uma série de babás, incluindo uma que trabalhara em São Petersburgo na residência do conde Sheremetev, um germânico dos bálticos (conhecido de amigos antigos de Batania, proprietários de terras), que ensinava "boas maneiras" às crianças, e até uma que trabalhara para a família imperial.[81]

As babás podiam exercer uma grande influência na vida familiar. Na residência de Leningrado dos ativistas do Partido Anna Karpitskaia e Pyotr Nizovtsev, por exemplo, havia uma babá camponesa chamada Masha, uma antiga crente* devota, que observava os rituais religiosos na casa da família. Ela comia separadamente, utilizando pratos e talheres próprios, rezava de manhã e à noite em seu quarto e envolvia as crianças nos elaborados ritos de sua fé. Masha também era uma curandeira praticante, como fora em sua aldeia nativa no interior do norte da Rússia, fazendo remédios herbais para curar as crianças de diversas doenças. Gentil e caridosa, Masha conquistou o respeito dos empregadores, que a protegiam da perseguição de ativistas religiosos pelas autoridades soviéticas. A presença de Masha contribuía com a atmosfera raramente

---

* Os antigos crentes aderiam aos rituais ortodoxos russos observados antes que a reforma na Igreja ocorrida na década de 1650 os aproximassem da liturgia ortodoxa grega.

liberal que prevalecia naquela residência. "Não achávamos estranho ter uma antiga crente na família", lembra Marksena, filha de Anna. "Não havia o menor sinal em nossa casa do ateísmo militante encontrado em outras residências do Partido naquele período. Fomos educados para termos tolerância com quase todas as religiões e crenças, apesar de sermos ateus."[82]

Inna Gaister foi outra filha de bolcheviques também profundamente afetada pelos valores contrários da babá. O pai de Inna, Aron Gaister, era um economista sênior na Gosplan (a Comissão de Planejamento do Estado); a mãe, Rakhil Kaplan, economista no Comissariado do Povo da Indústria Pesada. Ambos vinham de famílias que trabalhavam na Zona de Residência, no extremo sudoeste do Império Russo, onde os judeus do tsar foram obrigados a viver. Os dois conheceram-se em Gomel, uma cidade na Bielorrússia, ingressaram no Partido durante a Guerra Civil e, na década de 1920, mudaram-se para um apartamento comunal em Moscou. Aron estudava no Instituto de Professores Vermelhos e Rakhil trabalhava na União de Trabalhadores Têxteis. Como muitos judeus soviéticos, os Gaister investiram as esperanças no programa de industrialização, acreditando que ele acabaria com todo o movimento retrógrado, toda a desigualdade e toda a exploração na União Soviética. Dois meses depois do nascimento da primeira filha do casal, Inna, em 1925, eles contrataram uma babá chamada Natasha, que se mudou para a nova casa da família. Natasha Ovchinnikova vinha de uma família de camponeses da província de Riazan, ao sul de Moscou, cuja pequena fazenda fora arruinada pelas requisições de grãos dos bolcheviques na época da Guerra Civil. Durante a fome de 1921, Natasha fugiu para a capital. Ela raramente falava sobre a família no lar dos Gaister. Mas mesmo aos 8 ou 9 anos, Inna tinha consciência de que o mundo no qual a babá crescera era muito diferente daquele no qual seus pais viviam. Inna percebia como Natasha rezava na igreja e a escutava chorar em seu quarto. Ela viu a pobreza dos parentes de Natasha oriundos de Riazan — os quais também haviam ido para a capital e viviam como imigrantes ilegais em uma caserna lotada — quando foi visitá-los com ela. A sobrinha de Natasha, uma menina com quem Inna gostava de brincar, não tinha sapatos, então Inna levou um de seus pares e depois, quando os pais perguntaram sobre os sapatos desaparecidos, mentiu dizendo que os havia perdido. Apesar de ainda jovem demais para questionar qualquer coisa politicamente, Inna já tinha formado uma aliança tácita com Natasha e sua família.[83]

O mundo camponês de onde as babás vinham era amplamente dominado pelas tradições da família patriarcal. Em 1926, os camponeses representavam 82% da população soviética — 120 milhões de pessoas (em uma população total de 147 milhões) dispersas em 613 mil aldeias e assentamentos remotos espalhados pela União Soviética.[84] A ligação dos camponeses ao trabalho familiar individual na fazenda privada na qual moravam fazia deles o último bastião do individualismo na Rússia soviética e, aos olhos dos bolcheviques, o maior obstáculo à utopia comunista.

Em algumas áreas, especialmente na Rússia Central, costumes urbanos estavam sendo absorvidos pelo interior, e filhos letrados de camponeses estavam assumindo o lugar dos pais na liderança das fazendas familiares ou se separando de famílias agregadas para criar residências próprias. Contudo, em outros lugares, as tradições patriarcais das famílias camponesas ainda predominavam.

Antonina Golovina nasceu em 1923 em uma família de camponeses, sendo a mais nova de seis filhos. A aldeia em que viviam, Obukhovo, 800 quilômetros a noroeste de Moscou, era um assentamento antigo de casas de madeira no meio de uma floresta; havia um lago no meio da aldeia e uma grande igreja de madeira, construída no século XVIII. Os Golovin sempre tinham morado em Obukhovo (20 das 59 residências na aldeia eram ocupadas pelos Golovin em 1929).[85] O pai de Antonina, Nikolai, nasceu na aldeia em 1882 e, exceto pelos três anos que passara no exército na Primeira Guerra Mundial, viveu a vida toda ali. Como muitas outras aldeias, Obukhovo era uma comunidade hermeticamente fechada, na qual relações de família e de parentesco desempenhavam um papel crucial. Os camponeses viam a si próprios como uma única "família" e ensinavam os filhos a falarem com outros adultos em termos familiares ("tia", "tio", e daí em diante). As tentativas bolcheviques de dividir os camponeses em classes sociais adversárias — os *kulaks* (ou a "burguesia rural") e os camponeses pobres (o dito "proletariado rural") — fracassaram miseravelmente em Obukhovo, assim como em boa parte da Rússia soviética durante a Guerra Civil.

Por ser um camponês trabalhador, sóbrio e bem-sucedido do maior clã da aldeia, Nikolai era uma figura respeitada em Obukhovo. "Era um homem quieto — não falava para matar tempo —, mas trabalhava honestamente e realmente fazia as coisas, o que era valorizado pelos camponeses", lembra um dos aldeões. Depois do retorno da Primeira Guerra Mundial, Nikolai tornou-se um líder da comuna de camponeses em Obukhovo. Dirigida por uma assembleia dos principais fazendeiros, a comuna camponesa era uma instituição antiga, estabelecida na época da servidão, que regulava virtualmente todos os aspectos da vida agrária e da aldeia. Seus poderes de autogoverno haviam sido consideravelmente ampliados pela Emancipação dos servos em 1861, quando assumiu a maior parte das funções administrativas, policiais e judiciárias dos senhores de terra e se tornou a unidade básica da administração rural. A comuna controlava a terra do camponês — que em boa parte da Rússia era propriedade da comunidade, mas trabalhada individualmente —, estabelecia os padrões comuns de cultivo e de pastoreio necessários para os sistemas de campo aberto da cultura em faixas (na qual não havia cercas entre as faixas ou campos) e refazia a divisão da terra arável entre as fazendas camponesas de acordo com o tamanho de suas residências — um princípio igualitário que também ajudava a comunidade a pagar impostos ao Estado assegurando-se de que toda a terra fosse trabalhada por famílias com mão de obra disponível. Em 1917, a comuna tornou-se o centro organizacional da revolução camponesa na terra. Depois do colapso da antiga ordem rural e da fuga da maioria dos líderes, dos gentios e do clero do campo, os camponeses em toda a Rússia assumiram o controle da terra e — sem aguardar por uma decisão do governo central ou dos partidos revolucionários das cidades — a redistribuíram entre as comunas camponesas e os diversos conselhos de aldeias (soviéticos) e os comitês que haviam criado para governar os próprios assuntos no decorrer de 1917.[86]

CRIANÇAS DE 1917

Antes da Revolução, Nikolai alugava terra arável do padre da aldeia. Como a maioria dos camponeses na Rússia, onde a superpopulação e o trabalho agrário ineficiente resultavam em falta de terra, ele dependia da terra arável para alimentar a família. Em 1917, a comuna assumiu o controle da terra da igreja e a dividiu com a terra comunal entre os camponeses. Nikolai recebeu quatro hectares de terra arável e pasto, uma norma estabelecida proporcionalmente ao número de "bocas" na família (ou seja, o tamanho da residência). Ele passou a ter praticamente o dobro de terra para trabalhar do que antes de 1917, e nenhuma parte dela era alugada. Mas quatro hectares não eram o suficiente para sobreviver em Obukhovo nem em qualquer lugar no norte da Rússia, onde o solo pobre e a terra dividida pela floresta em pedaços desproporcionais voltaram a ser divididos pela comuna (para que tivessem certeza de que todos os camponeses recebessem partes iguais dos pequenos pedaços de terra) em faixas estreitas, cada uma com não mais de um metro de largura e inadequadas para arados modernos. A terra arável dos Golovin consistia em cerca de oitenta faixas separadas em 18 locais diferentes — números nada incomuns para camponeses da região de Vologda. Para complementar a renda, os camponeses trabalhavam no comércio e em manufaturas, que sempre desempenharam um papel vital na economia das aldeias do norte — quase tão importante quanto o da agricultura — e que floresciam na NEP, quando o governo encorajava o comércio rural e até oferecia subsídios por meio de cooperativas. Nikolai tinha uma oficina de couro nos fundos da fazenda. "Em nossa casa", lembra Antonina,

tínhamos o suficiente para sobreviver, mas somente como resultado de nosso próprio trabalho duro e de nossa parcimônia. Todas as seis crianças trabalhavam a terra, até o mais novo, e nosso pai trabalhava longas horas fazendo sapatos e outros itens de couro na oficina. Quando comprava uma vaca do mercado, assegurava-se de tirar tudo dela. Ele matava a vaca, vendia a carne, vestia o couro (todos os camponeses na região conheciam sua técnica), manufaturava botas com o couro e depois vendia tudo no mercado.[87]

Essa ética de trabalho era "a principal filosofia de nossa educação durante a infância", lembra. Era típico das famílias camponesas mais trabalhadoras que as crianças fossem educadas para trabalhar na fazenda desde cedo. Esses camponeses tinham orgulho do próprio trabalho, como lembra Antonina:

> Meu pai gostava de dizer que tudo que fazíamos devia ser benfeito — como se tivesse sido feito por um mestre. Isso era o que chamava de "modo dos Golovin" — as maiores palavras de elogio que usava... Quando fomos para a escola, ele disse a todos nós que estudássemos muito e aprendêssemos uma boa profissão. Aos seus olhos, as boas profissões eram a medicina, a pedagogia, a agronomia e a engenharia. Ele não queria que os filhos aprendessem a fazer sapatos, o que considerava uma vida dura, apesar de ser um artista em seu trabalho, e de nós — crianças e quem quer que viesse à nossa casa — nos inspirarmos pela beleza de seu trabalho.[88]

Nikolai construiu a própria casa, uma edificação longa, branca e de apenas um andar, próxima à pedra do moinho, no centro de Obukhovo. A única casa de tijolos em toda a aldeia, tinha uma sala de jantar e também um quarto parcamente mobiliado com móveis de fábrica comprados em Vologda e duas camas de ferro, uma para Nikolai e a esposa, Yevdokiia, a outra para as duas filhas (os garotos dormiam no chão da sala de jantar). Fora da cozinha, a única entrada da casa, havia um terreno coberto para animais, com estábulos, um chiqueiro e dois celeiros. O terreno também continha uma casa de banhos, um banheiro, um depósito de ferramentas e uma oficina. Depois dele, havia um jardim cheio de macieiras.

Nikolai era um pai rígido. "Todas as crianças tinham medo dele", lembra a filha Antonina, "mas era um medo baseado no respeito. Como nossa mãe gostava de dizer: 'Deus está no céu e papai, aqui em casa.' O que quer que papai dissesse era interpretado como lei. Até pelos quatro garotos." Nesse tipo de lar patriarcal, havia pouca ternura ou intimidade entre adultos e crianças. "Nunca abraçamos nem beijamos nossos pais", disse Antonina. "Não os amávamos dessa maneira. Fomos educados para respeitá-los e reverenciá-los. Sempre os obedecíamos." Mas isso não significava que não havia amor. Nikolai adorava a filha mais nova, que recorda de um momento de ternura na infância, quando tinha apenas 4 anos. Vestido com sua melhor camisa de algodão para um feriado, o pai carregou-a nos braços fortes até a igreja da aldeia.

De repente, ele pegou minhas mãos e apertou-as fortemente contra os lábios. Ele fechou os olhos e beijou minhas mãos com um sentimento real. Lembro-me disso. Agora compreendo o quanto significava para ele, o quanto ele precisava expressar seu amor. Ele estava tão limpo, tão cheiroso, naquela camisa nova decorada com bordados marrons.[89]

5

Para as elites da sociedade antiga, a transmissão de tradições e valores familiares para a geração seguinte foi especialmente complicada; se desejassem ser bem-sucedidos na nova sociedade, não poderiam simplesmente manter os hábitos costumeiros, pois era preciso se ajustar às condições soviéticas. Para manter um equilíbrio entre o antigo e o novo, as famílias adotavam diversas estratégias. Elas podiam, por exemplo, viver uma vida dupla, recolhendo-se a um mundo privado ("emigração interna") onde se mantinham secretamente fiéis às crenças antigas, talvez ocultando-as dos próprios filhos, que eram educados à maneira soviética.

Os Preobrajenski são um bom exemplo de uma família da antiga elite que manteve alguns aspectos da vida antiga, mesmo enquanto se adaptava amplamente às condições soviéticas. Antes de 1917, Pyotr Preobrajenski trabalhara como padre no Hospital Psiquiátrico Priajka, em São Petersburgo. Ele era um dos "espiritualistas a quem a imperatriz Aleksandra recorrera em busca de ajuda para curar o *tsarevich* de hemofilia antes da chegada de Rasputin à corte. A esposa de Pyotr era formada pelo Instituto Smolny e confidente da imperatriz viúva Maria Fyodorovna. Depois de 1917, Pyotr e o filho mais velho trabalharam como porteiros no hospital. O filho mais novo, que fora mestre do coro no monastério Aleksandr Nevsky, alistou-se no Exército Vermelho e morreu lutando na Guerra Civil. A filha mais velha de Pyotr tornou-se secretária no conselho de Petrogrado, e a mais jovem, Maria, desistiu da carreira de pianista de concertos para ser inspetora de fazendas coletivas na área de Luga. O marido de Maria, que era cantor, tornou-se trabalhador sanitário no hospital Priajka. Durante a década de 1920, a família vivia reunida em um escritório nos fundos do hospital. Nunca reclamaram da pobreza desesperadora, mas viviam em quietude, aceitando as tarefas impostas pelo novo regime — com uma exceção. Todas as noites, os ícones religiosos eram retirados do esconderijo secreto onde ficavam, as velas votivas eram acesas e preces eram feitas. A família ia à igreja, celebrava a Páscoa e sempre tinha uma árvore de Natal, mesmo depois da proibição das árvores de Natal, em 1929, por serem uma "relíquia do estilo de vida burguês". Maria e o marido faziam a filha Tatiana usar uma cruz de ouro em um colar, o qual, disseram, deveria ser mantido escondido. "Fui educada para acreditar em Deus e ao mesmo tempo aprender na escola e na vida soviéticas", lembra Tatiana. Os Preobrajenski habitavam a fronteira entre esses dois mundos. Secretamente, Pyotr continuou a trabalhar como padre não oficial para pessoas que ainda preferiam enterrar os parentes com rituais cristãos — a maioria silenciosa da população soviética.* "Jamais ganhávamos o suficiente para nosso sustento", explica Tatiana, "então meu avô circulava pelos cemitérios de Leningrado realizando sacramentos por uma pequena quantia."[90]

Para as elites profissionais antigas, havia outro modo de se adaptar à sociedade soviética mantendo o estilo de vida familiar tradicional. Médicos, advogados, professores, cientistas, engenheiros e economistas podiam colocar seus conhecimentos à disposição do novo regime, esperando assim preservar algumas partes de sua existência privilegiada. Eles podiam até viver bem, pelo menos na década de 1920, quando o conhecimento dos "especialistas burgueses" era extremamente necessário para o novo regime.

Pavel Vittenburg era uma figura importante no mundo da geologia soviética e desempenhou um papel de destaque no desenvolvimento dos Gulags do Ártico, ou campos de trabalhos forçados, em Kolyma e Vaigach. Ele nasceu em 1884, o oitavo de nove filhos de uma família

---

* O governo encorajava as pessoas a cremar os mortos em cerimônias soviéticas seculares, oferecendo cremações gratuitas, mas, segundo um oficial de um necrotério no começo da década de 1920, "os russos ainda são religiosos ou supersticiosos demais para que se desliguem das tradições funerais ortodoxas" (GARF, f. 4390, op. 12, d. 40, l. 24).

de alemães do báltico em Vladivostok, na Sibéria. O pai de Pavel vinha de Riga, mas foi exilado para a Sibéria depois de participar do levante polonês contra o governo tsarista em 1862-4. Depois de libertado, trabalhou para a empresa de telégrafos de Vladivostok. Pavel estudou em Vladivostok, Odessa e Riga, indo depois para Tübingen, na Alemanha, antes de se mudar para São Petersburgo como um jovem e sério Doutor em Ciência, em 1908. Casou-se com Zina Razumikhina, filha de um engenheiro ferroviário e parente distante, que estudava medicina em São Petersburgo. O casal comprou uma grande e confortável casa de madeira numa dacha de elite num *resort* em Oligno no golfo da Finlândia, perto de São Petersburgo. Tiveram três filhas: Veronika, em 1912, Valentina, em 1915, e Yevgeniia, em 1922. Era uma família íntima e próxima. Como pai, lembra-se Yevgeniia, Pavel era "atencioso, paciente e carinhoso", e em Olgino "viviam uma vida feliz, com música, pinturas e noites de leitura em família". Faziam longas caminhadas no verão e refeições preguiçosas que eram preparadas com beleza pela babá Annushka, que cuidara de Zina na infância. Os Vittenburg costumavam se reunir com artistas e escritores, como o famoso escritor infantil Kornei Chukovsky, que passou muitos verões na casa da família. Essa existência tchekhoviana perdurou durante a década de 1920.

Os Vittenburg eram motivados por uma forte ética de serviço público, que era praticamente a característica definitiva da *intelligentsia* do século XIX. Depois de 1917, Zina passou a utilizar o treinamento em medicina para organizar um hospital na cidade vizinha, Lakhta, onde tratava gratuitamente dos pacientes. Pavel, eleito presidente do conselho de Lakhta em 1917, organizou uma escola para ensinar tecnologia aos filhos dos trabalhadores pobres. "Ele estava sempre trabalhando", lembra-se Yevgeniia. "Quando não estava escrevendo, estava planejando explorações para a Comissão Polar ou organizando documentos para o Museu Geológico. Ele sempre estava fazendo alguma coisa e raramente podia relaxar." Pavel estava comprometido com as causas da exploração polar e da geologia, que ainda estavam nos primórdios, nas quais a União Soviética era a líder mundial. Exploradores polares eram retratados como heróis em livros e filmes soviéticos, e durante a década de 1920 o governo soviético investiu uma boa parcela do orçamento científico em pesquisas geológicas de operações de mineração em potencial na região ártica. Pavel não se interessava por política, mas recebia de bom grado a atenção do regime soviético e a oportunidade de realizar sua ciência em um ambiente organizado e disciplinado. "Os últimos dez anos foram um período heroico de exploração polar", escreveu Pavel em 1927, pouco depois de partir de Olgino para fazer uma exploração dos campos de ouro em Kolyma. "O futuro promete conquistas ainda maiores."[91]

Outro casal de elite que se adaptou do mesmo modo às condições soviéticas foram os pais do escritor Konstantin Simonov, que está no centro deste livro. Simonov era outra criança de 1917. A mãe, Aleksandra, descendia dos Obolensky, um grandioso e antigo clã de burocratas principescos e proprietários de terras que ocupavam uma posição proeminente no sistema imperial, apesar de o pai, Leonid, como muitos nobres, ter entrado no comércio na década de 1870. Nascida em 1890 e formada pelo Instituto Smolny, Aleksandra era uma mulher da "ordem antiga", cujas atitudes aristocráticas frequentemente entravam em conflito com os modos soviéticos. Alta e imponente, "Alinka", como era conhecida na família, tinha noções antiquadas de "comportamento correto" — normas de conduta que passou para o filho, muito conhecido pelo modo cavalheiresco durante toda a vida (mesmo no auge da carreira, no *establishment* stalinista). Alinka esperava que as pessoas fossem corteses, especialmente com as mulheres, leais aos amigos e tivessem princípios firmes. Ela era uma "pedagoga", lembra o neto, e "nunca se cansava de dizer aos outros como deveriam se comportar".[92]

Em 1914, Aleksandra casou-se com Mikhail Simonov, um coronel da Equipe Geral com quase o dobro de sua idade. Um ano depois, nasceu Konstantin.* Especialista em fortificações militares, Mikhail lutou na Polônia na Primeira Guerra Mundial, atingindo o posto de major-

---

* Os pais batizaram-no de Kirill e chamaram-no por esse nome durante toda a sua vida, mas quando embarcou na carreira literária, na década de 1930, ele mudou seu nome para Konstantin, porque se atrapalhava para pronunciar a letra "r". Por uma questão de clareza, iremos chamá-lo de Konstantin no texto.

general no Quinto Exército e de chefe de equipe de cabos do Quarto Exército. Em 1917, desapareceu. Durante os Quatro anos seguintes, Aleksandra não teve notícias de Mikhail, que aparentemente estava na Polônia em uma missão secreta que o impedia de manter contato com a família na Rússia soviética. Talvez ele tivesse ingressado no exército polonês, ou possivelmente nos Brancos, aliados dos poloneses na Guerra Civil russa. De todo modo, relutava em regressar à Rússia, onde sua posição de general tsarista, além de contrarrevolucionário, poderia resultar, no mínimo, em sua prisão pelos bolcheviques. Não se sabe com clareza o quanto Aleksandra sabia das atividades do marido. O que quer que soubesse, ocultava do filho, sem dúvida para proteger seus interesses. Em 1921, Mikhail escreveu para Aleksandra da Polônia, implorando para que fosse com o filho viver com ele em Varsóvia, onde se tornara cidadão polonês. Aleksandra não conseguia se decidir. Ela levava a sério os votos matrimoniais, e Mikhail estava gravemente doente. Mas, no final, era patriótica demais para deixar a Rússia. "Minha mãe reagiu com uma incompreensão triste à emigração pós-revolucionária russa, apesar de ter amigos e parentes que haviam fugido para o exterior", lembrou Simonov anos mais tarde. "Ela simplesmente não conseguia entender como era possível deixar a Rússia."[93]

Aleksandra juntou-se ao exército de jovens mulheres de famílias nobres e burguesas que trabalhavam como datilógrafas, contadoras e tradutoras nos escritórios do novo governo soviético. No outono de 1918, foi despejada de seu apartamento em Petrogrado. Era o auge do Terror Vermelho, a campanha bolchevique contra as antigas elites, quando "antigas pessoas", como os Obolensky, nobres e membros arruinados da "burguesia" foram expulsos de suas casas, tiveram todas as propriedades tomadas e foram colocados para trabalhar em equipes ou capturados e aprisionados pela Cheka como "reféns" na Guerra Civil contra os Brancos. Depois de muitos meses de petições infrutíferas ao conselho municipal, Aleksandra e o menino Konstantin partiram de Petrogrado para Riazan, 200 quilômetros a sudeste da capital soviética, onde moraram com a irmã mais velha de Aleksandra, Liudmila, viúva de um capitão de artilharia morto na Primeira Guerra Mundial cujo regimento estava baseado na guarnição de Riazan. Eles estavam entre os milhões de cidadãos urbanos que fugiam das cidades famintas na Guerra Civil para ficar mais próximos dos suprimentos de comida.[94]

No início da década de 1920, Riazan era uma cidade de aproximadamente 40 mil habitantes. Uma de suas principais instituições era a Escola Militar, fundada pelos bolcheviques para treinar comandantes para o Exército Vermelho na Guerra Civil. Em sua equipe estava Aleksandr Ivanishev, um coronel no exército tsarista ferido duas vezes (e três vezes vítima de ataques com gás venenoso) na Primeira Guerra Mundial, alistado por Trotski no Exército Vermelho como comandante. Aleksandra casou-se com Ivanishev em 1921. Para uma filha da elite do clã Obolensky, esse, sem dúvida, era um caso de casar com alguém de uma classe inferior: Aleksandr era filho de um humilde trabalhador ferroviário. Mas Aleksandra enfrentara tempos difíceis e descobrira um reflexo dos princípios da própria classe nobre na ética militar do marido e não somente nos ideais de serviço público, do qual, aparentemente, ela obtinha algum conforto naquelas circunstâncias incertas.[95]

Aleksandr era um "homem militar" completo — pontual, consciencioso, organizado e rigorosamente disciplinado —, mas de natureza boa e gentil. Ele administrava a casa em Riazan como um regimento, lembra-se Konstantin:

Nossa família vivia na caserna dos oficiais. Éramos cercados por militares, e o modo de vida militar regia todos os nossos passos. As paradas matutinas e vespertinas eram realizadas no quarteirão diante de nossa casa. Minha mãe estava envolvida em vários comitês do exército com outras esposas de oficiais. Quando recebíamos visitas em casa, as conversas eram sempre sobre o exército. À noite, meu padrasto elaborava planos para exercícios militares. Tudo era planejado com o tempo contado, com ordens dadas com precisão de minutos. Você não podia se atrasar. Você não podia recusar uma tarefa. Era necessário aprender a ficar de boca fechada. Até a menor mentira era vista severamente com maus olhos. De acordo com a ética de serviço deles, minha mãe e meu pai introduziram uma divisão de trabalho rígida em casa. A partir dos 6 ou 7 anos, passei a ser encarregado por cada vez mais responsabilidades. Eu espanava, lavava o chão, ajudava com a louça, limpava as batatas, cuidava do querosene e pegava o pão e o leite.[96]

Tal educação teve uma influência crucial sobre Simonov. Os valores militares que assimilou na infância ("obediência e escrúpulos, prontidão para superar todos os obstáculos, o imperativo de dizer 'sim' ou 'não', amar intensamente e odiar também", como ele próprio definiu tais qualidades) prepararam-no para abraçar o sistema soviético quase militar de comando político nas décadas de 1930 e 1940.

> Aos 13 anos eu sabia:
> Que o que se fala é para valer.
> Sim é sim. Não é não.
> Argumentar é em vão.
> Eu sabia o significado do dever.
> Eu sabia o que eram sacrifícios.
> Eu sabia o que a coragem podia conquistar,
> Não há perdão para a covardia!
>
> (de "Pai", 1956)[97]

Simonov venerava o padrasto ("homem que nunca vi vestindo nada além do uniforme militar") e desde cedo o considerava seu pai verdadeiro. Os princípios militares de dever e obediência que assimilara de Aleksandr foram combinados nele com as ideias de serviço público que recebia da mãe e de seu meio aristocrático. Tais princípios eram reforçados pelos livros que leu na infância, imbuídos do culto soviético ao militarismo. Ele era inspirado por histórias legendárias da Guerra Civil, como *Chapaev*, de Dmitry Furmanov (1925), um "clássico soviético" lido por todos os estudantes. Seus heróis de infância eram todos militares, e seus livros escolares eram repletos de desenhos do soldado que ele queria se tornar.[98] Igualmente cedo, Simonov tinha consciência da necessidade de assumir seu lugar em uma hierarquia de comando. Ele foi educado para ver a si próprio não como um soldado, mas como um oficial, responsável por homens inferiores. Ao mesmo tempo, seu senso hipertrofiado de dever público e de obediência também exigia subordinação aos superiores. Como ele próprio escreveria, sua visão do significado de "ser bom" era sinônimo de "honestidade" e de "escrúpulos" (*poriadochnost*) — conceito que, mais tarde, constituiria a base de seu apoio ao regime stalinista. Todas as suas relações formativas envolveram figuras de autoridade. Como filho único, passava a maior parte do tempo na companhia de adultos e era bastante apto em conquistar a aprovação deles. Sem amigos próximos na escola, Simonov nunca aprendeu realmente as lições morais da amizade — ou da lealdade — aos colegas, que poderiam ter ido contra sua tendência crescente a agradar superiores, apesar da camaradaria ser um tema dominante em sua poesia (uma esfera para seus desejos) nas décadas de 1930 e de 1940. Simonov era esperto e precoce. Lia muito e estudava com afinco. Ingressou em vários clubes, participava de peças e era um Pioneiro. Fora os desenhos, seus cadernos escolares revelam um rapaz sério, que passava longas horas desenhando mapas e gráficos, fazendo listas e tabelas e organizando tarefas como um burocrata.[99]

Em suas memórias, escritas em seu último ano de vida, Simonov afirma que os pais haviam aceitado o regime soviético. Ele não conseguia se lembrar de qualquer conversa na qual tivessem manifestado reprovação ao governo ou arrependimento por não terem emigrado depois de 1917. Na apresentação, seus pais assumiram a visão de que, como membros da *intelligentsia*, tinham o dever de ficar e trabalhar pela Rússia soviética e, mesmo que seus próprios valores não fossem "soviéticos", a obrigação de educar Konstantin como uma criança "soviética". Mas isso é apenas metade da verdade. Por trás da aparência de lealdade política, Aleksandra ocultava uma opinião crítica do regime soviético, o qual, afinal de contas, trouxera desastre para sua família. Nikolai, irmão de Aleksandra, foi forçado a fugir para Paris depois de 1917 (como ex-governador da província de Kharkov, ele teria sido preso pelos bolcheviques). Ela nunca mais o viu. O resto da família — Aleksandra, a mãe e três irmãs — vivia com medo e na pobreza, primeiro em Petrogrado e depois em Riazan. Depois da Guerra Civil, Sonia e Daria, irmãs de Aleksandra, voltaram para Petrogrado. E quando a mãe morreu em 1923, Liudmila também voltou para a cidade. Sozinha em Riazan, Aleksandra esforçou-se para se adaptar ao ambiente soviético ("Nasci em outro mundo", escreveu para o filho em 1944. "Passei os primeiros 25 anos da minha vida em condições de conforto... Então minha vida foi destruída subitamente... Eu lavava, cozinhava, ia às lojas e trabalhava o dia todo."). Além de transmitir os valores da aristocracia, Aleksandra também se esforçava para manter vivas as práticas religiosas. Levava o filho à igreja até os 12 anos (em suas cartas para as tias, ele continuou a cumprimentá-las em termos religiosos nos feriados ortodoxos), mas também lhe ensinou que suas origens nobres eram perigosas e precisavam ser escondidas para que ele seguisse adiante.[100] Apesar do clima relativamente liberal da NEP, a luta de classes iniciada pela Revolução estava apenas temporariamente interrompida e, sob a superfície pacífica, aumentava a pressão para um novo expurgo das antigas elites, o qual ameaçava famílias como a dos Simonov.

Em 1927, Simonov foi levado pela mãe para ficar com parentes do padrasto no campo, próximo a Kremenchug. "Tia Zhenia" vivia com o marido, Yevgeni Lebedev, um velho general que se aposentara há tempos do exército tsarista por conta de um ferimento na perna, o qual o deixara paralisado e dependente da mulher, mais jovem. O general era um tipo liberal, de natureza boa e otimista, e não reclamava nem se queixava do governo soviético. Konstantin gostava da companhia dele, pois era interessante e contava histórias bem. Um dia, depois de caminhar na floresta, Konstantin voltou para a casa da tia. A porta foi aberta por um estranho, que era um dos muitos homens da OGPU que tinham vindo revistar a casa em busca da provas incriminatórias de atividades contrarrevolucionárias ántes da prisão do general. Em suas memórias, Simonov recorda o incidente:

No instante em que entrei, um dos homens da OGPU estava levantando o colchão sobre o qual o velho estava descansando e procurando sob ele... "Sente-se, rapaz, e espere", disse o homem para mim, apontando para um banquinho. Ele não foi particularmente rude, porém mais imperativo, e compreendi que precisava me sentar e obedecer a ele... A revista estava sendo feita por dois homens uniformizados, mas eles não haviam mostrado um mandado de busca, e o velho general os xingava, ficando com muita raiva e ameaçando reclamar do comportamento deles, que não estava de acordo com a lei. Para mim, tia Zhenia parecia relativamente calma, temendo, acima de tudo, que o marido tivesse um ataque cardíaco e tentava acalmá-lo sem conseguir. Os homens continuaram com a revista, olhando todos os livros página por página, procurando sob panos e bordados empilhados nas prateleiras. O velho, apoiado na parede e meio deitado na cama, continuava a xingar... Finalmente, a revista foi concluída, e os homens partiram sem levar nada.

Eles agiram com comedimento, não xingaram nem ralharam, porque estavam lidando com um velho paralisado... Em minha consciência, esse acontecimento não pareceu assustador, trágico ou perturbador; pareceu-me mais ou menos normal.

O interessante nesse episódio é o modo como Simonov o interpretou. Ele testemunhara um ato ilegal de repressão do Estado contra sua família, mas não ficou assustado, ou pelo menos foi o que disse depois. De algum modo, ele chegou a ver o ocorrido como um procedimento de rotina ("normal"). Simonov reagiria do mesmo modo às prisões de outros parentes, incluindo a do padrasto e de três tias, durante a década de 1930, racionalizando os eventos como atos "necessários" — enganos, talvez, pois seus parentes eram, com certeza, inocentes, mas compreensíveis no contexto mais amplo da necessidade do Estado de descobrir todos os contrarrevolucionários em potencial.[101]

Em 1928, Simonov mudou-se com os pais para Saratov, uma grande cidade industrial no Volga, onde Aleksandr se tornou instrutor na escola militar. A família vivia na caserna, ocupando dois quartos interligados, e compartilhava uma cozinha comunal com várias outras famílias. Simonov começou a escola secundária, mas abandonou-a em 1929, quando tinha apenas 14 anos, decidindo não completar a educação acadêmica planejada para ele pelos pais e preferindo ir para uma Escola de Aprendizes de Fábricas (FZU, na sigla em russo), onde a educação geral era combinada com treinamento técnico. Como muitos filhos da antiga *intelligentsia*, Simonov ansiava por modelar uma nova identidade "proletária" para si, visando se libertar de suas origens sociais, as quais certamente retardariam seu progresso na sociedade soviética. As FZUs e outras instituições técnicas de nível superior do final da década de 1920 estavam cheias de filhos de famílias da *intelligentsia* que, tendo sido recusados pelas universidades (que favoreciam os candidatos da classe operária), acabaram indo para escolas técnicas ou de fábricas para se qualificarem como "proletários", o que abriria as portas para mais trabalho e educação. Como Simonov, que registrou a mãe como uma "trabalhadora de escritório", muitos filhos da antiga elite ocultavam suas origens sociais ou faziam uso seletivo de suas biografias para que fossem admitidos em escolas e faculdades técnicas. A maioria acabou se tornando engenheiro ou técnico na revolução industrial do Primeiro Plano Quinquenal (1928-32), desenvolvendo uma nova identidade profissional que libertava esses jovens do grande dilema em torno da identidade social — porque tudo o que importava era a dedicação à causa da indústria soviética. A rejeição de Simonov da educação acadêmica escolhida para ele pelos pais foi importante: foi o momento em que deu as costas para a antiga civilização, na qual nascera, e adotou uma identidade "soviética".

Na FZU, Simonov aprendeu o ofício de torneiro. À noite, trabalhava como aprendiz em uma fábrica de munições em Saratov. Simonov não tinha "nenhum talento especial para o trabalho industrial", como reconheceu posteriormente, e só persistiu "por vaidade". Nas cartas para a tia Sonia, em Leningrado, o adolescente demonstrou seu ativismo social e seu entusiasmo pela causa soviética:

1929
Querida tia Sonia!
Desculpe-me por ter demorado tanto para responder à sua agradável carta. Nunca estive tão ocupado. Sou membro de quatro clubes: estou no comitê de governo de dois deles e sou presidente de um (os jovens naturalistas). Além disso, sou membro da comissão de competição [socialista], do grupo de leitura, do quadro editorial da escola e da brigada química [contra ataques com gases venenosos]. Sou também instrutor de assistência coletiva, membro do comitê administrativo [respondendo à administração da escola sobre as atividades políticas e opiniões dos estudantes nas FZUs] e parte da MOPR [a Sociedade Internacional para o Auxílio ao Trabalhador]. No momento, também estou organizando propaganda antirreligiosa por meio da administração do subcomitê e gerenciando o comitê da classe. Recentemente, fui encarregado de organizar um clube de xadrez na escola. Acho que isso é tudo.[102]

É difícil dizer o que havia por trás desse frenesi de atividade — a energia de um adolescente educado segundo a ética do serviço público, o cálculo de que pudesse, por meio desses compromissos, ocultar suas origens sociais e assegurar sua posição na sociedade soviética ou uma fé apaixonada no ideal comunista. Mas foi o princípio do envolvimento de Simonov com o regime stalinista.

6

A classe mercantil também encontrava formas de se adaptar ao novo regime, especialmente após a introdução da NEP. Em 1922, Samuil Laskin, a esposa e as três filhas deixaram a cidade de Orsha e fixaram residência em Moscou. A família mudou-se para um porão próximo ao mercado Sukharevka, que na época era um epíteto para o comércio privado que florescia sob a NEP. Samuil Laskin era um pequeno comerciante de arenque e de outros peixes salgados. Como muitos judeus, fora a Moscou para aproveitar as novas oportunidades para comerciantes privados. Ele tinha todos os tipos de sonhos para as filhas, desejando que se beneficiassem com as escolas e universidades soviéticas para que pudessem assumir uma profissão, o que, antes de 1917, lhe fora impedido de fazer por ser judeu.

Nascido em 1879, Samuil vinha de um grande clã de comerciantes de Orsha, uma cidade-mercado formada por casas de madeira de um único andar, sem água corrente nem saneamento básico, na Zona de Residência. Seu pai, Moisei, um atacadista de peixe salgado, vivia em uma casa de madeira caindo aos pedaços entre as igrejas ortodoxa e católica na movimentada estrada para Shklov. Orsha era uma cidade multicultural onde russos, poloneses, bielorrussos, letões e lituanos viviam junto com os judeus (houve um pequeno *pogrom* em 1905). Os Laskin falavam iídiche e russo. Respeitavam os rituais judaicos, iam à sinagoga e enviavam os filhos para a escola judaica, mas também valorizavam muito a educação e o avanço deles na sociedade soviética. Moisei tinha seis filhos. Os três mais velhos (Sima, Saul e Samuil) foram educados em casa, mas os mais novos (Fania, Iakov e Zhenia) foram para a universidade e se qualificaram como doutores, conseguindo de algum modo contornar as restrições tsaristas que barravam os judeus nas universidades e profissões russas.* Era uma conquista extraordinária para a época, especialmente para as duas meninas, Fania e Zhenia.[103]

---

* Fania e Iakov foram para a Universidade de Iurev (Tartu) na Estônia, uma das poucas universidades no Império que admitia judeus antes de 1917.

Samuil seguiu Moisei no comércio. Em 1907, casou-se com Berta, filha de um comerciante judeu na cidade vizinha de Shklov, onde o casal viveu com as três filhas, Fania (nascida em 1909), Sonia (1911) e Yevgeniia (1914), até a Revolução de 1917. Homem bom e gentil, prático e sábio, com um interesse ávido por literatura e política internacional, Samuil abraçou a Revolução como a libertação dos judeus. Ele sempre sonhara em educar as filhas amadas e, com a instauração da NEP, a qual possibilitou que ganhasse a vida em Moscou, achou que o sonho finalmente se tornaria realidade.

A NEP transformou Moscou em um grande mercado. A população da cidade dobrou nos cinco anos após 1921. Depois das dificuldades da Guerra Civil, quando o comércio privado fora criminalizado, havia uma demanda enorme por qualquer coisa que o mercado pudesse oferecer. Grandes multidões formavam-se nas ruas dos mercados, como a Sukharevka, onde comerciantes negociavam de tudo, de ferro-velho a roupas, panelas e obras de arte. Samuil tinha um estande de arenque na praça Bolotnaia, um mercado de alimentos que atendia aos restaurantes e cafés movimentados da cidade, ao sul do rio Moscou, não muito longe do Kremlin. Ninguém sabia mais do que Samuil sobre o comércio de arenque. Ele podia abrir uma lata de peixe salgado e dizer imediatamente de onde viera — do rio Volga ou do mar de Aral, próximo a Astrakhan ou a Nizhny Novgorod.

No início, a vida foi dura. O porão dos Laskin na primeira rua Meshchanskaia não tinha nada. Eles dormiam em colchões no chão e dependuravam uma cortina no teto para separar a área de dormir das crianças daquela dos adultos. Dividiam um banheiro e uma cozinha com os moradores do andar de cima. Mas em 1923 o negócio de arenque de Samuil estava melhorando, e os Laskin se mudaram para um apartamento alugado no segundo andar do que um dia fora uma grandiosa casa na rua Sretenskaia. Era um apartamento confortável com três quartos espaçosos, banheiro e cozinha próprios, um luxo raro em Moscou naquele período. Samuil estava se saindo tão bem no comércio que podia mandar dinheiro mensalmente para os pais em Orsha e ajudar o sobrinho Mark, que também viera para Moscou com a família. Os

Laskin iam regularmente ao teatro Bolshoi, onde Samuil sempre comprava um camarote.[104]

Mas então, em 1923 e 1924, a falta de mercadorias e o aumento de preços inflamaram o ressentimento dos proletários em relação aos homens-NEP e sua nova riqueza. Para esmagar a inquietação popular na cidade, o conselho soviético fechou 300 mil negócios privados.[105] Os Laskin foram vítimas do impacto. O negócio de Samuil sobreviveu, mas ele foi forçado a pagar uma taxa especial para o Conselho de Moscou e, como muitos comerciantes pequenos, foi relegado à subclasse dos *lishentsy* — pessoas privadas de direitos eleitorais e de outros direitos civis. Samuil suportou calmamente as punições. Durante muitos anos, pagara o "aluguel de negócios" excessivo em seu estande de metal corrugado — um dos muitos impostos cobrados dos comerciantes privados pelo Conselho de Moscou para abrandar o ressentimento da classe trabalhadora com a NEP. Em 1925, Samuil recusou um convite para mudar-se para o Irã, onde a indústria pesqueira dependia muito do conhecimento russo. Ele queria que as três filhas crescessem na União Soviética, para aproveitar as muitas vantagens que ele acreditava — enganadamente, como se viu mais tarde — terem sido abertas. Fania era a mais velha e também a mais prática das três meninas. Em 1926, foi aprovada com louvor nas provas escolares, mas, por causa da posição de *lishenets* do pai, foi rejeitada quando tentou ingressar em uma universidade de medicina. Assim, foi trabalhar em uma fábrica e estudou economia na escola noturna. Sonia era uma jovem séria, articulada, inteligente e de uma beleza marcante que sofrera de pólio na infância, o que a deixara parcialmente paralisada. Impedida de ingressar no ensino superior como a irmã, Sonia estudou estatística em aulas noturnas na escola industrial Sokolniki, em Moscou, antes de se matricular no Instituto do Aço, em 1928. Como muitos judeus, incluindo o primo Mark, que se tornou engenheiro, Sonia abraçou o programa industrial do Primeiro Plano Quinquenal, o qual prometia modernizar a Rússia camponesa retrógrada, a Rússia dos *pogroms*, de onde os Laskin haviam fugido rumo à cidade. Yevgeniia (Zhenia), a mais jovem das meninas, era de temperamento mais artístico e estudava literatura, paixão compartilhada por toda a família. A casa dos Laskin estava "sempre envolvida em um debate literário", lembra Fania. Quando Sonia foi rejeitada pela Komsomol por ser filha de *lishenets*, em 1927, as três garotas formaram um círculo de leitura próprio com Mark e filhos de amigos dos pais que viviam nas redondezas. Eles discutiam política e faziam "julgamentos encenados" de personagens literários. Certa vez, julgaram o Antigo Testamento: encontraram uma cópia da Bíblia e a estudaram juntos durante um mês.[106] Julgamentos públicos de obras literárias, ideologias e costumes religiosos eram eventos populares de propaganda agitadora nas décadas de 1920 e 1930.

Os Laskin eram típicos da primeira geração de judeus soviéticos. Identificavam-se com o internacionalismo da Revolução, que prometia erradicar todo o preconceito e todas as desigualdades nacionais, e com sua visão libertadora da cidade moderna, que oferecia aos judeus um acesso sem precedentes a escolas e universidades, à ciência e às artes, às profissões e ao comércio. Dentro da geração de 1917, os judeus da Rússia transformaram-se em um povo urbano, enquanto as populações dos *shtetls* [aldeias] rurais na antiga Zona de Residência emigravam ou morriam (no começo da Segunda Guerra Mundial, 86% dos judeus soviéticos viviam em áreas urbanas, metade deles nas 11 maiores cidades da URSS). A população de judeus em Moscou cresceu de 15 mil em 1914 para 250 mil (o segundo maior grupo étnico da cidade) em 1937.[107] Os judeus prosperaram na União Soviética. Constituíam grande parte da elite do Partido, da burocracia, do comando militar e da polícia. Julgando pelas memórias do período, havia relativamente pouco antissemitismo ou discriminação, apesar de muitos judeus, como Samuil Laskin, terem sido privados dos direitos civis por causa da classe social e da ligação com o comércio privado. É verdade que muitas sinagogas foram fechadas, mas como resultado da campanha geral dos bolcheviques contra a religião nas décadas de 1920 e 1930. A família continuava como o verdadeiro centro da vida religiosa judaica, com a geração mais velha assumindo as rezas e os rituais antigos, os quais na maioria das residências coexistiam com a observância de feriados públicos soviéticos e com a aceitação de crenças soviéticas, especialmente pelos mais novos. Havia uma cultura judaica secular próspera, ativamente promovida pelo governo soviético, com escolas de iídiche, cinema e teatros iídiches, incluindo o Teatro Iídiche Oficial de Moscou, sob a direção de Solomon Mikhoels, os quais se tornaram um ponto de concentração de muitos bolcheviques e intelectuais judeus de esquerda. Na maioria das famílias judias nas cidades grandes, a ligação com a cultura judaica tradicional vivia lado a lado com um comprometimento intelectual com a literatura e a arte russo-soviéticas como meio de entrada na cultura mais ampla do mundo internacional.[108]

Essa complexa identidade múltipla (judia-russa-soviética) era mantida por Samuil e Berta. Nenhum dos dois era religioso. Nunca iam à sinagoga ou observavam rituais e feriados judaicos, apesar de Berta sempre preparar comida judaica nos feriados soviéticos. Samuil e Berta sabiam iídiche, mas a língua falada em casa era o russo. As filhas entendiam o iídiche, mas não falavam a língua direito nem faziam esforço para aprendê-la, considerando-a uma "relíquia exótica" do passado. Para as filhas, a questão da identidade era mais simples. "Nós não queríamos nos imaginar como judeus", lembra Fania. "Tampouco queríamos ser russos, apesar de vivermos na Rússia e sermos baseados em sua cultura. Víamos a nós mesmos como cidadãos soviéticos." A família via a educação, o trabalho e a cultura como o caminho para a libertação e a igualdade pessoal. Samuil adquiriu um interesse ativo na política soviética e tinha um orgulho enorme das conquistas dos bolcheviques judeus proeminentes, como Trotski. Apesar de carecer de educação, enchia a casa de livros e jornais e adorava discutir acontecimentos políticos, especialmente no exterior, sobre os quais era bem informado. Ele mantinha um "parlamento de cozinha" com amigos e parentes que vinham aos domingos para os famosos "jantares dos Laskin" — diziam que a comida judaica de Berta não tinha rivais em Moscou.[109]

Em algumas famílias judias, o desejo de ser "soviético" foi refletido na eliminação de qualquer identificação permanente com a cultura ou com a religião judaica. Na residência dos Gaister, por exemplo, os costumes judaicos eram tão mínimos, consistindo em pouco mais do que um prato judaico ou uma frase em iídiche ocasionais e lendas familiares sobre os *pogroms* no período tsarista, que Inna, mesmo na adolescência, realmente não tinha consciência de ser judia. Rebekka Kogan, nascida em 1923 em uma família judia na área de Gomel, onde os pais de Inna se conheceram, lembra-se da própria infância em Leningrado como tendo sido "inteiramente soviética". Os pais respeitavam os principais costumes judaicos e falavam em iídiche ocasionalmente, em especial quando não queriam que Rebekka compreendesse. Fora isso, educaram-na "de maneira moderna", diz Rebekka, "sem religião nem a influência dos meus avós, que se mantinham fiéis aos costumes judaicos".[110]

Ida Slavina teve uma infância parecida. Nasceu em Moscou em 1921 na família de um jurista judeu proeminente, Ilia Slavin, que desempenhara um papel importante na emancipação dos judeus na Bielorrússia. Ilia nascera em uma pequena cidade próxima a Mogilyov em 1883, filho mais velho de uma família grande de trabalhadores judeus pobres. A partir dos 12 anos, Ilia trabalhou e estudou em uma farmácia local. Qualificando-se como farmacêutico, tinha o direito de viver fora da Zona de Residência.* Em 1905, inscreveu-se como estudante externo na faculdade de direito da Universidade de Kharkov. Apesar da falta de educação formal depois dos 12 anos, Ilia foi um dos que tiveram melhor resultado nos exames do primeiro ano, o que lhe possibilitou se inscrever oficialmente como um dos 3% de estudantes judeus permitidos pela cota do governo. Depois de se formar na universidade, ofereceram a Ilia uma posição no corpo docente, desde que se convertesse ao cristianismo. Mas ele recusou a oferta e retornou para a Zona de Residência, trabalhando como assistente de um advogado em Mogilyov. Durante a Primeira Guerra Mundial, quando os alemães ocuparam os territórios ocidentais, Ilia mudou-se para Petrogrado, onde trabalhou no quartel-general da União de Cidades, ajudando judeus da Zona de Residência a se reinstalarem na Rússia. Depois de 1917, Ilia foi eleito juiz e trabalhou

---

* Os judeus tinham permissão para viver fora da Zona de Residência se fossem mercadores da primeira associação, técnicos excepcionalmente talentosos, estudantes universitários ou farmacêuticos qualificados.

nos tribunais do povo de Mogilyov, de Gomel e de Vitebsk. Mudou-se para Moscou em 1921 e continuou a subir no *establishment* legal soviético. Um homem bonito, brilhante, bom e de coração gentil, Ilia tinha grandes ideais, os quais investiu no experimento soviético, chegando a ponto de negar sua condição de judeu.

Desde 1903, Ilia fora um sionista ativo, membro bastante conhecido do Partido dos Proletários de Sião, que visava estabelecer uma sociedade socialista na Palestina. O sionismo de Ilia era produto de sua vida na Zona de Residência, onde os Proletários de Sião estavam principalmente baseados. Contudo, ao chegar a Petrogrado e entrar em contato com judeus europeizados e assimilacionistas, Slavin começou a se afastar do sionismo, aproximando-se da social-democracia. Tendo abraçado a Revolução como uma causa internacional, Slavin aceitou a necessidade de subordinar os interesses judaicos internacionais à luta de classes. Como presidente do tribunal de Vitebsk, chegou a defender os criminosos de um *pogrom* da classe trabalhadora contra os judeus em 1919, alegando que era uma forma de expressão do ódio de classe que sentiam pelos gerentes judeus.[111] Em 1920, Ilia deixou o movimento sionista, ingressando brevemente nos bundistas (marxistas judeus) antes de se unir aos bolcheviques, em 1921. Slavin reconheceu seus "erros políticos" (sionismo e nacionalismo judeu) em sua autobiografia, escrita quando se juntou aos bolcheviques. A partir desse momento, ele baniu a cultura judaica do lar dos Slavin. Ensinou a esposa, Esfir, a ler e a escrever em russo, proibiu-a de falar iídiche e educou os dois filhos, Isaak (nascido em 1912) e Ida, para que fossem pessoas soviéticas sem nenhuma tradição judaica. Ida recorda:

Meu pai tentava muito ser correto, levar a vida do bolchevique ideal. Não tínhamos costumes judaicos em casa e nunca falávamos em iídiche — nós, crianças, nem sabíamos falar a língua. Quando se tornou bolchevique, meu pai esforçou-se para eliminar de casa tudo que o lembrasse gueto e Zona de Residência. Como internacionalista, ele acreditava na igualdade das nações, na União Soviética, e encheu a casa com coisas soviéticas. Sua posse mais preciosa era uma miniatura em mármore do mausoléu de Lenin, a qual mantinha na escrivaninha.[112]

No entanto, as perspectivas para os novos judeus urbanos brilhavam cada vez com menos intensidade à medida que a NEP sofria mais ataques. Em 1928, o Conselho de Moscou impôs aos pequenos comerciantes um novo imposto especial sobre o comércio. Para Samuil Laskin, o imposto veio em um momento inoportuno. A NEP restabelecera o direito à propriedade privada e às cooperativas residenciais, e mais cedo naquele ano Samuil investira em um projeto de construção na praça Zubov: construtores especuladores estavam construindo uma casa de dois andares no terreno de um grande bloco de apartamentos naquele bairro chique de Moscou, e, com seu investimento, Samuil ficaria com um apartamento próprio de três quartos no andar superior. Samuil sonhava com propriedades privadas — ele queria sustentar as três filhas enquanto ainda estivessem estudando — e recusou-se a pagar o imposto integralmente. Acabou sendo preso e foi mantido na prisão em Moscou durante um breve período, depois do qual foi enviado para o exílio em Nizhny Novgorod.[113] A prisão foi parte de um ataque em escala nacional ao comércio privado, o qual começara em 1927 e eventualmente levou à derrubada da NEP. Essa campanha contra a NEP estava intrinsecamente ligada à ascensão de Stalin e à derrota de seus dois principais rivais na liderança do Partido, Trotski e Bukharin, que continuavam a apoiar as políticas de economia mista introduzidas por Lenin em 1921.

Os bolcheviques sempre foram ambíguos em relação à NEP, mas muitos de seus partidários proletários, que não podiam pagar os preços cobrados pelas lojas privadas, opunham-se fortemente. A desconfiança que sentiam da NEP era reforçada pelas flutuações descontroladas do mercado, o que elevava os preços sempre que faltas de produtos no campo levavam os camponeses a não enviarem os alimentos para as cidades. A primeira grande quebra do mercado ocorrera em 1923-4, quando os soviéticos lançaram o primeiro ataque aos homens-NEP, em boa parte para apaziguar as queixas da classe trabalhadora contra a inflação nos preços. No meio da década de 1920, o mercado estabilizou-se, mas uma segunda grande quebra aconteceu em 1927-8, quando uma safra fraca coincidiu com a falta de bens de consumo. Conforme o preço dos produtores aumentava, os camponeses reduziam as entregas de grãos aos depósitos estatais e às cooperativas; os preços fixos de procuração eram baixos demais para que pudessem comprar os produtos dos quais precisavam para o lar. Em vez disso, os camponeses comiam os próprios grãos, alimentavam o gado, armazenavam o estoque em celeiros ou vendiam os grãos no mercado privado em vez de liberá-lo para o Estado. Apoiadores da NEP discordavam acerca do modo correto de reagir à crise. Bukharin era a favor de um aumento nos preços de procuração, principalmente para preservar o mecanismo de mercado e a união com os camponeses que Lenin afirmara ser a base da NEP, apesar de reconhecer que a despesa estatal mais elevada desaceleraria o ritmo de investimento na indústria. Trotski, Kamenev e Zinoviev (a Oposição Unida) estavam preocupados com a abertura de mais concessões ao campesinato, a qual, temiam, apenas retardaria o objetivo soviético de industrialização socialista. Para eles, o Estado deveria recorrer à requisição temporária dos grãos dos camponeses para garantir os estoques necessários de comida e de capital para elevar a produção de bens de consumo, e somente depois disso restabelecer o mecanismo de mercado com o campesinato. Stalin ficou do lado de Bukharin — mas somente até a derrota de Trotski e de Zinoviev no Décimo Quinto Congresso do Partido, em dezembro de 1927, depois da qual se voltou contra Bukharin e a NEP. Denunciando a crise de grãos como uma "greve *kulak*", Stalin exigiu o retorno aos requerimentos da Guerra Civil para apoiar um Plano Quinquenal para industrializar a União Soviética. Ele falou em termos violentos sobre a eliminação dos resquícios finais da economia capitalista (pequeno comércio e trabalho agrícola de camponeses), os quais, alegava, haviam bloqueado o progresso do país rumo à industrialização socialista.

A retórica violenta de Stalin — seus apelos pelo retorno da luta de classes da Revolução e da Guerra Civil — seduzia uma grande parte da base proletária do Partido, na qual havia um senso crescente de que a burguesia estava retornando em outro formato por intermédio dos homens-NEP, dos "especialistas burgueses" e dos *kulaks*. Muitos sentiam que a NEP era um movimento contrário ao ideal bolchevique de justiça social e temiam que ela levasse à restauração de uma economia capitalista. "Todos nós, jovens comunistas, tínhamos crescido acreditando que o dinheiro havia sido eliminado de uma vez por todas", lembra-se um bolchevique. "Se o dinheiro estava reaparecendo, será que as pessoas ricas também não reapareceriam? Será que não estávamos no declive escorregadio que levava de volta ao capitalismo? Fazíamos essas perguntas para nós mesmos com ansiedade." A ideia de Stalin para que houvesse um retorno dos métodos da Guerra Civil tinha um apelo especial para os jovens comunistas — aqueles nascidos nas décadas de 1900 e 1910 — que eram novos demais para terem participado das lutas revolucionárias de 1917-21, mas haviam sido educados no "culto da luta", baseado em histórias da Guerra Civil. Um bolchevique (nascido em 1909) defendeu em suas memórias que a visão de mundo militante de seus contemporâneos preparara-os para aceitar os argumentos de Stalin sobre a necessidade da uma "guerra de classes renovada" contra os "burgueses especialistas", homens-NEP, *kulaks* e outros "mercenários da burguesia". Os jovens comunistas haviam perdido as esperanças, como explica um stalinista:

Os membros da Komsomol da minha geração — que vivenciaram a Revolução de Outubro com 10 anos de idade ou menos — ficavam irritados com nosso destino. Na Komsomol e nas fábricas, lamentávamos que não restava mais nada a fazer: a Revolução tinha terminado, os anos duros porém românticos da Guerra Civil não retornariam, e a geração anterior deixara para nós apenas uma vida monótona e prosaica, isenta de lutas e excitação.

Aleksei Radchenko escreveu em seu diário em 1927:

Hoje, a juventude progressista não tem um interesse ou foco real na atividade — estes não são os anos da Guerra Civil, mas apenas os da NEP —, um estágio necessário, mas entediante, da Revolução. As pessoas distraem-se com questões pessoais, assuntos familiares... Precisamos de algo que nos agite e limpe o ar (alguns até sonham com uma guerra).[114]

Stalin brincava com essas noções românticas da Guerra Civil do "período heroico" e da União Soviética como um Estado engajado em uma luta constante contra inimigos capitalistas dentro e fora do país. Ele criou o "medo da guerra" de 1927, enchendo a imprensa soviética de falsas histórias sobre "espiões" britânicos e "planos de invasão" contra a União Soviética, e utilizava o medo para exigir a prisão em massa de "inimigos" em potencial ("monarquistas" e "pessoas antigas"). Ele também usava a ameaça da guerra para defender seus argumentos a favor de um Plano Quinquenal e da construção das forças armadas. A NEP, argumentou, era lenta demais como meio de armamento industrial e não era suficientemente segura como um meio de obtenção de grãos para a eventualidade de uma guerra. A concepção de Stalin do Plano Quinquenal foi toda prevista tendo por base a luta constante contra o inimigo. Nas batalhas políticas contra Bukharin pelo controle do Partido em 1928-9, Stalin acusou-o de defender a perigosa visão de que a luta de classes diminuiria com o tempo e que "elementos capitalistas" poderiam ser reconciliados com um sistema socialista (na verdade, Bukharin defendia que a luta deveria continuar na esfera econômica). Tal visão, segundo Stalin, levaria o Partido a baixar a guarda contra os inimigos capitalistas, permitindo que se infiltrassem no sistema soviético e o subvertessem de dentro para fora. Stalin insistia no contrário, em uma das alegações precursoras pelas quais racionalizava as ondas crescentes de repressão do Estado no Grande Terror: para ele, a resistência da burguesia estava destinada a se intensificar conforme o país se movesse em direção ao socialismo, de modo que um vigor renovado era constantemente necessário para "localizar e esmagar a oposição dos exploradores".[115] Foi esse o raciocínio que levantou as forças de Stalin e garantiu a vitória contra Bukharin. O Terror foi a inspiração, não o efeito, do Plano Quinquenal.

O ataque contra comerciantes privados foi a batalha inicial de uma guerra revolucionária renovada. Milhares de homens-NEP foram presos ou expulsos de suas casas. No final de 1928, mais da metade dos 400 mil negócios privados registrados em 1926 havia sido extinta por causa do volume de impostos ou fechada pela polícia; no final de 1929, só restava um décimo deles. Novas restrições aos *lishentsy* tornaram a vida ainda mais difícil para as famílias dos homens-NEP. Cartões de racionamento (introduzidos em 1928) foram negados aos *lishentsy*, que, com isso, foram forçados a comprar comida nas poucas lojas privadas remanescentes, onde os preços subiram drasticamente. Com mais frequência do que anteriormente, suas famílias eram expulsas das residências estatais e as crianças eram impedidas de ingressar nas escolas e universidades soviéticas.[116]

Samuil Laskin retornou a Moscou do exílio em Nizhny Novgorod no auge dessa luta de classes. Na primavera de 1929, os Laskin mudaram-se para a nova residência na praça Zubov. Samuil e Berta tinham um quarto, Sonia tinha outro, e Fania e Zhenia dividiam a sala de estar. Mas os sonhos de Samuil de ser dono da própria casa logo foram esmagados pela abolição da propriedade privada, a qual se seguiu à anulação da NEP. A casa dos Laskin foi nacionalizada pelo Conselho de Moscou, que a transformou em um apartamento comunal, instalando um casal de idosos (ambos bastante conhecidos como informantes da polícia) que ficou com os dois quartos maiores, deixando todos os Laskin com apenas um quarto alugado para dividir. Em novembro de 1929, o negócio de arenque de Samuil foi expropriado pelo Estado. Samuil foi preso pela segunda vez, ficou detido por várias semanas na prisão de Butyrki e, posteriormente, foi exilado para Voronezh, de onde retornou em 1930 para começar uma nova vida como empregado soviético no comércio de peixes.[117]

Samuil perdera tudo. Mas suportou suas condições limitadas, assim como tudo, sem reclamar uma única vez do regime soviético. Nadezhda Mandelshtam, amiga de Zhenia na década de 1950, escreveu sobre esse aspecto da personalidade de Samuil em suas memórias sobre os anos de Stalin:

> O pai de Zhenia era um pequeno comerciante, ou melhor, o menor comerciante imaginável, que educara três filhas e negociava arenque salgado. A Revolução deixou-o incrivelmente feliz: ela proclamava direitos iguais para os judeus e permitiu-lhe realizar o sonho de dar uma boa educação às três filhas inteligentes. Quando a NEP foi lançada, aceitou-a pelo que parecia ser e, para alimentar as filhas, começou o próprio negócio de arenque — só para tê-lo confiscado quando não teve dinheiro para pagar os impostos. Sem dúvida, também fazia contas no ábaco para ver como poderia salvar a família. Foi mandado para Narym, ou algum lugar parecido. Mas não foi abalado nem por isso nem pelo período anterior que passara

na prisão — para onde foi quando "novos métodos", ou seja, torturas mais refinadas do que apenas espancamentos primitivos, estavam sendo introduzidos em casos que envolvessem "o confisco de bens". Do primeiro local de exílio, enviou uma carta de uma ternura tão emocionante para a esposa e as três filhas que elas decidiram não a mostrar para ninguém de fora da família. Ele passou toda a vida partindo e voltando do exílio. Posteriormente, o mesmo começou a acontecer com as filhas e seus maridos, que também foram exilados e colocados em campos. Se não fosse pelo pai, que ficava no centro de tudo e nunca mudou com o passar dos anos, o destino da família teria sintetizado a história da vida soviética típica. Ele era a quintessência da santidade judaica, possuindo as qualidades de espiritualidade misteriosa e bondade que santificaram Jó.[118]

2

A Grande Ruptura

(1928-32)

I

Em 2 de agosto de 1930, os habitantes de Obukhovo celebraram o dia de Ilin, um antigo feriado religioso que marcava o final do auge do verão, no qual camponeses russos faziam um festival e rezavam por uma boa colheita. Depois da missa na igreja, os habitantes reuniram-se na casa dos Golovin, a maior família de Obukhovo, onde foram servidos com tortas caseiras e cerveja dentro de casa enquanto as crianças brincavam do lado de fora. Quando a noite se aproximava, começou o baile da aldeia (*gulian'e*). Conduzidas por uma banda de balalaicas e acordeões, duas fileiras separadas de jovens rapazes e moças adolescentes, vestidos com roupas festivas de algodão, saíram da casa, cantando enquanto dançavam pela rua da aldeia.[1]

Naquele ano, as festividades ficaram à sombra de discussões violentas. Os aldeões estavam amargamente divididos entre formar ou não uma fazenda coletiva (*kolkhoz*), como haviam sido ordenados pelo governo soviético. A maioria dos camponeses relutava em abrir mão das fazendas das famílias, nas quais trabalhavam há gerações, e em compartilhar sua propriedade, seus cavalos, suas vacas e seus equipamentos agrícolas em uma *kolkhoz*. Na fazenda coletiva, toda terra, todos os animais e ferramentas seriam coletivizados; os terrenos individualizados dos camponeses seriam agrupados em grandes campos adequados ao uso de tratores, e os camponeses passariam a ser trabalhadores assalariados, com apenas pequenos jardins de fundo de quintal onde poderiam criar aves e plantar alguns legumes. Os aldeões de Obukhovo tinham uma ligação muito forte com os princípios de trabalho e propriedade familiares e ficaram assustados com as histórias que ouviram sobre a coletivização em outras aldeias do norte. Eram histórias aterrorizantes de soldados forçando camponeses a entrar na *kolkhoz*, de prisões em massa e de deportações, de casas incendiadas, de pessoas mortas e de camponeses fugindo de suas aldeias e matando todo o seu gado para evitar a coletivização. "Em nossas fazendas, todos podemos trabalhar por conta própria", avisara Nikolai Golovin em um encontro da comuna em julho. "Mas na *kolkhoz* seremos servos novamente."[2] Muitos dos camponeses mais velhos de Obukhovo tinham nascido antes da abolição da servidão, em 1861.

Em 1917, Nikolai liderara a revolução camponesa na terra. Ele organizou o confisco da terra da Igreja (não havia propriedades de nobres na região) e, por meio da comuna e dos conselhos, supervisionou a redivisão da terra da aldeia, designando faixas de terra arável para as fazendas familiares de acordo com o tamanho das famílias. Nikolai era bem-visto pelos outros aldeões, cujas pequenas fazendas familiares, trabalhadas com as próprias mãos em terra comunal, aumentaram em número em consequência da Revolução, e que vinham a ele com frequência pedindo conselhos agrícolas. Eles valorizavam sua inteligência, honestidade, dedicação ao trabalho, sobriedade e modéstia tranquila e confiavam em suas opiniões, pois ele compreendia e podia explicar em termos simples as políticas do governo soviético. A antiga pedra de moinho na frente de sua casa era um local de encontro informal onde os aldeões se reuniam nas noites de verão e Nikolai dava suas opiniões sobre acontecimentos locais.[3]

Os Golovin eram defensores da tradição camponesa. A fazenda familiar deles era organizada em linhas patriarcais, nas quais todos os filhos trabalhavam sob o comando do pai e eram educados para obedecer-lhe como uma figura quase divina de autoridade ("Deus está no céu e papai aqui em casa"). Como todos os camponeses, os Golovin acreditavam nos direitos do trabalho familiar na terra, princípio que guiara a revolução agrária de 1917-18. Na Guerra Civil, quando Nikolai ajudara a organizar o Exército Vermelho no norte, ele apoiara o regime soviético compreendendo que ele defenderia os direitos dos camponeses (durante a década de 1920, manteve um retrato de Kliment Voroshilov, comissário soviético de assuntos militares, próximo às imagens no quarto principal de sua casa). Mas esses direitos foram cada vez mais atacados pelos bolcheviques, cujos jovens militantes ativistas da Komsomol lideravam a campanha pela coletivização em Obukhovo. A Komsomol fazia reuniões na escola da aldeia, onde agitadores discursavam violentamente contra os camponeses mais ricos de Obukhovo — principalmente contra os Golovin. Os aldeões nunca tinham ouvido esse tipo de propaganda no passado, e muitos ficaram impressionados com as palavras longas usadas pelos líderes da Komsomol. Nessas reuniões, diziam aos aldeões que eles pertenciam a três classes mutuamente hostis: os camponeses pobres, que eram os aliados do proletariado, os camponeses intermediários, que eram neutros, e os camponeses ricos ou *kulak*, que eram inimigos.* Os nomes de todos os camponeses nas diferentes classes eram listados em um quadro do lado de fora da escola da aldeia. As divisões eram inteiramente geradas pela Komsomol. Os aldeões não tinham concepção prévia de si mesmos em termos de classe social, tendo sempre visto a si próprios como "famí-

---

* O termo *kulak*, derivado da palavra para "punho", foi usado originalmente pelos camponeses para distinguir elementos que exploravam (usureiros, sublocadores de terra, negociantes astutos e outros) o campesinato que trabalhava nas fazendas. Para eles, um fazendeiro camponês com inclinações empresariais não poderia ser um *kulak*, mesmo que contratasse trabalhadores. Os bolcheviques, ao contrário, utilizaram erroneamente o termo em um sentido marxista para descrever qualquer camponês rico. Eles igualaram o *kulak* ao "capitalista" na falsa pressuposição de que o uso de trabalho contratado em fazendas camponesas (o que era extremamente raro na maior parte da Rússia) era uma forma de "capitalismo" (e não um modo de compensar a falta de trabalhadores na fazenda). Durante a Guerra Civil, os bolcheviques tentaram despertar a luta de classes no campo e requisitar grãos organizando camponeses sem terras (principalmente figuras urbanas) em Comitês de Pobres (*kombedy*) contra os *kulaks*, que eram acusados de ocultar parte da produção de grãos. Durante a coletivização, o termo *kulaks* foi usado contra qualquer camponês — rico ou pobre — que se opusesse a fazer parte das fazendas coletivas.

lias camponesas", e normalmente os camponeses mais pobres tinham respeito, e até mesmo estima, pelos camponeses mais bem-sucedidos, como os Golovin. Mas nas reuniões na escola da aldeia, quando as línguas eram afrouxadas pelo álcool, os pobres somavam suas vozes às acusações contra os "*kulaks* Golovin".[4]

A Komsomol em Obukhovo consistia em uma dúzia de adolescentes que andavam pela aldeia em uniformes semimilitares e portavam armas. Eles intimidavam os aldeões. O líder era Kolia Kuzmin, filho de 18 anos de um camponês pobre e alcoólatra cuja casa esquálida com telhado quebrado estava localizada na extremidade da aldeia, onde viviam as famílias mais pobres de Obukhovo. Quando criança, Kolia era mandado pela família para pedir coisas nas outras fazendas. Ele costumava ir aos Golovin com um "pedido de vizinho de fósforos, sal, querosene ou farinha, que na casa dos Kuzmin nunca duravam até o ano-novo", lembra Antonina, filha de Nikolai. Seu pai ficou com pena do adolescente e deu-lhe um emprego em sua oficina de couro no terreno de sua fazenda; Kolia trabalhou lá durante muitos anos, até 1927, quando entrou para a Komsomol e se voltou contra os Golovin.[5]

Em muitas aldeias, especialmente nas mais remotas, como Obukhovo, os bolcheviques, na ausência de uma célula do Partido, dependiam da Komsomol para promover agitações. Na metade da década de 1920, havia quatro membros rurais da Komsomol para cada membro rural do Partido. O escritório do Partido mais próximo ficava a sete quilômetros, na cidade-distrito de Ustiuzhna. Como os soviéticos da aldeia de Obukhovo eram dominados pelos Golovin, os jovens engajados da aldeia que se juntavam à Komsomol eram colocados à frente da campanha pela *kolkhoz*. A partir do outono de 1928, quando a liderança do Partido começou a exigir a coletivização em massa, Kuzmin e seus camaradas começaram a circular pela aldeia incitando os camponeses mais pobres a se juntarem a eles em uma batalha contra a influência "contrarrevolucionária" dos *kulaks* e da Igreja e a enviar cartas anônimas de acusações à cidade-distrito. Na primavera de 1929, Nikolai foi expulso dos soviéticos de Obukhovo e privado dos direitos civis por ser "o proprietário capitalista de uma empresa de trabalho com couro".

Depois, em novembro, a casa de Nikolai foi revistada pela Komsomol da aldeia, ao lado de oficiais da cidade-distrito, que aplicaram um imposto pesado de 800 rublos por sua fazenda *kulak*. O imposto, parte de uma política nacional de "oprimir" os *kulaks* e confiscar suas propriedades, resultou na ruína de quase quatro mil lares camponeses apenas em Vologda.[6]

Para pagar o imposto, Nikolai foi forçado a vender duas vacas leiteiras, seu equipamento de fabricação de sapatos, uma cama de ferro e um baú de roupas. Com dois de seus quatro irmãos, naquele inverno chegou a trabalhar em uma construção em Leningrado para ganhar um pouco mais de dinheiro. Os três irmãos estavam pensando em deixar Obukhovo, onde a coletivização da agricultura parecia inevitável, e desejavam saber como era a vida na cidade. Dormiram em bancos em um dormitório, comeram em refeitórios e economizaram o suficiente para enviar centenas de rublos para casa, mas, depois de alguns meses daquela vida, decidiram retornar à aldeia. "Não é vida para um ser humano", explicou Nikolai em uma carta para a família, "ter que comprar tudo, pão, batatas e repolho, em uma loja."[7]

O retorno de Nikolai, na primavera de 1930, levou sua relação com a Komsomol a um ponto extremo. Certa noite, estava jantando em casa com o irmão, Ivan Golovin, um camponês da aldeia vizinha. Estavam sentados à mesa da cozinha, ao lado da janela, com suas silhuetas, iluminadas por um lampião de querosene, claramente visíveis para Kuzmin e seus seguidores, que se reuniam do lado de fora, no escuro. Os jovens estavam claramente bêbados. Eles gritavam para que os *kulaks* "saíssem" de casa e atiraram na janela. Ivan foi atingido na cabeça e caiu morto em uma poça de sangue.

Algumas semanas depois, Kuzmin voltou à casa de Nikolai, agora com dois oficiais do Partido da cidade-distrito. Havia uma reunião na casa de Nikolai naquela noite, e a sala principal estava cheia de amigos e parentes. Kuzmin acusou-os de realizarem uma assembleia ilegal. "*Kulaks*, abram a porta, parem de conspirar contra o poder soviético!", gritava, esmurrando a porta. Ele tinha uma arma e atirou para o alto. Confrontando os intrusos na varanda, Nikolai recusou-se a deixá-los entrar.

Kuzmin ameaçou matar Nikolai ("Atirarei em você, assim como matei seu irmão, e ninguém me punirá", ouviram-no dizer), o que resultou em uma briga na qual Nikolai jogou Kuzmin no chão. Kuzmin e os camaradas foram embora. Alguns dias depois, ele escreveu para o chefe da polícia política de Ustiuzhna (OGPU) acusando Nikolai de ser

<blockquote>um kulak explorador que está espalhando propaganda antissoviética em nossa aldeia junto com uma dúzia de outros elementos kulaks. Eles estão dizendo que o governo soviético está roubando o povo. Seu objetivo é sabotar a coletivização voltando o povo contra ela.</blockquote>

Kuzmin devia saber que isto seria o suficiente para que o antigo patrão fosse preso, especialmente porque a acusação era apoiada por dois bolcheviques, que para completar acrescentaram que Nikolai estava "sempre bêbado" quando "xingava os soviéticos".[8]

Como era de se esperar, em 2 de agosto, quando os convidados estavam se aprontando para partir da casa dos Golovin no final do feriado de Ilin, dois oficiais chegaram para prender Nikolai. Aprisionado em Ustiuzhna, Nikolai foi considerado culpado de ter "intenções terroristas" (por ter jogado Kuzmin no chão) por um tribunal composto por três homens da OGPU que o condenou a três anos no complexo prisional de Solovetsky, localizado em uma ilha no mar Branco. A última vez que Antonina viu o pai foi através das barras da prisão de Ustiuzhna. Ela tinha caminhado até o centro do distrito com a mãe, os irmãos e irmãs para verem Nikolai de passagem antes que fosse enviado para o campo de Solovetsky. Durante os três anos seguintes, a imagem do pai atrás das grades assombrou os sonhos de Antonina.[9]

Algumas semanas após a prisão de Nikolai, os camponeses de Obukhovo foram conduzidos a uma reunião da aldeia, na qual aprovaram a resolução de fechar as fazendas familiares e entregar suas terras, suas ferramentas e seus animais para criar uma <i>kolkhoz</i>.

A coletivização foi o grande ponto de mudança na história soviética. Ela destruiu um estilo de vida que se desenvolvera no decorrer de muitos séculos — uma vida baseada na fazenda familiar, na antiga comuna camponesa, na aldeia independente com sua igreja e mercado rural, vistos pelos bolcheviques como obstáculos à industrialização socialista. Milhões de pessoas foram retiradas de suas casas e espalhadas pela União Soviética: fugitivos das fazendas coletivas; vítimas da fome resultante do excesso de requisição dos grãos das *kolkhoz*; crianças que ficaram órfãs; *kulaks* e suas famílias. Essa população nômade tornou-se a principal fonte de trabalho da revolução industrial de Stalin, enchendo as cidades e as construções industriais, os campos de trabalho e os "assentamentos especiais" do Gulag (Administração Principal dos Campos). O primeiro Plano Quinquenal, que estabeleceu esse padrão de desenvolvimento forçado, lançou um novo tipo de revolução social (uma "revolução vinda de cima") que consolidou o regime socialista: antigos laços e lealdades foram quebrados, a moralidade foi dissolvida e novos valores e identidades ("soviéticos") foram impostos, à medida que a população inteira passou a ser subordinada ao Estado e forçada a depender dele para quase tudo — moradia, educação, trabalho e comida — que fosse controlado pela economia planejada.

A erradicação da fazenda familiar camponesa foi o ponto de partida dessa "revolução vinda de cima". Os bolcheviques tinham uma desconfiança fundamental do campesinato. Em 1917, sem influência no campo, eles tinham sido forçados a tolerar a revolução camponesa na terra, a qual exploraram para minar o antigo regime — mas sempre deixaram claro que seu objetivo a longo prazo era eliminar todo o sistema camponês de pequenas propriedades, substituindo-o por fazendas coletivas mecanizadas de grande escala, nas quais os camponeses seriam transformados em um "proletariado rural". A ideologia marxista ensinara os bolcheviques a ver o campesinato como uma relíquia "pequeno-burguesa" da antiga sociedade que, em última análise, era incompatível com o desenvolvimento de uma sociedade comunista. O campesinato estava intimamente ligado aos costumes e às tradições patriarcais da Rússia antiga, profundamente imbuído dos princípios e hábitos do livre comércio e da propriedade privada e dado demais ao "egoísmo" familiar para que a socialização total fosse possível.

Os bolcheviques acreditavam que os camponeses eram uma ameaça em potencial à Revolução, pois eles controlavam o principal fornecimento de alimentos. Como a Guerra Civil mostrara, o campesinato era capaz de levar o regime soviético à beira do colapso retendo grãos do mercado. A crise de grãos de 1927-28 renovou os temores de uma "greve *kulak*" nos círculos stalinistas. Em resposta, Stalin reinstituiu a requisição de suprimentos alimentares e arquitetou uma atmosfera de "guerra civil" contra a "ameaça *kulak*" para justificar a política. Em janeiro de 1928, Stalin viajou à Sibéria, uma das principais regiões produtoras de grãos, e impeliu os ativistas locais a não ter piedade de *kulaks* suspeitos de retenção de grãos. Seu grito de guerra foi apoiado por uma série de Medidas Emergenciais que instruíam os órgãos locais a utilizar o Código Criminal para prender qualquer camponês e confiscar sua propriedade caso ele se recusasse a dar seus grãos às brigadas de requisição (uma interpretação absurda do código que enfrentou alguma resistência no governo). Centenas de milhares de "*kulaks* maliciosos" (camponeses comuns, como Nikolai Golovin) foram presos e enviados para campos de trabalho, além de terem suas propriedades destruídas ou confiscadas, à medida que o regime buscava quebrar a "greve *kulak*" e transformava suas prisões superlotadas em uma rede de campos de trabalho (que logo passariam a ser conhecidos como o Gulag).[10]

Conforme a batalha pelos grãos aumentava em intensidade, Stalin e aqueles que o apoiavam direcionaram-se para uma política de coletivização em massa para fortalecer o controle do Estado sobre a produção de alimentos e eliminar de uma vez por todas a "ameaça *kulak*". "Precisamos desenvolver um procedimento por meio do qual as fazendas coletivas passem a entregar toda a sua produção comercializável de grãos ao Estado e às organizações cooperativas sob a ameaça de retirada de subsídios e créditos estatais", disse Stalin em 1928.[11] Stalin falava com um otimismo cada vez maior sobre o potencial de fazendas coletivas mecanizadas de grande escala. As estatísticas mostravam que as poucas fazendas já existentes que se enquadravam na categoria tinham um excesso de produção comercializável maior do que os pequenos excessos produzidos pela grande maioria das fazendas familiares camponesas.

O entusiasmo pelas fazendas coletivas era relativamente novo. Anteriormente, o Partido não enfatizara muito a coletivização. Durante a NEP, a organização de fazendas coletivas foi estimulada pelo Estado por meio de auxílio financeiro e agrícola, mas em círculos do Partido concordava-se que a coletivização deveria ser um processo voluntário e gradual. Durante a NEP, os camponeses não demonstraram o menor indício de estarem inclinados ao princípio coletivo, e o crescimento do setor das *kolkhoz* foi praticamente insignificante. Depois de 1927, quando o Estado exerceu mais pressão por meio de políticas tributárias — dando créditos para fazendas coletivas e impondo taxas pesadas às fazendas *kulaks*—, o setor das *kolkhoz* cresceu mais rapidamente. Contudo não eram as grandes *kommuny* (nas quais toda a terra e propriedade eram coletivizadas), mas sim as associações menores, mais informais e de "estilo camponês", chamadas de *TOZy* (nas quais a terra era trabalhada em conjunto, mas os animais e ferramentas eram mantidos pelos camponeses como propriedade privada), que mais atraíam o interesse do campesinato. O Plano Quinquenal deu poucos indícios de que o Partido estivesse prestes a mudar de política; ele projetava um crescimento moderado na terra trabalhada por fazendas coletivas e não fazia qualquer menção ao fim do princípio da voluntariedade.

A repentina mudança de política foi forçada por Stalin em 1929. A meia-volta foi um golpe decisivo contra Bukharin, que tentava desesperadamente manter o mecanismo de mercado da NEP dentro da estrutura do Plano Quinquenal, que em sua versão original (adotada na primavera de 1929, mas datada retroativamente para 1928) visionara objetivos otimistas, porém razoáveis, de industrialização socialista. Stalin aumentou os objetivos das taxas de crescimento industrial, e no outono de 1929 os valores dos objetivos do Plano Quinquenal tinham aumentado significativamente. O investimento deveria triplicar, a produção de carvão deveria dobrar e a produção de ferro fundido (que deveria aumentar 250% na versão original do plano) deveria estar quadruplicada em 1932. Em uma onda de otimismo frenético, que foi amplamente compartilhada pelas fileiras do Partido, a imprensa soviética adiantou o slogan "O Plano Quinquenal em Quatro Anos!"[12] Foram essas taxas de crescimento utópicas que forçaram o Partido a aceitar a política stalinista de coletivização em massa, pois esta parecia a única maneira de se obter um suprimento barato e garantido de alimentos para a força de trabalho industrial que crescia rapidamente (e para a exportação, com o objetivo de atrair capital).

No coração de todas essas políticas estava a guerra do Partido contra o campesinato. A coletivização da agricultura era um ataque direto à ligação do campesinato com a aldeia e a Igreja, à fazenda familiar individual, ao comércio e à propriedade privados, que mantinham a Rússia no passado. Em 7 de novembro de 1929, Stalin escreveu um artigo no *Pravda*, "O Ano da Grande Ruptura", no qual enaltecia o Plano Quinquenal como o início da última grande luta revolucionária contra "elementos capitalistas" na URSS, levando à fundação de uma sociedade comunista construída pela indústria socialista. O que Stalin queria dizer por "grande ruptura", como ele próprio explicou a Gorki, era o "rompimento total com a antiga sociedade e a construção febril da nova".[13]

A partir do verão de 1929, milhares de ativistas do Partido foram enviados para o campo para excitar a opinião pública em prol das fazendas coletivas. Como os aldeões de Obukhovo, a maioria dos camponeses temia abrir mão de um modo de vida secular para fazer um mergulho de fé no desconhecido. Havia poucos e preciosos exemplos de boas fazendas coletivas para persuadir o campesinato. Um especialista agrícola alemão que trabalhava na Sibéria em 1929 descreveu as fazendas coletivas como "candidatas à morte". Pouquíssimas tinham tratores ou equipamentos modernos. Eram mal administradas por pessoas que entendiam pouco de agricultura e cometiam "erros grosseiros", o que "desacreditava todo o processo de coletivização". Segundo a OGPU, a percepção dos camponeses era a de que iriam "perder tudo" — terra e vacas, cavalos e ferramentas, casas e família — se ingressassem em uma *kolkhoz*. Como disse um velho camponês: "Vem um palestrante depois do outro dizer que deveríamos esquecer nossas posses e ter tudo em comum. Sendo assim, por que o desejo por isso está em nosso sangue?"[14]

Incapazes de persuadir o campesinato, os ativistas começaram a adotar medidas coercivas. A partir de dezembro de 1929, quando Stalin exigiu a "liquidação da classe dos *kulaks*", a campanha para impelir os fazendeiros a ingressar nas fazendas coletivas tomou a forma de uma guerra. O Partido e a Komsomol estavam totalmente armados e mobilizados, com reforços das milícias locais, do exército especial e de unidades da OGPU, de trabalhadores urbanos e de estudantes voluntários, enviados para as aldeias com ordens rigorosas de não retornarem aos centros distritais sem que tivessem organizado uma *kolkhoz*. "É melhor exagerar do que deixar faltando", diziam-lhes os instrutores. "Lembrem-se de que não os condenaremos por excessos, mas se ficarem em falta — muito cuidado!" Um ativista lembra um discurso do líder bolchevique Mendel Khataevich, no qual ele falou para um grupo de 80 organizadores do Partido na região do Volga:

> Vocês precisam assumir suas obrigações com o sentimento da mais rigorosa responsabilidade em relação ao Partido, sem reclamações, sem qualquer forma de liberalismo podre. Joguem seu humanitarismo burguês pela janela e ajam como bolcheviques dignos do camarada Stalin. Batam no agente *kulak* sempre que ele levantar a cabeça. Estamos em guerra — são eles ou nós. O último resquício decadente das fazendas comunistas deve ser eliminado a qualquer custo.[15]

Durante os dois primeiros meses de 1930, metade do campesinato soviético (cerca de 60 milhões de pessoas em mais de 100 mil aldeias) foi conduzida às fazendas coletivas. Os ativistas empregavam diversas táticas de intimidação nas reuniões nas aldeias, onde acontecia a votação decisiva pelo ingresso na *kolkhoz*. Em uma aldeia siberiana, por exemplo, os camponeses relutaram em aceitar a integração à fazenda coletiva. Quando chegou a hora de votar, os ativistas trouxeram soldados armados e convocaram aqueles que se opunham à resolução a se manifestarem: ninguém ousou fazer objeções, então foi declarado que a resolução fora "aprovada por unanimidade". Em outra aldeia, depois que os camponeses votaram contra o ingresso na *kolkhoz*, os ativistas exigiram saber quais camponeses se opunham ao poder soviético, explicando que o ingresso dos camponeses nas fazendas coletivas era uma ordem do governo. Quando ninguém se mostrou disposto a manifestar oposição ao governo, foi registrado pelos ativistas que a aldeia "votara em unanimidade" pela coletivização. Em outras aldeias, apenas uma pequena minoria dos habitantes (escolhida a dedo pelos ativistas) tinha permissão para participar da reunião, apesar de o resultado da votação ser obtido considerando a população como um todo. Na aldeia de Cheremukhova, na região de Komi, por exemplo, havia 437 residências, mas apenas 52 representantes na assembleia da aldeia: 18 votaram a favor da coletivização e 16 contra, mas, tendo isso por base, a aldeia inteira foi incluída na *kolkhoz*.[16]

Camponeses que se manifestavam contra a coletivização eram espancados, torturados, ameaçados e incomodados até que concordassem em ingressar na fazenda coletiva. Muitos foram escorraçados de suas casas como *kulaks* e expulsos das aldeias. O ingresso à força dos camponeses nas fazendas coletivas era acompanhado por um ataque violento contra a Igreja, o ponto central do antigo estilo de vida na aldeia, vista pelos bolcheviques como fonte de oposição em potencial à coletivização. Milhares de padres foram presos e igrejas foram saqueadas e destruídas, obrigando milhões de fiéis a preservar sua fé na privacidade dos próprios lares. Comunistas rurais e oficiais soviéticos que se opunham à coletivização forçada eram expulsos do Partido e presos.

Para Stalin, a guerra contra os *kulaks* era inseparável da campanha de coletivização. Segundo ele, não havia nada a ganhar com a tentativa de neutralizar os *kulaks* ou de envolvê-los como trabalhadores nas *kolkhoz*, como propunham alguns bolcheviques. "Quando a cabeça é cortada", argumentou Stalin, "você não chora por causa do cabelo."[17] Para ele, a perseguição aos *kulaks* tinha dois propósitos: remover a oposição em potencial da coletivização e servir de exemplo para os outros aldeões, estimulando-os a ingressar nas fazendas coletivas para não terem o mesmo destino que os *kulaks*.

Apesar de se falar tanto em *kulaks*, tal categoria não existia de maneira objetiva. O termo era aplicado tão aleatória e amplamente que virtualmente qualquer camponês poderia ser destituído por ser um *kulak*, mas essa vagueza só aumentava o terror que a guerra contra os *kulaks* pretendia criar. Segundo a ideologia leninista, os *kulaks* eram fazendeiros capitalistas que empregavam trabalho contratado, mas não se podia dizer isso de mais do que um punhado dos camponeses que foram realmente reprimidos por serem *kulaks* após 1929. A NEP permitira que os camponeses enriquecessem por meio do próprio trabalho, e alguns deles, como os Golovin, foram capazes, trabalhando duro, de construir uma propriedade modesta com suas fazendas familiares.* Mas a NEP mantivera um controle restrito do emprego de trabalho contratado, e, de todo modo, depois de 1927, quando os impostos cobrados dos camponeses aumentaram, a maioria dos camponeses ricos, como os Golovin, perdeu boa parte de sua riqueza pessoal. A ideia de uma "classe *kulak*" de camponeses capitalistas era uma fantasia. A grande maioria dos supostos *kulaks* eram camponeses trabalhadores como os Golovin — os fazendeiros mais sóbrios, econômicos e progressistas da aldeia —, cuja modesta riqueza muitas vezes era o resultado de terem famílias maiores. Como um trabalhador de uma *kolkhoz* disse em 1931, a campanha contra os *kulaks* significou apenas o afastamento das fazendas coletivas de todos "os melhores e mais esforçados trabalhadores da terra".[18]

A destruição dos *kulaks* foi uma catástrofe econômica para a União Soviética. Ela privou as fazendas coletivas da ética de trabalho e do conhecimento dos camponeses mais trabalhadores do país, o que acabou levando ao declínio terminal do setor agrícola soviético. Mas a guerra de Stalin contra os *kulaks* tinha pouca relação com questões econômicas — e tudo a ver com a remoção de uma oposição em potencial à coletivização das aldeias. Os *kulaks* eram camponeses individualistas, os líderes e mais fortes defensores do antigo modo de vida rural. Eles precisavam desaparecer.

A "liquidação dos *kulaks*" seguiu o mesmo padrão em todo o país. Em janeiro de 1930, uma comissão do Politburo elaborou cotas de 60 mil "*kulaks* maliciosos" que deviam ser enviados para os campos de trabalho e de 150 mil outras famílias *kulaks* que deveriam ser deportadas para o norte, para a Sibéria, para os Urais e para o Cazaquistão. Os números eram parte de um plano geral para que um milhão de famílias *kulaks* (cerca de seis milhões de pessoas) perdessem todas as proprie-

---

* Os Golovin tinham dois celeiros, vários equipamentos, três cavalos, sete vacas, algumas dúzias de ovelhas e porcos e dois carretos, além de uma propriedade residencial, que contava com camas de ferro e um samovar, ambos sinais de riqueza no campo soviético.

dades e fossem enviadas para campos de trabalho ou "assentamentos especiais". A implementação das cotas foi delegada para a OGPU (que elevou o objetivo de 3% para 5% de todas as residências camponesas a serem liquidadas como *kulaks*) e encaminhada para as organizações locais da OGPU e do Partido (que em muitas regiões aumentavam a cota deliberadamente, acreditando que isso demonstrava a vigilância esperada pelos superiores).[19] Cada aldeia tinha sua própria cota, determinada pelas autoridades distritais. Ativistas da Komsomol e do Partido elaboravam listas dos *kulaks* de cada aldeia que deviam ser presos e exilados e faziam inventários da propriedade a ser confiscada de suas casas quando os *kulaks* eram expulsos.

Surpreendentemente, houve uma oposição muito pequena por parte dos camponeses à perseguição aos *kulaks* — especialmente tendo em vista as fortes tradições russas de solidariedade nas aldeias (campanhas anteriores contra os *kulaks*, como a realizada na Guerra Civil, por exemplo, haviam fracassado em dividir o campesinato). Certamente houve lugares em que os aldeões resistiram à cota, insistindo em que não havia *kulaks* entre eles e que todos os camponeses eram igualmente pobres, e locais onde se recusaram a entregar seus *kulaks*, ou até tentaram defendê-los dos ativistas quando estes chegaram para prendê-los. Mas a maioria do campesinato reagia ao desaparecimento repentino de camaradas aldeões com uma resignação passiva, fruto do medo. Em algumas aldeias, os camponeses escolhiam seus próprios *kulaks*. Eles simplesmente faziam uma reunião da aldeia e decidiam quem deveria partir como *kulak* (fazendeiros isolados, viúvas e idosos eram particularmente vulneráveis). Em outros lugares, os *kulaks* eram escolhidos por sorteio.[20]

Dmitry Streletsky nasceu em 1917 em uma grande família camponesa na região siberiana de Kurgan. Ele se lembra de como os pais foram escolhidos para a deportação de sua aldeia como *kulaks*:

Não houve inspeção ou cálculos. Eles simplesmente chegaram e nos disseram: "Vocês partirão." Serkov, presidente da aldeia soviética que nos deportou, explicou: "Recebi a ordem [do comitê distrital do Partido] de encontrar 17 famílias *kulaks* para deportação. Criei um Comitê dos Pobres e passamos a noite escolhendo as famílias. Não há ninguém na aldeia que seja suficientemente rico para se enquadrar e também não há muitos idosos, então simplesmente escolhemos as 17 famílias. Vocês foram escolhidos", explicou-nos. "Por favor, não levem isso para o lado pessoal. O que mais eu poderia fazer?"[21]

É muito difícil apresentar qualquer estatística precisa do número de pessoas que foram reprimidas como *kulaks*. Nos picos da "campanha anti*kulak*" (durante o inverno de 1929-30, os primeiros meses de 1931 e o outono de 1932), as estradas no campo ficavam repletas de longos comboios de deportados, cada um carregando suas últimas posses, fardos patéticos de roupas pessoais e de roupas de cama, ou puxando-as em carretos. Uma testemunha ocular na região de Sumy, na Ucrânia, viu filas de pessoas "que se estendiam até onde a vista alcançava em ambas as direções, com pessoas de novas aldeias constantemente se juntando a elas" conforme as filas marchavam em direção aos pontos de coleta na ferrovia. Eram espremidas em carros de boi e transportadas para "assentamentos especiais". Como as ferrovias não davam conta do enorme número de deportados, muitos *kulaks* eram mantidos por meses esperando por transporte em campos de detenção primitivos, onde crianças e idosos morriam como moscas nas terríveis condições em que se encontravam. Em 1932, havia 1,4 milhão de *kulaks* nos "assentamentos especiais", principalmente nos Urais e na Sibéria, e um número ainda maior em campos de trabalho ligados a fábricas e a construções do Gulag, ou simplesmente vivendo como fugitivos. No total, pelo menos dez milhões de *kulaks* foram expulsos de suas casas e aldeias entre 1929 e 1932.[22]

Por trás dessas estatísticas estão inúmeras tragédias humanas.

Em janeiro de 1930, a família de Dmitry Streletsky foi expulsa da fazenda na qual havia morado por 50 anos em Baraba, na região de Kurgan. A casa do avô de Dmitry foi destruída — as ferramentas, os carretos, cavalos e vacas da fazenda foram transferidos para a *kolkhoz*, ao passo que itens menores — como roupas pessoais, roupas de cama e panelas — foram distribuídos entre os aldeões. As imagens religiosas da família foram todas destruídas e queimadas. Os avós de Dmitry, três dos quatro filhos deles e suas famílias (14 pessoas no total) foram reinstalados em um estábulo e impedidos de manter contato com os outros aldeões, até que a ordem de deportação chegasse da cidade-distrito. Seis semanas depois, foram todos exilados para um campo madeireiro nos Urais (onde os avós morreram em um ano). O pai de Dmitry, Nikolai, organizara a primeira fazenda coletiva (uma *TOZ*) na aldeia, e a *kolkhoz* necessitava desesperadamente de seu conhecimento agrícola. Nikolai teve permissão para manter sua casa, onde vivia com a esposa, Anna, e os seis filhos. Mas um dia, no começo da primavera de 1931, eles também foram informados de que haviam sido "escolhidos" como *kulaks* para uma segunda leva de deportações de Baraba. Tiveram apenas uma hora para separar seus poucos pertences antes de serem escoltados da aldeia por guardas que os abandonaram na estepe e lhes disseram que nunca retornassem. "Perdemos tudo", lembra Dmitry.

O que poderíamos esperar separar em uma hora? Meu pai queria levar suas bengalas (das quais uma tinha o topo de prata), mas os guardas não permitiram. Eles também pegaram a corrente e o anel de ouro de minha mãe. Foi um roubo à luz do dia. Tudo foi deixado para trás — nossa casa, nossos celeiros, nosso gado, nossas roupas de cama, nossa roupas pessoais e louças. Tudo que tínhamos eram alguns trapos — e, obviamente, uns aos outros — nossos pais, filhos, irmãos e irmãs — a verdadeira riqueza viva de nossa família.[23]

Valentina Kropotina nasceu em 1930 em uma família camponesa pobre na Bielorrússia. Eles foram reprimidos como *kulaks* em 1932. A lembrança mais antiga de Valentina é de estar fugindo com os pais de sua casa, que havia sido incendiada por ordem dos comunistas da cidade. O incêndio foi iniciado no meio da noite, quando a família dormia dentro da casa. Os pais de Valentina mal tiveram tempo de salvar as duas filhas antes de escapar, com graves queimaduras, da casa engolida pelas chamas. O pai de Valentina foi detido na mesma noite. Ele ficou preso e depois foi exilado para a região de Amur, na Sibéria, onde passou os seis anos seguintes em vários campos de trabalho. A casa e o celeiro da família foram incendiados; a vaca e os porcos foram confiscados para a fazenda coletiva; as árvores frutíferas no jardim foram cortadas; a colheita foi destruída. Tudo o que sobrou foi um saco de ervilhas. A mãe de Valentina, uma camponesa analfabeta chamada Yefimia, foi impedida de ingressar na *kolkhoz* e acabou sendo abandonada com as duas filhas pequenas para morarem nas ruínas da casa da família. Yefimia construiu um barraco na margem da aldeia a partir dos destroços da antiga casa. Ela conseguia se sustentar realizando diversos serviços de limpeza. Valentina e a irmã não foram à escola — como "filhas de *kulaks*", foram banidas durante muitos anos. Elas cresceram nas ruas, seguindo a mãe nos serviços de limpeza. "Todas as lembranças que tenho de minha infância são tristes", reflete Valentina. "O que mais me recordo é da sensação de fome, que nunca ia embora."[24]

Klavdiia Rublyova nasceu em 1913, a terceira de 12 filhos de uma família camponesa da região de Irbei, em Krasnoiarsk, na Sibéria. Sua mãe morreu em 1924 durante o parto, deixando o pai, Ilia, para criar todas as crianças sozinho. Empreendedor, Ilia aproveitou a NEP para expandir o trabalho na fazenda para a jardinagem de mercado. Ele plantava sementes de papoula e pepinos, que podiam ser cultivados facilmente pelos filhos pequenos. Por isso, foi considerado um *kulak*, foi detido e preso, sendo posteriormente enviado para um campo de trabalhos e deixando as crianças sob os cuidados de Klavdiia, que na época tinha apenas 17 anos. As crianças foram destituídas de todas as propriedades do pai: a casa, construída por ele, foi tomada pelos soviéticos da aldeia, enquanto os cavalos, vacas, ovelhas e ferramentas da fazenda foram transferidos para a *kolkhoz*. Durante várias semanas, as crianças moraram na casa de banho, até que oficiais levaram todas para um orfanato. Klavdiia fugiu com o irmão mais novo para Kansk, próximo de Krasnoiarsk, onde a irmã Raisa, já adulta, vivia. Antes de partir, venderam aos outros aldeões os últimos pertences que lhes restavam. "Não tínhamos muita coisa para vender, éramos apenas crianças", recorda Klavdiia. "Havia um cobertor de pele, uma antiga pele de ovelha, um colchão de penas e um espelho, que de algum modo conseguimos resgatar de nossa casa. Era tudo o que tínhamos para vender."[25]

Quais eram as motivações por trás dos homens e mulheres que travavam essa guerra brutal contra o campesinato? Os coletivizadores eram, em sua maioria, soldados e trabalhadores alistados — pessoas ansiosas por executar ordens superiores (e, em alguns casos, por encher os bolsos). O ódio aos *kulaks* fora imbuído neles pelos comandantes e pela propaganda que retratava os "parasitas *kulaks*" e "sanguessugas" como perigosos "inimigos do povo". "Fomos treinados para ver os *kulaks* não como seres humanos, mas sim como vermes, piolhos, que precisavam ser destruídos", recorda um jovem ativista, líder de uma brigada da Komsomol em Kuban. "Sem a *kolkhoz*", escreveu outro coletivizador na década de 1980, "os *kulaks* teriam nos agarrado pela garganta e nos esfolado vivos!"[26]

Outros se deixaram levar pelo entusiasmo comunista. Inspirados pelas paixões revolucionárias despertadas pela propaganda do Plano Quinquenal, acreditavam, assim como os bolcheviques, que qualquer milagre poderia ser conquistado por meio da pura força de vontade. Como lembrou um estudante daquele período: "Estávamos convencidos de que estávamos criando uma sociedade comunista, a qual seria conquistada por meio dos Planos Quinquenais, e estávamos dispostos a realizar qualquer sacrifício."[27] Hoje, é fácil subestimar a força emocional dessas esperanças messiânicas e o fanatismo despertado por elas, especialmente na geração mais jovem, que crescera sob o "culto à luta" e o romantismo da Guerra Civil. Esses jovens desejavam acreditar que tinham a missão de continuar com a luta, nas palavras do "*Internationale*", por uma "vida nova e melhor". Nas palavras de um dos "25 mil" — o exército urbano de entusiastas enviados ao campo para ajudar na campanha de coletivização: "Luta constante, luta e mais luta! Foi assim que nos ensinaram a pensar — que nada era conquistado sem lutas, as quais eram uma norma da vida social."[28]

Segundo essa visão de vida militante, a criação de uma nova sociedade envolveria e até necessitaria de uma amarga luta contra as forças da sociedade antiga (lógica reforçada pela propaganda do Plano Quinquenal, com seu discurso constante de "campanhas", "batalhas" e "ofensivas" nos fronts social, econômico, internacional e interno). Dessa forma, os idealistas comunistas reconciliaram o terror "anti*kulak*" com suas próprias crenças utópicas. Alguns ficavam chocados com a violência brutal. Alguns até se sentiam mal pelo próprio papel desempenhado nela. Mas todos sabiam o que estavam fazendo (não podiam alegar ignorância ou que estavam simplesmente "seguindo ordens"). E todos acreditavam que o fim justificava os meios.

Lev Kopelev, um jovem comunista que participou de algumas das piores atrocidades contra os camponeses ucranianos, explicou como racionalizava suas ações. Kopelev fora voluntário em uma brigada da Komsomol que requisitava grãos dos *kulaks*, em 1932. Eles tomaram tudo, até o último pão. Revendo a experiência, na década de 1970, Kopelev lembrou-se dos gritos das crianças e da aparência dos homens camponeses — "assustados, implorantes, odiosos, tediosamente impassíveis, apagados pelo desespero ou ardendo com uma ferocidade meio louca":

> Era excruciante ver e ouvir tudo aquilo. E era ainda pior estar participando... E eu me persuadia, explicava a mim mesmo. Eu não deveria ceder à piedade debilitante. Estávamos realizando uma necessidade histórica. Estávamos desempenhando nosso dever revolucionário. Estávamos obtendo grãos para a pátria socialista, para o Plano Quinquenal.[29]

Houve vasta resistência do campesinato à coletivização, muito embora a maioria das aldeias consentisse com a repressão aos *kulaks*. Em 1929-30, a polícia registrou 44.779 "distúrbios sérios". Comunistas e ativistas rurais foram assassinados às centenas, e outros milhares foram atacados. Havia demonstrações e revoltas camponesas, ataques contra instituições soviéticas, incêndios criminosos, ataques às propriedades das *kolkhozes* e protestos contra o fechamento de igrejas. Era quase um retorno à situação do final da Guerra Civil, quando guerras camponesas em todo o país forçaram os bolcheviques a abandonar as requisições e a introduzir a NEP, só que desta vez o regime soviético era suficientemente forte para esmagar a resistência camponesa (e, realmente, muitos dos levantes de camponeses de 1929-30 foram provocados pela polícia para eliminar e suprimir os "rebeldes *kulaks*"). Percebendo a própria impotência, o campesinato adotou a tradicional estratégia das "armas dos fracos" para sabotar a coletivização: matavam os próprios animais de criação para evitar que fossem requisitados pelas fazendas coletivas. O gado na União Soviética caiu 30% em 1929-30, e pela metade entre 1928 e 1933.[30]

Diante da ruína do campo soviético, Stalin determinou uma interrupção temporária na campanha de coletivização. Em um artigo no *Pravda* ("Tonto com o sucesso") em 2 de março de 1930, ele acusou os oficiais locais de zelo excessivo por utilizarem a força contra o campesinato e estabelecerem *kolkhozes* por decreto. Milhões de camponeses interpretaram o artigo como uma permissão para deixarem as fazendas coletivas. Entre março e junho de 1930, a proporção de residências camponeses soviéticas inscritas nas fazendas coletivas caiu de 58% para 24% (na região central da Terra Negra, caiu de 83% para apenas 18%). Mas deixar a fazenda coletiva acabou não sendo tão simples. Era quase impossível para os camponeses retomarem as antigas propriedades, ferramentas e animais. Durante seis meses, houve uma trégua desconfortável. Então, em setembro de 1930, Stalin lançou uma segunda onda de coletivização, cujo objetivo declarado era coletivizar pelo menos 80% das residências camponesas — mais do que os 50% da primeira fase — e eliminar todos os *kulaks* até o final de 1931. O Politburo instruiu a OGPU a preparar mil "assentamentos especiais", sendo que cada um receberia 300 famílias de *kulaks*, em regiões remotas do Norte, da Sibéria, dos Urais e do Cazaquistão. Dois milhões de pessoas foram exilados para esses lugares em 1930-31.[31]

Em setembro de 1930, logo no começo da segunda onda, foi fundada a *kolkhoz* em Obukhovo. Chamada de "Nova Vida" (*Novyi byt*), o nome da *kolkhoz* passou a ser também o nome da aldeia, que existira como Obukhovo desde 1522. Bandeiras vermelhas foram colocadas no portão da aldeia para mostrar que havia sido coletivizada. A antiga igreja de madeira no centro da aldeia foi derrubada. A madeira da igreja foi aproveitada e os sinos foram removidos e levados para ser derretidos, enquanto um grupo de camponesas observava e chorava.

Os camponeses perderam suas terras, que foram reorganizadas em grandes campos coletivos. A *kolkhoz* tomou os cavalos de trabalho e trancou todas as vacas em estábulos de laticínios; mas as novas máquinas tão prometidas não chegaram, então as vacas foram devolvidas aos donos para que eles próprios tirassem o leite, e uma taxa sobre o leite foi imposta a todas as casas. Kolia Kuzmin, líder da Komsomol, virou presidente da *kolkhoz*. Ele escolheu uma esposa em uma aldeia próxima e se mudou para a maior casa da fazenda, confiscada do *kulak* exilado Vasily Golovin. Kuzmin era responsável pela administração diária da *kolkhoz*, embora talvez fosse o fazendeiro menos experiente em toda a aldeia. Estava sempre bêbado e agia com violência. O primeiro inverno foi um desastre. A *kolkhoz* entregou uma grande cota estatal de grãos e leite, mas metade dos cavalos morreu e cada trabalhador da *kolkhoz* recebia como pagamento apenas 50 gramas de pão por dia.

Alguns dos aldeões continuaram a resistir. Ocorreram cenas raivosas quando Kolia Kuzmin ia tomar as propriedades com uma brigada armada. Muitos camponeses fugiram para não ser forçados a se juntar à *kolkhoz*. O clã dos Golovin foi dispersado. Dos 120 Golovin que viviam em Obukhovo em 1929, apenas 71 permaneciam em meados de 1931 (20 haviam fugido para várias cidades, 13 foram exilados como *kulaks* e 16 foram levados para fazendas isoladas, excluídos da fazenda coletiva).

A família imediata de Nikolai foi inteiramente dividida. Dois de seus irmãos foram exilados. A mãe fugiu para a cidade mais próxima. O filho mais velho foi preso e enviado para o Gulag como trabalhador no canal do mar Branco (Belomorkanal). Dois outros filhos, Maria e Ivan, fugiram para escapar da prisão. A esposa, Yevdokiia, e os três filhos mais novos tentaram ingressar na fazenda coletiva, mas foram barrados por serem "elementos *kulak*" e ficaram isolados dos outros aldeões. Somente a família Puzhinin, seus amigos mais antigos, falava com eles. "A atmosfera era terrível", lembra Antonina. "Mamãe chorava com frequência. Paramos de brincar fora de casa e os vizinhos não queriam mais nos visitar. Amadurecemos da noite para o dia." Yevdokiia e os filhos foram autorizados a permanecer na casa da família e a manter uma vaca e um pequeno terreno, com os quais conseguiram sobreviver por alguns meses, parcialmente devido à ajuda secreta de parentes. Mas a vida ficou insuportável quando Kuzmin tomou a vaca da família (cuja principal fonte de alimento era o leite). Em janeiro de 1931, Kuzmin declarou a política de "expulsar os últimos *kulaks* Golovin", e os soviéticos da aldeia cobraram um imposto gigantesco (mil quilos de grão) a Yevdokiia. "Kuzmin e seu grupo não desistiam nunca", lembra Antonina: "Eles sempre voltavam, tomavam tudo que tínhamos e ainda exigiam mais. Quando todos os grãos acabaram, confiscaram as últimas propriedades da casa, ferramentas de trabalho, carretos, móveis e panelas, deixando-nos com apenas uma cama de ferro, alguns lençóis velhos e algumas roupas."

Até que, finalmente, chegou a ordem de deportação. Em 4 de maio, um dia frio de primavera, Yevdokiia e os filhos foram expulsos de casa e exilados para a Sibéria. Tiveram apenas uma hora para empacotar as coisas para a longa viagem. Os Puzhinin ficaram com a cama de ferro, para guardá-la. A cama era a última posse dos Golovin, na qual todos os filhos tinham nascido, e o último traço de sua raiz em Obukhovo, onde a família vivera por centenas de anos. Antonina recorda da partida:

> Mamãe permaneceu calma. Vestiu-nos com nossas roupas mais quentes. Éramos quatro: mamãe, Aleksei, que tinha 15 anos, Tolia, com 10 anos, e eu, com 8... Mamãe embrulhou-me em um xale de lã, mas Kolia Kuzmin, que viera supervisionar a expulsão, ordenou que o xale fosse removido, dizendo que ele também fora confiscado. Kuzmin não deu ouvidos aos apelos de mamãe sobre o frio e a longa viagem que nos aguardava. Tolia deu-me um de seus antigos chapéus com coberturas para as orelhas, o qual havia sido jogado fora por estar rasgado, e acabei usando-o em minha cabeça no lugar do xale. Senti vergonha de estar usando um chapéu de menino em vez do xale [tradicionalmente usado pelas meninas camponesas]. Mamãe curvou-se, se benzeu diante das imagens da família e levou-nos para a porta... Lembro-me da parede cinzenta de pessoas que nos observaram caminhar para a carroça. Ninguém se mexeu nem disse nada... Ninguém nos abraçou, disse uma palavra de despedida; tinham medo dos soldados, que caminhavam conosco para a carroça. Era proibido demonstrar simpatia pelos *kulaks*, então eles só ficaram ali, olhando em silêncio... Mamãe deu adeus às pessoas. "Perdoem-me, mulheres, se as ofendi", disse, curvando-se e fazendo o sinal da cruz. Em seguida, virou-se e voltou a se curvar e a fazer o sinal da cruz. Virou-se novamente e se curvou quatro vezes para dizer adeus a todos. Então, quando estava sentada na carroça, partimos. Lembro-me dos rostos das pessoas ali, em pé. Eram nossos amigos e vizinhos — as pessoas com quem eu crescera. Ninguém nos abordou. Ninguém disse adeus. Ficaram ali, silenciosos, como soldados enfileirados. Estavam com medo.[32]

2

Retornando à aldeia natal na Bielorrússia em junho de 1931, o escritor Maurice Hindus, que emigrara para os EUA quase um quarto de século antes, comentou sobre o que considerou um "novo desleixo que assolara as pessoas", em consequência da coletivização. "Casas, jardins e cercas estavam em um estado triste de falta de reparo." A Santíssima Trindade estava se aproximando,

> mas não havia em lugar algum um sinal de tinta nas janelas ou persianas nem um telhado com uma cobertura nova de palha. Seria essa negligência mero acidente? Eu não podia acreditar nisso. Sem dúvida, as incertezas que as *kolkhoz* espalharam para o exterior impediam que as pessoas melhorassem as condições das próprias casas.[33]

Hindus poderia ter feito tal comentário a respeito de praticamente qualquer aldeia coletivizada. Destituídos da própria terra e dos animais, os camponeses perderam o senso de ligação às fazendas familiares que tinham sido a fonte de seu orgulho e independência; uma vez reduzidos a trabalhadores na *kolkhoz*, não tinham mais os meios e nem o incentivo para manter suas casas em bom estado.

Os camponeses trabalhavam em brigadas de *kolkhoz*, recebendo pagamento em forma de uma pequena ração de comida (que devia ser complementada por eles plantando legumes e criando porcos e galinhas nos próprios jardins) e uma quantia em dinheiro recebida uma ou duas vezes por ano (suficiente, em média, para comprar um par de sapatos). A parte do leão da produção das *kolkhozes* era comprada pelo Estado por meio de um sistema de "contratos" compulsórios que mantinham os preços muito baixos, de modo que os gerentes das *kolkhozes* eram forçados a arrochar os camponeses para a manutenção de fundos para cobrir os custos operacionais. Os camponeses disseram que a coletivização foi uma "segunda servidão". Estavam presos à terra e eram explorados pelo Estado, assim como seus ancestrais haviam sido transformados em servos e explorados pelos donos de terras.

Economicamente, as fazendas coletivizadas foram um fracasso decepcionante. Poucas tinham tratores para substituir os cavalos mortos pelo campesinato (o arado humano foi utilizado em boa parte das terras nos primeiros anos). As fazendas coletivas eram mal administradas. Os gerentes eram pessoas, como Kuzmin, que haviam sido escolhidas pela lealdade ao Partido, não pelo conhecimento de agricultura. Não havia nada que substituísse a iniciativa e a energia dos ditos *kulaks*, que eram os camponeses mais esforçados antes da coletivização. Os recém-criados trabalhadores das *kolkhozes* não tinham um interesse verdadeiro pelo trabalho. Eles concentravam a atenção nos próprios jardins e furtavam propriedades da *kolkhoz*. Muitos camponeses das *kolkhozes* tiveram grande dificuldade em se reconciliar com a perda da própria fazenda. Eles sabiam qual cavalo ou vaca pertencera a eles e tentavam usar o antigo cavalo para arar a terra ou tirar leite da vaca que um dia lhes pertencera.[34]

Olga Zapregaeva nasceu em 1918, a quarta de seis filhos de uma família camponesa em Krivosheino, uma pequena aldeia na região de Tomsk, na Sibéria. Quando Krivosheino foi coletivizada, em 1931, a *kolkhoz* tomou a propriedade da fazenda (três vacas, três cavalos, ferramentas de fazenda, carretos e dois celeiros cheios de feno), deixando-os apenas com as galinhas e os bodes. "Não nos pagavam nada na *kolkhoz*", lembra-se Olga, que deixou a escola para trabalhar no campo quando tinha apenas 13 anos. "Precisávamos viver com o que plantávamos em nosso jardim, com nossas galinhas e bodes." Não havia tratores na *kolkhoz*, então os camponeses aravam o campo com os próprios cavalos, que eram mantidos em um estábulo especial próximo do escritório da *kolkhoz*, apesar da mãe de Olga, assim como muitos aldeões, ficar preocupada achando que seu cavalo estaria infeliz lá. Os aldeões frequentemente levavam os cavalos para casa para ter certeza de que seriam cuidados e alimentados. Em um esforço para erradicar a conexão entre os camponeses e seus animais, os presidentes das *kolkhozes* da área adotaram a política de expulsar as pessoas das próprias aldeias. O pai de Olga teve permissão para ficar na *kolkhoz* em Krivosheino, mas Olga, a mãe e as outras crianças foram enviadas para outra *kolkhoz*, a oito quilômetros de distância, perto da aldeia de Sokolovka, onde viviam em um quarto alugado. "Trabalhamos lá por dois anos", lembra Olga. "Vimos nosso pai apenas uma ou duas vezes, porque só tínhamos um dia livre no trabalho, que raramente caía no mesmo dia livre dele." Em 1935, a família foi reunida em Tomsk, onde o pai de Olga trabalhava nos estábulos de uma construção. A mãe de Olga conseguiu um emprego em uma fábrica de carne, e a família vivia em um dormitório com uma dúzia de outras famílias, todos ex-camponeses que haviam deixado a terra.[35]

Depois de uma boa safra em 1930, as de 1931 e 1932 foram desastrosamente ruins. Ainda assim, as requisições estatais entre 1932 e 1933 estavam mais do que duas vezes acima do nível que haviam estado nos anos abundantes de 1929 e 1930. O Partido baseava a coleta excessiva de grãos nos bons resultados de 1930 e em estimativas infladas para 1931 e 1932 entregues por oficiais locais, ansiosos por demonstrar seu sucesso político. A colheita verdadeira de 1932 foi pelo menos um terço menor do que o apresentado pelas estimativas oficiais (na verdade, fora a pior safra desde a fome de 1921). O resultado inevitável foi a disseminação da fome, começando na primavera de 1932 e culminando no decorrer do ano seguinte, quando 70 milhões de pessoas (quase metade da população soviética) estavam vivendo nas áreas de fome. O número de mortes é impossível de ser calculado, porque muitas não foram sequer registradas, mas as melhores estimativas demográficas sugerem que entre 4,6 milhões e 8,5 milhões de pessoas morreram de fome ou vítimas de doenças entre 1930 e 1933. As áreas mais afetadas ficavam na Ucrânia e no Cazaquistão, onde a resistência camponesa à coletivização foi particularmente forte, e as requisições de grãos, excessivamente altas. Essa conjuntura levou alguns historiadores a defender, nas palavras de Robert Conquest, que a fome foi "infligida deliberadamente", que foi um "massacre de homens, mulheres e crianças" motivado pela ideologia comunista. Isso não é inteiramente preciso. Sem dúvida, o regime foi culpado pela fome. Mas suas políticas não chegavam a uma campanha de "terror-fome", muito menos de genocídio, como foi sugerido por Conquest e outros.[36] O regime foi pego de surpresa pela dimensão da fome e não tinha reservas para oferecer às vítimas. Ele continuava a requisitar grãos das áreas mais afetadas e só reduziu as requisições no outono de 1932, o que foi muito pouco e tarde demais. Quando a fome ficou descontrolada, o regime tentou ocultar sua extensão impedindo que as pessoas fugissem das regiões devastadas para as cidades do norte.[37]

Apesar disso, milhões de pessoas fugiram da terra. Para cada 30 camponeses que entravam na *kolkhoz*, dez abandonavam totalmente a agricultura, principalmente para se tornarem trabalhadores assalariados na indústria. Nos primeiros meses de 1932, havia vários milhões de pessoas em mudança, lotando as estações de trens, tentando desesperadamente fugir das regiões onde a fome assolava.[38] As cidades não tinham como suportar a enchente humana. Houve um surto de doenças. A pressão sobre a oferta de moradia, de alimentos e combustíveis aumentou, o que encorajou as pessoas a se mudarem de cidade em cidade em busca de condições melhores. Temendo que suas fortalezas industriais fossem destruídas por camponeses famintos e rebeldes, o Politburo introduziu um sistema de passaportes internos para limitar a imigração para as cidades. A nova lei dizia que os adultos deviam possuir um passaporte registrado na polícia para a concessão da permissão de residência (*propiska*) necessária para a obtenção de empregos nas cidades. O sistema foi introduzido em sete cidades grandes em novembro de 1932 e estendido a outras cidades no decorrer do ano seguinte. Ele foi utilizado pela polícia não apenas para controlar a movimentação da população, mas também para limpar as cidades de "elementos socialmente perigosos" (*kulaks*, comerciantes, camponeses insatisfeitos), que poderiam ser fonte de oposição ao regime soviético. No final das contas, a lei simplesmente forçou milhões de camponeses sem lar a continuarem se mudando de uma cidade para outra, trabalhando ilegalmente em fábricas e construções, até que o sistema de passaporte os pegasse.[39]

Famílias desintegravam-se à medida que camponeses mais jovens deixavam seus lares rumo às cidades. Milhões de crianças foram abandonadas nesses anos. Muitos camponeses deixaram os filhos quando fugiram das fazendas coletivas. Os *kulaks* preferiam dar os filhos para outras famílias a levá-los com eles na longa jornada rumo aos "assentamentos especiais" e outros locais de exílio, onde, se dizia, muitas crianças morriam. "Que me exilem", explicou um *kulak* siberiano, "mas não levarei meus filhos. Não quero destruí-los." Entre as vítimas da fome, o abandono de crianças foi um fenômeno de massa. Mães deixavam os filhos em portas de casas, entregavam-nos a escritórios soviéticos ou os abandonavam na cidade mais próxima. Os órfãos moravam em construções e andavam pelas ruas revirando lixo em busca de comida jogada fora. Conseguiam viver mendigando, praticando pequenos furtos e se prostituindo, com muitas crianças ingressando em gangues que controlavam essas atividades em estações de trem, locais onde se vendia bebida e lojas movimentadas. Algumas dessas crianças eram pegas pela polícia e levadas para "centros de recepção", de onde eram enviadas para orfanatos e campos. Segundo estimativas da polícia, o assombroso número de 842.144 crianças sem lar foi levado para os centros de recepção entre 1934 e 1935. No final de 1934, havia 329.663 crianças registradas em orfanatos somente na Rússia, Ucrânia e Bielorrússia, e muito mais em lares especiais e campos de trabalho ("colônias educacionais de trabalho") controlados pela polícia. A partir de abril de 1935, quando foi aprovada uma lei reduzindo a idade de responsabilidade criminal para 12 anos, o número de crianças no sistema do Gulag começou a aumentar constantemente, com mais de 100 mil crianças entre 12 e 16 anos condenadas pelas cortes e pelos tribunais por ofensas criminosas nos cinco anos seguintes.[40]

Quando deixaram Obukhovo, Yevdokiia Golovina e os três filhos pequenos foram levados para a estação de trens mais próxima, em Pestovo, a 56 quilômetros da aldeia, e mantidos em um campo de detenção. Três dias depois, foram carregados em caminhões de gado para a viagem de seis semanas para Kemerovo, na Sibéria. Os caminhões estavam repletos de famílias, com crianças, homens e mulheres de todas as idades. Um balde em cada caminhão servia de banheiro, sendo esvaziado uma vez por dia, quando as portas eram abertas e cada pessoa recebia um pedaço de pão dos guardas. Em Kemerovo, os Golovin foram levados para um centro de distribuição, onde centenas de famílias eram mantidas sob vigilância em um campo aberto, envolto por uma cerca alta de arame farpado, apenas com a própria bagagem para dormir em cima. Um mês depois, foram transferidos para Shaltyr, um "assentamento especial" para *kulaks* na remota região de Altai, na Sibéria.

Os "assentamentos especiais" eram campos primitivos e isolados. A maioria consistia em alguns poucos barracões, construídos pelos exilados ao chegar, onde centenas de pessoas dormiam em pranchas de madeira, embora em muitos "assentamentos especiais" os *kulaks* morassem em buracos escavados no chão ou fossem abrigados em igrejas, prédios abandonados, estábulos e celeiros. A lotação era chocante. No Monastério Prilutsky, próximo a Vologda, viviam sete mil exilados, com apenas uma cozinha, mas sem banheiros ou lavatórios apropriados. Em Vologda mesmo, duas mil pessoas estavam vivendo em uma igreja. Uma testemunha ocular descreveu as condições de vida de 25 mil exilados em Kotlas:

O barracão, que deveria abrigar 250 pessoas, é quase totalmente escuro, com poucas janelas aqui e ali que deixam a luz cair apenas nas camas de baixo. Os moradores preparam comida do lado de fora, em fogueiras. A latrina — é apenas uma área cercada. Água — há um rio abaixo, mas ainda está congelado. Os moradores locais trancam o fosso ("Vocês vão nos infectar; seus filhos estão morrendo") e vendem água em garrafas.

Os "assentamentos especiais" não eram tecnicamente uma forma de prisão (as deportações em massa eram executadas por diretivas administrativas além da jurisdição dos tribunais), mas, a partir da primavera de 1931, passaram a ser controladas pelos órgãos da OGPU, responsável pela exploração do trabalho escravo dos deportados. Os exilados nos "assentamentos especiais" tinham de se apresentar à polícia uma vez por mês. Matvei Berman, chefe do sistema do Gulag, disse que as condições nos assentamentos eram piores do que nos campos de trabalho. Os homens eram empregados em trabalhos muito pesados em campos madeireiros e em minas, as mulheres e crianças, em trabalhos mais leves. Recebiam pouquíssima comida (alguns pães para um mês inteiro). Quando sucumbiam a doenças e males, simplesmente eram abandonados para morrer, como aconteceu com centenas de milhares de pessoas durante o inverno de 1931-32.[41]

Shaltyr resumia-se a cinco barracões de madeira de dois andares construídos ao longo da margem de um rio. A população (cerca de mil camponeses) havia sido enviada para lá de toda a União Soviética, apesar de os grupos maiores serem de russos, ucranianos, alemães do Volga e siberianos. Os homens eram enviados para cortar lenha em um campo madeireiro próximo, retornando aos domingos. Aleksei Golovin, filho de Yevdokiia, era um deles, mesmo tendo apenas 15 anos. Em 1º de setembro, o filho mais novo, Tolia, e a filha, Antonina, foram para a escola — uma única turma para todas as crianças do assentamento, abrigada em um dos barracões. As meninas foram obrigadas a cortar as tranças (tradicionalmente usadas pelas meninas camponesas antes de se casarem) — como que para simbolizar a renúncia à cultura camponesa na qual haviam nascido. Para marcar o início do ano escolar, o comandante do assentamento fez um discurso, no qual disse às crianças que deveriam ser gratas ao poder soviético, que era "tão bom e generoso que permite até a nós, filhos dos *kulaks*, estudarmos e nos tornarmos bons cidadãos soviéticos". A "remodelação" (*perekovka*) de seres humanos que não se encaixavam no modelo da "personalidade soviética" era uma característica ideológica importante do sistema do Gulag nos primeiros anos, mesmo em assentamentos isolados e remotos como Shaltyr.

O primeiro inverno em Shaltyr foi muito rigoroso. Nevou tanto que dois dos barracões foram destruídos, forçando muitos dos garotos, inclusive Tolia, então com 10 anos, a morar em buracos feitos no chão. Pela ausência de homens capazes e fortes — eles passaram o inverno no campo madeireiro —, as crianças foram mobilizadas para remover a neve pelas manhãs. Durante várias semanas, o assentamento ficou isolado pela neve. Não havia entrega de comida; portanto, as pessoas viviam com os poucos suprimentos que haviam levado de casa. Centenas de pessoas contraíram tifo e foram isoladas em um dos barracões e deixadas aos próprios cuidados, já que não havia medicamentos. Yevdokiia foi uma das vítimas do tifo. Antonina escreve em suas memórias:

Íamos ver mamãe todos os dias. Ficávamos na janela, através da qual podíamos vê-la deitada na prancha. Sua cabeça tinha sido raspada. Seus olhos estavam bem abertos e olhando ao redor. Ela perdera a memória e não nos reconheceu. Tolia bateu na janela. Estava em lágrimas e gritou: "Mamãe, mamãe, não fique doente, levante-se."

Yevdokiia sobreviveu. Mas foram tantas as vítimas fatais do tifo naquele inverno que o comandante decidiu que não havia tempo para enterrar todos os mortos. Os corpos ficaram congelados na neve até o degelo da primavera, quando foram jogados no rio.

O segundo inverno foi ainda pior que o primeiro. Os exilados não receberam nenhuma comida, aparentemente parte de uma política deliberada de reduzir a população do assentamento em três quartos. Comiam cascas de árvores e raízes podres de batatas, as quais amassavam para fazer bolos. Tiveram o estômago inchado e muitos morreram. Quando a primavera chegou, todos tinham disenteria. Os Golovin foram salvos por um golpe de sorte. Um dia, o comandante estava inspecionando os barracões, quando percebeu que Yevdokiia estava lendo as Escrituras. Ele precisava de alguém alfabetizado para entregar e receber o correio de Tsentralnyi Rudnik, um assentamento de mineração do Gulag a 12 quilômetros de distância. O comandante escolheu Yevdokiia. Quando ia pegar o correio, Yevdokiia levava um balde de frutas silvestres colhidas pelos filhos nas florestas próximas e as vendia no mercado em Tsentralnyi Rudnik para comprar comida e roupas. "O comandante sabia de tudo, é claro, mas fazia vista grossa", lembra Antonina, "porque não havia mais ninguém para receber o correio." Certa vez, um pacote de sementes de batatas chegou pelo correio. Yevdokiia foi colocada à frente de uma equipe de trabalho para plantá-las. Antonina relembra a alegria da ocasião:

> Foi como um feriado! Estávamos muito felizes de cavar as batatas! Adultos e crianças — todos trabalhamos muito. Éramos camponeses autênticos, nossos ancestrais tinham trabalhado a terra durante séculos, e agora podíamos trabalhar a terra novamente. Mamãe era a líder da brigada, e o siberiano, Snegirev, era presidente de nosso coletivo. Não tínhamos permissão para formar uma *kolkhoz* porque éramos *kulaks*. Mamãe temia que as batatas não crescessem sem fertilizante — nenhum de nós tinha experiência em plantar batatas. Mas no outono tivemos uma colheita enorme, e ninguém morreu de fome naquele inverno. As batatas haviam nos salvado.[42]

Dmitry Streletsky e sua família caminharam vários dias na neve para chegar ao primeiro local de exílio, um grande celeiro abandonado em Kurgan, onde centenas de famílias *kulaks*, incluindo muitos parentes distantes, foram simplesmente abandonados, sem água nem comida, aos próprios cuidados. Eles teriam morrido de fome sem a ajuda de parentes e de outras pessoas em Kurgan, que lhes traziam comida. Foram mantidos no celeiro por uma semana, com as pessoas dormindo do melhor modo que conseguiam, sobre as bagagens ou no próprio chão. Depois, foram colocados em caminhões de gado para a grande viagem de trem até Usole, ao norte de Perm, de onde foram forçados por guardas armados a marchar até a cidade industrial de Pozhva, a 150 quilômetros de distância. Foram abrigados em uma oficina, todos dormindo sobre um chão de cimento. "Papai estava agonizando", lembra Dmitry. "Envelheceu da noite para o dia. Ele disse que sua vida fora destruída... Todos sentiam o mesmo. Mas, apesar de não terem escolha a não ser fazer o que lhes mandavam, as pessoas tentavam manter a dignidade. Elas se recusavam a ser escravas das autoridades." O pai de Dmitry foi enviado para cortar lenha e construir um "assentamento especial" próximo a Chermoz. O resto da família foi espremido com três outras famílias em um quarto acima de uma marcenaria. Seis meses depois, reuniram-se ao pai de Dmitry no "assentamento especial". Havia dez barracões no assentamento, cada um com espaço para 500 pessoas dormirem em camas de pranchas de madeira. Envolto por uma cerca alta de arame farpado, o assentamento era localizando no meio de uma grande floresta de pinheiros, para onde os homens eram enviados para cortar árvores, voltando uma vez por semana. Com uma ração diária de apenas 200 gramas de pão, a taxa de mortalidade no assentamento era muito alta. Mas os Streletsky conseguiram sobreviver por meio do esforço camponês: as crianças colhiam cogumelos e os vendiam em Chermoz, a mãe saía à noite para roubar batatas dos campos de uma *kolkhoz*, e o pai fez um acordo com os trabalhadores de um matadouro das redondezas, ajudando-os a construir casas de madeira em troca de sangue do gado (do qual as autoridades não sentiriam falta, diferentemente da carne e dos ossos). Em 1933, quando houve uma grande fome, a ração diária foi reduzida a 50 gramas de pão, e metade da população do "assentamento especial" morreu por causa da fome e das doenças, mas os Streletsky conseguiram sobreviver bebendo sangue.[43]

Os Streletsky tiveram sorte por terem sido capazes de permanecer juntos como uma família. Para muitas outras pessoas, a experiência do exílio foi sinônimo de fragmentação. Klavdiia Rublyova perdeu contato com sete dos irmãos e irmãs após a prisão do pai, em 1930. Eles foram enviados para vários orfanatos, e Klavdiia nunca mais ouviu falar neles. Ela e a irmã mais nova, Natalia, foram morar com a irmã mais velha, Raisa, em Kansk, perto de Krasnoiarsk, na Sibéria. Klavdiia trabalhou como babá na casa de um médico, mas um dia o sistema de passaportes chegou à cidade siberiana, e, por ser filha de um *kulak*, ela foi forçada a fugir. Deixando Natalia com Raisa, Klavdiia foi morar com o tio, um inspetor sênior de trabalho florestal em Cheremkhovo, próximo a Irkutsk, onde foi registrada pelos soviéticos com o nome do tio. Em novembro de 1933, o tio recebeu uma carta do pai de Klavdiia, Ilia. Libertado da prisão, Ilia estava vivendo em um "assentamento especial" em algum lugar na região de Tashtyp, a 2 mil quilômetros de distância, não muito longe da fronteira com a China. Klavdiia viajou de trem antes de pegar carona até Tashtyp, que estava soterrada sob a neve quando chegou, em janeiro de 1934. Durante muito tempo não conseguiu encontrar nenhum trabalho. Sem o nome do pai em seus documentos, ninguém a empregaria, mas, como filha de um *kulak*, ela tinha muito medo de revelar sua identidade. Acabou sendo contratada pelo presidente dos soviéticos de Tashtyp, que a empregou como babá e obtinha trabalhos casuais para ela em uma fábrica de roupas. Um dia, quando conversava com a cunhada do presidente, Klavdiia mostrou-lhe duas fotos, uma dos dois irmãos, Leonid e Aleksandr, e outra dela com as duas irmãs.

Ela [a cunhada] disse imediatamente: "Lenka [Leonid], eu o conheço!" Fiquei muito surpresa que conhecesse meu irmão. "Onde ele está? Onde ele está?", perguntei, tentando me controlar... Na época, eu tinha medo de tudo o que dizia, querendo evitar revelar que meu pai estava no exílio.

Klavdiia encontrou o irmão em Tashtyp. Por intermédio dele, descobriu que o pai estava vivendo em um "assentamento especial" ligado à mina de Kirov, em Khakasin. Ele começara vida nova com uma segunda esposa, como recorda Klavdiia:

Fui fazer uma visita a eles. Quando cheguei à noite, tinham acabado de voltar do trabalho na mina. Estavam trazendo a vaca deles. Não sentiram medo nem ficaram surpresos quando me viram. Meu pai cumprimentou-me como se tivesse me visto no dia anterior. Sentei com eles por alguns minutos do lado de fora do barracão em que viviam. Depois, fui embora.[44]

Essa foi a última vez em que Klavdiia viu o pai. Ele foi preso novamente e acabou sendo morto em agosto de 1938.

Muitas famílias *kulaks* fugiram dos "assentamentos especiais" e tentaram a sorte vivendo como fugitivos. Segundo fontes da OGPU, no verão de 1930, fugas dos "assentamentos especiais" haviam se tornado um "fenômeno em massa", com dezenas de milhares de *kulaks* fugitivos. As fugas atingiam o auge durante os períodos de fome. Em 1932-33, a OGPU registrou o impressionante número de 422.866 *kulaks* fugitivos dos "assentamentos especiais", dos quais apenas 92.189 foram capturados posteriormente.[45]

Os Ozemblovsky eram uma família nobre menor de origem polonesa. Depois de 1917, perderam as terras que tinham na Bielorrússia, mas permaneceram na aldeia em que viviam, Oreshkovichi, na região de Pukhovichi, na província de Minsk, onde continuaram trabalhando nas fazendas no mesmo nível que os camponeses. Aleksandr e Serafima tinham quatro filhos, dois meninos e duas meninas, o mais velho nascido em 1917 e o mais jovem, em 1928, ano em que a *kolkhoz* em Oreshkovichi foi organizada. Aleksandr deu todos os animais e ferramentas que tinha para a *kolkhoz*, mantendo apenas uma vaca para alimentar a família, mas recusou-se a entrar na *kolkhoz*. Ele queria emigrar para os Estados Unidos ou para a França, como muitos outros poloneses de sua área tinham feito, mas Serafima argumentava: "Quem tocará em nós? O que fizemos de errado? Demos toda a nossa propriedade!" Aleksandr foi preso na primavera de 1930. Alguns dias depois, voltaram para pegar a família. "Peguem suas coisas. Você e as crianças estão sendo exiladas", disse o soldado da OGPU. Serafima enrolou algumas roupas em cobertores e conseguiu esconder alguns itens de ouro antes de ser colocada com os filhos em um carreto e serem levados para uma igreja, onde centenas de famílias *kulak* já estavam detidas. Alguns dias depois, os homens reuniram-se às famílias, e todos foram colocados em vagões para a viagem de 3 mil quilômetros para um assentamento remoto na região de Komi, no Norte. Lá, disseram-lhes para "fazer uma casa para vocês" em um celeiro vazio. "Não havia nada para nós ali — nem pranchas para fazer camas, nem facas nem colheres", lembra Sofia. "Fizemos colchões de galhos que recolhemos na floresta."

Gradualmente, os exilados construíram um assentamento de barracas de madeira, uma para cada família, como um dia tinham vivido nas próprias aldeias. Com o ouro que haviam levado, os Ozemblovsky compraram uma vaca. A vida familiar recomeçou. Mas então veio a fome, e a existência voltou a ficar insuportável. Os Ozemblovsky fizeram um plano de fuga. Como o filho mais novo já estava doente, decidiram que as mulheres deveriam escapar, deixando Aleksandr para cuidar dos garotos e correr o risco de ser preso novamente. Serafima e as duas meninas, Sofia, então com 9 anos, e Elena, com 5, caminhavam à noite e de dia dormiam na floresta. Alimentavam-se principalmente de frutas silvestres. Serafima tinha vários dentes de ouro. Ela extraía um deles ocasionalmente para pagar uma carona em um carreto de algum camponês ou para subornar algum oficial. Finalmente, conseguiram voltar à Bielorrússia. Esconderam-se durante uma semana em Pukhovichi, na casa dos pais de Serafima, que tinham tanto medo de ser presos por esconderem a filha que a aconselharam a se entregar à polícia. Serafima foi à polícia em Pukhovichi. Ouviram a história de sua fuga e sentiram tanta pena dela que lhe disseram para fugir novamente e ofereceram-lhe 24 horas antes de começarem a procurá-la. Serafima deixou Elena com os pais e foi para a cidade vizinha de Osipovichi, onde ela e Sofia alugaram um apartamento de um casal de idosos. Serafima colocou Sofia na escola. Depois, retornou à região de Komi para tentar encontrar o marido e os filhos. "Mamãe partiu sem uma única palavra — nada de adeus, nem conselhos sobre como eu poderia sobreviver", lembra Sofia.

Durante o ano seguinte, Sofia viveu com o casal de idosos, que eram muito cruéis. "Xingavam-me, chamavam-me de filha de um inimigo do povo e ameaçavam me deixar na rua se eu não fizesse o que mandavam. Eu chorava o tempo todo. Eu não tinha meu próprio dinheiro nem lugar algum para ir." Sofia sentia-se tão arrasada que fugiu para a casa dos avós, que a acolheram com Elena, apesar deles próprios terem sido despejados da casa em Pukhovichi e estivessem morando em uma antiga casa de banhos.

Enquanto isso, Serafima chegara ao assentamento em Komi, somente para descobrir que Aleksandr não estava mais lá: ele fora preso no dia da fuga dela e condenado a três anos nos campos de trabalho de Kotlas, perto dali. O filho mais velho, Anton, fora recrutado como informante pela polícia (ele foi treinado para prestar atenção e relatar as conversas dos assentados e era pago em pão por cada relatório). O filho mais novo, Sasha, ainda muito doente, estava sendo cuidado pela professora da escola. Poucos dias depois de chegar, Serafima foi presa e levada para Kotlas. Mas conseguiu escapar novamente, fugindo do comboio na volta do trabalho e desaparecendo nas profundezas da floresta. Serafima refez a dura jornada de 3 mil quilômetros de volta a Pukhovichi, onde reencontrou as duas filhas. Juntas, instalaram-se em uma pequena casa em Osipovichi, comprada para elas por parentes, e viviam do que plantavam em um pequeno jardim, onde criavam porcos e um bode. Em 1937, Sasha e Anton (que continuava trabalhando para a polícia na Bielorrússia) juntaram-se a elas. Dois anos depois, a reunião familiar foi completa com o retorno de Aleksandr, que acabara de ser libertado dos campos em Kotlas. Sofia lembra-se do momento do regresso:

Mamãe correu para encontrá-lo e atirou-se em seus braços. Papai disse: "Mãe, onde estão as crianças?" Mamãe respondeu: "Não se preocupe — as crianças estão vivas e bem, todas as quatro." Papai caiu de joelhos e começou a beijar as mãos e os pés dela, agradecendo-lhe por nos ter salvado.[46]

A história dos Okorokov é ainda mais impressionante. Em maio de 1931, Aleksei Okorokov foi deportado como *kulak* de sua aldeia, Ilinka, na região de Kuznetsk, no sudoeste da Sibéria. Exilado para o Norte, escapou do comboio que o transportava e caminhou durante um mês para voltar à sua aldeia, a 900 quilômetros de distância. Quando chegou lá, descobriu que a esposa, Yevdokiia, e as duas filhas, Maria, então com 7 anos, e Tamara, com 9, haviam sido exiladas com os pais de Aleksei para um "assentamento especial" próximo de Narym, que ficava 800 quilômetros a noroeste. Com documentos falsificados, Aleksei viajou noite e dia para chegar ao assentamento, de onde, alguns dias depois, a família partiu com uma brigada de fugitivos *kulaks*, incluindo crianças e avós, organizada por Aleksei. Eles caminhavam à noite — Maria nas costas da mãe e Tamara carregada pelo pai — para que não fossem vistos pelas patrulhas que inspecionavam a taiga em busca de *kulaks* fugitivos. Caminharam por dez noites, às vezes acabando no mesmo lugar de onde tinham partido, pois era difícil se orientar naquele terreno, até que ficaram sem comida nem água, e os mais velhos entraram em colapso por causa da exaustão. Na décima primeira noite, foram cercados por uma patrulha, que atirou neles, ferindo Aleksei no estômago. Os soldados levaram-nos em uma grande carroça com outros fugitivos para uma aldeia próxima, onde foram mantidos em uma casa de banhos. Os fugitivos foram enviados novamente para Narym, apesar de os mais velhos terem sido deixados para trás, incluindo os pais de Aleksei, que não voltaram a ver a família.

Os Okorokov conseguiram escapar outra vez. Quando o comboio para Narym se preparava para partir, Yevdokiia subornou um aldeão para que embebedasse a patrulha, permitindo que fugisse com Aleksei e as filhas. Seguiram para Tomsk, escondendo-se durante o dia (quando podiam ver os guardas com seus cães a distância, na estrada) e viajando à noite (quando o maior perigo eram os ursos e lobos). Depois de várias noites caminhando sem pão nem qualquer outra coisa para comer, chegaram a um assentamento da tribo Kerzhaki que fora atingido pela varíola: todas as crianças já estavam mortas. O chefe ofereceu trocar um pouco de pão, um pote de mel e um barco por Tamara, que já era suficientemente adulta para trabalhar na tribo. Ele ameaçou informar a polícia se Aleksei discordasse. Relutantemente, Aleksei concordou. Yevdokiia ficou histérica, mas ele não cedeu aos apelos da esposa. "Ficamos com os Kerzhaki durante uma semana para nos fortalecermos", recorda Maria.

Mamãe não parava de chorar, e minha irmã começou a compreender que algo estava errado. No dia da partida, papai levou minha irmã para um quarto separado e trancou-a lá. Então levou mamãe, que estava quase morta de desgosto, e colocou-me com ela no barco, com as provisões. Então, remamos para longe.

Depois de remarem alguns quilômetros, Aleksei atracou o bote, escondeu a esposa e a filha nos arbustos e caminhou de volta ao assentamento Kerzhaki para resgatar Tamara. Retornou quatro dias depois carregando Tamara nas costas.

Mas os problemas estavam longe de terminar. Uma patrulha alcançou a família quando seguiam para o norte. Os Okorokov foram levados para outro campo, um barracão envolto por uma cerca alta de arame, a oito quilômetros de Tomsk, onde passaram os seis meses seguintes. Aleksei transportava vegetais a cavalo e de carroça para Tomsk, enquanto Yevdokiia e as crianças foram colocadas para trabalhar ao lado de outros prisioneiros em uma *kolkhoz*. Em Tomsk, Aleksei conheceu um oficial da cidade que ficou consternado com sua família e, como um ato de consciência, concordou em ajudá-los a escapar. Um dia, Aleksei cobriu as filhas com sacos de batatas e levou-as em sua carroça para Tomsk, onde as meninas se esconderam na casa do oficial. Yevdokiia juntou-se a eles, tendo subido em um trem quando ele passava pelo campo onde estava trabalhando. Vestindo roupas novas compradas pelo oficial, os Okorokov retornaram de trem para Kuznetsk (que, àquela altura, havia sido rebatizada como Stalinsk). Aleksei trabalhou em uma mina de carvão e Yevdokiia, em uma cantina. Assim, a vida familiar recomeçou. "Papai começou imediatamente a construir uma casa de madeira com uma janela e um fogão de barro. Vivíamos em nosso cantinho, sem fazer mal a ninguém e sem depender de ninguém."

Então, alguns meses depois, o sistema de passaportes chegou a Stalinsk. Aleksei decidiu voltar para Ilinka, sua aldeia natal, na esperança de ser registrado, mas foi capturado assim que chegou lá e ficou preso em um campo de trabalhos. Yevdokiia, esperando em Stalinsk, finalmente recebeu uma carta de Aleksei. Como a carta informaria à polícia da localização de Yevdokiia, ela fugiu com as filhas para a cidade vizinha de Tashtagol, onde o sistema de passaportes ainda não fora introduzido. Aleksei juntou-se a elas pouco depois, de algum modo tendo conseguido fugir do campo de trabalhos. Ele construiu um pequeno barraco, onde viviam. Yevdokiia fazia trabalhos ocasionais. Quando percebeu que estava grávida, fez um aborto por conta própria, socando o útero e arrancando o feto. Ela quase morreu e ficou de cama durante vários meses. Nenhum dos médicos da cidade sequer olharia para ela, pois o aborto fora declarado ilegal pelo governo. Yevdokiia curou-se comendo ervas.

Em 1934, o sistema de passaportes chegou a Tashtagol. Aleksei foi preso novamente e enviado para as fundições de Stalinsk como trabalhador penal. Yevdokiia e as meninas também foram presas. Por pura coincidência, foram enviadas para o lado de Aleksei, nas fundições. Eles viviam juntos — uma entre centenas de famílias — em uma escavação que corria ao longo da margem do rio e contra a parte de fora da parede da fábrica. O "telhado" era feito de galhos e de folhas de pinheiro misturadas com lama. As paredes "vazavam" quando chovia. Aleksei fez alguns móveis rudimentares e entalhou xícaras e colheres de madeira. Os Okorokov mais uma vez voltaram a formar uma existência doméstica. Milagrosamente, tinham sobrevivido e conseguido permanecer juntos como uma família, mas os traumas dos três anos anteriores haviam deixado suas marcas, especialmente nas meninas. Maria e Tamara tinham pesadelos. Eram assustadas e retraídas. "Depois de três anos vivendo como fugitivas", reflete Maria, "minha irmã e eu nos acostumamos a não falar. Tínhamos aprendido a sussurrar em vez de falar."[47]

3

A promessa do Plano Quinquenal era a criação de uma sociedade industrial moderna. "Estamos marchando a todo vapor no caminho para a industrialização e para o socialismo, deixando para trás o atraso ancião da Rússia", disse Stalin em 1929. "Estamos nos transformando em uma nação de metal, motores e tratores, e quando tivermos colocado o homem soviético em um automóvel e o camponês em um trator, deixem que os capitalistas do Ocidente, que se vangloriam com tanto orgulho da própria civilização, tentem nos alcançar."[48]

Os símbolos do progresso eram os gigantescos projetos de construções do Primeiro Plano Quinquenal: cidades industriais como Magnitogorsk, um vasto complexo de aço e fundições construído do nada nas inclinações estéreis dos Urais; estradas de ferro e canais, como o canal Moscou-Volga e o do mar Branco, que abriam novas áreas para a exploração e forneciam suprimentos às cidades, que cresciam rapidamente; e represas gigantescas como Dneprostroi, a maior instalação hidroelétrica do mundo, cujas turbinas já giravam em 1932. Esses "sucessos" tinham um importante valor de propaganda para o regime stalinista em um período em que ainda havia uma oposição considerável — dentro e fora do Partido — às políticas de coletivização forçada e aos objetivos industriais extremamente ambiciosos do Primeiro Plano Quinquenal. Eles permitiam a fomentação da crença no "progresso socialista" e na chegada iminente da utopia soviética, a qual se tornara a justificativa ideológica para os sacrifícios exigidos do povo para a realização do plano. Em suas memórias, escritas na década de 1980, Anatoly Mesunov, filho de camponeses que se tornou guarda da OGPU no canal do mar Branco, resume o efeito da propaganda em milhões de "stalinistas comuns", como descreve a si próprio:

> Eu tinha dúvidas quanto ao Plano Quinquenal. Eu não compreendia por que precisávamos levar tantos condenados à morte para terminar o canal. Por que ele precisava ser construído tão rápido? Às vezes, isso me deixava confuso. Mas eu justificava isso pela convicção de que estávamos construindo algo grandioso, não apenas um canal, mas uma nova sociedade que não poderia ter sido construída por meios voluntários. Quem teria se voluntariado para trabalhar naquele canal? Hoje, compreendo que era muito duro e talvez até mesmo cruel construir o socialismo desta forma, mas ainda acredito que tenha sido justificável.[49]

A revolução industrial de Stalin foi muito diferente da industrialização das sociedades ocidentais. Como Mesunov sugere, as taxas de crescimento exigidas por Stalin no Plano Quinquenal não poderiam ser atingidas sem o uso de trabalho forçado, especialmente nas regiões frias e remotas do extremo norte e da Sibéria, onde ficava a maioria das fontes de minerais e combustíveis do país. A oferta de trabalho escravo, iniciada com a prisão em massa e a deportação dos *kulaks* em 1929, era a base lógica econômica do sistema do Gulag. Apesar de ter sido concebido originalmente como uma prisão para os inimigos do regime, o sistema do Gulag logo se desenvolveu como uma forma de colonização econômica — como uma maneira rápida e barata de distribuir a terra e explorar as fontes industriais das regiões remotas da União Soviética, onde ninguém queria morar —, e essa base teórica era reconhecida abertamente entre os próprios oficiais do Gulag.[50] Historiadores têm visões diferentes sobre a origem do Gulag — alguns a veem como um subproduto da consolidação do poder político de Stalin, outros enfatizam seu papel como um meio de isolar e punir "classes" fantasmas, como a "burguesia" e os *kulaks*, ou grupos nacionais e étnicos considerados perigosos para o Estado.[51] Todos esses fatores estavam envolvidos, mas a motivação econômica era fundamental, aumentando de importância a partir do momento em que o regime começou a procurar por maneiras de fazer com que as prisões cobrissem os próprios custos.

Na década de 1920, os campos de trabalho eram basicamente prisões onde se esperava que os presos trabalhassem para garantir o próprio sustento. O mais importante era o Campo Solovetsky de Importância Especial (SLON), fundado pela OGPU em um antigo monastério na ilha de mesmo nome no mar Branco, em 1923, que se tornaria o protótipo do Gulag no uso de trabalho escravo. Empregado no período tsarista para encarcerar dissidentes políticos, o monastério foi transformado pelos bolcheviques em uma prisão geral para todos os adversários — membros dos partidos de oposição tornados ilegais, intelectuais, ex-soldados brancos —, assim como para "especuladores" e criminosos comuns. Um dos prisioneiros era Naftaly Frenkel, um homem de negócios judeu da Palestina que se envolvera com contrabando para a Rússia soviética e fora preso pela polícia soviética em 1923. Chocado com a falta de eficiência da prisão, Frenkel escreveu uma carta definindo suas ideias de como o campo deveria ser administrado e colocou-a na "caixa de reclamações" dos prisioneiros. De alguma maneira, a carta chegou às mãos de Genrikh Iagoda, chefe da OGPU, que se encontrava em franca ascensão. Frenkel foi enviado para Moscou, onde explicou os planos para a utilização do trabalho dos prisioneiros em benefício de Stalin, que apreciava a ideia de utilizar prisioneiros para tarefas econômicas. Frenkel foi solto em 1927 e colocado à frente da transformação do SLON em uma empresa lucrativa. A população da prisão aumentou rapidamente, de 10 mil em 1927 para 71 mil em 1931, conforme o SLON foi recebendo contratos para cortar lenha e construir estradas e assumiu o controle das fábricas em Karelia, na fronteira com a Finlândia. A maioria dos recém-chegados eram camponeses *kulak*, como Nikolai Golovin, que foi para o campo Solovetsky em dezembro de 1930. Os prisioneiros eram organizados de acordo com suas capacidades físicas e recebiam rações de acordo com o volume de trabalho realizado. Os fortes sobreviviam e os fracos morriam.[52]

Em 1928, quando as prisões em massa de *kulaks*, padres, comerciantes, "especialistas burgueses", engenheiros, "saqueadores", "sabotadores" e outros "inimigos" da industrialização forçada de Stalin ameaçaram sobrecarregar o sistema carcerário soviético, o Politburo determinou uma comissão para estudar quais seriam os possíveis usos da população carcerária crescente. Liderada pelo comissário de justiça, N. M. Ianson, a comissão contava com o comissário do interior, V. N. Tolmachyov, além de Iagoda, chefe da OGPU. Os três homens travaram uma batalha pelo controle da população das prisões, mas Stalin favoreceu claramente Iagoda, que propôs utilizar a mão de obra dos presos para colonizar e explorar os recursos industriais do extremo norte e da Sibéria por meio de uma nova rede de campos de trabalho. Havia um suprimento praticamente inesgotável de lenha nessas áreas remotas. Geólogos, como Pavel Vittenburg, estavam mapeando ricas reservas de ouro, estanho, níquel, carvão, gás e petróleo, que poderiam ser minerados a baixos custos por trabalhadores condenados. Em abril de 1929, a comissão propôs a criação de um novo sistema de campos "experimentais", com 50 mil prisioneiros cada, controlados pela OGPU. A comissão destacou que, pela concentração de grandes números nos campos, os custos de manutenção da força de trabalho escrava deveriam ser reduzidos de 250 para apenas 100 rublos *per capita* anuais. Dois meses depois, o Politburo aprovou uma resolução ("Sobre a Utilização do Trabalho de Presos") instruindo a OGPU a estabelecer uma rede de "campos correcionais de trabalho" para "a colonização de regiões [remotas] e a exploração de suas riquezas naturais por meio do trabalho de prisioneiros". A partir desse ponto, a polícia política tornou-se uma das principais forças motrizes da industrialização soviética. Ela controlava um império de campos penais de trabalho que se expandia rapidamente, cuja população aumentou de 20 mil prisioneiros em 1928 para um milhão em 1934, quando a OGPU se fundiu com o NKVD (Comissariado de Assuntos Internos do Povo); a nova autoridade assumiu o controle da polícia política e dirigiu todos os campos de trabalho por meio do Gulag.[53]

O maior dos primeiros campos penais de trabalho, Belbaltlag, que tinha mais de 100 mil prisioneiros em 1932, foi utilizado para construir o canal do mar Branco — 227 quilômetros de canal navegável ligando o Báltico ao mar Branco. A ideia do canal fora antecipada no século XVIII, mas estava além das capacidades técnicas do regime antigo, então a ideia de construí-lo era parte vital da missão de propaganda do Plano Quinquenal para demonstrar a superioridade do sistema soviético. Era um projeto incrivelmente ambicioso, considerando que os planejadores pretendiam construir o canal sem máquinas nem análises apropriadas da terra. Críticos do projeto (que viam a construção do canal com mão de obra livre) argumentaram que os gigantescos custos da construção não eram justificados porque havia relativamente pouca atividade de navios no mar Branco. Mas Stalin insistiu que o canal poderia ser construído a um custo baixo e em tempo recorde — um símbolo da força de vontade e do poder do Partido — desde que a OGPU fornecesse mão de obra suficiente das prisões. Frenkel foi colocado à frente da construção. Os métodos utilizados por ele no SLON voltaram a ser empregados no canal, bem como muitos prisioneiros, que foram transferidos do campo de Solovetsky para o canal. Para economizar tempo e dinheiro, a profundidade do canal foi logo reduzida de sete para apenas quatro metros, tornando-o virtualmente inútil para qualquer embarcação, exceto balsas chatas e barcos de passageiros (em algumas das seções do sul, apressadamente construídas no final do projeto em 1932-33, o canal tinha apenas dois metros de profundidade). Os prisioneiros recebiam ferramentas manuais primitivas — machados, serras e martelos rústicos — em vez de dinamite e máquinas. Tudo foi feito à mão — a escavação da terra, a remoção de pedras pesadas, o transporte da areia em carrinhos de mão, a construção das gruas de madeira e dos andaimes, sem falar nos acampamentos, construídos pelos próprios prisioneiros ao longo da rota do canal. Trabalhando até a exaustão no frio congelante, um número desconhecido de prisioneiros, algo em torno de 25 mil, morreu somente no inverno de 1931-32, embora o número real seja considerado supostamente muito mais alto pelos sobreviventes. Dmitry Vitkovsky, ex-prisioneiro do campo de trabalhos de Solovetsky que trabalhou como supervisor no canal do mar Branco, lembra-se do cenário:

> No final do dia, havia corpos abandonados na área de trabalho. A neve cobria-lhes o rosto. Um deles estava curvado sob um carrinho de mão invertido, ele escondera as mãos nas mangas das roupas e congelara até a morte naquela posição. Alguém congelara com a cabeça entre os joelhos. Dois estavam congelados, um de costas para o outro, apoiando-se mutuamente. Eram homens camponeses e os melhores trabalhadores que se pode imaginar. Foram enviados para o canal às dezenas de milhares de cada vez, e as autoridades tentavam fazer o possível para que ninguém fosse colocado no mesmo subcampo que o pai — estavam tentando separar as famílias. E, logo de cara, passavam para eles metas de pedras e pedregulhos impossíveis de atingir mesmo no verão. Ninguém foi capaz de ensinar nada a eles, avisá-los; e na sua simplicidade de aldeões, eles usavam toda a sua força no trabalho, enfraquecendo muito rapidamente e congelando até a morte, abraçados em pares. À noite, os trenós saíam para recolhê-los. Os condutores jogavam os corpos nos trenós com um baque surdo. E no verão restavam os ossos dos corpos que não haviam sido removidos a tempo, junto com o cascalho com o qual se amalgamara no misturador de concreto. E desse modo eles ficaram no concreto da última comporta na cidade de Belomorsk, onde ficarão preservados para sempre.[54]

Além da destruição física da vida humana, o canal do mar Branco trouxe sofrimentos inenarráveis para várias famílias.

Ignatii e Maria Maksimov eram namorados de infância da aldeia de Dubrovo, na região de Valdai, na província de Novgorod. Casaram-se em 1924, quando Maria completou 16 anos, e trabalharam na fazenda da família de Ignatii até 1927, quando se mudaram para Leningrado, onde Ignatii encontrou trabalho como carpinteiro. Em outubro de 1929, cinco meses depois do nascimento da filha, Nadezhda, Ignatii foi preso (ele participara de um levante camponês contra os bolcheviques em 1919) e inicialmente enviado para o campo de Solovetsky, indo depois para o setor norte do canal do mar Branco. Enquanto isso, Maria foi despejada do apartamento em Leningrado. Ela voltou com Nadezhda para Dubrovo, somente para descobrir que a casa dos pais, assim como a dos Maksimov, havia sido destruída, e que as duas famílias tinham sido exiladas. Não restava ninguém da família de Maria em Dubrovo. Ela foi aconselhada por um antigo vizinho a fugir da aldeia para evitar a própria prisão. Carregando o bebê, Maria caminhou através da fronteira para a província vizinha de Tver (esperando que isso a colocasse fora do alcance da polícia de Novgorod) e bateu à porta da primeira casa que encontrou na aldeia. A porta foi aberta por um casal de idosos. Maria caiu de joelhos e implorou-lhes que ficassem com sua filha, para que ela pudesse fugir: ninguém daria trabalho para uma mulher com uma criança. O casal era bondoso. Eles cuidaram de Nadezhda por dois anos, enquanto Maria conseguiu um emprego como cozinheira na ferrovia de Leningrado para Murmansk. A ferrovia corria ao longo do setor norte do canal do mar Branco, onde Ignatii estava trabalhando, apesar de Maria não saber disso naquele momento. Ela não teve nenhuma notícia do marido até 1932, quando ouviu de um conhecido que ele estava em um campo de trabalhos em algum lugar na região de Belomorsk, onde o canal chegava no mar Branco. Maria tentou contatar o marido escrevendo bilhetes em pedaços de papel e jogando-os da janela do vagão-cozinha quando o trem passava pelas obras de construção em Belomorsk. Finalmente, aconteceu um milagre: ela recebeu uma carta de Ignatii, que, na verdade, estava em um campo próximo a Kem, 55 quilômetros mais ao norte na ferrovia para Murmansk. No final de 1932, Ignatii foi libertado e exilado para Arkhangelsk, onde reencontrou Maria e Nadezhda.[55]

O Gulag era mais do que uma fonte de trabalho para a construção de projetos como o canal do mar do Norte. Ele próprio era uma forma de industrialização. O primeiro complexo industrial do sistema do Gulag era o moinho integrado de papel em Vishlag, um complexo de campos de trabalho da OGPU no rio Vishera, nos Urais. O complexo nasceu em 1926, como uma vasta rede de campos madeireiros administrados pelo SLON, mas foi apenas a partir do verão de 1929, quando Eduard Berzin, bolchevique da Letônia, foi colocado à frente das construções, que o campo desenvolveu as atividades industriais. A pureza das águas do Vishera levou o Politburo a escolhê-lo como local de produção do papel de alta qualidade que começou a surgir no princípio da década de 1930, quando publicações de prestígio, como a *Grande Enciclopédia Soviética*, eram impressas no papel do moinho de Vishlag. Em 1930, os campos de Vishlag tinham uma população de 20 mil prisioneiros (incluindo o escritor Varlam Shalamov): 12 mil eram empregados nos campos madeireiros; dois mil, nas fábricas menores (fazendo tijolos e celulose), e o restante era usado na construção da fábrica de papel, assim como de todos os assentamentos de barracões em Krasnovishersk e Gorod Svetta ("Cidade da Luz"), que cresceram e se tornaram cidades civis.[56] Berzin concebeu esses assentamentos Gulag como uma "forma experimental de desenvolvimento industrial", cujas instituições culturais reeducariam os prisioneiros a se tornarem "trabalhadores soviéticos". Gorod Svetta ostentava clubes de filmes e de rádio, bibliotecas, cantinas, centros de saúde, jardins com chafarizes, áreas selvagens, teatros ao ar livre, áreas de debates e o "clube principal do campo" em um prédio com colunas, que fazia Shalamov se lembrar do Partenon, "só que mais assustador".[57]

Vishlag era um exemplo típico do sistema do Gulag nos anos iniciais, quando a ideia de usar o trabalho de prisioneiros para "remodelar" seres humanos em um molde soviético não era apenas propaganda, mas uma questão de fé para muitos bolcheviques. Por causa de tudo isso, o campo de Vishlag com a fábrica de papel era principalmente um empreendimento econômico. Os princípios operacionais de Berzin eram inteiramente baseados nas projeções de retornos dos investimentos, que incluíam incentivos morais e materiais para estimular os prisioneiros a cumprir os planos de produção. Em novembro de 1931, Berzin passou a ser o primeiro chefe da Dalstroi (Truste de Construções do Extremo Norte), um vasto conglomerado de campos de trabalho (incluindo os infames campos de Kolyma) no extremo nordeste da Sibéria — uma área do tamanho da Europa ocidental entre os oceanos Pacífico e Ártico —, onde jazia sob o solo a maior jazida de ouro do mundo. Berzin administrava os campos da Dalstroi sob os mesmos princípios econômicos que administrara Vishlag: seu trabalho era fazer com que os prisioneiros extraíssem o máximo possível de ouro (na metade da década de 1930, a produção de ouro dos campos da Dalstroi excedeu a produção total de ouro da União Soviética em 1928).[58] Durante o reinado de Berzin (1931-37), as condições nos campos da Dalstroi eram muito melhores do que se tornariam nos anos seguintes, quando muitos prisioneiros se lembravam com nostalgia dos tempos de Berzin, como fez Shalamov em *Histórias de Kolyma*:

> Berzin tentou — não sem sucesso — resolver o problema de colonizar aquela região severa e isolada e o problema complementar de remodelar as almas dos presos. Um homem cumprindo uma pena de dez anos acumularia créditos de trabalho suficientes para ser solto em dois ou três anos. Durante a administração de Berzin, a comida era excelente, a jornada de trabalho diária era de quatro a seis horas no inverno e de dez horas no verão, e os salários dos presos eram colossais, permitindo que ajudassem suas famílias e retornassem para casa como homens de bem quando cumprissem suas penas... Os cemitérios que datam daqueles dias são tão poucos que os primeiros habitantes de Kolyma pareciam imortais aos olhos dos que chegaram posteriormente.[59]

Vishlag foi desativado em 1934, mas àquela altura a fábrica de papel em Krasnovishersk tornara-se um centro industrial, um dos maiores centros econômicos do norte dos Urais, atraindo muitos camponeses para a indústria.

A ascensão da indústria exigia engenheiros e especialistas técnicos. Ivan Uglitskikh nasceu em 1920 em uma família de camponeses em Fyodortsovo, na região de Cherdyn, nos Urais. Banido como *kulak* da *kolkhoz* em Fyodortsovo, o pai de Ivan fugiu para Cherdyn e trabalhou nas balsas no rio transportando madeira para a fábrica de papel em

Krasnovishersk, onde tanto o irmão quanto o tio estavam no campo de trabalhos. Ivan cresceu com um forte desejo de se sair bem na vida. O pai sempre lhe dizia para aprender uma profissão. "Não havia nada onde vivíamos, nenhuma indústria", lembra-se Ivan. "Meu sonho era ir para Perm, mas ficava longe demais, e eu não tinha como pagar a passagem... O principal era ter uma profissão. Sem isso não haveria futuro." O único lugar em que podia estudar após os 14 anos era a Escola de Aprendizes para Fábricas (FZU), ligada à fábrica de papel. Todos os professores eram ex-prisioneiros de Vishlag, como recorda Ivan:

> Eram engenheiros, especialistas em suas profissões, trazidos do campo para nos treinarem na produção de papel e em trabalhos elétricos. Fui treinado como eletricista e depois trabalhei na fábrica de papel. Eu podia conseguir trabalho em qualquer cidade ou fábrica, porque naqueles anos havia uma demanda enorme por trabalhadores treinados, como eu. Cheguei a ir para Perm e trabalhei lá no desembarcadouro dos barcos do rio... Eu tinha orgulho do meu sucesso. Meus pais também tinham orgulho de mim.[60]

Milhões de filhos de camponeses estavam se mudando para as cidades e criando uma nova identidade. Entre 1928 e 1932, a população urbana aumentou ao ritmo extraordinário de 50 mil pessoas por semana. A população das cidades cresceu muito rapidamente para que o Estado desse conta da crescente demanda por bens de consumo, que estavam no final da lista de prioridades soviéticas para o Plano Quinquenal, de modo que, depois de 1928, foi instituído o racionamento de alimentos, de combustíveis e de vários itens domésticos. Com o comércio privado reprimido, as ruas ficaram cinzentas, restaurantes e cafés desapareceram, vitrines ficaram vazias, e as pessoas passaram a se vestir com maior desleixo. Alexandre Barmine, um diplomata soviético que retornou a Moscou no verão de 1930 depois de quatro anos no exterior, lembrou como ficou chocado com as dificuldades econômicas na capital:

> Depois das melhorias de 1922-28, Moscou mudou de modo decepcionante. Todos os rostos e todas as fachadas das casas eram eloquentes em miséria, exaustão e apatia. Praticamente não havia lojas, e as raras vitrines que ainda existiam tinham ar de desolação. Nada era visto nelas além de caixas de papelão e latas de comida,

sobre as quais os lojistas, mais por desespero do que por rispidez, haviam colado etiquetas dizendo "vazias". As roupas de todos estavam desgastadas, e a qualidade do material era terrível. Meu paletó de Paris deixou-me constrangido. Havia carência de tudo — especialmente de sabão, botas, vegetais, carne, manteiga e todo tipo de alimento rico em gordura.[61]

A situação habitacional era desesperadora. Em 1928, o soviético urbano tinha em média 5,8 metros quadrados de espaço para morar, mas a maioria dos moradores mais pobres não tinha mais do que um par de metros quadrados que pudesse chamar de seu. Um americano descreveu as condições em que viviam muitos trabalhadores em Moscou:

> Kuznetsov vivia com cerca de 550 homens e mulheres em uma estrutura de madeira com cerca de 260 metros de comprimento por cinco de largura. O lugar continha aproximadamente 500 camas estreitas, cobertas com colchões estofados com palha ou folhas secas. Não havia travesseiros nem cobertores... Alguns dos moradores não tinham cama e dormiam no chão ou em caixas de madeira. Em alguns casos, as camas eram utilizadas por um turno de dia e por outro à noite. Não havia telas ou paredes que oferecessem qualquer privacidade... Não havia armários nem guarda-roupas, porque as pessoas só tinham as roupas que estavam vestindo.[62]

Muitos trabalhadores de famílias camponesas tinham poucas expectativas de ter algum espaço privado. Nas aldeias, tradicionalmente, as famílias comiam de uma tigela em comum e dormiam juntas em camas próximas ao forno. Ainda assim, para muitos deve ter sido um choque compartilhar o espaço com outras famílias quando se mudavam para as cidades.

Nadezhda Pukhova nasceu em 1912 em uma grande família camponesa na província de Pskov. Em 1929, ela fugiu da *kolkhoz* e foi para Kolpino, um grande subúrbio industrial de Leningrado, onde encontrou trabalho na fábrica de máquinas de Izhora. Nadezhda alugou o canto de um quarto térreo em uma casa de madeira, não muito longe da fábrica. Era um quarto grande, com correntes de ar frio, aquecido por um forno Primus, com uma cozinha-banheiro e uma entrada própria do quintal. Nadezhda conheceu o marido, Aleksandr, na casa. Ele era o filho mais velho de uma família de camponeses da região de Rybinsk, na província de Iaroslavl, e chegara recentemente a Kolpino para iniciar o aprendizado de mecânico de automóveis. O proprietário da casa era um parente distante, que deixou Aleksandr alugar um canto no quarto do andar superior. Depois do casamento, Aleksandr mudou-se para o andar de baixo para viver com Nadezhda no térreo. O casal colocou uma cortina em volta de sua cama para ter alguma privacidade das outras famílias. No total, eram 16 pessoas morando no quarto, incluindo uma prostituta, que trazia clientes à noite, e um bombeiro, que acordava às 4 da manhã para trabalhar. "Dormíamos mal", lembra Nadezhda. "O bombeiro, que dormia na cama ao lado da nossa, levantava à noite e acendia um fósforo para ver as horas. Sempre havia homens entrando e saindo com Olga [a prostituta]. Ela disse que nos mataria se fosse denunciada. Os nervos das pessoas estavam muito sensíveis." Durante o inverno, parentes de Aleksandr vindos de Iaroslavl ficaram com eles. Eles chegaram em busca de trabalho em alguma fábrica ou para vender botas de feltro que faziam para complementar a renda proveniente da *kolkhoz*. "Vieram todos — tias, tios, irmãs e irmãos com as esposas", lembra-se Nadezhda.

Fiquei chocada com a maneira que viviam — eram muito sujos e primitivos. Não era assim em Pskov, onde a casa de meus pais era mantida sempre muito limpa. Os parentes de Aleksandr dormiam no chão — as mulheres com cobertores, os homens apenas com suas túnicas para aquecê-los. Eles deixavam o quarto cheirando a cavalo.[63]

Os Golovin também seguiram o caminho da migração para a cidade. Em fevereiro de 1933, Nikolai finalmente foi libertado do campo de trabalhos de Solovetsky. Avisado para não se juntar a Yevdokiia e aos filhos em Shaltyr, onde poderia ser preso novamente, seguiu para Pestovo, uma pequena cidade perto de Vologda, onde conseguiu trabalho como carpinteiro em uma construção. Como muitas cidades provincianas no começo da década de 1930, Pestovo estava cheia de fugitivos *kulaks*. Entre eles estava o irmão de Yevdokiia, Ivan Sobolev, um ex-padre que mudara de nome e começara a trabalhar como contador na indústria madeireira depois que os bolcheviques fecharam a igreja de sua aldeia.

Nikolai tornou-se líder de sua brigada na construção e mudou-se para uma minúscula cabana de madeira que fora abandonada por um guarda-florestal. Gradualmente, a família foi reunida. Nikolai, o filho, veio a Pestovo do canal do mar Branco — um dos 12 mil prisioneiros soltos como recompensa pelo trabalho duro na conclusão do canal, em agosto de 1933 — e juntou-se à brigada de trabalho do pai. O outro filho, Ivan, que fugira de Obukhovo quando os Golovin foram presos, também foi para Pestovo depois de anos vagando pela Sibéria. Ele também ingressou na brigada de trabalho do pai. Maria, a filha, que também fugira de Obukhovo, foi a próxima a chegar, em 1934. Ela ficara tão aterrorizada com os três anos que passara fugindo como filha de um *kulak* que mudara de nome e se casara com um trabalhador bolchevique, que bateu nela e renunciou ao casamento quando descobriu sua verdadeira identidade. Finalmente, em dezembro de 1934, depois de passar vários meses escrevendo petições ao NKVD em Ustiuzh, Nikolai foi reunido com a esposa, Yevdokiia, e seus três outros filhos: Antonina, Tolia e Aleksei, que retornaram em segurança do "assentamento especial". A cabine do guarda-florestal, que Nikolai transformara em um lar, era muito pequena, mas para Antonina, que passara três anos nos barracões de Shaltyr, era como o paraíso:

> Era somente um cômodo pequeno. Dentro dele havia uma cama de ferro — justamente a que nosso vizinho Puzhinin guardara para nós quando fomos deportados de casa —, a cama em que nossos pais dormiram e onde todos nós, seus filhos, nascemos. Era nossa cama, inconfundivelmente. Ela tinha as mesmas esferas niqueladas nos pés e o mesmo colchão. Era a única coisa que nos restava de nossa vida antiga.[64]

4

No dia 3 de setembro de 1932, dois garotos foram encontrados mortos em uma floresta próxima à aldeia de Gerasimovka, no oeste da Sibéria. Segundo a imprensa, eles tinham sido apunhalados pelos próprios parentes, porque Pavlik, o garoto mais velho, que tinha 15 anos e era membro ativo dos Pioneiros, denunciara o pai, Trofim Morozov, como *kulak* à polícia soviética. Os demais Morozov tinham se vingado. Os fatos verdadeiros do caso são difíceis de ser separados da rede de mentiras e intriga política. Desde o início da investigação, o assassinato foi roteirizado pela imprensa soviética e pela polícia como um crime político, com Pavlik no papel de um Pioneiro exemplar e os assassinos retratados como "contrarrevolucionários *kulaks*".

Gerasimovka era uma aldeia remota na floresta próxima a Tavda, 350 quilômetros a nordeste de Sverdlovsk, nos Urais. Era cercada por campos de trabalho e "assentamentos especiais". À noite, os aldeões podiam ouvir os latidos dos cães-de-guarda. Gerasimovka era um lugar miserável. Os camponeses mais pobres tinham uma vaca; os mais ricos tinham duas. Somente nove tinham um samovar. Havia apenas um professor em uma escola rudimentar, fundada somente em 1931, a qual só tinha 13 livros. Como a maioria do campesinato do oeste da Sibéria, os aldeões de Gerasimovka eram ardorosamente independentes. Eles tinham se mudado da Rússia central para o leste para conquistar a própria terra e liberdade no século XIX e não estavam dispostos a abrir mão delas ingressando em fazendas coletivas. Nenhuma das casas da aldeia tinha se inscrito na *kolkhoz* em agosto de 1931; não é de surpreender que a imprensa soviética tenha descrito o lugar como um "ninho de *kulaks*".[65]

Trofim era um camponês sóbrio e trabalhador, que dispunha de recursos medianos e fora ferido duas vezes quando lutava pelo Exército Vermelho na Guerra Civil. Tinha o respeito dos outros aldeões e estava cumprindo o terceiro mandato na presidência do conselho da aldeia no outono de 1931, quando informaram à OGPU que ele estava vendendo documentos falsos para os *kulaks* exilados nos "assentamentos especiais". Seu filho pode ter sido o informante. Ao contrário da propaganda da imprensa soviética, Pavlik não era realmente um Pioneiro (não havia uma organização de Pioneiros em Gerasimovka), mas claramente desejava ser um, e depois da abertura da escola envolveu-se com trabalhos de agitação, os quais o aproximaram da polícia. Em Gerasimovka, Pavlik tinha a reputação de ser alguém que denunciava os vizinhos quando faziam algo errado (anos mais tarde, os aldeões lembravam-se dele como um "garoto detestável"). Ele sentia rancor do pai, que abandonara a casa da família para morar com outra mulher, deixando Pavlik, como filho mais velho, para cuidar da mãe, Tatiana, uma camponesa analfabeta que parece ter sofrido um desequilíbrio mental com a partida de Trofim e deve ter encorajado Pavlik a denunciá-lo em um acesso de ciúmes. Segundo os relatos publicados na imprensa a respeito do julgamento de Trofim, realizado na escola da aldeia em novembro de 1931, Pavlik denunciou os crimes do pai, e quando Trofim gritou "Sou eu, seu pai", o garoto disse ao juiz: "Sim, ele costumava ser meu pai, mas não o considero mais meu pai. Não estou agindo como filho, mas sim como Pioneiro." Trofim foi condenado a um campo de trabalhos no extremo norte e, posteriormente, foi executado.[66]

Fortalecido pela aparição no tribunal, Pavlik começou a denunciar aldeões que ocultavam grãos ou se manifestavam contra a *kolkhoz*. Ele contava com a ajuda do irmão mais novo, Fyodor, que tinha 9 anos. Os aldeões ficaram enraivecidos com as atividades dos garotos. Sergei Morozov, avô de Pavlik, impediu-os de entrar em sua casa, e outros membros da família tentaram impedi-los de fazer delações à polícia. Mas não há provas de que a família tenha estado envolvida no assassinato dos garotos, que provavelmente foi obra de adolescentes, incluindo o primo de Pavlik, Danila, após uma briga por causa de um arreio e uma pistola.[67]

Quando o assassinato foi publicado na imprensa local, a investigação foi imediatamente politizada. Danila estava inclinado a denunciar Sergei, o próprio avô, como sendo o assassino. A acusação foi sustentada por dois membros da família: Tatiana, que estava disposta a culpar qualquer pessoa pelo assassinato dos filhos, e o primo de Pavlik, Ivan Potupchik, stalinista fervoroso e colaborador da polícia, que foi recompensado pela participação no caso com uma promoção dentro do Partido. No final das contas, cinco membros do "clã *kulak*" dos Morozov foram julgados em novembro de 1932: o tio e o padrinho de Pavlik, acusados de planejar o assassinato, o avô de Pavlik e seu primo, Danila, acusados de executar o crime, e a avó de Pavlik, acusada de ter atraído os garotos até a floresta. A culpa deles foi considerada provada desde o início do julgamento encenado (os promotores citaram discursos de Stalin sobre a intensificação da luta de classes no campo para demonstrar as motivações políticas dos assassinos). Quatro dos cinco acusados

— todos exceto o tio de Pavlik, por alguma razão incompreensível — foram condenados "à maior medida de punição" — execução por um pelotão de fuzilamento.[68]

A essa altura, a imprensa nacional já tinha chegado às suas próprias conclusões. Em sua versão, Gerasimovka era um emblema da Rússia camponesa retrógrada, e os Morozov, um arquétipo da família patriarcal *kulak* que seria eliminada pela coletivização. Pavlik logo se tornou o herói de um culto de propaganda, lançado no outono de 1933, quando Gorki pediu a construção de um monumento ao jovem mártir, o qual, segundo o escritor, "compreendera que um parente de sangue também pode ser inimigo do espírito, e que essa pessoa não deve ser poupada".[69] O culto estava em todos os lugares. Histórias, filmes, poemas, peças, biografias e canções retratavam Pavlik como o Pioneiro perfeito, um leal vigilante do Partido dentro de casa. Sua coragem abnegada, a qual demonstrara ao sacrificar o próprio pai, foi promovida como um exemplo para todas as crianças nas escolas soviéticas. O culto teve um impacto enorme nas normas e sensibilidades de toda uma geração de crianças, que aprendeu com Pavlik que lealdade ao Estado era uma virtude maior do que amor familiar e outros laços pessoais. Por meio do culto, foi semeada em milhões de mentes a ideia de que acusar os próprios amigos ou parentes não era vergonhoso, mas sim uma questão de espírito público. Esperava-se realmente que o cidadão soviético agisse assim.[70]

Quem foram os mais afetados pela lição da história dos Morozov? Poucas crianças de famílias estáveis nas quais os princípios morais eram determinados com clareza pelos pais, pelo que se pode dizer a partir de entrevistas, embora nessa questão incômoda, que hoje é compreendida no contexto do Terror, a memória não seja confiável. Mas Pavlik, aparentemente, foi um exemplo positivo para muitas pessoas que cresceram em famílias instáveis ou opressoras, nas quais a influência dos mais velhos era fraca demais para reagir às ideias do regime soviético. Os propagandistas do culto eram típicos nesse respeito. Pavel Solomein, por exemplo, o jornalista de Sverdlovsk que foi o primeiro a chamar a atenção do público soviético para a história de Pavlik, na imprensa, fugira do padrasto quando criança e crescera em uma série de orfanatos. Gorki viveu sozinho desde os 9 anos, quando foi expulso da casa do avô — um lugar de crueldade e atrasado, onde os homens se apegavam à garrafa e as mulheres encontravam consolo em Deus — tendo vivido por conta própria nas cidades industriais do Volga. Para muitas pessoas que tinham um passado infeliz como esses, Pavlik era um herói porque se libertara da "escuridão" do modo de vida de sua família; desenvolvendo a própria consciência política e se tornando ativo na esfera pública, ele encontrara uma forma mais elevada de "família" nos Pioneiros, que estavam marchando com o Partido e o povo soviético para um "futuro leve e radiante". A história de Pavlik era especialmente atraente para os órfãos. Intocados pela influência da vida familiar, eles não podiam compreender o que o rapaz fizera de errado ao denunciar o próprio pai. Criados pelo Estado, eram doutrinados para serem leais e gratos a ele por salvá-los da destituição, que era o que esperava os órfãos que não tinham tido a sorte de nascer na União Soviética, o maior país do mundo.

Mikhail Nikolaev tinha 3 anos em 1932, quando os pais foram presos e ele foi enviado para um orfanato, onde recebeu um novo nome. Ele nunca descobriu qual era seu nome verdadeiro, nem o nome de seus pais, jamais soube quem foram eles, por que foram presos nem o que aconteceu com eles após a prisão. Nos orfanatos, havia a política de remodelar crianças como Mikhail em "cidadãos soviéticos", apagando suas identidades originais. Quando garoto, Mikhail era profundamente influenciado pela história de Pavlik Morozov, que era contada para os órfãos desde cedo. Ele via Pavlik como um "herói real" e sonhava em reproduzir sua conquista "descobrindo um espião". Revendo sua infância, Mikhail suspeitou que pensaria diferente a respeito de seu herói se tivesse crescido em uma família:

Nós, órfãos, tínhamos uma compreensão empobrecida da vida em comparação com as crianças normais. Éramos privados de eventos familiares, de conversas em torno da mesa da cozinha — de toda aquela informação não oficial e, a meu ver, mais importante, que forma a compreensão que as pessoas têm da vida e sua relação com o mundo. Nossa "janela para o mundo" era a sala de aula, os Pioneiros, o rádio no canto vermelho e [o jornal] "Verdade dos Pioneiros" (*Pionerskaia Pra-*

vda). Toda a informação vinda dessas fontes era a mesma, e só havia uma interpretação para ela.[71]

A popularidade da história de Pavlik, especialmente entre os mais jovens, aumentou ainda mais uma profunda diferença cultural e entre gerações — entre o antigo mundo da aldeia patriarcal e o novo mundo urbano do regime soviético — que dividia muitas famílias. A população rural era cada vez mais jovem e alfabetizada. Segundo o censo de 1926, 39% da população rural tinha menos de 15 anos (e mais da metade tinha menos de 20), sendo duas vezes mais provável que os filhos de camponeses com pouco mais de 20 anos fossem alfabetizados e os pais não (camponesas da mesma idade tinham cinco vezes mais chances de ser alfabetizadas do que as mães). Educados em escolas soviéticas, esses camponeses mais jovens não compartilhavam mais das atitudes e crenças dos pais. Por meio dos Pioneiros e da Komsomol, muitos encontraram a autoconfiança para se livrar do controle deles. Recusavam-se a ir à igreja, a usar uma cruz e a observar rituais religiosos, citando com frequência o poder soviético como a nova autoridade em tais questões, o que, ocasionalmente, levava a discussões com os pais. Eles olhavam cada vez mais para as cidades em busca de informação e valores, e à medida que a cultura popular das cidades espalhou-se até as aldeias remotas, nas décadas de 1920 e 1930, cada vez mais jovens rurais passaram a preferir a cidade ao campo. O resultado foi o estímulo para que as crianças rurais vissem as cidades como um modo de vida melhor e mais culto do que o campo. Uma pesquisa da Komsomol em um dos distritos mais agrícolas da província de Voronezh na metade da década de 1920 descobriu que 85% de seus membros vinham de famílias camponesas — mas apenas 3% disseram que queriam trabalhar com agricultura. A maioria das crianças rurais desejava deixar o campo e ir para a cidade trabalhar em uma loja ou em um escritório, estudar em faculdades e ingressar nas profissões industriais, ou alistar-se no serviço militar.[72]

A família Medvedev foi despedaçada pelo cisma entre os jovens e os mais velhos. Andrei Medvedev nasceu em 1880 na aldeia de Oblovka, na ferrovia entre Tambov e Balashov, 570 quilômetros a sudeste de Moscou. Ferreiro por profissão, no inverno ganhava a vida consertando telhados de metal nas casas dos camponeses mais ricos, mas no verão trabalhava com os cinco irmãos na fazenda familiar do pai, Fyodor, em cuja residência moravam todos os 17 Medvedev. Fyodor era um patriarca camponês, ortodoxo devoto, com longos cabelos brancos até os ombros, e um modo de controlar sua casa à moda antiga. "Vivíamos de acordo com os costumes dos tempos antigos", lembra-se uma de suas netas. "Todos comiam da mesma tigela, e meu avô dava o sinal para que começássemos a comer batendo com a colher na lateral dela. Ninguém dizia uma palavra a menos que ele falasse."

Em 1923, Andrei casou com Alyona, uma jovem com metade da sua idade, que fugira com os parentes da faminta Petrogrado para o campo, em Tambov, em 1917. Alyona vinha de uma família pobre de trabalhadores. Seu pai era um porteiro ferroviário que ficou com sete filhos para cuidar quando a esposa morreu. Em Tambov, conseguiam sobreviver trabalhando em fazendas de camponeses. Andrei levou a jovem esposa para a casa de Fyodor e, em 1924, nasceu a filha do casal, Nina. Desde o princípio, Alyona achou difícil se submeter aos costumes patriarcais da casa. Apesar de só ter tido três anos de ensino escolar, Alyona passou a ser a secretária soviética da cidade. Ela organizou uma escola e ensinava as crianças da aldeia — e também muitos adultos — a ler. Andrei não tinha interesse por livros — não havia nenhum na casa dos Medvedev —, então ela levava para casa jornais e revistas do mercado local, a partir dos quais as crianças aprendiam a ler. Em 1928, a escola de Alyona tornou-se um "ponto de liquidação" (*likpunkt*) na campanha da Komsomol pela liquidação da analfabetização (*likbez*), parte da campanha soviética contra a religião e a cultura patriarcal do campo. Alyona tornou-se ativista em Zhenotdel, o Departamento de Mulheres do Partido, que com frequência a levava para conferências na cidade-distrito. Chocado com a independência de Alyona, Fyodor ameaçou expulsá-la da casa e começou a discutir com o filho, um dos líderes do conselho da aldeia, que apoiava as atividades da esposa, apesar de ele próprio ser ciumento e não gostar que ela fosse sozinha para a cidade.

Em setembro de 1929, uma *kolkhoz* foi formada em Oblovka. Apenas 29 das 67 residências na aldeia concordaram em fazer parte, mas isso foi considerado o suficiente para forçar a coletivização. Andrei foi eleito presidente da *kolkhoz*. Mas Fyodor recusou-se a participar. Sua vaca acabara de ter um bezerro, do qual ele não queria abrir mão. Pai e filho discutiram violentamente. "Eles teriam matado um ao outro se mamãe não tivesse interferido", lembra Nina. "Amaldiçoaram um ao outro e juraram nunca mais se falar." A fazenda foi dividida. Andrei entrou com sua parte da propriedade na *kolkhoz*, ao passo que Fyodor, com 81 anos, continuou trabalhando sozinho em sua fazenda. Quatro meses depois, o velho foi preso como *kulak* — um dos 12 *kulaks* presos em Oblovka, tendo por base um relatório do conselho local. A casa de Fyodor foi totalmente demolida, e ele foi exilado para a Sibéria. Mas o drama da família ainda não tinha terminado. Como presidente da *kolkhoz*, Andrei amarrara seu futuro ao campo, mas Alyona era atraída pelas cidades, principalmente na esperança de descobrir uma cura para a filha, Nina, que ficara cega por conta de uma doença e precisava de cuidados especiais. Em abril de 1930, Alyona deixou Andrei e retornou com Nina para perto da família, em Leningrado, onde alugaram um pequeno canto em um quarto de amigos de parentes. "Tínhamos somente quatro metros quadrados", lembra Nina, "apenas o suficiente para uma cama estreita com uma mesa de cabeceira e duas cadeiras pequenas, nas quais eu dormia, enquanto mamãe ocupava a cama." A família ficou separada por dois anos, mas, em outubro de 1932, Andrei também foi para Leningrado. A atração da família fora mais forte do que o comprometimento com a fazenda coletiva. Os Medvedev mudaram-se para um quarto maior no centro da cidade. Alyona dava aulas na escola de Nina e Andrei trabalhava como telhador no departamento de obras da OGPU.[73]

Assim como os Medvedev, muitas famílias sucumbiram às pressões duplas da coletivização e da urbanização. A coletivização era apenas o último de uma série de cataclismos sociais para o campesinato russo — incluindo a Primeira Guerra Mundial, a Revolução, a Guerra Civil e a fome, que destruíram milhões —, mas, de certa forma, foi o mais traumático, porque dividiu famílias, colocando filhos contra pais no tocante a abraçar o modo de vida soviético. É difícil dizer quantos filhos realmente denunciaram os pais. Com certeza, houve alguns, talvez não tantos quanto divulgado pela imprensa soviética, que na década de 1930 dava a impressão de que o campo estava cheio de jovens como Pavlik Morozov. A imprensa noticiou que um Pioneiro chamado Sorokin pegara o pai roubando grãos da *kolkhoz* e fez com que fosse preso pela polícia; que um estudante chamado Seryozha Fadeyev dissera ao diretor da escola onde o pai escondera um lote de batatas; e que um garoto de 13 anos, Pronia Kolibin, denunciara a própria mãe por roubar grãos dos campos da *kolkhoz* (ele foi recompensado com uma viagem para Artek, o famoso campo de férias dos Pioneiros na Crimeia, enquanto a mãe foi enviada para um campo de trabalhos).[74]

Os Pioneiros encorajavam as crianças a imitar Pavlik Morozov e a denunciar os pais. Brigadas de Pioneiros eram comumente empregadas para vigiar os campos das *kolkhoz* e denunciar camponeses que roubassem grãos. O *Pionerskaia Pravda* publicava os nomes dos jovens informantes e listava suas realizações. No auge do culto a Pavlik Morozov, na década de 1930, era quase esperado que o verdadeiro Pioneiro provasse seu valor denunciando os parentes. Um jornal provinciano avisou que os Pioneiros que não denunciassem membros de suas famílias deveriam ser tratados com suspeita e, caso fosse constatada falta de vigilância, eles próprios deveriam ser denunciados. Nesse clima, não é de surpreender que os pais tenham passado a ter medo de falar na presença dos próprios filhos. Como um médico recordou:

Nunca falei contra Stalin para meu filho. Depois da história de Pavlik Morozov, ficamos com medo de deixar escapar qualquer palavra descuidada, mesmo na frente dos próprios filhos, porque eles poderiam, inadvertidamente, mencioná-la na escola, então o diretório faria um relatório e perguntariam ao garoto: "Quando você ouviu isso?", e o garoto responderia: "Papai fala isso e papai está sempre certo" e, antes que soubéssemos, poderíamos ter problemas graves.[75]

Um homem que teve problemas graves foi o pai de Aleksandr Marian. Aleksandr era líder da Komsomol em sua aldeia natal, Malaeshty, próxima a Tiraspol, no sudoeste da Ucrânia. Em 1932, quando tinha 17 anos, ele denunciou o pai, Timofei, por meio de uma carta para a polícia. Aleksandr era um defensor fanático da coletivização, abraçando a guerra contra os *kulaks*, descritos em seu diário no dia 8 de junho de 1931 como "a última, porém a maior, classe de exploradores na URSS". Timofei não concordava. Criticava a coletivização e dizia isso para o filho, que o denunciou imediatamente. Timofei foi preso e enviado para um campo de trabalhos. Em seu diário, em outubro de 1933, Aleksandr relatou um diálogo com um camarada na Komsomol que alegava que ele deveria ser retirado da liderança por causa das visões "contrarrevolucionárias" do pai. Aleksandr escreveu:

> Tive de explicar ao camarada que meu pai foi preso a pedido meu. O motivo para ele ter caído em uma posição antissoviética foi a experiência que teve como prisioneiro de guerra na Áustria [na Primeira Guerra Mundial]... Ele retornou com um amor pela ordem austríaca, convencido de que as pequenas propriedades burguesas que vira na Áustria eram a solução para a riqueza agrícola... Os erros do primeiro período da coletivização foram vistos por ele como puro caos, não como uma complicação temporária. Se ao menos ele soubesse as leis da dialética, se ao menos fosse alfabetizado politicamente, ele teria reconhecido o erro de seu ponto de vista e se retrataria.[76]

É provável que esse tipo de delação fanaticamente ideológica fosse bastante rara. O mais comum era os jovens reagirem reativamente, renunciando aos familiares em vez de denunciá-los, e, ainda assim, somente depois de os parentes serem desmascarados como "inimigos". Doutrinados pelas escolas e pelos Pioneiros, os jovens talvez não vissem sentido em ferir os próprios prospectos permanecendo ao lado de membros da família que, de todo modo, tinham sido presos. Frequentemente, havia pressões e considerações que afetavam tal comportamento. As pessoas podiam ser ameaçadas de expulsão dos Pioneiros e da Komsomol, bem como impedidas de entrar em faculdades ou em certas profissões, a menos que provassem sua lealdade e vigilância soviética renunciando aos parentes presos. Isso explica as notas impressas aos milhares na gráfica soviética:

> Eu, Nikolai Ivanov, renuncio ao meu pai, um ex-padre, porque durante muitos anos ele enganou as pessoas dizendo-lhes que Deus existe, e é por esse motivo que estou cortando minhas relações com ele.[77]

Algumas das renúncias podem ter sido encorajadas pelos próprios pais, que reconheciam a necessidade dos filhos se livrarem deles caso desejassem avançar na sociedade soviética. Em 1932, por exemplo, um garoto de 16 anos de uma família judia tradicional que vivia perto de Kremenchug escreveu para o jornal local em iídiche, renunciando às maneiras retrógradas da família:

Recuso-me a continuar como parte desta família. Sinto que meu pai verdadeiro é a Komsomol, que me ensinou as coisas importantes da vida. Minha mãe real é nossa pátria; a União das Repúblicas Socialistas Soviéticas e o povo da URSS são agora a minha família.

Segundo a irmã mais nova do garoto, que foi entrevistada posteriormente, ele escrevera a renúncia sob insistência do pai. "Quando eu tinha 14 anos", lembra a menina,

meu pai chamou a mim e ao meu irmão em um quarto e explicou que seu estilo de vida não era apropriado para os tempos modernos. Ele não queria que repetíssemos seus erros, como observar as tradições religiosas judaicas. Ele disse que precisávamos ir ao editor de um jornal escolar de parede e anunciar que agora estávamos vivendo uma nova vida e que não desejávamos ter nada em comum com o passado religioso de nosso pai. Meu pai fez com que fizéssemos isso. Ele disse que não significava nada para ele, mas achava que essa atitude abriria um futuro mais brilhante para nós.[78]

Outros fatores, incluindo a ambição, também levavam os jovens a renunciar aos parentes. Muitas das cartas públicas de renúncia foram escritas às vésperas dos autores partirem de casa para as universidades ou para carreiras nas cidades — eram declarações de uma nova identidade, um comprometimento com os sonhos e objetivos soviéticos. O princípio da década de 1930 foi um período de grandes oportunidades e de mobilidade social: filhos e filhas de trabalhadores aspiravam a se tornar profissionais; crianças camponesas sonhavam em morar nas cidades. Todas essas ambições eram propositalmente estimuladas pela propaganda soviética, que colocava o culto ao sucesso pessoal no centro do Plano Quinquenal. Filmes, livros e canções narravam as explorações sofridas pelos "heróis comuns" do proletariado — engenheiros e cientistas, trabalhadores exemplares, aviadores e exploradores, bailarinas, esportistas e mulheres — que estavam trazendo glória para a União Soviética. Os jovens eram encorajados a acreditar que poderiam reproduzir suas conquistas, desde que trabalhassem muito e provassem ser cidadãos soviéticos valorosos.

Tais ambições costumavam ser mantidas com mais carinho pelos filhos de *kulaks* e de outros "inimigos" do regime soviético — um paradoxo que fica no centro do conflito entre pais *kulaks* e seus filhos. Crescendo com o estigma de suas origens, eles queriam ser reconhecidos como membros iguais da sociedade, o que só poderia ser conquistado pelo rompimento com o passado. Alguns renunciaram aos parentes *kulaks*, outros os apagaram de suas biografias ou passaram a dizer que estavam "mortos" ou tinham "fugido". Tais atos de negação eram, muitas vezes, necessários para a sobrevivência. Mas relembrá-los ainda pode despertar sentimentos de remorso e vergonha, não porque esses jovens realmente tenham denunciado alguém, mas porque viveram uma vida relativamente "normal" e seguiram carreiras, enquanto seus pais desapareceram no Gulag. Eles tinham conciliado com o sistema soviético e encontraram seu lugar nele, apesar de saberem que o sistema destruíra suas próprias famílias.

Ninguém expressou esses sentimentos de remorso mais intensamente do que o poeta Aleksandr Tvardovsky. Ele nasceu em 1910 na aldeia de Zagore, na província de Smolensk, onde o pai, Trifon, um ferreiro, provia uma vida confortável, mas modesta, para a mulher e os sete filhos. Aleksandr era um adolescente comunista. Ingressou na Komsomol em 1924 e tornou-se ativista na aldeia. Ele costumava discutir sobre política com o pai e fugiu de casa duas vezes, incapaz de se reconciliar com o modo de vida camponês da família. Em 1927, juntou-se à Associação de Escritores Proletários (RAPP), mudou-se para Smolensk e publicou seu primeiro poema, "Para um pai e um homem rico" (*Ottsu-bogateiu*) no jornal *Jovem Camarada*, da Komsomol:

> Em seu lar não falta nada,
> Você é rico — e eu sei disso,

> Entre todas as casas camponesas de cinco paredes
> A sua é a melhor.[79]

Na primavera de 1930, as autoridades estabeleceram um imposto pesado sobre a família de Trifon. Temendo ser preso, Trifon fugiu para Donbass em busca de trabalho, seguido pelos filhos Ivan (então com 17 anos) e Konstantin (com 22), os quais reconheceram que, indo procurar o pai, aliviariam o peso sobre a mãe. Ivan retornou no inverno, somente para descobrir que havia sido barrado na escola da aldeia por ser filho de um *kulak*. Em março de 1931, a família Tvardovsky — exceto Aleksandr — foi deportada de Zagore. Konstantin (que fora preso em Smolensk) e Trifon (preso ao voltar de Donbass) juntaram-se ao comboio a caminho dos Urais. A família passou os dois anos seguintes entrando e saindo de campos de trabalho e de "assentamentos especiais", sempre fugindo, casualmente conseguindo trabalhos em fábricas e minas toda vez que conseguiam encontrar uma brecha no sistema de passaportes, separando-se e voltando a se reunir, até o verão de 1932, quando Trifon conseguiu o emprego de ferreiro em uma fábrica nos Urais, na cidade de Nizhny Tagil.

Durante todo esse tempo, Aleksandr estudou no Instituto Pedagógico em Smolensk, onde estava fazendo nome como um jovem poeta. Em seu primeiro poema longo, *A estrada para o socialismo* (1931), apresentou um retrato brilhante da vida nas fazendas coletivas. Ele falava a favor da campanha contra os *kulaks* em reuniões de estudantes no instituto. Mas, claramente, sentia desconforto com o modo pelo qual a família fora tratada porque, na primavera de 1931, foi ver o secretário regional do Partido, I. P. Rumiantsev, na esperança de que pudesse intervir para ajudá-los. Rumiantsev disse, lembrou Tvardovsky em 1954, que "na vida existem momentos em que se deve escolher entre a família e a Revolução". Depois do encontro, Tvardovsky foi identificado como um "indeciso", e sua lealdade foi testada pelas autoridades soviéticas. Passou a ser atacado como filho de um *kulak* em encontros literários. Só escapou da expulsão após uma defesa corajosa e vigorosa feita pelo escritor local Adrian Makedonov (que, posteriormente, foi preso).[80]

Temendo por sua carreira, Tvardovsky distanciou-se da família. Na primavera de 1931, seus pais escreveram-lhe do "assentamento especial" em Lialia, nos Urais. Eles não esperavam que ele os ajudasse com dinheiro — sabiam que não tinha nenhum, lembrou Ivan em 1988: "Simplesmente esperavam que ele pudesse querer manter contato com os próprios pais, com os irmãos e as irmãs." Ivan prossegue com a história:

Aleksandr respondeu duas vezes. Na primeira carta, prometeu fazer alguma coisa. Mas uma segunda carta chegou logo depois. Ela continha as seguintes frases, que não consigo esquecer: "Meus queridos! Não sou nem um bárbaro nem um animal. Peço-lhes que se fortaleçam, que sejam pacientes e trabalhem. A liquidação dos *kulaks* enquanto classe não significa a liquidação de pessoas, muito menos a de crianças..." Mais para a frente, havia a frase: "... Não posso escrever para vocês... não escrevam para mim."

Quando a carta foi lida para a mãe de Ivan, ela

abaixou a cabeça e se sentou em um banco, onde se perdeu em pensamentos, os quais dizia em voz alta, apesar de estar falando para si própria e não para nós, para se reassegurar do amor e da devoção do filho.

"Eu sei, eu sinto, eu acredito... que foi difícil para ele", disse. "Meu filho, obviamente, não teve escolha. A vida é como um carrossel. O que se pode fazer?"[81]

Dois meses depois, em agosto de 1931, Trifon pegou o filho mais novo, Pavlik, e fugiu de Lialia, onde ficou o resto da família. Depois de um mês, chegaram a Smolensk e procuraram por Aleksandr na Casa dos Soviéticos, onde sabiam que ele trabalhava, nos escritórios editoriais. Trifon pediu ao guarda para chamar o filho:

Eu sabia que ele tinha escrito para nós em Lialia, mas raciocinei: ele é meu filho! Ele poderia ao menos cuidar de Pavlushka [Pavlik]. Que mal o garoto fizera a ele, o próprio irmão? Aleksandr saiu. Deus me livre, como um encontro com um filho pode ser assustador! Olhei para ele em um estado próximo ao pânico: ele estava crescido, esbelto e bonito! O filho do pai! Ele ficou ali de pé e olhou para nós em silêncio. Então falou, mas não "Olá, pai", mas "Como chegaram aqui?".

"Shura [Aleksandr]! Meu filho!", disse eu. "Estamos morrendo lá. De fome, de doenças e de punições arbitrárias!"

"Então vocês fugiram?", perguntou ele de modo abrupto, aparentemente não com sua voz natural. E seu olhar também estava diferente, prendia-me ao chão.

Fiquei em silêncio — o que poderia dizer? Que fosse assim — eu só lamentava por Pavlushka. Ele era apenas um garoto que viera na esperança do amor do irmão, e o resultado foi muito diferente!

"Só posso ajudar a enviar vocês de volta, gratuitamente, para o local de onde vieram" — foram essas as palavras exatas de Aleksandr.

Percebi que não havia mais sentido em pedir nem implorar. Simplesmente pedi que aguardasse enquanto eu visitava um amigo em Stolpovo, que me devia dinheiro, e depois, quando retornasse, ele poderia fazer o que quisesse comigo. Ele estava visivelmente abalado.

"Tudo bem, vá", disse.

Em Stolpovo, Trifon foi ao encontro do amigo. Beberam juntos, enquanto Pavlik dormia. Então, à meia-noite, a polícia chegou para prender Trifon. Aleksandr havia traído o pai.[82]

Passaram-se quatro anos até que Aleksandr visse ou tivesse notícias da família. Durante esse tempo, acredita Ivan, Aleksandr derramava o sentimento de culpa em sua poesia não publicada:

> O que é você, irmão?
> Como está você, irmão?
> Onde está você, irmão?
> Em qual Belomorkanal?
> ("Irmãos", 1933)

Em 1935, Ivan foi visitar Aleksandr em Smolensk. Tendo fugido do "assentamento especial", Ivan passara os últimos três anos em fuga, fazendo trabalhos casuais em Moscou e em outras cidades industriais, mas desejava rever a cidade natal e sentia que havia chegado a hora de contar ao irmão o que acontecera com a família. Os irmãos tiveram dois encontros breves, nos quais Aleksandr avisou o irmão para que deixasse Smolensk: "Não há nada para você aqui", disse para Ivan. "Você não encontrará nada além de coisas desagradáveis. Para mim, ao contrário, é importante morar aqui, onde as pessoas me conhecem bem!"[83]

Na época, Ivan tinha muita amargura em relação ao irmão. Mas, com o tempo, passou a compreender as pressões sofridas por Aleksandr e sua necessidade de permanecer em um lugar onde as pessoas o conheciam e respeitavam, e onde seu sucesso oferecia alguma proteção. Refletindo sobre as escolhas do irmão, Ivan escreveu com compaixão:

Ouso dizer que minha visita despertou sentimentos de culpa e remorso nele. Ele não podia ter esquecido as cartas que escreveu para nós no exílio, nem o encontro com nosso pai na Casa dos Sovietes. Senti pena de meu irmão. Gostasse ou não, eu tinha de reconhecer que ele era um membro sincero da Komsomol desde a década de 1920. Sei agora que Aleksandr via a violência revolucionária que tomou nossos pais, irmãos e irmãs, apesar de injusta e erroneamente, como uma espécie de teste, para ver se poderia provar que era um membro verdadeiro da Komsomol. Talvez não houvesse ninguém para quem pudesse provar isso — talvez apenas precisasse provar para si próprio. Sem dúvida, raciocinou desse modo: "Todo *kulak* é pai de alguém, e seus filhos são irmãos ou irmãs de alguém. O que torna minha família diferente? Seja bravo e forte, não ceda ao humanitarismo abstrato e a outros sentimentos fora dos interesses de classe." Essa era a lógica dele: se você apoia a coletivização, isso significa que também apoia a liquidação dos *kulaks* enquanto classe, e você não tem o direito moral de pedir por uma exceção para seu pai. É possível que, em seu coração, Aleksandr sofresse pela família, mas era apenas uma entre muitas famílias *kulaks*.[84]

5

A "grande ruptura" de 1928-32 destruiu antigos laços e lealdades que uniam famílias e comunidades. Ela gerou uma nova sociedade na qual as pessoas eram definidas pela relação que mantinham com o Estado. Nesse sistema, classe social era tudo: o Estado promovia os "proletários" e reprimia a "burguesia". Mas classe não era uma categoria fixa ou rígida. Conforme milhões de pessoas deixavam seus lares, mudavam de emprego ou iam para outra parte do país, era relativamente fácil mudar ou reinventar a própria classe social. As pessoas aprendiam a desenvolver para si mesmas uma identidade de classe que as ajudaria a avançar. Elas ficavam hábeis em ocultar ou disfarçar origens sociais impuras e em alterar a própria biografia para que parecessem mais "proletárias".

A noção de "trabalhar o eu" era lugar-comum entre os bolcheviques. Era central à ideia bolchevique a criação de um tipo elevado de personalidade humana (o Novo Homem Soviético), eliminando das pessoas os impulsos "pequeno-burgueses" e individualistas herdados da sociedade antiga. Como escreveu um líder do Partido em 1929: "Somos todos pessoas do passado com todas as desvantagens do passado, e muito trabalho deveria ser feito em todos nós. Todos precisam trabalhar em si mesmos."[85] Ao mesmo tempo, a capacidade das pessoas de mudar e de manipular a identidade de classe era fonte de muita preocupação para a liderança do Partido.[86] Havia um temor generalizado de que o "proletariado" — a base social imaginada para a ditadura — fosse "diluído" pelo influxo em massa de camponeses arruinados e outros "tipos pequeno-burgueses" (*kulaks*, comerciantes, padres etc.) nas cidades, de que o Partido fosse invadido por "individualistas" e aventureiros que conseguissem esconder suas origens sociais impuras.

Havia muitas histórias sobre tais impostores na imprensa soviética. O mais famoso era Vladimir Gromov, que foi condenado em 1935 a dez anos de trabalho penal no canal do mar Branco por assumir a identidade de um engenheiro habilidoso e arquiteto premiado. Gromov utilizara documentos falsos para obter empregos bem-pagos e um prestigioso apartamento em Moscou. Ele até conseguiu persuadir o comissário de suprimentos do povo, Anastas Mikoian, a lhe dar um adiantamento de um milhão de rublos.[87] A preocupação com impostores revelava uma profunda ansiedade na liderança do Partido. Ela influenciava a cultura da eliminação, cuja violenta retórica de delação era baseada no raciocínio de se expor a identidade verdadeira de "inimigos ocultos". Durante a década de 1930, a liderança do Partido encorajou a crença popular de que colegas, vizinhos e até mesmo amigos e parentes poderiam não ser o que aparentavam — um crença que contribuiu muito para envenenar relações pessoais e estimular o terror em massa de 1937-38. "Vejam como são os inimigos do povo", disse o irmão mais novo de Elena Bonner quando o pai foi preso: "Alguns deles até fingem ser pais."[88]

Assim como ocorreu com a coletivização, o lançamento do Plano Quinquenal foi acompanhado por uma limpeza social maciça de "inimigos da classe" e outros "elementos estranhos" para remover toda oposição e divergência potencial. Com a introdução do sistema de passaportes, a polícia foi instruída a intensificar a campanha para excluir das cidades os "socialmente impuros" — *kulaks*, padres, mercadores, criminosos, "parasitas" e prostitutas, ciganos e outros grupos étnicos (finlandeses, coreanos e alemães do Volga, entre outros).[89] O medo da exclusão social levou milhões de pessoas a ocultar suas origens, pois apesar de a ideologia, teoricamente, permitir a autotransformação, o processo poderia ser longo e incerto. A ocultação podia parecer o caminho mais confiável, e certamente o mais curto, rumo à aceitação social. No caos dos primeiros anos da década de 1930, era relativamente fácil trocar de identidade simplesmente se mudando para outra cidade ou obtendo novos documentos. Documentos falsos podiam ser obtidos facilmente por meio de subornos, bem como comprados de falsificadores, que eram encontrados em todas as cidades que tinham mercados. Mas nem chegava a ser necessário pagar para obter uma biografia limpa. Muitas pessoas simplesmente jogavam fora os documentos antigos e pediam novos em outro escritório soviético, dando informações diferentes sobre suas origens e às vezes até mudando os nomes e locais de nascimento.[90] Nas províncias, os oficiais soviéticos e os policiais eram notoriamente ineficientes e corruptos.

 Para as mulheres, o casamento era outro modo de encobrir a origem social. Anna Dubova nasceu em 1916 em uma grande família camponesa na província de Smolensk. Seu pai foi preso como *kulak* em 1929 e depois foi enviado para trabalhar em uma construção em Podolsk, logo ao sul de Moscou, para onde também foram sua mulher e seus filhos. A mãe de Anna conseguiu um emprego em uma criação de coelhos, enquanto Anna inscreveu-se em uma escola para fábricas (FZU) ligada a uma padaria. Justamente quando achavam que estavam a caminho de se tornarem pessoas "normais" novamente, a família foi denunciada por uma amiga da irmã de Anna da Komsomol por ocultar as origens *kulak*. Os Dubov foram deportados. Eles perderam todas as posses e seus direitos de residência. Os pais de Anna foram com os filhos mais novos para Rzhev, 200 quilômetros a leste de Moscou, onde moraram em "uma espécie de barraco" que pertencia a parentes. Anna fugiu para Moscou, onde outra irmã, casada com um moscovita, ofereceu-lhe um lugar para dormir no chão de seu quarto minúsculo. Mesmo sem uma permissão de residência e vivendo ilegalmente, Anna seguiu suas ambições. Depois de se formar na FZU, virou cozinheira de doces na Fábrica de Bolos Bolchevique, onde se especializou em decoração de bolos. O futuro começava a parecer brilhante. Mas sempre havia o perigo de que Anna viesse a perder tudo se sua origem *kulak* e sua condição ilegal fossem reveladas. "Durante todo o tempo", disse Anna em entrevistas concedidas na década de 1990:

> eu sentia medo sempre que via um policial, porque me parecia que ele podia perceber que havia algo de errado comigo. E casei-me só para poder ocultar minha origem... Meu marido era da *bednota* [campesinato pobre]. Ele era membro da Komsomol e secretário do Conselho de uma aldeia próxima a Moscou. Como membro da Komsomol, era seu trabalho identificar e desapropriar *kulaks*... Meu casamento era uma espécie de camuflagem. Eu não tinha onde morar, mas depois de casados tínhamos um quarto só para nós. E quando eu me deitava na cama, eu pensava comigo mesma, querido Deus, estou na minha própria cama.

O marido de Anna era um homem bom, mas bebia muito. "Eu sempre sonhava: 'Deus, se eu ao menos pudesse me casar com um homem decente.' Eu vivia com ele, mas sonhava com um marido decente, apesar de já ter dado à luz nossa filha."[91]

Pessoas forçadas a viver essa vida dupla eram assombradas pela ameaça de serem descobertas. "Eu vivia em um estado constante de medo", lembra um ex-coronel da polícia secreta, comunista exemplar, que ocultou suas origens nobres durante toda a vida. "Eu pensava o tempo todo: 'Imagine se de repente descobrem quem eu realmente sou.' Tudo pelo que trabalhei, tudo o que construí para mim e minha família, minha vida, minha carreira, tudo entrará em colapso repentinamente." Mas o medo era apenas parte de uma série de impulsos e emoções contraditórios — passividade, desejo de se retrair, vergonha, inferioridade — que despertavam na mesma pessoa tanto um ódio secreto do regime soviético quanto a vontade de superar os próprios estigmas demonstrando devoção à causa soviética. As pessoas ficavam perdidas nessa dualidade. O eu interior era engolido pela personalidade pública. Como um homem lembrou: "Comecei a sentir que eu era o homem que fingia ser."[92]

O jovem Simonov experimentou algo parecido. Ocultando sua origem nobre, inscreveu-se como "proletário" na escola para fábricas (FZU) em Saratov, onde estudou para ser torneiro mecânico. Simonov entrara na escola para fábricas contra a vontade do padrasto, que queria que ele estudasse em um instituto superior ou universidade — a trajetória educacional típica da classe de serviço do antigo mundo de onde vinham seus pais. Mas o adolescente Simonov estava empolgado com a visão da nova sociedade industrial. Ele via o proletariado como a nova classe governante e desejava se juntar a ele. "Era o começo do Plano Quinquenal", lembra Simonov, "e fui tomado pelo espírito romântico. Ingressei em um clube para discutir o Plano e suas variações, o que me interessava muito mais do que os estudos na escola secundária. Meu padrasto ficou tão irritado que mal falou comigo durante meu primeiro ano na escola para fábricas."[93]

A atmosfera na escola era militantemente proletária. Metade dos estudantes vinha de famílias de trabalhadores e a outra metade, de orfanatos. Como filho de uma princesa, Simonov ficava perigosamente deslocado, mas fazia o melhor para parecer o que fingia ser, dando adeus às calças curtas e sandálias do princípio da adolescência e passando a usar uma túnica de trabalhador e um chapéu pontudo em um esforço para se integrar. No centro da atração de Simonov pelo proletariado estava a noção da independência do trabalhador: "A vida de um homem plenamente desenvolvido, do modo que eu pensava, só se iniciava no dia em que ele começava a trabalhar e a levar dinheiro para casa. Eu queria ser independente e ganhar meu próprio sustento o mais rápido possível."[94] Obviamente, entrando no exército de trabalhadores industriais, Simonov também ficaria independente da família, cuja origem nobre certamente o prejudicaria.

Para ajudar nos estudos na escola de fábrica em Saratov, Simonov trabalhava à noite como aprendiz na Fábrica Universal. Ele montava cartuchos para os rifles de ataque produzidos pela gigantesca fábrica de munição. Na primavera de 1931, recebia 15 rublos, um salário mensal modesto, mas uma contribuição importante para o orçamento doméstico, especialmente depois de abril, quando prenderam seu padrasto, Aleksandr, e Simonov tornou-se, aos 15 anos, o único provedor na família.

A prisão ocorreu sem confusões. A batida na porta veio às 10 da noite. A família já estava deitada, porque Aleksandra vinha se sentindo mal. Aleksandr não queria deixar que a polícia entrasse em seu apartamento até que estivesse vestido. Konstantin acordou e viu o padrasto ler o mandado de prisão com uma lente de aumento:

> A revista prosseguiu por um longo período. Eles realizaram-na ordeiramente, olhando metodicamente tudo nos dois cômodos, olhando até o meu caderno escolar sobre tecnologia dos metais, meus cadernos da sétima série, e olhando a enorme coleção de cartas de minha mãe — ela adorava escrever e gostava muito que os amigos e parentes escrevessem bastante para ela... Quando terminaram a revista, amarraram os jornais e as cartas e, ao que me parece — mas posso estar errado —, fizeram algum tipo de lista das coisas confiscadas, e acho que isso foi tudo. Mas então um deles tirou um papel do bolso e o entregou para meu pai. Era o mandado para sua prisão. Posteriormente, percebi que, naquele momento, eu não pensara que a prisão estivesse planejada desde o início, independentemente do resultado da revista. Era difícil olhar para mamãe. Apesar de sua personalidade forte, era claro que estava doente, ficava a noite inteira sentada com febre e com o corpo todo tremendo. Papai estava calmo. Tendo lido o papel — inspecionando-o novamente com a lente de aumento, que tirou do bolso do macacão — e praticamente se assegurado de que realmente era uma ordem para sua prisão, beijou mamãe rapidamente e disse-lhe que estaria de volta quando o mal-entendido fosse resolvido. Sem dizer uma palavra, apertou minha mão com firmeza e partiu com os homens que o haviam prendido.[95]

Como Aleksandr, Simonov acreditava que ocorrera um mal-entendido. Ele deveria saber que muitos especialistas tinham sido presos em Saratov, incluindo vários oficiais da escola militar onde seu padrasto ensinava. Mas como a maioria das pessoas que perdera um parente nas prisões, Simonov presumiu que o padrasto fora preso por engano. "Eu achava que os outros deveriam ser culpados de alguma coisa, que eram inimigos, mas não os relacionei com meu padrasto."[96] Essa distinção ajudou-o a manter a confiança no sistema judiciário soviético, o que foi reforçado pelo comportamento ordeiro dos oficiais da OGPU, não somente durante a prisão de Aleksandr, mas também durante a prisão de um parente do padrasto, Yevgeny Lebedev, em Kremenchug, testemunhada por Simonov quatro anos antes.

Sob ordens de Aleksandra, Simonov informou aos professores na escola da fábrica sobre a prisão. Não informar a prisão seria covardia, disse ela. Simonov não foi expulso da escola, mas foi aconselhado a adiar seu pedido de entrada na Komsomol até que o padrasto fosse solto. Aleksandra e o filho foram despejados do pequeno apartamento no alojamento. Todos os seus pertences foram jogados na rua — uma mesa com alguns bancos, duas estantes de livros, um armário, uma cama e um baú de oficiais da Primeira Guerra Mundial com uma rede na qual Simonov dormira. Estava chovendo muito. Os vizinhos acolheram Aleksandra, que estava com febre, enquanto o filho caminhava pela periferia de Saratov, procurando por um lugar para morar. Quando encontrou um quarto para alugar, chamou um caminhoneiro para ajudar com a mudança. Ele se lembraria desse dia por toda a vida — quando assumiu o comando da família — como o momento em que se tornou adulto.

> Eu lembro sem ressentimento, até mesmo com um pouco de autossatisfação, porque eu provara que poderia lidar com qualquer coisa. Sentia-me ferido, mas principalmente por minha mãe... Ela não podia perdoar as pessoas responsáveis pelo despejo. Sem dúvida, é por ter sentido sua dor quando era apenas um garoto que ainda me lembro dos nomes deles...[97]

A reação de Simonov à prisão do padrasto não foi culpar ou questionar o regime soviético, mas sim trabalhar ainda com mais afinco para sustentar a família. Talvez a prisão do padrasto também tenha reforçado sua convicção de que precisava se proteger fortalecendo sua identidade proletária. Durante aquele verão, Simonov continuou a estudar de dia e a trabalhar à noite na fábrica. Foi promovido ao segundo grau de trabalhadores aprendizes e teve o salário dobrado, o que era suficiente para sustentar a mãe e enviar dois pacotes por semana para o padrasto na prisão. Aleksandra ganhava um pouco de dinheiro extra dando aulas de francês e de alemão em uma escola secundária. No outono, Aleksandr foi libertado da prisão.

"Ele abraçou e beijou minha mãe. Até me beijou, o que era incomum", lembra Simonov. "Algo nele tinha mudado. Inicialmente, não percebi. Mas depois compreendi: seu rosto estava frio e branco, sem o tom queimado de sol habitual."[98]

Aleksandr não falou sobre as torturas que sofrera na prisão. A única coisa que dizia era que todas as acusações contra ele haviam sido retiradas porque ele se recusara a confessar, mesmo sob "pressão intensa". Como Simonov lembra, a lição que aprendeu com o caso foi a necessidade de se manter firme:

> Hoje [em 1978], pergunto-me: Será que os eventos daquele verão em Saratov deixaram uma marca em minha abordagem geral da vida, em minha psicologia como um garoto de 15 ou 16 anos? Sim e não! Com meu padrasto, as coisas aconteceram como deviam. Ele continuou sendo o que sempre foi — um modelo de clareza e escrúpulos —, e as pessoas que o conheciam estavam convencidas de que era inocente. E naqueles meses horríveis, quase todos com quem tivemos de lidar foram bons conosco — e isso também estava certo, era justamente o que esperávamos. Ainda assim, a história do interrogatório do meu padrasto, que terminara como devia, porque ele era uma pessoa muito forte e sólida, deixou-me com uma sensação de desconforto, a sensação de que uma pessoa mais fraca teria saído de modo diferente da situação, porque não seria capaz de suportar o que ele suportou. Esse pensamento alarmante permaneceu na minha mente... Mas, acima de tudo, talvez inconscientemente, sentia que havia crescido, pois eu também provara que podia lidar com uma crise.[99]

Os filhos de *kulaks* sentiam a pressão para ocultar sua origem social tanto quanto os de famílias burguesas ou nobres. Eram amplamente banidos das escolas e universidades soviéticas, dos Pioneiros e da Komsomol, do Exército Vermelho e de muitos empregos. O temor de exclusão era frequentemente refletido em uma ânsia desesperada por provarem a si mesmos que eram "cidadãos soviéticos", distanciando-se de suas famílias. Em 1942, Wolfgang Leonhard, filho de 20 anos de um alemão comunista que fora para Moscou em 1935, foi deportado para a região de Karaganda, no Cazaquistão. Ele estudou em uma faculdade de treinamento de professores, onde a maioria dos estudantes era constituída de filho de *kulaks* que haviam sido exilados para aquela região semidesértica no começo da década de 1930. Eles tinham sofrido terrivelmente quando pequenos, mas depois tiveram permissão para ir à escola. Agora, estavam prestes a se tornarem professores. Como Leonhard observa, isso trazia uma mudança completa em sua identidade política:

A maioria dos meus colegas estudantes costumava ir para casa nos finais de semana. Quer dizer, eles costumavam ir para um dos assentamentos [especiais] que ficavam nos entornos externos ou internos de Karaganda. Quando voltavam, quase sempre falavam com indignação sobre os pais. "Eles ainda não entendem absolutamente nada!", costumava ouvi-los dizer. "Tentei tanto explicar-lhes por que a coletivização é justificada, mas os velhos nunca compreenderão!"

Na verdade, os filhos e as filhas dos *kulaks* que tinham sido exilados para cá quando pequenos acabaram se tornando stalinistas com o passar do tempo.[100]

Muitos filhos de *kulaks* terminaram como stalinistas fervorosos (e até seguiram carreira nos órgãos repressores do Estado). Para alguns, a transformação envolvia um processo longo e consciente de "trabalho neles próprios" que tinha um preço psicológico a ser pago. Stepan Podlubny é um exemplo. Nascido em 1914 em uma família camponesa na região de Vinnitsa, no oeste da Ucrânia, Stepan e a mãe fugiram para Moscou em 1929, depois que o pai foi exilado como *kulak* para Arkhangelsk. Stepan encontrou emprego como aprendiz na escola da fábrica da gráfica do *Pravda*. Ingressou na Komsomol, liderou uma brigada de trabalhadores de choque, editou um panfleto (uma espécie de propaganda agitadora), tornou-se membro da direção da fábrica e parece que, em algum ponto, foi recrutado como informante pela polícia. Durante todo esse tempo, ocultou cuidadosamente sua origem *kulak*. Ele mantinha um diário no qual registrava sua luta para eliminar a "psicologia doente" dos ancestrais camponeses e reconstruir a si próprio como um cidadão soviético. Tentou ler os livros certos, adotar todas as atitudes corretas, cultivar a si próprio vestindo-se bem e aprendendo a dançar, além de desenvolver as virtudes públicas soviéticas de atividade e vigilância. Ele desenhava uma "tabela de balanço" de seu "progresso cultural" no final de cada ano (da mesma forma que as agências de planejamento do governo elaboravam balanços anuais do progresso econômico do Plano Quinquenal). A origem *kulak* era uma fonte constante de autodesprezo e dúvidas em relação a si próprio, o que era visto como uma explicação para suas próprias limitações. Stepan se perguntava se algum dia seria capaz de tornar-se realmente um membro completamente igual da sociedade:

13.9.1932: Já pensei várias vezes sobre meu trabalho de produção. Por que não consigo lidar com ele sem dor? E, de modo geral, por que sinto tanta dificuldade?... Um pensamento que nunca consigo apagar, que tira meu sangue de mim como a seiva é extraída do vidoeiro — é a questão da minha psicologia. É realmente possível que eu seja diferente dos outros? Essa pergunta deixa meu cabelo em pé, e sinto arrepios. Nesse instante, sou uma pessoa intermediária, que não pertence nem a um lado nem ao outro, mas que poderia deslizar facilmente para qualquer um dos dois.

Podlubny temia constantemente que sua origem fosse revelada, que fosse denunciado no trabalho (um "ninho de cobras" cheio de "inimigos"), levando à sua demissão e possível prisão. De fato, sua origem *kulak* foi descoberta pela OGPU, que lhe disse que não faria nada, desde que "continuasse a fazer um bom trabalho para eles". É provável que Podlubny tenha começado a denunciar colegas de trabalho. Em seu diário, ele confessou estar se sentindo preso — sentia repulsa de sua *persona* pública e, claramente, desejava "ser ele próprio".

8.12.1932: Meu segredo diário, o segredo dentro de mim — eles não me permitem tornar-me uma pessoa com um caráter independente. Não posso me revelar aberta nem abruptamente, com qualquer pensamento livre. Em vez disso, preciso fazer apenas o que todos [ou outros] dizem. Preciso caminhar sobre uma superfície irregular, pelo caminho de menor resistência. Isso é muito ruim. Sem me dar conta, estou adquirindo o caráter de um bajulador vil, de um cão astuto: suave, covarde e sempre cedendo.

A notícia de que um camarada estudante não fora punido após descobrirem que era filho de um *kulak* foi recebida por Podlubny como um "momento histórico", sugerindo que não precisava mais se sentir tão estigmatizado por sua origem social. Ele abraçou essa liberação pessoal com alegria e gratidão em relação ao governo soviético.

2.3.1935: O pensamento de que também posso ser um cidadão da família comum da URSS obriga-me a responder com amor àqueles que fizeram isso. Não estou mais entre os inimigos, de quem tenho medo todo o tempo, a cada momento, onde quer que esteja. Não tenho mais medo do meu ambiente. Sou apenas como todos os outros, livre para ter interesse por várias coisas, um mestre interessado em suas terras, não um mercenário se ajoelhando diante do mestre.

Seis meses depois, Podlubny foi aceito como estudante no Segundo Instituto Médico de Moscou. Ele sempre sonhara em estudar em um instituto superior, mas sabia que sua origem *kulak* seria um impedimento. O fato de a Komsomol e a fábrica do *Pravda* terem apoiado sua candidatura foi para ele a afirmação final de sua nova identidade soviética.[101]

Para muitos filhos de *kulaks*, a ânsia de serem reconhecidos como soviéticos, de tornarem-se membros valorizados da sociedade, devia-se mais à energia e ao trabalho do que à política ou à identidade pessoal.

Antonina Golovina era uma garota inteligente, cheia de energia e iniciativa, com um forte senso de individualidade que herdara do pai, Nikolai. Em Shaltyr, foi líder da brigada da escola e ensinou as outras crianças a ler. No caminho de volta para Pestovo, onde se juntou ao pai em 1934, a garota de 11 anos tomou a firme decisão de "estudar muito e provar meu valor".[102] Na nova escola, era provocada e maltratada pelos garotos mais velhos por ser uma "filha de *kulak*" (havia muitos filhos de *kulaks* na escola em Pestovo), e os professores implicavam com ela. Um dia, quando as crianças receberam uma bronca por mau comportamento, Antonina foi chamada à frente da turma para uma repreensão especial por parte de uma das professoras seniores, que gritou que ela e "seu tipo" eram "inimigos do povo, malditos *kulaks*! Vocês certamente mereciam ser deportados, e espero que todos sejam exterminados aqui!". Em suas "Memórias" (2001), Antonina relembra o incidente como o momento de definição de sua vida. Ela sentiu uma profunda injustiça e uma raiva que lhe davam vontade de gritar de volta em protesto para a professora. Mas foi silenciada por um medo ainda mais profundo de sua origem *kulak*.

De repente, tive a sensação no estômago de que nós [*kulaks*] éramos diferentes do resto, que éramos criminosos e que muitas coisas não nos eram permitidas. Basicamente, como compreendo agora, eu sofria de complexo de inferioridade, que me possuía como uma espécie de medo de que o regime pudesse fazer qualquer coisa conosco por sermos *kulaks*, que não tínhamos direitos e que precisávamos sofrer em silêncio.

Depois do incidente com a professora, uma colega de turma, Maria, cujo pai fora preso como *kulak*, sussurrou para Antonina: "Escute, vamos escrever uma carta de reclamação sobre a bruxa velha por nos chamar de todos aqueles nomes!" Antonina tinha medo, então Maria escreveu a carta pelas duas, dizendo que as crianças não tinham culpa dos pais terem sido *kulaks* e pedindo a chance de provarem seu valor estudando com afinco. As duas decoraram a carta desenhando uma árvore de Ano-novo.* Antonina escondeu a carta em um monte de roupa suja (sua mãe fazia trabalho de limpeza e lavagem de roupas para a escola) e entregou-a na porta do diretor da escola. O diretor simpatizou com as duas garotas, chamou-as para sua sala e disse que "concordava conosco secretamente, mas que não disséssemos uma palavra sobre isso a ninguém". Evidentemente, a professora que fora tão ríspida com as meninas deve ter sido repreendida por ele, pois abrandou sua abordagem posteriormente. Ela chegou até a oferecer papéis para as duas na peça da escola, que era sobre o sofrimento de uma babá camponesa (interpretada por Antonina) no lar de uma *kulak* (Maria). Antonina escreve em suas memórias:

Na conclusão do monólogo final, eu precisava dizer as palavras: "Você sugou minha vida, percebo agora, e não quero ficar com você. Estou deixando você para ir à escola!" — e com essas palavras, deixei o palco. Os aplausos foram estrondosos. Eu entrara no papel tão profundamente que minha indignação pareceu genuína.[103]

Antonina mergulhou nos estudos. Ela adorava a escola e se saía muito bem, aparecendo várias vezes nas listas de alunos de destaque (*otlichniki*) exibidas na entrada da escola, o que significava que era escolhida

---

* As árvores de Natal foram banidas na União Soviética em 1929, mas em 1935 foi reinstituída como a árvore do Ano-novo. O feriado de Ano-novo tinha muitos dos atributos do Natal tradicional (a reunião de família, a troca de presentes, a figura de Papai Noel ocupada pelo Avô Gelo etc.).

para a marcha nas paradas da escola nos feriados soviéticos. Antonina adorava as apresentações — não por ser politizada (ela achava depreciativo carregar uma bandeira), mas por ter orgulho de representar sua escola. Ela desejava ingressar nos Pioneiros e ficou tão triste quando foi excluída por causa de sua origem *kulak* que passou a vestir uma versão caseira do lenço dos Pioneiros e a ir ao clube deles quando se reuniam, na esperança desesperada de que a incluíssem em seus jogos.[104] Gradualmente, ela conquistou um lugar. Em 1939, foi admitida na Komsomol, apesar de seu passado *kulak* (possivelmente, o Comitê da Komsomol fez vista grossa para seu passado, porque valorizava sua iniciativa e sua energia). Fortalecida por esse sucesso, Antonina tomou coragem para viajar incógnita para sua aldeia natal — agora conhecida como a *kolkhoz* "Nova Vida" — no verão de 1939. Lá, descobriu que sua antiga casa fora transformada em um escritório da *kolkhoz*.[105]

Conforme sua confiança e ambição aumentaram, Antonina decidiu parar de tentar ser aceita pelo que era e simplesmente criar uma nova identidade. Começou a mentir sobre sua origem sempre que a pediam para preencher questionários. "Eu sabia o que estava fazendo", lembra. "Eu decidira escrever uma nova biografia para mim mesma." A partir do final da adolescência, Antonina viveu uma vida secreta. Não falava sobre a família para nenhum amigo. Não contou para seu primeiro namorado sério, a quem conheceu em 1940, porque temia que ele pudesse abandoná-la se descobrisse seu passado. Durante os 50 anos seguintes, ocultou sua identidade da família porque temia por eles e por si própria. Em retrospecto, Antonina recorda:

> Eu tinha de estar alerta todo o tempo, sem cometer nenhum deslize nem me entregar. Quando falava, eu precisava pensar: esqueci alguma coisa? Será que falei algo que possa levantar suspeitas? Era assim o tempo todo... Eu tinha medo e permanecia em silêncio. Esse medo durou toda minha a vida, nunca foi embora... Mamãe sempre dizia: "Quando se vive com lobos, é preciso aprender a viver como lobos!"[106]

3

A Busca da Felicidade

(1932-36)

1

Em 1932, Fania Laskina casou com Mikhail Voshchinsky, trabalhador do Partido e administrador-chefe de construções nas oficinas arquitetônicas dos irmãos Vesnin, uma das principais construtoras de Moscou. Fania deixou a casa dos Laskin na praça Zubov e, depois de alguns meses em apartamentos alugados, mudou-se com o marido para um apartamento de três quartos na área elegante de Arbat. Era um apartamento muito pequeno, com apenas 58 metros quadrados de área total, mas, em comparação com as condições de vida da vasta maioria dos moscovitas, era moderno e luxuoso, com cozinha, banheiro e lavabo, e até mesmo com um telefone próprio.[1]

Moscou crescia em um ritmo furioso no princípio da década de 1930. De 1928 a 1933, a população da capital aumentou de dois milhões para 3,4 milhões de habitantes, principalmente por causa do fluxo em massa de camponeses para a indústria. A chegada deles exercia uma pressão enorme na disponibilidade de moradias. Depois de 1933, o crescimento da cidade passou a ser controlado pelo sistema de passaportes e pela expulsão em massa de "elementos estranhos".[2] Viver em Moscou era o sonho de milhões. A cidade era o centro de poder, riqueza e progresso na União Soviética. A propaganda retratava a cidade como a prova viva da vida melhor que viria sob o socialismo.

Stalin adquiriu um interesse pessoal na "construção socialista" da capital. Em 1935, assinou um Plano Mestre ambicioso para a reconstrução de Moscou. Os irmãos Vesnin — Leonid, Viktor e Aleksandr — estavam entre os arquitetos responsáveis pela elaboração do plano sob a direção do Conselho de Moscou. O plano visionava uma cidade com cinco milhões de habitantes, com vastos subúrbios residenciais novos conectados por autoestradas, anéis rodoviários, parques, sistemas de esgotos, redes de comunicações e um sistema de metrô que seria o mais avançado do mundo industrializado. Tudo foi planejado em escala monumental. O centro da cidade medieval, com suas ruas estreitas e igrejas, foi quase todo demolido para dar espaço a ruas e praças mais amplas. Um novo e vasto percurso para paradas foi construído através do centro da capital. A rua Tverskaia (rebatizada de Gorki) foi alargada até ficar com 40 metros de largura. Para isso, derrubaram os prédios antigos (muitos monumentos arquitetônicos, incluindo as câmaras do Conselho de Moscou, do século XVIII, foram reconstruídos a uma distância maior da rua principal). Os estandes de venda da Praça Vermelha foram removidos para abrir espaço para a marcha das fileiras do povo, passando pelo mausoléu de Lenin, o altar sagrado da Revolução, no 1º de Maio e no Dia da Revolução. Havia até planos de explodir a catedral de São Basílio, para que a marcha pudesse se enfileirar até depois do mausoléu em uma fila sem interrupções. A Moscou de Stalin foi remodelada como uma capital imperial, uma São Petersburgo soviética. Maior, mais avançada e com construções mais altas do que qualquer outra cidade na União Soviética, Moscou tornou-se o símbolo da sociedade socialista vindoura (Bukharin disse que o Plano Mestre era "quase mágico" porque transformaria Moscou em "uma nova Meca, para onde aqueles que lutassem pela felicidade da humanidade viriam de todas as partes da Terra").[3]

Os irmãos Vesnin desempenharam um papel fundamental na transfiguração da capital. O trabalho deles envolvia uma mudança drástica em sua filosofia arquitetônica. Durante a década de 1920, os Vesnin mantiveram-se na vanguarda do movimento construtivista, que buscava incorporar os ideais modernistas de Le Corbusier à arquitetura soviética. A adoção do estilo neoclássico e monumental, no qual a Moscou de Stalin seria reconstruída, representava uma concessão artística e moral. Mas, como arquitetos, eles dependiam de patronos, e o único patrono era o Estado. Os irmãos tinham participado do comitê de planejamento do grandioso Palácio dos Sovietes, que ficaria no local ocupado pela catedral de Cristo Salvador, demolida em 1932. O palácio deveria ser o prédio mais alto do mundo, com 416 metros, oito a mais do que o Empire State Building, que fora inaugurado em Nova York em 1931, com uma estátua colossal de Lenin (três vezes o tamanho da Estátua da Liberdade) no topo.[4] O palácio nunca foi construído,* mas durante anos o local foi um monumento à promessa de Moscou.

Os Vesnin ajudaram a supervisionar a construção do metrô de Moscou, outro ícone do progresso comunista. As escavações dos túneis começaram em 1932. Na primavera de 1934, o empreendimento empregava 75 mil trabalhadores e engenheiros, a maioria imigrantes camponeses e prisioneiros do Gulag. As escavações eram extremamente perigosas. Incêndios e desabamentos eram frequentes, devido à maciez do solo, e mais de 100 pessoas morreram durante a construção da primeira linha, constituída de 12 quilômetros de trilhos entre Sokolniki e o Parque Gorki. Era utilizada mão de obra do Gulag em todos os grandes projetos de construção da cidade durante a década de 1930 (havia vários campos de trabalho nas redondezas da capital). Duzentos e cinquenta mil prisioneiros participaram da construção do canal Moscou-Volga, que fornecia água para a população crescente da capital. Muitos morreram de exaustão, e seus corpos ficaram enterrados nas fundações do canal. Como a capital de Pedro, São Petersburgo, que de muitos modos servia de inspiração, a Moscou de Stalin era uma civilização utópica construída sobre os ossos de escravos.

---

* As fundações inundavam, mesmo bloqueadas com pedras das sepulturas dos cemitérios da cidade. Crianças saltavam as cercas para nadar nas fundações ou para pescar carpas. A construção foi interrompida pelo início da guerra, em 1941, e nunca foi reiniciada. Mas imagens do palácio continuavam a aparecer em caixas de fósforos e a parada local do metrô (que hoje é a estação Kropotkin) continuou a ser conhecida como Palácio dos Sovietes. Posteriormente, o local foi transformado em uma piscina.

Quando a primeira linha de metrô foi inaugurada, em 1935, Lazar Kaganovich, chefe do Partido em Moscou, aclamou-a como um palácio do proletariado: "Quando o trabalhador pegar o metrô, ele deve ficar animado e feliz. Ele deve pensar como se estivesse em um palácio brilhando com a luz do socialismo sempre vitorioso avançando."[5] As estações foram construídas como palácios, com lustres, painéis, acabamentos de cobre e cromados, paredes de mármore (havia 20 tipos diferentes), pórfiro, ônix e malaquita. A estação Maiakovski (1938) era bela como uma igreja, com cúpulas ovais, mosaicos, chãos de mármore com padrões e arcos de aço inoxidável, o que criava uma atmosfera luminosa e espaçosa no saguão central. Fazendo os planos para a estação de metrô Fábrica Stalin (Avtozavod), no final da década de 1930, os Vesnin assemelharam o efeito que desejavam obter com a atmosfera do interior de uma catedral. A estação concluída (1943), com suas colunas altas de mármore, quase góticas, o uso simples da luz e do espaço, cujos baixo-relevos de mármore branco retratavam as "conquistas" dos Planos Quinquenais (Magnitogorsk, a Fábrica Stalin, o Palácio dos Sovietes e o canal Moscou-Volga), atingiu perfeitamente os ideais dos Vesnin.[6] O esplendor desses palácios proletários, que se destacavam em contraste tão intenso com os espaços privados esquálidos e apertados onde a maioria do povo vivia, desempenhava um papel moral importante (não muito diferente do papel desempenhado pela Igreja em Estados anteriores). Inspirando orgulho cívico e reverência, a beleza do metrô ajudava a fomentar a crença popular nos objetivos e nos valores públicos da ordem soviética.

Os irmãos Vesnin também estiveram envolvidos na construção de apartamentos privados, tendo sido comissionados para projetar apartamentos de dois e três quartos, como o ocupado por Mikhail Voshchinsky e Fania Laskina depois do casamento. "Éramos muito felizes lá", recorda Fania. "Era a primeira vez que morávamos em um apartamento com banheiro e cozinha. Misha [Mikhail] tinha o próprio estúdio. E sempre havia espaço para hospedar visitantes."[7]

A nova ênfase na construção de apartamentos privados representou uma mudança fundamental na política de moradia soviética. Durante a década de 1920, quando o sonho utópico de construir novas formas coletivas ditava a política, os bolcheviques deram prioridade para "casas comunitárias" (*doma kommuny*) — gigantescos blocos comunitários com fileiras de quartos para milhares de trabalhadores e suas famílias, com cozinhas, banheiros e lavanderias comunitárias que libertariam as mulheres do trabalho doméstico penoso e ensinariam os moradores a organizar a vida coletivamente. Os construtivistas na União de Arquitetos Contemporâneos vinham se mantendo na vanguarda da campanha soviética de obliteração da esfera privada, fazendo com que as pessoas vivessem comunitariamente. Mas as prioridades de moradia em Moscou mudaram em 1931: apesar da falta crônica de acomodações na capital soviética — situação exacerbada por mais de um milhão de recém-chegados —, foi decretado que o tipo principal de residência construído em Moscou seria a casa de luxo com apartamentos familiares individuais.

A mudança na política obviamente estava relacionada à ascensão de uma nova elite política e industrial, cuja lealdade ao regime stalinista era assegurada pela concessão de bens materiais. O Plano Quinquenal produzira uma demanda enorme por novos técnicos, funcionários e gerentes em todos os ramos da economia. Segundo o presidente da Gosplan, a agência estatal de planejamento, 435 mil engenheiros e especialistas foram necessários para as novas exigências da indústria em 1930. As antigas elites industriais ("burguesas") não tinham a confiança da liderança stalinista (somente 2% dos engenheiros soviéticos eram membros do Partido em 1928). Muitos desses especialistas opuseram-se aos objetivos incrivelmente otimistas do Plano Quinquenal em relação à indústria e foram banidos em massa (como "sabotadores" e "destruidores") no terror industrial de 1928-32, quando o caos introduzido pelo Plano Quinquenal e as constantes interrupções no fornecimento de combustível e de matérias-primas levaram muitos trabalhadores a denunciar os patrões quando a fábrica era fechada e eles ficavam sem receber. A perseguição aos "especialistas burgueses" que ocupavam posições elevadas na administração industrial, dos comissariados econômicos, das agências planejadoras, das academias e das instituições de ensino criava oportunidades para que a *intelligentsia* do proletariado" ocupasse suas posições. O Primeiro Plano Quinquenal foi o auge das Escolas de Aprendizado para Fábricas (FZU), que treinavam trabalhadores, muitos deles camponeses recém-chegados do campo, para as fileiras cada vez maiores de profissões industriais e postos administrativos na economia. De 1928 para 1932, o número de estudantes nas FZUs aumentou de 1,8 para 3,3 milhões (quase metade de origem camponesa); 140 mil trabalhadores foram promovidos da linha de produção para a administração (muitos dos quais foram treinados no próprio trabalho); e 1,5 milhão de trabalhadores deixaram as fábricas para ocupar cargos administrativos ou entrar em escolas superiores. Enquanto isso, um milhão de trabalhadores eram membros do Partido. Os controles foram deixados de lado para encorajar o recrutamento (em muitas fábricas, toda a força de trabalho era inscrita em massa), à medida que a liderança do Partido tentava criar uma base social proletária para apoiar e implementar suas políticas.[8]

Stalin precisava de apoio confiável. A Grande Ruptura gerara caos social e descontentamento geral, desestabilizando sua liderança. Os arquivos do Partido e dos Conselhos estão cheios de cartas e de petições com reclamações de trabalhadores enraivecidos e de camponeses quanto às dificuldades do Plano Quinquenal. Eles escreviam para o governo soviético, para Mikhail Kalinin, o presidente soviético, ou diretamente para Stalin, reclamando das injustiças da coletivização e do excesso de requisições de grãos dos camponeses, dos problemas encontrados nas fábricas em que trabalhavam, da corrupção de gerentes e oficiais soviéticos, da falta de moradia e de alimentos nas lojas.[9] O povo russo não se resignava ao próprio destino. Havia levantes e greves em todo o país.[10] Em muitas ruas urbanas, pichações antissoviéticas eram quase tão visíveis quanto a propaganda soviética.[11] Nas regiões rurais, havia ampla oposição ao regime soviético, refletida em canções rimadas (*chastushki*):

> O Plano Quinquenal, o Plano Quinquenal
> O Plano Quinquenal em dez.
> Não vou para a *kolkhoz*:
> Na *kolkhoz* não há pão![12]

Dentro do Partido, não havia uma oposição formal à linha de Stalin, mas havia muita discordância e descontentamento silenciosos sobre o enorme preço pago com vidas humanas entre 1928 e 1932. Em 1932, a discordância começou a se aglutinar em dois grupos informais. Um era formado pelos antigos seguidores de Trotski da Oposição de Esquerda da década de 1920 (I. N. Smirnov, V. N. Tolmachyov, N. B. Eismont), que realizavam diversas reuniões nas quais se falava sobre retirar Stalin da liderança. O outro era formado por remanescentes da mais moderada Oposição de Direita, liderada por apoiadores da NEP, como Rykov e Bukharin, e especialmente por N. N. Riutin, ex-secretário distrital da organização do Partido em Moscou. Riutin fez uma pequena reunião secreta com antigos camaradas em março de 1932, cujo resultado foi um documento datilografado de 194 páginas intitulado "Stalin e a Crise da Ditadura Proletária". Era uma crítica detalhada às políticas, aos métodos de governo e à personalidade de Stalin, distribuída entre os membros do Partido até ser interceptada pela OGPU. Todos os líderes da dita Plataforma Riutin foram detidos, expulsos do Partido e enviados para a prisão no outono de 1932. Posteriormente, no Grande Expurgo de 1937, quase todos foram mortos, quando um número muito maior de bolcheviques antigos, veteranos de 1917, foram acusados de ter ligações com o grupo.[13]

A revelação da existência do grupo de Riutin aumentou a paranoia de Stalin em torno da oposição dentro do próprio Partido. O acontecimento coincidiu com o suicídio da mulher de Stalin, Nadezhda Allilueva, em novembro de 1932, o qual desestabilizou gravemente o líder, fazendo com que passasse a desconfiar de todos ao seu redor. Em janeiro de 1933, o Politburo anunciou um expurgo profundo dentro do Partido. As instruções do expurgo não mencionavam membros suspeitos de pertencerem a grupos de oposição, mas exigiam a expulsão de "elementos duplos que vivem enganando o Partido, que escondem dele suas aspirações reais e que, na verdade, protegidos por um juramento falso de 'lealdade' a ele, buscam minar a política do Partido", deixando claro que a remoção dos dissidentes era uma tarefa urgente para o Partido, que precisava formar fileiras de apoio à liderança.[14]

Por meio da eliminação do antigo e do recrutamento do novo, a natureza do Partido estava evoluindo gradualmente na década de 1930. Enquanto os bolcheviques antigos perdiam espaço, uma nova classe de burocratas do Partido surgiu entre os membros que eram trabalhadores industriais, formada principalmente por trabalhadores promovidos para cargos administrativos (*vydvizhentsy*). Os *vydvizhentsy* eram filhos (e, muito raramente, filhas) do campesinato e do proletariado, treinados nas FZU e em outras instituições técnicas durante o Primeiro Plano Quinquenal. Essa legião de funcionários tornou-se o principal apoio do regime stalinista. No final do reinado de Stalin, eles compunham uma grande proporção da liderança sênior do Partido (57 dos 115 ministros mais importantes do governo soviético de 1952, incluindo Leonid Brezhnev, Andrei Gromyko e Aleksei Kosygin, eram *vydvizhentsy* do Primeiro Plano Quinquenal).[15] A elite emergente do início da década de 1930 em geral era conformista e obediente à liderança que a criara. Com apenas sete anos de educação, em média, poucos dos novos funcionários tinham muita capacidade de pensamento político independente. Eles tiravam suas ideias das declarações dos líderes do Partido à imprensa e repetiam os slogans de propaganda e o jargão político.* O conhecimento real que tinham da ideologia marxista-leninista era limitado e facilmente contido no *Curso curto* (1938), a história do Partido contada por Stalin, que todos sabiam de cor. Identificavam-se completamente com o regime stalinista, relacionando seus valores pessoais aos

---

* Pavel Galitsky (nascido em 1911) lembra-se de ter sido interrogado pelos chefes do Partido na fábrica Arsenal Vermelho, em Leningrado, durante os expurgos de 1932. Filho de um padre, Galitsky era editor do panfleto da fábrica. Ele tinha se filiado recentemente ao Partido, mas sua origem familiar tornava-o vulnerável. O chefe do comitê de limpeza, que era presidente do comitê regional do Partido e diretor da fábrica, colocou Galitsky contra a parede, pedindo-lhe que resumisse "o livro de Lenin *O Anti-Dühring*" (Lenin não escreveu tal obra, mas havia um livro famoso de Friedrich Engels com esse título que descrevia em detalhe enciclopédico o conceito marxista de filosofia, ciência natural e economia política). Galitsky não tinha ideia do que se tratava o livro, mas, como lembra, "eu sabia que anti significava contra, então eu disse que Lenin escrevera contra aquele tal de Dühring, e eles disseram: 'Correto! Muito bem, camarada esperto!'" (MSP, f. 3, op.53, d. 2, l. 6).

interesses do regime, e todos ansiavam por avançar nas próprias carreiras implementando ordens superiores.

O caráter dessa nova elite foi retratado causticamente por Arkadii Mankov, contador da fábrica Triângulo Vermelho, em Leningrado. Filho de um advogado, Mankov estava trabalhando na fábrica para que pudesse se qualificar como "proletário" e conseguir entrar no Instituto de Bibliotecários. Em uma anotação em seu diário, feita em 1933, ele descreveu o patrão — um jovem de 25 anos, que começara a carreira do mesmo modo que dezenas de milhares de jovens:

> Ele apareceu em Leningrado sabe-se lá de onde e por meio da troca de empregos conseguiu um emprego na fábrica. Quando estava lá havia uns dois meses, entrou para a Komsomol, tornou-se ativista — ou seja, fazia tudo o que lhe pediam — e falava nas reuniões, exibindo o conhecimento dos artigos de Stalin e de Molotov, o que resultou em sua promoção para trabalhar na administração como economista trabalhista... Sua conquista consiste em ter um título importante e em receber um bom salário (300 rublos por mês). Ele passa a impressão de ser uma pessoa altamente bem-sucedida, que está satisfeita consigo mesma e com sua posição. Ele sorri docemente, usa uma camisa inglesa branca imaculada com gravata e um paletó novo escuro e tem uma atitude confiante, até mesmo arrogante. Apesar de manter seu posto elevado, não tem um emprego específico. Ele faz todas as tarefas mesquinhas: mantém anotações sobre as pessoas, confere as contas e estabelece as normas de trabalho. Ele considera sua responsabilidade enfiar o nariz em tudo — para expressar "a visão da fábrica" — e insistir, gritar e ameaçar. Ele reúne informações cuidadosamente e preenche formulários e cartões sem sentido que nunca são vistos por ninguém. Ele tem um interesse especial em investigar a legalidade de toda inovação na oficina e está sempre conferindo o livro de normas.[16]

Competindo por recompensas materiais e políticas, esse tipo de funcionário voltava-se facilmente contra os rivais na hierarquia soviética. Em 1932, um gerente da Transmashtekh, um vasto conglomerado industrial, escreveu para o presidente soviético Mikhail Kalinin:

> O problema com o poder soviético é que ele desperta o tipo mais vil de oficial — aquele que executa escrupulosamente os desígnios gerais da autoridade suprema... Esse oficial nunca diz a verdade, porque não quer incomodar a liderança. Ele regozija-se com a fome e a peste no distrito ou bairro controlado por um rival. Ele não

levantará um dedo para ajudar o vizinho... Tudo o que vejo ao meu redor é política desprezível, truques sujos e pessoas sendo destruídas por coisas ditas pelos outros. As delações não têm fim. Não se pode cuspir sem atingir algum delator revoltado ou mentiroso. A que ponto chegamos? É impossível respirar. Quanto menos dotado o bastardo, mais perversas são suas calúnias. Obviamente, o expurgo do Partido não me diz respeito, mas acredito que resultará na expulsão dos elementos decentes que ainda restam.[17]

Em *A revolução traída* (1936), onde descreveu sua teoria do "termidor soviético", Trotski chamou a atenção para a vasta "pirâmide administrativa" de burocratas, que calculava contar com algo em torno de cinco ou seis milhões de pessoas, da qual o poder de Stalin dependia.[18] Essa nova casta dominante não compartilhava dos instintos democráticos do culto espartano dos antigos bolcheviques, que se preocupavam tanto com a corrupção das fileiras do Partido pelas influências burguesas da NEP. Ao contrário, ela desejava se tornar uma burguesia soviética. Seus interesses estavam centrados nos confortos do lar, na aquisição de bens materiais, em atividades e maneiras "cultivadas". Eram socialmente reacionários, prendendo-se aos costumes da família patriarcal, conservadores no gosto cultural, mesmo acreditando politicamente no ideal comunista. Seu objetivo principal era defender o sistema soviético, de onde obtinham bem-estar material e sua posição na sociedade.

O sistema, por sua vez, garantia que ficassem satisfeitos. Durante o Segundo Plano Quinquenal (1933-37), o governo aumentou os investimentos na indústria de consumo, que ficara sem capital na corrida para a construção de fábricas e de cidades. Na metade da década de 1930, o fornecimento de alimentos, roupas e bens de uso doméstico passara por um crescimento notável (milhões de crianças que cresceram naqueles anos se lembrariam da década de 1930 como o período em que ganharam o primeiro par de sapatos). A partir do outono de 1935, o racionamento foi gradualmente eliminado, dando espaço, na propaganda soviética, a um clima de otimismo entre os consumidores à medida que as vitrines passaram a exibir produtos. Câmeras, gramofones e rádios foram produzidos em massa para a classe média urbana aspirante. Houve um aumento constante na produção de bens de luxo (perfumes, chocolates, conhaque e champanhe), o qual atendia principalmente à nova elite, apesar dos preços sofrerem reduções durante os feriados soviéticos. Era importante para o mito soviético da "boa vida" que fosse transmitida a impressão de que bens de luxo anteriormente acessíveis somente aos ricos tivessem passado a ser acessíveis também às massas, que poderiam comprá-los se trabalhassem bastante. Novas revistas de consumo informavam aos consumidores soviéticos sobre a diversidade crescente de roupas de moda e de novos modelos de móveis. Havia muita publicidade em torno da abertura de lojas de departamentos e de lojas de alimentos de luxo, como a antiga loja Yeliseyev, rebatizada de Mercearia nº 1, reaberta em outubro de 1934 na rua Gorki, em Moscou. "A nova loja venderá mais de 1.200 produtos alimentícios", anunciou o jornal *Evening Moscow*:

> No departamento de mercearia, existem 38 tipos de salsichas, incluindo 20 novos tipos que nunca foram vendidos antes em lugar algum. O departamento também venderá três tipos de queijo — camembert, brie e limburger — feitos especificamente para a loja. No departamento de confeitaria, existem 200 tipos de doces e confeitos... A padaria oferece mais de 50 tipos de pães...

No dia seguinte, a loja foi visitada por 75 mil pessoas (suspeita-se de que a maioria tenha ido à loja apenas para olhar).[19]

A promoção de uma cultura de consumo soviética era um recuo ideológico dramático do asceticismo revolucionário dos bolcheviques na primeira década da Revolução e no período do Primeiro Plano Quinquenal, quando os comunistas foram convocados a sacrificar a própria felicidade em prol da causa do Partido. Agora, a liderança soviética transmitia a mensagem contrária: a de que o consumismo e o comunismo seriam compatíveis. O socialismo, defendeu Stalin em 1934, "não significa pobreza e privação, mas sim a eliminação da pobreza e da privação, e a organização de uma vida rica e culta para todos os membros da sociedade". Stalin desenvolveu essa ideia em uma conferência com trabalhadores das *kolkhozes* em 1935. Repreendendo as fazendas coletivas por tentarem eliminar toda a propriedade doméstica privada, Stalin exigiu que os trabalhadores das *kolkhozes* tivessem permissão para manter as próprias aves domésticas e vacas, além de receberem lotes maiores para seus jardins, com o objetivo de estimular o interesse deles pelas fazendas coletivas. "Uma pessoa é uma pessoa. Ela deseja possuir algo que seja só dela", disse Stalin aos delegados. Não havia "nada de criminoso nisso" — era um instinto humano natural desejar possuir uma propriedade privada, e ainda seria necessário "muito tempo para reformular a psicologia do ser humano e reeducar as pessoas para que vivam coletivamente".[20]

Outro indício do afastamento da cultura ascética da Revolução era a nova importância que o Partido passara a atribuir à aparência pessoal e à etiqueta. Os primeiros bolcheviques consideravam a preocupação com tais futilidades como antissocialistas. Mas a partir da década de 1930, o Partido declarou que bons modos e boa aparência eram compulsórios ao jovem comunista. "Endossamos a beleza, as roupas bonitas, os penteados chiques e as unhas manicuradas", anunciou o *Pravda* em 1934. "As garotas devem ser atraentes. Perfume e maquiagem são 'essenciais' para uma boa garota da Komsomol. Barba benfeita é obrigatória para um rapaz da Komsomol." Perfumes e cosméticos foram vendidos em grandes quantidades e variedades durante a década de 1930. Foram realizadas conferências para o debate de moda e de higiene pessoal.[21]

Também havia uma nova ênfase na diversão. "A vida melhorou, camaradas. A vida ficou mais alegre", anunciou Stalin em 1935. "E quando a vida é cheia de alegria, o trabalho vai bem." Dançar, ato condenado pelos primeiros bolcheviques como uma atividade frívola, passou a ser encorajado pelo regime stalinista. A dança logo virou uma febre, com escolas de dança abrindo em todas as partes. Havia festivais de rua nos parques de Moscou e paradas gigantescas para comemorar os feriados soviéticos. O cinema soviético constantemente lançava musicais felizes e comédias românticas. O povo não tinha muito pão, mas havia muitos circos.

A consolidação do regime stalinista estava intimamente ligada à criação de uma hierarquia social estruturada pela concessão de recompensas materiais. Para quem estava no topo da pirâmide social, as recompensas pelo esforço e pela lealdade estavam prontamente disponíveis.

Para aqueles na base da pirâmide, havia a promessa de uma recompensa no futuro, quando o comunismo fosse alcançado. Portanto, o regime estava ligado à criação de uma sociedade aspiracional, em cujo coração estava uma nova classe média formada pelas elites industriais e do Partido, pela *intelligentsia* técnica e pelos profissionais, pelos oficiais militares, pelos policiais e pelos trabalhadores industriais leais que provavam seu valor trabalhando duro (os stakhanovitas).* O princípio que definia essa nova hierarquia social era servir ao Estado. Em todas as instituições, o slogan do Segundo Plano Quinquenal ("Os Núcleos de Treinamento de Pessoal [ou as Estruturas] Decidem Tudo!") servia para defender os servidores fiéis ao Estado — cuja lealdade era generosamente recompensada com maiores salários, acesso especial a bens de consumo, títulos e honrarias soviéticas.

A emergência de uma classe média soviética foi ainda mais apoiada pelo cultivo do regime de valores familiares tradicionais ("burgueses") da metade da década de 1930, o que representava um retrocesso dramático das políticas antifamiliares adotadas pelo Partido desde 1917 e, em parte, era uma reação ao impacto demográfico da Grande Ruptura: o índice de natalidade declinara desastrosamente, representando uma grave ameaça ao fornecimento de mão de obra do país e ao poder militar; o número de divórcios aumentara e o abandono de crianças havia se tornado um fenômeno em massa, como resultado da fragmentação das famílias, deixando que o regime lidasse com as consequências. Mas

---

* Em agosto de 1935, o carvoeiro de Donbass Aleksei Stakhanov escavou uma quantidade recorde de carvão. Amplamente aclamado na imprensa nacional, seu feito iniciou um movimento de recompensas a trabalhadores habilidosos e dedicados, sendo a eficiência um dos objetivos declarados do Segundo Plano Quinquenal. O stakhanovismo logo se desenvolveu em outra forma de "trabalho de choque", na qual os trabalhadores que excediam as cotas de produção eram recompensados com bônus em dinheiro, bens de consumo, melhores moradias e até mesmo promoções para cargos administrativos (especialmente na polícia). Para o regime stalinista, o movimento era um meio de elevar as metas de produção e de reduzir o piso básico dos salários tornando os trabalhadores mais dependentes das bonificações. Ele exerceu uma pressão enorme sobre gerentes e oficiais, que levavam a culpa (e frequentemente eram acusados de ser "sabotadores" e "destruidores") quando a falta de combustíveis ou de materiais brutos impedia que os stakhanovistas atingissem suas metas.

o retorno aos valores familiares tradicionais também era um reflexo do conservadorismo da nova elite industrial e política, cuja maioria acabara de ascender do campesinato e da classe operária. Como escreveu Trotski em 1936, a mudança de política era um reconhecimento franco pelo regime soviético de que a tentativa utópica de "assolar a antiga família" — extirpar os hábitos e costumes da vida privada e implantar instintos coletivos — fracassara.[22]

A partir da metade da década de 1930, o Partido adotou uma abordagem mais liberal em relação à família e ao lar privado. A noção de "vida privada" (*chastnaia zhizn'*) — uma esfera fechada e isolada além do controle e do escrutínio público — ainda era rejeitada ideologicamente. Mas a ideia de "vida pessoal" (*lichnaia zhizn'*) — um âmbito individual ou familiar que permanecia aberto ao escrutínio público — era ativamente promovida pelo Estado. Nessa configuração da divisão entre o privado e o público, o privado e o pessoal eram definidos em termos de individualidade, mas o domínio da esfera pública exigia a visibilidade de todos os aspectos da vida do indivíduo. O efeito prático foi liberar um espaço entre as quatro paredes do lar para a expressão livre da domesticidade (preferências de consumo, estilos de vida, hábitos domésticos, entre outras coisas), mas mantendo controle político da conduta privada do indivíduo, especialmente dos comunistas. "O Partido não interfere nem cria padrões para as ninharias da vida cotidiana do comunista", anunciou o *Rabotnitsa*, o principal jornal para mulheres do Partido, em 1936: "Ele não insiste em regras de comportamento para cada membro do Partido em cada aspecto de sua vida. Mas o Partido exige que todos os membros se comportem na vida privada de um modo que sirva aos interesses do Partido e da classe trabalhadora."[23]

A nova ênfase na construção de lares privados foi um indício dessa mudança de política. Todos os principais ministérios tinham os próprios blocos de apartamentos em Moscou, concedidos aos principais oficiais. Famílias bolcheviques que tinham vivido uma existência relativamente austera na década de 1920 passavam a desfrutar vidas relativamente luxuosas à medida que eram recompensadas com novas casas, acesso privilegiado a lojas de alimentos, carros com motoristas, dachas, férias em estâncias especiais e em sanatórios do governo. Para muitas dessas famílias, a década de 1930 foi o período em que conquistaram pela primeira vez autonomia e o próprio espaço doméstico. A concessão de dachas à elite soviética — organizada em grande escala a partir da década de 1930 — foi particularmente importante no estímulo à existência de uma vida familiar privada. Na dacha, protegidos de olhos e ouvidos atentos, parentes podiam se sentar e conversar de maneiras que seriam inconcebíveis em locais públicos. Além disso, as rotinas diárias da vida simples do campo — nadar, caminhar, catar cogumelos, ler, relaxar no jardim — proporcionavam às famílias algum alívio das restrições da sociedade soviética.

Dentro do lar, o regime stalinista promoveu um retorno às relações familiares tradicionais. O casamento tornou-se glamouroso. Os cartórios foram reformados. Certidões de casamento eram emitidas em papel de alta qualidade (de Vishlag) em vez de papel de embrulho utilizado anteriormente. Alianças de casamento, que haviam sido banidas como relíquias cristãs em 1928, reapareceram nas lojas soviéticas depois de 1936. Foram promulgados diversos decretos destinados a fortalecer a família soviética: as leis de divórcio tornaram-se mais rigorosas, as taxas cobradas para a efetivação de divórcios aumentaram substancialmente, levando a uma queda repentina na quantidade de divórcios. Houve um aumento do auxílio às crianças, e o homossexualismo e o aborto foram criminalizados. Na elite soviética, houve um retorno a atitudes sexuais convencionais e até mesmo bastante puritanas. Esperava-se que o bom stalinista fosse monogâmico e dedicado à família, como o próprio Stalin, de acordo com a propaganda de seu culto.* A conduta do bolchevique em suas relações íntimas era cuidadosamente inspecionada. Não era incomum que bolcheviques fossem expulsos do Partido por serem

---

* Em outubro de 1935, Stalin fez uma visita muito divulgada à mãe, em Tbilisi. Foi o início de uma campanha na mídia para apresentar o líder do Partido como um homem de família. Stalin foi fotografado nos jardins do Kremlin com os filhos, algo que nunca havia permitido anteriormente (a maioria do povo soviético jamais soubera que Stalin tinha filhos).

considerados maus pais ou maridos. As esposas dos membros do Partido deveriam retornar ao papel tradicional de criar os filhos em casa.

A restauração ideológica da família estava intimamente ligada à promoção da mesma como a unidade básica do Estado. "A família é a célula primária de nossa sociedade", escreveu um educador em 1935, "e suas obrigações na educação das crianças são derivadas da obrigação de cultivarem bons cidadãos." A partir da metade da década de 1930, o regime stalinista passou a se apresentar cada vez mais por meio de metáforas e símbolos familiares — um sistema de valores com o qual a população estava familiarizada, em um período no qual milhões de pessoas se encontravam em um ambiente novo e estranho. O culto a Stalin, que decolou nesse período, retratava o líder como o "pai do povo soviético", assim como Nicolau II fora o "pai-tsar" (*tsar-batiushka*) do povo russo antes de 1917. Instituições sociais como o Exército Vermelho, o Partido e a Komsomol, e até mesmo o "proletariado", foram reconcebidos como "grandes famílias", oferecendo uma forma mais elevada de integração por meio da camaradaria. Nesse partido-Estado patriarcal, o papel dos pais ficou fortalecido como uma figura de autoridade que reforçava os princípios morais do regime soviético dentro do lar. "Os jovens devem respeitar os mais velhos, especialmente os pais", declarou o *Komsomolskaia Pravda* em 1935. "Deve-se respeitar e amar os pais, mesmo que sejam antiquados e não gostem da Komsomol." Foi uma mudança dramática das lições morais ensinadas pelo culto a Pavlik Morozov, que encorajara as crianças soviéticas a denunciar os pais caso eles fossem contra as políticas do governo. A partir de 1935, o governo reinterpretou o culto a Morozov, minimizando a história da delação de Pavlik e enfatizando novas características, como a dedicação de Pavlik ao trabalho e sua obediência na escola.[24]

Os filhos da elite soviética que cresceram nesses anos lembram-se deles com nostalgia, especialmente pela experiência de uma "vida familiar normal". Marina Ivanova nasceu em 1928 em uma família de oficiais do primeiro escalão do Partido. Seu pai era secretário do Partido na cidade de Mga, 50 quilômetros a sudeste de Leningrado, onde a família tinha uma dacha espaçosa, apesar de morar principalmente no apartamento em Leningrado do avô de Marina, um ex-nobre. "O apartamento era luxuoso", lembra-se Marina,

com dez cômodos grandes, pelos quais eu corria na infância. Os quartos tinham o pé-direito alto e janelas enormes com vista para os jardins... Pinturas a óleo (reproduções) de Repin e Levitan decoravam as paredes. Um piano de cauda e uma mesa de bilhar ficavam nas duas salas de recepção... Esse apartamento é o local de minhas memórias de infância mais felizes. Lembro-me de festas lotadas, com amigos da família e parentes, além de todos os seus filhos, reunidos em nossa casa para o Ano-novo. As crianças vinham fantasiadas, e papai vestia-se de Papai Noel e aparecia com chocolates e presentes para todos, os quais colocava em torno da árvore de Ano-novo.[25]

A família de Inna Gaister mudou-se para o prestigioso bloco de apartamentos reservado para oficiais soviéticos de primeiro escalão (a "Casa do Aterro"), no lado oposto ao Kremlin em Moscou, depois que o pai, Aron, tornou-se chefe da seção agrícola da Gosplan, em 1932. Eles tinham um apartamento grande com a mobília soviética mais recente, fornecida pelo governo, e uma biblioteca com milhares de livros. A família desfrutava um estilo de vida russo culto, combinando seus ideais comunistas com os privilégios da elite soviética. Eles tinham passes para o camarote imperial no Teatro Bolshoi. Havia férias frequentes para estâncias especiais do Partido na Crimeia e em Astafevo, próximo a Moscou. Mas as lembranças mais queridas de Inna são dos verões na dacha da família em Nikolina Gora:

O assentamento ficava em uma linda floresta de pinheiros, em uma colina alta sobre uma curva no rio Moscou. Era um lugar de magnífica beleza, um dos mais bonitos na região de Moscou... Nosso terreno ficava pouco acima do rio, em uma margem alta. A dacha era uma casa grande de dois andares: o irmão de minha mãe, Veniamin, com inveja mal disfarçada, costumava chamá-la de sua "villa". Havia três quartos grandes no primeiro andar e outros três no segundo, além de uma varanda enorme. Os cômodos costumavam estar sempre cheios de gente. Com frequência havia alguns dos muitos parentes de meus pais hospedados lá — principalmente meus primos. Nos finais de semana, os amigos de meus pais vinham de Moscou... e eu tinha meus próprios amigos das dachas vizinhas. Passávamos a maior parte do tempo no rio. Papai construíra uma escadaria que descia de nossa dacha para o rio, para que minha avó tivesse menos dificuldade para chegar à água. Era uma escadaria sinuosa — a descida era muito íngreme —, com pelo menos cem degraus. Muito tempo depois de termos saído de lá, ainda a chamavam de escada dos Gaister. Lá embaixo, havia um pequeno píer de madeira para nadarmos. Como a água em torno de nosso píer era muito profunda, eu só tinha permissão para nadar ali junto com meu pai. Meus amigos e eu preferíamos o píer abaixo da dacha dos Kerzhentsev, onde a água era rasa e boa para nadarmos.[26]

Mas não eram todos que tinham lembranças tão felizes. Para muitas famílias, a década de 1930 foi um período de dificuldades cada vez maiores. Com frequência, a reinstituição dos relacionamentos tradicionais gerava tensões entre casais. Segundo Trotski, que escreveu extensivamente sobre a família soviética, o regime stalinista traíra o compromisso assumido pelos bolcheviques revolucionários de libertar as mulheres da escravidão doméstica. Tal afirmação é sustentada pelas estatísticas, que revelam como as tarefas domésticas eram divididas dentro das famílias da classe trabalhadora. Entre 1923 e 1934, as mulheres operárias passavam três vezes mais tempo do que os maridos na execução de tarefas domésticas, mas a partir de 1936, passavam cinco vezes mais tempo. Para as mulheres, nada mudou na década de 1930 — elas trabalhavam muitas horas nas fábricas e depois cumpriam uma segunda jornada de trabalho em casa, cozinhando, fazendo a limpeza e cuidando das crianças durante cinco horas, em média, todas as noites — ao passo que os homens foram liberados da maioria das obrigações domésticas tradicionais (cortar lenha, carregar água, preparar o fogão) pela modernização das casas dos trabalhadores, que aumentou a provisão de água encanada, gás e eletricidade, deixando-os com mais tempo livre para atividades culturais e para a política.[27]

Mas Trotski também tinha em mente a política sexual das famílias:

Um dos capítulos dramáticos no grande livro dos soviéticos será a história da desintegração e dissolução das famílias soviéticas nas quais o marido, como membro do Partido, sindicalista, comandante militar ou administrador, crescia, desenvolvia-se e adquiria novos gostos na vida, enquanto a esposa, oprimida pela família, permanecia no nível antigo. O caminho das duas gerações da burocracia soviética está firmemente atado às tragédias de mulheres rejeitadas e abandonadas. O mesmo fenômeno pode ser observado atualmente na nova geração. A maior de todas as barbaridades e crueldades talvez seja encontrada nos escalões mais altos da burocracia, nos quais uma grande porcentagem das pessoas são novos-ricos com pouca cultura, que acham que têm permissão para fazer o que quiserem. Algum dia, arquivos e lembranças revelarão verdadeiros crimes cometidos contra as esposas — e contra as mulheres em geral —, por parte dos evangelistas da moral familiar e dos "prazeres" compulsórios da maternidade, que, devido à posição que ocupavam, eram imunes a processos.[28]

Vladimir Makhnach nasceu em 1903 em uma família camponesa pobre de Uzda, 60 quilômetros ao sul de Minsk, na Bielorrússia. Sua mãe morreu ao lhe dar à luz, e em 1906 seu pai emigrou para os Estados Unidos, deixando Vladimir para ser criado pela tia. Aos 14 anos, ele fugiu de casa para se juntar à Guarda Vermelha, participando da tomada de poder em Minsk em outubro de 1917. Vladimir passou os quatro anos seguintes no Exército Vermelho e lutou contra os poloneses, que invadiram a Rússia soviética durante a Guerra Civil. Em 1921, uniu-se aos bolcheviques e iniciou os estudos na Academia Agrícola de Mogilyov, onde conheceu e se apaixonou por Maria Chausova. Nascida em 1904, Maria era filha de um comerciante camponês na pequena cidade de Krichev, 100 quilômetros a leste de Mogilyov. Maria era a mais jovem de seis irmãs e foi a primeira a estudar além da escola secundária, formando-se na Academia Agrícola com distinção em agronomia e economia em 1925. O casal viveu como marido e mulher *de facto* em Mogilyov (como muitos jovens soviéticos na década de 1920, recusaram-se a registrar o casamento como um sinal de protesto contra as convenções burguesas). Depois de se formar na Academia Agrícola, Vladimir seguiu carreira como pesquisador. Em 1928, foi para Moscou, onde ingressou no Instituto da Turfa (na época considerada uma importante fonte de energia pelos bolcheviques) e pesquisou para uma dissertação sob a orientação de Ivan Radchenko, bolchevique veterano e amigo de Lenin, que era o chefe do instituto. As credenciais impecáveis de Vladimir, sua origem proletária e o entusiasmo que sentia pelos planos de industrialização de Stalin logo chamaram a atenção da organização do Partido em Moscou, que o chamou para trabalhar com Radchenko no desenvolvimento de novas fontes de energia para Moscou, em 1932. Vladimir tornou-se o primeiro diretor do Truste Mosgaz — um complexo industrial recém-inaugurado com o objetivo de fornecer gás para a capital, que crescia rapidamente.[29]

Maria acompanhou Vladimir a Moscou, onde trabalhou no Comissariado de Agricultura como economista até 1933, quando nasceu Leonid, filho do casal. Com a promoção de Vladimir para a Mosgaz, mudaram-se de um pequeno quarto em um apartamento comunal para um grande apartamento privado na Colina dos Pardais (rebatizada de Colina de Lenin em 1935). O casal desfrutava de todos os privilégios da nova elite de Stalin: uma limusine do governo com motorista, uma dacha privada no assentamento exclusivo de Serebrianyi Bor e acesso às lojas secretas reservadas aos funcionários do Partido, onde bens de consumo de difícil obtenção estavam prontamente disponíveis. Leonid descreve suas primeiras lembranças como

recordações fragmentadas imbuídas de um senso de abundância e da atmosfera de um conto de fadas mágico: ali estou, nos ombros de meu pai, olhando em volta para um mar de luzes e de esplendor de mármore (devíamos estar no metrô de Moscou, que acabara de ser inaugurado)... Ali estávamos, ao lado do mausoléu de Lenin, na Praça Vermelha, no 1º de Maio.[30]

Maria contratou uma babá, que morava na despensa do apartamento dos Makhnach. O objetivo de Maria era retornar ao trabalho no Comissariado, mas Vladimir opôs-se violentamente à ideia (ele disse a Maria que "um membro superior do Partido devia ter uma esposa que ficasse em casa") e perdeu a paciência quando a esposa tentou convencê-lo. Como muitos homens do Partido, Vladimir acreditava que sua família devia estar subordinada às obrigações que tinha com o Partido: como o trabalho dele era mais importante para o Partido do que o da esposa, ela tinha o dever de apoiá-lo mantendo um "lar comunista bem organizado". Em novembro de 1935, Vladimir escreveu para Maria de uma viagem de trabalho a Leningrado:

Minha querida! Ficarei fora durante várias semanas. Escreverei para você com novidades e instruções. Por enquanto, preciso apenas de alguns livros [segue uma lista]... Seria uma boa ideia decorar o saguão, ele está um pouco escuro. Isso é tudo. Assegure-se de que nosso pequeno esteja seguro e saudável. E cuide-se. Mantenha-se agasalhada quando for à rua... Esqueça a ilusão de retornar ao trabalho. Agora, seu lugar é em casa.[31]

Ocasionalmente, a retomada de valores materiais "burgueses" era outra fonte de tensão familiar. Anatoly Golovnia era uma das figuras mais importantes do cinema soviético, trabalhando como câmera e colaborador próximo de Vsevolod Pudovkin, que dirigiu vários filmes soviéticos clássicos, como *A mãe* (1926), *Tempestade sobre a Ásia* (1930) e *O desertor* (1933), tendo ganhado o Prêmio Stalin nada menos do que cinco vezes. Golovnia nasceu em 1900 na cidade de Simferopol, na Crimeia. Seu pai, um nobre menor, morreu quando o menino tinha 2 anos, deixando uma pequena pensão para a esposa criar Anatoly e o irmão, Pyotr. A família mudou-se para Kherson, onde os garotos receberam uma bolsa da Assembleia dos Nobres para estudarem no Primeiro Ginásio, uma espécie de escola primária. Depois da Revolução de Outubro, Anatoly ingressou na Cheka, enquanto Pyotr uniu-se aos Brancos. Em 1920, Anatoly foi colocado à frente de uma pequena unidade Cheka com a missão de emboscar uma brigada de Brancos acampada nas redondezas. A brigada era comandada por seu melhor amigo na escola, filho do presidente da Assembleia de Nobres de Kherson. Anatoly não conseguiu se forçar a cumprir a missão; assim, embebedou seus homens com vodca e foi até os Brancos para avisar que fugissem. Esse episódio da vida de Anatoly — registrado em seus diários — foi apagado de sua biografia. Anatoly passou os três anos seguintes fugindo dos Vermelhos. Inicialmente, instalou-se em Tashkent, onde tentou se tornar agrônomo, mas depois de ser recusado pela escola de agronomia, fugiu para Moscou, onde se matriculou no Instituto Técnico Estatal de Cinematografia (GTK), uma escola de cinema recém-inaugurada na capital soviética, para aprender a trabalhar como câmera, em setembro de 1923. Foi lá que conheceu e se apaixonou por Liuba Ivanova, uma jovem atriz de beleza extraordinária que acabara de chegar a Moscou vinda de Cheliabinsk, nos Urais, onde nascera em 1905, sendo a mais nova dos 14 filhos de uma família camponesa. Os dois logo se casaram, mas passavam muito tempo afastados, trabalhando em locações para seus filmes. A filha do casal, Oksana, costumava ser enviada de trem para ficar com tias em Kherson, ou para Cheliabinsk, onde ficava com a avó.

Em 1933, Anatoly e Liuba receberam seu primeiro apartamento — dois cômodos pequenos em um apartamento comunal localizado no terreno anexo a um grande bloco de apartamentos no centro de Moscou. Oksana, que na época tinha 7 anos, lembra-se do apartamento em suas memórias (1981):

As tábuas do chão eram pintadas de vermelho [porque não havia carpete]... Os jovens de hoje, que vivem por posses materiais, pensariam estar visitando uma loja de mobília jogada fora, ou até mesmo um depósito de lixo. A coisa mais valiosa no apartamento era a cômoda "eslava". Todos os itens de cozinha ficavam guardados em um armário feito em casa, pintado de branco. Havia dois colchões de mola, a mesa onde papai escrevia e três estantes finlandesas para livros, que tinham portas de vidro — meus móveis favoritos, porque continham nossos livros... Eu dormia em uma cama de campanha dobrável atrás do armário de louças, em um canto da sala de estar. A cama de campanha era a única coisa que "pertencia" a mim. Eu conversava com ela à noite. Eu pensava que ela contava sonhos para mim.[32]

Esse era o modesto lar de duas importantes figuras do cinema soviético. A essa altura, Liuba era uma das principais atrizes dos estúdios da Mezhrabpomfilm, tendo estrelado vários filmes mudos. Anatoly dava pouca importância à propriedade pessoal. Ele "opunha-se a ela por princípio", como costumava dizer, e reprovava seriamente o luxo e a abundância. "Camisas brancas e gravatas eram as únicas coisas que ele tinha em quantidades excessivas", relembra Oksana. A austeridade de Anatoly era baseada nos valores de sua classe (a nobreza empobrecida de onde vieram muitos dos principais escritores, artistas, pensadores e revolucionários da Rússia) e nos hábitos frugais de sua mãe, que criara os filhos com uma pequena pensão de viúva, fazendo sacrifícios para que pudessem estudar. Era justamente essa ética de trabalho duro e de disciplina que atraíra Anatoly aos bolcheviques em 1917. Segundo sua neta: "Sempre houve algum traço de chekista em sua personalidade. Ele era severo e rígido como avô e nunca me fez um agrado quando eu era criança."[33]

Liuba era diferente. Calorosa e afetuosa, excessiva em suas paixões, estava acostumada a ser mimada, como sempre fora por ser a mais nova e mais bonita da família, e ansiava por desfrutar vida da alta sociedade de Moscou. Usava roupas caras e tinha muitas joias. Em 1934, apaixonou-se pelo glamouroso e belo Boris Babitsky, chefe da Mezhrabpomfilm. Ela deixou Anatoly e foi morar com Babitsky na dacha dele em Kratovo, nos arredores da capital, onde ele estava morando com o filho (Volik) de um casamento anterior. No outono, Liuba e Boris retornaram a Moscou, para um apartamento espaçoso (logo abaixo dos escritórios da Mezhrabpomfilm) no hotel Comintern (Hotel Lux), no centro. O apartamento era luxuoso, quatro cômodos amplos que davam em um corredor com chão de tacos de madeira e uma cozinha onde dormiam uma governanta e uma babá. "Era um palácio, um museu, um conto de fadas", recorda Oksana, que foi morar lá em 1935. O interior fora projetado e construído por um trabalhador francês do Comintern. A mobília — antiguidades valiosas, vasos de bronze, cadeiras de couro e tapetes persas — fora comprada com descontos enormes dos armazéns do NKVD em Leningrado. Os móveis haviam sido confiscados de famílias das antigas nobreza e burguesia que haviam sido presas e expulsas das próprias casas, por ordem de Stalin, depois do assassinato de Sergei Kirov, líder do Partido em Leningrado, em dezembro de 1934. "Mamãe tinha muito orgulho de suas aquisições", lembra-se Oksana, "e gostava de nos contar histórias sobre cada item."[34]

A mãe de Anatoly, Lydia Ivanovna, era dominadora e mantinha os valores da antiga nobreza. Ela achava que Liuba tinha "pretensões burguesas" e ridicularizava seu "gosto vulgar" por roupas e móveis porque eles refletiam o "poder aquisitivo da nova elite soviética". Lydia achava que o filho casara com alguém de uma classe inferior, chegando, certa vez, em uma discussão acalorada, a dizer que Oksana era "o maior erro da Revolução" por ser filha de um mau casamento. Convencida de que Liuba trocara o filho por Babitsky porque este poderia satisfazer melhor seus gostos caros, Lydia tentou persuadir Anatoly, que ficara perturbado pela partida de Liuba, de que ele poderia reconquistar a esposa com um apartamento mais espaçoso. Mas Anatoly não abriu mão de seus princípios. Em retrospecto, pensando sobre esses acontecimentos em suas memórias, Oksana refletiu sobre as três visões conflitantes a respeito de propriedade que perturbaram sua família: a da nobreza, a postura espartana dos bolcheviques revolucionários e a atitude materialista da nova elite soviética. Oksana simpatizava com a posição da mãe. Ela sentia que a ligação que tinha com sua casa no campo não era realmente um desejo de ter propriedade, estando mais para um desejo de levar a vida familiar que conhecera na infância:

Mamãe sempre dizia que estávamos indo para a "*nossa dacha*" — como se fosse nossa. Lembro-me disso porque papai costumava dizer que se opunha à ideia de que as coisas pertencessem a qualquer pessoa. Naquela idade, eu não tinha a menor ideia a respeito de propriedade e não pensava sobre as aspirações de minha mãe a ter algo que fosse dela. Hoje, tentando compreendê-la melhor, acho que não era apenas uma questão de propriedade. Mamãe não estava apenas construindo uma dacha — estava construindo uma família. Ela construiu sua família a partir de coisas reais, assim como seus ancestrais camponeses haviam feito durante séculos. Ela amava Boris, amava a mim e amava Volik, e aquele amor era o foco de seu lar".[35]

2

Poucas pessoas desfrutavam o mesmo estilo de vida de Liuba Golovnia. Para a maior parte da população soviética, a década de 1930 foi feita de anos de carência material. Até mesmo para a nova burocracia, com acesso a lojas especiais, a oferta de produtos estava longe de ser farta. Segundo uma estimativa, na primeira metade da década de 1930, o número de famílias que recebiam provisões especiais (uma boa estimativa da burocracia soviética) era de 55.500, das quais 45 mil viviam em Moscou. Os produtos recebidos permitiam que essas famílias vivessem com mais conforto do que a grande maioria, mas, pelos padrões ocidentais, ainda viviam de modo bastante modesto. Eis uma lista dos produtos recebidos mensalmente pelas famílias de funcionários do governo no centro de Moscou, em 1932:

    4 kg de carne

4 kg de salsichas
1,5 kg de manteiga
2 litros de óleo
6 kg de peixe fresco
2 kg de arenque
3 kg de açúcar
3 kg de farinha
3 kg de grãos
8 latas de comida
20 ovos
2 kg de queijo
1 kg de caviar preto
50 g de chá
1.200 cigarros
2 pedaços de sabão

Essas famílias também podiam comprar roupas e sapatos em lojas especiais com cupons dados pelo governo, além de terem acesso prioritário a qualquer alimento ou bem de consumo de luxo, quando disponíveis. Mas a posição privilegiada que ocupavam era relativamente marginal, e a maioria dos funcionários comuns de Stalin levava uma existência modesta, com pouco mais do que algumas mudas de roupa ou um espaço um pouco maior para morar do que o do cidadão médio. Como Mankov observou com sarcasmo em seu diário: "O máximo que se pode sonhar em ter: dois ou três conjuntos de roupas, um deles importado, uma bicicleta (ou motocicleta) importada e a oportunidade ilimitada de comprar uvas a 11 rublos o quilo (quando estão na promoção)."[36]

Havia uma correlação direta entre a distribuição de bens materiais e a posição ocupada na hierarquia sociopolítica. Abaixo da elite soviética, ninguém tinha muita coisa — a maioria das pessoas vivia com apenas duas mudas de roupas —, e a comida mal era suficiente para todos. Mas mesmo na distribuição desses poucos bens, havia um sistema rígido de categorização com infinitas graduações entre as diversas categorias de empregados, baseado na posição ocupada no local de trabalho, no nível de capacidades e de experiência, além de, até certo ponto, na localização geográfica, pois os salários eram mais altos em Moscou e em outras cidades importantes do que em cidades provincianas e nas áreas rurais. Na verdade, apesar da imagem e dos ideais igualitários, tratava-se de uma sociedade altamente estratificada. Havia uma hierarquia rígida de pobreza.

O comércio privado compensava parcialmente as frequentes carências da economia planejada. As pessoas vendiam e trocavam bens domésticos em mercados de pulgas. Se tivessem condições, compravam alimentos plantados por camponeses das *kolkhoz* em seus jardins particulares e vendidos nos poucos mercados urbanos tolerados pelo governo. As pessoas tinham permissão para vender seus móveis e outros itens preciosos nas lojas comissionadas pelo Estado, bem como para trocar joias e moedas estrangeiras nas lojas Torgsin, desenvolvidas pelo regime no começo da década de 1930 para extrair as economias da população e levantar capital para o Plano Quinquenal. O mercado negro florescia à margem da economia planejada. Bens indisponíveis nas lojas do Estado eram vendidos ilegalmente a preços mais altos ou eram desviados para mercadores privados (amigos do gerente que pagavam propinas) para que fossem revendidos no mercado negro. Para lidar com os problemas de suprimentos, uma "economia de favores" entrou em operação por meio de pequenas redes informais de patronos e clientes (sistema conhecido como "*blat*"). Em muitos aspectos, a economia soviética não teria condições de funcionar sem esses contatos privados. Obter qualquer coisa (um quarto alugado, bens de uso doméstico, uma passagem de trem, um passaporte ou documentos oficiais) exigia contatos pessoais — familiares, colegas, amigos ou amigos de amigos. Sabia-se que os mesmos princípios do mercado negro operavam em fábricas e instituições soviéticas, onde muitos bens e serviços eram fornecidos e trocados em função de contatos e favores pessoais. A propaganda soviética retratava o *blat* como uma forma de corrupção (a meta de identificar as redes privadas de relações entre patronos e clientes assumiu um papel importante nos expurgos), e tal visão era compartilhada especialmente por muitos trabalhadores. Mas a maioria da população era ambígua em relação ao *blat*: as pessoas reconheciam que o sistema, moralmente, não era correto, e certamente era ilegal, mas contavam com ele, assim como todo mundo, para satisfazer as próprias necessidades e contornar um sistema que sabiam que era injusto. Sem o *blat*, era impossível viver com o mínimo de conforto na União Soviética. Como dizia o provérbio: "Não é preciso ter 100 rublos, mas 100 amigos."[37]

A falta de moradias era tão grave nas cidades superpopulosas que as pessoas faziam praticamente qualquer coisa para aumentar o espaço que tinham para morar. O fluxo em massa de camponeses para a indústria exercera uma pressão enorme na disponibilidade de moradias nas cidades. Em 1930, em Moscou, o cidadão médio tinha apenas 5,5 metros quadrados para morar, caindo para pouco mais de 4 metros quadrados em 1940. Nas novas cidades industriais, onde a construção de moradias estava muito atrasada em relação ao crescimento populacional, a situação era ainda pior.[38] Em Magnitogorsk, por exemplo, o espaço médio de moradia disponível para as famílias trabalhadoras era de apenas 3,2 metros *per capita* em 1935. A maioria dos trabalhadores morava em alojamentos das fábricas, onde famílias eram separadas, ou em dormitórios, onde uma cortina em torno das camas de tábua proporcionava a única privacidade. Uma trabalhadora em Magnitogorsk detalhou um retrato vívido da vida que levava nos alojamentos:

> Dormitórios sem quartos separados, divididos em quatro seções, minúsculas áreas de cozinha onde era impossível se virar, fogões totalmente lotados de panelas, pessoas em uniformes sujos de graxa (não havia chuveiros na siderúrgica), crianças nos corredores, filas para pegar água, "mobília" praticamente destruída — camas de metal, criados-mudos, mesas feitas em casa e prateleiras.

Muitos alojamentos eram construídos deliberadamente sem cozinhas nem banheiros, para forçar os moradores a utilizarem os refeitórios, banheiros e lavanderias públicos. Mas a maioria dos trabalhadores em Magnitogorsk resistiu à coletivização de suas vidas privadas, preferindo morar em escavações no solo (*zemlianki*), onde, apesar das condições primitivas, ao menos havia uma privacidade moderada. Em 1935, cerca de um quarto da população de Magnitogorsk morava nessas escavações. Existiam cortiços inteiros de *zemlianki* escavados em campos abertos próximos às fábricas e minas. Os trabalhadores demonstravam uma resistência ferrenha às tentativas soviéticas de eliminar essa última zona de propriedade privada.[39]

Na Rússia de Stalin, as relações humanas giravam em torno da luta por mais espaço para morar. Segundo Nadezhda Mandelshtam:

> As gerações futuras jamais compreenderão o que "espaço para morar" significa para nós. Crimes incontáveis foram cometidos por causa dele, e as pessoas estão tão amarradas a ele que deixar de lado o que têm é inconcebível. Quem poderia deixar esses maravilhosos e preciosos 12,5 metros quadrados de espaço para morar? Ninguém seria louco a esse ponto, pois o espaço é passado para os descendentes como um castelo da família, uma *villa* ou uma grande propriedade. Maridos e esposas que não aturam olhar um para o outro, sogras e genros, filhos e filhas já crescidos, antigos empregados que conseguiram manter um pequeno buraco perto da cozinha — todos estão casados para sempre com o espaço que têm para morar e jamais abririam mão dele. Em casamentos e divórcios, a primeira questão que surge é a do espaço para morar. Ouvi a respeito de homens descritos como cavalheiros perfeitos por terem abandonado as esposas, mas deixado para elas o espaço para morar.[40]

São inúmeras as histórias de casamentos forjados para a obtenção de um local para morar, de casais divorciados dividindo quartos para não abrir mão do espaço que tinham, de vizinhos denunciando uns aos outros na esperança de obter mais espaço.[41]

Em 1932, Nadezhda Skachkova, filha de 19 anos de uma viúva camponesa da província de Tver, estudava no Instituto Ferroviário de Leningrado. Ela morava em um albergue para estudantes, dividindo um quarto pequeno com várias garotas. Como muitas pessoas recém-chegadas do campo, Nadezhda não estava registrada para morar em Leningrado. Com a introdução do sistema de passaportes, ela permaneceu até ser despejada do quarto. Por intermédio de conhecidos, Nadezhda contatou um jovem soldado ucraniano que tinha um quarto (de oito metros quadrados) em um apartamento comunal. O soldado estava prestes a se reunir com sua unidade, em Donbass. Nadezhda pagou-lhe 500 rublos para que se casasse com ela, dinheiro obtido pela mãe por meio da venda da última vaca e dos últimos apetrechos domésticos que tinha. Ela instalou-se no quarto, onde a mãe também foi morar. Nadezhda encontrou o marido uma única vez:

Fomos vê-lo na véspera de partir para o exército. Acertamos o pagamento. Em seguida, fomos ao cartório para casar, seguindo para a administração da casa para que pudessem nos registrar [Nadezhda e a mãe] como residentes. E isso foi tudo. Obviamente, as pessoas na administração da casa sorriram — sabiam que as regras haviam sido contornadas. Conferiram se todos os detalhes estavam corretos. Meu marido partiu na manhã seguinte, e eu e mamãe ficamos com oito metros quadrados só para nós... Obviamente, nunca pensei em morar com ele. Era um rapaz simples do campo, quase analfabeto. Enviou-nos uma ou duas cartas — "Como vai?" e esse tipo de coisa. Ele escreveu "Dobas" em vez de "Donbass". Meu Deus! Nem isso ele conseguia escrever direito.[42]

O tipo mais comum de espaço para morar nas cidades soviéticas eram os apartamentos comunais (*kommunalkas*). Um único apartamento era ocupado por várias famílias, que dividiam a cozinha, um lavabo e um banheiro, se tivessem sorte (muitos habitantes urbanos dependiam de banheiros e de lavanderias públicas).[43] Na metade da década de 1930, em Moscou e em Leningrado, três quartos da população moravam em apartamentos comunais, estilo de vida que continuou sendo a norma para a maioria das pessoas nessas cidades durante o governo de Stalin.[44] Como tudo o mais, a natureza dos *kommunalkas* também mudou na década de 1930. Enquanto o propósito por trás deles na década de 1920 era abordar a crise de moradias e, ao mesmo tempo, aplicar um golpe contra a vida privada, eles tornaram-se principalmente um meio de ampliar o poder de vigilância do governo dentro dos espaços privados dos lares familiares. Depois de 1928, os soviéticos passaram a aumentar cada vez mais o controle da política de "condensação", instalando deliberadamente ativistas do Partido e trabalhadores leais ao Partido nos lares de antigos burgueses para que pudessem ser vigiados.[45]

Os Khaneyevsky experimentaram todas as fases de se morar em um *kommunalka*. Aleksei Khaneyevsky vinha de um rico clã de mercadores em Voronezh, tendo chegado a Moscou em 1901 para estudar medicina. Aleksei tornou-se um médico militar, servindo com distinção na Primeira Guerra Mundial, quando foi promovido à patente de tenente-coronel, o que lhe concedia o status de nobreza. Em 1915, Aleksei alugou um apartamento confortável e espaçoso na rua Prechistenka, próximo ao centro de Moscou. Morou ali com a esposa, Nadezhda, as duas filhas pequenas, Irina (nascida em 1917) e Elena (1921), e uma babá até 1926, quando o Conselho de Moscou impôs à família uma política de "condensação". Marfa Filina, operária de uma fábrica, mudou-se para um quarto do apartamento, seguida pela família de um alfaiate, Vasily Kariakin, e depois pela família de Nikolai Sazonov, um veterano do Exército Vermelho, de origem proletária, que chegara ao posto de professor na Academia Comunista. Em 1936, o apartamento, que na década de 1920 era ocupado por três adultos e duas crianças, passou a ser habitado por 14 pessoas espremidas, quando a segunda esposa de Nikolai mudou-se com a mãe para lá. Eles compartilhavam o corredor, a cozinha (onde dormiam dois empregados), um lavabo e um banheiro que não tinha água (e era utilizado como despensa), de modo que o único lugar para se lavar era a torneira de água fria da cozinha. Os Khaneyevsky tentaram se manter afastados dos novos vizinhos instalando uma porta que isolava os fundos do apartamento, onde moravam. Os vizinhos gostavam da porta porque ela também lhes proporcionava mais privacidade. Em 1931, o distrito soviético ordenou a construção de um banheiro — como parte da campanha soviética em prol da higiene pessoal realizada na época —, então a porta foi removida. Mas a vida sem a porta ficou muito difícil, com discussões constantes entre os Khaneyevsky e os Sazonov, então Aleksei subornou o Conselho local para que retirassem o banheiro, que foi transformado novamente em despensa e permitiu o retorno da porta da privacidade. No entanto, a relação dos Khaneyevsky com os Sazonov continuava problemática. A sogra de Nikolai era mentalmente instável e, frequentemente, dava ataques no corredor, acusando alguém de roubar a comida que escondia embaixo da cama. A diferença entre classes também provocava os conflitos. Nadezhda temia que os Sazonov roubassem sua prataria e ficou ofendida quando eles apareceram seminus no corredor. Ela falava que eles cheiravam mal e disse-lhes que deveriam se lavar com mais frequência.[46]

Muitos dos antigos proprietários dos apartamentos sentiam que eram provocados pelos novos moradores por serem vistos por eles como membros da "burguesia". Vera Orlova, que era condessa antes de 1917, viveu em um apartamento comunal que um dia fora parte da casa de sua família. Ela e o marido mudaram-se para um único quarto com a filha, que descreve a atmosfera hostil no apartamento durante a década de 1930:

> A vida comunitária era aterrorizante. Os moradores mediam cada centímetro quadrado do corredor e cada parte do espaço comum e protestavam porque minha mãe deixara alguns móveis valiosos nele. Alegavam que ela ocupava espaço demais, que precisava manter os móveis no próprio quarto e que o corredor não pertencia a ela. Os "vizinhos" cronometravam o tempo que ficávamos no banheiro. Em alguns apartamentos comunais, os moradores instalavam temporizadores no banheiro [nas luzes] para que ninguém consumisse mais do que a cota justa de eletricidade.[47]

O apartamento dos Khaneyevsky não era tão lotado quanto a maioria dos apartamentos comunais em Moscou e em Leningrado. Yevgeny Mamlin cresceu em um *kommunalka* com 16 famílias (54 pessoas), no qual cada uma ocupava um quarto e todas compartilhavam uma única cozinha. Havia dois lavabos e duas pias com água fria, e nenhum banheiro.[48] Minora Novikova cresceu em um apartamento comunal em Moscou. Eram 36 quartos — cada um com pelo menos uma família — em um corredor que passava por três lados da casa. Em seu quarto, de apenas 12 metros quadrados e meio, moravam dez pessoas. "É difícil dizer como dormíamos", recorda Minora:

> Havia uma mesa no quarto, sobre a qual minha avó dormia. Meu irmão, que tinha 6 anos, dormia em um colchonete sob a mesa. Meus pais dormiam na cama, ao lado da porta. Minha outra avó dormia no divã. Minha tia dormia em um colchão grande de penas, com sua prima do outro lado, enquanto eu (que na época tinha 12 anos), minha irmã (de 16) e meu primo (de 10) conseguíamos, de algum jeito, nos espremer entre as duas — não lembro exatamente como. Nós, crianças, adorávamos dormir no chão: podíamos deslizar nossos corpos para debaixo das camas de nossos pais e nos divertir muito. Não acho que isso fosse muito divertido para os adultos.[49]

Nina Paramonova morava em um "sistema de corredores" parecido em Leningrado. O apartamento ocupava um andar inteiro de uma casa que fora confiscada de um barão alemão em 1925 pelo Instituto de Comércio, e Nina mudou-se para lá em 1932 com o marido, um projetista de navios, quando conseguiu emprego como contadora na administração ferroviária de Leningrado. O apartamento tinha 17 quartos, com pelo menos uma família em cada. No total, eram mais de 60 pessoas, todas compartilhando uma cozinha, um lavabo e um banheiro com uma ducha (com água fria).[50]

O outro extremo do espectro social, a Terceira Casa dos Sovietes, um apartamento comunal para funcionários do governo no centro de Moscou, também tinha um "sistema de corredores". O irmão da esposa de Stalin, Fyodor Alliluev, morava com a mãe em um quarto no segundo andar. Ninel Reifshneider, filha de um bolchevique e escritor político veterano, morava com os pais, os avós, o irmão e a irmã em um dos nove quartos do andar inferior, uma área de 38 metros quadrados para seis pessoas, sem contar o pai, que costumava dormir no Metropol Hotel, onde ele também mantinha um quarto. Havia 37 pessoas vivendo em nove quartos do corredor. Eles dividiam uma ampla cozinha, onde havia um chuveiro e uma banheira atrás de uma tela de um lado e um cubículo com a privada no outro. Havia dois outros cubículos com privadas no final do corredor. No quintal, havia um casebre comunitário onde se guardava lenha para aquecer os fogões e os fornos. A casa foi concebida como um experimento em habitação coletiva, mas tinha as dependências esperadas pela elite soviética. Havia um playground para as crianças, um *club-house* e um cinema no porão. Em cada corredor, havia uma faxineira, uma arrumadeira e uma babá, pagas coletivamente pelos moradores.[51]

O apartamento comunal era um microcosmo da sociedade comunista. Forçando as pessoas a compartilhar o local de moradia, os bolcheviques acreditavam que poderiam torná-las mais comunistas no modo básico de pensar e de se comportar. O espaço e a propriedade privados desapareceriam, a vida familiar seria substituída pela organização e pela fraternidade comunista, e a vida privada do indivíduo estaria sujeita à vigilância e ao controle mútuos da sociedade. Em todos os apartamentos comunais, havia uma divisão de responsabilidades, feita pelos próprios moradores. Contas por serviços comuns, como gás e eletricidade, ou de telefone, eram divididas em partes iguais, tendo por base o uso (por exemplo, número de telefonemas ou quantas lâmpadas havia em cada quarto) ou o tamanho das famílias. Os custos dos consertos também eram pagos coletivamente, apesar das discussões frequentes em torno da responsabilidade individual, que, em geral, precisavam ser resolvidas por meio de uma reunião entre os moradores. A limpeza das áreas comuns (saguão, entrada, lavabo, banheiro e cozinha) era organizada por meio de uma escala (que, em geral, ficava afixada no saguão). Todos tinham "seus dias" para lavar roupas. Pela manhã, havia filas para os banheiros, que também eram organizadas por meio de uma lista de nomes. Nesse Estado em miniatura, igualdade e justiça deveriam ser os princípios governantes. "Dividíamos tudo da maneira mais igualitária possível", lembra-se Mamlin. "Meu pai, que era o mais velho da casa, calculava tudo até o último copeque, e todos sabiam o quanto precisavam pagar."[52]

O posto de mais velho (*otvetstvennyi kvartoupolnomochennyi*) foi criado em 1929, quando o apartamento comunal foi definido oficialmente como uma instituição social com regras e responsabilidades específicas em relação ao Estado: respeitar os regulamentos sanitários; recolher impostos; respeitar as leis e informar a polícia sobre a vida privada dos moradores.[53] Os mais velhos deviam ser eleitos pelos moradores, mas, na verdade, era mais comum que se autoelegessem e fossem aceitos pelos moradores, pela força de suas personalidades ou da posição que ocupavam na sociedade. Nina Paramonova lembra-se de que a mais velha de seu apartamento "controlava a casa como se estivéssemos em uma ditadura. Como era muito rígida, todos a respeitavam. Tínhamos medo dela. Ela era a única que tinha autoridade para obrigar as pessoas a fazer a faxina quando era a vez delas".[54] Uma nova lei, de 1933, colocou os mais velhos na posição de únicos comandantes dos apartamentos comunais e reforçou os laços mantidos por eles com a polícia. Eles passaram a ser chefiados pelos zeladores (*dvorniki*), informantes notórios, que limpavam as escadas e o quintal, patrulhavam o território da casa, trancavam os portões dos jardins à noite e observavam todos que entravam e saíam dos apartamentos. Por intermédio dos mais velhos e dos zeladores, a administração das moradias tornou-se a unidade operacional básica do sistema policial de vigilância e controle.

Na metade da década de 1930, o NKVD tinha construído uma gigantesca rede de informantes secretos. Em todas as fábricas, escritórios e escolas havia pessoas que transmitiam informações à polícia.[55] A ideia de vigilância mútua era fundamental para o sistema soviético. Em um país grande demais para ser policiado, o regime bolchevique (do mesmo modo que o regime tsarista que o antecedera) dependia da autorregulamentação da população. Historicamente, a Rússia possuía normas e instituições coletivas fortes que abraçaram essa política. Enquanto os regimes totalitários do século XX tentavam mobilizar a população para que trabalhasse para a polícia, e um ou dois, como o Estado Stasi na Alemanha Oriental, tenha conseguido, durante algum tempo, infiltrar-se em quase todos os níveis da sociedade, nenhum foi tão bem-sucedido quanto o governo soviético durante 60 anos no controle da população por meio do escrutínio coletivo.

Os *kommunalkas* desempenhavam um papel crucial no sistema coletivo de controle. Os moradores sabiam praticamente tudo sobre os vizinhos: suas agendas diárias, seus hábitos pessoais, seus visitantes e amigos, o que compravam, o que comiam, o que falavam ao telefone (que costumava ficar no corredor) e até mesmo o que falavam nos próprios quartos, pois as paredes eram muito finas (em muitos quartos, as paredes não chegavam ao teto). Espreitar, espiar e informar eram atos extremamente comuns nos apartamentos comunais da década de 1930, quando as pessoas eram estimuladas a ser vigilantes. Vizinhos abriam portas para observar os visitantes que passavam pelos corredores ou para ouvir uma conversa telefônica. Entravam nos quartos para "servir de testemunha" caso houvesse uma discussão entre marido e mulher, ou para intervir caso alguém fizesse muito barulho, ficasse bêbado demais ou agisse com violência. A premissa era a de que nada poderia ser "privado" em um apartamento comunal, onde se costumava dizer que "o que uma pessoa faz pode trazer infortúnio para todos nós". Mikhail Baitalsky lembra-se do apartamento coletivo em Astrakhan, onde um parente morava, no qual uma vizinha particularmente vigilante morava no quarto ao lado: "Ao ouvir o som de uma porta sendo destrancada, ela enfiava o nariz pequeno e pontiagudo no corredor e nos fulminava com um olhar fotográfico. Nosso parente assegurou-nos que ela mantinha um cartão com um índice das pessoas que o visitavam."[56]

Nas condições apertadas do apartamento comunal, ocorriam discussões frequentes em torno da propriedade pessoal — alimentos que sumiam da cozinha comunitária, roubos nos quartos, barulho ou música tocada à noite. "A atmosfera era muito hostil", recorda um morador. "Todos suspeitavam que os outros estivessem roubando, mas nunca havia provas, apenas muitas acusações sussurradas pelas costas das pessoas."[57] Com todos em um estado de tensão nervosa, não demorava muito para que as brigas se transformassem em delações ao NKVD. A origem de muitas brigas era a inveja mesquinha. O apartamento comunal era o centro doméstico da cultura soviética da inveja, que surgiu naturalmente em um sistema de carências materiais. Em um sistema social baseado no princípio da igualdade na pobreza, se alguém possuísse mais de alguma coisa do que os outros moradores, presumia-se que fosse à custa de todos os outros. Qualquer indício de vantagem material — uma peça de roupa nova, um item de cozinha melhor ou alguma comida especial — podia provocar agressões por parte dos outros moradores, que, naturalmente, suspeitavam de que esses bens tivessem sido obtidos por meio do *blat*. Vizinhos formavam alianças e mantinham rixas tendo por base as desigualdades percebidas. Uma mulher, que ainda mora no apartamento comunal onde cresceu na década de 1930,* recorda de uma inimizade duradoura entre sua mãe, que trabalhava em uma padaria, e a esposa do zelador, conhecida por ser uma informante. Sempre que havia bolos ou pães doces na cozinha, a esposa do zelador acusava sua mãe de sabotagem e ameaçava denunciá-la às autoridades.[58] Mitrofan Moiseyenko era um operário de

---

* Por esse motivo, ela preferiu permanecer anônima.

uma fábrica que complementava a renda consertando móveis e janelas e realizando trabalhos incomuns para os moradores de seu bloco comunitário, em Leningrado. Na primavera de 1935, Mitrofan envolveu-se em uma discussão com os vizinhos, que o acusaram de cobrar caro demais pelos consertos. Ele foi denunciado pelos vizinhos à polícia, sob a absurda alegação de que estaria mantendo Trotski escondido em sua oficina, no porão do bloco. Mitrofan foi preso e condenado a três anos em um campo de trabalhos próximo a Magadan.[59]

A cozinha era o cenário de muitas discussões. À noite, quando ficava repleta de pessoas, estava sempre sujeita a ficar quente demais. A cozinha era um espaço comum, mas dentro dela, em muitos apartamentos comunais, cada família tinha a própria boca de gás para utilizar no fogão, a própria mesa de cozinha, onde as refeições costumavam ser feitas, e o próprio local para armazenar comida nos armários, nas prateleiras abertas ou entre as janelas externas e internas, onde, no inverno, a temperatura era igual à da geladeira. Tal confusão entre propriedade e espaço comum era uma fonte constante de atritos — bastava utilizar a boca do fogão de outra pessoa, seus utensílios ou suprimentos para que houvesse um escândalo. "Não eram discussões maldosas", lembra-se Minora Novikova. "Éramos todos pobres, e ninguém tinha nada que valesse a pena roubar. Mas nunca havia espaço suficiente, todos ficavam tensos na cozinha, e pequenas brigas eram inevitáveis. Imagine como era ter 30 mulheres cozinhando ao mesmo tempo."[60]

A falta de privacidade era a maior fonte de tensão. Até mesmo nos próprios quartos das famílias, não havia nenhum espaço que pudesse ser considerado unicamente de uma pessoa. O quarto desempenhava muitas funções — servia para dormir, para fazer refeições, para receber visitas, para as crianças fazerem os trabalhos escolares e, às vezes, até mesmo como cozinha. "Em nosso quarto", lembra-se Ninel Reifshneider,

não havia nenhuma coisa ou móvel que pertencesse somente a uma pessoa, nenhuma prateleira, cadeira ou mesa em particular que fosse propriedade de uma única pessoa. Nem mesmo meus avós, que mantinham a cama atrás de uma cortina para terem um pouco de privacidade, não tinham nada que pudessem dizer que fosse somente deles. Minha avó guardava alguns itens especiais em um baú sob a cama, mas a mesa ao lado da cama, por exemplo, era usada por todos nós.

Em muitas famílias, as crianças mais novas dormiam atrás de um biombo improvisado, de uma estante ou de um armário, para que tivessem alguma tranquilidade longe dos adultos e dos visitantes noturnos (e para impedir que vissem os adultos se despindo para dormir). Os pais precisavam fazer amor em silêncio no meio da noite.[61]

Em acomodações tão pequenas, sobrava muito pouco para a imaginação. Os vizinhos acostumaram-se a ver uns aos outros seminus no corredor. Eles se viam nas piores condições —, em momentos de bebedeira ou quando baixavam a guarda — sem as máscaras que as pessoas usavam para se proteger em áreas públicas. Por meio do sistema de campainhas (no qual cada quarto tinha o próprio número ou sequência de toques na campainha da porta da frente), sabiam quando os vizinhos recebiam visitas. Os cômodos utilizados para as atividades mais íntimas (o banheiro, a cozinha e o lavabo) eram compartilhados por todos; era fácil fazer deduções em função das provas deixadas para trás. O varal na cozinha, itens pessoais no banheiro, idas noturnas ao banheiro — essas coisas diziam tudo aos vizinhos. Nessa forma de "privacidade pública", a vida privada estava constantemente exposta ao escrutínio público.[62]

A falta de privacidade era sentida de diversos modos. Algumas pessoas ressentiam-se das intrusões constantes — vizinhos entrando em seus quartos, batendo à porta do banheiro ou espreitando visitantes. Outros reagiam ao barulho constante, à falta de limpeza ou à atenção com conotação sexual dedicada pelos homens mais velhos às jovens. O banheiro e o lavabo eram fontes constantes de atritos e ansiedade. No apartamento comunal onde Elena Baigulova morou em Leningrado na década de 1930, havia apenas um banheiro para 48 moradores. As pessoas utilizavam sabão e papel higiênico próprios, que eram guardados em seus quartos. Em 1936, uma das moradoras casou-se com um negro. "Foi um escândalo quando ele apareceu pela primeira vez", lembra-se Elena. "As pessoas não queriam compartilhar nem o banheiro e nem o lavabo com ele, pois achavam que, por ser preto, era sujo."[63]

Conversas privadas eram um problema especial. As conversas eram claramente audíveis entre quartos vizinhos, de modo que as famílias se adaptaram aprendendo a sussurrar quando conversavam. As pessoas tomavam um cuidado extremo para não conversarem com os vizinhos sobre política (em alguns apartamentos comunais, os homens nem falavam).[64] Famílias de origem burguesa ou nobre ocultavam tal fato com muito cuidado. Alina Dobriakova, neta de um oficial tsarista, cresceu em um *kommunalka* em Moscou no qual todos os outros moradores eram operários em fábricas com suas famílias, "uma aglomeração de pessoas nada amigáveis", como ela recorda. Alina estava proibida de falar qualquer coisa sobre as fotos do avô que ficavam escondidas em seu quarto. Sua mãe filiou-se ao Partido e assumiu um posto oficial para ocultar o passado da família. "Se os vizinhos soubessem quem era o pai de minha mãe", lembra-se Alina, "aconteceriam muitas coisas desagradáveis... portanto, vivíamos em um silêncio sepulcral."[65] Falar em um apartamento comunal podia ser muito perigoso. Na casa dos Khaneyevsky, Nadezhda era praticamente surda, mas expunha suas opiniões antissoviéticas. Ela explicava às filhas como a vida era melhor sob o regime do tsar e começava a gritar. O marido, Aleksei, que morria de medo dos Sazonov, que moravam no quarto ao lado, lembrava à esposa para que não gritasse: "Sussurre, ou seremos presos."[66]

As pessoas lutavam por uma privacidade moderada. Guardavam em seus quartos as próprias toalhas e produtos que usavam no banheiro, panelas e potes de cozinha, pratos, talheres e até mesmo sal e pimenta. Lavavam e secavam roupas, cozinhavam e comiam na privacidade dos próprios quartos. Áreas de uso comum eram parcialmente privatizadas: as famílias podiam se apropriar de um espaço em uma prateleira, de uma parte do corredor, de uma parte da mesa da cozinha, de um gancho ou local na entrada do apartamento para guardar sapatos. Todas essas combinações eram bem conhecidas pelos moradores, mas um estranho que se mudasse para o apartamento não teria conhecimento delas. As pessoas sonhavam com um espaço privado onde pudessem ficar longe dos vizinhos. Yevgeny Mamlin "ansiava por uma cozinha com uma escotilha que desse para seu quarto para que pudesse cozinhar e se alimentar sem utilizar a cozinha comunitária, mas era apenas um sonho", recorda sua filha. Para quem tinha condições de alugar uma casa de campo, a fuga para uma dacha durante o verão era um alívio das pressões da vida no apartamento comunal.[67]

O melhor fruto dos apartamentos comunais era o cultivo de uma sensação de camaradagem e de coletividade entre os moradores. Muitos, em retrospecto, lembram-se com nostalgia dos anos que moraram em apartamentos comunais como tendo sido um período em que compartilhavam tudo com os vizinhos. "Antes da guerra, vivíamos em harmonia", lembra-se um morador:

> Todos se ajudavam, e não havia discussões. Ninguém era mão-fechada com dinheiro — gastavam seus salários assim que eram pagos. Naquela época, viver era divertido. Mas não depois da guerra, quando as pessoas guardavam o dinheiro para elas próprias e fechavam as portas.

Parte da nostalgia está relacionada a lembranças de felicidade na infância, de um período no qual, apesar das dificuldades materiais, o quintal era mantido limpo e seguro para as brincadeiras das crianças, e o apartamento comunal mantinha a atmosfera de uma "família" ampliada. Nos *kommunalkas*, as crianças entrosavam-se com outras famílias muito mais do que os pais: brincavam juntas e estavam sempre nos quartos de outras crianças, de modo que vivenciavam a união mais do que qualquer outra pessoa. "Vivíamos como uma grande família", recorda Galina Markelova, que cresceu em um apartamento comunal em Leningrado na década de 1930:

> Naquela época, todos viviam com as portas abertas, e nós, crianças, corríamos por todo o apartamento. Brincávamos no corredor e corríamos de um quarto para o outro enquanto os adultos jogavam cartas ou dominó. Eles não jogavam por dinheiro, era somente por diversão. E sempre havia muita gente rindo. Havia adultos demais para que todos pudessem jogar, de modo que eles se revezavam, e alguns ficavam vendo os outros jogarem. Celebrávamos juntos os feriados soviéticos, como uma família, com todos trazendo algo bom para comermos ou bebermos. Os aniversários eram muito alegres, com muitas brincadeiras e música.[68]

Mas a proximidade podia ser sufocante. Rolan Bykov, um diretor de cinema que cresceu em um apartamento comunal na década de 1930, lembra-se desse estilo de vida como repressor, um esforço para eliminar qualquer indício de individualidade. A "lei do coletivo" regia a casa, lembra-se Bykov, e não era possível lutar contra ela — o que "uniria todos" contra quem se recusasse a agir de acordo com os regimentos. Elizaveta Chechik tinha sentimentos parecidos em relação ao apartamento comunal no qual cresceu:

> Até certo ponto, fomos criados juntos no corredor pelos adultos. Algumas das crianças com quem eu brincava tinham pais muito rígidos, bolcheviques. Eu tinha medo deles e sentia desconforto quando estavam presentes. Hoje, em retrospecto, percebo que cresci com a sensação de não ser livre, de que não podia ser eu mesma, caso alguém me observasse e reprovasse. Era apenas quando eu estava no apartamento e ninguém mais estava lá que me sentia libertada desse medo.[69]

Os apartamentos comunais exerceram um impacto psicológico profundo nas pessoas que os habitaram durante muitos anos. Em entrevistas, diversas pessoas que moraram por um longo período nesse tipo de moradia confessaram sentir muito medo de ficar a sós.* O apartamento comunal praticamente proporcionou o surgimento de um novo tipo de personalidade soviética. As crianças, especialmente, foram influenciadas por valores e hábitos coletivos. Morando nos apartamentos comunais, as famílias perderam o controle da criação dos próprios filhos: suas tradições culturais e hábitos tendiam a ser trocados pelos princípios comuns da residência como um todo. Em retrospecto, Minora Novikova acredita que, na infância, o *kommunalka* tornou-a mais inclinada a pensar em termos de "nós" do que em termos de "eu".

> Tudo era mantido em comum. Não havia segredos. Éramos todos iguais, a mesma coisa. Era com aquilo que eu estava acostumada e, posteriormente, passei a estranhar quando encontrava estilos diferentes. Lembro-me de minha primeira viagem

---

* Os psiquiatras também identificaram uma alta proporção de vítimas de paranoia e de delírios esquizofrênicos entre as pessoas que moraram durante muitos anos nos apartamentos comunais.

[como geóloga], na qual comprei alguns doces e os dividi com todos. O líder do grupo disse para mim: "Você deveria anotar o quanto gastou, para que possa ser reembolsada" — o que me pareceu uma ideia monstruosa, porque eu aprendera na infância a compartilhar tudo o que tinha.

Outros que cresceram nos *kommunalkas* creditam à vida comunitária o ensinamento dos valores públicos do regime soviético — amor pelo trabalho, modéstia, obediência e conformismo. Mas a sensação de desgaste e de constrangimento nunca estava distante. "Fazíamos um esforço constante para nos controlarmos e nos enquadrarmos", lembra-se um morador.

Era uma sensação diferente da repressão por ser preso, enviado para a prisão e para o exílio, coisas pelas quais também passei, mas, de certo modo, era pior. No exílio, a noção de si próprio era preservada, mas a repressão que eu sentia no apartamento comunal era a repressão da minha liberdade interior e da minha individualidade. Eu sentia essa repressão, essa necessidade de autocontrole, sempre que entrava na cozinha, onde era cuidadosamente observado pela pequena multidão que se aglomerava ali. Era impossível ser você mesmo.[70]

3

Os cidadãos soviéticos não demoraram a protestar contra as carências materiais e desigualdades, escrevendo aos milhares para o governo com reclamações em relação à corrupção e à ineficiência, as quais relacionavam aos privilégios da nova burocracia. Contudo, ao mesmo tempo, havia muitos cidadãos que persistiam na expectativa de que viveriam para ver a utopia comunista. Na década de 1930, o regime soviético foi mantido por essa ideia. Milhões de pessoas foram persuadidas a acreditar que as dificuldades da vida cotidiana eram um sacrifício necessário para a construção de uma sociedade comunista. O trabalho duro realizado hoje seria recompensado amanhã, quando a "boa vida" soviética fosse desfrutada por todos.

Em *Ideologia e utopia* (1929), o sociólogo alemão Karl Mannheim discutiu a tendência dos revolucionários marxistas a experimentar o tempo como uma "série de pontos estratégicos" ao longo de um percurso rumo a um paraíso futuro considerado real e tangível. Como esse futuro é um fator no presente e define o curso da história, ele imbui de sentido as realidades cotidianas. Na União Soviética, tal concepção do tempo originou-se nas projeções utópicas da Revolução de 1917. Para os bolcheviques, outubro de 1917 foi o começo do primeiro ano de uma nova história da humanidade (assim como 1789 marcara o princípio do novo mundo criado pelos jacobinos). Projetando o presente para o futuro, a propaganda soviética retratava a Revolução seguindo em frente (na "marcha da história") rumo à utopia comunista — ela aclamava as realizações do Plano Quinquenal como uma prova de que essa utopia estava logo além do horizonte.[71]

Os Planos Quinquenais desempenharam um papel crucial nessa projeção utópica. O conceito do Plano era acelerar a chegada do futuro socialista por meio da aceleração de toda a economia (o que explica o slogan "O Plano Quinquenal Realizado em Quatro Anos!"). Realmente, a ideia era conquistar o próprio tempo subordinando-o à vontade proletária. Nas economias capitalistas do Ocidente, o trabalho era organizado segundo uma divisão rigorosamente racional do tempo. Mas o trabalho na União Soviética era estruturado de acordo com os objetivos estipulados pelo Plano Quinquenal. Como a conquista de tal objetivo era sempre iminente, fazia sentido "acelerar" a produção, trabalhar durante um período breve, porém frenético, para se atingir tal meta, quando seria possível descansar. A economia stalinista era baseada nessa "aceleração" da produção para atingir as metas do Plano Quinquenal, assim como o sistema como um todo era baseado na ideia de que as dificuldades daquele momento seriam recompensadas na utopia comunista. Nikolai Patolichev, um *vydvizhenets* do Primeiro Plano Quinquenal que posteriormente ascendeu aos primeiros escalões do Partido, recorda: "Nós, o povo soviético, negávamos muitas coisas a nós mesmos."

<small>Dizíamos para nós mesmos: "Hoje não temos coisas das quais realmente precisamos. Bem, e daí? Amanhã nós as teremos." Esse era o poder da crença na causa do Partido! Os jovens da minha geração eram felizes por acreditarem nisso.[72]</small>

Em retrospecto, refletindo sobre a década de 1930, muitas pessoas se lembram da sensação de estar vivendo para o futuro e não pelo presente, a qual era particularmente forte na geração que crescera depois de 1917 — jovens, como Patolichev, que estavam totalmente mergulhados nos valores e nos ideais do regime soviético. Para essa geração, a utopia comunista não era um sonho distante, mas uma realidade tangível, muito próxima e iminente. Durante as décadas de 1920 e 1930, as crianças nas escolas imaginavam o comunismo como uma transformação de sua realidade imediata (vacas cheias de leite, fábricas a todo vapor) e não em termos fantasiosos de ficção científica.[73] Elas haviam sido educadas deste modo para que vissem o futuro soviético segundo a propaganda soviética e a arte e a literatura social-realista. O Realismo Socialista fora definido no Primeiro Congresso da União de Escritores, em 1934, como algo que englobava a "representação verdadeira e historicamente concreta da realidade em seu desenvolvimento revolucionário". O papel do artista não era retratar o mundo como ele era no presente, mas sim como seria (e no que estava se transformando) no futuro comunista.

Segundo Liudmila Eliashova (nascida em 1921) e sua irmã, Marksena (1923), esse conceito da utopia comunista era amplamente compartilhado por seus colegas de escola em Leningrado:

Todos fomos educados na expectativa de um futuro feliz. Lembro-me de quando minha irmã quebrou minha boneca de porcelana favorita. Não tínhamos dinheiro para comprar outra boneca, mas fomos à loja de departamentos, onde havia várias bonecas expostas, e Marksena disse: "Quando estivermos no comunismo, teremos a boneca." Nós víamos o comunismo como uma era, que viveríamos para ver, em que tudo seria grátis e todos teriam a vida mais feliz que se pudesse imaginar. Ficávamos contentes por estarmos aguardando esse belo futuro.[74]

Raisa Orlova, que cresceu em Moscou na década de 1930, lembra-se da sensação de estar "disparando em direção ao futuro", que fazia com que o presente parecesse irreal:

Eu tinha a convicção inabalável de que minha existência entre aquelas paredes velhas [o apartamento onde cresceu, na rua Tverskaia, em Moscou] era meramente uma preparação para a vida real que estava por vir. Essa vida começaria em uma casa branca, nova e brilhante, onde eu faria exercícios pela manhã, onde tudo seria regido pela ordem ideal e onde todas as minhas realizações heroicas teriam início. A maioria dos meus contemporâneos — não importava se moravam em barracas, escavações, apartamentos comunais ou no que eram considerados apartamentos privados luxuosos — compartilhava o mesmo tipo de visão provisional, difícil e prática da vida. Estávamos nos aproximando cada vez mais rápido do grande objetivo, da nova vida. Tudo poderia e deveria ser mudado: as ruas, as casas, as cidades, a ordem social, as almas humanas. E era algo que não parecia ser tão difícil. Primeiro, os entusiastas definiriam o plano por escrito. Em seguida, começariam a demolir o que fosse antigo ("não se pode fazer uma omelete sem quebrar os ovos"). Depois, limpariam as ruínas e, no espaço aberto, ergueriam o edifício do sonho socialista. Era assim que a Rússia estava sendo reconstruída. Achávamos que seria possível fazer o mesmo com as pessoas.[75]

Moscou era a área de construção dessa utopia. Na imaginação dos comunistas, onde "em breve" e "agora" se confundiam, Moscou tinha um status legendário e era importante como um símbolo da utopia socialista que estava sendo construída. Naquela cidade de sonhos e de ilusões fantásticas, uma escavação para a fundação de um prédio era um futuro bloco de apartamentos, a demolição de uma igreja indicava o surgimento de um Palácio da Cultura. O comunista alemão Wolfgang Leonhard, que chegou a Moscou com os pais em 1935, descreve como eles ficaram confusos quando tentaram substituir o mapa que tinham, de 1924, que estava defasado: o novo mapa indicava todas as melhorias cuja conclusão, segundo o Plano Mestre, estava prevista para 1945. "Costumávamos levar os dois mapas da cidade conosco em nossas caminhadas", escreve Leonhard: "Um deles mostrava como Moscou era dez anos antes e o outro, como ela ficaria em dez anos."[76]

A velocidade das mudanças na União Soviética no começo da década de 1930 era inebriante. A ilusão de que um novo mundo estava sendo criado levou muitas pessoas — incluindo um grande número de intelectuais socialistas do Ocidente — a se iludirem a respeito do regime stalinista. Nina Kaminskaia, uma jovem estudante de direito, continuou acreditando no novo mundo mesmo depois que seu pai foi demitido do emprego que tinha em um banco soviético e do surgimento de provas da formação de uma realidade mais sinistra. Em suas memórias, ela se lembra de uma canção que cantava com os amigos sobre a alegria na futura vida feliz, que simbolizava o otimismo de sua geração e a cegueira diante da tragédia pela qual seus pais já estavam passando:

> Acreditar em nosso país é tão fácil,
> Respirar em nosso país é tão livre:
> Nossa terra soviética gloriosa e adorada...
> Nossa vida soviética é tão boa e cheia de luz
> Que as crianças nas eras vindouras
> Provavelmente chorarão à noite em suas camas
> Por não terem nascido em nosso tempo.[77]

Os membros da *intelligentsia* soviética estavam tão tomados pela atmosfera otimista que fechavam os olhos para os horrores realizados pelo regime stalinista em nome do progresso. Em abril de 1935, Boris Pasternak escreveu para Olga Freidenberg:

> A verdade é que, quanto mais vivo, mais firmemente acredito no que está sendo feito, apesar de tudo. Boa parte disso pode parecer selvageria, [no entanto] as pessoas nunca olharam tanto para o futuro, e com uma autoestima tão alta, e com motivos tão bons, e por razões tão vitais e lúcidas.

Nadezhda Mandelshtam lembra-se de como ela e o marido, o poeta Osip Mandelshtam, também eram, ocasionalmente, levados a pensar desse modo, momentaneamente temendo que a Revolução os deixasse para trás se "não percebêssemos todas as coisas maravilhosas que estavam acontecendo diante de nossos olhos". Osip foi preso em 1934, depois de ler para amigos seu poema de revolta contra Stalin ("assassino e carrasco dos camponeses"). Como Nadezhda Mandelshtam observou, era mais fácil acreditar no que estava sendo feito pela utopia comunista do que insistir, como fizera seu marido, em confrontar a realidade: "Um homem que soubesse que não era possível construir o presente com os tijolos do futuro estava destinado a se resignar de antemão à perdição inevitável e à pespectiva do pelotão de fuzilamento."[78]

Aceitar tal visão do futuro envolvia a adoção de certas atitudes que suavizavam o caminho para o conluio com o regime. Significava a aceitação do Partido como a fonte da Verdade. Para muitas pessoas, tal crença envolvia um conflito constante entre a verdade observada na realidade existente e a Verdade Revolucionária superior do Partido. As pessoas eram forçadas a viver na fronteira entre essas duas verdades — reconhecer os fracassos do sistema soviético sem perder a crença na promessa de uma vida melhor no futuro —, algo que só poderia ser conquistado por meio de um ato consciente de fé política. Lev Kopelev, um jovem comunista que participou de alguns dos piores excessos contra os *kulaks* em 1932 e 1933, recorda-se do esforço que fazia para subordinar seu julgamento moral (o que chamava de "verdade subjetiva") aos objetivos morais mais elevados ("verdade objetiva") do Partido. Kopelev e seus camaradas ficavam horrorizados com o que faziam com o campesinato, mas submetiam-se ao Partido: a perspectiva de retroceder, baseando-se no que haviam sido educados para desconsiderar como ideais "burgueses" de "consciência, honra [e] humanitarismo", era aterrorizante. "O que mais temíamos", lembra-se Kopelev, "era perder a cabeça, ter dúvidas ou pensamentos heréticos e perder nossa fé sem limites."[79]

Wolfgang Leonhardt tinha consciência similar de uma realidade dupla. Quando ingressou na Komsomol, já tinha "percebido há tempos que a realidade na União Soviética era completamente diferente do quadro apresentado no *Pravda*". Sua mãe fora presa em 1937; amigos e professores haviam sido levados para outros lugares e Wolfgang vivia em um orfanato. Mas, como explica aos leitores ocidentais, que "podem achar estranho" ler sobre o prazer de ser aceito pela Komsomol,

> de alguma forma, eu dissociava essas coisas, e até mesmo minhas impressões e experiências pessoais, de minha convicção política fundamental. Era quase como se houvesse dois níveis independentes — o dos acontecimentos e experiências do dia a dia, os quais eu criticava, e o do grande alinhamento do Partido, o qual, na época, apesar de minhas dúvidas, eu ainda considerava correto, do ponto de vista dos princípios gerais.[80]

Mesmo no auge do Grande Terror de 1937-38, muitos dos que acreditavam conseguiram manter a fé. Eles justificavam as prisões em massa com a fórmula abstrata "*les rubiat — shchepki letiat*" ("Quando a floresta é cortada, as lascas voam" ou "Não se pode fazer uma omelete sem quebrar os ovos").

Acreditar na "marcha rumo ao comunismo" exigia a aceitação dos custos humanos cobrados por ela. O Partido dizia aos seguidores que eles estavam envolvidos em um conflito de vida ou morte contra "elementos capitalistas" dentro de casa e no exterior que terminaria com a vitória final da utopia comunista. A ascensão de Hitler ao poder, em 1933, foi um ponto de mudança crucial nesse conflito. Ela foi recebida como uma vingança da teoria de Stalin de que, quanto mais a União Soviética se aproximasse do comunismo, maior seria a resistência inimiga. O Partido endureceu sua posição, forçando os céticos a deixarem as dúvidas de lado e a se envolverem na luta contra o fascismo (ou a correrem o risco de ser acusados de "mercenários fascistas"). A partir de 1933, o expurgo dentro do Partido foi intensificado, com um escrutínio mais profundo de atos pessoais que tinha o objetivo de revelar membros passivos e "inimigos ocultos". Seções inteiras da sociedade foram tachadas de "inimigas" e de "elementos estrangeiros", começando pelo que restava da nobreza e da burguesia antigas de Leningrado, cujos membros foram presos e exilados aos milhares depois do assassinato do líder do Partido na cidade, Sergei Kirov, em dezembro de 1934. Qualquer grupo que fosse considerado uma "relíquia do passado capitalista" (ex-*kulaks*, pequenos comerciantes, ciganos, prostitutas, criminosos, vagabundos, mendigos e outros) seria provavelmente eliminado por ser visto como um obstáculo no caminho da construção de uma sociedade comunista. Entre 1932 e 1936, dezenas de milhares desses "elementos socialmente nocivos" foram recolhidos pela polícia e expulsos das cidades.[81] A maioria foi enviada para o Gulag.

4

Em agosto de 1933, uma "brigada" de 120 escritores soviéticos importantes partiu em um passeio pelo canal do mar Branco organizado por Semyon Firin, comandante da OGPU dos campos de trabalho localizados ao longo do canal. A ideia da viagem surgira em uma reunião realizada em outubro de 1932 na residência de Máximo Gorki em Moscou, na qual vários dos principais escritores do país discutiram as tarefas da literatura com vários membros do Politburo, incluindo Stalin e outros funcionários do Partido. Em uma das primeiras declarações da doutrina Realista Socialista, Gorki convocou uma literatura heroica que se equiparasse às "grandes realizações" dos Planos Quinquenais, e Stalin, que comparou os escritores soviéticos a "engenheiros da alma humana", sugeriu um passeio pelo canal para inspirá-los. Tudo foi organizado pela OGPU. "No instante em que nos tornamos convidados dos chekistas, o comunismo completo começou para nós", comentou posteriormente, com ironia, o escritor Aleksandr Avdeyenko. "Davam-nos comida e bebida à vontade. Não pagamos por nada. Salsichas defumadas, queijos, caviar, frutas, chocolate, vinhos e conhaque — tudo em fartura. E estávamos em um ano de muita fome."[82]

Depois de ficarem hospedados no luxuoso Astoria Hotel, em Leningrado, os escritores seguiram de trem para o canal do mar Branco, onde inspecionaram represas e visitaram o centro cultural para assistir a uma peça teatral interpretada pelos prisioneiros. Da segurança do barco, os escritores viram os presos, mas não foram autorizados a conversar com eles. No entanto, para muitos escritores, era óbvio que estavam sendo apresentados a uma versão sanitizada da vida nos campos de trabalho. "Para mim, estava claro que estavam nos mostrando 'Aldeias de Potemkin'", recordou Tamara Ivanova em 1989. Mas se os escritores tinham suas dúvidas, poucos tiveram coragem de manifestá-las naquele momento. Durante a viagem, os escritores tiveram a oportunidade de fazer perguntas a Firin, que lhes serviu de guia. Segundo Avdeyenko, o único escritor que perguntou sobre a utilização de trabalhos forçados foi Dmitry Mirsky — um ex-príncipe (príncipe Dmitry Sviatopolk-Mirsky) que lutara pelo Exército Branco na Guerra Civil, emigrara para a Inglaterra, filiara-se aos comunistas e retornara à União Soviética em 1932 por acreditar que a Rússia de Stalin "desempenharia um papel gigantesco na história mundial" e desejar participar do processo. As perguntas de Mirsky constrangeram os outros escritores. Claramente, ele suspeitava dos motivos por trás de tanto segredo em torno da construção do canal. "Aqui, cada passo oculta segredos. Sob cada dique. Sob cada comporta", disse Mirsky a Avdeyenko, aparentemente em referência aos corpos enterrados no local. Mas nem Mirsky deixou que tais dúvidas interferissem em sua participação na publicação de um livro encomendado pela OGPU para comemorar a conclusão do canal. Editado por Firin e por Gorki, *O canal do mar Branco* foi compilado às pressas por 36 escritores soviéticos de renome (incluindo Mikhail Zoshchenko, Viktor Shklovsky, Aleksei Tolstoi e Valentin Kataev) e pelo artista Aleksandr Rodchenko (que tirou as fotografias). O livro foi apresentado aos delegados do Décimo Sétimo Congresso do Partido, em janeiro de 1934, como "um símbolo da disposição dos escritores soviéticos a servir à causa do bolchevismo". Apesar de apresentado como uma história da construção do canal, o tema e a mensagem de propaganda principais do livro eram a influência redentora e libertadora do trabalho físico. Participando do grande trabalho coletivo que fora a construção do canal, era dito que criminosos e *kulaks* "começaram a se sentir úteis para a sociedade". Por meio do trabalho penal, tinham sido remodelados como socialistas.[83]

Os escritores tinham motivos diferentes para participar dessa legitimação do Gulag. Sem dúvida, alguns acreditavam no ideal stalinista da *perekovka*, a remodelação da alma humana pelo trabalho penal. Zoshchenko, por exemplo, escreveu uma história para *O canal do mar Branco* sobre um pequeno ladrão, Rottenberg, que, tendo se perdido na vida, retoma o caminho correto por meio do trabalho penal no canal. Como explicou em um artigo para publicação em *Leningrado Literário*, Zoshchenko acreditava na base factual de sua história:

> Eu tinha interesse por pessoas que haviam construído a vida por meio do ócio, da mentira, de roubos e de assassinatos, e dediquei toda a minha atenção ao tema de sua reeducação. Na verdade, inicialmente fui muito cético, acreditando que a famosa remodelagem era simplesmente a expressão cínica do desejo do prisioneiro de obter a liberdade ou bonificações. Mas devo dizer que estava errado quanto a isso. Eu vi remodelagens verdadeiras [na viagem para o canal do mar Branco]. Vi orgulho verdadeiro nos operários da construção e percebi uma mudança real na psicologia de muitos desses camaradas (como podem ser chamados agora).[84]

Gorki também acreditava. Ele nunca visitou o canal do mar Branco, mas isso não foi um obstáculo para seus brilhantes elogios dedicados a ele no livro encomendado pela OGPU (assim como a ignorância não foi obstáculo para os socialistas estrangeiros, como Sidney e Beatrice Webb, que também aclamaram o canal como "uma grande realização da engenharia... um triunfo da regeneração humana", em 1935). Tendo passado a década de 1920 no Ocidente, Gorki retornara para a União Soviética na primeira de muitas viagens de veraneio em 1928 e mudou-se definitivamente para lá em 1931. O "grande escritor soviético" foi coberto de honrarias; recebeu uma residência na famosa mansão Riabushinsky, em Moscou, além de duas grandes dachas, empregados particulares (que, na verdade, eram espiões da OGPU) e suprimentos de alimentos especiais do mesmo departamento policial que fornecia a Stalin. Portanto, talvez não seja de surpreender que Gorki não tenha conseguido perceber o imenso sofrimento humano que jazia por trás das "grandes realizações" do Plano Quinquenal. No verão de 1929, Gorki visitara o campo de trabalhos de Solovetsky. O escritor ficou tão impressionado com o que os guias da OGPU lhe mostraram que escreveu um artigo no qual dizia que muitos prisioneiros haviam sido reformados pelo trabalho no campo e amavam tanto seu trabalho que desejavam permanecer na ilha após o término de suas sentenças. "Para mim, a conclusão é óbvia", escreveu Gorki. "Precisamos de mais campos como o de Solovetsky."[85]

Outros escritores fizeram a viagem por curiosidade — o que, sem dúvida, foi o caso de Mirsky. Ou, talvez, por temerem as consequências caso se recusassem a ter qualquer envolvimento com o projeto, como o escritor Mikhail Bulgakov. Viktor Shklovsky, teórico literário e romancista cujo irmão ficou preso em um campo de trabalhos, não se uniu à brigada de escritores, mas fez uma outra viagem ao canal do mar Branco e promoveu a ideia da *perekovka* não apenas na publicação da OGPU, mas também em várias outras obras. Shklovsky chegou a escrever o roteiro de um filme de propaganda sobre o canal do mar Branco. Parece pouco provável que o roteiro tenha sido escrito por convicção (durante a viagem ao canal do mar Branco, Shklovsky respondeu a uma pergunta de um oficial da OGPU sobre como se sentia estando no canal com a seguinte tirada: "Como uma raposa prateada viva em uma loja de casacos de pele."). Segundo sua filha, foi apenas "o preço que precisou pagar pela vida do irmão". O irmão de Shklovsky foi libertado em 1933, mas foi preso novamente em 1937 e desapareceu para sempre no Gulag.[86]

Motivações carreiristas também desempenharam seu papel. Certamente, foram um fator que influenciou Avdeyenko, que era um escritor desconhecido de origem proletária quando participou da viagem ao canal do mar Branco, apesar de apenas dois anos mais tarde, em 1935, seu primeiro livro ter sido aclamado pela crítica na imprensa soviética. "Cheguei ao topo por meio da viagem, depois da qual minha vida decolou", reconheceu Avdeyenko posteriormente. "Um trabalhador de choque convocado pela literatura! Em uma única ação, ingressei nas fileiras dos escritores dignos de grandes honrarias no panteão soviético." Avdeyenko tornou-se um colaborador regular do *Perekovka* — o jornal interno da OGPU (NKVD) dos campos de trabalho no canal do mar Branco —, no qual escrevia elogiando o trabalho penal como uma forma de remodelagem humana.[87]

Konstantin Simonov foi outro "escritor proletário" que conquistou reconhecimento por intermédio do canal do mar Branco. Em 1933, ele trabalhava como mecânico — um entre as centenas de técnicos que trabalhavam sob o comando de Boris Babitsky — nos estúdios da Mezhrabpomfilm. Simonov e os outros mecânicos passavam a hora de almoço observando o trabalho de Pudovkin e Golovnia no *set* do filme *O desertor* (experiência que, segundo ele, despertou seu interesse pelas artes). "Naqueles anos", lembra-se Simonov, "eu não tivera uma educação apropriada, mas lia muitos livros, especialmente os de história, e, pela primeira vez na vida, tentei escrever." Inspirado pela propaganda do canal do mar Branco, Simonov "encheu um caderno com poemas ruins" sobre a reforma dos trabalhadores penais, o que, de algum modo, atraiu a atenção da Goslitizdat (a editora estatal) e da OGPU. Em 1933, trechos de um dos poemas, "O Canal do Mar Branco", foram publicados em uma coletânea de poemas de jovens escritores soviéticos. Aproveitando o sucesso, em abril de 1934, Simonov pediu permissão à Goslitizdat para visitar o canal e recolher material sobre a reforma dos trabalhadores condenados para uma coletânea de poemas aclamando os campos de trabalho. A Goslitizdat aprovou a viagem e pagou para que Simonov ficasse um mês no campo de trabalhos de Medvezhegorsk, no canal do mar Branco, onde foi empregado como jornalista pelo *Perekovka*. Ele morou nos alojamentos com uma equipe de prisioneiros que não levavam muito a sério o poeta de 19 anos ("riram de mim quando eu disse que estava escrevendo um poema sobre o canal do mar Branco"). Para Simonov, esse era o motivo pelo qual os prisioneiros "agiam com relativa naturalidade em relação a mim".[88]

No começo do verão de 1934, a construção do canal do mar Branco estava praticamente concluída. Os trabalhadores observados por Simonov estavam trabalhando na construção de estradas e de instalações — tarefas relativamente fáceis quando comparadas à escavação manual pesada do canal principal, realizada entre 1931 e 1933, quando dezenas de milhares de pessoas morreram. Quando o projeto foi concluído, a administração do campo recompensou os trabalhadores com bonificações, honrarias e medalhas. O término da construção também concedeu liberdade antecipada a alguns dos pequenos criminosos que constituíam parte da mão de obra no trecho do canal visitado por Simonov. O objetivo principal das recompensas era realizar o mito da *perekovka*. Os prisioneiros eram incentivados a se esforçar e a se reformar (ou a passar a impressão de que tinham sido reformados) para obter a liberdade ou vantagens materiais. Jovem e ingênuo, Simonov foi ludibriado. Como recordou em suas memórias, ele retornou do canal do mar Branco "pronto para escrever novos poemas sobre a reforma das pessoas por meio do trabalho":

> Apesar de não ter ficado lá muito tempo, eu estava convencido de que vira com meus próprios olhos como a reforma das pessoas estava realmente acontecendo — como eu acreditava que deveria ser —, pois o que mais, além do trabalho, pode redimir os pecados das pessoas em uma sociedade como a nossa?

Simonov ficou especialmente impressionado com uma história que lhe contaram sobre um engenheiro, colaborador próximo do Governo Provisório ("praticamente o último comandante do Palácio de Inverno"),

que foi condenado a oito ou a dez anos, de acordo com o Artigo 58, e que trabalhou tão bem como engenheiro no canal do mar Branco que acabou sendo libertado após apenas três anos. Depois, trabalhou voluntariamente como engenheiro-chefe em uma construção ligada ao canal Moscou-Volga. Esse tipo de história foi confirmado pelas próprias impressões que tive durante a viagem.*

Na verdade, a vontade de certos especialistas de continuar a trabalhar no sistema do Gulag depois de libertados raramente era fruto de uma reforma. Mas Simonov acreditava que o que vira no canal do mar Branco estava de acordo com o que ouvira ou lera na imprensa soviética. "Do meu ponto de vista", recordou Simonov em suas memórias, "o que importava no canal do mar Branco não era apenas a construção de um canal, mas sim uma escola humanitária para transformar pessoas ruins em pessoas boas, criminosos comuns em construtores do Plano Quinquenal."[89]

Para Simonov — um nobre envolvido na reconstrução da própria identidade de "escritor proletário" —, a ideia da *perekovka* tinha uma ressonância especial. Em suas memórias, Simonov relata como percebia a reforma dos *kulaks* e dos "sabotadores burgueses" como "altamente promissora para a sociedade" e também uma inspiração para ele próprio, porque apresentava "a possibilidade de enterrar o passado e trilhar um novo caminho". A reforma dos antigos opositores no Décimo Sétimo Congresso do Partido (o "congresso dos vitoriosos"), em 1934, foi outra fonte de inspiração para o jovem escritor, à medida que ele tentava construir uma carreira em uma esfera artística atentamente su-

---

* É possível que, neste caso, Simonov estivesse pensando em Pyotr Palchinsky (1875-1929), o engenheiro de mineração colocado por Kerensky no comando do Palácio de Inverno em outubro de 1917. Aprisionado pelos bolcheviques, Palchinsky foi libertado e, posteriormente, teve permissão para retomar o cargo que ocupava no Instituto Técnico Russo durante a década de 1920. Ele voltou a ser preso em 1928 e foi executado no ano seguinte. Havia muitas lendas nos campos sobre prisioneiros famosos, como Palchinsky, e parece que Simonov acreditou em uma delas.

pervisionada pelo Partido. No congresso, vários líderes do Partido que haviam se oposto às severas políticas de Stalin (Bukharin, Kamenev, Zinoviev, Rykov, Tomsky e Piatakov, entre outros) tiveram a oportunidade de falar. Eles abjuraram suas posições anteriores, cobriram Stalin de elogios em nome da unidade do Partido e foram recebidos de uma maneira que sugeria que a liderança do Partido os havia reabilitado. Simonov confortou-se com o exemplo deles. Para ele, a recepção dos opositores arrependidos provava que o Partido era um local onde pessoas como ele poderiam ser perdoadas pelo passado que tinham. Simonov compreendeu que sua própria reforma dependeria da reconstrução de sua personalidade política. Como os antigos opositores, ele precisava mostrar que era um comunista de valor, renunciando ao próprio passado. Seus escritos sobre o canal do mar Branco foram o meio para atingir tal objetivo. Depois de retornar do canal, Simonov candidatou-se pela segunda vez a ingressar na Komsomol. Na ocasião anterior, depois da prisão do padrasto, em 1931, aconselharam-no a desistir da inscrição. Mas agora estava sendo convidado a ingressar na Komsomol, aceitação que foi um "alívio enorme" para Simonov. Em suas memórias, ele se lembra de 1934 como o ápice de suas esperanças no futuro:

Não posso falar por outras pessoas da minha idade, mas, para mim, 1934 foi o ano mais esperançoso de toda a minha juventude. Havia a sensação de que o país atravessara um período difícil e que, apesar da permanência de problemas, a vida estava ficando mais fácil, tanto em termos materiais quanto espirituais. Eu estava feliz por estar participando da construção dessa nova vida... A correção de Stalin, que liderava a industrialização do país com muito sucesso, parecia-me inquestionável. Para mim, ele tinha o direito de discutir com os opositores e de mostrar a eles que estavam errados.[90]

No verão de 1934, pouco depois de retornar, Simonov escreveu um poema, "Horizonte", sobre a recuperação de um criminoso nos campos de trabalho. O poema foi radicalmente editado — certas partes chegaram a ser censuradas — pelo Departamento Cultural-Educacional da OGPU, que concluiu que o poema estava muito mal redigido ("pretensioso", "desajeitado", "cacófono", "mecânico" e "sentimental"), mas, apesar disso, era digno de publicação pelo valor que tinha como propaganda.[91]

Simonov retrabalhou "Horizonte", publicando-o posteriormente como "Pavel Chyorny", em 1938. Nos últimos anos de vida, Simonov passou a ver o poema "com horror" e insistiu para que fosse excluído de todas as coletâneas de suas obras publicadas.[92] Contudo, o poema consolidou a carreira de Simonov, pois demonstrou sua capacidade de escrever poesia que o regime stalinista pudesse utilizar. Simonov foi encorajado a se candidatar ao Instituto Literário Gorki, chegando a receber uma recomendação de seus patronos políticos na Goslitizdat e no Departamento Cultural-Educacional da OGPU.[93]

Localizado no antigo palácio Herzen, no *boulevard* Tver, o Instituto Literário foi fundado em 1933 para estimular escritores da classe operária (até 1936, era chamado de Universidade Literária Noturna dos Trabalhadores). As aulas eram administradas à noite, o que permitia que Simonov mantivesse o emprego no Mezhrabpomfilm e complementasse seu salário, de 200 rublos. A maioria dos estudantes no Instituto Literário não vinha da classe operária, tendo nascido em famílias nobres ou burguesas e, como Simonov, se qualificado para ingressar no instituto estudando em uma escola de fábrica ou trabalhando em uma fábrica. Metade dos alunos era formada por membros da Komsomol ou do Partido. O instituto era um local cosmopolita, com escritores de 27 nacionalidades.[94] Entre os diversos alunos judeus, havia duas jovens que viriam a ser as primeiras esposas de Simonov: Natalia Tipot, filha de um homem conhecido do teatro de variedades, que se casou com Simonov em 1935, e Zhenia Laskina, filha mais nova do homem-NEP arruinado Samuil Laskin, que ingressou no instituto em 1936 e se casou com Simonov em 1939.

O próprio Simonov admitia que não possuía nenhuma afinidade em particular com a literatura. Ele seguia a carreira de escritor por causa de sua biografia comprometedora. "Se não fosse pela minha origem nobre", disse a Natalia, "eu não teria nenhum interesse pela literatura, mas somente pela política e pela história."[95] Tampouco era Simonov considerado um dos alunos mais talentosos do Instituto Literário (em 1936, ficou em sétimo lugar em uma listagem de excelência encabeçada pela poeta Margarita Aliger). Mas ele era conhecido como um estudante consciencioso e bem organizado (ele planejava cuidadosamente o tempo que passava trabalhando, lendo e até mesmo em atividades sociais) e era sempre pontual no cumprimento de suas tarefas. Por trabalhar tanto, Simonov foi apelidado pelos colegas de "CDF". "Ele simplesmente se sentava e escrevia sem parar", recorda o poeta Yevgeny Dolmatovsky (que ficou em segundo lugar na lista de excelência). Aliger recorda-se de Simonov como alguém que, desde o início, destacou-se como líder. Habitualmente vestido com uma jaqueta de couro, como os bolcheviques durante a Guerra Civil, ou com paletó, camisa e gravata, Simonov mantinha distância da cultura boêmia dos outros estudantes do instituto, passando seu tempo livre envolvido em atividades da Komsomol ou escrevendo resenhas de livros, em vez de jogando bilhar. Não é de surpreender que fosse visto com muita estima pela administração do instituto, que o considerava leal ao Partido e lhe delegava vários trabalhos (em 1937, Simonov desempenharia um papel fundamental na delação da presença de "elementos antissoviéticos" dentro do instituto). Simonov era sério e censório, estando mais para um burocrata literário do que para um jovem poeta. "Não tendo escrito meu próprio livro", recordou em 1945,

> escrevi muitas críticas de livros escritos por outras pessoas. Eu era muito rígido e impaciente, o que simplesmente mostra que as críticas mais rudes e negativas feitas a um livro são sempre escritas por críticos que não tiveram sucesso ou não conseguiram escrever um livro igual.[96]

Como poeta no instituto, Simonov estava aprendendo a escrever para seus superiores políticos. O tema da *perekovka*, que se tornou lugar-comum da tradição Realista Socialista na década de 1930, reapareceu em muitos de seus primeiros poemas, que retornavam ao tema do canal do mar Branco. Mas sua poesia passou a ser cada vez mais moldada pelas esperanças do Plano Quinquenal e pelo tema heroico da luta epitomada pela Guerra Civil espanhola. Nesse ponto, Simonov foi profundamente influenciado pelo professor de poesia Vladimir Lugovskoi (1901-57), uma figura carismática para os jovens poetas do instituto, cujo escritório era repleto de espadas e armas de fogo, lembranças de quando lutara na Guerra Civil russa e na última campanha contra os rebeldes muçulmanos de Basmachi na Ásia Central, em 1931. Simonov explorou os temas da masculinidade e da coragem heroica em poemas como "O General", inspirado na morte do comunista húngaro Mate Zalka (também conhecido como general Lukach) na Guerra Civil espanhola. Para Simonov, cujos valores básicos vinham dos princípios militares do padrasto, a bravura e o sacrifício de combatentes como Zalka não eram apenas "qualidades humanas maravilhosas", mas sim "virtudes de primeira necessidade" em um mundo mergulhado no conflito entre o socialismo e o fascismo. Como Simonov explicou a um jornalista estrangeiro em 1960: "Nós, jovens comunistas da década de 1930, odiávamos profundamente qualquer pessoa que demonstrasse sinais de complacência acreditando que nossa vitória futura seria fácil e sem derramamento de sangue." Tratava-se de uma geração mergulhada na ideia do conflito — uma geração que viveu pronta para a guerra. Em 1973, lembrando seus anos de estudante, Simonov falou por toda uma época quando escreveu:

O Instituto Literário foi inaugurado no mesmo ano em que os nazistas ascenderam ao poder. Todos os nossos anos de estudo foram ofuscados pela sensação de uma guerra iminente contra o fascismo. Houve anos em que era impossível pensar na literatura e no caminho que se poderia seguir nela sem imaginar como, mais cedo ou mais tarde, também seríamos forçados a desempenhar um papel — ainda não estava claro se o faríamos com uma caneta ou com um rifle na mão — no confronto ameaçador contra o fascismo.

Em 1º de janeiro de 1936, Simonov publicou seu primeiro poema no *Izvestiia*, "Brinde de Ano-novo". Era um sinal inicial de como a liderança do Partido passaria a favorecer o jovem poeta — que, na época, tinha apenas 20 anos. No poema, Simonov conjurou a ideia de um embate final entre o bem e o mal:

> Amigos, hoje estamos totalmente alertas!
> Lobos cercam nossa República!
> Assim, levantamos nossos copos
> E bebemos em silêncio

> Em homenagem àqueles que ficam ao lado da
> metralhadora,
> Àqueles cujo único amigo é o rifle,
> A todos que conhecem o verbo "lutar",
> Um verbo triste que precisamos conhecer.
> Àqueles que podem deixar um quarto silencioso
> E adentrar no fogo desconhecido...[97]

Enquanto Simonov construía sua carreira, suas três tias de Obolensky estavam sofrendo no exílio em Orenburg, uma cidade nas estepes do Volga, 1.500 quilômetros a sudeste de Moscou, tendo sido expulsas de Leningrado nas repressões que sucederam o assassinato de Kirov. Simonov gostava das três tias e escrevia regularmente para elas desde a infância. Liudmila, a mais velha das três irmãs da mãe de Simonov, casara-se com um capitão de artilharia de uma família de alemães russificados, Maximilian Tideman, cuja morte na Primeira Guerra Mundial deixara Liudmila e os três filhos impedidos de deixar Riazan, onde o regimento do marido estava estacionado. Em 1922, depois de retornar a Petrogrado, Liudmila trabalhou como professora em uma escola para crianças deficientes. Quando foi presa, em 1935, os três filhos já estavam crescidos. Dois acompanharam a mãe a Orenburg, mas o mais velho permaneceu em Leningrado, onde era muito valorizado como gerente da Fábrica Triângulo Vermelho, o que ajudou a evitar que fosse preso. Daria, ou "Dolly", a irmã do meio, era gravemente aleijada — o lado esquerdo de seu corpo era deformado e paralisado, o que dificultava muito a locomoção. O infortúnio pessoal transformara Daria em uma velha amargurada. Religiosamente dogmática, não ocultava o ódio que sentia pelo regime soviético e preservava as tradições da aristocracia. Em 1927, Dolly visitou Aleksandra em Riazan. Havia discussões constantes sobre religião, as quais, segundo Simonov, levaram-no a se tornar um ateu (apesar de Simonov, nas últimas cartas escritas para as tias, ter continuado a expressar sentimentos religiosos). Simonov visitou Dolly em Leningrado em várias ocasiões, mas via os encontros como nada mais do que uma obrigação. Ele preferia Sonia, sua terceira tia, a mais jovem das três, com quem costumava ficar em Leningrado. Sonia era uma mulher grande com um "rosto redondo e um sorriso doce" que refletiam, como recorda Simonov, "sua natureza bondosa e aberta". Diferentemente de Dolly, Sonia adaptou-se ao sistema soviético, apesar de seus modos, valores e crenças preservarem traços da cultura aristocrática do século XIX. Treinada para ser professora, Sonia trabalhava como bibliotecária e morava sozinha em um quarto amplo em um apartamento comunal. No entanto, não sentia amargura nem tristeza em relação à vida. No apartamento, Simonov recorda que ela era a tia mais animada e divertida. Como não tinha filhos, Sonia adorava receber os sobrinhos e sobrinhas. Ela tinha um fraco por Konstantin, o sobrinho mais novo, cujo interesse pelos livros ela ajudara a cultivar. "Meu querido, adorado Kiriushonchik", escreveu para Simonov, "desejo que você cresça e se torne um conforto para todos nós, que te amamos tão profundamente. Espero que sempre tenha o que comer, como tínhamos antigamente."[98]

A última vez em que Simonov viu Sonia foi no outono de 1933, quando ficou com ela em Leningrado. Seus primeiros poemas foram escritos no quarto da tia. Em fevereiro de 1935, Sonia foi exilada com Liudmila e Dolly para Orenburg. Simonov recorda da reação da mãe quando descobriu, em Moscou, que suas "três irmãs haviam sido exiladas, assim como muitas outras pessoas que conhecera desde a infância em São Petersburgo".

Ela ficou sentada chorando com as cartas nas mãos [que tinham acabado de chegar de Orenburg] e, de repente, disse: "Se, naquela época, tivesse retornado com Liulia [Liudmila] de Riazan para Petrogrado, eu obviamente estaria com elas agora." Lembro-me de como fiquei chocado ao ouvi-la dizer essas palavras. Ela falou com uma espécie de culpa por não estar com elas, por ter, de algum modo, escapado da provação enfrentada pelas irmãs. Então, perguntou ao meu padrasto: "Será que nós seremos exilados daqui?" Quando disse "nós", não se referia à família, mas sim a si própria, às suas origens, ao clã Obolensky.[99]

Simonov não explica por que ficou tão chocado. Talvez tenha ficado surpreso com a manifestação de culpa por parte da mãe. Mas havia mais alguma coisa. Simonov fora educado para se considerar uma "pessoa soviética". Nem mesmo a prisão do padrasto abalara essa visão. Pelo contrário, reforçara seu empenho em criar uma identidade proletária para si próprio. Todos os esforços para se remodelar, inicialmente como engenheiro e posteriormente como "escritor proletário", fortaleceram sua identificação com o sistema soviético. Mas a reação da mãe à prisão das tias — que, aparentemente, fora a primeira vez que Simonov ouvira a mãe se identificar em termos soviéticos como uma "estranha social" — forçou-o a confrontar a realidade.

Todo mês, a mãe e o padrasto de Simonov enviavam pacotes com alimentos e roupas para Orenburg, e o próprio Simonov passou a reservar uma parte de sua renda para ajudar com os pacotes. Em 1936, Aleksandra visitou as três irmãs. Como recorda Simonov, ela temia que não pudesse retornar (muitas pessoas temiam ser presas se visitassem parentes exilados). O padrasto de Simonov, sempre pragmático, achou melhor que ela não fosse, pois teria ainda mais dificuldades em ajudar as três irmãs caso a prendessem. Mas Aleksandra insistiu em ir porque, como disse, "se não o fizesse, deixaria de ser quem era". Ao retornar de Orenburg, Aleksandra estava "exausta, triste, desgastada pela longa viagem e pelas condições terríveis com as quais se deparara", recorda Simonov, "mas não estava sem esperanças em relação ao futuro... porque achava que, agora, nada pior poderia acontecer a elas".[100]

Mas o pior ainda estava por vir. Em 1937, Sonia e Dolly foram detidas e presas em Orenburg. Sonia foi executada e Dolly morreu algum tempo depois em um campo de trabalhos. Liudmila foi a única sobrevivente. Nos últimos anos de vida, analisando em retrospecto os acontecimentos, Simonov recordou como reagiu à morte da tia favorita:

> Quando descobri que havia sido presa, quando deixamos de receber notícias dela e quando nos disseram que havia morrido — apesar de não dizerem onde nem como —, lembro-me de ter experimentado um sentimento forte e doloroso de injustiça totalmente, ou principalmente, ligado a ela [Sonia]. Tal sentimento não abandonava minha alma — não tenho medo de dizer isso — e permaneceu para sempre na minha memória como a principal injustiça cometida pelo Estado, pelo poder soviético, contra mim, pessoalmente. Esse sentimento é particularmente amargo porque sei que, se Sonia estivesse viva, teria sido a primeira pessoa a quem eu ajudaria quando tivesse condições para fazer isso.

O desgosto de Simonov era baseado na consciência adquirida em anos posteriores — a consciência de que tinha sido conivente com o sistema de repressão que destruiu suas tias. Contudo, como admite em suas memórias, sua reação fora diferente quando elas foram presas. Simonov lamentou pelas tias, mas encontrou um modo de racionalizar e talvez até de justificar o destino que tiveram:

Não me lembro do que pensei sobre o ocorrido na época [1937], como julguei e expliquei a mim mesmo tudo o que acontecera... Eu sei que não poderia deixar de ser afetado, mesmo que fosse por amar demais uma de minhas tias [Sonia]... Mas, talvez, eu tenha pensado: "Não se pode fazer uma omelete sem quebrar os ovos." Hoje, tal aceitação parece muito mais cínica do que na época, quando a Revolução, a desconstrução da antiga sociedade, permanecia não muito distante na memória das pessoas, e quando era raro travar uma conversa sem recorrer a esta frase.[101]

Se o encontro de Simonov com o canal do mar Branco o aproximara do regime, outros sentiram o efeito contrário. Em 1929, Ilia Slavin, ex-sionista e um dos principais juristas do Instituto Legal Soviético em Moscou, foi transferido para Leningrado para dar mais vida ao departamento de direito da Academia Comunista. Durante os expurgos daquele ano, o departamento de direito da Universidade de Leningrado fora fechado, e seus acadêmicos "burgueses" haviam dito expulsos. Achava-se que o departamento de direito da Academia Comunista, que o substituiu, precisava de bolcheviques de confiança, como Slavin, para fortalecer a decisão contra os "direitistas burgueses" do mundo legal soviético, cujas presenças ainda eram sentidas em Leningrado.[102] Slavin tornara-se uma figura importante no campo do direito soviético. Consultor do Comissariado de Justiça, também era membro da comissão que redigira o Código Criminal Soviético de 1926, a primeira grande mudança nas leis criminais desde 1917. Em Leningrado, os Slavin tinham dois quartos em um apartamento espaçoso que dividiam com outra família (em Moscou, tinham morado em um apartamento comunal ocupado por 15 famílias). Depois, mudaram-se para um apartamento de três quartos na Casa dos Soviéticos de Leningrado, onde moravam muitos funcionários do governo, cientistas e artistas. "Éramos relativamente privilegiados", recorda Ida Slavina, filha de Ilia.

Meu irmão e a esposa tinham o próprio quarto, meus pais tinham outro, onde meu pai também trabalhava, e eu dormia na sala de jantar. Quando havia visitas, eu dormia no quarto dos meus pais e, quando meus pais iam dormir, colocavam-me no divã da sala de jantar... Mas não havia nenhum sinal de luxo — era um estilo de vida espartano, quase puritano, dedicado inteiramente aos ideais socialistas de meu pai... Dividíamos nossas provisões adicionais — as quais envergonhavam meu pai — com nossos amigos e parentes mais pobres... Os livros eram o único luxo que tínhamos.[103]

Slavin serviu aos patronos políticos com um ataque violento às "tendências burguesas" de diversos juristas soviéticos importantes, feito por meio de um livro encomendado pela Academia Comunista como parte do expurgo no sistema acadêmico de direito realizado pelo regime em 1931. Em *Sabotagem no front da lei criminal soviética*, um texto curto, mas venenoso, Slavin comparou os escritos de diversos advogados acadêmicos importantes da década de 1920 com o que tinham escrito antes de 1917, com o objetivo de revelar o que definia como as visões "burguesas" reais mantidas por eles. Escrevendo com convicção política, na crença de que o antigo pensamento legal deveria ser expurgado, Slavin denunciou os juristas por tentarem subverter os princípios ideológicos básicos do sistema legal soviético. Ele criticou especificamente o antigo departamento de direito da Universidade de Leningrado, o qual, defendia, treinara "os padres e guardas Brancos de ontem" para se fazerem passar por "marxistas de hoje e comunistas de amanhã". Posteriormente, muitos dos juristas atacados por Slavin foram retirados de seus postos nas universidades de Leningrado e Moscou, sendo forçados a procurar trabalho nas províncias.[104]

Nos arquivos da família Slavin, existe uma fotografia de Ilia Slavin com os colegas professores e alguns estudantes da Academia Comunista, tirada em 1931. No verso, está escrito: "Para o Camarada Slavin! Com lembranças carinhosas suas como um comunista firme da guarda bolchevique, como nosso professor, como combatente irredutível no *front* ideológico, uma vassoura de ferro eliminando os vermes das alturas acadêmicas." Para Ida Slavina, é difícil reconciliar tal descrição com a própria lembrança do pai, a de um homem delicado e carinhoso.

Talvez Slavin tenha sido tragado pelo sistema de repressão porque era fraco demais para resistir às exigências do Partido. Talvez tenha se sentido vulnerável por causa do envolvimento anterior com o movimento sionista e tenha escrito o livro para provar que era um membro digno da "guarda bolchevique". Ou então, como pensa Ida, talvez "tenha se perdido" por ter sido enganado pelas próprias crenças.

Slavin acreditava na *perekovka*. Antes de 1917, realizara experimentos com reformas, criando uma oficina e um centro cultural para os detentos da prisão local, em Mogilyov, onde trabalhou como assistente e conhecia o diretor da prisão. A ideia da reforma aparece em muitos de seus textos sobre direito das décadas de 1920 e de 1930, especialmente nos artigos sobre a ideia dos Tribunais de Camaradas (*tovarishcheskie sudy*), estabelecidos nas oficinas, em que defendia a utilização do trabalho penal como uma forma de serviço comunitário para recuperar os prisioneiros.[105]

Em 1933, Slavin recebeu uma nova tarefa da liderança da Academia Comunista — escrever um livro intitulado provisoriamente de "A reforma de trabalhadores penais como exemplificado pelo canal do mar Branco".[106] Essencialmente, pediram-lhe que desenvolvesse uma justificativa legal e filosófica para os campos de trabalho do Gulag. Talvez os textos anteriores de Slavin sobre a reforma dos presos tenham influenciado para que lhe incumbissem essa tarefa tão terrível. Mas o motivo principal para a escolha fora que Slavin já demonstrara, por meio do texto *Sabotagem no front da lei criminal soviética*, que estava preparado para desenvolver argumentos legais que justificassem o sistema de repressão do regime.

Acreditar na *perekovka* era uma coisa, mas vê-la em ação era algo totalmente diferente. Em 1932 e 1933, Slavin viajou diversas vezes para o canal do mar Branco e para outros locais onde o trabalho penal era aplicado, incluindo o canal Moscou-Volga e os campos de trabalho em Kolyma, no nordeste da Sibéria. O que viu nesses lugares destruiu sua crença no ideal soviético da recuperação dos presos. Ida recorda como o pai retornava "exausto e deprimido" dessas viagens — lembra-se de como ele "não falava com ninguém durante vários dias, como se estivesse vivendo em estado de choque". Slavin ficou particularmente abalado pela visita que fez a uma colônia de trabalho infantil, onde ficou assustado com a disciplina brutal imposta pelos guardas para "reformar as crianças de acordo com o espírito soviético". Slavin não conseguiu escrever o livro sobre o canal do mar Branco, adiando sua conclusão por muitos anos. Diversos rascunhos de capítulos foram rasgados (dos quais um era intitulado "Distorções fascistas na política de reforma"), à medida que Slavin foi percebendo que não havia a *perekovka* nos campos.

Slavin sabia que estava encurralado. Depois do assassinato de Kirov, quando metade da equipe da Academia Comunista foi expulsa, Slavin passou a temer que também viesse a ser preso. Ida recorda os pais trancando-se no quarto: "Eles ficaram sentados conversando e sussurrando durante toda a noite." Os arquivos do Partido confirmam que, em dezembro de 1934, o nome de Slavin foi incluído em uma lista de suspeitos políticos ("a serem presos futuramente") que haviam deixado outros partidos para se filiarem aos bolcheviques.[107]

Sob pressão crescente por parte dos líderes da Academia Comunista, Slavin entregou rascunhos de alguns capítulos do livro sobre o canal do mar Branco, nos quais fazia diversas críticas ao funcionamento cotidiano do sistema do Gulag, mas não havia qualquer menção à política de reforma, da qual não vira nenhuma evidência. O capítulo que um dia fora intitulado "Distorções fascistas" ganhou o título de "Distorções na política de reforma". Foi um ato corajoso, pelo qual Slavin foi duramente criticado pela comissão editorial da Academia Comunista, em maio de 1935. Esse acontecimento foi um ponto de mudança moral. Sentindo que não poderia manter suas crenças bolcheviques, Slavin renovou os antigos contatos com os sionistas — uma tentativa desesperada, segundo Ida, "para fazer o tempo andar para trás e compensar os erros políticos que cometera". Mas Slavin devia saber que já era tarde demais. Sua situação era desesperadora. Ele poderia ter sido salvo pela conclusão do livro sobre a *perekovka*. No entanto, do ponto de vista moral, não conseguia concluir o trabalho, de modo que adiava sua conclusão indefinidamente — certamente sabendo que quanto mais demorasse a entregar o trabalho, mais próximo estaria da própria prisão.

"Estou acabado", disse Slavin em uma reunião com os camaradas do Partido na Academia Comunista, em março de 1937. "Estou politicamente falido." [108]

5

Na metade da década de 1930, a população do Gulag atingiu proporções gigantescas, à medida que as vítimas da coletivização e da fome eram reunidas e enviadas para campos de trabalho, que agora eram considerados um componente integral da economia industrial soviética. Entre 1932 e 1936, a população dos campos e colônias de trabalho e dos "assentamentos especiais" chegou ao total de 2,4 milhões de pessoas (a população prisional acrescentaria mais meio milhão).[109] Essa força de trabalho escravo desempenhava um papel especialmente vital nas indústrias madeireira, de construção e de mineração nas remotas regiões do norte do Ártico, para onde os trabalhadores livres não estavam dispostos a ir. Consequentemente, até mesmo dentro do Gulag, as pessoas podiam avançar em suas carreiras. Havia oportunidades não somente para guardas e administradores das prisões, cujo serviço no Gulag frequentemente resultava em promoções no NKVD, mas também para um número limitado de prisioneiros, desde que tivessem as habilidades exigidas pelo sistema do Gulag e o comprometimento com o alinhamento do Partido — ou a disposição para se adequar a ele.

Pavel Vittenburg, o geólogo que desempenhara um papel extremamente importante na exploração soviética de áreas de mineração no Ártico, foi preso em abril de 1930, sendo um entre centenas de cientistas expulsos em uma limpeza feita na Academia de Ciências. Aprisionado em Leningrado, foi subjugado por interrogatórios e por ameaças contra sua família até, finalmente, confessar que pertencia a uma organização monarquista que ajudara a organizar a rebelião em Iakutsk em 1927 (quando Vittenburg estava envolvido na exploração dos campos de mineração de ouro de Kolyma, no nordeste da Sibéria). O ponto de ruptura ocorrera quando o interrogador se levantara na presença de Pavel e fizera um telefonema ordenando a prisão de sua esposa, Zina (Zinaida). Enquanto Pavel estava na prisão, Zina vivia sob o constante temor de ser presa. A família foi forçada a se mudar para um quarto de sua espaçosa casa de campo em Olgino, enquanto um informante da OGPU ocupou os outros cômodos e organizou o confisco da propriedade da família. A filha de Pavel, Yevgeniia, lembra-se de ter acompanhado a mãe em viagens semanais a Leningrado para pedir informações sobre Pavel no escritório da OGPU, na rua Gorokhovaia:

> Ela deixava a mim, uma menina de 8 anos, ao lado dos chafarizes (que, na época, estavam desativados) nos jardins do Almirantado, dizendo que esperasse até seu retorno. Caso não voltasse, significaria que teria sido presa e que eu deveria ir a um endereço escrito por ela em um pedaço de papel, o qual eu mantinha no bolso. Tatiana Lvovna morava lá, — e iria me acolher.

Em fevereiro de 1931, Pavel foi condenado à morte por fuzilamento. No último instante, a sentença foi suspensa e, em vez de ser executado, foi condenado a dez anos em um campo de trabalhos. A casa em Olgino foi confiscada (tornando-se a *dacha* de um oficial da OGPU). Pavel foi enviado para o campo madeireiro de Mai-Guba para cortar lenha para o canal do mar Branco, sendo depois transferido como engenheiro de esgotos para o campo de trabalhos próximo a Kem, no setor nordeste do canal, onde desaguava no mar. Enquanto isso, Zina mudou-se com duas das filhas, Yevgeniia e Valentina, para um único cômodo em um apartamento comunal em Leningrado (a filha mais velha, Veronika, mudara-se para o Dagestão). Havia 16 pessoas morando no apartamento comunal, incluindo os proprietários originais, um casal de idosos que ocupava a sala de entrada, e sua antiga empregada, uma mulher cheia de "ódio de classe", que morava atrás de uma cortina no corredor. Durante o verão, Zina enviava as filhas para ficarem com parentes em Kiev e trabalhava como médica voluntária no campo de trabalhos em Kem para ficar perto do marido. [110]

Pouco depois do retorno de Zina a Leningrado, em agosto de 1931, Pavel foi enviado como geólogo para a ilha de Vaigach, como membro de uma expedição especial da OGPU para explorar a possibilidade de extrair seus minerais preciosos. Pavel teve sorte. Ele foi salvo pela experiência que tinha como geólogo. Apesar de permanecer como prisioneiro, teve permissão para trabalhar no próprio campo e demonstrar seus talentos a serviço do Gulag. A expedição de Vaigach foi liderada por Fyodor Eikhmans, líder da OGPU para todo o sistema do Gulag, que deixou o posto em Moscou para estabelecer o primeiro acampamento na remota ilha ártica no mar de Kara, em junho de 1930. Quase metade dos 1.500 presos era formada por geólogos, topógrafos e engenheiros, que analisaram os ricos depósitos de zinco e chumbo da ilha e procuraram em vão por ouro e platina, que eram a motivação real por trás do envolvimento de Eikhmans no projeto. A população de *nenets* (samoiédicos), que vivia na ilha e fornecia transporte para a expedição, falava de antigas lendas sobre a "mulher de ouro", um totem em forma de boneca feito de ouro puro. As condições no campo eram muito difíceis, especialmente nos primeiros meses, antes da construção dos alojamentos, quando todos precisavam morar em tendas. Todas as minas de chumbo e zinco foram escavadas à mão, a disciplina era muito rígida — pessoas eram executadas por cometerem infrações mínimas —, e muitos morreram por causa do frio extremo, que regularmente chegava a –40ºC no inverno.[111]

Quando Vittenburg chegou, a busca por ouro tornara-se desesperada, o que, provavelmente, explica por que ele foi convocado para reforçar o número de geólogos já presentes no local. Pavel foi rapidamente colocado no posto de geólogo-chefe. Ele concluiu a análise de Vaigach, que levou ao estabelecimento do complexo minerador do Gulag — as primeiras minas dentro do círculo ártico — em 1934, publicou vários artigos sobre a expedição em periódicos da OGPU e até mantinha um caderno de anotações sobre a história natural da ilha. Para um prisioneiro, Pavel desfrutava uma existência privilegiada. Recebia provisões especiais, vivia em uma casa separada para especialistas e até tinha o próprio escritório. Em março de 1932, teve permissão para receber uma visita da família, que retornou no verão para acompanhá-lo em uma grande expedição ao redor de Vaigach. Deixando Valentina com uma amiga em Leningrado, Zina e Yevgeniia foram morar com Pavel no verão de 1933, quando o novo comandante do campo, Aleksei Ditsklan, que substituiu Eikhmans em outubro de 1932, permitiu que as famílias dos especialistas se juntassem a eles. As cartas de Zina para casa refletem as condições em que viviam:

Ilha de Vaigach
26 de agosto de 1933
Queridas filhinhas, Veronichka e Liusenka [Valentina]. Na madrugada do dia 24, finalmente chegamos ao local onde papai mora. Levamos seis dias, três dos quais sob vento de força cinco, para chegarmos aqui. Gulenka [Yevgeniia] foi muito corajosa, considerando que a maioria dos passageiros ao nosso redor estava mareada durante todo o tempo... Papochka encontrou-nos no navio, carregou todas as coisas em sua lancha e chegamos em casa em torno das 11 horas. Papochka parece muito bem, engordou, seu rosto está com uma coloração excelente, sem uma única ruga. O humor dele é bom, ele está cheio de energia e, como sempre, está feliz com o trabalho... Estamos vivendo muito bem em uma casa para especialistas, o que, na verdade, é notável, se pararem para pensar que estamos no Paralelo 70º. Temos dois quartos muito agradáveis, cada um com três janelas, de modo que têm bastante luz, apesar de serem voltados para o nordeste e para o noroeste. Existe um fogão enorme com um forno; portanto, precisarei melhorar minhas habilidades domésticas, as quais perdi totalmente. No próximo navio, enviarei uma foto de papai, e vocês verão com os próprios olhos como é bom aqui e como ele engordou... Ontem à noite, estávamos em uma recepção para darmos adeus aos [prisioneiros] que estavam voltando para o continente e para dar as boas-vindas aos recém-chegados. Gostamos muito dos discursos, e os Heróis do Trabalho foram muito bem recebidos. Aparentemente, a expedição de Vaigach ficou em primeiro lugar na Competição Socialista da União. Está ocorrendo uma reformulação maravilhosa (*perekovka*) de pessoas aqui: todos os prisioneiros retornam ao continente como trabalhadores qualificados, alfabetizados e conscientes. Se apenas pudéssemos fazer mais reformulações desse tipo... A noite terminou com um "jornal vivo" [uma forma de propaganda de agitação] e com um concerto excelente. Essas são todas as notícias do meu primeiro dia e meio...[112]

Gradualmente, dentro dos limites do campo de trabalhos, os Vittenburg retomaram a rotina da vida familiar. Zina trabalhava como médica na clínica do campo. Yevgeniia estudava na escola para filhos de especialistas e de administradores. "Nossa vida girava em torno dos trabalhos de mamãe e de papai", recorda Yevgeniia.

Todas as manhãs, independentemente da temperatura, papai enchia uma panela com água gelada, lavava-se em nosso quarto, tomava o café da manhã e ia trabalhar no setor geológico. Quando voltava, jantávamos, e depois ele sentava-se à escrivaninha. Mamãe estava sempre cansada por causa do trabalho. À noite, mal tinha forças para ler. Eu fazia todo o trabalho doméstico quando voltava da escola, porque era quem tinha mais tempo livre. Eu pegava nossos jantares (dois para trabalhadores voluntários e um para um prisioneiro) no refeitório. Todos os cozinheiros eram chineses — eram excelentes e me ensinaram a fazer pão. De modo geral, a comida nos parecia digna de uma realeza quando comparada ao que tínhamos em Leningrado.[113]

O que está por trás dessa visão auspiciosa do Gulag? Segundo Yevgeniia, o otimismo de Zina e até a crença dela na *perekovka* eram genuínos, não apenas manifestados em suas cartas para agradar aos censores.[114] Sem dúvida, a felicidade de estarem reunidos novamente como uma família deve ter influenciado. Mas as condições relativamente privilegiadas de especialistas como as dos Vittenburg também eram muito importantes, pois os protegiam dos piores aspectos da vida no campo. Também é possível que estivessem tão envolvidos com o trabalho que tenham aceitado de bom grado qualquer ponto de vista que os permitisse levá-lo adiante e dormir bem à noite.

Em 1934, ocorreu uma revolta na ilha de Vaigach. Um grupo de prisioneiros que trabalhavam em uma extremidade da ilha se rebelou e matou seus guardas. Os rebeldes não tinham para onde escapar, de modo que foram executados ou capturados e levados de volta para o campo. Como uma das médicas do campo, Zina examinou os ferimentos e determinou quais prisioneiros estavam aptos a retornar ao trabalho. Ela viu sinais inconfundíveis de espancamentos terríveis, mas nada abalou sua fé na *perekovka* e tampouco sua disposição, como concordara no contrato de trabalho, de defender o regime de disciplina de trabalho adotado no campo por meio da redução do tempo de repouso concedido aos prisioneiros por motivos de saúde. Por conta do trabalho realizado após a rebelião, Zina foi recompensada com o título honorário de "trabalhadora de choque" (*udarnitsa*) e foi incluída no "Livro Vermelho" do campo. Ela ajudou a ensinar os prisioneiros a ler e a aprender um ofício na crença de que isso ajudaria a reformular a personalidade deles e a reabilitá-los para a vida em sociedade. Zina chegou a ingressar na escola do Partido e escreveu para contar às filhas que amava as aulas.[115]

Pavel estava igualmente disposto a concordar com a visão oficial do Gulag, segundo Yevgeniia. Para ela, o pai "vivia inteiramente para a ciência" e "tinha pouco interesse em política". Era "grato ao regime soviético por ter lhe concedido a oportunidade de continuar a trabalhar em seu campo, bem como era grato pela família ter sido autorizada a se juntar a ele em Vaigach". Se acreditava na propaganda sobre a *perekovka*, era porque, segundo sua filha, "ele era sincero, talvez até ingênuo, e de natureza romântica". Talvez boa parte disso seja verdade. Mas trata-se do ponto de vista de uma filha amorosa que preserva com carinho a lembrança do pai. De outro ponto de vista, as ações de Pavel poderiam ser descritas como uma concessão moral profunda. Claramente, o trabalho dele prosperava no ambiente do campo de trabalhos, onde tinha tudo de que precisava. "Como é agradável ser um comandante em Vaigach", escreveu Pavel em seu diário. "Aqui, há uma disciplina semimilitar e uma obediência completa entre os trabalhadores." Em julho de 1935, ele foi libertado antecipadamente, seis anos antes do final de sua sentença, em reconhecimento pelo trabalho valioso que realizara. Mas Pavel queria concluir a pesquisa geológica em Vaigach, de modo que assinou um contrato com a administração para continuar o trabalho como voluntário. Aparentemente, esse foi um ponto de mudança crucial, o momento em que Pavel deixou de ser um prisioneiro que trabalhava compulsoriamente para o Gulag e se tornou um colaborador do sistema do Gulag para avançar na própria pesquisa.

Depois de concluir o trabalho em Vaigach, Pavel foi para o campo de trabalhos de Dmitrov, onde foi empregado como geólogo na construção do canal Moscou-Volga. Enquanto isso, Zina e Yevgeniia, tendo retornado a Leningrado, descobriram que "a vida ficara mais confortável". Elas retornaram para o apartamento comunal onde haviam morado anteriormente, e Valentina e Veronika se juntaram a elas. Em pouco tempo, receberam mais um cômodo, depois que os antigos proprietários do apartamento foram presos no terror de Leningrado que seguiu o assassinato de Kirov. Como não tiveram permissão para recuperar a antiga mobília que tinham na casa de campo em Olgino, que continuava a ser utilizada como dacha pelo NKVD, os Vittenburg foram convidados ao armazém do NKVD e puderam escolher móveis confiscados das vítimas das prisões efetuadas em Leningrado. Valentina e Veronika escolheram um par de poltronas antigas, um divã, um espelho, uma estante para livros e um piano de cauda.[116]

Pavel retornou a Leningrado em 1936. Durante os dois anos seguintes, trabalhou para a administração do Gulag da região do oceano Ártico, liderando diversas expedições a Severnaia Zemlia. "Obter mais espaço de moradia para que possamos viver juntos com conforto — como uma família muito unida — essa é a missão que, aparentemente, não consigo realizar", escreveu Pavel a Yevgeniia em 1936. Apesar de ter conseguido obter uma posição privilegiada por meio do trabalho no Gulag, Pavel continuava politicamente inseguro e preocupado com a família.

> É difícil aceitar que eu seja tão impotente no que diz respeito a providenciar uma vida confortável para todas vocês, que é o que merecem depois de terem sofrido tanto ao meu lado. O que eu poderia fazer seria construir uma pequena casa, mas mamãe não quer saber disso. Pessoas poderosas, que poderiam me ajudar, deram-me as costas. Quando é que reconquistarei pelo menos um décimo da influência que eu tinha antes de 1930?

Pavel fez um esforço consciente para se sovietizar. Teve aulas sobre a história do Partido e abraçou a Verdade que ela lhe ensinou. No final de 1936, estava pronto para aceitar os ensinamentos sobre os "trotskistas" e outros "inimigos" do regime soviético. "É uma pena que eu nunca tenha sabido nada a respeito disso", escreveu Pavel em seu diário. "Se eu ao menos soubesse que ler história expande os horizontes e nos dá a capacidade de atingir uma compreensão apropriada da postura geral do Partido, talvez minha vida não tivesse sido forçada a seguir o caminho árduo do exílio e da prisão. Minha vida foi destruida para quê? Aquele maldito Trotski é o culpado pela perda de milhares de vidas!"[117]

A história de Pavel faz-nos lembrar de que o Gulag era muito mais do que um campo prisional. Como uma das forças motrizes da economia industrial soviética, ele empregava um vasto exército de especialistas e técnicos — engenheiros, geólogos, arquitetos, pesquisadores científicos e até mesmo projetistas de aviões — e lhes oferecia oportunidades únicas para o desenvolvimento de suas carreiras.

Pavel Drozdov nasceu em 1906 em uma família camponesa de Chernigov. Antes de 1917, seu pai estivera ativamente envolvido no movimento marxista. Depois que os pais foram mortos na Guerra Civil, Pavel partiu para Moscou, ingressou na Faculdade de Economia da Universidade de Moscou e foi treinado como eletricista. (Posteriormente, trabalhou para a Energia de Moscou, a estação de força responsável pelo fornecimento de energia elétrica para grande parte da capital.) Em 1925, Pavel foi preso por participar de uma organização estudantil na Universidade de Moscou, sendo exilado por três anos para a região de Krasnovishersk, onde trabalhou em um campo madeireiro ligado a Vishlag, que na época ainda estava iniciando as atividades. Ao ser libertado, em 1927, um ano antes do final de sua sentença, Pavel decidiu permanecer no campo, onde foi empregado como contador. Casou-se com Aleksandra, uma jovem camponesa de uma aldeia próxima ao campo, com quem teve dois filhos, e morava com a família no albergue dos administradores no complexo do campo. Em 1929, quando Eduard Berzin, o chefe "iluminado" do Gulag, chegou a Vishlag, a sorte de Pavel mudou drasticamente. Berzin exaltava a reforma dos prisioneiros e acreditou que tinha encontrado em Drozdov um exemplo vivo de seu ideal. Berzin reconhecia os talentos de Pavel, especialmente sua memória fotográfica. (Berzin gostava de dizer que Pavel possuía uma "calculadora embutida na cabeça".) Ele rapidamente promoveu Pavel na administração do campo e frequentemente, nas conversas que travava com os oficiais superiores em Vishlag, apontava o ex-prisioneiro como um exemplo de reformulação. Em 1929, Pavel foi nomeado contador-chefe do campo madeireiro e, em 1930, contador-chefe de todo o complexo de Vishlag. Como um dos colaboradores mais próximos de Berzin, Pavel acompanhou o chefe quando este deixou Vishlag para organizar a rede de campos de trabalho de Dalstroi, no nordeste da Sibéria. Em Magadan, capital do império do Gulag, Pavel tornou-se contador-chefe da Seção de Planejamento do Truste de Dalstroi e inspetor dos campos de trabalho de Dalstroi. Promovido à patente de tenente-general no NKVD, foi recompensado com um apartamento de quatro quartos, suficientemente espaçoso para acomodar não apenas sua família, mas também a da irmã. Ganhou ainda um apartamento em Moscou, onde Aleksandra e os filhos passavam o inverno. A família tinha uma existência privilegiada, com acesso às lojas especiais, às casas de recuperação reservadas exclusivamente para a elite stalinista e, nos feriados soviéticos, a presentes produzidos nas fábricas de Dalstroi.[118] Nada mau para um homem que, poucos anos antes, era apenas um prisioneiro comum no Gulag.

Mikhail Stroikov nasceu em 1901 em uma família de velhos crentes nos arredores de Ivanovo, 300 quilômetros a noroeste de Moscou. Em 1925, matriculou-se como estudante no Instituto de Arquitetura de Moscou e casou-se com Elena, uma jovem artista em uma escola *rabfak* (que preparava estudantes de origem operária para estudarem em institutos). A filha do casal, Julia, nasceu em 1927. Pouco antes do nascimento, Mikhail foi preso e exilado para a Sibéria: ele pertencera a um grupo estudantil que se opunha às políticas agrárias dos bolcheviques. Elena foi expulsa da escola *rabfak* e começou a trabalhar em uma fábrica têxtil. Em 1930, Mikhail retornou a Moscou e reingressou no Instituto de Arquitetura. Contudo, dois anos depois, foi preso e passou dois anos na prisão de Butyrki. Mikhail era considerado um estudante brilhante. Ele não conseguira concluir sua dissertação antes de ser preso, mas, graças à intervenção de seu professor, teve permissão para concluí-la em Butyrki e até mesmo defendê-la no instituto. É inconcebível que Mikhail pudesse ter feito isso sem o apoio da polícia política. Ele tinha dois tios na OGPU, e um de seus amigos mais antigos era Filipp Bazanov, primeiro marido de Elena, que também era um oficial superior da OGPU. Bazanov ajudou Elena (e tentou convencê-la a voltar para ele) enquanto Mikhail estava na prisão. Em 1934, Mikhail foi exilado para Arkhangelsk. Apesar de ter parentes em Arkhangelsk, incluindo a família do ex-vice-governador de Murmansk, ele não os visitou, pois não queria colocá-los em perigo.

Mikhail foi salvo pelo conhecimento que tinha de arquitetura, sendo empregado pelo NKVD como arquiteto-planejador em vários projetos grandes de construções — fábricas e pontes — utilizando mão de obra dos campos do Gulag da região. Em pouco tempo, tornou-se um dos principais arquitetos de Arkhangelsk. Mesmo como prisioneiro exilado, Mikhail desfrutava de condições de vida superiores às de Elena e Julia em Moscou. Seu salário era bom, comia no refeitório do NKVD para engenheiros e técnicos, onde carne era servida diariamente, enquanto Julia e Elena viviam em Moscou com uma dieta à base de mingau e pão. Mikhail lhes enviava a dinheiro para comprar carne. Julia ficava doente com frequência e precisava desesperadamente de uma alimentação melhor. No final de 1934, Elena enviou a filha para morar com o pai em Arkhangelsk, na esperança de que ela pudesse se beneficiar da posição relativamente confortável de Mikhail. A última vez que Julia vira o pai (a única lembrança que tinha dele) fora dois anos antes, quando tinha 6 anos, na prisão de Butyrki. Ela ficara tão abalada pela visita que tentara cometer suicídio. Mikhail alugou o canto de um quarto para uma senhora, Elena Petrovna, que preparava as refeições de todos. Julia lembra com nostalgia das refeições — costeletas de porco com macarrão, panquecas de carne moída, coxas de galinha e sorvete.

À noite, quando papai voltava do trabalho, ele me perguntava: "O que devemos pedir a Elena Petrovna? O que quer comer?" Eu nunca me fartava da comida deliciosa que ela preparava e sempre dizia [o primeiro prato que cozinhara para nós]: "Macarrão com costeletas! Macarrão com costeletas!" Um dia, papai ficou farto e implorou: "Liusenka, pense em outra coisa, não aguento mais comer isso." Mas eu não conseguia pensar em nenhuma outra comida.

Para Julia, os anos que passou em Arkhangelsk, de 1934 a 1937, foram os mais felizes de sua vida. Ela ia bem na escola e amava o balé. Ia ao teatro com o pai, que comprou um gramofone para que pudesse dançar ao som da música de balé no espaço mínimo em que moravam. "O Canto de Papai", como Elena chamava a habitação, tinha apenas sete metros quadrados, com uma divisão de madeira compensada e uma porta construída por Mikhail para separá-lo do resto do quarto, onde morava Elena Petrovna. Mikhail tinha muito orgulho da construção, que criava a ilusão de um quarto separado. "O Canto de Papai" só tinha espaço para uma cama de solteiro, uma mesa, uma cadeira e uma estante para livros na parede. Mas era uma espécie de lar, e Julia estava feliz de morar ali com o pai.

Em janeiro de 1937, Elena mudou-se para Arkhangelsk. O final da pena de Mikhail estava se aproximando, e ela desejava retornar a Moscou como uma família. Mas as autoridades não permitiram que ela permanecesse em Arkhangelsk até o final do exílio de Mikhail, então Elena voltou para Moscou com Julia. Algumas semanas depois, em março, Mikhail foi preso e condenado a cinco anos em um campo de trabalhos por "agitação contrarrevolucionária" (foi executado em 1938). Elena não teve qualquer informação sobre a prisão do marido. As cartas dele pararam de chegar. Ela só soube o que aconteceu no verão seguinte, quando retornou a Arkhangelsk e conversou com Elena Petrovna.[119]

Obviamente, os Vittenburg, os Drozdov e os Stroikov eram exceções. A grande maioria da população do Gulag era usada como mão de obra escrava ou definhava em campos prisionais e em assentamentos remotos, com pouco acesso aos confortos da vida normal ou até mesmo à perspectiva de uma suspensão de sentença. O custo em vidas humanas foi gigantesco. As estatísticas do NKVD mostram que mais de 150 mil pessoas morreram nos campos de trabalho soviéticos entre 1932 e 1936.[120] Esses números jogam uma luz diferente no período que compreendeu o meio da década de 1930, com frequência considerado como a calmaria que antecedeu a tempestade de 1937 e 1938 (a poeta Anna Akhmatova chamou a década de 1930 de "anos vegetarianos"). Para aqueles cujas vidas foram devastadas pelo Grande Terror, tal visão do meio da década de 1930 pode ser verdadeira. Mas para milhões de pessoas cujas famílias foram espalhadas pelos campos de trabalho e pelas colônias do Gulag, esses anos foram tão ruins quanto qualquer outro.

Lendo as cartas dos prisioneiros destinadas aos parentes em casa (escritas tendo em mente a censura), é impressionante ver o quanto o Gulag mudou os valores e as prioridades de tantos prisioneiros — especialmente dos "políticos", que tinham realizado tantos sacrifícios em defesa de seus ideais. Se, anteriormente, podem ter procurado a felicidade em suas carreiras ou na promessa da utopia comunista, os anos passados em campos prisionais ou no exílio forçaram-nos a mudar de ideia e a valorizar mais a família.

Tatiana Poloz (*née* Miagkova) nasceu em 1898 em uma família de um advogado na região de Borisoglebsk, na província de Tambov. Sua mãe, Feoktista, filha de um padre, era membro do Partido Social-democrata e ficou do lado dos bolcheviques quando estes se separaram dos mencheviques em 1903. Ela encorajou Tatiana a se envolver com política. Em 1919, Tatiana filiou-se ao Partido Bolchevique e participou de trabalhos de propaganda atrás das fileiras do Exército Branco de Denikin, no *front* do Sul, durante a Guerra Civil. Foi ali que conheceu o marido, Mikhail Poloz, membro líder dos *borotbists* (Revolucionários Socialistas), o único partido ucraniano com uma massa de seguidores camponeses, que na época estava prestando serviço no Conselho Militar do governo independente da Ucrânia. No final da Guerra Civil, os *borotbists* fundiram-se com os bolcheviques, a Ucrânia passou a ser governada pelos soviéticos, e Poloz tornou-se o representante político ucraniano (*polpred*) em Moscou. Tatiana matriculou-se na Escola Superior do Partido, assistindo a palestras de Trotski. Em 1923, Mikhail foi nomeado Comissário de Finanças do governo soviético-ucraniano. Estabeleceu-se com Tatiana em Kharkov (capital da Ucrânia soviética até 1934), onde, em 1924, tiveram uma filha, Rada.

Três anos depois, Tatiana foi exilada para Astrakhan, e mais tarde, em 1929, para Chelkar, no Cazaquistão, acusada de ser uma oposicionista ligada ao grupo Smirnov, uma facção importante da Oposição de Esquerda liderada por Trotski até seus líderes serem expulsos do Partido, em 1927. No outono de 1929, Mikhail visitou Tatiana no Cazaquistão e implorou à esposa que renunciasse à política oposicionista pelo bem da filha deles, que, na época, estava morando com a avó. Em certo ponto, segundo um colega oposicionista que também foi exilado para Chelkar, Mikhail sussurrou algo no ouvido de Tatiana: "Era algum tipo de informação secreta que a deixou completamente desesperada e derrotada." Talvez Mikhail tenha dito que Smirnov e seu grupo estavam negociando uma capitulação com as autoridades stalinistas, na esperança de serem reintegrados ao Partido. Em 3 de novembro de 1929, foi publicado no *Pravda* um artigo escrito por Smirnov, no qual ele declarou apoio total ao Plano Quinquenal e à "posição geral do Partido", renunciou à posição trotskista e convocou todos os seguidores "a superarem suas hesitações e retornarem ao Partido". Posteriormente, 400 membros do grupo de Smirnov assinaram uma declaração de submissão ao alinhamento geral do Partido, incluindo Tatiana, que foi então libertada do exílio e pôde retornar para a família.[121]

Em 1930, a família mudou-se de Kharkov para Moscou, onde Poloz se tornou vice-presidente da Comissão Orçamentária Soviética de Toda a União, enquanto Tatiana trabalhava como economista na indústria automobilística. Eles moravam com a mãe de Tatiana, Feoktista, e com uma empregada em um apartamento grande na Casa do Aterro, o prestigioso bloco de apartamentos para funcionários do governo, localizado diante do Kremlin, apesar de, como revolucionários românticos que sempre viveram por suas ideias, a família não valorizar muito o estilo de vida privilegiado em que viviam. Tatiana manteve a posição trotskista, contra a vontade do marido, que insistia, que a oposição a Stalin era inútil, e da mãe, stalinista convicta. Em 1933, Tatiana voltou a ser presa, junto com o resto do grupo de Smirnov, e foi condenada a três anos em um campo prisional especial de isolamento em Verkhneuralsk, nos Urais. Mikhail foi preso alguns meses depois, em 1934, e condenado a dez anos no campo de trabalhos de Solovetsky por tentar estabelecer um governo ucraniano burguês. Despejadas da Casa do Aterro, Rada e a avó mudaram-se para um apartamento mobiliado nos arredores de Moscou, para onde também foram morar a tia de Rada, Olga, cujo marido fora preso três anos antes, e seu filho, Volodia. Feoktista "tentou me ensinar a respeitar e a amar meus pais", recorda Rada.

Mas, ao mesmo tempo, esperava que eu amasse e respeitasse o poder soviético. Não era uma missão fácil, mas, de algum modo, ela conseguiu. Minha avó acreditava sinceramente que Stalin não tinha conhecimento do número de prisões... Ela pensava que havia tantos inimigos do poder soviético que as autoridades tinham dificuldade em descobrir quem era culpado. Em nossa casa, ouvíamos com frequência a expressão: "Não se pode fazer uma omelete sem quebrar os ovos."[122]

Entre 1933 e junho de 1936, Tatiana escreveu 136 cartas para Feoktista e para Rada, em média uma carta por semana. Essa é uma das maiores coleções de cartas privadas do Gulag que sobreviveram.[123] As primeiras cartas refletem as preocupações políticas de Tatiana. Ela pede que lhe enviem os textos de Marx e comenta em detalhes os acontecimentos políticos mais recentes. Em junho de 1934, por exemplo, as cartas de Tatiana eram repletas de elogios à tripulação do *Cheliuskin*, que acabara de completar uma viagem pioneira através do oceano Ártico, de Leningrado para o estreito de Bering. A jornada terminara em desastre, quando o navio a vapor foi esmagado pelo gelo e afundou no mar de Chukchi, em fevereiro de 1934. Mas a tripulação, que acampou em um *iceberg*, foi finalmente resgatada por aviões soviéticos e levada de volta a Moscou, onde a propaganda transformou a história em um relato de sobrevivência heroica. A tripulação do *Cheliuskin* "mostrara ao mundo o que são os bolcheviques!", escreveu Tatiana em 24 de junho, acrescentando, quatro dias depois, sobre o mesmo tema:

> Provavelmente, o orgulho de ser uma cidadã soviética nunca foi tão envolvente e intenso quanto hoje. Orgulho das "boas qualidades" do povo soviético, dos aviões soviéticos de qualidade, dos bons cientistas soviéticos, dos marinheiros e de todos os outros, orgulho do bolchevismo, que demonstrou o poder supremo de suas ideias e de sua organização naqueles *icebergs*. E imagine o poder que isso deve ter para a educação das crianças!

A formação política de Rada era uma preocupação constante nas cartas. "Mamãe sempre escrevia sobre como o comunismo deveria ser construído", recorda Rada.

> Ela queria que me tornasse engenheira e escritora... E suas cartas me influenciaram. Apesar de ter sido criada por minha avó, eu gostava de pensar que, por meio das cartas, também estava sendo educada por minha mãe.[124]

Tatiana desejava que Rada crescesse como uma comunista. Ela derramou um mar de tinta em comentários sobre seu comportamento em casa — alegando que lera sobre ele "nos jornais" para não revelar que sua fonte era Feoktista.

12 de junho de 1935
E como vão as tarefas domésticas, minha macaquinha? Escrevem nos jornais que você realiza as obrigações domésticas sem muito prazer e que costuma esquecer o que deve ser feito. Mas também escrevem outras coisas. Li o seguinte telegrama no *Izvestiia*: "Moscou (TASS) — pediram à trabalhadora de choque e estudante modelo Rada, de 11 anos, que lavasse a louça na cozinha. A tarefa foi muito bem executada. Os pratos foram lavados e tudo foi arrumado. Rada observou o resultado de seu trabalho com grande satisfação e disse ao nosso correspondente que, a partir de agora, cumprirá todas as suas obrigações com o mesmo padrão de excelência." Obviamente, o correspondente aprovou, e eu também. Estude, macaquinha, cozinhe, lave e faça a limpeza conforme for solicitada: o principal é fazer o que lhe pedirem.

Quanto mais tempo Tatiana passava na prisão, maior era sua preocupação com as relações familiares transmitida pelas cartas. Mikhail não tinha permissão para escrever para Moscou, mas podia se corresponder com Tatiana, de modo que as cartas dela se tornaram o único meio de informação sobre o pai para Rada, e também para Mikhail sobre a filha. Refletindo sobre as cartas da mãe, Rada acredita que elas permitiram a Tatiana manter as ligações familiares das quais precisava para sobreviver. Rada escreveu em suas memórias que estavam "muito otimistas": "Ela sempre nos lembrava de que o tempo estava passando e sempre aguardava ansiosamente pelo feliz momento em que a família estaria novamente reunida." Muitas das cartas enviadas por Tatiana da prisão eram acompanhadas por pequenos presentes — bonecas de trapos, animais de brinquedo e até mesmo roupas — feitos para Rada por ela no campo prisional.[125]

Quando foi libertada da prisão de Verkhneuralsk, em 1936, Tatiana foi exilada para Uralsk, e depois para Alma-Ata. Em março de 1936, Feoktista passou duas semanas com Tatiana em Uralsk. Foram semanas preciosas para Tatiana, que, posteriormente, escreveu sobre uma nova intimidade que experimentara com a mãe quando se sentavam juntas, "minha cabeça repousando em seu ombro", e falavam sobre o passado.[126] Pouco depois do retorno de Feoktista a Moscou, Tatiana escreveu: "Mamusenka! Vim para casa, mas não é um lar. Você não está aqui, não existe um *home* [escrito em inglês] — nenhum calor aconchegante." Em abril, quando se mudou para Alma-Ata, Tatiana começou a depositar esperanças na possibilidade de Rada vir morar com ela e investiu toda a energia que tinha na organização da mudança. As cartas de Tatiana desse período eram cheias de esperança e de empolgação, como escreve Rada: "Sua força teimosa e sua persistência estavam completamente concentradas na tarefa de conseguir trabalho e um pequeno quarto onde pudesse morar com a filha." A viagem não se concretizou. Em junho de 1936, justamente quando Rada estava prestes a deixar Moscou para ficar com a mãe, Tatiana voltou a ser presa e foi enviada para um campo de trabalhos desconhecido. "Compramos as passagens de trem para Alma-Ata", recorda Rada,

conseguimos encontrar algumas pessoas que cuidariam de mim durante a viagem, empacotamos todas as minhas coisas e enviamos um telegrama com detalhes sobre a chegada. Recebemos a seguinte resposta: "O destinatário não mora aqui." Devolvemos a passagem de trem, fiquei em Moscou e nunca mais vi minha mãe.

Tatiana foi mandada para Kolyma, uma das piores colônias do Gulag de Stalin. Em novembro de 1937, foi fuzilada. Mikhail foi executado em Karelia, no mesmo mês. A correspondência dele com a esposa (uma "trotskista") foi registrada em sua ficha no NKVD como prova suficiente de culpa para que fosse condenado à morte.[127]

Rada não soube que os pais haviam sido mortos. Tentava não pensar neles, pois não sabia se estavam vivos. Mas, uma vez, viu a mãe em um sonho:

Inicialmente, eu estava no convés de um navio no meio do oceano. Estava segurando dois livros escolares encapados com papel pardo. Abri um dos livros e reconheci a caligrafia de minha mãe. A primeira frase era muito estranha: "Quando você ler estas linhas, já estarei no fundo do mar..." Li mais algumas frases, das quais não consigo me lembrar. Então, fui tomada pelo medo. Havia canos enormes, de onde jorrava água. O medo aumentou, tomando conta de mim, até que acordei.[128]

Rada acreditou na "mensagem" do sonho — que a mãe havia sido afogada — e começou a pensar nela constantemente. Tempos depois, quando ouviu histórias contadas por sobreviventes de Kolyma a respeito de um navio de prisioneiros que afundara, Rada ficou ainda mais convencida de que aquele fora o destino da mãe. Continuou a acreditar no sonho por muitos anos e, mesmo depois de receber um atestado de óbito emitido pelas autoridades no qual havia a informação de que a mãe fora fuzilada, Rada continuou a achar que ela morrera afogada.

Tatiana Poloz não foi a única socialista fervorosa que sentiu a força dos laços familiares depois de ser presa. Nikolai Kondratiev nasceu em 1892 em uma família de camponeses na província de Kostroma, 400 quilômetros a noroeste de Moscou. Ele estudou economia na Universidade de São Petersburgo, filiou-se ao Partido Socialista Revolucionário e desempenhou um papel crucial na formulação das reformas agrárias de 1917. Na década de 1920, Kondratiev era um economista proeminente, que atuava como conselheiro do governo soviético. Era um defensor convicto da NEP, favorecendo a primazia da agricultura e da produção de bens de consumo em vez do desenvolvimento industrial pesado. Foi nesse período que fez progressos na teoria sobre ciclos de longo prazo na economia capitalista ("ondas de Kondratiev"), a qual fez com que ficasse famoso em todo o mundo. Mas com a derrubada da NEP, Kondratiev foi afastado de todos os postos que ocupava. Em julho de 1930, foi preso sob acusações de pertencer a um "Partido Trabalhista Camponês" ilegal (e, provavelmente, inexistente). Stalin escreveu para Molotov: "Definitivamente, Kondratiev e alguns outros vigaristas devem ser fuzilados."[129] No entanto, Kondratiev foi condenado a oito anos no campo prisional especial de isolamento instalado no monastério de Spaso-Yefimeyev, construído no século XIV em Suzdal, onde ficou preso a partir de fevereiro de 1932.

A saúde de Kondratiev deteriorou rapidamente. Ele foi internado várias vezes no hospital da prisão, queixando-se de dores de cabeça muito fortes, tonturas, surdez intermitente, reumatismo crônico nas pernas, diarreia, vômitos, insônia e depressão. Em 1936, estava praticamente cego. Ainda assim, prosseguiu com a pesquisa e preparou cinco livros novos. Escreveu mais de 100 cartas para a esposa, Yevgeniia,[130] quase todas com pequenos bilhetes em anexo destinados à filha, Elena ("Alyona"), que nascera em 1925. A dor da separação sentida por Kondratiev é quase palpável nessas cartas. A filha era de quem sentia mais falta. A situação era ainda mais pungente porque Kondratiev evidentemente era um pai muito amoroso. Ele desejava desesperadamente participar da criação da filha, e a pior parte do sofrimento na cadeia era não poder fazer isso. "Como é terrível que ela esteja crescendo na minha ausência", escreveu para Yevgeniia em março de 1932. "Isso me atormenta mais do que qualquer outra coisa."[131] Como pai, Nikolai despejava todo o seu amor nas cartas para Elena. Quando ela não lhe escrevia, repreendia a filha por não o amar o bastante. Nikolai lembrava constantemente para a filha de pequenos incidentes ocorridos na vida que levavam juntos antes de ser preso. Fazia desenhos nas cartas e contava histórias sobre a vida selvagem nos arredores do monastério — pássaros que o visitavam e raposas que tinha visto. Em muitas cartas, Nikolai incluía flores secas ou grama das campinas próximas ao monastério. Acima de tudo, concentrava-se no desenvolvimento intelectual da filha. Nikolai enviava adivinhações e quebra-cabeças, fazia recomendações de leitura e pedia que ela lhe escrevesse dizendo o que achara dos livros. Ele a estimulou a manter um diário, corrigia os erros nas cartas dela e insistia para que a filha escrevesse "de modo claro e sempre tentasse fazer as coisas direito".[132] Na parte inferior de muitas cartas, uma criança pequena escreveu a palavra "papai". As cartas eram tudo que Elena tinha do pai. Ela cresceu e tornou-se botânica e professora da Universidade de Moscou. Talvez as cartas do pai tenham despertado seu interesse pela botânica.

Em 1935, Nikolai enviou a Elena um conto de fadas que escrevera e ilustrara para marcar o dia que correspondia ao nome dela.[133] "As aventuras incomuns de Shammi" conta a história de um gato que sai em busca da terra ideal, onde "pessoas, animais e plantas vivem felizes e em harmonia". Shammi parte com um amigo, o gato Vasia, que é muito covarde e reluta em partir. No caminho, encontram muitos animais que os tentam convencer a desistir da viagem, mas Shammi segue em frente, atraindo vários animais — um bode, um burro, um cavalo e uma galinha — "que trabalham duro e desejam uma vida melhor". Mas os viajantes logo se perdem e começam a discutir. Alguns são devorados por um crocodilo. Outros são mortos por caçadores na floresta.

Em 31 de agosto de 1938, Kondratiev escreveu para a filha:

Minha doce e querida Alyonushka.
Provavelmente, as férias já acabaram e você deve estar de volta à escola. Como passou o verão? Ficou mais forte, engordou, ficou bronzeada? Desejo muito saber. E gostaria muito, muito mesmo, de ver você e de beijá-la muitas, muitas vezes. Ainda não me sinto bem, continuo doente. Minha querida Alyonushka, não quero que fique doente no próximo inverno. Também quero que estude muito, como antes. Leia bons livros. Seja uma menina esperta e boa. Obedeça à sua mãe e jamais a decepcione. Eu também ficaria feliz se conseguisse não se esquecer completamente de mim, seu papai. Bem, seja saudável! Seja feliz! Beijo você para sempre. Seu papai.[134]

Essa foi a última carta. Pouco depois, em 17 de setembro, Nikolai foi executado por um pelotão de fuzilamento.

4
O Grande Medo
(1937-38)

I

Julia Piatnitskaia não soube o que pensar quando seu marido foi preso na noite de 7 de julho de 1937. Osip Piatnitsky era um bolchevique veterano, membro do Partido desde sua fundação e um dos camaradas em quem Lenin mais confiava. Em um artigo no *Pravda* para marcar os 50 anos de Piatnitsky, em janeiro de 1932, a viúva de Lenin, Krupskaia, descrevera-o como um "revolucionário profissional típico, que se dedicava integralmente ao Partido e vivia apenas em prol de seus interesses". Foi difícil para Julia compreender como Osip poderia ter se transformado em um "inimigo do povo". Ela era uma bolchevique dedicada, mas não sabia se deveria acreditar na imprensa soviética, que chamara Piatnitsky de "traidor" e de "espião", ou no homem que amara por mais de 20 anos. Osip era o pai de seus dois filhos, mas, depois que foi preso, Julia deixou de ter certeza de que realmente conhecia o marido. "Quem é Piatnitsky?", escreveu em seu diário. "Um revolucionário autêntico ou um impostor?... As duas coisas são possíveis. Eu não sei... e isso é o que mais me agonia."[1]

Julia tinha 21 anos em 1920, quando conheceu Osip, que estava com 39 anos. Julia nasceu em uma família russo-polonesa em Vladimir. Sua mãe era uma nobre polonesa que violou todos os costumes de sua casta e religião ao se casar com um padre ortodoxo russo sem a permissão dos pais. Julia, que tinha 6 anos quando a mãe morreu, herdou seu temperamento romântico e rebelde. Impetuosa e bela, Julia fugiu da casa do pai aos 16 anos para se alistar no exército russo como enfermeira durante a Primeira Guerra Mundial. Casou-se com um jovem general que veio a desaparecer em combate em 1917. Durante a Guerra Civil, filiou-se aos bolcheviques. Trabalhou como espiã para o Exército Vermelho, infiltrando-se no quartel-general militar do almirante Kolchak, líder do Exército Branco no *front* ocidental. No entanto, sua identidade foi descoberta. Escapando por pouco com vida, fugiu para Moscou, sofreu um colapso nervoso e, quando se recuperava em um hospital, conheceu Osip, que estava visitando um amigo. Julia era hipersensível, volátil, emotiva e poética. Tinha um forte senso de justiça, baseado em sua criação religiosa rígida, que influenciou profundamente seu posicionamento político. Era gentil e calorosa, adorada por todos que a conheciam, segundo a filha de um dos camaradas de Osip. "Nós, crianças, sempre ficávamos calmas na presença dela. Quando estava presente, esquecíamos nossas preocupações... Ela estava sempre cheia de vida."[2]

Osip, em contraste, era austero e taciturno. Forte e com traços delicados e atraentes, era um modelo do revolucionário profissional. Modesto a ponto da abnegação, raramente falava sobre sua vida privada (muitos dos camaradas mais antigos do Partido nem imaginavam que tivesse uma família). Antes de 1917, Osip fora um dos ativistas mais importantes no submundo marxista, tendo sido responsável pelo contrabando de literatura ilegal entre a Rússia e a Europa. Passava muito tempo no exterior, especialmente na Alemanha, onde era conhecido pelo pseudônimo "Freitag" (sexta-feira), ou "Piatnitsa" em russo, de onde vinha o nome Piatnitsky (seu sobrenome judeu verdadeiro era Tarshis). Quando se casou com Julia, Osip era secretário do Comitê Central do Partido em Moscou, mas logo depois foi transferido para a Comintern, a organização internacional do Partido Comunista, onde chefiava o Departamento de Organização, fundamental para a Comintern, da qual acabou se tornando chefe. Piatnitsky supervisionou uma enorme expansão das atividades da Comintern, à medida que a organização tentava espalhar a Revolução para todos os cantos do mundo. Seu livro *Memórias de um bolchevique* (1926), um guia com os princípios organizacionais e éticos do Partido, foi traduzido para mais de 20 idiomas. Piatnitsky ficou exaurido pelo trabalho. "Eu ficava na Comintern o dia inteiro", recordou.³ Na metade da década de 1920 — quando tinha pouco mais de 40 anos — seu cabelo ficou branco e depois caiu.

O trabalho de Osip também era um grande fardo para sua vida familiar. O apartamento dos Piatnitsky na Casa do Aterro estava sempre cheio de visitantes estrangeiros. Osip não acompanhou a infância dos dois filhos pequenos, Igor (nascido em 1921) e Vladimir (1925). Sua ausência constante era fonte de muitas discussões com Julia, que também ficava cada vez mais decepcionada com o aburguesamento do Partido e com a ditadura de Stalin durante a década de 1930. Igor recorda uma discussão entre os pais — provavelmente, em 1934 — quando a mãe começou a recitar em um tom de voz alto e raivoso os versos revoltados do poeta Dmitry Venivitinov, do começo do século XIX:

> A sujeira, o fedor, a barata e a pulga
> E em todas as partes a presença de sua mão de lorde
> E todos aqueles russos que balbuciam constantemente —
> É a tudo isso que devemos chamar de nossa pátria sagrada.

Horrorizado com a possibilidade de serem ouvidos pelos vizinhos, Osip implorou à esposa: "Fale baixo, Julia!"⁴

Em 1935, a posição de Piatnitsky na Comintern tornara-o conhecido por comunistas em todo o mundo (Harry Pollitt, um comunista inglês, disse que Piatnitsky *era* a Comintern). Nesse período, a política externa de Stalin estava voltada para a contenção da Alemanha nazista por meio do fortalecimento das relações com os Estados democráticos ocidentais ("segurança coletiva"). Em 1934, a União Soviética chegou a ingressar na Liga das Nações, a qual acusara apenas dois anos antes de ser uma "conspiração imperialista". A Comintern estava subordinada a essa política externa. Chefiada pelo novo secretário geral, o comunista búlgaro Georgi Dimitrov, a missão da Comintern passou a ser criar alianças com os socialistas europeus e convencê-los a formar governos de coalizões ("Frentes Populares") com os partidos centrais para combater a ameaça fascista. A política teve algum sucesso na França e na Espanha, onde governos da Frente Popular foram eleitos em 1936. Mas dentro da Comintern havia quem criticasse a estratégia, incluindo Piatnitsky. Muitos comunistas, inclusive ex-membros da Oposição de Esquerda liderada por Trotski na década de 1920, viam a estratégia como uma traição à causa revolucionária internacional, a qual, para eles, só poderia avançar por meio de "Frentes Unidas" formadas por comunistas e socialistas, excluindo os partidos centrais da burguesia — com isso, acabaram encontrando uma causa em comum com os antigos membros da Oposição de Direita, mais moderada, liderada por Rykov e Bukharin, que se opunham cada vez mais intensamente aos abusos de poder por parte de Stalin. Os dois grupos viam Stalin como um "contrarrevolucionário". Em 1936, a Comintern estava repleta de insatisfações sussurradas em relação às políticas externas de Stalin. Os esquerdistas ligavam a reaproximação stalinista com as potências ocidentais ao aburguesamento da elite soviética. Profundamente comprometidos com o ideal da revolução mundial, temiam que a União Soviética, sob a liderança de Stalin, não estivesse se transformando em uma fonte de inspiração para o proletariado ocidental, mas sim em uma guardiã da ordem e da segurança. Ficaram especialmente decepcionados com o fracasso de Stalin em fornecer apoio adequado aos diversos defensores de esquerda da república na Guerra Civil espanhola quando, no outono de 1936, os nacionalistas do general Franco — que contavam com o forte apoio da Itália fascista e da Alemanha nazista — avançaram até os arredores de Madri. Às vezes, até mesmo alguns dos defensores mais leais de Stalin achavam difícil aceitar o que consideravam a traição do comprometimento ideológico com o internacionalismo revolucionário. Como um velho bolchevique explicou em 1935 a William Bullitt, embaixador dos Estados Unidos na União Soviética: "Você precisa entender que a revolução mundial é a nossa religião e que nenhum de nós, em última análise, deixaria de se opor até ao próprio Stalin se sentíssemos que estivesse abandonando a causa da revolução mundial."[5]

Stalin confiava cada vez menos na Comintern, temendo que estivesse perdendo o controle da organização. No Sétimo Congresso, em agosto de 1935, Stalin planejou uma reorganização radical da liderança da Comintern. Piatnitsky foi demitido do executivo e colocado no comando de um novo departamento do Comitê Central, criado para supervisionar o trabalho da burocracia do Partido. O julgamento dos antigos oposicionistas, Kamenev e Zinoviev, que não foi mais do que uma encenação, realizado em agosto de 1936, foi um aviso claro de Stalin para seus críticos de que todas as políticas seriam decididas pela esfera superior do governo. Em nenhum lugar tal aviso era mais aplicável do que na Comintern, onde a oposição era identificada por Stalin pelo trabalho de "espiões estrangeiros". "Todos vocês da Comintern estão caindo diretamente nas mãos do inimigo", escreveu Stalin a Dimitrov em fevereiro de 1937. Milhares de oficiais da Comintern e de comunistas estrangeiros foram presos entre 1937 e 1938. Os partidos comunistas da Alemanha, da Polônia, da Iugoslávia e do Báltico foram praticamente extintos. No quartel-general da Comintern e no Hotel Lux, em Moscou, onde moravam vários oficiais da Comintern, o pânico era tanto que, nas palavras de um oficial, "muitos estão praticamente loucos e incapazes de trabalhar por causa do medo constante".[6]

Piatnitsky foi acusado por Stalin de ser trotskista. Posteriormente, acusaram-no de pertencer a uma "organização espiã fascista de trotskistas e direitistas dentro da Comintern". No entanto, segundo a versão dos acontecimentos relatada por seus filhos, o motivo real da prisão de Piatnitsky foi um discurso corajoso que acreditavam ter sido feito por ele na seção plenária do Comitê Central em junho de 1937.* Aparentemente, Piatnitsky ficara chocado com o que descobrira trabalhando no

---

* Não há registro do discurso de Piatnitsky, tampouco um registro estenográfico da seção plenária de junho, apesar de existirem provas que sugerem que o que quer que Piatnitsky tenha dito foi apagado do estenograma corrigido (prática comum nos arquivos do Comitê Central), pois o discurso poderia encorajar outros dissidentes. Antes de encerrar a última seção plenária em 29 de junho, Stalin anunciou: "No que diz respeito a Piatnitsky, a investigação está em andamento e deve ser concluída nos próximos dias." Na parte inferior da página, há uma nota manuscrita por um dos secretários de Stalin: "O comunicado foi excluído pelo camarada Stalin porque não deveria constar no estenograma" (RGASPI, f. 17, op. 2, d. 622, l. 220). Pode ser que existam outros registros do suposto incidente, mantidos em arquivos secretos (como o Arquivo Presidencial do Kremlin). Até que tais provas estejam disponíveis, o único registro do posicionamento de Piatnitsky contra as prisões em massa dos antigos bolcheviques é fornecido por seu filho, Vladimir, que alega ter reconstruído os acontecimentos da seção plenária de junho a partir da ficha pessoal do pai mantida no arquivo da FSB, de provas fragmentárias obtidas em outros arquivos e das supostas reminiscências de Kaganovich, transmitidas a ele por Samuil Guberman, chefe do secretariado de Kaganovich (*Zagovor*, pp. 59-70; entrevistas com Vladimir Piatnitsky, São Petersburgo, setembro de 2005. Ver também, em apoio à versão de Piatnitsky dos acontecimentos, B. Starkov, 'Ar'ergardnye boi staroi partiinoi gvardii', em *Oni ne molchali* (Moscou, 1991), pp. 215-25).

Comitê Central. O que mais o perturbara fora o enorme poder pessoal de Stalin e sua utilização desenfreada do NKVD para eliminar os inimigos. Acredita-se que Piatnitsky, na seção plenária de junho, tenha acusado o NKVD de forjar provas contra "inimigos do povo" e exigido a criação de uma comissão especial do Partido para supervisionar o trabalho do NKVD. Foi um discurso suicida, e Piatnitsky certamente tinha consciência disso. Quando terminou de falar, o plenário foi tomado pelo silêncio. A tensão era palpável. Um recesso foi pedido. Instruídos por Stalin, vários líderes do Partido, incluindo Kaganovich, Molotov e Voroshilov, tentaram persuadir Piatnitsky a voltar atrás no que afirmara para salvar a própria vida. Molotov implorou-lhe que pensasse nas consequências para a esposa e os filhos. Mas Piatnitsky não voltou atrás — ele disse que sabia qual seria seu destino, mas que sua "consciência comunista" não permitia que retirasse o que tinha dito. Segundo Kaganovich, Piatnitsky disse-lhe que o protesto fora um ato consciente e premeditado. "Ele disse que estava disposto a sacrificar a própria vida em prol da unidade e da pureza moral do Partido e que, se necessário, caminharia sobre os cadáveres da esposa e dos filhos." Quando o evento foi relatado a Stalin, a liderança resolveu encerrar a seção plenária do dia. Na manhã seguinte, a seção plenária foi aberta com um discurso de Nikolai Yezhov, comandante do NKVD, que acusou Piatnitsky de ser um espião tsarista enviado pelas potências capitalistas para infiltrar-se na Comintern. Yezhov pediu uma votação pela censura a Piatnitsky, que foi aprovada com três abstenções, uma delas de Krupskaia, que se recusou a acreditar nas acusações feitas pelo NKVD contra Piatnitsky ("Ele é o mais honesto dos homens. Lenin o amava e respeitava profundamente") até o momento em que foi preso.[7] Piatnitsky retornou "exausto e deprimido" da seção plenária, observou Julia em seu diário. Quando perguntou ao marido qual era o problema, Piatnitsky "falou sobre todas as crianças, sobre todos os inocentes que haviam sido forçados a viver sob um desgaste psicológico constante".[8]

Durante as duas semanas seguintes, Piatnitsky ficou em casa, trancado em seu escritório. Quase não comia e passava o dia todo ao telefone, tentando entrar em contato com Yezhov. Julia não aguentou a tensão e foi passar alguns dias na dacha — decisão da qual viria a se arrepender. "Eu deveria ter permanecido ao lado dele", escreveu em seu diário em março de 1938. "Eu não compreendia a situação em que ele se encontrava. Eu não era suficientemente inteligente ou forte o bastante. Ser a esposa de alguém como ele significa servi-lo, estar sempre a postos."[9] No decorrer dessas duas semanas, Osip preparou-se para ser preso. Transferiu suas economias e itens de valor para Julia e destruiu seu caderno de anotações pessoais e suas cartas. Sendo um revolucionário experiente, preso diversas vezes no passado, Osip sabia como se preparar. Em 5 de julho, foi expulso do Partido. Ao retornar da dacha, Julia percebeu que ele estava tão desesperado que chegava a contemplar o suicídio. Ele não conseguia pensar em viver sem o Partido. Mas no dia seguinte, quando visitaram alguns amigos de longa data, Osip disse-lhe que mudara de ideia e que se submeteria à punição imposta a ele em prol da unidade do Partido: "Se é necessário fazer um sacrifício pelo Partido, não importa o quanto seja pesado, irei suportá-lo com prazer." Osip avisou aos filhos para que ficassem preparados para sua prisão e explicou que discutira com os camaradas da liderança do Partido e que eles o haviam delatado. Osip negou ser culpado e disse que lutaria ao máximo para provar sua inocência, mas que, caso fosse preso, não deveriam esperar revê-lo. "Ele me disse para não lutar contra Stalin. Isso foi a coisa mais importante que me disse", recordou Igor.[10]

O NKVD veio prender Osip pouco depois das 11 horas da noite do dia 7 de julho. O próprio Yezhov efetuou a prisão. Invadindo o apartamento, os homens do NKVD jogaram uma camisola para Julia e ordenaram que a vestisse. Ela começou a gritar e a xingá-los. Yezhov disse a ela que "cidadãos soviéticos não falam desse jeito com representantes das autoridades". Osip desculpou-se pelo comportamento da esposa. Ele partiu com os homens do NKVD, carregando uma maleta que continha seu pijama e uma escova de dentes. Julia desmaiou quando estavam indo embora. Ao recobrar a consciência, já tinham partido. "Só pensei em uma coisa", observou em seu diário — "o pensamento avassalador de que não o veria novamente — isso e uma sensação terrível de impotência." No dia seguinte, quando Julia estava no trabalho, o NKVD invadiu o apartamento. Os agentes revistaram os documentos de Osip e levaram os itens de valor da família: dinheiro e cadernetas bancárias, um rádio, uma bicicleta, casacos, roupas de cama, lençóis e até miudezas, como xícaras de chá, desapareceram. A porta do escritório de Osip foi lacrada com cera. Ninguém ousou romper o lacre, mas se o tivessem feito, teriam encontrado uma biblioteca que os Piatnitsky poderiam ter vendido para ajudá-los a sobreviver durante os meses seguintes, quando foram repentinamente reduzidos à pobreza, assim como todas as famílias de "inimigos do povo".[11]

É provável que o destino de Osip já estivesse decidido muito antes de seu protesto na seção plenária de junho. No Grande Terror de 1937 e 1938 — quando pelo menos 1,3 milhão de pessoas foram presas por crimes cometidos contra o Estado —, a Comintern foi um dos principais alvos de Stalin. É válido examinar os motivos que levaram a isso, pois são a resposta para o enigma das origens do Terror.

Extraordinário até mesmo para os padrões do regime stalinista, o Grande Terror não foi uma onda rotineira de prisões em massa, como as que tomaram conta do país durante o reinado de Stalin, mas sim uma política calculada de assassinatos em massa. Não mais satisfeito com a prisão de "inimigos políticos" reais ou imaginários, Stalin ordenou à polícia que retirasse pessoas das prisões e dos campos de trabalho e as matasse. Nos anos de 1937 e 1938, de acordo com estatísticas incompletas, um total impressionante de pelo menos 681.692 pessoas, provavelmente muito mais, foram fuziladas por cometerem "crimes contra o Estado" (91% de todas as sentenças de morte por crimes políticos executadas entre 1921 e 1940, se é que se pode acreditar nos números registrados pelo NKVD). No mesmo período, a população dos campos de trabalho do Gulag e das colônias cresceu, passando de 1.196.369 para 1.881.570 pessoas (cifras que excluem pelo menos 140 mil mortes dentro dos próprios campos e o número desconhecido de mortos durante o transporte para os campos). Outros períodos da história soviética também testemunharam prisões em massa de "inimigos", mas nunca tantas vítimas haviam sido mortas. Mais da metade das pessoas presas durante o Grande Terror acabaram sendo fuziladas, em comparação com menos de 10% das prisões efetuadas em 1930, o segundo maior pico de execuções no período de Stalin, quando 20.201 pessoas foram executadas. Durante a "operação anti*kulak*" de 1929-32, o número de prisões também foi muito alto (586.904), mas apenas 6% das vítimas (35.689 pessoas) acabaram sendo fuziladas.[12]

Não é fácil explicar as origens do Grande Terror. Tampouco fica imediatamente claro por que ele foi tão concentrado nesses dois anos. Para começarmos a compreendê-lo, precisamos ver o Grande Terror não como um acontecimento descontrolado ou acidental, um produto do caos do regime stalinista que poderia ter emergido praticamente em qualquer momento — visão que, ocasionalmente, é defendida[13] —, mas sim como uma operação elaborada e controlada por Stalin em resposta às circunstâncias específicas percebidas por ele em 1937.

Alguns historiadores rastrearam as origens do Grande Terror até o assassinato do líder do Partido em Leningrado, Sergei Kirov, em dezembro de 1934 — ato que, dizem, conduziu o regime à caça assassina de inimigos ocultos. Mas essa teoria levanta a questão do motivo pelo qual as prisões e os assassinatos em massa não tiveram início em 1934-35. Por que houve uma calmaria de dois anos antes da tempestade de 1937-38? Depois do assassinato de Kirov, ocorreram prisões em massa em Leningrado, mas, fora isso, os anos de 1935 e 1936 foram relativamente isentos de terror para as classes políticas no resto da União Soviética. Na verdade, sob a direção de Aleksandr Vyshinsky, procurador-geral da União Soviética, o regime fez um esforço consciente para retornar a uma ordem legal mais estável e tradicional após o caos instaurado entre 1928 e 1934.[14] Outros historiadores ligaram o Grande Terror aos temores de Stalin de uma ameaça interna, especialmente no interior do país, onde, alega-se, a insatisfação em massa poderia ter adquirido um caráter político caso a realização das eleições soviéticas tivesse sido autorizada, como prometera a "Constituição de Stalin" de 1936.[15] Mas os relatos do NKVD de insatisfação doméstica não eram confiáveis ("sentimento antissoviético" e "ameaças de revoltas" eram forjados com frequência pelo NKVD para justificar aumentos em seu orçamento e em sua equipe), e não é nem um pouco claro se Stalin ou qualquer outra pessoa no círculo governante os levava a sério. De todo modo, tais relatos não contêm nenhum indício de que a ameaça interna fosse maior em 1937 do que em qualquer período anterior. Houve o mesmo número de relatos de insatisfação e de oposição entre 1928 e 1932, mas nada naqueles anos se igualou à intensidade dos assassinatos cometidos pelo Estado em 1937 e 1938.

Contudo, outros historiadores sugeriram que o Grande Terror é mais bem compreendido como "um número de fenômenos relacionados, porém independentes", cada um deles passível de explicação por si próprio, mas não como parte de um único evento.[16] E, realmente, o Grande Terror foi um amálgama complexo de elementos diferentes: os grandes "julgamentos encenados" contra os antigos bolcheviques, o expurgo realizado nas elites políticas, as prisões em massa nas cidades, a "operação *kulak*" e as "operações nacionais" contra as minorias. Apesar de ser útil analisar separadamente os diversos componentes do terror, permanece o fato de que todos começaram e terminaram simultaneamente, o que indica efetivamente que foram parte de uma campanha unificada que precisa ser explicada.

A chave da compreensão do Grande Terror como um todo talvez esteja no temor de Stalin de uma guerra iminente e na percepção que ele tinha de uma ameaça internacional à União Soviética.[17] A agressão militar da Alemanha de Hitler, anunciada pela ocupação de Rhineland em 1936, e a ocupação da Manchúria pelos japoneses convenceram Stalin de que a URSS estava ameaçada pelos Eixos de poder em duas frentes distintas. Os temores de Stalin foram reforçados em novembro de 1936, quando Berlim e Tóquio se uniram por meio de um pacto (ao qual a Itália fascista também aderiu, posteriormente) contra a Comintern. Apesar de continuar apoiando a "segurança coletiva", Stalin não depositava muitas esperanças na aliança soviética com as potências ocidentais para conter a ameaça dos Eixos: os Estados ocidentais tinham fracassado na tentativa de intervir na Espanha, pareciam comprometidos com a conciliação com a Alemanha nazista e, supostamente, transmitiram a Stalin a impressão de que tinham o objetivo oculto de desviar as forças de Hitler para o Oriente e envolvê-las em uma guerra contra a URSS em vez de confrontá-las no Ocidente. Em 1937, Stalin estava convencido de que a União Soviética se encontrava à beira de uma guerra contra os Estados fascistas europeus e contra o Japão no Oriente. Tipicamente, a imprensa soviética retratava o país como se estivesse sendo ameaçado por todos os lados e minado por fascistas infiltrados — "espiões" e "inimigos ocultos" — em todas as partes da sociedade.

"Nossos inimigos dos círculos capitalistas são incansáveis e se infiltram em todos os lugares", disse Stalin ao escritor Romain Rolland, em 1935. A visão política de Stalin — como a de muitos bolcheviques — fora profundamente moldada pelas lições aprendidas na Primeira Guerra Mundial, quando o regime tsarista foi derrubado pela revolução social que ocorreu na retaguarda. Ele temia uma reação similar contra o regime soviético caso entrasse em guerra contra a Alemanha nazista. A Guerra Civil espanhola reforçou seus temores em relação ao problema. Stalin adquiriu um interesse atento pelo conflito espanhol, considerando-o (assim como a maioria de seus conselheiros) um "cenário válido para uma futura guerra na Europa" entre o comunismo e o fascismo.[18] Stalin reduziu as derrotas militares dos republicanos em 1936 a lutas internas fracionárias entre comunistas, trotskistas, anarquistas espanhóis e outros grupos de esquerda, o que o levou a concluir que na União Soviética havia uma necessidade urgente de repressão para esmagar não somente uma "quinta coluna" de "espiões e inimigos fascistas", mas também toda oposição em potencial antes que uma guerra contra os fascistas estourasse.

Aparentemente, um medo paranoico de "inimigos" era parte da personalidade de Stalin, o que foi reforçado pelo suicídio de sua esposa, Nadezhda, em 1932, e pelo assassinato de Kirov, a quem Stalin dizia amar como a um irmão. "Talvez Stalin nunca tenha confiado muito nas pessoas", escreveu sua filha, Svetlana, "mas depois que eles morreram, perdeu definitivamente a confiança que tinha nelas."* Stalin atribuiu o

---

* É possível que Stalin estivesse envolvido no assassinato de Kirov. O chefe do Partido em Leningrado era um líder muito popular e mais moderado do que Stalin, que tinha bons motivos para temer que Kirov viesse a emergir como um sério rival de sua liderança. Jamais se encontrou qualquer prova concreta da participação de Stalin no assassinato. Mas Stalin utilizou o assassinato para abraçar sua obsessão por uma ameaça interna e para perseguir seus "inimigos".

assassinato de Kirov aos "zinovievistas" (a "Oposição de Leningrado") e emitiu mandados de prisão para os apoiadores de Zinoviev, ex-líder de Leningrado, apesar da ausência de provas que os ligassem ao assassinato. No final das contas, muitos deles foram condenados por "cumplicidade moral" no assassinato de Kirov, sob a alegação de que haviam criado um clima de oposição que encorajara o assassinato de líderes soviéticos. Nos dois meses e meio que se seguiram ao assassinato, quando Stalin assumiu a investigação em Leningrado, quase mil "zinovievistas" foram presos. A maioria foi exilada para assentamentos remotos. Zinoviev e Kamenev, aliados de Trotski na Oposição Unida contra Stalin durante a década de 1920, foram presos: Zinoviev foi condenado a dez anos de prisão e Kamenev, a cinco. Quando os oficiais do NKVD relutaram em prender tantos membros leais ao Partido, Stalin chamou Iagoda, chefe do NKVD, e avisou-lhe para que fosse mais vigilante, do contrário "nós o derrubaremos a tapas". A posição de Iagoda foi ainda mais prejudicada em 1935, quando Yezhov, que fora colocado à frente do expurgo no Partido, alegou ter descoberto uma grande rede de "espiões estrangeiros" e "terroristas" organizada por Trotski e Zinoviev no coração do Kremlin que passara despercebida pelo NKVD. Stalin finalmente perdeu a paciência com Iagoda, substituindo-o por Yezhov, um carrasco brutal, sem nenhuma consciência moral, que estava preparado para dar vazão às fantasias paranoicas de Stalin forjando provas de "conspirações contrarrevolucionárias" e de "anéis de espionagem" em todos os lugares. Durante vários anos, Yezhov defendera a teoria de que Kamenev e Zinoviev, seguindo ordens de Trotski vindas do exterior, estariam planejando assassinar Kirov, Stalin e outros membros da liderança do Partido. Baseando-se nessa teoria, Stalin reinstaurou as investigações do assassinato de Kirov. Em agosto de 1936, Zinoviev, Kamenev e mais 14 líderes do Partido foram julgados por traição. Todos foram condenados à morte, com outras 160 pessoas presas por motivos relacionados ao julgamento.[19]

Esse foi o primeiro de uma série de "julgamentos encenados" realizados em Moscou, cujo objetivo era revelar e erradicar um anel coordenado de "espiões" e "terroristas" organizado por antigos oposicionistas. Um segundo julgamento encenado, em janeiro de 1937, testemunhou a condenação de Georgii Piatakov, vice-comissário da indústria pesada, de Karl Radek e de outros 15 ex-apoiadores de Trotski por sabotagem e espionagem industrial. Entre abril e maio de 1937, oito comandantes militares superiores, incluindo o marechal Tukhachevsky (vice-comissário de defesa), o general Uborevich (comandante do distrito militar da Bielorrússia) e o general Iakir (comandante do distrito militar de Kiev), foram presos, torturados brutalmente e julgados *in camera* por traição e espionagem. Foi dito que recebiam financiamento dos alemães e dos japoneses. Foram todos fuzilados no mesmo dia. No último e maior de todos os julgamentos encenados, em março de 1938, Bukharin, Iagoda, Rykov e mais 13 oficiais superiores foram condenados ao pelotão de fuzilamento por conspirarem com os zinovievistas e com os trotskistas para assassinar os líderes soviéticos, sabotar a economia e espionar, sob o comando das potências fascistas. Supostamente, o envolvimento de Iagoda no plano explicava por que levara tanto tempo para que a conspiração fosse descoberta.

Quando um líder do Partido era preso, todas as pessoas em sua órbita social se tornavam suspeitas. Uma cidade provinciana típica era governada por um grupo de oficiais superiores — o chefe distrital do Partido, o chefe de polícia, os chefes das fábricas locais, das fazendas coletivas e das prisões e o líder soviético local. Cada um tinha suas próprias redes de patronos e clientes nas instituições das cidades. Esse oficiais protegiam-se mutuamente enquanto seu círculo de poder era preservado. Mas a prisão de um deles inevitavelmente levava à prisão de todos os outros membros do círculo, assim como das pessoas beneficiadas por eles, quando o NKVD começava a revelar as ligações entre os membros. Em 1937, por exemplo, o NKVD prendeu o secretário do Partido de Nikopol, na Ucrânia oriental, além de seus

assistentes, amigos, homens e mulheres empregados por ele em qualquer lugar em Nikopol. O comandante da guarnição de Nikopol também acabou sendo preso, seguido pelo promotor local e toda a sua equipe legal, até prenderem, finalmente, o presidente do Conselho de Nikopol... o banco, o jornal e todas as instituições comerciais locais foram "expurgadas"... o gerente da administração comunitária, o chefe da brigada de incêndio, o chefe da instituição financeira... [20]

Deste modo, o terror na liderança espalhou-se para os escalões inferiores do Partido, para as instituições soviéticas e para a sociedade. De acordo com uma estimativa, 116.885 membros do Partido foram executados ou presos entre 1937 e 1938. Quanto mais alta a posição de um membro do Partido, maior eram as chances de que fosse preso, pois os membros dos escalões inferiores estavam sempre prontos para delatar os superiores com o objetivo de substituí-los em seus postos. Dos 139 membros do Comitê Central eleitos no Décimo Sétimo Congresso do Partido em 1934, 102 foram presos e executados. Outros cinco cometeram suicídio entre 1937 e 1938. Além disso, 56% dos delegados do congresso foram presos nesses dois anos. A dizimação do Exército Vermelho foi ainda mais completa: dos 767 membros do comando superior (comandantes de brigada e seus superiores), 412 foram executados, 29 morreram na prisão, três cometeram suicídio e 59 permaneceram presos.[21]

Stalin provavelmente sabia que a vasta maioria das vítimas era totalmente inocente. Mas como bastava um pequeno punhado de "inimigos ocultos" para fazer uma revolução quando o país estivesse em guerra, ele considerava totalmente justificável prender milhões de pessoas para erradicá-los. Como Stalin disse em junho de 1937, se apenas 5% dos presos fossem realmente inimigos, "seria um bom resultado". Provas eram de pouca importância. Segundo Nikita Khrushchev, que na época era chefe do comitê do Partido em Moscou, Stalin "costumava dizer que se um relato [delação] fosse 10% verdadeiro, deveríamos considerar todo o relato como sendo verdadeiro". Todos no NKVD sabiam que Stalin estava disposto a prender milhares de pessoas para capturar apenas um espião. Eles sabiam que não atingir as metas de prisões somente resultaria em problemas para eles próprios por falta de vigilância. "Muito é melhor do que o insuficiente", avisou Yezhov aos agentes do NKVD. "Não importa que mil pessoas a mais sejam mortas [em uma operação]."[22]

Para Stalin e aqueles que o apoiavam, o Grande Terror era uma preparação para a guerra iminente. Molotov e Kaganovich continuaram a defender esse argumento até a morte. "Stalin estava se protegendo" (*perestrakhoval*), explicou Molotov em 1986. O "grande expurgo" era uma "apólice de seguro" — um meio necessário para que a liderança pudesse atingir os "indecisos", os "carreiristas" e os "inimigos ocultos" dentro do Partido que poderiam trazer problemas durante uma guerra. Molotov admitiu que erros foram cometidos, com muitas pessoas presas injustamente, mas "teríamos sofrido perdas ainda maiores na guerra — e talvez fôssemos derrotados — se a liderança tivesse hesitado e permitido que houvesse conflitos internos".

Fomos obrigados a garantir que não houvesse uma quinta-coluna durante uma guerra. É questionável que todas aquelas pessoas fossem espiãs, mas... o principal é que, no momento decisivo, não se confiava nelas... Se Tukhachevsky, Iakir, Rykov e Zinoviev aderissem à oposição durante a guerra, ocorreriam perdas colossais e um conflito colossal... Todos teriam sido destruídos!

Na década de 1980, Kaganovich justificou de modo parecido o Grande Terror: a liderança percebera a iminência de uma guerra e que o país precisava se proteger "drenando o pântano (*boloto*)" — ou seja, "destruindo quem não fosse confiável e os indecisos". Isso não foi apenas uma racionalização *post facto* de Kaganovich. Em junho de 1938, ele dissera ao Partido Donbass que as repressões em massa foram necessárias em função da ameaça de uma guerra e que o país "já estaria em guerra" se os "inimigos internos e espiões" não tivessem sido destruídos na "grande purificação".[23]

Coordenado pelo Kremlin e executado localmente pelo NKVD, o Grande Terror espalhou-se pela sociedade como uma série de campanhas em massa para purgar o país de elementos "antissociais" e potencialmente "antissoviéticos" caso houvesse uma guerra. De longe, a maior de todas as campanhas em massa foi a "operação *kulak*", instituída pela infame Diretiva 00447, à qual se atribui metade de todas as prisões (669.929) e mais da metade das execuções (376.202) efetuadas entre 1937 e 1938. Quase todas as vítimas foram os ex-*kulaks* e familiares que haviam retornado recentemente de "assentamentos especiais" e de campos de trabalho do Gulag depois de cumprirem a pena padrão de oito anos por "agitação e propaganda contrarrevolucionárias", imposta durante a campanha de coletivização de 1929-30. Stalin temia que o país fosse tomado por *kulaks* insatisfeitos e amargurados que pudessem representar uma ameaça em tempos de guerra. Stalin preocupava-se particularmente com os relatórios do NKVD sobre uma organização monarquista Branca, a União Militar Geral Russa (ROVS), a qual, supostamente, estaria preparando um "levante *kulak*" que coincidiria com uma invasão japonesa na Sibéria. Dezenas de milhares de supostos membros da ROVS foram fuzilados durante a "operação *kulak*", apesar de raramente serem contabilizados nas estatísticas oficiais (o NKVD de Altai, por exemplo, fez um relatório à parte sobre os 22.108 membros da ROVS executados por ela em 1937). A "operação *kulak*" estava ligada a uma limpeza em massa dos soviéticos locais, tendo sido particularmente brutal em regiões fronteiriças, como nas províncias ocidentais, e em regiões de cujas populações o regime mais temia, como a de Donbass e a Sibéria ocidental.[24]

Também foram realizadas "operações nacionais" de grande escala, deportações e execuções em massa de minorias soviéticas consideradas "espiãs" em potencial caso houvesse uma guerra: alemães, poloneses, finlandeses, letões, armênios, gregos, coreanos, chineses e até russos de Kharbin, que haviam retornado da Manchúria para a União Soviética após a venda da Estrada de Ferro Ocidental da China para Manchuko, o Estado-fantoche manchuriano criado pelos japoneses em 1932. A desconfiança de Stalin pelos poloneses das regiões soviéticas ocidentais era particularmente acentuada, datando desde a Guerra Civil russa, quando a Polônia invadiu a Ucrânia e, posteriormente, derrotou o Exército Vermelho quando este contra-atacou Varsóvia — uma derrota militar na qual Stalin fora pessoalmente humilhado, por causa dos erros táticos cometidos por ele como comissário de frente de batalha. Stalin via os poloneses soviéticos (e também muitos bielorrussos e ucranianos, os quais considerava como sendo realmente "poloneses") como uma quinta-coluna do Estado polonês semifascista do marechal Jozef Pilsudski, o qual, temia Stalin, poderia vir a se unir à Alemanha nazista para atacar novamente a União Soviética. Como resultado da "operação nacional" contra os poloneses, decretada pela Diretiva 00485 em agosto de 1937, quase

140 mil pessoas foram executadas ou enviadas para campos de trabalho até novembro de 1938.[25]

O número de desaparecidos entre 1937 e 1938 foi tão grande, especialmente nos círculos do Partido e da *intelligentsia* das principais capitais, que as prisões pareciam aleatórias, como se qualquer pessoa pudesse ser capturada pelos corvos negros* que circulavam à noite pelas ruas. A população carcerária era formada por uma grande interseção de partes da população. A maioria dos prisioneiros não tinha a menor ideia dos crimes pelos quais havia sido presa. No outono de 1938, virtualmente todas as famílias tinham perdido algum parente ou conheciam alguém com parentes presos. As pessoas viviam na expectativa temerosa de que lhe batessem à porta no meio da noite. Dormiam mal e acordavam sempre que ouviam um carro estacionar na rua. Ficavam deitadas esperando o som de passos passando pela escada ou pelo corredor, antes de caírem novamente no sono, aliviadas que os visitantes não fossem para elas. Liubov Shaporina, fundadora do Teatro de Marionetes de Leningrado, escreveu em seu diário no dia 22 de novembro de 1937:

> Os prazeres da vida cotidiana. Acordo de manhã e penso automaticamente: graças a Deus que não fui presa ontem à noite, eles não prendem as pessoas durante o dia, mas ninguém sabe o que acontecerá hoje à noite. É como o cordeiro de Lafontaine — todas as pessoas têm motivos suficientes para justificar que sejam presas e exiladas para lugares desconhecidos. Tenho sorte e estou totalmente tranquila — simplesmente não me importo. Mas a maioria das pessoas está vivendo completamente aterrorizada.[26]

Vladimir Piatnitsky, filho de Osip, lembra-se do clima na Casa do Aterro antes da prisão do pai:

> Havia mais de 500 apartamentos para funcionários de elite do Partido naquele prédio sombrio, e prisões eram ocorrências comuns. Como eu estava sempre brincando no pátio e nos corredores, vi várias prisões. À noite, quando escurecia, a casa ficava deserta e silenciosa. Era como se os habitantes tivessem se escondido, esperando uma

---

* Nome popularmente dado aos furgões negros utilizados pelo NKVD para efetuar as prisões. (*N. do T.*)

catástrofe. De repente, vários carros entravam no pátio, dos quais saíam homens uniformizados e à paisana que se dirigiam para as entradas das escadas — cada um sabia o caminho para o "seu" endereço. Em seguida, podia-se ver as luzes de vários apartamentos sendo acesas. Como sabia onde todos moravam, eu conseguia adivinhar quem estava sendo preso. Quando acendiam todas as luzes de algum apartamento, era a indicação de que estavam fazendo uma revista. Naqueles dias, muitas pessoas esperavam ser presas, mas não sabiam quando chegaria a sua vez.[27]

As pessoas aguardavam a chegada da hora em que seriam presas. Muitas deixavam maletas arrumadas ao lado da cama para estarem prontas quando o NKVD batesse à porta. Tal passividade é uma das características mais impressionantes do Grande Terror. Havia muitas maneiras de evitar a prisão — a mais simples e eficaz era mudar para outra cidade e assumir outra identidade comprando documentos no mercado negro, pois o NKVD não era bom em localizar pessoas em fuga.[28] O povo russo tinha uma tradição antiga de fugir da perseguição do Estado — desde os crentes antigos até os que fugiam da servidão —, tática adotada por milhões de camponeses que fugiam das fazendas coletivas e dos "assentamentos especiais". Mas grande parte da população urbana permanecia no mesmo lugar, sem qualquer indício de resistência, esperando ser capturada pelo Terror.

Em retrospecto, o roteirista de cinema Valerii Frid (1922-98), preso em 1943, achou que a maioria das pessoas estava paralisada de medo. As pessoas estavam tão hipnotizadas pelo poder do NKVD, o qual acreditavam estar em todas as partes, que não conseguiam contemplar resistir nem fugir.

Não consigo pensar em nenhuma analogia na história da humanidade. Portanto, preciso utilizar um exemplo da zoologia: o coelho hipnotizado pela jiboia... Todos éramos como coelhos que reconheciam o direito da jiboia de nos engolir; quem quer que fosse dominado por seu olhar caminharia com muita calma, sentindo na boca o gosto da perdição.[29]

Viacheslav Kolobkov recorda do pânico do pai, um operário de uma fábrica de Leningrado, quando um carro parou à noite diante da casa em que moravam.

Todas as noites, ele ficava acordado — esperando o som do motor de um carro. Quando ouvia o som, sentava-se enrijecido na cama. Ficava aterrorizado. Eu sentia o cheiro de seu medo, da transpiração nervosa, e sentia seu corpo tremer, apesar de mal poder vê-lo na escuridão. Quando ouvia um carro, ele sempre dizia: "Vieram me prender!" Estava convencido de que seria preso por algo que teria dito — às vezes, em casa, amaldiçoava os bolcheviques. Quando ouvia um motor sendo desligado e a porta de um carro sendo fechada, meu pai levantava e começava a procurar em pânico pelas coisas das quais achava que mais precisaria. Ele sempre mantinha esses itens ao lado da cama para estar pronto quando "eles" viessem para prendê-lo. Lembro-me das cascas de pão que ficavam ali — seu maior temor era partir sem levar pão. Foram muitas as noites em que meu pai praticamente não dormiu — esperando um carro que nunca chegava.[30]

Os membros da elite bolchevique eram particularmente passivos diante da possibilidade de serem presos. A maioria fora tão doutrinada pela ideologia do Partido que a ideia de resistir era facilmente superada pela necessidade mais profunda de provar sua inocência diante do Partido. Yevgeniia Ginzburg era casada com um líder do primeiro escalão do Partido em Kazan, além de ser uma ativista do Partido. Depois que o marido foi preso, perdeu o emprego e temia que a própria prisão fosse iminente. Sua sogra era uma "camponesa simples e analfabeta nascida na época da servidão", recorda Ginzburg, além de ter "uma mentalidade profundamente filosófica e uma capacidade notável de ir direto ao assunto quando falava sobre os problemas da vida". A velha camponesa aconselhou Yevgeniia a fugir:

"O que os olhos não veem, o coração não sente, costumam dizer. Quanto mais longe estiver, melhor. Por que não vai para nossa antiga aldeia, Pokrovskoye?...
Mas como posso fazer isso, avó? Como posso abandonar tudo, as crianças e meu trabalho? [respondeu Ginzburg].
Bem, de todo modo, eles já tomaram seu trabalho. E as crianças não sofrerão mal algum estando conosco.
Mas preciso provar minha inocência para o Partido. Como é que eu, uma comunista, poderia me esconder do Partido?[31]

A crença na própria inocência incapacitava muitos bolcheviques. De algum modo, eles conseguiam convencer a si próprios que somente os culpados eram presos e que eles seriam protegidos pela própria inocência. Elena Bonner recorda-se de ter ouvido de madrugada uma conversa entre os pais, que sempre tinham sido leais ao Partido, após a prisão de um amigo próximo. Elena acordara no meio da noite, sofrendo de ansiedade porque a prisão fizera com que se desse conta "de que nossa vez estava se aproximando, inexorável e brevemente".

Estava escuro na sala de jantar, mas eu podia ouvir vozes vindo do quarto dos meus pais. Fui até a porta e ouvi minha mãe assoar o nariz. Em seguida, ela falou, chorando. Eu nunca a tinha visto chorar. Ela ficava repetindo "toda a minha vida", soluçando... Papai respondeu delicadamente, mas não consegui entender o que disse. De repente, ela gritou: "Conheci Styopa por toda a minha vida. Você sabe o que isso significa? Conheço-o há três vezes mais tempo do que você. Compreende? Você entende?" Depois, apenas soluços, acompanhados por um rangido e pelo som de chinelos arrastando no chão — papai havia levantando da cama. Pulei para longe da porta, temendo que ele saísse. Mas papai começou a caminhar de um lado para o outro dentro do quarto — cinco passos até a janela e mais cinco até a cama, como um pêndulo. Ele acendeu um fósforo. Mamãe recomeçou a falar: "Diga-me se você acredita que Agasi... Se acredita que Pavel e Shurka... Você acredita que eles...?" Ela não concluía as frases, mas o sentido era claro. Depois, falou com calma e suavidade: "Eu sei que você não pode acreditar." Papai respondeu em uma voz estranha e suplicante: "Mas Rufa-*djan* [era assim que se referia a Ruth, mãe de Elena], como posso não acreditar?" Depois de uma pausa, completou: "Não estão prendendo nós dois, afinal de contas."[32]

Havia outros bolcheviques, incluindo Piatnitsky, que eram tão comprometidos com as próprias crenças comunistas que estavam dispostos a confessar os crimes pelos quais eram acusados, mesmo sabendo que eram inocentes, caso fosse a exigência do Partido.* De acordo com a moral comunista, esperava-se que um bolchevique acusado de cometer crimes se redimisse, ajoelhando-se diante do Partido e aceitando o julgamento contra ele. Piatnitsky deve ter se referido a isso quando disse

---

* Eles são epitomados por Rubashov, o velho revolucionário do romance *O zero e o infinito* (1940), de Arthur Koestler, que, ao ser julgado, confessa ter cometido os crimes pelos quais é acusado, mesmo sabendo que é inocente — porque deseja servir ao Estado.

na véspera de ser preso que se fosse necessário realizar um sacrifício pelo Partido, ele o "suportaria com prazer".

Muitos bolcheviques tentaram preparar suas famílias para a possibilidade de serem presos e também as proteger tanto quanto pudessem. Poucos dias antes de ser preso, em agosto de 1937, Pyotr Potapov, um oficial de transportes do rio Kama, enviou a família em uma visita a parentes em Nizhny Novgorod. "Não tirávamos férias havia mais de cinco anos", recorda sua filha. "Ele percebeu o que estava para acontecer e temeu por nós. Ele queria que estivéssemos longe quando o NKVD viesse prendê-lo." Lev Ilin, um oficial superior da estrada de ferro de Murmansk, transferiu a família de seu espaçoso apartamento em Leningrado para um pequeno apartamento comunitário, para que não fossem forçados a dividir com outra família o espaço de moradia que tinham, no caso de ele ser preso. Ilin assegurou-se de que a esposa, que nunca tinha trabalhado, obtivesse um emprego em uma fábrica têxtil, para que alguém na família pudesse sustentar sua filha. Ele implorou à esposa que se divorciasse dele, na esperança de que, assim, ficasse protegida de ser presa, mas ela recusou, alegando que seria um "ato vergonhoso de traição". O casal teve discussões amargas sobre o assunto, até o dia em que Lev foi preso.[33]

Stanislav e Varvara Budkevich, ambos presos em 1937, tentaram preparar a filha de 14 anos, Maria, para sobreviver por conta própria. Treinaram-na a fazer compras sozinha, a não dizer nada sobre os pais caso fossem presos e obrigaram-na a ler nos jornais a respeito dos julgamentos encenados, para que pudesse compreender a natureza da ameaça que lhe poderia tomar os pais. "Entendi tudo", recordou Maria. "Meu pai era próximo de Tukhachevsky, pois trabalhava com ele na Equipe Geral, e nossa casa era repleta de militares, então eu compreendia o que estava acontecendo quando as pessoas foram presas, uma de cada vez." O pai de Maria foi preso em 8 de julho e a mãe, em 14 do mesmo mês.

Mamãe sentiu que seria presa naquela noite, durante a qual ficamos sentadas as duas, a sós, sem Andrei [irmão mais novo de Maria], apesar de mamãe saber que eu tinha provas na manhã seguinte. Era meia-noite quando, finalmente, disse para mim: "Está ficando tarde, vá para a cama."

Na manhã seguinte, ao acordar, Maria viu que a mãe havia desaparecido — ela fora presa à noite — e deparou-se com agentes do NKVD revistando seu quarto. Sua mãe havia deixado ao lado da cama um bilhete de despedida e um pouco de dinheiro.[34]

O jurista Ilia Slavin foi preso na noite de 5 de novembro de 1937. Ele não escrevera o livro sobre a remodelagem dos trabalhadores do Gulag no canal do mar Branco que havia sido encomendado pelo NKVD. No dia em que foi preso, Ilia foi chamado ao escritório do Partido em Leningrado, onde lhe ofereceram a posição de diretor do Instituto de Direito — o diretor anterior acabara de ser preso. Slavin ficou aliviado. Ele estivera esperando pelo pior, mas agora parecia que estava salvo. Voltou para casa animado. À noite, a família Slavin celebrou o 16º aniversário de Ida, que recordou:

Mamãe preparou uma refeição deliciosa. Meu irmão fez uma "edição de aniversário" especial de nosso jornal de parede, "Aleluia" [um quadro de avisos de agitação mantido em casa pela família Slavin], e assumiu o papel de pianista da noite. Coloquei um vestido novo e elegante para receber os amigos da escola... Papai estava em sua melhor forma: brincou conosco, fez bagunça como uma criança, dançou com todas as meninas, bebeu muito e até cantou sua canção favorita, "O Rouxinol".

Quando as visitas já tinham partido, Ilia começou a falar sobre os planos que estava fazendo para as férias de verão seguintes. "Ele queria que todos a passássemos juntos, como uma família, e falou em viajarmos para o Cáucaso e para o mar Negro."

O NKVD chegou à uma da madrugada. Ida recorda do ocorrido:

Fui despertada repentinamente por uma luz forte e por uma voz estranha, que me disse para vestir-me depressa. Um oficial do NKVD estava na porta. Ele praticamente nem tentou desviar os olhos enquanto me esforçava para colocar a roupa. Em seguida, levou-me para o escritório de papai. Ali estava meu pai, sentado em um banquinho no meio da sala, parecendo, de uma hora para a outra, muito mais velho. Mamãe, meu irmão e sua esposa grávida sentaram-se comigo no divã. O jardineiro ficou de pé na porta enquanto o oficial do NKVD colocava-se à vontade...

Lembro-me somente de certos momentos daquela noite:

Passando os olhos pelo escritório de meu pai, o oficial do NKVD (sempre me lembrarei de seu nome: Beigel) suspirava ocasionalmente: "Quantos livros vocês têm. Sou estudante e não tenho tantos livros." Folheando os livros, ele parava sempre que encontrava algum que contivesse alguma anotação feita pelo meu pai, batia com o punho na mesa e perguntava gritando: "Quem é esse autor?"

Então, em uma cena quase tragicômica, Beigel disse-me para pegar o livro didático da minha aula de alemão. Teatralmente (era evidente que já havia representado essa cena em muitos lares que tinham crianças da minha idade), voltou-se para um artigo de Karl Radek, no final do livro. Naquele período, Karl Radek já havia sido preso, mas ainda não fora condenado nem listado na imprensa como "inimigo do povo". Com um gesto grandioso, Beigel rasgou as páginas do livro didático, queimou-as com um fósforo e disse, como se fosse um nobre herói: "Seja grata por esta coisa ter sido destruída e por eu não ter de levar você junto com seu pai." Eu estava assustada demais para falar. Mas, em seguida, meu pai quebrou o silêncio e disse: "Obrigado."...

Além do oficioso Beigel, a lembrança mais forte que tenho é a da figura imóvel de meu pai. Eu nunca o tinha visto assim — tão totalmente abatido, seu espírito ausente, de algum modo, quase indiferente à humilhação pela qual estava passando. Não parecia a mesma pessoa... Quando olhei para ele, não havia nenhuma expressão em seu rosto, ele não viu nem sentiu meu olhar. Apenas ficou sentado ali, no meio do quarto — imóvel e em silêncio. Era ele — mas, ao mesmo tempo, não era.

A revista da casa durou a noite toda. Do escritório, foram para a sala de jantar e depois para o quarto do meu irmão. O chão estava coberto de páginas arrancadas de livros e de manuscritos retirados dos armários e das estantes com portas de vidro e de fotos de álbuns de família, que estavam cuidadosamente guardados em um baú especial. Levaram muitas dessas coisas. Também levaram uma câmera, um par de binóculos (prova de "espionagem") e uma máquina de escrever — nossa antiga Underwood, na qual meu pai datilografara todos os seus artigos...

O que será que meu pai estava pensando durante aquela longa noite, enquanto folheavam as páginas de sua vida? Será que sua fé foi destruída? Que terror deve ter sentido quando Beigel (aquele verme insignificante!) registrou os detalhes de sua filiação ao Partido como provas do crime que cometera?

A revista terminou de manhã. Tudo havia sido registrado para o confisco, e meu pai foi levado ao corredor. Nós o seguimos. A porta do quarto dos meus pais foi lacrada. Disseram para meu pai se vestir. Mamãe já tinha tudo preparado em uma maleta [que continha um par de óculos, itens de banheiro, um lenço e 100 rublos em dinheiro].

Em seguida, meu pai quebrou seu silêncio e disse "adeus". Mamãe agarrou-o e chorou, enquanto ele acariciava sua cabeça, repetindo: "Não se preocupe, tudo se resolverá."

Aquela noite destruiu algo dentro de mim. Ela destruiu minha crença na harmonia e no significado do mundo. Em nossa família, sempre houvera um culto ao meu pai. Para nós, ele ficava em um pedestal tão alto que, quando caiu, foi como se o mundo todo estivesse acabando. Eu estava com muito medo de olhá-lo nos olhos, temendo que percebesse meu medo. Os homens do NKVD levaram papai para a porta. Eu o segui. De repente, ele virou-se para me olhar mais uma vez. Ele podia sentir o caos de emoções dentro de mim. Sufocada pelas lágrimas, joguei-me em seus braços. Ele sussurrou em meu ouvido: "Pequena, minha filha adorada, existem erros na história, mas lembre-se — demos início a algo grandioso. Seja uma boa jovem comunista."

"Quieto!", gritou Beigel, e alguém afastou-me de meu pai.

"Adeus, meus queridos. Acreditem na justiça..." — ele queria dizer mais alguma coisa, mas foi levado para a escada.[35]

A ideia de que Ida pudesse ser presa não era uma ameaça vazia do oficial do NKVD. Tendo 16 anos, ela poderia ser detida e presa, até mesmo executada, pelos mesmos crimes atribuídos a qualquer adulto. Em 1935, o governo soviético reduzira a idade de responsabilidade criminal para apenas 12 anos — em parte, com o objetivo de ameaçar quem já estivesse na prisão com a detenção de seus filhos caso se recusassem a confessar os crimes pelos quais eram acusados (um segundo decreto promulgado no mesmo ano permitia a detenção e prisão dos parentes de qualquer pessoa que estivesse na prisão por crimes contra o Estado). Na prática, foi declarado um sistema de reféns. Muitos bolcheviques foram ameaçados com a prisão de parentes durante os interrogatórios que precediam os julgamentos encenados. Kamenev, por exemplo, foi ameaçado com a execução do filho: ele concordou em assinar a confissão sob a garantia pessoal de Stalin de que não tocariam em sua família. Zinoviev fez o mesmo. Ivan Smirnov cedeu durante o interrogatório quando viu a filha ser tratada violentamente pelos guardas. Stanislav Kosior suportou torturas brutais, mas cedeu quando sua filha, de 16 anos, foi trazida para a sala onde estava e estuprada diante dele.36

Não importa o que Stalin tenha prometido aos bolcheviques antes de serem julgados. Após serem executados, ele ordenou a prisão de muitos de seus parentes. O filho de Kamenev foi fuzilado em 1939 (um filho mais novo foi mandado para um orfanato, onde mudaram seu nome para Glebov). A esposa de Kamenev, que fora exilada penalmente em 1935, foi julgada novamente em 1938 e executada em 1941. O filho de Zinoviev foi executado em 1937. Sua irmã foi enviada para os campos de Vorkuta e, depois, executada. Três outras irmãs, dois sobrinhos, uma sobrinha, um primo e um cunhado foram enviados para campos de trabalho. Três dos irmãos e um sobrinho de Zinoviev também foram fuzilados. A filha de Smirnov foi presa. Sua esposa foi executada em um dos campos de trabalho de Kotlas, em 1938. Praticamente todo o clã de Trotski foi assassinado pelo NKVD entre 1936 e 1938: seu irmão, Aleksandr, a irmã, Olga, sua primeira esposa, Aleksandra Sokolovskaia, os filhos Lev e Sergei, e os dois maridos da filha, Zinaida (que cometera suicídio em 1933).37

Talvez a obsessão de Stalin por punir os parentes dos inimigos tenha sido algo adquirido por ele na Geórgia: rivalidades entre clãs eram parte da política do Cáucaso. Na elite bolchevique, família e clãs confundiam-se com fidelidade política. Alianças eram feitas por meio de casamentos, carreiras eram destruídas devido a laços sanguíneos com oposicionistas e inimigos. Para Stalin, a família era coletivamente responsável pelo comportamento de seus membros individuais. Se um homem fosse preso acusado de ser "inimigo do povo", sua esposa era automaticamente culpada porque, a menos que o denunciasse, presumia-se que compartilhasse da opinião do marido ou que tentara protegê-lo. No mínimo, era culpada por falta de vigilância. Stalin considerava a repressão de parentes uma medida necessária para retirar da sociedade pessoas insatisfeitas. Em 1986, quando lhe perguntaram por que as famílias dos "inimigos" de Stalin haviam sido reprimidas, Molotov explicou: "Elas precisavam ser isoladas. Do contrário, teriam disseminado todo tipo de queixa e a sociedade teria sido infectada por um certo grau de desmoralização."[38]

Julia Piatnitskaia vivia na expectativa da própria prisão. Ela confessou suas preocupações no diário que começou a escrever nos dias que antecederam a prisão de Osip, em 7 de julho. Os temores de Julia flutuavam em um oceano de problemas e ansiedades diárias. Vladimir, seu filho mais novo, precisou ser trazido de volta da Crimeia, onde estava no campo de Pioneiros de Artek desde o princípio de junho. Ela temia que o filho fosse levado para um orfanato pelo NKVD caso fosse presa antes de providenciar para que ele ficasse aos cuidados de parentes ou amigos. O filho mais velho, Igor, acabara de fazer 16 anos. Antes da prisão do pai, ansiava por conquistar uma boa reputação na Komsomol, mas agora tudo estava diferente, e ele também corria risco de ser preso. Julia tentava lidar com os sentimentos conflitantes de Igor — raiva do pai, dor por sua perda, desespero e vergonha — enquanto lutava para conter os próprios sentimentos, igualmente confusos. "Igor passa o dia todo lendo na cama", escreveu Julia em seu diário no dia 11 de julho.

Ele não fala nada sobre o pai e nem sobre as ações de seus antigos "camaradas". Às vezes, expresso meus pensamentos odiosos e venenosos, mas ele, sendo um jovem comunista, proíbe-me de falar dessa maneira. Às vezes, diz: "Mamãe, não suporto quando você fica assim, eu poderia matá-la."[39]

A preocupação mais imediata de Julia era garantir o sustento. Como muitas esposas privadas dos maridos pelo Grande Terror, preocupava-se tanto com o esforço diário para sobreviver e estava tão traumatizada pela queda repentina de posição social que mal parava para pensar sobre o perigo que corria.[40] Quando sua casa fora revistada, Julia perdera a caderneta bancária com suas economias e todos os itens de valor que pudesse vender. Tudo que tinha era um salário muito baixo do emprego que tinha em um escritório, que mal dava para alimentar os cinco dependentes que viviam em seu apartamento (os filhos, o pai idoso, a madrasta e a filha deles, Liudmila, que estava desempregada). Eles também tinham um cão boxer. A família vivia à base de sopas e de *kasha*. Acostumada com a vida privilegiada de esposa de um bolchevique de alto escalão, Julia teve dificuldades em se adaptar à pobreza. Sentia-se amargurada e com pena de si própria. Ela chegou a ir ao escritório do Partido e a reclamar com um oficial, que lhe disse para ser mais forte e para se acostumar com o estilo de vida do proletariado. Ela gastava boa parte do tempo livre vagando pela cidade em uma busca inútil por um emprego melhor. O truste de construção de aço (TsKMash) não tinha vagas para "especialistas" ("Não somos a Alemanha fascista", disse o oficial a Julia). Nem mesmo a fábrica da prisão de Butyrki precisava de trabalhadores "com o perfil" de Julia (ou seja, viúvas de "inimigos"). "O oficial da fábrica nem olhou meus documentos", escreveu Julia no diário. "Ele não queria me perguntar nada: simplesmente me olhou e disse 'não'." Os colegas de trabalho recusavam-se a ajudar. "Todos me evitam", escreveu Julia. "Ainda assim, preciso tanto de apoio, nem que seja o mínimo de atenção ou de aconselhamento." Enquanto isso, em casa, a tensão aumentava conforme a situação piorava cada vez mais. A meia-irmã e a madrasta de Julia reclamavam com frequência da falta de comida e culpavam Osip pelos problemas. Chegaram até a tentar despejar Julia do apartamento. Depois de algumas semanas, Liudmila conseguiu um emprego e mudou-se com os pais para outro apartamento, para que não "afundassem" com os Piatnitsky. "Se não podemos ser todos salvos", disse Liudmila, "que se salvem aqueles que forem capazes." Julia perguntou a si mesma se Liudmila e os pais sentiam vergonha de como se comportaram, mas duvidava disso:

É simplesmente vergonhoso que tenham sido alimentados pelos Piatnitsky durante sete anos, que Liuba [Liudmila] tenha ido a uma boa escola e que tenham morado em um bom apartamento. Assim que tivemos problemas, eles pensaram apenas em fugir o mais rápido possível de mim e dos meus filhos — dos desafortunados.[41]

Pouco depois da partida dos três, Julia e os filhos foram despejados e instalados em um apartamento menor em um andar inferior da Casa do Aterro, o qual dividiam com a família de um bolchevique armênio que fora preso na primavera. Julia estava desesperada, sentindo que sua vida estava desmoronando, e chegou a contemplar o suicídio. Desesperada, foi ver uma vizinha, a única pessoa na Casa do Aterro que não tinha medo de conversar com ela, com quem falou sobre seu sofrimento. A senhora disse-lhe que não sentisse pena de si própria: havia muitos oficiais que moravam em quartos menores. Além disso, disse a mulher, Julia estava melhor sem Piatnitsky porque, explicou, "vocês não se davam muito bem". Agora, Julia só precisava pensar nela e nos dois filhos, e não mais no marido. Refletindo sobre a conversa, Julia escreveu naquela noite em seu diário: "É verdade que ele não passava muito tempo conosco. Estava sempre trabalhando. E era claro para todos que vinham viver à nossa custa — ou seja, para quase todo mundo — que não estávamos nos entendendo."[42] Esta não seria a única dúvida que Julia teria a respeito do marido ao longo do ano seguinte.

2

Diário do escritor Mikhail Prishvin, 29 de novembro de 1937:

Nosso povo russo, como árvores cobertas pela neve, está tão sobrecarregado com os problemas da sobrevivência — e deseja tanto conversar sobre eles — que simplesmente não dispõe mais da força para resistir. Mas assim que alguém cede, é ouvido por outra pessoa — e desaparece! As pessoas sabem que podem ter problemas por causa de uma simples conversa — assim, entram em uma conspiração de silêncio com os amigos. Meu caro amigo N... ficou muito feliz ao me ver em um vagão [de trem] lotado, e quando, finalmente, um assento ficou vago, sentou-se ao meu lado. Ele queria dizer algo, mas não podia fazê-lo em meio a tanta gente. Ele ficou tão tenso que, sempre que se preparava para falar, olhava em volta para as pessoas que estavam de um lado, depois para as que estavam no outro, e tudo o que conseguiu dizer foi: "Sim..." E eu disse o mesmo em resposta, e dessa maneira, durante duas horas, viajamos juntos de Moscou para Zagorsk:

"Sim, Mikhail Mikhailovich."
"Sim, Georgii Eduardovich."[43]

Falar já era perigoso nos melhores períodos soviéticos, mas durante o Grande Terror, umas poucas palavras descuidadas bastavam para que alguém desaparecesse para sempre. Havia informantes em todos os lugares. "Hoje, um homem só fala livremente com a própria esposa — à noite, com os cobertores sobre a cabeça", observou certa vez o escritor Isaak Babel. Prishvin escreveu em seu diário que, entre seus amigos, havia "apenas dois ou três velhos" com quem podia conversar livremente, sem medo de despertar rumores maldosos ou denúncias.[44]

O Grande Terror efetivamente silenciou o povo soviético. "Fomos educados para ficar de boca fechada", recorda Rezeda Taisina, cujo pai foi preso em 1936:

"Você terá problemas por causa da sua língua" — era isso que as pessoas costumavam dizer o tempo todo para nós, crianças. Passamos a vida com medo de falar. Mamãe costumava dizer que quase todos eram informantes. Tínhamos medo dos vizinhos e, especialmente, da polícia. Ainda tenho medo de falar. Não sei me defender nem falar em público, sempre cedo sem dizer nada. Isso faz parte da minha personalidade, por causa do modo como fui criada na infância. Mesmo hoje, quando vejo um policial, começo a tremer de medo.[45]

Maria Drozdova cresceu em uma família camponesa extremamente religiosa na província de Tver. Em 1930, os Drozdov fugiram do campo para escapar da coletivização da aldeia onde viviam. Utilizando documentos falsos, mudaram-se para Krasnoe Selo, perto de Leningrado, onde o pai de Maria trabalhou em uma fábrica de móveis e sua mãe, Anna, em um hospital. Anna era uma camponesa analfabeta. Convencida de que os bolcheviques eram o anticristo, cujos agentes ouviam e viam tudo o que fazia, tinha medo de sair em público e de falar fora do quarto da família no apartamento comunitário no qual moravam. Quando seu pai, mordomo em uma igreja, foi preso em 1937, Anna ficou paralisada de medo. Ela parou de sair de casa e evitava falar em seu quarto, para não ser ouvida pelos vizinhos. À noite, morria de medo de acender a luz, com receio de que pudesse chamar a atenção da polícia. Anna tinha medo até de ir ao banheiro, temendo se limpar com um pedaço de jornal que contivesse um artigo que citasse o nome de Stalin.[46]

Entre conhecidos, havia um acordo tácito de não se falar sobre acontecimentos políticos. Qualquer um poderia ser preso e forçado pela polícia a incriminar os amigos por meio do relato de tais conversas, utilizado como prova de suas atividades "contrarrevolucionárias". Nessa atmosfera, iniciar uma discussão sobre política com qualquer pessoa, exceto com os amigos mais íntimos, era um convite para se tornar suspeito de ser informante ou provocador.

Vera Turkina recorda-se do silêncio com que os amigos e vizinhos reagiram à prisão de seu pai, presidente do tribunal provinciano de Perm:

> Havia três garotas na casa em frente à nossa cujo pai também fora preso... Todos tentávamos evitar tocar no assunto. "Ele não está aqui, partiu, foi para algum lugar", era tudo o que dizíamos... Meu pai foi vítima de sua "língua solta" — foi isso o que entendemos em nossa família. Ele era direto e franco demais e falara mais do que devia em algum lugar. A crença de que fora preso por ter falado reforçou nosso próprio silêncio.[47]

Resignação silenciosa era uma reação comum à perda de amigos e parentes. Como Emma Gershtein escreveu sobre o poeta Mandelshtam, em 1937: "Ele não mencionava amigos que haviam partido e agora estavam mortos. Na época, ninguém fazia isso... Qualquer coisa, exceto lágrimas! Esse era o caráter daqueles anos."[48]

O silêncio reinava em muitas famílias. As pessoas não falavam sobre parentes presos — destruíam suas cartas ou as escondiam das crianças, na esperança de protegê-las. Mesmo dentro de casa, era perigoso falar sobre tais parentes, porque, como se dizia, "as paredes têm ouvidos". Depois da prisão do marido, Sergei Kruglov, em 1937, Anastasia e os dois filhos foram instalados em um apartamento comunitário, no qual uma fina divisória os separava da família de um agente do NKVD que morava no quarto ao lado. "Podia-se ouvir tudo, eles podiam nos ouvir espirrar e até quando sussurrávamos o mais silenciosamente possível. Mamãe sempre nos dizia para ficarmos em silêncio", recorda Tatiana Kruglova. Durante 30 anos, viveram com medo de falar, pois estavam convencidos de que o vizinho do NKVD estava relatando tudo que diziam (na verdade, ele os mantinha nesse estado de temor constante porque queria vizinhos quietos e obedientes).[49]

Depois que o pai foi preso, Natalia Danilova foi levada pela mãe para morar com a família, os Osorgin, onde era absolutamente proibido falar sobre seu pai. Os Osorgin eram uma família nobre, da qual muitos membros haviam sido presos pelos bolcheviques, incluindo o marido da tia de Natalia, Mania, que chefiava a residência com sua personalidade enérgica. "Ela hostilizava meu pai, talvez por ser um camponês e socialista", recorda Natalia. "Ela parecia achar que ele era culpado, que merecera a prisão e que, por meio de suas ações, trouxera problemas para a família. Ela nos impunha essa versão dos eventos, e era a única pessoa que tinha o direito de falar sobre esses assuntos; o resto de nós só podia sussurrar em desacordo."[50]

As famílias desenvolveram regras especiais para conversar, aprendendo a falar em elipses, a aludir a ideias e opiniões de modo a ocultar seu sentido de estranhos, vizinhos e empregados. Emma Gershtein recorda-se da mulher de um primo, Margarita Gershtein, uma oposicionista veterana, que estava morando temporariamente com sua família em Moscou. Um dia, Margarita estava falando sobre a inutilidade de se opor a Stalin. Antes de concluir uma frase ("Obviamente, poderíamos nos livrar de Stalin, mas...")

a porta se abriu e Polya, nossa empregada, entrou na sala de jantar. Tremi e fiquei aterrorizada, mas Margarita, sem mudar sua pose preguiçosa, concluiu a frase exatamente na mesma entonação, na mesma voz clara: "portanto, Emmochka, vá em frente e compre a seda, não hesite. Você merece um vestido novo depois de tudo o que fez." Quando a empregada saiu, Margarita explicou que não se podia jamais dar a impressão de ter sido pega desprevenida. "E não espreite furtivamente por aí nem olhe com desconforto ao redor."[51]

Crianças, falantes por natureza, eram especialmente perigosas. Muitos pais achavam que quanto menos os filhos soubessem, mais seguros todos estariam. Antonina Moiseyeva nasceu em 1927 em uma família camponesa na província de Saratov. Categorizados como *kulaks*, os Moiseyev foram exilados em 1929 para um "assentamento especial" nos Urais. Em 1936, depois de retornarem a Chusovoe, uma cidade próxima a Perm, a mãe de Antonina fez questão de dizer aos filhos:

"Vocês não devem julgar nada, ou serão presos", repetia. Ficávamos a noite toda na fila do pão, e ela nos dizia: "Não façam julgamentos! Vocês não têm nada a ver com o fato de que o governo não tenha pão." Mamãe nos disse que fazer julgamentos era um pecado. "Segure sua língua!", era o que dizia sempre que saíamos de casa.[52]

Vilgelm Tell cresceu em uma família húngara em Moscou. O pai foi preso em uma das "operações nacionais" de 1938, quando Vilgelm tinha 9 anos. Pelo que ele recorda, nem a mãe nem os avós deram avisos ou instruções específicas sobre como deveria se comportar, mas podia sentir a atmosfera de medo:

No subconsciente, eu sabia que deveria ficar quieto, que não podia falar nem dizer o que estava pensando. Por exemplo, quando viajávamos em um bonde lotado, eu sabia que devia ficar em silêncio, que não podia falar sobre nada, nem mesmo sobre o que via pela janela... Eu também percebia que todos sentiam o mesmo. Sempre havia silêncio em locais públicos, como nos bondes. Quando alguém falava, era somente sobre algo trivial, como onde tinham feito as compras. Nunca falavam sobre seus trabalhos ou coisas sérias.[53]

Oksana Golovnia recorda de ter viajado em um ônibus lotado em Moscou na companhia do pai, o cineasta Anatoly, e de falar sobre seu "tio Lodia" (o diretor de cinema Pudovkin):

Papai sussurrou em meu ouvido: "Nunca diga o nome de ninguém quando estiver em um local público." Diante de meu olhar curioso e assustado, ele disse em voz alta: "Mas não é que aqueles pequenos bolinhos se parecem com pequenas orelhas!" Eu sabia o que ele queria dizer — que alguém perto de nós estava ouvindo. Essa lição de papai foi muito útil para mim durante toda a vida.[54]

Em seu diário de 1937, Prishvin escreveu que as pessoas estavam ficando tão habituadas a ocultar o sentido do que diziam que corriam o risco de perderem totalmente a capacidade de dizer a verdade.

10 de julho:
Comportamento em Moscou: não se pode falar sobre nada e nem com ninguém. O grande segredo do comportamento é perceber o significado das coisas, e quem está falando, sem dizer coisa alguma. É preciso eliminar completamente de si próprio todos os resquícios da necessidade de "falar com o coração".[55]

Arkadii Mankov observou um fenômeno parecido em seu diário:

É inútil falar sobre o humor público. Existe o silêncio, como se nada tivesse acontecido. As pessoas só conversam secretamente, nos bastidores e privadamente. As únicas pessoas que expressam seus pontos de vista em público são os bêbados.[56]

Conforme as pessoas se introvertiam, o âmbito social foi inevitavelmente reduzido. "As pessoas deixaram completamente de confiar umas nas outras", escreveu Prishvin em seu diário no dia 9 de outubro. Era o surgimento de uma sociedade de sussurradores:

A massa gigantesca da classe inferior simplesmente trabalha e sussurra silenciosamente. Algumas pessoas não têm nada para sussurrar: para elas, "tudo está como deveria estar". Outros sussurram solitariamente para si mesmos, recolhendo-se quietos em seus trabalhos. Muitos aprenderam a permanecer completamente em silêncio... — como se estivessem deitados em uma sepultura.[57]

Com o final da comunicação genuína, a desconfiança espalhou-se pela sociedade. As pessoas ocultavam suas personalidades verdadeiras atrás de máscaras públicas. Externamente, respeitavam os modos públicos do comportamento soviético correto —, mas, internamente, viviam em um mundo de pensamentos privados, inescrutáveis à visão pública. Nessa atmosfera, o medo e o terror cresciam. Como ninguém sabia o que se escondia por trás das máscaras, presumia-se que as pessoas que aparentavam ser cidadãos soviéticos normais poderiam ser, na verdade, espiões ou inimigos. Tendo por base essa premissa, denúncias e relatos de "inimigos ocultos" adquiriram credibilidade não apenas para o público em geral, mas também para colegas, vizinhos e amigos.

As pessoas buscavam refúgio em um mundo privado constituído pela verdade. Algumas começaram a escrever diários durante o Grande Terror. Apesar de todos os riscos, manter um diário era uma maneira de esculpir um mundo privado isento de hipocrisia, de manifestar as próprias dúvidas e temores em um período no qual era perigoso falar.[58] O escritor Prishvin confessava seus maiores temores em seu diário. Em 1936, ele fora atacado por burocratas literários na União de Escritores por um comentário amargurado que fizera em uma festa de Ano-novo. Prishvin passou a temer que o comentário viesse a lhe custar a liberdade. "Estou com muito medo", escreveu, "de que aquelas palavras caiam nos arquivos de algum informante que relate as características do escritor Prishvin." Prishvin afastou-se da atmosfera pública e se recolheu em seu diário, preenchendo as páginas com rabiscos microscópicos, praticamente ilegíveis mesmo sob uma lupa, para ocultar seus pensamentos da polícia caso fosse preso e confiscassem o diário. Para ele, o diário era uma "afirmação de individualidade" — um lugar para exercitar a liberdade interior e falar com sua voz verdadeira. "Ou se escreve um diário para si próprio", refletiu Prishvin, "para se mergulhar na personalidade interior e para conversar com si próprio, ou escreve-se um diário para se envolver na sociedade e expressar secretamente as visões que se tem a respeito dela."[59] Para Prishvin, eram as duas coisas. Ele enchia os diários com reflexões dissidentes a respeito de Stalin, da influência destrutiva da cultura de massa soviética e da indestrutibilidade do espírito humano individual.

O dramaturgo Aleksandr Afinogenov começou a escrever um diário em 1926, o qual enchia de autocríticas e pensamentos sobre como poderia se tornar um comunista melhor. Então, na metade da década de 1930, desiludiu-se com o Partido: a perspectiva psicológica de suas peças proletárias caiu no desagrado das autoridades literárias, que agora estavam comprometidas com as doutrinas do Realismo Socialista. Sua peça *A mentira* (1933) foi atacada por Stalin, que disse que a obra carecia de um herói comunista dedicado à causa operária. O grupo literário do qual Afinogenov fazia parte — liderado pelo antigo chefe da RAPP (Associação Russa de Escritores Proletários), Leopold Averbakh — era visto como uma "agência trotskista na literatura" que planejava a queda do regime soviético. Na primavera de 1937, Afinogenov foi expulso do Partido e despejado pelo NKVD de seu apartamento em Moscou. Ele mudou-se para sua dacha em Peredelkino, onde viveu com a esposa e a filha em reclusão quase absoluta, sem falar com ninguém. Amigos antigos deram-lhe as costas. Um dia, em um trem, Afinogenov ouviu uma conversa entre dois oficiais do exército, satisfeitos que "o espião japonês Averbakh" finalmente havia sido capturado e que seu "comparsa Afinogenov" estava na prisão, aguardando julgamento. Conforme Afinogenov foi se recolhendo em seu mundo interior, o perfil de seu diário mudou. Ainda havia momentos em que criticava a si próprio, quando aceitava as acusações sofridas e tentava se purificar como comunista, mas havia mais introspecção, um imediatismo psicológico mais acentuado e o uso mais frequente do pronome "eu", no lugar de "ele", o qual utilizara anteriormente quando se referia a si próprio. O diário tornou-se um refúgio secreto para seus pensamentos e reflexões privadas:

2 de novembro de 1937
Ao chegar em casa, sento-me com meu diário e penso apenas no meu canto de mundo privado, o qual permanece intocado pela política, e escrevo sobre ele. Agora que fui excluído do fluxo geral da vida, sinto repentinamente a necessidade de falar com as pessoas sobre o que está acontecendo... mas, agora, esse anseio pela comunicação só pode ser satisfeito nestas páginas, porque ninguém está disposto a falar comigo.[60]

Yevgeniia (Zhenia) Yevangulova começou a manter um diário em dezembro de 1937, ano em que seus pais foram presos. O diário tornou-se um lugar onde podia manifestar suas emoções e manter o que chamava de "diálogo interno" com os pais, que haviam desaparecido no Gulag. "A esperança fervorosa que não morre é a de que, algum dia, meus amados venham a ler este diário. Portanto, preciso me esforçar para que seja verdadeiro", escreveu ela na primeira anotação. Para Yevangulova, que estudava no Instituto de Tecnologia de Leningrado, o diário adquiria cada vez mais importância como uma ligação com sua personalidade individual, a qual temia que estivesse sendo submersa no estilo de vida coletivo do Instituto. Em 8 de março de 1938, escreveu: "Talvez não tenha me expressado corretamente: meu eu interior não desapareceu — o que quer que exista em uma personalidade nunca pode desaparecer —, mas está muito bem escondido, e não sinto mais sua presença dentro de mim." Ela sentia que sua personalidade só poderia ser manifestada por meio da ligação genuína com outras pessoas, mas não havia ninguém. Os colegas do Instituto desconfiavam dela, vendo-a como a filha de "inimigos do povo". Ela só tinha o diário, como escreveu em dezembro de 1939: "Às vezes, anseio desesperadamente por encontrar um amigo verdadeiro, alguém que me compreendesse, com quem pudesse compartilhar todos os meus pensamentos angustiantes, além deste diário silencioso."[61]

Arkadii Mankov, como Yevangulova, ansiava por ligações humanas. Ele decidiu mostrar seus diários para um colega do curso que fazia na biblioteca pública de Leningrado. O diário de Mankov estava repleto de pensamentos antissoviéticos, de modo que mostrá-lo para um homem a quem mal conhecia foi um ato de enorme confiança, até mesmo tolo, mas, como confessou ao diário, esse ato fora fruto da "solidão, da solidão diária e sem fim na qual conduzo minha vida sem sentido".[62]

Prishvin também cedeu à tentação de estabelecer alguma ligação humana. Em dezembro de 1938, pediu ajuda a um amigo para encontrar uma secretária que pudesse ajudá-lo a editar seus diários. Ele se deu conta de como poderia ser perigoso receber "um estranho em meu laboratório e permitir que compreenda tudo sobre mim". Naquela noite, Prishvin teve um pesadelo. Ele estava atravessando uma grande praça e perdia o chapéu. A sensação era a de ter sido desnudado. Ao perguntar a um policial onde estava o chapéu, ele lembrou repentinamente, ao analisar o sonho no diário, que havia "convidado um estranho a envolver-se com os detalhes mais íntimos da minha vida. A perda do meu chapéu de segredos havia me deixado exposto". A mulher que chegou alguns dias depois à casa de Prishvin para ser entrevistada também demonstrou apreensão diante da ideia de trabalhar com os diários de um desconhecido. Ela sugeriu que os dois se conhecessem melhor antes de iniciarem o trabalho. Conversaram ininterruptamente por oito horas. Apaixonaram-se e, um ano depois, estavam casados.[63]

3

Havia informantes em todos os lugares — nas fábricas, nas escolas, nos escritórios, em lugares públicos e nos apartamentos comunitários. Estima-se que, no auge do Grande Terror, milhões de pessoas estivessem transmitindo informações sobre colegas, amigos e vizinhos, mas é difícil ser preciso em relação aos números porque havia apenas dados dispersos e provas anedotárias. Segundo um oficial dos escalões superiores da polícia, um em cada cinco soviéticos que trabalhavam em escritórios era informante do NKVD. Outro oficial alegou que os informantes regulares constituíam 5% da população adulta nas principais regiões urbanas (a crença popular era a de que o número de informantes fosse ainda maior). O nível de vigilância variava muito entre as cidades. Em Moscou, que era fortemente policiada, havia pelo menos um informante para cada seis ou sete famílias, segundo um ex-oficial do NKVD. Em Kharkov, diferentemente, havia apenas 50 informantes em uma cidade com 840 mil habitantes (ou seja, um informante para cada 16.800 pessoas), segundo um ex-membro do NKVD, que disse que controlava todos os informantes da cidade. Entre esses dois extremos, é possível que a cidade de Kuibyshev sirva como um exemplo mais representativo da União Soviética como um todo: em 1938, a polícia disse que tinha cerca de mil informantes para uma população de 400 mil pessoas.[64] Esses números representam apenas os informantes registrados, utilizados regularmente pela polícia e frequentemente recompensados de alguma forma (com dinheiro, empregos, moradias, provisões especiais ou proteção contra a prisão), mas não incluem os milhões de cidadãos "confiáveis" (trabalhadores em fábricas e escritórios, ativistas estudantis, vigias e zeladores, entre outros), que eram remunerados e serviam como os olhos e ouvidos da polícia em todos os cantos e nichos da sociedade.[65] Tampouco estão contabilizados os relatos e as denúncias cotidianas — não solicitados pelo NKVD — que tornavam o Estado policial tão poderoso. Todos sabiam que os "cidadãos soviéticos leais" deviam relatar as conversas suspeitas que ouvissem: o medo de punição por "falta de vigilância" impelia muitas pessoas a colaborar.

Havia duas categorias amplas: os informantes voluntários, geralmente motivados por recompensas materiais, crenças políticas ou maldade em relação às suas vítimas, e os informantes involuntários, encurralados por ameaças da polícia ou por promessas de auxílio a parentes presos. É difícil condenar os informantes da segunda categoria: muitos deles se encontravam em condições praticamente insuportáveis, sob as quais qualquer pessoa poderia ceder à pressão do NKVD.

Em 1943, o escritor Simonov foi visitado por "X", um antigo colega do Instituto Literário. Depois que seu pai fora preso, "X" passara a sofrer ameaças de expulsão do Instituto, a menos que concordasse em escrever relatórios sobre as conversas de outros estudantes que ouvisse. A partir de 1937, "X" trabalhou como informante do NKVD. Motivado pela culpa e por sentimentos de remorso, ele foi ao encontro de Simonov para avisá-lo de que havia feito relatórios das conversas que tinham travado. "X" disse que estava "dominado pela vergonha". Talvez também estivesse com um pouco de medo, pois em 1943 Simonov já havia se tornado um escritor famoso, com boas relações com o Kremlin. Havia, inclusive, a possibilidade de que Simonov já tivesse conhecimento dos relatórios feitos pelo ex-amigo. "X" disse a Simonov que cometeria suicídio se descobrisse que qualquer pessoa havia sofrido por causa de sua atividade de informante. Ele explicou que tentara manter os relatórios isentos de provas incriminatórias, mas ainda sentia que suas ações haviam "tornado sua vida insuportável".[66]

Wolfgang Leonhard recorda-se de um encontro que tivera em 1939 com uma colega estudante, uma jovem com quem sempre sentira que podia falar abertamente. Eles passeavam pelos parques de Moscou e discutiam os principais temas políticos do momento. Um dia, ela confessou que cedera à pressão do NKVD para que escrevesse relatórios sobre o que os colegas estudantes diziam. Triste e com a consciência pesada, ela queria avisar a Leonhard que, apesar de ainda não ter sido requisitada a fazer um relatório sobre o amigo, eles deveriam parar de se encontrar e de conversar.[67]

Valerii Frid recorda-se de como foi recrutado como informante, em 1941. Ele era membro da Komsomol e estudava no Instituto Estatal de Cinema de Toda a União (VGIK), que fora transferido de Moscou para Alma-Ata, no Cazaquistão. As condições de alimentação eram desesperadoras. Frid participava de um pequeno esquema que envolvia cartões de ração falsificados. Um dia, foi chamado ao escritório do NKVD. Os interrogadores sabiam tudo sobre os cartões de rações e avisaram que seria expulso da Komsomol e do instituto, a menos que aceitasse as exigências deles e provasse que era uma "pessoa soviética" fazendo relatórios sobre os colegas estudantes. Interrogado durante toda a noite, foi ameaçado com violência e disseram que seria submetido a julgamento. Frid cedeu e assinou um acordo para escrever os relatórios. Assim que assinou o acordo, os interrogadores apertaram-lhe a mão e adotaram uma postura gentil e amigável em relação a ele. Disseram que Frid não teria problemas com os cartões de rações — na verdade, estava livre para continuar a vendê-los — e deram-lhe um número de telefone especial para o qual deveria ligar caso tivesse qualquer problema com a polícia. Quando chegou de volta ao albergue, Frid debulhou-se em lágrimas. Não conseguiu dormir nem comer por três dias. No final das contas, só escreveu relatórios sobre três estudantes, assegurando-se de que fossem muito genéricos e de que não contivessem nenhum fato incriminatório. O oficial do NKVD a quem Frid entregava os relatórios, um homem pequeno com uma dentadura completa de ouro, não ficou satisfeito. Mas o retorno do VGIK para Moscou, em 1943, salvou Frid de qualquer punição.[68]

Sofia Ozemblovskaia, nascida em uma família nobre polonesa em Osipovichi, próximo a Minsk, na Bielorrússia, tornou-se informante quando tinha apenas 17 anos. Depois da Revolução de 1917, seus pais transformaram-se em fazendeiros camponeses. Contudo, durante a coletivização da agricultura, foram exilados como *kulaks* para a região de Komi, no norte do país. Em 1937, a família retornou a Osipovichi, mas, mais tarde, foi presa novamente em uma das "operações nacionais" contra os poloneses, sendo enviada para um "assentamento especial" próximo a Perm. Sofia decidiu fugir. "Eu precisava escapar para dar a mim mesma uma chance na vida", explicou. Sofia matriculou-se em uma escola industrial — a maneira mais rápida de se obter uma certa "origem proletária". Depois, ingressou na faculdade de medicina de Kudymkar, cidade próxima a Perm, nos Urais. Ninguém perguntou sobre sua origem *kulak*. Nem chegaram a pedir seu passaporte — o qual não tinha. Seis meses depois, foi chamada ao escritório do NKVD. "Pensei que seria presa por ter fugido", recorda Sofia. Entretanto, disseram que deveria trabalhar para o NKVD se não quisesse ser expulsa da faculdade por ocultar sua origem social. Sofia recebeu a tarefa de iniciar conversas sobre acontecimentos políticos com os colegas e escrever relatórios sobre tudo o que dissessem. Deram-lhe um passaporte. Protegida pelo NKVD, Sofia formou-se na faculdade de medicina e seguiu uma carreira bem-sucedida no serviço de ambulâncias de Perm. Em retrospecto, ela não sente remorso por suas ações, mesmo sabendo que muitos estudantes acabaram sendo presos em consequência direta de seus relatórios. Ela acredita que suas ações eram o preço a ser pago pela sobrevivência da filha de *kulaks* durante o regime de Stalin. Sofia casou-se com o filho de um oficial de alto escalão do NKVD. Quando seus filhos estavam crescendo, ela não lhes contou nada sobre as atividades policiais que exercera. Mas na década de 1990, "quando havia liberdade e nada mais para se temer", decidiu revelar a verdade:

Decidi contar tudo aos meus filhos e netos. Eles ficaram muito satisfeitos. Meu neto disse: "Oh, vovó, você é muito esperta por se lembrar de tudo. Lembraremos disso durante toda a vida — como você foi reprimida e como nossos pais foram reprimidos."[69]

Em suas memórias, Olga Adamova-Sliuzberg conta a história de um jovem informante, filho de um bolchevique executado durante o Grande Terror, cuja missão era aproximar-se de outras crianças cujos pais haviam sido presos. Ele relatava cada palavra de insatisfação que diziam, cada dúvida e questão levantada, e muitos amigos foram presos em função de seus relatórios. Olga conheceu alguns deles na prisão de Butyrki, depois dela própria ser presa, em 1949. Ela perguntou o que achavam do garoto. Estranhamente, demonstraram compreensão. Era considerado por todos um "bom garoto, mas ingênuo, que acreditava em todos os slogans que ouvia e em cada palavra que lia nos jornais". A mãe do garoto, "uma mulher maravilhosa e honesta", insistiu com Olga que o filho não agira por maldade, mas sim por ter convicções elevadas. "Ela falava muito sobre a bondade excepcional do filho, de seu brilhantismo e honestidade." Talvez ele tenha sentido que estava agindo patrioticamente ao denunciar os amigos em prol do poder soviético — do mesmo modo que o jovem herói Pavlik Morozov fizera ao denunciar o próprio pai.[70]

Não há dúvida de que, durante o Grande Terror, muitas pessoas escreveram denúncias sinceramente convictas de que estavam desempenhando seu papel patriótico de cidadãos soviéticos. Elas acreditavam na propaganda sobre "espiões" e "inimigos" e começaram a denunciá-los, inclusive amigos. Mas, acima de tudo, temiam ter problemas se algum conhecido fosse preso sem ter sido denunciado por elas: ocultar contatos com o inimigo era um crime, e a própria "falta de vigilância" era a causa de muitas prisões. Nesse clima de medo universal, as pessoas apressavam-se em fazer denúncias antes que elas próprias fossem denunciadas. Pode ser que o emaranhado louco de denúncias não explique os enormes números de prisões efetuadas durante o Grande Terror — as vítimas do NKVD, em sua maioria, foram presas em massa nas operações "nacionais" e *kulaks*, que não eram baseadas em denúncias, mas sim em uma lista de nomes preparada antecipadamente — no entanto, explica por que tantas pessoas foram absorvidas pelo sistema policial, adotando o papel de informantes. Cidadãos histéricos iam aos escritórios do NKVD e do Partido com nomes de parentes e amigos que pudessem ser "inimigos do povo". Eles escreviam detalhadamente sobre colegas e conhecidos, mencionando até mesmo um único encontro que tivessem tido com pessoas ligadas aos tais "inimigos". Uma senhora idosa escreveu para o escritório do Partido da fábrica na qual trabalhava para informar que sua irmã havia trabalhado como faxineira temporária no Kremlin e fizera faxina no escritório de um homem que, posteriormente, acabou sendo preso.[71]

O medo impelia as pessoas a tentarem se purificar — ou seja, colocar-se no lado dos puros — por meio da remoção da mácula causada pelo contato com "inimigos" em potencial. Muitos dos informantes mais fanáticos eram pessoas com "biografias comprometidas" (filhos de *kulaks* e de "inimigos de classe" ou ex-oposicionistas), que tinham mais motivos para temer a prisão do que a maioria da população. Fornecer informações sobre amigos tornou-se um modo de provar seu valor como "cidadãos soviéticos". O NKVD adotava a política deliberada de recrutar informantes que fizessem parte de grupos vulneráveis. Com frequência, escolhiam parentes de presos que temiam a própria prisão. Aleksandr Karpetnin, um ex-agente do NKVD preso em 1938, descreve o treinamento ao qual fora submetido no recrutamento de informantes:

Você devia procurar pessoas que tivessem algo suspeito no passado. Por exemplo, uma mulher cujo marido tivesse sido preso. A conversa desenrolava-se mais ou menos assim:
"Você é uma cidadã soviética verdadeira?"
"Sim, eu sou."
"Está pronta para provar isso? Todos dizem que são bons cidadãos."
"É claro que estou pronta."
"Então, ajude-nos. Não pedimos muito. Se você perceber qualquer atividade ou conversa antissoviética, informe-nos. Podemos nos encontrar uma vez por semana. Antes dos encontros, você deve escrever o que viu, quem disse, o que disse e quem estava presente na conversa. E isso é tudo. Assim, saberemos que você é realmente uma boa cidadã soviética. Nós ajudaremos você caso tenha algum problema no trabalho. Se for demitida ou rebaixada, nós a ajudaremos."
Isso era tudo. Em seguida, a pessoa concordava.[72]

Olga Adamova-Sliuzberg conta a história de uma jovem chamada Zina, professora de matemática em Gorkii, a quem conheceu na prisão de Lubianka. Zina havia sido presa por não denunciar um de seus professores, um palestrante sobre materialismo dialético que via de Moscou para Gorkii uma vez por semana. Em conversas com Zina, o palestrante expressara abertamente críticas ao regime stalinista. Como ficava hospedado em um dormitório em Gorkii, ele utilizara o apartamento de Zina para entreter os amigos, além de guardar ali um baú contendo seus livros. Quando o NKVD revistou o apartamento, descobriram que os livros eram trotskistas. Zina reconheceu que era culpada e decidiu expiar seu pecado e "remover todas as máculas da consciência [dela]" informando sobre outros "inimigos" para o NKVD. Ela falou aos interrogadores sobre um certo professor que fizera palestras em seu instituto. Um dia, faltou energia quando o professor realizava um experimento. Não havia velas, portanto, como explicou, Zina quebrou uma régua e acendeu uma lasca de madeira, como fazem os camponeses, para obter alguma luz. O professor concluiu o experimento sob a luz da lasca e, no final, comentou [brincando com a famosa frase de Stalin]: "A vida está melhor, a vida está mais cheia de alegria. Deus seja louvado, chegamos à idade da lasca de madeira!"

O professor foi preso. Zina não achava que tivesse errado ao denunciá-lo — só sentiu um pouco de desconforto ao confrontá-lo quando foi interrogado. Quando Olga lhe perguntou o que achava de ter "arruinado a vida de alguém" por algo tão insignificante, Zina respondeu: "Não existem coisas insignificantes na política. Inicialmente, assim como você, não compreendi o significado criminoso do comentário, só o percebi posteriormente."[73]

Muitas denúncias eram motivadas pela maldade. O modo mais fácil de se livrar de um rival era acusá-lo de ser um "inimigo". O ressentimento das classes inferiores em relação aos bolcheviques alimentava o Grande Terror. Trabalhadores denunciavam os patrões, camponeses denunciavam os presidentes das *kolkhozes* quando estes faziam exigências rígidas demais. Empregados costumavam ser recrutados pelo NKVD para fornecerem informações sobre os patrões. Markoosha Fischer, esposa russa de um jornalista americano, contratou uma babá que acreditava na existência de "inimigos". Ela "representava verdadeiramente a mentalidade das mulheres e dos homens comuns", escreveu Markoosha. "Não era afligida por dúvidas políticas e aceitava todas as manifestações oficiais como se fossem sagradas."[74] Havia famílias que viviam com medo constante dos empregados.

Em 1935, o NKVD colocou novos empregados nas residências de muitos funcionários do Partido em Leningrado, como parte da campanha para aumentar a vigilância após o assassinato de Kirov. Anna Karpitskaia e Pyotr Nizovtsev, oficiais superiores do Partido em Leningrado, foram obrigados a demitir sua antiga empregada, Masha, uma antiga crente devota que produzia remédios herbais. A nova empregada, Grusha, era uma mulher "austera e desagradável", recorda a filha de Anna, Marksena, que tinha 12 anos na época. "Ela fora enviada para nossa casa pela polícia para que pudesse nos vigiar." Marksena e os meios-irmãos mais novos perceberam instintivamente que não deviam falar na presença de Grusha. "Praticamente nunca falamos nada com ela", recorda Marksena. Grusha dormia na cozinha, afastada dos quartos da família, onde Milia, a babá que trabalhava havia muitos anos para a família, tinha permissão para morar. Grusha também era tratada como uma empregada, diferentemente de Milia e da antiga governanta, que eram consideradas parte da família. Anna e Pyotr eram contra Stalin. Marksena lembra-se de conversas sussurradas nas quais os pais compartilhavam suspeitas de que Stalin era o responsável pela morte de Kirov. Eles podiam falar abertamente na presença de Masha — cuja origem religiosa de antiga crente era a garantia de seu silêncio —, mas era perigoso manifestar tais sentimentos quando Grusha estava por perto. Em julho de 1937, os pais de Marksena foram presos (os dois foram fuzilados no outono do mesmo ano). Os irmãos mais novos foram encaminhados para um orfanato. Marksena mudou-se para um apartamento comunitário com sua babá, Milia. Grusha desapareceu.[75]

Nessa atmosfera de desconfiança, ódio e maldade, não era preciso muito para que discussões insignificantes e a inveja resultassem em denúncias. Em 1937, Boris Molotkov, um médico do interior que vivia na região de Gorkii, foi abordado pelo oficial do NKVD distrital, amigo de longa data de sua família, que lhe pediu para realizar um aborto em sua amante. Quando Molotkov se recusou (na época, o aborto era ilegal), o oficial do NKVD providenciou para que uma série de informantes acusassem o médico de ser "contrarrevolucionário". Boris foi detido e colocado na prisão do distrito. Sua mulher também foi presa, acusada falsamente de ter assassinado um funcionário do hospital local.[76]

Com frequência, interesses sexuais e românticos desempenhavam um papel nessas discussões fatais. Amantes, esposas e maridos indesejáveis — todos foram denunciados em grandes números durante o Grande Terror. Nikolai Sakharov era um engenheiro cujo pai, um padre, fora executado em 1937. No entanto, era valorizado pelo conhecimento que tinha no ramo industrial e acreditava que isso o manteria protegido de ser preso. Mas certo dia um homem interessou-se por sua esposa e acusou Nikolai de ser "inimigo do povo". Lipa Kaplan teve problemas com o patrão da fábrica em que trabalhava quando não cedeu às exigências sexuais dele. O patrão providenciou para que um informante denunciasse Lipa por causa de algum comentário que ela teria feito após o assassinato de Kirov, três anos antes. Lipa não foi presa de imediato (a acusação foi considerada absurda demais), mas em 1937 a denúncia bastou para que fosse enviada para Kolyma por dez anos.[77]

Motivações carreiristas e recompensas materiais geravam incentivo para quase todos os informantes, apesar da combinação complexa de tais motivações com crenças políticas e com o medo. Milhares de oficiais de baixo escalão ascenderam na hierarquia soviética por meio de denúncias contra os patrões (o que o regime os encorajava a fazer). Um homem, Ivan Miachin, promoveu sua carreira denunciando nada menos do que 14 líderes soviéticos e do Partido no Azerbaijão entre fevereiro e novembro de 1937. Posteriormente, justificando seus atos, Miachin disse: "Pensávamos que era nosso dever agir assim... Todos estavam escrevendo." Talvez Miachin acreditasse que estava demonstrando vigilância. Talvez sentisse um prazer perverso ao arruinar a vida dos superiores, ou orgulho por ajudar a polícia. Existiam informantes como ele: escritores de cartas muito ocupados que numeravam cuidadosamente seus relatórios, os quais assinavam como "um de nós" (*svoi*) ou "partidário" para demonstrar lealdade. Mas, certamente, promoções pessoais, salários e provisões melhores ou a promessa de mais espaço de moradia também eram um estímulo. Quando um apartamento ficava vago devido à prisão dos moradores, era comum que fosse tomado por oficiais do NKVD ou dividido e ocupado por outros servidores do regime stalinista, como funcionários de escritórios e motoristas, entre os quais, sem dúvida, havia aqueles que estavam sendo recompensados pelo fornecimento de informações sobre os antigos moradores.[78]

Ivan Malygin era engenheiro em Sestroretsk, ao norte de Leningrado. Altamente capacitado e respeitado pelos operários de sua fábrica, que o chamavam de "engenheiro-tsar" e até ajudaram sua família quando ele foi preso pelo NKVD, Malygin era uma espécie de celebridade local. Escrevia livros didáticas, panfletos populares e artigos para a imprensa soviética. Ivan morava com a esposa e os dois filhos nos arredores da cidade em uma grande casa de madeira, que ele próprio construíra. Mas, como de costume, a fama e a riqueza de Ivan despertavam inveja. Malygin foi preso ao ser denunciado por um colega da fábrica que invejava seu sucesso e alegou que o engenheiro utilizava sua casa para manter contatos secretos com os finlandeses. Na verdade, a denúncia fora organizada por um pequeno grupo de oficiais do NKVD, que obrigaram Malygin a vender a casa para eles por 7 mil rublos (pouco antes, a casa tinha sido avaliada em meio milhão de rublos). Os oficiais ameaçaram prender a esposa de Malygin caso ele se recusasse a vender a casa. Malygin foi fuzilado. Sua esposa e seus filhos foram despejados da casa, que foi tomada pelos oficiais do NKVD e suas famílias.[79] Os descendentes dos oficiais moram nela até hoje.

Invariavelmente, construir uma carreira durante o Grande Terror envolvia um comprometimento moral, manifestado por meio de denúncias diretas ou do conluio silencioso com o regime stalinista. Simonov, cuja carreira decolou nesse período, escreveu com sinceridade e remorso extraordinários sobre o que considerava a colaboração da maioria silenciosa soviética com o Grande Terror. Em suas memórias, ditadas em 1979, quando estava no leito de morte, Simonov acusou a si próprio:

Para ser honesto quanto ao período, Stalin não é o único que não pode ser perdoado — vocês também não podem. Não é que tenham feito algo de ruim — talvez não tenham feito nada de errado, pelo menos não explicitamente —, mas acostumaram-se com o mal. Hoje, os eventos ocorridos entre 1937 e 1938 parecem extraordinários, diabólicos, mas para vocês, que na época estavam com 22 ou 24 anos, eles se transformaram em uma espécie de norma, quase comuns. Vocês viviam no meio desses eventos, cegos e surdos em relação a tudo, sem ver nem ouvir coisa alguma enquanto as pessoas ao seu redor eram fuziladas e mortas, enquanto as pessoas ao seu redor desapareciam.

Tentando explicar tal distanciamento, Simonov evocou a própria reação à prisão de Mikhail Koltsov, em 1939. Koltsov era um escritor extremamente influente, cujos relatos da Guerra Civil espanhola serviram de inspiração para os jovens círculos literários pelos quais Simonov circulava. No fundo, Simonov jamais acreditara que Koltsov fosse um espião (como confessou ao escritor Fadeyev em 1949). No entanto, de algum modo, conseguira suprimir suas dúvidas. Fosse por medo e covardia, pelo desejo de acreditar no Estado ou simplesmente pelo instinto de evitar pensamentos subversivos, Simonov efetuara uma pequena acomodação interior para se adequar às necessidades do regime stalinista, realinhando sua orientação moral para poder navegar através do pântano moral do Grande Terror mantendo a própria carreira e suas crenças intactas.[80]

Simonov não era um informante, mas era pressionado pelas autoridades soviéticas, que talvez desejassem que se tornasse um. Na primavera de 1937, foi convidado por Vladimir Stavsky, secretário da União de Escritores, a se juntar a outros três jovens prosadores do Instituto Literário em uma viagem de férias e trabalho para o Cáucaso. Eles escreveriam sobre a vida de Sergo Ordzhonikidze, ex-comissário da indústria pesada, que havia se suicidado recentemente. Pouco antes de partir, Simonov foi chamado ao escritório de Stavsky, que exigiu que Simonov lhe contasse "tudo sobre as conversas antissoviéticas [que vinha travando] no Instituto". Stavsky queria que Simonov confessasse e se redimisse, colocando-o em uma posição na qual ficasse difícil recusar cumprir as exigências das autoridades. Quando Simonov negou ter participado de tais conversas, Stavsky disse que "tinha informações" sobre ele e que "seria melhor dizer a verdade". Stavsky "ficou claramente irritado com minha aparente incapacidade de ser sincero e dizer a verdade", recordou Simonov. Depois de uma série de acusações feitas por Stavsky e negadas por Simonov, os dois chegaram a um impasse, com Simonov recusando-se a cooperar. Stavsky acusou-o de distribuir "poesia contrarrevolucionária" e o excluiu da viagem. Gradualmente, Simonov deu-se conta da origem das "informações" obtidas por Stavsky. A poesia de Kipling estava na moda entre os estudantes do instituto. Certo dia, Simonov envolveu-se em uma conversa sobre Kipling com um jovem professor, que depois o perguntou o que achava da poesia de Nikolai Gumilyov (que fora executado como "contrarrevolucionário" em 1921). Simonov respondeu que gostava de alguns poemas de Gumilyov, mas não tanto quanto dos de Kipling. Estimulado pelo professor, Simonov recitou alguns versos de Gumilyov. Simonov lembrava-se da cena como a primeira vez na vida em que ficara aterrorizado. Ele sabia que estava correndo o risco de ser preso não apenas pelo que achava de Gumilyov, mas também por causa de sua origem nobre, a qual fora, pelo que parece, relacionada ao gosto de Simonov pela obra de Gumilyov no relatório que o jovem professor entregara a Stavsky. Até o final do ano acadêmico, Simonov evitou o jovem professor, que acabou sendo preso no mesmo ano (ele havia se transformado em informante, em uma última tentativa desesperada de ser salvo, e tentara criar uma armadilha para Simonov).[81]

Na primavera de 1937, o Instituto Literário encontrava-se em um estado de extrema ansiedade. Como outras instituições soviéticas, o instituto fora pego desprevenido pelo início repentino do Grande Terror, e havia dentro dele uma sensação de pânico de que tal surpresa confirmasse uma "falta de vigilância". Em uma série de reuniões de expurgo, estudantes e professores exigiram histericamente mais "vigilância bolchevique e autocrítica verdadeira" para livrar o instituto de todos os "formalistas" e "averbakhianos [trotskistas]". Muitos estudantes foram presos, alguns por motivos religiosos ou morais em seus poemas, outros por defenderem Boris Pasternak (que fora criticado na imprensa soviética por seu estilo individualista). Cerca de 12 estudantes foram "tratados" pela Komsomol (ou seja, obrigados a abjurar suas obras em uma reunião estudantil, na qual foram duramente criticados). Uma estudante do grupo foi expulsa do instituto e entregue ao NKVD após se recusar a renunciar ao pai, um poeta que se encontrava em desfavor, e de dizer corajosamente à massa de pessoas que a acusavam: "Meu pai é a pessoa mais honrada na União Soviética." Por causa disso, cumpriu uma pena de dez anos em Kolyma.[82]

Dois bons amigos de Simonov no instituto foram perseguidos durante o Grande Terror: o poeta Valentin Portugalov foi preso em fevereiro de 1937, depois que um estudante informou à polícia sobre algo que dissera, e Vladimir Lugovskoi, um professor carismático, foi preso em abril do mesmo ano após ser acusado pelo Presidium da União de Escritores de ter autorizado a republicação (em 1935) de alguns poemas da década de 1920 (poemas românticos sobre a natureza russa), que desde então haviam passado a ser considerados "politicamente danosos". Obrigado a abjurar seus poemas, Lugovskoi escreveu "Sobre meus erros", um exercício em autodegradação de dez páginas, no qual se comprometia a se purificar de "todos os pensamentos obsoletos" que o haviam impedido de "acompanhar a marcha da história".[83] Lugovskoi estava aterrorizado. Durante os anos seguintes, não publicou nenhum poema, exceto "Canção sobre Stalin", musicado em 1939.[84] Lugovskoi, um homem de fala suave e comportamento equilibrado, também fez uma série de discursos políticos furiosos, nos quais exigia o sangue dos inimigos. "Chegou a hora", disse ele a um grupo de escritores de Moscou em outubro, "de purificarmos nosso país de todos aqueles inimigos bastardos, os trotskistas, de varrermos com uma vassoura de ferro todas as pessoas que traíram nossa pátria e de expurgarmos tais elementos de dentro de nós."[85]

A reação de Simonov também foi fruto do medo. Até o incidente no escritório de Stavsky, ele fora considerado um estudante modelo e um soviético leal, mas agora sua reputação estava sendo questionada. Em retrospecto, refletindo sobre o incidente com Stavsky, Simonov recordou que ficara "atordoado e chocado, não tanto pela sensação repentina de perigo... mas mais pela percepção de que não acreditavam nem confiavam mais em mim". Ele começou a provar seu valor por meio de uma série de ataques contra os "formalistas" e outros "inimigos" nas reuniões de expurgo do instituto.[86] O discurso mais extraordinário de Simonov, feito em uma reunião aberta do instituto em 16 de maio, incluía uma condenação cáustica do amigo Yevgeny Dolmatovsky:

Com frequência, há conversas [no instituto] nas quais as pessoas só falam sobre si próprias. Em particular, lembro-me de ter sido obrigado a ouvir um discurso asqueroso do camarada Dolmatovsky em uma reunião da quarta série. Ele não disse "o instituto" e "nós", mas sim "eu e meu instituto". A posição dele era: "O instituto não presta atenção suficiente a indivíduos como eu. O instituto foi fundado para educar dois ou três talentos, como eu, Dolmatovsky, e isso é a única coisa que justifica sua existência. Para talentos como eu — Dolmatovsky — o instituto deveria oferecer o melhor de tudo, mesmo que à custa do resto dos estudantes."[87]

Talvez Simonov tenha falado com o espírito de autocrítica (incluindo críticas a um de seus amigos mais próximos) que sempre fizera parte da ética da Komsomol. Os estudantes deviam mostrar que eram leais e vigilantes. Talvez não desejasse prejudicar o amigo, apesar de invejar claramente o quanto valorizavam o talento de Dolmatovsky, o que era demonstrado com frequência pelo diretor do instituto (que colocava Simonov em uma categoria inferior, "boa apenas para o ensino, jornalismo ou trabalho editorial").[88] No evento, a acusação de Simonov teve consequências relativamente pequenas para Dolmatovsky. Em 1938, depois de se formar pelo instituto, Dolmatovsky foi enviado para trabalhar como jornalista no Extremo Oriente — posição muito inferior a seu valor literário, descrita por ele como a mais difícil de sua vida. Poderia ter sido muito pior. Os dois permaneceram em termos amigáveis e se correspondiam com frequência, elogiando-se mutuamente, mas sempre houve entre os amigos de Simonov a suspeita de que Dolmatovsky cultivasse um rancor em relação ao colega.[89]

Quanto a Simonov, os anos do Grande Terror, tão catastróficos para muitos de seus amigos, projetaram-no à proeminência como um poeta favorecido pelo regime de Stalin. Em 1937, Simonov contribuiu com vários poemas ao culto a Stalin, incluindo um, "Parada", escrito para orquestra e coral:

> Essa é uma canção sobre Ele,
> Sobre seus amigos verdadeiros,
> Amigos verdadeiros e camaradas.
> Todas as pessoas
> São amigas Dele:
> É impossível contá-las,
> São como gotas d'água no mar.[90]

Em "Batalha de gelo" (1938), Simonov contrapôs a história nacionalista do príncipe russo Aleksandr Nevsky, do século XIII, e sua vitória militar contra os Cavaleiros Teutônicos com a luta soviética contra os inimigos estrangeiros e domésticos (tema também abordado no filme épico *Aleksandr Nevsky*, de Sergei Eisenstein, produzido no mesmo ano). O poema, parte do esforço de propaganda para preparar o país para uma provável guerra contra a Alemanha, foi o primeiro sucesso literário real de Simonov, trazendo-lhe "fama e popularidade", nas palavras de Lugovskoi, que citou o poema ao recomendar Simonov para membro da União de Escritores, em setembro de 1938.[91] Todos os danos causados à carreira de Simonov por se recusar a ser informante foram remediados, pois ele foi aceito como o membro mais jovem da União, com a aprovação integral de Stavsky.

A traição de Dolmatovsky por Simonov não era incomum na atmosfera frenética do Grande Terror. Um informante rememorou sua luta contra a própria consciência quando fora abordado pelo NKVD para fornecer informações sobre os amigos (que lhe deram as costas depois que seu pai foi preso). Ele perguntava a si mesmo: "Quem são meus amigos? Não tenho amigos. Não devo lealdade a ninguém, exceto a quem consiga extraí-la de mim — e a mim mesmo."[92] O medo destruía laços de amizade, amor e confiança. Também destruía os laços morais que mantêm a unidade de uma sociedade, na medida em que as pessoas se voltavam umas contras as outras na confusão caótica em busca da sobrevivência.

Após ser presa, em 1937, Yevgeniia Ginzburg foi traída por muitos amigos, os quais foram forçados a acusá-la frente a frente quando foi interrogada na prisão de Kazan (tais "acareações" eram organizadas com frequência pelo NKVD). Entre eles estava Volodia Diakonov, escritor da equipe editorial do jornal no qual Yevgeniia trabalhara. "Éramos amigos havia muito tempo", recorda Ginzburg:

> Nossos pais tinham sido colegas de escola, eu o ajudara a conseguir o emprego e ensinei-lhe com prazer, quase amorosamente, o ofício de jornalista. Ele era cinco anos mais novo que eu e costumava dizer que gostava de mim como se fosse sua irmã.

Durante a acareação, o oficial interrogador (que mal falava russo) leu a declaração de Diakonov, acusando Ginzburg de pertencer a um "grupo terrorista contrarrevolucionário" no jornal. Diakonov tentou negar a acusação, alegando ter dito apenas que ela ocupava um cargo importante na equipe editorial, mas o oficial insistiu em que assinasse uma declaração confirmando a existência do grupo.

"Volodia", disse eu calmamente, "você sabe que é uma fraude. Você jamais disse nada disso. Ao assinar a declaração, estará causando a morte de centenas de camaradas seus, pessoas que sempre foram decentes com você."

Os olhos [do interrogador] quase saltaram das órbitas.

"Como ousa pressionar uma testemunha? vou mandá-la diretamente para a pior cela de punição. E você, Diakonov, assinou tudo isso ontem, quando estava sozinho aqui. Agora, se recusa! Prenderei você imediatamente por fornecer provas falsas."

Ele ameaçou tocar a campainha — e Volodia, parecendo um coelho diante de uma jiboia, escreveu lentamente seu nome com sua mão trêmula como se tivesse sofrido um derrame, muito diferente do movimento firme da caneta com o qual assinara seus artigos sobre o código moral da nova era. Depois, sussurrou quase inaudivelmente:

"Perdoe-me, Zhenya. Acabamos de ter uma filha. Preciso permanecer vivo."[93]

4

Como as pessoas reagiam ao desaparecimento repentino de colegas, amigos e vizinhos durante o Grande Terror? Será que acreditavam que fossem realmente "espiões" e "inimigos", como alegava a imprensa soviética? Certamente não podiam pensar desse modo em relação a pessoas que conheciam há muitos anos.

Para os comunistas verdadeiros, não havia possibilidade de duvidarem do que a liderança do Partido lhes dizia. Não era uma questão de acreditar que Tukhachevsky ou Bukharin fossem espiões, mas sim de aceitar o julgamento do Partido no qual haviam depositado sua confiança. Havia várias maneiras de se responder às perguntas levantadas quando um amigo e camarada de confiança se tornava um "inimigo" de uma hora para a outra. Anatoly Gorbatov, oficial do Exército Vermelho em Kiev, recorda-se do ajuste ao qual ele, assim como muitos outros no exército, precisou se submeter quando Tukhachevsky e outros líderes militares de alto escalão foram acusados de serem espiões.

Como é possível que homens que desempenharam um papel tão importante na eliminação de intervencionistas estrangeiros e de reacionários internos... tenham, de repente, se transformado em inimigos do povo?... Finalmente, depois de refletir sobre uma série de possíveis explicações, aceitei a resposta mais comum naqueles dias... "Obviamente", diziam muitas pessoas na época... "foram capturados pelas redes de organizações de inteligência estrangeiras quando estavam no exterior..."

A prisão do general Iakir foi um "golpe terrível".

Eu conhecia bem Iakir e o respeitava. No fundo, eu cultivava a esperança de que tivesse sido apenas um engano — "Tudo será resolvido e ele será libertado" — mas esse era o tipo de coisa que somente os amigos mais íntimos se arriscavam a dizer entre si.[94]

Aparentemente, o próprio Iakir estava disposto a aceitar a decisão do Partido, pelo que se pode julgar pelas últimas palavras que disse, diante do pelotão de fuzilamento: "Vida longa ao Partido! Vida longa a Stalin!"[95]

As prisões de Stalin estavam repletas de bolcheviques que continuavam acreditando que o Partido era a fonte de toda a justiça. Alguns confessaram ter cometido os crimes pelos quais eram acusados simplesmente para preservar essa fé. Apesar do emprego frequente de torturas para a extração de confissões dos bolcheviques, o "fator decisivo" para as rendições não era a violência, segundo um ex-prisioneiro (que não era comunista), mas sim o fato

de que a maioria dos comunistas convictos precisava preservar a qualquer custo sua fé na União Soviética. Renunciar a ela estava além de suas capacidades. Sob certas circunstâncias, é necessária uma grande força moral para que se consiga renunciar a convicções antigas e muito profundas, mesmo àquelas que provam ser insustentáveis.[96]

Nadezhda Grankina encontrou muitos membros do Partido na prisão de Kazan em 1938. Todos continuavam a acreditar na orientação do Partido.

Quando lhes contou sobre a fome de 1932, disseram "que estava mentindo, que eu exagerava para difamar o estilo de vida soviético". Quando lhes contou sobre como fora expulsa de casa sem motivo, ou sobre como o sistema de passaportes destruíra tantas famílias, responderam: "É verdade, mas era a melhor maneira de lidar com pessoas como você."

Eles achavam que eu estava recebendo o que merecia porque criticava os excessos. No entanto, quando o mesmo acontecia com eles, acreditavam que se tratava de um engano que seria corrigido — porque jamais tiveram qualquer dúvida e sempre haviam cumprido e elogiado toda e qualquer instrução vinda de seus superiores... E quando eram expulsos do Partido, não se defendiam mutuamente — ficavam todos quietos ou levantavam as mãos apoiando as expulsões. Era uma espécie de psicose universal.[97]

Para grande parte da população, sempre havia duas realidades: a Verdade do Partido e a verdade obtida por meio da experiência. Mas nos anos do Grande Terror, quando a imprensa soviética estava repleta de julgamentos encenados e dos feitos nefastos de "espiões" e "inimigos", poucos conseguiam ver além da versão do mundo divulgada pela propaganda. Era necessário uma força de vontade imensa, geralmente ligada a um sistema de valores diferente, para que alguém desconsiderasse os relatos da imprensa e questionasse as premissas básicas do Terror. Para alguns, a adoção de uma visão crítica era possibilitada por suas religiões ou nacionalidades; para outros, tal visão era consequência de outra ideologia ou de uma crença diferente no Partido; e para outros, talvez fosse resultado da idade (já tinham visto tanta coisa na Rússia que jamais acreditariam que a inocência protegesse qualquer pessoa de ser presa). Mas para aqueles com menos de 30 anos, que só conheciam o mundo soviético ou que não tinham herdado outros valores de suas famílias, era quase impossível se distanciar do sistema de propaganda e questionar seus princípios políticos.

Os jovens eram especialmente crédulos, pois tinham sido doutrinados pela propaganda nas escolas soviéticas. Riab Bindel recorda:

Na escola, diziam: "Vejam como não nos deixam viver sob o comunismo — veja como explodem fábricas, descarrilam bondes e matam pessoas — tudo isso é feito por inimigos do povo." Enfiavam isso em nossas cabeças tantas vezes que deixávamos de pensar por conta própria. Víamos "inimigos" em todas as partes. Diziam-nos que, se víssemos alguém suspeito na rua, deveríamos segui-lo e informar a seu respeito — seria possível que fosse um espião. As autoridades, o Partido, nossos professores — todos diziam a mesma coisa. O que mais poderíamos pensar?

Depois de sair da escola, em 1937, Bindel encontrou um emprego em uma fábrica, onde os trabalhadores costumavam amaldiçoar os "inimigos do povo".

Quando algo quebrava na fábrica, diziam: "Camaradas, isso é sabotagem e traição!" Procuravam por alguém com alguma mácula em seu registro e diziam que era um inimigo. Colocavam-no na prisão e espancavam-no até que confessasse ter cometido o crime. Quando era julgado, diziam: "Vejam só o bastardo que trabalhava secretamente entre nós!"[98]

Muitos trabalhadores acreditavam na existência de "inimigos do povo" e exigiam que fossem presos por associá-los aos "patrões" (líderes do Partido, gerentes e especialistas), a quem já responsabilizavam pelas dificuldades econômicas que enfrentavam. Naturalmente, tal desconfiança das elites ajuda a explicar o grande apelo dos expurgos entre certos setores da sociedade, que viam o Grande Terror como uma "disputa entre os mestres" que não os afetava. Essa percepção é ilustrada claramente por uma piada muito difundida nos anos do Terror. O NKVD bate à porta de um apartamento no meio da noite. "Quem está aí?", pergunta o morador. "O NKVD, abra a porta!" O homem fica aliviado "Não, não", diz, "vocês estão no apartamento errado — os comunistas moram no andar de cima!"[99]

A prisão de um parente próximo não era suficiente para abalar a crença de muitas pessoas na existência de "inimigos". Na verdade, muitos casos a reforçavam. Ida Slavina, cujo pai foi preso em 1937, manteve-se fiel às convicções da Komsomol até 1953:

Eu não acreditava que meu pai fosse inimigo do povo. É claro que achava que ele era inocente. Mas, ao mesmo tempo, não tinha dúvidas de que os inimigos do povo existiam. Eu estava totalmente convencida de que pessoas boas como meu pai estavam sendo presas injustamente por meio de suas sabotagens. Para mim, a existência de inimigos era óbvia... Eu lia sobre eles na imprensa e os odiava, como todo mundo. Com a Komsomol, participei de manifestações contra os inimigos do povo. Gritávamos: "Morte aos inimigos do povo!" Os jornais forneciam esses slogans e nos enchiam a cabeça com os julgamentos encenados. Lemos as confissões terríveis de Bukharin e de outros líderes do Partido. Estávamos horrorizados. Se aquelas pessoas eram espiãs, então os inimigos estavam em todos os lugares.[100]

Roza Novoseltseva, cujos pais foram presos em 1937, nunca pensou que eles fossem realmente "inimigos", mas estava disposta a acreditar que líderes do primeiro escalão do Partido, como Bukharin, pudessem ser. Como disse na época: "Alguém precisa ser responsável pela situação trágica da minha família." Vladimir Ianin, que cresceu em uma família de diplomatas soviéticos, acreditava em todas as acusações contra os "inimigos do povo" — considerava Yezhov um "grande homem" —, apesar de seu pai, a irmã mais velha, seis tios e uma tia terem sido presos no Grande Terror. Foi somente após a prisão da mãe, em 1944, que ele começou a questionar sua fé. Escreveu para Stalin dizendo que a mãe era totalmente inocente e para avisá-lo de que sua prisão provava que o NKVD fora tomado pelos "inimigos do povo".[101]

Até as vítimas de Stalin continuaram a acreditar na existência de "inimigos do povo", culpando-os pelas próprias prisões (atribuídas a "sabotagens contrarrevolucionárias") ou presumindo que tivessem sido confundidos com "inimigos do povo". Dmitry Streletsky era filho de uma família *kulak* exilada como "inimiga do povo". Ele continuou a acreditar em todas as propagandas do regime, permanecendo um stalinista fervoroso até 1953. Em retrospecto, refletindo sobre sua vida, Streletsky acredita que "para nós [os reprimidos], era mais fácil sobreviver às punições se continuássemos a acreditar em Stalin, a pensar que Stalin estava sendo enganado por inimigos do povo, do que se perdêssemos as esperanças nele".

Jamais pensamos que Stalin fosse culpado por nosso sofrimento. Só nos perguntávamos como é que ele não sabia que estava sendo enganado... Meu próprio pai dizia: "Stalin não sabe, o que significa que, mais cedo ou mais tarde, seremos libertados [do exílio]"... Talvez fosse uma espécie de autoilusão, mas, psicologicamente, acreditar na justiça de Stalin tornava a vida muito mais fácil de suportar. Ela tirava o medo de dentro de nós. [102]

Pavel Vittenburg, o geólogo que passou muitos anos em campos de trabalho, apoiava o Grande Terror contra os "inimigos do povo". Como explicou em uma carta para a esposa, escrita em fevereiro de 1937 durante uma expedição a Severnaia Zemlia:

Você perguntou se eu ouvira algo no rádio a respeito do julgamento de Piatakov. Ouvi tudo — e agora entendo que minha própria queda deve-se inteiramente àqueles vigaristas trotskistas — eles tentaram destruir nossa União [Soviética]. Por causa de seus meios nefastos, muitas pessoas inocentes que não pertenciam ao Partido foram exiladas.[103]

As dúvidas de quem tinha menos certeza da existência de tantos "inimigos do povo" não eram despertadas tão intensamente pelos julgamentos encenados (poucos questionavam a veracidade do caso em julgamento), podendo ser atribuídas ao desaparecimento de colegas, amigos e vizinhos, cuja culpa não parecia plausível.

Um modo comum de lidar com pensamentos tão perturbadores era simplesmente não pensar — evitar qualquer envolvimento com a política e recolher-se totalmente à vida privada. Muitas pessoas conseguiram viver durante o Grande Terror ignorando totalmente os acontecimentos políticos, inclusive a elite política, que deve ter feito vista grossa para os desaparecimentos no próprio círculo social. Mikhail Isaev, jurista soviético importante e membro da Suprema Corte da União Soviética, morava com algum estilo em Moscou com a mulher e quatro filhos. Durante os anos do Grande Terror, jamais se conversou sobre política em sua casa, julgando-se pelas recordações de sua esposa, Maria, apesar de muitos amigos terem sido afetados pelas prisões em massa. Isaev parecia impressionantemente alheio ao que estava acontecendo, mesmo na própria casa. Em uma carta escrita para a filha em dezembro de 1937, Isaev queixou-se do desaparecimento da governanta, uma velha solteirona, que não vinha trabalhar há dias. A casa estava bagunçada e Isaev estava obviamente irritado que ela tivesse "partido sem dar nenhum aviso". Ele não tinha "a menor ideia" do motivo do desaparecimento da governanta e perguntava-se se deveria demiti-la. Jamais lhe ocorreu que pudesse ter sido presa — justamente o que acontecera — e que não houvesse ninguém que pudesse entregar uma mensagem aos patrões.[104]

Muitos dos filhos das famílias da elite não eram expostos aos eventos políticos. Nina Kaminskaia, filha de um advogado ex-ativista Kadet (liberal), nunca pensava sobre política. Mesmo quando o pai perdeu o emprego em um banco soviético, Nina seguiu vivendo sua "vida despreocupada de estudante" na faculdade de direito na qual se matriculara em 1937. Anos depois, Nina conversou sobre isso com uma amiga. Ambas concordaram que viveram bastante felizes durante o Grande Terror, sem nenhum medo nem consciência do que estava acontecendo: "Simplesmente não percebíamos o horror e o desespero que tomaram a 'geração' de nossos pais." A amiga de Nina lembrou-se de um incidente ocorrido em 1937. Tarde da noite, ela chegara em casa de uma festa e viu que havia perdido as chaves de casa:

A única coisa que podia fazer era tocar a campainha e acordar os pais. Durante algum tempo, não houve resposta, então ela tocou a campainha pela segunda vez. Logo depois, ouviu passos e a porta foi aberta. Ali estava seu pai, vestido como se não tivesse nem ido para a cama, mas sim como se tivesse acabado de chegar ou estivesse prestes a sair novamente. Vestia um paletó escuro, uma camisa limpa e uma gravata com um nó benfeito. Ao ver a filha, ficou olhando para ela em silêncio até que, ainda sem dizer nada, deu-lhe um tapa na cara.

Nina conhecia o pai da amiga. Era um homem refinado, sem nenhuma violência no interior. Obviamente, sua reação à batida noturna na porta foi fruto do medo de que "eles" tivessem vindo buscá-lo. Inicialmente, a amiga de Nina ficou chocada com a agressão:

Dominada pela autocomiseração, começou a chorar e repreendeu o pai. No entanto, depois de algum tempo, esqueceu totalmente o incidente. Passaram-se anos até que se lembrasse do rosto empalidecido do pai, de seu silêncio e do tapa — sem dúvida, a única vez na vida em que batera em alguém. Ela contou-me essa história com muita dor, ampliada pela culpa em relação à própria falta de compreensão, que afetava toda a nossa geração.[105]

Para lidar com as próprias dúvidas, as pessoas as suprimiam ou encontravam jeitos de racionalizá-las de modo a preservar as estruturas básicas da crença comunista. Isso não era feito de maneira consciente e, em geral, as pessoas só se davam conta do próprio comportamento anos depois. Em 1937, o pai de Maia Rodak foi acusado de ser um "inimigo do povo" por ter citado inadvertidamente uma frase escrita certa vez por Trotski em uma carta para as autoridades soviéticas. Depois da prisão do pai, Maia tentou, como entende hoje, conciliar as próprias dúvidas em relação ao Terror com suas crenças comunistas.

Eu ficava confusa com tantas perguntas e reagi me forçando a me transformar em uma conformista. Foi isso que aconteceu, apesar de só usar atualmente a palavra "conformista"... Não era um jogo, mas sim uma estratégia de sobrevivência. Por exemplo, minha amiga Alla e eu não gostávamos do culto a Stalin, mas a ideia de que pudesse ser errado era simplesmente inconcebível, mesmo para nós. Eu tinha consciência da necessidade constante de me corrigir, de me purificar das dúvidas.[106]

Em suas memórias, Simonov reflete a respeito de como reagira à prisão de um parente (o irmão da tia de sua mãe), um oficial superior do exército, em ligação com o julgamento de Tukhachevsky e de outros comandantes militares superiores, realizado em 1937. Simonov lembra-se de ter duvidado da culpa dos acusados. Quando garoto, Simonov idolatrara Tukhachevsky (a quem vira muitas vezes no apartamento do tio, em Moscou). Sua mãe ficou furiosa com a prisão e tinha certeza da inocência do parente. Consequentemente, Simonov considerou as provas com muito cuidado, mas, no final, decidiu aceitar o que lera na imprensa soviética. Como muitas pessoas durante esse período, Simonov presumia que ninguém ousaria executar comandantes militares superiores como aqueles sem provas conclusivas de que haviam cometido traição:

Era impossível duvidar da existência de uma conspiração terrível. Qualquer dúvida nesse sentido era inconcebível — não havia outra alternativa. Estou falando sobre o espírito daquele período: eles deviam ser culpados, pois seria impossível compreender o contrário.

A mesma lógica levou Simonov a aceitar que seu parente fosse culpado por algum crime. Como ele havia sido preso anteriormente (em 1931) e fora libertado por falta de provas, Simonov achou que a nova prisão significava que tinham descoberto provas mais concretas de sua culpa (conclusão reforçada pelo fato de que seu padrasto, que também fora preso em 1931, deixara de ser importunado pela polícia).[107] Em outras palavras, Simonov interpretou os indícios de modo a reforçar seu sistema de crença comunista, porque a descrença seria "inconcebível".

Outra maneira encontrada pelas pessoas para conciliar o desaparecimento repentino de amigos e parentes com a confiança que tinham na justiça soviética era dizer para si próprias que algumas pessoas de bem haviam sido presas "por engano". Tal raciocínio conduzia à certeza de que eram cometidos erros na identificação dos verdadeiros "inimigos do povo", pois havia muitos "inimigos", os quais se escondiam muito bem. De acordo com essa lógica, o inimigo verdadeiro era sempre outra pessoa — filhos e maridos de todas as outras mulheres na fila de entrega de pacotes nos portões das prisões — e nunca os próprios amigos e parentes.

Recordando a prisão do marido, ocorrida em 1936, Olga Adamova-Sliuzberg resumiu a própria reação:

Não, era impossível — aquilo não poderia acontecer comigo, nem com ele! É claro que havia boatos (somente boatos — ainda era o início de 1936) de que algo estaria acontecendo, de que pessoas haviam sido presas. Mas, obviamente, tudo isso acontecia com outras pessoas; com certeza, não poderia acontecer conosco.[108]

Quando foi preso pelo NKVD, o marido de Olga achou que havia ocorrido algum "mal-entendido". Como milhões de outros presos, ele partiu dizendo à esposa que tudo seria esclarecido rapidamente ("Deve ser um engano"). Certo de que retornaria, levou somente uma muda de roupa. Slavin e Piatnitsky fizeram o mesmo.

Convencidas de que um erro havia sido cometido, muitas pessoas escreveram para Stalin pedindo a libertação de parentes. Anna Semyonova, educada como comunista, lembra que escreveu para Stalin depois que o pai foi preso, em junho de 1937. "Imaginei que em poucos dias Stalin iria receber e ler minha carta, então diria: 'O que está acontecendo? Por que prenderam um homem honesto? Libertem-no imediatamente e peçam desculpas a ele.'" Três meses depois, quando a mãe de Anna foi presa, ela disse novamente para si mesma: "Deve ser um engano."[109]

A queda de Yezhov, o chefe do NKVD por trás do Grande Terror, reforçava esse sistema de crença. Yezhov foi derrubado no outono de 1938 em meio a uma série de escândalos (nem todos falsos) sobre sua vida privada, envolvendo casos homossexuais, orgias bissexuais, bebedeiras homéricas e histórias fantásticas sobre sua esposa ser uma "espiã inglesa". Mas o motivo real da queda de Yezhov foi a percepção cada vez maior de Stalin de que as prisões em massa haviam deixado de ser uma estratégia funcional. No ritmo em que as prisões estavam sendo efetuadas, não demoraria muito até que toda a população soviética estivesse na prisão. Stalin deixou claro que o NKVD não poderia continuar a prender pessoas baseando-se somente em delações, sem checar a veracidade dos fatos, e avisou para que ficassem atentos a carreiristas que fizessem delações para ascender socialmente. Depois da demissão de Yezhov, em dezembro de 1938, seu sucessor, Lavrenty Beria, anunciou imediatamente uma revisão completa das prisões efetuadas sob o comando de Yezhov. Até 1940, 1,5 milhão de casos foram revisados; 450 mil condenações foram anuladas, 128 mil casos foram arquivados, 30 mil presos foram libertados e 327 mil pessoas foram libertadas dos campos de trabalho e das colônias do Gulag. As libertações restauraram a confiança de muitas pessoas na justiça soviética e permitiram que os indecisos reduzissem o "terror de Yezhov" (*Yezhovshchina*) a uma aberração temporária e não a um abuso sistêmico. Dizia-se que todas as prisões em massa haviam sido obra de Yezhov, mas Stalin havia corrigido os erros e revelado que Yezhov era um "inimigo do povo" que tentara minar o governo soviético prendendo oficiais e disseminando a insatisfação. Em 2 de fevereiro de 1940, Yezhov foi julgado pelo Colégio Militar, que o condenou por participar de uma conspiração terrorista e por espionar para a Polônia, a Alemanha, a Inglaterra e o Japão. Yezhov foi fuzilado em um prédio especial construído por ele próprio para que os "inimigos" fossem executados nas proximidades do Lubianka.[110]

A nomeação de Beria foi recebida com alívio. "Ficamos muito felizes com o surgimento daquela figura pura e ideal, que era como víamos Beria", recorda Mark Laskin, que esperava, como muitas pessoas, que "todos os inocentes fossem libertados e que somente os verdadeiros espiões e inimigos continuassem presos".[111] Simonov recorda que a revisão de Beria bastou para que sua confiança na justiça soviética fosse restaurada e dissipou qualquer dúvida que pudesse ter a respeito da prisão dos parentes. Naturalmente, tal efeito sobre Simonov viria a reforçar a convicção de que quem não fora libertado ou as pessoas presas posteriormente deviam ser culpadas por algum crime. Rememorando o modo como reagiu à prisão do escritor Isaak Babel e do diretor teatral Vsevolod Meyerhold, efetuadas em 1939, Simonov confessou:

> Apesar da importância dos dois na literatura e no teatro, e do choque causado pelo desaparecimento repentino de ambos — já naquele período —, a verdade é que suas prisões foram muito repentinas e, de modo geral, muito incomuns naqueles círculos, além de terem sido efetuadas sob o comando de Beria, que estava corrigindo os erros de Yezhov — tudo isso me fez pensar: talvez os dois sejam realmente culpados de algo. Talvez muitas pessoas presas quando Yezhov estava no comando fossem inocentes, mas Yezhov não tocara nesses dois homens, que foram presos repentinamente quando os erros do passado estavam sendo reparados. Então, parecia provável que houvesse bons motivos para que fossem presos.[112]

Uma das pessoas que duvidaram seriamente das acusações contra Meyerhold e Babel foi Vladimir Stavsky, ex-secretário-geral da União de Escritores, que tentara recrutar Simonov como informante. Nascido em uma família operária na cidade provinciana de Penza, Stavsky não poderia ter ascendido ao topo do meio literário soviético sem aprender como abrir mão de seus princípios morais. Como o "carrasco da literatura soviética" de Stalin, Stavsky autorizara a prisão de diversos escritores e escrevera pessoalmente a delação que resultara na prisão de Mandelshtam, efetuada na primavera de 1938.[113] No entanto, durante todo esse período, Stavsky foi atormentado por dúvidas e temores. Ele confessou tal desespero em seu diário, o qual, como o de Prishvin, foi escrito em uma caligrafia minúscula, praticamente ilegível para qualquer outra pessoa. Stavsky preocupava-se especialmente com uma história que ouvira sobre um oficial do Partido que utilizava o próprio carro, com motorista, como bordel. "Não entendo como isso aconteceu", dissera o motorista sobre o oficial. "Ele era apenas um rapaz comum, um de nós, mas acabou atravessando uma linha divisória e se transformou em um porco com o nariz coberto de sujeira. Um trabalhador normal não faz tantas coisas sujas em toda a vida."[114] Talvez por causa da confiança perdida, Stavsky começou a beber muito, engordou, ficou doente e começou a faltar ao trabalho por dias seguidos enquanto se recuperava da bebedeira mais recente. Passou a evitar participar de reuniões nas quais os escritores eram denunciados ou só falava contra eles do modo mais moderado possível. Por causa disso, finalmente foi denunciado em novembro de 1937 pelo Comitê do Partido da União de Escritores:

> Na posição de chefe da União de Escritores, o camarada Stavsky faz muito alvoroço em torno da necessidade de vigilância na literatura e exige a realização de uma campanha para a revelação de inimigos. Mas, na verdade, ajudou a ocultar os averbakhianos, não se manifesta realmente para desarmar os inimigos do povo e os elementos estrangeiros do Partido e permanece em silêncio a respeito dos próprios erros que cometeu ao cultivar ligações com o inimigo.[115]

Stavsky passou a ser cada vez mais pressionado por seus mentores políticos, até que finalmente foi demitido da liderança da União de Escritores, na primavera de 1938.

Havia muitas pessoas, como Stavsky, que tinham dúvidas a respeito das prisões em massa, mas praticamente ninguém se manifestava contra elas. De todo modo, a possibilidade de uma oposição efetiva era extremamente limitada, como o protesto de Piatnitsky na sessão plenária do Partido deixara bem claro. Grupos e indivíduos escreviam para os líderes do Partido para expressar seu ultraje com as prisões em massa, mas quase sempre anonimamente. "Centenas de milhares de inocentes estão definhando nas prisões, e ninguém sabe por qual motivo... Tudo é baseado em mentiras", escreveu um grupo anônimo a Molotov em junho de 1938. ("Perdoe-nos por não assinarmos nossos nomes, mas é proibido reclamar.")[116] Ocorreram alguns protestos de membros do Partido em certas localidades, especialmente por parte dos bolcheviques mais antigos, cuja moral política fora formada antes da ascensão de Stalin.

Olga Adamova-Sliuzberg conta a história de um bolchevique antigo, Altunin, com quem cruzara em Kolyma, em 1939. Ele vinha de algum lugar da província de Voronezh e trabalhara como curtidor antes de se filiar ao Partido. Altunin era um homem bonito de meia-idade, que ostentava uma barba ruiva e, no passado, fora muito forte, mas acabara enfraquecido pelo trabalho nas minas. Quando Olga o conheceu, ele havia sido transferido para uma brigada feminina de construção em Magadan, onde trabalhava como ferramenteiro. Ele contou sua história a Olga:

Quando tudo começou, em 1937, primeiro um camarada era inimigo, depois outro, e nós os expulsamos do Partido, todos levantamos as mãos; depois, matamos todos eles, nossos próprios camaradas.

Inicialmente, fingi estar doente. Assim, não precisava ir às reuniões do Partido e levantar a mão. Mas percebi que algo precisava ser feito: não poderíamos continuar a agir dessa maneira, estávamos destruindo o Partido e matando pessoas boas e honestas. Eu não acreditava que todos fossem traidores, pois conhecia bem aquelas pessoas.

Uma noite, sentei-me e escrevi uma carta. Enviei uma cópia para a organização local do Partido, outra para Stalin e mais uma para a Comissão de Controle Central [do Partido]. Escrevi que estávamos matando a Revolução... Coloquei todos os meus sentimentos na carta e mostrei-a à minha esposa. Ela disse: "Isso é suicídio. No dia seguinte ao qual enviar a carta, você será preso." Mas eu disse: "Que me prendam. É melhor estar atrás das grades do que levantar a mão e matar um camarada."

Bem, ela estava certa. Enviei a carta e, três dias depois, estava preso. Fui espancado — e condenado a dez anos em Kolyma.

Quando perguntado se estava arrependido do que fizera, Altunin respondeu que houvera uma ocasião, quando foi colocado em uma cela de isolamento depois que sua equipe de trabalho não conseguira remover as raízes das árvores de uma floresta congelada:

Repentinamente, senti muita pena de mim mesmo: outras pessoas haviam sido condenadas sem nenhum motivo, mas eu havia me colocado na prisão. E qual sentido havia em escrever o que escrevi? Nada mudaria. Talvez Solts [chefe da Comissão de Controle Central] sentisse um pouco de vergonha, mas o velho Bigode [Stalin] nem se importava. Era impossível ter contato com ele. Naquele momento, pensei que poderia estar sentado em casa com minha esposa e meus filhos em torno do samovar, em um quarto aquecido. Assim que pensei nisso, comecei a bater com a cabeça na parede para impedir que tais pensamentos entrassem em minha mente. Durante toda a noite, corri ao redor da cela amaldiçoando-me por sentir tal arrependimento.[117]

A única fonte de oposição capaz de exercer qualquer tipo de influência real encontrava-se dentro do próprio sistema de repressão. Com frequência, juízes em tribunais locais eram bastante eficazes no afrouxamento das sentenças, chegando até, em certos casos, a fechar os casos alegando falta de provas. Apesar disso, depois do verão de 1937, quase todas as pessoas presas em massa passaram a ser julgadas sumariamente e sentenciadas pelos *troikas*, tribunais especiais formados por três pessoas (em geral do NKVD, da procuradoria e do Partido) para contornar os tribunais.[118] Dentro do NKVD, também havia alguns oficiais corajosos dispostos a se manifestar contra as prisões em massa, especialmente durante as "operações *kulak*", que lembravam muitos agentes locais do NKVD do caos sangrento do período entre 1928 e 1933. Em julho de 1937, Eduard Salyn, chefe do NKVD na província de Omsk, manifestou-se em uma conferência convocada por Stalin e Yezhov para discutir a "operação *kulak*". Salyn disse que, em sua região, havia

um número insuficiente de inimigos do povo e de trotskistas para justificar uma campanha de repressão. Além disso, de modo geral, considero totalmente errado que seja decidido de antemão quantas pessoas devam ser presas e fuziladas.

Pouco depois da conferência, Salyn foi preso, julgado e fuzilado.[119]

Mikhail Shreider foi outro oficial do NKVD que manifestou oposição às prisões em massa. Em suas memórias, escritas na década de 1970, Shreider descreve-se como um "chekista puro", inspirado pelos ideais leninistas de Feliks Dzerzhinsky, que fundara a Cheka em 1917.

Shreider escreveu suas memórias para justificar o trabalho na Cheka e se retratar como vítima do Grande Terror. Segundo sua versão dos eventos, ele ficara desiludido com o regime stalinista à medida que observou a corrupção dos colegas oficiais do NKVD na década de 1930, quando camaradas que conhecia como homens decentes e honestos passaram a utilizar todo tipo de tortura contra "inimigos do povo", caso isso resultasse em um avanço em suas carreiras. Shreider também era atormentado pela quantidade de prisões. Ele não conseguia acreditar na existência de tantos "inimigos do povo", mas temia ser denunciado caso manifestasse suas dúvidas. Shreider logo descobriu que tal temor era compartilhado por muitos colegas, mas que ninguém quebraria a conspiração do silêncio. Mesmo quando um colega em quem confiava desaparecia, o máximo que a maioria de seus camaradas ousava dizer era que havia a possibilidade de que o desaparecido fosse um "homem honesto". Ninguém insinuava que pudesse ser inocente, pois estaria se expondo ao risco de ser delatado por questionar o expurgo. "Ninguém entendia por que todas aquelas prisões estavam sendo efetuadas", recordou Shreider, "mas as pessoas tinham medo de se manifestar, pois poderiam levantar suspeitas de que estivessem ajudando ou se comunicando com os 'inimigos do povo'."[120]

Durante muitos meses, Shreider observou em silêncio enquanto velhos amigos e colegas eram presos e condenados à morte. Incapaz de se opôr ao Terror, Shreider tornou-se uma espécie de opositor consciencioso, deixando de testemunhar as execuções de colegas do NKVD no pátio do Lubianka. Então, na primavera de 1938, foi transferido para Alma-Ata, onde se tornou o segundo homem no comando do NKVD do Cazaquistão, chefiado por Stanislav Redens (que era cunhado de Stalin). Shreider e Redens tornaram-se bons amigos. Eram vizinhos, e suas famílias estavam sempre juntas nas duas casas. Shreider percebeu o desgosto crescente de Redens em relação aos métodos de tortura adotados por seus agentes. Ele pensava que Redens era um homem de sensibilidades humanísticas. Redens, por sua vez, via Shreider como alguém que compartilhava as mesmas dúvidas sobre os métodos utilizados durante o Grande Terror. Certa noite, quando já era bem tarde,

Redens levou Shreider em seu carro para fora da cidade e estacionou. Os dois saíram do carro e começaram a caminhar. Quando estavam além do alcance dos ouvidos do motorista, Redens disse a Shreider: "Se Feliks Eduardovich [Dzerzhinsky] ainda estivesse vivo, ele faria com que fôssemos fuzilados pelo modo que estamos trabalhando atualmente." Shreider fingiu não entender: demonstrar cumplicidade em tal pensamento seria o suficiente para assegurar a própria prisão, e ele não podia ter certeza de que aquilo que seu chefe acabara de dizer não era uma provocação. Redens continuou a falar. Para Shreider, ficou claro que Redens falara a sério, de modo que também abriu o coração. Quando tal confiança foi estabelecida, os dois passaram a trocar confidências. Redens lamentava que todos os comunistas decentes tivessem sido destruídos, enquanto pessoas como Yezhov permaneciam intocadas. Contudo, ainda havia assuntos perigosos demais para que pudessem ser discutidos. Analisando em retrospecto essas conversas sussurradas, Shreider achou que Redens sabia muito mais sobre o Terror do que revelara: "A situação em que se encontrava e as circunstâncias do período obrigavam-no, assim como a todos nós, a não chamar as coisas pelo nome e tampouco a falar sobre tais coisas, mesmo com os amigos."[121]

Shreider foi encorajado pelas conversas com Redens, que o faziam sentir remorso e raiva. Ele escreveu para Yezhov protestando contra as prisões de um antigo colega do NKVD e do primo da esposa, que estudava em Moscou, atestando a inocência de ambos. Alguns dias depois, em junho de 1938, Redens recebeu um telegrama de Yezhov ordenando a prisão de Shreider. Ao receber a notícia no escritório de Redens, Shreider implorou-lhe que apelasse a Stalin: "Stanislav Frantsevich, você me conhece bem e, afinal de contas, é cunhado dele. Deve ser algum engano." Redens respondeu: "Mikhail Pavlovich, eu posso interceder a seu favor, mas temo que seja inútil. Hoje é você e, sem dúvida, amanhã será a minha vez." Shreider foi enviado para a prisão de Butyrki, em Moscou. Em julho de 1940, foi condenado a dez anos em um campo de trabalhos, seguidos por três anos de exílio. Redens foi preso em novembro de 1938. Ele foi fuzilado em janeiro de 1940.[122]

5

Na noite em que seu pai foi preso, em maio de 1937, Elena Bonner foi enviada pela mãe para ficar com a tia, Anya, e o tio, Lyova, para que não atrapalhasse a revista do apartamento dos Bonner pelo NKVD. Elena, então com 14 anos, atravessou Leningrado e bateu à porta dos parentes. "A porta foi aberta imediatamente, como se estivessem me aguardando", recorda Elena, que em seguida explicou à tia e ao tio o que acontecera. O tio ficou com medo e raiva e começou a fazer perguntas sobre o trabalho do pai de Elena:

> Não entendi o que ele queria e tentei entrar no apartamento. Anya disse alguma coisa. Lyova praticamente gritou com ela: "Anya, maldições, você está sempre..." e impediu minha entrada, barrando a porta com o braço direito. Então falou muito rapidamente, sussurrando alto: "Não podemos deixá-la entrar; não podemos. Qual é o problema? Não entende isso?" Repetiu a mesma coisa várias vezes, sua saliva respingando sobre mim. Anya disse algo. Eu via sua boca se mover, mas não conseguia ouvir nada além do sussurro de Lyova, alto como um grito. Afastei-me da porta até ficar com as costas pressionadas contra o corrimão. Bateram a porta. Fiquei ali, incapaz de compreender o que acontecera comigo. Limpei o rosto com a mão e comecei a descer a escada. Eu ainda não havia terminado de descer quando ouvi a porta se abrir. Quando me virei, Lyova estava na entrada. Tive medo que me chamasse de volta. Mas ele não disse nada e começou a fechar a porta lentamente. Gritei: "Patife!" e vi que empalideceu.[123]

São inúmeras as histórias de abandono por parte de amigos, vizinhos e até mesmo de familiares depois da prisão de algum parente próximo. As pessoas tinham medo de entrar em contato com famílias de "inimigos do povo" — atravessavam a rua para evitá-las, não falavam com elas nos corredores dos prédios comunitários e proibiam os filhos de brincar no pátio com os filhos dessas famílias, além de retirarem as fotografias de amigos e parentes desaparecidos, às vezes, chegando até mesmo a rasgar seus rostos ou a cobri-los com rabiscos nas fotografias da família.

Segundo Solzhenitsyn:

> A forma mais moderada de traição — e ao mesmo tempo a mais disseminada —, consistia em não se fazer diretamente nada de mal, mas apenas em não reparar na

pessoa condenada do lado de alguém, em não ajudá-la, em virar a cara, em se afastar dela. Um vizinho, colega de trabalho ou mesmo um amigo próximo era preso. Você permanecia em silêncio e agia como se não tivesse percebido.[124]

Olga Adamova-Sliuzberg recorda que, quando seu marido foi preso,

as pessoas falavam comigo em um tom de voz especial — tinham medo de mim. Algumas atravessavam a rua quando me viam caminhando em sua direção. Outras prestavam uma atenção especial em mim, mas isso era heroico da parte delas, e tanto elas quanto eu tínhamos consciência disso.[125]

Depois da prisão dos pais, em junho de 1937, Inna Gaister e a irmã foram despejadas da dacha da família em Nikolina Gora. Por instrução dos pais, foram levadas pela babá para a casa do poeta Aleksandr Bezymensky, velho amigo do pai, esperando que as acolhesse. O poeta levou-as de carro até a estação mais próxima e colocou-as no primeiro trem para Moscou. "Ele tinha medo demais de se envolver", recorda Inna. "Ele costumava ficar na casa de minha avó, mas tinha acabado de ter mais um filho com a esposa, e o medo deve ter superado sua decência."[126]

Quando Stanislav e Varvara Budkevich foram presos, em julho de 1937, a filha do casal, Maria, e o irmão mais novo foram despejados dos dois quartos ocupados pela família em um apartamento comunal em Leningrado. Os quartos foram ocupados por vizinhos, um casal com três filhos pequenos, que tinham mantido uma relação amigável com os Budkevich até 1937, quando a mulher do vizinho os denunciou ao NKVD como espiões e contrarrevolucionários (Stanislav era de origem polonesa). A mulher chegou a alegar que Varvara, uma historiadora, seria uma prostituta que trazia os clientes para o apartamento. O irmão de Maria foi levado para um orfanato, mas ela, então com 14 anos, ficou totalmente abandonada. Inicialmente, durante alguns dias, Maria ficou na casa de um colega da escola. Depois, encontrou um quarto, onde morou sozinha. Uma velha amiga da família, esposa de um oficial bolchevique, aconselhou Maria a perguntar aos antigos vizinhos se teriam alguma informação sobre a localização de seus pais. Quando retornou ao apartamento comunal, Maria foi recebida com hostilidade:

Meu Deus, tinham tanto medo de mim que nem queriam me deixar entrar. Vocês podem acreditar? A mulher que ocupara nossos quartos ficou incomodada e com raiva quando me viu. Não me recordo se o marido dela já tinha sido preso ou se temia que viessem prendê-lo. Talvez a família estivesse com problemas. De todo modo, não queriam me ajudar. A mulher disse apenas: "Não sei de nada. Nada. Compreende? E, por favor, não volte mais aqui!"[127]

De um dia para o outro, vizinhos transformavam-se em estranhos. Durante quase 30 anos, os Turkin viveram ao lado dos Nikitin, compartilhando o andar térreo de uma casa de madeira de três andares na esquina das ruas Soviet e Sverdlov, em Perm — os sete Turkin (Aleksandr, Vera e duas filhas, além da mãe, do irmão e da irmã de Vera) ocupavam três cômodos no lado direito da casa, e a família Niktin, constituída por quatro pessoas, ocupava três cômodos do lado esquerdo. Aleksandr Turkin era um bolchevique veterano, um dos camaradas de Sverdlov no submundo revolucionário de Perm. Como toda a família, Aleksandr trabalhava na siderúrgica de Motovilikha. Também trabalhava como jornalista para o jornal local e como juiz no tribunal regional. Em 1936, foi preso como trotskista. A culpa de Aleksandr foi aceita como "verdade provada" pela esposa, Vera, que trabalhava em uma fábrica e não se interessava por política. A mãe de Vera, uma mulher dominadora que comandava a casa dos Turkin, também achava que Aleksandr era culpado e removeu o rosto dele do retrato da família que ficava na sala de estar. "Se temos um inimigo entre nós, precisamos eliminá-lo", disse. Depois de ser ferida em um acidente, Vera foi demitida da siderúrgica de Motovilikha (sendo esposa de um "inimigo do povo", não tinha direito a benefício por doença). O único emprego que conseguiu foi o de vendedora de jornais em um quiosque de rua. Tanto o irmão quanto a irmã de Vera, Valia, também foram demitidos da fábrica. Valia, que estava grávida, foi imediatamente rejeitada pelo marido, que obteve o divórcio por motivos políticos. A família lutava para manter o sustento. Nunca havia muita comida. Mas o mais difícil de suportar, segundo a filha de Vera, era o ostracismo imposto por amigos e vizinhos:

Todos tinham medo de nós. Tinham medo de falar conosco e até mesmo de se aproximar de nós, como se tivéssemos a peste e fôssemos infectá-los... Nossos vizinhos nos evitavam e proibiam os filhos de brincarem conosco... Em 1936 [quando Aleksandr foi preso], ninguém disse nada sobre "inimigos do povo" — simplesmente ficaram em silêncio. Mas em 1937 todos nos chamavam de "inimigos do povo".

Os Nikitin também deram as costas aos vizinhos. Anatoly Nikitin era um contador sênior na siderúrgica de Motovilikha. Talvez o medo de ser demitido tenha feito com que cortasse todos os laços com os Turkin. As duas famílias costumavam comer juntas em uma cozinha compartilhada, e as crianças brincavam juntas no quintal. Mas afastaram-se e deixaram de se falar. Os Nikitin chegaram a escrever para o Conselho local renunciando aos antigos vizinhos, sendo recompensados com um quarto extra, à custa dos Turkin. Valia e o bebê foram removidos do quarto que ocupavam e se juntaram ao irmão e à mãe de Valia no quarto vizinho. A irmã de Anatoly ocupou o quarto de Valia, que foi integrado ao lado dos Nikitin pela reabertura de uma porta de ligação.[128]

Os Piatnitsky foram similarmente colocados no ostracismo depois da prisão de Osip, em julho de 1937. Despejados do apartamento onde moravam, mal tendo dinheiro para alimentar os filhos, Julia pediu ajuda a antigos amigos do Partido. Primeiro, procurou Aron Solts, amigo próximo de Osip por mais de 30 anos. Quando bateu à porta dele, a governanta de Aron disse a Julia: "Ele está com medo e me despedirá caso a veja aqui. Ele instruiu-me a lhe dizer que não a conhece." Julia recorreu então a Tsetsiliia Bobrovskaia, uma antiga bolchevique a quem conhecia desde 1917. Inicialmente, Tsetsiliia também se recusou a ver Julia, mas acabou aceitando recebê-la "por alguns minutos" antes de sair para o trabalho. Ela não quis ouvir a história de Julia, mas disse-lhe lamentosamente: "Vá diretamente às autoridades, a Yezhov. Não peça nada a seus camaradas. Ninguém ajudará e ninguém pode ajudar." Alguns dias depois, Julia estava no metrô quando se deparou com a viúva do líder bolchevique Viktor Nogin: "Ela olhou para mim, mas não disse nada... Então Lapev, um ferroviário que conhecia bem Piatnitsky, entrou no vagão, me viu e depois, durante toda a viagem, ficou olhando em outra direção." Os filhos de Julia, Igor e Vladimir, foram similarmente abandonados pelos amigos. O melhor amigo de Vladimir, Yevgeny Loginov, filho de um dos secretários de Stalin, deixou de visitar a família. Ninguém mais os procurava. Vladimir foi alvo de uma campanha de maus-tratos na escola. "Provocavam-me, chamando-me de inimigo do povo", recorda, "e roubavam minhas coisas, meus livros e roupas, simplesmente porque sabiam que eu não tinha como me defender." Isolada e traída por todos os amigos, Julia refletiu sobre a natureza tênue das ligações humanas. Em 20 de julho, escreveu em seu diário:

> Como as pessoas são terríveis umas com as outras hoje em dia! Estou convencida de que, se alguém é amigável, ou pelo menos age de modo amigável ou como um "camarada", não o faz por interesse humanitário ou por sentimentos de boa vontade, mas simplesmente por causa de algum interesse material ou outro tipo de vantagem. Todos sabem que perdemos tudo, que não temos como nos sustentar, que não temos nada para comer e, ainda assim, ninguém mexe um dedo para nos ajudar. Estamos morrendo, e ninguém se importa.[129]

Como Elena Bonner descobriu, até parentes davam as costas para famílias de "inimigos do povo". Aleksei Yevseyev e sua esposa, Natalia, eram comunistas atuantes. Aleksei era médico, consultor sênior de doenças venéreas do Exército Vermelho, e Natalia era economista do Truste Madeireiro do Extremo Oriente. Viviam com a filha, Angelina, em Khabarovsk, no Extremo Oriente. Em 1937, Aleksei e Natalia foram expulsos do Partido (Aleksei tinha ligações com o marechal V. K. Bliukher, cujo Exército do Extremo Oriente foi alvo de um grande expurgo). Angelina, então com 15 anos, recorda de quando o pai voltou para casa depois da expulsão do Partido:

> Ele estava aterrorizado. Chegou em casa e disse com horror: "Eles vão me prender!" Eu era apenas uma garota tola, com 15 anos, e disse: "Se for preso, é porque é necessário." Meu pai sempre dissera para mim: "Se foram presos, é porque é necessário." Passei toda a vida ouvindo o eco das minhas palavras: "É necessário." Eu não entendia o que estava acontecendo.

Aleksei foi preso em 1º de junho e condenado por participar de uma "conspiração fascista contra o governo soviético" (foi fuzilado em Khabarovsk em março de 1938). Depois da prisão de Aleksei, Natalia e Angelina foram despejadas do apartamento em que moravam. Temendo a própria prisão, Natalia fugiu com Angelina para Moscou, onde sua família morava, na esperança de deixar a filha sob os cuidados de parentes. Com 15 anos, Angelina corria o risco de ser levada para um orfanato caso Natalia fosse presa. Nenhum dos parentes de Natalia, todos comunistas fervorosos, estava disposto a ajudar. Quando pediu à irmã mais nova, uma ativista da Komsomol, para acolher Angelina, Natalia ouviu a seguinte resposta: "Deixe que o poder soviético cuide de sua criação, não precisamos dela." A mãe de Natalia foi ainda mais hostil, dizendo diretamente à neta: "Odeio seu pai, ele é um inimigo do povo, e também odeio você." Durante vários dias, Natalia e a filha dormiram em um banco no parque, até finalmente serem acolhidas por Andrei Grigorev e sua esposa, velhos amigos de Aleksei do tempo de estudante na faculdade de medicina da Universidade de Moscou. Correndo um enorme risco pessoal, os Grigorev esconderam Angelina no apartamento comunal em que moravam, vizinho ao Kremlin. Angelina não possuía documentos legais que permitissem sua permanência na capital soviética, mas os vizinhos dos Grigorev no apartamento comunal (entre os quais estava a cunhada de Molotov) fizeram vista grossa para o ocultamento da jovem: era conveniente manter os médicos em casa. Deixando a filha em Moscou, Natalia retornou a Khabarovsk, onde foi presa algumas semanas depois.[130]

Shamsuvali e Gulchira Tagirov eram professores em uma escola na região de Barda, no Tatar, 140 quilômetros a sudeste de Perm. Shamsuvali era um ativista revolucionário que desempenhara um papel crucial no estabelecimento da *kolkhoz* na aldeia de Akbash. Em 1936, foi preso como "nacionalista muçulmano", assim como 34 outros professores e líderes religiosos do Tatar na região de Barda (ele foi executado em 1938). Gulchira ficou sozinha com seis filhos — o mais velho com 11 anos e o mais novo nascido poucas semanas antes. Sendo uma das poucas pessoas na vila que sabia ler (tártaro e russo), Gulchira era respeitada pelos aldeões, que asseguraram que tivesse comida suficiente para alimentar a família. Até o oficial que efetuou a prisão de Tagirov, cheio de remorso por prender um bom homem como ele, ajudou Gulchira e seus filhos, levando leite para eles ou alimentando-os em sua própria casa. Uma vez por semana, levava cartas de Gulchira para Shamsuvali, que estava preso em Barda. "Perdoe-me", escreveu em uma carta para Shamsuvali, "não tive escolha. Fui obrigado a prendê-lo, mesmo sabendo que era inocente. Agora, redimirei minha culpa e ajudarei sua família." Gulchira continuou trabalhando como professora na escola da aldeia de Akbash, apesar de as aulas serem habitualmente monitoradas por agentes do NKVD, atentos para indícios de nacionalismo islâmico em tudo o que dizia.

Em 1937, depois de serem denunciados pelo presidente do Conselho da aldeia, Gulchira e os seis filhos foram despejados. Transportando suas posses em uma charrete puxada a cavalo, Gulchira e os filhos caminharam 20 quilômetros até a aldeia de Yekshur, onde a mãe de Shamsuvali morava com o filho mais velho em uma grande casa de dois andares, com espaço de sobra. A mãe de Shamsuvali era uma mulher educada e religiosa, cuja casa era repleta de livros. No entanto, recusou-se a acolhê-los, culpando Gulchira pela prisão do filho. Tendo ouvido os boatos da amizade crescente entre a nora e o oficial que prendera o filho, talvez suspeitasse que Gulchira tivesse participado ativamente da prisão do marido. A filha de Gulchira, Rezeda, acredita que os parentes dos pais tenham sido motivados pelo temor de que Gulchira fosse uma "inimiga do povo", responsável pela prisão do próprio marido e capaz de também colocá-los em perigo. A mãe de Shamsuvali disse a Gulchira que a casa estava cheia, não deixou a nora entrar e tampouco lhe deu comida para alimentar os filhos depois da longa caminhada. Naquela noite, a família do irmão mais novo de Shamsuvali mudou-se para os quartos desocupados no segundo andar (ele vendeu a própria casa em Akbash, onde era comerciante, para consolidar a mudança). Rejeitados pela família do marido, Gulchira e os filhos alugaram um quarto de um trabalhador de uma *kolkhoz*, nas margens da aldeia. A mãe de Shamsuvali visitou-os uma vez, mas reclamou do barulho feito pelas crianças e nunca mais voltou. Gulchira e os filhos moraram em Yekshur por 15 anos, mas só viam a família Tagirov raramente, que se recusava a falar com eles. "O mais doloroso", recorda Gulchira, "era vê-los passarem por nós na rua — onde, com certeza, não havia ninguém que os pudesse ouvir —, mas, mesmo assim, não falarem conosco, nem nos cumprimentarem." Os filhos de Gulchira cresceram na mesma aldeia que os primos, mas raramente se misturavam com eles. "Estudávamos na mesma escola, mas nunca brincávamos juntos nem íamos para a casa deles", recorda Rezeda. "Sempre eram frios conosco, e éramos frios com eles."[131]

O medo despertava o pior nas pessoas. Mas também havia atos de extraordinária bondade por parte de colegas, amigos, vizinhos e, às vezes, até de estranhos, que corriam riscos enormes para ajudar as famílias de "inimigos do povo", acolhendo as crianças, dando-lhes comida e dinheiro ou oferecendo-lhes apoio quando eram despejadas. Havia oficiais bolcheviques e agentes do NKVD que ficavam consternados com as famílias de suas vítimas e faziam o possível para ajudar, avisando quando corriam perigo ou ajudando a localizar parentes presos.[132]

Em março de 1937, o arquiteto Mikhail Stroikov voltou a ser preso quando estava exilado em Arkhangelsk. Sua esposa, Elena, e a filha de 10 anos, Julia, foram acolhidas por um velho amigo da família, Konstantin Artseulov, que também estava exilado, vivendo com a esposa, Tatiana, e o filho, Oleg, que tinha a mesma idade de Julia, na cidade de Mozhaisk, 100 quilômetros a sudoeste de Moscou. Konstantin estava desempregado. Artista de formação, fora demitido do emprego de piloto da força aérea soviética pouco antes de ser preso e, na condição de exilado, não conseguia encontrar trabalho em Mozhaisk. O fardo de sustentar as duas famílias estava nas costas de Tatiana, que trabalhava como professora em Mozhaisk. "Eles venderam tudo o que tinham para nos alimentar", recorda Julia. "Arriscaram o próprio pescoço para nos acolher." Julia permaneceu com os Artseulov, e a mãe partiu em busca de trabalho. Em novembro de 1937, Konstantin foi denunciado por um vizinho de abrigar a filha de um "inimigo do povo". Ele voltou a ser capturado, preso e, posteriormente, foi executado. Ainda assim, sua esposa, Tatiana, continuou a abrigar Julia, ocultando-a cuidadosamente dos vizinhos maldosos. Em 1938, Tatiana levou Julia ilegalmente para Moscou, onde amigos de Konstantin concordaram em acolhê-la até que a mãe encontrasse um emprego. Elena veio em busca da filha no verão e levou-a para Pushkino, uma pequena cidade ao norte de Moscou, onde os contatos de Konstantin a ajudaram a conseguir um emprego no Comitê de Artistas da Cidade de Moscou, organização responsável pela produção de retratos dos líderes soviéticos. Elena tornou-se uma das principais retratistas da liderança soviética — um final irônico para a esposa de um "inimigo do povo".[133]

O pai de Oleg Liubchenko, um jornalista ucraniano, foi preso em 1934 e fuzilado em 1937. Exilados de Kiev, Oleg e a mãe, Vera, acabaram em Maloiaroslavets, uma pequena cidade a sudoeste de Moscou. Elas não tinham passaportes para Moscou, mas iam à cidade com frequência, hospedando-se em um apartamento comunal em Arbat, onde a família de Vera, outrora proprietários de terras conhecidos em Riazan, tinha morado durante vários anos na década de 1920. A irmã de Vera ainda morava no apartamento. Entre 1936 e 1941, Oleg e a mãe moraram ali ilegalmente. Todos os moradores eram muito receptivos, correndo o risco de serem despejados ou até mesmo presos por abrigarem imigrantes ilegais. A moradora mais velha do apartamento, uma velha chekista chamada Klavdiia Kolchina, ofereceu muito apoio aos dois. Originalmente, fora ela quem convidara a família de Vera para morar no apartamento no final da Guerra Civil, quando viera de Riazan para Moscou e os conhecera na rua. Klavdiia ouvira a respeito do pai de Oleg em Riazan e tinha certeza de que era inocente dos crimes pelos quais fora fuzilado. Tendo sido integrante da Cheka, e sabendo como trabalhavam, costumava dizer: "Temos leis, mas nenhuma legalidade." A chefe do comitê residencial também era bem-intencionada, mesmo sendo uma comunista ativa. Ela tinha plena consciência de que havia imigrantes ilegais morando no apartamento, mas, recorda Oleg, nas raras ocasiões em que ele ou a mãe se aventuraram a ir ao pátio, ou quando a chefe do comitê residencial os via entrar por uma porta lateral, ela "olhava diretamente através de nós com uma expressão austera, como se tentasse não reparar que estávamos ali".[134] Havia muitos moradores ilegais nos blocos residenciais de Arbat, uma área prestigiosa da capital que foi atingida violentamente pelo Grande Terror.

Depois que Ilia Slavin foi preso, em novembro de 1937, sua esposa, Esfir, e a filha, Ida, foram expulsas do apartamento de três quartos na Casa do Soviete de Leningrado no qual moravam. Foram transferidas para um quarto minúsculo, de oito metros quadrados, em um apartamento comunal sem água encanada nem eletricidade nos arredores mais distantes de Leningrado. Cinco meses depois, Esfir também foi presa, sendo enviada para a prisão de Kresty e condenada a oito anos no Campo de Trabalhos para Esposas de Traidores da Pátria, em Akmolinsk (ALZhIR), no Cazaquistão. De um instante para o outro, a jovem Ida, com 16 anos, que levava a vida segura de filha de professor, viu-se a sós. "Eu estava totalmente despreparada para os deveres cotidianos da existência", recorda. "Nem sabia o preço do pão, tampouco como lavar minhas roupas." Sem nenhum parente em Leningrado, Ida não tinha como se sustentar — não podia nem pagar o aluguel do pequeno quarto onde morava. No entanto, foi salva pelos colegas de escola e seus pais, que se alternavam abrigando-a durante alguns dias (se a mantivessem por mais tempo, correriam o risco de serem delatados pelos vizinhos por abrigarem a filha de um "inimigo do povo"). Para muitas dessas famílias, abrigar e alimentar uma criança a mais era um fardo pesado. Para Ida, a importância da ajuda foi inestimável: "Eles não me deram apenas comida e abrigo, mas também o apoio espiritual do qual precisava para sobreviver."

Ida estudou com afinco para as provas, pois precisava ser aprovada para concluir a décima e última série na escola, a fim de se candidatar a um instituto superior. Com a ajuda de amigos, conseguiu um emprego de faxineira, o que lhe possibilitava pagar o aluguel de seu pequeno quarto. Todos os dias, fazia uma viagem de três horas de casa para a escola e depois viajava mais uma hora para chegar ao trabalho. Duas noites por semana, ficava em filas nas prisões tentando descobrir para onde os pais tinham sido levados e se continuavam vivos.

Outra pessoa que ajudou Ida foi a diretora da escola onde estudava, Klavdiia Alekseyeva. Membro antigo e respeitado do Partido, Alekseyeva sempre se opusera à cultura do Partido de fazer expurgos em sua escola e fizera o máximo para resistir, protegendo silenciosamente as crianças cujos pais tivessem sido considerados "inimigos do povo". Ela organizara, por exemplo, o sistema de alojamento que resgatara não somente Ida, mas também muitas outros órfãos da escola. Em uma ocasião, Alekseyeva passara por cima da decisão da Komsomol de expulsar uma aluna de 15 anos por "deixar de delatar" a própria mãe, presa como "inimiga do povo". Ida recorda que Klavdiia optou por uma tática relativamente simples. Era deliberadamente "ingênua" e "literal" na execução da famosa "diretriz" de Stalin: "Os filhos não respondem pelos pais."*

Em nossa escola, havia muitas crianças cujos pais haviam sido presos. Graças a Klavdiia, nenhuma foi expulsa. Não houve nenhuma daquelas reuniões aterrorizantes — como as realizadas em outras escolas — nas quais tais crianças eram obrigadas a abjurar os pais... No dia seguinte à prisão de minha mãe, quando cheguei à escola, Klavdiia chamou-me à sua sala e disse-me que, até o final do ano, minhas refeições seriam pagas pelo comitê dos pais. Ela sugeriu que eu escrevesse uma carta pedindo para ser liberada das provas escolares por motivos de saúde [permitindo, desse modo, que Ida fosse aprovada automaticamente para a décima série]. "Mas, Klavdiia Aleksandrovna", respondi. "Estou perfeitamente saudável." Ela encolheu os ombros, sorriu e piscou um olho para mim.

Ida foi liberada das provas. Mas a vida continuava muito dura, e foram muitas as vezes nas quais esteve perto de abandonar os estudos:

Quando comentei sobre abandonar a escola para procurar trabalho, Klavdiia levou-me até sua sala e disse: "Seus pais retornarão — você precisa acreditar nisso. Eles não a perdoarão se não concluir os estudos e não se tornar alguém." Aquilo inspirou-me a seguir em frente.[135]

Ida tornou-se professora.

Ida Slavina não foi a única criança que teve o apoio da diretora da escola. Elena Bonner, colega de turma de Ida, também foi ajudada por

---

* Em uma reunião de funcionários do Partido e de operativos combinados realizada em dezembro de 1935, um jovem operativo combinado disse que lutaria pela vitória do socialismo, mesmo sendo filho de um *kulak*, ao que Stalin respondeu: "Um filho não responde pelo pai." A imprensa agarrou-se a essa frase mendaz e, a partir dela, criou a "diretriz" de Stalin.

Klavdiia Alekseyeva. Depois da prisão dos pais, no verão de 1937, Elena trabalhou como faxineira à noite, mas o que recebia não bastava para pagar as taxas escolares introduzidas nas escolas de nível médio em 1938. Ela decidiu abandonar a escola e conseguir um emprego de horário integral, continuando os estudos em uma escola noturna, onde não precisaria pagar. Elena levou a ficha de inscrição para que Alekseyeva a aprovasse:

> Klavdiia Alexandrovna pegou o papel de minha mão e o leu. Depois, levantou-se da mesa, fechou a porta do escritório e disse em voz baixa: "Você realmente acha que eu cobraria dinheiro de você para que pudesse estudar? Vá!"

Para obter isenção das taxas escolares, Elena precisava fazer um requerimento a um oficial do Partido, o Komsorg, ou organizador da Komsomol, que "ficava de olho no estado político e moral dos alunos e dos professores" e "aterrorizava a todos na escola — como representante óbvio do NKVD". Bonner estava assustada demais para fazer o requerimento. Suas taxas escolares acabaram sendo pagas por algum anônimo — Elena acredita que pela própria Klavdiia. Em retrospecto, Elena recorda que em sua turma, de 24 alunos, havia 11 crianças cujos pais tinham sido presos.

> Todos sabíamos quem éramos, mas não falávamos, não queríamos atrair atenção para nós, simplesmente nos comportávamos como crianças normais... Tenho quase certeza de que as 11 crianças terminaram a décima série junto comigo — elas foram salvas pela diretora da nossa escola.[136]

De todas as profissões, é entre os professores que se encontram com mais frequência protetores e até salvadores de crianças como Ida Slavina. Muitos professores haviam sido educados de acordo com os valores humanitários da antiga *intelligentsia*, especialmente em escolas de elite como a de Slavina. "Os professores, em sua maioria, eram pessoas altamente educadas, humanas e liberais", recorda Ida.

> Nosso professor de educação física fora um oficial no exército tsarista e lutara na Cavalaria Vermelha na Guerra Civil. Era fluente em três línguas europeias...

Tínhamos um grupo de teatro e outro de poesia, ambos encorajados pelos professores, percebo hoje, como uma maneira de nos expormos à literatura do século XIX, que não tinha lugar na "sala de aula soviética". Nosso professor de história, Manus Nudelman, era um brilhante contador de histórias e popularizador da história. Era um inconformista, tanto nas ideias quanto no modo de vestir, que era excêntrico e boêmio. Nas aulas, evitava cuidadosamente o culto a Stalin, o qual, na época, era obrigatório em todas as aulas de história. Foi preso em 1939.[137]

Svetlana Cherkesova tinha apenas 8 anos em 1937, quando seus pais foram presos. Ela morou com o tio e estudou em Leningrado, onde sua professora, Vera Yeliseyeva, ensinou as crianças a ser gentis com Svetlana porque ela era "uma desafortunada" (palavra retirada do léxico de caridade do século XIX). Svetlana recorda:

Em nossa turma, não havia inimigos do povo — era o que a professora dizia. Ela fazia questão de acolher os filhos de desaparecidos. Havia muitas crianças nessas condições. Havia um garoto, por exemplo, que morava nas ruas, estava sempre sujo e não tinha sapatos nem roupas porque não havia ninguém que cuidasse dele. Ela comprou-lhe um casaco com o próprio dinheiro e levou-o para casa para que pudesse se lavar.[138]

Vera Yeliseyeva foi presa em 1938.

Dmitry Streletsky também foi tratado caridosamente pelos professores de sua escola em Chermoz, onde sua família viveu no exílio a partir de 1933. A professora de física dava-lhe dinheiro para o almoço, pois a família não tinha condições de pagar. Dmitry queria agradecer à professora, mas quando ela colocava o dinheiro em sua mão, também colocava um dedo sobre os lábios, indicando que não dissesse nada. A professora temia ter problemas caso descobrissem que estava ajudando o filho de um "inimigo do povo". Dmitry recorda:

Nenhuma palavra jamais foi dita: nunca tive a oportunidade de agradecer. Ela esperava por mim do lado de fora do refeitório e, quando eu passava, colocava três rublos na minha mão. Talvez sussurrasse algo quando eu passava — algo para me encorajar —, mas era tudo. Nunca falei com ela, e ela nunca falou realmente comigo, mas eu sentia uma gratidão enorme, e ela compreendia.[139]

A escola de Inna Gaister (escola nº.19) ficava no centro de Moscou, próximo à Casa no Aterro, onde moravam muitos dos líderes soviéticos, e tinha muitos alunos que haviam perdido os pais no Grande Terror. Perto dali, na Escola Experimental de Moscou (MOPSh), preferida por boa parte da elite bolchevique, essas crianças teriam sido expulsas ou obrigadas a abjurar os pais depois de serem presos. Mas na escola de Gaister, a atmosfera era diferente — os professores tinham uma atitude liberal e protetora em relação aos estudantes. Depois da prisão dos pais, em junho de 1937, Inna retornou à escola no início do ano letivo. Durante muito tempo, teve medo de contar aos professores o que acontecera. "Crescemos ouvindo a história de Pavlik Morozov", explica Inna, que temia ter de abjurar os pais, da mesma forma que o jovem herói. No entanto, quando finalmente reuniu a coragem e disse tudo ao professor, ele simplesmente disse: "Bem, e daí? Agora vamos para a aula." O pai de Inna era um dos acusados no popular julgamento de Bukharin, mas nenhum dos professores prestou atenção ao fato. Quando as taxas escolares foram introduzidas, o professor pagou-as com o próprio salário (Vladimir Piatnitsky, filho mais novo de Osip, que estudava na mesma escola, também era ajudado por um professor). Por meio da influência desses professores corajosos, a escola nº 19 tornou-se um local seguro para os filhos dos "inimigos do povo". As outras crianças eram encorajadas a cultivar um sentimento protetor em relação a elas. Inna lembra-se de uma ocasião envolvendo um dos rapazes mais durões em sua turma (adotado de um orfanato pelos pais e com graves problemas comportamentais). O garoto redigira uma lista de 25 "trotskistas" na turma (ou seja, filhos de "inimigos do povo") e a colocara na parede da sala de aula. Ele foi atacado por todas as crianças da turma. Inna também se lembra de um incidente relacionado ao julgamento de Tukhachevsky, quando as escolas soviéticas foram instruídas a apagar a imagem daquele "inimigo do povo" dos livros escolares. Na escola de Gaister, a política era diferente:

Alguns dos garotos estavam deformando o rosto de Tukhachevsky nos livros, acrescentando um bigode ou um par de chifres. Um dos professores, Rakhil Grigorevna, disse a eles: "Eu já disse isso às garotas, e agora direi a vocês: Darei um pedaço de papel para cada um, e quero que os colem cuidadosamente nos livros para cobrir o rosto de Tukhachevsky. Mas façam com cuidado, porque hoje ele pode ser uma má pessoa, um inimigo do povo, mas amanhã ele e os outros podem retornar, e podemos voltar a vê-los como pessoas boas. E, quando isso acontecer, vocês poderão tirar o pedaço de papel sem desfigurar o rosto."[140]

6

Quando Sofia Antonov-Ovseyenko foi presa na estância de Sukhumi, no mar Negro, em 14 de outubro de 1937, ela não sabia que seu marido, Vladimir, havia sido preso três dias antes em Moscou. Vladimir era o segundo marido de Sofia, assim como Sofia era sua segunda esposa. O casal havia se conhecido em Praga, em 1927, quando Vladimir, um bolchevique veterano que liderara a invasão do Palácio de Inverno em outubro de 1917, era o embaixador soviético na Tchecoslováquia (posteriormente, foi embaixador na Polônia e na Espanha). Em 1937, quando Vladimir foi chamado de volta a Moscou para assumir o cargo de comissário de justiça, o casal ainda estava muito apaixonado, mas a prisão de Sofia fez com que tudo ficasse sob suspeita. Depois de ser presa, Sofia foi levada de volta a Moscou. De sua cela, escreveu para Vladimir, implorando ao marido que acreditasse em sua inocência. Sofia não sabia que ele leria a carta em uma cela em outra prisão de Moscou.

M[oscou]. 16/X. Prisão.
Meu querido. Não sei se receberá esta carta. No entanto, de algum modo, sinto que estou lhe escrevendo pela última vez. Lembra-se de como sempre dissemos que quando alguém era preso em nosso país, era por um bom motivo, por algum crime — ou seja, por algo? Sem dúvida, também existe algo em meu caso, mas não sei o quê. Tudo o que sei, você também sabe, porque nossas vidas têm sido inseparáveis e harmoniosas. Não importa o que aconteça comigo agora, sempre serei grata pelo dia em que nos conhecemos. Vivi sob a luz de sua glória, e com orgulho. Durante os últimos três dias, tenho repensado minha vida, preparando-me para a morte. Não consigo pensar em nada (exceto as limitações comuns que diferenciam um ser humano de um "anjo") que pudesse ser considerado criminoso, seja em relação a outros seres humanos ou em relação ao Estado ou ao governo... Eu pensava exatamente como você — e será que existe alguém

mais dedicado ao nosso Partido e ao nosso país? Você sabe o que está em meu coração, conhece a verdade de minhas ações, de meus pensamentos e de minhas palavras. Mas estar aqui deve significar que fiz algo errado — não sei o quê... Não posso suportar a ideia de que você possa não acreditar em mim... Agora, faz três dias que tal ideia me oprime. Ela arde dentro do meu cérebro. Conheço sua intolerância em relação a qualquer desonestidade, mas até você pode estar enganado. Aparentemente, Lenin também estava enganado. Portanto, por favor, acredite quando digo que não fiz nada de errado. Acredite em mim, meu amado... Mais uma coisa: está na hora de Valichka [filha do primeiro casamento de Sofia] ingressar na Komsomol. Isto, sem dúvida, vai atrapalhá-la. Meu coração está cheio de tristeza por achar que pensará que a mãe é uma vigarista. O horror total da minha situação é que as pessoas não acreditam em mim, não consigo viver assim... Imploro perdão a todos que amo por trazer-lhes tal infortúnio... Perdoe-me, meu amado. Se ao menos soubesse que você acreditou em mim e me perdoou! Sua Sofia.[141]

O Grande Terror minou a confiança que mantinha as famílias unidas. Esposas duvidavam dos maridos e maridos duvidavam das esposas. De modo geral, as ligações entre pais e filhos eram os primeiros laços familiares desfeitos. As crianças da década de 1930, educadas sob o culto a Pavlik Morozov, haviam sido ensinadas a acreditar em Stalin e no governo soviético, a acreditar em todas as palavras que liam na imprensa soviética, mesmo quando essa imprensa chamava seus pais de "inimigos do povo". As crianças eram pressionadas pelas escolas, pelos Pioneiros e pela Komsomol a abjurarem parentes presos ou a sofrerem as consequências em suas educações e carreiras.

Lev Tselmerovsky tinha 18 anos quando o pai — um trabalhador de choque e engenheiro militar — foi preso em Leningrado, em 1938. Lev fora membro da Komsomol, um aprendiz de piloto que sonhava integrar o Exército Vermelho. Contudo, depois da prisão do pai, foi exilado sem julgamento como "elemento socialmente estranho" para Chimkent, no Cazaquistão, onde trabalhou em uma fábrica. A mãe e as duas irmãs de Lev moravam em Kazalinsk, a 500 quilômetros de distância. Em setembro de 1938, Lev escreveu para Kalinin, o presidente soviético, renunciando ao pai e apelando contra o princípio de ser punido por seus crimes:

Algumas palavras sobre meu pai. Minha mãe disse-me que ele foi banido para os campos do norte por estar descontente. Pessoalmente, nunca acreditei nisso, porque eu próprio o ouvira contar às irmãs sobre como lutou contra os Brancos no norte. Ele contou-nos sobre seus feitos heroicos. Quando S. M. Kirov foi assassinado, ele chorou... Mas, talvez, tudo não passasse de um disfarce engenhoso. É verdade que ele me disse algumas vezes que tinha ido a Varsóvia... Acho que meu pai deveria ter o direito de responder por conta própria, mas não quero sofrer a desgraça que causou. Desejo servir no Exército Vermelho. Desejo ser um cidadão soviético com direitos iguais porque sinto que sou digno de tal título. Fui educado em uma escola soviética, dentro do espírito soviético, de modo que minhas opiniões são, é óbvio, totalmente diferente das de meu pai. Para mim, é de partir o coração ter de portar os documentos de uma pessoa estranha.[142]

Anna Krivko tinha 18 anos em 1937, quando seu pai e seu tio — ambos trabalhadores em uma fábrica em Kharkov — foram presos. Anna foi expulsa da Universidade de Kharkov e da Komsomol como um "elemento estranho". Ela começou a procurar um emprego para ajudar a mãe, a avó e a irmã, que na época era apenas uma bebê. Anna trabalhou durante algum tempo em uma criação de porcos, mas foi despedida quando descobriram que seu pai havia sido preso. Ela não conseguiu encontrar nenhum outro emprego. Em janeiro de 1938, Anna escreveu para seu deputado soviético, Vlas Chubar, membro do Politburo. Renunciou ao pai e implorou a Chubar que ajudasse sua família. Anna ameaçou cometer suicídio e matar a irmã pequena se não pudesse crescer para viver uma vida decente na União Soviética. A carta de renúncia de Anna foi extrema — ela estava desesperada para provar que era merecedora de salvação por ser uma stalinista leal. Mas também é possível que odiasse genuinamente o pai por ter causado tal desastre para a família:

Não sei de que meu pai e seu irmão são acusados nem qual a duração de suas penas. Sinto vergonha e não quero saber. Acredito profundamente que o tribunal proletário seja justo, de modo que, se foram condenados, é porque mereciam. Não tenho os sentimentos de uma filha em relação a meu pai, somente o sentimento mais elevado do dever de cidadã soviética em relação à Pátria, à Komsomol, que me educou, e ao Partido Comunista. Com todo o coração, apoio a decisão do tribunal, da voz de 170 milhões de proletários, e fico alegre com tal julgamento.

Como meu próprio pai admitiu, ele foi mobilizado a ingressar no exército de Denikin, no qual serviu como guarda Branco durante três meses, em 1919 — o que fez com que fosse condenado a dois anos e meio [em um campo de trabalhos], em 1929; isso é tudo o que sei sobre suas atividades... Se eu tivesse percebido qualquer outro indício de suas opiniões antissoviéticas — mesmo sendo meu pai —, não teria hesitado por um momento sequer quanto a denunciá-lo ao NKVD. Camarada Chubar! Acredite em mim: sinto vergonha de chamá-lo de pai. Um inimigo do povo não pode ser meu pai. Somente o povo, que me ensinou a odiar todos os vigaristas, todos os inimigos, sem exceção nem perdão, pode assumir tal papel. Prendo-me à esperança de que o proletariado, a Komsomol de Lenin e o Partido de Lenin e de Stalin assumam o lugar de meu pai, cuidem de mim como uma filha verdadeira e me ajudem em meu percurso na vida. [143]

Alguns pais, depois de presos, encorajaram os filhos a renunciá-los, na preocupação de não comprometerem suas perspectivas sociais ou carreirísticas. Em 1937, na prisão de Kazan, Olga Adamova-Sliuzberg conheceu uma mulher chamada Liza, que crescera em São Petersburgo antes da Revolução. Ela passara a infância nas ruas, pois a mãe era mendiga. Depois de 1917, Liza trabalhou em uma fábrica. Filiou-se ao Partido e casou com um oficial bolchevique do comitê de administração da fábrica. Viviam bem e criaram as duas filhas, Zoia, a mais velha, e Lialia, a mais nova, para que fossem Pioneiras exemplares. "Às vezes, tínhamos uma manhã com crianças na fábrica", disse Liza a Olga,

e nossa pequena Zoia se levantava e cantava, em um vestido de seda com seu lenço de Pioneira, e meu marido dizia para mim: "Não há, no mundo, menina melhor que nossa Zoia. Ela será uma Artista do Povo quando crescer." Então, eu me lembrava de como batia de porta em porta quando era criança... e amava tanto o governo soviético por causa disso que teria dado minha vida por ele.

O marido de Liza foi preso como partidário de Zinoviev ("Se soubesse que tinha traído Lenin, eu o teria estrangulado com as próprias mãos", disse Liza). Depois, Liza também foi presa. Um dia, ela recebeu uma carta de Zoia. A carta chegou no final de um sábado, dia reservado para que os prisioneiros escrevessem, justamente quando Liza escrevia uma carta para a filha:

Querida mamãe, estou agora com 15 anos e planejo ingressar na Komsomol. Preciso saber se é culpada ou não. Fico pensando: como você pôde trair o poder soviético? Afinal de contas, estávamos tão bem, e tanto você quanto papai eram trabalhadores. Lembro-me de como vivíamos bem. Você costumava fazer vestidos de seda para nós e nos comprava doces. É verdade que recebeu dinheiro "deles" [dos "inimigos do povo"]? Você teria feito melhor se tivesse nos deixado andar por aí em camisolas de algodão. Mas será possível que, no final das contas, você não seja culpada? Se for este o caso, não ingressarei na Komsomol e jamais lhes perdoarei por sua causa. Mas, se for culpada, não lhe escreverei mais, porque amo o governo soviético e odeio seus inimigos — e odiarei você caso seja um deles. Mamãe, conte-me a verdade. Eu preferiria que não fosse culpada, eu não ingressaria na Komsomol. Sua filha infeliz, Zoia.

Liza já tinha utilizado três das quatro páginas que tinha para escrever a carta para Zoya. Ela pensou por um momento, então escreveu em letras de forma grandes na última página:

Zoia, Você Está Certa. Sou Culpada. Ingresse Na Komsomol. Esta É A Última Vez Que Lhe Escrevo. Sejam Felizes, Você E Lialia. Mamãe.

Liza mostrou a correspondência a Olga e depois bateu com a cabeça na mesa. Engasgando-se com as próprias lágrimas, disse: "É melhor que me odeie. Como viveria sem a Komsomol — uma estranha? Ela odiaria o poder soviético. É melhor que odeie a mim." Depois desse dia, recorda Olga, Liza "nunca mais disse uma palavra sobre as filhas nem voltou a receber cartas".[144]

Para muitas crianças, a prisão de um parente próximo levantava todo tipo de dúvidas. Repentinamente, todos os princípios nos quais acreditavam como "crianças soviéticas" entravam em conflito com o que sabiam a respeito das pessoas a quem amavam.

Quando seu pai foi preso como "trotskista", Vera Turkina não sabia em que acreditar. A mãe e a avó de Vera aceitaram a culpa de Aleksandr. Havia relatos na imprensa soviética sobre as atividades criminosas do pai, um bolchevique conhecido em Perm. Onde quer que fosse, Vera ouvia pessoas sussurrando sobre ela, filha de um "inimigo do povo", por suas costas. "Meu pai virou fonte de vergonha", recorda Vera.

Diziam-me que, se fora preso, devia ser culpado de algo. "Onde há fumaça, há fogo", diziam. Quando minha mãe foi ao escritório do NKVD perguntar sobre meu pai, disseram-lhe: "Espere e veja, ele confessará tudo." Também presumi que fosse culpado. No que mais poderia acreditar?[145]

Elga Torchinskaia era uma estudante soviética exemplar. Amava Stalin, venerava Pavlik Morozov e acreditava na propaganda sobre "espiões" e "inimigos". Ainda pensava assim quando o pai foi preso, em outubro de 1937. Bolchevique veterano cada vez mais oposto às políticas de Stalin, ele nunca falara com a filha sobre suas opiniões políticas. Na residência dos Torchinsky em Leningrado, como nas de muitas famílias, política não era um assunto discutido na presença das crianças. Portanto, Elga não tinha perspectiva das prisões em massa além da que aprendera na escola — ela não tinha outro modo de compreender os motivos da prisão do pai, nenhum modo próprio para questionar as causas por trás do ocorrido. Em 1938, dois dos tios de Elga foram presos. Um deles retornou dos campos de trabalho em 1939 e contou a Elga histórias terríveis sobre como fora torturado pelo NKVD —, mas nem isso abalou a convicção de Elga de que, se alguém fosse preso, "deveria ser por algo que tivesse feito". Em 1939, quando fez 16 anos, Elga candidatou-se para ingressar na Komsomol. Na ficha de inscrição, declarou que o pai era um "inimigo do povo" e mentiu dizendo que era divorciado da mãe. A declaração foi uma espécie de renúncia, mas, como Elga admite hoje, ela estava confusa na época, temia questionar qualquer coisa e rejeitou o pai por ignorância. "Éramos todos zumbis — é o que acho. Meu Deus, éramos apenas garotas. Tínhamos sido educadas pela Komsomol. Acreditávamos em tudo que nos diziam."[146]

O silêncio, a falta de notícias ou de informações exacerbavam a incerteza das famílias. Sem notícias do preso nem nada que provasse sua inocência, os parentes não tinham nada a que pudessem se prender, nada que se opusesse à premissa pública de que fosse culpado.

Nina Kosterina era filha de um bolchevique antigo. Ela tivera uma infância soviética exemplar, tendo ingressado na Komsomol no final de 1936, justamente quando os primeiros abalos do Terror começaram a ser registrados por sua consciência política. Quando seu tio foi preso,

Nina esforçou-se para compreender o ocorrido. Em 25 de março de 1937, escreveu em seu diário:

Algo assustador e incompreensível aconteceu. Dizem que tio Misha estava envolvido com alguma organização contrarrevolucionária. O que está acontecendo? Tio Misha — um membro do Partido desde os primeiros dias da Revolução — e, de repente, inimigo do povo!

Quando o senhorio da família foi preso, Nina perguntou-se como reagiria se as prisões se aproximassem mais de casa:

Algo estranho está acontecendo. Pensei, pensei e cheguei à seguinte conclusão: se for descoberto que meu pai também é trotskista e inimigo do país, não sentirei pena dele! Escrevo isso, mas (confesso) existe uma semente de dúvida que não para de incomodar.

Em dezembro de 1937, o pai de Nina foi expulso do Partido e demitido da posição oficial que ocupava. Prevendo que seria preso, escreveu para Nina, avisando: "Você precisa ter certeza de que seu pai nunca foi um vigarista... e que nunca manchou o próprio nome com qualquer ato sujo nem abjeto." A carta desempenhou um papel crucial: apesar de confusa e desesperada, Nina conseguiu manter a fé na inocência do pai quando ele finalmente foi preso, em setembro de 1938. Como anotou em seu diário:

7 de setembro
Que escuridão ominosa cobriu toda a minha vida. A prisão de meu pai é um golpe muito forte... Até agora, sempre andei de cabeça erguida e com honra, mas agora... Agora, Akhmetev [um colega de turma] pode me dizer: "Somos camaradas no infortúnio!" Penso em como deplorava a ele e ao pai, um trotskista. O seguinte pensamento de pesadelo me oprime dia e noite: será que meu pai também é um inimigo? Não, não pode ser, não acredito! É tudo um terrível engano!

O pai de Nina passou dois anos na prisão aguardando ser "julgado" por uma *troika*, que o condenou a cinco anos em um campo de trabalhos por ser um "elemento socialmente perigoso". Em novembro de 1940, escreveu a primeira carta para casa. Nina ficou emocionada com a beleza da carta, na qual sentiu o espírito do pai, sua "força e frescor", apesar das dificuldades no campo. Mas sua mãe ficou irritada e apenas perguntou: "Ele é culpado ou não? Se for inocente, por que não apela contra a condenação?" A carta seguinte respondeu efetivamente à pergunta da mãe. "Não há nada mais a ser dito sobre o meu caso", escreveu o pai de Nina. "Não existe caso nenhum, somente uma bolha de sabão na forma de um elefante. Não posso contestar o que não é, não foi nem jamais poderia ter sido."[147]

O desaparecimento de um pai e marido gerava um desgaste enorme nas famílias. Esposas abjuravam maridos presos, não necessariamente por acreditarem que pudessem ser "inimigos do povo", apesar da possibilidade de pensarem nisso, mas sim porque tal ato tornava a sobrevivência mais fácil e dava proteção às suas famílias (por esse motivo, muitos maridos aconselharam as esposas a lhes renunciar). O Estado pressionava as esposas de "inimigos" para que renunciassem publicamente aos maridos. Não fazer isso poderia resultar em consequências graves. Algumas mulheres foram presas como "esposas de inimigos" e enviadas para campos de trabalho, com ou sem os filhos. Outras foram despejadas de suas residências, demitidas de seus empregos, privadas de provisões de alimentos e de direitos civis. Também havia pressão financeira: salários eram reduzidos, economias eram congeladas e aluguéis eram aumentados. Para encorajar as mulheres a renunciarem aos maridos, o custo de um divórcio, que normalmente era de 500 rublos por casal, era reduzido para apenas três rublos (valor de uma refeição em um refeitório) nos casos de divórcio de prisioneiros.[148]

Era necessária uma resistência extraordinária — e não apenas um pouco de bravura — para que as mulheres resistissem às pressões e permanecessem ao lado dos maridos. Irina e Vasily Dudarev tinham quase 15 anos de casados quando Vasily foi preso, em 1937. Eles tinham se conhecido em Smolensk no começo da década de 1920, quando ambos estavam se formando professores. Bolchevique da Guerra Civil, Vasily tornou-se uma figura do primeiro escalão do Partido em Orel. Em 1933, foi enviado a Azov, cidade próxima de Rostov, na boca do rio Don, onde se tornou líder do Partido. Irina trabalhava em uma fábrica de meias. Não era politizada, mas, por amor a Vasily, filiou-se ao Partido e tornou-se uma "esposa do Partido". Quando Vasily foi preso, Irina partiu em busca do marido — não apenas nas prisões, mas também nos depósitos ferroviários de Rostov e Bataisk, a 30 quilômetros de distância, onde, nas noites de domingo, os trens que transportavam prisioneiros eram preparados para partir rumo aos campos de trabalho:

> Eu caminhava ao lado dos trens, seguindo o caminho dos trilhos, na esperança de encontrar meu marido para lhe dar algumas coisas para a viagem. Vi muitos comboios. Os vagões de produtos, cobertos de gelo, eram fechados com pregos; até as janelas no teto eram bloqueadas com barras de metal, ficando com apenas uma fenda aberta. Dos vagões, eu ouvia o zumbido abafado de vozes. Caminhando ao longo do trem, eu gritava: "Dudarev está aí?" O zumbido cessava e, às vezes, alguém respondia: "Não."... Mas um dia uma voz respondeu: "Dudarev? Sim." Era o guarda do trem... Peguei as roupas limpas que tinha preparado e as entreguei em uma pequena sacola ao guarda, que me deixou escrever um bilhete, "sobre negócios". Fiquei muito feliz porque Vasily saberia que eu o estava procurando e pensando nele. Eu tinha muito medo de que, sem receber notícias, ele pensasse que eu tivesse renunciado a ele... No bilhete, escrevi uma lista das coisas que dera ao guarda e me despedi: "Todos estão bem. Um beijo." Alguns minutos depois, o guarda devolveu-me a sacola com o bilhete. No outro lado do papel, estava escrito com a letra de Vasily: "Recebi tudo. Obrigado."

Irina nunca questionou a inocência do marido. Foi chamada diversas vezes pelo NKVD, mostraram-lhe "provas" das atividades criminais dele e ameaçaram prendê-la se não o denunciasse, mas ela sempre se recusou. Irina recorda de uma reunião do Partido na fábrica em que trabalhava, quando foi intimada a revelar os crimes do marido contra o Estado. Em circunstâncias similares, a maioria das esposas dizia que nunca soubera dos crimes dos maridos, mas Irina, corajosamente, negava que o dela tivesse cometido qualquer crime:

> Eu ficava sentada, sozinha, de um lado da mesa, enquanto todos os outros se sentavam o mais próximo possível dos líderes do comitê, do outro lado. Ninguém falava comigo. Um dos secretários do Partido informou à reunião que Dudarev fora preso como inimigo do povo e que agora precisavam decidir a meu respeito. Os membros do Partido falavam um de cada vez. Não tinham muito a dizer, exceto slogans. Não falaram nada sobre mim, só que decepcionara o Partido. Exigiram que contasse sobre os crimes de meu marido e explicasse por que os ocultara.

Ninguém olhava para mim. Tentando permanecer calma, eu dava respostas curtas, pensando muito cuidadosamente em cada palavra que dizia. Eu disse que vivera com meu marido por 15 anos, que o conhecia como um bom comunista, que me filiara ao Partido sob influência dele e que não acreditava nem por um instante que ele estivesse envolvido em nada de errado. Isso despertou muitos murmúrios. Alguém gritou: "Mas ele foi preso!" Como se aquilo provasse a culpa. Um a um, tentaram me convencer de que, como membro do Partido, eu tinha a obrigação de revelar os crimes de Dudarev. Mas ninguém ousou declarar de quais crimes ele era acusado. Pediram-me repetidas vezes que denunciasse Dudarev como inimigo do povo. Recusei-me em todas.

Irina foi expulsa do Partido. Ela perdeu a posição que ocupava no comitê administrativo da fábrica e foi rebaixada para um cargo de remuneração menor no departamento de contabilidade. Alguns dias depois, o Conselho da cidade cobrou um pesado imposto retroativo sobre seu apartamento, explicando que seria para pagar o "espaço de moradia 'em excesso'" ocupado por ela e pelo marido durante vários anos. Em julho de 1938, Irina foi presa "por deixar de denunciar as atividades inimigas do marido". Foi libertada em dezembro e voltou para Smolensk.[149] Dudarev foi fuzilado em 1937.*

Julia Piatnitskaia não sabia em que acreditar sobre o marido depois que ele foi preso. Ela queria pensar o melhor a respeito dele, mas a posição desesperadora na qual Osip a deixara tornava difícil não ter algum rancor em relação ao marido — como os filhos tinham — por ter trazido tal infortúnio para a família. Igor, com 16 anos, sentiu-se decepcionado com pai, cuja prisão isolara-o dos amigos na Komsomol. Com 12 anos, Vladimir culpava o pai por arruinar seus sonhos de seguir carreira no Exército Vermelho. "Vova [Vladimir] odeia amargamente o pai e sente pena de Igor", escreveu Julia em seu diário. Provocado pelos antigos amigos e com problemas frequentes na escola, Vladimir ficou abalado com um incidente nos Pioneiros: o líder questionara-o sobre o pai e, quando Vladimir se recusou a responder, declarou para que

---

* Irina não soube da morte de Dudarev até 1995. Durante 57 anos, continuou a procurá-lo, escrevendo centenas de cartas às autoridades soviéticas. Depois de 1956, Irina foi convidada a voltar ao Partido, mas recusou.

todos ouvissem: "Seu pai é um inimigo do povo. Agora é sua obrigação decidir qual relação manterá com ele."

Julia e Vladimir brigavam constantemente. Certa vez, quando Vladimir estava nervoso porque a mãe se recusara a escrever a Yezhov pedindo a devolução de sua arma e de alguns livros militares que haviam sido confiscados quando o NKVD revistara a casa, ele disse com raiva: "É uma vergonha que não tenham fuzilado papai, já que ele é um inimigo do povo." Em outra briga, quando Vladimir chegou em casa com uma nota ruim recebida na escola, Julia perdeu a paciência e ofendeu o filho, dizendo, como escreveu no diário, "que seu comportamento ruim mostrava que era filho de um inimigo do povo". Caindo em lágrimas, Vladimir respondeu: "Tenho culpa de ter nascido filho de um inimigo? Não quero mais que seja minha mãe, vou para um orfanato." Julia ameaçou mandá-lo para a cama depois de jantar somente uma casca de pão. Vladimir disse que iria "cortar sua garganta". Então, ela deu dois tapas na cara do filho.[150]

Julia estava em uma situação desesperadora. Despejada do apartamento e lutando para encontrar um emprego decente, começou a duvidar do marido ainda mais intensamente. "Só existe um pensamento em minha mente — quem é Piatnitsky?", perguntava-se Julia.

20 de julho de 1937
... Ontem à noite, pensei sobre Piatnitsky e fiquei muito amargurada: como ele pôde nos deixar cair nesta confusão tão humilhante? Como é possível que trabalhasse com aquelas pessoas e conhecesse seus métodos, mas nem assim conseguisse prever que nos condenariam a uma vida de tormento e fome?... Pode-se ter muito rancor de Piatnitsky. Ele deixou os filhos serem destruídos e perdeu todo o nosso dinheiro, que já não era muito. Mas quem são exatamente aqueles homens que roubaram todas as nossas coisas? Agora, autoridade não é nada além de terror arbitrário — e todos estão com medo. Estou ficando louca. O que estou pensando? O que estou pensando?[151]

Durante seis meses, Julia seguiu com este autointerrogatório no diário, tentando decifrar quem o marido realmente era. Informada em 7 de fevereiro de 1938 de que ele fora acusado por espionagem e atividades contrarrevolucionárias, Julia escreveu no diário:

Quem é ele? Se este homem que conheci por 17 anos for um revolucionário profissional, como dizia, então não teve sorte: estava cercado de espiões e inimigos que sabotaram seu trabalho, assim como o de muitos outros, e ele simplesmente não percebeu... Mas, evidentemente, Piatnitsky nunca foi um revolucionário profissional, mas sim um vigarista profissional e espião, o que explica por que era um homem tão fechado e severo. Obviamente, não era o homem que pensávamos que fosse... E nós — eu, sua esposa, e nossos filhos — não éramos realmente importantes para ele.[152]

Igor foi preso em 9 de fevereiro de 1938. Ele estava em sala na escola quando dois soldados vieram lhe buscar. Igor foi mandado para a prisão de Butyrki. Consumida pela preocupação com o filho, Julia ficou totalmente desesperada. Segundo Vladimir, ela teve um colapso nervoso — ficava dias na cama e pensava com frequência em se matar.[153] A única coisa que a fazia seguir em frente era a ideia de viver pelos filhos, o que repetia como um mantra no diário. "Seria melhor morrer", escreveu em 9 de março. "Mas deixaria meus Vovka e Igor sem nenhum ser humano no mundo. Sou tudo que eles têm, o que significa que preciso lutar para continuar viva." Ainda assim, havia momentos nos quais Julia se sentia tão desesperançosa que a única salvação imaginável era romper todos os laços humanos, inclusive com os filhos.

17 de fevereiro de 1938
Ontem à noite, achei que tinha encontrado a solução: não a morte, apesar de ser a solução mais fácil e atraente, considerando minha força de vontade fraca e meu profundo desespero... mas sim a seguinte ideia: as crianças não são necessárias: dê Vovka ao Estado e viva somente para trabalhar — trabalhe incessantemente, pare somente para ler, viva perto da natureza... não tenha nenhum sentimento por nenhum ser humano. Parece uma solução muito boa — desgastar-se no trabalho e não ter ninguém próximo que possa ser levado embora. Por que tenho Vovka e que bem faço a ele? Estou enterrada sob uma montanha grande demais para poder levar a vida de um ser humano normal, para viver por Vovka. Ele só deseja viver, ter amigos, o sol, um lar confortável, uma existência que tenha significado, mas eu — eu sou a esposa de um contrarrevolucionário.[154]

Julia tentou decifrar os motivos das prisões de Osip e de Igor. Diferentemente de Vladimir, não conseguia se forçar a odiar Osip como um "inimigo do povo". Ela anotou no diário: "Vovka me atormenta porque sou incapaz de odiar Piatnitsky. Inicialmente, tive a certeza de que acabaria odiando, mas, no final das contas, tenho dúvidas demais." Ela tentou racionalizar com Vladimir, argumentando que o pai "poderia ser inocente e que poderiam ter cometido um erro, ou que talvez tivesse sido enganado pelos inimigos".[155] Julia acreditava na existência de "inimigos do povo". Costumava apontar pessoas "suspeitas" em seu diário e não questionava a justiça dos tribunais soviéticos. Durante o julgamento de Bukharin, estava convencida de que a condenação dos "malfeitores" ao pelotão de fuzilamento fora apropriada. Politicamente, era ingênua, demorando a compreender a realidade que a envolvia. Ela estava mais do que disposta a fazer de Bukharin um bode expiatório pela catástrofe que atingira sua família. Comentando a execução de Bukharin e dos outros acusados, em março de 1938, Julia pensou que "o derramamento de seu sangue vil" era "um preço muito pequeno a pagar pelo sofrimento suportado pelo Partido".

Hoje, serão apagados desta terra, mas isso não diminuirá muito meu ódio. Eu lhes daria uma morte terrível: construiria uma jaula especial em um museu de contrarrevolucionários e deixaria que as pessoas viessem encará-los como se fossem animais. Nosso ódio por eles nunca morreria. Que vejam como continuamos a construir uma vida melhor, como estamos todos unidos, como amamos nossos líderes, líderes que não são traidores. Que vejam como lutamos contra o fascismo enquanto eles não fazem nada além de se alimentar como animais, pois não são dignos de ser chamados de pessoas.

Vislumbrando a "vida melhor" do futuro, quando "somente pessoas honestas terão permissão para viver e trabalhar", Julia viu alguma esperança para a própria família:

Talvez Igor retorne, e Piatnitsky também — quer dizer, se for honesto e, obviamente, inocente dos crimes cometidos por tantos inimigos, ou deixar de detectar todos aqueles répteis; se suas intenções foram honestas, então é óbvio que voltará. Como eu gostaria de saber! Piatnitsky — existe algo de que seja culpado? Você discordou da posição do Partido? Será que chegou a se opor a um de nossos líderes?

Como minha vida seria mais fácil se eu soubesse a verdade. E, no que diz respeito a Igor, penso nas palavras de F-: "Tudo que é benfeito resistirá ao fogo. E não precisamos do que não for."[156]

Julia resolveu depositar a fé no fogo: se Osip fosse inocente, também sobreviveria ao Terror.

Piatnitsky foi enviado para a prisão de Butyrki, a mesma onde o filho estava preso. Lev Razgon encontrou-o em uma cela lotada (construída para 25 pessoas, mas com 67 presos), no início de abril de 1938. Razgon viu um "homem magro e torto [Piatnitsky estava com 56 anos] que carregava marcas de batalhas no rosto".

[Piatnitsky] explicou, quando me viu olhando para seu rosto, que eram marcas deixadas pela fivela de metal do cinto de seu interrogador. Eu vira Piatnitsky nos primeiros meses de 1937... O homem que se encontrava agora diante de mim era totalmente irreconhecível em relação ao homem que eu vira anteriormente. Apenas os olhos mantinham o mesmo brilho, olhos cheios de vida, só que agora muito mais tristes. Eles revelavam um imenso sofrimento espiritual.

Piatnitsky perguntou sobre o caso de Razgon, sobre como tinha sido incriminado, e depois Razgon indagou sobre seu caso:

Ele ficou em silêncio. Depois, disse que não tinha ilusões quanto ao seu destino, que seu caso estava próximo de ser encerrado e que estava preparado. Contou-me como o interrogaram sem interrupção, como o torturaram, extraindo a pancadas exatamente o que precisavam e ameaçando espancá-lo até a morte. Ele ainda não tinha terminado de falar quando vieram buscá-lo novamente.[157]

Em 10 de abril, Piatnitsky foi transferido para a prisão de Lefortovo, onde foi sistematicamente torturado e interrogado todas as noites, de 12 de abril até seu julgamento, no final de julho. Segundo seu principal interrogador, que negou a utilização de métodos violentos de coerção, Piatnitsky comportou-se "tranquila e contidamente, exceto por uma vez, quando, por algum motivo, estava agitado e me pediu permissão para beber água e, pegando a garrafa d'água, acertou a própria cabeça".[158] Osip foi julgado pelo Supremo Tribunal Militar Soviético, ao lado de mais 137 prisioneiros, em 27 de julho. Ele foi acusado de ser um dos líderes de uma rede fascista de espiões na Comintern formada por trotskistas e direitistas. Yezhov encaminhou para Stalin uma lista com os nomes dos condenados. No topo da lista, preservada nos arquivos presidenciais do Kremlin, há uma curta resolução contendo uma ordem, manuscrita: "Fuzilar todos os 138. J. St[alin]. V. Molotov."[159]

Julia não sabia de nada disso. Nem sabia que Piatnitsky estava preso em Butyrki quando entrou na fila nos portões da prisão para entregar um pacote ao filho. Quanto mais tempo passava sem que recebesse notícias de Osip, mais difícil ficava para Julia manter a esperança de que ele fosse inocente. Todos lhe diziam para esquecer Osip, para pensar nela e nos dois filhos. Em 12 de abril, na noite em que a tortura de Osip recomeçou na prisão de Lefortovo, Julia teve um pesadelo. Ela sonhou que estava sendo atormentada por um gato. Julia achou que o sonho era importante e se perguntou se significaria que o filho Igor estava sendo torturado em Butyrki (ela ouvira boatos sobre esse tipo de coisa das mulheres nas filas da prisão). Pensar no sofrimento de Igor alterava os sentimentos de Julia em relação a Osip, como ela registrou em seu diário:

> Minha vida tornou-se uma espiral descendente sem fim. Falo sozinha, sussurrando, e sinto um desespero completo — por Piatnitsa [Piatnitsky] e Igor, mas especialmente por meu pobre garoto. Ele está passando sua décima sétima primavera em uma prisão miserável, escura e suja, em uma cela com estranhos. O principal é que é inocente. Piatnitsky viveu sua vida — não reconheceu os inimigos ao seu redor ou se degenerou, o que não seria tão impressionante, porque se dedicou à política, mas Igor...[160]

A ideia de que era tarde demais para fazer algo por Osip reforçou a determinação de Julia de fazer o que fosse necessário para ajudar Igor, que ainda tinha toda a vida pela frente. Ela aceitara a possibilidade da culpa do marido, mas não estava preparada para aceitar que o filho de 16 anos pudesse estar envolvido em qualquer crime. Julia decidiu renunciar ao marido na esperança de salvar o filho.

Ela foi à procuradoria de Moscou. Quando foi informada de que Piatnitsky cometera um crime grave contra o Estado, Julia respondeu: "Se for este o caso, ele não significa mais nada para mim." O procurador aconselhou Julia a iniciar uma vida nova. Ela disse que gostaria de trabalhar para o NKVD, e ele a encorajou a fazer uma inscrição formal, prometendo seu apoio. Julia achou o procurador um homem simpático:

> Apertei calorosamente sua mão, apesar de que talvez isso tenha sido demonstrar sentimentos demais, algo que nunca consegui controlar — mas senti-me próxima daquele homem, cujo trabalho é difícil, mas necessário, e queria manifestar meu respeito por ele enquanto camarada, demonstrar meu apoio moral aos camaradas que estão eliminando os porcos em nosso Partido. Volto a enfatizar: apesar do próprio sofrimento, e apesar da possibilidade de que inocentes estejam sendo sacrificados (que meu Igor não seja um deles!), preciso ser fiel aos meus princípios, preciso permanecer disciplinada e paciente e devo, de qualquer jeito, descobrir um modo de contribuir ativamente; do contrário, não haverá lugar para mim entre as pessoas.

Depois de abandonar o marido, Julia estava pronta para pensar o pior a respeito dele. Ela escreveu em seu diário, em 16 de abril:

> Oh, simplesmente não consigo entender! Mas, se for assim, então como o desprezo, como odeio sua alma vil e covarde, ainda que seja incompreensível para mim!... Oh, como ele fingiu bem! Agora entendo por que se cercou com o "companheirismo caloroso" de todos aqueles espiões, provocadores e burocratas. Mas, com certeza, não tinha amigos. Era essencialmente um homem sombrio que nunca se abriu para mim... Talvez nunca tenha amado o Partido. Será que nunca teve seus interesses no coração? Mas e quanto a nós, eu e as crianças, no que estava pensando?[161]

Três semanas depois, Igor foi arrastado até um tribunal de três homens e foi condenado por organizar um grupo estudantil contrarrevolucionário — acusação tão absurda que o próprio tribunal a desconsiderou, apesar de condenar Igor a cinco anos em um campo de trabalhos sob a acusação menor e muito mais vaga de agitação antissoviética.* Julia foi informada sobre a condenação do filho em 27 de maio. Ela ficou histé-

---

* Em 1941, Igor foi acusado novamente de organizar uma "conspiração contrarrevolucionária", desta vez envolvendo filhos de "inimigos do povo", recebendo um acréscimo de cinco anos em sua pena. Retornou a Leningrado em 1948, mas logo voltou a ser preso por "agitação contrarrevolucionária" e condenado a cinco anos (acabando cumprindo oito) no campo de trabalhos de Norilsk.

rica e exigiu que o procurador também a prendesse: "Se ele é culpado, então eu também sou." Refletindo sobre os eventos daquela noite, Julia tentava obter alguma compreensão do Terror:

> Talvez Piatnitsky fosse realmente mau, e todos devamos perecer por sua culpa. Mas é difícil morrer quando não sei quem Piatnitsky realmente é, nem qual crime Igor cometeu. Ele não poderia ter feito nada de errado. Mas então, por que o prenderam? Talvez como alguém que pudesse vir a se tornar criminoso, por ser filho de um inimigo... Talvez seja uma maneira de mobilizar à força aquela parte da população que não tem a confiança do Estado, mas cuja mão de obra pode ser útil. Não sei, mas faz sentido. Obviamente, se for este o caso, então Igor, assim como todos iguais a ele, jamais retornará. Eles servem a um propósito útil para o Estado, mas deixam a vida. De todo modo, é aterrorizante ter que ficar para trás — ter que esperar sem saber.[162]

Julia foi presa em 27 de outubro de 1938. Tinha 39 anos. Seu diário foi confiscado e utilizado como prova para condená-la por conspirar com o marido contra o governo. Enviaram-na para o campo de trabalhos de Kandalaksha, na região de Murmansk, no extremo norte. Vladimir foi enviado com a mãe, apesar de estar muito doente, tendo acabado de se recuperar de uma cirurgia e sendo carregado da cama. Em Kandalaksha, Vladimir era mantido no alojamento e alimentado duas vezes por dia por um guarda do NKVD, enquanto Julia trabalhava na construção da Niva-GES, uma estação hidroelétrica próxima ao campo. Pouco depois de chegarem ao campo, Vladimir fugiu e conseguiu retornar a Moscou, onde ficou com diversos amigos de escola, incluindo a família de Yevgeny Loginov, cujo pai trabalhava no secretariado pessoal de Stalin. Anteriormente, os Loginov tinham dado as costas para os Piatnitsky, mas agora alguma coisa fez com que mudassem de ideia — simples decência, talvez. Vladimir ficou com os Loginov durante três meses. Então, certa noite, entreouviu uma conversa entre os Loginov: o pai de Yevgeny estava com problemas por ter acolhido o filho de Piatnitsky. Para poupá-los de mais problemas, Vladimir entregou-se ao Conselho de Moscou. O oficial com quem falou era um velho camarada de Piatnitsky de outubro de 1917. Ele pediu sanduíches para Vladimir e depois chamou a polícia. Vladimir foi levado para o centro de detenção no antigo monastério de Danilov, de onde os filhos de "inimigos do povo" eram encaminhados para orfanatos em toda a União Soviética.[163]

Em março de 1939, Julia foi delatada por outros três operários da Niva-GES, que alegaram que ela teria dito que o marido fora preso injustamente, que era inocente e que considerava Stalin inadequado para o papel de líder do proletariado. Condenada por agitação antissoviética, Julia foi sentenciada a cinco anos no campo de trabalhos de Karaganda, no Cazaquistão. Igor estava preso na seção industrial do campo, e, de alguma maneira, Julia conseguiu providenciar um encontro com ele. "Passamos juntos um dia notável e muito triste", recorda Igor, "e depois ela voltou [para a seção feminina do campo]." Fisicamente frágil e mentalmente instável, Julia não estava em condições de suportar as agruras da vida no campo de trabalhos. Ela continuava bonita e chamou a atenção do comandante do campo (o que poderia explicar a permissão para visitar Igor). Mas resistiu às investidas sexuais do comandante, que a puniu enviando-a para fazer trabalhos manuais na construção de uma represa. Durante 16 horas, todos os dias, Julia ficava de pé com água gelada até a cintura, escavando terra. Acabou adoecendo e morreu em uma data não registrada no inverno de 1940.

Em 1958, depois de ser libertado dos campos de trabalho, Igor recebeu a visita de uma velha conhecida da família, chamada Zina, que vira sua mãe no campo de Karaganda, onde também estivera presa. Zina disse a Igor que Julia morrera no hospital do campo e fora enterrada em uma cova coletiva. Em 1986, Igor recebeu outra visita de Zina, que estava com 80 anos. Ela disse que mentira no encontro anterior sobre sua mãe porque Julia, antes de morrer, fizera com que Zina prometesse poupar Igor dos detalhes terríveis de sua morte (e também porque Zina tivera medo de contar a verdade, como ela própria admitiu). Mas, recentemente, Zina estava vendo Julia nos sonhos — Julia perguntara sobre o filho — e viu que era um sinal indicando que deveria contar a Igor sobre os últimos dias da mãe. Julia não morrera no hospital. Em dezembro de 1940, Zina fora procurar Julia no campo de Karaganda. Ninguém queria dizer onde estava, até que uma mulher apontou para um estábulo de ovelhas na estepe e disse que ela poderia ser encontrada ali. Zina entrou no estábulo. Julia estava cercada pelas ovelhas, deitada no chão congelante:

Ela estava morrendo, todo o seu corpo estava inchado de febre, ela estava fervendo e tremia. As ovelhas mantinham a guarda em torno dela, mas não ofereciam nenhum abrigo do vento e da neve, que formava montes no chão. Abaixei-me ao seu lado, ela tentou levantar o corpo, mas não tinha forças. Peguei sua mão e tentei aquecê-la com minha respiração.

"Quem é você?", perguntou ela. Eu disse meu nome e falei apenas que vinha a seu pedido, que você me havia pedido para encontrá-la...

Como ela se agitou: "Igor — meu garoto", sussurrou através dos lábios congelados. "Meu garotinho, ajude-o, imploro a você, ajude-o a sobreviver." Acalmei-a e prometi cuidar de você, como se tal coisa dependesse de mim. "Dê-me sua palavra", sussurrou Julia. "Não diga a ele que sua mãe morreu. Dê-me sua palavra..."

Ela estava em um estado semidelirante. Agachei-me ao lado dela e prometi.

Então, atrás de mim, um guarda gritou: "De onde você veio? Como chegou aqui?" O guarda me agarrou e arrastou-me para fora do estábulo. "Quem é você?"

Expliquei que tinha vindo como líder da seção para uma oficina de ferramentas e encontrara a mulher por acidente. Mas fui detida. Disseram-me que não falasse nada sobre o que tinha visto: "Cale a boca e não diga nada!"

Julia morreu no estábulo. Ela havia sido deixada lá quando adoecera, e ninguém tinha permissão para visitá-la. Foi enterrada onde morreu.[164]

5
Resquícios do Terror
(1938-41)

I

Era uma noite quente de verão, em 28 de julho de 1938, e a avó de Nelly saíra para catar framboesas no jardim, deixando-a tomando conta da irmã, Angelina, enquanto a mãe, Zinaida Bushueva, cuidava de seu irmão bebê e preparava a refeição. Desde a prisão do pai, nove meses antes, Nelly acostumara-se a ajudar nas tarefas domésticas, apesar de ter apenas 4 anos. Zinaida estava amamentando Slava quando a porta da frente foi aberta por dois soldados do NKVD, que lhe disseram para se vestir e a levaram junto com os filhos para o quartel-general do NKVD, no centro de Perm. Alguns minutos depois, a avó de Nelly retornou com as framboesas: a casa estava vazia, e sua família tinha sumido.

No prédio do NKVD, o interrogador providenciou para que as duas meninas fossem encaminhadas para orfanatos. "Mamãe está partindo em uma longa viagem de trabalho", ele explicou a Nelly. "Você não a verá novamente." Zinaida ficou histérica. Quando dois guardas chegaram para levar as garotas, ela começou a gritar e a morder os outros guardas que a seguravam. Quando estava sendo levada, Nelly olhou para trás e viu a mãe levar um tapa na cara. As duas irmãs foram encaminhadas para lares diferentes — Nelly foi para um orfanato judaico (por causa de sua tez mais morena) e Angelina para um lar infantil nas proximidades. O NKVD tinha a política de dissolver as famílias de "inimigos do povo" e dar novas identidades às crianças.

Zinaida teve permissão para ficar com Slava — ele estava com pneumonia e precisava dos cuidados maternos. Durante três semanas, a mãe e o bebê foram mantidos em uma cela lotada. Zinaida era acusada de não ter denunciado o marido e foi condenada a oito anos no Campo de Trabalhos de Akmolinsk para Esposas de Traidores da Pátria (ALZhIR), parte do complexo do campo de Karaganda, no Cazaquistão. Ela estava em um grande comboio de prisioneiras transferidas de Perm para Akmolinsk em setembro de 1938. No dia em que partiram, foram obrigadas a ficar de joelhos em uma das praças da cidade enquanto aguardavam até que fossem transportadas para a estação em pequenos grupos em carroças puxadas a cavalo. Os habitantes de Perm ficaram em volta, assistindo ao espetáculo, mas ninguém tentou ajudar as prisioneiras, apesar de a mãe de Zinaida, que a vira com Slava no meio da praça, ter tentado convencer um dos guardas a levar um agasalho para a filha. "Saia daqui, velha", disse o guarda, empurrando-a com a boca de sua pistola. Na estação, o comboio foi carregado em vagões de gado. O trem levou dez dias até chegar a Akmolinsk, percorrendo 1.500 quilômetros. Zinaida estava em um vagão com criminosas comuns, as quais, inicialmente, provocaram-na e tentaram tomar-lhe o bebê, acreditando que, com ele, pudessem ser libertadas mais cedo do campo. No entanto, depois de alguns dias, à medida que Slava adoecia ainda mais, ficaram com pena da mãe e gritaram para que os guardas trouxessem leite para o bebê. Quando chegaram ao campo, Zinaida foi obrigada a entregar Slava para um orfanato em Dolinka, centro administrativo dos campos de Karaganda. Ela ficou cinco anos sem ver o filho. Como era uma contadora qualificada, ofereceram a Zinaida um cargo no escritório do campo, posição privilegiada para uma prisioneira, mas ela implorou para que, em vez disso, empregassem-na no trabalho agrícola mais pesado que houvesse. "Ficarei louca se tiver tempo para pensar", explicou Zinaida ao comandante do campo. "Perdi meus três filhos. Deixe-me esquecer de mim mesma por meio do trabalho manual."

Depois de ver a filha ajoelhada na praça com Slava, a mãe de Zinaida começou a procurar por Angelina e Nelly. Depois de poucas semanas, com a ajuda dos dois filhos, conseguiu localizar Nelly. Mas foi somente na primavera de 1940 que conseguiu encontrar Angelina, que àquela altura, com 4 anos, já tinha idade suficiente para recordar algumas coisas do incidente:

Meu primo Gera, filho do tio Vitia, morava perto do orfanato. Um dia, as crianças do orfanato estavam passeando em fila ao lado do rio, caminhando em pares, e eu era a última. Gera e os pais também estavam perto do rio. Ele reconheceu-me imediatamente e gritou: "Vejam, ali está nossa Aka!" Todos pararam. Foi uma cena e tanto. As mulheres do orfanato não deixaram meus parentes se aproximarem de mim, mas tio Vitia conversou com uma delas, que disse que me chamava Alei, ou Angelina, mas não tinham certeza...

Vovó começou a escrever cartas de apelo ao orfanato, e um dia foi me buscar... Lembro-me desse dia. Ela levou um par de sapatos vermelhos com fivelas brilhantes e calçou-os em mim. Levantei os pés e olhei para as solas dos sapatos — eram muito lisas, limpas e vermelhas. Eu limpei a poeira deles. Queria tirar os sapatos e beijar as solas, porque eram de uma cor muito viva, mas vovó disse: "Basta, deixe os sapatos em paz, vamos partir para encontrarmos sua irmã, Nelly." Ainda me lembro de como fiquei confusa — o que era uma irmã? Quem era Nelly? Eu não tinha a menor ideia. Quando deixamos o orfanato, havia uma menina esperando na entrada. Vovó disse: "Esta é Nelly, sua irmã." Eu disse: "E daí?" A única coisa que compreendia era que se chamava Nelly, mas não sabia o que era uma irmã. A garota veio até mim. Tinha cabelo preto e curto, vestia um casaco de chuva cinza, cuja gola estava mordendo. E eu disse: "Por que ela está comendo a gola?" E vovó chamou-lhe a atenção: "De novo mordendo a gola!"[1]

As memórias de infância de Angelina são dominadas pela sensação de fome. A alimentação diária no orfanato fora tão parca (pão preto seco e um mingau ralo e cinzento) que a primeira reação de Angelina aos sapatos vermelhos e brilhantes foi tentar comê-los como se fossem tomates. A situação não era muito melhor quando foi morar com Nelly e a avó, que estava velha e doente demais para trabalhar e vivia em uma pobreza desesperadora em um pequeno quarto em um apartamento comunal, tendo sido despejada da casa da família após a prisão de Zinaida, em 1938. Em 1941, a situação em Perm aproximava-se da falta total de alimentos. Muitas das avenidas centrais haviam sido convertidas em lotes para o cultivo de vegetais, destinados a habitantes selecionados, mas a avó de Angelina não era um deles. "Aprendemos a comer todo tipo de coisa", recorda Angelina. "Folhas de primavera das tílias; grama e musgo; casca de batata que catávamos à noite nas latas de lixo de pessoas que se encontravam em condições melhores do que a nossa." Angelina tinha consciência da fome como uma fonte de vergonha e degradação. Era a fome que a definia como um ser humano de classe inferior, não a prisão dos pais como "inimigos do povo" — conceito que, de todo modo, ainda era nova demais para compreender. Angelina era maltratada por um grupo de garotos da casa do outro lado da rua, onde moravam operários de fábricas. Os garotos sabiam que Angelina catava cascas de batatas de suas latas de lixo e sempre zombavam dela quando passava por eles na rua. Angelina aprendeu a segurar a língua e a não responder. Mas um dia, o líder do grupo, o maior de todos os garotos, filho de uma família de oficiais da fábrica, deu um pedaço de pão com manteiga para um mendigo na rua. "Ele fez aquilo somente para que eu visse", recorda Angelina, "queria me humilhar, e não consegui me conter; a visão do pão com manteiga era simplesmente demais, eu teria dado qualquer coisa para comê-lo e não suportava vê-lo sendo dado a um mendigo. Gritei para os garotos: 'O que estão fazendo? Tem manteiga no pão!' Todos riram de mim."[2]

Assim como muitas crianças que haviam perdido os pais no Grande Terror, Angelina não tinha plena consciência de sua perda. Ela não conseguia se lembrar dos pais — tinha apenas 2 anos quando eles foram presos —, de modo que, diferentemente de Nelly, que tinha idade suficiente para se lembrar deles, Angelina não tinha a sensação de ter sofrido quando os pais desapareceram. Quando aprendeu a ler, Angelina fantasiava sobre a morte dos pais a partir de livros, especialmente de suas histórias favoritas sobre Napoleão e o incêndio de Moscou. Ela rememora uma conversa dos anos pós-guerra, quando tinha cerca de 10 anos:

Uma amiga de minha avó foi nos visitar. Ela falou sobre minha mãe e meu pai. Minha avó tinha fotos de todos os filhos nas paredes do quarto. A mulher apontou para cada uma das fotos, perguntando de quem eram.

"Quem é essa?"
"Tia Nina", respondi.
"E esse?"
"Tio Sanya."
"E esta aqui?"
Eu disse: "Esta é a mãe de Nelly."
"O que quer dizer por mãe de Nelly? Ela também é sua mãe."
E respondi: "Não, não é minha mãe, mas sim a de Nelly."
"Então, onde está sua mãe?"
"Minha mãe morreu no incêndio de Moscou." [3]

A figura maternal real na vida de Angelina era a avó. Fora ela quem resgatara Angelina e Nelly dos orfanatos e, por fim, reunira as duas com a mãe. Deste período, são comuns as histórias de crianças salvas pelas avós. Desde o início do Grande Terror, a responsabilidade de tentar manter a unidade dos resquícios dispersos de famílias reprimidas recaía sobre as avós. Os atos heroicos esquecidos realizados por elas merecem estar entre os feitos mais louváveis da história soviética.

Natalia Konstantinova e a irmã, Elena, perderam os pais no Grande Terror. O pai foi preso em outubro de 1936 e executado em maio de 1937. A mãe, Liudmila, foi presa em setembro de 1937 e condenada a oito anos em um campo de trabalhos perto de Magadan como esposa de um "inimigo do povo". Natalia, que tinha 10 anos, e a irmã, com 12, foram enviadas para um orfanato. As duas foram resgatadas pela avó, uma mulher boa e gentil, dotada de nervos de aço, que fez um acordo com o NKVD. Elena Lebedeva nasceu em Moscou em 1879, em uma família de mercadores proeminentes. Estudou durante quatro anos antes de se casar, aos 17 anos, e teve sete filhos, dos quais Liudmila foi a quarta a nascer, em 1903. Quando apelou ao quartel-general do NKVD pela liberação das netas, disseram a Elena que só poderia ficar com as garotas se fosse morar com elas no exílio, mas que poderia permanecer em Leningrado se as deixasse no orfanato. Elena não hesitou. Pegou as garotas, vendeu sua propriedade e comprou para as três passagens de trem para Ak-Bulak, uma cidade remota nas estepes entre Orenburgo e o Cazaquistão (Elena só descobriu depois de chegar que o NKVD pagava as passagens de ida de todos os exilados).

Ak-Bulak era uma parada de trem pequena e empoeirada, localizada na linha principal que ligava a Rússia à Ásia Central. A ferrovia empregava boa parte das 7 mil pessoas que moravam no lugar, principalmente russos e cazaques, apesar da existência de uma comunidade de tamanho considerável de exilados políticos desempregados. Com certeza, não havia trabalho para uma avó de 58 anos. Mas parentes que moravam em Leningrado enviavam regularmente para Elena pequenas quantias de dinheiro e de produtos que podiam ser vendidos no mercado ou trocados com mulheres locais, cujas amizades Elena esforçava-se para cultivar. Elena não encontrou um quarto para alugar, de modo que foi morar com as netas em um casebre que comprou e depois dividiu com outra família de exilados. Era uma das construções mais antigas da cidade, datando do século XIX, feita de tijolos de esterco de camelo com telhado de argila. Aqueciam a casa no inverno com a queima de esterco em um forno de argila. Durante o primeiro ano, entre 1938 e 1939, quando havia escassez de alimentos na região, sobreviver era uma verdadeira luta. Como as garotas não tinham sapatos, iam descalças à escola de crianças exiladas, um barraco de folhas de estanho, que era separada da escola para os filhos dos funcionários da ferrovia, feita de tijolos. Mas as garotas tiveram um bom desempenho escolar, de modo que, no segundo ano, puderam ser transferidas para a outra escola. Elas até se alistaram nos Pioneiros. A relação entre os exilados e os homens da ferrovia era boa. "Ninguém nos chamava de exilados", recorda Natalia. Foi somente em 1942, quando as duas garotas se inscreveram para ingressar na Komsomol, que alguém chamou a atenção para o fato de que eram filhas de um "inimigo do povo", e, ainda assim, não foram as crianças locais que fizeram isso, mas sim um homem que fora evacuado de Moscou e citou o fato como um obstáculo para que fossem aceitas pela Komsomol.[4]

Em retrospecto, pensando nos anos que passou em Ak-Bulak, entre 1938 e 1945, Natalia acredita que ela e a irmã tiveram uma infância feliz, apesar de todas as dificuldades que enfrentaram. "Tivemos muita sorte de crescermos no pequeno mundo de nossa avó. A comida nunca era suficiente, mal tínhamos algo que fosse nosso, mas estávamos felizes porque éramos amadas por nossa avó. Ninguém podia roubar isso de nós." Amigos da escola costumavam perguntar a Natalia onde seus pais estavam. Ela tentava evitar tais perguntas e nunca falava sobre os pais, temendo que presumissem que "se foram presos, devem ser culpados de alguma coisa". A prisão dos pais era uma fonte de vergonha e de confusão para Natalia, que não entendia o que tinham eles feito ou por que tinham desaparecido. No entanto, ela jamais duvidou da inocência deles. Natalia acredita que a avó tenha desempenhado um papel crucial na manutenção dessa crença: sem ela, Natalia teria cedido à pressão sofrida posteriormente nos Pioneiros e na Komsomol para que renunciasse aos pais por serem "inimigos do povo". "Minha avó tinha visto tudo", recorda Natalia. "Ela compreendia o significado do poder soviético e não foi enganada por nada: ela já estava com 30 anos quando aconteceu a Revolução."

Os valores de Elena tinham sido construídos em outro século e em um meio social diferente, mas ela compreendia que as netas precisavam sobreviver no mundo soviético e não tentou impor suas opiniões antissoviéticas. Assim, ela disse às meninas que os pais delas eram pessoas boas, que tinham sido presas por engano e que um dia retornariam. Elena também contava às meninas histórias ocorridas com a mãe quando tinha a idade delas: que era linda; amava jogar tênis; tinha muitos admiradores jovens e belos; como conhecera o pai das garotas; e como eles formavam uma família feliz. Ela contou às netas que a mãe tinha sido exatamente como elas. Por meio dessas histórias, as garotas passaram a conhecer a mãe e a sentir a presença dela em suas vidas. Segundo Elena: "Nossa avó foi a pessoa mais importante em nossas vidas, ainda mais importante do que nossa mãe... Ela assumiu o lugar de mãe, mesmo depois de retornarmos a Leningrado [em 1946] e de nos reunirmos com nossa mãe verdadeira [em 1951]."[5]

Cuidar dos netos podia ser um fardo pesado para os avós, que com frequência careciam de moradia, empregos, economias, pensões e provisões depois que os próprios filhos eram presos como "inimigos do povo". E nem todos os netos puderam ser salvos. O pai de Veronika Nevskaia foi preso em agosto de 1936, três anos depois da morte da mãe, em 1933, e foi enviado para os campos de trabalho de Vorkuta. Veronika, com 6 anos, e o irmão mais novo, Valentin, foram encaminhados para um orfanato. Veronika foi adotada pela tia do pai, Maria, que a acolheu sabendo que, como fora avisada pelo NKVD, se o fizesse, em pouco tempo todos seriam exilados para a região de Kirov, 1.200 quilômetros a leste da cidade natal de Maria, Leningrado. Maria, religiosa devota na casa dos 70 anos, considerava seu dever cristão cuidar de todas as crianças da família: morava sozinha, tendo enviuvado muitos anos antes, e não tinha filhos. Maria encontrou os filhos do sobrinho no orfanato. Ela sempre tivera um fraco por Veronika, para quem comprava presentes e gostava de ler os clássicos. Mas era velha e fraca demais para lidar com Valentin, um garoto difícil e rebelde, que precisava de cuidados especiais (ele nascera com uma malformação na bexiga que o deixara incontinente). Maria levou Veronika, mas deixou Valentin no orfanato. Nunca mais tiveram notícias dele. Em 1941, receberam um telegrama informando que Valentin tinha morrido — com apenas 7 anos — no hospital do orfanato. Recordando tais eventos, Veronika acredita que a avó (como chama a tia do pai) não tinha condições de lidar com Valentin, mas que também sentia muito remorso. Alguns dias depois de receber o telegrama, Maria morreu. Veronika foi acolhida por parentes distantes, que logo a enviaram para outros parentes, que também a passaram adiante para outros membros da família: ninguém estava interessado em uma boca a mais para alimentar. E foi assim que ela viveu durante os cinco anos seguintes, como uma hóspede indesejada nos lares de parentes distantes, até 1946, quando viajou para Vorkuta para reencontrar o pai.[6]

A prisão de um pai transformava muitas crianças em adultos da noite para o dia. Esperava-se que o primogênito, em particular, de repente começasse a desempenhar o papel de adulto, ajudando nas tarefas domésticas e cuidando dos irmãos mais novos.[7] Inna Gaister tinha 12 anos quando os pais foram presos, no verão de 1937. Inna morava no apartamento da família, na Casa do Aterro, em Moscou, com as irmãs mais novas, Natalia (com 7 anos) e Valeria (1 ano), um primo, Igor (com 9 anos), e a avó. Inna foi incumbida de um grande número de responsabilidades que a colocaram no papel de pai auxiliar, se não o principal, dentro da casa. Inna escreveu para o NKVD pedindo a devolução dos pertences que estavam lacrados no apartamento da família. Ela organizava os pacotes para os pais e passava a noite toda na fila da prisão de Butyrki para entregá-los. Quando descobriu que a mãe fora enviada para o campo de trabalhos de Akmolinsk (ALZhIR), Inna conseguiu um emprego noturno, dando aulas para crianças mais novas depois da escola, para economizar dinheiro para as encomendas mensais que passaram a ter permissão para enviar a Akmolinsk a partir do verão de 1939. Pouco depois da prisão dos pais, os filhos dos Gaister foram despejados do apartamento no qual moravam. Com a avó, as quatro crianças mudaram-se para um quarto alugado, dividido com mais oito parentes dos Gaister — todas as crianças que tinham perdido os pais no Grande Terror. Eram 13 pessoas (12 crianças e uma avó) morando em um quarto de 20 metros quadrados. Sendo a criança mais velha, Inna precisava lavar as roupas, ajudar com a faxina e cozinhar. Inna levava pelo menos uma hora de bonde entre o novo lar e a escola; quando voltava, à noite, esforçava-se para conseguir lavar as roupas e fazer com que estivessem secas pela manhã. Fisicamente, estava exausta (em fotografias, Inna aparece com grandes marcas escuras ao redor dos olhos). Em retrospecto, pensando sobre esse período de sua vida, Inna acha que ele a ajudou a desenvolver técnicas de sobrevivência necessárias:

Foi uma vida que me treinou para lutar. Eu estava sempre lutando para sobreviver — não somente por mim, mas para o bem de Valiushka [Valeria] e Natalka [Natalia]. Eu tinha apenas 12 anos quando prenderam meus pais. No entanto, a prisão deles fez-me amadurecer da noite para o dia. Eu compreendia que minha infância chegara ao fim. A primeira coisa que aconteceu foi a partida de nossa babá — ela não conseguia se entender com minha avó. Eu tinha a obrigação de cuidar de Valeria, que ainda era apenas uma bebê. Lembro-me da última coisa dita pela babá antes de partir: "Você precisa limpá-la todas as noites!" Fiquei horrorizada. "A fralda dela estará bem cheia", disse... Encontrei-me em uma situação completamente nova. Precisava lavar as roupas de toda a família, que era muito grande, e também precisava estudar muito para que minha vida não fosse totalmente arruinada. Também precisava ajudar Igor e Natalka, que perguntavam por que todos tinham uma mãe e um pai, exceto nós. Eu dizia a ela que tínhamos uma avó que nos amava muito. Em muitos aspectos, eu era como uma mãe para Natalka e Valiushka, embora, em outros, eu mesma continuasse sendo uma criança.[8]

A avó de Inna, assim como Elena Lebedeva, costumava falar às crianças sobre seus pais. Ela queria que soubessem que eles não as tinham abandonado, que as amavam e voltariam para elas. Mas outras avós adotavam uma postura diferente.

Os pais de Iraida Faivisovich eram cabeleireiros em Osa, uma pequena cidade nos Urais, ao sul de Perm. Foram presos na primavera de 1939, supostamente por organizar uma conspiração política contra o governo soviético, segundo relatos de clientes do salão, que diziam ter ouvido os Faivisovich se queixarem da falta de produtos. Iraida, então com 4 anos, foi acolhida por vizinhos e, posteriormente, passou pelas casas de vários parentes, dos quais nenhum estava disposto a acolhê-la, até ser finalmente resgatada pela avó materna, Marfa Briukhova. Marfa era uma camponesa simples, ortodoxa devota, que criara 16 crianças, incluindo cinco que não eram seus filhos. Culpando o genro pela prisão dele próprio e pela da filha, Marfa dizia que ele tinha falado demais e que Iraida deveria aprender a "segurar a língua". Iraida cresceu em uma "atmosfera de silêncio imposto", na qual era proibida de falar ou perguntar sobre seus pais. O sentimento de inferioridade, enraizado na posição de órfã na escola, foi fortalecido pelo silêncio, que a obrigou a internalizar os temores e anseios pelos pais. Ela ouvia vozes nos sonhos. Prisioneira em um campo de trabalhos próximo a Arkhangelsk, a mãe de Iraida escrevia semanalmente para a filha, em Osa, mas Marfa queimava as cartas sem sequer abri-las. Marfa escondeu as fotografias dos pais de Iraida para que fossem esquecidos por ela. "Sobreviveremos, nós duas, juntas", disse Marfa para a neta.[9]

As avós desempenhavam um papel crucial como correspondentes entre o lar e os campos de trabalho. Como escritoras e leitoras, mantinham uma ligação fundamental entre pais e filhos, por meio da qual milhões de famílias sobreviveram à separação pelo Gulag.

Quando seus pais foram presos, em 1936 e 1937, Oleg Vorobyov e a irmã, Natasha, foram resgatados pela avó. Nadezhda Mikhailovna era uma mulher corajosa e inteligente, uma das primeiras a se formar médica em Tbilisi antes da Revolução de 1905. Informada de que o NKVD encaminharia as crianças para um orfanato, levou-as rapidamente para o interior da região de Tula, onde as deixou escondidas com os padrinhos durante vários meses, antes de retornarem a Moscou, onde morou com as crianças e o avô delas em uma série de quartos alugados em um subúrbio operário da cidade. Ela acreditava que estariam mais seguros ali do que no centro da capital, onde moravam anteriormente. De modo geral, os operários tinham menos interesse pelo passado político dos vizinhos (era mais provável que os hostilizassem por motivos étnicos ou de classe).[10] Para proteger os netos, Nadezhda adotou as crianças e mudou seus nomes. Semanalmente, escrevia longas cartas para o pai (no campo de trabalhos de Solovetsky) e para a mãe (nos campos de Temnikovsky), contando detalhes da rotina diária:

25 de janeiro de 1939.
... Oleg está ansioso para ir à escola. Vovô o acorda às 7h30 da manhã — basta dizer que está na hora, e ele se levanta. Ligamos a chaleira elétrica e fazemos sanduíches frescos com ovos, peixe e salame, comidos por Oleg acompanhados de chocolate quente, café, chá ou leite antes de partir para a escola. Ele é muito exigente com comida e não come muito: meio pãozinho e um copo de leite deixam-no satisfeito. Ele pede somente meio pãozinho para levar para a escola.[11]

Poucos detalhes eram realmente verdadeiros (não havia ovos, tampouco peixe ou salame, pelo que Oleg se lembra, mas somente pão e, às vezes, manteiga), mas as cartas transmitiam aos pais a ideia confortadora de que a vida familiar seguia normalmente enquanto estavam ausentes e que estariam ali aguardando o retorno deles.

O pai de Oleg, Mikhail, era um engenheiro sênior. Antes de ser preso, trabalhava no Ministério da Defesa, em Moscou. Em 1940, foi transferido de Solovetsky para o campo de trabalhos de Norilsk, no Círculo Ártico, onde necessitavam muito de seu conhecimento para a construção de um complexo industrial gigantesco, que logo se tornaria o principal produtor de níquel e platina do país. Como especialista, Mikhail podia receber encomendas e escrever semanalmente para casa. Correspondendo-se com Nadezhda, Mikhail tinha uma boa ideia de como estava a cabeça de Oleg, de modo que podia escrever ao filho com conselhos a respeito dos estudos, do que ler, de *hobbies* e dos amigos. "As cartas dele influenciaram-me profundamente", recorda Oleg.

Eu talvez tenha sido orientado pelas cartas ainda mais do que teria sido orientado pelo meu pai se ele estivesse presente enquanto eu crescia. Como ansiava por um pai, eu tentava me comportar da maneira que imaginava que ele viesse a aprovar, ao menos pelo que conhecia dele por meio das cartas.

Oleg teve sorte de manter a ligação com o pai. Cartas eram provas em escrito do amor de um pai, algo em que as crianças podiam acreditar e que podiam ler como um sinal da inocência dos pais. Ocasionalmente, continham desenhos ou versos, uma flor seca ou até fragmentos de bordados, coisas que expressavam sentimentos e emoções que não podiam ser transmitidos por meio de palavras censuradas. Relacionamentos eram construídos a partir desses fragmentos.[12]

Em todas as cartas para o filho, Mikhail impunha a Oleg a necessidade de ser um "pequeno homem".

25 de agosto de 1940.
Querido filho, por que faz tanto tempo que não me escreve? Entendo que esteja de férias... mas peço que escreva pelo menos uma carta a cada cinco dias... Coloque seus desenhos na carta e deixe que Natasha também escreva um pouco... Nunca se esqueça de que você é o protetor dela. Ela ainda é muito pequena e, às vezes, caprichosa, mas você deve fazer com que entenda as coisas. Escrevi muitas vezes que, como homem, você tem a obrigação de proteger Natasha, vovó e vovô, de assegurar que estejam em segurança até meu retorno. Você é meu segundo homem, o chefe de nossa pequena família. Todas as minhas esperanças dependem de você.

Apesar de estar com apenas 10 anos, Oleg sentiu que se tornou um adulto quando recebeu a carta. Sentiu-se responsável por Natasha, o que fez com que deixasse de ver o mundo pelos olhos de uma criança. Em suas próprias palavras: "Amadureci da noite para o dia."[13]

2

Os Bushuev, os Gaister e os Vorobyov tiveram sorte — foram resgatados pelos parentes. Mas a prisão dos pais deixou milhões de crianças no abandono. Muitas acabavam em orfanatos — destinados aos menores de 16 anos —, mas outras vagavam pelas ruas pedindo esmolas ou ingressavam em gangues infantis, as quais controlavam boa parte dos pequenos crimes e da prostituição nas estações ferroviárias, nos mercados e em outros lugares movimentados das cidades grandes. Em 1935, tendo como principal objetivo o combate ao problema crescente da criminalidade infantil, foi promulgada uma lei que diminuiu a idade mínima de responsabilidade criminal para 12 anos. Entre 1935 e 1940, os tribunais soviéticos condenaram por pequenos crimes 102 mil crianças com idades entre 12 e 16 anos, das quais muitas acabaram sendo enviadas para as colônias de trabalho infantil administradas pelo NKVD.[14]

Algumas crianças escapavam do sistema e acabavam tendo de se virar sozinhas. Mikhail Mironov tinha 10 anos quando seus pais foram presos, em 1936. Eles eram operários industriais na Ucrânia, partidários dos Vermelhos durante a Guerra Civil, que tinham ascendido nos escalões do Partido, primeiro em Moscou e depois em Leningrado, antes de serem presos. Lilia, irmã de Mikhail, já tinha deixado a residência da família em Leningrado para estudar medicina em Moscou. Portanto, Mikhail estava sozinho. Durante algum tempo, ele morou com vários parentes, mas era um fardo para eles, operários industriais que lutavam para sobreviver com suas próprias famílias grandes. Em setembro de 1937, Mikhail foi aceito como estudante na escola de desenho fundada em Leningrado pela Casa dos Pioneiros. Sua tia, Bela, que tomara conta dele nos últimos meses, viu nisso uma oportunidade de se livrar do menino e o enviou para morar no dormitório dos alunos do estabelecimento. Ele perdeu todo o contato com o pai (que foi fuzilado em 1938) e nunca teve notícias da irmã, que temia ser expulsa da faculdade de medicina se revelasse sua biografia comprometida ao escrever para os parentes. O único contato que Mikhail mantinha era com a mãe, prisioneira nos campos de trabalho de Vorkuta, para quem escrevia com frequência. Ele estava isolado e solitário, sem amigos nem família, necessitando desesperadamente de amor materno (costumava concluir suas cartas com sentimentos como "1.000.000.000.000 de beijos"). Na primavera de 1941, Mikhail foi expulso da escola de desenho — por falta de talento — e matriculou-se em uma escola industrial. Expulso do dormitório na Casa dos Pioneiros, encontrou um quarto em um alojamento. "É tudo muito chato", escreveu o garoto de 15 anos para a mãe, em julho. "Não há ninguém aqui. Todos partiram, e estou sozinho." Em setembro, quando as tropas alemãs cercavam Leningrado, Mikhail fugiu para Moscou. Contudo, quando chegou à capital, a sua irmã já tinha sido evacuada para a Ásia Central com o instituto médico no qual estudava. Nenhum dos parentes que tinha em Moscou dispôs-se a acolhê-lo, de modo que ele acabou morando nas ruas. Mikhail foi morto na batalha de Moscou, em outubro de 1941.[15]

Maia Norkina estava com 13 anos quando seu pai foi preso, em junho de 1937. Um ano depois, quando o NKVD também prendeu sua mãe, Maia foi expulsa da escola na qual estudava, em Leningrado. Ela tinha vários tios e tias em Leningrado, mas ninguém a acolheu. "Todos tinham medo de perder o emprego", explica Maia. "Alguns eram membros do Partido — eram os que tinham mais medo e recusaram imediatamente." Todos esperavam que Maia fosse levada para um orfanato. Mas ninguém veio buscá-la, de modo que ela continuou morando nos três quartos que pertenciam à sua família em um apartamento comunal convenientemente localizado no centro da cidade. Seus parentes, ansiosos por manterem o precioso espaço de moradia, instalaram um tio de Maia no apartamento e registraram-no como morador, apesar de, na verdade, nunca estar lá, pois vivia com a mulher e os filhos em outra parte da cidade. "Eu estava vivendo sozinha, completamente independente", recorda Maia. Com 14 anos, pegava livros emprestados com antigos colegas de escola. Maia viajava por uma hora para fazer as refeições na casa de uma tia ou comprava comida com trocados dados pelos parentes. Às vezes, os vizinhos no apartamento comunal davam-lhe restos de comida. Diariamente, Maia entrava nas filas no quartel-general do NKVD em Leningrado, na esperança de entregar uma encomenda para o pai. Durante algum tempo, os oficiais aceitaram as encomendas, até que um dia disseram-lhe que o pai fora condenado a "dez anos sem direito a correspondência" (o que significava — apesar de Maia ter levado anos até descobrir — que fora fuzilado). Entregar uma encomenda para a mãe, que estava nos campos de trabalho de Potma, era ainda mais oneroso: Maia precisava ficar em filas por dois dias e duas noites. Continuou vivendo assim até agosto de 1941, quando completou 18 anos e uniu-se aos Voluntários do Povo pela defesa de Leningrado. Ela não tinha educação formal, de modo que as opções eram muito limitadas.[16]

Zoia Arsenteva nasceu em 1923 em Vladivostok. O pai, capitão de um navio a vapor, foi preso em uma viagem a Petropavlovsk-Kamchatsky em 25 de novembro de 1937. A mãe foi presa em casa, em Vladivostok, no mesmo dia. Zoia não foi mandada para um orfanato: apesar de estar com 14 anos, aparentava ser mais velha. Foi deixada aos próprios cuidados no apartamento comunal no qual sua família morava desde 1926. Zoia não tinha outros parentes a quem pudesse pedir ajuda. A irmã da mãe morava em Khabarovsk, mas só ia para Vladivostok, onde tinha uma dacha, no verão. A família do pai estava em Leningrado. Zoia desfrutara de uma infância protegida. A mãe não trabalhava e se dedicara à única filha. Mas, agora, Zoia precisava fazer tudo sozinha. Ia para a escola e cozinhava suas refeições no pequeno fogão Primus que ficava no corredor do apartamento comunal. Com a ajuda dos vizinhos, vendeu alguns itens herdados da família (um relógio de ouro, um anel de prata da mãe, um antigo par de binóculos e uma câmera do pai, livros e esculturas) para comprar comida e pagar pelas refeições feitas no refeitório da fábrica próxima de casa. Boa parte do dinheiro obtido com as vendas foi utilizada para dar entrada na apelação pela libertação do pai (acusado de pertencer a uma "organização contrarrevolucionária transpacífica"), que lhe enviava cartas semanais da prisão de Petropavlovsk-Kamchatsky com instruções complexas sobre pontos obscuros da lei e a recuperação de contas bancárias. Uma vez por semana, respondia ao pai com um relatório sobre o caso; uma vez por semana, passava a noite na fila do lado de fora da prisão de Vladivostok para entregar encomendas à mãe. O pai estava impressionado com o amadurecimento de Zoia e a maneira com que reagira à crise familiar. Em maio de 1940, ele escreveu para a esposa, que naquele ponto estava em um campo de trabalhos próximo a Iaia, na Sibéria:

Recebi duas cartas de Zizika [Zoia]. Sinto-me muito mal por ela, mas também fiquei feliz com seu sucesso; ela está amadurecendo e com saúde — em pouco tempo, completará 17 anos, e é completamente independente. Ela é uma garota esperta e merece elogios por sua bravura — não teve medo de morar totalmente sozinha aos 14 anos. Até passou a gostar de viver assim. Penso nela como uma pequena chefe do lar, em pleno comando dos assuntos domésticos e escolares.[17]

Pela perspectiva de Zoia, ter de se virar sozinha não era nada agradável. Como disse anos depois: "Um dia, mamãe foi presa. No dia seguinte, começou minha vida adulta." Nas cartas para os pais, não os preocupava com os problemas que enfrentava. Pessoas que se passavam por amigos de seus pais tentaram tirar proveito dela, oferecendo ajuda para vender os poucos itens de valor que possuía em troca de metade do lucro. Na primavera de 1939, uma conhecida verdadeira de sua mãe, secretária no Conselho da cidade, mudou-se com seus pertences para o quarto de Zoia. Ela disse que estava tentando evitar que Zoia precisasse dividir seu espaço de moradia com outra família. Mas, na verdade, algumas semanas depois, a mulher chamou a polícia para que prendesse Zoia e a levasse para um orfanato, de modo a ficar com o quarto. No orfanato, Zoia fez greve de fome para protestar contra ter sido enviada para lá. Por fim, por intermédio de um funcionário do orfanato, Zoia contatou a tia em Khabarovsk, que chegara recentemente para passar o verão em sua dacha. Zoia ficou três meses no orfanato, até a tia conseguir reclamar o quarto no apartamento comunal, para onde, no dia em que completou 16 anos, Zoia teve permissão para voltar. Ela trabalhou durante o último ano na escola, assistindo a aulas noturnas, e depois estudou no Instituto Ferroviário de Khabarovsk. No inverno de 1940, o pai foi condenado a cinco anos em um campo de trabalhos na Sibéria, onde morreu em 1943. A mãe de Zoia foi libertada em 1944.[18]

Marksena Karpitskaia tinha 13 anos quando prenderam seus pais, oficiais superiores do Partido em Leningrado, em 5 de julho de 1937. Os irmãos mais novos de Marksena foram encaminhados para orfanatos distintos — o mais velho, Aleksei (que tinha 10 anos), foi mandado para um orfanato próximo a Kirov, e o mais novo, Vladimir (com 5 anos), foi para um orfanato na República do Tatar. Marksena não foi mandada para um orfanato porque, como Zoia, aparentava ser mais velha. Em vez disso, mudou-se para um quarto em um apartamento comunal com a babá, Milia, uma camponesa simples, que a ajudou e explorou em doses iguais. Como muitas crianças criadas em lares comunistas na década de 1920, Marksena aprendera a ser responsável desde jovem. Os pais tratavam-na por "pequena camarada" e colocavam os irmãos mais novos sob sua responsabilidade. Agora, o treinamento estava sendo útil:

> Milia estava comigo, mas eu controlava tudo, inclusive o dinheiro. Eu pagava o salário de Milia, mas ela começou a me roubar, de modo que lhe disse que não precisava mais de seus serviços. Ainda assim, deixei que continuasse a dormir no meu quarto, pois não tinha outro lugar onde pudesse ficar.[19]

Para uma garota de 13 anos, Marksena era de um desembaraço impressionante. Ela conseguiu sobreviver administrando os pertences pessoais dos pais, que tinham sido lacrados dentro do apartamento da família quando eles foram presos, e vendendo-os por intermédio de Milia em uma loja de consignações, o último resquício oficial do mercado privado, onde os cidadãos soviéticos podiam comprar e vender bens de uso doméstico. O segredo por trás dessa complexa operação era a ajuda de um faxineiro amigo ("tio Boria") que conhecia Marksena desde menina. Ele abria o apartamento e deixava Marksena pegar coisas para vender: o paletó e sapatos do pai; um vestido e um casaco de pele da mãe; toalhas, lençóis e cortinas. Até um piano foi retirado do apartamento com a ajuda de um grupo de soldados comandados pelo faxineiro, que arriscou a própria vida para ajudar a órfã. Posteriormente, "tio Boria", ou Boris Pozner — seu nome verdadeiro — foi preso.

Marksena guardava esses itens em seu quarto, no apartamento comunal. Um a um, foram gradualmente roubados pelos vizinhos dos outros quartos. Depois, Milia instalou o namorado no quarto, até o dia em que Marksena teve coragem de expulsar o casal e colocar uma tranca na porta. Durante os três anos seguintes, Marksena morou sozinha no apartamento comunal. Vendeu os últimos pertences por intermédio de uma tia, que mal ousara falar com ela depois da prisão dos pais — mas que, agora, agarrava a oportunidade de ajudar Marksena a vender seus pertences. O apartamento comunal no qual Marksena morava ficava em uma área essencialmente proletária de Leningrado; todos os vizinhos eram operários em fábricas. Eles sabiam que ela estava morando sozinha — condição ilegal para menores de idade —, mas ninguém a denunciou à policia (aparentemente, estavam mais interessados em mantê-la por perto para que pudessem roubá-la). Provocada na escola por um professor por ser filha de um "inimigo do povo", Marksena transferiu-se para outra escola, cujo professor-chefe era mais solidário e ajudou-a a ocultar sua biografia maculada. Em 1941, aos 17 anos, Marksena concluiu os estudos escolares com notas máximas em todas as matérias. Matriculou-se na Faculdade de Línguas da Universidade de Leningrado. Quando a universidade foi evacuada, em fevereiro de 1942, Marksena permaneceu em Leningrado, trabalhando na biblioteca pública. Até a cidade ser isolada pelas tropas alemãs, continuou a escrever para o irmão Aleksei, que estava no orfanato. Aleksei retornou a Leningrado, profundamente perturbado pelo orfanato, em 1946. Vladimir, o irmão mais novo, desapareceu sem deixar rastros.[20]

O Grande Terror aumentou consideravelmente a população de órfãos. Entre 1935 e 1941, o número de crianças vivendo somente nos orfanatos da Rússia, Bielorrússia e Ucrânia passou de 329 mil para cerca de 610 mil (número que exclui as crianças "emprestadas" pelos orfanatos para fazendas e fábricas soviéticas).[21] A maioria dos orfanatos era pouco mais do que centros de detenção para jovens sem lar ou que haviam fugido de casa, jovens "arruaceiros", pequenos criminosos e os "órfãos estranhos" (como descritos pelo escritor Ilya Ehrenburg), que haviam perdido os pais nas prisões em massa efetuadas entre 1937 e 1938. As condições nos orfanatos eram tão pavorosas que dezenas de oficiais foram impelidos a escrever para as autoridades expressando o desconforto pessoal que sentiam diante da superlotação e da sujeira, do frio e da fome, da crueldade e da negligência aos quais as crianças eram sistematicamente submetidas. Os filhos dos "inimigos do povo" eram identificados para que tivessem um tratamento ainda mais severo.

Como aconteceu com os irmãos mais novos de Marksena, era comum que fossem enviados para diferentes orfanatos como parte da política de dissolução das famílias de "inimigos". Diziam às crianças para esquecerem os pais e, caso fossem suficientemente novas, davam-lhes nomes diferentes para criar uma nova identidade. Com frequência, sofriam provocações e exclusões, às vezes nas mãos de professores e de supervisores, que tinham medo de demonstrar ternura e acabar acusados de serem solidários com "inimigos".[22]

Depois da prisão dos pais, Inessa Bulat e a irmã, Mella, foram encaminhadas para orfanatos diferentes. Inessa, que tinha 3 anos, foi levada para um orfanato em Leningrado, ao passo que Mella, com 11 anos, foi enviada para outro, perto de Smolensk. As duas eram lembradas constantemente de que eram filhas de "inimigos do povo" — a prisão dos pais estava ligada ao julgamento de Piatakov e de outros "trotskistas", realizado em janeiro de 1937.* Inessa não tem nenhuma lembrança de infância anterior ao orfanato. Mas o que ela recorda dos dois anos que passou ali deixou uma cicatriz profunda em sua mente:

As condições eram terríveis — eu nem conseguia entrar no banheiro: o chão era coberto de fezes líquidas até a altura dos tornozelos... O prédio dava para uma parede de tijolos vermelhos. Era como estar presa em uma espécie de inferno... O diretor do orfanato sempre me dizia: "Lembre-se apenas de quem são seus pais. Não crie confusão: sente-se em silêncio e não enfie seu nariz de espiã em nada."... Fiquei retraída e me isolei. Depois, achei muito difícil levar uma vida normal. Eu passara tempo demais no orfanato, onde aprendera a não sentir nada.

No orfanato de Mella, havia "dezenas" de filhos de prisioneiros políticos. Como ela recorda:

Nenhum de nós, cujos pais haviam sido presos, jamais ousava falar sobre as próprias famílias. Chamavam-nos de "trotskistas" e sempre nos mantinham juntos, de modo que formávamos uma espécie de grupo. Não havia uma amizade específi-

---

* O pai delas, Pavel Bulat, era economista político na Academia Político-Militar em Leningrado; a mãe, Nina, era engenheira e geóloga.

ca entre nós, mas tentávamos ficar juntos... As outras crianças atiravam pedras em nós e nos xingavam, e por esta razão ficávamos juntos para nos protegermos.

Mella escreveu para a avó, em Leningrado. Quando os pais foram presos, a avó recusara-se a cuidar dela e de Inessa. Recém-divorciada de um marido alcoólatra que a espancava, estava vivendo em condições terríveis em um quarto em um porão e trabalhava como inspetora na fábrica de tabaco de Leningrado. Ela tinha medo de perder o emprego se abrigasse filhos de "inimigos do povo", além de achar que as netas estariam em melhores condições vivendo em um orfanato. Mas as cartas de Mella deixaram-na chocada, pois não tinha ideia da condição pavorosa sob a qual as netas estavam vivendo. Em 1939, resgatou as duas netas dos orfanatos e trouxe-as de volta para morarem com ela em Leningrado em seu quarto no porão.[23]

Quando Vladimir Antonov-Ovseyenko e a esposa, Sofia, foram presos, em outubro de 1937, a filha do casal, Valentina, tinha 15 anos. Sofia e Vladimir foram fuzilados no mesmo dia, 8 de fevereiro de 1938. Vladimir era padrasto de Valentina, cujo pai verdadeiro era Aleksandr Tikhanov, que vinha de uma grande família operária de Moscou. Ele fora impressor, tornara-se editor na editora da Jovem Guarda em Moscou e depois se mudara para a International Books, em Praga, onde Sofia conheceu Vladimir, que era o embaixador soviético. Valentina tinha visto o pai antes de 1934, mas tinha perdido contato com ele. "Ele não nos visitou quando voltamos para Moscou. Não perguntei à minha mãe o porquê", diz Valentina, "e ela não explicou. Sem dúvida, meu pai não queria se intrometer na nossa vida." Quando Sofia e Vladimir foram presos, Valentina foi levada para o centro de detenção do NKVD, no terreno do antigo monastério de Danilov, de onde os filhos dos "inimigos do povo" eram encaminhados para orfanatos em toda a União Soviética. Assim que chegou ao centro de detenção, Valentina adoeceu. Seu pai, Aleksandr, sabia onde ela estava, mas não tentou resgatá-la. Recém-casado, talvez temesse colocar em perigo a relação com a nova esposa, que acabou sendo presa em 1938. Do monastério de Danilov, Valentina foi transferida para um orfanato em Dnetpropetrovsk, onde permaneceu até

1941, quando retornou a Moscou. Refletindo sobre sua vida naquele período, Valentina diz:

O orfanato foi um trauma que nunca superei. Esta é a primeira vez que falo sobre ele com alguém. Eu estava crescendo naqueles anos, precisava de uma mãe, de uma mãe e de um pai, e quando comecei a entender que estavam mortos, o sentimento da perda tomou conta de tudo. No orfanato, costumavam nos dar doces no Ano-novo, e às vezes os professores nos tratavam com uma atenção exagerada. Mas a única coisa que eu sentia era aquela sensação terrível de perda, de estar sozinha, sem ninguém. Eu era a única menina que não tinha uma mãe com quem pudesse manter contato, que não recebia nenhuma carta. Estava completamente sozinha. A única em todo o grupo cuja mãe fora fuzilada [*longa pausa*]. E sentia aquilo amargamente.[24]

O único fator positivo do orfanato — o que salvou Valentina do desespero total — foi a força das amizades que construiu com as outras órfãs.

Existem inúmeras histórias de horror sobre crianças que cresceram nos orfanatos. Mas também há exemplos de crianças que encontraram neles amor e "família".

Galina Kosheleva tinha 9 anos quando foi levada para um orfanato, depois da prisão e execução do pai, um camponês da região de Podporozhe, a nordeste de Leningrado, durante a "operação *kulak*" de 1937. A família dispersou-se. Galina e o irmão foram levados para Kirov, de onde ele foi enviado para um orfanato na cidade vizinha de Zuevka, e ela para Oparino, no norte, entre Kirov e Kotlas. Assim que chegou ao orfanato, Galina contraiu pneumonia. "Eu tinha viajado desde Leningrado em um vestido de verão, com uma pelerine branca, e nada mais, além de um par de sandálias. Era verão quando partimos, mas só chegamos a Kirov em novembro." Durante todo o inverno, Galina esteve muito doente. Quem cuidou dela foi a diretora do orfanato, uma jovem siberiana chamada Elizaveta Ivanova, que deu o próprio casaco de inverno para Galina e comprava leite para ela com o próprio dinheiro na fazenda coletiva vizinha. A relação entre Elizaveta e Galina era como de mãe e filha. Sem filhos, Elizaveta apaixonou-se pela menina de 9 anos: lia para ela à noite e a ajudava nos estudos quando não podia ir à escola. Ela queria adotar Galina, mas não tinha espaço de moradia suficiente para ter o direito de adotar uma criança. Então, em 1945, a mãe de Galina surgiu de repente. Ela fugira do NKVD em 1937 e vivera escondida com um bebê recém-nascido, trabalhando como quebradora de gelo na ferrovia de Murmansk até ser capturada pelo exército alemão, quando foi enviada para um campo de concentração finlandês em Petrozavodsk. Libertada em 1944 por tropas soviéticas, partiu em busca dos filhos. Galina ficou muito triste de deixar Elizaveta e o orfanato. Mudou-se para Podporozhe com a mãe e o irmão e, em 1952, foram para Leningrado. Durante esses anos, Galina continuou escrevendo cartas para Elizaveta, no orfanato. "Eu amava-a tanto que minha mãe ficava com ciúmes", recorda. "Eu não tinha nem metade daquele amor por minha mãe e, de todo modo, nosso relacionamento não era muito bom."[25]

Nikolai Kovach nasceu em 1936 no campo de trabalhos de Solovetsky. Em 1933, seus pais foram condenados a dez anos na prisão da ilha do mar Branco. Como, na época, a mãe estava grávida de sua irmã mais velha, Elena, eles tiveram permissão para viver juntos, em família, dentro da prisão. No entanto, em janeiro de 1937, o NKVD proibiu a coabitação em todos os campos de trabalho. A mãe de Nikolai foi enviada para um campo em Karelia (onde foi fuzilada em 1938) e o pai para Magadan (onde também foi fuzilado em 1938). Elena estava com tuberculose na época e foi enviada para um orfanato em Tolmachyovo, ao sul de Leningrado, onde serviços médicos eram parte do regime. Nikolai, por sua vez, foi enviado para o norte, para Olgino, a estância favorita da elite de Petersburgo no Golfo da Finlândia antes de 1917, onde o NKVD estabelecera um orfanato para filhos de "inimigos do povo" em uma ala do antigo palácio branco do príncipe de Oldenburgo.

Assim como Nikolai, muitas crianças no orfanato não tinham nenhuma lembrança da família. Mas estabeleceram uma ligação especial com as trabalhadoras da cozinha, que lhes davam amor e afeto, além de, talvez, a sensação de estar em família. "Havia uma escada nos fundos que descia para a área da cozinha", recorda Nikolai.

Eu descia a escada, e as cozinheiras diziam: "Lá vem Kolia!" Elas acariciavam meu cabelo e me davam um pedaço de pão. Eu ficava sentado ao pé da escada e comia o pão ali, para que ninguém me visse com ele. Na época, todos tinham fome —

eu tinha medo de perder o pedaço de pão... As cozinheiras, mulheres comuns da região, sentiam pena de nós, órfãos, e tentavam nos ajudar.

As crianças também visitavam os idosos da região e os ajudavam com o trabalho em seus lotes de terra. "Era muito bom para nós", recorda Nikolai:

Quando ajudávamos um velho vovô, ele ficava satisfeito e fazia algo de bom para nós. Ele podia demonstrar afeto e acariciar nossos cabelos. Precisávamos de calor humano e de afeto, de todas as coisas que uma família nos teria proporcionado — apesar de desconhecermos tais coisas. Não nos importávamos de não termos família, porque não sabíamos o que era uma família, nem que tal coisa existia. Simplesmente, precisávamos de amor.

Com frequência, o amor era encontrado em relacionamentos com animais e bichos de estimação. "Tínhamos cães, coelhos e cavalos", recorda Nikolai.

Atrás da cerca do orfanato, havia uma criação de cavalos. Adorávamos o lugar, onde sentíamos que éramos livres. Às vezes, no verão, os funcionários do estábulo deixavam-nos levar os cavalos até o rio. Cavalgávamos em pelo, nadávamos no rio com os cavalos e voltávamos trotando e dando gritos e berros de alegria. No verão, eram realizadas corridas de cavalos na pradaria ao lado da cidade. Sempre estávamos presentes. Ninguém conhecia os cavalos melhor do que nós. Estávamos apaixonados por eles.

Entre os órfãos, pequenos grupos informais de apoio mútuo desempenhavam muitas das funções básicas de uma família: meninos da mesma idade uniam-se para se defender dos garotos que os chamavam de "inimigos do povo" e tentavam espancá-los; crianças mais velhas protegiam as mais novas, ajudavam-nas com o dever de casa e com suas tarefas e as confortavam quando choravam à noite ou molhavam a cama. Todas as crianças estavam unidas contra os professores do orfanato, que eram rígidos e, muitas vezes, cruéis.[26]

Nikolai não tinha ideia da aparência física dos pais. Nem mesmo sabia que estavam mortos. Mas via a mãe nos sonhos:

Eu costumava sonhar com mamãe. Acho que era minha mãe. Eu não via seu rosto, nem seu corpo. Eram sonhos muito felizes. Eu estava voando no céu com mamãe. Ela me abraçava e me ajudava a voar. Mas eu não conseguia vê-la — de algum modo, estava de costas para mim, ou estávamos lado a lado. Não voávamos muito alto — estávamos pouco acima das pradarias e dos pântanos próximos ao orfanato. Era verão. Ela me dizia: "Não tenha medo, não voaremos alto demais nem para muito longe." E estávamos sorrindo, sempre sorríamos em meus sonhos. Eu só sentia felicidade — a sensação física de felicidade — nesses sonhos. Ainda hoje, quando penso em felicidade, recordo dos sonhos, daquela sensação de pura felicidade.

Nikolai criou uma visão imaginária dos pais, assim como muitos outros órfãos. Ele nunca sonhou com o pai, mas o via como um piloto — uma figura heroica na União Soviética durante o final das décadas de 1930 e de 1940. Nos sonhos, Nikolai ansiava por uma família, apesar de, como ele próprio refletiu, não ter ideia do que fosse uma família. Ele não viu uma família de verdade, nem mesmo uma mãe com um filho, até os 13 anos.[27]

Sem a influência de uma família, Nikolai e os colegas órfãos cresceram com noções muito particulares de certo e errado — o senso moral das crianças era moldado pelo que ele chama de "leis da selva" do orfanato, que obrigavam todas as crianças a se sacrificarem em prol do interesse coletivo. Nikolai explica:

> Se uma pessoa fizesse alguma coisa errada, pela qual todos pudéssemos ser punidos, ela era forçada a confessar às autoridades. Nós a obrigávamos a ser punida para que não fôssemos punidos em grupo. Quando não conseguíamos persuadi-la verbalmente, podíamos utilizar métodos físicos para fazer com que assumisse o crime. Não a delatávamos — era proibido trair um de nós —, mas garantíamos que confessasse.

Mas, se era proibido trair um membro do grupo, a relação entre crianças e adultos era regida por outra lei. Todos os órfãos admiravam Pavlik Morozov. "Ele era nosso herói", recorda Nikolai.

Como não compreendíamos o que era uma família, nem tínhamos ideia do que fosse um pai, o fato de Pavlik ter traído o pai não tinha nenhuma importância para nós. O importante era que capturara um *kulak*, um membro da burguesia, o que, aos nossos olhos, fazia com que fosse um herói. Para nós, era uma história sobre a luta de classes, não uma tragédia familiar.[28]

O sistema moral do orfanato — com laços coletivos fortes e laços familiares fracos — fazia dele um dos principais centros de recrutamento do NKVD e do Exército Vermelho. Havia milhões de crianças nascidas na década de 1930 que tinham passado toda a vida em instituições soviéticas — em orfanatos, no exército e em campos de trabalho — sem jamais conhecer a vida em família. Crianças órfãs eram especialmente suscetíveis à propaganda do regime soviético porque não tinham pais que as orientassem ou lhes transmitissem um sistema de valores alternativo. Mikhail Nikolaev, que cresceu em uma série de orfanatos ao longo da década de 1930, recorda que ele e os colegas de orfanato foram doutrinados para acreditar que a União Soviética era o melhor país do mundo e que elas eram as crianças mais afortunadas do mundo, pois o Estado dera-lhes tudo, sob a liderança do pai do país, Stalin, que cuidava de todas as crianças:

Se vivêssemos em qualquer outro país, teríamos morrido de fome e de frio — era o que nos diziam... E, obviamente, acreditávamos em cada palavra. Descobrimos a vida, aprendemos a pensar e a sentir — na verdade, a não pensar nem sentir, e sim a aceitar tudo que nos diziam — no orfanato. Tínhamos recebido do poder soviético todas as ideias que tínhamos sobre o mundo.[29]

Mikhail também ficara impressionado com a lenda de Pavlik Morozov. Ele sonhava em repetir o mesmo feito — revelar algum inimigo ou espião — e ficou muito orgulhoso quando se tornou um Pioneiro. Como muitos órfãos, Mikhail viu a aceitação pelos Pioneiros como o momento em que ingressou plenamente na sociedade soviética. Até então, sempre tivera vergonha dos pais. Ele só tinha fragmentos de lembranças da mãe e do pai: a recordação de cavalgar com o pai e uma imagem mental da mãe sentada ao lado de um lampião, limpando uma pistola (o que o fazia pensar que ela devia ter sido uma oficial do Partido). Ele não sabia quem eram os pais e tampouco seus nomes (Mikhail Nikolaev foi o nome que lhe deram quando chegou ao orfanato). Ele relatava um incidente ocorrido quando tinha 4 ou 5 anos: sua antiga babá viera visitá-lo no orfanato e lhe dissera que os pais haviam sido fuzilados por serem "inimigos do povo". Em seguida, disse: "Também deveriam fuzilar você, assim como fizeram com sua mãe e seu pai." Durante toda a infância, Mikhail sentiu vergonha por isso. Mas a vergonha dissipou-se quando ingressou nos Pioneiros: era a primeira vez que ele era reconhecido e valorizado pelo sistema soviético. Como Pioneiro, Mikhail via Stalin como uma figura de autoridade e cuidado paternais. Mikhail acreditava que toda a bondade vinha dele: "Por sermos alimentados e por termos roupas, por estudarmos, por podermos ir ao Campo dos Pioneiros, até a existência de uma árvore de Ano-novo — tudo era devido ao camarada Stalin", era o que pensava.[30]

As crianças do orfanato de Mikhail eram obrigadas a trabalhar desde cedo. Aos 4 anos, lavavam a louça e limpavam o pátio, a partir dos 7 começavam a trabalhar nas plantações de uma fazenda coletiva e, quando completavam 11 anos, eram enviadas para trabalhar em uma fábrica têxtil na cidade vizinha de Orekhovo-Zuevo, 50 quilômetros a leste de Moscou. No verão de 1941, Mikhail foi encaminhado para uma siderúrgica em um dos subúrbios industriais de Orekhovo-Zuevo. Apesar de estar com apenas 12 anos, os médicos do orfanato declararam que tinha 15, a partir de um exame médico (Mikhail era grande para a idade), e deram-lhe documentos novos que indicavam — incorretamente — que nascera em 1926. Havia uma política de declarar que crianças órfãs fossem mais velhas do que a verdade para que se tornassem qualificadas para o serviço militar ou para trabalhos industriais. Durante os dois anos seguintes, Mikhail trabalhou na siderúrgica em uma brigada formada por crianças do orfanato. "Trabalhávamos em turnos — em uma semana, 12 horas todas as noites; e na seguinte, 12 horas todos os dias. A semana de trabalho tinha sete dias." As condições terríveis na fábrica estavam muito longe da imagem de propaganda do trabalho industrial que fora transmitida a Mikhail pelos livros e filmes e, pela primeira vez na vida, ele começou a questionar o que lhe haviam ensinado. As crianças dormiam no chão do clube da fábrica, vestindo as roupas de trabalho, e faziam as refeições na cantina. Não eram pagas pelo trabalho. No outono de 1943, Mikhail fugiu da fábrica, alistou-se como voluntário no Exército Vermelho — impelido pela fome, não por patriotismo — e tornou-se motorista de tanques. Estava com apenas 14 anos.[31]

Como Mikhail, Nikolai Kovach ficou extremamente orgulhoso quando ingressou nos Pioneiros. Ele passou a se sentir inserido no mundo fora do orfanato e no mesmo nível que as outras crianças da sua idade. Mais tarde, ingressou na Komsomol e tornou-se ativista do Partido — seu "livro favorito" era *A história do CPSU*. Na adolescência, alistou-se no Exército Vermelho e prestou serviço no Extremo Oriente. Quando foi desmobilizado, não conseguiu se acostumar com a vida civil — vivera tempo demais em instituições soviéticas —, de modo que foi trabalhar para o NKVD, o que permitiu que estudasse à noite na academia militar de elite da organização. Kovach serviu em uma unidade especial do NKVD. A principal função da unidade era capturar crianças que haviam fugido de orfanatos.[32]

3

Maria Budkevich, a menina de 14 anos que fora treinada pelos pais para sobreviver por conta própria caso fossem presos, conseguiu se manter durante quase um ano após eles serem levados pelo NKVD, em julho de 1937. Ela morou por conta própria no apartamento da família em Moscou até o verão de 1938, quando o NKVD a levou para o centro de detenção no monastério de Danilov. Enquanto vivia sozinha, Maria contou com a ajuda de uma velha amiga dos pais, Militsa Yevgenevna, que ficou com pena dela. O marido de Militsa, um oficial bolchevique, fora preso pouco antes dos pais de Maria, de modo que Militsa presumiu que tinham sido presos por conta dele. Em pouco tempo, Militsa ficou com medo das consequências que poderia sofrer se continuasse a ajudar a filha de um "inimigo" e ligou para o NKVD. Quando vieram em busca de Maria, Militsa disse à menina: "Não fique com raiva de mim... Será melhor que fique em um orfanato. Depois, as coisas serão mais fáceis, você não será mais filha de um inimigo do povo."[33]

Do monastério de Danilov, Maria foi transferida para um orfanato próximo a Gorkii com mais 25 filhos de "inimigos do povo". O diretor do orfanato tinha caráter paternal e estimulou Maria a estudar muito e a construir uma carreira, apesar de sua biografia comprometida. Ela ingressou na Komsomol, apesar de ter sido avisada de que seria forçada a renunciar aos pais antes de ser aceita, passando a participar de suas atividades, que consistiam basicamente em fazer delações estridentes contra "inimigos do povo" e em cantar músicas de gratidão a Stalin e ao Partido em grandes reuniões e em marchas. Maria recorda que ingressou na Komsomol por acreditar que fosse essa a vontade de seus pais: "Como poderia não ter ingressado? Mamãe sempre disse que eu devia me tornar Pioneira e, depois, uma Jovem Comunista. Teria sido vergonhoso não ingressar." Contudo, ao mesmo tempo — sem compreender realmente os acontecimentos políticos que resultaram na prisão de seus pais —, Maria sentia que, de algum modo, era errado ingressar na Komsomol. Ela lembra-se de ter se sentido culpada em relação aos pais, como se os tivesse traído, apesar de, no final das contas, não ter sido obrigada a abjurá-los. Ainda assim, sentia-se desconfortável por participar da propaganda da Komsomol e, como relata, "participei de apenas uma apresentação de canto em louvor a Stalin, dizendo palavras nas quais não acreditava de verdade". A origem do desconforto era a sensação instintiva de que seus pais haviam sido presos injustamente (ela chegou a escrever a Stalin em protesto, em 1939), convicção que ia contra a identidade política que precisara adotar para sobreviver e progredir. Como membro da Komsomol, Maria pôde se matricular no Instituto Politécnico de Leningrado, uma das principais universidades científicas, raramente frequentada por filhos dos "inimigos do povo".[34]

Milhões de crianças cresceram no limbo entre o sistema soviético e seus "inimigos", constantemente divididas entre lealdades competitivas e impulsos contraditórios. Por um lado, o estigma de uma biografia maculada reforçava a necessidade de provar que eram plenamente iguais como membros da sociedade, o que significava se adaptar aos ideais soviéticos, ingressar na Komsomol e, talvez, também no Partido. Por outro lado, era impossível que as crianças não se sentissem excluídas do sistema que causara tanto sofrimento às suas famílias.

Zhenia Yevangulova teve sentimentos conflitantes após a prisão dos pais, no verão de 1937. Ela estava com 19 anos, acabara de terminar a escola e viu a oportunidade de estudar em Moscou desaparecer. Zhenia acabou indo morar em Leningrado com o tio do pai, um professor de metalurgia aposentado, que a ajudou a entrar na Faculdade dos Trabalhadores (*rabfak*), de onde ela esperava se transferir para o Instituto Politécnico. Conforme a data de matrícula no instituto se aproximava, Zhenia ficou cada vez com mais medo, sabendo que precisaria revelar a prisão dos pais na *anketa*. Sentia-se como uma "leprosa" e tinha medo de ser rejeitada pelo instituto, apesar de ter tirado notas altas nas provas de admissão. Em 1938, foi aprovada, mas para o Departamento de Metalurgia, onde a disputa por vagas não era tão acirrada quanto nos outros departamentos. Durante o primeiro ano no instituto, Zhenia confessou em seu diário que sofreu de depressão, chegando a considerar o suicídio. Refletindo sobre tal tristeza, Zhenia justificou-a como o "isolamento" de sua personalidade que sucedeu o desaparecimento dos pais. Na Faculdade dos Trabalhadores, a prisão deles fora fonte de vergonha constante; os outros estudantes provocavam-na sem piedade, chamando-a de filha de um "traidor da pátria". No instituto, Zhenia tentou superar esse estigma se tornando uma aluna exemplar.

Houve momentos nos quais Zhenia lutou para se libertar dos pais, para se divertir com os outros estudantes e seguir com a vida. Mas esses breves momentos de felicidade sempre eram seguidos por sentimentos de culpa quando pensava nos pais nos campos de trabalho. Pouco depois da prisão do pai, Zhenia tivera um sonho no qual o pai reaparecia como um agressor. Ela continuou sendo atormentada pelo sonho:

> Meu pai apareceu no meio de um quarto geminado, pressionou seu revólver contra meu coração e atirou. Não houve dor física, apenas a sensação de que não conseguira impedi-lo de atirar... Em seguida, percebi que meu peito estava encharcado de sangue.

Certa noite, quando estava no instituto, Zhenia foi patinar com os amigos e ficou feliz pela primeira vez em muitos meses. Porém, na mesma noite, voltou a ver o pai no sonho e acordou na manhã seguinte com "um sentimento pesado de depressão".[35]

Quando relembram a adolescência, muitos "órfãos estranhos" se lembram de um momento — pelo qual todos ansiavam — no qual o estigma da repressão finalmente se dissipou e eles passaram a ser reconhecidos como "cidadãos soviéticos". Esse desejo pela aceitação social era sentido por quase todos os filhos dos "inimigos do povo". Eram poucos os que davam as costas para o sistema soviético ou acabavam se opondo a ele.

Para Ida Slavina, esse momento de aceitação ocorreu no verão de 1938, pouco depois da prisão da mãe (o pai fora preso em 1937). Ela foi convidada pelo professor de educação física a participar de uma parada escolar. Ida era uma atleta, alta e em boa forma. Participava de marchas escolares como atleta e ginasta desde os 14 anos. No entanto, depois da prisão do pai, foi excluída da equipe da parada. Em suas memórias (1995), Ida recorda-se da alegria que sentiu ao ser readmitida pela equipe da parada como ginasta paraquedista em uma apresentação sobre o tema "Na terra, no mar e no céu", em comemoração às conquistas do esporte soviético:

> Lembro-me de como meus entrevistadores ficaram surpresos quando me reconheceram em uma fotografia em meio a um grupo de atletas na parada. Eles perguntaram como pude participar de uma parada quando minha mãe acabara de ser enviada para um campo de trabalhos. Em retrospecto, reconheço o egoísmo da juventude, obviamente. Eu estava com 16 anos, não suportava ser infeliz e ansiava por felicidade e amor. Mas era mais do que isso. Participar da parada também era uma manifestação do meu desejo profundo de sentir-me novamente completa em meu mundo despedaçado, de sentir novamente como era ser parte de um gigantesco "nós". Marchando em filas, com todo mundo, cantando a orgulhosa canção "Não temos fronteiras", eu tinha a impressão de que era realmente uma representante igual da minha pátria. Fui tomada pela crença [nas letras da música] de que iríamos "carregar a bandeira soviética através de mundos e séculos". Eu estava com todo mundo! Meus amigos e professores acreditavam novamente em mim — o

que significava, pelo menos era o que eu achava, que também deviam acreditar na inocência de meus pais.[36]

Para a maioria dos adolescentes, a transição de filhos de "inimigos do povo" para "cidadãos soviéticos" era simbolizada pela admissão na Komsomol. Galina Adasinskaia tinha 17 anos quando o pai foi preso, em fevereiro de 1938. Os pais de Galina eram oposicionistas ativos e não se esperava que ela se tornasse membro da organização Juventude Comunista. Exilada com a mãe de Leningrado, onde nascera, para Iaroslav, Galina sentiu intensamente o estigma da repressão e procurou superá-lo tentando ingressar na Komsomol, apesar de tudo. Ela escreveu para o comitê da Komsomol de sua escola pedindo, como colocou, que "examinassem meu caso" (ou seja, que avaliassem o pedido de admissão, apesar da prisão do pai). Galina admite que tal ato continha um elemento consciente de autopurificação, uma declaração aberta de sua "biografia comprometida" na esperança de que fosse perdoada e salva pelo coletivo. Na reunião da Komsomol em que se discutiu o pedido, os líderes determinaram que Galina "devia ser desqualificada da aceitação por ser inimiga do povo". Mas um dos colegas da turma de Galina protestou, ameaçando que todos os estudantes partiriam se Adasinskaia fosse excluída. "O instrutor do Partido ficou vermelho de raiva", recorda Galina:

> Ele ficou sentado em seu banco e começou a gritar: "O que é isso? Uma provocação! Falta de vigilância!" Mas fui aceita pela Komsomol. Até cheguei a ser eleita organizadora da turma e nossa organização ficou em primeiro lugar [na competição socialista] na escola.

Para Galina, foi esse o momento no qual retornou ao meio coletivo — quando ela própria foi presa, em 1941, Galina lembra-se de que "os olhos do investigador praticamente saltaram das órbitas quando viu meu histórico na Komsomol".[37] A renúncia às tradições e crenças familiares costumava ser o sacrifício exigido para o ingresso na sociedade soviética. Liuba Tetiueva nasceu em 1923 na cidade de Cherdyn, no norte dos Urais. Ela era a quarta filha de família de um padre ortodoxo. Seu pai, Aleksandr, foi preso em 1922 e ficou quase um ano na prisão. Depois de ser libertado, a OGPU pressionou-o para que se tornasse informante e escrevesse relatórios sobre os membros de sua paróquia, mas ele recusou, o que fez com que fosse preso novamente, em 1929. Consequentemente, a mãe de Liuba, Klavdiia, foi despedida do emprego no Museu de Cherdyn, e seu irmão, Viktor, foi expulso da escola por ser filho de um "inimigo da classe". Em 1930, Aleksandr, ansioso para proteger a família afastando-se dela, pegou o filho e se mudou para a cidade de Chermoz. Na esperança de melhorar as perspectivas do filho, Aleksandr fez com que Viktor fosse adotado por uma família de trabalhadores ativos na igreja; como "filho de trabalhadores", Viktor concluiu a sétima série na escola e qualificou-se como professor. O resto da família também deixou Cherdyn, onde estavam à beira da ruína, indo morar com a mãe de Klavdiia em Solikamsk, uma nova cidade industrial localizada 100 quilômetros ao sul.

Enquanto crescia em Solikamsk, Liuba foi educada para "saber qual era seu lugar".

Mamãe lembrava-me constantemente de que eu era filha de um padre, de que precisava ter cuidado para não me misturar com as pessoas, de que não confiasse nelas nem conversasse sobre minha família. Eu devia ocupar um lugar modesto. Ela dizia: "Os outros podem, mas você não."

A família de Liuba era muito pobre. Klavdiia trabalhava como instrutora na *likbez* (uma organização criada para eliminar o analfabetismo entre adultos), mas o salário não bastava para alimentar a família sem um cartão de rações. Conseguiram sobreviver graças a pequenas quantias de dinheiro enviadas por Aleksandr, que trabalhava como padre em Chermoz. Então, em agosto de 1937, Aleksandr foi preso mais uma vez. Em outubro, foi fuzilado. Klavdiia e as crianças se mantiveram por meio da venda dos últimos pertences e do cultivo de legumes. Finalmente, a ajuda veio na forma de dinheiro enviado por alguns dos antigos membros da paróquia de Aleksandr — camponeses que tinham recebido ajuda da igreja durante a coletivização.

Depois da mudança do pai para Chermoz, Liuba só o vira uma vez, quando o visitou na cidade em junho de 1937, poucas semanas antes de ser preso. "Papai ficou irritado com minha ignorância sobre religião", recorda Liuba. "Ele tentou me ensinar eslavo antigo da Igreja, e resisti. Foi a primeira e última aula de religião que tive na vida." Anos de repressão tinham feito com que Liuba quisesse romper com o passado familiar. Durante o primeiro ano na nova escola, em Solikamsk, ela fora alvo de uma campanha de propaganda antirreligiosa: o professor apontava para Liuba e dizia para as outras crianças que todos se dariam tão mal quanto ela se fossem expostos à religião. Atormentada pelas outras crianças, Liuba foi reduzida a "um estado tão forte de medo e histeria", como ela própria recorda, que

eu tinha medo de ir à escola. Por fim, minha mãe e minha avó decidiram parar de me levar à igreja. Disseram-me que o melhor era estudar e que eu deveria acreditar em tudo que me dissessem sobre religião na escola.

Liuba entrou para os Pioneiros. Ela tinha orgulho de usar o lenço, sinal de sua inclusão, e tornou-se ativista, chegando a participar de manifestações contra a Igreja em 1938, quando cartazes pediam "morte a todos os padres!". Liuba tornou-se professora — profissão escolhida por três dos quatro filhos de Aleksandr. Durante quase 50 anos, ensinou a posição do Partido contra a Igreja. Pensando sobre a adolescência, Liuba enche-se de remorso por ter abandonado as tradições e crenças familiares.* "Sempre pensei: como as coisas teriam sido mais fáceis para mim se meu pai tivesse sido professor em vez de padre, se eu tivesse tido um pai, como qualquer outra garota."[38] Em comparação ao irmão, Viktor, que renunciou formalmente ao pai em uma reunião da Komsomol, pode-se dizer que Liuba fez apenas o absolutamente necessário para sobreviver na sociedade soviética.

Tornar-se ativista soviético era uma estratégia de sobrevivência comum entre os filhos dos "inimigos do povo", pois desviava suspeitas políticas de suas vulnerabilidades e também os tornava capazes de superar o medo.

---

* Após o colapso do comunismo, Liuba se tornou um membro ativo de sua igreja e publicou um livro sobre a vida do pai (L. Tetiuva, *Zhin pravoslavogo sviashchennika*, Perm, 2004).

Elizaveta Delibash nasceu em 1928 em Minusinsk, na Sibéria, onde os pais estavam vivendo como exilados. O pai, Aleksandr Iosilevich, era filho de um impressor de Leningrado, bolchevique veterano e oficial da Cheka desde o início do regime soviético e colega de Elizaveta Drabkina (a adolescente que encontrara o pai no Instituto Smolny, em 1917), até se apaixonar por Nina Delibash, filha de um oficial subalterno da Geórgia, com quem se casou em 1925. Dois anos depois, Aleksandr foi preso após romper com os antigos patrões na OGPU (ele deixara a polícia em 1926 para estudar economia em Moscou). Exilado para a Sibéria, foi seguido por Nina, que estava grávida da filha do casal. Em 1928, Nina e a filha voltaram para a capital soviética, onde, posteriormente, se reuniram com Aleksandr, quando foi libertado. Aleksandr conseguiu emprego no Ministério de Comércio Exterior. Em 1930, voltou a ser preso e foi condenado a dez anos no campo de trabalhos de Sukhobezvodny, parte do complexo Vetlag, do Gulag, próximo a Gorkii. Ao mesmo tempo, Nina foi presa outra vez, sendo enviada para uma série de "assentamentos especiais" na Sibéria, de onde retornou para Moscou em 1932. Elizaveta ficou em Leningrado com a família do pai, visitando ocasionalmente a mãe no exílio ou em Moscou até 1935, quando ela e Nina se reuniram com Aleksandr no campo de Sukhobezvodny. Nina trabalhava como voluntária e a família vivia junta no alojamento do campo, onde Elizaveta ia à escola. Mas em abril de 1936 os pais de Elizaveta foram novamente presos. Aleksandr foi executado em maio de 1937 e Nina foi condenada a dez anos no campo de trabalhos de Solovetsky, onde foi executada em novembro do mesmo ano.

Depois da prisão dos pais, Elizaveta foi salva de ser enviada a um orfanato por outro prisioneiro de Sukhobezvodny, que a levou de volta para Leningrado depois de ser libertado, em 1936. Elizaveta ficou com vários parentes — primeiro com um tio, Grigorii (que foi preso em abril de 1937); depois com uma tia, Margo (presa em julho); e, finalmente, com outra tia, Raia (presa em agosto) — quando parentes distantes a retiraram de Leningrado e a levaram para a dacha que tinham perto de Moscou, onde a esconderam do NKVD, antes de a enviarem para ficar com a família da mãe em Tbilisi. Transferida entre tantos parentes, alheia à preocupação que tinham em protegê-la da polícia, Elizaveta começou a se sentir como uma criança rejeitada.

Os avós de Elizaveta eram pessoas simples — o avô era de origem camponesa e a avó era filha de um comerciante —, mas ambos tinham estudado e incorporado os valores cristãos-liberais da *intelligentsia* de Tbilisi. Elizaveta não foi à escola, mas estudou em casa com a avó, que fora professora no Ginásio de Tbilisi antes de 1917. Seus avós não tinham ilusões acerca dos expurgos e diziam a ela que seus pais eram pessoas decentes e inocentes, que haviam sido punidas injustamente. Ela escreveu duas vezes para os pais quando estava no campo de Solovetsky. Nina acrescentou algumas palavras de conforto e encorajamento para a filha. Escreveu sua última carta pouco antes de ser executada, em 2 de novembro de 1937, e entregou-a para um dos carrascos, que a enviou ilegalmente. "Papai, mamãe, eu vou morrer. Salvem minha filha", escreveu Nina. Ela disse a Elizaveta que sempre poderia encontrá-la à noite no céu, ao lado do Grande Urso. "Quando o vir, pense em mim", escreveu, "porque estarei lá em cima." As cartas de Nina e todas as suas fotografias foram destruídas depois que seu irmão foi preso em dezembro de 1937 em Tbilisi.* Mas a lembrança da última carta, lida para ela uma dúzia de vezes pela avó, permaneceu próxima do coração de Elizaveta: "Eu estava sempre esperando, sempre esperando por minha mãe", recorda. "Mesmo adulta, quando saía à noite, sempre procurava o Grande Urso e pensava nela. Até 1958 [quando descobriu que a mãe fora fuzilada] via a constelação como um sinal de que ela algum dia voltaria."

A prisão do tio tornou perigosa a permanência de Elizaveta em Tbilisi, enquanto prisões em massa assolavam a capital da Geórgia. Apesar de estar com quase 10 anos, Elizaveta nunca tinha ido à escola, mas nenhuma das escolas em Tbilisi aceitava a filha de um "inimigo do povo". Em janeiro de 1938, os avós colocaram-na em um trem para Leningrado, onde morou com a irmã da mãe, Sonia. Oficial da união comercial

---

* Elizaveta não tinha nenhuma fotografia de sua mãe até o início dos anos 1990, quando recebeu dos antigos arquivos da KGB a pasta de sua mãe.

da Fábrica de Kirov, ativista sênior do Partido e stalinista ardente, Sonia foi a única a não ser presa entre as tias e tios de Elizaveta durante o Grande Terror. Recordando esses anos traumáticos, Elizaveta acredita não ter sentido e nem compreendido o impacto do Terror em sua vida. Os parentes não tinham lhe contado muita coisa. Aos 10 anos, Elizaveta já atravessara situações tão extraordinárias — crescer em um campo de trabalhos, perder os pais, encontrar a salvação em uma dúzia de lares diferentes — que tinha pouca noção de onde o que era "normal" terminava e de onde começava o "anormal". Hoje, ela recorda que tinha uma sensação bastante vaga e geral de desorientação e desalento, enraizada na crença de que era "indesejada e não amada". Tal sensação foi exacerbada pela atmosfera no apartamento da tia, que, em comparação com a alegria amigável da casa dos avós, era fria, rígida e tensa depois da prisão do marido de Sonia, em janeiro de 1938. Expulsa do Partido pouco depois, Sonia mantinha uma maleta pronta com algumas roupas e pedaços de pão seco para quando fosse presa, pensando que sua hora poderia chegar em qualquer noite. Elizaveta tornou-se cada vez mais retraída e se recorda de ter desenvolvido um "medo de pessoas". "Eu tinha medo de todo mundo." Ela relata um incidente no qual a tia a mandara comprar algumas coisas em uma loja local. A vendedora lhe dera, por engano, cinco copeques a mais de troco. Quando chegou em casa, a tia lhe disse que devolvesse o dinheiro à loja e se desculpasse. Elizaveta ficou aterrorizada, não por sentir vergonha de ter pego o troco a mais, mas sim porque tinha medo de abordar a vendedora da loja (uma estranha) e de falar com ela de um jeito mais pessoal.

Apesar da prisão do marido, da repressão de praticamente todos os parentes e da própria expulsão do Partido, Sonia permaneceu uma partidária firme de Stalin. Ela ensinou a sobrinha a acreditar em tudo o que lesse na imprensa soviética e a aceitar que os pais fossem culpados de algum crime. Ela disse a Elizaveta que seu pai pertencera a um grupo de oposição e que, por isso, fora preso como "inimigo do povo", apesar de ter dito que Nina era inocente. "Sonia mencionava meus pais raramente", recorda Elizaveta. "Eu tinha medo de perguntar e de que ela falasse algo reprovador sobre eles. Eu compreendia que conversas sobre o assunto eram proibidas." Talvez Sonia pensasse que a sobrinha tivesse o progresso prejudicado ou se alienasse do sistema soviético caso pensasse demais sobre o destino da família. Encorajada pela tia, Elizaveta ingressou nos Pioneiros e, mais tarde, na Komsomol. Nas duas ocasiões, ocultou a verdade sobre os pais, como Sonia a aconselhara, dizendo que haviam sido presos em 1935 (antes do expurgo geral de "inimigos do povo"). Elizaveta recorda-se de quando ingressou na Komsomol:

> Eu estava tomada pelo medo — o qual sentia desde a prisão de meus pais, quando fiquei totalmente sozinha —, medo do mundo exterior, medo de tudo e de todos. Eu tinha medo de fazer contato com qualquer um, pensando que poderiam perguntar sobre minha família. Nada era mais assustador do que as reuniões da Komsomol, nas quais sempre eram feitas perguntas sobre as origens das pessoas.

Gradualmente, os medos foram sendo superados. Tendo sido aceita pela Komsomol, Elizaveta ficou mais confiante: "Pela primeira vez na vida, não me sentia mais como uma ovelha negra", recorda. Seu desempenho nos estudos foi excelente, o que lhe concedeu autoridade genuína entre os colegas. Elizaveta tornou-se ativista — sendo eleita secretária da Komsomol em sua escola e, mais tarde, secretária da Komsomol no distrito onde morava, em Leningrado. Em retrospecto, Elizaveta acha que o ativismo a salvou, permitindo que tivesse um pouco de controle:

> Quando entrei para a Komsomol e tornei-me uma de "nós", quando me misturei com meus contemporâneos e me tornei líder deles, deixei de sentir tanto medo. Eu podia lutar contra a causa deles, negociar por eles com as autoridades. Obviamente, também lutava por mim, porque, aparentando ser forte, podia controlar meu próprio medo.[39]

Para crianças *kulaks*, que cresceram em "assentamentos especiais" e em outros locais de exílio, abraçar a causa soviética era a única maneira de superar o estigma de seus nascimentos. No final da década de 1930, muitas crianças exiladas com os pais *kulaks* já eram adultas. O NKVD foi inundado por petições desses adolescentes para que fossem libertados do exílio e reintegrados à sociedade soviética. Alguns escreviam declarações oficiais renunciando às famílias. No começo da década de

1930, pouquíssimas apelações foram bem-sucedidas: algumas filhas de *kulaks* tiveram permissão para deixar o local de exílio para se casarem com homens que tinham plenos direitos de cidadãos soviéticos. No entanto, fora isso, a visão do governo era que o retorno de filhos de *kulaks* contaminaria e desmoralizaria a sociedade. No entanto, a partir do final de 1938, houve uma mudança de política, com uma nova ênfase na reformulação e capacitação de filhos de *kulaks*, que passaram a ter permissão para deixar o local de exílio e readquirir os direitos civis ao completarem 16 anos — desde que renunciassem à família.[40]

Dmitry Streletsky era um desses filhos de *kulaks*. Nascido em 1917, na região de Kurgan, foi exilado com a família durante a coletivização para um assentamento especial perto de Chermoz, no norte dos Urais. Tendo crescido no assentamento, Dmitry sentia intensamente o estigma de sua origem *kulak*. "Sentia-me como um pária", recorda. "Sentia que não era um ser humano completo, que, de algum modo, era impuro e agira mal porque meu pai fora exilado... Não sentia culpa, como se fosse um inimigo, mas realmente sentia que pertencia a uma classe secundária." A saída encontrada foram os estudos: "Estudem, estudem, crianças!", era o que papai sempre dizia. "Educação é a única coisa boa que o poder soviético pode dar a vocês." E Dmitry estudou. Ele foi o primeiro garoto do assentamento a concluir a décima série na escola, feito recompensado com a admissão à Komsomol, em 1937. "Orgulhoso e feliz" de finalmente ser reconhecido como um igual, em pouco tempo se tornou ativista. Ele identificava o próprio progresso com os ideais do Partido, o qual via como uma forma mais elevada de comunidade, uma "camaradaria de pessoas justas e de alto nível", na qual poderia encontrar a salvação. Seguindo um conselho do pai, Dmitry visitou o comandante do NKVD do assentamento especial e pediu ajuda para dar continuidade aos estudos em uma universidade. O comandante Nevolin era um homem decente. Já tendo conhecimento de seu sucesso escolar, ele sentia pena do jovem inteligente, a quem via claramente como alguém digno de ser ajudado. Nevolin deu a Dmitry um passaporte e 100 rublos, mais do que o dobro do salário mensal pago no "assentamento especial", e o mandou para Perm com uma carta de recomendação do

NKVD, o que permitiu que o jovem se matriculasse na universidade como estudante de física.

Dmitry nunca tentou ocultar sua origem *kulak*. Declarou-a no questionário que preencheu ao ser admitido na universidade, o que resultou em provocações por parte de outros alunos. Um dia, Dmitry partiu, pensando que para quanto mais longe pudesse fugir, maiores seriam as chances de encontrar um lugar onde pudesse estudar sem ser prejudicado pelo passado. Inicialmente, matriculou-se no Instituto de Mineração de Sverdlosk. Depois, seguiu mais para o leste, rumo a Omsk, onde estudou no Instituto Agrícola. No entanto, mesmo ali suas origens voltaram para atormentá-lo. Na sexta semana do primeiro período, Dmitry foi chamado pelo reitor, que lhe disse que deveria deixar o instituto: havia recebido ordens de expulsar os filhos de *kulaks*, de padres e de outros "elementos sociais estranhos". Desanimado, Dmitry resolveu retornar para a região de Kurgan, onde ainda tinha alguns parentes. Fora retornar ao "assentamento especial", era o único lugar para onde podia ir. Ele encontrou seu antigo professor na escola da aldeia onde estudara quando criança, antes de ser exilado. O professor lembrava-se dele e o convidou para trabalhar como tutor de física na escola. Dmitry não tinha um diploma de um instituto superior, mas, na verdade, a única qualificação realmente necessária era um amplo conhecimento da história do Partido segundo Stalin, o *Caminho mais curto*, livro favorito de Dmitry. O rapaz ensinou durante um ano na escola. No verão de 1939, foi visitar os pais em Chermoz, que lhe haviam escrito para dizer que as condições no "assentamento especial" tinham melhorado. Na verdade, quando Dmitry chegou a Chermoz, foi preso pelo novo comandante do assentamento, um homem menos piedoso do que Nevolin, que também confiscou seu passaporte e ameaçou enviá-lo para um campo de trabalhos. Novamente, Dmitry foi salvo pelo histórico escolar excelente. O diretor da escola de Chermoz, que se lembrava do aluno famoso, fez uma apelação ao NKVD, alegando que precisava desesperadamente de mais professores. Assim, Dmitry teve permissão para ficar no assentamento. Ele deu aulas na escola do assentamento durante os dois anos seguintes, até o início da guerra, quando foi convocado pelo Exército Operário e enviado para um campo madeireiro (até abril de 1942, os filhos de *kulaks* estavam banidos de servirem o exército na linha de combate).

Apesar de tudo que sofrera nas mãos do regime soviético, Dmitry era um patriota soviético e acreditava com fervor na justiça da causa do Partido, do qual desejava desesperadamente se tornar membro. "Eu sonhava em entrar para o Partido", explica:

> Eu queria ser reconhecido como um ser humano igual, isso era tudo o que eu desejava do Partido. Não queria me tornar membro por causa da minha carreira. Para mim, o Partido era um símbolo de honestidade e dedicação. Havia pessoas honestas e decentes que eram comunistas, e eu achava que merecia ser considerado uma delas.

Dmitry ficou extremamente decepcionado quando negaram sua filiação ao Partido, em 1945 (relatando o episódio 60 anos depois, as mãos de Dmitry tremem e a emoção faz com que tenha dificuldade em falar). Mas depois de 1956, quando o Partido tentou atrair membros dos grupos que Stalin reprimira, foi finalmente admitido na camaradaria de iguais da qual ansiara por fazer parte durante mais de 20 anos.[41]

4

Zinaida Bushueva foi condenada a oito anos no Campo de Trabalhos para Esposas de Traidores da Pátria (ALZhIR) perto de Akmolinsk, no Cazaquistão. Depois de cinco anos no campo, foi transferida da zona interna da prisão para o assentamento que a rodeava, onde as condições eram melhores e, às vezes, as famílias podiam se juntar aos prisioneiros. Zinaida escreveu para a mãe em Molotov (como Perm foi rebatizada, em 1940). Apesar de estar desesperada para se reunir com as duas filhas, Angelina e Nelly, Zinaida não queria "estragar a vida delas" submetendo-as às dificuldades da vida no campo. Em Molotov, no entanto, havia uma falta crônica de alimentos. A cidade estava superlotada de pessoas evacuadas dos territórios soviéticos atingidos pela guerra, e famílias como os Bushuev, "inimigos do povo" sem direito a provisão de alimentos e sem um lote de terra, encontravam-se em condições desesperadoras. A mãe de Zinaida decidiu que seria melhor reunir as meninas com a mãe. Ela não tinha como imaginar que as condições no campo pudessem ser piores do que em Molotov.

Para que fossem encaminhadas para o ALZhIR, as meninas precisavam, inicialmente, ir para um orfanato: quando estivessem sob a guarda do Estado, Zinaida poderia solicitar a transferência para o campo de trabalhos. Depois de três meses no orfanato, Angelina e Nelly foram pegas pela avó e levadas de trem de Molotov para o Cazaquistão, chegando a Akmolinsk no meio de uma noite de janeiro. Zinaida foi receber as filhas na estação, onde as encontrou sentadas na plataforma, protegendo-se de uma tempestade de neve. Ela vestia uma jaqueta acolchoada, calças e botas de feltro, que eram a roupa de inverno padrão dos prisioneiros. Quando Nelly, então com 9 anos, viu a mãe, correu em sua direção e atirou os braços em volta de seu pescoço. Mas Angelina, que tinha apenas 2 anos quando vira a mãe pela última vez, era nova demais para se lembrar dela. A menina retraiu-se de medo. "Essa não é minha mãe", disse Angelina. "É apenas um tio camponês (*diaden'ka muzhik*) em suas roupas de inverno." Depois de cinco anos de trabalho pesado, Zinaida perdera a aparência feminina, deixando de se parecer com a imagem ideal de uma mãe construída mentalmente por Angelina a partir das fotografias da família que tinha visto.[42]

O ALZhIR era o maior dos três campos de trabalho no sistema do Gulag destinados a prisioneiras do sexo feminino (os outros eram o campo de trabalhos de Tomsk e o campo de Temnikovsky, na República da Mordóvia). Construído às pressas para atender à necessidade urgente do regime por prisões para as esposas de "inimigos do povo", o campo recebeu os primeiros comboios de mulheres condenadas em janeiro de 1938. A maioria das prisioneiras foi instalada no alojamento de uma antiga colônia para crianças órfãs controlada pelo NKVD. Em 1941, havia um total estimado de 10 mil mulheres no campo, a maioria empregada na agricultura, como Bushueva, ou na fábrica têxtil, a qual produzia uniformes para o Exército Vermelho. As condições no campo do Cazaquistão eram relativamente boas em comparação com as encontradas no extremo norte da Sibéria. Mas para as mulheres do ALZhIR — especialmente para aquelas que tinham se acostumado com o estilo de vida confortável da elite soviética —, a vida nos campos era muito difícil, sobretudo nos primeiros anos. Classificada inicialmente como uma instituição penal de alta segurança, o ALZhIR submetia as prisioneiras a um "regime especial" (*spets-rezhim*) como parte da campanha de repressão contra as "esposas de traidores". A zona interior da prisão, isolada do assentamento com o alojamento, era cercada por uma cerca de arame com torres de observação e patrulhada por guardas com cães. As mulheres eram despertadas às 4 da manhã para trabalhar. A última chamada de nomes antes de poderem dormir era à meia-noite, embora, como muitas prisioneiras lembram, houvesse tantos guardas que muitas vezes precisavam acordar novamente as mulheres para conferir outra vez os números. Provisões de alimentos eram distribuídas de acordo com o cumprimento da meta de trabalho de cada prisioneira; quem não conseguisse atingir a meta por dez dias consecutivos era transferida para o "alojamento da morte", onde eram abandonadas até que morressem. "Todas as manhãs, os mortos eram removidos em uma carroça e enterrados na vala coletiva que ficava nos arredores do campo", recorda um antigo guarda. O que muitas prisioneiras tinham mais dificuldade de suportar era a proibição de receberem cartas de parentes (uma das condições do "regime especial"). Depois de maio de 1939, o "regime especial" foi abolido. O ALZhIR passou a ser considerado um "campo de trabalhos geral", e as condições começaram a melhorar. O assentamento com o alojamento foi gradualmente expandido, à medida que mais mulheres chegavam ao término de suas sentenças na zona de prisão ou eram recompensadas pelo trabalho realizado sendo libertadas antecipadamente para o assentamento.* As condições ficaram muito mais suportáveis. Não havia cercas, as mulheres eram escoltadas por guardas a caminho do trabalho e contadas todas às noites quando retornavam — fora isso, ficavam basicamente em paz. Havia uma vida cultural vibrante no clube do assentamento, estimulada pelo comandante do campo, Sergei Barinov, que viria a ser lembrado como um homem relativamente bom e decente. Entre as mulheres do campo, havia esposas e parentes de muitos bolcheviques de primeiro escalão e de comandantes

---

* Depois do início da guerra, em junho de 1941, as prisioneiras que tinham cumprido suas sentenças na zona de prisão passaram a ser forçadas a morar e a trabalhar no assentamento com alojamento. Portanto, uma prisioneira condenada em 1938 a três anos no campo não seria libertada do ALZhIR até 1945.

do Exército Vermelho — escritoras, artistas, atrizes e cantoras, inclusive solistas do Teatro Bolshoi de Moscou. Segundo Mikhail Iusipenko, vice-comandante do ALZhIR, havia 125 médicas, 400 enfermeiras qualificadas, 40 atrizes e 350 pianistas no primeiro comboio de prisioneiras. Mikhail Shreider, vice-comandante do chefe do NKVD no Cazaquistão, lembra o desconforto que sentiu ao visitar o ALZhIR, onde havia muitas esposas de seus antigos colegas, "por quem eu não podia fazer nada". A administração do campo assegurou a Shreider que as condições das prisioneiras no ALZhIR eram boas, mas ele continuou com a impressão de que se tratava de um "lugar assustador", tão ruim quanto qualquer campo do Gulag — não por causa das condições físicas, mas por conter uma concentração tão grande de mães separadas dos filhos.[43]

Nesse aspecto, os Bushuev tinham sorte de estarem juntos. Slava, o filho de Zinaida que fora enviado para o orfanato quando chegara com a mãe no ALZhIR, reuniu-se com a mãe quando ela foi transferida para o assentamento com alojamento. A transferência de Zinaida também significava que Nelly e Angelina poderiam ser reunidas com a mãe. Todos moravam em um dos alojamentos, que tinha longas fileiras de dois andares de pranchas de dormir. Como Angelina recorda:

> As outras mulheres trocaram de lugar para que pudéssemos viver como uma família em um canto, com dois de nós nas camas superiores e os outros dois nas inferiores, uma mesa de cabeceira e uma pequena prateleira de quina, somente nossa, na qual mantínhamos pão e geleia... Pegávamos as refeições na cantina e comíamos sentados em nossas pranchas de dormir... Ninguém jamais roubou nossas coisas... Havia quatro famílias em nosso alojamento. Cada uma tinha um canto no qual podiam desfrutar de alguma privacidade. Todos concordavam que aquilo era certo.

Angelina e Nelly foram à escola no campo de trabalhos. Chegaram a ingressar nos Pioneiros, que operavam no campo, estimulados pelas autoridades a semearem a moral soviética nos filhos de "inimigos do povo". Não havia lenços vermelhos no campo de trabalhos, de modo que os Pioneiros faziam os próprios lenços tingindo tiras de algodão com sangue dos mosquitos que infestavam o campo.[44]

Contudo, boa parte das mulheres no ALZhIR tinha pouca ligação com suas famílias. Quando o ALZhIR se tornou um campo de trabalhos geral, as prisioneiras obtiveram permissão para escrever e receber cartas segundo as normas de correspondência estipuladas pelo código do Gulag em 1939: os prisioneiros tinham direito a uma carta e a uma encomenda por mês, ou a cada três meses, caso tivessem sido condenados por "crimes contrarrevolucionários" — o que se aplicava à maioria das mulheres no ALZhIR. Mas, na verdade, o número de cartas recebidas pelas mulheres dependia dos caprichos dos guardas do campo, do regime dentro do campo e da localização do campo (alguns eram remotos demais para que fossem alcançados pelo correio). Inna Gaister reconta os elaborados arranjos aos quais recorria para enviar encomendas para a mãe, presa no ALZhIR. As agências de correio normais não aceitavam encomendas destinadas aos campos de trabalho. Para isso, foram designadas estações especiais de postagem, mas como não havia anúncio público de suas localizações (a existência dos campos não era reconhecida pelas autoridades soviéticas), as pessoas dependiam de informações obtidas por meio dos rumores que circulavam pelas filas nas prisões. Em 1938, todos os envios de Moscou foram interrompidos, de modo que Inna precisou viajar para Mozhaisk, cidade localizada 100 quilômetros ao sudeste de Moscou, e enfrentar multidões para entregar uma encomenda em um vagão específico de um trem especial que levava prisioneiros para o Cazaquistão.[45]

A privação de correspondência era uma espécie de tortura para as mulheres no ALZhIR, conhecidas por manifestarem seus sentimentos ocasionalmente. Em 1938, Esfir Slavina, esposa do jurista Ilia Slavin, ficou horrorizada ao chegar ao ALZhIR e se deparar com um número grande de adolescentes — muitas delas mais novas do que sua própria filha, Ida, que estava com 16 anos — que, de algum modo, tinham ido parar no campo de trabalhos. Esfir temia que Ida também estivesse em algum campo em outro lugar, mas não tinha direito a correspondência e nem recebera notícia alguma da filha. Na verdade, Ida estava vivendo por conta própria, hospedando-se nas casas de vários amigos em Leningrado e mandando encomendas para a mãe, que nunca eram entregues.

Esfir começou a fazer greve de fome. Foi o primeiro sinal de protesto no ALZhIR, onde as prisioneiras, de modo geral, permaneciam leais ao regime soviético e trabalhavam com dedicação e sem reclamar. Esfir não tinha envolvimento com política. Nunca prestara atenção aos assuntos legais do marido e só se interessava pela família. Quando se recusou a comer, foi colocada em um bloco de punição. Contudo, depois de várias semanas, quando se aproximava de um colapso físico, os administradores do campo finalmente concordaram em permitir que recebesse cartas da família. Talvez a greve de fome de Esfir não tenha sido o fator determinante, pois é difícil imaginar que as autoridades do campo estivessem preocupadas com uma única morte. Além disso, já estavam preparando a transferência do "regime especial" do ALZhIR para o de "campo de trabalhos geral", o que concederia às prisioneiras o direito de receberem cartas dos parentes. Mas as autoridades podem ter ficado preocupadas com a possível reação de outras prisioneiras caso Esfir morresse, pois os sentimentos em relação ao assunto estavam muito exaltados e havia queixas frequentes sobre a falta de correspondência. Alguns dias depois da capitulação das autoridades do campo, Ida foi chamada ao quartel-general do NKVD em Leningrado, onde foi informada de que poderia enviar uma encomenda para a mãe. A encomenda foi entregue nos meses de inverno do início de 1940, período no qual praticamente ninguém recebia cartas no ALZhIR, muito menos encomendas. A vitória de Esfir fez dela uma celebridade. Centenas de mulheres reuniam-se em seu alojamento para inspecionar o precioso conteúdo da encomenda que recebera. Algumas prisioneiras sentiram-se encorajadas a protestar com as autoridades do campo.[46]

Conforme as normas de correspondência foram aliviadas, as mulheres do ALZhIR começaram a despejar todas as emoções nas cartas que escreviam, muitas vezes fazendo pequenos presentes para os filhos, representando o amor que sentiam. "Queríamos muito que nossos filhos possuíssem algo que tivéssemos feito para eles", recorda uma das prisioneiras do ALZhIR.[47]

Ao ser condenada, em 1938, Dina Ielson-Grodzianskaya foi enviada para o ALZhIR, seguindo a prisão do marido, Yevgeny, diretor da Escola Técnica Superior de Moscou, efetuada em 1937 (ele foi fuzilado em

1938). A filha do casal, Gertrud, então com 5 anos, e o irmão mais novo foram adotados pela tia. Agronomista treinada, Dina ocupava uma posição superior na administração agrícola do campo de trabalhos — uma das muitas "pessoas de confiança" no sistema do Gulag que trabalhavam como especialistas ou colaboravam com as autoridades dos campos para obter as pequenas vantagens que podiam fazer a diferença entre a vida e a morte em um campo de trabalhos.[48] Em comparação com as outras prisioneiras, Dina tinha permissão para enviar e receber cartas com frequência. Ela costumava mandar para a filha pequenos presentes feitos à mão — uma peça de roupa, um brinquedo ou, como em uma ocasião, uma bela toalha com animais bordados que Gertrud viria a guardar como um tesouro por toda a vida. "Sempre a mantinha sobre minha cama, onde quer que estivesse — em dormitórios de estudantes e em todos os lugares onde morei", recorda Gertrud. "Para mim, a toalha adequava-se à mãe de contos de fadas da minha imaginação. Em sua ausência, eu construíra a imagem de uma mãe boa e bela que vivia em um lugar muito distante."[49]

O desejo de ter uma mãe encontrava um paralelo no desejo por um filho, mesmo sob as condições encontradas em um campo de trabalhos. Em 1937, Hava Volovich, uma impressora da Ucrânia, tinha 21 anos quando foi presa e enviada para um campo de trabalhos no extremo norte. Sentindo-se isolada e solitária, desejava ter um filho e sentir a alegria do amor de uma criança. Muitas mulheres nos campos tinham o mesmo anseio, como Hava recorda em uma memória muito emocionante:

A necessidade de amor, ternura e carinho era tão desesperadora que chegava ao ponto da insanidade, de as pessoas baterem com a cabeça na parede, do suicídio. Todas desejávamos ter um filho — a pessoa mais querida e próxima de todas, alguém por quem daríamos a própria vida. Resisti durante um tempo relativamente longo. Mas necessitava e ansiava tanto pela mão que de alguém pudesse segurar, algo em que pudesse me encostar durante aqueles longos anos de solidão, opressão e humilhação.

Hava teve um caso com um homem não identificado ("Não escolhi o melhor deles, de qualquer jeito") e teve uma menina com cachos dou-

Antonina Golovina, 1943

Leonid Eliashov, 1932

Os quatro secretários de Iakov Sverlov, principal organizador do partido Bolchevique, o Instituto Smolny, outubro de 1917: Drabkina é a segunda à direita

Iosif e Aleksandra, Yekaterinoslav, 1924

Um "canto Lenin", década de 1920

Aleksei e Ivan Radchenko, 1927

Vera Minusova, início da década de 1930

A família Tetiuev
(Liubov, com 4 anos, sentado ao centro)

Batania Bonner com suas netas (a partir da esquerda): Zoria, Elena, Yegorka, Moscou, 1929

Babá camponesa, família Fursei (Leningrado)

Natasha Ovchinnikova

A família Vittenburg em Olgino, 1925

Konstantin (à esquerda), Aleksandra e Aleksandr Ivanishev (à direita), Riazan, 1927

Folha do caderno escolar de Simonov, 1923

A família Laskin (da esquerda para a direita): Berta, Sonia, Yevgeniia (Zhenia) e Fania, Moscou, 1930. Nesta época Samuil estava no exílio

A família Slavin, 1927. Ida com o pai Ilia (no centro) e a mãe Esfir (à direita dele)

Yevdokiia e Nikolai com seu filho Aleksei Golovin, década de 1940

"Kulaks" exilados do vilarejo de Udachne, Khryshyne (Ucrânia), início da década de 1930

Valentina Kropotina (segunda à esquerda) e irmã (segunda à direita) com três de seus primos, 1939

Exilados em um "assentamento especial" na Sibéria ocidental, 1933

Fotografias de Klavdiia. Esquerda: Leonid
(o irmão mais velho) com Aleksandr, 1930.
Direita: Klavdiia está em pé à direita, Natalia no centro e
Raisa à esquerda com o marido, Kansk, 1930

A família Ozemblovsky. Esquerda: Aleksandr e Serafima no dia do casamento, em 1914. Direita: Serafima com Sasha (esquerda) e Anton (direita) no retorno do exílio em 1937

Maria, Nadezhda e Ignatii Maksimov com o irmão de Ignatii, Anton (em pé), Arkhangelsk, 1934

A família Uglitskikh (Ivan em pé ao fundo), Cherdyn, 1938

A cama da casa Golovin em Obukhovo (fotografada em Pestovo em 2005). É mais simples do que a fabulosa cama que Antonina recorda de sua infância

Aleksandr Tvardovsky, 1940

Simonov "o proletário", 1933

Fania Laskina e Mikhail Voshchinsky (foto de casamento), Moscou, 1932

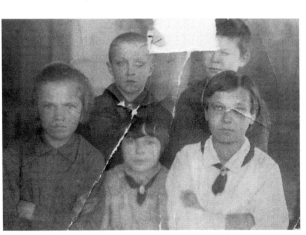

Os otlichniki (estudantes pendentes) da Classe B, Escola Pestovo, 1936. Antonina, aos 13 anos (a única criança sem o uniforme dos Pioneiros), está à esquerda

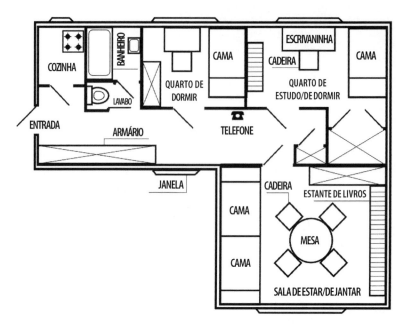

Casa da família Laskin no Arbat: Sivtsev Vrazhek, 14, apt. 59

Estação de Maiakovsky, 1940   Estação de Avtozavod,
                                      década de 1940

Vladimir Makhnach, 1934   Maria e Leonid, década de 1940

Da esquerda para a direita: Anatoly Golovnia como Chekist, 1919;
Liuba Golovnia, 1925; Boris Babitsky, 1932

Volik Babitsky, Liuba e Oksana na dacha
de Kratovo, 1935

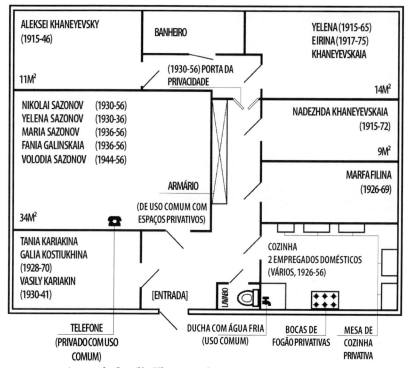

A casa da família Khaneyevsky (apartamento comunal),
Rua Prechistenka (Kropotkin), 33/19, apartamento 25

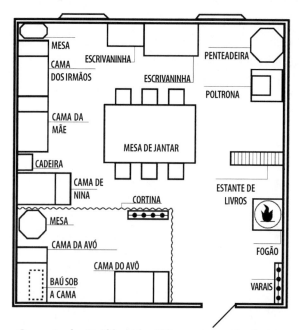

O quarto dos Reifshneider (38 metros quadrados) na
Terceira Casa dos Sovietes, Sadovaia Karetnaia, Moscou

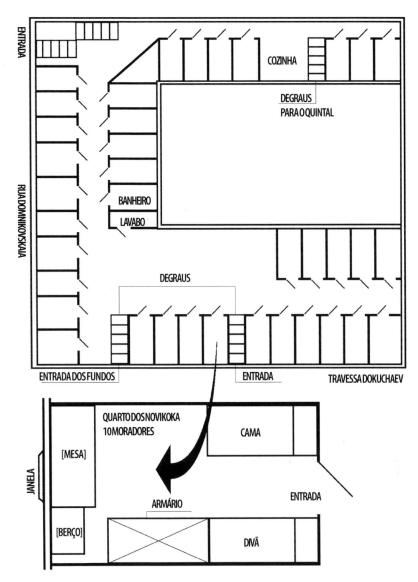

Apartamento comunal ("sistema corredor"), travessa Dokuchaev, Moscou, 1930-64

Simonov em 1936

Professores e estudantes do Departamento de Direito da Academia Comunista em Leningrado, 1931 (Slavin é o homem com cabelos brancos sentado na segunda fileira de baixo para cima)

Zina e Pavel Vittenburg no campo de trabalho forçado Kem (Canal do Mar Branco), 1931

Pavel Vittenburg em seu escritório no campo de trabalho forçado Vaigach, 1934

"Canto do Papai". Desenho de Mikhail Stroikov, 1935

A família Poloz, 1934: Rada está entre sua tia Olga e sua avó Feoktista. O menino é Volodia, filho de Olga

Carta (trecho) de Tatiana para Rada, 12 de junho de 1935

Nikolai e Elena ("Alyona") Kondratiev, 1926

"As estranhas aventuras de Shammi" (detalhe)

Osip e Julia (sentada à direita no primeiro degrau da escada) com os filhos Igor (perto de Osip) e Vladimir Piatnitsky (no colo de Julia) e os filhos de seus vizinhos em sua dacha perto de Moscou, final da década de 1920

Osip Piatnitsky no Sétimo Congresso da Comintern, Moscou, 1935

Ida Slavina (esquerda) e seus parentes, 1937

A casa de Malygin em Sestroretsk, década de 1930

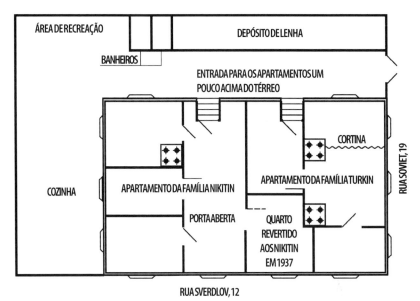

Os apartamentos das famílias Nikitin e Tukin em Perm

Gulchira Tagirova e seus filhos (Rezeda no centro), 1937. A fotografia foi tirada em um estúdio em Sarapul e enviada à Shamsuvali na prisão

Vladimir Antonov-Ovseyenko com sua esposa Sofia (à direita) e sua enteada Valentina (Valichka), 1936

Angelina e Nelly
Bushueva, 1937

Veronika e Maria,
Slobodskoi, região
de Kirov, 1939

A casa em Ak-Bulak, onde
Elena viveu com suas netas,
década de 1940

Elena Lebedeva
com suas netas, Natalia
(à esquerda) e Elena
Konstantinova,
Ak-Bulak, 1940

Inna Gaister (aos 13 anos) com suas irmãs Valeriia (3 anos) e Natalia (8 anos), Moscou, 1939. A fotografia foi tirada para ser enviada à mãe das meninas no Campo de Trabalhos para Esposas de Traidores da Pátria (ALZhIR), em Akmolinsk

Oleg e Natasha, 1940. A fotografia foi tirada para ser enviada a Mikhail em Norilsk

Mikhail Mironov e seus desenhos (retirado de uma carta para sua mãe)

Zoia Arsenteva, Khabarovsk, 1941

Marksena, Leningrado, 1941

Garotas do Orfanato Número 1, Dnepropetrovsk, 1940. Valentina está no centro da segunda fileira de cima para baixo

"Na terra, no mar e no céu", demonstração de ginástica, 1938: Ida está no centro da última fileira

Elizaveta Delibash, 1949

O professor de física Dmitry Streletsky (sentado à direita) com seus alunos na sétima classe do "assentamento especial" em Chermoz, setembro de 1939. O diretor da escola, Viktor Bezgodov, está em pé à direita

Esquerda: Zinaida com seus irmãos, 1936. Direta: Zinaida (centro) no ALZhIR, 1942. Raras fotografias dos prisioneiros do Gulag foram tiradas para serem enviadas aos parentes. As três mulheres foram fotografadas juntas para reduzir os custos

Crianças em ALZhIR, 1942.
Slava Bushuev está em pé à direita

Toalha bordada (detalhe) por Dina para Gertrud

Ketevan com Sergei e o filho Nikolai, Karaganda

Zhenia com Konstantin em lua de mel na Crimeia, 1939

Valentina Serova, 1940

Natalia Gabaeva com os pais, 1934

Anastasia com Marianna e Georgii Fursei, Arkhangelsk, 1939

Serova e Simonov fazendo um tour, em Leningrado, 1944

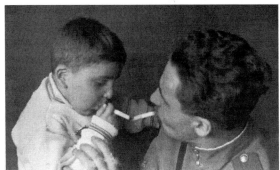

Aleksei e Simonov, 1944

Simonov em 1941

Simonov em 1943

Ivan Bragin e família, 1937

Antonina Mazina com filhas Marina e Marina Ilina (esquerda), Chimkent, 1944

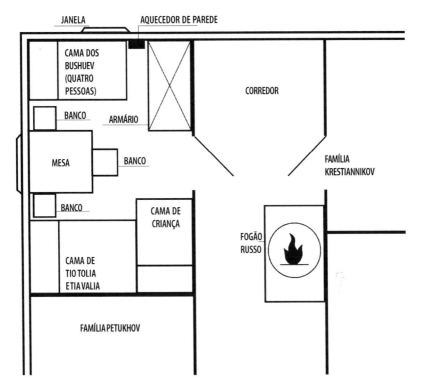

O quarto de esquina dos Bushuev no apartamento comunitário do número 77 da Rua Soviete, em Perm, 1946-48

Inna Gaister (ao centro) com dois amigos na Universidade de Moscou, 1947

Nelly e Angelina Bushueva, 1953

Leonid em 1944

Valentina Kropotina e o marido, Viktor, 1952

Simonov em 1946

Fadeyev na União dos Escritores, 22 de dezembro de 1948. Na extremidade esquerda: Simonov. A seu lado: Ehrenburg. A bandeira sob o retrato diz: "Glória ao grande Stalin!"

Aleksandr Borshchagovsky, 1947

Simonov (terceiro a partir da direita) no Congresso dos Escritores Soviéticos, em Minsk, na República Bielorussa, 1949

Simonov em 1948 (esquerda) e em 1953 (direita)

Samuil e Berta, Sonia, Aleksei e Zhenia, cerca de 1948

Zhenia (esquerda) e Sonia em Vorkuta, 1952

Cerimônia fúnebre na Fábrica de Tanques Gorky, em Kiev, 6 de março de 1953

Corpo de Stalin em câmara-ardente

Família Laskin em sua dacha de Ilinskoe, perto de Moscou, 1956.
A partir da esquerda: Zhenia, Berta, Sonia, Samuil, Fania

Marianna com Iosif e Nelly Goldenshtein
em Tbilisi, 1960

Valentin Muravsky com a
filha Nina, em Karaganda,
Cazaquistão, 1954

Aleksandr e Galina em
Leningrado, 1956

Fruza Martinelli, 1956

Esquerda: Esfir e Ida em 1938. Direita: Esfir em 1961

Liuba após o retorno, Moscou, 1947

Vladimir em 1956

Da esquerda para a direita: Elena Konstantinova; a mãe, Liudmila; a avó, Elena Lebedeva; e a irmã, Natalia, em Leningrado, 1950

Nina e Ilia em frente a sua casa, perto de Sverdlovsk, 1954

Certidão de soltura de Sonia. Ela registra as datas de sua detenção, cita a decisão do Colegiado Militar da Suprema Corte de encerrar o caso "por insuficiência de provas" e lhe concede que retorne para sua residência em Moscou.

Simonov com o filho, Aleksei, 1954

Zinaida Bushueva (ao centro) com a filha,
Angelina, e o filho, Slava, 1958

Sepultura do pai de Nadezhda,
Ignatii Maksimov,
em Penza, 1994

Tamara e Kapitolina, 1948

Simonov e Valentina Serova, 1955

Aleksei e Konstantin Simonov, 1967

Mãe Rússia, parte do complexo do Memorial de Guerra de Mamaev Kurgan, em Volgogrado.

Simonov em 1979

Ivan Korchagin, em Karaganda, 1988

Mikhail Iusipenko, em Karaganda, 1988

Norilsk, julho de 2004

Vasily Romashkin, 2004

Leonid Saltykov, 1985

Vera Minusova no Complexo Memorial para Vítimas da Repressão, perto de Ecaterimburgo, maio de 2003. A vela que acendeu está ao lado do nome de seu pai (que está escrito errado)

Nikolai e Elfrida Meshalkin com as filhas, Marina e Irina, em Perm, 2003

Antonina Golovina, 2004

rados, a quem deu o nome de Eleonora. O campo não tinha instalações especiais para mães. No alojamento em que Hava deu à luz, três mães estavam confinadas em um quarto minúsculo.

Percevejos caíam do teto e das paredes como areia; passávamos a noite toda tirando-os de cima das crianças. Durante o dia, éramos obrigadas a sair para o trabalho e deixávamos os bebês com qualquer senhora idosa que encontrássemos que tivesse sido dispensada do trabalho — essas mulheres comiam tranquilamente a comida que deixávamos para as crianças.

A maternidade deu a Hava um novo propósito e fé na vida:

Não acreditava em Deus e nem no demônio. Mas enquanto estive com minha filha, desejei com todo fervor, violentamente, que existisse um Deus... Eu rezava a Deus pedindo que prolongasse meu sofrimento em 100 anos se isso significasse que não seria separada de minha filha. Rezava para ser libertada com ela, mesmo que apenas como mendiga ou aleijada. Rezava para ser capaz de educá-la até a maturidade, mesmo que precisasse rastejar aos pés das pessoas e implorar por esmolas para isso. Mas Deus não respondeu às minhas preces. Minha bebê mal começara a andar, eu mal escutara suas primeiras palavras, a palavra maravilhosa e comovente que é "mamãe", quando nos vestiram com trapos, apesar do frio do inverno, colocaram-nos em um veículo de transporte e nos transferiram para o "campo das mães", onde meu anjo pequeno e atarracado com cachos dourados se transformou em um fantasma empalidecido com sombras azuladas sob os olhos e os lábios cobertos de aftas.

Hava trabalhou em uma brigada cortando árvores e depois foi transferida para uma serraria. Subornando as enfermeiras do orfanato, teve permissão para ver a filha fora do horário de visita normal, antes da chamada matutina e durante o intervalo de almoço. O que descobriu era perturbador:

Vi as enfermeiras acordando as crianças de manhã. Forçavam-nas a sair da cama com empurrões e chutes... Empurrando as crianças com os punhos cerrados e xingando-as rispidamente, tiravam suas roupas de dormir e as lavavam com água congelante. Os bebês nem ousavam chorar, apenas fungavam como velhos e davam gemidos fracos. Aquele som horrível dos gemidos vinha dos berços durante dias. Crianças já com idade de se sentar ou de se arrastar ficavam deitadas sobre as costas com os joelhos apertados junto à barriga, fazendo sons estranhos, como um pio de pombo abafado.

Uma enfermeira, responsável por 17 crianças, descobriu maneiras de acelerar o trabalho:

A enfermeira trazia da cozinha uma tigela com mingau fervente e servia porções em pratos separados. Pegava o bebê mais próximo, prendia seus braços nas costas, amarrava-o com uma toalha e começava a enfiar-lhe garganta abaixo uma colherada atrás da outra, sem tempo para o bebê engolir, exatamente como se estivesse alimentando um filhote de peru.

As enfermeiras só cuidavam apropriadamente dos próprios filhos, os quais, alega Hava, "foram os únicos bebês que sobreviveram para ver a liberdade". Eleonora adoeceu. Seu corpo pequenino ficou coberto de hematomas:

Jamais me esquecerei de como ela agarrou meu pescoço com as mãozinhas magrinhas e gemeu: "Mamãe, quero casa!" Ela não tinha se esquecido do cortiço infestado de percevejos onde vira pela primeira vez a luz do dia e estava ao lado da mãe...

A pequena Eleonora... logo percebeu que os pedidos por sua "casa" eram em vão. Ela parou de esticar os braços para mim quando a visitava, apenas se virava em silêncio. No último dia de vida, quando a peguei (permitiram que a amamentasse), olhou fixamente com os olhos bem abertos para algum lugar a distância e começou a bater em meu rosto com os punhos pequenos e fracos, arranhando e mordendo meu seio. Depois, apontou para sua cama. À noite, quando retornei com meu fardo de lenha, o berço estava vazio. Encontrei-a deitada nua no necrotério entre os corpos de prisioneiros adultos. Ela tinha vivido um ano e quatro meses neste mundo, e morreu em 3 de março de 1944.[50]

A maioria dos campos de trabalho com mulheres entre os presos também tinha orfanatos. O complexo infantil do ALZhIR tinha 400 crianças com menos de 4 anos em 1944. Quase todas tinham sido concebidas no campo. Em outros campos de trabalho, algumas mulheres queriam engravidar para que fossem liberadas do trabalho pesado, para receber uma alimentação melhor ou talvez até mesmo para obter a anistia, como ocasionalmente acontecia com mulheres que tinham filhos pequenos.[51] A anistia não era aplicável às mulheres do ALZhIR, pois elas haviam sido condenadas por "crimes contrarrevolucionários", e as outras motivações eram igualmente irrelevantes para a maioria das prisioneiras que tinham filhos no campo. Segundo várias ex-prisioneiras do ALZhIR, a maioria das crianças havia sido concebida em estupros cometidos por guardas, principalmente por Mikhail Iusipenko, vice-comandante do campo, que atacava as prisioneiras. No fim da vida, ele gostava de se gabar de ter "exercido poder sobre milhares de belas mulheres, esposas dos líderes caídos do Partido, no ALZhIR".[52]

As relações sexuais entre prisioneiras e captores nem sempre eram resultado de estupros ou do desejo de conceber um filho. Algumas mulheres procuravam a proteção de um guarda cedendo ao assédio sexual: fazer sexo com um homem era melhor do que ser estuprada por vários. Em campos de trabalho mistos (com zonas separadas para cada sexo), também havia mulheres que mantinham relações sexuais com prisioneiros de confiança, cuja posição privilegiada dava acesso a comida e roupas — ou a um dos cobiçados cargos nas cozinhas ou nos escritórios.[53] Fora a lei da selva, é difícil julgar o que governava tais relacionamentos — o poder que os prisioneiros de confiança tinham de proteger, assediar e ameaçar as mulheres — ou o poder sexual das mulheres, presentes em números muito menores do que os prisioneiros de confiança —, mas, pela perspectiva das mulheres, as relações costumavam ser motivadas pela luta pela sobrevivência.

Ketevan Orakhelashvili foi condenada a cinco anos de trabalhos pesados no ALZhIR depois da prisão do marido, Yevgeny Mikheladze, diretor da Ópera de Tbilisi, em 1937.* Ketevan não tinha conhecimento do destino do marido (assassinado em 1937) nem dos dois filhos, Tina e Vakhtang, que cresceram em uma série de orfanatos (e que, ao atingirem a idade adulta, foram enviados para campos de trabalho). Ketevan era

---

* Yevgeny foi torturado e morto a tiros pelo próprio Beria, que na época era chefe do Partido na capital da Geórgia. Ketevan foi o protótipo da personagem Ketevan Barateli no filme *Arrependimento sem perdão* (1984), de Tengis Abuladze.

jovem e bela. No ALZhIR, chamou a atenção de muitos guardas e administradores do Gulag, incluindo Sergei Drozdov, com quem se casou em 1942, ao ser libertada. O casal morou com o filho, Nikolai, nascido em 1944, em Karaganda, onde Drozdov trabalhava como oficial na administração dos campos de trabalho do Cazaquistão.[54]

Liudmila Konstantinova, mãe de Natalia e Elena, era formada pelo Instituto Smolny para Mulheres Nobres, em São Petersburgo. Seu primeiro marido, um sismólogo do observatório Pulkovo, em Leningrado, foi preso em 1936. Liudmila foi condenada a oito anos em um campo próximo a Magadan. Em 1938, Liudmila conheceu um prisioneiro, Mikhail Yefimov, um mecânico de origem camponesa, que cumprira pena de três anos por "vandalismo" (ele fora preso depois de se envolver em uma briga de bêbados), mas decidira permanecer no campo como trabalhador voluntário, passando a morar na própria casa no assentamento para oficiais e guardas. Mikhail interessou-se por Liudmila. Inicialmente, ela rejeitou as investidas, porque ainda esperava pelo dia em que reencontraria o marido e a família (não sabia que o marido havia sido fuzilado). Mas Liudmila adoeceu, sofrendo de uma infecção renal. Mikhail enviou-lhe cartas de amor com dinheiro de presente e levou-lhe comida. Liudmila nunca se recuperou totalmente da doença. Com o passar do tempo, perdeu a esperança de rever o marido, presumindo que estivesse morto, e passou a depender cada vez mais de Mikhail, que a cobria de atenção. Conseguindo se divorciar do marido (era fácil obter divórcio de um "inimigo do povo"), Liudmila casou com Mikhail, indo morar com ele em Rostov-on-Don depois de ser libertada, em 1945.[55]

As mulheres nos campos não procuravam proteção apenas por intermédio de oficiais do Gulag. Às vezes, o destino das prisioneiras podia ser determinado por poderosos protetores fora deles. Uma das prisioneiras no ALZhIR era Liuba Golovnia, ex-esposa do cineasta Anatoly Golovnia. Liuba foi presa e condenada a cinco anos no campo de trabalhos em abril de 1938, quatro meses depois da prisão de seu segundo marido, Boris Babitsky, chefe do estúdio Mezhrabpomfilm, em Moscou, fuzilado em 1939. Mais tarde, Liuba pensou que fora presa por ter comprado móveis nos depósitos do NKVD em Leningrado (sentia-se tão culpada pelos móveis, confiscados de vítimas das prisões, que vendeu tudo depois que retornou dos campos de trabalho). Mas, na verdade, ela fora presa somente por ser esposa de Babitsky, que se envolvera em um escândalo que resultara na prisão de dezenas de pessoas do meio cinematográfico soviético. As canções de sucesso do filme *Veselye rebiata* (*Camaradas felizes*), de Grigorii Aleksandrov, chegaram de algum modo aos Estados Unidos, onde foram lançadas em disco, resultando em acusações de espionagem no estúdio Mezhrabpomfilm em 1937-38.

Quando Liuba foi presa, os três filhos de três casamentos diferentes do casal foram levados pelo NKVD de seu apartamento no hotel Comintern: Alyosha, com 2 anos, filho de Liuba do casamento com Babitsky, foi mandado para um orfanato no centro de Moscou, enquanto Volik, com 13 anos, filho do primeiro casamento de Babitsky, e Oksana, com 11 anos, filha do casamento de Liuba com Anatoly Golovnia, foram levados para o centro de detenção do NKVD no antigo monastério de Danilov. Oksana foi mantida com mais 20 meninas em uma das muitas celas do monastério, todas completamente lotadas de crianças. Volik foi levado para uma área especial para maiores de 12 anos, os quais, tendo atingido a idade de responsabilidade criminal, seriam transferidos para os "campos infantis" especiais e para as colônias penais administradas pelo NKVD. As digitais e uma fotografia de Volik foram tiradas para sua ficha criminal.

Algumas semanas depois, o pai de Oksana, Anatoly Golovnia, apareceu no monastério. Oksana recorda-se do momento em que viu o pai no pátio. Vestindo um casaco de couro, estava de costas para a filha, que o reconheceu mesmo ao longe, e começou a gritar o mais alto que podia da janela da cela: "Papai! Papai!" Anatoly havia caminhado em direção aos portões. Estava prestes a partir, tendo sido informado pelo diretor de que Oksana não estava lá. Uma Maria Negra — uma das famosas vans do NKVD utilizadas para pegar suspeitos em suas casas — passou por Anatoly e atravessou os portões, com o som do motor abafando os gritos da filha. Oksana ficou desesperada, percebendo que era sua última chance, e gritou novamente. Desta vez, Anatoly deu meia-volta. Ela voltou a gritar e começou a abanar as mãos através das barras de ferro na janela. Anatoly levantou a cabeça e olhou para o prédio. Havia tantas janelas e rostos olhando para fora que Golovnia teve dificuldade em encontrar o rosto da filha. Finalmente, com os olhos de operador de câmera, viu Oksana. Voltou apressadamente para o escritório do diretor, para onde levaram Oksana, que disse ao pai que Volik também tinha sido trazido para o monastério. Tirar a filha dali foi relativamente simples: legalmente, ela ainda era filha de Anatoly. Mas resgatar Volik, que era considerado adulto e, além do mais, nem era filho de Anatoly, exigiu ajuda de contatos no NKVD. Depois de horas de negociação e de vários telefonemas para o Lubianka, Volik foi libertado. Anatoly não conseguiu descobrir o que acontecera com Alyosha, mas Oksana lembrava-se de onde o carro do NKVD o deixara antes de levá-la para o monastério com Volik. Com o pai, Oksana refez o trajeto que havia percorrido ao deixar o apartamento dos Babitsky no hotel Comintern. Localizando o orfanato, Anatoly "entrou e, meia hora depois, saiu de lá com Alyosha nos braços", recorda Oksana.[56]

As três crianças encontraram refúgio no lar de Anatoly, dois quartos pequenos em um apartamento comunal no centro de Moscou, os quais dividia com a mãe arrogante, Lydia Ivanovna. Um ano depois, em setembro de 1939, a mãe de Volik veio em busca dele, e os dois desapareceram no interior do país. A irmã mais velha de Liuba, Polina, levou Alyosha para a dacha dos Babitsky em Kratovo, onde moraram com o pai e a irmã de Polina, Vera, em dois quartos pequenos. O terceiro quarto, o maior da casa, era ocupado por outra família. Polina trabalhava em Moscou e, ocasionalmente, ficava no apartamento de Anatoly. Duas vezes viúva e sem filhos, Polina suportava com austeridade o sofrimento que a vida lhe impusera. Depois da prisão da irmã, foi despejada de casa e demitida do emprego de secretária do Teatro Maly, em Moscou. Ela trabalhou durante algum tempo como recepcionista no museu do Teatro de Moscou, mas mais uma vez foi despedida e acabou como operadora de máquinas em uma fábrica.[57]

Durante um ano, a família não recebeu notícias de Liuba. O "regime especial" no ALZhIR proibia os prisioneiros de escreverem para parentes. Então, na primavera de 1939, assim que o "regime especial" foi abolido, eles receberam um telegrama. Polina escreveu de volta para a irmã, e teve início uma correspondência intensa entre as duas, tratando-se basicamente de detalhes domésticos e da criação das crianças, apesar de, segundo Oksana, muitas outras coisas também terem sido ditas em código para evitar o crivo dos censores. Irmã dedicada, Polina escrevia para Liuba quase todas as semanas e enviava dinheiro, livros, roupas, artigos datilografados de revistas e fotografias das crianças, especialmente de Alyosha.

Anatoly escrevia com menos frequência para Liuba, e suas cartas tinham um perfil diferente. Ele enviou à esposa dinheiro, alimentos e um manual para projecionistas de cinema, para que pudesse aprender um ofício prático. No primeiro ano no campo, Liuba trabalhara em uma construção, mas caíra e quebrara a mão carregando toras de madeira, sendo transferida para um trabalho mais leve por Barinov, comandante do campo, o qual, depois de receber um pedido de Anatoly, permitiu que Liuba gerenciasse o cinema no clube do campo. Esse não foi o único privilégio que Liuba recebeu de Barinov. Em 1942, Polina morreu em Dzhambul, no Cazaquistão, para onde fugira com Alyosha quando começou a ter medo de ser presa, em janeiro do mesmo ano. Alyosha foi colocado em um orfanato por parentes distantes, que mandaram um telegrama para Liuba no ALZhIR. Liuba teve permissão para viajar a Dzhambul, centenas de quilômetros ao sul de Akmolinsk, retirar Alyosha do orfanato e trazer o filho de volta para morar com ela na zona exterior do ALZhIR. Era uma concessão extraordinária para uma prisioneira, e Barinov, que assinou os documentos de liberação, correu um grande risco pessoal ao fazer isso. É possível que a beleza de Liuba tenha desempenhado um papel na obtenção de tais concessões, mas tal visão não é compartilhada pelas outras prisioneiras, que destacam a influência de Anatoly Golovnia. Nas cartas para Liuba, Anatoly escrevia sem temor aparente dos censores (em muitas, criticava as autoridades cinematográficas soviéticas). Anatoly escreveu sobre seu amor por Liuba, perdoando-lhe por tê-lo abandonado e implorando para que voltasse para ele quando fosse libertada ("o que pode não estar tão distante quanto acredita... tenho certeza de que posso conseguir algo se fizer uma petição às autoridades em seu nome"). Liuba, alheia ao destino de Babitsky, rejeitou Anatoly. Mas Anatoly persistiu. Ele escreveu sobre o sucesso de seus filmes, *Minin e Pozharsky* (1939) e *Suvorov* (1941); sobre os prêmios que recebera (a Ordem do Trabalho Vermelho, em 1940, e o Prêmio Stalin, em 1941); sobre a vida influente que desfrutava e as festas que frequentava no Kremlin. Ele manipulou as emoções de Liuba, enfatizando o quanto a filha precisava da mãe: "Esperarei por você e rezarei pelo seu retorno, nem que seja apenas pelo bem de Oksana. Sou um pai ruim, como você sabe, e tenho pouco tempo para isso. E agora nossa filha está na idade em que necessita da influência de uma mãe. Comigo, fica envergonhada."[58] É provável que Anatoly soubesse que Babitsky não retornaria. Ele deixou isso claro para Liuba e tentou fazer com que ela visse que, agora, estaria melhor ao lado dele. Também está claro que ele achava —, ou queria passar essa impressão para Liuba —, que tinha influência suficiente para antecipar sua libertação, desde que ela concordasse em voltar para ele.

5

Em janeiro de 1939, o escritor Konstantin Simonov casou-se com Zhenia Laskina, a mais nova das três filhas de Samuil Laskin, que estudava com Simonov no Instituto Literário desde 1936. O romance tinha começado na primavera anterior, quando Simonov ainda estava casado com Natalia Tipot, outra aluna, embora, na época, os casamentos civis formados nos círculos boêmios do meio estudantil de Moscou não tivessem tanta importância. Segundo Zhenia, Simonov começou a cortejá-la com um poema romântico ("Cinco Páginas") escrito originalmente para Natalia. Talvez fosse normal que todos os jovens poetas reciclassem poemas de amor para novas conquistas sexuais, o que, certamente, era típico das relações entre Simonov e as mulheres da época. Ele era rápido e desajeitado, propenso a paixões avassaladoras e sexualmente inexperiente.[59]

Zhenia era uma mulher pequena, quase uma miniatura, com feições graciosas. Mas Simonov também foi claramente atraído por suas qualidades espirituais: era generosa e paciente, dedicada aos amigos e possuía a rara capacidade de se dar bem com praticamente qualquer pessoa (talento herdado do pai) e de afetá-las com sua bondade. Zhenia era secretária da União de Estudantes no Instituto Literário. Durante as reuniões de purificação realizadas em 1937 no instituto, quando Simonov denunciara Dolmatovsky, Zhenia defendera corajosamente dois estudantes estrangeiros — fracos demais para se defenderem por conta própria — cujo trabalho, para ela, tinha sido criticado injustamente por membros do corpo docente.[60] É difícil dizer o que atraiu Zhenia a Simonov. Ela apaixonou-se por ele e continuou a amá-lo durante toda a vida. Sem dúvida, sentia atração pelo talento poético e pela beleza, inteligência, masculinidade e qualidades de liderança de Simonov, as quais sempre faziam com que se destacasse no instituto.

Oito meses depois do casamento, em agosto de 1939, eles tiveram um filho, Aleksei. Depois de um parto difícil, Zhenia e Aleksei adoeceram e foram mantidos em isolamento no hospital por vários dias. "Amo-a muito, minha pequena amada, tudo em nossa vida juntos ficará bem, tenho certeza", escreveu Simonov para Zhenia:

Falei com o médico, que me disse que está tudo bem e que o bebê se recuperará gradualmente. Escreva me dizendo o que mais gosta em nosso filho... Hoje, comecei um novo poema. Agora, escreverei diariamente... Minha querida, desejo tanto ouvir sua voz, ver seu pequeno rosto, que sem dúvida está pálido e magro... Pergunte se posso lhe enviar fígado judaico.[61]

Pouco depois do nascimento do filho, Simonov recebeu a primeira missão como correspondente militar. O jornal *Geroicheskaia Krasnoarmeiskaia* (Exército Vermelho Heroico) enviou-o a Khalkin Gol para cobrir o conflito entre a União Soviética e a Manchúria, controlada pelo Japão. Da Mongólia, onde as tropas estavam concentradas, ele escreveu para Zhenia, enviando-lhe o poema "Uma Fotografia".

Eu não trouxe suas fotografias nas minhas viagens,
Sem elas, enquanto lembrarmos, veremos.
No quarto dia, os Urais há muito deixados para trás,
Não as mostrei aos vizinhos curiosos.[62]

A batalha de Khalkin Gol (conhecida no Japão como o Incidente Nomonhan) foi o envolvimento decisivo em uma guerra de fronteiras que estava prestes a estourar desde a invasão japonesa da Manchúria e a criação do Estado-fantoche de Manchukuo, em 1932. Stalin tinha medo das ambições imperiais japonesas em relação tanto à Sibéria quanto à Mongólia, a qual, apesar de, nominalmente, pertencer à China, estava sob a influência soviética desde 1921. Quando pequenos embates começaram a ocorrer na disputada fronteira entre mongóis e japoneses, Stalin enviou para a região tropas pesadas: 57 mil soldados de infantaria, artilharia pesada, 500 tanques e os melhores aviões da União Soviética, tudo sob o comando da estrela em ascensão do Exército Vermelho, o general Georgii Zhukov. As forças soviéticas forçaram o retrocesso do exército de Kwantung do rio Khalkin Gol, onde os japoneses defendiam que era a fronteira, para 16 quilômetros mais para o leste, no local considerado pelos russos como sendo a fronteira. Surpreendidos pela grande concentração de tanques e de artilharias do Exército Vermelho, os japoneses pediram um cessar-fogo em 16 de setembro. Os soviéticos arrogaram-se uma grande vitória. Aparentemente, a invencibilidade do Exército Vermelho — proclamada pela propaganda soviética — havia sido confirmada. Mas a realidade era muito menos inspiradora. Como Simonov aprendera com a própria experiência, as perdas no lado soviético tinham sido muito mais numerosas do que o número reconhecido pelo governo (o Exército Vermelho declarou 9 mil mortos e feridos, mas o número real era 24 mil, dos quais 7 mil homens morreram).[63] E as visões terríveis não tinham fim. Frustrado pela censura na imprensa militar, Simonov tentou apresentar um retrato mais verdadeiro em seus poemas. "Tanque" conta a história de um pelotão de soldados soviéticos que sofre grandes perdas na vitória árdua contra os japoneses. Os soldados abandonam um tanque incendiado, colocado pelo poeta como um monumento à bravura e ao sacrifício daqueles homens. O supervisor político de Simonov, ninguém menos do que Vladimir Stavsky, o ex-líder da União de Escritores que repreendera o poeta por travar conversas "antissoviéticas" em 1937, impediu a publicação do poema e avisou a Simonov para que se mantivesse mais próximo da missão de propaganda do escritor, que era a de apresentar uma versão otimista da guerra. Para isso, Stavsky sugeriu que substituísse o tanque incendiado na imagem final do poema por outro novo em folha.[64]

O conflito fronteiriço contra o Japão fortaleceu os temores de Stalin de acabar envolvido em duas frentes de guerra contra os poderes do Eixo. Na primavera de 1939, o exército de Hitler invadiu a Tchecoslováquia, sem oposição dos ingleses nem dos franceses, que continuavam a se sujeitar a Hitler e, pelo que parecia a Stalin, estavam encorajando os nazistas e os japoneses a direcionarem as agressões para a União Soviética. Apesar das negociações entre ingleses e franceses e o governo soviético para a formação de uma aliança para defender a Europa oriental e os Estados do báltico contra a agressão nazista, a crise na Tchecoslováquia demonstrou para Stalin que os poderes ocidentais não estavam agindo de boa-fé. No decorrer da primavera de 1939, os ingleses e os franceses arrastaram as negociações com os soviéticos, utilizando como obstáculo a relutância dos poloneses em permitir que as tropas soviéticas cruzassem as fronteiras da Polônia; eles queriam a União Soviética ao lado deles para deter os nazistas diplomaticamente, mas não estavam dispostos a assinar um pacto militar. Enquanto isso, os alemães se abriram para o governo soviético, cuja neutralidade seria essencial caso levassem adiante a já planejada invasão da Polônia. A proposta foi dividir a Europa ocidental em esferas de influência independentes, com a União Soviética ficando com a Polônia oriental e os territórios bálticos. Quando agosto chegou, Stalin não podia mais esperar pelos ingleses e pelos franceses. Convencido da iminência de uma guerra europeia, ele sabia que a União Soviética não conseguiria resistir à Alemanha nazista, especialmente com tantas tropas na Manchúria — para ele, não havia outra opção além de chegar a um acordo com Hitler. Não foram avaliações de longo prazo, como muitos supuseram, que levaram Stalin a assinar o famoso Pacto de Não Agressão com a Alemanha de Hitler em 23 de agosto de 1939, mas sim os acontecimentos mais recentes daquele ano. Para o líder soviético, o pacto proporcionaria à União Soviética o espaço necessário para respirar, se armar e também criar uma zona desmilitarizada na Europa oriental e nas terras bálticas. Permanecendo neutra em uma guerra entre as duas forças que considerava hostis à União Soviética — as potências capitalistas do Ocidente e os Estados fascistas — Stalin esperava que elas se destruíssem em um conflito longo e desgastante que pudesse resultar em revoluções nos dois lados (como a Primeira Guerra Mundial fizera com a Rússia em 1917). Como disse à Comintern: "Não somos contra [a guerra], se eles lutarem muito e se enfraquecerem mutuamente."[65]

Com a garantia da neutralidade soviética, a Alemanha invadiu a Polônia ocidental em 1º de setembro. Dois dias depois, a Inglaterra e a França declararam guerra à Alemanha. Pouco depois, o Exército Vermelho entrou na Polônia pelo leste, de acordo com os protocolos secretos do Pacto Nazi-Soviético que dividiram a Europa oriental em zonas alemãs e soviéticas. Depois da ocupação da Polônia, a União Soviética começou a pressionar os Estados bálticos e a Finlândia para que aceitassem mudanças territoriais e bases soviéticas em seus territórios. A Estônia, a Letônia e a Lituânia cederam às exigências soviéticas, assinando pactos de "defesa e assistência mútua", permitindo que fossem ocupadas pelo Exército Vermelho. As tropas soviéticas invasoras foram acompanhadas por unidades do NKVD para realizar prisões e execuções: 15 mil prisioneiros de guerra poloneses e outros 7 mil prisioneiros foram fuzilados pelo NKVD na floresta de Katyn, perto de Smolensk, e pelo menos um milhão de "elementos antissoviéticos" foram deportados da Polônia e das terras bálticas. A Finlândia foi menos complacente, rejeitando as exigências dos soviéticos de estabelecer bases militares em seu território. Os soviéticos começaram a invadir a Finlândia em novembro de 1939, certos de que sairiam vitoriosos após o sucesso militar na Manchúria, na Polônia e nos Estados bálticos. Mas a guerra na Finlândia foi desastrosa. As tropas soviéticas não estavam preparadas para combater no inverno e não conseguiram furar a sólida defesa finlandesa. Em quatro meses, 126 mil tropas soviéticas foram mortas e quase 300 mil ficaram feridas, até que, finalmente, reforços soviéticos conseguiram atravessar as fileiras finlandesas e forçaram a Finlândia a pedir a paz.[66]

Para Simonov, assim como para muitos comunistas em todo o mundo, o Pacto Nazi-Soviético foi um gigantesco choque ideológico. A luta contra o fascismo era um aspecto fundamental da mentalidade e dos fundamentos lógicos do comunismo. "Minha geração — a de quem completou 18 anos na época em que Hitler subiu ao poder, em 1933 — vivia na expectativa constante de uma guerra contra a Alemanha", recordou Simonov na década de 1970. "Para nós, a guerra começou não em 1941, mas em 1933." A Guerra Civil espanhola foi especialmente importante para essa geração, não somente porque era jovem demais para poder lutar na Guerra Civil russa, cuja história inspirara seus sonhos heroicos, mas também porque acreditava com fervor que a Guerra Civil espanhola era a batalha inicial do último grande conflito entre o comunismo e o fascismo, cujo clímax seria uma luta até a morte entre a União Soviética e a Alemanha. "Em Khalkin Gol", recordou Simonov, "a luta não era mais imaginária, algo que esperávamos ver no futuro, mas sim algo que tínhamos visto com os próprios olhos." Simonov estava em Khalkin Gol quando recebeu a notícia do Pacto Nazi-Soviético. Inicialmente, concentrado no conflito violento que as tropas soviéticas estavam enfrentando naquele instante contra os japoneses, Simonov viu o pacto como uma medida pragmática para evitar que os alemães "nos dessem um golpe fatal pelas costas", chegando a aprovar a invasão soviética da Polônia e dos territórios bálticos como uma medida necessária de defesa contra a expansão militar alemã. Mas, moralmente, estava perturbado, pois sentia que o pacto era um ato de traição contra a Europa, contra a promessa comunista de proteger os fracos dos tiranos, além de ficar desconfortável com a nova ordem mundial, na qual, repentinamente, não era aceitável criticar a Alemanha nazista. "Ainda eram os mesmos fascistas", recorda Simonov, "mas não podíamos mais escrever ou dizer o que pensávamos sobre eles."[67]

Esse conflito interior emergiu em várias obras de Simonov, especialmente em sua primeira grande peça, *Um jovem rapaz de nossa cidade* (*Paren'iz nashego goroda*), escrita no outono de 1940, quando retornou de Khalkin Gol. A peça conta a história do jovem e impetuoso Sergei, oficial do Exército Vermelho e entusiasta da Komsomol, que retorna à Rússia da Guerra Civil espanhola e se oferece como voluntário para combater em Khalkin Gol. Como um chamado às armas contra o fascismo, *Um jovem rapaz de nossa cidade* parece, em certos momentos, convidar o público a sentir hostilidade contra a Alemanha nazista, mas, como Simonov recordou, ele não podia explicitar tais sentimentos por causa do pacto entre Hitler e Stalin. Na primeira apresentação da peça, interpretada pelo elenco do Teatro Lenin da Komsomol, em março de 1941, ficava a cargo dos atores demonstrarem oposição ao pacto acrescentando mais emoção a qualquer fala que contivesse implicações antialemãs.[68]

Conflitos de um tipo mais íntimo também permeavam a peça. O papel do herói era baseado no poeta Mikhail Lukonin (1918-76), amigo de Simonov no Instituto Literário, que combatera na guerra contra a Finlândia. Lukonin era apenas três anos mais novo que Simonov, mas era considerado integrante de uma geração diferente de poetas soviéticos, principalmente por ter nascido depois de 1917 e de ter vindo de uma família de proletários sem resquícios da cultura da *intelligentsia* pré-revolucionária que marcara Simonov e sua geração. Simonov idealizou Lukonin: o poeta mais jovem, que trabalhara em uma fábrica de tratores em Stalingrado antes de entrar para o Instituto Literário em 1937, incorporava para ele o ideal de "soviético" e de "escritor proletário" que tanto tentara atingir. Em 1939, Simonov deu o texto concluído de *Um jovem rapaz de nossa cidade* para o dramaturgo Afinogenov, que gostou da peça, mas disse que o herói precisava de um sobrenome. Simonov ficou perdido — não sabia que nome dar. Afinogenov perguntou qual sobrenome gostaria de ter, se pudesse escolher. Talvez, Afinogenov tenha percebido que Simonov dera ao herói fictício todas as qualidades que ele gostaria de ter. Sem hesitar, Simonov respondeu que gostaria de se chamar Lukonin e, a partir disso, batizou o herói da peça. O Lukonin autêntico não gostou: "O que acharia se eu escrevesse uma peça sobre um jogador de futebol e o chamasse de Simonov?"[69]

A heroína de *Um jovem rapaz de nossa cidade* também tinha similaridades com alguém: Simonov escrevera a parte feminina principal para Valentina Serova, estrela dos palcos e das telas soviéticas, por quem se apaixonara perdidamente. Simonov vira Valentina pela primeira vez em uma peça no Teatro Lenin da Komsomol pouco depois de retornar de Khalkin Gol e, apesar de ser casado e de provavelmente saber que tinha poucas chances de conquistar seu coração, ele levou *Um jovem rapaz* para aquele teatro para se aproximar da atriz. Em *Um jovem rapaz*, a personagem feminina é uma versão de Valentina, não como era na realidade, mas como Simonov desejava que fosse (confidente, amorosa, paciente e piedosa), assim como o herói da peça, Sergei Lukonin, é um retrato de Simonov como ele próprio gostaria de ser (mais masculino, mais corajoso, mais soviético do que na realidade). Esses dois protótipos literários, a Valentina e o Simonov ideais, reaparecem em quase todos os poemas, peças e romances escritos por Simonov na década de 1940.

Valentina era jovem e bela, uma famosa viúva e atriz de cinema. Contudo, tinha uma história secreta que a tornava vulnerável. Seu pai, Vasily Polovyk, um engenheiro hidráulico da região de Kharkov, no leste da Ucrânia, fora preso em Moscou durante os expurgos industriais de 1930, quando Valentina tinha 13 anos, e enviado para um campo de trabalhos. Libertado em 1935, voltou a ser preso em 1937 e foi condenado a oito anos no campo de trabalhos de Solovetsky. Todos esses fatores foram cuidadosamente ocultados pela mãe de Valentina, uma atriz conhecida no Teatro Kamerny, em Moscou, onde Valentina passou boa parte da infância, interpretando todos os papéis importantes para meninas. A mãe de Valentina trocou o sobrenome ucraniano Polovyk pelo russo Polovikova e esforçou-se muito para apagar todos os vestígios do passado na Ucrânia. Valentina foi ensinada a negar ter qualquer conhecimento sobre o pai (anos depois, alegava que nunca o tinha visto quando criança). Foi apenas em 1959 (15 anos depois da libertação do pai do campo de trabalhos de Solovetsky) que ela teve coragem de encontrá-lo, e mesmo assim somente depois que ele a contatou.[70]

Em 1935, Valentina entrou para a Komsomol. Em pouco tempo, chamou a atenção de Aleksandr Kosaryov, líder da organização, cujo famoso gosto por jovens atrizes era facilmente satisfeito por meio do controle do Teatro Lenin da Komsomol, em Moscou. Kosaryov promoveu a carreira de sua jovem protegida. Mas foi preso (e depois fuzilado) em novembro de 1938 em um expurgo geral na liderança da Komsomol, acusada por Stalin de fracassar na missão de revelar os "contrarrevolucionários" dentro da organização. Em um banquete no Kremlin, pouco antes da prisão de Kosaryov, Stalin aproximara-se dele, brindara-o e sussurrara em seu ouvido: "Traidor! Vou matar você!" A prisão do patrono deixou Valentina em grande perigo, especialmente quando ela foi delatada como "contrarrevolucionária" por um ex-namorado ciumento, o qual trocara por Kosaryov. Chamada para se explicar em uma reunião de expurgo na união dos trabalhadores teatrais, perguntaram sobre a prisão do pai e forçaram-na a renunciar a ele para que não fosse expulsa.[71]

No final, Valentina acabou sendo salva pela influência do novo marido, o famoso aviador Anatoly Serov, a quem conhecera em um banquete oferecido por Kosaryov. Os pilotos ocupavam um lugar de destaque no panteão dos heróis soviéticos. A força aérea, em particular, simbolizava o poderio e o progresso militar da União Soviética, e era o glamour dos aviões que inspirava muitos jovens a se alistar. Com sua aparência russa bela, bem-cuidada e saudável, e de origem proletária impecável, Serov era a figura ideal para o papel de propaganda que ocupava. Seus feitos na Guerra Civil Espanhola eram lendários e, quando conheceu Valentina, já era um herói e uma celebridade nacional, um dos pilotos mais condecorados e um dos favoritos do Kremlin. Casados dez dias depois de se conhecerem, Anatoly e Valentina mudaram-se para um apartamento suntuosamente mobiliado que acabara de ser desocupado pelo marechal Yegorov, preso em conexão com o julgamento de Tukhachevsky. O casal desfrutou do estilo de vida decadente da elite stalinista, com festas até de madrugada e recepções no Kremlin. O desastre aconteceu no primeiro aniversário de casamento. Anatoly morreu em um acidente aéreo. As circunstâncias do acidente permanecem obscuras, mas Serov e o outro piloto, Polina Osipenko, voavam a baixa altitude sob clima ruim. Os pilotos foram enterrados na Parede do Kremlin com todas as honras de Estado. Quatro meses depois, em setembro de 1939, Valentina deu à luz o filho de Anatoly, que recebeu o nome do pai. Como viúva de um herói militar, ela tinha proteção da liderança soviética, o que contribuiu para lançar sua carreira cinematográfica. O primeiro personagem importante de Valentina, o papel-título no sucesso *Uma garota com personalidade* (1939), foi feito para ela sob encomenda. O próprio Stalin tornou-se um de seus admiradores. No banquete no Kremlin na comemoração de seus 60 anos, Stalin propôs um brinde às esposas de dois pilotos famosos, Anatoly Serov e Valerii Chkalov, que estavam sentadas na ponta de uma mesa afastada. Em seguida, convidou Valentina a brindar com ele em sua mesa. A mão dela tremia tanto que chegou a derramar o vinho. Segundo Valentina, Stalin apertou sua mão e disse suavemente: "Não se preocupe, não é nada. Apenas fique firme, camarada Serova, estaremos do seu lado."[72]

No verão de 1940, Simonov estava perdido de amores por Valentina, que permanecia fria em relação a ele. Ela continuava de luto pelo marido — tivera o filho dele — e não queria estimular Simonov, um homem casado com um bebê da mesma idade do seu. Simonov, Zhenia e Aleksei estavam morando no apartamento dos Laskin na praça Zubov. E, apesar de Zhenia não se dar conta da profundidade da paixão cada vez maior do marido pela bela atriz, ela não deixou de perceber que ele estava frequentemente ausente de casa.[73] O casamento resistiu durante um ano, enquanto Simonov perseguiu seus interesses românticos com poucos resultados. Simonov não era o tipo de homem por quem Valentina costumava se interessar. Era muito frio em suas atenções, sério e seco demais, além de carecer da pose e da confiança de seus pretendentes anteriores, mais bem-sucedidos e poderosos do que Simonov. No primeiro ensaio de *Um jovem rapaz de nossa cidade*, Simonov perguntou a Serova o que achava da peça. Na frente de todos, ela disse que achava a peça "uma porcaria". Mas nem isso o deteve. Simonov cobriu-a de presentes e escreveu peças com papéis para ela. Mas, acima de tudo, enviava-lhe poemas, alguns reciclados:

> Eu não levei nenhuma fotografia nas minhas viagens.
> Em vez disso, escrevi poemas sobre você.
> Escrevi-os de tristeza
> Sentia sua falta
> E carregava você comigo...

Gradualmente, pelo poder da caneta, Simonov a amoleceu, mas foi somente em 1943, quando o poema de amor "Espere por Mim" fez de Simonov o poeta favorito do país e uma figura realmente influente no Kremlin, que Serova sucumbiu à paixão ardorosa do escritor e concordou em casar com ele. Simonov e Serova se tornariam celebridades por meio de "Espere por Mim", poema que inspirou milhões de pessoas a continuarem combatendo na guerra. Mas ninguém sabia a que propósitos a política do casamento serviria, nem sobre a esposa anterior de Simonov, que fora abandonada com o filho.[74]

6
"Espere por mim"
1941-45

I

Em junho de 1941, Leonid Makhnach estava hospedado na casa dos avós, na pequena cidade de Krichev, na Bielorrússia, não muito longe da fronteira soviética com a Polônia. Ele fora enviado para passar as férias em Krichev pelos pais, que não conseguiram partir de Moscou, mas queriam que o filho deixasse a capital, onde, naquele verão, o calor estava sufocante. O pai de Leonid, Vladimir, era diretor do Truste Mosgaz, principal fornecedor de gás para a capital soviética, e precisou ficar em Moscou para escrever um relatório importante para a liderança do Partido sobre os planejamentos relativos ao fornecimento de energia na eventualidade de uma guerra. A casa dos avós de Leonid ficava à margem de Krichev, onde a cidade dava lugar a densas florestas de carvalho e pastagens. Era uma casa modesta de madeira, do tipo habitado por pequenos proprietários, trabalhadores e comerciantes em todo o oeste da União Soviética, com um pequeno quintal para a criação de porcos e um jardim cheio de macieiras.

Apesar de localizada na fronteira ocidental, Krichev não tinha nenhum plano de defesa para colocar em operação quando os alemães lançaram suas forças de invasão contra a União Soviética ao amanhecer do dia 22 de junho, um domingo. A liderança soviética não estava preparada para a guerra, e cidades como Krichev nem suspeitavam da invasão iminente até o meio-dia, quando Molotov, com a voz trêmula, anunciou no rádio o início das hostilidades. Durante os três dias seguintes, o rádio foi a única fonte de notícias sobre a guerra em Krichev. Então, em 26 de junho, sem nenhum aviso das autoridades soviéticas, Krichev foi bombardeada por aviões alemães. A cidade mergulhou no caos. Pessoas fugiram para a floresta. Vacas e porcos corriam soltos por todas as partes e cadáveres jaziam nas ruas.

Em meio ao caos, a mãe de Leonid, Maria, chegou a Krichev. Ela partira de Moscou no primeiro dia da invasão, na esperança de resgatar a família antes que fossem isolados pelas tropas alemãs. Vladimir acabara de partir em uma curta viagem de trabalho para a região de Leningrado e não devia voltar a Moscou até o final de junho, de modo que Maria foi sozinha. Ela conseguiu chegar até Smolensk, que estava sofrendo um pesado bombardeio aéreo, mas não havia trens que fossem mais para o oeste, rumo ao *front* soviético. Maria seguiu a pé, contra o fluxo de soldados e civis em retirada, chegando a Krichev, 120 quilômetros a sudoeste, quatro dias depois. "Ela estava quase preta de poeira e fuligem", recorda Leonid, "e totalmente exausta da viagem."

Os habitantes de Krichev apressaram-se em fazer as malas e partir para o leste. Os 2 mil judeus da cidade, quase metade da população, estavam entre os primeiros a partir, preocupados com os rumores sobre a brutalidade dos nazistas. Eles logo foram seguidos pelos comunistas, que tinham tanto medo das tropas invasoras quanto os judeus. Sendo parentes de um oficial soviético de primeiro escalão, a família Makhnach precisava deixar a cidade o mais rápido possível. Maria adiou ao máximo a partida da família na esperança de que o marido os contatasse. Em 16 de julho, véspera da tomada de Krichev pelos alemães, Maria continuava sem notícias de Vladimir, de modo que escreveu uma carta para o marido em Moscou, empacotou alguns pertences em uma carroça puxada a cavalo e partiu com Leonid e os pais, seguindo lentamente para o leste pelas menores estradas do interior para evitar os aviões alemães, que bombardeavam as estradas principais. Ela não tinha ideia de que o marido estava vindo o mais rápido que podia para o oeste em sua limusine com motorista. "Vindo pela estrada de Smolensk, eles não deviam estar a mais do que alguns quilômetros de nós quando nos cruzamos", conclui Leonid.

Vladimir chegou a Krichev bem a tempo de ver os alemães entrarem na cidade. Das pradarias na margem oposta do rio Sozh, ele viu as casas de madeira da cidade serem incendiadas, ouviu os gritos e, depois, os tiros. Pensando que a família estivesse prestes a ser massacrada, Vladimir tentou atravessar o rio e chegar à cidade a pé para resgatá-los, mas foi impedido pelas tropas soviéticas em retirada. Acreditando que a família provavelmente tivesse sido morta, Vladimir retornou a Moscou. No dia seguinte, recebeu a carta da esposa: ela estava a caminho de Briansk, 200 quilômetros ao leste de Krichev, e dali iria para Stalingrado, onde tinha parentes. Maria achava que seria mais seguro do que retornar a Moscou, que, segundo boatos, estava prestes a ser tomada pelos alemães.

O erro de Vladimir foi retornar a Moscou. Pouco depois de voltar, foi preso e condenado a dez anos em um campo de trabalhos por "falar de modo derrotista e criar pânico". Em uma conversa com um colega de trabalho no Truste Mosgaz, Vladimir falara sobre o caos que testemunhara no *front*. Muitas pessoas foram presas por falarem sobre o assunto nos primeiros meses da guerra, durante os quais as autoridades soviéticas tentaram desesperadamente suprimir todas as notícias relativas à catástrofe militar. O NKVD de Moscou transformou a prisão de Makhnach em uma "conspiração trotskista" entre os principais oficiais da área de energia da cidade e efetuou dezenas de prisões. Foi somente no outono que Vladimir conseguiu informar à mulher onde estava. Na longa viagem de trem para a Sibéria, ele jogou pela janela de seu vagão uma carta endereçada à esposa, em Stalingrado. Um camponês pegou a carta e a enviou:

> Meus queridos! Estou vivo e bem. As circunstâncias impediram-me de escrever antes. Não se preocupem comigo. Cuidem-se. Maria, minha amada, será difícil para você. Mas não perca a esperança. Estou indo para a Sibéria. Sou inocente. Espere por mim, eu retornarei.[1]

O ataque alemão foi tão rápido e poderoso que surpreendeu totalmente as forças soviéticas. Stalin ignorara os relatórios das agências de inteligência informando que os alemães se preparavam para uma invasão e até desconsiderou boletins de última hora confirmando uma concentração maciça de tropas alemãs na fronteira, julgando-os um plano dos ingleses para fazer com que a União Soviética entrasse em guerra (e mandou fuzilar os portadores dessas informações como "espiões ingleses"). As defesas soviéticas estavam totalmente desorganizadas. Depois da assinatura do Pacto Nazi-Soviético, as antigas linhas de defesa foram abandonadas; as novas fortificações, construídas às pressas nos Estados bálticos ocupados, praticamente não tinham armamentos pesados, equipamentos de rádio nem campos minados, sendo sobrepujadas com facilidade pelas 19 divisões de Panzers e pelas 15 divisões de infantaria motorizada que abriam caminho para as tropas de invasão da Alemanha. Unidades soviéticas foram enviadas às pressas para a frente de batalha para vedar as brechas de entrada do inimigo, mas foram esmagadas pelos tanques e aviões alemães, que controlavam o céu. Em 28 de junho, seis dias depois da invasão, as forças alemãs já tinham avançado em um enorme movimento de pinça através da Bielorrússia para capturar Minsk, 300 quilômetros dentro do território soviético, enquanto que, ao norte, haviam atravessado a Lituânia e a Letônia para ameaçar Leningrado.

 Konstantin Simonov testemunhou boa parte do caos no *front* da Bielorrússia. Quando a guerra começou, foi convocado à frente de batalha como correspondente de um jornal do exército e enviado para fazer parte do departamento político do Terceiro Exército, próximo a Grodno, na fronteira com a Polônia. Viajando de trem, chegou a Borisov no começo da manhã de 26 de junho, mas não pôde seguir viagem porque a ferrovia para Minsk estava sob forte bombardeio. Simonov desembarcou e achou um motorista para levá-lo de carro até Minsk, mas logo depararam-se com as tropas soviéticas retirando-se desordenadamente. Aviões alemães voavam acima deles, metralhando os soldados soviéticos e jogando bombas na estrada. Os soldados fugiram para a floresta. Um oficial estava de pé no meio da estrada, gritando para seus homens que atiraria neles se não voltassem. Mas foi simplesmente ignorado. As florestas estavam repletas de soldados e civis em busca de proteção dos aviões alemães, que mergulhavam sobre as árvores, atirando na multidão abaixo deles. Simonov quase foi morto quando um avião soviético capturado metralhou várias pessoas ao seu redor: ele voava tão baixo sobre as árvores que ele pôde ver o rosto da tripulação de alemães. Quando escureceu, Simonov conseguiu retornar à estrada e encontrar um comissário, "um jovem com a barba por fazer, com um *pilotka* [chapéu que cobre toda a cabeça], um casaco de inverno e, por algum motivo, uma pá nas mãos". Simonov apresentou-se como jornalista e perguntou o caminho para o quartel-general do *front*. "Que quartel-general?", perguntou o oficial. "Não está vendo o que está acontecendo aqui?"[2]

Simonov recuou com o exército para Smolensk. As estradas estavam repletas de soldados e civis — mulheres, crianças, velhos, incluindo muitos judeus — rumando para o leste em todo tipo de carroças ou caminhando pela estrada carregando nas costas pesados fardos de pertences domésticos. Nos primeiros dias de julho, ele passou por Shklov e Orsha — "cidades rurais tranquilas" povoadas por várias famílias judias, incluindo os pais de sua esposa, os Laskin. Parando para beber água em uma casa em Shklov, os judeus que nela moravam, assustados, perguntaram-lhe se achava que deviam fugir. Simonov aconselhou-os a ficar, assegurando que os alemães seriam detidos pelo Exército Vermelho antes que chegassem a Shklov. Alguns dias depois, Shklov foi capturada pelos alemães, que mataram todos os judeus, cerca de 6 mil homens, mulheres e crianças, fuzilados e enterrados em uma cova fora da cidade. Em 16 de julho, os alemães tomaram Orsha e começaram a construir um gueto para os judeus. A maioria dos judeus de Orsha foi transportada para os campos de morte nazistas em 1943, apesar de alguns, como Iakov, irmão de Samuil Laskin, médico em Orsha, terem fugido para lutar no Exército Vermelho.[3]

Analisando em retrospecto a catástrofe de 1941, Simonov percebeu que sua origem estava enraizada nas políticas do regime stalinista. Na metade da década de 1950, quando começou a escrever seu grande romance de guerra, *Os vivos e os mortos* (1959), Simonov já começara a reconhecer que Stalin fora o culpado pelo desastre, não somente por ter deixado de compreender a situação e de se preparar para a guerra em

1941, mas, de modo mais fundamental, porque seu reinado de terror criara tanto temor e desconfiança que o país ficara praticamente incapaz de agir coordenadamente em autodefesa. Simonov não percebera isso na época — o conselho que deu aos judeus de Shklov era uma prova clara de como ele acreditava na versão da realidade divulgada pela propaganda —, mas a partir de 1942 começou a abordar essas ideias perturbadoras em seus diários de guerra (de onde, posteriormente, extraiu inspiração para *Os vivos e os mortos*). Para ele, ficou claro que o problema fundamental das forças armadas soviéticas em 1941 foi o clima criado pelas purificações militares em 1937 e 1938. Ele viu que o Terror minara a autoridade dos oficiais e os deixara com medo de assumir responsabilidade por decisões e iniciativas militares e serem punidos pelos superiores ou delatados pelos comissários e por outros oficiais políticos (*politruki*) que observavam tudo o que faziam. Eles aguardavam passivamente por decisões superiores, que sempre chegavam tarde demais para que pudessem afetar positivamente a situação militar no campo de batalha.[4]

Obviamente, nenhuma dessas ideias era publicável durante a guerra (na verdade, em nenhum momento anterior à *détente* de 1956). O que Simonov escreveu em seus diários jamais poderia ter sido publicado no *Krasnaia zvezda*, o principal jornal do Exército Vermelho, para o qual ele trabalhou como correspondente a partir de julho de 1941. A censura foi intensificada quando a guerra estourou. Por meio do Departamento Soviético de Informação (Sovinformbiuro), criado no terceiro dia da guerra para controlar todos os relatórios impressos e radiofônicos, o governou tentava ocultar do público a catástrofe militar e manipular as notícias para melhorar o moral. Jornalistas como Simonov deviam dar um tom positivo e otimista aos artigos, mesmo quando escrevessem sobre desastres no *front* — de todo modo, o que escreviam era quase sempre editado ou alterado pelos censores.

Simonov estava em uma posição particularmente difícil. Chegando a Moscou em 19 de julho, três dias depois da captura de Smolensk pelos alemães, foi o primeiro correspondente a retornar do *front* da Bielorrússia. As pessoas na capital não tinham ideia da extensão do fiasco militar.

Notícias sobre a queda de Smolensk haviam sido suprimidas para evitar o pânico (a notícia só foi liberada em 13 de agosto, após o fracasso das tropas soviéticas em retomar uma posição na cidade). Moscovitas bombardeavam Simonov com perguntas sobre a situação militar, mas ele não podia responder a verdade sem correr o risco de ser delatado, como Makhnach, por "conversa derrotista e fomentação de pânico", de modo que resolveu ficar de boca fechada e guardar a própria depressão para si mesmo, a qual, observou em seu diário, "é vista até pelas pessoas próximas como um sinal de exaustão". Escrevendo na imprensa, Simonov esforçou-se para encontrar algo positivo que pudesse dizer sobre o que vira. "Parecia impossível escrever sobre o que realmente ocorrera", recorda. "Não apenas porque jamais seria impresso, mas também porque havia algo dentro de mim" que não aceitava um resultado tão sombrio. Ele precisava encontrar algum sinal de esperança na catástrofe. O incidente no qual se focara ocorrera em meio ao caos da retirada para Smolensk. Simonov vira dois homens, um capitão e um brigadeiro, caminhando para o oeste, contra o fluxo humano, rumo ao *front*. Sendo os últimos homens de um pelotão que fora aniquilado por uma bomba alemã, os dois eram motivados, pareceu a Simonov, por um senso inato de dever patriótico, no qual, com o passar do tempo, passou a ver a semente de uma futura vitória soviética.[5]

Na falta de qualquer informação confiável da mídia soviética, surgiram boatos, e as pessoas começaram a entrar em pânico. Diziam que o governo havia fugido, que fora cometida traição dentro do exército, que a liderança soviética estava se preparando para abandonar Moscou e Leningrado. Diziam até que o bombardeio alemão da capital, iniciado na metade de julho, fora liderado pelo famoso aviador soviético Sigizmund Levanevsky, que desaparecera em um voo sobre o Polo Norte rumo aos Estados Unidos em 1937. O jornalista N. K. Verzhbitsky registrou em seu diário uma conversa com "um senhor agitado" em uma rua de Moscou: "Por que ninguém falou conosco pelo rádio?", disse o velho. "Deveriam dizer algo — qualquer coisa, boa ou ruim. Mas estamos completamente perdidos e precisamos pensar por conta própria." A ausência de Stalin do cenário público contribuía para a sensação de incerteza. Aparentemente, ele sofrera uma espécie de colapso nos primeiros dias da guerra: trancou-se em sua dacha e se isolou. Stalin só retornou ao Kremlin em 1º de julho e só fez o primeiro discurso para a nação dois dias depois. Pausando com frequência, como que perturbado, para beber, Stalin dirigiu-se ao povo soviético como "irmãos, irmãs e amigos", convocando-os a se unirem no "conflito de vida ou morte", o qual descrevia como uma "guerra de toda a nação soviética". Foi a primeira vez que Stalin definiu o povo soviético em termos tão fraternais e inclusivos: não houve menção à luta de classes ou ideologia. Simonov recorda a impressão que ele e os soldados no *front* tiveram do discurso: "Havia muito tempo que ninguém falava conosco daquele modo. Durante todos aqueles anos, tínhamos sofrido com a falta de amizade. E recordo que, naquele discurso, foram as palavras 'meus amigos' que nos levaram às lágrimas."[6]

Apesar do efeito reanimador do discurso de Stalin, o início da guerra testemunhou uma explosão de manifestações abertas e de críticas contra o regime soviético, talvez despertadas pela incerteza ou pelo medo. "Hoje, ouvem-se conversas que pouco tempo atrás teriam levado os envolvidos para o tribunal", observou Verzhbitsky em seu diário em 18 de outubro, quando os alemães estavam a poucos quilômetros da capital. Boa parte do descontentamento era manifestado pelos camponeses e operários, que criticavam a falta de preparação para a guerra, a disciplina rigorosa de trabalho, a redução das provisões de alimentos, os recrutamentos coercivos e a fuga dos líderes do Partido para a retaguarda, deixando as pessoas comuns sozinhas para enfrentar a invasão. Em Leningrado, cidade cuja metade dos membros do Partido abandonou nos primeiros seis meses da guerra, o humor antissoviético dos trabalhadores era tão forte que alguns até viam com bons olhos a perspectiva de uma vitória alemã. As muitas greves e manifestações de trabalhadores realizadas nos primeiros meses da guerra indicavam o retorno a algo parecido com a atmosfera revolucionária de 1917. Em uma manifestação na região de Ivanovo, em outubro de 1941, quando os líderes do Partido tentaram acalmar as multidões, os líderes grevistas gritaram para os trabalhadores: "Não deem ouvidos a eles! Eles não sabem nada! Têm mentido para nós durante 23 anos!" Em reuniões nas fábricas, os trabalhadores demonstravam que não tinham medo de culpar os comunistas pela guerra e pelas derrotas no *front*. Segundo os grupos de vigilância do NKVD, havia muitos trabalhadores e camponeses que receberam bem a invasão, achando que ela eliminaria o regime soviético. Era lugar-comum dizer que somente os judeus e os comunistas tinham algo a temer dos alemães.[7]

O governo reagiu a essa oposição verbal declarando guerra aos "fomentadores de pânico". Milhares foram presos e muitos foram fuzilados por falar mais do que devia ("de modo derrotista") sobre a situação no *front*. Roza Vetukhnovskaia foi presa no terceiro dia da guerra, acusada de traição contra a pátria. Quando chegou à sua cela, descobriu que era uma entre muitas mulheres presas por algo que tinham dito: "Uma disse que o exército alemão era mais forte; outra, que nossas colheitas são fracas, e uma terceira disse que trabalhamos como escravas na *kolkhoz*." As mulheres, em sua maioria, eram camponesas e trabalhadoras comuns. Irina Shcherbov-Nefedovich foi presa em Leningrado em 30 de julho, uma semana depois de ter sido delatada por "fomentar pânico e espalhar boatos" por um funcionário do Partido no Instituto de Vacinas, onde trabalhava. Ela só tinha contado a uma amiga sobre o bombardeio de Smolensk, sobre o qual ouvira em uma transmissão de rádio da Sovinformbiuro. Irina foi condenada a sete anos em um campo de trabalhos próximo a Khabarovsk, onde morreu em 1946. O marido e a filha de Irina nunca foram informados do que aconteceu com ela. Presumiram que tinha morrido no bombardeio de Leningrado. Elas só souberam a verdade sobre a morte de Irina em 1994.[8]

Em 20 de julho, depois da queda de Smolensk, Stalin assumiu o controle do comando militar (Stavka) nomeando-se Comissário de Defesa. Ele enviou o marechal Timoshenko, ex-chefe de Defesa, para assumir o comando do *front* ocidental e lançar uma contraofensiva pela reconquista de Smolensk. Durante algum tempo, o avanço alemão em direção a Moscou foi contido, também porque parte do exército alemão foi desviada para o sul para tomar a terra agrícola rica, as minas e as indústrias da Ucrânia. Convencido de que a economia era o segredo para a vitória, Hitler achava que o controle de tais recursos ajudaria a tornar o Terceiro Reich invencível. Durante o mês de agosto, Hitler concentrou-se na conquista da Ucrânia, permitindo que o Exército Vermelho fizesse com que alemães recuassem no *front* Smolensk-Moscou. Em 6 de setembro, forças soviéticas retomaram brevemente o controle dos arredores de Smolensk, antes de recuarem por falta de equipamentos militares básicos. Mais ao norte, em 25 de setembro, os alemães chegaram ao lago Ladoga, efetivamente cercando Leningrado. Visando preservar as tropas no norte para a batalha por Moscou, Hitler decidiu sitiar Leningrado e matar de fome a população da cidade em vez de tentar conquistá-la. Em termos estritamente militares, o destino de Leningrado teve pouca importância real para o resultado da guerra, que seria decidido nos *fronts* do sul e de Moscou. Mas como local de nascimento do Império Russo e da Revolução e como cidade de valores e cultura europeus na Rússia, Leningrado tinha uma importância simbólica gigantesca, o que justifica em boa parte não ter sido abandonada pelo comando soviético, e toda a população ter optado por ficar na cidade sitiada no outono de 1941, quando Leningrado teve virtualmente todo o acesso a alimentos e combustíveis cortado (talvez um milhão de pessoas, um terço da população pré-guerra, tenha morrido de fome ou por doenças antes do fim do sítio, em janeiro de 1944). Enquanto isso, ao sul, o avanço alemão prosseguia lentamente, pois a maior parte das forças soviéticas estava estacionada ali para proteger os ricos recursos industriais e de alimentos da Ucrânia. Um gigantesco movimento em pinça dos alemães conseguiu contornar Kiev e as terras mais ao leste. Depois de várias semanas de combate desesperado por parte das tropas soviéticas, nas quais quase meio milhão de soldados foram mortos ou capturados, os alemães tomaram a cidade em 19 de setembro, apesar dos combates nas ruas terem persistido. No começo de outubro, com Kiev capturada e Leningrado sitiada, Hitler concentrou suas forças na conquista da capital soviética. Ele jurou que destruiria totalmente Moscou, cujas ruínas seriam cobertas por um lago artificial.[9]

À medida que os alemães varriam o país, milhões de famílias foram separadas, à medida que parentes ficavam presos atrás da linha de batalha. Muitas crianças estavam em acampamentos de verão quando teve início a invasão e não puderam voltar para suas famílias antes da chegada das tropas alemãs. Décadas depois, os pais ainda tentavam localizá-las por intermédio de organizações públicas e de anúncios. Milhares de crianças acabaram em orfanatos ou vagando pelo país, entrando para gangues infantis ou até mesmo para unidades do Exército Vermelho (segundo uma estimativa, em certo ponto da guerra, havia 25 mil crianças marchando no exército).[10]

Em 1941, Iurii Streletsky tinha 12 anos e morava em um orfanato em Leningrado. O pai fora preso em 1937 e a mãe havia sido exilada para Vyshnyi Volochek, localizada entre Leningrado e Moscou. Quando a guerra estourou, o orfanato foi evacuado para Arzamas, próximo a Gorkii. Durante a viagem, Iurii saltou do trem e fugiu. Talvez fosse infeliz no orfanato. Entrou para uma gangue infantil que vivia de pequenos roubos a viajantes ferroviários, mas logo ficou desgostoso com a criminalidade e se entregou à polícia, sendo encaminhado para o NKVD, que empregou Iurii como informante em um aeródromo militar em Arzamas, onde trabalhou como aprendiz de engenharia. Os engenheiros estacionados no local adotaram Iurii como mascote. Davam-lhe cigarros e bebidas e lhe arrumavam encontros com garotas ligadas à unidade. Quando 20 engenheiros foram transferidos para Tbilisi, na primavera de 1942, levaram o garoto com eles. Iurii implorara aos soldados para que o deixassem partir. Ele sabia que nascera na capital da Geórgia, apesar de a família ter saído de lá quando era muito novo, e lembrava-se de ter ido para a cidade visitar os avós quando criança. Também sabia que a irmã mais velha tinha ido morar com os avós depois da prisão dos pais. Durante a viagem para Tbilisi, os soldados esconderam Iurii. Ele não tinha documentos para a viagem e teria sido preso caso fosse descoberto. "Foram muito bons comigo", recorda Iurii:

> Estavam correndo um grande risco levando-me com eles, mas ninguém reclamou e todos me deram comida das próprias provisões. Eles gostavam de mim e sentiam pena porque eu não tinha família. Quando nos aproximávamos de Stalingrado, nosso trem foi parado por uma patrulha. Os dois guardas do NKVD pediram para ver meus documentos. Quando disse que não tinha nenhum, quiseram me prender. Mas os soldados insistiram, afirmando que eu era um deles e se recusaram a me entregar aos dois guardas, que concordaram em me liberar por 100 gramas [de vodca].

Em Tbilisi, Nikolai separou-se dos soldados e caminhou pela cidade, na esperança de reconhecer o lugar onde os avós moravam. Por fim, foi à administração da cidade e obteve uma cópia de sua certidão de nascimento, o que acabou sendo o início de um rastro de documentos que levaria aos avós. Depois de encontrá-los, Iurii morou com eles, ambos engenheiros, e a irmã. Iurii também se tornou engenheiro.[11]

A evacuação da população das regiões ocidentais da União Soviética também separou famílias. Oito milhões de crianças foram evacuadas para a retaguarda. A prioridade era resgatar o estoque industrial das cidades ameaçadas pelos alemães. Três mil fábricas foram desmontadas e transportadas para o leste — para o Volga, os Urais e mais além — em mais de um milhão de vagões de trem entre junho e dezembro de 1941. Operários e suas famílias viajavam neles para o leste. Instituições inteiras foram transferidas, com toda a equipe: gabinetes de governo e públicos, universidades e centros de pesquisas, bibliotecas, museus, companhias teatrais e orquestras.[12]

Para muitas famílias, a evacuação foi uma bênção e uma maldição. Natalia Gabaeva tinha 11 anos quando foi evacuada de Leningrado para um orfanato especial pertencente à União de Artistas, em Omsk. A mãe, pintora, permaneceu em Leningrado para ficar ao lado do marido, Sergei, um ex-exilado que morava em Peterhof, perto da cidade, e trabalhava no Instituto Agrícola. Em 1941, Sergei foi morar com o pai idoso e doente, funcionário aposentado de um museu, no porão do Hermitage de Leningrado. Diariamente, visitava a mãe convalescente, divorciada do pai, em um subúrbio distante da antiga capital. Natalia era uma "menina mimada", como ela própria recorda. De Omsk, escreveu "cartas aterrorizantes" para a mãe, implorando para que viesse ficar com ela. "Em uma carta, cheguei a ameaçar ir a pé até Leningrado se minha mãe não viesse." Em setembro de 1941, seu desejo foi realizado. A mãe de Natalia chegou a Omsk. Ela partira de Leningrado pouco antes dos alemães levantarem o bloqueio. Sergei sofreu com sua ausência e ficou doente nas primeiras semanas do sítio. Ele escreveu para amigos sobre a necessidade desesperadora de ver Natalia. Mas quando teve a chance de deixar Leningrado em um dos últimos voos que decolaram da cidade, em outubro de 1941, ele a recusou. Como único apoio dos pais, não conseguia abandoná-los. Sergei compreendeu que não sobreviveria ao sítio: pessoas morriam ao seu redor. Em 1º de janeiro de 1942, escreveu para a mãe que seu único desejo era ver Natalia mais uma vez antes de morrer. Cinco dias depois, foi morto quando o Hermitage foi atingido em cheio por uma bomba alemã. Durante toda a vida, Natalia foi perseguida por uma sensação de culpa em relação à morte do pai: ela sentia que era culpada por ele ter sido abandonado pela mãe, que poderia tê-lo ajudado a sobreviver se tivesse ficado em Leningrado. "Sou atormentada pela mesma pergunta desde a infância", recorda Natalia: "Se meus pais estivessem ameaçados por um perigo terrível, e eu tivesse o poder de salvar apenas um dos dois, a quem escolheria? Tentei expulsar a pergunta da minha mente, não conseguia respondê-la, mas ela sempre voltava."[13]

Marianna Fursei tinha 4 anos em 1941. Ela vinha de um lar da *intelligentsia* de Arkhangelsk. O pai, Nikolai, era artista e músico. A mãe, Vera German, era professora de uma família de pedagogos famosos em Leningrado. Eles se conheceram no campo prisional de Solovetsky, onde estavam presos, em 1929, e foram exilados juntos para Arkhangelsk, onde tiveram o filho Georgii, em 1933, e Marianna, em 1937. Em janeiro de 1941, Nikolai foi preso por "agitação antissoviética" e condenado a dez anos em um campo de trabalhos perto de Arkhangelsk. Vera morreu de tifo em 1942. Marianna e o irmão permaneceram aos cuidados da avó, Anastasia Fursei, que morava com a família em Arkhangelsk. Durante o primeiro ano da guerra, a provisão de alimentos em Arkhangelsk foi reduzida drasticamente: a cidade tornou-se praticamente uma zona de fome. As crianças adoeceram. Na primavera de 1942, Marianna estava tão enfraquecida pela fome que não conseguia mais andar; parecia apenas uma questão de tempo até que morresse. Anastasia não conseguia suportar. A médica que consultou, uma conhecida especialista em tuberculose chamada Zina Gliner, aconselhou-a a dar a criança para adoção por uma família que tivesse condições de alimentá-la: segundo ela, era o único modo de salvar a vida da criança. Inicialmente, Anastasia recusou, na esperança de que Nikolai retornasse logo do campo de trabalhos. Mas quando descobriu que ele fora morto (em setembro de 1942), seguiu com relutância o conselho da médica, deu a neta para adoção e foi com Georgii ficar com amigos em Irkutsk, na Sibéria. "Perdoem-me. Imploro que não me amaldiçoem", escreveu para a família alemã em Leningrado. "Dei minha Marinka [Marianna]. Era o único jeito de salvar sua vida." Não havia mais o que fazer: Marianna estava doente demais para suportar a viagem até Irkutsk; não havia outros parentes em Arkhangelsk que pudessem cuidar dela e, apesar de a família alemã ter mantido contato com Anastasia, o sítio a Leningrado eliminara toda a esperança de entregar a menina a eles.

Marianna foi adotada por Iosif e Nelly Goldenshtein, que vinham de uma grande família judia de Mariupol, no sudeste da Ucrânia. Iosif era um comunista de primeiro escalão da força aérea soviética que fora enviado para Arkhangelsk em 1942. Quando, no final de setembro de 1942, o exército alemão atacou Mariupol, Iosif voou de volta para tentar salvar a família. Em vez disso, testemunhou um massacre horrível. Ao se aproximar de casa, ouviu gritos do jardim. Ele só pôde observar a distância enquanto as tropas de Hitler enfileiravam 19 parentes seus, incluindo três de seus próprios filhos, e matavam um a um com um tiro na cabeça. Traumatizado pela experiência, os Goldenshtein estavam desesperados por uma criança a quem pudessem amar, até mesmo — ou especialmente — uma tão doente quanto Marianna, de quem poderiam cuidar até que recuperasse a saúde.

A avó materna de Marianna, Vera German, escreveu para Anastasia, em Irkutsk, perguntando o nome e o endereço da família que adotara sua neta. Mas um erro crucial foi cometido: em vez de escrever Goldenshtein, Anastasia escreveu o nome Goldshtein na carta de resposta. Quando o sítio a Leningrado chegou ao fim e a família de Vera pôde começar a procurar por Marianna, os Goldenshtein tinham se mudado para Tbilisi, e todos os rastros deles em Arkhangelsk haviam desaparecido. Em 1946, Georgii retornou a Leningrado, onde estava determinado a estudar na universidade: tinha apenas 13 anos e era novo demais para se lembrar do nome verdadeiro dos Goldenshtein, e nunca falou com os alemães sobre a irmã desaparecida. Georgii deixara a avó para trás em Irkutsk, prometendo voltar para buscá-la, o que nunca fez. Ela morreu em um lar para inválidos em Irkutsk em 1957.[14]

Os Goldenshtein eram pessoas boas e bem-intencionadas que amavam Marianna como se fosse sua própria filha. Sabendo que os pais dela tinham sido presos como "inimigos do povo" e que seu pai fora morto, tentaram proteger Marianna (e, talvez, a si próprios) ocultando essa informação dela. Não disseram nada a Marianna a respeito dos pais, apesar de terem-na estimulado a ser música, como o pai (na verdade, ela se tornou professora, como a mãe). Os Goldenshtein pertenciam ao *establishment* militar comunista de Tbilisi. Marianna cresceu nesse ambiente privilegiado e adotou muitos de seus valores e costumes. Ela sempre viu os Goldenshtein como seus pais e os chamava de "mamãe" e "papai". Porém, em torno dos 11 anos de idade, começou a perceber que, um dia, pertencera a outra família. As lembranças traumáticas do princípio da infância, enterradas profundamente em seu subconsciente, começaram a voltar. Aparentemente, o catalisador foi um incidente em um campo de Pioneiros quando Marianna foi excluída pelas outras crianças de uma expedição na floresta porque, como disseram, tinha sido "achada" pelos pais. Lentamente, Marianna começou a conectar os fragmentos da vida que levara em Arkhangelsk. Ela nunca falou sobre essas lembranças com os Goldenshtein. Mas a sensação crescente de que não era "da família" fez com que direcionasse sua infelicidade, além de, talvez, seus ressentimentos adolescentes, contra os Goldenshtein, que eram muito rígidos, e contra os pais verdadeiros, os quais, Marianna concluíra, tinham-na abandonado. Marianna explica:

Todas as noites, papai conferia meu dever de casa. Eu não podia ir para a cama até que estivesse perfeito... E mamãe estava doente demais para me proteger. Ela tinha tuberculose. Aos 13 ou 14 anos, eu precisava fazer todas as tarefas domésticas... Quando meus pais ficavam com raiva de mim, eu pensava: "Se estivesse morando mais perto de Arkhangelsk, eu fugiria para encontrar minha avó [Marianna não sabia que a avó estava morta]. Meus pais podem estar chateados comigo, mas, certamente, minha avó não deve estar com tanta raiva." Então eu lembrava que não tinha pais de verdade. E isso me fechava totalmente. Eu só conseguia chorar raramente.[15]

Em 1º de outubro de 1941, Stalin ordenou a evacuação do governo de Moscou para Kuibyshev, no Volga. O pânico tomou conta de Moscou conforme os bombardeios à cidade ficavam mais intensos. Havia relatos de que tropas alemãs teriam furado as defesas soviéticas em Viazma, a alguns dias de marcha da capital, em 16 de outubro. Nas estações ferroviárias, ocorriam cenas desagradáveis quando as multidões lutavam para entrar em trens rumo ao leste. Verzhbitsky relatou que havia pessoas pagando 20 mil rublos para ir de carro de Moscou para Kazan. O pânico era baseado em parte nas lembranças da fome durante a Guerra Civil. E, realmente, não demorou até que a situação da alimentação ficasse desesperadora. Havia filas imensas em todas as lojas e saques constantes, os quais as prisões em massa não ajudaram muito a reduzir. Em 17 de outubro, Verzhbitsky resumiu o humor da população em seu diário:

> Quem é o autor de toda essa bagunça, essa fuga generalizada, essa roubalheira, essa confusão em nossa mente? As pessoas falam muito abertamente de um jeito que, há três dias, faria com que fossem presas. Filas, filas intermináveis, pessoas nervosas e no limite. A histeria espalhou-se da liderança para as massas. Estão começando a lembrar e a fazer as contas de todos os insultos, opressões, injustiças, maus-tratos e maquinações burocráticas do oficialismo, o desdém e a arrogância dos membros do Partido, as ordens, privações e mentiras draconianas e as autocongratulações arrogantes dos jornais. É algo terrível de se ouvir. Agora, as pessoas falam com o coração. Será que uma cidade pode realmente se defender com um humor desses?[16]

No mesmo dia, Stalin fez uma transmissão radiofônica pedindo que defendessem a cidade até o fim: era um ponto decisivo da guerra. As pessoas se uniram em defesa da capital, motivadas mais por patriotismo local por Moscou do que por fidelidade ao regime soviético. Moscovitas recordam que todos os habitantes se reuniram no centro da cidade — as partes mais afastadas estavam praticamente sem ninguém — como que movidos por um impulso coletivo de autodefesa ou pela necessidade inconsciente de se unirem contra o inimigo. Um quarto de milhão de civis escavaram trincheiras, transportaram alimentos e remédios para a frente de batalha e acolheram soldados feridos em suas casas. Dezenas de milhares de habitantes ofereceram-se como voluntários para defender a cidade ao lado dos soldados comuns, reunidos dos exércitos destruídos que haviam recuado do *front* da Bielorrússia e de reforços da Sibéria que entraram em combate no instante em que chegaram a Moscou. Sob o comando do general Georgii Zhukov, a disciplina militar foi gradualmente restabelecida. O novo espírito de determinação foi simbolizado pela decisão de Stalin de realizar a parada do Dia da Revolução (7 de novembro) na Praça Vermelha, como de costume: as tropas marcharam diante do Mausoléu de Lenin e, em seguida, foram enviadas diretamente para o *front*. Segundo K. R. Sinilov, comandante de Moscou, a parada teve um efeito crucial sobre o humor público. Antes da parada, as cartas que recebia eram principalmente derrotistas: muitas pessoas queriam abandonar Moscou em vez de expor a população da cidade ao perigo. Mas depois, as pessoas escreviam com mensagens desafiantes.[17]

Essas poucas semanas de combates desesperados determinaram o resultado da guerra. Na metade de novembro, as tropas alemãs estavam soterradas na neve e na lama do inverno. Estavam despreparadas para sobreviver ao inverno russo e exaustas depois de marcharem por cinco meses sem descanso. Pela primeira vez desde o início da invasão, os alemães estavam sofrendo grandes perdas. Em dezembro, os soviéticos lançaram uma contraofensiva e, em abril, os alemães foram forçados a recuar até Smolensk. A defesa da capital foi um grande estímulo para o moral soviético. As pessoas começaram a acreditar na vitória. O país ainda estava em uma posição terrível. No final de 1941, já tinha perdido três milhões de tropas, mais da metade do número que iniciara a guerra, boa parte da indústria soviética estava destruída e 90 milhões de cidadãos, quase metade da população soviética pré-guerra, viviam em territórios ocupados pelos alemães. Mas a sobrevivência de Moscou foi fundamental: tendo fracassado na captura da capital soviética, a Wehrmacht não tinha mais chances de derrotar a União Soviética.

2

Simonov partiu para a guerra com uma fotografia de Valentina Serova no bolso da camisa, mantendo a imagem dela perto do coração. Nos últimos seis meses de 1941, quando Valentina foi evacuada para Sverdlovsk, Simonov cobriu-a de poemas de amor. O poeta apaixonou-se pela mulher que imaginara em seus poemas:

> Quero dizer que é minha esposa,
> Não para que possa dizer que é minha,
> Não porque nosso relacionamento verdadeiro
> Já foi descoberto há tempos e é conhecido por todos.
>
> Não me gabo de sua beleza
> Nem da fama e fortuna que encontrou.
> Para mim basta a mulher delicada, secreta
> Que entrou em minha casa sem fazer nenhum som.[18]

Simonov não escreveu para a esposa verdadeira. Zhenia Laskina fora evacuada para Cheliabinsk, nos Urais, com o filho, Aleksei, os pais, Samuil e Berta, e as duas irmãs, Fania e Sonia, em setembro de 1941. As três irmãs trabalharam na Fábrica de Tratores de Cheliabinsk, a maior das indústrias redirecionadas para a produção de tanques em uma cidade que acabou sendo apelidada de Tankogrado. Sonia e Zhenia trabalhavam no escritório de aquisições enquanto Fania era uma definidora de metas (responsável por estabelecer as metas de produção e os salários). Os Laskin viviam juntos em um dos dois quartos de um apartamento que dividiam com outra família. "Era apertado, mas caloroso e amigável", recorda Fania. "Todos éramos muito próximos." Os pais de Simonov também foram evacuados para os Urais, para a cidade de Molotov. Diferentemente de Simonov, eles mantiveram contato com Zhenia, a quem adoravam. No final de dezembro, Simonov recebeu uma folga de alguns dias para o Ano-novo. Ele não foi para Cheliabinsk nem para Molotov. Em vez disso, foi visitar Valentina na cidade vizinha de Sverdlovsk. Valentina recusou-se a recebê-lo — estava prestes a partir para Moscou —, então Simonov voou para a Crimeia, onde acabara de ser lançada uma grande ofensiva pela retomada da península de Kerch das mãos dos alemães.[19]

Valentina continuou resistindo à aproximação de Simonov, pois seu afeto estava direcionado para outro. Aparentemente, ela tivera um breve caso com o filho de Stalin, Vasily, e depois se apaixonara por um herói militar, o general Rokossovsky, a quem conhecera na primavera de 1942, quando atuou em um hospital de Moscou, onde ele estava se recuperando de ferimentos sofridos em batalha. Veterano da Guerra Civil, Rokossovsky foi preso em 1937, mas foi libertado da prisão de Butyrki em 1940, quando se instalou com a esposa e a filha em Kiev. Quando a guerra estourou, Rokossovsky foi chamado por Stalin de volta a Moscou, onde foi posto no comando do Quarto Exército, perto de Smolensk. Ele participou das batalhas cruciais por Moscou no outono de 1941. Quando Kiev foi ocupada pelos alemães, o general perdeu contato com a esposa. Rokossovsky acreditava — ou queria acreditar — que estava desimpedido para ficar com Serova. Não esperava rever a esposa. Contudo, dois meses depois de conhecer Serova, a esposa de Rokossovsky apareceu com a filha em Moscou. Elas haviam sido evacuadas de Kiev pouco antes da capital ucraniana ser ocupada pelos alemães. Em Moscou, ela logo soube do romance entre o marido e a atriz de cinema, que ainda era cortejada por Simonov. O triângulo amoroso transformara-se na principal fofoca da elite soviética, que o chamava de "USSR" (União entre Serova, Simonov e Rokossovsky). Determinada a pôr fim ao caso, a esposa de Rokossovsky queixou-se a Stalin, que reprovava que seus principais generais fossem distraídos por questões pessoais. Em julho de 1942, Stalin ordenou que Rokossovsky assumisse o comando do *front* de Briansk, ao sul de Moscou, e se concentrasse na guerra. Durante o verão seguinte, Valentina tentou reatar o romance. Desesperadamente apaixonada pelo belo general, ela voou até o *front* para vê-lo. Mas depois da intervenção de Stalin, Rokossovsky recusou-se a recebê-la. Conforme foi ficando claro que a paixão pelo general não seria correspondida, Valentina passou a ser menos dura com Simonov, que nunca deixara de enviar presentes e poemas. Ela dormia com ele, mas dizia que não estava apaixonada. Às vezes, maltratava Simonov de modo cruel e humilhante. Uma vez, chegou a obrigá-lo a entregar uma carta de amor para Rokossovsky no *front*.[20]

A essa altura, o "romance" entre Simonov e Valentina tornara-se o tema de um ciclo de poemas líricos conhecido por todos. O caso tornou-se fato consumado na imaginação literária da nação antes mesmo de existir na realidade.

O mais famoso desses poemas era "Espere por Mim", escrito no verão de 1941, quando Simonov estava muito longe de conquistar o coração de Valentina:

> Espere por mim, e retornarei,
> Mas espere com toda a força,
> Espere quando a tristeza cair
> Com as chuvas amarelas,
> Espere quando montes de neve cobrirem o chão,
> Espere durante o calor,
> Espere enquanto desistem dos outros,
> Que são esquecidos junto com o passado.
> Espere quando, de lugares distantes,
> As cartas não chegarem,
> Espere quando todos que esperarem juntos
> Estiverem cansados de esperar.
>
> Espere por mim, e retornarei,
> Não concorde
> Com quem lhe diga para esquecer,
> Insistindo que estão certos.
> Apesar de até meu filho e minha mãe
> Acreditarem que já parti,
> Apesar de meus amigos se cansarem de esperar,
> Acomode-se ao lado do fogo e beba
> Uma xícara amarga,
> Para que minha alma descanse em paz...
> Espere. Não tenha pressa em se juntar a eles
> No brinde que fazem por mim.
> Espere por mim, e retornarei,
> Apenas para magoar todas as mortes.
> Que os que não esperaram
> Digam: "Ele teve sorte."
> É difícil compreender,
> Acham aqueles que não esperaram,

"ESPERE POR MIM"

> Que, dentro do calor do fogo,
> Esperando por mim ali,
> Foi você quem me salvou.
> Só você e eu saberemos
> Como sobrevivi —
> É apenas que você sabe esperar
> Como ninguém mais.[21]

Simonov escrevera os poemas de amor para Valentina e para si próprio. Ele não achava que eram adequados para publicação porque careciam do "conteúdo cívico" obrigatório da poesia realista socialista. "Eu achava que aqueles poemas eram assunto pessoal meu", disse Simonov em 1942. Mas ao viver nas trincheiras no *front*, ele recitava os poemas para os soldados, que os anotavam e aprendiam de cor. Os homens encontraram ressonâncias das próprias emoções nesses poemas e estimularam Simonov a publicá-los no *Krasnaia zvezda*. Em dezembro de 1941, quando Simonov retornou a Moscou de licença, diversos poemas seus foram transmitidos pelo rádio e depois publicados no *Pravda*. "Espere por Mim" foi o que gerou mais reações. O poema foi republicado centenas de vezes na imprensa, copiado e distribuído em milhares de versões particulares feitas por soldados e civis e tornou-se uma canção de sucesso. Em 1942, Simonov escreveu o roteiro para um filme (*Espere por mim*), no qual Valentina interpretou o papel principal. Uma versão para os palcos foi produzida por teatros em cidades de todo o país. Soldados copiavam o poema em seus álbuns e cadernos e o guardavam no bolso como um amuleto. Eles gravavam o trecho principal do poema em tanques e caminhões e o tatuavam nos braços. Sem palavras para expressar as próprias emoções, os soldados simplesmente copiavam o verso nas cartas para as namoradas, que respondiam com o mesmo juramento. "Querido Volodenka", escreveu uma mulher para o amado, que estava no *front*. "Não tenho notícias suas há muito tempo. Mas esperarei por você, e você retornará." Soldados escreviam os próprios poemas de amor imitando "Espere por Mim", geralmente acrescentando detalhes individuais da própria experiência.[22]

A razão principal do enorme sucesso do poema era sua capacidade de manifestar os pensamentos e emoções pessoais de milhões de soldados e de civis, que ligavam a própria esperança de sobrevivência à ideia do reencontro com alguém amado. Em maio de 1942, um grupo de soldados escreveu para Simonov:

Sempre que seus poemas aparecem nos jornais, há uma grande excitação em nosso regimento. Recortamos os poemas, fazemos cópias e as circulamos de mão em mão, porque não existem cópias suficientes dos jornais e todos queremos ler e discutir os poemas. Todos sabemos "Espere Por Mim" de cor. O poema diz exatamente o que sentimos, pois todos temos esposas, noivas ou namoradas em casa, e temos a esperança de que esperem por nós até que retornemos vitoriosos.[23]

Todos estavam envolvidos com uma versão pessoal do romance universal encapsulado pelo poema — um conto sobre "Você" e "Eu" contra o pano de fundo da guerra. Mas anseios românticos eram apenas metade do todo. O poema também manifestava a profunda ansiedade dos soldados em relação à fidelidade das esposas e mulheres deixadas em casa. Muitas canções de soldados manifestavam essa preocupação. Uma das mais populares originara-se de uma canção cantada por mulheres depois da partida dos companheiros, mas tinha uma ressonância entre as tropas, que a cantavam quando iam para a batalha:

> Eu queria dizer tanto para você,
> Mas não falei nenhuma palavra.
> Calma, mas com firmeza, você sussurrou no meu ouvido:
> "Não ame ninguém além de mim!"
> ...
> Não se preocupe quando for para a guerra,
> Serei fiel a você,
> Você retornará vitorioso, meu soldado,
> E eu o envolverei com força com meus braços!

Variações de "Espere por Mim" também enfatizam a fidelidade. Um grupo de soldados dos Urais cantava:

> Esperarei por você, querida,
> Esperarei com firmeza.
> Esperarei pelo inverno dos Urais,
> E pelas flores na primavera...

Outra versão adotava temas de canções folclóricas tradicionais russas, como o rouxinol:

> Esperarei e você retornará, eu sei.
> Que as chuvas amarelas caiam,
> Esperarei por você, meu doce rouxinol,
> E acreditarei com toda a força na nossa felicidade...[24]

Soldados viam com péssimos olhos esposas infiéis a maridos que estavam no *front*. Conforme a guerra prosseguia, a suspeita de infidelidade exercia um desgaste crescente em muitas famílias, considerando que a maioria das mulheres (que precisavam viver nas condições reais da guerra) não tinha esperanças de atingir a imagem idealizada da mulher soviética (a namorada que espera pelo amado, e a esposa leal e fiel) retratada em filmes de propaganda, peças e poemas como "Espere por Mim".[25]

O próprio Simonov acabou envolvido em um caso de fúria de soldados contra uma esposa infiel. Em setembro de 1943, ele estava ligado ao Terceiro Exército, no *front* de Briansk. Alguns dias depois de um comandante ser morto em combate, foi recebida uma carta de sua esposa, que estava em Vichuga, a noroeste de Moscou, na qual dizia ao marido que o estava trocando por outro. Tendo aberto a carta, os soldados sentiram-se na obrigação de responder. Pediram a Simonov que escrevesse em nome deles, dizendo o que queriam transmitir. Mas Simonov foi chamado para outro setor do *front* antes que pudesse redigir o texto. Dois meses depois, quando estava em Kharkov para fazer uma matéria para o *Krasnaia zvezda* sobre os assassinatos de judeus cometidos por nazistas na cidade, Simonov recordou repentinamente da promessa não cumprida que fizera aos soldados. Ele ainda tinha o nome e o endereço da mulher, mas, em vez de escrever diretamente para ela, redigiu o poema "Carta Aberta para a Mulher de Vichuga" para manifestar publicamente os sentimentos dos soldados. Como Simonov explicou ao

Secretário do Partido de Vichuga, ele citou no poema "muitas frases e expressões exatamente como ditas pelos soldados" quando lhe disseram o que deveria escrever para a esposa infiel:[26]

> Sou obrigado a informar
> Que o destinatário não recebeu
> A carta enviada por você
> Sem nenhuma vergonha.
>
> Seu marido não recebeu a carta,
> Não foi ferido por suas palavras vulgares,
> Não tremeu nem perdeu a cabeça,
> Não se arrependeu do passado.
> ...
> Assim, seu ex-marido foi morto.
> Está tudo bem. Viva com o novo.
> O morto não lhe pode fazer mal
> Em uma carta com palavras supérfluas.
>
> Viva, sem medo nem culpa,
> Ele não pode escrever, ele não responderá
> Nem retornará para sua cidade depois da guerra
> Para encontrá-la de mãos dadas com outro.[27]

Segundo a poeta Margarita Aliger, o segredo do apelo de "Espere por Mim" e dos outros poemas da coletânea *Com você e sem você* (1941-45) era o modo pelo qual conseguiam expressar sentimentos universais com uma voz intensamente pessoal. Os leitores soviéticos tinham encontrado poucas vezes uma poesia tão emotiva e erótica quanto os poemas escritos por Simonov durante a guerra, antes da qual o público e o privado haviam sido contrapostos como opostos culturais e políticos. Durante as décadas de 1920 e 1930, não havia espaço para temas íntimos ou privados na poesia direcionada para o público produzida na União Soviética. Expressa em termos de "Nós" (ou "Ele", em poemas que retratavam Stalin como a voz de todos os cidadãos soviéticos), a poesia era dominada pelos temas coletivos grandiosos da Revolução (até Mandelshtam declarou que a poesia lírica era inadequada para a arte soviética porque o período histórico não tinha mais "nenhum interesse pelo destino humano do indivíduo"). Mas a cultura soviética durante a guerra testemunhou a fusão gradual entre o privado e o público. A poesia tornou-se mais íntima e passou a abordar temas pessoais. Ela falava sobre emoções e relacionamentos, adquirindo nova autoridade e status. Nas palavras do poeta Semyon Kirsanov:

> A guerra não se presta a odes
> E boa parte dela não é adequada para livros,
> Mas acredito que o povo precise
> Do espírito deste diário aberto.
> ("Dever", 1942)

"Espere por Mim" foi o primeiro grande sinal dessa mudança estética. O poema conjurava um mundo privado de relacionamentos íntimos independentes do Estado. Como foi escrito a partir dos sentimentos de uma pessoa, tornou-se necessário para milhões. Com o barulho da batalha em todas as partes, com oficiais que gritavam e comissários que latiam, o povo precisava da poesia para que ela tocasse suas emoções; o povo ansiava por palavras para manifestar a tristeza, a raiva, o ódio, o medo e a esperança que o agitavam. "Seus poemas vivem em nossos sentimentos", escreveu um grupo de soldados para Simonov em 1945. "Eles nos ensinam como lidar com outras pessoas, especialmente com as mulheres, e por isso são amados por todos nós. Você foi o único que conseguiu expressar nossos pensamentos e esperanças mais profundas."[28]

Apesar de todo o impacto privado da poesia de Simonov, o uso dela pela propaganda estava claro para todos. Poemas como "Espere por Mim" eram armas poderosas na campanha soviética para manter o moral. As emoções expressadas pelos poemas ajudavam a fomentação de uma espécie de patriotismo de primeiro grau, centrado na família, no companheirismo e no amor, que, por sua vez, fornecia uma base para o conceito mais amplo da solidariedade nacional soviética. Apesar dos boatos de que Stalin teria dito que somente duas cópias de "Espere por Mim" deveriam ter sido impressas ("uma para ele e outra para ela"), o regime, na verdade, agiu rapidamente na exploração da popularidade do poema.

Segundo Aleksandr Shcherbakov, chefe do Departamento Político Principal do Exército Vermelho, o Kremlin chegou a considerar afastar Simonov do perigo da frente de batalha por causa do valor que ele tinha como poeta. A liderança do Partido ficara preocupada com uma passagem em um de seus poemas que sugeria o martírio (era um gesto romântico dirigido a Valentina), e Shcherbakov recebeu ordens de avisar a Simonov para tomar cuidado. Depois do sucesso de "Espere por Mim", Simonov ascendeu rapidamente ao topo do *establishment* cultural soviético. Ganhou o Prêmio Stalin em 1942 e novamente em 1943. Foi recompensado com um apartamento de luxo em um novo prédio na autoestrada Leningrado, em Moscou (até então, quando ficava em Moscou, hospedava-se nos escritórios da editora do *Krasnaia zvezda*). Pela primeira vez na vida, teve uma empregada. Bem remunerado pelos trabalhos de jornalista e poeta, Simonov enriqueceu, especialmente porque no *front* não havia onde gastar o que ganhava e as autoridades cobriam quase todas as suas despesas pessoais. Ele só precisava sacar parte dos *royalties* quando queria enviar dinheiro para os pais ou para o filho, por intermédio de Zhenia.[29]

À medida que a fama e a fortuna de Simonov aumentaram, ele foi ficando mais atraente para Valentina. Ela sempre se interessara por homens poderosos e influentes que a pudessem proteger de sua biografia comprometida. Graças a Simonov, Valentina obtinha papéis principais em filmes e peças. Na primavera de 1943, o casal romântico e glamouroso aparecia com frequência na imprensa soviética, circulando ocasionalmente juntos no *front*. A imagem dos amantes separados de "Espere por Mim" reunidos na realidade era boa demais para que o regime resistisse a utilizá-la como estímulo para o moral dos soldados. Mas, na verdade, os dois não casaram até outubro de 1943, e todas as provas sugerem que foi somente pouco antes disso que Valentina concordou em se casar com Simonov. Quando se casaram, Simonov ainda estava legalmente casado com Zhenia Laskina (não há registros de que tenha se divorciado dela), apesar de tê-la abandonado três anos antes. O casamento foi organizado às pressas. Os convidados foram poucos, incluindo um casal de filhos de Stalin, Svetlana e Vasily, que transmitiram a bênção pessoal do líder. Depois da cerimônia, Simonov partiu imediatamente para o *front* em Briansk. Exceto por dois períodos curtos, quando Valentina visitou Simonov em 1943 no *front* de Briansk e quando viajou com ele pelo *front* perto de Leningrado, os recém-casados não se viram até o final da guerra. Mesmo após a guerra, Valentina e Simonov levavam vidas bastante independentes: cada um tinha o próprio apartamento com empregada, no mesmo andar do prédio da autoestrada Leningrado. Valentina começou a beber muito. Embebedava-se à tarde corriqueiramente. Segundo as memórias de uma amiga, a atriz Tatiana Okunevskaia, Valentina era infeliz no casamento e bebia para suportar o passar dos dias (para Simonov, ao contrário, era um modo de levá-la para a cama). Pode-se questionar a confiabilidade das memórias de Okunevskaia, profundamente influenciadas pelo ódio intenso que tinha do ex-marido, Boris Gorbatov, amigo íntimo de Simonov, contra quem também tinha rancores.* É bem provável que Valentina, em al-

---

* Segundo suas memórias, publicadas em 1998, Okunevskaia casara-se com Gorbatov em 1937 na esperança de que, como famoso escritor e jornalista do *Pravda*, ele pudesse protegê-la da prisão (seu pai, que fora preso como oficial tsarista em 1925, voltou a ser preso com a avó, com quem foi enviado para um campo de trabalhos em 1937, enquanto a própria Okunevskaia foi dispensada do filme em que estava atuando e não conseguiu encontrar outro papel). Durante os dez anos seguintes, o casal viveu no estilo luxuoso da elite soviética, sendo visto sempre em recepções no Kremlin, onde a beleza de Tatiana chamou a atenção do chefe do NKVD, Lavrenty Beria. Em 1947, ela foi estuprada várias vezes por Beria, incidente que caiu no conhecimento de toda a liderança soviética. Em suas memórias, Okunevskaia alega que Gorbatov não fez nada para protegê-la. Ele acabara de ser promovido para o Comitê Central e não queria problemas. Tatiana ficou revoltada e começou a falar francamente. Bebia muito e agia com indiscrição nas recepções no Kremlin. Temendo a prisão da esposa, Gorbatov implorou-lhe que tentasse se salvar filiando-se ao Partido. Mas ela recusou. Para salvar a si próprio, segundo Okunevskaia, Gorbatov apresentou provas das atividades da esposa às autoridades. Tatiana foi presa e condenada a dez anos nos campos de Kolyma por espionagem (ela viajara diversas vezes ao exterior e era conhecida pelos casos que tivera com estrangeiros, incluindo Josip Tito, o primeiro-ministro iugoslavo). A prisão de Okunevskaia era fonte de discussões frequentes na casa de Simonov. Em suas memórias, Okunevskaia é profundamente hostil em relação a Simonov, retratando-o, assim como Gorbatov, como um carreirista desprezível do Partido. Recordando de quando conhecera Simonov, em 1937, em Peredelkino, onde diz que ele tentou agarrá-la à força, Okunevskaia descreve o escritor como "o mais antipático [de todos os amigos de Gorbatov], rude e insensível, nada gracioso, sujo e mal-arrumado", descrição radicalmente contrária à da figura culta e respeitável descrita por outros contemporâneos (T. Okunevskaia, *Tat'ianin den'* [Moscou, 1998], p. 65-6).

gum momento, tenha se apaixonado por Simonov — possivelmente, quando passou a vê-lo como uma figura importante no mundo cultural soviético — e que a origem do alcoolismo tenha sido outra. Mas não há dúvida de que o casamento era turbulento, muito diferente da imagem de felicidade conjugal de propaganda produzida pelas autoridades soviéticas para dar ao público algo feliz em que pudessem acreditar. Havia discussões constantes, interrompidas por momentos de paixão, pelo menos nas cartas de amor e poemas que Simonov enviava a Valentina do *front*; mas só tiveram uma filha, Maria, em 1950, quando Valentina já traíra Simonov em inúmeros casos.[30]

Nem todos apreciavam tanto "Espere por Mim". Algumas pessoas achavam que era sentimental e que as emoções íntimas sobre as quais o poema falava não eram apropriadas para o consumo público.[31] A própria mãe de Simonov, Aleksandra, era uma dessas pessoas, apesar de suas reservas estarem relacionadas tanto com o fato de não gostar pessoalmente de Valentina e de reprovar o comportamento do filho diante da família quanto à discrição aristocrática natural acerca da demonstração de emoções. Ela não gostava especialmente dos versos "Apesar de meu filho e minha mãe / acreditarem que já parti", os quais achava desrespeitosos em relação a ela e a todas as mães na União Soviética. Depois de assistir a um recital de poesia em Moscou no qual Simonov recitou "Espere por Mim" para Valentina, sentada na primeira fila de um salão lotado, Aleksandra escreveu de Molotov para o filho em dezembro de 1944:

Kirunia! Conversamos hoje ao telefone, o que me levou a terminar a carta... porque ela contém todos os pensamentos e preocupações que têm me afligido recentemente. Você organizou sua vida de um modo que me impede de falar abertamente com você. Não posso lhe dizer o que está em meu coração, o que sinto e penso, em breves diálogos enquanto seu motorista dirige por aí, mas, ainda assim, sinto que preciso continuar tentando.

Portanto, querido, preciso contar a verdade amarga e dizer-lhe que estou preocupada com sua vida privada. Senti isso no recital e continuei sentindo durante muito tempo depois... Entendi muita coisa naquela noite...

Para mim, K. Simonov realizou algo grandioso, ele convocou a juventude a amar, falou sobre o amor com uma voz clara, que é algo novo em nossa literatura e poesia, onde heróis viviam e morriam de modo estritamente regimentado... Para isso, inspirou-se nos próprios sentimentos íntimos, e conforme os boatos foram circulando, as pessoas ficaram curiosas. A plateia no salão naquela noite não era formada por pessoas pensantes que tinham vindo para ouvir e refletir. Era uma turba, que não tinha pudores de ficar de pé e empurrar os outros para ver melhor "aquela mulher" — a quem cumprimentavam e invejavam, mas de quem não gostavam muito, uma mulher que você desnudou diante deles. Não acredito que ela possa ter apreciado a experiência... Essas atuações teatrais mostram seu caráter sob uma luz negativa; elas não compensam seus erros. É doloroso observá-lo se cercar por essa multidão imunda de parasitas, como tem feito nos últimos anos; você não encontrou dentro de si nem a força nem a compreensão da vida em geral para vê-los pelo que realmente são... Você e ela, ela e você, é tudo que temos ouvido nos últimos anos... E parece-me que nessa exibição vulgar só existe egoísmo e caprichos, e nenhum amor por ninguém.[32]

Somente uma mãe poderia ter escrito uma carta como essa. Ninguém mais poderia ter repreendido Simonov de modo tão severo e amargo. Aleksandra tinha ideias rígidas sobre "decência" e "comportamento correto" e, sendo uma espécie de pedagoga, não hesitava em dizer às pessoas como deveriam se comportar. Ela reprovava o casamento do filho com Valentina, uma "mulher egoísta, caprichosa e temperamental, cujo comportamento acho simplesmente insuportável", como escreveu em uma carta ao marido, Aleksandr, em maio de 1944. Ela não gostava de como o filho "arrastara-se" para dentro da elite soviética e, julgando pelo tom de suas cartas parabenizando-o, não valorizava muito que tivesse recebido o Prêmio Stalin e várias outras honrarias. Ela acusava o filho de ser egoísta, de ignorá-la, de não valorizar os sacrifícios que fizera para criá-lo. Apesar da tendência de Aleksandra de dramatizar os acontecimentos e, como toda mãe, de desejar mais atenção por parte do filho, havia um fundamento moral em suas repreensões. Em uma carta reveladora, na qual chama a atenção do filho por ficar dois meses sem lhe escrever (e, de repente, chega um bilhete de duas linhas datilografada por sua secretária... "*Cela brusque!*"[sic]), ela critica o filho por pensar apenas no próprio conforto e na felicidade com Valentina, enquanto ela e Aleksandr viviam na pobreza, "como todos nós aqui em Cheliabinsk":

O conforto do qual desfruta, o qual conquistou, é o tipo de conforto que você, um dia, conheceu somente pelos livros de história e de histórias de minha vida anterior que lhe contei quando era criança — de um tempo em que seu bem-estar era meu único prazer. Nasci em outro mundo. Os primeiros 27 anos da minha vida [1890-1917] foram vividos em condições luxuosas, eu nem precisava tirar a própria roupa. Então, repentinamente, aquela vida foi destruída. Mas comecei a viver novamente — pela esperança que tinha por você. Eu lavava, cozinhava, ia às lojas e trabalhava o dia inteiro, tudo por você. Digo honestamente: acho que conquistei o direito de viver ao menos com a metade do conforto desfrutado pelo filho que criei. Fiz por merecer o direito de viver em um quarto confortável, com um lugar onde possa me lavar.[33]

Mas o motivo real da reprovação de Aleksandra era outro. Ela preocupava-se com Zhenia e o neto, Aleksei, um menino doente e fraco, que sofria periodicamente de tuberculose. Ignorado por Simonov, Aleksei estava crescendo à sombra de um pai famoso a quem raramente via. "Acorde, Kirunia, o que há de errado com você?", escreveu Aleksandra a Simonov em 1944:

O que aconteceu com a decência que era tão evidente em você quando criança? Você a preservou na conduta no *front*, mas perdeu-a na vida privada, no comportamento em relação às pessoas que deveriam ficar mais próximas de seu coração!... Na creche onde Alyosha [Aleksei] passa os dias, há um garoto cujo pai, que é apenas um marinheiro, vem buscá-lo todas as tardes. E é apenas um garoto comum. As qualidades espirituais de Alyosha estão se desenvolvendo rapidamente... Você poderia aprender a ser uma pessoa melhor, uma pessoa espiritualmente mais rica, se ficasse perto dele... Outro dia, ele voltou da creche, disse que tinha a melhor avó do mundo, a melhor mamãe e, depois de pensar, falou: "e o melhor papai do mundo." Kirunia, seu filho ainda acredita em você, a fé no pai ainda existe em seu querido coração infantil, ele quer um pai, um pai de verdade, e ainda há tempo para que você seja um. Acredite em si mesmo, meu filho, como Alyosha acredita em você. Retorne para si, para a pessoa verdadeira e decente que é, acredite em si próprio, em seu trabalho, o qual, para você, sempre foi o principal aspecto de sua vida, e depois acredite em nós, as pessoas próximas de você, que o amam e acreditam em você. Concentre sua força de vontade — da qual você sempre se orgulhou e, agora, precisa mais do que nunca se pretende voltar a ser quem realmente é.[34]

Apesar da relação de Simonov com a mãe ter deteriorado durante a guerra, ele aproximou-se do padrasto, Aleksandr. "Parece que papai e eu tivemos os lugares trocados em seu afeto", escreveu Aleksandra para Simonov em 1944, "e você ficou mais afetuoso com ele do que comigo. Compreendo a razão — você precisa dele agora, em tempos de guerra — e a valorizo."[35] Aleksandr era militar e educara o enteado para que fosse consciencioso e obediente, disciplinado e organizado — valores militares que Simonov colocara no centro da própria identificação com o regime stalinista durante a década de 1930. Mas o jovem Simonov, profundamente consciente de que sua origem era da classe errada, sempre ficara inseguro quanto à sua posição. Foi somente durante a guerra, quando a posição era definida mais pelo cumprimento dos deveres com o Estado do que pela classe social, que Simonov encontrou seu lugar no sistema.

Para Simonov, o serviço militar por si só já foi emocionante. Promovido a tenente-coronel em 1942, ele assumiu a nova autoridade de modo gracioso e com estilo. Segundo o escritor Iraklii Andronnikov, Simonov era "um verdadeiro oficial russo, bem equilibrado, calmo e seguro dentro do uniforme, com botas de couro reluzentes e uma pistola no cinto. Tinha dentes brancos e o rosto bronzeado. Usava o chapéu levemente inclinado para um lado". Os anos de guerra foram os mais felizes de sua vida, pois foram os que a definiram. "Acostumei-me rapidamente com o uniforme e o estilo de vida militar", escreveu Simonov em 1942, "a ponto de não conseguir imaginar como seguirei em frente quando a guerra acabar e eu não tiver mais relatórios militares para escrever nem viagens para o *front* e for obrigado a viver sem os milhares de amigos que fiz em dezenas de exércitos." Margarita Aliger recorda que Simonov passou a guerra em uma espécie de furor de atividade. "Ele escrevia de todos os *fronts* importantes, voltava correndo para Moscou, 'escrevia até morrer' e corria de volta para os lugares onde os combates eram os mais perigosos. Nunca ficava em Moscou por muito mais do que um dia, muitas vezes ficava apenas algumas horas, o bastante para ir beber com amigos." Durante a guerra, Simonov desenvolveu autocontrole e provou para si próprio que era corajoso. Sexualmente, sua confiança também aumentou. Teve muitas amantes, incluindo Marina Chechneva, excelente piloto de bombardeiro e heroína da União Soviética. Segundo uma de suas últimas amantes, Simonov sentia-se especialmente atraído por mulheres em uniformes militares. Ele gostava de fazer amor sobre uma bandeira nazista que trouxera do *front*.[36]

A guerra moldou a visão de mundo de Simonov. Seus valores eram medidos em escala militar. "O exército é uma espécie de escola", disse posteriormente. "Servir no exército nos ensina para toda a vida a cumprir nossas obrigações em relação à sociedade. Não possuir esse senso rígido de dever é não ser um ser humano completo." Simonov era meticuloso e diligente no cumprimento do dever, aderindo rigidamente a rotinas e regras, racional a ponto de parecer frio, insensível e, ocasionalmente, bastante dominador ao lidar com as pessoas. Em muitos aspectos, seu modelo de comportamento era uma figura que introduzira na prosa russa: o oficial-*inteligente* que compreende a lógica das ordens transmitidas pelas autoridades e as executa conscienciosamente. Anos mais tarde, Simonov tendia a julgar as pessoas pelo modo com que se comportaram durante a guerra.

> Não para manchar o nome de alguém
> Mas para que o conheçamos no escuro
> O inverno de quarenta e um
> Deu-nos um sinal verdadeiro
>
> E, se quiser, ele é útil a partir de agora,
> Não deixando que escape de nossas mãos,
> Com aquele sinal, direto e de ferro,
> Para conferir agora como se posicionam.[37]

Simonov aplicou essa medida dura a Lugovskoi, o professor carismático do Instituto Literário que inspirara toda uma geração de poetas soviéticos. Lugovskoi ficou muito abalado com um incidente ocorrido em 1941, quando estava servindo no *front*, onde se viu em meio a um bombardeio pesado. Recuando através de uma cidade atacada pelos alemães, passou por uma casa bombardeada e ali encontrou os corpos mutilados de várias mulheres e crianças. Lugovskoi sofreu um colapso nervoso e foi evacuado para Tashkent. Muitos amigos vieram dar assistência a Lugovskoi, inclusive Elena Bulgakova, viúva do escritor Mikhail Bulgakov, que tentou, sem sucesso, pôr fim ao banimento da publicação da poesia de Lugovskoi (condenada "politicamente nociva" em 1937). Sonia e Zhenia Laskina também entraram em contato com Lugovskoi, escrevendo para ele com muito afeto e amizade. "Você precisa vir a Moscou", escreveu Zhenia em 1943, pouco depois do retorno dos Laskin de Cheliabinsk para a capital. "Precisam de você aqui, e as pessoas sempre vêm quando precisam delas. Não somos apenas pessoas, mas sim amigos. Não se pode dizer não aos amigos." Sonia chegou a prometer casar com Lugovskoi ("Envolverei você com os confortos de uma família") se ele retornasse e fosse morar com elas no apartamento dos Laskin em Sivtsev Vrazhek, onde oito pessoas já se espremiam em três quartos minúsculos. Mas Simonov não compartilhava da mesma simpatia. Ele considerava a remoção de Lugovskoi para Tashkent um sinal de covardia e deixou de considerá-lo um amigo íntimo.[38]

A guerra foi a formação de Simonov como "stalinista": foi nesse período que ele depositou a fé em Stalin como ponto central de sua vida, que assumiu sua posição na hierarquia do comando militar e político do regime, internalizou os valores do sistema e aceitou as orientações da liderança do Partido. Simonov candidatara-se a membro do Partido no início da guerra, tornando-se membro pleno em 1942. Como explicou posteriormente, Simonov filiara-se ao Partido porque queria poder se manifestar a respeito das direções tomadas no esforço de guerra — o que considerava seu dever como oficial — e não acreditava que a guerra pudesse ser vencida sem a liderança do Partido. O Partido "por si só já era uma força de massa, capaz de tomar as decisões e realizar os sacrifícios necessários durante uma guerra", e ele queria fazer parte dessa força. Simonov identificava-se com o Partido, especialmente com seu líder, a ponto de deixar crescer um bigode, passar a pentear o cabelo no "estilo Stalin" e posar com um cachimbo. Segundo Dolmatovsky, Simonov não fumava o cachimbo, mas adotara-o como "estilo de vida".[39]

O principal serviço realizado por Simonov para o Partido era escrever. Era um jornalista militar exemplar, no mínimo comparável a Vasily Grossman e a Ilia Ehrenburg, apesar de Grossman, mais conhecido pelos leitores ocidentais por causa dos romances que escreveu posteriormente, como *Vida e destino* (publicado no Ocidente na década de 1980), ter sido o melhor romancista e o homem mais corajoso dos três. Não era uma questão de bravura física. Simonov nunca evitara ir aos pontos onde a batalha era mais intensa. Em 1942, enviou relatórios de todos os principais *fronts*: da península de Kerch, onde a tentativa soviética de retomar a Crimeia das forças alemãs terminou em catástrofe, na primavera; do *front* de Briansk, onde o Exército Vermelho perdeu Voronezh, em julho, conforme os alemães avançavam para o sudeste rumo aos estoques de grãos da Ucrânia e do Don e aos ricos campos de petróleo do Cáucaso; de Stalingrado, onde os alemães lançaram seu primeiro ataque, lutando rua a rua pela posse da fortaleza soviética, em agosto; e do norte do Cáucaso, onde os alemães obrigaram as forças soviéticas a recuar para o sul, rumo a Krasnodar e a Ordzhonikidze, em dezembro. O único *front* de onde Simonov não enviou relatórios foi o de Leningrado, cujo sitiamento estava no segundo ano, apesar de ter escrito dos portos de Murmansk e de Arkhangelsk, onde transferências de mercadorias e serviços dos Aliados do Ocidente começaram a chegar em navios ingleses no verão de 1942.

Como militar, tendo vivido em primeira mão o combate sangrento em Khalkin Gol, Simonov compreendia a guerra pelo ponto de vista dos soldados, assim como pela perspectiva do oficial obrigado a cumprir ordens superiores. Seu relato da guerra destacava-se pela observação direta e humanidade. Mas Simonov também aceitou plenamente o papel de propaganda atribuído a ele pelo regime na condição de jornalista. Todos os relatórios de guerra eram escritos com o objetivo de fortalecer o moral e a disciplina, fomentando o amor por Stalin e o ódio ao inimigo. Simonov escreveu que as tropas soviéticas lutavam pela glória de Stalin. "Unidas pela disciplina de ferro e pela organização bolchevique", como relatou de Odessa, "as tropas soviéticas estão dando um golpe pesado no inimigo. Estão lutando destemida e incansavelmente no conflito, como aprendemos com o grande Stalin... Por nossa Odessa! Pela pátria! Por Stalin!" Nos relatórios de Simonov, a liderança de Stalin servia de inspiração constante para as tropas soviéticas. Ele escreveu, por exemplo, sobre um oficial que encontrara no *front* perto de Stalingrado que "obtinha toda a sua força da ideia de que nosso grande líder comanda tudo em prol de nossa enorme causa de seu gabinete em Moscou, investindo-o, um coronel comum, com parte de seu gênio e espírito". A mesma ideia fora expressa por Simonov em um poema em celebração do aniversário da Revolução, em 7 de novembro de 1941:

> Camarada Stalin, você pode nos ouvir?
> Você precisa nos ouvir, sabemos disso.
> Não pensamos nos filhos ou nas mães nessa hora assustadora,
> É de você que nos lembramos primeiro.

A confiança de Simonov em Stalin era genuína. Nos últimos anos da vida, jamais tentou negar isso. Em suas memórias, reconheceu que a importância gigantesca que atribuíra a Stalin no poema "não fora um exagero" do que realmente achava.[40]

Parte da correspondência de guerra de Simonov serviu à campanha do regime de estimular as tropas a lutar. Em agosto de 1941, depois do colapso do *front* soviético, Stalin assinou a impiedosa Ordem nº 270, condenando por "traição à pátria" todos aqueles que se rendessem ou fossem capturados. Vários comandantes de primeiro escalão foram presos e mortos, inclusive o comandante do Grupo do Exército Ocidental, general Dmitry Pavlov, que tentara desesperadamente proteger o *front* nas primeiras semanas da guerra. As viúvas de oficiais capturados também estavam sujeitas à prisão (até a esposa do filho de Stalin, Iakov, capturado pelos alemães em julho, foi presa e enviada para um campo de trabalhos). Simonov aceitava — e defendia nos relatórios escritos em 1941 — que o colapso do *front* soviético fora causado pelo "comportamento criminoso de certos generais que eram, na melhor das hipóteses, covardes e, na pior, agentes alemães", que "foram executados merecidamente". Ele também defendia a ideia de que os soldados mais corajosos eram os que tinham menos chances de ser mortos — um mito de propaganda que encorajava muitas tropas a lutar em situações nas quais a morte era praticamente certa.[41]

Além desse serviço ao regime stalinista, Simonov também tentava atingir outro objetivo nos artigos sobre a guerra, especialmente nas notas e observações não publicadas que utilizou mais tarde para escrever seu grande romance de guerra, *Os vivos e os mortos*. Patriota soviético e acreditando com firmeza na vitória da União Soviética, Simonov tentou discernir os indícios da vitória nas ações, ideias e emoções do povo. Ele percebera o primeiro sinal em meio ao caos da retirada soviética de junho de 1941, quando vira os dois oficiais subalternos caminhando para o oeste, rumo ao *front* de Minsk, para localizar o comando militar.[42] Simonov não esqueceu a cena — que, para ele, representava o espírito patriótico das pessoas comuns — e viria a revisitá-la nos escritos posteriores, quando lutava para desenvolver uma concepção populista da vitória soviética. Mas, na época, só tinha uma vaga ideia das forças que levavam as pessoas a lutar.

3

Simonov chegou a Stalingrado em setembro de 1942, no auge da batalha nas ruas. Os últimos defensores soviéticos estavam confinados nos distritos industriais do norte, na área em torno da estação ferroviária e na pequena colina no centro da cidade, ao passo que, ao redor deles, a cidade desmoronara sob o bombardeio dos tanques, aviões e artilharias dos alemães. Simonov ficou impressionado com a extraordinária determinação dos soldados soviéticos ao lutarem contra a superioridade das forças alemãs em cada rua e em cada prédio destruído. Mesmo forçados a retroceder rumo à margem do rio, os soldados soviéticos não desistiram da cidade e evacuaram para a margem oriental do Volga, onde a maior parte do exército soviético estava concentrada. Foi essa determinação — um espírito que não pode ser explicado pela disciplina nem pela ideologia militares — que virou a mesa nessa batalha decisiva da guerra.

Em seu diário, em 16 de setembro, A. S. Chuianov, chefe do Comitê de Defesa de Stalingrado, registrou uma conversa que ouvira entre um grupo de tropas recém-chegadas e um soldado ferido que fora retirado da cidade em chamas:

"O que está acontecendo na cidade?" [perguntaram os homens ao soldado ferido].

"Está irreconhecível. Vejam", apontou com o braço sadio para o Volga, "a cidade inteira está em chamas."

"Mas por que está queimando há tanto tempo?", perguntaram os soldados, surpresos.

"Tudo está pegando fogo: as casas, as fábricas, a terra, todo o metal está derretendo..."

"E as pessoas?"

"As pessoas? Estão resistindo! Resistindo e lutando!..."

A determinação corajosa das forças soviéticas foi realmente decisiva na guerra e não pode ser desconsiderada como um mito de propaganda. Contudo, sua origem nunca foi explicada satisfatoriamente. Por que tantos soldados soviéticos lutaram com tanto desapego à própria vida nas batalhas por Moscou, Kiev, Stalingrado e mais uma dúzia de cidades soviéticas?

O terror e a coerção fornecem parte da explicação. As práticas do sistema de terror pré-guerra foram reimpostas para manter os soldados lutando na guerra. No auge do colapso soviético, em 28 de julho de 1942, quando os alemães ameaçavam Stalingrado, Stalin assinou a notória Ordem nº 227 ("Não recue nem um passo!"), convocando as tropas a defender cada metro do território soviético "até a última gota de sangue" e ameaçando com as punições mais pesadas os "medrosos" e "covardes" que deixassem de cumprir seu dever.* "Unidades de bloqueio" especiais (*zagradotriady*) foram criadas para fortalecer as unidades existentes do NKVD: a ordem que tinham era a de seguir atrás do *front* soviético e atirar em qualquer soldado que ficasse para trás ou tentasse fugir do combate. Durante a guerra, aproximadamente 158 mil soldados foram condenados à morte (um número muito maior foi exe-

---

* O público soviético só tomou conhecimento da nota em 1988, quando foi publicada como parte da política de *glasnost*, ou abertura, apesar de ter sido distribuída para todas as unidades das forças armadas soviéticas em 1942.

cutado sem condenação formal nem registro das mortes); 436 mil foram presos e 422 mil foram obrigados a "pagar com o próprio sangue" pelos crimes "cometidos contra a pátria" servindo nos batalhões penais especiais (*shtrafroty*) utilizados para as missões mais perigosas, como limpar campos minados ou invadir fortificações alemãs. No entanto, o impacto da Ordem nº 227 não deve ser exagerado, nem o sistema de terror implantado no exército como um todo. A ordem foi seguida em momentos desesperadores, como na batalha de Stalingrado, quando cerca de 13.500 soldados soviéticos foram mortos em um período de poucas semanas. Mas, fora isso, a ordem era habitualmente ignorada pelos comandantes e oficiais políticos, que aprenderam com a experiência que a unidade e a eficiência militar não eram ajudadas por punições tão drásticas. Na verdade, apesar da implementação da ordem, o índice de deserção no exército continuou a aumentar, levando o próprio Stalin a reconhecer que o terror estava se tornando um meio ineficaz de fazer com que os soldados lutassem, e que outros meios de persuasão precisavam ser desenvolvidos.[43]

Apelos ao patriotismo do povo soviético deram mais resultado. A grande maioria dos soldados soviéticos era de filhos de camponeses, cuja lealdade não era a Stalin nem ao Partido, que tinham arruinado o campo, mas sim aos seus lares e parentes, à própria visão da "pátria". Como Stalin disse a Averell Harriman em setembro de 1941, o povo russo estava lutando "pela pátria deles, não por nós". Para apelar ao povo, a propaganda soviética abandonou aos poucos os símbolos soviéticos, substituindo-os por imagens mais antigas da Mãe Rússia, as quais tinham mais peso entre as tropas. Assim, o retrato de Stalin tornou-se menos onipresente entre 1941 e 1942, período correspondente à catástrofe militar (apesar de ter reaparecido como líder nacional e inspiração das vitórias soviéticas entre 1943 e 1945); a "Internacional" foi substituída por um novo hino nacional; novas medalhas soviéticas foram produzidas, retratando heróis militares da história russa; e a Igreja recebeu mais algum tempo de sobrevida na medida em que o Estado aboliu muitos dos controles políticos sobre atividades religiosas do pré-guerra em troca do apoio moral dos líderes da Igreja na guerra. O resultado da comunhão entre Igreja e Estado foi uma combinação curiosa de fé religiosa e crença soviética. O jornalista Ralph Parker viu um soldado siberiano em uma estação ferroviária de Moscou preparando-se para partir rumo ao *front*. Ele ouvia uma transmissão no alto-falante, e quando reconheceu a voz de Stalin, fez o sinal da cruz e gritou: "Stalin!"[44]

A propaganda soviética também mexia com sentimentos de ódio e vingança. No inverno de 1941, a invasão alemã tinha trazido tanto sofrimento para as famílias soviéticas que bastava atiçar a raiva das pessoas contra o inimigo para que começassem a lutar. Segundo Lev Pushkarev, um jovem soldado e etnógrafo que fez um estudo detalhado da cultura e das crenças das fileiras do Exército Vermelho, era o ódio pelos alemães, mais do que qualquer outra coisa, que fazia os soldados lutarem. Esse sentimento era tão poderoso e imprevisível — contendo muito da fúria reprimida pelos anos de sofrimento suportados pelo povo bem antes da guerra — que precisava ser manipulado cuidadosamente pelos propagandistas para concentrá-lo contra o inimigo estrangeiro. Os poetas desempenharam um papel vital. Simonov foi um entre muitos escritores soviéticos, incluindo Ilia Ehrenburg e Aleksei Surkov, que cederam seus talentos literários à campanha de ódio. "Mate-o!" era o poema mais conhecido desse chamado às armas. Escrito por Simonov em julho de 1942 — em um momento desesperador da guerra, quando os alemães ameaçavam irromper através do Volga e pelo Cáucaso — o poema era, basicamente, uma reiteração do espírito lute-até-a-morte da Ordem nº 227. Oficiais liam o poema para seus homens antes de entrarem em combate para imbuí-los do espírito desafiador e de determinação para lutarem até o fim:

> Se você ama sua mãe,
> Que lhe amamentou com o seio
> Cujo leite já secou há tempos,
> E onde seu rosto pode apenas descansar;
>
> Se não suporta pensar
> Que o fascista ao lado dela
> Pode bater em suas bochechas enrugadas,
> Torcendo suas tranças com a mão;

> Se não esqueceu seu pai,
> Que o embalava nos braços,
> Que era um bom soldado
> E caiu na neve do Cárpato,*
>
> Que morreu pelo Volga e pelo Don,
> Pelo futuro da terra natal;
> Se não suporta pensar
> Que ele se contorcerá na cova,
>
> Que seu retrato de soldado na cruz
> Seja esmagado no chão
> E pisoteado por um alemão
> Diante dos olhos de sua mãe...
>
> Então, mate um alemão — assegure-se de que mate um!
> Mate-o assim que puder!
> Sempre que o vir,
> Não deixe de matá-lo todas as vezes!

A peça *O povo russo*, de Simonov, tentava obter um efeito similar. Publicada nas páginas do *Pravda* no final de julho de 1942, foi encenada em teatros de toda a União Soviética. A peça era muito fraca, mas extremamente oportuna, e sua mensagem — a de que todos os russos estavam unidos contra o inimigo — capturava o espírito desafiador do momento (a peça recebeu o Prêmio Stalin em 1943). Aleksandr Werth, que estava em Moscou escrevendo para o *Sunday Times*, assistiu a uma apresentação no Teatro Artístico de Moscou:

> Houve pelo menos dez segundos de silêncio depois que a cortina caiu, no final do terceiro ato, pois as últimas falas tinham sido: "Vejam como o povo russo segue de encontro à morte." Muitas mulheres na plateia estavam chorando.[45]

Coerção, patriotismo e ódio pelo inimigo tinham um papel, mas talvez o elemento mais importante na determinação dos soldados de lutar te-

---

* O exército russo lutou nas montanhas do Cárpato na Primeira Guerra Mundial.

nha sido o culto ao sacrifício. O povo soviético foi para a guerra com a ideologia da década de 1930. Tendo vivido em um país sob um conflito revolucionário constante, onde sempre eram convocados a se sacrificar em prol da causa maior, os cidadãos estavam prontos para a guerra. Como Simonov observou, o povo estava preparado para as privações da guerra — o rápido declínio na qualidade de vida, a dissolução de famílias, a perturbação da vida comum — porque já tinha passado por muito daquilo em nome dos Planos Quinquenais.[46]

A disposição ao sacrifício pessoal era a maior arma da União Soviética. No primeiro ano da guerra, especialmente, foi essencial para a sobrevivência da União Soviética, enquanto o país lutava para se recuperar do verão catastrófico de 1941. As ações de soldados comuns e de civis, que se sacrificavam em grandes números, compensavam os fracassos do comando militar e a paralisia de quase toda a autoridade. O princípio moral de se sacrificar foi particularmente intenso na "geração de 1941" (pessoas nascidas na década de 1910 e começo de 1920), que havia sido criada ouvindo as histórias lendárias dos heróis soviéticos que se dedicaram aos interesses do Estado: pilotos e stakhanovistas recordistas, exploradores do Ártico, soldados da Guerra Civil, comunistas que haviam lutado na Espanha. Muitos jovens voluntários corriam para a guerra para reproduzir os feitos desses heróis. O chamado às armas de 1941 conectou-os à tradição heroica da Guerra Civil Russa e do Plano Quinquenal de 1928-32 — os dois episódios românticos da história soviética nos quais, supostamente, coisas grandiosas seriam conquistadas pelo empenho e sacrifício coletivo. Nas palavras do poeta David Samoilov (que tinha 21 anos quando entrou para o exército, em 1941): "A Guerra Civil — essa foi de nossos pais. O Plano Quinquenal — era de nossos irmãos mais velhos. Mas a Guerra Patriótica de 1941 — somos nós." Muitos soldados encontravam forças para lutar na sensação de fazer parte desse *continuum*: "Estou seguindo os passos de nosso pai, que morreu lutando na Guerra Civil em 1919", escreveu Leonid Kurin, um jovem tenente, para a irmã, em 1943.

Ele lutou pela minha vida. Agora, estou lutando pela vida dos seus filhos... Sonia, tenho pensado muito sobre a morte — é assustadora ou não? Ela não assusta quando você sabe que morrerá por um futuro melhor, pela felicidade de nossas crianças. Mas é preciso matar uma dúzia de alemães antes de morrer.[47]

A geração de 1941 lutou com dedicação altruísta e bravura heroica, até mesmo com imprudência, desde o primeiro dia da guerra. Foi ela quem sofreu mais perdas humanas. Somente 3% do total de soldados homens nascidos em 1923 sobreviveram até 1945.* Os mais velhos combatiam com mais cautela — e eram os que tendiam a sobreviver. Viacheslav Kondratiev, nascido em 1920 e ferido várias vezes durante a guerra, recorda que os soldados mais velhos tentavam ajudar os mais jovens:

> Eles combatiam com maior habilidade, mais equilíbrio, não avançavam correndo e nos continham, os mais jovens, porque compreendiam o valor da vida mais do que nós. Eu tinha um protetor desse tipo, um homem de 41 anos, que costumava me dizer que eu precisava respeitar minha própria vida, mesmo em uma guerra.[48]

Rita Kogan tinha apenas 18 anos quando entrou para o exército, em 1941. Ela foi uma entre um milhão de mulheres soviéticas que serviram no Exército Vermelho e suas unidades partidárias — o que representava cerca de 8% de todos os combatentes soviéticos (apesar de o número de mulheres ter sido muito maior em papéis de apoio, como transporte, suprimentos e assistência médica).[49] Rita nasceu em 1923 em uma família judia de Rechitsa, uma pequena cidade industrial na Bielorrússia. Segundo ela, "era uma família soviética moderna". O pai era gerente de uma fábrica, a mãe era contadora, e Rita e a irmã foram criadas no "espírito soviético da época", sem costumes ou crenças judaicas e tampouco a influência dos avós. A visão de mundo de Rita foi moldada pela escola, pelos Pioneiros e pela Komsomol. "Eu via os Pioneiros e a Komsomol como uma espécie de exército infantil que lutava contra a injustiça onde quer que aparecesse", recorda. "Quando, na escola, eu via um garoto maltratando uma menina ou um menino mais novo, eu era tão dura que ele corria para reclamar com os professores." Os princípios que a inspiravam foram consagrados no livro infantil *Timur e*

---

* Na árvore genealógica de Golovin, três dos quatro filhos de Nikolai foram assassinados na batalha de 1941: Ivan (aos 34 anos), Nikolai (28) e Anatoli (21).

sua equipe (1940), de Arkadii Gaidar, amplamente lido, que conta a história de uma milícia juvenil em um loteamento de dachas perto de Moscou que protege as casas de oficiais do Exército Vermelho que estão no *front*. A história de Timur encorajou as aspirações militares de muitos adolescentes. Além disso, o treinamento recebido nos Pioneiros e na Komsomol (as marchas e treinos organizados, a disciplina rígida, a subordinação à autoridade e os jogos paramilitares) servia explicitamente como preparação para o Exército Vermelho. Ser uma garota não era impedimento algum: a propaganda divulgava imagens positivas de mulheres soviéticas portando armas e, de modo geral, promovia a militarização das mulheres como um sinal de igualdade sexual.

Rita estava concluindo a última série na escola quando a guerra começou. Evacuada para Stalingrado com a família, Rita conseguiu o emprego de contadora em uma escola. No entanto, desesperada para fazer algo mais direto em prol do esforço de guerra, implorou à Komsomol local para matricular-se em sua escola militar. A Komsomol recusou (disseram que, aos 18 anos, ainda era muito nova), mas enviou-a para trabalhar em uma fábrica de munição, onde montou peças para aviões. No verão de 1942, a imprensa soviética publicou os feitos heroicos de jovens voluntárias do Exército Vermelho que estavam lutando como atiradoras de elite e operando baterias antiaéreas durante a defesa de Stalingrado — recém-saídas da escola, poucas tinham disparado uma arma antes da guerra. Rita estava determinada a seguir o exemplo e apelou novamente à Komsomol, que a rejeitou novamente e disse que continuasse a trabalhar na fábrica. "Fiquei furiosa", recorda. "Eu tinha me apresentado como voluntária para lutar, disse que estava disposta a sacrificar a própria vida e fui tratada como uma menininha. Fui direto para casa e chorei." Rita formou o próprio grupo de jovens mulheres da Komsomol. Juntas, fugiram da fábrica e se candidataram a uma escola militar que treinava operadores de rádio e de telégrafo em preparação para a Operação Urano, o contra-ataque soviético contra as forças alemãs localizadas ao redor de Stalingrado, em novembro de 1942. Rita entrou na turma para sinalizadores de código Morse e foi enviada com um grupo de garotas para o quartel-general do *front* do sudoeste, entre

Stalingrado e Voronezh. Durante o final de dezembro, Rita participou da Operação Pequeno Saturno, quando as forças unidas dos *fronts* do sudoeste e de Voronezh atingiram a retaguarda das tropas alemãs no Don. "O oficial superior de comunicações a quem nos reportávamos no quartel-general do *front* era um cavalheiro idoso que servira no exército tsarista na Primeira Guerra Mundial", recorda Rita. "Ele não tinha ideia de como lidar com garotas e falava gentilmente conosco, em vez de nos dar ordens com firmeza. Mas era um especialista de primeira classe e nos protegia dos outros oficiais, que queriam fazer sexo conosco." Em janeiro de 1943, Rita foi estacionada em um ponto de observação próximo a Kharkov quando ele foi ultrapassado pelas tropas alemãs: lutando para escapar com o equipamento de rádio, Rita sentiu pela primeira vez o gosto da batalha, matando dois atacantes em combate corpo a corpo antes de conseguir fugir, gravemente ferida. Depois de recuperada, serviu como operadora de rádio em diversos *fronts*; lutou contra os alemães como operadora de artilharia no Primeiro *Front* Ucraniano, do marechal Konev, perto de Lvov, em julho de 1944, antes de, por fim, chegar a Budapeste com o 57º exército, em janeiro de 1945.

Refletindo sobre sua determinação em lutar contra os alemães, Rita poderia estar falando em nome de toda a "geração de 1941".

Eu tinha apenas 18 anos, acabara de sair da escola e via o mundo em termos dos ideais dos meus heróis soviéticos, os pioneiros altruístas que fizeram coisas grandiosas pela pátria, sobre cujos feitos eu lera nos livros. Era tudo tão romântico! Eu não tinha ideia de como a guerra era na realidade, mas queria participar dela, pois era isso o que os heróis faziam... Não pensava que fosse "patriotismo" — achava que era minha obrigação — poder e dever fazer tudo que estivesse ao meu alcance para derrotar o inimigo. Obviamente, eu poderia ter simplesmente trabalhado na fábrica de munição e ter ficado sentada ali durante toda a guerra, mas sempre quis estar no centro dos acontecimentos: eu fora educada assim pelos Pioneiros e pela Komsomol... Eu era uma ativista e não temia nem pensava na morte porque, como meus heróis soviéticos, estava lutando pela pátria.[50]

Esse foi o espírito que Simonov tentou explicar em *Dias e noites* (1944), história baseada em observações que fizera em seu diário durante a batalha de Stalingrado. Para Simonov, não era medo nem heroísmo o que fazia os soldados lutarem, mas sim algo mais instintivo, ligado à defesa dos próprios lares e comunidades, um sentimento que se fortaleceu, liberando a energia e a iniciativa do povo, conforme o inimigo se aproximava:

> A defesa de Stalingrado era, basicamente, uma corrente de barricadas que, quando interligadas, formavam um grande campo de batalha, mas que, separadamente, dependiam da lealdade de um pequeno grupo que sabia que era essencial manter a posição com firmeza, porque se os alemães rompessem a corrente em um ponto, toda a defesa estaria ameaçada.[51]

Como Stalingrado demonstrou, os soldados lutavam melhor quando sabiam pelo que estavam lutando e ligavam o próprio destino à batalha. Leningrado e Moscou provaram o mesmo. O patriotismo local era uma motivação poderosa. As pessoas estavam mais dispostas a lutar e a se sacrificar quando identificavam a causa soviética com a defesa de uma comunidade específica, uma rede verdadeira de laços humanos, e não com a ideia abstrata de uma "pátria soviética". A propaganda soviética que convocava a defesa da "*rodina*" (termo que combina os sentidos local e nacional da "pátria") explorava esse sentimento.

Contrário ao mito soviético da unidade nacional durante a guerra, a sociedade soviética foi muito mais fragmentada nesse período do que em qualquer outro desde a Guerra Civil. As divisões étnicas foram exacerbadas pelo Estado soviético, que utilizou certas minorias nacionais como bodes expiatórios — como os tatares da Crimeia, os tchetchenos e os alemães do Volga — e as exilou para regiões onde não eram bem recebidas pela população local. O antissemitismo, que permanecera virtualmente adormecido na sociedade soviética antes da guerra, espalhou-se, florescendo especialmente em áreas ocupadas pelas tropas de Hitler, onde uma grande parte da população soviética foi influenciada diretamente pela propaganda racista dos nazistas, mas ideias parecidas foram importadas para lugares tão remotos quanto o Cazaquistão, a Ásia Central e a Sibéria por soldados soviéticos e pessoas evacuadas das regiões ocidentais próximas ao *front*. Muitas pessoas culpavam os judeus pelos excessos do regime stalinista, geralmente se baseando na propaganda nazista que afirmava que os bolcheviques eram judeus. Segundo David Ortenberg, editor do *Krasnaia zvezda*, os soldados costumavam dizer que os judeus estavam "se desviando de suas responsabilidades militares, correndo para a retaguarda e ocupando cargos em confortáveis escritórios soviéticos".[52] De modo mais geral, o cisma entre os militares da linha de batalha e os "ratos" que ficavam na retaguarda tornou-se o foco de uma divisão crescente entre o povo comum e a elite soviética, conforme a distribuição injusta do fardo militar passou a ser associada pela consciência política popular com uma desigualdade mais abrangente.

Mas mesmo na ausência de uma unidade nacional genuína, as pessoas se uniam na defesa das próprias comunidades. No outono de 1941, quatro milhões de pessoas tinham se oferecido como voluntárias para a defesa dos cidadãos (*narodnoe opolchenie*), que escavava trincheiras, protegia prédios, pontes e estradas e, quando sua cidade era atacada, transportava alimentos e remédios para os soldados no *front*, recolhiam os feridos e participavam dos combates. Em Moscou, a defesa dos cidadãos tinha 168 mil voluntários de mais de 30 nacionalidades e mais meio milhão de pessoas prontas para trabalhar na defesa da cidade. Em Leningrado, havia 135 mil homens e mulheres organizados em unidades da defesa dos cidadãos e mais 107 mil trabalhadores em pontos de apoio militares em setembro de 1941.[53] Estimulados pelo patriotismo cívico, mas sem treinamento de combate adequado, eles lutavam corajosamente mas morriam em números chocantes nas primeiras batalhas.

O companheirismo também era crucial para a coesão e a eficácia militares. Os soldados tendiam a dar o melhor de si em combate quando sentiam algum tipo de lealdade em relação a um pequeno grupo de camaradas de confiança, ou "amigos", segundo teóricos militares.[54] Em 1941-42, as perdas no Exército Vermelho eram tão altas que grupos pequenos raramente duravam muito tempo: o tempo médio de serviço para soldados de infantaria na linha de frente era de apenas poucas semanas, antes de serem removidos feridos ou mortos. Mas em 1942-43, as unidades militares começaram a se estabilizar, e o companheirismo encontrado nelas pelos soldados tornou-se um fator decisivo na motivação que tinham para lutar. A proximidade dessas amizades, naturalmente, era fruto dos perigos enfrentados pelos homens. A confiança e o apoio mútuos de um pequeno grupo coletivo era o segredo da sobrevivência. "A vida na frente de batalha aproxima as pessoas muito rapidamente", escreveu um soldado para a noiva de um companheiro que fora morto em combate.

No *front*, basta passar um ou dois dias na companhia de outro homem para que se conheça todas as suas qualidades e seus sentimentos, coisas que não se aprenderia em um ano na vida civil. Não há amizade mais forte do que a formada no *front*, e nada pode destruí-la, nem mesmo a morte.

Os veteranos lembram-se com idealismo e nostalgia da intimidade das amizades formadas na guerra, dizendo que, naquele período, as pessoas tinham "um coração maior" e "agiam com alma", e que eles próprios, de algum modo, eram "seres humanos melhores", como se o companheirismo da pequena unidade coletiva fosse uma esfera mais pura de relações e princípios éticos do que o sistema comunista, apesar de todas as concessões e perdas. Costumam falar como se tivessem descoberto no coletivismo dos grupos de soldados uma espécie de "família" que faltara em suas vidas antes da guerra (e cuja falta seria sentida depois).[55]

Em janeiro de 1943, as operações Urano e Pequeno Saturno tinham conseguido forçar os alemães a recuar até o rio Donets, 360 quilômetros a oeste de Stalingrado, onde a linha de frente do exército alemão, formada por um quarto de milhão de homens, foi interceptada pelas tropas soviéticas. Lutando tanto contra o frio e a fome quanto contra o inimigo soviético, os alemães, cercados, resistiram intensamente — tinham horror de ser capturados pelas tropas soviéticas —, perdendo mais da metade dos homens antes de finalmente se renderem, em 2 de fevereiro. A vitória foi recebida pelos soviéticos como um importante ponto de mudança. O moral ganhou um enorme estímulo. "Até então", escreveu Ehrenburg, "acreditava-se na vitória como uma questão de fé, mas agora não restavam dúvidas: a vitória estava assegurada." De Stalingrado, o exército soviético seguiu em direção a Kursk, onde concentrou 40% do total de soldados e três quartos das forças armadas para derrotar boa parte das forças alemães, em julho. Kursk destruiu definitivamente as esperanças alemãs de conquistarem a vitória em solo soviético. O Exército Vermelho conduziu os alemães desmoralizados de volta a Kiev, alcançando os arredores da capital ucraniana em setembro e recapturando-a, finalmente, em 6 de novembro, bem a tempo para uma comemoração gigantesca em Moscou do aniversário da Revolução, no dia seguinte.[56]

A bravura e a resistência das tropas foram um fator decisivo para o sucesso militar soviético. Outro fator foi a transformação na estrutura da autoridade no Exército Vermelho depois dos primeiros 12 meses desastrosos da guerra. Stalin finalmente reconheceu que a intervenção do Partido no comando militar (inclusive a sua própria, no posto de Comandante Supremo) reduzia a eficiência das forças armadas e que os oficiais no comando se sairiam melhor tomando decisões por conta própria. A nomeação de Zhukov como Vice-Comandante Supremo, em agosto de 1942 — permitindo que Stalin se afastasse do controle ativo das forças armadas —, indicou um novo relacionamento entre o Partido e o comando militar. O planejamento e a administração estratégica do esforço de guerra foram transferidos gradualmente das mãos dos políticos para as do Conselho Militar da Equipe Geral, que assumiu o comando e simplesmente mantinha a liderança do Partido informada. O poder dos comissários e de outros oficiais do Partido, um legado das purificações militares da década de 1930, foi drasticamente reduzido em termos de poder de decisão militar e eliminado totalmente em muitas das unidades militares menores, nas quais o oficial no comando detinha toda a autoridade. Liberado do controle rígido do Partido, o comando militar renovou sua autoconfiança. A autonomia estimulou a iniciativa, produzindo uma corporação estável de profissionais militares, cujo conhecimento foi crucial nas vitórias obtidas entre 1943 e 1945. Para reforçar os princípios morais, em janeiro de 1943, a liderança do Partido restaurou as *epaulletes* utilizadas pelos oficiais tsaristas, símbolo odiado do antigo regime que fora destruído em 1917; em julho, o título de "oficial" foi ressuscitado para substituir o igualitário "camarada". Fitas trançadas douradas foram importadas da Inglaterra, cujos oficiais ficaram revoltados por estarem enviando bugigangas, apesar das fitas serem de significado muito mais importante.[57] As medalhas também desempenharam um papel vital como uma recompensa para os militares profissionais. Onze milhões de medalhas foram concedidas a militares soviéticos entre 1941 e 1945 — oito vezes mais do que o número de medalhas concedidas a militares pelos Estados Unidos. Depois de uma operação, era uma questão de poucos dias até que o soldado recebesse a medalha, ao passo que os soldados americanos esperavam até seis meses. Soldados que se destacavam em combate também eram estimulados a se filiar ao Partido por meio da redução das exigências para a filiação de militares.

Mudanças na economia industrial também contribuíram para o renascimento militar soviético. Em 1941 e 1942, o Exército Vermelho estava mal equipado em comparação com o adversário, o que resultou em perdas colossais. Mas entre 1942 e 1943, melhorias drásticas na produção de tanques, aviões, carros, radares, artilharia, armas de fogo e munições possibilitaram a formação de novas divisões mecanizadas e de tanques, que combatiam de modo mais efetivo e com um custo humano muito menor. A rápida reorganização da indústria soviética foi onde a economia planejada (sustentáculo do sistema stalinista) realmente deu certo. Sem a compulsão estatal, nenhuma das mudanças necessárias teria sido realizada em um período tão curto. Milhares de fábricas e operários foram evacuados para o leste, virtualmente toda a produção industrial foi direcionada para as necessidades militares, ferrovias foram construídas ou desviadas para conectar as novas bases industriais do leste com os *fronts* militares, e as fábricas foram colocadas sob corte marcial para aumentar a disciplina de trabalho e a produtividade. Sob o novo regime trabalhista, havia punições graves para negligência, absenteísmo, faltas não autorizadas e até para quem chegasse atrasado (chegar com mais de 20 minutos de atraso era considerado "deserção da frente de trabalho"). Houve um total impressionante de 7,5 milhões de condenações em tribunais por tais crimes durante a guerra.[58] Na maioria das fábricas, a norma passou a ser 70 horas de trabalho semanais, com muitos trabalhadores comendo — e às vezes — até dormindo nas fábricas nas quais trabalhavam, por medo de chegarem atrasados pela manhã. Um racionamento abrangente foi posto em prática para reduzir custos e manter as pessoas nos locais de trabalho (onde eram alimentadas). Finalmente, um novo e vasto exército de trabalhadores do Gulag foi mobilizado por meio de prisões em massa para suprir o país do combustível e dos materiais brutos dos quais tanto precisava.

Um dos aspectos menos conhecidos do esforço de guerra soviético é o papel do chamado "exército de trabalho" (*trudovaia armiia*), que contava com bem mais de um milhão de recrutados. Ele era utilizado para várias tarefas que não podiam ser realizadas por trabalhadores livres. Os documentos oficiais não mencionam o "exército de trabalho", mas falam eufemisticamente do "serviço de trabalho" (*trudovaia povinnost'*) e "reservas de trabalho" (*trudovye rezervy*), termos que ocultam o elemento compulsório, apesar de, na verdade, os recrutados nessas categorias terem trabalhado sem remuneração e enfrentado as mesmas condições dos prisioneiros do Gulag. Trabalhavam em comboios sob vigilância de guardas e eram utilizados para os mesmos trabalhos (cortar lenha, construções, trabalho industrial e agrícola). Diferentemente dos prisioneiros do Gulag, muitos dos recrutados do exército de trabalho nunca tinham sido presos nem condenados por algum tribunal. A maioria era simplesmente arrebanhada por unidades militares e do NKVD entre as nacionalidades deportadas, especialmente entre os alemães soviéticos, exilados da região do Volga para a Sibéria e o Cazaquistão quando a guerra estourou, apesar do exército de trabalho também ter contado com grandes números de tártaros da Crimeia, tchetchenos, calmiques, finlandeses, romenos, húngaros e coreanos.

Rudolf Gotman nasceu em 1922 em uma família luterana da Crimeia. Os Gotman foram classificados como *kulaks* e exilados para o campo próximo a Arkhangelsk, em 1931. Quando a guerra estourou, Rudolf foi capturado pelo NKVD como um "cidadão alemão" (na verdade, seus ancestrais viviam na Rússia desde 1831) e foi enviado para trabalhar nas minas de carvão do Donbass. Depois foi recrutado para uma brigada de trabalho formada por 100 jovens de famílias "alemãs" e enviado para trabalhar em uma fábrica de processamento de alimentos em Solikamsk, no norte dos Urais. No outono de 1942, eles foram enviados para um campo madeireiro próximo para cortar lenha. Moravam em alojamentos, dormiam em camas de madeira e a quantidade de alimentos deixava-os próximos da inanição. Forçados a trabalhar sob temperaturas congelantes, mais da metade dos integrantes da brigada morreu no primeiro inverno. Os guardas do NKVD, que supervisionava a brigada, eram impiedosos com os garotos "alemães", chamando-os de "lixo fascista". Rudolf sobreviveu porque se feriu e foi levado ao hospital: do contrário, teria morrido de exaustão. Durante os 14 anos seguintes, permaneceu no exército de trabalho, trabalhando em fábricas, fazendas e construções soviéticas, chegando a ser enviado para o Cáucaso para construir dachas para Stalin, Molotov e Beria. Não recebeu pagamento algum até 1948 e só teve permissão para deixar o exército de trabalho em 1956, como parte da anistia geral para prisioneiros do Gulag.[59]

Os trabalhadores reunidos pelo exército de trabalho não se limitavam aos "não russos". Antigos *kulaks* também estavam sujeitos ao recrutamento. Ivan Bragin, da região de Suksun, nos Urais, foi mobilizado pelo exército de trabalho no outono de 1943, dez anos depois de ter sido exilado como *kulak* para um "assentamento especial" ligado à fábrica de papel de Krasnokamsk, próximo a Perm. Quase cego pelos produtos químicos utilizados no moinho e semiparalisado por dores reumáticas, Ivan foi enviado para trabalhar em um campo madeireiro perto de Kotlas. O recrutamento foi uma punição por ele ter reclamado depois de não receber toda a porção de alimentos à qual tinha direito no moinho. Incapaz de suportar o trabalho pesado no campo madeireiro (mal podia enxergar as árvores que deveria cortar), Ivan logo adoeceu sob a temperatura congelante. "Minhas pernas incharam", escreveu para a família, em Krasnokamsk. "Estão tão grandes que nem consigo vestir as calças." A comida no campo era muito ruim e insuficiente para mantê-lo forte. O trabalho era terrivelmente pesado. Um dia, no outono de 1943, Ivan desmoronou de exaustão. Foi levado para um hospital, onde se recuperou lentamente. Em janeiro de 1944, Ivan escreveu para dizer à família que seus pés estavam "dando sinais de vida, finalmente". Ele tinha esperanças de ser liberado logo do hospital e de que, como inválido, pudesse voltar para a família. A viagem de mil quilômetros de Kotlas a Suksun no inverno era perigosa, e Ivan tinha medo de partir antes da primavera, pois poderia ficar "tonto com o ar gelado e cair no gelo", mas estava determinado a voltar a caminhar quando recuperasse as forças. "Só preciso de um par de botas grandes de feltro e voltarei para casa." Ivan foi libertado do campo de trabalhos em fevereiro de 1944, muito antes de estar em forma para iniciar a longa viagem. Ivan nunca chegou em casa. A alguns metros do hospital, escorregou e caiu na rua coberta de gelo, onde morreu congelado.[60]

A mão de obra do Gulag também desempenhou um papel importante na economia durante a guerra, produzindo cerca de 15% de toda a munição soviética, boa parte dos uniformes do exército e quase toda a comida para as tropas. A população dos campos diminuiu entre 1941 e 1943, quando meio milhão de prisioneiros foi solto para "redimir sua culpa" lutando no *front*, mas aumentou acentuadamente a partir do final de 1943, conforme o exército soviético varreu os territórios abandonados pelos alemães e o NKVD, que o seguia, prendeu centenas de milhares de pessoas suspeitas de colaborarem com o inimigo ou de apoiarem insurgências nacionalistas opostas ao regime soviético. A exploração da força de trabalho do Gulag foi intensificada durante a guerra. Em minas e em campos madeireiros, prisioneiros eram obrigados a trabalhar até quase morrer para aumentar o suprimento de combustíveis, ao passo que as provisões foram reduzidas ao mínimo necessário para que permanecessem vivos. Em 1942, a taxa de mortalidade nos campos do Gulag era, impressionantemente, de 25% — ou seja, um em cada quatro trabalhadores do Gulag morreu naquele ano.[61]

Além dos campos madeireiros e das minas, um outro tipo de economia desenvolveu-se no Gulag durante a guerra, no qual a mão de obra prisional estava ligada a fábricas e construções em zonas industriais de grande escala (cidades do Gulag) controladas pelo NKVD. O complexo de Norilsk, no círculo ártico, é um bom exemplo desse novo tipo de desenvolvimento industrial. As reservas gigantescas de níquel, platina e cobre da região de Norilsk foram descobertas por geólogos na década de 1920, mas o primeiro reconhecimento da região só foi feito em 1930, quando os minerais preciosos tornaram-se essenciais para o programa de industrialização. Norilsk continha cerca de um quarto de todas as reservas mundiais de níquel (utilizado na produção de aço de alta qualidade) e mais de um terço das de platina. As condições naturais da região eram altamente favoráveis à mineração e ao processamento dos minérios por causa das grandes reservas de carvão, que serviam como fonte de energia para a fundição e o transporte até o mar de Kara. No entanto, a região era praticamente inabitável. No inverno, a temperatura caía para 45 graus negativos. Tempestades de neve eram quase uma constante. Vários meses por ano, era noite. E, no verão, o solo transformava-se em um pântano, e os seres humanos eram devorados pelos mosquitos. Nenhum trabalhador iria para Norilsk por iniciativa própria.

Em 1935, o desenvolvimento da região foi colocado a cargo da administração do Gulag no NKVD, que tinha uma reputação crescente de administrar projetos de construção de grande escala em regiões remotas, nas quais os ministérios civis relutavam em operar (o Ministério da Indústria Pesada, responsável pela metalurgia, recusara-se a assumir o projeto de Norilsk). O campo e o complexo minerador de Norilsk foram escavados no *permafrost* por 1.200 prisioneiros do Gulag somente com picaretas e carrinhos de mão. Em 1939, o número de prisioneiros atingira 10 mil, apesar de muito mais ter morrido até então. A administração do Gulag em Moscou ficou impaciente com a lentidão dos avanços. Em 1939, o primeiro diretor de Norilsk, Vladimir Matveyev, foi preso, enviado para um campo de trabalhos por 15 anos e substituído por Avraam Zaveniagin, o dinâmico ex-diretor do complexo minerador de Magnitogorsk. A nomeação de Zaveniagin era um sinal da importância atribuída pelo regime ao projeto em Norilsk. A demanda militar por aço de alta qualidade tornou o níquel de Norilsk algo de importância vital para a guerra. O regime de trabalho em Norilsk foi intensificado. Entre 1941 e 1944, os prisioneiros do Grupo A (que trabalhavam em produção ou em construções) tinham menos de três dias de folga por mês (muitos ex-prisioneiros não se lembram de terem tido sequer um dia de folga); todos os prisioneiros trabalhavam em turnos de 11 horas, e menos dias eram perdidos por causa do mau tempo (durante as tempestades de neve, iam trabalhar agarrando-se a cordas). Zaveniagin introduziu um sistema de incentivos e recompensas — melhores acomodações, roupas e alimentos, inclusive pequenas recompensas em dinheiro — para prisioneiros "stakhanovistas" que superassem suas metas (cerca de um em cinco trabalhadores, em 1943). Ele também aumentou o número de trabalhadores livres e de "voluntários" (eram cerca de 10 mil no final da guerra) oferecendo-lhes cargos administrativos e de especialistas. Mas o maior crescimento aconteceu no número de prisioneiros trabalhadores, que atingiu a marca de 100 mil pessoas em 1944.[62]

Os prisioneiros eram levados a Norilsk de todas as partes da União Soviética, especialmente da Ucrânia, do norte do Cáucaso e da região báltica, onde as prisões em massa de "nacionalistas" e de "colaboradores do inimigo" eram motivadas principalmente pela necessidade de suprir o Gulag com mão de obra. A longa viagem para Norilsk começava de trem, rumo a Krasnoiarsk, capital da região administrativa da Sibéria na qual ficava Norilsk, 2 mil quilômetros ao sul do campo de trabalhos. De Krasnoiarsk, os prisioneiros eram levados pelo rio Yenisei em barcos a vapor até Dudinka, porto do complexo de Norilsk, de onde eram transportados de trem para o campo. A terra selvagem do Ártico em torno de Norilsk era tão remota que não havia necessidade de se construir uma cerca ao redor do campo de trabalhos. Nenhum prisioneiro, gozando de plenas condições mentais, pensaria em tentar fugir, e ninguém jamais fugiu (apesar das lendas sobre fugas pelo mar Ártico para o Alasca, a 5 mil quilômetros dali).[63]

Vasilina Dmitruk tinha 15 anos quando foi enviada para Norilsk. Nascida em uma grande família de camponeses na região de Ternopol, na Ucrânia ocidental, era uma entre as dezenas de mulheres acusadas de apoiar os partidários nacionalistas ucranianos capturadas pelas unidades do NKVD ligadas ao Exército Vermelho depois da recaptura de sua aldeia, em 1943 (todos os homens jovens foram recrutados pelo Exército Vermelho). Levadas para a cidade local, as garotas foram espancadas pelos interrogadores do NVKD até confessarem que haviam cometido "traição contra a pátria" (acusação que muitas não entendiam, porque não falavam russo). Depois, foram julgadas (novamente, em russo) por um tribunal militar, que as condenou a dez anos em Norilsk. Foram colocadas para trabalhar na construção do aeródromo de Norilsk. Apesar das temperaturas congelantes, o único abrigo que tinham era um barracão, que dividiam com centenas de jovens ucranianas trazidas para Norilsk de modo parecido.[64]

Anna Darvina tinha 16 anos e estava na escola na cidade de Uiar, 120 quilômetros ao leste de Krasnoiarsk, quando foi recolhida como "trabalhadora voluntária" e enviada para Norilsk. Era uma entre os cerca de mil supostos "voluntários da Komsomol" levados à força da região de Krasnoiarsk para Norilsk em setembro de 1943. "Uma grande multidão nos recebeu na estação de Norilsk. Havia um coral e uma orquestra", recorda Anna.

Estava frio quando descemos do trem. Estávamos de sandálias, mas já havia neve no chão. As pessoas eram muito pobres e vestiam trapos, mas deram-nos cobertores e botas de feltro. Achavam que éramos voluntários. Haviam dito a elas que éramos órfãos de soldados mortos na guerra. Mas, na verdade, todos tínhamos sido capturados e enviados pelos militares, sem qualquer poder de escolha. Havia uma guerra, e os militares precisavam de todos, não importa o quanto fôssemos fracos, como mão de obra.[65]

Semyon Golovko tinha 18 anos quando chegou a Norilsk, em 1943. Nascera na região de Stavropol, no norte do Cáucaso, sendo o segundo dos 11 filhos de uma família cossaca que fora classificada como *kulak* e perdera toda a sua propriedade durante a coletivização. O pai e o irmão mais velho de Semyon foram mortos lutando no Exército Vermelho em junho de 1941, perto de Smolensk. Como o homem sobrevivente mais velho, Semyon assumiu o comando da família. Largou a escola e foi trabalhar como motorista de trator em uma fazenda coletiva para sustentar a mãe e mais nove irmãos. Em setembro de 1942, quando os alemães varriam o norte do Cáucaso, Semyon entrou para os partidários vermelhos, mas foi capturado pelos alemães, os quais o obrigaram a ingressar em sua polícia auxiliar (*Schutzmannschaft*) ameaçando matar sua família. Quatro meses depois, a área foi recapturada pelo Exército Vermelho. Semyon foi preso como "colaborador do inimigo" e mandado para Norilsk, onde trabalhou em várias minas e fábricas, tornando-se em pouco tempo um líder de brigada e até mesmo um stakhanovista. Recebeu diversas medalhas pela contribuição ao esforço de guerra como trabalhador do Gulag.[66]

Olga Lobacheva, uma mineralogista importante, foi enviada para Norilsk em 1944. Depois da prisão do marido, em 1938, foi condenada a oito anos por "agitação contrarrevolucionária" e acabou sendo enviada para um campo de trabalhos na Sibéria. Enquanto estava no campo, deu à luz um filho, o qual foi mandado para um orfanato. No outono de 1943, Olga foi convocada como especialista pelo NKVD e designada para as minas de Norilsk. Durante seis semanas, ficou presa em Marinsk, 350 quilômetros a oeste de Krasnoiarsk, onde um comboio inteiro de geólogos e outros especialistas em mineração foi reunido gradualmente a partir dos campos de trabalho da Sibéria. Transferida para Krasnoiarsk para seguir na longa viagem para o norte, Olga foi considerada sem condições para viajar por uma comissão médica (estava com pneumonia) e, então, foi enviada para o campo de trabalhos de Taishet, 400 quilômetros ao leste. Taishet era conhecido pelos prisioneiros como "campo da morte", pois era repleto de inválidos e idosos esquecidos ali até que morressem. Pouco depois de chegar a Taishet, Olga foi novamente convocada pelo NKVD. Apesar da pneumonia, foi redesignada para transferência imediata para Norilsk. Ela viajou em um comboio de engenheiros, eletricistas, metalúrgicos e construtores, voando de Krasnoiarsk em um avião especial do NKVD para acelerar a chegada dos especialistas. Olga trabalhou como pesquisadora geológica no setor técnico, onde reencontrou muitos amigos da universidade.[67]

Entre os amigos de Olga estava Elizaveta Drabkina, a jovem que reconhecera o pai, o revolucionário bolchevique Sergei Gusev, a quem não via há tempos, na cantina do Instituto Smolny, em outubro de 1917. Elizaveta fora presa como "trotskista" em dezembro de 1936 e condenada a cinco anos na prisão de Iaroslavl. Em 1939, a pena foi ampliada para 15 anos, devendo ser cumprida no campo de trabalhos de Norilsk. Durante os três primeiros anos, trabalhou nas minas de carvão, mas depois foi transferida para o setor técnico, onde a empregaram como tradutora de livros e de manuais importados. Elizaveta trabalhou como uma verdadeira stakhanovista, motivada por um comprometimento patriótico genuíno. Ela sentia que estava contribuindo com a economia soviética por meio do trabalho realizado no campo de trabalhos. Entre 1941 e 1945, pediu para se juntar ao exército no *front* em quatro ocasiões distintas. Os pedidos foram negados, mas mesmo assim Elizaveta foi recompensada pelo empenho no trabalho com um quarto na zona dos especialistas, onde morou com o marido, Aleksandr Daniets, filho de um bolchevique reprimido, preso em 1938. Anteriormente, eram amigos em Leningrado. Os antigos vizinhos do casal em Norilsk recordam que eram tranquilos e tinham um cachorro. Drabkina era surda, resultado de um acidente nas minas, o que fazia com que tivesse dificuldades em se socializar. Tinham um pequeno círculo de amigos com quem formaram um grupo de estudos marxistas — as obras de Marx e de Lenin estavam disponíveis na biblioteca do campo —, mas suspeitavam de estranhos. Em 1945, um integrante do círculo foi preso e, posteriormente, executado por "agitação contrarrevolucionária". Suspeitando de que o grupo fora infiltrado por um prisioneiro a serviço do NKVD, o grupo de estudos foi extinto e passou para o submundo, com reuniões realizadas secretamente entre amigos na estrada para o cemitério quando levavam o cão para passear. Elizaveta e o marido eram fluentes em várias línguas. Quando estavam em casa, conversavam em francês para se protegerem de ouvintes indesejáveis no quarto vizinho.[68]

4

Em algum momento no final da década de 1940, Akhmatova estava caminhando com Nadezhda Mandelshtam em Leningrado quando comentou repentinamente: "E pensar que os melhores anos de nossas vidas foram durante a guerra, quando tantas pessoas estavam sendo mortas, quando estávamos morrendo de fome e meu filho prestava trabalhos forçados." Para qualquer pessoa que tenha sofrido o terror da década de 1930, como Akhmatova, a guerra deve ter sido um alívio. Como Pasternak escreveria no epílogo de *Doutor Jivago* (1957): "Quando a guerra estourou, seus horrores reais e a ameaça de uma morte real eram uma bênção em comparação ao poder desumano da mentira, um alívio porque quebrou a maldição da lei antiga." O alívio era palpável. As pessoas podiam se comportar de modos que seriam impensáveis antes da guerra. Por necessidade, passaram a depender da própria iniciativa — conversavam e se ajudavam sem pensar nos perigos políticos que corriam, atividade espontânea que fez emergir uma nova concepção de nação. Os anos da guerra, por esse motivo, viriam a ser recordados com nostalgia. Eram lembrados, nas palavras de Pasternak, como "um período de vitalidade, uma restauração alegre e desimpedida do senso de comunidade entre todos".[69]

Para o escritor Viacheslav Kondratiev, tal sentimento de integração foi a característica definitiva do período:

Temos orgulho daqueles anos, e a nostalgia pelo *front* mexe com todos nós, não por terem sido os anos de nossa juventude, que sempre são lembrados com carinho, mas porque, na época, sentíamos que éramos cidadãos no sentido mais verdadeiro da palavra. Foi um sentimento que não tivemos nem antes e nem depois.[70]

O senso renovado de responsabilidade pessoal e coletiva era evidente, especialmente no período entre 1941 e 1943, quando a infraestrutura do regime stalinista entrara virtualmente em colapso por causa da invasão alemã e as pessoas precisavam contar apenas com os próprios recursos e tomar as próprias decisões sobre como agir. O historiador Mikhail Gefter, que foi médico do exército durante a guerra, descreve-a como um período de "desestalinização espontânea":

Diante de nossos olhos — uma pessoa sujeita aos caprichos do destino, inesperadamente, diante da morte, encontra a liberdade para comandar a si própria... Como testemunha ocular e historiador, posso confirmar: em 41 e 42 houve um grande número de situações e decisões que constituíram um processo de desestalinização espontânea... Continuamos sendo russos e soviéticos, mas, nesses anos, o espírito humano universal também estava dentro de nós.

Para Ada Levidova, que passou os anos da guerra trabalhando em um instituto médico, essa desestalinização espontânea foi refletida na transferência de poder das mãos dos oficiais do Partido, que controlavam formalmente o hospital, para as de médicos e enfermeiros: "Havia muitas situações em que uma decisão crucial de vida ou morte precisava ser tomada pelos empregados, sem permissão das autoridades, quando era necessário agir, ou improvisar, sem levar em consideração as regras oficiais."[71]

As pessoas tinham a sensação de que eram necessárias para o esforço de guerra, sentindo que poderiam fazer alguma diferença. Dessa sensação de envolvimento, adquiriam um senso de liberdade cívica e de responsabilidade individual. Hedrick Smith registra uma conversa na casa de um cientista judeu no início da década de 1970. O cientista dissera que a guerra fora "a melhor época de nossas vidas", explicando para os amigos, que estavam chocados:

> Porque, na época, todos nos sentíamos mais próximos do governo do que em qualquer outro período de nossa vida. Naquele momento, não era o país deles, mas sim o nosso país. Não eram eles que desejavam que isso ou aquilo fosse feito, éramos nós que tínhamos vontade de fazer. Não era a guerra deles, mas sim a nossa guerra. Era o nosso esforço de guerra, estávamos defendendo o nosso país.

Segundo Kondratiev, um veterano do *front*, até mesmo o soldado mais humilde, sentindo-se insignificante e constantemente maltratado pelos oficiais no comando, tornava-se o próprio general quando atacava no campo de batalha:

> Ali, ninguém pode comandar você. Você está no controle de tudo. E na defesa também é necessário pensar por conta própria... do contrário, os alemães furam o bloqueio... Você sente como se o destino da Rússia estivesse em suas mãos e tudo pudesse acabar de modo diferente, mas por sua causa. Na nossa sociedade, em tempos de paz, nada dependia do indivíduo. Contudo, na guerra, era diferente: todos sentiam um envolvimento pessoal na vitória.[72]

Para a "geração de 1941", que crescera à sombra do culto a Stalin e ao Partido, essa nova liberdade era um choque contra o sistema. "A catástrofe militar de 1941-42 forçou-nos a questionar Stalin pela primeira vez", recorda o historiador literário Lazar Lazarev, que partiu para a guerra diretamente da escola secundária, em 1941:

> Antes da guerra, nunca tínhamos questionado nada, acreditávamos em toda a propaganda sobre Stalin e que o Partido fosse a incorporação da justiça. Mas o que

vimos nos primeiros anos da guerra nos obrigou a refletir sobre o que nos haviam ensinado, a questionar as coisas nas quais acreditávamos.[73]

Essa atmosfera foi um presságio da mudança de valores ocorrida em 1956, primeiro ano da *détente* de Khrushchev, quando Julia Neiman escreveu o poema "1941":

> Aqueles tempos em Moscou... A avalanche da guerra...
> Perdas incontáveis! Reveses e derrotas!
> Contudo, camaradas daquele ano, contem toda a verdade:
> Com o brilho de uma tocha ardeu aquele ano reluzente!
> Como gesso quebrando, o subterfúgio desmoronou,
> E as causas foram expostas, efeitos revelados;
> E, através do blecaute e da camuflagem,
> Víamos os rostos de nossos camaradas — sem disfarces.
> Os princípios dúbios que regiam nosso julgamento —
> Formulários, questionários, anos de serviço, posto e idade —
> Foram abandonados e passamos a julgar a verdade:
> Os princípios daquele ano foram valor e fé.
> E nós, que vivemos e vimos tais coisas, ainda guardamos
> Vivos na memória, até consagrados,
> Os vigias, telhados e balões de barragem,
> O caos explosivo que era Moscou,
> Os prédios em trajes camuflados,
> A sinfonia dos ataques aéreos e dos avisos de seu término —
> Pois, então, finalmente parecia real
> O orgulho de sermos cidadãos, orgulho puro e brilhante.[74]

Conforme os cidadãos reclamavam novas liberdades, a influência ideológica do Partido e o culto a Stalin sofreram um enfraquecimento inevitável. Apesar de ter quase dobrado de tamanho durante a guerra, o Partido perdera muito do espírito revolucionário pré-guerra à medida que os bolcheviques mais dedicados eram mortos nos combates de 1941 e 1942. Em 1945, mais da metade dos seis milhões de membros do Partido estava servindo nas forças armadas e dois terços deles tinham se filiado durante a guerra. Os novos membros diferiam muito do Partido stalinista da década de 1930: eram mais pragmáticos, menos ideológicos (e, muitas vezes, sem conhecimento da ideologia marxista-leninista), menos inclinados a ver o mundo em termos de classe e impacientes com a burocracia.[75] O novo humor foi resumido pelo *Pravda* quando o jornal argumentou, em junho de 1944, em forte oposição aos princípios do Partido, que as "qualidades pessoais de cada membro do Partido deveriam ser julgadas pela contribuição prática que tenha feito para o esforço de guerra", e não por sua classe de origem ou correção ideológica. Segundo Lazarev, que entrou no Partido quando estava no exército, a ideologia bolchevique praticamente não teve importância na guerra, e os slogans pré-guerra que promoviam o culto a Stalin e ao Partido perderam boa parte do poder e do significado que tinham:

> Existe a lenda de que os soldados atacavam gritando: "Por Stalin!" Mas, na verdade, jamais mencionamos Stalin, e quando entrávamos em combate, gritávamos "Pela pátria!" Os outros gritos de guerra eram obscenidades.

A guerra deu origem a um repertório completamente novo de versos e canções contra Stalin, como esta, de 1942:

> Querido Joseph Stalin!
> Agora você perdeu Tallin!
> Estou mal alimentado!
> Você perderá Leningrado![76]

Para muitos, a guerra foi um momento de libertação do medo do regime. Foi um momento, talvez o único que tiveram na vida, no qual foram obrigados a agir sem considerar as consequências políticas dos próprios atos. Os "horrores reais" da guerra concentravam toda a atenção, enquanto os terrores em potencial que os aguardavam nas mãos do NKVD pareciam, de certo modo, menos ameaçadores, ou mais suportáveis, dentro do conflito como um todo. Durante a conversa gravada por Hedrick Smith, o cientista judeu lembrou-se de um incidente dos anos de guerra:

> Eu estava em Kazan, dormindo em meu quarto... e no meio da noite alguém da Cheka chegou e me acordou, mas não senti medo. Imagine! Ele bateu à minha por-

ta no meio da noite, me acordou, e não senti medo. Se algum chekista fizesse isso na década de 1930, eu ficaria aterrorizado. Se acontecesse depois da guerra, pouco antes da morte de Stalin, teria sido igualmente assustador... No entanto, durante a guerra, eu não sentia medo algum. Foi um período único na nossa história.[77]

Até certo ponto, que não pode ser desconsiderado, a nova sensação de liberdade era uma extensão do relaxamento do regime nos controles políticos e até religiosos a partir de 1941. Os filhos dos "inimigos do povo" foram especialmente beneficiados. Se estivessem dispostos ou fossem qualificados para trabalhar em áreas que tivessem alguma necessidade especial em função da guerra, suas biografias comprometidas eram obstáculos muito menores do que antes do conflito. Apesar de não ter sido uma política oficial, era comum que oficiais pragmáticos fizessem vista grossa para a origem social de candidatos a empregos e a cursos cujas vagas precisavam ser ocupadas.

Yevgeniia Shtern nasceu em 1927 em uma família de oficiais bolcheviques em Moscou. Seu pai foi preso e fuzilado dois anos depois como "espião alemão". Sua mãe foi condenada a cinco anos nos campos de trabalho em Kolyma. Yevgeniia foi enviada para morar com a avó na região de Altai, na Sibéria. Em 1943, retornou a Moscou, onde morou com a tia. Os professores da escola na qual tinha permissão para estudar como aluna estrangeira reconheceram sua capacidade e a protegeram. Um dia, no verão de 1944, Yevgeniia estava passando pela universidade quando viu um anúncio convidando estudantes secundários a se candidatarem à Faculdade de Física da Universidade de Moscou. Ela jamais gostara de física, nem era boa na matéria, mas reconheceu a oportunidade de ingressar na Universidade de Moscou, a mais prestigiada da União Soviética. Encorajada pela tia, decidiu tentar. "Eu tinha apenas 16 anos", recorda Yevgeniia.

No questionário [o qual foi obrigada a preencher como parte do processo de inscrição], não mencionei a prisão de meus pais. Escrevi que meu pai havia sido morto... Acho que teriam me aceitado de qualquer jeito, porque não havia um número suficiente de pessoas que quisessem estudar física e, na época, em 1944, havia uma carência muito grande de físicos.[78]

Os anos de guerra proporcionaram oportunidades parecidas a Antonina Golovina, a filha de *kulaks* que ocultara a origem social. A ambição de Antonina era estudar no Instituto de Medicina em Leningrado. Candidatou-se em 1941, mas, apesar de ter notas escolares suficientemente boas para ser aceita pelo instituto, foi rejeitada por causa da origem social. O início da guerra pôs fim aos seus sonhos de ir para Leningrado, que estava sitiada. Antonina trabalhou como professora assistente na escola da aldeia em Pestovo e, em 1943, candidatou-se à Universidade de Sverdlovsk. Um antigo amigo da escola, que estudava lá, sugerira que havia a possibilidade de que aceitassem Antonina porque Sverdlovsk precisava de médicos e a universidade havia relaxado as regras de admissão para a faculdade de medicina. Apesar da origem *kulak*, Antonina foi aceita. Em pouco tempo, destacou-se como uma das melhores alunas da faculdade. Contava com todo o apoio dos professores, os quais preservaram o segredo de sua origem social. "Pela primeira vez na vida, pude progredir por mérito próprio", reflete Antonina. Depois do fim do sítio a Leningrado, em janeiro de 1944, Antonina candidatou-se ao Instituto de Pediatria de Leningrado para prosseguir com os estudos. Não tinha passaporte para morar em Leningrado e, normalmente, a origem *kulak* a desclassificaria, apesar das calorosas cartas de recomendação dos professores de Sverdlovsk. Mas Leningrado necessitava desesperadamente de pediatras para tratar as dezenas de milhares de crianças doentes e perturbadas que haviam ficado órfãs durante o sítio. Nas palavras do oficial que recomendou a admissão de Antonina pelo instituto, seria "um pecado rejeitar uma estudante como ela no momento atual". Sem passaporte para morar em Leningrado, Antonina tornou-se um dos 14 "ilegais" (todos de "origem social estranha") que estudavam *ex officio*, reunidos em um porão. Como estudante *ex officio*, Antonina não tinha direito a nenhum tipo de remuneração, não podia retirar livros na biblioteca nem comer no refeitório dos estudantes. Trabalhava ilegalmente como garçonete à noite para se sustentar. Em 1945, os 14 estudantes foram finalmente legalizados, receberam passaportes e foram registrados no instituto. O diretor do instituto, um comunista pragmático, apelara em nome deles ao Comitê do Partido de Leningrado, insistindo em que a cidade precisava deles com urgência. Para Antonina, o reconhecimento oficial foi um grande estímulo para sua autoconfiança, libertando-a parcialmente do medo que sentira tão intensamente antes da guerra, capacitando-a a pensar mais criticamente sobre a natureza do regime soviético e as consequências que ele trouxera para sua família.[79]

As concessões do regime na esfera religiosa também tiveram efeitos muito abrangentes. O relaxamento do controle sobre a Igreja levou a um renascimento dramático da vida religiosa entre 1943 e 1948 (quando a maioria das concessões foram anuladas). Centenas de igrejas foram reabertas, o número de fiéis aumentou, e houve o ressurgimento de casamentos, batismos e funerais religiosos.

A família de Ivan Bragin tinha fortes ligações com a Igreja. Ivan tinha vários padres entre os parentes, e sua esposa, Larisa, era filha de um padre. Essas ligações foram rigorosamente ocultadas na década de 1930, quando a família foi destituída como *kulak* e exilada para Krasnokamsk: Ivan e Larisa não iam à igreja, não usavam crucifixos, escondiam as imagens religiosas em um baú e tinham um retrato de Stalin sobre a porta, onde as imagens religiosas eram tradicionalmente expostas. O casal estimulou os filhos a ingressar nos Pioneiros e a participar de atividades antirreligiosas para não levantar suspeitas. Mas depois de 1944, a família começou a retomar os hábitos religiosos. As crianças foram batizadas na igreja de uma aldeia vizinha que fora reaberta em 1944 depois que os aldeões juntaram dinheiro para pagar um tanque de guerra. Larisa tirou a imagem mais preciosa de dentro do baú e colocou-a em um canto do quarto, onde ficava semioculta apenas por uma cortina. Benzia-se diante da imagem quando entrava ou saía do quarto. "Gradualmente", recorda sua filha, Vera,

começamos a celebrar feriados religiosos, e mamãe nos contou suas histórias. Ela preparava pratos especiais, o que era difícil durante a guerra, e sempre dizia: "Temos comida na mesa, então é Shrovetide. E se não tivermos, é Lent." Celebrávamos o Natal, a Epifania, a Anunciação, a Páscoa e a Trindade.[80]

Talvez o aspecto mais impressionante dos anos de guerra tenha sido uma nova liberdade de expressão. As pessoas falavam abertamente sobre a perda de parentes, relacionavam sentimentos com opiniões de maneiras que seriam impensáveis anteriormente e envolviam-se em debates políticos. As incertezas da guerra, incluindo a sobrevivência incerta do poder soviético, tinham removido o medo de se falar sobre política e até de se fazer críticas ao regime.

Vera Pirozhkova recorda-se de quando retornou para sua cidade natal, Pskov, em 1942: "Todos falavam abertamente sobre política, sem nenhum medo." Ela ainda traz na memória uma discussão entre duas irmãs: uma com 21 anos, esposa de um oficial do Exército Vermelho no *front*, e a outra com 17, uma "anticomunista fervorosa". Quando a irmã mais velha negou ter qualquer conhecimento sobre os campos de trabalho, a mais nova desdenhou: "Você não sabia? O país inteiro sabia sobre os campos, menos você? Você não queria saber, escondeu-se atrás das costas de seu oficial e mentiu para si própria, dizendo que estava tudo bem." Em outra ocasião, a mais jovem criticou a irmã mais velha por ter dito que desconhecia o problema do desemprego, apesar de vários parentes não terem conseguido trabalho depois da guerra. "Como poderia não saber? A menos que, depois de casada, tenha se esquecido completamente da família e não se importado com o quanto éramos pobres." Antes da guerra, comenta Vera, quando o marido da irmã mais velha morava com o resto da família, ninguém teria ousado falar tão abertamente, mesmo que apenas pelo medo de que fossem delatados por ele.[81]

As filas por comida eram um terreno fértil para discussões e queixas políticas. Nelas, a raiva e a frustração uniam as pessoas, dando-lhes coragem para falar o que pensavam (motivo pelo qual as filas também eram frequentadas por informantes e policiais). "Opiniões antissoviéticas são expressas abertamente quando os suprimentos acabam", relatou um grupo de informantes de várias filas do lado de fora de lojas em Moscou em abril de 1942. Ouviram um velho dizer em uma fila por querosene: "Os parasitas do Partido estão em todos os lugares. Bastardos! Eles têm tudo, enquanto nós, trabalhadores, não temos nada além de pescoços para que nos enforquem." Uma mulher acrescentou: "E é por isso que estamos nessa confusão." Em outra fila em Moscou, a seguinte conversa foi relatada por informantes:

Dronin [um soldado]: "Seria melhor se estivéssemos vivendo hoje como antes de 1929. Assim que introduziram a política das *kolkhoz*, tudo deu errado. Pergunto-me — estamos lutando para quê? O que há para defender?"
Sizov [um soldado]: "Somente agora compreendi que somos escravos. Havia pessoas como [o líder bolchevique] Rykov que tentaram fazer algo de bom por nós, mas livraram-se deles. Será que algum dia existirá outra pessoa que pense em nós?"
Karelin [um marceneiro]: "Disseram para nós que os alemães vestiam trapos e eram cobertos de piolhos, mas quando chegaram à nossa aldeia, perto de Mozhaisk, vimos como comiam carne e bebiam café todos os dias..."
Sizov: "Estamos todos famintos, mas os comunistas dizem que está tudo bem."[82]

A abertura com a qual as pessoas começaram a falar foi notável. Roza Novoseltseva recorda-se de um encontro com um sapateiro de Moscou, em 1942. Ele acabara de retornar à capital, cinco anos depois da prisão dos pais. Roza jamais duvidara realmente do regime soviético em relação às prisões. Apesar de acreditar na inocência dos pais, estava disposta a aceitar que os "inimigos do povo" realmente existiam, "elementos forasteiros que precisavam ser eliminados", como ela própria descreveu em 1938. Mas a visita ao sapateiro mudou sua visão. Enquanto consertava os sapatos, ele amaldiçoava o governo soviético, culpando-o por todos os sofrimentos do país e contando a Roza a história de como ele próprio fora preso injustamente na década de 1930. Claramente, o sapateiro não se preocupava com o perigo de falar assim com uma estranha como Roza. A franqueza com que falava — algo que ela nunca vira antes — fez com que Roza "parasse e pensasse sobre essas coisas" pela primeira vez na vida.[83]

As fileiras do exército também eram uma arena importante para críticas e debates. Os pequenos grupos de camaradas de confiança formados pelos soldados no *front* produziam um ambiente seguro para as conversas. "Amaldiçoávamos a liderança", recorda um veterano. "Por que não havia aviões? Por que não havia munição de artilharia suficiente? Qual era a razão de todo aquele caos?" Outro veterano lembra que os soldados não tinham medo de ser reprimidos por falarem o que pensavam: "Não davam muita importância a isso... Soldados vivendo sob o risco da morte não tinham medo de nada." Na primavera de 1945, Lazar Lazarev retornou do *front* para passar algum tempo em um hospital em Kuibyshev:

> Em 1945, como todos os soldados, eu falava o que queria. Dizia exatamente o que pensava. E falava sobre as coisas no exército que eu achara escandalosas. O médico no hospital avisou-me para "segurar a língua", o que me surpreendeu, porque pensava, como o resto dos soldados, que tinha o direito de falar, tendo lutado pelo Estado soviético... Eu costumava ouvir os soldados das aldeias reclamarem das fazendas coletivas e dizerem como era necessário eliminá-las quando a guerra fosse vencida. A liberdade de expressão era tanta que manifestar opiniões como essa era considerado inteiramente normal.[84]

A partir desse tipo de conversa, uma nova comunidade política começou a tomar forma. O aumento da confiança e da interação entre as pessoas despertou um novo espírito cívico e um novo senso de nação. No coração de tal transformação estava uma mudança fundamental de valores. Antes da guerra, o clima generalizado de desconfiança era tão pesado que nenhuma comunidade era capaz de se formar por conta própria, sem a direção do Partido — todas as obrigações cívicas eram cumpridas como ordens do Estado. Mas, na guerra, as obrigações cívicas envolviam algo real, a defesa do país, o que uniu as pessoas, independentemente do controle do Estado, e criou um novo conjunto de atitudes públicas.

Muitas pessoas comentaram a mudança. O escritor Prishvin sentia, como anotou em seu diário em 1941, que "as pessoas ficaram mais gentis desde que a guerra começou: estão todos unidas pelo medo que sentem pela pátria". Ele também sentia que as divisões de classe tinham sido apagadas pelo espírito nacional que fora despertado pela guerra. "Somente agora começo a compreender que 'o povo' não é algo visível, mas sim algo profundo dentro de nós", escreveu em 1942. "O 'povo' significa muito mais do que camponeses e trabalhadores, e ainda mais do que escritores como Pushkin, Dostoievsky ou Tolstoi, é algo que está dentro de todos nós." Outros experimentaram essa unidade nacional durante a guerra como um novo sentimento de solidariedade no local de trabalho. Ada Levidova notou uma nova "proximidade" entre a equipe do instituto médico em Leningrado, a qual ignorava a antiga hierarquia profissional:

O instituto transformou-se em nosso lar. As fronteiras entre os professores e os trabalhadores comuns desapareceram. Havia a sensação de uma causa comum, de responsabilidade compartilhada em relação ao instituto, aos pacientes e aos colegas que nos aproximou muito. O espírito da democracia (pois era isto o que estávamos vivendo) e a sensação de sermos uma família eram captados por todos que sobreviveram ao sítio a Leningrado e ficaram conosco depois da guerra.

O comandante de um pelotão de infantaria relatou que a guerra o fizera pensar novamente sobre valores e relacionamentos humanos:

No *front*, descobria-se logo quais eram as qualidades mais importantes nos outros. A guerra era um teste, não apenas de força, mas também de humanidade. Baixeza, covardia e egoísmo eram revelados imediatamente. Instintiva, se não intelectualmente, as verdades humanas eram compreendidas em um período muito curto — verdades que podem precisar de anos para se descobrir, quando são descobertas, em tempos de paz.

Não é de surpreender que, para muitos, a guerra tenha parecido uma espécie de purificação espiritual, uma eliminação violenta do "poder desumano da mentira" que sufocara toda e qualquer discussão política nos anos anteriores. "A guerra nos obrigou a repensar nossos valores e nossas prioridades", observa Lazarev. "Ela permitiu que nós, soldados comuns, víssemos uma outra verdade e até mesmo imaginássemos uma nova realidade política."[85]

Essa reavaliação disseminou-se mais conforme a guerra foi chegando ao fim e boa parte do exército soviético entrou na Europa, onde os soldados foram expostos a estilos de vida diferentes. No começo de 1944, os soviéticos tinham conseguido reunir um exército de seis milhões de homens, mais do que o dobro do tamanho do exército alemão no *front* oriental. Em junho de 1944, precisamente quando os Aliados iniciaram a invasão do norte da França, o Exército Vermelho irrompeu através da maior parte das forças alemãs no *front* da Bielorrússia, recapturando Minsk em 3 de julho e abrindo caminho até a Lituânia, alcançando a fronteira da Prússia no final de agosto. Enquanto isso, as tropas soviéticas no *front* ucraniano avançavam pelo leste da Polônia rumo a Varsóvia. No setor sul, onde as forças alemãs foram derrotadas rapidamente, o Exército Vermelho avançou através da Romênia e da Bulgária, chegando à Iugoslávia em setembro de 1944. O avanço soviético foi incansável. No final de janeiro de 1945, as tropas do *front* ucraniano tinham penetrado profundamente na Silésia, enquanto o *front* bielorusso de Zhukov atingira o rio Oden e já visava Berlim.

Quase nenhum soldado soviético já tinha ido à Europa. A maioria das tropas era de filhos de camponeses que tinham entrado no exército com os costumes e a visão de mundo do interior soviético e uma imagem do mundo como um todo moldada pela propaganda. Não estavam preparados para o que descobriram. "O contraste entre a qualidade de vida na Europa e a nossa na União Soviética foi um choque emocional e físico que mudou a visão de milhões de soldados", observou Simonov. Os soldados viram que pessoas comuns moravam em casas melhores, que as lojas tinham estoques maiores, apesar da guerra e dos saques feitos pelo Exército Vermelho, e que as fazendas privadas pelas quais tinham passado a caminho da Alemanha, mesmo quando arruinadas, eram muito superiores às fazendas coletivas soviéticas. Não havia propaganda que os pudesse convencer a desconsiderar as provas que viam com os próprios olhos.

O encontro com o Ocidente moldou as expectativas dos soldados em relação ao próprio país. Os soldados camponeses estavam convencidos de que, com o final da guerra, as fazendas coletivas seriam extintas. Havia muitos boatos como esse no exército, a maioria envolvendo promessas feitas às tropas por Zhukov. Recontadas em um milhão de cartas dos soldados para as famílias, essas expectativas se espalharam pelo interior, resultando em uma série de greves de camponeses nas fazendas coletivas. Outros soldados falavam sobre a necessidade de abertura das igrejas, de mais democracia e até do desmantelamento de todo o sistema estrutural do Partido. O cineasta Aleksandr Dovzhenko lembrou-se de uma conversa com um motorista militar, um "cara siberiano", em janeiro de 1944. "Nossa vida é ruim", dissera o motorista. "E todos nós, você sabe, apenas esperamos por mudanças e melhorias em nossas vida. Todos esperamos. Todos nós. É só que não somos todos nós que dizemos isso." "Fiquei chocado com o que ouvira", anotou Dovzhenko em seu diário, posteriormente: "O povo tem uma necessidade enorme de outro tipo de vida. Ouço isso em todas as partes. O único lugar onde não ouço isso é entre os nossos líderes."[86]

Os oficiais estavam à frente do movimento militar por reformas. Criticavam abertamente o sistema soviético e manifestavam o desejo por mudanças. Um tenente escreveu para o presidente soviético, Mikhail Kalinin, em 1945, com uma "série de considerações a serem colocadas na próxima reunião do Presidium Supremo Soviético". Tendo estado em Maidanek, o campo de morte nazista na Polônia, e tendo visto as consequências de uma ditadura na Alemanha, o oficial exigia o fim das prisões e condenações arbitrárias na União Soviética, a qual, dizia, possuía os próprios Maidaneks; a abolição das fazendas coletivas, pois sabia que eram um desastre pelo que ouvira das próprias tropas. Além disso, a pedido dos soldados, entregou uma lista de queixas de menor importância, para que fossem transmitidas ao presidente.[87]

Compreensivelmente, os líderes do Partido estavam apreensivos em relação ao retorno de todos aqueles homens com ideias reformistas. Para quem se importasse em rever a história, havia um paralelo óbvio com a guerra contra Napoleão entre 1812 e 1815, quando os oficiais, ao retornarem, trouxeram para a Rússia tsarista o pensamento liberal da Europa ocidental que inspirou o levante dezembrista de 1825. Ativistas políticos em uma conferência no segundo *front* bielorusso, em fevereiro de 1945, exigiram esforços para combater a perniciosa influência do Ocidente:

"ESPERE POR MIM"

Depois da guerra de 1812, os soldados, tendo visto a vida na França, compararam-na com a vida atrasada na Rússia tsarista. Na época, a influência francesa foi progressiva... Os dezembristas chegaram a ver a necessidade da luta contra a ditadura tsarista. Mas hoje é diferente. Talvez os estados da Prússia oriental estejam em situação melhor do que algumas fazendas coletivas. Tal impressão pode levar uma pessoa retrógrada a preferir a propriedade da terra à economia socialista. Mas isso é retrógrado. Portanto, deve haver uma luta impiedosa contra esse tipo de pensamento.[88]

Havia uma preocupação específica com a influência das ideias ocidentais sobre os membros do Partido, dos quais mais da metade estavam no serviço militar em 1945. A desmobilização desses membros, presumiu a liderança, contaminaria organizações civis com ideias liberais perigosas de uma reforma política.

Na verdade, tais ideias já estavam se disseminando entre os civis, especialmente na classe política e entre pessoas com mais estudo. A aliança com a Inglaterra e os Estados Unidos abrira a sociedade soviética para a influência ocidental muito antes do fim da guerra. Depois de anos de isolamento, as cidades soviéticas foram inundadas por filmes de Hollywood, livros ocidentais e produtos importados pelo acordo de empréstimo e arrendamento feito com os Estados Unidos. Milhões de pessoas sentiram o gosto de como a vida realmente era no Ocidente — talvez não o ideal de Hollywood, mas muito distante das imagens sombrias divulgadas pela propaganda soviética durante a década de 1930. Restaurantes e lojas comerciais reapareceram nas ruas de Moscou, sugerindo que, talvez, algo como a NEP pudesse vir a ser reimplantado. Tudo isso aumentava a expectativa de que a vida na União Soviética fosse se tornar mais fácil e mais aberta ao Ocidente quando a guerra chegasse ao fim. Como o escritor e propagandista Vsevolod Vishnevsky disse em um discurso para a Sociedade para Relações Culturais Exteriores no verão de 1944:

Quando a guerra terminar, a vida será muito agradável... Haverá muitas idas e vindas e muitos contatos com o Ocidente. Todos poderão ler o que bem quiserem. Haverá intercâmbio de estudantes e os cidadãos soviéticos terão facilidade para viajar ao exterior.

Ideias de reformas políticas eram discutidas abertamente pela *intelligentsia* sem medo de censura (e, talvez, com a aprovação da liderança do Partido, que estava disposta a oferecer tais instigações para manter o povo lutando até o final da guerra). "Um grande círculo da *intelligentsia* era a favor da liberalização", recorda Simonov. "Havia uma atmosfera geral de otimismo ideológico." Para a maioria dos integrantes desses círculos, liberalização significava um "diálogo" com o governo sobre reformas. Poucos estavam dispostos a desafiar abertamente a ditadura comunista, mas muitos queriam um envolvimento maior nas tomadas de decisões políticas para que pudessem mudar o sistema de dentro para fora. Nas palavras do poeta David Samoilov:

> Para nós, dever cívico consistia em realizar missões políticas em cujas utilidades acreditássemos... Pensávamos que, quando assumíamos uma missão cívica, merecíamos a honestidade do governo... Precisávamos de uma explicação para suas ideias e de que fôssemos convencidos da sabedoria contida em suas decisões. Certamente, não queríamos ser os executores desmiolados daquilo que o governo bem quisesse fazer.

Até a reforma econômica era um tópico de discussão aceitável. Ivan Likhachyov, diretor da Fábrica Stalin, em Moscou, a maior produtora de automóveis da União Soviética, promovia a ideia de se introduzir um mercado interno na economia industrial com maior liberdade financeira no âmbito local para estimular os trabalhadores por meio de bonificações salariais — programa que poderia mudar a natureza fundamental da economia planejada. Alguns economistas também criticavam abertamente o sistema de planejamento e sugeriam o retorno ao mercado para estimular a produção depois da guerra.[89]

Nessa atmosfera de abertura pública, as pessoas sentiram mais coragem para questionar os princípios e valores do regime soviético também na vida privada.

Elga Torchinskaia, que antes da guerra fora uma adolescente stalinista, rememora um episódio específico que a levou a reavaliar suas crenças políticas. Como ativista na Komsomol, Elga fora enviada com um grupo de estudantes da universidade para escavar trincheiras nos arredores de Leningrado durante a defesa da cidade, em 1941. Os estudantes dormiam nas trincheiras. Um deles ficou insatisfeito com as condições e reclamou com o líder da brigada, que respondeu punindo o rapaz, maltratando-o e, finalmente, delatando-o em uma reunião da Komsomol. O estudante foi detido e enviado para a prisão. Para Elga, esse ato de perseguição foi um momento de despertar. Quando seu pai fora preso, em 1937, ela presumira que ele deveria ter feito algo de errado. Ela acreditara na propaganda do regime sobre "inimigos do povo". Mas agora via que as pessoas eram presas sem motivo. Elga e um grupo de estudantes protestaram contra a prisão do amigo, mas não obtiveram resultado. A partir desse momento, Elga começou a ver a Komsomol e o Partido sob outro ângulo, não como instituições democráticas, mas sim como enclaves de uma elite que abusava do poder que detinha. Ela pensou em sair da Komsomol e deixou de comparecer às reuniões. A nova percepção de Elga influenciou suas ações no apartamento comunal onde morara durante todo o sítio a Leningrado:

> Era um apartamento agradável. Discussões eram raras. Mas havia uma mulher que morava no quarto dos fundos: estava sempre discutindo com o marido, um bêbado, que batia nela. Um dia, ela entrou para o Partido. De repente, ficou muito arrogante. Tomou nosso quarto. Tinha pão, móveis, tudo. E eu realmente ousei dizer a ela que não concordava com o Partido. Lembro-me muito bem. Eu poderia ter sido presa.[90]

Para Marksena Karpitskaia, que trabalhou na Biblioteca Pública de Leningrado e morou sozinha em um apartamento comunal depois da prisão dos pais, o momento do despertar veio quando ela própria foi chamada ao quartel-general do NKVD e pressionada para participar da delação de um homem inofensivo que matava o tempo na biblioteca porque não tinha para onde ir. Quando se recusou, o interrogador do NKVD virou-se para ela e disse que não ficava surpreso, pois ela própria era filha de um "inimigo do povo; portanto, você protege os inimigos". O insulto fez com que algo se partisse dentro de Marksena e, a partir de um senso interior de justiça, de uma necessidade de defender tanto o vagabundo quanto os pais, ela lançou-se em um ato corajoso, porém tolo, de desafio:

Explodi de raiva. Disse que ninguém tinha provado ainda que meus pais eram inimigos do povo e que o que ele próprio estava dizendo já era um crime. De repente, tudo ficou claro. Mas, imagine, eu disse isso! Somente a imprudência da juventude poderia ter me possuído para que fosse tão corajosa! Ele saltou e veio em minha direção, como se fosse bater em mim. Sem dúvida, estava acostumado a bater nas pessoas. Fiquei de pé e segurei o banco no qual estava sentada, como que para me proteger. Ele teria batido em mim, se não fosse pelo banco. Ele voltou a si, sentou-se na escrivaninha e pediu meus documentos.

Alguns dias depois, Marksena recebeu do NKVD a ordem de deixar Leningrado, mas recusou-se a partir. "Leningrado era minha casa, era tudo para mim, e a ideia de deixar a cidade era inconcebível", recorda Marksena. "Pensei: por que deveria ir? A única coisa que tenho é esse cantinho [no apartamento comunal]. Que me prendam, não partirei." No dia seguinte, Marksena foi ajudada por uma das bibliotecárias superiores, Liubov Rubina, integrante corajosa do Partido que defendeu muitos habitantes de Leningrado do terror do NKVD nos anos da guerra e no pós-guerra. Rubina conhecera o padrasto de Marksena — ex-secretário da célula distrital do Partido — e considerava-o um homem decente. Ela própria perdera um irmão e uma irmã nas purificações de 1930 (e viria a perder mais parentes no terror contra os judeus entre 1948 e 1953). Comunista extrovertida, "não media as palavras ao criticar Stalin e os outros líderes do Partido", recorda Marksena: "Para ela, eram todos 'répteis'." Rubina preparou uma cama para Marksena em seu escritório e disse aos funcionários da biblioteca que ocultassem seu paradeiro da polícia. Ocultar a jovem foi um ato corajoso que poderia ter posto Rubina na prisão, mas ela tinha tanta autoridade moral sobre os bibliotecários que ninguém disse nada, e Marksena morou ali durante quase um ano. "Ela cuidou de mim como se fosse sua filha." As conversas que tinham no escritório foram uma educação política para Marksena, reconectando-a aos valores dos pais, que nunca tinham tido a liberdade para falar tão abertamente:

Rubina era uma pessoa extraordinária, corajosa e forte, uma comunista idealista, profundamente comprometida com que houvesse justiça para todos. Ela permitia-se falar abertamente comigo. Conversávamos sobre tudo — não somente sobre Stalin. Houve uma conversa na qual me disse que a coletivização fora um erro terrível que arruinara o país, além de outras nas quais disse que o canal do mar Branco e outros projetos de construção haviam sido construídos por prisioneiros... Ela falou sobre as prisões [de 1937-38] e disse que meus pais eram inocentes. Explicou muitas coisas que eu não entendia. Rubina falava a noite inteira. Ela sabia que eu não a trairia, que não diria nenhuma palavra a ninguém e, quando falava comigo, abria o coração.[91]

5

Simonov estava em Berlim para a batalha final da guerra. "Tanques e mais tanques, carros blindados, Katiushas, milhares de caminhões, artilharias de todos os tamanhos", escreveu em seu diário em 3 de maio:

Parece-me que não são divisões e tropas do exército que entram em Berlim por todos os lados, mas sim toda a Rússia... Em frente ao monumento gigantesco e de mau gosto em homenagem a Guilherme I, um grupo de soldados e oficiais está sendo fotografado. Cinco, dez, cem de cada vez, alguns com armas, outros sem, alguns exaustos e outros gargalhando.[92]

Cinco dias depois, Simonov estava em Karlshorst para escrever sobre a assinatura da rendição alemã. Depois, retornou a Moscou para as comemorações e paradas pela vitória.

O centro de Moscou ficou repleto de soldados e civis para as festividades de 9 de maio. Mark, sobrinho de Samuil Laskin, ficou impressionado com a multidão diante da embaixada dos Estados Unidos, na praça Manezh, que "se formara com cartazes feitos à mão manifestando apoio aos Aliados e aplaudira loucamente quando os diplomatas e soldados americanos acenaram, muitos com uma garrafa de uísque na mão, das janelas e varandas". Para ele, era a coisa mais parecida com uma "demonstração de rua em prol da democracia" que via desde 1917. Depois, Mark retornou ao apartamento dos Laskin em Sivtsev Vrazhek para uma celebração familiar. Todos os Laskin — Samuil e Berta, Fania,

Sonia, Zhenia e o filho, Aleksei — tinham retornado de Cheliabinsk para Moscou em 1943. "Fizemos um brinde à vitória", recorda Mark, "bebemos por Stalin (era obrigatório brindar por ele) e havia alegria em nossos corações." Naquela noite, havia ainda mais pessoas no centro de Moscou para saudarem um retrato gigantesco de Stalin, o "pai da nação", que foi elevado acima do Kremlin e iluminado por projetores para que pudesse ser visto pela multidão a quilômetros dali.[93]

Duas semanas depois, em 24 de maio, houve uma parada formal de vitória na Praça Vermelha. Cavalgando um garanhão árabe branco, o marechal Zhukov guiou até a praça a formação de tropas e tanques sob um temporal, enquanto as bandas militares tocavam o hino patriótico "Slavsya!" ("Glória a você!"), de Glinka. Duzentos soldados carregando bandeiras nazistas marcharam até o mausoléu de Lenin, onde se voltaram para Stalin e jogaram as bandeiras no chão. Em um grande banquete para os comandantes de primeiro escalão, Stalin fez um brinde famoso às "dezenas de milhões" de "pessoas simples, comuns e modestas... que são as pequenas engrenagens (*vintiki*) no grande mecanismo do Estado, mas sem as quais todos nós, marechais e comandantes dos *fronts* e dos exércitos, não valeríamos nada".[94]

A vitória foi recebida pelo povo soviético com alegria universal. Foi um momento — talvez o único durante o governo de Stalin — de unidade nacional autêntica. Até os prisioneiros nos campos do Gulag receberam o final da guerra com orgulho patriótico: sentiam que haviam contribuído para a vitória e, sem dúvida, esperavam que ela significasse que seriam anistiados. "Jamais, em toda a vida, beijei tantas pessoas por pura alegria e felicidade", escreveu uma prisioneira do ALZhIR para o filho, na noite de 9 de maio:

Até beijei os homens. Foi o primeiro dia em nossa separação de sete anos e meio no qual esqueci toda a tristeza e todo o sofrimento. No assentamento [na zona externa do campo prisional], estão tocando acordeão e os jovens dançam. É como se não estivéssemos aqui, mas sim aí, com vocês.[95]

Gradualmente, os soldados voltaram para casa. Muitos homens e mulheres tiveram problemas enormes no ajuste à vida civil. Dois milhões de pessoas voltaram da guerra inválidos. Criminosamente ignorados pelas autoridades soviéticas, das quais recebiam uma pensão ínfima, tinham dificuldade para conseguir trabalho — muitos acabaram mendigando nas ruas. Um número ainda maior de pessoas voltou da guerra com sequelas psicológicas, sofrendo de estresse, traumas ou esquizofrenia por causa da guerra. No entanto, como poucas dessas doenças eram reconhecidas pela profissão médica soviética e os veteranos eram estoicos demais para relatá-las, a escala real do problema permanece desconhecida.[96]

Para outros, o retorno à "vida normal" foi repleto de decepções. A perda de lares e de famílias, a dificuldade de transmitir a experiência na guerra para amigos e parentes, a falta do companheirismo e da noção de compreensão mútua que compartilhavam com outros soldados no *front* — tudo isso levou a muitos casos de depressão nos anos pósguerra. "A maioria dos meus antigos camaradas do exército bebeu até morrer ou se matou quando a guerra acabou — um deles matou-se há pouco tempo", escreveu Kondratiev na década de 1990.

Sentíamos que éramos indesejados, comprometidos... Ficamos ofendidos quando Stalin nos comparou a nada mais do que "pequenas engrenagens" em uma máquina. Não foi assim que nos sentimos no *front*. Na guerra, achávamos que o destino da Rússia estava em nossas mãos e agíamos de acordo, acreditando que fôssemos cidadãos.

Refletindo sobre esses anos, Kondratiev escreveu:

Tínhamos derrotado os fascistas e libertado a Europa, mas não retornamos nos sentindo como heróis, ou melhor, sentimo-nos assim durante pouco tempo, enquanto ainda tínhamos esperanças de que houvessem mudanças. Quando as esperanças não se concretizaram, a decepção e a apatia, as quais justificamos para nós mesmos como exaustão física da guerra, dominaram-nos completamente. Será que compreendíamos realmente que, salvando a Rússia, nossa pátria, tínhamos salvado também o regime stalinista? Talvez não. Mas mesmo que compreendêssemos, teríamos lutado do mesmo modo, preferindo o próprio totalitarismo doméstico do que a versão de Hitler, porque é mais fácil suportar a violência do próprio povo do que a de estrangeiros.[97]

A reconstituição das famílias foi mais difícil do que os soldados tinham imaginado nas cartas para casa: as namoradas não os tinham esperado, as mulheres não correspondiam aos sonhos dos soldados, e casamentos desmoronavam por causa do desgaste da separação e do retorno. Na peça *Assim será*, escrita no verão de 1944, Simonov conta a história de um oficial que retorna do *front* para Moscou. Sua mulher e seu filho desapareceram há muito tempo nos territórios ocupados pelos alemães, e o oficial tem certeza de que os perdeu, de modo que inicia vida nova, casando-se com a filha de um professor. A ideia principal da peça — que as pessoas precisariam seguir em frente quando a guerra terminasse — não poderia estar mais distante da mensagem de "Espere por Mim".

O final da guerra coincidiu com a primeira libertação em massa de prisioneiros do Gulag. A pena de oito anos recebida por milhões de "prisioneiros políticos" em 1937-38 terminou em 1945-46 (outros prisioneiros, cujas penas expiraram antes de 1945, precisaram aguardar o final da guerra para serem libertados). Famílias começaram a se reconstruir. Essa recuperação era liderada pelas mulheres, que chegavam a atravessar o país em busca de maridos e filhos. Havia restrições rígidas em relação aos locais onde os ex-prisioneiros podiam morar. A maioria era proibida de morar nas cidades principais. Assim, muitas vezes, famílias que desejavam permanecer unidas precisavam se mudar para partes remotas da União Soviética. Às vezes, o único lugar que encontravam para morar ficava dentro da zona do Gulag.

Nina Bulat foi libertada de um campo de trabalhos em Magadan em 1945. Viajou 16 mil quilômetros para pegar a filha, Inessa, em um orfanato em Iaroslavl (para onde a menina fora enviada depois da morte da avó) e trazê-la para morarem juntas no campo em Magadan. Nina tinha poucas opções nessa questão: tinha sido libertada com "menos 100", uma restrição legal que limitava o movimento de muitos ex-prisioneiros e os proibia de se mudarem para 100 cidades contidas em uma lista.[98]

A odisseia de Maria Ilina foi ainda mais árdua. Ex-diretora de uma grande fábrica têxtil em Kiev, foi presa como esposa de um "inimigo do povo" em 1937 (seu marido era um oficial do primeiro escalão do

Partido) e condenada a oito anos nos campos de trabalho de Potma, na Mordóvia. Foi libertada em 1945 e partiu em busca dos filhos. Quando foi presa, a filha de 2 anos, Marina, e os dois filhos mais velhos, Vladimir e Feliks, foram levados para um centro de distribuição. A avó, já sobrecarregada com vários netos depois da prisão da outra filha, em 1936, recusara-se a acolher as crianças. Vladimir, que completou 16 anos pouco depois de chegar ao centro de distribuição, foi preso como "inimigo do povo" e condenado a cinco anos em um campo de trabalhos em Magadan. Feliks foi mandado para um orfanato em Kiev, e Marina, para outro orfanato na cidade vizinha de Bucha, sendo transferida posteriormente para outro orfanato em Cherkassy, 200 quilômetros ao sul da capital ucraniana. Dos campos de Potma, Maria escrevera para oficiais em toda a União Soviética para descobrir o destino dos filhos. Não encontrou nenhuma pista que levasse a Vladimir, cuja morte em Magadan, pouco antes de 1942, não fora registrada. Maria levou 18 anos até descobrir algo sobre Feliks, que fora evacuado com o orfanato para a região de Terekty, no oeste do Cazaquistão, depois do início da guerra. Ela finalmente descobriu que, em 1943, quando tinha apenas 12 anos, Feliks fugira do orfanato e vagara sozinho pelo país durante vários meses, acabando na remota cidade de Cheremkhovo, na região de Irkutsk, na Sibéria, 2.500 quilômetros ao leste, onde conseguiu um emprego em uma fábrica.

Maria teve mais sorte com Marina. Por acaso, uma das médicas no orfanato de Cherkassy, Antonina Mazina, tinha uma irmã no mesmo campo de trabalhos que Maria. Por intermédio dela, Maria recebia relatórios regulares sobre a saúde da filha dos funcionários do orfanato. Marina contraíra escarlatina pouco depois de chegar ao orfanato de Bucha e esteve perto de morrer, mas, quando chegou a Cherkassy, Antonina tratou dela até que recuperasse a saúde. Antonina levou Marina para casa para morar com a própria filha (também chamada Marina) até que estivesse em condições de voltar para o orfanato. Antonina trazia comida, aluá e doces, dizendo que tinham sido enviados pela mãe de Marina, o que, muitas vezes, não era verdade — pequenas quantias de dinheiro vinham irregularmente de Potma (e havia algumas encomendas de alimentos da avó de Marina que chegaram até o começo da guerra) —, mas a médica entendia que a menina precisava de esperança, de acreditar em uma mãe amorosa, para sobreviver. "Não tinha nenhuma lembrança de minha mãe", recorda Marina.

Eu não tinha a menor ideia do que era uma mãe. Mas as outras crianças no orfanato falavam sempre sobre as mães e diziam como eram boas — falavam sobre como eram felizes antes da guerra, como nunca sentiam fome porque sempre havia pão e manteiga, além de coisas doces para comer — assim, para mim, os doces, o chocolate e aluá tornaram-se símbolos da mãe boa e idealizada que imaginei para mim... Não eram apenas doces dados por alguém — eram os "doces da mamãe".[99]

Em 1941, o orfanato foi evacuado de Cherkassy para Chimkent, no sul do Cazaquistão. Mas por intermédio dos trabalhadores no orfanato, que continuavam a escrever para Maria, a ligação familiar foi preservada. Marina ainda era nova demais para escrever sozinha para a mãe (só começou a ir à escola aos 10 anos), mas os zeladores escreviam por ela, acrescentando as próprias frases prontas para apresentar o orfanato de modo positivo:

Chimkent, 1º de janeiro de 1944
Saudações res[peitada] Maria Markovna!
   Estou escrevendo para você em nome de sua filha, Marinochka: "Mamãe, lembro-me de você. Você estará logo em casa? Sinto muitas saudades. Estou vivendo bem, somos bem alimentados. Posso cantar e dançar e em breve vou para a escola. Mamãe, envie-me uma fotografia sua. Adeus, um beijo, sua filha Marinochka."
   Perguntei o que mais queria dizer, e ela respondeu que era o suficiente. Ela está bem de saúde, é uma criança feliz, amada por todas as outras em nosso coletivo... Estamos escrevendo regularmente para sua avó, em Kiev. Fotografias custam 22 rublos em uma cabine privada... Envie o dinheiro se desejar uma...
   Zela[dora] Aleksandra Zakharovna Gerasimchuk.[100]

Em 1945, o orfanato retornou da evacuação, mas foi reinstalado nos prédios destruídos de uma propriedade perto de Lvov, na fronteira ucraniana com a Polônia, em vez de em Cherkassy. Antonina desapareceu. Marina esperou pela mãe. "Eu nunca tinha visto uma foto dela, não sabia como ela era, mas senti que estava esperando por minha mãe como alguém pode esperar por Deus, por um salvador", recorda. As mães vinham buscar outras crianças no orfanato. "Eu morria de ciúmes de todos e sonhava que seria a próxima." Marina não percebia que aquelas crianças eram diferentes dela — não eram filhos de "inimigos do povo", tinham apenas sido separados dos pais na guerra —, mas entreouviu as "conversas sussurradas" dos zeladores do orfanato e gravou a expressão "inimigo do povo", a qual "senti que significava algo ruim sobre o que não se devia falar". Ao longo de 1945, Marina escreveu regularmente para a mãe. A essa altura, estava na segunda série na escola do orfanato e podia escrever sozinha. Tipicamente, os professores diziam aos alunos o que escrever, incluindo as mesmas frases prontas para que os pais soubessem que estavam felizes no orfanato. Mas as cartas de Marina conseguiam transmitir um humor diferente. Em 17 de agosto, escreveu para a mãe:

Olá, mamãe, como está? Mamãe, escreva para mim, apenas uma carta, para que eu saiba que recebeu as minhas. Escrevi sete cartas para você, mas talvez não tenha recebido uma delas. Mamãe, estou bem, não estou doente. Já é inverno aqui e faz muito frio, mas ainda assim vamos à escola. Mamãe, venha me pegar ou mande alguém logo, estou cansada de ficar aqui... As outras meninas não batem em mim, mas às vezes há brigas. Mamãe, suponho que virá me pegar na primavera.

Marina não sabia o que significaria estar com a mãe, mas estava infeliz no orfanato. Presumia que, como as outras crianças, tivesse sido separada da mãe por causa da guerra e que, com o fim do conflito, a mãe viria buscá-la — então, finalmente, desfrutaria da vida feliz sobre a qual as outras crianças haviam lhe contado tudo a partir das lembranças que tinham de quando viviam com as famílias, antes da guerra. [101]

A mãe de Marina foi libertada dos campos de trabalho no final de 1945. Proibida de retornar a Kiev, ficou com amigos em várias cidades enquanto procurava os filhos. Por intermédio do marido da sobrinha, ativista do Partido e historiador, Maria contatou o poeta Pavlo Tychina, membro da elite stalinista na capital da Ucrânia (apesar de, privadamente, ser contra o regime), que descobriu o paradeiro de sua filha. Marina recorda-se de quando a mãe chegou em um carro com motorista utilizado por membros do governo. Uma multidão de crianças invejosas reunira-se na entrada para ver quem vinha buscar a menina sortuda:

"Alguém veio buscar você", todos me diziam... Então saí. Havia uma estranha ali. Eu não sabia o que fazer. Tinha medo de ser punida se corresse ao encontro dela e a abraçasse. Eu sabia que os zeladores não gostavam de quando as crianças se agarravam a quem as vinha buscar, porque transmitia uma imagem negativa do orfanato. Precisávamos dar a impressão de que tudo estava bem, de que estávamos relutantes em partir... Mas eu também era muito tímida. Depois, mamãe disse que não houve alegria em nosso encontro, que eu parecia assustada. Eu tinha medo de tudo... Lembro-me de ter pensado que ela poderia não me levar. Ninguém havia me dito que a mulher era minha mãe. E eu não sabia que era ela, porque nunca a tinha visto, nem mesmo em fotografias. Ela não era mais jovem. Vestia um xale velho sobre a cabeça, o qual parecia ter sido emprestado para que parecesse mais respeitável. Não estava vestida como uma dama, não vestia um casaco de pele, nem um chapéu ou coisas bonitas. Parecia pobre e infeliz, como uma velha. Não se parecia com uma mãe, não como eu a imaginara. O que era uma mãe para mim? Uma mulher bonita e bem-vestida, jovem e atraente, cheia de vida... Mas aquela mulher tinha cabelo grisalho.[102]

A mãe de Marina levou-a a Lvov, onde ficaram em um hotel. No café da manhã, comeram pão doce com chocolate quente, a primeira experiência de Marina com esse tipo de luxo, da qual se lembraria por toda a vida. Depois de alguns dias, foram para Cherkassy, onde moraram juntas em um pequeno quarto em um albergue. Marina foi para a escola. As duas tiveram muita dificuldade em superar o estranhamento mútuo. "Durante as primeiras semanas, não falei nada com minha mãe", recorda Marina.

Eu era uma criança rebelde do orfanato e não queria falar. E ela não tentava me obrigar, pois tinha medo de mim... Talvez visse algo rebelde em mim e estivesse tentando descobrir como lidar com aquilo... Depois, minha mãe disse que eu não era apenas muito envergonhada, mas também tímida e assustada. Eu não respondia quando me chamava e nunca chamava por ela. Durante muito tempo, dizia "*vy*" [o "você" formal] para ela e não a chamava de "mamãe". Algo me impedia de falar, um muro dentro de mim. Precisei me forçar a chamá-la de "mamãe" — foi preciso muito tempo.

Apesar de terem morado juntas pelos 12 anos seguintes, as duas nunca estabeleceram um relacionamento íntimo. Tinham sofrido demais para que pudessem se abrir mutuamente. A mãe de Marina morreu em 1964, sem nunca ter dito à filha o que vivera nos campos de trabalho. "Ela tinha medo demais para contar, e eu medo demais para perguntar", recorda Marina. Tudo que descobriu sobre a vida da mãe nos campos de trabalho foi por meio dos amigos de Maria no Gulag. Até 1955, nem sabia da existência dos irmãos perdidos, quando Feliks reapareceu e Maria soube que Vladimir tinha morrido. Caindo em uma depressão profunda, Maria retraiu-se e nunca falou sobre o passado. "Vivíamos juntos praticamente em total silêncio", recorda Marina.

Era terrível. Até hoje, não consigo entender. Por que ela tinha tanto medo de falar? Acho que não queria depositar um fardo sobre mim. Queria que eu fosse feliz, e não que sentisse amargura em relação à vida na União Soviética. Ela sabia que tudo que havia sido feito à nossa família fora injusto, mas não queria que eu pensasse dessa maneira.[103]

7
Stalinistas Comuns
(1945-53)

I

Os Bushuev retornaram a Perm em dezembro de 1945 do campo de trabalhos de ALZhIR. Zinaida e os três filhos — Nelly, Angelina e o irmão caçula Slava — mudaram-se para um apartamento comunitário na rua Soviete. Eles dividiam um aposento, de 11 metros quadrados, com a mãe de Zinaida e com o irmão, Tolia, e a esposa, que também tinham dois filhos pequenos. Zinaida dormia com as três crianças numa cama de solteiro; Tolia e a mulher, em outra cama com a filhinha; e a avó, com o outro filho do casal. "Era um pesadelo a forma como vivíamos", lembra-se Angelina, que tinha então 10 anos. "Não sei como conseguíamos viver." Quando os Bushuev voltaram do campo de trabalho, todos os seus pertences cabiam numa sacola comum. "Não tínhamos nada", recorda-se Nelly, que tinha 12 anos. "Só a roupa de cama e a que trazíamos no corpo. Minha mãe costumava dizer: 'Eu me pergunto se chegará o dia em que cada um de nós terá uma cama.'" O conjunto habitacional em que moravam estava caindo aos pedaços. Nenhuma reforma fora feita desde o começo da guerra. Não havia água nem eletricidade, o telhado ruíra, o sistema de esgoto não funcionava e havia insetos por todos os lados.

Perm ficava muito longe da área de conflito, mas, embora nunca tivesse sido bombardeada, encontrava-se, como muitas outras cidades da retaguarda, em condições terríveis. O fluxo maciço de pessoas evacuadas da zona de guerra impusera na cidade uma grande pressão sobre a questão da moradia e, também, em relação aos suprimentos de comida e combustível. As ruas principais haviam sido transformadas em canteiros para a produção de hortaliças. Não existiam carros na cidade, apenas alguns caminhões em volta das fábricas. Todos os pisos de madeira, bancos, cercas e a maioria das árvores tinham desaparecido, tudo fora transformado em lenha.[1]

Nenhum país sofreu mais com a Segunda Guerra Mundial do que a União Soviética.* Segundo as estimativas mais confiáveis, 26 milhões de cidadãos perderam a vida (dois terços deles, civis); 18 milhões de soldados foram feridos (embora um número muito menor tenha sido reconhecido pelas autoridades);** e quatro milhões de pessoas desapareceram entre 1941 e 1945. As consequências demográficas foram catastróficas. Três quartos das pessoas que morreram eram do sexo masculino, com idade entre 18 e 45 anos. Ao final da guerra, havia duas vezes mais mulheres que homens nessa faixa etária, e nas áreas de luta mais cerrada, como Stalingrado, Voronezh, Kursk e Krasnodar, a proporção era de três para um. O desequilíbrio era mais crítico nas regiões rurais, porque muitos soldados camponeses preferiram não voltar para suas aldeias e se estabeleceram nas cidades, onde a demanda por trabalho nas fábricas garantia empregos. Houve vilarejos em que nenhum soldado retornou da guerra. A agricultura soviética nunca se recuperou de fato dessa perda demográfica. A *kolkhoz* se tornou um lugar de mulheres, crianças e velhos.[2]

---

* Proporcionalmente, é discutível se a Polônia sofreu mais, mas em números absolutos, as perdas soviéticas em vidas humanas e bens foram muito maiores.
** As autoridades soviéticas eram de opinião que veteranos feridos que tinham forças para trabalhar não eram inválidos de guerra. Isso os estimulava a buscar empregos — para se fortalecerem e se recuperarem —, e o governo pagava apenas uma pequena pensão por invalidez a cerca de três milhões de veteranos (B. Fieseler, "The War Disabled in the Soviet Union 1945-64" (Os Incapacitados pela Guerra na União Soviética, 1945-64), trabalho apresentado na School of Slavonic and East European Studies, Londres, setembro de 2006).

A devastação material não tem paralelo: 70 mil vilarejos, 1.700 cidades, 32 mil fábricas e 65 mil quilômetros de estradas de ferro foram destruídos. Em áreas ocupadas pelos alemães, metade da quantidade de moradia foi danificada ou destruída. Em Moscou, que não foi a cidade mais afetada, 90% das construções não possuíam calefação e 48% não dispunham de água corrente ou sistema de esgoto, em 1945. No todo, 20 milhões de pessoas ficaram sem teto por causa da guerra. As autoridades soviéticas reagiram com muita lentidão à crise urbana de habitação, que foi exacerbada pela migração interna de pessoas vindas do interior, à medida que o padrão de vida rural declinava. Ainda na década de 1950, havia milhões de pessoas vivendo em prédios em ruína, porões, galpões ou buracos cavados no chão.

Simonov, que se tornou deputado pela região de Smolensk em 1947, recebia centenas de pedidos de auxílio de moradia de seus eleitores. Uma carta típica foi escrita por um oficial e membro do Partido, desmobilizado em 1946. Ele estava vivendo em Kaluga com a família de seis pessoas, que compreendia três crianças pequenas e sua mãe idosa, num pequeno aposento sem calefação, localizado num porão, onde havia goteiras no teto e a água escorria pelas paredes. Eles estavam morando lá desde 1941, quando a casa da família em Smolensk foi bombardeada. Durante dois anos, o oficial requereu novas acomodações, mas sem obter resposta das autoridades soviéticas. Com a ajuda de Simonov, a família conseguiu finalmente entrar na lista de realocações em Smolensk. Entretanto, devido aos atrasos causados pela burocracia, a mudança só ocorreu em 1951.[3]

A economia soviética saiu da guerra em estado catastrófico. Duas colheitas magras, em 1945 e 1946, levaram o país à beira da falta de comida, com pelo menos 100 milhões de pessoas sofrendo de desnutrição. Entre 1946 e 1948, houve escassez de alimentos, e nas áreas mais afetadas, como a Ucrânia, cerca de dois milhões de pessoas morreram de inanição.[4] A produção de bens de consumo chegara quase à paralisação total durante a guerra, quando a indústria se ajustou para satisfazer as necessidades do conflito. Apesar da propaganda, com suas promessas de retorno à vida normal, as exigências militares da Guerra Fria significaram que, por mais uma década, as prioridades da indústria soviética continuariam concentradas em aço, ferro, energia e armamentos. Artigos domésticos básicos se encontravam em falta, em especial em cidades do interior, como Perm, onde todos vestiam roupas remendadas e sapatos gastos.

Zinaida Bushueva encontrou emprego no escritório de uma companhia de seguros estatal, mas sua ração não era suficiente para alimentar a família, de forma que ela conseguiu um trabalho para Nelly como mensageira de repartição, o que significava que eles receberiam um segundo cartão de racionamento. Mesmo assim, os Bushuev tinham dinheiro apenas para pão, sopa e batatas. Não conseguiam comprar sabão, que desaparecera por completo das lojas estatais e só podia ser adquirido no interior, onde era feito e vendido ilegalmente pelos camponeses. Eles possuíam apenas um par de sapatos para as três crianças, que precisavam se revezar para ir à escola. O salário de Zinaida não era suficiente para comprar roupas para os filhos, de forma que ela lhes fazia vestimentas com retalhos que comprava no mercado. Eles sentiam vergonha de sair de casa. Angelina se lembra de uma ocasião em que foram convidados por uma tia para ir ao teatro. Isso se deu alguns anos mais tarde, em 1950, quando as condições materiais haviam melhorado um pouco e todas as crianças já tinham roupas e sapatos, mas elas ainda se sentiam envergonhadas:

Não conseguimos ir ao teatro, tínhamos muita vergonha. Tudo que eu possuía para vestir era um par de sandálias com tiras de lona, de três rublos, que eu usava o ano todo, e o vestido de algodão que minha mãe fizera para mim em 1946. Não tivemos dinheiro para comprar um casaco para mim até 1957. Era de lã preta, muito malfeito, que adquirimos de segunda mão.[5]

Em setembro de 1945, uma comissão do Comitê Central foi nomeada para investigar uma série de greves e manifestações em grande escala nas fábricas de armamentos dos Urais e da Sibéria — mais um entre os muitos movimentos de protesto de trabalhadores na época. A conclusão foi que o motivo principal daquelas greves era a deficiência crônica de moradia e bens de consumo, que afrontava a dignidade dos operários.

No relatório sobre a paralisação de 12 mil trabalhadores da Fábrica nº 174, em Omsk, a comissão informava:

Os operários e suas famílias precisam desesperadamente de vestuário, sapatos e roupa de cama e mesa. Em 1945, o trabalhador recebia em média 0,38 artigo de vestimenta e 0,7 par de calçados. Por causa da falta de sapatos e roupas, 450 crianças não foram à escola em 1944 e, este ano, há cerca de 1.300 delas na mesma situação. Muitos operários se encontram tão esfarrapados que não podem se mostrar em público. Suas famílias não possuem talheres nem utensílios de cozinha, colheres, xícaras, vasilhas; não têm camas, cadeiras, bacias e outros artigos essenciais em número suficiente. Os atrasos são grandes na distribuição das rações, que são na maior parte supérfluas. Os trabalhadores praticamente não recebem sabão, sal ou querosene.[6]

Encorajadas por suas experiências de guerra, as pessoas não tinham mais medo de expressar o descontentamento. Só em 1945-46, o NKVD da República Russa recebeu muito mais de meio milhão de cartas de cidadãos soviéticos, que desejavam reclamar sobre a situação do país como um todo. Um operário de fábrica chegou a dar seu nome e endereço numa carta furiosa:

A que ponto chegamos! Isso é o que vocês chamam de preocupação do Estado com as necessidades materiais do povo trabalhador no Quarto Plano Quinquenal Stalinista! Agora entendemos por que não se fazem reuniões para discutir essas preocupações — elas podem dar margem a revoltas e levantes. Os trabalhadores todos dirão: "Pelo que lutamos?"[7]

Quando a guerra acabou, o povo foi convencido de que a vida na União Soviética iria melhorar. Segundo o escritor Ilia Ehrenburg:

Todos esperavam que após a vitória as pessoas conhecessem o que era a verdadeira felicidade. Sabíamos, é claro, que o país fora devastado, empobrecido, que teríamos de trabalhar duro e não acalentávamos fantasias de termos montanhas de ouro. Entretanto, acreditávamos que a vitória traria consigo a justiça e que a dignidade humana triunfaria.

As expectativas de reforma, o sentimento maior de independência e a visão de uma vida melhor, alimentados pelo contato com a Europa e com livros e filmes ocidentais, tudo isto se juntou para criar o entusiasmo por uma nova comunidade política. As pessoas haviam sido transformadas pela guerra; perderam um pouco dos velhos medos e se sentiam mais livres para falar. Nos clubes de veteranos e locais de encontro dos estudantes, nos cafés e bares, o povo se permitia aquele tipo de liberdade que havia experimentado pela primeira vez durante a guerra. Todos conversavam sobre a necessidade de melhorar o padrão de vida. Até nos círculos mais altos, a mudança era considerada uma necessidade política. "Todo mundo diz abertamente o quanto se sente descontente com a vida", contou um general veterano a outro numa conversa telefônica particular, que foi gravada pelo NKVD em 1946. "É o que todos dizem em qualquer lugar." Anastas Mikoian, membro do Politburo, acreditava, como lembra em suas memórias, que com o fim da guerra o país retornaria a algo como a NEP da década de 1920.[8]

Opiniões contrárias ao stalinismo poucas vezes eram expressas abertamente, mas se constituíam num elemento tácito do discurso não oficial que ligava certos grupos sociais, étnicos e profissionais, além de prisioneiros e exilados, e cidades inteiras, em alguns casos, que tinham suas razões para serem hostis ao regime. Em Leningrado, a experiência do cerco, na época da guerra, gerou na população um forte sentimento antimoscovita, que era amplamente reconhecido como um sinal de independência cívica e até de oposição ao Kremlin. Essa dissidência se manifestava de forma sutil no folclore relacionado ao cerco, em monumentos públicos às vítimas, no jargão, nas piadas e anedotas dos habitantes da cidade.

Marianna Gordon tinha 17 anos quando retornou a Leningrado, em 1945, depois de ter sido evacuada para Cheliabinsk. Seu pai havia permanecido na cidade durante o tempo do cerco. Ele trabalhava como tradutor para delegações de comércio soviéticas; era um teosofista ativo, que fora preso algumas vezes durante as décadas de 1920 e 1930. Ao voltar, Marianna notou que o pai estava manifestando mais abertamente sua antipatia pelo regime stalinista. Ela se lembra de um incidente, em 1945, quando ele fez um comentário que, mesmo na privacidade do lar, jamais teria se permitido antes da guerra:

O rádio estava ligado, meu pai se encontrava deitado na cama lendo, e eu lavava o chão. O cantor [Iurii] Levitan chegou ao estúdio da estação de rádio e cantou a canção que se ouvia então em todos os lugares, "Glória ao Camarada Stalin! Nosso Grande Líder!" Papai disse: "Marianna, estrangule esse *kleine Sachs*!"* Ele estava me pedindo para desligar o rádio, e eu fiquei totalmente surpresa. Até então, eu aceitava mais ou menos a ideia de que o camarada Stalin fora o responsável por nossa vitória e, embora tivesse minhas dúvidas, sempre tratei de suprimi-las. As palavras de papai me fizeram pensar de modo mais cético.[9]

O ceticismo e a dissidência se espalharam, em particular, pela comunidade estudantil do pós-guerra, na qual as manifestações abertas de oposição eram mais comuns. A geração de estudantes que cresceu durante a guerra se mostrou mais independente na maneira de pensar do que aquela que atingiu a maioridade antes de 1941. Muitos desses jovens tinham sido expostos ao mundo dos adultos durante a guerra, uma época em que as críticas ao regime eram ouvidas com frequência. Essa experiência produziu um tipo especial de independência e distanciamento da propaganda soviética e da cultura conformista da Komsomol, embora a maioria deles continuasse a crer no ideal comunista. Valentina Aleksandrova, filha de um oficial bolchevique preso em 1938, descreve esse choque de valores entre os colegas estudantes do Instituto Politécnico de Leningrado, onde ela se matriculou em 1947:

Éramos definitivamente patriotas de acordo com o espírito da época: nossa pátria era grande, havíamos vencido a guerra; considerávamo-nos a Jovem Guarda e chegamos a formar um clube com esse nome.** Entretanto, reagíamos também contra o que considerávamos a corrupção da sociedade — a garota que não estuda, mas tem boas notas porque é filha de um operário ou engenheiro padrão, e assim por diante. Havia muitas coisas deste tipo que não gostávamos: as palestras obrigatórias sobre a história do Partido; o professor que nos mandava escrever nosso número de membro da Komsomol na capa de nossos livros de exercício; a falta de sinceridade que sentíamos nos esforços da propaganda para nos fazer reagir de

---

* "O pequeno [Hans] Sachs" (da ópera *Os mestres cantores de Nuremberge*).
** Uma referência a *The Young Guard* (A jovem guarda), de Aleksandr Fadeyev, um romance semidocumentário sobre uma organização clandestina de jovens, na Ucrânia ocupada, durante a Segunda Guerra Mundial, que recebeu o Prêmio Stalin em 1946.

determinada forma. Para nós, a Komsomol parecia um lugar para carreiristas, e nos mantínhamos longe dela, criando nosso próprio círculo no instituto, onde nos encontrávamos para beber e discutir política. Se alguém ouvisse nossas conversas, seríamos presos, mas eram justamente essas confabulações perigosas que nos uniam com mais força. No nosso grupo, opor-se ao culto de Stalin era marca de pertencimento. Depois de alguns drinques, um de nós podia se tornar audacioso e propor com sarcasmo um brinde: "Ao camarada Stalin!" E todos nós ríamos.[10]

Havia muitos grupos informais de estudantes como esse. A maioria era composta de pequenos círculos de discussão nos quais se incentivava o pensamento independente, juntamente com a leitura de uma variedade maior de livros do que aquela oficialmente aprovada. Contudo, existiam também círculos mais politizados, em geral vigiados pelo NKVD, que propunham algum tipo de regeneração do comunismo, numa reação ao que consideravam a dominação da Komsomol pelos "elementos carreiristas". Embora esses grupos fossem pequenos, raramente consistindo em mais que um punhado de estudantes, as opiniões que expressavam eram compartilhadas por muitos jovens. Em Cheliabinsk, por exemplo, o NKVD descobriu um desses círculos de estudantes que publicava o próprio almanaque, com poesia mística e artigos políticos, clamando pela restauração do espírito revolucionário leninista na Komsomol. Um relatório preparado pela comissão local do Partido, em setembro de 1946, revelou que muitas dessas atitudes eram amplamente compartilhadas pelos estudantes de Cheliabinsk, que se sentiam marginalizados pela Komsomol, porque esta não se interessava em satisfazer sua curiosidade por literatura estrangeira, questões sexuais e filosofia.[11]

Em 1945, Elena Shuvalova retornou com a mãe para Leningrado após terem sido evacuadas e iniciou os estudos na universidade. Durante a década de 1930, a família fora exilada para Voronezh, como punição pelo pai se corresponder com a própria mãe na Alemanha. Os pais de Elena se divorciaram em 1939. O estigma de ter crescido no exílio havia deixado marcas nela, que se tornou "distante" e "interiormente resistente" ao sistema soviético, em suas próprias palavras. Esta resistência interna era reforçada pela mãe, uma artista que se especializara em fazer retratos de Stalin, a quem se referia de maneira sardônica como "o pai da nação", quando estavam sozinhas em casa. Educada pela mãe "a acreditar em Deus e sempre falar a verdade", Elena se sentia cada vez mais estranha ao ambiente da universidade, onde tinha que esconder a verdade sobre seu passado. Ser franca e dizer o que pensava se tornou para ela sinônimo de afirmação da personalidade. Ela criou um grupo de discussões com suas duas melhores amigas, Natasha e Elena, que também possuíam histórias de vida difíceis. "A ideia era que uma se abrisse completamente com a outra", recorda-se ela. "Fizemos nossa primeira reunião (*zasedanie*) no quarto de Elena, no apartamento comunitário. Discutimos como atrair novos membros. Precisávamos do 'nosso' tipo de gente — pessoas não conformistas." O círculo nunca foi adiante, porque Elena contou o que estava fazendo ao avô, ex-oficial tsarista, que se assustou e a fez parar. Ele revelou um segredo de família para desestimulá-la daquelas atividades: os pais dela não haviam sido punidos na década de 1930 apenas por suas ligações com a Alemanha, mas também pelo envolvimento com uma organização religiosa clandestina.[12]

Liudmila Eliashova se matriculou como aluna na Universidade de Leningrado em 1940, dois anos após a prisão e execução do pai, um bolchevique veterano e neurologista conhecido em Leningrado. Evacuada da universidade para Saratov em 1941, ela retornou em 1944 e se formou em 1946. Àquela altura, Liudmila já havia formado opiniões dissidentes sobre o regime stalinista. Uma influência marcante sobre seu pensamento foi o reitor da universidade, o brilhante economista político Aleksandr Voznesensky, que resgatou muitos filhos dos "inimigos do povo" admitindo-os na instituição. Moralmente corajoso e humano, carismático e atraente, Voznesensky era "meu homem soviético ideal", lembra-se Liudmila. "Cheguei a lhe escrever para dizer isso. De certa forma, ele tomou o lugar de meu pai, que fora meu ideal de homem." Suas palestras foram para ela uma introdução a Marx, cujos primeiros trabalhos, em particular, tornaram-se seu evangelho e a base de sua oposição moral ao regime stalinista. "Marx foi um grande humanista", reflete Liudmila.

Após assistir às palestras de Voznesensky e ler a obra de Marx, comecei a compreender que o verdadeiro socialismo, a ideia do comunismo, não era aquilo que tínhamos com Stalin. Nossa tarefa era retornar à verdadeira sociedade socialista, na qual pessoas como meu pai jamais teriam sido presas.

Em vez de um retrato de Stalin, Liudmila tinha uma foto de Marx em meio a suas coisas. Todo dia, ela se benzia em frente a ele e dizia, como se numa prece: "Karl Marx, ensine-me a viver!" Junto com alguns amigos da universidade, ela formou um grupo de estudos marxistas, que se reunia uma vez por semana na Biblioteca Pública. Como nos círculos revolucionários clandestinos do século XIX, as amizades na confraria se faziam e desfaziam com base em princípios políticos. Liudmila se recorda de um incidente típico:

Certo dia, na Biblioteca Pública, alguns de nós estavam conversando na escadaria. Alguém disse: "Por que houve tanta demora na convocação do Décimo Nono Congresso do Partido? Isto com certeza é uma infração às regras do Partido!" Desde o Décimo Oitavo Congresso [em 1939], mais de cinco anos haviam se passado [o Décimo Nono só se reuniu em 1952], e isto nos parecia contra os princípios da democracia do Partido [que organizara congressos todos os anos, entre 1917 e 1925, e garantiria um a cada cinco anos, entre 1956 e 1986]. Então essa garota disse: "Stalin sabe o que faz!" Olhei para ela e pensei: "Vejam isso!" Para mim, ela deixou de existir como ser humano."*

O grupo começou a ir além da literatura que era apresentada nas aulas. Sem muita diferença para os dissidentes posteriores, eles estavam tentando encontrar um "código moral", como define Liudmila, "segundo o qual pudéssemos viver mais honestamente, sem dissimulação, numa sociedade cujos princípios básicos negavam qualquer código moral".

A partir de Marx, ficamos sabendo sobre Dante, cujo mote ele cita: "Segue teu próprio caminho e deixa os outros falarem." Nós discutíamos isso com frequência e chegávamos à conclusão de que, embora seja impossível ignorar as opiniões dos

---

* Essa pessoa (que ainda está viva) acabou se tornando chefe do Departamento de História do Partido na Universidade de Leningrado.

outros por completo, as pessoas deveriam tentar seguir o próprio caminho, sem comprometer seus princípios ou se conformar à multidão.[13]

Stalin tratava logo de descartar qualquer ideia de reforma política. Em seu primeiro grande discurso do pós-guerra, em 9 de fevereiro de 1946, ele deixou claro que não haveria qualquer afrouxamento do sistema soviético. Falando no contexto da tensão crescente da Guerra Fria, Stalin pediu mais disciplina e sacrifícios por parte do povo soviético, a fim de reparar os danos da guerra e se preparar para o próximo conflito global, que o sistema capitalista ia acabar provocando ("enquanto existir o capitalismo, haverá guerras, e a União Soviética deve estar preparada"). Stalin ordenou que seus subordinados desferissem "um golpe forte" em qualquer conversa de democracia, antes mesmo que esse tipo de ideia se difundisse. A censura aumentou, em especial no que dizia respeito às memórias de guerra, em relação às quais a experiência coletiva tendia a sugerir ideias de reforma.[14] O NKVD foi fortalecido e reorganizado como duas burocracias separadas em março de 1946: o MVD controlaria a partir de então a segurança interna e o sistema Gulag; enquanto a MGB (precursora da KGB) ficou responsável pela contrainteligência e pelo serviço de inteligência no exterior, embora uma vez que os inimigos do regime fossem "espiões estrangeiros" *ipso facto*, a missão da MGB acabava incluindo também a vigilância da cena doméstica. Os anos do pós-guerra não assistiram a um retorno dos níveis de terror da década de 1930, mas todos os anos algumas dezenas de milhares de pessoas — muitas delas judias e de outras nacionalidades acusadas de tomar o partido do Ocidente na Guerra Fria — foram presas e condenadas pelos tribunais por atividades "contrarrevolucionárias".[15]

Imediatamente após o fim da guerra, Stalin promoveu uma nova limpeza no exército e na liderança do Partido, onde centros de poder rivais, formados por grupos vistos como reformadores "liberais", haviam surgido como um desafio à sua autoridade pessoal. A primeira medida de Stalin foi derrubar os líderes mais altos no exército, que desfrutavam de enorme popularidade em razão da vitória de 1945 e, no caso do marechal Zhukov, tornara-se para o povo o foco da esperança de reformas.* A MGB começou a monitorar as conversas telefônicas dos comandantes militares mais graduados. Criou-se um arquivo para Zhukov, cuja grandeza alcançara proporções intoleráveis. Como administrador militar da zona de ocupação soviética na Alemanha, ele dera uma entrevista coletiva em Berlim, na qual reivindicou a parte do leão no crédito pela vitória soviética. Censurado por Stalin em razão de sua ufania, Zhukov foi chamado a Moscou, convocado a comparecer diante do Conselho Militar e condenado pelos membros do Politburo, como uma ameaça bonapartista ao Estado soviético (só um dos generais presentes falou em defesa do marechal). Por ordem de Stalin, Zhukov foi rebaixado à posição de comandante do Distrito Militar de Odessa; mais tarde, tratou-se de enviá-lo para uma base militar obscura nos Urais (poderia ter sido bem pior, pois havia rumores de que o marechal estivera tramando um golpe militar contra Stalin). Seu nome desapareceu da imprensa soviética e dos relatos sobre a Grande Guerra Patriótica, que retratavam Stalin como o único arquiteto da vitória. Outros heróis militares populares tiveram destino semelhante: o marechal Antonov, ex-chefe do Estado-Maior, foi exilado para o comando do Distrito Militar Transcaucasiano, os nomes de Rokossovsky, Konev, Voronov, Vatutin e de muitos outros foram apagados dos registros públicos da guerra; e alguns comandantes veteranos foram executados ou presos sob acusações forjadas de traição, entre 1946 e 1948.[16]

Stalin também se voltou contra a liderança do Partido em Leningrado, cidade com um sentimento forte de independência em relação a Moscou e uma cultura literária vibrante, enraizada nos valores europeus do século XIX, o que a tornava uma espécie de baluarte das esperanças de reforma da intelectualidade. Seus líderes do Partido não eram nem liberais nem democratas: eram tecnocratas que acreditavam

---

* Existe uma lenda a respeito da parada pela vitória em Moscou, em 24 de junho de 1945, quando Zhukov conduziu as colunas de tropas pela Praça Vermelha, montado num cavalo árabe branco. Contava-se que Stalin pretendia liderar o desfile, mas que durante o ensaio fora derrubado pelo animal. A anedota não é verdadeira, mas sugere o desejo popular de que ele fosse derrubado por Zhukov.

na racionalização do sistema soviético. Durante a guerra, alguns deles haviam alcançado posições importantes em Moscou, em grande parte graças à proteção poderosa de Andrei Zhdanov, ex-chefe do Partido em Leningrado. Nos anos do pós-guerra, ele ficou responsável por seu aparato e pela supervisão das questões ideológicas, além da política externa. Quando morreu de um ataque do coração em 1948, o Politburo continha um número desproporcional de cidadãos de Leningrado, incluindo dois, Nikolai Vozenesensky e Aleksei Kuznetsov, que eram amplamente considerados como sucessores de Stalin. Como o irmão Aleksandr, reitor da Universidade de Leningrado, Nikolai Voznesensky era economista político, jovem, dinâmico e bem-apessoado. Como diretor do Gosplan, fora o cérebro por trás do planejamento da economia de guerra soviética. Após 1945, ele buscou meios de racionalizar a reconstrução da indústria soviética, abraçando muitas das ideias da NEP,* que tanto haviam contribuído para revitalizar o país após a destruição da Guerra Civil. Já Kuznetsov era secretário do Comitê Central, responsável por questões de segurança, mas era mais conhecido como herói militar do cerco de Leningrado, razão principal de sua popularidade na cidade e fonte de irritação constante para Stalin.

Em 1949, Stalin enviou Grigorii Malenkov, chefe do secretariado do Partido e inimigo implacável de Voznesensky e Kuznetsov, para inspecionar o trabalho da organização do Partido em Leningrado. O pretexto para a visita era investigar alegações de eleições fixas por parte dos comitês distritais, mas o propósito verdadeiro era desarticular a base de poder da cidade. O primeiro alvo foi o Museu da Defesa de Leningrado, cuja exposição permanente apresentava a história do cerco como um ato coletivo de heroísmo do povo da cidade, em grande parte independente da liderança do Partido. O museu foi fechado e os diretores foram presos. Seu acervo inestimável de documentos e recordações pessoais

---

* Voznesensky não defendia a restauração da economia mista, mas era a favor de suspender o controle do Estado sobre preços, de forma que refletissem melhor oferta e demanda. Apoiava também a expansão do setor cooperativo e mais investimento nas indústrias de bens de consumo, como as têxteis; duas medidas que tinham sido importantes para os primeiros êxitos da NEP.

foi destruído, a fim de apagar qualquer memória sobre a independência e bravura da cidade. Depois, em agosto de 1949, Kuznetsov e Voznesensky foram presos, juntamente com alguns outros funcionários de espírito mais livre, inclusive o reitor da universidade, no que ficou conhecido como o "Caso de Leningrado". Denunciados por meio de várias acusações forjadas, que iam de espionagem para os ingleses até prática de devassidão, Voznesensky e os outros foram considerados culpados num julgamento secreto e fuzilados no mesmo dia, em outubro de 1950.

As restrições políticas do pós-guerra se combinaram a um retorno à austeridade da economia planejada. Como advertiu Stalin, em seu discurso de 9 de fevereiro de 1946, não podia haver qualquer afrouxamento numa situação de tensão internacional. Um novo Plano Quinquenal foi apresentado. Grandes projetos de construção foram elaborados para a recuperação da infraestrutura do país. As fantásticas metas impostas para a produção industrial só poderiam ser alcançadas por uma mão de obra composta por stakhanovistas. A propaganda soviética persuadia a população a ter forças para mais um período de sacrifícios, adoçando a mensagem com a promessa habitual de que o trabalho duro seria recompensado com bens de consumo mais baratos. Todavia, para a maioria do povo, havia poucas razões para ter fé naquelas promessas. A elevação de preços dos poucos itens básicos disponíveis estava esvaziando o salário real. A fim de lidar com o problema da inflação, o regime introduziu uma reforma monetária em 1947, trocando dinheiro velho por novo a uma proporção de dez para um, o que reduziu de maneira drástica o poder de compra da população rural, em particular. Ela acabou com as economias dos camponeses, reunidas graças às vendas nos mercados de hortaliça e artesanato durante a guerra, quando houvera um afrouxamento em relação às restrições ao pequeno comércio.[17]

O trabalho forçado desempenhava um papel cada vez mais importante na economia soviética do pós-guerra, segundo a política ditada por Stalin e seu "gabinete de cozinha" de conselheiros. Com o fim da guerra, a reserva de mão de obra não remunerada, disponível para exploração pelo Estado, cresceu enormemente. Além dos prisioneiros do

Gulag e dos conscritos das frentes de trabalho, havia dois milhões de prisioneiros de guerra alemães e cerca de um milhão de outras nacionalidades do Eixo, que eram na maior parte usados para a derrubada de florestas, mineração e construção, embora os que possuíam especialização ocasionalmente fossem empregados na indústria soviética. Em algumas fábricas, os alemães eram tão essenciais à produção que os campos de detenção eram erguidos no próprio terreno, e os funcionários tentavam bloquear sua repatriação para a Alemanha. A população do Gulag também crescia, apesar da libertação de muitos prisioneiros na anistia de 1945; os campos receberam mais de um milhão de novos detentos entre 1945 e 1950, graças em grande parte às prisões em massa de "nacionalistas" (ucranianos, poloneses, bielorussos, letões, lituanos e estonianos) nos territórios capturados ou reocupados pelo Exército Vermelho, que nunca se conformaram com o poder soviético. O sistema Gulag se expandiu num vasto império industrial, com 67 complexos de campos, 10 mil campos individuais e 1.700 colônias, empregando uma força de trabalho escravo de 2,4 milhões de pessoas em 1949 (comparada a 1,7 milhão antes da guerra). No geral, estima-se que os trabalhadores conscritos representassem entre 16% e 18% da força de trabalho industrial soviética, entre 1945 e 1948. Eles eram especialmente importantes na mineração de metais preciosos em regiões frias e remotas, onde o trabalho livre era muito caro, se não impossível (assim, sua contribuição à economia soviética foi ainda mais significativa do que os números sugerem). O trabalho escravo também constituiu a força de trabalho dos grandes projetos de construção de fins da década de 1940, que vieram a simbolizar, oficialmente pelo menos, a confiança e as conquistas do sistema soviético no pós-guerra: o canal Volga-Don; a usina hidroelétrica de Kuibyshev; as estradas de ferro Baikal-Amur e do Ártico; as extensões do metrô de Moscou; e o complexo da Universidade de Moscou nas colinas Lenin, uma das sete estruturas bolo de noiva (as "catedrais de Stalin") no estilo ostentoso do "Império Soviético", que pipocaram em torno da capital naqueles anos.[18]

Os anos do pós-guerra assistiram a uma fusão gradual entre o Gulag e a economia civil. Todos os anos, cerca de meio milhão de trabalhadores do Gulag eram contratados pelo setor civil, a maior parte na construção ou onde quer que os ministros civis se queixassem de falta de mão de obra; aproximadamente o mesmo número de trabalhadores livres, a maior parte especializados, eram pagos para trabalhar nas indústrias do Gulag. O sistema Gulag se via cada vez mais forçado a recorrer a incentivos materiais para motivar até mesmo os trabalhadores escravos. A população dos campos de trabalho havia se tornado mais rebelde e difícil de controlar. Com a anistia de cerca de um milhão de prisioneiros em 1945, principalmente criminosos, que tiveram as penas reduzidas ou anuladas, os campos ficaram com uma grande proporção de "politizados" — não os tipos intelectuais que os lotavam na década de 1930, mas jovens robustos que tinham lutado como soldados na guerra, prisioneiros de guerra estrangeiros, "nacionalistas" ucranianos e bálticos — que eram hostis ao regime soviético e não temiam a violência. Sem um sistema de recompensas, esses prisioneiros se recusavam a atingir as metas estabelecidas. O custo de vigiá-los também estava se tornando astronômico. Em 1953, o MVD estava empregando 250 mil guardas nos campos de trabalho, gastando duas vezes mais na manutenção do Gulag do que recebia em receita pela sua produção. Alguns funcionários graduados do MVD estavam questionando seriamente a eficácia do uso do trabalho escravo. Havia até sugestões, apoiadas por Beria e Malenkov, de se acabar com algumas seções do Gulag e converter os prisioneiros em trabalhadores parcialmente civis, mas como Stalin era um partidário firme do sistema Gulag, nenhuma dessas ideias foi proposta com seriedade.[19]

O complexo de Norilsk é um bom exemplo da convergência entre as economias Gulag e civil no pós-guerra. Sua população triplicou de 100 mil para quase 300 mil prisioneiros entre 1945 e 1952. A maioria dos recém-chegados era de prisioneiros de guerra soviéticos que haviam passado pelos "campos de filtragem" (onde colaboradores com o inimigo eram eliminados após interrogatórios) depois do retorno da Europa e das zonas anteriormente ocupadas pelos nazistas; ou soldados e civis agrupados como "nacionalistas" da região do Báltico ou da Ucrânia. Entretanto, havia também um crescimento constante do número de trabalhadores livres, que representava cerca de um terço da mão de obra total em 1949, se forem incluídos os prisioneiros que permaneciam (ou eram obrigados a permanecer) com contratos de pagamento no complexo de Norilsk após terem sido libertados. Por fim, havia um contingente grande de entusiastas da Komsomol que vinham para Norilsk como voluntários, e de parentes de prisioneiros que chegavam para se unirem às famílias.[20]

Lev Netto nasceu numa família estoniana de comunistas, em 1925, que fora para Moscou em 1917. Seu pai foi membro da Brigada de Rifles Letoniana, que desempenhou papel vital quando Lenin tomou o poder; a mãe, que se tornou funcionária no Ministério do Exterior, deu-lhe o nome de Lev por causa de Trotski, que era seu herói. Em 1943, ele foi mobilizado pelo Exército Vermelho e designado para uma unidade especial de resistência do NKVD, que foi enviada para lutar atrás da linha alemã na Estônia. Capturado pelo inimigo em 1944, Lev ficou preso em Dvinsk, na Letônia, e depois foi mandado para um campo de prisioneiros de guerra perto de Frankfurt-am-Main, na Alemanha. Em abril de 1945, os prisioneiros foram obrigados pelos alemães a marchar para o oeste. Ele e alguns outros fugiram do comboio e foram libertados por tropas dos Estados Unidos. Lev passou dois meses num campo controlado pelos americanos. Apesar das tentativas de persuadi-lo a não retornar a sua terra natal, ele voltou para a União Soviética em maio de 1945. Estava com 20 anos e queria estudar numa universidade. Quando chegou à fronteira soviética, foi enviado para um campo de filtragem e depois devolvido ao Exército Vermelho. Durante os três anos seguintes, Lev serviu como soldado raso nos territórios recém-ocupados do oeste da Ucrânia. Em abril de 1948, foi preso em Rovno, sob a acusação de ter espionado para os EUA e, após ser torturado durante semanas pelos interrogadores do NKVD, acusado de ter traído sua brigada de resistência, em favor dos alemães durante a guerra. Ameaçado de ter os pais presos, Lev assinou uma confissão completa de seus crimes e foi condenado a 25 anos de trabalhos forçados, seguidos de mais cinco de exílio em Norilsk.[21]

Maria Drozdova foi enviada para Norilsk após ter sido presa em Berlim, pelo Exército Vermelho, em abril de 1945. Quatro anos antes, quando estava com 17 anos, ela fora capturada pelos alemães em Krasnoe Selo, próximo a Leningrado, cidade em que vivia com os pais. Foi levada pelo exército alemão para a Estônia, onde trabalhou como enfermeira num hospital de campo, e depois para Berlim, empregada na casa de um graduado funcionário nazista. Maria resistiu a várias tentativas dos alemães de recrutá-la como espiã — apanhou deles muitas vezes —, mas seus ferimentos não foram suficientes para persuadir o tribunal militar soviético, que a condenou a dez anos em Norilsk, por "trair a pátria".[22]

Os metais preciosos de Norilsk desempenharam um papel importante no pensamento de Stalin sobre a reconstrução da economia soviética no pós-guerra. Com o propósito de estimular a força de trabalho de Norilsk, a administração do campo começou a fazer cada vez mais uso de créditos de trabalho e recompensas financeiras. Em 1952, os ordenados em dinheiro haviam se tornado a norma para a maioria dos prisioneiros de Norilsk, que recebiam em média 225 rublos por mês, cerca de um terço da quantia normal paga aos trabalhadores civis, embora alimentação e moradia ficassem "livres de encargos". Muitos dos trabalhadores voluntários recebiam valores especiais ("nortistas") de pagamento, que eram muito mais elevados do que aqueles que poderiam obter fora do sistema Gulag.[23] Um estranho sistema híbrido estava se desenvolvendo em Norilsk: um sistema prisional onde os detentos eram pagos. Contudo, nenhuma quantidade de dinheiro poderia compensar a perda da dignidade e as condições inumanas nas quais eram forçados a viver e trabalhar. A rebelião era apenas uma questão de tempo.

2

Os anos do pós-guerra assistiram à consolidação de um novo tipo de "classe média" soviética educada. Entre 1945 e 1950, o número de alunos em universidades e escolas de segundo grau dobrou, dando origem a uma classe profissional de jovens técnicos e administradores, que se tornariam funcionários e beneficiários do sistema soviético ao longo das próximas décadas. Essa nova elite era diferente das da década de 1930: seus membros eram mais bem-educados, menos ideológicos na aparência e mais estáveis. Sua qualificação profissional não só lhes garantia posições importantes no sistema soviético, mas também lhes assegurava imunidade contra rebaixamentos por conta de impurezas de classe ou de ideologia. A capacidade profissional começava a tomar o lugar dos valores proletários nos princípios dominantes da elite soviética.

A criação dessa classe profissional foi uma política consciente do regime stalinista, que reconheceu a necessidade de uma camada social maior e mais confiável composta por engenheiros, administradores e gerentes, tanto para competir com as economias capitalistas quanto para estabilizar o sistema soviético, fornecendo-lhe uma base social mais sólida. O regime precisava do apoio de uma classe média leal, se não quisesse ser esmagado por pressões sociais mais intensas, visando reformas políticas, após 1945; e a forma mais direta de ganhar essa lealdade era favorecendo as aspirações burguesas do povo. Essa nova burguesia soviética foi recompensada com empregos seguros e bem pagos, com apartamentos particulares e com os prazeres domésticos de um lar confortável. Havia poucos bens de consumo para satisfazer suas aspirações nos anos que se seguiram imediatamente ao pós-guerra, mas, como na década de 1930, existiam muitas promessas de "uma vida boa". A propaganda soviética, os filmes e a ficção evocavam uma imagem da felicidade pessoal e material que estaria disponível para aqueles que estudassem bastante e trabalhassem com afinco. Nos filmes e na ficção do pós-guerra, a riqueza era alardeada como sendo uma simples recompensa advinda do esforço e da lealdade; a busca pela felicidade pessoal, por uma boa vida doméstica e pelos bens materiais era representada como um novo valor positivo ("soviético").[24]

A expansão do sistema de educação superior foi a chave para a criação dessa classe média. No início da década de 1950, havia 1,7 milhão de estudantes nas universidades soviéticas e bem mais de dois milhões nas escolas técnicas e de especialização.[25] A população estudantil era composta basicamente por uma mistura de filhos de famílias de intelectuais, de uma grande parcela de jovens oriundos da elite soviética e de uma proporção considerável de rapazes de origem humilde, que haviam galgado postos no exército durante a guerra e estavam tendo, então, acesso favorecido à educação superior. Promovidos à elite administrativa e técnica, deviam o sucesso não às suas origens sociais ou ao fanatismo político, como aconteceu com os *vydvizhentsy* da década de 1930, mas antes ao treinamento recebido nas escolas e universidades soviéticas. A identificação com o sistema estava intimamente relacionada à identidade profissional. Como engenheiros e técnicos, administradores e planejadores, cujas carreiras eram definidas com o objetivo de assegurar que o sistema soviético funcionasse de forma eficaz, eles aceitavam prontamente a racionalidade da economia e sociedade planejadas, mesmo que politicamente, ou por causa da repressão de que suas famílias haviam sido vítimas, tivessem razões para se opor ao regime stalinista.

Para que fossem bem-sucedidas naquele caminho profissional, as pessoas precisavam se conformar, pelo menos exteriormente, com as exigências do regime. Como explicou um engenheiro na década de 1950:

Para progredir no emprego, a pessoa tem de ser enérgica e persistente, tem de ser capaz de manter a boca fechada e usar uma máscara (...) Se ela grita "Longa vida a Stalin!" (...) e canta a popular canção "Não conheço outro país em que um homem respire com tanta liberdade", então obtém êxito.

Segundo um grupo de imigrantes entrevistados naquela época, o tipo mais comum de funcionário soviético não era mais o comunista partidário e entusiasta da década de 1930, mas sim o carreirista que podia não crer no Partido ou em suas metas, mas que executava suas ordens apesar disso.[26] Por intermédio desses stalinistas comuns, os milhões de tecnocratas e pequenos funcionários que cumpriam suas determinações, o regime se rotinizou, suas práticas se burocratizaram e os impulsos revolucionários que haviam levado ao Terror se transformaram gradualmente na cultura estável de uma elite profissional leal.

A dissimulação sempre fora uma tática de sobrevivência necessária na Rússia soviética, mas nos anos do pós-guerra, quando as exigências de classe e de comprometimento político se tornaram secundárias para a aparência externa de conformidade, a arte de usar máscaras foi aperfeiçoada. Czeslaw Milosz, que vivera sob o sistema comunista do pósguerra na Polônia, achava que as pessoas tinham se tornado tão exímias em seu comportamento público que aquilo começou a parecer natural:

Após um longo conhecimento de seu papel, a pessoa se adapta a ele tão bem que não consegue mais diferenciar seu verdadeiro eu do eu que representa, de modo que até os indivíduos mais íntimos conversam entre si usando os lemas do Partido. Identificar o eu com o papel que se é obrigado a simular traz alívio e permite um afrouxamento da vigilância. Reflexos adequados nos momentos apropriados se tornam verdadeiramente automáticos [...] O ato de representar, em escala comparável, não ocorreu muitas vezes na história da raça humana.[27]

Poucas pessoas se perdiam por inteiro no papel público. Uma identidade dividida representava com mais probabilidade a mentalidade soviética. Como um ator que presta atenção no próprio desempenho, a maioria dos cidadãos permanecia muito consciente da diferença entre a personalidade privada e a pública, e inventava várias formas de manter essas identidades separadas, que iam de estratégias para suprimir pensamentos e impulsos perigosos a métodos de resolver os dilemas morais que doíam em suas consciências.

A classe de jovens profissionais de fins da década de 1940 e princípios dos anos 1950 encarava novos dilemas, se comparados àqueles que seus pais enfrentaram na década de 1930. Em muitos casos, carregando o peso de uma biografia comprometedora que haviam herdado da família, eram forçados a encontrar um caminho dentro do sistema, no qual poucos deles (em contraste com os pais) acreditavam de fato — um jogo estratégico complexo, que envolvia dissimulação (e autoilusão), conformismo e concessões morais. A primeira escolha ética que muitas pessoas encaravam no desenrolar de suas carreiras era declarar ou não a prisão de parentes num questionário (*anketa*), que eram obrigados a preencher ao entrar num emprego ou na universidade. Revelar as máculas na biografia significava correr o risco de ser rejeitado, mas escondê-las poderia acarretar consequências ainda mais sérias, se a verdade fosse descoberta pelas autoridades.

Irina Aleksandrova escondeu o fato da prisão de seu pai quando se matriculou como aluna no Departamento de Economia, do Instituto Politécnico, em Leningrado, em 1946. Porém, quando já estava no segundo ano, revelou a verdade em outro questionário que os alunos foram obrigados a preencher para poderem participar de uma viagem estudantil. Irina achou que "os tempos tinham mudado, haviam se tornado mais livres" e que "não havia mais qualquer vergonha em vir de uma família de inimigos do povo", embora, analisando aquele acontecimento hoje, ela ache que foi influenciada pelas esperanças liberais de amigos cujas famílias nunca foram vítimas da repressão. Ao receber seu segundo questionário, a Komsomol do instituto organizou um "encontro para expurgar" todos os alunos da série de Irina, no qual ela foi obrigada a responder perguntas hostis sobre a razão de ter "ocultado suas origens sociais". Os líderes da Komsomol acusaram-na de se conduzir "de forma vergonhosa", antissoviética, exatamente como o pai, um "inimigo do povo", o fizera. Os organizadores do encontro aprovaram uma resolução recomendando a expulsão de Irina do instituto. Ela foi salva por um dos participantes, o vice-diretor do departamento, que havia sido ele próprio preso durante os expurgos de princípios da década de 1930 e retornara recentemente da frente de batalha. "Naquela época, a atmosfera moral do instituto ainda estava dominada pelos soldados que tinham retornado das frentes", lembra-se Irina. "Eles não toleravam a restauração da cultura dos expurgos e mantinham uma vigilância firme nas faculdades e dormitórios, com o propósito de garantir que ativistas estudantis não intimidassem outros como eu." O vice-diretor se certificou de que ela não fosse expulsa — chegou mesmo a reintegrá-la à viagem de estudos —, e Irina se formou no instituto com louvor. Entretanto, em 1949, seu benfeitor foi ele próprio demitido após um expurgo geral na instituição, que tinha ligações com o Caso de Leningrado.[28]

 Muitas pessoas achavam que declarar a prisão dos pais no questionário era "a coisa mais honesta a fazer". Criadas à maneira soviética, na crença de que a vida pessoal devia se manter aberta ao escrutínio público, elas sentiam que a coisa mais importante a fazer era viver de acordo com a verdade. Outros consideravam que negar a detenção dos pais era o mesmo que traí-los por razões egoístas; aceitar a herança de sua biografia comprometedora equivalia de alguma forma a ser fiel a eles. Inna Gaister matriculou-se como aluna na Universidade de Moscou em 1944. Ela sempre escreveu a verdade sobre a prisão dos pais porque temia que preencher o questionário com uma semiverdade — ou uma mentira — significasse estar renegando-os de alguma forma.

Eu tinha muito medo disso... Eu tinha medo de que, se mentisse sobre meus pais, acabaria me afastando deles... Ao declarar de público que era filha de um inimigo do povo, eu sentia que estava me protegendo contra qualquer pressão para renunciar a meu pai, o que me parecia uma coisa muito ruim, mesmo sabendo que ele estava morto.[29]

Algumas pessoas preferiam esconder suas biografias com máculas a fim de não pôr suas carreiras em perigo. No seu modo de pensar havia muitas justificativas para esta ação: que os pais não foram de fato "inimigos do povo" e que, portanto, não estavam ocultando crime nenhum; que os pais teriam desejado vê-las alcançando êxito na sociedade; ou que a omissão era a única forma de se tornarem cidadãos soviéticos honestos. Assim, Leonid Makhnach, em seu formulário de candidato à Escola de Cinema de Moscou em 1949, escreveu que o pai, Vladimir (que fora preso e condenado a dez anos num campo de trabalhos na Sibéria em 1941), havia simplesmente "desaparecido sem deixar vestígios" durante a guerra.[30] E Vladimir Vlasov trocou o nome verdadeiro (Zikkel) pelo sobrenome da tia, Olga Vlasova, que o havia criado em sua casa, em Leningrado, após a prisão dos pais. Vladimir conseguiu emprego numa instalação militar secreta em 1948. Ele recorda:

Eu sempre escrevia a mesma coisa em todos os questionários. Minha irmã mais velha me ajudou a escrever um papel com uma cola que eu pudesse consultar, de forma a ter certeza de dar sempre a mesma resposta. Eu colocava sempre o mesmo local e data de nascimento falsos, e escrevia que tinha perdido os pais quando era muito pequeno. "Não tenho informações sobre meu pai", acrescentava. Quanto à minha mãe, sempre dava o nome [falso] de Nina Ippolitovna. Inventei a história de que ela havia ganho três medalhas durante a guerra e nunca tinha se casado. Atribuí-lhe um amante, Boris Stepanovich, que chegara à Rússia vindo de Paris, embora eu fosse pequeno demais para lembrar muita coisa sobre ele, exceto que era artista e fazia muitos esboços de minha mãe. Mantive essa história até 1980, quando finalmente matei minha mãe. Naquela época, ela atingira a idade de 86 anos.[31]

Só na União Soviética, o país mais burocrático do mundo e, no entanto, absurdamente ineficiente, seria possível manter mentiras como essa por tanto tempo.

Para aqueles que desejavam esquecer o passado, era necessário uma mudança na relação com os pais que haviam sofrido repressão. Como temia Inna Gaister, era sempre uma tentação abandonar esse tipo de pais. Angelina Bushueva tornou-se membro ativo da Komsomol em Perm. Ela já tinha se juntado aos Pioneiros do campo de trabalhos de ALZhIR, de onde retornara com a mãe e a irmã em 1946. Mais do que qualquer outra coisa, ela queria o reconhecimento como "cidadã soviética comum", para desfrutar os mesmos direitos dos outros cidadãos e superar o estigma dos pais. No Instituto Pedagógico em Perm, onde se matriculou em 1951, Angelina logo se tornou a secretária da Komsomol. Ela adorava Stalin. Recusava-se a crer que ele fora responsável pela prisão de seu pai, em 1937, ou pela destruição de sua família, depois que sua mãe foi detida em 1938. Como a mãe tinha opiniões diferentes — opiniões que ainda eram perigosas de se sustentar na década de 1950 —, a família nunca falava sobre o passado. Angelina tentava não pensar no pai. Só o renegando ela poderia seguir em frente e tentar fazer carreira numa fábrica em Perm. Ela nunca falou com o marido sobre ele, um funcionário comunista da fábrica:

Na minha família, costumávamos dizer: "Quanto mais você sabe — mais rápido você envelhece!" Ou: "Quanto menos você sabe — mais fácil fica viver!" Nunca falei com ninguém sobre meu pai — só depois que me aposentei da fábrica e recebi minha pensão em 1991.[32]

Leonid Saltykov nasceu em 1927 na família de um padre, que foi preso em 1937. Como o mais velho de cinco filhos, ele se sentiu responsável pela mãe, funcionária dos correios que não ganhava o suficiente para sustentar a família. Embora fosse um garoto inteligente, ele completou apenas quatro séries antes de ser expulso da escola, por causa das máculas em sua biografia. Após alguns empregos ocasionais, ele conseguiu se matricular na escola de uma fábrica, ocultando o fato da prisão do pai. Ele queria ser engenheiro para provar que podia ser um "cidadão soviético de primeira classe", recorda-se, destacando-se numa profissão altamente valorizada pelo regime. Em 1944, Leonid conseguiu um emprego de engenheiro elétrico numa fábrica de munições em Cheliabinsk. À noite, estudava numa escola técnica. Em todos os formulários, ele escrevia que o pai morrera em 1942: o que sugeria ter morrido durante a guerra. "Ninguém iria checar uma data como aquela", raciocinava Leonid.

Mantive essa versão dos acontecimentos por muitos anos — exatamente até 1958, quando me tornei chefe do setor especial do "grupo secreto" de operações, na fábrica de munições. Depois senti que deveria corrigir meu registro... Eu tinha medo que nesse "grupo secreto" eles checassem minha história e, ao descobrir que eu mentira, acusassem-me de ser espião.

Leonid só descobriu o que havia acontecido ao pai em 1963 (ele fora fuzilado em 1938). Até então, continuava a negar qualquer conhecimento sobre seu destino. "Meu único interesse era galgar degraus na minha carreira", admite ele, "e para isso tinha de manter o segredo do meu passado... A verdade sobre a prisão de meu pai teria manchado minha reputação e arruinado minha carreira." Em 1965, Leonid ingressou no Partido. Tornou-se o secretário do Comitê do Partido na fábrica onde trabalhava, efetivamente o líder de 1.500 comunistas. Ele era um stalinista ardoroso, sofreu com sua morte e manteve seu retrato sobre a mesa de trabalho até a aposentadoria em 1993. Leonid não acreditava que Stalin fosse responsável pela prisão de seu pai (opinião que mantém até hoje). Pelo contrário, era-lhe grato pela oportunidade de ascender vindo de uma situação humilde, filho de um pároco de aldeia, e se tornar chefe de uma fábrica.[33]

Romper com o passado por causa da carreira prejudicou o relacionamento de muitas famílias. Em 1946, Iurii Streletsky formou-se com nota máxima na escola em Tbilisi. Ele queria retornar a Leningrado, onde crescera, para estudar engenharia no Instituto Politécnico, mas foi rejeitado quando admitiu no formulário de matrícula que seus pais tinham sido presos como "inimigos do povo". Iurii conseguiu encontrar empregos de meio expediente em várias fábricas de Leningrado, o que possibilitou que assistisse como ouvinte às aulas noturnas do instituto, embora não pudesse fazer as provas finais ou nem receber diploma. Em 1948, ele foi empregado informalmente como desenhista técnico na tipografia principal do Partido em Leningrado, justamente quando a imprensa estava introduzindo novas tecnologias vindas da Alemanha. Iurii desempenhou um papel vital na montagem do novo maquinário, mas, como trabalhador informal, não recebeu qualquer recompensa ou reconhecimento pela realização. Na verdade, assim que o equipamento de impressão ficou pronto e funcionando, ele foi demitido por causa da prisão do pai, que registrara num questionário. Durante os três anos seguintes, Iurii teve uma série de empregos casuais. Em 1951, sua mãe retornou do exílio no Cazaquistão para Leningrado. Devastada pela morte do marido e por anos de exílio, ela não conseguiu achar emprego e vivia sozinha na pobreza. O filho não a visitava nem tentava ajudá-la financeiramente. Suas experiências amargas haviam-no tornado interesseiro, como confessa numa entrevista.

Virei um egoísta, e meus sentimentos pelos outros, até por minha própria mãe, endureceram. Tirei-a de minha cabeça e me esqueci dela, porque a via como um fardo que não precisava carregar. É uma vergonha admitir isto, mas é verdade.

Em 1953, Iurii se candidatou a um emprego como técnico no Observatório de Pulkovo. Dessa vez, não declarou sua biografia — escreveu que os pais estavam ambos mortos — e, assim, conseguiu a vaga.[34]

Alguns jovens se sentiam tão desesperados por fazer carreira que se tornavam informantes do NKVD. Os órgãos de segurança recrutavam muitos de seus informantes entre os filhos dos "inimigos do povo". Eles sabiam que esses indivíduos eram vulneráveis e que muitos deles desejavam provar que eram cidadãos soviéticos respeitáveis.

Tatiana Elagina nasceu em Leningrado em 1926, numa família de comerciantes que era abastada antes de 1917. Os Elagin foram exilados para o Cazaquistão em 1935, após o assassinato de Kirov. Em 1945, Tatiana quis estudar matemática na Universidade de Moscou. Apesar das ótimas notas, foi rejeitada por causa de suas "origens sociais estrangeiras". Ela se matriculou então no Instituto Eletromecânico de Engenharia de Transportes, também em Moscou, onde a demanda por bons alunos significava que se prestava menos atenção às origens de família. Estudar em Moscou era a realização dos sonhos de Tatiana. Contudo, logo após ela começar os estudos, o instituto anunciou um expurgo geral para remover os "socialmente indesejáveis". Tatiana fugiu para Leningrado, onde ingressou no Instituto de Engenharia Elétrica: as autoridades de lá ficaram contentes de ter uma aluna com notas tão boas se candidatando e fizeram vista grossa às máculas de sua biografia. Todavia, em seu último ano, quando os alunos estavam envolvidos em trabalhos "secretos" nas usinas de força, a eliminação dos não confiáveis foi intensificada. Ela foi escolhida para fazer relatórios sobre os colegas de classe:

> Eles disseram que não havia nada de vergonhoso naquilo, e eu tentei me convencer de alguma forma de que estavam certos. Disseram-me que se eu ouvisse os alunos falando alguma coisa negativa sobre o instituto, ou se queixando de algo, mesmo que fosse numa conversa pessoal entre eles, deveria relatar imediatamente, tomando cuidado para que as pessoas em questão não desconfiassem.

Tatiana fez o que pôde para informar o mínimo: ela relatava rumores que ouvira sem mencionar nomes. Porém, havia uma pressão cada vez maior sobre ela para que fornecesse informações mais concretas, porque, caso se recusasse, poderia ser enviada para trabalhar, como outros haviam sido no ano anterior, nas regiões remotas do Ártico Norte, pelo ministro da Energia Elétrica, que havia feito uma primeira visita aos alunos do instituto. Antes de fazer os exames finais, Tatiana apresentou um relatório que levou à prisão de três alunos. Ela conseguiu um emprego de prestígio em Moscou, no Consórcio de Hidroeletricidade.[35]

Valentina Kropotina também fez carreira informando. Ela nasceu em 1930 numa família de camponeses bielorrussos, que sofreu repressão como *kulaks* durante a coletivização da agricultura. A casa e a fazenda da família foram destruídas. O pai foi enviado para o exílio, deixando a mãe com as duas filhas pequenas sobrevivendo num casebre, que ela construiu com o entulho que sobrou da casa. Banida da escola por ser filha de um *kulak*, Valentina passou a infância trabalhando com a mãe em vários empregos mal pagos, antes de se mudar para Irkutsk e depois para Abakan, na região de Altai, na Sibéria. Lá ela e a mãe se reuniram ao pai. Doente e acabado pelos anos em campos de trabalho, ele conseguiu emprego como zelador de uma escola, onde a esposa trabalhava na limpeza. Valentina só começou a frequentar as aulas quando já contava 13 anos. Até então, não sabia ler, como recorda:

> Eu era como uma criança de rua, vestida com farrapos, descalça (...) Todas as minhas lembranças da infância são dominadas pela sensação de fome (...) Eu tinha medo da fome e mais ainda da pobreza. E me tornei corrompida por este temor.

Na escola, Valentina sofreu intensamente por causa do estigma de suas origens *kulak*. Ela sentia cada vez mais vergonha da pobreza, das origens bielorrussas e da ignorância dos pais (eles eram analfabetos e não sabiam falar russo). Determinada a se emancipar pelo estudo, Valentina se juntou aos Pioneiros e depois à Komsomol. Só aquele caminho "oferecia alguma esperança de escapar da pobreza e da fome em que eu fora criada", explica ela. Valentina chegou a crer que Stalin era "o maior ser humano de toda a história". Aceitava totalmente a propaganda do Partido sobre "espiões" e "inimigos". Queria até se tornar advogada a fim de poder ajudar o governo a caçá-los. "Como Stalin", recorda-se ela, "eu não tinha a menor pena das pessoas que eram enviadas ao Gulag."

Em 1948, quando estava com 18 anos, Valentina fugiu de casa. Matriculou-se numa escola para contadores e depois conseguiu um trabalho de estagiária em contabilidade, numa base naval da ilha Sacalina, onde recebia salário e rações de alimentação excelentes, reservados para os funcionários militares especiais. Ela se casou com um oficial de marinha. Tornou-se membro confiável da base naval, onde trabalhava no prédio do departamento pessoal, tendo acesso especial aos arquivos de toda a guarnição. Nesta função, foi recrutada pelo MVD para informar sobre as esposas de outros oficiais. Sua função era fazer amizade com as mulheres e fornecer informações sobre suas vidas e opiniões pessoais:

> Em alguns casos, eu me aproximava das mulheres e lhes pedia que fizessem algo que eu pudesse comprar: muitas delas passavam as horas vagas costurando e tricotando. Em outros, fazia amizade com elas e recebia convites para tomar chá em suas casas. Ou as visitava no trabalho. Meu controlador me dava dinheiro para essas "encomendas" (ainda tenho vários artigos, principalmente casacos e pulôveres,

que minhas "clientes" faziam para mim). Ele também me fornecia dinheiro a fim de comprar bolos para o chá, ou qualquer outra cortesia, para que eu fizesse aquele primeiro contato e ganhasse a confiança das mulheres. O principal era estabelecer uma ligação. Era muito fácil. Havia apenas uma regra: era preciso estar sozinha com a pessoa antes de iniciar uma conversa sobre algo importante. Só assim elas falavam livremente.

Valentina trabalhou como informante por alguns anos. Escreveu dezenas de relatórios sobre pessoas que depois foram presas. Ela era bem paga — o suficiente para enviar grandes quantidades de dinheiro aos pais idosos e comprar uma casa em Abakan, para onde se retirou em 1959 (aposentada aos 39 anos). Durante as entrevistas, ela ainda insiste que foi forçada a trabalhar contra a vontade. Considera-se uma vítima da repressão também:

Era impossível recusar, eles sabiam tudo sobre meus pais e suas origens *kulaks* [...] Eu sabia que tinham prendido meu pai e tinha medo que fizessem o mesmo comigo... Além disso, meu marido poderia sofrer se eu me recusasse a cooperar.

Por outro lado, Valentina insiste em que as pessoas denunciadas por ela eram verdadeiros inimigos do povo, "espiões confirmados". Ela não sente remorsos pelo que fez. Na verdade, tem orgulho das honrarias que recebeu pelo que chama de seu trabalho na "contraespionagem".[36]

3

A carreira de Simonov alcançou novos patamares após 1945. O escritor retornou da guerra com o peito cheio de medalhas por seus relatórios do campo de batalha. Agora membro de confiança do Partido, no círculo interno dos intelectuais favoritos de Stalin, ele chefiou uma pequena delegação de jornalistas influentes enviados aos EUA pelo Kremlin em maio de 1946, quando o mundo se encontrava à beira da Guerra Fria. Instruído por Molotov, ministro do Exterior, Simonov foi encarregado por Stalin de persuadir os americanos de que a União Soviética não queria uma guerra. A viagem deu-lhe pela primeira vez a sensação do que significavam de fato os privilégios governamentais. Ele ficou chocado com o adiantamento imenso que recebeu; talvez tenha até se sentido desalentado pela disparidade entre sua situação e o que sabia sobre as condições do povo soviético, mas, se tal coisa ocorreu, a sensação foi momentânea. Simonov deleitou-se com os prazeres do Ocidente. Nos EUA, foi saudado como celebridade internacional. Seu romance (*Dias e noites*) era um *bestseller* nacional. Todos conheciam seu poema ("Espere por Mim"). Suas peças se encontravam em cartaz nos teatros de Nova York, Boston, Washington e São Francisco. Simonov foi fotografado na companhia de celebridades como Gary Cooper, Lion Feuchtwanger e Charlie Chaplin, que passou a se corresponder com ele regularmente.[37]

O giro pelos Estados Unidos foi apenas uma das viagens ao estrangeiro que Simonov fez nos anos que se seguiram ao fim da guerra. A cada ocasião, o governo soviético lhe confiava uma tarefa importante. Em Londres, que visitou em 1947, Simonov forneceu informações sobre a possibilidade de recrutar escritores importantes (inclusive J. B. Priestley e George Bernard Shaw) para a causa soviética.[38] Em Paris, onde fez uma escala a caminho da América, Simonov tentou persuadir o escritor russo emigrado, Ivan Bunin, a retornar ao país. Único russo a ter ganho o Prêmio Nobel de literatura, ele vivia no exterior desde 1920, quando fugiu desgostoso da Revolução. Estava agora com 70 e tantos anos, mas Stalin tinha esperanças de que o sentimento patriótico e a nostalgia ainda pudessem convencê-lo a retornar à terra natal. Muitos emigrados foram seduzidos pela imagem favorável da União Soviética em 1945, e alguns realmente decidiram voltar. Simonov encontrou-se com Bunin em Paris numa série de restaurantes da moda. Pagava as contas com dinheiro dado pelo governo. Enfatizando suas origens nobres, ele se tornava lírico sobre a vida na União Soviética. E quando Bunin o convidou para jantar em sua casa, Simonov sugeriu uma "refeição coletiva", para a qual Valentina Serova voou direto de Moscou com uma grande cesta cheia de guloseimas russas (arenque, banha de porco, pão preto e vários tipos de vodca), com a intenção de aumentar a nostalgia do velho. Ela chegou a entoar canções russas para ele, mas Bunin não alterou sua atitude antissoviética: recusou-se a retornar ao país, nem que fosse para uma visita.[39]

Em 1946, a União dos Escritores foi reorganizada de acordo com os parâmetros do Politburo, com um secretário-geral, Aleksandr Fadeyev, e três delegados, incluindo Simonov. O escritor Kornei Chukovsky escreveu em seu diário, em 16 de novembro de 1946: "Os líderes da União dos Escritores têm faces de pedra. Geladas, ainda por cima. O pior deles é Tikhonov. Ele consegue ouvir alguém por horas sem qualquer expressão no rosto... Fadeyev e Simonov também têm faces de pedra. Deve ser o hábito de presidir." Duas semanas após sua eleição para a liderança da União dos Escritores, Simonov foi promovido a editor do *Novyi mir* (Novo mundo), o mais antigo e prestigiado periódico literário da União Soviética. Em março de 1950, ele deixou a publicação para assumir a chefia do jornal literário mais importante do país, o *Literaturnaia gazeta*. Recebeu instruções expressas de Stalin para usar os editoriais a fim de articular uma perspectiva alternativa para a política cultural da Guerra Fria, que parecesse diferente da posição do Kremlin, satisfazendo o desejo de independência da intelectualidade literária, sem se afastar na realidade da política linha-dura em relação ao Ocidente. Foi um sinal da confiança de Stalin em Simonov lhe dar esta tarefa tão delicada e espinhosa.[40]

A ascensão à elite soviética levou a uma transformação dramática em sua aparência. Ele abandonou o "ar militar" dos anos de guerra e começou a se vestir com elegantes ternos ingleses feitos sob medida — ou de modo mais casual, com suéteres de gola olímpica americanos, casacos de pele de camelo e bonés de pala curta, em voga nos anos do pós-guerra. Alto e impressionantemente belo, Simonov fazia a figura do cavalheiro europeu. Recuperou muitos dos modos da aristocracia em que havia nascido. Era um *bon vivant* e um anfitrião generoso; leal e bondoso com os empregados, em especial secretárias e motoristas; abria portas para as mulheres, ajudava-as a vestir o casaco e as cumprimentava beijando-lhes a mão de forma cavalheiresca.[41]

O estilo de vida de Simonov passou por uma transformação drástica também. Ele tinha mais de uma casa. Possuía uma dacha espaçosa no prestigioso *resort* literário de Peredelkino, nas proximidades de Moscou, que comprou em 1946 do escritor Gladkov por 250 mil rublos, uma verdadeira fortuna na época; uma casa em Gulripshi, um vilarejo perto de Sukhumi, em frente ao mar Negro, que adquiriu em 1949; e um apartamento grande na rua Gorki, em Moscou, onde viveu com Valentina depois de 1948. O casal tinha duas empregadas, governanta, secretária e motorista particular para a limusine que importaram da América. O apartamento estava repleto de antiguidades, elegantes e caras. As paredes eram decoradas com quadros valiosos, inclusive um de Kuzma Petrov-Vodkin, que deve ter vindo de alguma coleção particular confiscada pelo Estado. O apartamento era cena de festas chiques para a elite do mundo literário e teatral de Moscou. Simonov era excelente cozinheiro e às vezes fazia pratos elaborados para essas festas; mas em geral chamava o *chef* do famoso restaurante georgiano Aragvi, nas proximidades, que trazia seu time de cozinheiros para preparar banquetes no apartamento.[42]

Entre os membros de sua equipe no *Novyi mir*, Simonov era conhecido pelos modos "senhoriais". Lydia Chukovskaia, que trabalhava no departamento de poesia, ficou impressionada com a aparência juvenil do novo editor, que tinha então 31 anos. Ao mesmo tempo, ela observava nele uma confiança enorme, que lhe emprestava a autoridade de um homem muito mais velho. No trabalho, era sério e comedido nas deliberações, fumando seu cachimbo, ao estilo de Stalin, enquanto passava instruções aos subordinados (havia sempre meia dúzia de cachimbos diferentes em sua mesa). Segundo Chukovskaia, Simonov era arrogante e dominador no trato com a equipe do *Novyi mir*. Em seu diário, ela comparou os escritórios editoriais a um solar do século XIX, com "criados e lacaios" correndo para cima e para baixo, à disposição do senhor. Ficou especialmente ofendida pelo tratamento altaneiro que Simonov dispensou a dois poetas, que ela havia persuadido a apresentar trabalhos ao periódico em 1946. Um deles era Nikolai Zabolotsky, que acabara de retornar de oito anos num campo de trabalhos. Simonov concordou em publicar um de seus poemas, mas depois o forçou a mudar alguns versos por razões políticas. O outro era Boris Pasternak, uma grande figura do mundo literário soviético, que estava então com 56 anos, idade suficiente para ser seu pai. Ele pediu um adiantamento por um poema que Simonov aceitara para publicação no *Novyi mir*. Entretanto, o jovem editor negou porque viu no pedido uma ameaça velada de retirar o trabalho se o dinheiro não fosse pago. Ele disse a Chukovskaia que não era ético por parte de Pasternak "me ameaçar, depois de tudo que fiz por ele. Se estivesse em seu lugar, não me conduziria dessa forma". A fim de lhe dar uma lição, Simonov decidiu não publicar o poema. Para ela, que era filha de escritor (Kornei Chukovsky), criada de acordo com os valores da intelectualidade antiga, a conduta dele foi pavorosa, porque assinalava sua aceitação da primazia do poder do Estado sobre a autonomia da arte. "Ele [Simonov] quer ser benfeitor e exige gratidão", escreveu ela em seu diário.

Mas as pessoas não querem caridade. Elas querem o respeito que merecem. Zabolotsky deveria ser publicado não porque passou oito anos nos campos de trabalho, mas em virtude do poema ser bom. Simonov é obrigado a apoiar Pasternak não para lhe fazer um favor, mas porque é responsável pela parte da poesia e, nesse domínio, Pasternak deveria ser sua incumbência mais importante... Simonov não compreende que é seu dever para com a cultura russa, e para com o povo, dar-lhe dinheiro. Ele considera isso um favor pessoal, pelo qual Pasternak deveria ficar grato.[43]

Como todos os detentores de poder do sistema stalinista do pós-guerra, Simonov tinha condições de exercitar um poder de apadrinhamento enorme. Como chefe do *Novyi mir* e delegado da União dos Escritores, ele podia fazer ou arruinar a carreira de quase qualquer escritor da União Soviética. Podia ajudar pessoas de muitas outras formas — conseguindo moradia ou emprego, até protegendo-as contra prisões — se fosse corajoso o bastante para usar sua influência com as autoridades. Era assim que o sistema funcionava. Simonov vivia inundado de pedidos pessoais de colegas, amigos, amigos de amigos, conhecidos, soldados com quem tivera contato durante a guerra. Não conseguia ajudar todos, é claro, mas a forma como escolhia as pessoas que auxiliava era reveladora.

Ele era muito protetor e generoso com sua secretária particular, Nina Gordon, por exemplo, uma mulher pequena e atraente, de 30 e poucos anos, que viera para o *Novyi mir* em 1946. Ela havia trabalhado anteriormente para o escritor Mikhail Koltsov, cujos artigos sobre a Guerra Civil Espanhola tinham sido uma inspiração para o jovem Simonov. Seu marido, Iosif Gordon, montador de cinema e de família nobre, fora preso em 1937 e condenado a cinco anos num campo de trabalhos próximo a Magadan. Em 1942, foi solto para que pudesse lutar na frente de batalha. Nina o informou sobre a situação do marido caído em desgraça quando ele quis promovê-la a secretária particular. Àquela altura, Iosif estava vivendo no exílio, em Riazan, onde trabalhava como engenheiro. Nina declinou da promoção, mas Simonov nem quis ouvir falar daquilo. Ele chegou a dizer que escreveria ao MVD para ajudar Iosif — oferta que ela rejeitou porque não desejava explorar sua bondade. Na verdade, o trabalho dela no *Novyi mir* poderia ter consequências desagradáveis para Simonov, como revela um incidente em 1948, quando Iosif, que recebeu permissão para visitar Moscou por alguns dias, apareceu de repente nos escritórios do periódico. Um jornalista do *Izvestiia* estava lá por acaso e observou atentamente o homem, que tinha toda a aparência de um exilado. No dia seguinte, chamaram Nina para ser questionada no Departamento Especial do *Novyi mir*, que servia de olhos e ouvidos do MVD (todas as instituições soviéticas tinham seu Departamento Especial). Seus interrogadores queriam saber por que ela escondera que era casada com um exilado político e ameaçaram denunciá-la por falta de vigilância. Quando Simonov soube do incidente ficou furioso. Viu aquilo como uma violação de sua autoridade. Nina recebeu uma reprimenda do Departamento Especial, que emitiu uma declaração de que "pessoas suspeitas" não deveriam ser admitidas nos escritórios, mas não se tomaram outras medidas contra ela.[44]

Se Simonov muitas vezes era generoso com pessoas de seu círculo pessoal e corajoso ao ajudá-las junto às autoridades, era bem menos ousado quando se tratava de pessoas da esfera pública. Muitos escritores recorreram a ele durante a repressão do pós-guerra. Simonov era cauteloso ao responder. Foi mais prestativo com alguns, menos com outros, dependendo de seus sentimentos pessoais, mas sempre tomava o cuidado de não arriscar o cargo ou de levantar suspeitas sobre si. Por exemplo, em setembro de 1946, Simonov escreveu uma carta de recomendação para um antigo colega de classe do Instituto Literário, o poeta

Portugalov, que se candidatara ao ingresso na União dos Escritores. Ele não mencionou a prisão do amigo (em 1937) nem os anos em que sofrera no campo de trabalhos de Kolyma, referindo-se, no entanto, aos "sete anos que Portugalov passou no exército" como a razão de ainda não ter publicado, de forma a não dar a impressão de que estava pleiteando algo para um antigo "inimigo do povo". O poeta foi rejeitado pela União dos Escritores em 1946, mas se recandidatou em 1961, no auge da *détente* de Khrushchev. Nessa ocasião, Simonov foi mais aberto na carta de recomendação, apontando a "injustiça de sua prisão" como única razão de seu primeiro livro de poesia, que apareceu em 1960, não ter sido publicado 20 anos antes.[45] Ele também escreveu para apoiar a publicação do poeta Iaroslav Smeliakov, comunista engajado e amigo íntimo dos Laskin, que fora preso em 1934, cumprira pena de cinco anos num campo de trabalhos forçados e lutara bravamente durante a guerra, após o que cumprira nova pena no Gulag, trabalhando numa mina de carvão perto de Moscou.[46] Todavia, outros escritores que apelaram a ele não tiveram a mesma sorte. Simonov se recusou a ajudar seu antigo professor do Instituto Literário, o poeta Lugovskoi, que sofrera um abalo nervoso durante as primeiras batalhas de 1941 e passara os anos da guerra evacuado em Tashkent. Após seu retorno a Moscou, Lugovskoi escreveu a Simonov com um pedido de ajuda para encontrar uma nova residência. Ele estava vivendo com a esposa num apartamento comunitário, mas seu estado mental fragilizado requeria privacidade. "Não sou mais jovem", escreveu ele ao antigo aluno,

Sou uma pessoa doente. Não suporto viver num apartamento comunitário, com uma família de seis no quarto ao lado... Meus nervos estão constantemente à flor da pele e, se eu acabar num hospício, não será nenhuma surpresa... É difícil pedir ajuda... mas sei que é uma pessoa humana, e isso me estimula a recorrer a você. Perdoe-me! Te amo e sinto orgulho de você.[47]

Simonov não respondeu. A seu ver, Lugovskoi não merecia ajuda. Por um lado, já tinha apartamento; por outro, não tivera coragem na guerra — crime imperdoável a seus olhos.

O firme compromisso de Simonov com o ideal soviético de sacrifício militar explica de alguma forma sua participação nas campanhas de repressão de Stalin no pós-guerra; começando com seu envolvimento na "Zhdanovshchina", a restrição oficial contra tendências antissoviéticas nas artes e ciências, conduzida por Andrei Zhdanov, o chefe de ideologia de Stalin.

A Zhdanovshchina teve suas origens na vitória militar de 1945, que deu margem ao nacionalismo xenofóbico da liderança soviética. O orgulho pela vitória caminhava lado a lado com o fomento da superioridade cultural e política da URSS (por meio da qual o regime queria dizer, na verdade, a superioridade dos russos, que eram descritos por Stalin como o grupo mais importante dentro da União Soviética). O nacionalismo russo-soviético substituiu o internacionalismo dos anos que antecederam à guerra como ideologia dominante do regime. Reivindicações absurdas foram atribuídas às conquistas da ciência soviética, sob a direção da ideologia marxista-leninista. O orgulho nacional levou à promoção de fraudes e de excêntricos, como o pseudogeneticista Trofim Lysenko, que declarou ter desenvolvido uma nova espécie de trigo que crescia no gelo do Ártico. O aeroplano, a máquina a vapor, o rádio, a lâmpada incandescente — não havia invenção ou descoberta que os soviéticos não reivindicassem. Com o começo da Guerra Fria, Stalin exigiu disciplina de ferro para expurgar todos os elementos antipatrióticos — ou seja, pró-ocidentais — nas questões culturais. Ele argumentava que historicamente, desde o começo do século XVIII, quando Pedro, o Grande, fundara São Petersburgo, os intelectuais da Rússia haviam se prostrado diante do Ocidente — a ciência e a cultura precisavam ser curadas dessa "doença" se a União Soviética pretendia se defender.

Por ordem de Stalin, Zhdanov lançou uma violenta campanha contra as influências ocidentais na cultura soviética.* Para Stalin, o pontapé

---

* Tem sido sugerido que Zhdanov era um político moderado, reformador liberal, que perdeu terreno para a linha-dura, como Malenkov, no círculo dominante, à medida que as relações com o Ocidente se deterioraram em 1945-46. Segundo esse ponto de vista, as políticas culturais de linha-dura foram, na verdade, impostas pelos rivais de Zhdanov na liderança do Partido. Entretanto, os arquivos revelam que ele não tinha ideias políticas independentes e que as posições políticas do círculo dominante eram estabelecidas em resposta a vários sinais de Stalin, que usou Zhdanov para impor em todas as artes e ciências soviéticas uma ideologia rígida, em conformidade com a postura antiocidental do Partido.

inicial deveria ser dado em Leningrado, uma cidade europeia de que ele jamais gostou, cuja independência de Moscou ficara muito reforçada com a guerra. As restrições começaram em 14 de agosto de 1946, quando o Comitê Central publicou um decreto censurando os periódicos *Zvezda* e *Leningrad* por publicarem o trabalho de dois grandes escritores da cidade, Mikhail Zoshchenko e Anna Akhmatova. Ao escolher esses escritores para o ataque, o Kremlin pretendia demonstrar aos intelectuais de Leningrado sua subordinação ao regime soviético. Akhmatova tinha adquirido uma influência moral enorme durante a guerra. Embora sua poesia raramente tenha sido publicada na União Soviética desde 1925, para milhões de russos ela permanecia um símbolo vivo do espírito de resistência e dignidade humana que fizeram com que a cidade sobrevivesse ao cerco. Em 1945, o filósofo de Oxford Isaiah Berlin, que acabara de chegar como primeiro-secretário da embaixada britânica em Moscou, foi informado de que durante a guerra Akhmatova

recebia um número impressionante de cartas da frente de batalha, citando poemas seus, publicados e inéditos, pois a maior parte deles circulava de forma privada, em cópias manuscritas; havia pedidos de autógrafos, de confirmações da autenticidade de textos, de opiniões sobre a atitude da autora em relação a este ou àquele problema.

Zoshchenko acreditava que o decreto do Comitê Central fora aprovado depois de Stalin ficar sabendo sobre uma leitura de poesia, feita por Akhmatova, diante de uma casa cheia no Museu Politécnico, em Moscou. Quando ela terminou de ler, o público explodiu em aplausos. "Quem organizou esta ovação?", perguntou Stalin.[48]

Zoshchenko era outra fonte de aborrecimentos para o ditador, o último dos satiristas soviéticos — Maiakovski, Zamiatin e Bulgakov já tinham todos morrido —, uma tradição literária que Stalin não tolerava. A causa imediata do ataque à sua pessoa foi uma história infantil, "Aventuras de um macaco", publicada no *Zvezda* em 1946, na qual o animal do título escapa de um zoológico e é treinado para se tornar um ser humano. Na verdade, Stalin se irritava com as histórias de Zoshchenko havia anos. Ele se reconhecia na figura da sentinela em "Lenin e o guarda" (1939), em que o escritor retratava um "tipo sulista", grosseiro e impaciente, de bigode, que Lenin trata como se fosse um garoto.[49]

Como um dos membros principais da União dos Escritores, Simonov não tinha muita escolha, se não ir adiante com a campanha. Na primeira tiragem do *Novyi mir* tendo-o como editor, ele publicou o decreto do Comitê Central, juntamente com uma transcrição de um discurso de Zhdanov, que descrevia Akhmatova como a "viga mestra de uma salão de poesia sem valor, vazio e aristocrático, que é absolutamente estranho à literatura soviética" e (numa frase que havia sido usada por críticos soviéticos no passado) como uma mulher "meio-freira, meio-prostituta, ou antes, uma freira prostituta cujo pecado se mistura às rezas".[50]

Simonov talvez tenha sentido algum desconforto como perseguidor da intelectualidade de Leningrado, com a qual a família de sua mãe se identificava, mas quaisquer que tenham sido seus sentimentos a respeito dessa questão, ele se recusou a permitir que o impedissem de fazer o que considerava como dever supremo para com o Estado. Refletindo sobre esses acontecimentos no último ano de sua vida, Simonov confessou que seguira em frente com a Zhdanovshchina porque acreditava que "alguma coisa precisava ser feita", a fim de contrabalançar o "clima de afrouxamento ideológico" que tomara conta dos intelectuais. Sem controle, aquilo levaria a "expectativas perigosas de reformas liberais", precisamente numa época em que a União Soviética precisava se preparar para o conflito ideológico intensificado da Guerra Fria. Foi isso o que ele argumentou então. Como escreveu numa carta ao Comitê Central:

> Na frente ideológica, está sendo travado um conflito global de violência sem precedentes. No entanto, apesar das circunstâncias, existem pessoas fabricando teorias sobre um "espaço para respirar" — a ideia é que sentássemos todos num café e conversássemos sobre reformas. A propósito, essas pessoas são, na maioria, aquelas que não têm qualquer necessidade de espaço para respirar, porque trabalharam muito pouco durante a guerra; na verdade, a maioria delas não fez nada (...) Se elas quiserem, podemos lhes dar seu espaço para respirar impedindo-as de trabalhar no campo das artes soviéticas, mas, enquanto isso, o restante de nós continuará trabalhando e lutando.[51]

Esse desprezo pelos intelectuais que se esconderam da "luta" — uma opinião antiga de Simonov — explica sua hostilidade por Zoshchenko, em particular. Com Akhmatova, sua atitude era diferente. Ele não gostava, ou sequer conhecia sua poesia, mas fez uma exceção à linguagem violenta usada por Zhdanov contra ela, porque lhe parecia que "ninguém devia falar daquela forma sobre uma pessoa que sofrera com o povo, como acontecera com Akhmatova durante a guerra".* Zoshchenko passara os anos da guerra evacuado em Tashkent, e segundo a imprensa soviética, que acusava o satirista de covardia, ele fugira de Leningrado para evitar combater na frente de batalha. Simonov acreditava naquela acusação de covardia. Ele não sabia a verdade, ou não se preocupava em descobri-la: que Zoshchenko, que já estava com mais de 40 anos e com a saúde fragilizada, recebera ordens das autoridades para sair de Leningrado no começo da guerra. Ele o julgava pelos mesmos padrões severos que aplicava a todo homem que não combatera, e os estendia aos intelectuais que não reconheciam a necessidade de se juntarem à luta ideológica da Guerra Fria. O crítico teatral Aleksandr Borshchagovsky, que conhecia Simonov como ninguém, observa que essa pressa de condenar pessoas como Zoshchenko tinha origem no preconceito. Simonov, escreve ele, tinha uma tendência a

desconfiar de todos — em especial dos intelectuais — que haviam passado os anos de guerra trabalhando na retaguarda e não tinham compartilhado o sacrifício sangrento dos soldados na frente de batalha. Esta desconfiança generalizada — que era formada sem o menor esforço de olhar com mais profundidade a biografia dos indivíduos — não levava em conta o fato de que milhões de pessoas na retaguarda trabalharam até a exaustão para que milhões de camaradas na frente de batalha pudessem estar equipados para obter a vitória.[52]

---

* Pela mesma razão, Simonov defendeu o escritor Vasily Grossman, cuja peça *If We Are to Believe the Pythagoreans* [Se formos acreditar nos pitagóricos] foi atacada de forma impiedosa pelo *Pravda* em setembro de 1946. Simonov escreveu ao editor do jornal, defendendo Grossman com o seguinte argumento: um escritor que havia passado "a guerra toda lutando na frente de batalha" não merecia ser criticado na linguagem abusiva usada pelo crítico, mesmo que tivesse cometido "erros ideológicos sérios" (RGALI, f. 1814, op. 9, d. 1384, l. 2).

Simonov se juntou aos ataques a Zoshchenko, mas não diretamente às calúnias contra Akhmatova. Quando o *Pravda* lhe pediu que escrevesse uma matéria condenando os dois, Simonov respondeu que só iria falar mal de Zoshchenko, e o artigo resultante se concentrou no escritor de prosa. Entretanto, ele reverteu a campanha alguns meses depois, quando soube a verdade sobre a evacuação de Zoshchenko e ouviu do escritor Iurii German que ele era um homem corajoso, que combatera com bravura durante a Primeira Guerra Mundial. Percebendo seu erro, Simonov envidou alguns esforços para corrigir a situação: recomendou a Zhdanov a publicação de *Partisan Tales* (*Histórias de resistência*), de Zoshchenko, escrito em 1943, que ele editou pessoalmente, mesmo achando que as histórias não eram muito boas. Zhdanov recusou-se a lê-las, mas numa reunião com Stalin, em maio de 1947, Simonov mais uma vez trouxe à baila a questão de sua publicação, com base no fato de que Zoshchenko se encontrava em estado desesperador e precisava de ajuda. Foi um ato ousado e corajoso passar por cima de Zhdanov e pedir ajuda a Stalin diretamente para um escritor tão detestado pelo líder soviético. O ditador disse-lhe que ele poderia publicar as histórias com base na própria autoridade editorial, mas que depois da divulgação, ele as leria e formaria uma opinião sobre a decisão de Simonov de editá-las. Simonov recorda-se de que havia um "tom de ameaça no humor de Stalin", mas ele seguiu em frente com a publicação das histórias, que apareceram no *Novyi mir* em setembro de 1947.[53]

Contudo, apesar daquele esforço para consertar as coisas, Simonov depois se recusou a demonstrar compaixão por Zoshchenko. Em 1954, um grupo de estudantes ingleses veio a Leningrado e pediu para ter um encontro com Akhmatova e o satirista. A reunião teve a participação de alguns membros do Partido, que pertenciam à União dos Escritores em Leningrado. Os estudantes, que deixaram claro seus sentimentos antissoviéticos, em sua tolice, perguntaram aos dois que opinião tinham sobre o decreto do Comitê Central de agosto de 1946. Akhmatova respondeu que fora correto. Ela ficou com medo das consequências de dizer outra coisa. Todavia, Zoshchenko foi menos cuidadoso. Retrucou que o decreto fora injusto e refutou com violência as acusações de covardia lançadas contra ele. A liderança do Partido que pertencia à União dos Escritores acusou-o imediatamente de "conduta antipatriótica" e enviou uma delegação chefiada por Simonov a Leningrado para examiná-lo "em detalhes". Num discurso de defesa emocionante que chegou quase à histeria, Zoshchenko declarou que sua vida como escritor estava acabada, que fora destruído, e pediu aos acusadores que o deixassem morrer em paz. Simonov rejeitou suas súplicas e o perseguiu como faria um promotor numa reunião de expurgo. "O camarada Zoshchenko está apelando para nossos sentimentos de compaixão, mas ele não aprendeu nada e deveria se envergonhar", declarou ele, referindo-se mais uma vez ao seu histórico de guerra e à sua conduta antipatriótica após 1945.[54]

Os ataques contra Akhmatova e Zoshchenko foram logo seguidos por uma série de medidas repressivas contra "elementos antissoviéticos" nas artes e ciências. O Museu Oficial de Arte Moderna Ocidental, do Estado, foi fechado. Uma campanha contra o "formalismo" e outras "influências ocidentais decadentes" colocou alguns compositores (inclusive Shostakovich, Khachaturian e Prokofiev) numa lista negra oficial, acusados de fazerem música que era "estranha ao povo soviético e ao seu gosto artístico". Em janeiro de 1947, o Politburo lançou um decreto contra uma *History of European Philosophy* (*História da filosofia europeia*), de 1946, escrita por G. F. Aleksandrov, chefe do Agitprop (o Departamento de Agitação e Propaganda do Comitê Central), acusando o livro de ter subestimado a contribuição russa à tradição filosófica ocidental. Aleksandrov em seguida foi retirado de seu posto. Depois, em julho de 1947, o Comitê Central publicou uma carta ameaçadora, censurando os cientistas Nina Kliueva e o marido, Grigorii Roskin, por "se curvarem e demonstrarem servilismo diante da cultura ocidental estrangeira, burguesa e reacionária, para indignidade de nosso povo". Os cientistas tinham sido acusados de passar informações sobre uma pesquisa de câncer aos americanos, durante um giro pelos EUA em 1946. Ao retornarem, eles foram arrastados até um "tribunal de honra", instituição recém-fundada com o propósito de examinar atos de natureza antipatriótica contra a ordem soviética, onde foram obrigados a responder a perguntas hostis diante de 800 espectadores.[55]

À medida que a Guerra Fria se intensificava, o medo dos estrangeiros tomou conta da sociedade. O jornalista americano Harrison Salisbury se lembra de retornar a Moscou como correspondente estrangeiro em 1949. Nenhum dos russos que havia conhecido na estadia anterior, em 1944, reconheceu-o. Ele escreveu aos velhos conhecidos Ehrenburg e Simonov, mas nem eles lhe responderam. Em 1944, o país pareceu a Salisbury ser pobre, mas, comparado com a década de 1930, havia um clima novo de liberdade e uma atmosfera otimista, que tinham origem na esperança do povo pela vitória. Em 1949, ao contrário, o país revertera a um estado de temor, e havia uma

ruptura total com qualquer tipo de relacionamento humano comum entre russos e estrangeiros, que apenas refletia a impressionante xenofobia do governo soviético e o grau com que este havia deixado claro para todos os russos que o caminho mais certo, e mais rápido, para se conseguir uma passagem só de ida para a Sibéria, ou para lugares ainda mais distantes, era ter algo a ver com algum estrangeiro.

O mais breve contato com um estrangeiro poderia levar à detenção por espionagem. As prisões soviéticas estavam cheias de pessoas que tinham viajado para o exterior. Em fevereiro de 1947, foi aprovada uma lei que proscrevia casamentos entre cidadãos soviéticos e estrangeiros. A polícia mantinha vigilância sobre hotéis, restaurantes e embaixadas, procurando surpreender garotas que marcassem encontros com estrangeiros.[56]

Após a criação de Israel, em maio de 1948, e de seu alinhamento com os EUA durante a Guerra Fria, os dois milhões de judeus soviéticos, que sempre haviam se mostrado fiéis ao sistema, foram rotulados pelo regime stalinista como uma quinta-coluna em potencial. Apesar de sua antipatia pessoal pelos judeus, Stalin anteriormente havia apoiado o estabelecimento de um Estado judeu na Palestina, que ele tinha esperanças de transformar num satélite soviético no Oriente Médio. Porém, quando a liderança do Estado emergente se mostrou hostil às tentativas de aproximação da União Soviética, Stalin ficou com medo do sentimento pró-israelita entre os judeus russos. Seus temores se intensificaram em consequência da chegada de Golda Meir a Moscou, no outono de 1948, como primeira embaixadora de Israel na URSS. Onde quer que fosse, ela era aplaudida por multidões de judeus. Na visita a uma sinagoga da cidade no Yom Kippur (em 13 de outubro), milhares de pessoas lotaram as ruas, muitas delas gritando "*Am Yisroel chai*" ("O povo de Israel vive!") — uma afirmação tradicional de renovação nacional para judeus do mundo todo, mas, aos olhos de Stalin, um sinal perigoso de "nacionalismo judeu burguês", que subvertia a autoridade do Estado soviético.[57]

A recepção entusiástica dada a Meir instigou Stalin a reforçar a campanha antijudaica que na verdade já estava em curso havia alguns meses. Em janeiro de 1948, Solomon Mikhoels, diretor do Teatro Judeu em Moscou, e o líder do Comitê Judeu Antifascista (CJAF) foram mortos num acidente de carro arranjado pelo MVD. O CJAF fora fundado em 1942 com o intuito de atrair ajuda dos judeus do Ocidente para o esforço de guerra soviético, mas na visão de muitos dos judeus russos que tomaram parte nele, entre os quais escritores, artistas, músicos, atores, historiadores e cientistas importantes, o objetivo maior era incentivar a cultura judaica na URSS. Os anos imediatamente após o término da guerra foram favoráveis de alguma forma a esse intento. Em 1946, Mikhoels recebeu o Prêmio Stalin. Peças judaicas eram transmitidas pelo rádio com frequência. O CJAF desenvolveu um projeto importante para marcar a destruição dos judeus soviéticos pelos nazistas: uma coleção de documentos, editada por Vasily Grossman e Ilia Ehrenburg, conhecida como *The Black Book* (*O livro negro*). Stalin tivera esperanças de usar o CJAF para obter os favores do nascente Estado judeu no Oriente Médio. Entretanto, quando ficou claro que aquele novo país iria se aliar aos EUA, ele mudou de atitude. A MGB recebeu instruções para entrar com uma ação contra o CJAF, como sendo uma "organização nacionalista antissoviética". A publicação de *The Black Book* foi adiada indefinidamente. Após o assassinato de Mikhoels, o Teatro Judeu foi fechado. Em dezembro de 1948, mais de 100 membros do CJAF foram presos e torturados até confessarem suas "atividades antissoviéticas", depois executados ou enviados para campos de trabalhos forçados.[58]

No mundo literário soviético, o ataque contra os judeus tomou a forma de uma campanha contra os "cosmopolitas". O termo fora cunhado pelo crítico literário do século XIX Vissarion Belinsky, com o propósito de se referir a autores ("cosmopolitas sem raízes") que rejeitavam ou eram faltos de caráter nacional. A expressão reapareceu nos anos da guerra, quando o nacionalismo russo e o sentimento antijudaico estavam surgindo. Por exemplo, em novembro de 1943, Fadeyev atacou o escritor judeu Ehrenburg por vir "daquele círculo de intelectuais que entende o nacionalismo num sentido cosmopolita vulgar, e não consegue superar a admiração servil por tudo que é estrangeiro".[59] Após 1945, o termo apareceu com regularidade cada vez maior na imprensa literária soviética.

A campanha contra os "cosmopolitas" começou quando Fadeyev encaminhou a Stalin uma carta que havia recebido de uma jornalista obscura (Natalia Begicheva) em 10 de dezembro de 1948. Escrita originalmente como uma denúncia ao MVD, a carta asseverava que havia um grupo de "inimigos" trabalhando no mundo literário e citava como líderes deste "grupo antipatriótico" sete críticos e escritores, todos judeus com exceção de um. Pressionado por Stalin, Fadeyev fez um discurso na União dos Escritores em 22 de dezembro. Ele atacou um grupo de críticos teatrais, nomeando quatro dos seis judeus denunciados por Begicheva (Altman, Borshchagovsky, Gurvich e Iuzovsky), que, afirmou, estavam "tentando desacreditar nosso teatro soviético". Foi um discurso relativamente moderado: Fadeyev parecia relutar em fazer o papel de colaborador de Stalin. No passado homem decente, ele fora reduzido a um alcoólatra trêmulo, em consequência das concessões morais que fora forçado a fazer. Stalin manteve a pressão, convocando o *Pravda* a atacar Fadeyev por não ter sido suficientemente vigilante em relação aos "cosmopolitas" e espalhando rumores de que ele estava para ser substituído como líder na União dos Escritores. Incapaz de resistir por mais tempo, Fadeyev endossou um artigo anônimo publicado no *Pravda*, em 29 de janeiro de 1949 ("Sobre um grupo antipatriótico") que, numa linguagem que fazia muito lembrar a retórica do Grande Terror, denunciava alguns críticos teatrais como "cosmopolitas sem raízes" e os acusava de fomentar uma conspiração literária "burguesa", com o propósito de sabotar os princípios saudáveis do "orgulho nacional" na literatura soviética.⁶⁰ Todos os críticos mencionados eram judeus. É quase certo que o artigo tenha sido escrito pelo redator do Partido e jornalista do *Pravda* David Zaslavsky. Ex-menchevique e sionista ativo até se juntar aos bolcheviques em 1921, ele já havia escrito algumas matérias encomendadas por Stalin, a fim de expiar seus pecados e acelerar sua ascensão à elite soviética.*

O artigo do *Pravda* foi seguido, em breve, de uma série de ataques aos "cosmopolitas sem raízes" no restante da imprensa soviética. Stalinistas competiam entre si para denunciar "grupos antipatrióticos", que eles alegavam estar minando a poesia, a música, a arte e o cinema soviéticos.⁶¹ Para os judeus mencionados nesses artigos perversos, as consequências foram duras. Muitos perderam os empregos ou foram expulsos do Partido, ou dos sindicatos, vendo-se efetivamente privados de sua subsistência. Alguns foram presos. Outros salvaram a pele confessando os "erros" ou se distanciando dos "cosmopolitas sem raízes". Dos críticos teatrais denunciados por Fadeyev, só um homem foi preso, Iogann Altman, vítima de um artigo maldoso, cheio de ódio e antissemitismo velado, no jornal *Arte soviética*. "Em nome do povo soviético, declaramos que os Altman deste mundo poluem a cultura soviética como cadáveres ambulantes", dizia a matéria. "Precisamos nos livrar de seu fedor de podre, a fim de purificar o ar." Altman foi denunciado na União dos Escritores por Anatoly Sofronov, partidário fanático da campanha antissemita e uma força importante na instituição durante as longas ausências do alcoólatra Fadeyev. Expulso do Partido e da União dos Escritores, Altman foi preso na noite da morte de Stalin, em março de 1953. Ele e Fadeyev haviam sido bons amigos durante muitos anos. Fora o próprio Fadeyev quem insistira para que trabalhasse com Mi-

---

* Zaslavsky provavelmente foi o autor do infame artigo no *Pravda* em 1936 ("Lama em vez de música"), denunciando a ópera de Shostakovich, *Lady Macbeth of Mtsensk*. Em 1929, ele denunciara o próprio irmão como "trotskista" a fim de mostrar ao Partido sua lealdade. Por iniciativa de Fadeyev, e com a concordância de Stalin, Zaslavsky e Ehrenburg foram ambos removidos da lista de elementos do CJAF, um pouco antes da prisão dos outros membros, em dezembro de 1948 (RGALI, f. 2846, op. I, dd. 75, 101, 187, 310, 311).

khoels no Teatro Judeu. "Ele precisa de um conselheiro, um comissário: pense nisso como uma ordem do Partido!", dissera Fadeyev. Quando os interrogadores de Altman lhe perguntaram como veio a trabalhar com Mikhoels, ele não falou nada sobre o amigo. Sabia que poderia se salvar nomeando o líder da União dos Escritores, mas não quis implicar Fadeyev no que estava sendo chamado de "conspiração sionista". Sem nenhuma dúvida, Altman esperava que ele fosse retribuir na mesma moeda, que interviria para salvá-lo, mas Fadeyev não fez nada. Ele estava ausente do encontro na União dos Escritores em que Altman foi expulso, e ninguém conseguiu encontrá-lo em Moscou (Simonov acreditava que ele tivesse desaparecido em alguma bebedeira para escapar de suas responsabilidades). Altman jamais se recuperou da traição de Fadeyev. Libertado da prisão em maio de 1953, morreu dois anos depois, arrasado.[62]

Simonov também foi arrastado para a campanha "anticosmopolita". A princípio, tentou manter uma linha moderada. Se não protestava abertamente contra ela, também não se alinhava com Sofronov e os outros, da linha-dura. Ele não era antissemita. Como editor do *Novyi mir*, publicara alguns autores de origem judaica. Suas duas primeiras esposas eram judias; a segunda, Zhenia Laskina, era prima do escritor Boris Laskin, que fora declarado "inimigo da literatura soviética" na denúncia original de Begicheva ao MVD. A posição moderada de Simonov irritava a linha-dura do Partido e da União dos Escritores. Ele tinha muitos inimigos: críticos que tinham inveja de sua posição como "favorito de Stalin", que tanto fizera para promovê-lo, quando jovem, ao topo da ordem soviética; e membros do Comitê Central que achavam que a proteção do líder máximo tornara Simonov insubordinado em relação ao restante do comando do Partido. A fim de separar o escritor de Stalin, esses radicais acusaram-no de tentar proteger os "cosmopolitas". A mais perversa dessas acusações veio de Viktor Vdovichenko, editor do *Arte soviética*. Ele enviou a Malenkov uma longa denúncia, listando mais de 80 nomes de judeus do que alegava ser uma organização sionista, dentro da União dos Escritores. Grande parte dela estava direcionada contra Simonov. Vdovichenko o acusava de proteger sionistas. Ele apontava para a equipe editorial do *Novyi mir*, que, segundo ele, incluía muitos judeus ("pessoas sem família") e escolheu como alvo Aleksandr Borshchagovsky, que fora trazido por Simonov a Moscou, vindo da Ucrânia, onde o crítico teatral havia caído em desgraça por criticar uma peça do escritor favorito de Khrushchev, Aleksandr Korneichuk. Simonov gostava de Borshchagovsky, "um homem quieto e modesto", cujas opiniões literárias eram indispensáveis ao *Novyi mir*, segundo Natalia Bianki, membro da equipe editorial. "Simonov não decidia quase nada sem ele. 'Vamos ver o que Borshchagovsky tem a dizer', era seu comentário frequente." Vdovichenko alegava que o crítico não produzira "um único trabalho que o tornasse digno de fazer parte da equipe do *Novyi mir*" e que sua influência no periódico era o resultado puramente da simpatia de Simonov pelos judeus. Ele observou que o editor fora casado com uma judia e que tinha muitos amigos judeus.[63]

Como Fadeyev, Simonov acabou cedendo à pressão da linha-dura. Ficou com medo de perder sua posição na elite stalinista e achou que devia mostrar lealdade ingressando na campanha contra os judeus. Numa carta ao editor do *Pravda*, ele respondeu às acusações de simpatia ao judaísmo dos radicais se distanciando de Borshchagovsky e outros críticos judeus que empregara no *Novyi mir*.[64] O Kremlin exortou Simonov a se expandir sobre os temas do artigo anônimo do *Pravda* ("Sobre um grupo antipatriótico") num discurso na União dos Escritores. Fadeyev ficara reduzido a uma ruína alcoolizada, e Sofronov estava ansioso para se encarregar da tarefa, mas Malenkov acreditava que Simonov emprestaria mais autoridade à campanha "anticosmopolita", precisamente por causa de sua conhecida posição moderada. Ele foi mais pressionado ainda pelo próprio Fadeyev, que o advertiu de que Sofronov faria o discurso se recusasse. Antissemita linha-dura, com ambições políticas na União dos Escritores, onde esperava substituir Simonov como favorito do Kremlin, a fim de suceder Fadeyev, Sofronov certamente acrescentaria outra dezena de nomes à lista já existente de escritores e críticos judeus, destinados à expulsão da instituição literária. Temendo que o poder fosse parar nas mãos do adversário, Simonov concordou em fazer o discurso. Ele o pronunciou na Reunião da União dos Escritores em

4 de fevereiro de 1949. Sua primeira esposa, a escritora judia Natalia Sokolova (nascida Tipot), descreveu em seu diário o clima de terror que se estabeleceu quando ele fez a denúncia do "grupo antipatriótico":

> O discurso durou uma hora e meia, depois houve um intervalo, e então outra sessão de hora e meia. As pessoas escutavam, parecendo tensas e na defensiva, ninguém falava, exceto raros murmúrios perguntando "Ele nomeou alguém novo?"... "Ouviu?"... "Mais um cosmopolita?"... "Algum cosmopolita novo?" Algumas pessoas fizeram uma lista com todos os nomes, como eu.[65]

Anos mais tarde, Simonov continuava a manter que fizera o discurso para impedir que o extremista Sofronov tomasse o controle da campanha "anticosmopolita". Embora com remorsos do papel que desempenhou, ele insistia que seu objetivo fora moderar a campanha contra os escritores judeus, tomando ele próprio a liderança. Isso é confirmado nas memórias do amigo, o crítico teatral Borshchagovsky, que estava com ele em seu apartamento da rua Gorki, quando Malenkov telefonou para dizer que Stalin queria que fizesse o discurso. Ao desligar o aparelho, Simonov "olhou para mim com tristeza e depois para a janela", recorda-se Borshchagovsky. "Ele levou menos de dez minutos para chegar a uma decisão." Depois disse:

> "Vou fazer o discurso, Shura [Aleksandr]. É melhor que eu o faça, em vez de outro qualquer." Tendo cedido nesse ponto, ele buscou um argumento que justificasse seu "engajamento ativo", um ponto de vista honesto ao qual pudesse se agarrar naquela campanha indecorosa. "Temos que pôr fim a toda essa brutalidade (*khamstvo*) e violência. Precisamos aprender a debater num nível diferente, a civilizar nossa linguagem. Tivemos, e ainda temos, o problema dos formalistas, dos defensores do construtivismo, pessoas que querem nos escravizar à cultura do Ocidente, e precisamos conversar sobre eles."[66]

Também é verdade que em seu discurso Simonov tentou colocar a campanha "anticosmopolita" num contexto político e intelectual mais amplo, em vez de apresentá-la como uma cabala sionista rudimentar. Numa série de artigos para a imprensa soviética, na qual construiu as ideias para seu discurso de 4 de fevereiro, ele acusou os "cosmopolitas" de "porem [Jean-Paul] Sartre no lugar de Máximo Gorki e a pornografia de [Henry] Miller no lugar de Tolstoi".[67] A Guerra Fria influenciou sem dúvida seu pensamento sobre a necessidade de defender a "cultura nacional" da União Soviética contra os "cosmopolitas sem raízes", que a vendiam numa "escravidão ao imperialismo americano (...) e ao poder internacional do dólar". Afora isso, há poucas evidências de que sua participação tenha sido forjada como uma influência civilizadora na campanha contra os judeus. Sua linguagem era inflamada. Ele chamou o "grupo antipatriótico" de "criminosos" e "inimigos" da cultura soviética, que não deveriam ser tomados por meros "estetas", porque tinham um "programa militante burguês e reacionário", a saber, trabalhar em prol do Ocidente durante a Guerra Fria. Culpou os judeus por causarem muitos de seus próprios problemas. Eles tinham se recusado, disse ele, a serem absorvidos pela sociedade soviética e abraçado o "nacionalismo judeu" após 1945. Simonov despediu todos os judeus da equipe editorial do *Novyi mir*. Chegou a escrever a Stalin, em nome da União dos Escritores, pedindo a exclusão de uma longa lista de escritores inativos da União, todos judeus.[68]

Seu amigo Borshchagovsky foi incluído na lista. Desde o começo da campanha "anticosmopolita", Simonov vinha se distanciando gradualmente do crítico teatral, que fora escolhido como um dos principais líderes do "grupo antipatriótico". Sabia que no fim seria forçado a denunciar o amigo, cuja carreira ele mesmo tinha incentivado. Após o telefonema de Malenkov, quando concordou em fazer o discurso contra o "grupo antipatriótico", Simonov tentou se justificar para Borshchagovsky explicando: "Se eu o fizer, isto vai me pôr numa posição mais forte. Poderei então ajudar pessoas, o que neste momento é a coisa mais importante." Ele o preveniu para não ir à reunião, dizendo ao crítico teatral quando este estava saindo: "Se você vier, vou me sentir obrigado a denunciá-lo usando termos mais fortes ainda." Borshchagovsky não leu os discursos nem os artigos em que era chamado por Simonov de "sabotador do teatro", "inimigo burguês" da literatura soviética e de "escória literária".* Ele confiara em Simonov — tivera-o como amigo

---

* A expressão "escória literária" (*literaturnye podonki*) fora usada para caracterizar Zoshchenko no decreto do Comitê Central de 14 de agosto de 1946.

— e declarou estoicamente entender que o amigo fora forçado a "encenar a dança ideológica ritual".

Borshchagovsky foi expulso da União dos Escritores e do Partido. Perdeu o emprego no *Novyi mir* e foi demitido do Teatro do Exército Vermelho, onde era chefe de literatura. Ele e a família — a mãe, a esposa e a filha pequena — foram postos para fora de seu apartamento em Moscou. Por um tempo, receberam acolhida de amigos, que os deixavam dormir no chão ou ficar em suas dachas (chegaram até a ficar na de Simonov em Peredelkino). Borshchagovsky aguentava a repressão sem dificuldades: sobrevivente da década de 1930, aprendera a ir levando as coisas da melhor forma possível. Para sobreviver, vendeu seus pertences (a maior parte livros) e pediu dinheiro emprestado aos amigos, inclusive Simonov, que lhe deu algum, "para tranquilizar a própria consciência", como Borshchagovsky interpretou o gesto, e não quis que ele pagasse depois.[69]

Sentindo-se culpado em relação ao amigo, Simonov continuou a vê-lo sempre que podia entre 1949 e 1953, quando o banimento de Borshchagovsky foi finalmente suspenso, mas nunca falou com ele sobre o discurso. Para Borshchagovsky, quando se encontravam, Simonov "olhava para mim de uma forma ansiosa, como se achasse que me devia explicações". Em julho de 1950, Simonov apoiou a publicação de *The Russian Flag* (*A bandeira russa*), romance patriótico de Borshchagovsky, passado na Guerra da Crimeia. "O livro é bom, sério e necessário", concluiu em seu relatório aos censores. "Estou convencido de que seu conteúdo profundamente patriótico tocará o coração dos leitores... Borshchagovsky cometeu erros sérios de natureza antipatriótica, isso é evidente, mas sofreu e reconheceu suas faltas." A obra foi finalmente aprovada para publicação em 1953.[70]

Entrevistado 50 anos depois, em 2003, Borshchagovsky ainda se mostrava estoico em relação aos danos que Simonov lhe causou. "A gente se acostuma ao sofrimento", foi tudo que disse. Entretanto, de acordo com a esposa, em seus últimos anos de vida, ele se viu cada vez mais atormentado pelos acontecimentos de 1949.* Em suas memórias,

---

* Aleksandr Borshchagovsky morreu em maio de 2006 aos 94 anos.

ele concluiu que Simonov não tivera a coragem cívica de defender os amigos e colegas escritores da linha-dura antissemita dentro da União dos Escritores. Não achava que o editor do *Novyi mir* tivesse sido movido por medo ou que não tivesse consciência. Pelo contrário, acreditava que ele tinha sido levado por ambição pessoal e, em especial, por uma espécie de servilismo político: Simonov era simplesmente muito devotado a Stalin, muito fascinado pela aura de seu poder, para adotar uma posição mais corajosa.[71]

O "pequeno terror" do pós-guerra foi muito diferente do Grande Terror de 1937-38. Ele se deu não contra o pano de fundo do apocalipse, quando pessoas amedrontadas concordavam em trair e denunciar, num esforço desesperado para salvar a vida e a família, mas num contexto de uma existência relativamente mundana e estável, quando o medo não privava o povo da sensibilidade moral. A repressão do pósguerra foi conduzida por burocratas e funcionários de carreira, como Simonov, pessoas que não sofreram com o sistema da repressão. Simonov não corria o risco de ser expulso da União dos Escritores, muito menos de ser preso. Ele se recusara a acrescentar sua voz às denúncias contra os judeus e poderia, no máximo, ter sido removido da liderança da União dos Escritores e demitido do cargo de editor do *Novyi mir*, embora possa, é claro, ter temido coisa pior. Mas a questão é: pessoas como Simonov fizeram uma escolha. Elas poderiam ter seguido uma carreira que contornasse os riscos da responsabilidade política, como milhões de outras fizeram, embora ao custo de perderem privilégios e recompensas materiais. Para aqueles que não tinham a capacidade de tomar uma postura pública, havia modos mais discretos de evitar o envolvimento em decisões políticas que comprometessem seus princípios morais. Como Borshchagovsky escreveu sobre as pessoas que o traíram em 1949, elas poderiam com facilidade ter preferido não falar, poderiam não ter aparecido na reunião da União dos Escritores ou fingido estar doentes: não estavam sujeitas à disciplina do Partido. Para ele, as perseguições daquele período e a conduta daqueles que as facilitaram tinham raízes numa complacência universal com o regime de Stalin — a característica que definia o stalinista comum. Como escreveu ele:

O fenômeno de 1949, e não só daquele ano, não é explicado só pelo medo — ou se assim for, por um medo que havia se dissolvido muito antes em outros elementos dentro da alma humana... [vem mais ao caso] falar do servilismo dos parasitas de plantão, que possuíam tão pouca coragem e moralidade que não conseguiam sequer confrontar diretivas semioficiais dos burocratas mais subordinados.[72]

Certamente havia pessoas em posição de responsabilidade semelhante à de Simonov que se recusaram a se envolver na campanha "anticosmopolita". O presidente da Academia de Ciências, Sergei Vavilov, por exemplo, resistiu sossegadamente às intensas pressões para denunciar um "grupo antipatriótico" na instituição e sabotou sua própria burocracia, a fim de impedir a demissão de cientistas judeus (o irmão, Nikolai, geneticista, fora preso em 1940 e morreu de fome na prisão em 1943).[73] Na União dos Escritores, havia pessoas como Boris Gorbatov, secretário do Partido para o Comitê Executivo da União dos Escritores e amigo íntimo de Simonov, que se recusou a seguir adiante com a campanha contra os judeus. Sendo ele próprio judeu, Gorbatov tinha mais motivos para temer do que o amigo: sua esposa fora presa em 1948 e condenada a dez anos de prisão por "espionagem estrangeira", ao passo que ele mesmo não estava acima de suspeitas políticas (em 1937, Gorbatov fora acusado de propagar opiniões "trotskistas" em seu primeiro romance, *Our Town* (*Nossa cidade*), um épico proletário sobre o Plano Quinquenal na região de Donbass; embora ele tivesse evitado por pouco sua expulsão do Partido, o irmão fora preso como "trotskista" e fuzilado em 1938). No entanto, apesar da pressão intensa da linha-dura stalinista dentro da União dos Escritores, que o denunciou como "simpatizante judeu" do "grupo antipatriótico", Gorbatov se recusou a participar da perseguição aos colegas judeus. Por causa disto, foi forçado a abrir mão de todos os seus postos no Partido e na União dos Escritores. Borshchagovsky se lembra de encontrá-lo, em 1949, na dacha de Simonov em Peredelkino. Tendo perdido o favor de Stalin, Gorbatov era "um homem arrasado, acuado num canto", mas conseguira manter a dignidade moral e os princípios.[74]

Simonov era no todo uma figura muito mais complexa, talvez até trágica. Ele era com certeza consciente: ficou perturbado e até enojado com alguns aspectos da campanha "anticosmopolita", mas se perdeu no sistema stalinista. O espírito militar e os valores do serviço público, que herdou da aristocracia, estavam tão intimamente atrelados às categorias morais e imperativas do sistema soviético, que ele ficou sem outros meios de julgar ou regular a própria conduta. Simonov possuía um sentido hipertrofiado de dever público e responsabilidade, que definia sua visão de mundo. "Sem a disciplina do dever público", disse ele certa vez, "a pessoa não consegue ser um ser humano completo." Ele tinha temperamento de ativista; jamais conseguiria fingir que estava doente para evitar ser forçado a fazer uma escolha moral difícil. Em sua opinião, a fuga a uma responsabilidade pública equivalia à covardia. Não tinha tempo para pessoas com tendência à indecisão, fraqueza ou delonga — coisas que considerava como falhas humanas. Admirava as que eram racionais e lógicas. Estas eram as qualidades morais que atribuía aos heróis de sua ficção — homens como ele próprio, apenas mais corajosos, que tinham a capacidade de chegar à conclusão certa, a partir de evidências objetivas, e de agir com decisão.[75]

Foi a elevação do dever a uma virtude suprema o que determinou a obediência política de Simonov: ele confundia virtude pública com submissão à linha do Partido. Sentia admiração por Stalin. Seus cadernos do pós-guerra estão cheios de sinopses dos trabalhos de Stalin, citações de seus discursos e listas de expressões e ideias do líder, que ele resolveu aprender com o propósito de se tornar mais letrado politicamente.[76] Simonov era fascinado pelo poder de Stalin. Sentia sua presença sempre a vigiá-lo em tudo o que fazia. Ele era seu benfeitor e protetor, professor e guia, crítico e confessor, e, às vezes, na imaginação talvez, seu carcereiro, torturador e carrasco.

A menor crítica do líder soviético era o bastante para reduzir Simonov a um estado de tristeza total. Em 1948, sua novela *Dym otechestva* (*Smoke of the Fatherland*) foi atacada sem piedade pelo periódico principal do Agitprop (*Kul'tura i zhizn'*), com o apoio pessoal de Stalin, que, concluiu ele, "detestou intensamente a história". Assustado e deprimido, Simonov não conseguia entender o que havia de errado com o livro, que era um de seus favoritos. "Quando o escrevi", disse ele a um amigo mais tarde, "pensei estar cumprindo meu dever para com o Partido [...] e com Stalin, que era então, dois anos depois do final da guerra, a autoridade suprema para mim." O personagem central da novela é um comunista veterano de guerra que retorna do exterior em 1947. Acreditando que seu dever para com a nação havia sido cumprido, tenta reconstruir a vida pessoal nas condições difíceis do pós-guerra. A novela retrata com exatidão um certo clima que era comum naquela época, e era um trabalho patriótico, cheio de comparações favoráveis entre a União Soviética e os EUA. Todavia, contém diálogos algo francos, sobre a fome de 1946-47 em particular, que não eram usados na época (foi só depois da distensão de Khrushchev que os problemas sociais passaram a ser tratados pela literatura soviética), e foi isso o que atraiu a censura da liderança do Partido. Simonov ficou balançado com o ataque a seu trabalho. Coincidiu com a demolição do romance de Fadeyev, *The Young Guard* (*A jovem guarda*), de 1947, que também tinha sido discutido por Stalin e no periódico do Agitprop, dando margem a suspeitas de que o tirano estava preparando um expurgo dos líderes da União dos Escritores. Desesperado para entender por que Stalin não gostara de seu trabalho, e ansioso por corrigi-lo para que obtivesse sua aprovação, Simonov foi até Zhdanov em busca de conselhos, mas o chefe de ideologia do ditador não tinha o que dizer sobre o assunto — ele próprio gostara da novela —, assim, o escritor resolveu "não publicar novamente *Smoke of the Fatherland*".[77]

Logo depois, Simonov foi chamado por uma das secretárias de Zhdanov, que lhe perguntou quando ele estaria entregando a peça sobre Kliueva e Roskin, os cientistas que haviam caído em desgraça, que Stalin havia acusado de subserviência ao Ocidente. O ditador tinha proposto a ideia de um romance sobre o assunto, numa reunião no Kremlin com Fadeyev e Simonov, em maio de 1947. Havia a necessidade, disse ele, de trabalhos de ficção mais patrióticos, que expusessem a submissão dos intelectuais ao Ocidente. Simonov concordou, mas sugeriu que o tema ficaria melhor numa peça. Naquela época, ele ainda estava escrevendo *Smoke of the Fatherland*, de forma que foi adiando o trabalho, uma encomenda política séria, que sentia como um peso, embora tenha ido ao escritório de Zhdanov para ver o material sobre Kliueva e Roskin. Vindo tão rapidamente depois dos ataques a ele feitos pelo Agitprop, o chamado da secretária foi uma mensagem clara de que Stalin o perdoaria pelos erros que tinha cometido na novela, se entregasse a peça que o ditador estava esperando. Desesperado para se redimir, nos primeiros meses de 1948, Simonov apareceu com o primeiro esboço de *Alien Shadow* (*Sombra alienígena*), uma peça de propaganda rudimentar sobre um microbiólogo soviético cujo fascínio pelo Ocidente o leva a trair a pátria. Num ato vergonhoso de bajulação política, Simonov enviou o esboço a Zhdanov para que fosse aprovado e, a seu conselho, a Molotov e Stalin para a aprovação deles também. O ditador telefonou a ele, dando-lhe instruções precisas sobre como reescrever a peça. Aconselhou-o a pôr mais ênfase no egoísmo do cientista protagonista (Stalin: "Ele vê sua pesquisa como uma propriedade pessoal.") e a destacar a benevolência do governo, terminando o trabalho com o ministro da Saúde implementando as ordens de Stalin para perdoar o cientista errante e para que continuasse com sua pesquisa. "É assim que vejo a peça", disse o ditador. "Você precisa corrigi-la. Como vai fazer isto é problema seu. Assim que a corrigir, a peça será aprovada." Simonov refez o final, acrescentando as mudanças sugeridas por Stalin, e enviou o segundo esboço para sua aprovação. "Escrevi a peça agoniado, obrigado, forçando-me a acreditar na necessidade do que estava fazendo", recorda-se ele. "Poderia ter escolhido não escrever, se houvesse tido a força de caráter para resistir a essa autoviolação. Hoje, 30 anos depois, sinto vergonha de não ter tido a coragem de fazer isso."[78]

O episódio terminou em tragicomédia. A peça foi publicada no periódico *Znamia* e indicada para o Prêmio Stalin, juntamente com algumas outras, cujos méritos foram considerados pelo Secretariado da União dos Escritores, antes de serem passadas ao comitê do Prêmio. Na reunião do Secretariado, à qual Simonov estava presente, alguns de seus colegas criticaram o final da peça (aquele sugerido por Stalin), julgando que era "muito fraco, liberal, quase uma capitulação política, perdoar o cientista em vez de puni-lo". Ele não disse nada sobre a conversa telefônica com o tirano. "Fiquei sentado em silêncio, escutando meus colegas censurarem o liberalismo de Stalin." A peça ganhou o Prêmio Stalin.[79]

Simonov estava acostumado à autocrítica e à autocensura. Ele escrevia muitas cartas à liderança soviética confessando seus erros. Esboçava histórias que depois colocava na gaveta porque sabia que os censores nunca as aprovariam para publicação. Em 1973, a escritora alemã Christa Wolf perguntou-lhe se alguma vez ele se sentira pressionado para escrever o que sabia ser politicamente aceitável. Simonov admitiu o conflito de uma vida inteira entre o escritor e o censor dentro dele e chegou a admitir que sentia nojo quando a covardia ganhava.[80]

Ocasionalmente, o escritor se rebelava contra o censor, e o poeta articulava sua consciência política. Em outubro de 1946, no auge da Zhdanovshchina, por exemplo, ele escreveu uma carta furiosa a Aleksei Surkov, editor do periódico *Ogonyok*, a quem enviara anteriormente alguns poemas para publicação. Simonov deu vazão à sua discordância cáustica, "em substância e princípio", com os cortes e as mudanças mesquinhas que Surkov fizera em seu trabalho, inclusive a remoção dos nomes estrangeiros (por razões "patrióticas") e de personagens soviéticos que haviam caído politicamente em desgraça. Simonov fez objeção em particular ao corte num poema dedicado a seu velho amigo David Ortenberg, que fora demitido do cargo de editor do jornal do Exército Vermelho, *Krasnaia zvezda*, em 1943, após ter descumprido uma ordem do Kremlin para demitir alguns colegas judeus de sua equipe editorial. Ortenberg havia escrito corajosamente à liderança do Partido, para manifestar seu descontentamento com o "antissemitismo irrestrito" que detectara em algumas áreas militares e em várias outras da retaguarda soviética. "Quero incluir esse poema", insistiu Simonov. "Gosto dele como um todo. Ele é dedicado a uma pessoa que adoro, e quero que permaneça do jeito que escrevi."[81]

Talvez Simonov tenha dado mais importância ao poema sobre Ortenberg quando este se viu enredado na perseguição literária aos judeus soviéticos. Sua consciência o atormentava muitas vezes, principalmente quando estava envolvido nas medidas repressoras do regime stalinista, e esse conflito quase o esfacelava como escritor e homem. O estresse físico e mental de suas responsabilidades políticas se mostrava nas transformações de sua aparência: em 1948, aos 33 anos, parecia um jovem no auge da vida; apenas cinco anos depois, estava grisalho e aparentava ser de meia-idade. Suas mãos tinham alterações na pele de origem nervosa, e só muita bebida conseguia lhe acalmar os nervos.[82]

Em suas memórias, escritas no último ano de vida, Simonov se recorda de um acontecimento que atormentou em particular sua consciência e o fez encarar face a face o fato de que a tirania de Stalin se apoiava na cumplicidade covarde de funcionários como ele. O incidente ocorreu em 1952 numa reunião no Kremlin para julgar o Prêmio Stalin. Estava mais ou menos combinado que ele seria dado ao romance de Stepan Zlobin, *Stepan Razin*, mas Malenkov objetou que o escritor havia se comportado mal na guerra, porque tinha se deixado capturar pelos alemães. Na verdade, como todos sabiam, Zlobin se conduzira com extrema coragem; ele chegara a guiar um grupo de lutadores da resistência até o campo de concentração onde era mantido. Após Malenkov emitir essa declaração, fez-se um silêncio mortal, Stalin se levantou e caminhou pela sala, passando pelos membros do Politburo e da União dos Escritores, que permaneciam sentados, e perguntou em voz alta, como se para ele próprio, mas também para que eles considerassem: "Devemos perdoá-lo ou não?" O silêncio permaneceu. O ditador continuou a caminhar e perguntou de novo: "Devemos perdoá-lo ou não?" Por fim, ele respondeu à própria pergunta: "Vamos perdoá-lo." Todos haviam compreendido que o destino de um homem inocente estivera em situação crítica: ou ganhava o Prêmio Stalin ou seria enviado ao Gulag. Embora todos os escritores presentes na reunião fossem pelo menos conhecidos de Zlobin, nenhum falou em sua defesa, nem mesmo quando convidado a fazê-lo por Stalin. Como explica Simonov: "A nossos olhos, não era apenas uma questão de se perdoar ou não um homem culpado, mas de se manifestar contra uma denúncia", feita por uma figura tão importante quanto Malenkov, denúncia que havia sido aceita como verdadeira por Stalin, para quem a questão era realmente perdoar ou não um homem culpado. Rememorando aquele acontecimento, Simonov chegou à conclusão de que Stalin sempre soubera das acusações contra Zlobin, e de que indicara deliberadamente o livro para o Prêmio Stalin a fim de que pudesse encenar aquele 'joguinho'. Sabendo que não haveria ninguém com coragem para defender o escritor, o objetivo do ditador havia sido mostrar que ele, e apenas ele, decidia o destino dos homens.[83]

4

A campanha "anticosmopolita" abriu as comportas para o antissemitismo na União Soviética. Este tinha uma longa história no Império Russo. Após 1917, ele continuou a existir, em especial entre as classes baixas urbanas, cujo ódio pelos judeus no comércio foi um fator importante no ressentimento popular contra a NEP, que Stalin tinha explorado durante sua ascensão ao poder. A indiferença generalizada das classes mais baixas em relação aos expurgos da década de 1930 foi formada, em parte, pela percepção de que os líderes do Partido, principais vítimas do Terror, eram todos "judeus". Em geral, antes da guerra, o governo soviético empreendeu tentativas sérias para erradicar o antissemitismo como uma relíquia do passado tsarista, e os judeus soviéticos não eram, em termos relativos, perturbados por discriminação ou hostilidades. Tudo isso mudou com a ocupação alemã da União Soviética. A propaganda nazista lançou a força latente do antissemitismo na Ucrânia e na Bielorrússia, onde uma proporção significativa da população não judia apoiou em silêncio a destruição dos judeus e tomou parte como ajudante, cercando-os para levá-los à execução ou à deportação para os campos. Até mesmo nas regiões remotas da retaguarda leste soviética, houve uma explosão de antissemitismo, quando soldados e civis evacuados do oeste fomentaram o ódio aos judeus.[84]

Com a adoção do nacionalismo russo no pós-guerra como ideologia dominante do regime stalinista, os judeus foram rotulados novamente de "forasteiros alienígenas", além de "espiões" e "inimigos" em potencial, aliados de Israel e dos EUA. Borshchagovsky recorda o clima de "Matem os *Yids!*"* que se espalhou sob o pretexto da campanha "anticosmopolita":

---
* Termo ofensivo para judeu. *(N. do T.)*.

"Sem raízes", "cosmopolitas" e "antipatriotas" eram palavras úteis para as "Centenas de Furiosos"* — máscaras por trás das quais o velho termo Yid podia se esconder. Tirar a máscara e proferir aquela doce palavra primária era algo cheio de riscos: os Centenas de Furiosos eram covardes, e o antissemitismo é punido exemplarmente pelo Código Criminal.[85]

A linguagem dos funcionários que ampliaram a campanha contra os judeus era igualmente velada. Entre 1948 e 1953, milhares de judeus soviéticos foram presos, demitidos do trabalho, expulsos das universidades ou tirados à força de casa. No entanto, nunca eram informados (e isso jamais era mencionado na papelada) de que a razão para esses atos tinha a ver com suas origens étnicas. Oficialmente, ao menos, essa discriminação era ilegal na União Soviética.

Antes da guerra, a maioria dos judeus das grandes cidades russas tinha apenas uma leve consciência de si como tal. Vinham de famílias que haviam abandonado a vida judaica tradicional do *shtetl* e abraçado a cultura urbana da União Soviética. Haviam trocado o judaísmo e a etnia judaica por uma nova identidade baseada nos princípios do internacionalismo soviético. Viam-se como "cidadãos soviéticos" e mergulhavam na sociedade soviética, alcançando posições que tinham sido vedadas aos judeus antes de 1917, mesmo que retivessem os costumes, hábitos e as crenças judaicas na privacidade de seus lares. As campanhas antijudaicas do pós-guerra fizeram com que esses judeus se vissem novamente como tal.

Os Gaister era uma daquelas famílias de judeus típicos que tinham deixado a Zona de Residência e encontrado um novo lar na União Soviética. Antes da prisão em 1937, Aron Gaister era um membro importante do governo soviético, vice-comissário de Agricultura; a esposa, Rakhil Kaplan, era economista veterana do Comissariado da Indústria Pesada. As filhas, Inna e Natalia, foram criadas como cidadãs soviéticas, imersas na cultura e nas ideias universais da literatura russa, e pouco conscientes dos elementos judaicos que permaneciam no lar em Moscou — da comida com que se alimentavam, passando pelos rituais familiares nos

---

* Nacionalistas russos antissemitas da era tsarista.

feriados soviéticos, às histórias de massacres que a avó contava. Em 1944, Inna se matriculou na Faculdade de Física da Universidade de Moscou. Ela trabalhava à noite no laboratório de um dos professores para se sustentar e ajudar a mãe, que, após a libertação do campo de trabalhos de ALZhIR, em 1945, havia se estabelecido em Kolchugino, 100 quilômetros a noroeste de Moscou. Em 1948, a irmã caçula de Inna foi recusada pela Universidade de Moscou. Quando Inna foi descobrir o porquê, a secretária do comitê do Partido informou-lhe que ela devia dar uma olhada no questionário da irmã: Natalia havia escrito judia no quesito nacionalidade.* Aquela foi a primeira vez que Inna se tornou consciente de que era judia, diz ela. Um garoto russo com notas mais baixas que Natalia foi admitido na universidade e acabou se tornando professor.

Em abril de 1949, Inna foi presa durante a defesa de seu diploma na universidade. Acusada de "filha de um inimigo do povo", foi condenada a cinco anos de exílio no Cazaquistão, onde conseguiu um emprego como professora em Borovoe, uma cidade desolada e remota das estepes. Dois meses depois, Natalia também foi presa: ela não tinha informado sobre a prisão dos pais no questionário que preenchera para ingressar na Komsomol do Instituto Pedagógico de Moscou, onde foi aceita como aluna em 1948. O fato de guardar uma fotografia do pai, em vez de renunciar a ele, foi interpretado por seus interrogadores como uma admissão da culpa de ser um "elemento socialmente perigoso". Natalia também foi condenada a cinco anos de exílio no Cazaquistão. Ela acabou em Borovoe com Inna e a mãe, que se juntou a elas lá.[86]

Vera Bronshtein nasceu em 1893 numa família judia do oeste da Ucrânia. Juntou-se aos bolcheviques ainda na escola em Odessa, em 1907, e se tornou um membro ativo da resistência revolucionária, tomando parte na tomada de poder em Moscou por aquele grupo, em outubro de 1917. Casou-se com um trabalhador de fábrica russo, teve uma filha, Svetlana, nascida em 1926, e depois deixou o marido

---

* Natalia não estava afirmando seu judaísmo: nacionalidade, ou origem étnica, era uma categoria obrigatória em todos os documentos oficiais.

(que se revelou antissemita) quando este ameaçou denunciá-la como "trotskista" em 1928. Vera foi trabalhar na administração dos Arquivos do Estado. Estudou história no Instituto dos Professores Vermelhos e se tornou professora da disciplina, transmitindo as certezas do *Curso breve* de Stalin aos soldados da Academia Militar Frunze em Moscou, onde começou a ensinar em 1938. Passando ilesas pelo Grande Terror, Vera e a filha desfrutaram os confortos da elite soviética até 1948, quando ela foi presa com base numa denúncia do ex-marido. Acusada de "atividades antirrevolucionárias", foi condenada a cinco anos nos campos de trabalho de Potma. A esse tempo, Svetlana era estudante e ativista na Komsomol da Universidade de Moscou. Ameaçada de expulsão, foi posta sob grande pressão para denunciar outros alunos e professores como "nacionalistas judeus", mas se recusou, incapaz de crer na propaganda sobre as "conspirações sionistas". Ingenuamente, chegou a escrever para Stalin se queixando de discriminação contra estudantes judeus na universidade, um ato que levou à sua prisão em 1952 e a uma condenação de dez anos no campo de trabalhos de Viatka.[87]

Olga Loputina-Epshtein nasceu em 1913, numa família judia que deixou a Zona de Residência após 1917. Ela se mudou para Leningrado no começo da década de 1930, quando se casou com Boris Epshtein, outro judeu oriundo da Zona, e se tornou contadora na Fábrica Lenin. Seu filho, Mark, nasceu em 1937. Durante a guerra, Olga e ele foram evacuados para Cheliabinsk. Boris morreu na Frente Bielorrussa em 1944. Olga se casou de novo e retornou com o segundo marido e Mark para Leningrado, em 1945. A cidade sofria de uma escassez crônica de moradia e, mesmo com a ajuda do irmão, que trabalhava no MVD, eles só conseguiram encontrar um pequeno quarto num apartamento comunitário. Entre os vizinhos, que na maioria eram operários, as atitudes antissemitas eram muito fortes, e elas vinham à tona durante qualquer discussão. "O apartamento era um barril de pólvora, cheio de ódios étnicos, pronto para explodir", recorda-se Mark.

Os vizinhos, que estavam quase sempre bêbados, nos xingavam, amaldiçoavam e ameaçavam, nos diziam que fôssemos para a Palestina sempre que tinham alguma queixa, e então minha mãe dizia a meu padrasto, que era russo puro: "Kolia, por que você não dá um jeito nestes seus colegas tribais?" A atmosfera era envenenada. Às vezes, as ameaças ficavam tão sérias que minha mãe corria até a sede do Partido [no edifício Smolny, em frente ao apartamento], mas nunca se fez nada em relação às suas queixas.

Na escola, Mark era perseguido pelas outras crianças, que se recusavam a sentar ao lado do "*Yid* sujo". Eles pintaram a palavra "*Yid*" na porta do prédio onde ele morava. Olga se queixou muitas vezes às autoridades da escola. Chegou a escrever à liderança do Partido, mas sem efeito. Nem era o caso de levar a queixa ao MVD, porque seu irmão havia sido preso, juntamente com muitos outros funcionários judeus, ligados ao Caso de Leningrado. A ansiedade deixou Olga doente, e ela sofreu alguns ataques cardíacos entre 1949 e 1954, que a deixaram praticamente inválida. Após a morte do segundo marido, em 1955, ela se tornou dependente do filho para tudo. Eles continuavam morando no mesmo apartamento, com os mesmos vizinhos antissemitas, até Olga morrer em 1987. Aos 65 anos, Mark se casou e mudou.[88]

As campanhas contra os judeus também fizeram vítimas na família Laskin. Em 1943, eles retornaram a Moscou, vindos de Cheliabinsk, para onde haviam sido evacuados durante a guerra. Samuil e Berta moravam no apartamento da filha mais velha, Fania, em Arbat, onde o filho de Zhenia, Aleksei, e a irmã dela, Sonia, também viviam (Zhenia habitava o apartamento da família na praça Zubov). Samuil retornou ao mundo do comércio, fornecendo peixe salgado para a Gastronom, a rede estatal de lojas de alimentação. Fania continuava trabalhando na administração de uma indústria de tratores, enquanto Sonia foi se empregar na Fábrica Stalin, o grande complexo automobilístico em Moscou, onde ela rapidamente ascendeu e se tornou chefe de suprimento metálico e técnico. Era um trabalho importante porque no pós-guerra a Fábrica Stalin estava introduzindo tecnologias novas e níveis mais elevados de aço para a produção em massa de carros e caminhões mais leves. Sonia era devotada ao trabalho. O marido, Ernst Zaidler, comunista húngaro que trabalhava na Comintern, tinha sido preso e fuzilado em dezembro de 1937, e eles não tiveram filhos. Zhenia trabalhava com edição de rádio e lidava o melhor que podia com Aleksei, que estava sempre doente. Ela não queria pedir ajuda a Simonov; então, Samuil e Berta tomavam conta da criança. Os pais dele também ajudavam. Em 1947, levaram o menino para longas férias à beira-mar, a fim de ajudá-lo a se curar de uma tuberculose.[89]

Simonov tinha pouco tempo para Aleksei. Via-o apenas uma ou duas vezes por ano. Sua mãe, Aleksandra, precisava lembrá-lo de escrever ao menino quando fazia aniversário. Em 1952, no dia em que o menino completou 13 anos, o telegrama que enviou não chegou às mãos do filho, então ele escreveu mais tarde:

Caro Alyosha!
Não tenho me sentido bem e não estava em Moscou. Só hoje percebi que, por algum mal-entendido, eles não despacharam o telegrama que escrevi em seu aniversário... Acredito no seu futuro e espero que, com o passar dos anos, você cresça e se torne um amiguinho. Mais um ano acaba de aproximar você disso... Duas vezes por semana, passo pelo prédio novo da Universidade de Moscou e penso sempre que você vai estudar lá um dia, e depois iniciará sua vida profissional — indo onde o Estado o enviar. Pense nisso com alegria e trabalhe com prazer em direção à feliz convocação que aguarda você e milhões de outras crianças também.[90]

Aleksei não ficou ofendido com a formalidade da carta: todas as suas relações com o pai eram assim, e como havia tão poucas comunicações, ele prezava cada uma delas. As cartas do pai eram em geral datilografadas, o que significava que eram ditadas a uma secretária. Pedagógicas no tom, pareciam mais as mensagens de um funcionário do Partido do que aquelas de um pai para o filho. Esta foi escrita no verão de 1948, quando Aleksei estava com 8 anos:

Caro Alyosha,
Recebi a carta e o desenho. No que diz respeito a este último, não está mau, na minha opinião, em especial o galinho. Entretanto, não há motivo de orgulho. Lembre-se, seu pai na sua idade conseguia desenhar melhor que você; então, você tem que trabalhar mais para se igualar. Espero que sua promessa de tirar notas altas seja verdadeira e não fique só no papel, mas na realidade também. Ficaria muito feliz com isso.[91]

Aleksei se lembra do pai dizendo que "laços de sangue" não tinham qualquer significado especial para ele: era um de seus "princípios democráticos" tratar a família em termos iguais aos colegas e subordinados. Aleksei pagou o preço pelos princípios do pai. Não conseguia entender por que seu pai famoso, que era tão popular com todo mundo, tinha tão pouco tempo para ele. Nas poucas ocasiões em que ele vinha pegá-lo para sair, Aleksei se sentia desajeitado, havia longos silêncios, mas o pai nunca reparava seu embaraço. Na primavera de 1947, Simonov mandou uma roupa para o filho (casaco e bermuda marrons, com um boné) que trouxera de uma viagem aos EUA. Aleksei não gostou da bermuda — os garotos da praça iriam rir ou até bater nele quando as usasse —, então as guardou numa gaveta. Algumas semanas depois, um carro do governo parou em frente à casa, na praça Zubov, com o propósito de pegar Aleksei para visitar o pai. Fazia um ano que não o via. Berta, sua avó, o fez vestir a roupa marrom, a fim de que mostrasse ao pai como gostara do presente. Na frente de todos os outros garotos, que haviam se aglomerado na praça para examinar a limusine, ele saiu de casa e entrou no carro. Foi levado até o Grand Hotel, onde Simonov reservara uma sala de jantar particular para receber os amigos. O garoto de 7 anos foi apresentado aos convivas e convocado pelo pai a lhes fazer um "relatório" de como havia se saído na escola no ano anterior. Tendo sido informado do sucesso escolar do filho, Simonov tinha planejado uma surpresa para ele: um cozinheiro vestido de branco e com um grande chapéu também branco entrou carregando uma "omelete surpresa" (feita de sorvete) num prato de prata. Aleksei foi deixado sozinho para comer a omelete, enquanto o pai continuou conversando com os amigos. Para ele, Simonov parecia "todo-poderoso e quase mágico". A certa altura, o pai se virou para ele e perguntou se tinha gostado da roupa. O menino deu uma resposta educada. Pouco depois, foi levado para casa — a fim de "aguardar", recorda-se ele, "pelo próximo encontro com meu pai, talvez em um mês, ou em seis meses, dependendo de quão ocupado estivesse com o trabalho e o governo".[92]

Além da mãe, Aleksandra, Sonia era a única pessoa que ousava criticar Simonov por negligenciar Aleksei. Em outubro de 1947, Sonia escreveu a ele. O menino estivera doente e precisava de alimentos e remédios que os Laskin não tinham como obter:

É desagradável ter de lhe lembrar uma segunda vez (só a segunda?) de suas obrigações para com seu filho. Você se permite ignorá-lo a um ponto que eu considero espantoso. Creia-me, nem eu nem Zhenia o procuraríamos se não fosse necessário para seu filho, mas seria errado fazer Alyosha sofrer porque nos sentimos desconfortáveis em relação a pedir a você um favor — sentimento esse que é de todo resultado de sua conduta. Se as coisas fossem diferentes, eu o daria por perdido e impediria seu filho de amar um pai que não consegue dispensar nem duas horas para ele. Já falei sobre isso com você.[93]

Em maio de 1950, Sonia foi presa e mantida numa solitária na prisão de Lefortovo em Moscou, onde foi interrogada com relação ao Caso da Fábrica Stalin, no qual os trabalhadores judeus do complexo automobilístico foram acusados de espionar para os EUA. As origens do caso remontavam a 1948, quando alguns dos empregados da fábrica tinham começado a organizar grupos de passeio ao Teatro Judeu de Moscou. A Fábrica Stalin possuía um grande contingente de trabalhadores judeus, a maioria engenheiros e administradores, que apoiavam o CJAF e a fundação de Israel. Suas atividades culturais eram incentivadas pelo vice-diretor da fábrica, Aleksandr Eidinov, que também oferecera ao embaixador americano um giro pelo complexo automobilístico. Isto foi o suficiente para a MGB inventar um grupo "antissoviético de judeus nacionalistas burgueses na Fábrica Stalin", que, alegava a MGB, estava passando segredos industriais aos EUA. A iniciativa para as investigações partiu de Nikita Khrushchev, chefe do Partido em Moscou desde dezembro de 1949, embora provavelmente estivesse seguindo instruções de Stalin, que, a esse tempo, estava vendo "espiões e conspiradores judeus" em todos os lugares. Condenado por um tribunal militar, Eidinov foi um dos 14 "líderes" fuzilados mais tarde. Mais de uma centena de outros trabalhadores judeus da fábrica, e de outras centenas delas, em toda a União Soviética, foram enviados a vários campos de trabalhos forçados.[94]

Sonia foi condenada a 25 anos de trabalhos nos campos de Vorkuta, no Extremo Norte. Fania e Zhenia esconderam a duração da pena de

Samuil e Berta, dizendo-lhes que ela recebera cinco anos apenas, porque temiam que a verdade os matasse. Sonia foi enviada para uma olaria em Vorkuta, onde trabalhava com a costumeira energia e iniciativa. Até no Gulag, ela era completamente dedicada à causa da indústria soviética. Sonia foi recompensada com a posição privilegiada de bibliotecária no campo de trabalhos, mas nas cartas para casa ela expressava com frequência a frustração de que poderia ter servido o país melhor num cargo mais alto da administração do que arquivando livros.

A prisão de Sonia foi um golpe duro para a saúde de Samuil. Durante toda a sua ausência, ele parecia tomado por uma tristeza imensa, segundo Fania. Estava com 71 anos quando ela foi detida. Sempre fora um homem ativo, cheio de vitalidade e energia, mas, após a prisão da filha, envelheceu e se fragilizou. Não conseguia mais trabalhar no mesmo ritmo de antes. Mesmo assim, as tradições continuavam. Todos os domingos, pelos próximos cinco anos, a família e os amigos se encontrariam como de hábito para as famosas "ceias dos Laskin", quando Berta preparava deliciosos pratos judeus e Samuil presidia a reunião na cozinha. Simonov nunca vinha, mas seus pais muitas vezes estavam presentes. "Eles eram pessoas diferentes, de outra classe", recorda-se Fania "mas se davam bem com nossos pais e adoravam Zhenia e Aleksei." O primeiro brinde era sempre o mesmo: "Ao retorno!" Se uma carta de Sonia tivesse chegado na semana anterior, era lida em voz alta, e os convidados reunidos discutiriam seu conteúdo. Sempre haveria algumas lágrimas. Todos enviavam saudações a ela na resposta que Zhenia escreveria.

No início da década de 1950, as condições em muitos dos campos de trabalho tinham começado a melhorar, quando os administradores do Gulag buscaram formas de fazer com que os prisioneiros envidassem maiores esforços, e cartas semanais não eram algo incomum para trabalhadores estrelas como Sonia. Censores ainda liam a correspondência, mas os regulamentos tinham afrouxado um pouco, sendo possível aos prisioneiros e parentes escreverem com uma abertura que era nova. Havia até ocasiões em que lhes era permitido falar com a família por telefone — situações em que as emoções ficavam fortes demais para conversas normais. "Minha garota querida", escreveu Zhenia a Sonia após uma dessas ligações,

Você não pode imaginar a alegria que foi para todos nós, mas em especial para mamãe e papai. Isso torna a espera deles mais fácil. Papai estava tremendo e não conseguiu dizer uma palavra no primeiro minuto. É impossível dizer a você como eles ficaram felizes em ter ouvido a sua voz... Aleksei — ele cresceu tanto que você não o reconheceria — ficou muito nervoso quando falou, foi por isso que a voz dele estava estranha. Ele disse alguma bobagem sobre se barbear e depois ficou deprimido por causa disso.

Em 1952, Zhenia foi ficar com Sonia em Vorkuta. Era parte do afrouxamento do sistema Gulag permitir que parentes visitassem os prisioneiros. Ela foi uma das primeiras visitantes lá. Na noite anterior à sua partida, pediu a Simonov que viesse até a casa da praça Zubov. Aleksei ouviu a conversa dos pais. Zhenia estava com medo de ficar presa no campo de trabalhos (era um temor comum entre os parentes) e ela queria que o ex-marido fizesse uma promessa solene de que, se algo lhe acontecesse, ele deixaria o filho permanecer com Samuil e Berta até seu retorno. Zhenia era muito diplomática na vida. Tinha uma capacidade extraordinária de se relacionar com pessoas de todos os tipos, sem julgá-las, mas em relação àquela questão ela era inflexível — por uma questão de princípios: Aleksei não deveria viver com Simonov.

Ela nunca pedia nada a ele. Em 1951, havia sido despedida do emprego na rádio, como parte de um expurgo de judeus no mundo radiofônico. Durante muito tempo, não conseguiu encontrar trabalho. Pediu emprego em dezenas de revistas e jornais literários e enviou artigos longos na esperança de que fossem publicados, mas não pediu ajuda a Simonov. Por Sonia, no entanto, ela foi até ele. Grande parte de sua energia na época era empregada nos apelos que fazia pela libertação da irmã. Escrevia a todas as autoridades relevantes: ao Tribunal Militar que a havia condenado; ao procurador militar responsável pela revisão dos casos; e até ao editor do *Pravda*, na esperança de que se fizesse justiça. Por fim, Zhenia apelou a Simonov. Por um período de seis meses, ela o encontrou algumas vezes esperando obter informações e conselhos. O ex-marido não desejava se envolver, como ela escreveu a Sonia:

Você não pode imaginar como Kostia [Simonov] está mudado. Não ficou nada daquela pessoa que conhecemos. Nesses últimos anos, eu o vi muito pouco, e nunca por mais de alguns minutos, de forma que fiquei muito impressionada — e você ficaria também — com sua nova personalidade... Não é apenas uma questão de ele estar ficando mais velho (ainda parece relativamente jovem), ou mais sábio com a experiência ou em consequência de sua posição de relevo e prosperidade. Não, é uma coisa muito diferente... Kostia prometeu nos conseguir a informação que precisamos. Achei que valeria a pena esperar porque essa informação seria confiável, mas ele ainda não a obteve. Não há dúvidas de que ele é muito ocupado... Ele poderia ter feito mais, mas — que Deus o acompanhe — deixemo-lo viver sua vida sossegada e confortável. Eu simplesmente parei de respeitá-lo.

Em sua própria defesa, provavelmente não havia muito que Simonov pudesse fazer, mesmo que resolvesse intervir a favor de Sonia. Aquela era a visão do restante da família Laskin, que continuou a tratá-lo com afeição e estima. Nas raras ocasiões em que o viam, nunca tocavam no assunto da libertação de Sonia. "Sabíamos que era chegado a Stalin e que poderia ter uma conversa com ele", explica Fania, "mas nenhum de nós nunca comentou nada sobre isso — não nos permitiríamos fazê-lo."[95]

De qualquer forma, naquela época, Simonov estava tão envolvido na campanha stalinista contra os judeus que ficaria numa posição difícil se tentasse fazer algo pelos Laskin. Quando ficou encarregado do jornal literário *Literaturnaia gazeta*, em 1950, ele recebeu instruções do Kremlin para alinhá-lo à sua posição na campanha "anticosmopolita". O editor anterior fora muito brando, e Stalin estava dependendo de Simonov para transformar o influente jornal na vanguarda da "luta do Partido contra elementos burgueses alienígenas" da cultura soviética. Assim que assumiu como editor, ele demitiu 11 membros da equipe (todos judeus) por "incompetência e erros políticos". Sob seu controle, o jornal começou a publicar artigos e editoriais cujo antissemitismo era apenas ligeiramente disfarçado pela "luta ideológica" contra o "cosmopolitismo" e "servilismo em relação ao Ocidente". Tendo sido um "moderado" nos primeiros estágios da campanha anticosmopolita, Simonov, assim parecia, estava se tornando um linha-dura. Ele manteve esta posição até o fim do regime stalinista. Em 24 de março de 1953, mais de duas semanas depois da morte de Stalin, escreveu em nome do Secretariado da União dos Escritores ao Comitê Central, com uma lista de nomes de autores judeus que precisavam ser expurgados (como peso morto) da instituição. Mesmo mais tarde, escreveu insistindo no expurgo de seu velho amigo e camarada de guerra, Aleksandr Krivitsky, editor da seção internacional do *Literaturnaia gazeta*, por causa de "certos fatos biográficos", colocados na denúncia ao Comitê Central, como sua falta de vigilância sobre os nacionalistas judeus.[96]

Vigilância era exatamente o que Simonov estava tentando mostrar. Sob a pressão crescente de uma série de ataques, lançados por antissemitas, que, ao que parecia, tinham o apoio do Kremlin, ele reagiu como sempre fazia: tentou demonstrar sua lealdade freneticamente. A campanha contra Simonov começou em 1951, com uma discussão pública sobre o uso de pseudônimos por autores judeus. Numa reunião para discutir o Prêmio Stalin, o ditador perguntou por que o escritor Orest Maltsev não usava seu nome judeu (Rovinsky) e propôs que todos aqueles que usassem pseudônimos russos deveriam, dali em diante, ser obrigados a incluir o nome judeu entre parênteses, em todos os formulários oficiais.* Aquele fora o costume oficial na era tsarista, quando judeu e revolucionário eram vistos como sinônimos, mas, após 1917, a prática caiu em desuso porque foi considerada antissemita. O uso de pseudônimos foi amplamente discutido na imprensa soviética, começando em 1949, com a linha-dura pressionando pelo retorno do sistema de identificação dos nomes judeus. Em fevereiro de 1951, apareceu um artigo na *Komsomolskaia pravda*, de Mikhail Bubennov ("Os pseudônimos literários ainda são necessários?"). Era um artigo asqueroso, antissemita por natureza, no qual o autor ridicularizava os escritores judeus por adotarem pseudônimos e os acusava de, "como camaleões", "esconderem-se da sociedade". Como editor do *Literaturnaia gazeta*, Simonov respondeu ao artigo, alegando que o uso de pseudônimos era uma questão pessoal e citando leis da década de 1920 que davam aos autores o direito de adotá-los. Ele assinou o artigo como "Konstantin (Ki-

---

* Maltsev (Rovinsky), na verdade, era russo, mas compartilhava o nome de um famoso editor judeu chamado Rovinsky, no *Izvestiia* (Stalin provavelmente confundiu os dois). Ele mudou o nome de Rovinsky para Maltsev depois de uma reação antissemita contra um de seus primeiros romances.

rill) Simonov". Foi uma briga corajosa. A *Komsomolsjaia pravda* saiu então com uma defesa de Bubennov por ninguém menos que Mikhail Sholokhov, o celebrado autor de *Quiet Flows the Don (Tranquilamente flui o Don)*. Simonov duvidou que Sholokhov tivesse realmente escrito o artigo. Ele quis lhe telefonar e perguntar, de homem para homem, que tipo de pressão fora feita sobre ele, mas depois pensou melhor. Em vez disso, escreveu um segundo artigo no *Literaturnaia gazeta*, acusando a campanha de Sholokhov e Bubennov de "sensacionalismo barato" e declarando que não escreveria mais qualquer palavra sobre a controvérsia.[97]

Milhares de outras pessoas o fizeram. A controvérsia produziu uma avalanche de cartas aos jornais. Alguns escreviam apoiando Simonov — muitos deles judeus — outros preferindo permanecer no anonimato. Contudo, a maioria concordava com Bubennov, ou porque a seu ver não havia necessidade de pseudônimo na União Soviética, onde "todos são iguais a despeito da raça", ou porque achavam que os judeus tinham algo a esconder. Muitas das cartas eram violentamente antissemitas e acusavam Simonov de "agir como defensor dos judeus".[98]

Àquela altura, uma campanha contra Simonov já havia começado em surdina. Circulavam rumores de que ele era judeu. Em fins de 1952, ele foi procurado por Aleksei Surkov, um membro influente da União dos Escritores e opositor da campanha antissemita, que lhe disse que durante o último ano estivera envolvido numa série de discussões, com altos burocratas do Comitê Central, sobre as denúncias de que Simonov era um "judeu secreto". Algumas pessoas diziam que seu verdadeiro nome era Simanovich, que era filho de um artífice judeu que vivia na propriedade da "condessa Obolenskaia", que o adotara; outras, que era filho de um judeu batizado de São Petersburgo. Todas elas apontavam para sua "aparência judaica" e para o fato de que usava um pseudônimo (Konstantin em vez de Kirill). A primeira reação de Simonov foi descartar esses rumores todos como ridículos: sua mãe era princesa, não condessa, além de não possuir qualquer propriedade. Todavia, a história de Simanovich deu ensejo a uma denúncia ameaçadora, feita por um membro veterano do Partido, Vladimir Orlov, que o acusou de promover judeus para a equipe editorial do *Literaturnaia gazeta*, a fim de transformar o jornal numa "organização sionista". A ameaça se tornou maior em janeiro de 1953, quando Surkov visitou Simonov de novo e contou-lhe que fora procurado pelo escritor Vladimir Kruzhkov, que declarou ter provas de um grupo literário em Moscou, que possuía ligações com nacionalistas judeus de todo o Leste Europeu e da União Soviética: de acordo com Kruzhkov, o líder desse grupo era Simonov. Surkov estava correndo grande risco pessoal ao lhe contar isso, porque prometera a Kruzhkov não dizer uma palavra. "Há uns bastardos cavando um buraco à sua volta", advertiu-o Surkov. "Estão cavando sua sepultura."[99]

A campanha antijudaica alcançou o clímax por volta dessa época. O episódio final foi a absurda "Conspiração dos Médicos". A intriga teve origem em 1948, quando Lydia Timashuk, médica do hospital do Kremlin, que trabalhava também para a MGB, escreveu a Stalin dois dias antes da morte de Zhdanov, dizendo que seus médicos tinham falhado em reconhecer a gravidade do caso. A carta foi ignorada e arquivada, mas, três anos depois, foi usada pelo ditador para acusar os médicos do Kremlin de pertencerem a uma "conspiração sionista", a fim de assassinar Zhdanov e o restante da liderança soviética. Nenhum dos médicos que haviam tratado dele era judeu, de forma que Stalin precisou encontrar um jeito de vincular sua morte aos sionistas. A invenção do complô estava ligada à confissão arrancada ao doutor Iakov Etinger, famoso especialista, que fora preso em novembro de 1950 por manifestar pensamentos antissoviéticos para familiares e amigos. Ele confessou que era judeu nacionalista e contava com a proteção de Viktor Abakumov, chefe da MGB. Após a prisão deste, em julho de 1951, centenas de médicos e funcionários da MGB foram presos e torturados para fazerem confissões, enquanto Stalin forjava uma imensa conspiração internacional que ligava judeus soviéticos na profissão médica à organização do Partido em Leningrado, à MGB, ao Exército Vermelho, a Israel e aos EUA. O país parecia estar voltando ao clima de 1937, com os judeus no papel de "inimigos do povo". Em dezembro de 1952, Stalin disse numa reunião do Comitê Central que "todo judeu é um espião em potencial dos Estados Unidos", tornando assim o povo judeu alvo de seu terror. Milhares deles foram presos, expulsos dos empregos e de suas casas, e deportados como "parasitas sem raízes" das grandes cidades para regiões remotas da União Soviética. Stalin ordenou a construção de uma vasta rede de novos campos de trabalho no Extremo Oriente, para onde os judeus seriam enviados. Em todo o país, o povo os amaldiçoava. Pacientes se recusavam a se consultar com médicos judeus, que foram obrigados a interromper sua prática e, em muitos casos, forçados a trabalhar como operários. Espalharam-se rumores de médicos matando bebês nas enfermarias. Mães grávidas se mantinham longe dos hospitais. As pessoas escreviam aos jornais pedindo às autoridades soviéticas que "se livrassem" dos "parasitas", que "os exilassem para longe das grandes cidades, onde existem tantos desses porcos".[100]

E então, no auge dessa histeria, Stalin morreu.

5

Stalin sofreu um derrame e ficou inconsciente por cinco dias antes de morrer, em 5 de março de 1953. Poderia ter sido salvo se os médicos houvessem sido chamados no primeiro dia, mas, em meio ao pânico da Conspiração dos Médicos, ninguém de seu círculo íntimo ousou tomar a iniciativa. O próprio médico do ditador foi torturado para dizer que ele devia descansar. Se Stalin acordasse do coma e visse médicos em volta da cama, poderia considerar o ato de chamá-los um sinal de deslealdade.[101] É uma ironia apropriada o fato de que sua morte foi apressada pela sua própria política.

Na noite em que Stalin morreu, Simonov estava no Kremlin para um encontro geral da liderança soviética: 300 membros do Soviete Supremo e do Comitê Central. Todos tinham ciência da gravidade da situação, e a maioria dos delegados havia chegado cedo ao Salão Sverdlov. "Nós todos nos conhecíamos", recorda-se ele, "reconhecíamo-nos uns aos outros e tínhamos nos encontrado muitas vezes em função de nosso trabalho."

Estávamos lá sentados, ombro a ombro, olhávamos uns para os outros, mas ninguém dizia uma palavra. Ninguém perguntou nada a ninguém. Parece-me que ninguém tinha vontade de falar. Até o início [da sessão], fazia um silêncio tão grande no salão que, se eu não estivesse sentado lá já por 40 minutos, não acreditaria ser possível que 300 pessoas sentadas tão próximas umas das outras não produzissem um único som.

Por fim, os membros do Comitê Executivo chegaram* e anunciaram que Stalin estava morrendo. Simonov teve a forte impressão de que, com exceção de Molotov, os outros membros do círculo íntimo ficaram aliviados com a notícia: isso era visível em seus rostos e audível em suas vozes.[102]

Do Kremlin, Simonov foi para o escritório do *Pravda*, onde estava com o editor quando veio a ligação informando-o da morte do ditador. Embora já estivesse esperando, a notícia foi um choque. "Algo estremeceu dentro de mim", lembra-se ele. "Uma parte de minha vida havia terminado. Algo novo e desconhecido começara." Naquele momento, ele sentiu uma súbita necessidade de registrar os pensamentos em poesia: não sabia se conseguiria escrever, mas tinha certeza de que não poderia fazer outra coisa. Foi para casa e começou:

Escrevi as duas primeiras linhas e, de repente, de forma inesperada, rompi em pranto. Poderia negá-lo agora, porque não gosto de lágrimas, nem das minhas nem das de qualquer outra pessoa, mas só elas expressaram realmente o choque pelo qual passei. Não chorava de tristeza, nem de pena pelo morto: não eram lágrimas sentimentais, eram consequência do choque. Uma revolução tinha acontecido, e seu impacto era tão enorme que precisava ser traduzido em algo físico, neste caso, no choro convulsivo que tomou conta de mim por alguns minutos.

Conversando mais tarde com os colegas escritores, Simonov descobriu que eles haviam sentido a mesma coisa. Muitos seguiram seu exemplo, escrevendo elogios fúnebres sinceros sobre a morte de Stalin. O sentimento de choque e tristeza, ao que parece, afetou pessoas que haviam experimentado seu reinado de formas muito diferentes. Na noite seguinte à que ele morreu, Simonov escreveu:

---

* No outono de 1952, Stalin havia substituído o Politburo por um Comitê Executivo maior, de 25 membros, em preparação para um novo expurgo da liderança do Partido.

> Não há palavras que comuniquem
> Toda dor e sofrimento insuportáveis,
> Não há palavras que descrevam
> Como lamentamos por você, camarada Stalin!

Tvardovsky, filho de um *kulak* que havia renunciado à família na década de 1930, escreveu:

> Nesta hora de grande pesar
> Não consigo encontrar palavras
> Que expressem totalmente
> A perda de nosso povo...

Até Olga Berggolts, que passou dois anos na prisão durante o Grande Terror, escreveu um poema pesaroso para seu torturador:

> O coração sangra...
> Nosso, nosso caro!
> Segurando tua cabeça em seus braços
> A nação chora por Ti.[103]

A morte de Stalin foi anunciada ao público em 6 de março. Até o funeral, três dias depois, seu corpo ficou em exposição no Salão das Colunas, próximo à Praça Vermelha. Multidões enormes foram prestar suas homenagens. O centro da capital foi tomado por pessoas de luto, que haviam viajado até Moscou de todos os cantos da União Soviética; centenas delas morreram esmagadas. Simonov estava entre os escolhidos para montar guarda diante do corpo do ditador. Ele teve uma oportunidade única de observar as reações do povo que fazia fila. Ele anotou no seu diário em 16 de março:

Não sei como fazer uma descrição exata da cena — nem como pô-la em palavras. Nem todos choravam, mas mostravam de alguma forma uma emoção profunda. Eu podia sentir uma espécie de convulsão espiritual dentro de cada pessoa que passava na fila, no momento exato em que viam Stalin no caixão.[104]

Esta "convulsão espiritual" foi sentida em toda a União Soviética. Mark Laskin, que não tinha qualquer razão para adorar Stalin, desabou em lágrimas quando ouviu a notícia. Surpreso pela própria reação emocional, ele achou que poderia ter a ver com o papel dominante que o ditador desempenhara em sua vida:

Eu havia passado toda a minha vida adulta sob a sombra de Stalin — tinha 16 anos quando Lenin morreu, em 1924 —, e todos os meus pensamentos tinham se formado em função da presença de Stalin. Eu aguardava suas palavras. Todas as minhas perguntas eram endereçadas a ele, que dava todas as respostas de forma lacônica, precisa, sem margem para dúvida.[105]

Para pessoas da idade de Laskin, ou mais jovens, Stalin foi um ponto de referência moral. Sua dor era uma reação natural à desorientação que sentiram com sua morte, quase independente de suas experiências durante seu reinado.

Algumas vítimas do Terror chegaram a sentir verdadeiro pesar pela morte de Stalin. Quando Zinaida Bushueva ouviu a notícia, rompeu em pranto, embora seu marido tivesse sido preso em 1937 e ela, passado os melhores anos da vida no campo de trabalhos de ALZhIR. A filha, Angelina, chegando em casa naquele dia, recorda-se da mãe:

Elas estavam todas chorando, minha mãe, minha irmã e minha avó. Esta disse que teria sido melhor se ela houvesse morrido em vez dele; tinha quatro anos a mais que Stalin. Ela o adorava e escrevia a ele com frequência. Acreditava que fora ele quem havia permitido que escrevesse à filha [no campo de trabalhos] para que pudesse reunir a família... "Seria melhor se eu tivesse morrido e ele vivido", minha avó continuava dizendo. Eu não a contradisse — eu adorava Stalin também. Mas hoje [em 2003], eu diria a ela: "Vovó, o que a senhora está dizendo?" Ela própria sofrera tanto! A filha havia sido presa. Os netos, enviados para orfanatos. O genro, fuzilado. Até seu próprio marido tinha sido perseguido por ser padre... No entanto, ela estava preparada para dar sua vida para salvar a de Stalin.[106]

Todavia, para alguns da velha geração, cujas opiniões haviam sido formadas numa época anterior, a morte de Stalin foi motivo de contentamento.

Svetlana Sbitneva nasceu em 1937 em Barnaul, na região de Altai, na Sibéria. Seu pai foi preso antes de seu nascimento e fuzilado em 1938. Sua mãe vinha de Omsk, onde sua família fora ativista do movimento social-democrata antes de 1917. Dezesseis de seus parentes foram presos durante o Grande Terror: todos, à exceção da avó de Svetlana, foram fuzilados pelos bolcheviques ou morreram nos campos de trabalho. Svetlana sabia muito pouco sobre a família. Ela cresceu e se tornou uma colegial soviética modelo e, como todas as colegiais, adorava Stalin. No dia em que sua morte foi anunciada, ela chegou em casa, da escola, com fitas pretas no cabelo: houvera uma cerimônia fúnebre no colégio — as crianças tinham decorado o retrato do ditador com folhas de palmeiras e lírios brancos — e aquilo a havia deixado profundamente emocionada. "Estávamos todos chorando", recorda-se ela. "Achávamos que era o fim do mundo." Assim que chegou em casa, Svetlana subiu ao telhado, onde gostava de ir para ficar sozinha. Lá, encontrou a avó:

> Ela estava sentada, chorando baixinho e se persignando de uma forma que eu nunca tinha visto antes. Viu que eu estivera chorando e disse: "Não se preocupe, querida, estou chorando de felicidade. Porque ele matou minha família: filhos, irmãos, marido, pai — Stalin os matou todos — só deixando eu e sua mãe." Foi a primeira vez que ouvi algo assim. E depois nós duas ficamos sentadas e chorando juntas, de alegria e de tristeza.[107]

Para a grande maioria do povo soviético, qualquer que fosse o significado da morte de Stalin, não foi uma libertação do medo. Na verdade, ela aumentaria o temor: eles não sabiam o que iria acontecer então. Nadezhda Mandelshtam se recorda de uma conversa com a costureira, uma das poucas pessoas com quem compartilhava seus sentimentos, logo após a morte do ditador:

> "Por que você está gritando?", perguntei-lhe. "O que ele significava para você?" Ela explicou que de algum modo as pessoas tinham aprendido a viver com ele, mas quem sabia o que aconteceria agora? As coisas poderiam ficar piores... Ela tinha um argumento.[108]

Boris Drozdov estava morando com os pais em Magadan após a libertação do pai, um dos associados mais próximos de Berzin, de um campo de trabalhos, em 1951. "Todos ficaram com medo quando Stalin morreu", lembra-se Boris. "Meu pai também ficou. As pessoas temiam que Beria subisse ao poder, e elas tinham medo dele. O sistema Gulag estava associado a Beria e ao MVD, não a Stalin, que muita gente achava que nunca tinha sabido a verdade sobre os campos de trabalho."[109]

A mãe de Vera Bragin idolatrava Stalin, mesmo tendo sido exilada como *kulak* e o marido enviado para os exércitos do trabalho, onde morreu em 1944. "Quando Stalin morreu, minha mãe não jogou fora seu retrato", recorda-se Vera. "Ela o manteve na parede, ao lado do de meu pai." Numa reunião em um vilarejo,

Todos estavam chorando... O povo associava Stalin à nossa vitória na guerra, à baixa de preços e ao fim do racionamento. Todos achavam que a vida estava melhorando aos poucos e tinham medo de que agora ficasse pior.

Muitas pessoas no interior sentiam essa mesma ansiedade. "As coisas tinham sido tão difíceis para nós durante a guerra, mas depois, nos últimos anos [antes da morte de Stalin], a vida havia ficado um pouco melhor", lembra-se Klavdiia Rublyova, filha de um *kulak*, que também passou os anos de guerra nos exércitos de trabalho e depois esteve empregada numa *kolkhoz* perto de Krasnoiarsk. "Quando Stalin morreu, não sabíamos o que iria acontecer, e o povo estava com medo."[110]

Temores de que sua morte levaria a uma nova onda de prisões em massa agitaram muitas famílias, em especial aquelas que tinham perdido algum parente no Terror. Como relembra Elga Torchinskaia:

A reação geral em nossa família foi: "O que vai acontecer agora?" Tínhamos medo do governo, não sabíamos o que esperar dele, e estávamos assustados com a possibilidade de que pudesse fazer uma retaliação pela morte de Stalin, efetuando novas prisões.[111]

O medo só se abateu quando a Conspiração dos Médicos foi desmascarada como uma invenção do governo. A decisão de revelar a verdade sobre ela parece ter vindo de Beria — crítico das campanhas antissemitas e vítima em potencial do expurgo na MGB que se seguiu à Conspiração — que assumiu o controle da "liderança coletiva" que tomou o poder em 5 de março. Apesar de seu passado na polícia de segurança, que o tornou amplamente temido pela população, Beria tinha algo de reformador político. Ele queria desmontar o sistema Gulag ("com base em sua ineficiência econômica"), acabar com o uso da tortura pela polícia soviética, reverter a sovietização no oeste da Ucrânia, nos países bálticos e na Alemanha Oriental e livrar o país do culto a Stalin — um programa que ele achava que iria ajudar a atrair apoio popular para sua própria ditadura. Em 4 de abril, Beria cancelou as investigações sobre a Conspiração dos Médicos. O *Pravda* anunciou que as pessoas responsáveis pela "conduta incorreta da investigação" haviam sido presas e "levadas a julgamento". A opinião pública estava dividida. Julgando-se a partir de uma amostra de cartas de trabalhadores ao *Pravda*, muitas pessoas continuavam a acreditar que havia "inimigos impalpáveis" por trás do poder e que a reabilitação dos médicos era em si um indicador da "influência judaica" nas mais altas esferas do comando ("Sem o camarada Stalin, nosso governo se curva diante dos judeus" etc.). Outros, contudo, ficaram enfurecidos pelo que acabou se revelando ser calúnias maliciosas contra médicos judeus e exigiram uma explicação pelas prisões injustas.[112]

Para a família Torchinsky, a conclusão da Conspiração dos Médicos foi um grande alívio. Eles a viram como prova enfática de que todos os "complôs" dos "inimigos" eram invenções do Estado e que não precisavam temer uma nova onda de prisões. Livre do medo, Elga se tornou mais confiante e começou a protestar contra as pessoas que a haviam perseguido. Ela trabalhava como assistente no Museu Etnográfico de Leningrado. Uma de suas colegas mais graduadas, stalinista ardorosa e "antissemita ferrenha", chamada Maria Nesterova, havia dado apoio aberto à campanha "anticosmopolita", escrevendo dezenas de denúncias sobre trabalhadores judeus no museu, alguns dos quais tinham sido demitidos de seus empregos. Durante a histeria em massa da Conspiração dos Médicos, Nesterova tornou-se ainda mais vociferante nas denúncias contra judeus, dizendo, por exemplo, que os bebês que nasciam de partos feitos por médicos judeus nasciam azuis porque eles sugavam todo o seu sangue. Elga sabia ser inútil argumentar com Nesterova, que obviamente a odiava. Ela tinha medo de perder o emprego; portanto permanecera calada e retraída. Entretanto, depois da revelação da Conspiração dos Médicos, Elga resolveu confrontá-la:

> Disse-lhe que ela não sabia o que estava falando, e que tudo que contava era ouvido de pessoas nas filas para comprar comida... Maria começou a me ameaçar: "Sabe o que eu posso fazer com você? Cale-se!" E então, de algum lugar, não sei de onde, encontrei coragem para responder: "Por favor, não me ameace, não tenho medo de você."[113]

Os que se sentiram alegres com a morte de Stalin eram muito prudentes para revelar isso em público. Qualquer sinal de prazer tinha de ser ocultado. Zinaida Belikova, operária de uma fábrica em Krasnodar, recorda-se de que a maioria dos intelectuais da cidade, médicos, professores e até funcionários do Partido tiveram dificuldades para esconder a excitação quando o ditador morreu. "As cerimônias de luto em Krasnodar se assemelharam mais a um feriado. As pessoas faziam cara de pesar, mas havia um brilho em seus olhos, uma ponta de sorriso por sob os cumprimentos, que deixavam claro que estavam contentes."[114]

Quando os Gaister souberam da notícia da morte de Stalin, ainda viviam no exílio, no Cazaquistão, esperando ser presos de novo a qualquer momento em conexão com a Conspiração dos Médicos. Em 6 de março, a mãe de Inna, Rakhil, chegou em casa do mercado com um quilo de açúcar. Nunca tinha açúcar no mercado, mas, por alguma razão, naquele dia havia. Ninguém mais no assentamento ousara comprar açúcar. Poderia ser considerado uma evidência de celebração. Rakhil, no entanto, não viu nada de errado em tirar vantagem da sorte de encontrar algum. Quando mostrou o açúcar às filhas, elas ficaram aterrorizadas. "Nos jogamos em cima da pobre mamãe e ficamos histéricas", lembra-se Inna. "Como ela foi comprar açúcar num dia como aquele? O que pensariam de nós? Pobre mamãe! O medo nos havia privado da razão."[115]

O único lugar onde a morte de Stalin foi comemorada abertamente foi nos campos de trabalho e nas colônias do Gulag. Houve, é claro, exceções, campos onde a vigilância das autoridades ou a presença de informantes impediram os prisioneiros de mostrar sua felicidade, mas, no geral, a notícia do fim do ditador foi saudada com explosões de alegria espontâneas. Em 6 de março, no campo Inta, Iurii Dunsky e Valerii Frid se reuniram com o amigo, o poeta Smeliakov, para organizar uma festa à noite. Eles não tinham como conseguir bebida alcoólica (todos queriam um pouco naquele dia), então compraram um saco de doces e "comemos todos sentados... como se fôssemos crianças num chá". No campo de trabalhos de Viatka, Vera Bronshtein e os colegas prisioneiros puseram de lado as ferramentas e começaram a cantar e dançar, quando ouviram a notícia: "Vamos para casa! Vamos para casa!" Entre

STALINISTAS COMUNS

os prisioneiros, todos supunham que seriam libertados após a morte de Stalin. As esperanças e expectativas estavam em alta. Quando Olga Adamova-Sliuzberg soube do fato, estava vivendo no exílio, em Karaganda, no Cazaquistão. Cobrindo o rosto para que os colegas de trabalho não vissem sua alegria, começou a tremer de excitação nervosa: "É agora ou nunca. Tudo tem de mudar. Agora ou nunca."[116]

Em alguns campos de trabalho, as expectativas eram tão altas que, quando os prisioneiros não foram libertados com a morte de Stalin, houve protestos e levantes em massa. Durante a primavera e o início do verão de 1953, grandes greves e protestos explodiram nos campos de trabalho de Norilsk e Vorkuta, seguidos por demonstrações menores em muitos outros campos entre 1953 e 1954.[117] Essas "rebeliões de escravos" foram um momento decisivo, não só porque ajudaram a causar a abolição do sistema Gulag, que já estava sendo questionado pela liderança soviética, mas também porque foram o primeiro protesto real em grande escala contra a tirania do regime stalinista.

O levante em Norilsk foi o maior da história do Gulag. Envolveu quase 20 mil prisioneiros em seis zonas de campos da prisão de Gorlag, o complexo industrial e de mineração de Norilsk, onde o regime de trabalho era particularmente duro. A maior parte dos prisioneiros era de ex-soldados do Exército Vermelho, prisioneiros de guerra estrangeiros e nacionalistas ucranianos e bálticos, muitos deles cumprindo penas de 25 anos pela participação em movimentos de resistência contra as forças soviéticas, entre 1943 e 1945. Eram hostis ao regime stalinista, estavam prontos para uma luta e não tinham muito a perder. Durante o outono de 1952, um grande contingente de prisioneiros havia sido transferido para Gorlag após terem tomado parte num levante armado nos campos de Karaganda. A afluência desses rebeldes teve um efeito radical no ambiente político do campo de Norilsk. "Comitês de greve" *ad hoc* surgiram em todas as zonas de Gorlag. Na quarta zona, onde Lev Netto era prisioneiro, havia até um clube secreto de leituras e discussões, chamado de "Partido Democrático" (também conhecido como "Leninistas Verdadeiros"). Ali, os detentos estudavam as ideias de Lenin sobre a resistência revolucionária, como uma forma de se organizarem ao longo das linhas militares.

A morte de Stalin aumentou suas esperanças de serem soltos. Entretanto, quando Beria declarou uma anistia em 27 de março, esta se aplicava apenas aos prisioneiros com penas abaixo de cinco anos (criminosos, em particular). As condições em Gorlag se tornaram piores ainda. O dia de trabalho foi aumentado, os detentos foram forçados a trabalhar sob geada severa e as rações foram reduzidas a um mínimo. Os guardas começaram a tratar os prisioneiros com crueldade calculada. Eles provocavam os criminosos remanescentes a começarem brigas com os "políticos" e depois reprimiam estes últimos com violência brutal. Mais de 20 deles foram assassinados pelos guardas entre março e maio. Como em outros campos onde houve rebeliões, as provocações dos guardas quase certamente tinham o objetivo de manter o sistema Gulag funcionando. Beria havia deixado claro que desejava desmontá-lo, soltando todos os prisioneiros, exceto os mais perigosos. Assim, a menos que se pudesse mostrar que a libertação dos "políticos" representaria um perigo para a sociedade, dezenas de milhares de guardas e administradores do Gulag ficariam sem emprego.

Os prisioneiros dos comitês de greve e dos grupos conspiratórios de Gorlag estavam divididos sobre o que fazer. Alguns eram a favor de um levante, mas outros achavam que isso estaria destinado ao fracasso. Eles decidiram se armar defensivamente. "Fizemos facas a partir de sobras de aço", recorda-se Netto, que organizou a fábrica secreta numa oficina. Não havia planos de rebelião, mas, naquela atmosfera de tensão crescente, era só uma questão de tempo para que uma nova provocação levasse a uma rebelião.[118]

Para Lev Netto, esses acontecimentos foram o clímax de um longo processo de despertar político que começou em 1944, quando ele foi deixado atrás das linhas alemãs para organizar a resistência na Estônia. Nascido numa família estoniana em Moscou, Lev sempre se considerou um russo soviético de origens bálticas e via sua missão em termos patrióticos, mas o que testemunhou na terra natal dos pais (o Exército Vermelho foi acusado de pilhagem, estupros e de incendiar vilarejos), o fez pensar duas vezes sobre as forças soviéticas como "libertadoras" da Estônia. A população local as chamava de "bandidos stalinistas", e ele não pôde fazer nada senão concordar.

STALINISTAS COMUNS

Capturado pelos alemães, Lev ficou preso num campo com milhares de outros prisioneiros de guerra soviéticos. Aquele também foi um momento de despertar, pois ele sempre havia acreditado, conforme a propaganda, que não existiam prisioneiros de guerra soviéticos, apenas desertores. Ali, contudo, lembra-se ele, encontravam-se

milhares de homens comuns, como eu, servindo de bucha de canhão para o regime soviético... Comecei a sentir uma espécie de nojo por Stalin e pelo sistema soviético, que havia me enganado tanto e nos tratado [os soldados] como menos que homens.

Mais tarde, na primavera de 1945, quando se encontrava num campo administrado pelas forças dos EUA, Lev pôde comparar o sistema soviético com a atitude dos americanos:

Toda vez que os americanos retornavam de alguma operação, entregavam suas armas. No dia seguinte, recebiam outra. Mas [no exército soviético] cada homem ficava responsável por sua arma e, se a perdesse, era arrastado até um tribunal, para ser preso ou até fuzilado. Os americanos davam valor maior ao indivíduo. Conosco, os indivíduos não valiam nada.

Após o retorno à União Soviética, Lev foi enviado para um campo de filtragem e readmitido no Exército Vermelho. Em 1948, foi preso, acusado de ser "espião estrangeiro" e enviado para Norilsk. Lá, associou-se a Fyodor Smirnov, líder do Partido Democrata, que o instigou a ver o regime stalinista como um desvio dos princípios marxistas. O Partido Democrata se mantinha unido por laços informais de confiança e camaradagem.* Como os informantes eram um perigo constante, nada era escrito, e todos que ingressavam precisavam ter uma recomendação

---

* Uma das amizades mais importantes de Lev no Partido foi com Andrei Starostin, um dos quatro famosos irmãos Starostin, todos astros do futebol no Spartak de Moscou. Ele o conhecia desde a década de 1930, quando seu irmão mais novo, Igor, havia jogado no time juvenil do Dínamo de Moscou (Igor Netto se tornou um meio-campo de estilo no Spartak e, a partir de 1952, quando Lev se encontrava no Gulag, capitão da seleção nacional soviética). Lev ficou profundamente influenciado pelas ideias de Starostin, que registrava num caderno. Uma delas, que ele vê agora como um dos "princípios primordiais" de toda a sua vida, foi tomada a Tosltoi: "Faça o que é necessário, e que você acha que deve fazer, e o que tiver de acontecer, acontecerá."

pessoal de algum membro, que ficava responsável pelo indivíduo. Nesse ambiente, prisioneiros como Lev conseguiam desenvolver e expressar a própria identidade política.[119]

O levante começou em 25 de maio. Alguns guardas haviam atirado num comboio de prisioneiros a caminho do trabalho. Uma greve de protesto espalhou-se rapidamente por toda Gorlag, inclusive pela seção feminina, embora tivesse se iniciado na quarta e quinta zonas, onde os prisioneiros — ucranianos do oeste, poloneses e bálticos — eram militantes organizados. Estavam armados com machados, facas e picaretas, mas a arma principal era uma greve de fome para pressionar as autoridades do campo. "Nosso lema era 'Liberdade ou Morte'", recorda-se Netto. "Queríamos ser libertados e estávamos determinados a lutar por isso até a morte. Achávamos que seria melhor morrer lutando do que permanecer trabalhando e vivendo daquela forma desumana." Era a hora dos escravos de Stalin mostrarem que eram cidadãos. Os insurgentes se trancaram em seus galpões e levantaram bandeiras negras, como símbolo de protesto contra a matança de seus camaradas. Cada zona tinha seus próprios líderes de greve, mas um comitê geral foi organizado às pressas para apresentar as exigências às autoridades. Netto serviu como mensageiro e coordenador entre as várias zonas, uma tarefa perigosa porque corria o risco de ser metralhado cada vez que se movia de uma zona para a outra.[120]

As exigências dos grevistas tinham todas a ver com respeito e dignidade. Apesar de seus lemas apocalípticos, seus pedidos, na verdade, eram relativamente moderados e nem um pouco antissoviéticos.[121] Queriam que os guardas os chamassem pelo nome, não pelo número escrito no uniforme, que pediram para ser retirado. Queriam janelas sem grades nos galpões, o fim dos espancamentos e que os guardas que haviam matado prisioneiros fossem punidos. Queriam também um dia de trabalho normal, de dez horas, em vez dos turnos de 15 horas que a maioria dos prisioneiros era forçada a trabalhar, e liberdade para poder escrever aos parentes, em vez de duas vezes por ano apenas. O comitê de greve se recusou a negociar com as autoridades de Norilsk e exigiu conversas com o governo em Moscou, ciente de que os chefes locais não poderiam fazer concessões sem sua permissão. Alguns dias depois, em 5 de junho, Beria enviou um de seus funcionários mais graduados para conversar com os líderes da greve. Era um precedente extraordinário: nunca antes o Kremlin havia reagido a exigências de prisioneiros com outra coisa que não fosse uma força brutal. Seu emissário prometeu transmitir as reivindicações dos grevistas ao governo. Porém, pediu-lhes que retomassem o trabalho, que, disse ele, tinha muito valor e importância para o país como um todo. Foi um estratagema inteligente, porque mais que tudo, os grevistas queriam reconhecimento pelo seu trabalho. Nas palavras de Netto:

> Nós havíamos feito grandes sacrifícios para abastecer o país de níquel, tínhamos orgulho de nosso trabalho, e quando ouvimos aquelas palavras de gratidão — e de ninguém menos que o representante de Beria —, foi uma espécie de apoio espiritual. Isso fez subir nosso ânimo e nos deu vontade de prosseguir. Estávamos preparados para novos sacrifícios, se apenas eles nos tratassem como seres humanos e se dirigissem a nós como tal.[122]

Entre os rebeldes, surgiram divisões entre aqueles que desejavam continuar com a greve e os que preferiam retornar ao trabalho, na esperança de arrancar concessões de Moscou por meio da cooperação. Na verdade, os amotinados não tinham qualquer perspectiva de conseguir manter a greve, muito menos de vencer: estavam isolados numa das zonas da prisão, cercados de soldados e contavam com um apoio mínimo do restante da população de Norilsk. Assim, quando o promotor-chefe se dirigiu aos grevistas pelo sistema de alto-falantes, convocando-os a se dispersar e prometendo que não seriam punidos, a maioria deles obedeceu. Eles foram divididos em grupos pelos guardas do campo. Os cabeças foram levados embora, o restante recebeu permissão de voltar a seus galpões. Alguns milhares de grevistas resistiram. Na sexta zona, em 7 de julho, 1 mil mulheres formaram um círculo de quatro fileiras em torno de uma bandeira negra e começaram a gritar e assoviar quando os soldados tentaram arrastá-las; mantiveram o alarido por cinco horas e só foram dispersadas com canhões de água. Na quinta zona, 1.400 prisioneiros se recusaram a sair e entraram em batalha campal contra os soldados, que abriram fogo, matando 20 deles. Segundo informações, a resistência mais ferrenha foi na terceira zona, onde alguns milhares de grevistas se trancaram nos galpões e resistiram às tropas até 10 de julho. O inesperado líder desses rebeldes foi Semyon Golovko, um jovem cossaco do norte do Cáucaso, que de repente encontrou coragem em si mesmo para liderar aquela luta desesperada. "Eu não percebia que tinha aquilo dentro de mim", recorda-se ele. "No começo, quando os soldados estavam esmurrando as portas e ameaçando atirar, eu estava muito assustado. Fiquei rezando o Pai-Nosso. Mas depois que assumi o comando, não senti mais medo." Estima-se que 500 prisioneiros tenham sido mortos e 270 ficado feridos antes de campo ser tomado pelas tropas.[123]

Os grevistas foram subjugados. Contudo, os campos de trabalho nunca foram realmente apaziguados. A reivindicação dos prisioneiros por dignidade humana no final tornou-se irreprimível. Greves e manifestações menores continuaram a ocorrer durante 1953-54, até o regime por fim reconhecer que não poderia continuar com o sistema Gulag e começar a soltar os prisioneiros.

8
Retorno
(1953-56)

I

Após vários adiamentos, Sonia Laskina finalmente retornou de Vorkuta em novembro de 1955. A família toda foi à estação Iaroslavl esperar seu trem. Além da irmã Zhenia, que a havia visitado no campo de trabalhos, nenhum deles a vira nos últimos cinco anos. Por fim, o trem de Sonia chegou, e ela surgiu em meio à multidão de passageiros, saltando de seu vagão e parecendo muito cansada, pálida e magra. Ela caminhou em direção à família. Ao chegar diante de Samuil e Berta, deixou cair as malas, ajoelhou-se na plataforma e implorou aos pais que a perdoassem por toda a infelicidade que lhes causara.

Como muitas das pessoas que retornavam dos campos de trabalho de Stalin, Sonia se via atormentada por um sentimento de culpa, pelo sofrimento que sua prisão havia causado. Em Vorkuta, tinha se privado de comida para poder mandar algum dinheiro para casa, tornando-se de uma magreza perigosa. Após o retorno, ela vivia para a família. Aos 44 anos, sem marido ou filhos, dedicou-se ao bem-estar dos pais e aos sobrinhos. "Ela fazia tudo por nós", lembra-se Aleksei, filho de uma de suas irmãs. "Estava sempre pronta a largar tudo se sentisse que precisavam dela, para procurar remédios nas farmácias ou se desincumbir de alguma tarefa. Seu devotamento à família possuía um caráter quase religioso, um elemento de autonegação e autossacrifício, embora fosse uma pessoa nem um pouco religiosa."[1]

Seguindo a tradição russa de soltar prisioneiros após a morte de um tsar, um milhão deles foram libertados dos campos de trabalho pela anistia de 27 de março de 1953, número que representava cerca de 40% da população total do Gulag. A anistia se aplicava, além dos condenados que cumpriam penas de menos de cinco anos, também àqueles que haviam sido presos por crimes econômicos, a mulheres com filhos pequenos, jovens e pessoas que já tivessem alcançado idade para se aposentar. Prisioneiros políticos ficaram excluídos do indulto. Seus casos precisavam ser revisados pela Procuradoria Soviética, processo que poderia levar alguns anos, em especial em circunstâncias como a de Sonia, nas quais líderes importantes do Partido (Khrushchev, no caso dela) haviam sido implicados na criação de "conspirações antissoviéticas". Em fins de abril de 1955, a Procuradoria Soviética tinha revisado 237.412 apelações de prisioneiros políticos (menos de um quarto das apelações recebidas desde março de 1953), mas apenas 4% resultaram na libertação dos prisioneiros envolvidos.[2]

Não havia o menor sentido nessas decisões. Por exemplo, o caso da Fábrica Stalin, no qual Sonia foi envolvida, teve suas origens na "conspiração sionista", supostamente organizada por Solomon Mikhoels, ex-diretor do Teatro Judeu de Moscou. Ele próprio foi reabilitado mais tarde, em 3 de abril de 1953, e, depois disso, foi elogiado com frequência como patriota leal pela imprensa soviética. No entanto, em novembro daquele ano, Sonia foi informada pelo procurador-geral de que não havia fundamentos que justificassem uma revisão de seu caso. Um prisioneiro do campo de trabalhos de Inta, que também havia sido detido por causa do caso da Fábrica Stalin, ficou escandalizado quando obteve resposta semelhante. Ela veio numa carta com uma única frase, "Nenhum fundamento para revisão do caso", a qual ele deveria assinar e retornar ao procurador para acusar o recebimento. "Não há a menor lógica nisso", queixava-se ele aos colegas prisioneiros. Se Mikhoels era inocente, por que não ele? Outro detento retorquiu: "Assine a carta agora — e eles enviarão a lógica mais tarde."[3]

A liderança soviética se encontrava dividida sobre até que ponto ir com a libertação de prisioneiros. Imediatamente após a morte de Stalin, Beria havia defendido uma anistia geral para todos os prisioneiros que "não representassem perigo sério à sociedade", inclusive 1,7 milhão de exilados políticos. Ele era a figura dominante da liderança coletiva de membros do Politburo que assumiu o controle após a morte de Stalin. Com sua base de poder estabelecida no MVD e na MGB, ele conduzia o governo em parceria com Malenkov (chefe do Conselho de Ministros) e Voroshilov (chefe do Comitê do Soviete Supremo), embora Khrushchev (secretário do Comitê Central do Partido) se opusesse terminantemente a Beria e fizesse campanha contra ele desde o início, com o apoio de Nikolai Bulganin (o novo ministro da Defesa). Líderes graduados do Partido e do exército sentiam desconfiança em relação ao programa de Beria, que envolvia um desmonte imediato do sistema Gulag e o afrouxamento das políticas soviéticas nos territórios recém-anexados do oeste da Ucrânia, da região do Báltico e da Alemanha Oriental. Na primavera de 1953, Beria impôs uma série de reformas sobre a liderança alemã oriental. A linha-dura comunista de Berlim adiou a implementação das medidas, o que resultou numa semana de manifestações em massa nas ruas de Berlim Oriental, que foram dissolvidas por tanques soviéticos. Em Moscou, Beria foi culpado pelo levante por Khrushchev, Bulganin, Molotov e até Malenkov. Em 26 de junho, ele foi preso num golpe do Kremlin, organizado por Khrushchev juntamente com membros graduados do exército, na capital soviética. Detido num abrigo subterrâneo no Quartel-General de Pessoal do Distrito Militar de Moscou, foi julgado em segredo e depois fuzilado em dezembro de 1953 (é possível que haja sido morto antes do julgamento). Não havia base legal para o golpe: as acusações contra Beria eram extremamente vagas (nada do que fizera fora sem o consentimento da liderança coletiva); e o veredicto contra ele foi anunciado ao Partido muito antes de seu julgamento. Todavia, nenhum dos líderes se opôs ao golpe ou sequer questionou sua legalidade. Treinados de acordo com a tradição de obediência stalinista à linha do Partido, eles formavam um grupo dócil de funcionários, prontos a mudar de princípios quando sentiam alguma mudança de poder na cúpula. Khrushchev emergiu do golpe com uma confiança nova. Simonov se recorda da sessão plenária do Partido, de 24 de dezembro, quando a execução de Beria foi anunciada. Ele ficou impressionado com a "satisfação passional" com que Khrushchev narrou sua "captura": "Pelo relato, era fácil observar que fora ele quem havia desempenhado o papel principal... instigado a ação e acabado por se tornar o mais perspicaz, talentoso, enérgico e decisivo dos líderes", a não ser tiveram escolha se não se submeterem.[4]

Embora Malenkov fosse formalmente o chefe do governo soviético, Khrushchev era uma força crescente na liderança coletiva. O golpe não tinha nada a ver com políticas: era uma luta aberta pelo poder. Khrushchev havia apoiado o programa de Beria e agora o tomava como se fosse seu. A partir de fins de 1953, ele introduziu uma série de reformas para reforçar os princípios da "legalidade socialista", termo usado em todo o período soviético, mas nunca levado muito a sério. Ele ordenou uma revisão aos procuradores de todos os casos envolvendo "crimes contrarrevolucionários" desde 1921. Khrushchev nutria um interesse particular pelo Caso de Leningrado, no qual o rival Malenkov havia atuado como principal colaborador de Stalin. Em abril de 1954, alguns funcionários da MGB muito ligados a Malenkov à época do Caso de Leningrado foram presos. Ele se viu claramente ameaçado. Naquele momento, Khrushchev segurou as provas que havia juntado contra o rival — ainda precisava de seu apoio na liderança coletiva —, mas nos primeiros meses de 1955, quando lançou sua tentativa de controle do Partido, ele tomou providências para que Malenkov fosse acusado de "responsabilidade moral" no Caso de Leningrado e rebaixado de chefe do Conselho de Ministros para ministro da Eletrificação.

Khrushchev usou a revelação dos crimes de Stalin para fortalecer sua posição e minar a dos rivais na liderança (o que ele fez com Malenkov em 1955 faria com Kaganovich, Molotov e Voroshilov no Congresso do Partido em 1961). Era um jogo perigoso, porque o próprio Khrushchev estivera profundamente implicado nas repressões em massa da década de 1930, primeiro como chefe do Partido em Moscou, em 1935-38, e depois como líder do Partido na Ucrânia, quando superintendeu a prisão de no mínimo 250 mil pessoas. Ele tinha, entretanto, capacidade de limitar as atividades dos procuradores, se elas fossem contra seus interesses. O caso da Fábrica Stalin foi um exemplo. Porque estava envolvido, houve longos atrasos na revisão daquelas apelações de prisioneiros que pudessem trazer à luz provas incriminadoras contra ele. Em junho de 1954, Sonia Laskina ouviu a promessa de uma resposta à sua apelação até agosto; em agosto, foi informada de que isso aconteceria até setembro; em setembro, passou para outubro, depois novembro; e então, em fevereiro de 1955, soube que tudo estaria terminado até o final de março. O caso finalmente foi julgado em setembro de 1955.[5]

Como os outros líderes do Partido, Khrushchev tinha medo do que aconteceria se todas as vítimas de Stalin fossem libertadas de repente. "Ficamos assustados", escreveu ele em suas memórias. "Tínhamos receio de que o degelo (a *détente*) pudesse causar uma inundação, que não tivéssemos capacidade de controlá-lo e nos afogasse a todos." Segundo Mikoian, membro do Politburo por mais de 30 anos, seria impossível que todos os "inimigos do povo" fossem declarados inocentes de uma só vez, porque isso deixaria claro que "o país não estava sendo dirigido por um governo legal, mas por um grupo de gângsteres". A liderança do Partido não tinha de fato interesse em acelerar a libertação dos prisioneiros políticos, nem os funcionários da Procuradoria, que relutavam em admitir erros em seus processos, e muito menos confessar sua participação na fabricação de provas contra eles durante o Terror de Stalin. Em 1954, servindo os interesses de ambas as instituições, o pessoal da Procuradoria Soviética foi cortado em dois terços, prolongando desta forma os atrasos nos procedimentos judiciais.[6]

A família Laskin foi uma das que tiveram sorte. Pôde voltar ao antigo ritmo de vida doméstica e se tornar, de alguma forma, mais unida ainda após o retorno de Sonia dos campos de trabalho. Ela foi convidada a aceitar de volta o emprego na Fábrica Stalin. Depois de meses de solicitações por escrito à Procuradoria e batalhas com funcionários das instituições soviéticas, ela recebeu um certificado de reabilitação, inocentando-a de todas as acusações, restaurando seus direitos civis e lhe dando direito a uma pequena quantia, como compensação pelos cinco anos que havia perdido nos campos de trabalhos. Sonia recebeu um pequeno quarto num apartamento comunitário nos arredores de

Moscou, que era usado por vários parentes, como eram todos os locais onde os Laskin viviam. As famosas ceias na praça Zubov continuaram como sempre nas noites de domingo. O apartamento estava sempre cheio de familiares e amigos, incluindo o poeta Lugovskoi, antigo professor de Simonov no Instituto Literário, que se tornou parte do grande clã. Aleksei, que já estava com 16 anos quando Sonia retornou, recorda-se da atmosfera do lar dos Laskin:

Era um lugar de extraordinária simpatia e hospitalidade, governado pela atitude de meu avô [Samuil Laskin]. Ele o presidia de acordo com a seguinte regra: todos que chegavam a nossa casa eram recebidos como membro da família. Certa vez, tentei testar esta regra: por alguns domingos seguidos, trouxe várias garotas que eu tinha pego na rua para jantar. Ninguém disse uma palavra, nem sequer minha mãe, que tinha uma moral muito severa, porque aquelas eram as regras de Samuil.[7]

O retorno de parentes dos campos de trabalhos aproximou muitas famílias. Anos de separação trouxeram de volta as alegrias da vida doméstica mesmo para aqueles bolcheviques que tinham vivido inteiramente para a política. Antes da prisão em 1937, Ruth Bonner não sentia interesse pela educação dos dois filhos. Estava envolvida por completo com o trabalho no Partido. As cartas que escrevia de ALZhIR para a filha adolescente eram frias e sem afeto, com instruções para que estudasse muito, "ajudasse a avó" e "fosse uma Komsomol modelo". Sua preocupação principal era pedir a Mikoian (um velho amigo) para salvar o marido, que havia sido preso no expurgo da Comintern, em 1937, insistindo em suas cartas que ele "sempre fora fiel ao Partido". Libertada em 1946, Ruth não teve permissão para retornar a Leningrado. Assim, ela se estabeleceu em Luga, 135 quilômetros ao sul, onde, com a ajuda dos amigos de Elena, jovens poetas, conseguiu emprego gerenciando o acampamento dos Pioneiros, da União dos Escritores. Enquanto isso, Elena havia retornado a Leningrado, vinda do exército, tendo passado os anos de guerra servindo como enfermeira militar, e estava estudando pediatria no Instituto Médico. Ela dividia um quarto com algumas amigas (inclusive Ida Slavina) e, durante o inverno, quando o acampamento dos Pioneiros estava fechado, Ruth vinha visitá-la. A princípio, suas relações eram tensas. "Eu podia ver que ela não compartilhava da nossa alegria pós-guerra e não aprovava nosso estilo de vida", recorda-se Elena em suas memórias.

Agora entendo que cada um de nós tem sua própria vivência. Ela teve a morte do marido, a prisão e o campo de trabalhos forçados. Também tive minhas perdas e, como parecia então, uma vida completamente diferente. Nenhuma das duas sabia como se abrir com a outra, e eu não queria aquilo. Ficava irritada com o jeito que mamãe ainda me tratava, como a garota de 14 anos que ela tinha deixado, e suas perguntas me faziam ficar louca: "Aonde você vai?", "Que horas vai voltar?"

Refletindo sobre aqueles anos numa entrevista, Elena admite: "Eu desejei várias vezes que minha mãe fosse para o inferno. Não tinha como botá-la para fora, mas poderia sair do instituto e fugir para algum lugar, onde pudesse obter sustento, desde que conseguisse me livrar dela." Após o nascimento da filha de Elena, Tania, em 1950, houve uma mudança dramática nas prioridades de Ruth. "Encontramos um foco comum — a educação de sua neta — e isso nos aproximou", lembra-se Elena. A partir daquele momento, Ruth parou de ter qualquer interesse pela política. Embora tenha se reintegrado ao Partido depois do retorno a Leningrado e da reabilitação em 1954, nunca desempenhou papel ativo e, segundo Elena, continuou sendo membro "principalmente porque tinha medo por nós, acima de tudo pelos netos".* "Só eles [Tania e o irmão, Aleksei] contavam", lembra-se Elena. "Era incrível quanto afeto e prazer interior ela havia guardado para eles." Ruth estava redescobrindo os valores da própria mãe, a adorada avó de Elena, Batania, que havia tomado conta dos netos enquanto os filhos se dedicavam ao trabalho no Partido. Refletindo sobre essa transformação no caráter da mãe, Elena Bonner recorda a manhã do funeral de Ruth, em dezembro de 1987:

---

* Ela deixou o Partido assim que Tania e o irmão, Aleksei, emigraram para os EUA — no auge da campanha do Kremlin contra Elena Bonner e o segundo marido, Andrei Sakharov — em 1978. Elena ingressara no Partido em 1956. Parou de pagar os encargos após a invasão soviética na Tchecoslováquia, em 1968, mas, temendo pelo bem-estar dos netos, Ruth Bonner continuou pagando em segredo por ela até 1972 (entrevista com Elena Bonner, Boston, novembro de 2006).

Eu estava tirando toalhas de um armário a fim de pôr as mesas para o velório. A primeira que peguei era de um tecido grosso com bordados coloridos... Sob ela, estava a cor-de-rosa! Agora, após tantas lavagens, era de um rosa pálido apenas, e o lindo e delicado cerzimento que mamãe fizera se destacava num tom de rosa mais vivo. Quando poderia eu imaginar que minha mãe, uma operária do Partido, antiburguesa e maximalista, que nunca se permitiu uma palavra de carinho para Egorka ou para mim, cerziria toalhas de mesa, faria vestidos para mim, vestiria Tania, se transformaria numa avó e bisavó "coruja", para quem netos e bisnetos seriam "a menina de seus olhos", a recompensa para todas as perdas de sua vida? Eu nunca imaginaria que ela um dia viesse a gostar de vasos com flores na janela e a cuidar delas, fazendo-as crescer e viver. Ou que iria entregar o cartão do Partido com um certo orgulho e um quê de desafio. Isso não foi um ato visando ao Partido ou um acerto de contas... Ela quis simplesmente mostrar que com aquele passo difícil, quase impossível, estava entregando por completo a nós seu amor afetuoso e vivo, que era mais elevado e maior que ideias e princípios abstratos. Um pouco antes de morrer, ela disse que na vida a gente deve simplesmente viver de forma boa e generosa.[8]

As famílias possuíam uma capacidade milagrosa de sobrevivência, apesar das enormes pressões que o reinado de Stalin lhes impôs. Elas emergiram dos anos de terror como a única instituição estável, numa sociedade na qual todos os esteios tradicionais da existência humana — a vizinhança, o vilarejo e a igreja — haviam sido enfraquecidos ou destruídos. Para muitas pessoas, a família representou o único tipo de relacionamento em que podiam confiar, o único espaço onde sentiam uma sensação de pertencimento, e elas faziam coisas extraordinárias para se reunirem com os parentes.

Poucas pessoas fizeram tantos sacrifícios quanto Valentin Muravsky. Ele nasceu em 1928 na família de um engenheiro de rádio em Leningrado. Em 1937, após a prisão e execução do pai como "inimigo do povo", Valentin foi exilado com a irmã Dina e a mãe para o Uzbequistão, de onde retornaram para Leningrado em 1940. Durante a guerra, quando foram evacuados para Cherkessk, perto de Stavropol, os três foram capturados pelos alemães e enviados para trabalhar em várias fábricas na Áustria e na Alemanha. Em 1945, Dina estava trabalhando numa fábrica perto de Nuremberg que foi libertada pelas tropas dos EUA. Ela casou com um oficial americano e emigrou para os Estados Unidos. Valentin, entretanto, retornou a Leningrado, onde se reuniu com a mãe. A guerra o havia tornado mais crítico em relação ao sistema soviético e às razões para a prisão do pai. Sua vivência na Alemanha o havia levado a concluir que se podia viver com mais liberdade no Ocidente, opinião que expressou em cartas para a irmã na América. Em 1947, ele foi preso e interrogado pela MGB, que tentou persuadi-lo a convencer a irmã a voltar à União Soviética. Quando se recusou, foi acusado de fazer "propaganda antissoviética" e condenado a três anos num campo de trabalhos próximo a Krasnoiarsk. A mãe foi presa em 1948, também com base em sua correspondência com Dina, e condenada a dez anos no campo de trabalhos de ALZhIR. Valentin foi solto em 1950 e foi morar com uma tia em Anapa, na costa do mar Negro, perto de Krasnodar, e conseguiu emprego numa fábrica de cimento. Em breve, porém, foi recrutado pela marinha soviética e enviado a Sebastopol, onde foi forçado a servir pelos próximos quatro anos. Casou com uma moça de 19 anos naquela cidade, e os dois tiveram uma filha, que nasceu em 1953.

Em 1954, Valentin foi liberado da marinha. Ele decidiu então ir viver perto da mãe no Cazaquistão, em vez de retornar à sua cidade natal, Leningrado, e levou com ele esposa e filha. Valentin abriu mão de boas perspectivas de emprego em Leningrado. Ele havia se distinguido na marinha e a deixado com uma excelente folha de serviços. Sua consciência, entretanto, disse-lhe que deveria ajudar a mãe, que, aos 61 anos, estava debilitada fisicamente e mostrava sinais de deterioração mental, pelos anos que vivera no campo de trabalhos. Revendo sua decisão, Valentin a explica em termos dos princípios que lhe foram ensinados na infância:

> Minha mãe sempre me disse para ter moral e ser honesto, levar uma vida baseada na verdade, como os grandes escritores russos do século XIX pregavam, Herzen em particular, cujos trabalhos ela nos lia quando éramos crianças... Quando casei, disse a minha esposa que não esconderia o fato de que minha mãe tinha estado num campo de trabalho, e que procuraria viver de forma a ajudá-la da melhor forma possível... Eu não poderia ter feito outra coisa. Era um dever moral lhe prestar auxílio.

A decisão de Valentim de seguir a mãe até o exílio foi influenciada em parte pelo exemplo das esposas dezembristas, mulheres da nobreza que seguiram os maridos em seu exílio político na Sibéria, após o fracasso do levante de dezembro de 1825. Como ele próprio admite, talvez houvesse em sua decisão um elemento consciente de dissensão política, uma retirada deliberada do sistema soviético e da carreira que o aguardava em Leningrado, que resultou do prejuízo que sofrera e de um sentimento de injustiça.[9]

No Cazaquistão, Valentin trabalhou como motorista de colheitadeira numa grande fazenda coletiva no meio das estepes. O governo soviético estava então investindo em tecnologias novas, como parte da Campanha das Terras Virgens, um projeto otimista e por fim desastroso para abrir áreas novas e vastas nas estepes áridas do Cazaquistão e na Sibéria, a fim de cultivar trigo. A fazenda coletiva de Valentin esteve entre as primeiras a lançar a campanha em 1954, quando nada menos que 19 milhões de hectares de pastagem foram arados. Ele vivia com a esposa e a filha num galpão rudimentar em um assentamento remoto das estepes. Uma vez por semana, ele caminhava 100 quilômetros até Akmolinsk para visitar a mãe no campo de trabalhos de ALZhIR e lhe levar roupas e comida. O fardo de tomar conta da mãe doente e velha, e as agruras da estepe criaram uma tensão insuportável em seu relacionamento com a esposa, que não estava preparada para aqueles sacrifícios. Em 1956, ela o abandonou e voltou para a família na Crimeia, deixando Valentin com a filha de três anos e a mãe para cuidar. No mesmo ano, ela foi libertada do campo. Eles retornaram a Leningrado, onde moravam juntos num pequeno quarto de um apartamento comunitário. Ele conseguiu emprego como operário na construção do metrô da cidade. Em 1957, a mãe morreu: oito anos de vida no campo de trabalhos a tinham devastado por completo. Dois anos depois, a esposa retornou; eles tiveram mais dois filhos; mas depois, em 1964, ela os deixou novamente. Valentin criou sozinho os três filhos.[10]

Marianna Fursei reuniu-se com a família da forma mais extraordinária possível. Aos 4 anos e muito doente, em 1942, ela foi entregue para adoção aos Goldenshtein pela avó, que se dirigiu então para Irkutsk com o irmão da menina. Depois da guerra, ele retornou para a família da mãe em Leningrado. Eles não conseguiram encontrar Marianna, porque haviam perdido todo o contato com os Goldenshtein e sequer sabiam seus nomes. A menina foi educada por eles em Tbilisi e pensava que eram seus pais, pois não tinha qualquer recordação da verdadeira família. Entretanto, as coisas começaram a mudar quando entrou na adolescência.

Marianna começou a suspeitar que os Goldenshtein não eram seus verdadeiros pais em 1949, quando outras crianças, num acampamento dos Pioneiros, a provocaram chamando-a de enjeitada. O incidente trouxe de volta lembranças traumáticas de sua primeira infância em Arkhangelsk. Ela possuía uma vaga recordação da avó e conseguiu lembrar que tinha um irmão. À medida que crescia e começava a se rebelar contra a disciplina severa do lar dos Goldenshtein, começou a dar cada vez mais importância àquelas lembranças distantes, construindo um quadro quase mítico da família perdida havia tanto tempo. Recordando-se de que havia estado num hospital em Arkhangelsk, Marianna decidiu descobrir o irmão:

Eu estava com 16 anos — era 1954. Escrevi uma carta a Arkhangelsk, ao Instituto Médico. Escrevi no envelope: Primeiro Ano, Primeiro Grupo, à Primeira Aluna em Ordem Alfabética. Contei a essa moça que tinha morado naquela cidade na infância, na rua Pavlin Vinogradov, que tinha um irmão, e que poderia haver uma médica que soubesse algo sobre ele. Seria possível para ela encontrá-la? E, por incrível que pareça, a moça descobriu a médica, a qual lhe contou que minha avó e Georgii haviam ficado desamparados e famintos. Ela também ficou sabendo, por meio de conhecidos, que meu irmão estava estudando física em algum lugar de Leningrado. Quando me escreveu de volta com todas essas informações, fiquei louca de entusiasmo. Enviei cartas a todos os institutos de Leningrado, pedindo-lhes que encontrassem um estudante chamado Georgii, que viera de Arkhangelsk. Descobriu-se que estava estudando no Instituto Politécnico. Ele me escreveu e enviou uma fotografia.[11]

Georgii passou três meses com Marianna em Tbilisi durante o verão de 1954. Ele se lembra da reunião como uma ocasião de alegria, embora sentisse um certo ciúme por parte da irmã, como se recorda, "por eu ter vivido com vovó enquanto ela havia sido dada a estranhos". Os Goldenshtein eram pessoas decentes que amavam Marianna como se fosse sua própria filha. Eles nunca contaram a ela nada sobre os verdadeiros pais, em parte porque estavam tentando protegê-la dos fatos de sua prisão, mas principalmente, assim parece, porque tinham medo de que ela os deixasse se descobrisse a verdade. Seus "valores materialistas", segundo Georgii, eram muito diferentes dos da família Fursei, que eram artistas e músicos, e dos da família German, pelo lado da mãe, que fazia parte da elite cultural de Leningrado. No outono de 1954, Marianna passou uma semana com os German em Leningrado. Eles lhe mostraram fotos de todos os parentes, inclusive dela mesma em Arkhangelsk, mas não lhe contaram que os pais tinham sido presos, nem que haviam morrido em campos de trabalho, apenas que haviam morrido durante a guerra. Lembrando-se daquela visita, ela acha que houve alguma combinação entre eles e os Goldenshtein para lhe ocultar a verdade, e talvez tenha havido.* Georgii, que também sabia sobre o destino dos pais, escondeu-lhe o fato da mesma forma. "A verdade lhe era inconveniente", conclui Marianna, buscando explicação para o silêncio do irmão, que era então estudante de física na Universidade de Leningrado (acabou se tornando professor). "A única coisa importante para ele era estudar e seguir em frente."[12]

Marianna se matriculou no Instituto de Indústrias Leves, em Tbilisi, e depois trabalhou como professora escolar na capital georgiana. Ela só descobriu a verdadeira história dos pais em 1986, quando recebeu um convite para ver uma exposição dos quadros do pai em Arkhangelsk, onde soube de tudo pelos velhos amigos e colegas. Tendo crescido num lar estritamente comunista e sempre pensado que o pai havia sido morto quando era soldado, na guerra, foi um choque para ela descobrir, com quase 50 anos, que ele fora fuzilado como "inimigo do povo". Isto abriu seus olhos para uma história de repressão na União Soviética que ela havia ignorado anteriormente, na crença ingênua de que aquilo não

---

* Isso não é confirmado pela prima de Marianna, Katia Bronshtein (nascida German), que tinha 18 anos na época.

afetara sua família. "Lamentei muito por essas pessoas (meus pais verdadeiros)", recorda-se ela:

> Senti-me solidária com eles e me perguntei como pôde ser que pessoas tão boas e obedientes à lei tenham sido reprimidas de forma tão injusta... Não conseguia entender. Se eles eram suspeitos de algum crime, por que não houve investigação? Por que os tribunais não funcionaram como deveriam? Comecei a questionar o sistema soviético, que eu havia sido educada [pelos Goldenshtein] para aceitar cegamente... Aos poucos, vim a perceber que eu compartilhava os valores de meus pais verdadeiros, embora tivesse sido separada deles aos 3 anos de idade.[13]

Juntamente com o retorno dos prisioneiros, os anos que se seguiram à morte de Stalin assistiram à liberação de dezenas de milhares de crianças dos orfanatos e de outras instituições infantis, onde muitas delas haviam crescido sem qualquer conhecimento sobre os parentes.

Nikolai Kovach não tinha nenhuma ideia sobre o que era vida familiar quando foi liberado do orfanato aos 16 anos, em 1953. Não possuía qualquer lembrança dos pais, que haviam sido fuzilados em campos de trabalho quando ele tinha apenas ano, ou da irmã mais velha, que fora enviada para um orfanato diferente. Sua primeira experiência de viver com uma família ocorreu após ele ter sido enviado, pela Komsomol, para ajudar na primeira safra da Campanha das Terras Virgens, no Cazaquistão (mais de 300 mil pessoas foram recrutadas pela Komsomol como voluntárias para a safra de 1954). Um dos chefes da brigada de tratores, um trabalhador mais velho, sentiu um interesse paternal por Nikolai. Ele o trouxe para morar com a esposa e os três filhos, que o aceitaram como membro da família. "Era apenas um lar russo comum. As três crianças eram todas mais novas", lembra-se Nikolai, "e se apaixonaram por mim. Eu brincava com eles e os amava também." Nikolai morou com a família durante um ano e meio, até 1957, quando foi mobilizado pelo exército. "Eu nunca soubera o que era ter um lar", diz ele:

> Mas observei como aquela família funcionava, como eram as relações, e a experiência foi boa para mim. Mais tarde li livros, escritos por psicólogos, que explicavam que as crianças crescem de acordo com suas famílias. Quando eu era pequeno, não

tive família, e já era adulto quando conheci algum tipo de vida familiar. Tive sorte de encontrar pessoas tão maravilhosas. Casei [em 1962] e formei minha própria família. Não teria conseguido isso sem aquela experiência em Krasnoiarsk... Ali aprendi a importância do respeito e do amor — eles estavam sempre se ajudando, pensando um no outro e em mim —, e eu nunca tinha visto aquilo antes, certamente que não no orfanato.[14]

Elizaveta Perepechenko não sabia nada sobre o pai quando este a recolheu de um orfanato em 1946. Ela era apenas um bebê quando ele foi preso em 1935, e ninguém soube nada a seu respeito nos dez anos que passou nos campos de trabalhos e no exílio no Cazaquistão. A mãe de Elizaveta havia morrido num campo, e ela não tinha mais qualquer família. Assim, ela não tinha escolha senão ir viver com o pai em Alma-Ata, onde ele trabalhava como geólogo. Eles moravam no porão de uma grande casa comunitária, compartilhada por outras famílias. Embora fosse apenas adolescente, ela assumiu todas as tarefas do lar pelo pai, um personagem taciturno e enfadonho, que ficara profundamente devastado pelas experiências no campo de trabalhos. Era difícil para Elizaveta viver em harmonia com ele e vê-lo como pai, porque nunca tinha morado com homem nenhum (todos os funcionários do orfanato eram mulheres). Como muitos pais que voltaram dos campos de trabalho, o dela era severo e controlador. Ele não a deixava sair de casa à noite sem saber exatamente aonde ela ia e com quem. Havia conflitos frequentes, quando cada um tentava impor sua vontade sobre o outro. Elizaveta se lembra de "uma ocasião em que ficamos sentados à mesa, olhando um para a cara do outro por mais de uma hora, porque eu me recusava a comer uma fatia de pão. Éramos os dois muito teimosos." O pai nunca falava sobre o passado com ela, que, por sua vez, jamais conversava com ele sobre o orfanato. Assim, eles viviam juntos num estado de estranhamento mútuo. Em 1953, Elizaveta se mudou para Leningrado e se candidatou a um emprego no MVD: ela não fazia ideia de que o pai já tinha sido preso como "inimigo do povo". Quando ele soube, foi imediatamente a Leningrado para contar aos futuros empregadores da filha sobre sua biografia comprometedora. Ele ficou com medo de que Elizaveta fosse punida se descobrissem que ela não havia declarado o fato no questionário. A pedido dele, o MVD concordou em não dizer a ela nada sobre sua história. A moça só ficou sabendo sobre a prisão dele em 1959.[15]

Durante os anos de separação dos pais, as crianças naturalmente formavam em sua mente uma imagem da mãe e do pai que com frequência era muito diferente da realidade que encontravam ao se reunirem.

Galina Shtein tinha 8 anos quando o pai, Aleksandr Sagatsky, foi preso em 1936.* Ela cresceu sem saber nada sobre o que havia acontecido com ele, um professor de economia de Leningrado. A mãe, que foi despedida da biblioteca onde trabalhava após a prisão do marido, cortou todos os vínculos com ele e voltou a usar o nome de solteira. Durante a guerra, quando Galina foi evacuada com a mãe para a Sibéria, começou a sentir uma necessidade desesperadora de um pai. Ela se recorda:

Todo mundo falava sobre seu "papai na frente de batalha", como papai era um herói ou como havia morrido. Comecei a me sentir inferior. Não tinha pai. Sequer sabia quem ou o que ele era, nem onde estava. Não sabia nada sobre sua aparência, porque mamãe tinha destruído todas as suas fotos.

Galina escreveu ao Escritório de Endereços em Leningrado na esperança de localizar o irmão mais novo do pai, mas foi informada de que ele havia morrido no cerco de Leningrado. Ela então desistiu de encontrá-lo, até 1947, quando o acaso a pôs em seu rastro. Galina estava estudando biologia na Universidade de Leningrado. Um dia, enquanto esperava na fila da biblioteca, ela ouviu um estudante dizer o nome Sagatskaia. O aluno estava se referindo a uma conferencista de marxismo-leninismo. Galina esperou por ela do lado de fora de um dos auditórios de palestras:

Uma mulher de meia-idade, com um rosto atraente, saiu do auditório. Eu estava muito nervosa, desculpei-me muito por incomodá-la e perguntei então: "A senhora é, por algum acaso, parente de Aleksandr Pavlovich Sagatsky?" Ela ficou em silêncio por um momento. Depois disse: "Você é Galina?" Descobri que ela tinha sido a primeira esposa de meu pai.[16]

---

* Galina tomou o nome da mãe.

O pai de Galina encontrava-se em Norilsk. Ele havia sido condenado a dez anos no campo de trabalhos e depois, após sua libertação em 1948, a mais cinco anos de exílio num assentamento do Gulag. Ela lhe escreveu, dando seu endereço do correio central de Leningrado. "Eu não queria aborrecer minha mãe", explica.

Eu ia ao correio todos os dias para ver se meu pai havia respondido. Comecei a ir lá no outono [de 1947] e ainda estava indo no inverno. Nunca havia uma resposta. Finalmente, em abril de 1948, decidi que só iria mais uma vez ao correio e, se não tivesse nada, então desistiria. Foi uma sorte ter ido aquela última vez. No balcão, eles me entregaram quatro envelopes grossos. Eram feitos manualmente e de um papel muito grosseiro. Dentro de cada um deles, em papel de carta azul-claro, havia uma longa carta.

A primeira delas era cheia de emoção:

Norilsk, 4 de abril de 1948
Carta nº 1
(Estou enviando três cartas de uma vez em 6/4)

Minha querida filha Galina!
Sua carta encheu meu coração de alegria... Uma das maiores tragédias de minha vida é ter estado separado por tanto anos da filha que amo. Você escreve: "Minha carta, sem dúvida, será uma surpresa, mas espero, no entanto, que seja agradável." E eu respondo: 1. Uma surpresa — sim; 2. Agradável — mais do que isso — uma alegria. Até na maneira como você verbaliza seus pensamentos, aquele "no entanto", eu me reconheço. Em seu lugar, teria escrito igual. Faz-me rir observar traços de mim em você... Creia-me, Galina, você encontrou seu pai, perdido por tantos anos, mas que nunca deixou de amar você.[17]

Por meio de cartas, Galina iniciou um relacionamento intenso com o pai. Ela o imaginava como o tipo de herói romântico que havia visto nos livros: "Eu admirava os homens corajosos, cientistas audazes, exploradores destemidos ou pessoas como meu pai, que haviam sobrevivido contra todas as expectativas. Eu nunca havia encontrado essas pessoas na minha vida." No início da correspondência, o pai se igualou a essa imagem ideal. Suas cartas eram apaixonadas e emocionalmente sedutoras, cheias de detalhes sobre como ele vivia, o que lia e como suas opiniões tinham mudado nos últimos anos. Galina se apaixonou por aquela *persona* literária. "Na minha cabeça, eu nutria uma fantasia do pai que havia desejado aqueles anos todos", lembra-se ela.

Ele parecia o tipo de homem com quem eu poderia ser franca, para quem poderia dizer absolutamente tudo, e ele sempre escutaria, me daria conselhos e assim por diante. Uma vida nova começou para mim, e fiquei completamente absorvida por ela. Apesar de minha natureza reservada e reticente, parecia que, como ele, eu era uma pessoa emocional. Agora entendo que era mais fácil, é claro, ser emocional nas cartas do que na vida real.[18]

Em 1956, Aleksandr visitou Galina em Leningrado. Todavia, o encontro foi decepcionante: eles não conseguiram recriar a ligação que haviam estabelecido nas cartas. Recentemente livre do exílio em Norilsk, Aleksandr fora reabilitado pelo Partido; estava preocupado com o renascimento de sua carreira política. Segundo Galina, ficou ocupado demais com o trabalho no Partido para se envolver com ela. "Eu tive a impressão de que ele não estava mais interessado em mim", recorda-se ela.

Cheguei a pensar que me desaprovava. Lembro que um dia ele me disse: "Você se tornou tão relaxada." Por que ele achou aquilo? Porque eu não sentia interesse pela poesia de Mao Tse-tung. Porque não tinha lido algum artigo sobre política que ele queria que eu lesse. Eu não era interessada em política. Mas ele vivia para ela.

Em 1956, Aleksandr mudou-se para Ulianovsk, local de nascimento de Lenin, às margens do Volga. Ensinava economia política na universidade e escrevia sobre o assunto em vários jornais. "Meu pai odiava Stalin", lembra-se Galina, "mas permaneceu um leninista convicto. Apesar de tudo que havia sofrido, continuava a acreditar que não havia outro caminho. Ele fora tratado injustamente, mas a história soviética estava correta." Essa crença inabalável no ideal comunista, tão necessária à sua sobrevivência, tornou-se um obstáculo nas relações entre Aleksandr e Galina, que estava mais cética, mas não via razão para o debate político. "Qual a vantagem de se discutir com um sectário? Ele era totalmente rígido em suas opiniões. A política, que estava no centro de sua vida, tornou-se um assunto sobre o qual não podíamos conversar." Galina foi ver o pai em Ulianovsk em 1958. Foi a única visita que fez lá. Eles mal trocaram algumas palavras, exceto uma pergunta ou outra, por educação, sobre o trabalho um do outro. Por um sentimento de dever, ela continuou escrevendo cartas ao pai até o início da década de 1960. Entretanto, como admite,

Eu não tinha realmente nada a dizer. Não sentia mais vontade de me abrir com ele, como nos primeiros anos. E as cartas que ele me escrevia eram nada mais que relatórios políticos. Eram todas sobre as conferências do Partido que tinha ido ou sobre os livros que lera. Não havia nada de pessoal nelas. Eu tinha perdido o pai dos meus sonhos.[19]

2

Bulat Okudzhava conta a história de como encontrou a mãe, quando ela retornou dos campos de trabalho, em sua "história autobiográfica", *The Girl of My Dreams* (*A garota dos meus sonhos*), de 1988. O futuro poeta e compositor tinha apenas 12 anos quando ela foi presa e condenada a dez anos no campo de trabalhos de Karaganda, em 1937, após a prisão do marido, funcionário comunista de origem georgiana. Bulat foi criado pela avó em Moscou e depois foi morar com a família do pai em Tbilisi. Em 1941, aos 17 anos, um pouco antes de terminar a escola, foi como voluntário para o exército. Após a desmobilização, em 1945, ele se tornou aluno da Universidade de Tbilisi. A mãe passou um total de 18 anos no Gulag, retornando dos campos de trabalho apenas em 1955.

Em *The Girl of My Dreams*, Okudzhava revisita a noite de sua volta. O narrador é um estudante, "um jovem inocente", que mora com um colega num apartamento conjugado. Sente-se feliz porque está apaixonado. O único motivo de tristeza em sua vida é a ausência da mãe. Ele guarda uma foto dela na juventude, "com seus grandes olhos castanhos amendoados", e se lembra do sorriso suave e da voz carinhosa. Um dia, chega um telegrama: "Espere o 501. Mamãe." No caminho para a estação, ele imagina o reencontro como uma ocasião feliz e simples:

Eu a encontro. Comemos em casa. Nós dois. Ela me conta sobre sua vida, e eu sobre a minha. Não analisamos nada nem tentamos entender os motivos daqueles que são os culpados. O que aconteceu já passou, e agora estamos juntos novamente... E depois a levo a um cinema e a deixo relaxar um pouco.

Entretanto, as coisas se dão de forma diferente. A chegada do trem especial, o 501, com os prisioneiros, é adiada algumas vezes, e quando ele chega à meia-noite para esperá-lo, fica sabendo que o trem chegara meia hora antes. Bulat encontra a mãe andando para sua casa. Eles se abraçam e caminham juntos em silêncio. No apartamento, ela se senta na mesa da cozinha e fuma sem parar. Quando ele olha dentro de seus olhos, não vê os "grandes olhos castanhos amendoados", mas outra coisa:

> Seus olhos eram frios e distantes. Ela olhava para mim, mas não me via. Seu rosto parecia congelado, transformado em pedra, os lábios ligeiramente entreabertos, as mãos queimadas de sol descansando frouxas sobre o colo. Ela não dizia uma palavra.

Não consegue manter uma conversa. Não entende o que o filho diz. Quando ele pergunta se quer alguma coisa para comer, ela diz: "O quê?" E quando Bulat oferece outra vez, ela responde: "Eu?" Não pergunta ao filho nada sobre sua vida. Apenas murmura palavras isoladas, nomes de lugares próximos ao campo de trabalhos. Sente temor em relação ao colega do filho e pergunta se ele também vem dos campos, suspeitando que possa ser um informante. Tem medo de sair de casa. Quando o filho a arrasta para o cinema, ela vai embora depois de alguns minutos, antes mesmo do filme começar.[20]

As pessoas retornavam dos campos de trabalho destruídas física e mentalmente. Alguns anos em Gulag eram suficientes para envelhecer alguém antes do tempo. Certos prisioneiros haviam envelhecido tanto que os parentes mal os reconheciam quando voltavam para casa. Ivan Uglitskikh estava com 33 anos quando foi solto de Kolyma e voltou para Cherdyn. Numa entrevista, ele se lembra do retorno:

> Voltei em novembro de 1953. Não via minha família havia 13 anos. Meu irmão mais novo estava morando na nossa antiga casa. Ele não se encontrava, tinha ido pegar um pouco de feno, e a esposa não sabia quem eu era. Sentamos para tomar um pouco de chá, e quando ela disse que eu parecia com o marido, disse-lhe que

era seu irmão, mas lhe pedi que nada dissesse quando ele chegasse. Eu queria lhe fazer uma surpresa. Meu irmão retornou com o feno, guardou-o no celeiro e veio se juntar a nós... Ele viu que tinha convidados — o samovar estava sobre a mesa, e havia uma garrafa de vodca... Sua esposa lhe disse: "Você sabe quem é ele?" E ele respondeu: "Não, quem é? Algum velho de passagem?" E depois disse para mim: "Aonde está indo, velho?" Não fazia a menor ideia de quem eu era. Ficamos sentados tomando chá... [Ivan se emociona e termina a entrevista].[21]

As pessoas retornavam dos campos com deformidades físicas e doenças crônicas. Fruza Martinelli, esposa do diretor do complexo Dallag Gulag até sua prisão em 1937, voltou a Moscou dos campos de trabalho do Cazaquistão inválida. Ela havia sido muito torturada e espancada, e tinha o corpo coberto de marcas. A filha, Elena, nunca soube daqueles espancamentos, até a morte da mãe em 1960, quando os médicos a questionaram sobre as cicatrizes e marcas. "Eles disseram que nunca tinham visto um corpo tão castigado", recorda-se Elena. "Até o coração havia saído do lugar com as pancadas."

"Sua mãe esteve em algum campo de trabalhos?", perguntaram eles, sem conseguir imaginar como ela conseguira sobreviver num estado daqueles. Foi só então que entendi por que minha mãe era tão grosseira e cruel quando retornou do campo. Estava sempre xingando, nos batendo e quebrando coisas em suas crises de mau humor. Eu lhe perguntava se havia sido espancada no campo, mas ela não respondia. "Há coisas sobre as quais não se deve falar", costumava dizer. E eu nunca perguntei de novo.

Elena achava cada vez mais difícil viver com a mãe, que se tornou fanática religiosa e dava mostras de desequilíbrio mental após o retorno do campo de trabalhos. Fruza era violenta com o neto, que nasceu deficiente, em 1953. Ela lhe quebrava os brinquedos e lhe roubava os doces, que escondia juntamente com outros alimentos debaixo do colchão. Incapaz de lidar com esse comportamento, Elena se mudou para Leningrado em 1958.[22]

Gertrud Ielson-Grodzianskaia tinha uma imagem da mãe no campo de trabalhos de ALZhIR como uma pessoa "boa e bela, vivendo em terras distantes". Era uma visão que ela havia formado a partir das cartas que a mãe lhe enviara e das pequenas lembranças que tinha feito para ela, como a toalha bordada com figuras de animais. Quando Gertrud estava com 14 anos, a mãe foi solta do campo e recebeu permissão para se estabelecer fora de uma zona de exclusão de 100 quilômetros de Moscou. Ela escolheu viver perto de Vladimir — onde conseguiu emprego como agrônoma numa fazenda coletiva — e passou por Moscou, onde a filha morava com a família do tio, no caminho para sua nova residência. Gertrud foi encontrá-la na estação:

> De repente, uma mulher saltou do trem. Estava vestida com uma pele de carneiro e trazia uma caixa de madeira compensada e uma mochila. A cabeça estava raspada, e ela cheirava muito mal. Estava viajando havia uma semana. Nós a levamos para casa, e me pediram que a ajudasse a se lavar... Esquentei a água no fogão da cozinha e a ajudei a se despir. O cheiro era insuportável. Foi realmente um choque. Ela tinha piolhos pelo corpo todo e baratas nas roupas. Fiquei enojada. Não via aquela mulher como minha mãe, mas sim como outra pessoa.[23]

Esfir Slavina foi libertada do campo de trabalhos de ALZhIR em 1943. Proibida de voltar para Leningrado ou para qualquer outra cidade grande da União Soviética, foi recolhida pela filha, Ida, que já se encontrava trabalhando como professora em Novosibirsk e conseguiu uma sala vazia da escola para morarem. Ida se recorda da aparência da mãe:

> Ela estava muito magra e morena, queimada pelo sol do Cazaquistão e mostrando todos os sinais de ter sofrido de malária. Ela não parecia nem um pouco com o que havia sido antes. Não era a mãe que eu conhecia. Estava doente e mal conseguia se mexer, dependia de mim para tudo.

Em 1944, Esfir se mudou para Moscou, onde o filho, cientista pesquisador, havia recebido permissão para que ela morasse com ele. Ida casou com um professor escolar em Novosibirsk. Em 1945, retornou a Leningrado, onde foi morar num apartamento comunitário com outras cinco famílias. Esfir passou a viver ilegalmente com eles para que pudesse ajudar o neto recém-nascido, que estava sempre doente. Em 1949, ela foi presa de novo por violação das regras de passaporte (ela não possuía registro para viver em Leningrado) e exilada para a cidade de Malaia Vishera, 110 quilômetros a sudeste, onde foi morar em condições terríveis, incapaz de se sustentar, sem trabalho e constantemente atormentada pelos residentes do local, que se voltaram contra ela por ser uma "política", o que, a seus olhos, a transformava numa "fascista". Seis meses após a chegada a Malaia Vishera, Esfir foi presa mais uma vez, desta vez como "elemento antissocial", e exilada para Shadrinsk, no oeste da Sibéria, onde vivia no quarto alugado mais barato dos arredores da cidade. Sem emprego, sobrevivia com o dinheiro que Ida lhe mandava todo mês. Em 1951, Esfir finalmente recebeu permissão de retornar para Leningrado. "Ela estava completamente acabada", lembra-se Ida, que tomou conta dela:

Ficava em silêncio quase o tempo todo. Tinha medo de falar e só o fazia aos sussurros. Era preciso arrancar as palavras dela: assim que dizia alguma coisa, se arrependia de imediato. Ela nunca me contou nada sobre o campo. Eu tentava fazer com que falasse, meu irmão também, mas não adiantava. Ela tinha medo de sair de casa. Se estivesse na rua e visse um policial, ela corria e se escondia na entrada de algum prédio, de onde não saía até ter certeza de que ele havia ido embora. Isto não tinha nada a ver com sua personalidade; ela sempre fora forte e confiante, mas voltou do campo uma pessoa diferente. A confiança dela acabou, assim como a saúde; ela teve dois derrames nos primeiros três anos após seu regresso. Perdeu toda a vivacidade e sociabilidade. Nunca queria ver ninguém. Passou os últimos anos de vida presa a uma cama.[24]

O campo de ALZhIR teve um efeito diferente sobre Zinaida Bushueva. Tornou-a fria e severa, segundo a filha, Angelina, que tinha 10 anos quando a mãe foi solta. Ela não gostava de falar sobre o passado. Ficou emocionalmente reprimida. "Era muito difícil conviver com ela", recorda-se Angelina.

Ela ficava o tempo todo em silêncio. Nunca falava conosco sobre o que estava pensando ou sentindo. E eu a culpava por isso. Queria que falasse, mas talvez ela quisesse nos proteger de tudo o que sofrera... Era muito distante de nós. Nunca demonstrava afeto, nunca mexia em nossos cabelos ou nos abraçava. Sua ideia do que era ser mãe se resumia a se assegurar de que estivéssemos alimentados, fôssemos à escola e permanecêssemos fisicamente saudáveis — e isto era tudo. Ela não nos dava nada espiritual ou emocionalmente. A verdade é que, depois do campo, não sobrou nada nela para nos dar.

Angelina atribui a austeridade emocional de sua mãe ao campo de trabalhos, onde Zinaida havia pedido para fazer tarefas braçais pesadas, a fim de não ter tempo de pensar nos filhos que perdera. Fechar-se em si mesma tinha se tornado um mecanismo de defesa, e isso continuou como um meio de lidar com os problemas de seu retorno. Esse mesmo instinto de sobrevivência se manifestou na obsessão pela comida: ela sempre carregava pedaços de pão com ela, fazia estoques de comida e se levantava à noite para comer alguma coisa, porque tinha medo de sentir fome.[25]

Liuba Babitskaia voltou a Moscou do campo de trabalhos de ALZhIR em 1947. Proibida de fixar moradia na capital, ela retornou ilegalmente em busca de trabalho, família e amigos. Apesar de seus esforços anteriores a fim de persuadi-la a retornar para ele, seu primeiro marido, o diretor de cinema Anatoly Golovnia, havia iniciado um caso com uma jovem assistente de produção (e provavelmente agente do NKVD) chamada Tatiana Lobova, que exercia uma influência maligna sobre ele e o afastava de toda a família, em especial da filha, Oksana, que via naquele romance uma traição. Fisicamente exaurida, sem ter mais sua aparência de estrela de cinema, Liuba era evitada pela maioria de seus antigos amigos de Moscou. "Assim que as pessoas reconheciam que lá vinha a ex-esposa de Golovnia, viúva de Babitsky — que fora executado —, elas atravessavam a rua para fugir dela", lembra-se Oksana. A única pessoa que veio ajudá-la foi a atriz Liubov Orlova, uma velha amiga que devia sentir alguma culpa porque o marido, o diretor de cinema Grigorii Aleksandrov, que tinha ligações íntimas com o NKVD, estivera por trás das denúncias no estúdio Mezhrabpomfilm, que haviam levado à prisão de Babitsky. Orlova hospedou Liuba e sugeriu que ela entrasse em contato com Mikhail Gurevich, vice-ministro da geologia, que, disse ela, poderia ajudá-la a obter uma permissão para permanecer em Moscou e conseguir um emprego. "A vida toda ele foi apaixonado por você", explicou Orlova, ligando para Gurevich e passando o telefone para Liuba. Ele perguntou onde ela estava e depois disse: "Espere por mim, estou indo para aí. Vamos nos casar." Graças àquele casamento, Liuba conseguiu o direito de residência e um emprego em Moscou; Gurevich foi demitido do cargo.

Quando Liuba foi presa em 1938, a filha, Oksana, estava com 11 anos; quando retornou, nove anos depois, a garota já havia se tornado esposa e mãe. "As relações entre nós eram muito difíceis", recorda-se Oksana. "Algo tinha se rompido no nosso relacionamento — era tanto sofrimento, amor, ciúme, tudo isso misturado a um distanciamento, um desejo de intimidade, de compreensão mútua, e ao mesmo tempo uma incapacidade de encontrar palavras para se comunicar." Liuba queria controlar a vida da filha. Em 1948, quando esta iniciou um romance com um diplomata americano, ela ficou assustada e ameaçou denunciá-la ao MVD por ter contato com estrangeiros, a menos que terminasse tudo. O marido de Oksana, Albert Rikhter, oficial de marinha de uma família judia alemã em Odessa, já havia sido preso e condenado a dez anos em Magadan por "espionagem", de sorte que a denúncia levaria à sua prisão. No final, Liuba usou suas ligações com Gurevich para enviar a filha para a Sibéria, como assistente em uma expedição geológica, o que levou ao término do romance.

Liuba retornou dos campos com uma personalidade diferente: a ternura e o afeto que demonstrara no passado como mãe tinham desaparecido e, em seu lugar, havia uma dureza e uma insensibilidade novas. Ela nunca mostrou afeição pelos netos. Se caíam e se machucavam, dizia-lhes que levantassem e parassem de chorar, porque havia coisas "muito piores" que poderiam acontecer para machucá-los, "que iriam realmente fazê-los chorar". Liuba trouxe para casa os hábitos dos campos. Era egoísta, até gananciosa, quando se tratava de comida; tornara-se irritável, às vezes cruel e violenta; emocionalmente fechada para com todos. "Ela guardava uma mala com roupas de inverno e alimentos imperecíveis embaixo da cama, para o caso de virem buscá-la de novo", recorda-se a neta. "Ela ficava aterrorizada se o telefone ou a campainha tocasse durante a noite e se assustava quando via um policial na rua." Esses vestígios do campo de trabalhos permaneceram em sua personalidade. "A pessoa que é libertada de um campo fica com medo da liberdade", escreveu Liuba em seu último caderno, um pouco antes de morrer, em 1983. "Uma vez ferida profundamente, a pessoa se magoa com facilidade para sempre."[26]

Muitas pessoas voltavam dos campos com tiques nervosos e obsessões. Elena Cherkesova contava os passos que dava em casa. Foi um hábito que havia adquirido nos campos de Temnikovsky, uma forma de maximizar sua eficiência e evitar esforços desnecessários. Ela nunca tinha trabalhado antes de ser enviada para lá, e ficava exaurida pelo regime do local, que a levou à beira da inanição. Durante os anos da guerra, em particular, quando as cotas de trabalho para os prisioneiros do Gulag foram aumentadas, Elena não conseguia dar conta de suas tarefas, o que significava receber menos pão. Para economizar energia, ela se educou a dar um mínimo de passos. Uma obsessão semelhante foi trazida dos campos de trabalho por Aleksandra Fillipova. Ela ficou paranoica em relação às pessoas roubarem sua comida. Vivendo com a filha num apartamento comunitário, ela guardava porções de alimentos em esconderijos dentro do quarto e depois esquecia que as havia comido. Quando ia procurar e descobria que haviam desaparecido, acusava a filha ou os outros vizinhos de tê-las roubado. As relações entre as duas se tornaram tão ruins que Aleksandra a obrigou a se mudar do apartamento.[27]

Mikhail Nikolaev havia sido criado num lar para crianças. Não sabia quem eram seus pais. Passou a adolescência no Exército Vermelho e, depois, 15 anos em vários campos de trabalho. Em todas as instituições onde viveu, havia conflitos por causa de comida — uma luta constante pelo copo ou prato que estivesse mais cheio —, de forma que ele tinha aprendido a pegar tudo o que pudesse sem pensar em mais ninguém. O indivíduo de 36 anos que foi solto dos campos de trabalho não tinha a menor ideia de como se comportar numa casa de família normal, nunca tendo estado em uma. Homem grande e belo, de barba cerrada, era conhecido nos círculos literários de Moscou como o "selvagem de Marte", recorda-se Viktoriia Shweitser, que se apaixonou e se casou com ele. Quando o apresentou à família, ela ficou chocada com seus modos à mesa. Não conseguia entender como ele podia se servir de todos os pratos, sem oferecê-los primeiro aos outros. Por muito tempo, ela não disse nada, mas certo dia, por fim, perdeu a paciência e o repreendeu por pegar a última laranja, em vez de deixá-la para as crianças, como era de hábito em sua casa. "Mikhail respondeu: 'Eu não sabia, ninguém nunca me ensinou isso, por que você não me explicou?'", lembra-se Viktoriia. "Ele não era ganancioso, mas como disse sobre si mesmo, era mão-fechada", talvez até egoísta, por causa da forma como havia sido criado. Como ela recorda na entrevista, foi àquela altura que percebeu ter se apaixonado por um homem que não conhecia. "Eu tive de aprender a me apaixonar por ele de novo, só que desta vez pelo verdadeiro Misha, o garoto de orfanato, para que pudesse entendê-lo da maneira certa e ajudá-lo a levar uma vida normal."[28]

Com frequência, era muito difícil para as pessoas que retornavam dos campos de trabalho restabelecerem relações com os parentes. Após anos vivendo no Gulag, que tipo de "vida familiar normal" elas poderiam ter esperanças de levar? Não havia aconselhamento nem psicanálise para elas, nenhum auxílio para seus transtornos físicos e comportamentais, nem sequer reconhecimento dos traumas pelos quais haviam passado. Ao mesmo tempo, os que retornavam muitas vezes não tinham muito conhecimento da tensão sob a qual suas famílias haviam vivido ou sobre os horrores que tinham sofrido durante aqueles anos. As pessoas de ambos os lados — as que haviam retornado dos campos e as que tinham permanecido em casa — sentiam-se rejeitadas e distantes.

Por várias razões, os sobreviventes dos campos encontravam dificuldades para conversar sobre o que haviam passado "do outro lado" e se distanciavam da família. Alguns tinham medo de falar por recearem punições (ao serem libertados, os prisioneiros recebiam ordens para não discutirem em público o que lhes havia acontecido, e muitos temiam, em razão disso, conversar sobre o passado na vida privada também). Outros não contavam nada aos parentes porque não desejavam aborrecê-los ou porque tinham medo de que não conseguissem entender o que haviam sofrido. Os pais tinham receio de contar aos filhos, em particular, porque não queriam dizer nada que os pudesse afastar do sistema soviético ou lhes causar problemas com as autoridades.

Mesmo em famílias nas quais conversar havia se tornado norma, os pais permaneciam cautelosos sobre o que dizer aos filhos. Na volta de

Kolyma, Olga Adamova-Sliuzberg descobriu que, na sua ausência, o filho crescera e se tornara membro ativo da Komsomol, fanaticamente devoto a Stalin. Certa noite, durante o jantar, ela perguntou se era verdade que o ditador estivera doente:

> Ninguém sabia, mas meu filho respondeu num tom significativo: "Não sei se está doente ou não, mas se estivesse, e eu tivesse de dar o sangue do meu corpo e morrer por ele, faria isso com prazer." Compreendi que aquelas palavras eram uma lição e uma advertência para mim... e fechei a boca.[29]

A vivência de Adamova-Sliuzberg nos campos de trabalho tornou-a cética em relação ao regime, mas ela sabia que não podia dizer isso, mesmo que desejasse fazer o filho entender tudo pelo que passara. Ela se recorda:

> Eu tinha medo de lhe dizer o que havia descoberto "do outro lado". Eu poderia tê-lo persuadido de que tinha muita coisa errada em nosso país, que seu ídolo, Stalin, estava longe de ser perfeito, mas meu filho tinha apenas 17 anos. Se eu tivesse lhe explicado tudo e ele concordasse comigo, seria incapaz de aplaudir o nome de Stalin, de lhe escrever cartas, de proclamar dentro da sala de aula que nosso país era justo. E se não fizesse isso, morreria. Talvez encontrasse uma forma de levar uma vida dupla. Mas eu não tinha como obrigá-lo a fazer isto. Tinha medo de ser franca com ele. Mas de algum modo, aos poucos, fiz com que mudasse de ideia. Ele me olhava com cuidado. Após alguns meses, me disse: "Mamãe, eu gosto de você."[30]

A dinâmica oposta era mais comum. Os pais que permaneciam comprometidos com os ideais bolcheviques, da década de 1930, muitas vezes voltavam dos campos de trabalho e descobriam que os filhos tinham ideias e atitudes de todo diferentes, construídas no clima relativamente liberal da *détente* de Khrushchev, quando a censura foi afrouxando aos poucos e a era de Stalin começou a ser reavaliada na mídia soviética. Os jovens se afastaram da política e partiram para a busca da felicidade pessoal, estimulados pelo crescimento econômico dos anos de Khrushchev, quando conjuntos habitacionais particulares foram erguidos, mais bens de consumo se tornaram disponíveis, e mais tecnologia, moda, arte e música foram importadas do Ocidente. No entanto, tudo isso deu margem ao temor, manifestado pelos comunistas sempre que o regime relaxava o controle sobre a esfera privada, de que as tendências individualistas levariam ao fim do ativismo social, do coletivismo e de outros valores soviéticos nos jovens. Assim, houve uma nova convocação para que a juventude soviética ingressasse na Komsomol e se tornasse "entusiasta" de projetos coletivos como a Campanha das Terras Virgens.[31]

Quando voltou dos campos de trabalho de Potma, Maria Ilina teve de enfrentar esse tipo de conflito de gerações com a filha, Marina. Antes de sua prisão, em 1937, ela havia sido diretora de uma grande indústria têxtil em Kiev; o marido era o chefe do Partido, até ser preso e executado naquele mesmo ano. Quando foi solta, em 1945, Maria encontrou Marina, com 10 anos então, num orfanato da Ucrânia. Ela não via a filha desde os 2 anos. As duas moraram juntas pelos próximos 12 anos, primeiro em Cherkassy e depois em Moscou, até 1958, quando Maria retornou a Kiev. Até sua morte, em 1964, elas se visitavam todas as férias. No entanto, seu relacionamento era difícil. A mãe queria dirigir a forma como a filha vivia. Queria que ela fosse uma comunista modelo, o tipo de jovem que ela havia sido até ser presa. Reabilitada em 1956, Maria reingressou no Partido e se tornou propagandista ativa de sua causa. Segundo a filha, "ela precisava crer nos ideais comunistas que a tinham sustentado e a meu pai quando eram jovens: senão, os sacrifícios que havia feito teriam sido muito mais difíceis de suportar".

Maria se entregou por inteiro à educação política da filha. Organizou um programa de leituras, uma mistura de clássicos soviéticos e russos, com a intenção de lhe inculcar as ideias e atitudes comunistas certas. *Anna Karenina*, de Tolstoi, era considerado um livro ruim, por exemplo, porque Anna era egoísta, e "a coisa principal para uma mulher não era o amor, mas o companheirismo e o dever para com a sociedade".

Ela queria que eu fosse forte e decidida, valente e corajosa, membro ativo dos Pioneiros e da Komsomol... Queria que eu fosse dona de mim mesma, que superasse o que havia de negativo em mim, que me aperfeiçoasse constantemente, como os heróis da literatura soviética. Para mamãe, isso era a coisa mais importante — ser dono de si... Eu estava sempre sendo obrigada a fazer coisas que não queria.

RETORNO

Maria intervinha de todas as formas. A filha desejava estudar literatura e se tornar professora, mas ela fez com que fosse para o prestigioso Instituto de Engenharia Elétrica de Moscou. Marina ingressou na Komsomol e se tornou diretora de seu comitê no instituto. Tendo se formado engenheira, foi trabalhar num instituto de pesquisas na própria capital. Maria queria que ela entrasse para o Partido e lhe implorou que aceitasse o convite do secretário de sua fábrica para assim fazê-lo, pelo qual ela trabalhara muito para conseguir. Entretanto, Marina tinha ideias diferentes agora. Como muitos de seus amigos, ela estava influenciada pelo clima liberal da *détente* de Khrushchev. Segura de si e independente na forma de pensar, tornava-se cada vez mais cética em relação à política. Achava que ingressar no Partido exigiria demais dela — muito além do que estava preparada para dedicar a atividades na esfera pública. Essas ideias foram reforçadas pelo novo marido, Igor, com quem havia se casado em seu terceiro ano no instituto. Ele era um crítico do sistema soviético e discutia frequentemente com Maria, mas Marina não se interessava por esse debate político. Ela rejeitava o Partido e a política não porque tivesse refletido profundamente sobre as razões para a tragédia da família, mas, pelo contrário, porque queria esquecer o passado e começar uma "vida feliz". Seus interesses principais eram música e cinema, dançar e sua vida social com os amigos. Era estimulada a cultivar essas atividades por Igor, que ganhava bem como engenheiro e sonhava mantê-la em casa. A preocupação de Marina com a aparência provocava a desaprovação constante da mãe, cujas convicções comunistas e atitudes espartanas não deixavam espaço para aquelas diversões "pequeno-burguesas". Maria sempre andara bem-vestida e asseada. Tinha uma bela figura. Contudo, após o retorno do campo de trabalhos, ela nunca mais cuidou muito da aparência, ou sequer se importava com isso. Mal paga, não tinha condições de gastar muito com roupas ou cosméticos. Porém, de acordo com a filha, havia outra razão para sua falta de interesse nessas coisas: a vivência no campo de trabalhos a deixara em estado de profunda depressão, que se tornou ainda pior após 1955, quando descobriu sobre a morte do filho, Vladimir, no Gulag. "Depois de tudo que ela havia passado", diz Marina, ela desistiu de si e se largou. Nunca se olhava no espelho... nem usava perfume ou maquiagem... Só uma vez comprou um casaco que lhe caiu bem e, de costas, ficava elegante. Era alta e magra, com pernas esguias e tornozelos finos. Os homens nos passavam à frente na rua e se voltavam para olhá-la — mas não conseguiam entender. Ela parecia completamente diferente de frente... O cabelo grisalho e fino, e o rosto marcado por cortes.

Com pouco dinheiro, Maria vendeu o casaco e passou a vestir uma jaqueta acolchoada, como as usadas pelos prisioneiros do Gulag.[32]

Vladimir Makhnach, ex-chefe do Truste Mosgaz, que controlava o abastecimento de gás em Moscou, retornou à capital soviética em junho de 1955, após 14 anos no campo de trabalhos de Taishet. Seu filho, Leonid, um jovem de 22 anos então, ressentia-se havia muito de sua "biografia comprometedora". Nascido nas condições privilegiadas da elite soviética, tinha vivido com a mãe num estado de pobreza desesperador após a prisão do pai. Ela não tinha qualquer renda própria. Eles ocupavam um quarto num apartamento comunitário que algumas vezes era alvo de batidas da polícia, em busca de provas incriminadoras contra "parentes de inimigos do povo". Ansioso por progredir, Leonid mentiu sobre a prisão do pai quando se candidatou ao ingresso na Escola de Cinema de Moscou (VGIK). Quando o pai voltou, ele já se movimentava pelos círculos boêmios do mundo do cinema, que florescia no clima liberal da *détente*. Também fizera conhecimentos na MGB. Sua noiva, Tamara, era enteada de Naftaly Frenkel, o homem responsável pela concepção do sistema Gulag em 1929, que vivia recluso na capital soviética. Frenkel tomou-se de um forte interesse por Leonid.

O retorno de Vladimir foi embaraçoso para ele. O jovem de repente se viu confrontado por um pai que insistia em reivindicar sua autoridade sobre a esposa e o filho. O ex-prisioneiro "tinha uma personalidade difícil", de acordo com Leonid.

Ele era mal-humorado e taciturno. Não falava sobre o campo de trabalhos. Emocionalmente, fechava-se para nós. Trouxe para casa os hábitos e receios que havia adquirido lá e esperava que nos adaptássemos a eles. Não dormia na mesma cama que minha mãe, que tinha então 46 anos. Lembro-me de como certo dia ela lhe disse, em lágrimas: "Deixei de ser mulher por você!"

Apesar dos anos nos campos de trabalho, Vladimir permanecia um leninista convicto; continuava a crer que as políticas de Stalin do início da década de 1930 — a coletivização forçada da agricultura e o programa de industrialização dos Planos Quinquenais — eram essencialmente corretas. Ele próprio tinha desempenhado papel importante na execução daquelas políticas. Em sua opinião, foi apenas em fins da década de 1930 que Stalin deixou de ser comunista. Para Vladimir, o processo de retorno foi como fazer o relógio andar para trás. Ele reingressou no Partido, que o reconheceu retroativamente como membro desde 1921; reintroduziu-se no antigo círculo de trabalho e foi nomeado vice-diretor da Companhia de Combustível e Energia de Moscou, em 1956. Chegou a receber carro com chofer e uma dacha perto daquela que os Makhnach possuíam em Serebrianyi Bor. Entretanto, Vladimir não tinha muita ideia das mudanças sociais que haviam ocorrido desde sua prisão. Ele vinha da geração de camponeses que chegara à elite soviética durante a revolução industrial de Stalin, no início da década de 1930. Sua visão política era radical, mas sua atitude social era conservadora (ele tinha feito Maria parar de trabalhar quando Leonid nasceu, porque achava que "um líder de partido importante devia ter uma esposa que ficasse em casa"). Agora Vladimir esperava se tornar o patriarcal chefe do lar mais uma vez. Ele não gostava quando Leonid ficava na rua até tarde da noite, menos ainda porque os campos o haviam deixado com uma insônia severa. Havia brigas constantes entre os dois. Certa noite, o filho voltou de uma festa à meia-noite. Começou uma briga que se transformou em luta. Vladimir deu um soco na cara de Leonid, que saiu do apartamento e foi direto para a casa de Frenkel, onde permaneceu até o casamento com Tamara em 1958. Ele se recorda que, após o rompimento com Vladimir, o padrasto da esposa se tornou a figura paterna principal de sua vida. Opositor da *détente* de Khrushchev, Frenkel ainda mantinha fortes ligações com a MGB, que promoveu Leonid a diretor de cinema e encomendou seu primeiro filme, uma história de propaganda sobre espiões soviéticos na Guerra Fria.[33]

Um sentimento geral disseminado entre os sobreviventes dos campos de trabalho era a sensação de incomunicabilidade da sua experiência, de uma lacuna impreenchível entre eles e os que não tinham estado lá. Em 1962, Maria Drozdova voltou para a família em Krasnoe Selo, após 20 anos de prisão e exílio em Norilsk. "O que eu poderia dizer a eles?", escreve ela:

> Que eu estava viva e tinha retornado. Mas o que eu poderia dizer sobre minha vida lá? Como viajei de comboio até Norilsk? Como poderiam eles entender o que a palavra "comboio" significava realmente? Mesmo que eu descrevesse com o máximo de detalhes, ainda seria incompreensível para eles. Ninguém pode entender o que nós passamos. Só quem sabe o que foi aquilo consegue compreender e se solidarizar.[34]

Como muitos ex-prisioneiros, Maria se sentia muito mais próxima dos amigos de Norilsk que da própria família, e ela continuou a vê-los regularmente após ser solta. "As amizades formadas nos campos de trabalho eram para a vida toda", escreve outro ex-prisioneiro. Segundo muitos sobreviventes do Gulag, as pessoas que haviam estado juntas nos campos tendiam a se dar mais apoio umas às outras do que a família e os amigos em casa. Numa sociedade na qual ex-prisioneiros eram com frequência vítimas de preconceitos e maldades, eles criavam vínculos especiais de confiança e dependência mútua. Se os prisioneiros não conversavam com as famílias sobre os campos, faziam-no, entretanto, com os companheiros de Gulag. Eles se correspondiam, encontravam-se nas férias, visitavam-se e organizavam reuniões. Sonia Laskina tinha uma rede enorme de velhos amigos do campo de Vorkuta. Ela estava sempre hospedando um deles em seu apartamento de Moscou. Alguns eram praticamente membros da família Laskin e participavam de todos os aniversários. "O espírito de camaradagem era extraordinário", lembra-se Valerii Frid sobre os velhos amigos do campo de trabalhos de Inta. "Sem qualquer afetação, sem muita conversa, ajudávamo-nos uns aos outros." Segundo Frid, o grande escritor do Gulag, Varlam Shalamov, estava errado quando escreveu que não havia nada de positivo que um prisioneiro pudesse tirar de sua experiência nos campos. Sua própria amizade e colaboração de uma vida com o diretor de cinema Iurii Dunsky foi reforçada pelos anos que passaram juntos em Inta. "Agradeci aos campos por me ensinarem o significado da amizade", recorda-se Frid, "e por me dar tantos amigos."[35]

Alguns prisioneiros voltavam para casa com maridos ou esposas novos, que haviam conhecido "do outro lado". Para as mulheres, em particular, esses "casamentos Gulag" às vezes haviam sido motivados pela luta para sobreviver. Contudo, eles também eram baseados no entendimento e na confiança que com frequência surgiam entre os prisioneiros.

Após ser libertada do campo de trabalhos de Norilsk em 1946, Olga Lobacheva, especialista em mineralogia, permaneceu lá como trabalhadora voluntária. Casou com um geólogo chamado Vladimir, estudante voluntário da Universidade de Saratov, 20 anos mais novo que ela. Em 1956, retornaram juntos para Semipalatinsk, onde, antes de ser presa, ela tinha vivido em exílio, depois da prisão do primeiro marido, Mikhail. Olga não sabia o que acontecera a ele. Na falta de notícias, presumiu que estivesse morto e, baseada nisso, concordou em casar com Vladimir. Na verdade, Mikhail havia sido condenado a dez anos de trabalho nos campos de Karaganda. Lá, se casou com outra prisioneira, uma jovem e bela judia húngara, chamada Sofia Oklander, que lhe deu uma filha em 1948. "Também eles tinham se aproximado pela necessidade de amor e amizade nos campos", reflete o filho do casal. "Não foi culpa deles, mas meus pais se apaixonaram por pessoas mais jovens e acabaram traindo um ao outro." Em 1956, Mikhail se mudou com a nova esposa e a filha para Alma-Ata. Ele entrou em contato com Olga e foi visitá-la em Semipalatinsk. Chegou a tentar persuadi-la a voltar para ele. Todavia, Olga se recusou a perdoar o antigo marido por ter casado com Sofia sem tentar localizá-la antes.[36]

Liudmila Konstantinova também se casou com alguém que conheceu nos campos de trabalhos. Mikhail Yefimov, camponês forte e belo de Novgorod, havia sido enviado a Kolyma por uma acusação leve de "vandalismo", em 1934, e se tornou parte da equipe de trabalhadores que construiu Magadan. Em 1937, já cumprira a pena de três anos, mas não tinha dinheiro para voltar para Novgorod. Assim, permaneceu na cidade como voluntário. Liudmila o conheceu em 1938, quando havia trabalhado como prisioneira numa indústria de algodão, onde Yefimov estava instalando tubos de ventilação. Ela tinha estado em Kolyma desde 1937; não sabia o que havia acontecido ao marido após ser preso em 1936. Logo depois de conhecer Yefimov, Liudmila ficou muito doente, com uma infecção renal. Ele ajudou-a a se recuperar, comprando medicamentos e comida especiais para ela. Em 1944, Liudmila soube que as filhas, Natalia e Elena, tinham sido resgatadas de um orfanato pela avó, que as criara no exílio, numa remota cidade das estepes, Ak-Bulak. Um ano depois, quando as duas retornaram a Leningrado com a avó, Yefimov começou a lhes enviar pacotes e dinheiro. Liudmila foi solta do campo de trabalhos no outono de 1945, mas permaneceu em Magadan para ficar com Yefimov, que não recebeu permissão de se mudar para Leningrado. Em 1947, ela casou com ele. Dez anos haviam se passado desde a prisão de seu marido, e Liudmila nada soubera dele. Não conseguiu obter qualquer informação das autoridades soviéticas, presumindo então que estivesse morto.* "Não se pode manter uma pessoa esperando para sempre", escreveu ela à mãe em 1945, após conseguir o divórcio do primeiro marido. "As pessoas têm que viver no mundo real."

Liudmila não era apaixonada por Yefimov. Nas cartas à mãe, ela o descreve como "um bom camarada dos primeiros tempos de sofrimento em Kolyma". Ele era forte, bom e companheiro. Eles tiveram uma amizade duradoura, baseada na vivência do Gulag, e ela dependia do apoio emocional dele após a libertação. Em 1948, Liudmila se mudou com Yefimov para Novocherkassk, perto de Rostov-on-Don, onde viveria até a morte, em 1992. Uma vez por ano, visitava as filhas e a mãe em Leningrado. Às vezes, o marido ia com ela. Ele permaneceu uma figura distante para as enteadas, que o tratavam de "senhor" (*vy*), usado normalmente para se falar com estranhos. "Só um pouco antes de mamãe morrer, comecei a usar '*ty*'" [o equivalente a você], recorda-se Natalia. Ela e Elena permaneceram com a amada avó até esta morrer, em 1968; nunca se reuniram à mãe como família.[37]

Ilia e Aleksandra Faivisovich eram cabeleireiros em Osa, pequena cidade nos Urais, ao sul de Perm. Os dois foram presos em 1939, após

---

* Em 1989, ela descobriu que ele foi fuzilado em 1937.

denúncias de clientes de que haviam reclamado da escassez de produtos. Ilia foi condenado a dez anos num campo de trabalhos próximo a Gorkii; Aleksandra, a cinco anos num campo perto de Arkhangelsk. A filha, Iraida, foi criada pela avó até Aleksandra retornar em 1945. Quatro anos depois, Ilia foi solto. A esposa tinha esperado pacientemente por sua volta. Por fim, chegou o dia. A casa estava cheia de parentes; ela preparara um prato especial para a chegada. Porém, Ilia não apareceu. Em vez disso, sua irmã, Lida, veio de Perm e contou-lhes que ele havia chegado à casa dela com uma jovem, sua nova esposa. Aleksandra e a filha foram visitá-lo, uma cena que Iraida se lembra:

> A porta abriu e ali estava meu pai — não o víamos havia dez anos. Ele me deu um abraço e me beijou... Nina [a nova esposa] estava de pé na sala. Mamãe começou a chorar. Lida tentou acalmá-la: "O que você poderia esperar depois de dez anos sem se verem?", disse ela. Mamãe continuou a chorar. Papai me puxou para perto dele, como se quisesse dizer que não havia nada que eu pudesse fazer. Ele vinha bebendo muito e estava bêbado, eu acho. Mamãe começou a blasfemar contra ele. "Você arruinou minha vida! Destruiu nossa família!", gritava ela... "Por que você não me escreveu dizendo para eu não esperar?"

Aleksandra sofreu um colapso nervoso e passou quatro meses num hospital psiquiátrico. Ilia e Nina se estabeleceram numa pequena cidade perto de Sverdlovsk, onde moravam numa velha casa de banhos. Eles haviam se conhecido no campo de trabalhos, onde Nina, uma jovem médica de Leningrado, estava trabalhando no hospital. Ela salvara a vida de Ilia quando ele foi trazido com severas ulcerações, causadas pelo frio, após ter caído de exaustão, derrubando árvores, sem comer, e não fora encontrado por vários dias. Ela se apaixonou por ele. Ilia voltou dos campos inválido. Dependia dela até para andar. Uma vez por ano, ele visitava Aleksandra e Iraida em Osa. Às vezes, escrevia-lhes, mas a família nunca mais foi unida. Após a morte de Nina, em 1978, a filha tentou persuadir o pai a voltar para a mãe, mas ele se casou com outra. Aleksandra continuou sem marido. Nunca conseguiu superar a traição de Ilia. Segundo Iraida, ela ainda era apaixonada por ele. Mantinha sua fotografia ao lado da cama e a tinha consigo quando morreu.[38]

Zinaida Levina foi uma das fundadoras da Organização Pioneiros na Ucrânia, onde nasceu de família judia em 1904. Foi presa em 1937 e condenada a oito anos nos campos de trabalho de Kolyma. O marido, Daniil, engenheiro, também foi preso por ser "parente de uma inimiga do povo" e exilado por três anos no Turcomenistão (após ser solto, serviu no exército, foi ferido na frente de batalha e depois evacuado para a Sibéria). Sua filha, Larisa, que tinha 4 anos quando os pais foram presos, foi criada pela avó no apartamento comunitário que a família morava em Kiev. Em 1945, Daniil retornou da Sibéria com uma esposa nova, Regina, e uma filha. Eles se mudaram para dois cômodos pequenos, onde as três irmãs dele também moravam. Larisa foi viver com eles. Deu-se bem com a meia-irmã, mas era odiada por Regina e as tias. Segundo ela, Daniil havia abandonado e se divorciado de Zinaida porque tinha medo de ser preso de novo na volta do exílio, se ainda estivesse casado com uma "inimiga do povo". Entretanto, a mãe de Zinaida, que via o genro como um mulherengo, achava que ele havia simplesmente tirado vantagem da prisão da esposa para casar com Regina, que era jovem e bela, e se recusava a visitá-los. Afastada dessa forma da avó, a situação de Larisa na casa do pai se tornou mais difícil.

Após ser libertada em 1946, Zinaida recebeu ordens do Estado para ir morar em Zvenigorodka, uma cidade pequena perto de Kiev. Um dia, ela apareceu no apartamento da mãe com um garoto pequeno, chamado Valerii, e apresentou-o como seu filho. Nos campos de Kolyma, Zinaida ficara sabendo sobre o massacre da população judia de Kiev, em Babi Yar, em setembro de 1941. Receando que sua família tivesse sido morta, resolveu ter outro filho antes que fosse tarde demais (estava com 37 então) e deu à luz a Valerii em 1942. Ela se recusava a dizer quem era o pai (e levou o segredo para o túmulo), mas todos presumiam que fosse um guarda da prisão. Em 1949, Zinaida foi presa de novo como "elemento antissocial" (era o auge da campanha contra os judeus) e condenada a três anos nos campos de trabalho de Potma (mais tarde, foi exilada para Dzhambul, no Cazaquistão). Valerii foi recolhido pela avó; mas alguns meses depois, a senhora, que já era de idade, morreu. Larisa implorou ao pai que resgatasse Valerii. Sentia-se responsável pelo meio-irmão, um garoto difícil, com problemas sérios de comportamento: "Alguma coisa me fez amá-lo. Eu tinha esse sentimento de responsabilidade. Vinha do coração. Eu não tinha família e queria protegê-lo como se fosse meu." Valerii, contudo, foi entregue a um orfanato pelas irmãs de Daniil, que eram de opinião que o Estado é quem deveria tomar conta do filho de um guarda de prisão. Valerii ficou desaparecido até 1953, quando escreveu a Larisa de outro orfanato, em Uzhgorod, no oeste da Ucrânia. Ela foi pegá-lo e o levou para a mãe em Dzhambul, onde viveram todos durante os dois anos que se seguiram. "Naquela época", recorda-se Larisa,

> Eu mal conhecia minha mãe. Eu nunca tinha morado realmente com ela e aquela vez, de 1953 a 1954, foi a primeira... Ela me sufocava com seu amor... Eu me sentia oprimida com aquilo... Mas logo descobri a alegria do amor de família.

Em 1955, Zinaida se apaixonou por outro exilado judeu em Dzhambul, um homem que perdera a família em Babi Yar. Ele a ajudava com Valerii e o amava como a um filho. Eles se casaram em 1956. Livres do exílio, retornaram a Kiev, onde começaram vida nova como uma família.[39]

Para alguns prisioneiros, a vida familiar já não era possível. Eles sentiam muito medo — de desilusões, de se tornarem um fardo, de serem incapazes de se relacionar.

Natalia Iznar nasceu em 1893 numa família de advogados de São Petersburgo. Na década de 1920, trabalhou como artista gráfica e cenógrafa no Teatro de Artes de Moscou e no Estúdio da Ópera, de Stanislavsky. Em 1932, divorciou-se do primeiro marido e casou com Grigorii Abezgauz, um funcionário subalterno do Comissariado de Educação e Artes. Em 1937, ele foi preso e fuzilado. Natalia também foi presa e condenada a oito anos no campo de trabalhos de ALZhIR. Após ser libertada, em 1946, ela permaneceu em Dolinka, onde trabalhava como artista plástica no Departamento de Política do MVD, responsável pela arte e pelo teatro de propaganda nos campos de trabalho. Natalia tinha parentes em Moscou e Leningrado, além de uma filha do primeiro casamento. Todavia, preferiu permanecer nas instalações do Gulag a voltar para a família. Anos de separação no campo de trabalhos haviam rompido algo dentro dela, algo que não tinha mais conserto. Ela escreveu à cunhada em Moscou para explicar:

Chistye Prudy, 15 — Apto. 27
Elena Moiseyevna Abezgauz

Minha querida, é uma sorte que Liudmila Aleksandrovna [uma amiga de ALZhIR] possa entregar esta em mãos. Finalmente, poderei explicar de uma forma que você entenda. Seis semanas se passaram desde que ganhei minha liberdade e, no entanto, esta é minha primeira carta. Como posso explicar? É doloroso ter de reconhecer que, após longos anos de separação, existe agora um afastamento insuperável entre nós. Neste curto período de minha assim chamada liberdade, dei-me conta de que não conseguirei mais me sentir próxima de vocês. Quando penso em retornar, sou tomada pelo pensamento terrível de que não sou mais necessária, de que não há lugar para mim e de que não serei de nenhuma ajuda para vocês. Perdi a confiança de uma mãe. Sou uma pessoa diferente após todos esses anos — tornei-me mais sóbria. Quero trabalhar. Estou tentando me educar a viver sem a sensação de que preciso de uma família, a erradicar este sentimento até o ponto em que parecesse nunca ter existido dentro de mim. Não há nada que eu necessite a não ser meu trabalho... Liudmila Aleksandrovna vai lhe contar tudo sobre a maneira como vivo, minha personalidade, aparência e assim por diante. Ela é a pessoa mais cara para mim neste mundo, mais chegada do que qualquer família poderia ser, porque esteve comigo e viveu as mesmas coisas no campo de trabalhos. É uma alegria tão grande quando se encontra uma pessoa que é absolutamente boa... Sinto que perdi todos vocês dentro de mim. Não sinto mais necessidade de uma família — esse sentimento morreu em mim... Não é algo ruim. É apenas o que aconteceu.[40]

3

Quando Sonia Laskina foi libertada do campo de trabalhos de Vorkuta, recebeu duas coisas: um alvará de soltura assinado por dois administradores e uma passagem de trem, de segunda classe, para Moscou. Ela tinha família, emprego e apartamento para retornar. Outros prisioneiros tiveram muito menos sorte. Não tinham para onde ir: as famílias haviam se dissolvido ou se mudado, as casas tinham desaparecido ou sido tomadas por outros, ou estavam proibidos de voltar às cidades onde tinham morado. Banidos dos grandes centros, muitos ex-prisioneiros eram forçados a levar uma existência marginal em habitações temporárias, onde quer que conseguissem ser registrados como residentes pelas autoridades soviéticas, que relutavam muitas vezes em conceder esses direitos a ex-"criminosos". A luta para superar os obstáculos legais e a discriminação institucionalizada, que os impediam de voltar às suas cidades e lares, era longa e complicada.

Em 1953, aos 78 anos, Liudmila Tideman (nascida Obolenskaia) retornou a Leningrado, vinda de Orenburg, onde tinha vivido exilada desde 1935. A mais velha das três tias Obolensky de Simonov, Liudmila foi a única a sobreviver às agruras do exílio (Dolly e Sonia haviam morrido em Orenburg). Após muitas solicitações, recebeu permissão do Soviete da cidade para retornar ao seu antigo quarto num apartamento comunitário, onde vivera com o filho e a filha antes de ser presa. Ao chegar, no entanto, o comitê da moradia se recusou a registrá-la como residente, pela razão de que três pessoas de sua família já tinham morado ali anteriormente e, portanto, ela não poderia fazê-lo sozinha. Durante semanas, Liudmila ficou em filas de delegacias de polícia, do departamento local de moradia, do Soviete da cidade e de vários outros órgãos, num esforço para estabelecer seu direito de ocupar o quarto sozinha. "O lado mais repugnante disso tudo foi que, em todos os lugares, eles achavam que eu era uma vigarista", escreveu ela a Simonov. "Diziam que eu tinha listado nomes a mais [na ordem de moradia do Soviete] a fim de receber mais espaço". As autoridades não permitiam que vivesse lá sozinha, alegando, segundo ela, que "não cometiam erros", e assim o caso se arrastava. Meses depois, Liudmila finalmente recebeu permissão de retornar para casa.[41]

A secretária particular de Simonov, Nina Gordon, passou por uma época igualmente difícil. O marido, Iosif, fora preso de novo e enviado como punição para Krasnoiarsk, onde Nina se reuniu a ele em 1951. Na volta do casal para Moscou em 1954, eles ficaram com Simonov até encontrarem um local para morar. Embora Nina e Iosif fossem moscovitas, provou-se impossível registrá-los como residentes, mesmo com a ajuda de Simonov, que escreveu ao Soviete da cidade — e até para o chefe da milícia de Moscou — em nome desse "casal de trabalhadores honestos que passou por tantos infortúnios nos últimos anos". Por fim, eles receberam permissão de permanecer em Moscou por um ano e se mudaram para um apartamento comunitário, que Simonov lhes conseguiu. Iosif encontrou emprego no Estúdio de Cinema Gorki, enquanto Nina voltou a trabalhar para Simonov. Porém, seu direito de residência foi logo anulado, sem nenhuma razão aparente, e o casal foi informado de que teria de deixar a capital em um mês. Simonov protestou em carta ao chefe do MVD de Moscou:

A conclusão é simples: uma pessoa que não cometeu qualquer crime, que passou muitos anos na prisão e no exílio e que por fim retornou ao trabalho do qual foi injustamente afastada, está sendo forçada a deixá-lo de novo e a ir embora. A esposa, que já havia saído do emprego uma vez para ficar com o marido, tem agora de abrir mão de sua ocupação novamente e abandonar a cidade natal, se quiser permanecer ao seu lado. Isto não é apenas injusto, é desumano.

Graças à petição de Simonov, o casal recebeu permissão para permanecer temporariamente em Moscou. Eles moraram em oito quartos e apartamentos diferentes no decurso dos quatro anos seguintes, até conseguirem por fim o registro de residência permanente. Em 1958, Simonov conseguiu colocá-los numa lista de espera por um apartamento particular num conjunto habitacional que estava sendo construído para os empregados do Estúdio de Cinema Gorki. A construção foi, contudo, adiada, o que forçou o casal a procurar mais uma vez acomodações temporárias. Só em 1966, um pouco antes da morte de Iosif, o casal conseguiu ter um apartamento próprio.[42]

Encontrar trabalho era tão difícil quanto achar um local para morar. Os funcionários dos Sovietes desconfiavam, em geral, de ex-prisioneiros, e muitos empregadores continuavam a vê-los com receio, como causadores de problemas em potencial e "inimigos do povo". Ao retorno dos prisioneiros políticos, seguiu-se a libertação dos criminosos comuns dos campos de trabalho, consequência da anistia de março de 1953. A maioria da população soviética não fazia distinção entre os "políticos" e os criminosos. Todos associavam as solturas do Gulag ao aumento da criminalidade e do "vandalismo" após 1953 (da mesma forma que as ligavam à reaparição "das ameaças e dos inimigos internos", depois do Levante Húngaro de 1956, quando a imprensa soviética transbordava de propaganda sobre o assunto). Mesmo após sua reabilitação, recusava-se trabalho a muitos ex-prisioneiros. O próprio fato de terem sido reabilitados era, com frequência, uma razão para preconceito e suspeita entre os patrões, que não queriam correr o risco de empregar uma pessoa que havia sido rotulada de "criminosa" política havia apenas alguns anos. Um ex-prisioneiro se recorda de um dono de fábrica, em Kharkov, dizer-lhe que "mesmo tendo sido reabilitado, aos seus olhos, eu ainda era uma pessoa com um passado vergonhoso". Até a condenação explícita dos crimes de Stalin por Khrushchev, no Vigésimo Congresso do Partido em 1956, a atitude do povo em relação aos prisioneiros do Gulag que retornavam oscilava entre a desconfiança e a hostilidade. As pessoas tinham medo de ter qualquer ligação com os antigos "inimigos" que voltavam dos campos de trabalhos. A visão deles evocava lembranças embaraçosas, às vezes até sentimentos de culpa e vergonha em muitos cidadãos, que haviam tido uma existência relativamente confortável, enquanto seus compatriotas definhavam nos campos de trabalhos. A maioria das pessoas preferia tirar os ex-prisioneiros da vista e da cabeça, da mesma forma como durante o reinado de Stalin tinham evitado qualquer menção aos milhões de desaparecidos. Lev Kopelev se lembra de que, após seu retorno dos campos, sentia-se desconfortável com as pessoas bem-sucedidas, que haviam conseguido evitar os expurgos da era stalinista, e preferia a companhia daquelas que "não haviam tido sorte, de alguma forma". Com elas, ao menos, ele tinha certeza de que não estava na presença de alguém que tivesse feito carreira colaborando com o sistema de repressão.[43]

O problema de se encontrar trabalho e moradia era tão crítico que alguns ex-prisioneiros terminavam retornando aos campos de trabalhos. Após 1953, muitos deles permaneceram em operação como zonas econômicas especiais, empregando, nominalmente, trabalho livre, em especial prisioneiros libertados. Eles recebiam salário, mas não tinham liberdade para deixar os assentamentos longínquos, em virtude de restrições legais sobre sua movimentação. Havia também aqueles que preferiam ficar nos campos e assentamentos, porque não se sentiam prontos para retornar à sociedade. Em alguns campos, os velhos galpões ainda eram habitados por ex-prisioneiros já na década de 1960. Havia casos até em que eles cometiam pequenos crimes a fim de serem presos e mandados de volta aos campos, onde ao menos tinham certeza de que receberiam uma ração de pão.[44]

Após seu retorno dos campos de Kolyma em 1953, Ivan Uglitskikh não conseguiu encontrar trabalho nem local para morar em sua cidade natal, Cherdyn; a polícia se recusou a lhe conceder o documento necessário para o direito de residência. Ele viajou pelo país em busca de trabalho, vivendo do dinheiro que tinha economizado como eletricista em Kolyma. Primeiro, foi para Moscou. Seu grande sonho era ver a Praça Vermelha. Entretanto, encontrava-se tão mal-vestido, com seu casaco acolchoado do campo de trabalhos, todo remendado, que foi detido de imediato pela polícia e expulso. Ficou proibido de ir a Moscou. Depois, foi para Novozybkov, uma cidade pequena na região de Briansk, a sudeste da capital, onde sua ex-esposa estava morando com o novo marido e os dois filhos, mas não conseguiu arranjar trabalho lá. Em seguida, foi para Donbass, na esperança de conseguir emprego nas minas, mas não havia lugar para ele morar e, sem o registro de residência, ninguém o empregaria. Ele encontrou o mesmo problema em Zhdanov e Taganrog. Após meses de busca desesperada, Ivan acabou numa fazenda estatal perto do mar de Azov, onde todos os trabalhadores viviam em buracos cavados no chão, mas nem ali encontrou emprego: uma olhada no alvará de soltura, de Kolyma, foi o suficiente para os administradores da fazenda o rejeitarem. Ivan finalmente conseguiu trabalho quando decidiu retornar a Kolyma. No caminho para lá, parou em Krasnokamsk com a intenção de visitar a família do irmão, que estava vivendo nos galpões de um antigo campo de trabalhos. Ele abordou um funcionário da olaria ao lado do campo e pediu emprego. Embora tenha sido recusado inicialmente, um relógio de pulso como suborno persuadiu o funcionário a mudar de ideia. Ivan permaneceu na olaria até sua aposentadoria em 1981.[45]

RETORNO

Entre 1953 e 1957, estima-se que 612 mil prisioneiros tenham sido reabilitados, muitos deles postumamente, pelas autoridades soviéticas. Na retórica de sua liderança, o processo de reabilitação significava a restauração da verdade — reviver a fé dos princípios de justiça estabelecidos em 1917 — e, visto de fora, possuía algo de natureza idealista. Entretanto, do ponto de vista das pessoas comuns que tentavam readquirir seus direitos civis, a realidade prática era muito diferente. Para elas, aquilo significava uma série de longas e humilhantes idas a repartições, onde tinham de enfrentar filas, preencher formulários e batalhar junto a funcionários que eram com frequência hostis à sua causa. Não era incomum que um ex-prisioneiro tivesse de escrever uma dúzia de cartas, a fim de que suas solicitações fossem atendidas pelas autoridades soviéticas, apesar do processo de revisão e reabilitação judicial ter sido acelerado após 1956. Às vezes, os litigantes eram intimados a comparecer diante de uma comissão nos escritórios do MVD ou do Ministério da Justiça, lugares que inspiravam medo a ex-prisioneiros, que muitas vezes iam com seus casacos de inverno, acompanhados por parentes em lágrimas, convencidos de que eles estavam para ser enviados de volta aos campos de trabalho. Não é de surpreender que esses temores e dificuldades desanimassem muitas pessoas a se candidatarem à reabilitação (o que era provavelmente a intenção das autoridades). As revisões judiciais e os procedimentos burocráticos requeridos tramitavam sob extrema má vontade. Os funcionários soviéticos possuíam um motivo óbvio para tanta pachorra: muitos haviam sido promovidos com base nos casos que haviam fabricado contra "inimigos do povo" e tinham medo de ser processados se essas injustiças viessem à luz. Algumas tentativas de se tirar alguma coisa desses casos eram mesquinhas e ridículas. Um veterano de guerra, por exemplo, fora condenado em 1947 a dez anos de trabalhos forçados por "propaganda antissoviética" (ele havia contado algumas piadas "antissoviéticas"). Em 1954, teve a pena reduzida para cinco anos após uma apelação e foi solto imediatamente. O procurador da investigação, em sua revisão judicial, decidiu que as piadas não eram assim tão antissoviéticas. Contudo, justificou o processo original (e por isso se recusou a anular a ação e reabilitar o prisioneiro) com base em que uma delas era capaz de ser entendida como antissoviética.[46]

Finalmente, quando a reabilitação era concedida, ela vinha sem qualquer pedido de desculpas pela prisão injusta do cidadão, muito menos pelos anos desperdiçados nos campos de trabalhos. Aos olhos de muitos funcionários, a reabilitação de um ex-criminoso não apagava sua culpa. Um importante membro da KGB fez lembrar a um ex-prisioneiro em 1960: "A reabilitação não significa que você era inocente, apenas que seus crimes não foram muito graves. No entanto, sempre fica alguma coisa."[47]

Para muitas pessoas, a necessidade de reabilitação era tão forte que nenhum obstáculo conseguia detê-las. Era algo particularmente importante para ex-membros do Partido e para os que haviam se dedicado aos valores públicos da Revolução de 1917. O reconhecimento de sua dignidade cívica era fundamental para a autoestima. Pela mesma razão, muitas delas queriam ser reintegradas ao Partido. Só quando recebiam a carteira de membro se sentiam revalidadas por completo como cidadãs soviéticas. A viúva de um "inimigo do povo", que passou 12 anos no campo de trabalhos de ALZhIR, se recorda do orgulho que sentiu, quando recebeu a pensão do marido e a notícia de que este havia sido postumamente reintegrado às fileiras do Partido. Como viúva de um membro do Partido, ela teve direito a muitos benefícios especiais que não eram concedidos a outras famílias vítimas da repressão (e isso lhe deu uma visão distorcida sobre a posição dos reabilitados, em geral), mas aquelas vantagens eram importantes para ela, acima de tudo como símbolo de sua reintegração à sociedade:

Politicamente, e como cidadã, senti que era uma pessoa completa de novo. E mais ainda, tornei-me a "heroína do dia" num certo sentido. Os que eram reabilitados no Partido tinham seu status social aumentado. Éramos colocados em primeiro lugar nas filas por moradia, férias, auxílio financeiro e assim por diante.[48]

Para outros, a reabilitação era importante porque devolvia o significado às suas vidas e crenças políticas. Apesar das injustiças que haviam sofrido, muitas pessoas ainda mantinham um firme compromisso com o ideal soviético. Essa convicção dava sentido às suas existências e, talvez, aos seus sacrifícios. Muitas delas chegavam a sentir orgulho diante da ideia de que seu trabalho forçado nos campos tinha dado uma contribuição à causa soviética, como Aleksandr Degtiarev, acadêmico do Instituto de Agronomia Lenin, explicou ao jornalista Anatoly Zhukov na década de 1970:

> Desencavei com as mãos tantos metais preciosos no campo de trabalhos que poderia ter ficado milionário. Essa foi minha contribuição ao sistema comunista. E o fator mais importante que garantiu minha sobrevivência sob condições tão duras foi minha crença inabalável e inextinguível em nosso Partido Leninista e seus princípios humanos. O Partido manteve vivo nosso entusiasmo e nossa consciência, ajudou-nos a lutar. A reintegração às fileiras do Partido Comunista foi a maior felicidade de toda a minha vida.[49]

Havia outra categoria de pessoas que buscava a reabilitação porque achava que isso limparia a nódoa ligada a seu nome. Maria Drozdova, que foi solta dos campos de Norilsk, só sentiu que estava livre de verdade depois de ser reabilitada: "Foi só então que consegui olhar as pessoas nos olhos, com um sentimento de honra e orgulho. Ninguém poderia mais me xingar."[50]

A reabilitação foi um grande alívio para a família Turkin, que havia sido estigmatizada por ser parente de um "inimigo do povo" desde 1936, quando Aleksandr Turkin, bolchevique veterano e jornalista, nascido em Perm, foi preso, acusado de ser "trotskista". Durante 20 anos, sua esposa e suas duas filhas acreditaram que ele fosse culpado de algum crime contra o Estado: foi o único jeito que elas encontraram para explicar a hostilidade dos antigos amigos e vizinhos. Sua sogra recortara o rosto dele do retrato de família que ficava na sala ("Se temos um inimigo entre nós, devemos removê-lo imediatamente") e, desde então, a família evitara sequer mencioná-lo. Assim, quando sua esposa soube que ele era inocente e conseguiu, depois, sua reabilitação por meio de um recurso, foi uma libertação para a família. Por fim, podiam falar, sem nenhum sentimento de vergonha, sobre o marido e o pai que haviam perdido.* "Quando as pessoas souberam que meu pai tinha sido

---

* Com o certificado de reabilitação, os Turkin receberam a informação de que Aleksandr tinha morrido num campo de trabalhos, poucas semanas após ser preso, em 1936. Ele estava com 52 anos então.

reabilitado, elas começaram a ter uma atitude mais suave com relação a nós", recorda-se a filha de Aleksandr, Vera. "Moralmente, foi importante, porque nós também tínhamos dúvidas sobre ele, e ficou claro que estávamos erradas."[51]

Nem todos, entretanto, viram a reabilitação como uma resposta adequada. Alguns eram de opinião que sempre haviam sabido que eram inocentes e de que não precisavam da justificação de um sistema que se provara injusto. Este ponto de vista era frequentemente encontrado entre membros mais velhos do Partido, seguidores de Lenin, que viam Stalin como um "contrarrevolucionário". Outros, como Lev Netto, um dos líderes do levante de Norilsk, que foi solto em 1956, recusaram-se a se candidatar à reabilitação, "por princípio". Falando pelos camaradas de rebelião, Netto explica: "Todos nós sentíamos que não precisávamos de perdão do Estado, que era culpado de um crime contra nós. Tratava-se de uma questão de respeito próprio e dignidade."[52]

Para muitos membros do Partido e suas famílias, a reabilitação não era o suficiente para fazer justiça se não viesse acompanhada pela reintegração ao próprio Partido (que queria dizer também que haviam recebido uma compensação extra do Estado). Contudo, o processo de reintegração era extremamente lento, em particular nas províncias, onde muitas organizações do Partido continuavam a ser dirigidas pelos chefes antigos, que haviam ascendido ao topo fabricando casos contra "inimigos do povo" e se arriscavam a perder tudo se reconhecessem então seus erros. Aleksandr Turkin foi um entre 30 bolcheviques de Perm presos de forma injusta como "trotskistas" em 1936. Ao tempo de sua reabilitação, em 1956, a imprensa local levantou a questão de sua reintegração ao Partido, mas, apesar dos esforços da família, o assunto depois foi enterrado pela organização do Partido, até voltar à baila no período da *glasnost*, na década de 1980. Mesmo então, os líderes da cidade remancharam: nenhum dos 30 bolcheviques foi reintegrado ao Partido até sua extinção em 1991.[53]

A menos que tivessem sido reintegrados ao Partido, a compensação oferecida a ex-prisioneiros após a reabilitação era tão irrisória que muitos deles se recusavam a recebê-la. Quando Zinaida Bushueva foi reabilitada em 1957, concederam-lhe dois meses de salário, calculados em valores de 1938, ano em que foi presa, como compensação pelos oito anos passados nos campos de trabalhos de ALZhIR, e uma soma equivalente pelo marido, fuzilado em 1938 e reabilitado postumamente "por incapacidade de se provar as acusações" contra ele. Ela usou o dinheiro para comprar um casaco para cada filha, um terno para o filho e uma mesa com seis banquinhos para o apartamento de uma peça só que haviam recebido do Soviete de Perm.[54]

Olga Adamova-Sliuzberg se candidatou à reabilitação para ela e o marido em 1954. Esperou dois anos para receber o certificado, no qual se declarava que o caso havia sido revisado e as acusações tinham sido retiradas por falta de provas. "Eu paguei por esse erro com 20 anos e 41 dias de minha vida", escreve ela. Como compensação, teve direito a dois meses de pagamento referentes a ela e ao falecido marido, e mais 11 rublos e 50 copeques como ressarcimento pelos 115 rublos que estavam em posse dele no momento de sua morte. Na sala de espera da repartição, no prédio do Soviete Supremo, em Moscou, onde recebeu essa dádiva, havia outras 20 mulheres, todas recebendo certificados semelhantes. Entre elas, uma senhora de idade, ucraniana, que ficou histérica ao saber quanto valia a vida do filho:

A velha senhora ucraniana começou a gritar: "Eu não preciso do dinheiro de vocês pelo sangue do meu filho. Fiquem com ele, assassinos!" Ela rasgou o certificado e o atirou no chão.

O soldado que estava distribuindo os certificados se aproximou dela: "Acalme-se, cidadã", disse ele.

Entretanto, a velha começou a gritar de novo: "Assassinos!" Ela cuspiu no rosto dele e começou a sufocar em meio à sua cólera. Um médico entrou correndo com dois assistentes e a levou embora. Todos permaneceram quietos e em silêncio. Aqui e ali se ouviam sons de soluços abafados. Eu mesma senti dificuldade em me conter... Voltei ao meu apartamento, do qual nenhum policial poderia agora me expulsar. Não havia ninguém em casa, e eu podia chorar à vontade. Chorar por meu marido, que pereceu nos porões da Lubianka aos 37 anos, no auge de suas faculdades e de seu talento; por meus filhos, que cresceram órfãos, estigmatizados como filhos de inimigos do povo; por meus pais, que morreram de pesar; pelos

20 anos de tortura; e pelos amigos que não viveram para ser reabilitados, mas que jazem sob a terra congelada de Kolyma.[55]

Milhões de pessoas jamais retornaram dos campos de trabalho. Para seus parentes, que raramente eram informados sobre onde estavam ou o que lhes acontecera, os anos após 1953 foram de uma longa e agonizante espera por sua volta ou por notícias sobre seu destino. Em muitos casos, só na década de 1980, quando a "abertura" ou *glasnost* se tornou o lema do governo soviético, ou até depois do colapso do regime em 1991, esta espera chegou ao fim.

Zinaida Bushueva nunca soube que o marido fora fuzilado em 1938. Até sua morte, em 1992, não sabia se estava morto, caso em que poria luto por ele, ou se permanecia vivo e não tinha desejado voltar para a família, caso em que teria concluído que ele realmente fora culpado.[56]

Afanasia Botova continuava a crer que o marido ainda poderia estar vivo até ela morrer, em 1981. Ele fora preso no trabalho em 1937, nas oficinas de motores da estação de trem de Perm. Foi enviado a Bamlag, o complexo Gulag projetado para a construção da linha férrea Baikal-Amur e, de lá, para um campo próximo a Magadan, onde, como a filha, Nina, foi informada em 1989, ele morreu de exaustão em novembro de 1940. Afanasia nunca soube disso. Ela recebeu um bilhete dele em janeiro de 1941: "Até agora, ainda estou vivo. A temperatura é de menos 50 graus." Por 40 anos, este pequeno pedaço de papel desbotado foi suficiente para ela se agarrar à esperança de que o marido voltaria.[57]

Elena Cherkesova se agarrou à crença de que o marido estava vivo até morrer, em 1982. Vsevolod, geólogo do Instituto de Mineração de Leningrado, foi preso em 1937 e condenado ao fuzilamento em fevereiro de 1938. Antes da execução, foi-lhe permitido telefonar à esposa. Ele lhe falou que nunca mais se veriam de novo, mas não contou que estava para ser executado, dizendo-lhe em vez disso, por ordem dos algozes, sem dúvida, que fora condenado "sem direito à correspondência". Como milhões de outros familiares com entes queridos nos campos de trabalho, Elena não compreendeu que "sem direito à correspondência" era o código Gulag para a pena de morte. Após 1953, ela presumiu que a condenação houvesse terminado e assim tentou então sair em seu encalço. Pediu informações no quartel-general do MVD em Leningrado e escreveu à Procuradoria Soviética em Moscou, mas nenhum funcionário lhe dizia nada. Pouco depois da ida ao MVD, Elena recebeu a visita de uma mulher estranha, que lhe disse ter sido prisioneira no mesmo campo que Vsevolod e que o vira lá alguns anos antes. A mulher incentivou Elena a crer que o marido ainda vivia.[58]

Isso era um ardil comum do MVD para enganar os parentes de prisioneiros executados. Os funcionários do Soviete tinham muito cuidado em encobrir os fatos de suas mortes. A preocupação principal era ocultar o grande número de execuções ocorridas em 1937-38, alegando que as pessoas eliminadas naqueles anos haviam morrido depois, em geral durante os anos da guerra. Eles forjavam atestados de óbito e informavam as famílias que os prisioneiros tinham morrido de ataque do coração ou de outras doenças quando, na verdade, haviam sido suprimidos muitos anos antes.

Ida Slavina solicitou a reabilitação do pai em 1955. Juntamente com o certificado, ela recebeu um atestado de óbito do cartório de Leningrado, declarando que ele havia morrido de um ataque do coração em abril de 1939. Ida ficou intrigada porque, em 1945, tinha sido informada pelas autoridades soviéticas de que o pai estava vivo. Ela foi até o quartel-general do MVD em Leningrado, onde foi aconselhada a confiar na evidência do atestado de óbito. Dez anos depois, em 1965, quando pediu informações a KGB em Moscou, recebeu a mesma orientação. Ida continuou a crer nesta versão até 1991, quando teve acesso à pasta do pai nos arquivos da KGB e descobriu que ele fora fuzilado três meses após ser preso, em 28 de fevereiro de 1938. Na pasta, ela também encontrou uma ordem de um funcionário da KGB, de 1955, a qual dizia que, "por razões de segurança nacional", Ida deveria ser informada que o pai tinha morrido de ataque cardíaco em 1939.[59]

Irina Dudareva nunca abriu mão da esperança de que encontraria o marido, após este ser preso na cidade sulista de Azov, onde era líder do comitê do Partido, em 30 de agosto de 1937. Dez anos depois, ela ainda não sabia nada sobre ele, mas achava que deveria estar para ser solto. Assim, começou a escrever ao MVD e a todos os campos de trabalho, cujos nomes e endereços ela havia juntado pedindo a familiares de outros prisioneiros, detidos na região de Rostov, onde morava. Pouco tempo depois, recebeu a visita de um homem, ex-colega de Partido do marido em Azov, que disse tê-lo visto num campo de trabalhos, onde, segundo ele, estava vivo e bem. Irina continuou escrevendo às autoridades, que a informaram de que o marido estava vivo, mas ainda cumprindo pena "sem direito à correspondência". Depois de 1953, ela começou a escrever com mais frequência, assumindo que ele já deveria ter sido solto, uma vez que nunca ouvira falar de alguém cumprindo mais de 15 anos nos campos de trabalho; achava que seria avisada se sua pena tivesse sido prorrogada por alguma razão. Finalmente, em 1957, Irina recebeu um certificado declarando que o marido morrera de uma doença em 1944. Isso foi tudo que ela soube até morrer em 1974. Em 1995, entretanto, sua filha, Galina, teve acesso à pasta do pai nos arquivos da KGB, na qual estava declarado que ele havia sido executado na noite em que foi preso.[60]

4

"Agora, os que foram presos retornarão, e dois russos olharão um para o outro nos olhos: aquele que enviou essas pessoas para os campos de trabalhos e o que voltou."[61] Com estas palavras a poeta Akhmatova antecipou o drama que se desenrolava quando os prisioneiros retornavam dos campos para confrontar colegas, vizinhos e amigos que os haviam denunciado.

Em 1954, Maria Budkevich voltou ao apartamento comunitário em Leningrado, onde vivera com o irmão e os pais até a prisão destes em 1937. Os dois quartos haviam sido ocupados pelos vizinhos de porta, um casal com três filhos. A esposa mantivera relações muito amigáveis com os Budkevich até as prisões em massa de 1937, quando os denunciou como "contrarrevolucionários" e "espiões estrangeiros" (o pai de Maria era de origem polonesa). Chegara a declarar que a mãe de Maria era prostituta e trazia clientes para casa. Em 1954, a mesma mulher, agora envelhecida, emaciada e com longos cabelos brancos, estava residindo sozinha nos quartos — os filhos tinham crescido e deixado o apartamento, e o marido havia sido enviado para um campo de trabalhos em 1941. Maria precisava que a mulher assinasse um documento comprovando o fato de que a família residira lá. Ela havia conseguido a reabilitação dos pais, que foram ambos fuzilados em 1937, e necessitava do documento para se candidatar a uma compensação pelo espaço residencial e pelos pertences pessoais que tinham sido confiscados dos Budkevich à época de sua prisão. O rosto da mulher ficou lívido quando ouviu o nome de Maria. "Eu não achei que vocês iriam voltar", disse ela. Maria explicou o propósito de sua visita e garantiu à mulher que não tinha qualquer intenção de reivindicar a moradia. A ex-vizinha convidou-a a se sentar enquanto lia e assinava o documento. Maria olhou em torno e reconheceu a coleção de potes de cerâmica da mãe, o sofá de couro que o pai trouxera de Minsk, almofadas, abajures e cadeiras, objetos que lhe eram familiares desde a infância. Depois de assinar, a mulher lhe pediu que se sentasse com ela no sofá. "Existe algo que preciso lhe dizer", sussurrou ela. Ela contou então a Maria que, logo depois de ser preso, seu marido havia lhe escrito uma carta do campo de trabalhos, que ela destruiu por medo. Ele lhe escrevera para dizer que, durante o interrogatório, eles lhe tinham quebrado todos os dentes, que achava que jamais retornaria dos campos e que ela não deveria esperar por ele, mas se casar com outro homem. O marido jamais voltou. Ela estava contando aquilo a Maria, explicou, porque queria que entendesse que também havia sofrido e sentia pelo que acontecera a seus pais.[62]

Iurii Shtakelberg foi preso em 1948 sob a acusação de pertencer a um grupo de "estudantes judeus nacionalistas" da Universidade de Leningrado. Alegou-se que o grupo foi organizado e financiado por um barão alemão para ser um "círculo de espiões" contra a União Soviética. Iurii foi acusado de tentar montar uma gráfica secreta com o propósito de disseminar propaganda antissoviética na universidade. As acusações não tinham fundamento. Estavam baseadas apenas numa história e em denúncia inventadas — e assinadas — por quatro colegas seus de universidade, que, aparentemente, foram motivados em grande parte por xenofobia e escolheram Shtakelberg por causa de seu nome estrangeiro (é possível também que soubessem sobre a prisão de seu pai, por "disseminar propaganda alemã", em dezembro de 1941). Em março de 1949, Iurii foi condenado por um tribunal de Leningrado a 25 anos de trabalhos forçados. Ele foi enviado ao campo de Bamlag (onde o pai havia perecido em 1942) e obrigado a trabalhar na construção de pontes para a estrada de ferro. Em 1956, ficou seriamente ferido numa queda e foi libertado como inválido. A princípio, residiu em Luga e depois retornou a Leningrado, conseguindo emprego na Biblioteca Pública. Quando Iurii foi convidado pela KGB a ver os testemunhos de seu julgamento, viu os nomes dos colegas que o tinham denunciado. Ele fez uma visita a cada um. "Eles entenderam que eu sabia o que haviam feito", recorda-se ele.

Uma das mulheres me disse que não fazia a menor diferença eu ter retornado, que não mudava nada, porque eu fora um degenerado e ainda era... Ela me falou que eu devia ter sido fuzilado. Um dos homens — que sempre tinha sido um provocador e de forma estúpida — me levou até sua casa e, na entrada, me mostrou um pacote grande de papéis, o tipo de mercadoria que às vezes se vendia nas grandes lojas. Ele disse: "Se você quiser um pouco, pode pegar. Talvez agora seja a hora de montar a sua gráfica." Eu descartei a ideia rindo, mas aquilo me causou um calafrio. Pensei em lhe dizer que o papel não servia para ser usado num mimeógrafo porque era muito pequeno, mas não falei nada.[63]

Ibragim Izmail-Zade era um importante professor de medicina e chefe de departamento no Instituto de Medicina, em Baku, à época de sua prisão em 1938, sob a acusação de pertencer a um "grupo antissoviético de nacionalistas azerbaijões". Após ser solto dos campos de Kolyma, ele retornou a Baku, onde assumiu um cargo inferior no mesmo instituto. Em vez da pesquisa pioneira que havia feito na década de 1930, estava agora fazendo trabalho clínico de rotina. Durante o julgamento de M. D. Bagirov, ex-chefe do Partido no Azerbaijão, em 1955, Ibragim apareceu como testemunha de acusação, condição na qual obteve permissão de ver o próprio arquivo, de 1938, quando Bagirov conduzira a campanha de terror em Baku. Ele descobriu que fora denunciado por seu aluno favorito, que havia se tornado chefe de seu departamento no instituto desde então. Enquanto estava em Kolyma, o ex-aluno visitara muitas vezes sua esposa e filha, que o tratavam como membro da família. O antigo estudante se mostrou bem mais frio em seus modos após o retorno de Ibragim, indo muito raramente à sua casa — e nunca à noite, quando seria obrigado a comer ou beber com ele. Depois da descoberta sobre a denúncia, Ibragim e a família ainda foram forçados a ver o ex-aluno algumas vezes e, mesmo nunca falando com ele sobre seus atos, ficou claro que os Izmail-Zade sabiam agora da traição. Um dia, o diretor político do instituto apareceu na casa deles. Queria que Ibragim assinasse um documento declarando que sua família não tinha qualquer queixa sobre o antigo estudante e que permaneceriam mantendo relações amigáveis. Ibragim se recusou a assinar e teve de ser contido para não jogar o funcionário na rua. Segundo sua filha, ele ficou arrasado com a traição. Sentia-se humilhado por ser forçado a trabalhar sob as ordens de alguém que, ele sabia, era pouco qualificado. O pedido para assinar o documento foi a gota d'água.[64]

Em 1953, Kolia Kuzmin, ex-líder da Komsomol em Obukhovo, que havia denunciado os Golovin como *kulaks* durante a campanha de coletivização da década de 1930, foi morar em Pestovo, uma cidade pequena perto de Vologda, onde os Golovin tinham se estabelecido após o retorno do exílio na Sibéria. Antes da denúncia, Kolia era convidado com frequência à casa deles. Chegara a ser empregado da loja de artigos de couro de Nikolai Golovin, que se apiedara do adolescente, porque vinha da família mais pobre do vilarejo. Ele e a esposa, Yevdokiia, eram religiosos. Quando Kolia foi visitá-los pouco tempo depois da morte de Stalin e pediu perdão — não só pela denúncia, mas pela participação no assassinato do irmão de Nikolai, eles além de perdoá-lo convidaram-no a vir morar em sua casa, em Pestovo. A filha, Antonina, que estava trabalhando então como médica em Kolpino, próximo a Leningrado, fez objeções à generosidade dos pais e tentou persuadi-los a mudar de ideia. "Ele matou Ivan [o tio] e destruiu nossa família. Como perdoar um homem que fez isso?", argumentou ela. Entretanto, Yevdokiia acreditava que "uma pessoa verdadeiramente cristã devia perdoar aos inimigos". Kolia foi morar numa casa ao lado da dos Golovin. Envergonhava-se de seus atos no passado e tentava repará-los desincumbindo-se de pequenas tarefas para eles. Aos sábados, ia com Nikolai aos banhos públicos;

nos domingos, à igreja com os dois. Em 1955, Yevdokiia morreu, seguida por Nikolai três anos depois e, em 1970, por Kolia Kuzmin. Estão todos enterrados no mesmo adro, em Pestovo.[65]

Muitos ex-prisioneiros foram surpreendentemente generosos com relação às pessoas que os haviam denunciado. Essa inclinação para perdoar nem sempre tinha origem em crenças religiosas, como foi o caso dos Golovin, mas muitas vezes era baseada no entendimento, compartilhado por todos que tinham vivenciado as prisões e os campos do sistema Gulag, de que qualquer cidadão, por mais bondoso que fosse em circunstâncias normais, podia se tornar informante sob pressão do NKVD. A jornalista Irina Sherbakova se recorda de um encontro da Sociedade Memorial de Moscou (estabelecida para representar as vítimas da repressão) em fins da década de 1980:

> Uma mulher, que havia sido presa por volta de 1939, me disse com uma voz muito calma: "Aquele ali é o homem que me denunciou." E o cumprimentou normalmente. Vendo minha expressão de perplexidade, ela explicou: "Tínhamos só 18 anos na época, os pais dele eram bolcheviques que haviam sido reprimidos, e eles [o NKVD] também tentaram me recrutar. E é claro que ele acabou vítima da repressão mais tarde." Eu senti que o que ela dizia era motivado, não por uma falta de preocupação com relação ao passado ou pelo desejo de esquecê-lo, mas pela percepção das coisas vergonhosas que o sistema tinha feito às pessoas.[66]

Esta percepção teve mais chance de se desenvolver na década de 1980, quando lembranças dolorosas se suavizaram talvez com o tempo, e as vítimas da repressão, por meio de informações históricas, chegaram a um entendimento mais objetivo do sistema soviético. Contudo, a tendência a se abster de condenar as pessoas já era notada na década de 1950, quando os emigrados soviéticos, aparentemente, não se mostravam hostis aos funcionários comuns do Partido, porque compreendiam que eles eram impotentes e talvez vítimas do mesmo sistema.[67]

Não era de surpreender que o retorno dos prisioneiros de Stalin provocasse um grande temor nas pessoas que haviam ajudado a mandá-los para os campos de trabalhos. "Todos os assassinos, provocadores e informantes tinham um traço em comum", lembra-se Nadezhda Mandelshtam: eles nunca pensaram que suas vítimas pudessem retornar um dia:

> Eles achavam que todos aqueles enviados para o outro mundo ou para os campos de trabalho haviam sido eliminados de uma vez por todas. Nunca lhes passou pela cabeça que esses fantasmas pudessem se levantar e chamar seus coveiros para acertar as contas. Durante o período das reabilitações, portanto, eles entraram em pânico total. Pensaram que o tempo estava andando para trás e que aqueles que tinham chamado de "pó dos campos" de repente haviam recuperado a pele e reassumido seus nomes. Foram tomados pelo terror.

Uma "pobre mulher informante" era constantemente chamada à Promotoria para desdizer depoimentos que dera contra vivos e mortos. Após cada sessão, recorda-se Mandelshtam, ela corria até as famílias dos que havia denunciado e argumentava que "Deus era testemunha" de que "nunca havia dito nada de mau" sobre eles e que a "única razão de ela ir até a Promotoria agora era para dizer coisas boas sobre todas as pessoas mortas, a fim de que fossem inocentadas o mais rápido possível". Mandelshtam concluiu que

> a mulher nunca havia tido, nem remotamente, nada que se parecesse com uma consciência, mas aquilo foi mais do que podia suportar, e ela sofreu um derrame que a deixou paralisada. Em algum momento ela deve ter ficado tão assustada que acreditou de verdade que as reabilitações eram algo sério e que todos os caluniadores e outros tipos de parasitas poderiam ir a julgamento.[68]

Mandelshtam também conta a história de um funcionário graduado do MVD, em Tashkent, que foi aposentado após a morte de Stalin, mas que "ocasionalmente era chamado para entrevistas com ex-vítimas suas que, por algum milagre, sobreviveram e retornaram dos campos de trabalhos". O homem não aguentou e se enforcou. Mandelshtam conseguiu ler uma cópia da carta que o suicida endereçou ao Comitê Central. O funcionário escreveu que havia sempre trabalhado duro para o Partido e que nunca havia passado por sua cabeça:

> que ele não estivera servindo ao povo, mas a "um tipo de bonapartismo". Tentava pôr a culpa em outros: nas pessoas que tinha interrogado para que assinassem

todo tipo de confissões falsas, enganando assim os funcionários responsáveis pelos casos; nas pessoas enviadas de Moscou com instruções relativas a "procedimentos de interrogatório simplificados" e a exigências de que as cotas fossem preenchidas; e, por fim, nos informantes que ofereceram as denúncias que forçaram a polícia secreta a agir contra tantas pessoas.

A morte do funcionário do MVD foi abafada. Ele havia dado os nomes de muitos colegas e de informantes antes do suicídio. Entretanto, a filha estava determinada a ficar quite com "os que tinham causado a morte de seu pai". Como observou Mandelshtam:

> Sua revolta foi direcionada contra aqueles que haviam mexido naquele caso escabroso. "Eles deviam ter mostrado mais consideração pelas pessoas que ocupavam posições oficiais na época! Não foram elas que começaram aquilo tudo; só estavam cumprindo ordens."[69]

Outro dos colaboradores de Stalin a cometer suicídio foi Aleksandr Fadeyev, o líder alcoólatra da União dos Escritores, que foi afastado do cargo em 1954. Ele vinha sofrendo de depressão havia algum tempo, mas a morte do ditador deixou-o completamente atordoado. "Minha doença não é do fígado", escreveu a um colega, membro da União, "é da cabeça." Fadeyev confessou a Simonov que, como escritor, estava "falido". Parou de trabalhar em seu último romance, uma história realista-socialista sobre a luta do Partido contra a sabotagem industrial, que fazia uso de material dos julgamentos da década de 1930, após ter percebido, como explicou a alguns amigos, que seu significado moral estava completamente errado: não tinha havido nenhuma sabotagem industrial. Ele se sentiu invadido por sentimentos de remorso em relação à sua participação na repressão aos autores durante o tempo de seu comando na União dos Escritores. "Fui um canalha", escreveu a Chukovsky. Fadeyev nutria um arrependimento em particular pelo velho amigo Iogann Altman, que morrera em 1955, dois anos depois de ser solto da prisão. Ele o havia denunciado durante a campanha "anticosmopolita" e nada feito para salvá-lo quando foi preso e condenado, em 1949. Após a morte de Altman, entregou-se a uma orgia de bebida. Confessou a um amigo que tinha sancionado a prisão de muitos escritores que sabia serem inocentes.[70]

RETORNO

Depois de 1953, Fadeyev tentou se redimir pedindo às autoridades a libertação e reabilitação de escritores que haviam sido enviados a campos de trabalhos. Escreveu a Malenkov e a Khrushchev, solicitando que o Partido afrouxasse o controle ideológico sobre a esfera cultural, mas foi ignorado e depois afastado de sua posição de liderança. Em 1956, tornara-se uma figura isolada, acusado de todos os modos de ser um stalinista não reconstruído pela elite literária, que não sabia de nada sobre seus esforços recentes em nome dos escritores vítimas da repressão. Um pouco antes de se matar com um tiro, em 13 de maio de 1956, Fadeyev escreveu uma carta ao Comitê Central que permaneceu oculta nos arquivos do Partido até 1990:

> Não vejo mais nenhuma possibilidade de viver, porque a causa da arte [soviética], à qual dei minha vida, foi destruída pela liderança presunçosa e ignorante do Partido... Nossos melhores escritores foram exterminados ou morreram antes da hora por causa da conivência criminosa entre os que estão no poder... Como autor, minha vida perdeu todo o sentido, e é com alegria, com um sentimento de libertação desta existência vil, na qual a alma é esmagada pela maldade, pelas mentiras e pela calúnia, que parto desta vida.[71]

Fadeyev foi esmagado pelo conflito entre ser um bom comunista e um bom ser humano. Ele era, por natureza, uma pessoa boa, como muitas de suas vítimas reconheciam, mas sua consciência, identidade e, no final, sua vontade de viver foram destruídas aos poucos pelas concessões e acomodações que havia feito nos muitos anos de serviço ao regime stalinista.[72]

Apesar do pessimismo de Fadeyev em relação ao estado da literatura, os escritores soviéticos desempenharam um papel determinante no início da *détente*. Quando o regime cessou de exercer o veto direto aos escritores, a literatura se tornou o foco de uma nova ênfase sobre a vida individual e pessoal, e sobre a rejeição à interferência invasiva da burocracia stalinista. Os escritores soviéticos se deslocaram dos temas públicos, dos heróis do realismo socialista, e se empenharam em retratar as pessoas reais em seu contexto doméstico e social. O trabalho de ficção mais ousado daqueles anos, *A tempestade* (1954), de Ehrenburg, era deliberadamente provocativo, como se fosse um teste para ver o quão longe era possível ir na nova atmosfera. O romance conta a história de um diretor de fábrica despótico, um "pequeno Stalin", que vai se tornando cada vez mais corrupto e desumano, roubando o dinheiro destinado à moradia dos operários, a fim de investir na própria fábrica, enquanto se esforça para alcançar as cotas de produção estabelecidas pelo Plano Quinquenal. A esposa não aguenta ficar com um homem tão sem coração, e o degelo da primavera, que promete uma vida nova e melhor, dá-lhe coragem para deixá-lo. No clima político de 1954, quando o degelo (a chamada *détente*) havia apenas começado, era muito cedo para os leitores soviéticos discutirem o antiestalinismo da obra, que de qualquer forma não era óbvio. Em vez disso, eles se concentraram no outro tema do romance, a independência do artista, que estava contido numa subtrama sobre um pintor. Este artista produz trabalhos sob encomenda do Estado e vive confortavelmente por consequência, mas reconhece a própria mediocridade se comparando a outros pintores, cuja arte não fora comprometida pela subordinação ao sistema.

A publicação de *A tempestade* dividiu o mundo literário soviético. Periódicos liberais como o *Novyi mir*, no qual o romance foi publicado pela primeira vez, tinham esperanças de que ele marcasse o início de uma nova era, em que os escritores pudessem por fim ser honestos e sinceros e em que retornassem ao seu verdadeiro papel, o de moldar as sensibilidades pessoais, em vez de refletir os interesses do regime. Numa discussão sobre sua obra, em uma biblioteca de Moscou, no ano de 1954, Ehrenburg sustentou que o propósito da arte era expressar a "cultura das emoções" e ajudar o "indivíduo a compreender os outros seres humanos".[73] Alarmados com toda essa conversa franca, conservadores do modelo soviético começaram a organizar uma série de ataques aos escritores liberais da *détente*. Em agosto de 1954, eles conseguiram a demissão de Tvardovsky, poeta e filho de *kulaks*, do cargo de editor do *Novyi mir*. A tarefa de criticar Ehrenburg ficou para Simonov, que substituiu Tvardovsky como editor do periódico. Ele foi escolhido porque era considerado um conservador moderado e, portanto, com mais autoridade que Sofronov, por exemplo, um stalinista linha-dura. Em dois longos artigos na *Literaturnaia gazeta*, Simonov atacou *A tempestade*, argumentando que seu retrato da Rússia soviética era muito sombrio e que a conclusão da subtrama era simplista: era possível, alegou Simonov, ser um bom artista e servir ao Estado.[74]

Simonov permaneceu no lado stalinista até 1956, quando começou a adotar o espírito da reforma. Como muitas das pessoas que tinham vivido à sombra de Stalin, ficou confuso e desorientado com a morte do líder. A princípio, não estava nada claro para que lado a política do Kremlin se inclinaria: um retorno ao Terror soava completamente plausível. Naquele clima de incerteza, não era nenhum exagero que pessoas em posições como a de Simonov agissem com cautela, mantendo-se no mesmo terreno político que haviam ocupado antes da morte do ditador. "Naqueles anos", recorda-se ele, "minha atitude em relação a Stalin estava sempre mudando. Eu oscilava entre várias emoções e pontos de vista." Durante grande parte do ano de 1953, seu principal sentimento foi o de um "profundo pesar pela perda de um grande homem", o que o levou a escrever um elogio fúnebre surpreendente na *Literaturnaia gazeta* ("O Dever Sagrado do Escritor"), no qual argumentava que "a tarefa mais elevada da literatura soviética era retratar a grandeza e o gênio do imortal Stalin para todas as nações e gerações futuras". O artigo enfureceu Khrushchev, que insistiu no afastamento de Simonov da equipe do periódico. O editor permaneceu fiel às suas origens stalinistas durante todo o ano de 1954, colocando sobre sua mesa um retrato do ditador, que ele apreciava em particular: Stalin olhando para aquele monumento do trabalho Gulag, o canal Volga-Don. Durante a vida do líder, Simonov nunca pendurara retratos do dirigente no escritório ou em casa. Ele o fez então porque se sentiu repugnado pelos "vira-casacas" e "carreiristas", que haviam declarado seu amor pelo líder soviético quando este estava vivo, mas que o renegaram assim que morreu. "Não foi o stalinismo que me inspirou [a exibir a fotografia]", recorda-se Simonov, "porém algo mais próximo ao ideal nobre ou intelectual da honra." Esta mesma recusa em renunciar ao passado o levou, em 1955, a incluir numa coletânea de sua poesia uma "Ode a Stalin", verdadeiramente pavorosa, que havia escrito em 1943, mas nunca publicara, na qual exalta o líder soviético como o maior ser humano de toda a história.[75]

Simonov prosseguiu em sua crítica a Ehrenburg com uma série de ataques a outros escritores na vanguarda da *détente* liberal. Num grande artigo, no *Pravda*, em julho de 1954, ele invectivou contra a rejeição literária das tradições do realismo socialista e a crescente tendência à sátira, escolhendo como alvo o dramaturgo ucraniano Aleksandr Korneichuk, por ter abandonado a responsabilidade do teatro, como definiu Simonov, "de ensinar o povo soviético como amar e apreciar o sistema soviético".[76]

Como editor do *Novyi mir*, Simonov também criticou o romance explosivo de Vladimir Dudintsev, *Nem só de pão vive o homem*, oferecido ao periódico para publicação em seriado. O livro conta a história de um inventor, professor de física dedicado à melhoria da vida na União Soviética, cuja criatividade é sufocada e destruída pela corrupção e pela ineficiência do funcionalismo subalterno soviético. Ele obrigou o autor a suavizar os ataques à burocracia, temendo que o romance pudesse levantar dúvidas sobre o sistema como um todo, antes de publicá-lo no *Novyi mir* em 1956. Apesar das alterações exigidas por Simonov, o livro mesmo assim foi saudado pelos reformadores como um aríete contra a autoridade estabelecida. A primeira discussão pública do romance atraiu tantas pessoas à União dos Escritores, com estudantes escalando a canalização de água para escutar o debate das janelas do segundo andar, que a polícia montada teve de ser convocada para dispersar a multidão.[77]

Simonov também foi responsável pela decisão crucial do *Novyi mir* de não publicar *Doutor Jivago*, de Pasternak. Em setembro de 1956, ele escreveu ao autor em nome do comitê editorial do periódico, resumindo a objeção política da comissão ao romance, um drama humano épico passado durante a Revolução e a Guerra Civil. Essa carta foi usada e muito citada pela liderança soviética em 1958, durante a campanha para forçar Pasternak a declinar o Prêmio Nobel.* Simonov tinha péssima opinião sobre o livro, "uma obra materialista, desprezível e rancorosa,

---

* Contrabandeado para fora da União Soviética e publicado primeiramente na Itália em 1957, *Doutor Jivago* se tornou um best seller internacional, e Pasternak foi nomeado para o Prêmio Nobel de Literatura em 1958, mas, sob pressão da União dos Escritores e de uma chuva de insultos contra ele na imprensa soviética, foi obrigado a recusar a premiação.

e, em certos trechos, simplesmente antissoviética", como o descreveu numa carta ao filho. Ele era de opinião que, ao colocar a questão central do romance — se a intelectualidade russa havia tomado a decisão certa ao aceitar a Revolução de Outubro de 1917 —, Pasternak tinha posto as coisas de uma forma que só podia ser respondida na negativa: que ao decidir seguir com os bolcheviques, os intelectuais haviam traído seu dever para com o povo russo, a cultura russa e a humanidade. Na opinião de Simonov, este viés não só tornava o romance antissoviético, como também um insulto a toda uma geração de profissionais, a pessoas como sua mãe e seu padrasto, que tinham permanecido na Rússia soviética e trabalhado para os bolcheviques não por escolha política, mas porque eram patriotas russos antes de qualquer coisa.[78]

Enquanto a *détente* prosseguia e os reformadores de Khrushchev ganhavam posição de controle na liderança soviética, Simonov se tornava uma figura cada vez mais isolada no mundo literário de Moscou. O espírito liberal de reforma não tolerava os que acreditavam no stalinismo e se recusavam a mudar de opinião. Como ele expressou em 1956:

> O editor pode pedir para cortar
> O nome de Stalin de meus versos,
> Mas ele não pode fazer nada
> Com o que de Stalin ficou em meu coração.

Foi apenas muito gradualmente, após o discurso de Khrushchev denunciando Stalin no Vigésimo Congresso do Partido, em 1956, que Simonov começou a expurgar seu Stalin interior.[79]

A fala do novo líder foi um divisor de águas fundamental, mais importante que a morte de Stalin, para o lento extermínio do sistema de terror que havia regido o povo soviético desde 1917. Depois dela, ficou claro que o governo soviético estava finalmente se distanciando do reinado de horrores de Stalin, e o receio e a incerteza das pessoas sobre o futuro começavam a desaparecer.

O Vigésimo Congresso do Partido, o primeiro desde a morte de Stalin, se reuniu no Grande Palácio do Kremlin em 14 de fevereiro de 1956. Os 1.355 delegados com direito a voto se viram na expectativa de que a liderança por fim explicasse sua linha pós-Stalin e esclarecesse o status do falecido líder. A decisão de expor e denunciar os crimes do ditador foi tomada pela liderança coletiva — embora houvesse discussões sérias sobre o quão longe deveriam ir — após o relatório de uma comissão especial sobre a repressão aos membros do Partido entre 1935 e 1940, apresentado ao Comitê Central em 9 de fevereiro. A liderança ficou surpresa com as descobertas dessa comissão — tanto pela imensa escala de prisões e execuções em massa, quanto pela fabricação de provas sobre as quais aquela onda de terror se baseou — e, às vésperas do Congresso do Partido, eles resolveram contar a verdade para seus delegados numa sessão fechada e secreta. O texto do discurso foi preparado coletivamente, e Khrushchev, que fora a força motriz por trás da revelação, tomou a responsabilidade de proferi-lo em 25 de fevereiro.

Os motivos de Khrushchev eram complexos. Foi um ato de coragem brigar pela divulgação quando outros líderes do Partido, como Kaganovich, Molotov e Voroshilov, sentiam-se claramente desconfortáveis com a ideia de expor os crimes de um regime no qual haviam desempenhado papel tão importante. Durante as discussões de 9 de fevereiro, Khrushchev exigiu uma ação ousada:

Que tipo de líder destrói a todos? Temos de ser corajosos e contar a verdade... Todos nós trabalhamos com Stalin, mas isto não nos implica. À medida que os fatos vêm à tona, precisamos falar sobre eles, senão estaremos justificando seus atos... Podemos conversar em voz alta. Não sentimos vergonha. Não temos nada a temer e nenhuma razão para ficarmos satisfeitos com argumentações de caráter mesquinho.

A divulgação também se adequava à luta de Khrushchev para ganhar poder. Ele usou a revelação dos crimes de Stalin com o objetivo de enfraquecer ou ameaçar seus principais rivais na liderança e construir uma base de apoio naqueles setores da sociedade que aderiam a *détente* e à reforma política. Acima de tudo, talvez, como o restante dos líderes do Partido, Khrushchev temesse que, se não falassem sobre os crimes de Stalin, o público o faria em lugar deles, e que, no clima da *détente*, os críticos do Partido poriam toda a culpa na liderança. "Ou você conta a eles no próximo congresso ou vai ficar sob investigação", Khrushchev foi advertido por um velho camarada do Partido, recentemente egresso dos campos de trabalho, cujo testemunho teve destaque no discurso. Ao dar a impressão de que os líderes do Partido haviam descoberto a verdade sobre o Terror havia pouco, em consequência da comissão que apresentou o relatório de 9 de fevereiro, Khrushchev conseguiu jogar a culpa sobre Stalin e inocentar os outros líderes de qualquer suspeita, argumentando que eles "não sabiam". Com o mesmo objetivo, o líder ofereceu uma explicação justificando as injustiças cometidas pelo Partido desde 1935: Stalin foi considerado responsável por todas elas, mas outros membros foram retratados como vítimas daqueles crimes "monstruosos" (até os seguidores de Trotski e Bukharin não haviam merecido a morte). Não houve qualquer debate sobre se pôr a culpa no sistema soviético — apenas sobre o esforço para se "superar o culto à personalidade". O propósito único do discurso foi restaurar o leninismo no poder.[80]

Khrushchev terminou o discurso com um pedido de sigilo:

Esse assunto não deve ir além dos limites do Partido, muito menos chegar à imprensa. É por isso que estamos falando sobre a questão numa sessão fechada... Não podemos fornecer munição a nossos inimigos, não devemos mostrar nossas feridas a eles. Estou certo de que os delegados do congresso vão compreender isso e agir de acordo.

Quando ele terminou de falar, fez-se um "silêncio mortal" no salão de conferências. Aleksandr Iakovlev, que se tornou mais tarde uma figura importante na política da *glasnost* de Gorbachev, era um dos delegados do congresso. Ele se recorda da cena:

Eu estava sentado no balcão. Lembro-me bem do sentimento de profunda inquietação, se não de desespero, que tomou conta de mim depois que Khrushchev falou. O silêncio no salão era esmagador. Não havia som de cadeiras rangendo, nem tosses ou cochichos. Ninguém olhava para ninguém — fosse por causa do caráter inesperado do que acabara de acontecer ou por nervosismo e medo... Saímos do salão de conferências de cabeça baixa.

Entre os delegados espalhados pela entrada estava Simonov, que ficou ali por longo tempo, num estado de choque e confusão, fumando e conversando com Igor Chernoutsan, consultor cultural do Comitê Central. "Já sabíamos bastante", lembra-se ele, "mas ficamos atordoados pela forma como a verdade desabou sobre nós. Mas será que aquela era toda a verdade?"[81]

9
Memória
(1956-2006)

I

O "discurso secreto" de Khrushchev não permaneceu em segredo por muito tempo. Uma transcrição foi impressa em brochura e enviada a organizações do Partido em toda a União Soviética, com instruções para que fosse lida aos comunistas em todos os locais de trabalho. Nas semanas que se seguiram ao Vigésimo Congresso do Partido, o discurso foi ouvido por sete milhões de seus membros e 18 milhões de membros da Komsomol, nas fábricas e repartições, universidades e escolas soviéticas. Também foi enviado aos governos comunistas do Leste Europeu. Walter Ulbricht, líder da Alemanha Oriental, tentou escondê-lo da população da RDA, mas os líderes poloneses publicaram-no, e uma cópia chegou ao *New York Times*, no qual foi impresso na primeira página em 4 de junho. Do Ocidente, o texto do discurso de Khrushchev se disseminou para a RDA e o restante dos povos da União Soviética.[1]

O discurso causou confusão no Partido. Em seus escritórios locais, por todo o país, surgiram discussões animadas sobre como interpretar as revelações, com alguns membros culpando os líderes que não haviam se manifestado antes, e outros culpando Khrushchev por trazer à baila aquelas questões num momento impróprio. Em junho de 1956, o Comitê Central já estava tão preocupado com essas vozes divergentes, entre a arraia-miúda do Partido, que enviou uma circular secreta aos líderes locais, ordenando que as críticas fossem reprimidas com expurgos e até com a detenção dos membros que ultrapassassem os limites aceitáveis.[2]

Fora do Partido, os mais destemidos tomaram o discurso de Khrushchev como um sinal para se debater e questionar tudo. Os intelectuais foram os primeiros a se manifestar. "O congresso pôs fim à nossa discussão solitária sobre o sistema soviético", recorda-se Liudmila Alekseyeva, formada pela Universidade de Moscou e que mais tarde se juntou aos dissidentes e emigrou para os EUA.

Os jovens começaram a perder o medo de compartilhar opiniões, informações, crenças, questões. Todas as noites nos reuníamos em apartamentos apertados para recitar poesia, ler prosa "não oficial" e trocar histórias que, tomadas em conjunto, forneciam um quadro realista do que estava acontecendo em nosso país.[3]

O discurso de Khrushchev levou embora o medo que havia silenciado muitos prisioneiros após seu retorno do Gulag — e eles também começaram a falar então. "O Vigésimo Congresso do Partido foi o começo de uma *détente* dentro de nós", lembra-se Larisa Levina, cuja mãe, Zinaida, voltou a Leningrado do exílio em 1956.

Minha mãe raramente dizia alguma coisa sobre sua vida nos campos de trabalho [Kolyma, de 1937 a 1946, e Potma, de 1949 a 1953]... Mas depois do Vigésimo Congresso, ela começou a falar. E quanto mais conversávamos, mais nossas ideias mudavam — nos tornamos mais céticas. Nosso relacionamento também mudou — livres dos medos de minha mãe, nos tornamos mais unidas como família.[4]

Os filhos dos prisioneiros de Stalin, que carregavam o peso da desvantagem de uma "biografia comprometedora", sentiram-se de repente estimulados a manifestar seu sentimento de injustiça. Angelina Yevseyeva trabalhava numa fábrica de munições em Leningrado quando o texto do discurso de Khrushchev foi lido para os operários do Partido no próprio local de trabalho. Alguém lhe falou sobre a leitura, que ela conseguiu assistir escapando sem ser vista até o escritório. Ao final, Angelina ficou histérica e soluçava descontroladamente. Ela se recorda:

Ninguém entendeu o que estava acontecendo comigo. Eu tinha um currículo (*anketa*) perfeito e havia sido até eleita representante junto ao Soviete da cidade. Ninguém sabia que meu pai tinha sido preso como inimigo do povo em 1937. Eu nunca havia dito uma palavra a ninguém. E eu estava sempre com medo que eles descobrissem meu segredo. Mas quando escutei o discurso, me senti livre daquele medo. Foi por isso que chorei. Não pude evitar. Depois disso, comecei a contar às pessoas a verdade sobre meu passado.[5]

Para Lydia Babushkina, cujo pai fora fuzilado em 1938, o discurso de Khrushchev deu sanção oficial ao sentimento de injustiça que ela nutria desde a infância, quando o pai desapareceu. Antes de 1956, ela tinha muito receio de falar sobre seus sentimentos até com a mãe e a avó, que também tinham medo de conversar sobre a prisão do pai de Lydia, em especial porque as duas trabalhavam numa fábrica de munições, de onde temiam ser demitidas se sua biografia comprometedora fosse descoberta. Seu silêncio a fizera algumas vezes duvidar da inocência do pai. Entretanto, após o discurso de Khrushchev, Lydia não teve mais essas dúvidas. Por fim, reuniu coragem não só para questionar a mãe sobre a prisão do pai, como também para expressar seus sentimentos junto aos colegas da fábrica de roupas onde trabalhava, perto de Smolensk. Certa noite, no dormitório, Lydia disse às outras garotas que Stalin havia sido "o verdadeiro inimigo do povo", porque havia ordenado a prisão de cidadãos inocentes como seu pai. As moças ficaram assustadas: "Quieta, quieta, eles podem prender você por falar essas coisas!" Contudo, não conseguiram dissuadi-la: "Que prendam. Eu vou dizer a eles, em alto e bom som, que estou dizendo exatamente o que Khrushchev falou. Deixa que ouçam, e eles vão perceber que essa é a verdade."[6]

Entretanto, esse tipo de conversa ainda era uma exceção. Mesmo após 1956, a vasta maioria das pessoas comuns ainda se sentia muito amedrontada e assustada pela lembrança do regime stalinista para falar de forma tão aberta ou crítica como Lydia o fez. O entendimento aceito a respeito da *détente* de Khrushchev — como um momento de debate nacional e questionamento político — foi moldado em grande parte pelos intelectuais, que não são muito representativos. A conversa franca possivelmente era norma entre a intelectualidade urbana, que usou a *détente* para poder lidar com a história do Terror, mas para o grosso da população soviética, que permanecia confusa e ignorante com relação às forças que haviam configurado suas vidas, o estoicismo e o silêncio eram formas mais comuns de confrontar o passado.

Em 1957, Aleksandra Faivisovich, a cabeleireira de Osa, falou pela primeira vez com a filha, Iraida, sobre sua prisão e os anos que passara no campo de trabalhos próximo a Arkhangelsk, onde ainda estava morando. Sua reabilitação, que acabara de receber, havia lhe dado confiança para contar à moça sobre o passado. Iraida se recorda da conversa:

Ela me falou que tinha um passaporte novo [concedido a ela após a reabilitação], que sua ficha estava "limpa", que era inocente e, portanto, podia falar. Mas tudo que conseguiu me dizer foi que meu pai havia sido colocado na prisão "porque tinha a língua solta" [ele fora ouvido se queixando da escassez nas lojas]... e que fora presa porque ele era seu marido. Ela disse que muitas pessoas haviam perecido nos campos de trabalho — "morriam como moscas" —, que ficavam doentes e ninguém tomava conta delas. "Eles nos tratavam como cães." Foi tudo que disse.

Pelo próximo quarto de século, até sua morte em 1980, Aleksandra nunca mais disse uma palavra a Iraida sobre a prisão ou o campo de trabalhos. Tudo o que dizia quando a filha lhe perguntava, era: "Eu tenho um passaporte novo. Não há nada contra mim."[7]

Zinaida Bushueva nunca falava sobre os campos de trabalho. Não contava aos filhos as circunstâncias de sua prisão ou as do marido, que foi fuzilado em 1938. Mesmo nos últimos anos de vida, em fins da década de 1980, ficava na defensiva toda vez que lhe perguntavam sobre o passado. "Na nossa família", lembra-se Angelina:

ninguém falava sobre as razões da prisão de minha mãe ou por que não tínhamos pai. Era um assunto proibido. Depois do Vigésimo Congresso do Partido, tentei descobrir mais coisas, mas mamãe só dizia: "Quanto menos se sabe, mais fácil é a vida" ou "Quanto mais se sabe, mais rápido se envelhece". Ela tinha várias dessas expressões para encerrar o assunto.

Segundo a filha, Zinaida não tinha qualquer interesse por política. "Ela não conseguia se permitir." O medo que trouxera dos campos de trabalho a levou a adotar uma posição de "aceitação sem crítica" de tudo o que era dito pelo regime soviético. Ela via as contradições entre a propaganda e a realidade, tinha uma experiência direta das injustiças do sistema, mas, como milhões de outros cidadãos soviéticos comuns, "nunca parou para refletir de forma crítica" sobre a realidade que havia observado. A aceitação da realidade soviética era um mecanismo de defesa que a ajudava a sobreviver.[8]

Nadezhda Maksimova cresceu ignorando por completo a história da família. O pai, camponês da região de Novgorod, havia trabalhado como carpinteiro em Leningrado. Preso duas vezes na década de 1920, foi detido de novo em 1932, quando Nadezhda contava apenas 3 anos, e mandado para o exílio com a família em Arkhangelsk, onde a menina passou a infância desconhecendo a razão de viverem no Círculo Ártico. O pai foi detido e preso brevemente mais uma vez em 1938 (ela achava que ele havia partido numa viagem de trabalho), antes de a família se estabelecer em Penza. Em 1946, Nadezhda se matriculou como aluna no Instituto Médico de Leningrado, tornando-se médica mais tarde. Foi apenas um pouco antes da morte da mãe, em 1992, que ela soube das múltiplas detenções do pai e dos oito anos que havia passado em várias prisões, campos de trabalho e "assentamentos especiais". Nadezhda viu o nome dele no jornal, junto com o do avô e do tio, numa lista de ex-prisioneiros políticos, postumamente reabilitados após o colapso do regime soviético. Ela mostrou a lista à mãe, que a princípio disse: "Isso já faz tanto tempo. Por que trazer tudo à tona de novo?" Contudo, após Nadezhda insistir, a mãe lhe contou tudo. Os pais tinham querido protegê-la, colocando-a numa posição em que não fosse obrigada a declarar sua biografia comprometedora. "A vida toda, sempre que tinha de completar um formulário", explica Nadezhda,

> eu podia escrever "Não" na seção em que perguntavam se eu tinha algum parente vítima da repressão, e, como eu não sabia sobre meu pai, conseguia declarar aquilo com a consciência leve, sem a ansiedade que teria sentido se fosse obrigada a mentir. Tenho certeza de que foi por isso que nunca fui punida.

Seus pais haviam mantido silêncio mesmo após 1956; eles ainda achavam que era muito perigoso lhe falar sobre o passado, no caso de ela contar aos amigos ou das circunstâncias políticas se modificarem. Em razão disso, até a idade de 63 anos, Nadezhda, como ela própria admite, tinha pouco interesse pelas vítimas do regime stalinista — uma indiferença sem dúvida compartilhada por outros cidadãos soviéticos, cujas vidas não foram afetadas diretamente pelo terror. Refletindo sobre sua vida nas décadas de 1930 e 1940, ela se recorda:

> Eu tinha ouvido falar sobre a repressão, mas isso não causava qualquer impressão em mim. Em 1946, por exemplo, ocorreram prisões em massa no vilarejo vizinho, Penza, mas elas não me atingiram, eu não entendia, nem sequer tentava entender, o que estava acontecendo... Hoje em dia, é difícil para mim explicar isso — que aqueles acontecimentos se passaram paralelamente à minha vida, mas não me afetaram em nada. De alguma forma, eu dei um jeito de evitar aquilo tudo.[9]

Tamara Trubina ficou sem saber, por mais de 50 anos, o que acontecera ao pai. Tudo o que sua mãe, Kapitolina, contou-lhe foi que ele havia desaparecido no Extremo Oriente, onde fora como trabalhador voluntário para vários canteiros de obras. Kapitolina tinha conhecido Konstantin, um engenheiro, em 1935, quando ela, então uma jovem médica, foi enviada pela Komsomol para trabalhar na administração do Gulag, em Sychan, uma cidade pequena perto de Vladivostok, onde ele estava trabalhando como operário apenado, num canteiro de obras ligado ao Gulag. Em 1938, Konstantin foi preso de novo. Kapitolina não tinha a menor ideia de onde o marido estava. Só sabia que havia sido mandado para um campo de trabalhos em algum lugar próximo à rede Dalstroi Gulag, no nordeste da Sibéria. Após deixar a pequena Tamara com a mãe em Perm, Kapitolina voltou a trabalhar como médica nos campos de trabalho de Kolyma. Como seu casamento com Konstantin não fora registrado e ela ainda mantinha o nome de solteira, conseguiu esconder sua biografia comprometedora por alguns anos. Por fim, o comandante da seção Gulag onde ela trabalhava descobriu sobre o marido, mas a necessidade de médicos nos campos de trabalhos era tão premente que ele guardou seu segredo e a protegeu. Por 30 anos, Kapitolina continuou a trabalhar como médica para o NKVD e, depois, para o MVD, ascendendo ao posto de major na Divisão Médica da KGB, antes da aposentadoria em 1965. Até 1956, ela nunca abriu mão da esperança, no decurso de suas viagens pelos campos de trabalho de Kolyma, de encontrar Konstantin ou descobrir algo sobre ele. Ao ajudar outros prisioneiros, ela pelo menos sentia, como expressou várias vezes, que estava mantendo um vínculo indireto com o marido desaparecido. Então, em 1956, ela foi informada sobre a verdade: ele havia sido executado em novembro de 1938.

Por quase 20 anos, Kapitolina vivera com o receio constante de que os colegas descobrissem que o marido era um "inimigo do povo". Ela tinha medo de falar sobre Konstantin até com a família. Assim, a revelação de que fora fuzilado — que ela tomou como prova de que ele poderia ter sido culpado de algum crime grave — tornou-a ainda mais recolhida e silenciosa sobre o marido. Não disse nada à filha, que perguntava sobre o pai com frequência cada vez maior. "Mamãe nunca falou sobre ele", recorda-se Tamara.

Ela guardava todas as suas cartas [da década de 1930] e alguns telegramas, mas nunca os mostrava para mim. Sempre mudava o rumo da conversa para outros assuntos. Ela dizia, "Não sei o que ele fez". O máximo que falava era: "Talvez sua língua tenha lhe causado problemas."

Após a morte da mãe, em 1992, Tamara foi aconselhada pelo tio, funcionário graduado da KGB, a escrever aos colegas dele da polícia de Vladivostok e pedir informações sobre Konstantin. A resposta que ela recebeu a informava que o pai fora fuzilado em 1938, sob a acusação de pertencer a uma "organização trotskista", mas não fazia qualquer menção à sua prisão em campos de trabalho. Assim, ela continuou a crer que Konstantin fora um trabalhador voluntário no Extremo Oriente, como a mãe lhe havia contado, e que tinha caído em desgraça junto às autoridades soviéticas apenas em 1938. Foi só em 2004, quando Tamara foi entrevistada em Perm por causa deste livro, que ela soube de toda a história. Ao ver os documentos que provavam que o pai fora prisioneiro de longo tempo no Gulag, ela a princípio se recusou a acreditar neles e insistiu que devia haver algum erro. Mentalmente, não estava preparada para se ver como "vítima da repressão" do sistema soviético, no qual tivera uma carreira bem-sucedida como professora e se reconhecia como membro da instituição soviética. Talvez, reconheceu Tamara, ela devesse seu sucesso ao silêncio da mãe: se tivesse sabido a verdade sobre o pai, poderia ter hesitado em fazer carreira.[10]

A supressão de lembranças traumáticas tem sido amplamente reconhecida como uma autodefesa psíquica das vítimas da repressão em todos os regimes totalitários, mas na União Soviética havia razões especiais para que as vítimas de Stalin esquecessem o passado. Porque ninguém tinha certeza se a *détente* de Khrushchev iria durar. Era possível que em breve se seguisse um retorno à repressão; e, como se verificou, a *détente* foi curta e limitada. Durante todo o período de Khrushchev, o regime deixou claro que não estava preparado para tolerar nenhuma discussão sobre a repressão stalinista que pudesse levar a críticas do sistema soviético como um todo. Mesmo no auge da *détente*, no início da década de 1960 — época em que o corpo do ex-ditador foi removido do Mausoléu de Lenin, quando representantes da linha-dura stalinista como Kaganovich, Molotov e Malenkov foram expulsos do Partido, e a percepção do regime de Stalin foi modificada para sempre com a publicação da cáustica história sobre o Gulag, *Um dia na vida de Ivan Denisovich* (1962), de Solzhenitsyn —, não havia reconhecimento oficial dos milhões que haviam morrido ou sido vítimas da repressão, nenhum monumento público, nenhum pedido de desculpas do governo, nenhuma reparação às vítimas, cuja reabilitação era concedida com tanta má vontade.

Em 1964, Khrushchev foi substituído por Leonid Brezhnev, e a atmosfera relativamente liberal da *détente* teve um fim abrupto. A censura aumentou. A reputação de Stalin como o "grande líder da guerra" foi ressuscitada para o vigésimo aniversário da vitória soviética, quando um busto do ditador apareceu ao lado de sua sepultura, perto do muro do Kremlin. Brezhnev reprimiu os "dissidentes", que se organizaram primeiramente com o movimento de protesto contra o julgamento encenado dos escritores *samizdat** Iulii Daniel e Andrei Siniavsky, em

---

* Publicação e distribuição secreta de literatura banida pelo governo da antiga União Soviética. *(N. do T.)*

fevereiro de 1966. A perseguição aos dissidentes foi um grande impedimento para a discussão dos crimes de Stalin. Milhões de pessoas, cuja lembrança do regime stalinista poderia tê-las feito pensar ou falar de maneira mais crítica sobre o sistema soviético, retraíram-se com medo de dar a impressão de que simpatizavam com os dissidentes, que se referiam aos crimes de Stalin como uma forma de oposição ao regime de Brezhnev. As pessoas mais uma vez suprimiram as lembranças — recusaram-se a falar sobre o passado — e se conformaram exteriormente à maioria soviética fiel e silenciosa.

Entre os ex-prisioneiros de Stalin, a ameaça de serem novamente detidos era real o bastante para reforçar esse silêncio por algumas décadas, após 1956. A KGB podia ter se retraído com o fim do Terror, mas ainda tinha acesso a um vasto arsenal de punições draconianas, e seus poderes de vigilância, que alcançavam todos os lugares, instilavam medo em qualquer um que ousasse pensar, falar ou agir de formas que pudessem ser vistas como antissoviéticas.

Inna Gaister estava trabalhando como engenheira nos Laboratórios Tsvetmetavtomatika em Moscou, em 1977, quando foi chamada ao telefone para falar com um investigador da KGB, que a convidou a ir até Lubianka. "Naturalmente que eu comecei a tremer", recorda-se Inna. "Eu não conseguia pensar." Sua cabeça se deslocou com rapidez para sua prisão em abril de 1949, quando havia sido chamada, de maneira semelhante, no meio de sua defesa de tese na Universidade de Moscou; para a prisão da irmã, em junho de 1949; e para a prisão dos pais 40 anos antes, em 1937, quando contava apenas 12 anos. Inna respondeu que estava no meio de uma experiência e, assim, não poderia ir imediatamente. O funcionário da KGB disse que telefonaria de novo dentro de meia hora. Ela começou a ligar de modo frenético para os amigos, tanto para avisá-los de que também poderiam ser chamados, quanto para que soubessem aonde estava indo, para o caso de ela não voltar. Quando a KGB telefonou novamente, Inna se recusou mais uma vez a ir até Lubianka. Então, o investigador começou a lhe perguntar sobre sua amizade com Lev Kopelev, ex-prisioneiro do Gulag, dissidente e escritor, que em breve seria expulso da União Soviética. Kopelev era conhecido dela, como também de centenas de outros moscovitas, e havia feito leituras em sua casa. De alguma forma, a KGB havia descoberto, talvez grampeando seu telefone, ou mais provavelmente por meio de algum informante, que ele estivera presente a uma das leituras. Inna estava aterrorizada. Pelos próximos dias, ela viveu na expectativa de uma prisão iminente. Pôs fora toda a literatura dissidente que vinha juntando em seu apartamento, para o caso de este ser revistado pela KGB, e cancelou todas as leituras em sua casa. Ela não foi presa. O incidente não teve maior repercussão. Entretanto, o telefonema havia despertado lembranças dolorosas e a deixado com uma sensação de ansiedade e medo que a perturbou por muitos anos. "A vida toda venho lutando contra esse medo", reflete Inna. "Estou sempre com medo." É difícil dizer o que a amedronta. "Não é nada concreto", explica ela. "É mais uma espécie de sentimento de inferioridade, de alguma imperfeição indefinida."[11]

Essa ansiedade era amplamente compartilhada pelos ex-prisioneiros de Stalin. Zinaida Bushueva vivia a preocupação constante, e até a expectativa, de ser presa de novo, durante as décadas de 1960 e 1970. Foi só em 1981, quando recebeu um passaporte normal, sem a marca que significava que havia estado presa num campo de trabalhos, que seus receios começaram a diminuir, embora, mesmo assim, de acordo com a filha, ela "temesse a vida toda que o Terror retornasse, até o dia de sua morte". Maria Vitkevich, que passou dez anos no campo de trabalhos de Norilsk após sua prisão, em 1945, permanece amedrontada até hoje. "Não consigo me livrar do medo", explica ela.

Senti medo durante a toda minha vida adulta, ainda sinto agora [em 2004] e vou sentir no dia em que morrer. Até hoje, receio que existam pessoas me seguindo. Fui reabilitada há 50 anos. Não tenho do que me envergonhar. A Constituição diz que eles não podem interferir na minha vida pessoal. Mas ainda tenho medo. Sei que eles têm informações suficientes sobre mim para me mandar para longe de novo.

Svetlana Bronshtein, que foi condenada a dez anos num campo de trabalhos em 1952, ainda tem pesadelos com Viatka, onde cumpriu três anos de sua pena antes de ser solta em 1955. Se tivesse energia para dar conta da papelada e ficar em filas na embaixada americana, tentaria emigrar para os EUA, onde crê que seu medo desapareceria.[12]

Acuadas e silenciadas, a maioria das vítimas de Stalin suprimiu com estoicismo emoções e lembranças traumáticas. "O ser humano sobrevive pela capacidade de esquecer", escreveu Varlam Shalamov em *Histórias de Kolyma*. Pessoas que sofreram terrivelmente não falam sobre sobre a própria vida e é muito raro que chorem. "Até hoje, não consigo chorar", reflete Inna Gaister. "No tempo de Stalin, as pessoas não choravam. Dentro de mim, sempre existiu um tipo de proibição interna em relação a chorar, que vem daquela época."[13]

Esse estoicismo tem sido amplamente observado pelos historiadores. Em seu livro sobre morte e memória na Rússia soviética, a historiadora britânica Catherine Merridale nota que os russos se tornaram tão acostumados a suprimir as emoções e a permanecer em silêncio sobre o sofrimento — nem tanto no sentido de escape ("negação") inconsciente, mas como estratégia consciente ou mecanismo de defesa — que é possível se perguntar se as "noções de trauma psicológico são verdadeiramente irrelevantes à mente russa, tão estranhas quanto o maquinário importado que para e cessa de funcionar no inverno siberiano".[14]

A psiquiatria sugere que conversar tem uma influência terapêutica sobre as vítimas de traumas, ao passo que a repressão dos sentimentos perpetua o trauma, a raiva e o medo.[15] Quanto mais tempo continua o silêncio, mais essas vítimas têm a possibilidade de se sentirem aprisionadas e oprimidas por lembranças não faladas. O estoicismo pode ajudar as pessoas a sobreviver, mas pode também torná-las passivas, fazendo-as aceitar seu destino. Foi a última façanha de Stalin, criar toda uma sociedade na qual o estoicismo e a passividade eram normas sociais.

Ninguém é mais estoico ou aceita mais seu destino que Nikolai Lileyev. Nascido em 1921, foi convocado pelo Exército Vermelho aos 18 anos, capturado pelos alemães em 1941 e levado como prisioneiro de guerra para trabalhar numa fazenda na Estônia e, depois, em várias minas e fábricas da Alemanha. Em 1945, retornou à União Soviética, onde foi preso e condenado a dez anos nos campos de trabalho de Komi.

Após ser solto em 1955, ele não teve permissão de retornar à sua cidade natal, Leningrado. Assim, morou em Luga até 1964. Em 2002, escreveu suas memórias, "Os sem sorte não vivem", que começa com este prólogo, escrito, insiste ele, sem a menor intenção de fazer ironia ou humor negro:

Sempre fui muito afortunado, em particular durante os períodos difíceis de minha vida. Tive a sorte de meu pai não ter sido preso; de os professores em minha escola serem bons; de não ter lutado na Guerra da Finlândia; de nunca ter sido atingido por uma bala; de que o ano mais duro de minha detenção foi passado na Estônia; de não ter morrido trabalhando nas minas da Alemanha; de não ter sido fuzilado por deserção quando fui preso pelas autoridades soviéticas; de não ter sido torturado durante os interrogatórios; de não ter morrido no comboio até o campo de trabalhos, embora pesasse apenas 48 quilos e tivesse 1,80 de altura; de ter estado num campo de trabalhos soviético quando os horrores do Gulag já estavam em declínio. Não me tornei amargurado com minhas experiências e aprendi a aceitar a vida como ela realmente é.[16]

2

Em 1956, Simonov se divorciou da atriz Valentina Serova e casou-se com a quarta esposa, Larisa Zhadova, que estava então grávida de um filho seu. Ela era historiadora da arte, filha de um general importante, segundo no comando de todas as forças de terra soviéticas. Ele havia ficado furioso quando Larisa se casara com o primeiro marido, o poeta Semyon Gudzenko, que morreu em 1953; quando ela anunciou que ia desposar Simonov, o pai ameaçou expulsá-la da casa da família juntamente com a filha de três anos ("Um poeta não é suficiente?"). Larisa era uma mulher séria e muito severa, fria em comparação a Valentina. Tomou o controle da vida pessoal de Simonov e se tornou sua companheira de todas as horas, mas não o inspirou a escrever poesia romântica.[17] Talvez ele desejasse ordem e tranquilidade em sua vida.

O rompimento com Valentina fora tão atribulado quanto o restante de seu relacionamento com ela. As coisas começaram a ir mal após o nascimento da filha, Masha (Maria), em 1950. Valentina, que sempre bebera muito, tornou-se alcoólatra crônica, ao mesmo tempo que perdia a beleza e sua carreira no teatro declinava cada vez mais. Houve uma série de casos escandalosos no Teatro Maly, pelos quais foi repreendida em mais de uma ocasião, e por fim foi demitida pelas autoridades em 1952. Sua conduta era um grande embaraço para Simonov, que, na época, estava sob crescente pressão da linha-dura stalinista na campanha contra os judeus. Ele tinha brigas constantes com Valentina, cujas bebedeiras e ataques de violência ficavam piores à medida que sentia que o marido estava se preparando para deixá-la. Em 1954, ele se mudou do apartamento na rua Gorki. Simonov já vinha se encontrando com Larisa, e a esposa tinha conhecimento. Num derradeiro esforço para salvar o relacionamento, ele conseguiu para ela o papel principal de uma peça no Teatro Soviético de Moscou e prometeu que reataria se Valentina "se recompusesse". Ela, entretanto, como ele devia saber, era incapaz disso. Estava doente e precisava de ajuda.

Na primavera de 1956, Simonov finalmente decidiu se divorciar dela: Larisa havia lhe contado que estava grávida, e ele não podia se arriscar a novo escândalo, se recusasse a se casar com ela. Valentina não quis o divórcio. Como muitos dos amigos do casal, a atriz era de opinião que o marido a estava abandonando justamente quando ela precisava mais de seu apoio. Isso talvez fosse injusto. Havia pouca compreensão do alcoolismo na União Soviética, onde beber muito era visto como algo pertencente ao caráter nacional russo, e, sem apoio médico, Simonov não poderia fazer muito por ela. Valentina se desesperou e bebeu tanto que acabou indo parar num hospital, justamente quando o divórcio foi homologado. Ela teve um colapso nervoso e foi confinada em hospitais psiquiátricos cinco vezes no decurso dos quatro anos seguintes. Masha morou com a mãe de Valentina durante a maior parte desse período. A garota estava profundamente perturbada pela tensão de viver com a mãe alcoólatra e pelo desaparecimento do pai.[18]

Em 1960, a doutora Zinaida Sinkevich, a psiquiatra principal que atendia no hospital onde Valentina estava internada, escreveu a Simonov acusando-o de ter causado o colapso da ex-esposa:

Valentina Vasilevna se deu inteiramente ao senhor... Não havia um só aspecto da vida dela que não estivesse em suas mãos — a autoestima como mulher, a carreira de atriz no teatro e no cinema, o sucesso e a fama, a família e os amigos, os filhos, o bem-estar material... E então o senhor vai embora, e sua partida destruiu tudo! Ela perdeu toda a confiança, os vínculos com o teatro e o cinema, os amigos e a família, a autoestima... Para ela, só sobrou o vinho, a única coisa em que podia confiar, mas sem o senhor, isso se tornou uma fuga da realidade.

Relembrando os acontecimentos em 1969, Simonov confessou numa carta a Katia (a filha de 16 anos de Larisa, de seu primeiro casamento, que morava com ele desde 1956) que, na época em que se divorciou de Valentina, não sentia "um pingo de respeito, muito menos de amizade" pela esposa alcoólatra, e que seu "único arrependimento", pelo qual se culpava, era não ter se separado dela "muitos anos antes".[19]

Simonov sempre teve essa capacidade fria e racional de cortar pessoas de sua vida quando as desaprovava ou achava que fossem de pouca serventia para ele. Nas décadas de 1930 e 1940, quando as lealdades políticas eram mais consideradas que as pessoais, ele rompera muitos relacionamentos e, por essa razão, ficou sem amigos chegados quando suas manobras ressurgiram do passado para atormentá-lo, após 1956. Talvez isso sirva para demonstrar que, no final das contas, é impossível ser stalinista na vida pública e não deixar que a moral do sistema contamine relacionamentos pessoais.

Depois do divórcio, Simonov fez um esforço consciente para cortar de sua vida tudo o que tivesse a ver com Valentina, embora continuasse a ajudá-la financeiramente até sua morte, em 1975. Ele comprou apartamento e dacha novos. Excluiu a filha Masha do resto da família, não a convidando para comemorações de aniversários, celebrações de família, lançamentos de livros ou filmes. Em sua carta de 1969 a Katia, que exigia saber por que não tivera permissão de se encontrar com Masha, Simonov explicou a razão pela qual era melhor para elas se manterem afastadas.*

---

* Entrevistada em Moscou, em 2004, Masha Simonova não sabia sobre a existência dessa carta, nem sobre os sentimentos que expressava.

Hoje, existe uma garota de 19 anos [Masha] que foi educada pela mãe de acordo com parâmetros e regras muito diferentes das minhas — e, portanto, embora carregue meu nome, espiritualmente é uma estranha para mim. Não a considero parte de minha vida, mesmo que, por muitos anos, eu tenha dedicado considerável tempo e energia a fim de garantir que ela tivesse uma existência mais ou menos normal, uma tarefa quase impossível, uma vez que vivia com a mãe, que durante mais de 20 anos bebia, tratava-se, depois bebia e se tratava de novo.

Nunca quis que você conhecesse ou encontrasse essa garota ou que tivesse qualquer relação com ela, porque isso tornaria você e ela infelizes. E não acho que exista uma razão para que a conheça agora. Nenhuma de vocês precisa disso. Na vida, há decisões difíceis de se tomar, horas em que um homem tem de assumir responsabilidades e fazer o que acredita ser certo, sem ter de pedir a outros que carreguem o fardo.[20]

Foi só na década de 1970 que Simonov amenizou sua atitude em relação a Masha, que apareceu então nos eventos familiares.

Para ele, o casamento com Larisa e o nascimento da filha, Aleksandra, significaram o começo de uma nova vida. "Quanto à sua irmã, ela completou oito semanas hoje", escreveu Simonov para o filho, Aleksei, em março de 1957.

Ela está perdendo a cor escura e ficando aos poucos vermelha — assim, há esperança: de que será uma pessoa forte, com opiniões sadias sobre a vida, de que andará, comerá e conversará como se deve — resumindo, de que se tornará alguém com bons princípios.

A felicidade doméstica coincidiu com a *détente* de Khrushchev. Para Simonov, as mudanças de 1956 representaram uma libertação espiritual, mesmo que, a princípio, ele tivesse suas reservas sobre a rejeição a Stalin. Após 1956, recorda-se Aleksei:

Meu pai se tornou mais feliz e descontraído. Não estava mais tão sobrecarregado e pressionado pelo trabalho. Suas mãos, que tinham sofrido de um problema nervoso desde minha infância, ficaram normais de novo. Ele ficou mais atencioso e cordial com as pessoas que o cercavam. Foi como se o degelo político da *détente* tivesse descongelado seu coração também, e ele começou a viver de novo.[21]

Em agosto de 1957, a família Laskin celebrou as bodas de ouro de Samuil e Berta com um banquete num restaurante de Moscou. As festividades foram organizadas pelo sobrinho de Samuil, o escritor Boris Laskin, que era um humorista e satirista famoso. Os convites impressos e a decoração do restaurante eram uma paródia da propaganda soviética, com palavras de ordem como "50 anos de Felicidade — Um Peso Fácil!" e "Sua União de Família é uma Escola de Comunismo!" Simonov participou das comemorações e até contribuiu para os gastos, apesar de sua desaprovação costumeira de piadas que ridicularizassem o poder soviético. Ele continuou a manter boas relações com a família Laskin depois de 1956. Permaneceu amigo de Zhenia, ajudava-a com dinheiro, muitas vezes seguia seus conselhos em questões literárias e favorecia sua carreira de editora num periódico pró-*détente*, *Moskva*, enviando-lhe manuscritos de poesia e prosa que chegavam até ele.* Havia talvez um elemento de culpa na atenção de Simonov em relação à ex-esposa. Quando adotou o espírito da *détente*, ele deve ter se incomodado com o contraste moral entre ela — defensora destemida do *samizdat*, que ajudava a publicar escritores censurados — e seu próprio papel no mundo literário soviético. Nas comemorações do aniversário de 50 anos de Zhenia, em 1964, numa noite com a família e os amigos no apartamento novo dela, próximo à estação de metrô do aeroporto, na parte norte de Moscou, alguns desses escritores recitaram poemas que haviam composto para ela. A atmosfera era de cordialidade e bom humor, cheia de carinho e amor por Zhenia. Simonov fez um discurso embaraçoso que se estendeu demais. Sentia-se visivelmente desconfortável falando sobre ela numa sala repleta de escritores que a admiravam pela coragem moral e generosidade, por sua prontidão em ajudar outras pessoas, indiferente aos perigos para si própria. Ele foi salvo pela filha de sete anos, Aleksandra, que entrou na sala e correu para ele. Ele agarrou-a e disse-lhe que "desse os parabéns à tia Zhenia — rápido!". A menina

---

* Zhenia trabalhou no *Moskva* de 1957 a 1969, quando foi despedida por "erros ideológicos graves" (ela publicara a poesia de Yevgeny Yevtushenko).

pegou o microfone: "Querida tia Zhenia, feliz aniversário de 50 anos, e diga a Aliosha [Aleksei] que tire a barba!"[22]

Para Aleksei, a *détente* marcou o início de um novo relacionamento com Simonov. Em 1956, o garoto de 16 anos escreveu uma carta ao pai na qual falava sobre seu distanciamento anterior, quando vivia com Valentina, e sobre sua esperança de que pudessem ficar mais próximos nos anos seguintes:

> Eu acredito em você, não só como pai, mas como um homem bom, inteligente e honrado, como um velho amigo. Essa crença é uma fonte de força para mim e, se isso ajuda você, mesmo que pouco, então me sinto feliz. Lembre-se de que seu filho, embora muito jovem e não muito forte, vai sempre apoiá-lo... Raramente falamos sobre sua vida pessoal — só uma vez, eu acho... Nunca me senti à vontade em sua casa — não era muito óbvio, mas, quando você estava "fora", havia conversas que eram difíceis para mim. Eu evitava ir à sua casa quando você não estava lá. Minhas relações com Masha também eram difíceis — eu não conseguia aceitá-la como irmã... Nada disso tem mais importância. Agora sinto que as coisas vão ser diferentes. É bom que você esteja mais calmo, mais feliz. Tenho certeza de que serei amigo de sua nova esposa — meus sentimentos por ela já são de muita simpatia. Ficaremos mais próximos, pai, e eu não serei mais apenas um convidado na sua casa.[23]

No verão de 1956, aos 16 anos, Aleksei terminou a escola e, estimulado pelo pai, juntou-se a uma expedição científica à remota região de Iakutsk, no leste da Sibéria. Para ele, era uma questão de se provar como homem, à imagem do pai, que havia deixado a escola e ido trabalhar em idade semelhante. "Diga ao pai que não vou decepcioná-lo", escreveu Aleksei à mãe, Zhenia, na primeira carta para casa. Naquelas endereçadas ao pai, ele comparava a expedição à "universidade da vida" de Simonov, nas fábricas do Primeiro Plano Quinquenal. As respostas tinham um carinho e uma informalidade que o rapaz nunca vira antes. Em uma delas, que Aleksei guardaria por toda a vida, o pai escreveu:

> É costume neste tipo de cartas que o pai dê conselhos ao filho. Em geral, não gosto de fazer isso — mas uma recomendação farei antes de você partir no inverno. Você deve saber, sem dúvida, ou pode imaginar, a partir do que tenho escrito sobre o as-

sunto, que não fui acusado de covardia durante a guerra. Eis o que quero lhe dizer: fiz o que tinha de fazer, segundo meu entendimento da dignidade humana e do meu próprio orgulho como homem, mas, lembre-se, se você tem agora a satisfação de ter um pai vivo e saudável, e não uma sepultura ou lembrança, é porque nunca corri riscos desnecessários. Eu era muito atento, contido e cuidadoso em todas as situações nas quais existia perigo real, embora nunca tenha fugido dele. Deve ficar claro por que estou lhe escrevendo isto...
E agora, meu amigo, tenho de correr para a União dos Escritores e dizer aos jovens escritores como devem ou não escrever — e você, enquanto isso, sinta-se livre para colocar qualquer pontuação que esteja faltando e corrigir meus erros gramaticais, está bem?
Um beijo, meu querido, e um aperto na sua pata. Pai. 31 de agosto de 1956.[24]

Em setembro, Simonov ficou com Aleksei em Iakutsk durante três dias. Apreciou as condições primitivas e a camaradagem da expedição, que lhe fizeram lembrar da vida durante a guerra ("Ele ficou muito satisfeito de ainda poder sair marchando com uma mochila nas costas", explicou Zhenia a Aleksei). Pela primeira vez na vida, ele sentou com o filho, bebeu com ele à beira da fogueira do acampamento e falou abertamente sobre sua vida, sobre política e suas esperanças em relação ao futuro. Isolado no mundo literário, Simonov encontrou então uma alma gêmea e um partidário fiel no filho. "Ele está muito satisfeito com você sob todos os aspectos", escreveu Zhenia a Aleksei depois de ver o ex-marido, após seu retorno. "Está satisfeito com a forma como você se desenvolveu, física e espiritualmente, e com o modo como você é encarado por seus contemporâneos." Quanto ao filho, ele nunca tinha visto o pai tão feliz e entusiasmado: "Ele estava irradiante com o Vigésimo Congresso, a nova família, a filha, a casa nova e o romance novo, *Os vivos e os mortos*. Parecia-lhe que podia virar uma página e viver a vida de uma forma diferente." Durante aqueles três dias em Iakutsk, Aleksei se apaixonou por Simonov. O pai ideal que imaginara todos aqueles anos havia finalmente se materializado, e ele desabrochou; a nova ligação com o pai lhe trouxe um sentimento de independência e maturidade. Nas cartas enviadas de Iakutsk, ele explicava sua ideias a respeito da literatura e da vida e pedia conselhos de homem para homem. "Tenho uma grande expectativa em relação ao nosso próximo encontro", escreveu ao pai em fevereiro de 1957. "Tenho tanta coisa para lhe dizer, para perguntar, que não dá para pôr numa carta."[25]

A proximidade de Aleksei com o pai foi breve. A intimidade que haviam conseguido construir em Iakutsk não pôde ser desfrutada em Moscou, onde Simonov não tinha tempo para o filho. A política os dividia. Aleksei se deixava levar pelo espírito democrático da *détente*, em relação à qual o pai permanecia cético, quando não se opunha por completo. O filho era jovem demais, politicamente muito imaturo, para elaborar uma oposição articulada à política do pai. Não tinha uma ideia real, por exemplo, da repressão sangrenta do Kremlin ao levante húngaro de 1956, quando Simonov apoiou o envio de tanques para esmagar os protestos antissoviéticos em Budapeste. No entanto, havia nele um elemento de protesto e dissensão latentes, que talvez estivesse ligado à história da família Laskin. Em 1956, tirou seu primeiro passaporte. Na seção onde se pedia que todo cidadão soviético declarasse sua origem étnica, Aleksei estava decidido a escrever judeu, mesmo tendo o direito de se declarar russo, nacionalidade da família do pai, o que tornaria sua vida muito mais fácil. Foi necessário o esforço conjunto de todos os Laskin — e a insistência de Samuil e Berta, em particular — para fazê-lo desistir desse plano. Para ele, identificar-se com suas origens judaicas era um ato consciente de dissensão política em relação aos valores do regime soviético. Suas opiniões sobre outros assuntos revelavam a mesma atitude. Aleksei rejeitava a falsidade e a hipocrisia da Komsomol. Ficou profundamente impressionado com *Nem só de pão vive o homem*, de Dudintsev, um ataque virulento ao funcionalismo soviético, e escreveu ao autor para lhe dizer que era uma obra genial, muito necessária à reforma política do país. Ele assinou a carta com o sobrenome do avô ("Aleksei Ivanishev") em vez daquele do pai, a fim de evitar que se fizesse ligação com Simonov, que criticara o romance por dar margem a sentimentos antissoviéticos e obrigara Dudintsev a suavizar seu ataque à burocracia antes de publicá-lo no *Novyi mir*. O pai era muito mais cauteloso que o filho com relação ao espírito reformista da *détente*. "Quando se dá um passo atrás, por um minuto, e se olha o país e a disposição das pessoas", escreveu ele a Aleksei em fevereiro de 1957, "é possível dizer, sem exagero, que percorremos uma distância enorme desde 1953. Mas quando um escritor acha que é seu dever suscitar uma rebelião desnecessária, então não sinto nenhuma simpatia por ele."[26]

A desestalinização de Simonov progredia muito vagarosamente. As revelações do Vigésimo Congresso do Partido haviam-no entusiasmado e balançado a um só tempo, e ele levou um tempo para se acostumar a elas. Para Simonov, o teste moral decisivo do regime stalinista permanecia sendo sua conduta durante a guerra. Foi enquanto trabalhava em seu grande romance de guerra, *Os vivos e os mortos* (1959), que ele começou a lidar com a questão moral central levantada pela guerra: a assombrosa perda de vidas humanas do regime. O livro trata de muitos dos temas que haviam sido excluídos do discurso público sobre a guerra: o efeito devastador do Terror sobre o comando militar; o caos e a confusão que assolaram o país nas primeiras semanas da guerra; o clima de desconfiança e a incompetência dos oficiais, que custaram tantas vidas de jovens inocentes. Recorrendo a seus diários e a lembranças de guerra, Simonov reconta a história da luta por meio de uma série de cenas vívidas, nas quais os oficiais e seus homens se esforçam para entender o sentido dos acontecimentos e cumprir com suas obrigações diante de todos esses obstáculos. Ele mostra como as pessoas se transformaram com suas experiências de guerra, tornando-se mais determinadas e unidas contra o inimigo, e infere que esse espírito de humanidade foi a causa fundamental da vitória soviética. Simonov sempre viu a liderança de Stalin como fator crucial na guerra. Entretanto, em *Os vivos e os mortos*, ele começou a reavaliar o papel do ditador e a se mover em direção à concepção populista — que desenvolveria em seus últimos anos — de que foi o povo soviético quem ganhou a guerra e que assim o fez apesar da liderança de Stalin. Simonov sugere que o caos e a desconfiança que o reinado de terror do líder gerou no exército levaram diretamente à catástrofe militar de 1941; apenas o espírito patriótico e a iniciativa das pessoas comuns, como os heróis de seu livro, conseguiram reverter a crise e transformar o desastre numa vitória. Ele já havia tocado em algumas dessas ideias em seus diários de 1941-45, que estavam cheios de observações sobre a guerra. Tinha-as discutido com os amigos, inclusive o escritor Lazar Lazarev, antes de 1953. Contudo, como o próprio Simonov confessou numa noite literária da Academia Militar Frunze em 1960, lhe "faltara coragem cívica suficiente" para publicar essas ideias enquanto Stalin ainda estava vivo.[27]

Durante toda a vida, ele manteve uma ligação emocional com a memória de Stalin. Sua própria história e identidade estavam muito amarradas ao regime para que rejeitasse o legado do ditador como um todo. Por essa razão, Simonov nunca conseguiu realmente abraçar de coração a *détente* de Khrushchev, que lhe parecia uma traição a Stalin, como homem e líder, e uma traição ao seu próprio passado. Se negasse Stalin, estaria também negando a si mesmo. Mesmo no auge da *détente* de Khrushchev, ele se agarrava com firmeza a muitos dos dogmas da ditadura stalinista. Assumiu uma posição linha-dura diante da crise húngara de 1956. "Alguns milhares de pessoas foram mortas nos acontecimentos que se desenrolaram na Hungria", escreveu Simonov a Aleksei, de Calcutá, em 1957, "mas os ingleses derramaram mais sangue durante a partição da Índia, e não no interesse do povo [motivo das ações soviéticas em Budapeste, de acordo com ele], mas sim para incitar o ódio religioso e as rebeliões."[28]

Após 1956, Simonov era visto pelos reformadores liberais como um stalinista não reconstruído, e pelos antigos partidários do ditador como um liberal perigoso, mas, na verdade, durante toda a era Khrushchev, ele foi um conservador moderado. Reconhecia os erros de Stalin e via a necessidade de uma reforma política limitada, mas continuou a defender o sistema soviético que o líder havia criado, nas décadas de 1930 e 1940, como a única base sólida para o progresso da humanidade. "Cometemos erros no caminho para o comunismo", escreveu ele a Aleksei, "mas o reconhecimento de nossas faltas não deve nos levar a vacilar, nem por um momento, em nossa convicção de que nossos princípios comunistas são corretos."[29]

Quando Brezhnev chegou ao poder, em 1964, o conservadorismo moderado de Simonov obteve favor oficial, à medida que as políticas de desestalinização de Khrushchev foram sendo gradualmente revertidas e que o Kremlin se opunha a qualquer reforma política real na União Soviética ou nos outros países do Pacto de Varsóvia. A partir de meados da década de 1960, ele emergiu como um homem de Estado mais velho no universo literário soviético. Seus livros eram muito publicados e se tornaram leitura obrigatória nas escolas e universidades; ele aparecia com frequência na mídia; viajava pelo mundo como a face oficial da literatura soviética; e, até pelos padrões da elite do país, desfrutava um padrão de vida privilegiado.

Durante o vigésimo quinto aniversário da vitória soviética em 1945, em 9 de maio de 1970, Simonov deu uma entrevista ao jornal *Socialist Industry*, na qual esclareceu sua posição sobre a história soviética desde o fim da guerra:

Passei muito tempo estudando a história da Grande Guerra Patriótica e sei muito mais agora do que quando ela havia recém-terminado. É claro que muita coisa mudou no meu entendimento. Mas a sensação principal que se tem ao viajar pelo país e ver sua construção continuando nos dias de hoje, quando se vê o que foi feito e o que está sendo feito, é a de que nossa causa naquela época era justa. Não importa quão duro foi, quantas vidas foram perdidas, nosso povo fez o que era preciso fazer durante a guerra. Se tivesse falhado naquele empreendimento difícil, o país não seria o que é hoje, não haveria outros países socialistas, nenhuma luta mundial pela liberdade e independência do domínio colonial. Tudo isso só foi possível com a nossa vitória.[30]

Para as pessoas da geração de Simonov, a guerra foi o acontecimento que lhes definiu a vida. Nascida mais ou menos à época da Revolução de 1917, essa geração atingiu a maturidade na década de 1930, quando os valores básicos foram remodelados pelo regime stalinista, e se movimentou em direção à aposentadoria no período de Brezhnev. Da situação privilegiada das décadas de 1960 e 1970, essas pessoas se recordavam dos anos da guerra de forma nostálgica, como o ponto alto de sua juventude. Foi um tempo de camaradagem, responsabilidades compartilhadas e sofrimento, quando as "pessoas se tornaram seres humanos melhores", uma vez que tinham de se ajudar e confiar umas nas outras; uma época em que a vida delas possuía um propósito e significado maiores porque, parecia-lhes, sua contribuição individual à campanha de guerra havia feito uma diferença para o destino da nação. Esses veteranos se lembravam da guerra como um período de grandes conquistas coletivas, quando pessoas como eles fizeram sacrifícios enormes pela vitória. Relembram 1945 como um tempo e espaço quase sagrado para a história e memória soviéticas. Nas palavras do veterano de guerra e escritor Kondratiev:

Para nossa geração, a guerra foi o acontecimento mais importante de nossa vida, o mais importante. É o que pensamos hoje. De forma que não estamos preparados para minimizar de modo algum a grande conquista do nosso povo naqueles anos terríveis, difíceis e inesquecíveis. A lembrança de todos os nossos soldados que tombaram é muito sagrada, nosso sentimento patriótico é muito puro e profundo por causa disso.[31]

A comemoração da Grande Guerra Patriótica serviu como um lembrete do sucesso do sistema soviético. Aos olhos de seus cidadãos leais, inclusive Simonov, a vitória de 1945 justificava o regime soviético e tudo que este havia conquistado após 1917. Entretanto, a memória popular da guerra — na qual era lembrada como a guerra do povo — também representava um desafio em potencial à ditadura soviética. O conflito fora um período de "desestalinização espontânea", quando, mais do que em qualquer outra época, o povo soviético havia sido forçado a assumir a responsabilidade por suas ações e a se organizar para o esforço de guerra, muitas vezes na ausência de liderança ou controle efetivos do Partido. Como o regime do pós-guerra temia, a memória coletiva dessa liberdade e iniciativa podia se tornar perigosa se desse margem a ideias de reforma política.

Por muitos anos, a lembrança da guerra foi minimizada na cultura pública do regime soviético. Até 1965, o Dia da Vitória não era sequer feriado oficial no país, e cabia aos grupos de veteranos organizar suas próprias comemorações e paradas. Publicações sobre a guerra eram muito censuradas e romances que abordassem o tema, politicamente controlados.* Os jornais da época foram retirados das bibliotecas públicas. Após 1956, houve um afrouxamento parcial desses controles sobre

---

* A única exceção notável de fato, *In the Trenches of Stalingrad* (*Nas trincheiras de Stalingrado*), de 1946, de Viktor Nekrasov, é uma recriação vívida da guerra dos soldados comuns, que evita os clichês comuns sobre a sábia liderança do Partido. Surpreendentemente talvez, o livro ganhou o Prêmio Stalin de 1946.

as lembranças da guerra. Memórias de veteranos apareceram impressas. Escritores que haviam lutado na juventude publicaram histórias e romances, recorrendo às próprias experiências para retratar a realidade da guerra dos soldados — a "verdade das trincheiras" (*okopnaia pravda*), como era muitas vezes chamada — que serviam para contrabalançar a versão da propaganda oficial.* Contudo, essas publicações estavam empurrando as fronteiras do que era permitido pela *détente* de Khrushchev: o Partido estava preparado para culpar Stalin por fracassos militares, mas não para desafiar a narrativa oficial da guerra, como um triunfo da disciplina e da liderança comunistas. Em 1962, Grossman foi informado por Mikhail Suslov, chefe de ideologia do Politburo, de que seu romance de guerra, *Vida e destino*, que havia sido confiscado pela KGB após ser submetido ao periódico *Znamia*, não poderia ser publicado por pelo menos 200 anos (apareceu na Rússia pela primeira vez em 1988).

As lembranças da guerra foram controladas com mais severidade ainda pelo regime de Brezhnev, que usou a comemoração da vitória soviética a fim de criar para si uma exibição poderosa de lealdade pública e legitimidade política. Em 1965, o Dia da Vitória se tornou feriado oficial soviético, celebrado com imensa pompa por toda a liderança do Partido e tendo como ponto alto uma parada militar na Praça Vermelha. Um novo Museu das Forças Armadas foi aberto para o aniversário; sua vasta coleção de recordações elevou a memória da guerra ao nível de culto. Dois anos depois, o Monumento ao Soldado Desconhecido foi erguido próximo ao Muro do Kremlin, tornando-se rapidamente um local sagrado para o Estado soviético e lugar de homenagens rituais para noivas e noivos soviéticos. Em Volgogrado (anteriormente Stalingrado), um espaço monumental para lamentações foi concluído em 1967. No centro, erguia-se uma enorme Mãe Rússia segurando uma espada, a estátua mais alta do mundo, com 52 metros de altura. Foi nessa época

---

* Quatro trabalhos de ficção nesta categoria: *Os vivos e os mortos*, de Simonov; *The Second Night* (*A segunda noite*), de 1960, de Nekrasov; *Good Luck, Schoolboy* (*Boa sorte, garoto de escola*), de 1961, de Okudzhava; *The Dead Feel No Pain* (*Os mortos não sentem dor*), de 1965, de Vasil Bykau.

que a estatística, repetida interminavelmente, de "20 milhões de mortos" entrou para a propaganda soviética como símbolo messiânico do sacrifício único da União Soviética pela libertação do mundo.

Simonov fora soldado, vira demais as realidades da guerra para tomar parte na manipulação de sua memória pública. Pensara por muitos anos sobre o significado do conflito e sobre as razões da vitória soviética. Suas meditações sobre o assunto se tornaram uma espécie de contemplação moral sobre Stalin e o sistema soviético como um todo: se houve justificativa para se desperdiçar tantas vidas a fim de ganhar a guerra, se havia sido a força o que impelira o povo à vitória ou algo mais profundo em seu interior, a força espiritual do patriotismo ou simples resistência estoica, sem ligação com a política. Durante a última década de sua vida, ele coletou lembranças e testemunhos de soldados. Ao tempo de sua morte, em 1979, ele havia juntado um arquivo grande de memórias, cartas e alguns milhares de horas de entrevistas gravadas.* Muitos desses testemunhos foram registrados em *A Soldier Went* (*Um soldado foi*), de 1975, um "filme-poema em sete capítulos", cada um refletindo sobre um aspecto diferente da experiência dos soldados, com entrevistas e leituras da obra de Simonov. De uma forma que era extraordinária para seu tempo, o filme dava vida aos horrores da guerra e ao sofrimento dos soldados, que eram retratados como seres humanos comuns, conduzindo-se com coragem e poder de recuperação nas circunstâncias mais difíceis. Um dos capítulos mais longos do filme trata dos ferimentos dos combatentes, concentrando-se num soldado da infantaria que foi atingido sete vezes e continuou marchando para Berlim. O filme foi uma homenagem aos soldados rasos do Exército Vermelho — à coragem e resistência de milhões de heróis desconhecidos e esquecidos, responsáveis pela vitória soviética — feita por um homem cujos escritos sobre a guerra tomavam em geral a perspectiva do oficial. Segundo Marina Babak, diretora do filme (e amante de Simonov à época), havia uma

---

* Em seu último ano de vida, Simonov tentou criar um acervo especial de memórias de soldados nos arquivos do Ministério da Defesa em Podolsk, nos arredores de Moscou, mas líderes do exército, do alto escalão, opuseram-se à ideia ("O popytke K. Simonov sozdat, arkhiv voennykh memuarov", *Otechestvennye arkhivy*, 1993, nº I, pp. 63-73).

razão pessoal forte nesse ato de homenagem, porque "Simonov sentia que nunca havia demonstrado coragem suficiente" em sua vida. "Ele insistiu para não aparecer no filme", recorda-se Babak. "Dizia que era indigno de aparecer ao lado de um soldado."[32]

O filme causou problemas com os militares, que fizeram objeções ao seu realismo áspero e à sua concepção populista da guerra (os censores insistiram que se adicionasse uma sequência prestando homenagem a Brezhnev como líder de guerra). A cúpula soviética considerava qualquer tentativa de se homenagear o sofrimento do povo na guerra como um desafio ao governo. A partir de meados da década de 1960, muitos dos escritos de Simonov sobre a guerra foram proibidos ou publicados de forma censurada. Seus diários de guerra, de 1941, preparados para ser publicados em forma de livro (*A Hundred Days of War*) [*Cem dias de guerra*] em 1967, foram rejeitados pelos censores soviéticos, apesar de seu pedido pessoal à liderança do Partido (o livro foi finalmente publicado em 1999). O mesmo destino tiveram seus ensaios sobre Zhukov e os diários de guerra de 1941-45 (*Various Days of War*) [*Vários dias de guerra*], que foram publicados com grandes cortes em 1977.[33] Seu documentário *If Your House is Dear to You* (*Se sua casa é preciosa para você*) apareceu em 1966, somente depois de uma longa batalha com os censores, que fizeram cortes pesados, ao passo que a versão cinematográfica de seu romance, *Não se nasce soldado* (1964), segundo volume de *Os vivos e os mortos*, foi tão retalhada pelos censores que Simonov retirou o nome do livro, e até mesmo o seu próprio, da versão final do filme, que foi exibido como *Retribution* (*Retribuição*) em 1967.

Essas batalhas com a censura reforçaram a determinação de Simonov de buscar a verdade sobre a guerra e o regime stalinista. Seus cadernos dessa época estão cheios de lembranças dos encontros com Stalin, de autoquestionamentos sobre o que sabia ou não (ou o que não queria saber) a respeito dos crimes de Stalin, quando fizera parte da corte do ditador. Quanto mais ficava sabendo sobre as mentiras e os assassinatos do ex-líder, mais ele tentava se distanciar de seu passado. "Houve uma época em que, embora tivesse algumas dúvidas, eu amava Stalin", escreveu Simonov em 1966. "Mas hoje, sabendo de tudo que sei sobre ele, não consigo mais amá-lo. Se eu tivesse sabido na época o que sei agora, não o teria amado então."[34]

Durante os últimos anos de vida, Simonov sentiu cada vez mais remorsos com relação ao seu papel no regime stalinista. Como se para redimir seus pecados, ele se esforçou por promover o trabalho de escritores e artistas que haviam sido censurados ou reprimidos na época do ditador. Estimulado pela esposa, Simonov se tornou colecionador particular e defensor da vanguarda soviética nas artes (organizou uma grande retrospectiva do artista Vladimir Tatlin, por tanto tempo esquecido). Desempenhou um papel importante na campanha para a publicação das obras de Osip Mandelshtam, Kornei Chukovsky, Vsevolod Ivanov e para a tradução russa de *Aventuras do bravo soldado Schweik*. Deu dinheiro a escritores que tinham sofrido no passado — inclusive Borshchagovsky, Vera Panova e Nadezhda Mandelshtam — e requisitou, em nome de outros, moradia, empregos e readmissões na União dos Escritores.[35]

Em 1966, Simonov pôs em marcha o processo que culminou na publicação da obra-prima subversiva de Mikhail Bulgakov, *O mestre e Margarida*, uma sátira social de cunho fantástico, na qual o diabo chega a Moscou e faz vir à tona o pior em todos, por meio de travessuras anárquicas. Impossível de publicar enquanto Stalin vivia, o manuscrito ficara escondido numa gaveta desde a morte do escritor, em 1940. Em 1956, Simonov foi escolhido presidente da comissão encarregada do patrimônio literário de Bulgakov por sua viúva, Elena Bulgakova, que era uma antiga conhecida de sua mãe. Simonov entregou o manuscrito de *O mestre e Margarida* a Zhenia Laskina, que estava trabalhando no *Moskva*, um periódico em busca de prosa instigante, a fim de impulsionar as decrescentes vendas por assinatura (das quais dependiam sua reputação e seus subsídios), após o término da *détente* literária, quando se tornou uma revista algo maçante e monótona. Simonov tinha dúvidas se Zhenia conseguiria que o livro passasse pelos censores, que estavam cerceando a literatura. Chegou mesmo a aconselhar Elena Bulgakova a aceitar alguns cortes, a fim de conseguir que o livro fosse publicado. Tendo lido o manuscrito em sua dacha num fim de semana, Yevgeny

Popovkin, editor do *Moskva*, confessou a Zhenia que estava com medo de publicá-lo, mesmo sabendo que aquilo estabeleceria seu nome. Ele a aconselhou a levar uma cópia a um dos editores do *Moskva*, um censor aposentado que tinha boas relações no Glavlit, o comitê encarregado da censura literária, e que, como editor, jamais tivera um manuscrito rejeitado pelos censores. Com a ajuda desse censor aposentado, o trabalho de Bulgakov passou com cortes relativamente pequenos e foi publicado de forma seriada no *Moskva* de novembro de 1966. Essa edição (de 150 mil cópias) se esgotou da noite para o dia. Houve uma grande demanda por assinaturas do periódico pelos próximos dois anos, tempo que levou para se serializar o extraordinário romance de Bulgakov, que apareceu para os leitores soviéticos como um milagre, na atmosfera opressiva dos primeiros anos da era Brezhnev. Encantados com o sucesso, Zhenia e Simonov comemoraram o acontecimento histórico compilando um álbum de recortes, com todas as passagens que haviam sido cortadas pelo censor. Fizeram três cópias dele: uma para cada um deles e outra para Elena Bulgakova.[36]

O apoio de Simonov a essas iniciativas foi uma declaração pública de sua política. Ao decidir resgatar trabalhos de arte e de literatura que tinham sido suprimidos, ele estava se alinhando com a ala liberal do sistema soviético. Esses esforços, que empreendeu por sua própria iniciativa (ele não possuía mais nenhum cargo oficial em qualquer instituição ou periódico), valeram-lhe o respeito de muitos artistas e escritores, que o indicaram para presidente de comissões e organizações literárias, como a Casa Central da Literatura, nas décadas de 1960 e 1970. Simonov não havia se tornado um liberal no sentido dos dissidentes, que eram pró-Ocidente e antissoviéticos, mas como muitos reformistas comunistas da era Brezhnev, ele estava aberto para a ideia de uma mudança fundamental na política e na cultura do sistema soviético. Simonov não criticava abertamente o governo. Entretanto, pessoalmente, se opunha a muitas de suas políticas — em especial a invasão da Tchecoslováquia em agosto de 1968, a fim de suprimir a "Primavera de Praga" do governo reformista de Alexander Dubček. A crise de 1968 foi um momento de decisão importante no desenvolvimento político de Simonov. Ela o radicalizou.

Ele começou a questionar se era possível ou mesmo desejável, para o sistema de partido único, sobreviver da forma estagnada que havia assumido sob a liderança de Brezhnev. Segundo seu filho, se tivesse vivido mais alguns anos, ele teria saudado as reformas de Gorbachev:

Como membro veterano do Partido, havia apenas a perspectiva de o quão longe ele poderia ir. Meu pai teria tido de romper com seu molde partidário completamente para sair em apoio de Solzhenitsyn, por exemplo, e ele não conseguiria fazer isso. Não sei o que ele pensava de fato e o que se forçava a pensar, a fim de se manter sob controle, mas sei que continuou se desenvolvendo politicamente até o fim. Essa, para mim, era a sua melhor qualidade — ele nunca perdeu a capacidade de mudança.[37]

A evolução das ideias políticas de Simonov em seus últimos anos estava intimamente ligada ao reexame de seu passado. Ele sentia cada vez mais remorsos em relação à sua conduta durante o reinado de Stalin. À medida que admitia seus erros, tornava-se mais crítico acerca do sistema político que o havia levado a cometê-los. Seu sentimento de contrição era às vezes tão intenso que chegava às raias da autoabjeção, de acordo com Lazar Lazarev, que era a pessoa mais próxima a ele naquela época. Lazarev se recorda de que Simonov se castigava, como escritor e homem, em eventos públicos. Era conhecido por se depreciar de forma irônica. Seus amigos e admiradores consideravam essa característica parte de seu encanto pessoal. Contudo, houve vezes em que devem ter percebido que essa autocrítica partia de um impulso mais sombrio. Na comemoração de seu aniversário de 50 anos, na Casa Central da Literatura em 1965, uma noite de discursos em homenagem a Simonov, com a presença de mais de 700 convidados, ele pareceu se impacientar com as amabilidades ditas sobre ele. No final do evento, tremendo visivelmente de emoção, aproximou-se do microfone para proferir estas palavras extraordinárias:

Neste tipo de ocasião — quando alguém chega aos 50 anos de idade — é natural que as pessoas gostem principalmente de se recordar das coisas boas sobre elas. Eu quero dizer para as pessoas aqui presentes, a meus camaradas reunidos aqui, que me envergonho de muitas coisas que fiz na minha vida, que nem tudo que fiz foi bom — eu sei disso — e que nem sempre me conduzi de acordo com os princípios morais mais altos — nem mesmo com os cívicos ou humanos. Existem coisas na minha vida que me lembro com desprazer, ocasiões em que agi sem força de vontade suficiente, sem coragem suficiente. Sei disso. E não estou falando isso por motivos de, por assim dizer, algum tipo de arrependimento, que é uma questão pessoal de cada um, mas simplesmente porque, ao lembrar, queremos evitar repetir os mesmos erros. E eu vou tentar não repeti-los... De agora em diante, custe o que custar, não vou repetir as concessões morais que fiz.[38]

Esse sentimento de remorso se intensificou com o tempo. Ele se arrependeu da forma que escrevera sobre Stalin e o canal do mar Branco durante a década de 1930. Sentia pesar por sua participação na propaganda de guerra do regime stalinista, por ter concordado com as mentiras do ditador sobre a "conduta criminosa" e a "traição" dos generais soviéticos que ordenaram a retirada de 1941. Tinha remorsos por seus atos vergonhosos na União dos Escritores entre 1946 e 1953 — anos que ele achava "dolorosos de lembrar", como escreveu num ensaio sobre Fadeyev: "Existem muitas coisas que são duras de lembrar sem dissimular os próprios sentimentos, e muitas outras que são ainda mais difíceis de explicar." Nos últimos anos de vida, Simonov se empenhou numa longa batalha para compreender suas ações na União dos Escritores. Interrogou a própria memória e escreveu vários rascunhos de um relato pessoal sobre seu papel na campanha "anticosmopolita", que permaneceram guardados à chave em seus arquivos. No entanto, nunca tentou defender ou justificar seus atos daqueles anos. Lazarev se recorda da noite, na casa de Simonov, da comemoração de seu aniversário de 55 anos, em 1970. Propondo um brinde aos convidados ali reunidos, o escritor Aleksandr Krivitsky mostrou uma fotografia do aniversariante, de 1946, e disse que deviam beber se lembrando da letra de uma canção muito conhecida "Como ele era então, ainda é hoje". Lazarev objetou a implicação — de que Simonov permanecia stalinista — e, propondo o próximo brinde, disse que deviam beber à coragem do anfitrião, que "não tinha medo de mudar e romper com o passado". Começou então uma discussão acalorada sobre se ele havia mudado e se isso fora uma coisa boa ou não. No dia seguinte, a fim de se desculpar, Lazarev telefonou para Simonov, mas este não tinha visto nada de errado. "Pelo contrário", recorda-se o amigo, "ele disse que a discussão tinha sido altamente educativa, porque o ajudara a chegar a uma decisão sobre si mesmo: é claro que era melhor uma pessoa se modificar, se fosse para melhor."[39]

Muitas das atividades de Simonov na década de 1970 foram direcionadas pela necessidade de fazer uma compensação pelos seus atos passados. Perseguido pelas lembranças dos ataques stalinistas aos escritores judeus, conduziu uma campanha corajosa em defesa de Lilia Brik, a musa de grande parte da poesia final de Maiakovski. Ela foi alvo de uma investida violenta e claramente antissemita por parte de críticos literários que trabalhavam para Suslov, que exigiram a eliminação de Lilia dos relatos sobre a vida de Maiakovski, a fim de purificar a memória do grande poeta soviético de qualquer elemento judeu. Tomado de arrependimento por seus ataques a Ehrenburg em 1954, Simonov organizou a publicação do jornalismo de guerra do escritor. A coletânea incluía um artigo seu, escrito em 1944, no qual descrevera o autor como o melhor de todos os jornalistas da época da guerra. O livro foi publicado em 1979, um pouco antes de ele morrer. Simonov já estava no hospital quando recebeu um exemplar dos editores. Ligou para Lazarev, que editara o livro, e lhe disse que estava extremamente feliz e aliviado por ter "feito as pazes" com Ehrenburg.[40]

Muitas pessoas pertencentes aos círculos reformistas literários eram céticas em relação ao tardio liberalismo arrependido de Simonov. Para elas, parecia improvável que um stalinista veterano pudesse se reconstruir de forma tão radical. Havia sempre a suspeita de hipocrisia quando ele saía em apoio de alguma causa liberal. "Simonov, o homem das várias faces", escreveu Solzhenitsyn, "ao mesmo tempo, um nobre mártir literário e um conservador estimado, com acesso a todas as repartições oficiais."[41]

Na verdade, houve vezes em que Simonov se comportou com inclinações nada liberais. Ele tomou parte, por exemplo, na perseguição do Kremlin ao *Metropol*, um almanaque literário compilado e editado por Viktor Erofeev, Yevgeny Popov e Vasily Aksyonov, que foi publicado (com "Moscou, 1979", dados como local e data) pela Ardis nos EUA. Não se tratava de uma publicação dissidente, mas, como Erofeev a descreveu mais tarde, "uma tentativa de lutar contra a estagnação, em condições de estagnação". Furiosos diante dessa tentativa de solapar seu controle da palavra impressa, os debilitados líderes do regime de Brezhnev se vingaram dos editores do *Metropol*. Erofeev e Popov foram expulsos da União dos Escritores, enquanto outros autores do almanaque abandonaram em protesto a instituição ou emigraram da União Soviética. Simonov foi arrastado à campanha contra o *Metropol* por Suslov, que o pressionou a denunciar a publicação como "antissoviética". Ele tinha um interesse por trás. Sua filha Aleksandra, com 22 anos então, vinha mantendo um romance com o irmão de Viktor Erofeev, um jovem historiador da arte chamado Andrei, de quem ela ficara recentemente noiva. Os dois mantinham relações com um grupo de amigos boêmios, todos filhos da elite soviética (o pai de Andrei era diplomata do alto escalão), que se vestiam como hippies e escutavam rock, uma forma de dissidência então. Quando o escândalo literário estourou, Simonov resolveu terminar aquele caso de amor, determinado a distanciar sua família e ele próprio dos Erofeev, cuja associação com os dissidentes, ou com círculos próximos a eles, era-lhe potencialmente perigosa. Talvez, como acha Andrei, ele quisesse que Aleksandra se casasse com alguém de uma família que se conformasse mais ao sistema soviético. Talvez tivesse medo de que o Caso Metropol se tornasse mais problemático (causara uma chuva de protestos no Ocidente) e a filha pudesse sofrer as consequências de seu envolvimento íntimo com os Erofeev. O medo nunca esteve ausente das relações de Simonov com o regime soviético — mesmo nesses anos finais, quando desfrutou a posição de personalidade importante do sistema e, como era de se supor, não deveria ter nutrido qualquer temor. No escritório de Suslov, ele elaborou um relatório literário sobre o *Metropol*, no qual denunciou não só Viktor, como também Andrei Erofeev, como "dissidentes antissoviéticos". Quando Aleksandra soube disso pelo noivo, recusou-se a crer nele, acusou-o de caluniar o pai e rompeu o noivado. Todavia, mais tarde ela descobriu que ele tinha falado a verdade.[42]

A morte de Simonov, ocasionada por uma bronquite crônica, foi lenta e sofrida. Os médicos do Kremlin ficaram receosos de assumir a responsabilidade de seu tratamento (problema comum na União Soviética nas décadas que se seguiram à Conspiração dos Médicos) e não lhe deram os medicamentos certos. Durante seus últimos meses, quando vivia indo ou vindo do hospital, Simonov continuou a refletir sobre o passado, a se perguntar por que não havia feito mais para ajudar as pessoas que recorreram a ele durante o terror stalinista. Em algumas de suas anotações finais, feitas para uma peça (*Os quatro "eus"*) cuja ideia era a de que tomasse a forma de uma conversa entre seu eu atual e três "outros eus", de vários momentos do passado, ele se pôs à prova:

"Então, como você agia quando algum conhecido vinha até você precisando de ajuda?"

"Dependia. Às vezes, me telefonavam; às vezes, escreviam; e, às vezes, me pediam diretamente."

"O que eles pediam?"

"Dependia. Às vezes, me pediam que interviesse para ajudar alguém, falavam que era uma pessoa muito boa. Às vezes, me escreviam para dizer que não acreditavam que alguém que eles conheciam fosse culpado, que não podiam crer que ele tivesse feito aquilo de que era acusado — que o conheciam bem demais para acreditar nisso."

"As pessoas realmente escreviam isso?"

"Sim, às vezes. Mas em geral escreviam que não era da conta delas, que não podiam julgar, que talvez fosse verdade, mas... E depois punham no papel todas as coisas boas que sabiam sobre aquela pessoa para tentar ajudá-la."

"E você tentava ajudar?"

"Bem, teve vezes em que não respondi às cartas. Duas vezes. Uma vez porque eu nunca tinha gostado daquela pessoa e achava que era correto não ajudar alguém de quem eu não gostava e sobre quem não sabia nada. Da outra vez, eu conhecia bem a pessoa, tinha até estado na frente de batalha com ela e gostava muito dela, mas, quando a prenderam durante a guerra, eu acreditei que era culpada, que poderia ter estado envolvida numa conspiração, embora ninguém conversasse sobre essas, coisas — era impossível falar. Essa pessoa me escreveu. Eu não respondi, não fiz nada para ajudar. Eu não sabia o que dizer para ela e, então, protelei. Depois, quando foi solta, fiquei envergonhado. Mais ainda porque se soube que um dos nossos camaradas, um cara que eu considerava ainda mais fraco e covarde que eu, tinha respondido para ela e ajudado o máximo de pessoas que conseguiu — tinha enviado coisas e dinheiro para elas."[43]

Foi durante uma dessas últimas temporadas no hospital que Simonov ditou suas memórias, *Through the Eyes of a Person of My Generation* (*Através do olhar de uma pessoa da minha geração*), que permaneceram inacabadas ao tempo de sua morte.[44] Ele construiu essas memórias como outra conversa com seus antigos eus, reconhecendo que era impossível saber o que tinha realmente pensado em todos os momentos do passado, mas buscando a verdade sobre sua vida por meio daquele diálogo com a própria memória. Esforçando-se para explicar sua longa preocupação com Stalin, a colaboração com o regime e o tipo de stalinismo que se apossara dele, interrogava-se sem se esquivar — e se condenava com aspereza.

Simonov morreu em 28 de agosto de 1979. Suas cinzas foram espalhadas num antigo campo de batalha próximo a Mogilyov, lugar de descanso de alguns milhares de homens que haviam tombado nos conflitos de junho de 1941. A imprensa do mundo todo noticiou a morte de um grande escritor soviético, "o favorito de Stalin". Durante a década de 1980, suas obras continuaram a ser lidas como clássicos nas escolas e universidades soviéticas. Foram traduzidas em muitas línguas, mas, após a queda do regime soviético, sua reputação literária caiu e as vendas declinaram dramaticamente. Para leitores russos mais jovens, que queriam algo novo, sua prosa parecia datada e "soviética" demais.

3

Após 1956, milhões de pessoas que haviam colaborado de alguma forma com os crimes de Stalin, alguns diretamente, como homens do NKVD ou guardas prisionais, outros indiretamente, como burocratas, continuavam a levar uma vida "normal". A maioria delas conseguiu afastar qualquer sentimento de culpa dando um jeito, conscientemente ou não, de esquecer as ações passadas, racionalizando e defendendo sua conduta por meio da ideologia ou de qualquer outro mito que as justificasse, ou alegando inocência com base em que "não sabiam" ou estavam "apenas cumprindo ordens".[45] Poucas tiveram a coragem de se defrontar com a culpa da forma honesta como Simonov o fez.

Segundo a maior parte das estimativas, havia algo em torno de um milhão de ex-guardas de campos de trabalho vivendo na União Soviética após 1956. Apenas uns poucos entre aqueles que falavam sobre o passado demonstravam sinais de contrição ou remorso. Lev Razgon se recorda de ter conhecido um tártaro siberiano, chamado Niiazov, num hospital de Moscou na década de 1970. Soube-se que se tratava de um ex-guarda do campo de trânsito de Bikin, próximo a Khabarovsk, onde supervisionara a execução de milhares de prisioneiros. Sua história era simples. Filho de um zelador, Niiazov tinha sido o brigão da escola e se tornado autor de pequenos furtos e membro de quadrilha na adolescência. Pego pela polícia, foi primeiramente usado como carcereiro em Omsk e, depois, transferido para o Gulag como guarda. O campo de trânsito de Bikin, entre Khabarovsk e Vladivostok, era uma das muitas "instalações especiais" (*spetsob'ekty*) do sistema Gulag, onde os prisioneiros eram mantidos por alguns dias antes de serem fuzilados. Niiazov esteve envolvido em grande parte dos 15 mil a 18 mil fuzilamentos estimados, levados a cabo naquele campo durante sua breve existência, entre 1937 e 1940. Davam-lhe vodca antes e depois das execuções. Ele não sentiu qualquer arrependimento, de acordo com Razgon, ou culpa, quando foi informado, muitos anos depois, que suas vítimas eram inocentes. Niiazov disse a Razgon que dormia bem. Durante a guerra, ele foi mobilizado pelo Exército Vermelho. Lutou na Alemanha, onde participou de um saque a um banco. Após 1945, ficou responsável pela segurança de um armazém militar; enriqueceu à custa de roubos e trapaças. Despedido do emprego por um novo chefe do Partido, teve um ataque cardíaco e foi levado para o hospital onde Razgon o encontrou.[46]

Ivan Korchagin foi guarda em ALZhIR, o Campo Para Esposas de Traidores da Pátria. Filho de camponês pobre, frequentou por apenas quatro anos uma escola rural e não sabia ler nem escrever quando entrou para o exército, aos 16 anos, em 1941. Após a guerra, fez parte de uma unidade militar, mobilizada para várias tarefas no Gulag. Korchagin foi empregado como guarda de campo de trabalhos em ALZhIR de 1946 a 1954. Entrevistado em 1988, ele tinha consciência de que as prisões em massa que encheram os campos de trabalho tinham sido injustas, mas não sentia qualquer arrependimento por seus atos. Ele racionalizava e justificava sua participação no sistema da repressão por meio de sua própria mistura de ideologia mal concebida, lições morais tiradas da vida e ódio de classe pelos prisioneiros:

O que é o poder soviético?, pergunto a você. É um órgão de coerção! Entende? Digamos, por exemplo, nós estamos sentados aqui conversando e dois policiais batem à porta: "Venham conosco!", eles dizem. E é isso aí! Esse é o poder soviético! Eles podem levá-lo e pôr você na prisão — por nada. E seja ou não você um inimigo, não vai convencer ninguém de sua inocência. É assim que funciona. Eu tenho ordens para vigiar prisioneiros. Eu devo acreditar nessas ordens ou em você? Talvez me dê pena de você, talvez não, mas o que é que eu posso fazer? Quando você mata um porco, você não sente pena quando ele guincha. E mesmo que eu tivesse sentido pena de alguém, o que é que eu poderia fazer? Quando estávamos batendo em retirada da frente de batalha, na guerra, tínhamos que abandonar os soldados feridos, sabendo que eles iriam morrer. Sentíamos pena, mas o que podíamos fazer? No campo de trabalhos, eu vigiava mães com filhos doentes. Elas choravam muito. Mas o que eu podia fazer? Elas estavam sendo castigadas por causa dos maridos. Mas eu não tinha nada a ver com aquilo. Eu tinha de fazer meu trabalho. Dizem que um filho não tem culpa dos erros do pai, mas a mãe paga pelo marido. E se esse marido é um inimigo do povo, que tipo de filho essa mãe está criando? Havia muitas crianças no campo. Mas o que é que eu podia fazer? Era ruim para elas. Mas talvez ficassem melhor sem mães como aquelas. Aquelas inimigas eram verdadeiros parasitas. Elas tinham viajado para o exterior. Estavam sempre se mostrando, com sua música, suas dachas e seus enfeites. E os pobres tinham fome, eram magros e viviam pior que animais. Então, quem são os inimigos do povo? Por que eu deveria chorar por alguém? Além disso, meu trabalho não fazia mal a ninguém. Eu prestei um serviço ao governo.[47]

Durante o período da *glasnost*, em fins da década de 1980, quando o papel dos administradores do Gulag começou a ser debatido na mídia, muitos ex-guardas escreveram cartas a ex-prisioneiros lhes pedindo que confirmassem, para efeitos de registro histórico, que haviam sido bons e decentes para com eles nos campos de trabalho. Um deles se chamava Mikhail Iusipenko, nascido em 1905, numa família de trabalhadores sem terra, em Akmolinsk. Ele só frequentara três anos da escola rural antes do início da Primeira Guerra Mundial, quando foi forçado a abandoná-la para trabalhar, em virtude da partida do pai para o exército. Este nunca retornou da guerra. Durante a década de 1920, Iusipenko trabalhou como ajudante numa fazenda, a fim de sustentar a mãe e os irmãos e irmãs menores. Perdeu a esposa e os dois filhos na fome de 1931. A partir de 1934, ele se tornou operário do Partido em Karaganda, centro administrativo dos campos Gulag no Cazaquistão. Logo, foi recrutado pelo NKVD, que o nomeou subcomandante do campo de trabalhos de ALZhIR, perto de Akmolinsk. Durante seus cinco anos lá, de 1939 a 1944, Iusipenko supostamente estuprou um grande número de prisioneiras, mas não houve qualquer investigação criminal de suas atividades, apenas muitos boatos, que, ao que parece, começaram a trazer problemas para ele nos anos da *détente* de Khrushchev. Entre 1961 e 1988, Iusipenko escreveu a algumas centenas de ex-prisioneiros, inclusive a muitos dos filhos de mulheres que haviam morrido após serem soltas de ALZhIR, pedindo-lhes que dessem testemunho de sua boa conduta. Recebeu resposta de 22 dessas mulheres, que escreveram para dizer que se recordavam dele como um homem bom e decente, certamente em comparação com muitos outros guardas de ALZhIR (alguns desses testemunhos foram dados por mulheres que se dizia estar entre suas vítimas de estupro). Em 1988, após um artigo sobre o campo de ALZhIR no jornal *Leninskaia smena* sugerir que ele era culpado de molestar sexualmente prisioneiras, Iusipenko encaminhou os testemunhos a editores de vários jornais nacionais e locais, bem como às repartições do Partido no Cazaquistão, junto com um longo comentário cuja finalidade era "pôr em pratos limpos os registros históricos". Ele declarou que tinha "sempre sabido" que as prisioneiras eram inocentes e que, "desde o início", "demonstrara por elas profunda simpatia", que "nunca lhes falara em tom de comando" e tinha feito "todo o possível para aliviar seu sofrimento", permitindo-lhes que escrevessem e recebessem mais cartas e encomendas do que era consentido oficialmente e fazendo relatórios para obter sua libertação mais cedo, com "grande risco" para seu cargo e até sua vida. "Eu poderia ter sido acusado de simpatizar com os inimigos do povo", escreveu Iusipenko, "e isso teria sido o meu fim. Mas eu estava convencido, como ainda estou, de que estava fazendo a coisa certa." Ao conseguir que os jornais publicassem os testemunhos juntamente com seus comentários, ele não pretendia só demonstrar que estava com a consciência tranquila. Queria salientar que até se opusera à "repressão stalinista" (frase cunhada durante a época da *glasnost*) e, na verdade, que fora vítima dela também.[48]

Muitos ex-funcionários do Gulag inventaram fábulas semelhantes sobre seu passado. Pavel Drozdov, contador-chefe da Seção de Planejamento e inspetor do complexo Gulag de Dalstroi, foi preso em 1938 e depois condenado a 15 anos nos campos de trabalho de Magadan. Após ser solto em 1951, permaneceu lá como trabalhador voluntário e, em breve, esposa e filho se juntaram a ele. Segundo a história que contou a esse filho, o antigo chefe do Gulag não passava de um modesto especialista, sem qualquer autoridade real no Truste de Dalstroi, que gerenciava os campos de trabalho. A história possuía um elemento de verdade, uma vez que, após a prisão de seu patrão, Eduard Berzin, chefe do Dalstroi, em 1937, Pavel foi rebaixado à posição de simples contador — sendo ele próprio preso pouco depois. Por volta do fim da era Khrushchev, Pavel começou a realizar pesquisas para sua autobiografia no Truste de Dalstroi. Seu objetivo era homenagear a memória de Berzin, apresentando-o como um reformador econômico visionário, além de homem bondoso e esclarecido. Entretanto, sua correspondência com alguns ex-prisioneiros o deixou profundamente perturbado. Ele não percebera, ou de alguma forma, banira do espírito a amplitude de todo o sofrimento humano que havia presidido da Seção de Planejamento do Truste de Dalstroi. Pavel teve uma série de ataques cardíacos. A conselho médico, desistiu de escrever as memórias. A verdade sobre seu passado era inquietante demais para ser confrontada. Ele morreu em 1967. O filho continua a crer que o pai foi um burocrata irrepreensível, simples contador do complexo Gulag de Dalstroi, na época em que

Berzin o dirigia de "forma relativamente humana e progressista", que foi uma vítima do regime stalinista.[49]

Uma mescla de mito e memória sustenta todas as famílias, mas essa mistura desempenhou um papel especial na União Soviética, onde milhões de vidas foram transtornadas. A psicanálise sugere que vítimas de traumas podem se beneficiar colocando suas experiências no contexto de uma narrativa mais ampla, que lhes confira significado e propósito. Ao contrário das vítimas da guerra nazista contra os judeus, para quem não podia haver uma narrativa de redenção, as vítimas da repressão stalinista tinham duas narrativas coletivas principais, nas quais podiam colocar sua própria história de vida e encontrar algum tipo de significado para suas provações: a narrativa da sobrevivência, contada na literatura de memórias dos ex-prisioneiros do Gulag, na qual o sofrimento foi transcendido pelo espírito humano do sobrevivente; e a narrativa soviética, na qual esse sofrimento foi redimido pelo ideal comunista, vencedor da Grande Guerra Patriótica, ou pelas conquistas da União Soviética.

As lembranças do Gulag publicadas nas décadas seguintes a *détente* de Khrushchev continuam tendo um poderoso impacto sobre a forma como as pessoas comuns se recordam da história da própria família no período stalinista. Sua influência repousa, em parte, sobre o modo como as vítimas do trauma lidam com as próprias recordações. Como a psicanálise tem mostrado, pessoas com lembranças traumáticas tendem a bloquear partes do próprio passado. A memória se torna fragmentária, organizada mais por uma série de episódios desconectados (como a prisão de um pai ou o momento do despejo de uma casa) que por uma cronologia linear. Quando elas tentam reconstruir a história de sua vida, em particular quando seus poderes de recordar estão enfraquecidos pela idade avançada, essas pessoas tendem a preencher as lacunas da memória recorrendo ao que leram ou ouviram de outros com experiências semelhantes.[50] Nas primeiras páginas de sua autobiografia, escrita na década de 1970, Alexander Dolgun, um secretário do cônsul americano, preso por "espionagem" em 1948 e enviado para um campo de trabalhos no Cazaquistão, explicou esses lapsos de memória:

A maior parte de minha história é composta por aquilo que me lembro de fato, mas o restante é constituído pelo que deve ter acontecido. Há episódios, rostos, palavras e sensações tão profundamente marcados em minha memória que nenhum período de tempo apagará. Há outros momentos em que me encontrava tão exausto, porque eles nunca me deixavam dormir, ou tão faminto, ou havia sido tão espancado, ou em que ardia de febre, ou em que estava tão entorpecido pelo frio, que tudo se obscurecia, e agora só consigo juntar aquilo que deve ter acontecido tentando construir uma ligação entre esses períodos.

Embora ele alegue ter uma "memória extremamente boa", Dolgun não tinha "qualquer recordação" de um período de duas semanas, entre deixar Moscou num trem para condenados e começar a trabalhar numa pedreira no campo do Cazaquistão.[51]

A fim de preencher essas lacunas, as pessoas se apossavam das lembranças umas das outras. Muitas das cenas descritas por memorialistas amadores do período stalinista ostentam semelhança impressionante com episódios de livros famosos sobre o Terror, como *Uma jornada ao furacão* (1967), de Yevgeniia Ginzburg, ou *O arquipélago Gulag* (1973), de Solzhenitsyn. Embora as duas obras, publicadas em primeira mão no Ocidente, não saíssem oficialmente na Rússia até fins da década de 1980, elas circularam amplamente por meio do *samizdat* muito antes, ajudando a ocasionar uma explosão de autobiografias amadoras, recordando aquele período.* Não fica claro se as cenas que figuram nessas memórias representam uma lembrança direta, em oposição ao que o autor supõe ter acontecido ou imagina que "deva ter ocorrido", porque outros escreveram sobre os mesmos episódios. Irina Sherbakova, que entrevistou muitos sobreviventes do Gulag na década de 1980, sugere como essa apropriação de recordações se deu:

---

* Milhares dessas memórias podem ser encontradas nos arquivos da Sociedade Memorial, que foi estabelecida em cidades por toda a União Soviética durante o fim da década de 1980, para homenagear as vítimas da repressão e registrar suas lembranças. Há também valiosas coleções de autobiografias não publicadas desse período no Arquivo da Sociedade Histórico-Literária de Moscou ("Vozvrashchenie"), fundado em 1989; e no Centro Público e Museu Andrei Sakharov, aberto em Moscou em 1996.

Ao longo de muitas décadas, a vida no Gulag deu origem a boatos, lendas e mitos sem fim, os mais comuns sendo aqueles sobre pessoas famosas — que se acreditava havia muito terem sido executadas em Moscou — tendo sido vistas por alguém em algum campo de trabalhos muito distante, em algum lugar. Havia temas e detalhes recorrentes nessas histórias. Por exemplo, pelo menos quatro mulheres me descreveram exatamente a mesma cena: como, muitos anos mais tarde, quando conseguiam mirar num espelho de novo e se olharem, a primeira imagem que viam foi o rosto da própria mãe. Já no início da década de 1970, reconheci incidentes que me foram contados oralmente, que combinavam, em detalhes, com cenas descritas em O *arquipélago Gulag*, de Solzhenitsyn, ou em alguma outra autobiografia publicada. Agora [em 1992], as histórias sobre os campos se tornaram um fenômeno tão geral que o registro da memória oral se tornou muito mais difícil. A grande quantidade de informação que jorra das pessoas dá mostras de ocorrer pela imolação das próprias lembranças, a ponto de começar a parecer como se tudo que elas sabem tivesse lhes acontecido pessoalmente.[52]

Muitos dos sobreviventes do Gulag insistem que testemunharam cenas descritas em livros de Ginzburg, Solzhenitsyn ou Shalamov, que reconhecem os guardas ou interrogadores do NKVD mencionados nessas obras ou até que conheceram os autores nos campos, quando documentos mostram claramente que isso seria impossível.[53]

Existe uma série de razões para que os sobreviventes do Gulag se apropriassem de recordações dessa forma. Nas décadas de 1970 e 1980, quando livros como O *arquipélago Gulag* circularam sob a forma de *samizdat*, muitas vítimas da repressão stalinista se identificaram de modo tão forte com sua posição ideológica, que tomaram como sendo a explicação para se entender a verdade sobre os campos, que suspenderam as próprias lembranças e deixaram que essas obras falassem por elas. Muitas vezes faltava às vítimas da repressão um entendimento conceitual claro da própria experiência, devido à ausência de um entendimento ou arcabouço estrutural do contexto político, no qual suas lembranças fizessem sentido. Essa lacuna reforçava a inclinação para substituir suas recordações confusas e fragmentárias pela memória coerente e clara desses autores. Como observou um historiador pela experiência de entrevistar sobreviventes do Grande Terror:

Se você fizesse a pergunta aparentemente direta: "Quantas pessoas o senhor (ou a senhora) conheceu que foram presas em 1937?", a resposta viria com olhos arregalados de espanto: "Você não leu Solzhenitsyn? Não sabe que todos foram presos?" Se você continuasse com: "Mas algum membro da sua família foi preso?", poderia haver uma pausa... "Bem, não, da minha família, não, mas na família de todo mundo, alguém foi." Depois você perguntava: "Quantas pessoas foram presas no apartamento comunitário que o senhor (ou a senhora) morava?" Havia então uma longa pausa, seguida por: "Bem, hum, eu não me lembro realmente, mas sim, sim, houve um, Ivanov, que vivia no quarto do final do corredor, sim, agora me lembro".[54]

Esse exemplo demonstra por que testemunhos orais, como um todo, são mais confiáveis do que lembranças literárias, que, em geral, são vistas como um registro mais autêntico do passado. Como todas as recordações, os testemunhos fornecidos em entrevistas não são confiáveis, mas, ao contrário dos livros, podem ser checados e postos à prova contra outras evidências, a fim de desenredar as lembranças verdadeiras daquelas recebidas ou imaginadas.

As memórias publicadas do Gulag influenciaram não só a recordação de cenas e pessoas, como também o próprio entendimento da experiência. Todas as lembranças do Terror de Stalin são narrativas reconstruídas pelos sobreviventes.[55] A história que contam é, em geral, de purgatório e redenção — uma jornada pelo "inferno" do Gulag e depois de volta à "vida normal" — em que o narrador transcende a morte e o sofrimento. Essa moral edificante auxilia a esclarecer a influência persuasiva das memórias literárias, no processo para que outros sobreviventes do Gulag se recordem das próprias histórias. A autobiografia de Ginzburg, em particular, tornou-se um modelo de narrativa do sobrevivente, e sua estrutura literária foi copiada por inúmeros memorialistas amadores, com histórias de vida não muito diferentes da dela. O tema que unifica suas memórias é a regeneração por meio do amor — tópico que confere à sua escritura um efeito poderoso como obra literária. Ginzburg explica a sobrevivência nos campos de trabalho como uma questão de fé no ser humano; os lampejos de humanidade que ela evoca nos outros, e que a ajudam a sobreviver, são uma resposta à sua confiança nas pessoas. Na primeira parte da autobiografia, *Journey into the Whirlwind*, ela dá destaque ao seu trabalho numa creche em Kolyma, onde cuidar de crianças a fazia lembrar o próprio filho e lhe dava forças para prosseguir. Na segunda, *Within the Whirlwind* (1981), Ginzburg é transferida da creche para um hospital, onde se apaixona por um colega prisioneiro que serve como médico no campo de trabalhos. Apesar da angústia das repetidas separações, ambos sobrevivem mantendo contato, de alguma forma, até a morte de Stalin; libertados, mas ainda exilados das grandes cidades russas, eles se casam e adotam uma criança.[56] Essa trajetória narrativa é repetida à exaustão na literatura de memórias. A uniformidade dessas "crônicas de família" e "histórias documentárias", que são virtualmente idênticas na estrutura básica, na forma e no tom moral, é notável e não pode ser explicada como modismo literário apenas. Talvez esses memorialistas, que tiveram todos uma vida tão extraordinária, sentissem a necessidade de vincular seu destino ao de outros como eles, recordando suas histórias de acordo com um protótipo literário.

A narrativa soviética oferecia um tipo diferente de consolo, assegurando às vítimas que seu sacrifício havia sido a serviço de objetivos e conquistas coletivas. A ideia de um propósito soviético comum não era apenas um mito da propaganda. Ela auxiliava as pessoas a lidar com seu sofrimento, ao lhes dar uma sensação de que suas vidas foram validadas pelo papel que desempenharam na luta pelo ideal soviético.

A memória coletiva da Grande Guerra Patriótica foi muito potente nesse aspecto. Ela possibilitou que veteranos pensassem sobre sua dor e suas perdas como possuidoras de um propósito e significado maiores, representados pela vitória de 1945, da qual se orgulhavam. A historiadora Catherine Merridale, que conduziu entrevistas com veteranos, em Kursk, para seu livro sobre o exército soviético na guerra, descobriu que eles não falavam sobre suas experiências com amargura ou autocomiseração, mas aceitavam todas as perdas com estoicismo e que, "em vez de trazerem à lembrança as cenas mais terríveis da guerra, eles tendiam a adotar a linguagem do extinto Estado soviético, falando de honra e orgulho, vingança justificada, pátria-mãe, Stalin e a necessidade absoluta da fé". Como ela explica, essa identificação com o mito da guerra soviética era um mecanismo de defesa para aqueles veteranos, que lhes possibilitava viver com suas lembranças dolorosas:

No passado, durante a guerra, teria sido fácil sucumbir, sentir a profundidade de cada horror, mas também teria sido fatal. O caminho para a sobrevivência jazia na aceitação estoica, em se concentrar na tarefa em questão. O vocabulário dos homens era prático e otimista, pois qualquer outra coisa podia induzir ao desespero. Sessenta anos depois, seria fácil, de novo, tentar ganhar simpatias ou simplesmente monopolizar atenção contando histórias horripilantes. Mas isso, para essas pessoas, equivaleria a trair os valores que têm sido seu orgulho coletivo, seu modo de vida.[57]

As pessoas que retornavam dos campos de trabalho encontravam consolo na ideia stalinista de que, como trabalhadores do Gulag, eles também haviam dado sua contribuição à economia soviética. Muitas delas, mais tarde, olhavam para trás com um imenso orgulho, para as fábricas, represas e cidades que tinham construído. Esse orgulho se originava, por um lado, na crença contínua no sistema soviético e em sua ideologia, apesar das injustiças de que haviam sido vítimas, e, por outro, na necessidade talvez de encontrar um significado maior para seu sofrimento. Em *Within the Whirlwind*, Ginzburg se recorda de sua impressão sobre o retorno a Magadan, cidade construída pelos colegas prisioneiros dos campos de Kolyma:

Como o coração do homem é estranho! Amaldiçoei com toda a minha alma os que tinham concebido a ideia de construir uma cidade sobre um subsolo permanentemente congelado, descongelando aquele chão com o sangue e as lágrimas de pessoas inocentes. No entanto, ao mesmo tempo, sentia uma espécie de orgulho ridículo... Como havia crescido e se tornado bonita, durante meus sete anos de ausência, a nossa Magadan! Irreconhecível por completo. Admirei cada poste nas ruas, cada parte asfaltada, e até o cartaz anunciando que a Casa de Cultura estava apresentando a opereta *A princesa dos dólares*. Valorizamos cada fragmento de nossa vida, até o mais amargo.[58]

Em Norilsk, esse orgulho continua a ser fortemente sentido entre os segmentos mais velhos da população da cidade (aproximadamente 130 mil pessoas), que consiste, na maior parte, em ex-prisioneiros do Gulag e seus descendentes, com uma pequena minoria de ex-administradores do campo de trabalhos e de operários voluntários, cujas famílias permaneceram nesse assentamento, no Ártico, após o Gulag ter se desmantelado. Muitas pessoas ficaram porque não tinham nenhum lugar para ir. Depois de 1953, quando a administração do complexo industrial foi transferida do Gulag para o Ministério da Indústria Pesada, a população de Norilsk foi plenamente integrada a todas as instituições costumeiras do governo soviético (escolas, organizações Pioneiros e Komsomol, células do Partido e assim por diante), o que ajudou a criar uma consciência soviética — e, até certo ponto, um patriotismo soviético local, baseado no orgulho por Norilsk — que encobriu a lembrança do Gulag. Até hoje, a cidade é homenageada em canções e histórias. As pessoas ainda cantam:

> Aqui se encontra uma cidade chamada Norilsk,
> Nós cavamos em busca de níquel e cobre.
> Aqui as pessoas têm o espírito forte,
> Na Rússia, todos conhecem Norilsk.

Livros e filmes homenageiam os homens e as mulheres que enfrentaram os elementos para construir Norilsk, muitas vezes passando por cima do fato de que a maioria deles foi de prisioneiros (nessa cidade assombrada, onde sobreviver significa esquecer, a lembrança do Gulag é mantida abaixo da superfície da consciência pública). O orgulho, na cidade, está ligado ao espírito romântico e pioneiro da exploração do Ártico, que continua a encontrar expressão na ideia popular de que uma fortaleza de espírito especial é necessária para se sobreviver nas condições precárias de Norilsk:

> As pessoas daqui são feitas de um material especial.
> Os fracos fogem de imediato.
> Não tem lugar para eles nessa terra ríspida,
> Onde os ventos sopram,
> E as nevascas devastam,
> E não tem verão.[59]

Existe também uma crença popular de que as pessoas da cidade possuem uma cordialidade especial e um sentimento de camaradagem nascidos da experiência compartilhada do Gulag e da luta comum pela sobrevivência nessas condições. Acima de tudo, no entanto, esse orgulho cívico se encontra enraizado no trabalho do povo de Norilsk, como no de Vasily Romashkin, um herói da cidade, que, em 2004, ainda estava vivendo lá com os filhos e os netos.

Vasily nasceu em 1914 numa família de camponeses na região de Moscou. Foi preso como *kulak* em 1937 e ficou detido em Norilsk a partir de 1939, onde permaneceu no complexo minerador — primeiro como prisioneiro e depois como "trabalhador voluntário" — até a aposentadoria, em 1981. Recebeu várias condecorações por seu trabalho em Norilsk. Mesmo na época em que foi prisioneiro, era tido como um verdadeiro trabalhador modelo. Ele se sente particularmente orgulhoso de sua contribuição para o esforço de guerra soviético, como explica numa entrevista:

Essas medalhas são todas para vencedores [das Competições Socialistas] — Vencedor da Metalurgia, do Nono Plano Quinquenal [1971-75]... Aquela ali, eu esqueci do que é... E essas aqui são de "Veterano do Complexo" [de Norilsk] e "Veterano da URSS" — por trabalho valoroso e dedicado. E essa aqui é uma medalha de jubileu para veteranos da Grande Guerra Patriótica, quando o complexo foi militarizado... Sinto orgulho do meu papel na guerra — cumpri com meu dever patriótico como cidadão.[60]

Vasily fala pela velha geração, que homenageia a contribuição dos campos de trabalho para a economia soviética, em especial durante a guerra, quando os metais preciosos que eles extraíram, sob temperaturas congelantes, foram essenciais para a vitória soviética. Esse sentimento de realização é, em parte, o que eles querem dizer quando declaram seu amor pela "beleza" de Norilsk, como fazem com frequência, uma cidade que construíram com as próprias mãos (ninguém parece notar que a atmosfera se encontra permanentemente poluída por uma fumaça amarela tóxica e que as árvores não crescem lá). "É uma cidade linda", declara Olga Iaskina, que foi aprisionada no campo de trabalhos de Norilsk no início da década de 1950 e nunca deixou a cidade. "É a nossa pequena Leningrado."[61] Muitos dos prédios no centro foram realmente construídos no estilo neoclássico de São Petersburgo (outra cidade erguida por escravos). Norilsk representa um paradoxo surpreendente:

uma grande cidade industrial, construída e povoada por prisioneiros do Gulag, cujo orgulho cívico está baseado em seu próprio trabalho escravo para o regime stalinista.

Um paradoxo semelhante permeia a nostalgia popular por Stalin, que, mais de meio século após a morte do ditador, continua a ser sentida por milhões de pessoas, inclusive muitas de suas vítimas. Segundo um levantamento feito no Centro Geral Russo para o Estudo da Opinião Pública, em janeiro de 2004, 42% das pessoas queriam ver o retorno de um "líder como Stalin" (60% dos entrevistados com mais de 60 anos eram a favor de um "novo Stalin").[62] Essa nostalgia está ligada apenas remotamente à política e à ideologia. Para as pessoas mais velhas, que se recordam da era stalinista, isso tem mais a ver com as emoções investidas na recordação do passado — no período lendário de sua juventude, quando as lojas estavam cheias de produtos, havia ordem e segurança social, suas vidas eram organizadas e recebiam sentido por meio das metas dos Planos Quinquenais, e tudo era claro, preto no branco, porque Stalin pensava por elas e lhes dizia o que fazer. Para essas pessoas, a nostalgia pelos "bons tempos" do stalinismo reflete a incerteza de suas vidas como pensionistas, em particular desde o colapso do regime soviético em 1991: os preços em elevação que colocaram muitos produtos além de seu alcance; a destruição de sua poupança pela inflação; e a criminalidade crescente que assustou os idosos em suas casas.

Entre as pessoas que sucumbiram a essa nostalgia incluíam-se não apenas os que haviam desfrutado uma certa posição — o vasto exército de funcionários soviéticos e pequenos burocratas, guardas de campos de trabalho, policiais, motoristas, empregados de estradas de ferro, fábricas e chefes de fazendas coletivas, os mais velhos da casa e zeladores, que olhavam para trás, para os dias em que haviam estado ligados, como "pequenos Stalins" em sua própria esfera de poder, ao Grande Líder numa cadeia contínua de comando. Contudo, cidadãos comuns também se tornaram nostálgicos, pessoas que não tinham nenhum lugar especial no regime stalinista, mas cujas vidas estavam atreladas ao seu destino. Mikhail Baitalsky se recorda de haver encontrado um velho stalinista, na década de 1970, camarada seu da Komsomol na década de 1920, que havia progredido e se tornado engenheiro de nível médio numa das fábricas de Stalin. Ele permanecia seguidor fanático do ditador. Não tentava defendê-lo (ele conhecia os fatos), embora existissem muitas hipóteses stalinistas, como a culpa de Tukhachevsky e de outros "inimigos do povo", nas quais o engenheiro ainda acreditava e se recusava a questionar. Baitalsky chegou à conclusão de que o velho amigo se apegava não a uma ideologia stalinista, mas, antes, a um "orgulho das qualidades que ele próprio tivera naqueles anos ardorosos da juventude". O engenheiro não queria renunciar às crenças que sustentara nas décadas de 1920 e 1930, que haviam se tornado parte de sua personalidade, e se recusava a admitir que eram precisamente aquelas qualidades que alimentavam "sua disposição interna de aceitar tudo, positivamente tudo, até, e inclusive, a execução de seus camaradas mais próximos".[63]

Essa nostalgia não era de todo desconhecida das vítimas de Stalin e de seus descendentes. Leonid Saltykov era filho de um padre fuzilado em 1938. Escondeu o fato da prisão do pai quando se tornou operário de uma fábrica e, depois, engenheiro. Em 1965, ingressou no Partido, acabando como secretário do Comitê do Partido na fábrica onde trabalhava. Leonid foi um seguidor fanático de Stalin a vida toda. Lamentou sua morte e manteve um retrato dele em sua mesa até sua aposentadoria da fábrica, em 1993. Durante entrevistas, Leonid negou que o ditador fosse responsável pelas prisões em massa da década de 1930, inclusive a de seu pai:

Sim, meu pai sofreu, como tantos outros também, mas Stalin ainda foi melhor que qualquer um dos líderes que temos hoje. Ele era um homem honesto, mesmo que as pessoas em volta dele não fossem [...] Não se esqueça, graças a ele vencemos a guerra, e esse foi um grande feito. Se hoje em dia alguém tentasse fazer uma guerra como aquela, não haveria qualquer garantia de que a Rússia ganharia, garantia nenhuma. Stalin construiu nossas fábricas e estradas de ferro. Abaixou o preço do pão. Nos estimulou todos ao trabalho, porque sabíamos que se estudássemos com afinco e fôssemos para um instituto teríamos a garantia de um bom emprego e poderíamos até escolher uma fábrica. Tudo dependia do quanto você trabalhasse.[64]

Vera Minusova estava com 17 anos quando o pai, engenheiro ferroviário em Perm, foi preso e fuzilado em 1937, e, desde então, como ela própria admite, viveu com um medo quase constante, apesar do fato de ter se casado em 1947 com um funcionário graduado do Partido na cidade. Durante entrevistas em 2004, ela ainda tinha receio de falar sobre muitos assuntos ligados ao Terror e, em alguns momentos, insistia para que os gravadores fossem desligados. Nessas conversas, Vera olhava para o passado com nostalgia do reinado de Stalin, como uma época em que "as necessidades básicas da vida eram acessíveis a todos" e havia "mais disciplina e ordem do que temos hoje". Ela trabalhou por mais de 50 anos como contadora nos escritórios da rede ferroviária soviética. Queixou-se de que as pessoas "não querem trabalhar hoje em dia" e afirmou que era melhor durante a época de Stalin, quando "todo mundo era obrigado a trabalhar".

> A disciplina é fundamental. Você tem de manter as pessoas sob controle e usar o chicote, se necessário. Hoje, eles deviam voltar a usar os métodos de Stalin. Você não pode deixar as pessoas chegarem atrasadas ao trabalho ou saírem na hora que querem. Se elas precisam do emprego, devem ser obrigadas a trabalhar de acordo com as regras.[65]

Iraida Faivisovich tinha 4 anos de idade quando os pais, cabeleireiros de Osa, foram presos e enviados para o Gulag em 1939. Durante entrevistas em 2003, ela também argumentou que a vida era melhor no tempo de Stalin. "As pessoas não se matavam umas às outras na rua! Era seguro sair à noite." Segundo Iraida, os líderes políticos eram honestos naquela época: "É claro que às vezes havia escassez de comida ou de roupas, mas, no geral, eles cumpriam suas promessas." Como muitas pessoas de idade que cresceram em apartamentos comunitários, ela sente falta do coletivismo daqueles anos, de que se recorda como uma existência mais feliz, comparada à sua vida solitária de pensionista:

> A vida na época de Stalin era espiritualmente mais rica — vivíamos de forma mais pacífica e feliz. Como éramos todos pobres, não dávamos muita ênfase a valores materiais, mas nos divertíamos muito — tudo era aberto, compartilhado entre amigos e famílias. As pessoas se ajudavam. Vivíamos nos quartos uns dos outros

e comemorávamos os feriados todos juntos na rua. Hoje em dia, as famílias só vivem para si.

As pessoas tinham, então, mais esperança e significado em suas vidas, diz Iraida:

> A gente acreditava que o futuro ia ser bom. Estávamos convencidos de que a vida ia melhorar se trabalhássemos bem e honestamente... Não achávamos que estávamos criando um paraíso terrestre, mas sim uma sociedade onde haveria o suficiente para todos, haveria paz e não mais guerras [...] Essa crença era verdadeira e nos ajudava a viver, porque significava que estávamos nos concentrando em nossa educação e nosso trabalho para o futuro, em vez de nos nossos problemas materiais. Sentíamos mais orgulho do nosso trabalho do que sentimos hoje. É difícil viver sem crenças. Em que acreditamos hoje? Não temos qualquer ideal.[66]

4

Não obstante a nostalgia, o legado ruinoso do regime stalinista continuou a ser sentido pelos descendentes de suas vítimas muitas décadas após a morte do ditador. Não era apenas uma questão de relacionamentos perdidos, vidas e famílias prejudicadas, mas de traumas passados de uma geração à outra.[67*]

Dos pais, ambos executados em 1937, Elizaveta Delibash herdou um temor para toda a vida das autoridades soviéticas, que ela transmitiu aos filhos. Criada pelos pais em Tbilisi e depois pela tia, stalinista ardorosa, em Leningrado, Elizaveta havia superado aquele medo na adolescência,

---

* Essa herança psicológica pode ser transmitida de várias maneiras: em ansiedade e fobias nos pais, em sua superproteção aos filhos, nas expectativas com as quais os sobrecarregam e até nas brincadeiras em que se divertem com eles. O psicanalista húngaro Terez Virag, que se especializou no tratamento de sobreviventes do holocausto e de seus filhos, cita o caso de uma mãe, por exemplo, que viveu o cerco de Leningrado na infância. Sua filha de 2 anos não comia biscoitos de Papai Noel e chorava, protestando, quando alguém os dava a ela. Na infância, a mãe fora traumatizada por histórias que lhe contavam sobre pessoas que matavam crianças para comê-las durante o cerco. Segundo Virag, a mãe havia passado esse trauma sob forma de uma brincadeira da hora do banho que fazia com a filha, na qual colocava o pé da criança na boca e dizia "Agora eu vou te comer" (T. Virag, *Children of Social Trauma: Hungarian Psychoanalytic Case Studies* (Londres, 2000), p. 43).

ao ingressar na Komsomol e se tornar uma estudante ativista. Estudava com afinco e recebia notas altas na escola, que lhe possibilitaram se matricular como aluna de línguas, na Universidade de Leningrado, em 1947. Contudo, os receios nunca a abandonaram. "Sempre me senti inferior e insegura por causa do que tinha acontecido com meus pais", recorda-se ela. "Toda a minha vida, senti esse medo interior, um sentimento de perda e vulnerabilidade, uma sensação de que eu não tinha muito valor como ser humano e que, a qualquer momento, poderia ser insultada ou humilhada por pessoas em posição de autoridade." Temendo ser presa em Leningrado, Elizaveta abandonou suas ambições de ser pesquisadora acadêmica e fugiu para Krasnodar, uma cidade pacata na região de Kuban, onde trabalhou como professora escolar até 1954, quando retornou a Leningrado com o marido, um estudante de física chamado Iosif Liberman, e conseguiu emprego como bibliotecária.

Iosif vinha de uma família judia de Leningrado, que divergia discretamente do regime soviético. O contraste com as opiniões ortodoxas da tia foi uma revelação para Elizaveta, que, estimulada pelas revelações do Vigésimo Congresso do Partido, começou a pensar de modo mais crítico sobre os acontecimentos que cercavam o desaparecimento de seus pais. Em 1958, ela finalmente descobriu que os dois haviam sido fuzilados. Foi um choque, porque ela tinha esperanças de que a mãe ainda pudesse estar viva e havia sempre olhado para a Ursa Maior no céu à noite, como a mãe a aconselhara em sua última carta, escrita do campo de trabalhos de Solovetsky, como um símbolo daquela esperança. A descoberta intensificou sua sensação de estranhamento em relação ao sistema soviético. Ela e Iosif ingressaram num grupo de estudantes de oposição fundado por Mikhail Molostvov, preso e exilado de Leningrado em 1958. Eles também fizeram parte do círculo de Iosif Brodsky, o poeta de Leningrado que foi julgado por "parasitismo" em 1964 e condenado a cinco anos de exílio no norte (sentença comutada em 1965, após protestos no mundo todo). Em fins da década de 1960, eles mantiveram ligações íntimas com os *refuseniks*, judeus soviéticos a quem se negava visto de saída para deixarem a União Soviética, cujos protestos se tornaram parte importante do movimento de direitos humanos.

Durante todo esse tempo, Elizaveta viveu com medo. Sentia receio por Iosif, que não recebeu seu grau de doutor (qualificando-o para um salário acadêmico) por muitos anos após o término da tese — uma punição relativamente pequena por seu envolvimento com círculos de oposição, mas que mantinha a ameaça de que o pior poderia estar por vir. Ela se tornou cada vez mais retraída. Receava pelas crianças, Aleksandr (nascido em 1955) e Anna (em 1960). Elizaveta levava uma "vida secreta", aterrorizada diante da ideia de que suas convicções divergentes levassem à sua prisão e privassem as crianças da mãe, como acontecera com ela própria na infância. "A perda de minha mãe foi o sentimento mais forte em minha vida", lembra-se ela. "Isso me deixava assustada por causa de meus próprios filhos."

Como mãe, Elizaveta era excessivamente protetora, de acordo com Anna.* Não contava à filha sobre a história de sua família. "Foi um assunto tabu durante toda a minha infância", recorda-se ela. Quando estava com 14 anos, Anna soube pelo irmão que os avós tinham sido fuzilados durante o Terror. Entretanto, quando perguntou à mãe sobre aquilo, foi informada de que eles haviam sido mortos durante a guerra. Elizaveta escondeu da filha a verdade sobre os pais até a época da *glasnost*. Quando criança, Anna desconhecia por completo que seus pais estavam envolvidos com círculos de oposição: "Eles me protegiam e me mantinham longe de suas atividades." Ela não percebeu, até a década de 1980, que muitos dos amigos de seus pais eram dissidentes, que Brodsky visitava o apartamento, ou que os manuscritos que liam eram *samizdat* ilegais.

A única coisa em que a mãe sempre insistia era para que ela estudasse bastante. "Ela nos repetia sem cessar que precisávamos nos esforçar muito mais do que as outras crianças da nossa escola, porque com nosso sobrenome judeu ficaríamos marcados", recorda-se Anna, que sentia essa pressão como um peso, como se tivesse que compensar pelos estudos interrompidos da mãe após a universidade: "Deus me livre se eu não ficasse no grupo de ponta da escola. Eu era obrigada a ser inteligente — não tinha permissão de ser qualquer outra coisa." A menina

---

* Aleksandr morreu num acidente durante uma escalada em 1991.

era proibida de se misturar com crianças de origem proletária, porque a mãe temia que elas se tornassem um perigo, se a história da família fosse revelada. "Olhando para trás", reflete Anna, "percebo agora que minha mãe queria que eu fizesse amizade com as crianças das famílias bem-educadas que, como a nossa, tivessem sofrido repressão." Ela foi educada para ser modesta e não se elevar sobre a multidão, ser conformada, politicamente fiel, ingressar nos Pioneiros e na Komsomol, embora sentisse de modo instintivo que essa obediência às autoridades fosse "mera aparência".

Anna reconhece em si um medo enraizado, uma falta de confiança e uma inibição social, que ela acha que são uma herança da criação da mãe:

É difícil dizer o que é esse medo, porque o sinto desde que era criança. Eu tenho medo de qualquer tipo de contato com a burocracia... É medo de ser humilhada... É uma coisa que me foi ensinada na infância, escapar de qualquer situação em que o meu comportamento pudesse ser criticado pelas autoridades... Desde a adolescência, eu era aberta quando estava entre amigos, mas socialmente retraída... Eu tinha medo de ficar com estranhos e sempre tentava não me sobressair.

O medo de Anna era ameaçador, mas vago e mal definido, porque, na infância, nunca foi de fato informada sobre a repressão sofrida pela família. Aquilo só a atingiu plenamente quando se conscientizou das consequências de sua biografia comprometedora. Ela se recorda bem desse momento: havia dito a um dos professores que gostaria de ir para a universidade, e ele a questionou se conseguiria, não porque fosse incapaz, mas porque, como explicou, "eles não dão as notas mais altas a pessoas com sobrenomes [judeus] como o seu". Anna ficou "histérica". Essa era a humilhação que havia temido.

A fim de possibilitar sua ida para a universidade, onde estudou Turismo, Anna tomou a nacionalidade georgiana da mãe em vez da do pai, judaica, quando foi tirar o passaporte soviético. Ela ingressou na Komsomol e, depois, quando se desiludiu com sua ideologia, permaneceu membro, temendo que ao sair pudesse ter problemas com as autoridades da universidade. Não sentia interesse por política, nunca se envolveu com dissidentes e, embora alegue que sempre soube que o sistema soviético era injusto, censurava os próprios pensamentos e interesses e nunca se deixou conduzir de forma a levantar suspeitas sobre sua lealdade.[68]

Esse "medo genético", como a própria Anna denomina, afetou os filhos das vítimas de Stalin de várias maneiras, dos amigos que faziam na escola à escolha da carreira. Vladimir Korsakov, por exemplo, nasceu numa família antiga de intelectuais em Leningrado, que sofreu nos expurgos das décadas de 1930 e 1940. Profundamente traumatizado pelas recordações de infância do cerco da cidade, ele desperdiçou a chance de uma carreira de bailarino no Balé Kirov, no final da década de 1950, e foi trabalhar na Fábrica do Báltico, um grande complexo estaleiro, porque mesmo então, como se recorda, tinha medo de se tornar estigmatizado como filho de um "inimigo do povo", e ele queria se proteger "misturando-se com a massa proletária".[69]

Aleksei Iurasovsky cresceu no apartamento comunitário da família Khaneyevsky em Moscou, na década de 1950 e em princípios dos anos 1960. Sua mãe era filha de um médico militar, Aleksei Khaneyevsky, que recebera o status de nobre na Primeira Grande Guerra, e seu pai, descendente de um clã nobre russo-georgiano. Seu avô paterno e alguns tios-avós tinham lutado no Exército Branco durante a Guerra Civil. Como os pais e a avó fossem extremamente cautelosos em relação aos seus vizinhos proletários, Aleksei aprendeu a segurar a língua e desconfiar de todos. "Fui ensinado a temer o regime", lembra-se ele.

Minha avó acrescentou um bocado de irracionalidade à questão, porque suas advertências eram muito fantasiosas, embora convincentes para uma criança. Por exemplo, ela me contava a história de um garoto que pôs o pé nos degraus da entrada da embaixada finlandesa e foi imediatamente preso — nunca mais o viram. Essa história realmente me assustava. Ela tinha vários contos de fada como esse.

O medo tornou Aleksei extremamente cauteloso. Quando era aluno da Universidade de Moscou, levava uma existência isolada; o único contato em que confiava com o mundo lá fora era um rádio de ondas curtas, que montara quando estava no colégio, para escutar a BBC. Tendo evitado a Komsomol e qualquer envolvimento com política estudantil, que achava repugnante, Aleksei concluiu que a estratégia mais sensata era evitar ter amigos, que poderiam suspeitar de sua lealdade política. Ele manteve essa tática dos 20 aos 40 anos, enquanto estudava para se tornar arqueólogo e especialista em cultura árabe. Reexaminando sua carreira, Aleksei reflete que suas escolhas foram determinadas por um "desejo de escapar" das pressões políticas do sistema soviético, que ele via como um "campo minado" de regras e perigos, que estavam sempre se modificando de modo imprevisível. O medo que havia sentido quando criança se dissolveu aos poucos — para ser substituído, em suas próprias palavras, por "melancolia e ceticismo" em relação à Rússia e ao regime soviético. A cautela também desempenhou um papel na sua escolha de uma esposa; Anna era sua prima em terceiro grau, e os parentes próximos dela haviam sido vítimas da repressão stalinista. "É claro que o fato de termos vindo do mesmo meio ajudou", lembra-se Aleksei. "Isso nos aproximou mais e deu ao nosso relacionamento um entendimento e uma solidariedade especiais."[70]

A herança do medo teve um impacto direto sobre muitos casamentos. Não era incomum para uma mulher cujos pais tivessem sido presos, por exemplo, casar-se com um funcionário do Partido, que ela acreditava iria protegê-la. Vera Minusova, cujo pai foi detido e depois fuzilado em 1937, desposou o chefe do Partido local, homem com quase o dobro de sua idade, mesmo achando-o fisicamente repugnante, porque sentia, como a mãe a havia aconselhado, que ele a proveria pelo lado material e possibilitaria que ela criasse os filhos sem receios em relação ao futuro deles. "Eu chorei ao me casar", recorda-se ela, "mas mamãe ficava dizendo 'Casa com ele! Casa com ele!' Eu não o amava, ele era nojento, mas eu tive uma filha, ela cresceu, e eu a adorava." Marksena Karpitskaia, uma adolescente de Leningrado que vivia sozinha após a prisão e execução dos pais, em 1937, casou depois com um cientista militar mais velho e funcionário do Partido em Leningrado. Ela contou ao marido tudo sobre a história de sua família, porque queria ter certeza de que ele soubesse o que aquele casamento envolveria. Todavia, ela insistiu para que eles não registrassem o matrimônio, porque, em suas palavras: "Mesmo depois da reabilitação dos meus pais, eu queria que ele tivesse a oportunidade de me abandonar, se a qualquer momento sentisse que era demais ser casado com uma filha de ex-inimigos do povo."[71]

Muitas pessoas com biografias comprometedoras contavam aos futuros cônjuges sobre o fato apenas quando já estavam para se casar. Como Marksena, elas queriam que eles soubessem sobre seu passado antes de juntarem as vidas, mas contar antes poderia também afastá-los. Lydia Babushkina levou quase três anos de namoro para tomar coragem de contar ao noivo ("stalinista convicto vindo de uma família militar de stalinistas convictos"), na véspera do casamento, em 1965, sobre a prisão e execução do pai como "inimigo do povo". Boris Kashin também esperou até pouco antes do casamento para contar à noiva que o pai fora fuzilado como "contrarrevolucionário" em 1938. "Era correr um enorme risco", lembra-se ele, "mas confiei nela, e não quis arruinar sua vida me casando em bases falsas. Ela reagiu calmamente e me contou que o próprio avô tinha sido vítima da repressão como *kulak*, de forma que tinha conhecimento sobre aquelas coisas."[72]

É impressionante quantos casamentos se formaram por casais em que os dois vinham de famílias vítimas da repressão. Alguma coisa parecia atrair aquelas pessoas. Larisa e Vitalii Garmash se apaixonaram quando eram estudantes do primeiro ano, no Instituto de Economia e Estatística de Moscou, em 1955. Ela era filha de Zinaida Levina, que passara oito anos nos campos de Kolyma (de onde retornou em 1946 com um filho, ao que parece, tido com um guarda da prisão) e depois mais três nos campos de Potma, seguidos de um exílio no Cazaquistão. Larisa tinha vivido com a mãe no exílio antes de ir para Moscou. Vitalii fora preso como estudante, em 1949, e acabara de ser reabilitado quando a conheceu no primeiro dia de aulas, no instituto. Ela se recorda que a atração mútua estava ligada à sensação, que ambos tiveram, de que pela primeira vez na vida podiam falar sobre o passado com alguém confiável e que compreenderia. Ela se lembra que:

Ele sentou do meu lado no auditório de palestras. Eu não sabia nada sobre ele, absolutamente nada, mas começamos a conversar [...] É claro que ele falava com os amigos de Moscou, que sabiam sobre sua prisão, e seu melhor amigo tinha retornado recentemente dos campos de trabalho, mas talvez não tivesse a mesma abertura emocional com eles como tinha comigo, porque, de repente, ele despejou todo o seu passado... Nosso relacionamento se desenvolveu muito rápido depois disso. O fato de que tínhamos passado pelos mesmos problemas, de que nossas histórias de família não eram simples, tudo isso desempenhou um papel enorme.[73]

Quando Nikolai Meshalkin conheceu a noiva, Elfrida Gotman, em 1956, não lhe contou que sua família fora expulsa de Penza como *kulaks*, em 1933, e que eles ainda estavam vivendo em exílio penal na região de Komi.* Ele não sabia nada sobre a família dela — alemães soviéticos da Crimeia que também haviam sido deportados para a região de Komi durante a guerra —, mas sentiu que eles também tinham sofrido nas mãos do regime stalinista (Komi estava cheia de alemães soviéticos em exílio), e isso o atraiu para ela. Nikolai a bombardeou com cartas de amor. Por alguns anos, Elfrida relutou em dar seu coração para um russo. "Eu achava que me casaria com um bom rapaz alemão", recorda-se. Contudo, ele persistiu, e ela, que já estava com quase 30 anos e se preocupava com a ideia de que poderia não encontrar mais um companheiro, concordou por fim em desposá-lo. Aos poucos, os dois começaram a contar um para o outro sobre suas famílias, e a história comum e a solidariedade os uniu ainda mais. Depois de quase 50 anos de casamento. Nikolai crê que esse entendimento mútuo foi o elemento mais importante em seu relacionamento:

Eu chamo esse entendimento de solidariedade. Sempre tive esse sentimento, esse sentimento de solidariedade com essa mulher, porque ela também sofreu, também foi vítima da repressão... Eu acho que ela teve o mesmo sentimento em relação a mim, que o que nos uniu não foi o amor, mas a solidariedade, que era mais importante para nós dois. O amor vai embora, mas a solidariedade não tem outro lugar para ir.[74]

---

* Foi apenas na década de 1990, quando fez sua pesquisa nos arquivos de Penza, que Nikolai descobriu um segredo de família que os pais haviam lhe escondido: que tinham sido proprietários de uma taberna e padaria de vilarejo — bens suficientes, pelos padrões soviéticos, para torná-los membros da burguesia.

Nikolai e Elfrida não contaram às filhas sobre suas biografias comprometedoras até 1992, depois de terem lido sobre um novo decreto oferecendo compensação às vítimas da repressão. Antes disso, eles tinham medo de lhes contar a história toda, para não sobrecarregá-las ou aliená-las do sistema soviético. Os dois sempre levavam as conversas sobre o passado para episódios mais positivos, tais como o papel que os pais de ambos desempenharam na Grande Guerra Patriótica.[75]

Os Meshalkin não eram diferentes a esse respeito. Mesmo nos últimos anos do regime soviético, no clima liberal da *glasnost*, a vasta maioria das famílias comuns não falava sobre sua história ou passava para os filhos os relatos da repressão. A influência da *glasnost* ficava limitada, em grande parte, aos grandes centros, e nas províncias, em cidades como Perm, onde os Meshaklin viviam, o fantasma de Stalin ainda estava vivo. Nas palavras do poeta Boris Slutsky, escrevendo um pouco antes de sua morte em 1986:

> As províncias, a periferia, a retaguarda,
> Onde tudo era congelado demais para o degelo [*a détente*],
> Onde até hoje Stalin está vivo.
> Não, ele morreu! Mas seu corpo ainda está morno.[76]

Quinze anos após o colapso do regime, ainda existem pessoas nas províncias que têm muito medo de falar sobre seu passado até mesmo para os filhos.[77]

Antonina Golovina viveu toda a sua vida guardando o segredo de sua biografia comprometedora. Só contou à filha sobre seu histórico como *kulak* na década de 1990, mais de 60 anos depois de ter sido exilada para a Sibéria quando moça. Escondeu a verdade sobre a história de sua família dos dois maridos, mesmo tendo vivido mais de 20 anos com cada um deles. Quando conheceu o primeiro, Georgii Znamensky, em 1947, em seu último ano como aluna de medicina no Instituto de Pediatria de Leningrado, ela já estava usando o sobrenome tomado de um antigo namorado para esconder o passado. Sem direito legal de residência na cidade, vivia assustada com a possibilidade de ser presa novamente e exilada como "elemento antissocial" — destino que coube a muitos antigos *kulaks* (inclusive seu próprio pai) nos anos do pós-guerra, quando o regime estava comprometido com um abrangente expurgo nas cidades — se fosse descoberto que ela havia escondido suas origens *kulak*, ao ser admitida no instituto. Antonina se recorda de sua situação:

> Todos os meus documentos eram falsos. Eu tinha medo de ser parada por um policial na rua. Meu passaporte era cheio de carimbos e assinaturas falsificadas, algumas pela minha irmã em Sverdlovsk... Meu direito de residência [em Leningrado] tinha expirado havia mais de seis meses.

Antonina estava morando num apartamento comunitário onde a moradora mais velha era stalinista ardorosa, suspeita de ser informante, e que deixava clara sua desconfiança da moça. Em certa ocasião, quando uma vizinha exibiu um par de sapatos novos, Antonina baixou a guarda ao dizer que o pai faria melhor porque fora sapateiro (profissão associada aos *kulaks* no interior). Com medo de ser denunciada, foi um grande alívio para ela quando Georgii Znamensky pediu-a em casamento. Desposando-o, engenheiro e cidadão nativo de Leningrado, teria um novo sobrenome e novos documentos que lhe permitiriam ficar na cidade.

Pelos próximos 40 anos, Antonina escondeu dele o segredo de suas origens *kulak*. Eles raramente conversavam sobre suas vidas pregressas. Quando ela falava sobre a família, tinha sempre o cuidado de se referir aos pais como camponeses pobres. Antonina também ocultava a verdade de todos os amigos e colegas do Instituto de Fisiologia (ela só veio a se dar conta muito depois de que todos eles também vinham de famílias vítimas da repressão). Em 1961, chegou a se tornar membro do Partido (permanecendo até 1991), não porque acreditasse em sua ideologia (houve muitas ocasiões em que ela subverteu discretamente suas regras para ajudar um amigo), mas porque achava que o ingresso desviaria dela qualquer suspeita. Antonina queria dar impulso à sua carreira de médica e obter alguma proteção para a filha, que estava então com 14 anos e se aproximando rapidamente da hora de precisar se matricular na universidade. "Eu me preocupava muito com o futuro da minha filha", recorda-se ela.

Eu queria que ela nunca descobrisse sobre meu passado. Queria que sentisse que tinha uma mãe normal, como a de qualquer outra garota da sua escola [de elite], onde todos os pais, pelo menos os homens, eram membros do Partido.

Antonina continuou a esconder sua biografia comprometedora de Georgii, mesmo depois de ele se divorciar dela em 1968, e de ela ter se casado com um estoniano, Boris Ioganson. Em 1987, recebeu a visita de uma velha tia de Georgii, que deixou escapar que ele era filho de um contra-almirante da Marinha Imperial, homem dedicado ao tsar, que havia lutado pelo Exército Branco durante a Guerra Civil. Todo esse tempo, como ela, o ex-marido havia escondido suas origens. Tendo passado os primeiros anos de vida em campos de trabalho e "assentamentos especiais", ele decidira se tornar engenheiro num esforço consciente de forjar uma identidade proletária para si. Quando se candidatou ao primeiro emprego, numa fábrica, Georgii inventou os detalhes biográficos que preencheu no questionário; por toda a vida, teve sempre à mão uma folha de papel com a cola de sua biografia imaginária, a fim de ter certeza de que não haveria discrepâncias quando tivesse de preencher outro formulário. Por alguma estranha intuição, ele e Antonina haviam descoberto um no outro uma imagem espelhada de si mesmos.

Boris Ioganson também vinha de família vítima da repressão — o pai e o avô tinham sido ambos presos em 1937 —, embora Antonina não soubesse disso nem lhe contasse sobre a sua própria biografia comprometedora até o início da década de 1990, após o colapso do sistema soviético, quando, encorajados por revelações e debates públicos sobre a repressão do regime stalinista, eles por fim começaram a conversar a respeito do passado. Foi também nessa época que Antonina e Georgii revelaram suas histórias secretas, que haviam escondido um do outro por mais de 40 anos. Todavia, concordaram em não passar essas informações à filha, Olga, que estava então encaminhada em sua carreira de professora. Eles achavam que o desconhecimento a protegeria se os stalinistas voltassem. Aos poucos, Antonina foi vencendo o medo de uma vida toda e tomou coragem para contar à filha sobre suas origens *kulak*. Duas coisas aconteceram para ocasionar essa mudança.

A primeira se deu em 1995, quando, aos 72 anos de idade, Antonina retornou a Obukhovo, o vilarejo onde sua família tinha vivido até ser exilada para a Sibéria em 1931. A última visita que fizera ao local havia sido em 1956, com o irmão e o pai, algumas semanas antes da morte desse último. O lugar onde ficava a casa estava vazio. O mato tinha crescido em torno da pedra do moinho, onde eles costumavam se sentar para conversar com os vizinhos. Enquanto olhavam, de pé, para o espaço, Antonina ouviu uma voz atrás dela: "Os *kulaks* voltaram! Os *kulaks* voltaram! Foram expulsos e agora estão de volta, vestindo roupas novas e boas." Quando ela se virou na direção da voz, a pessoa já havia desaparecido. A lembrança dessa última visita sempre a incomodara. "Eu queria voltar ao local onde nasci e sentir que ainda era um lugar que eu pudesse chamar de lar", recorda-se Antonina. "Eu queria que as pessoas me reconhecessem, conversassem comigo e me aceitassem como uma delas."

Antonina retornou a Obukhovo em 2 de agosto de 1995, sexagésimo quinto aniversário da prisão do pai em 1930. Não sobrara muito do antigo vilarejo. Apenas nove das casas ainda eram habitadas. Sessenta anos de coletivização haviam exaurido o local de juventude e energia, da mesma forma como fizera a milhares de outros povoados como aquele. Em 1930, Obukhovo fora uma comunidade agrícola pobre mas vibrante, com uma população de 317 pessoas, quase a metade dela composta por crianças. Possuía igreja e escola, uma loja de cooperativa, e muitas famílias, como os Golovin, tinham suas próprias oficinas de couro, que produziam sapatos e outros artigos. Em 1960, a população tinha declinado para 68 pessoas, a maior parte casais idosos ou pensionistas solteiros, e, à época da visita de Antonina, em 1995, havia apenas 13 pessoas na localidade, todas, com exceção de duas, acima de 60 ou 70 anos. O antigo feriado religioso de 2 de agosto fora esquecido havia muito, mas a tradição camponesa russa de hospitalidade não havia desaparecido e, à sua chegada, um jantar em homenagem a ela foi rapidamente providenciado pelas mulheres do povoado na casa de Ivan Golovin, a última casa de alguém da sua família no local. Passada a tensão inicial, as pessoas se recordaram do pai de Antonina como um bom agricultor, cuja atividade fazia falta na fazenda coletiva. "Os Golovin eram pessoas honestas, limpas e discretas", lembrou-se uma velha senhora. "Foi errado prendê-los. Tonya [Antonina], você é uma de nós, uma verdadeira camponesa, precisamos de outras como você."[78]

Outro momento decisivo da reconciliação de Antonina com o passado veio quando fez uma peregrinação à região de Altai, na Sibéria, para ver Shaltyr, o "assentamento especial" onde tinha morado com a família, em exílio, entre 1931 e 1934. O local tinha sido abandonado muitos anos antes, mas as ruínas dos galpões ainda estavam de pé, por trás de uma cerca de arame farpado, e podiam ser vistas da estrada. Nas proximidades, ela encontrou uma mulher do lugar, mais ou menos da sua idade. Perguntou-lhe se era possível entrar no assentamento, e elas começaram a conversar. A mulher lhe contou que tinha morado ali quando criança. "Eu sou filha de *kulaks*", disse. "Fui enviada para cá em 1930, mas sou de Barnaul." Antonina se recorda de sua reação a essa simples palavras:

Fiquei abalada. Nunca tinha ouvido ninguém dizer que era filha de um *kulak*, como eu. Nunca me tinha ocorrido que fosse possível dizer essas palavras sem sentir vergonha, muito menos com o orgulho que aquela mulher evidentemente sentia. Toda a minha vida, eu tentei esconder minhas origens *kulak*. Quando ela falou, eu olhei em volta para ver se alguém tinha escutado. Mais tarde, comecei a pensar. Por que eu tinha olhado em torno para ver se havia alguém escutando? O que tinha ali para se ter medo? De repente, senti vergonha do meu próprio medo. E então eu disse alto: "Eu também sou uma filha de *kulaks*." Foi a primeira vez que disse aquelas palavras em voz alta, embora na minha cabeça eu as tenha sussurrado mais de mil vezes. Não tinha ninguém em volta para me ouvir. Eu estava sozinha numa estrada deserta. Mas mesmo assim, fiquei orgulhosa de enfim ter falado. Desci até a margem do rio e me lavei. Depois, fiz uma prece por meus pais.[79]

Epílogo e agradecimentos

Sussurros tem uma longa história. A ideia do livro surgiu em meados da década de 1980, quando eu fazia pesquisa acadêmica em Moscou. Como estudioso da Revolução Russa e da Guerra Civil, ansiava por encontrar pessoas que ainda pudessem se lembrar daquele período. Eu me tornara amigo de Zhenia Golovnia, neta do diretor de cinema Anatoly Golovnia. Sua mãe, Oksana, contou-me vários episódios da história da família nas décadas de 1920 e 1930 e me pôs em contato com alguns amigos que haviam nascido nos "tempos pacíficos", como gostava de chamar os anos anteriores à Primeira Guerra Mundial. Nos meses que se seguiram, visitei os lares de cerca de uma dúzia de seus amigos, principalmente senhoras de idade, que eram jovens demais para se recordarem de qualquer coisa sobre a Guerra Civil e, ao que parecia, muito nervosas ao falar em profundidade sobre a história que havia moldado de fato suas vidas: os anos do regime de Stalin.

Aquela primeira tentativa de obter uma narrativa oral me ensinou a valorizar a importância das lembranças de família, para contrabalançar a narrativa oficial da história soviética. Após 1991, considerei de novo a possibilidade de pesquisar para escrever um livro sobre o assunto de *Sussurros*. A súbita efusão de recordações pessoais da repressão stalinista deu força à ideia. No entanto, o instinto me dizia que as pessoas mais velhas, como um todo, guardariam seus pensamentos e sentimentos para si até terem certeza de que os comunistas não voltariam mais, e isso poderia levar muitos anos. Em alguns aspectos, eu estava errado:

EPÍLOGO E AGRADECIMENTOS

o início da década de 1990 é agora visto como o apogeu da história oral na ex-União Soviética, em comparação com os anos de Putin, quando a restauração do governo autoritário levou muitos russos a retornar aos seus hábitos reticentes. Porém, por outro lado, meu instinto estava certo: o que as pessoas queriam registrar naquela primeira enxurrada de comemorações eram os fatos relacionados à repressão, detalhes de detenções, condenações e reabilitações, em vez dos danos à sua vida interior, as lembranças dolorosas de traições pessoais e relacionamentos perdidos que haviam moldado sua história.

Em 2002, quando terminei de trabalhar em *Natasha's Dance*, senti enfim que havia chegado a hora de abordar esse território inexplorado. A última geração a chegar à idade adulta antes de 1953 estava desaparecendo rapidamente. Assim, havia um sentimento de urgência de que aquela era nossa última chance real de compreender o período de Stalin, por meio da vida pessoal de famílias e indivíduos comuns. A idade média das pessoas que concederam entrevistas e abriram arquivos para o projeto de pesquisa de *Sussurros* era de 80 anos. Que eu saiba, pelo menos 27 delas morreram (cerca de 6% da amostra total) antes de o livro estar terminado.

Minhas primeiras investigações foram direcionadas ao Estado russo e aos arquivos públicos, onde eu esperava localizar papéis pessoais sobre vida em família e, depois, conduzir entrevistas com as pessoas que os doaram. Isso envolveu uma busca muito longa e, por fim, um tanto infrutífera por coleções de cartas, cadernos, diários e memórias, muitas vezes escritos em rabiscos quase indecifráveis, que produziam fragmentos de informações dos quais era difícil de se extrair qualquer conclusão (quase nada desses arquivos foi para *Sussurros*). Nesse estágio de minha pesquisa, fui auxiliado por alguns ajudantes: Katia Bunina e Julia Sharapova, que trabalharam comigo nos arquivos de Moscou; Nikolai Mikhailov, que coletou material de arquivos em São Petersburgo; e Nikolai Kuzmin, que trabalhou nos arquivos de Orel e de outros lugares. Gostaria de agradecer também a meus dois antigos professores e camaradas pelo apoio nesses primeiros estágios da pesquisa: Viktor Danilov (1925-2004), historiador do campesinato soviético, que tomou

EPÍLOGO E AGRADECIMENTOS

vivo interesse por meu trabalho e ajudou a abrir portas no RGAE; e Teodor Shanin, que deu ao meu projeto o suporte da Escola de Ciências Sociais e Econômicas de Moscou.

Simultaneamente à minha pesquisa pelos arquivos, eu visitava pessoas em seus lares, escutando suas histórias do período stalinista e perguntando se tinham papéis pessoais que pudessem me ceder. O projeto se espalhou boca a boca — ainda o meio mais eficiente de se trabalhar na Rússia — à medida que os contatos que eu conseguia contavam aos amigos sobre minha pesquisa. Fiquei impressionado com o interesse das pessoas em serem entrevistadas, oferecendo lembranças de família, cartas, cadernos ou outros manuscritos preciosos que queriam ver publicados (ou talvez esperassem vendê-los). É impraticável agradecer a todos que me auxiliaram nesse estágio (seus nomes estão na Lista de Entrevistas), mas tenho uma dívida especial para com Sasha Kozyrev, que concordou generosamente em entrevistar uma série de amigos e conhecidos em São Petersburgo; Ida Slavina, que me deu algumas entrevistas, muitos documentos e fotografias de seus arquivos e me enviou artigos e informações sobre sua família; Yevgeniia Vittenburg, Ada Levidova e Bella Levitina. Olga Ramenskaia e Galina Petrova, que me deram entrevistas e arquivos de família para o projeto; Leonid Makhnach, que pôs suas recordações em lúcida prosa e me passou documentos preciosos; Vakhtang Mikheladze, que concedeu algumas entrevistas e me colocou em contato com sua família em Tbilisi; e Zhenia Golovnia, que não só transcreveu e escaneou arquivos de família, como também tornou disponível as muitas entrevistas e documentos que havia coletado de ex-prisioneiros e administradores do campo de trabalhos de ALZhIR para seu filme *Izmennitsy* (1990). Ela me orientou em relação à história, aos rumores, às intrigas e personalidades complexas do mundo cinematográfico soviético e me apresentou a muitas famílias com histórias e arquivos interessantes do período stalinista.

Foi por intermédio de Zhenia que conheci Aleksei Simonov, a quem devo mais que todos. Eu já conhecia Aleksei como diretor de cinema, jornalista e ativista de direitos humanos e pela liberdade de imprensa (em 1999, ele se tornou presidente da Fundação para Defesa da Glasnot em Moscou), mas não sabia sobre a história extraordinária de sua família, uma vez que a história dos Laskin, pelo seu lado materno, fora quase que totalmente excluída das biografias de seu famoso pai, que li na preparação de meu primeiro encontro com ele em seu apartamento de Moscou, perto da esquina da rua Konstantin Simonov. Aleksei havia guardado o arquivo da família Laskin numa gaveta após a morte da mãe, Zhenia Laskina, em 1992. A partir desse material, ele escreveu uma biografia comovente dos pais (*Chastnaia kollektsiia*) em 1999, mas desde o início recebeu com agrado meu interesse e me confiou a tarefa de me tornar, como chamou, "o historiador da família". Aleksei me permitiu copiar o arquivo Laskin. Concedeu-me horas de seu apertado esquema de trabalho para me pôr a par dos detalhes da história da família e corrigiu meus erros. Ele é um contador de histórias maravilhoso. Em nossas muitas entrevistas e conversas em volta da mesa da cozinha de seu apartamento, muitas vezes se estendendo até altas horas da noite, ele evocava de forma tão vívida a atmosfera especial da casa dos Laskin — uma cordialidade e informalidade que Aleksei e a esposa, Galina, conseguiram preservar em seu lar — que comecei a sentir que não era apenas historiador, mas praticamente um membro da família. Eu tinha a mesma sensação sempre que visitava sua tia, Fania Samuilovna, ou Dusia, como é chamada, a última sobrevivente das irmãs Laskin, que mora com o filho, no décimo primeiro andar de um bloco de apartamentos moderno, perto da Praça Ilich. Ela se mudou para lá em 1990, após ela e a irmã, Sonia, serem despejadas da casa em Sivtsev Vrazhek, onde a família morou por quase 60 anos. Sonia morreu em 1991. A memória de Fania é falha. Ela estava com 97 anos quando me concedeu sua última entrevista. Entretanto, às vezes, quando eu lhe perguntava sobre alguma coisa que tivéssemos discutido muitas vezes antes, ela se recordava de repente de algum detalhe havia muito esquecido sobre a família Laskin, que de outra forma jamais teria vindo à luz. Por essa razão, mas em especial por seu encanto, aprendi a valorizar cada momento passado na companhia de Dusia.

Sou profundamente grato a Aleksei por me dar acesso completo e irrestrito ao imenso arquivo de seu pai no RGALI. A maioria dos papéis

EPÍLOGO E AGRADECIMENTOS

que recebi das seções anteriormente interditadas do arquivo pessoal de Simonov (em *opus 9* e *10*) não foi vista por nenhum estudioso antes. Na verdade, tornou-se logo aparente que uma parte de seu material mais sensível era desconhecida da própria família. Infelizmente, como consequência de minhas descobertas, que despertaram recordações dolorosas em outros membros da família, em outubro de 2005, Katia Simonova (Gudzenko), chefe da comissão encarregada do patrimônio literário de Simonov, tomou a decisão de interditar seu arquivo para pesquisadores até 2025.

Além das revelações dos arquivos de Simonov, aprendi muito sobre a vida e a personalidade do escritor a partir de entrevistas com colegas, amigos e parentes. Sou particularmente grato a Maria Simonova, Lazar Lazarev, Nina Arkhipova, Aleksei e Sofia Karaganov, Andrei Erofeev e Marina Babak; e a muitos outros que me ajudaram a construir um entendimento do mundo em que Simonov se moveu, inclusive Iunna Morits, Viktor Erofeev, Viktoriia Shweister, Galina Kravchenko e Aleksei Schmarinov.

Na primavera de 2003, eu já tinha projetos em andamento com uma dezena de famílias, mas precisava desesperadamente de um time de pesquisadores para expandir meu trabalho e colocá-lo num patamar mais sistemático. Assim, foi um avanço crucial receber duas importantes subvenções, uma do Arts and Humanities Research Council (Conselho de Pesquisa de Artes e Humanas) e outra do Leverhulme Trust (Fundação Leverhulme), em 2003. Sem o generoso apoio dessas instituições britânicas, teria sido impossível escrever *Sussurros* ou terminar o projeto de pesquisa mais amplo ligado ao livro, e sou extremamente grato a ambas.

Com o apoio dessas subvenções, contratei a Sociedade Memorial em São Petersburgo, Moscou e Perm para entrevistar sobreviventes da era stalinista e coletar seus arquivos de família para transcrição e escaneamento. A escolha dessas três filiais da Memorial não foi difícil. Eles possuíam um registro excelente de narrativa oral, embora, de algum modo, o trabalho que fizeram para mim, com sua ênfase no mundo interior dos relacionamentos individuais e familiares, fosse diferente dos projetos que haviam executado antes, que focavam a história do Gulag. Todas possuíam um amplo e ativo quadro de membros, do qual nossos participantes foram em grande parte escolhidos, apesar das três irem bem além de sua clientela natural (as vítimas da repressão) para abarcar um alcance muito maior de famílias, inclusive muitas que haviam se dado muito bem durante o regime stalinista. Em São Petersburgo e Moscou, a vantagem principal foi a proporção relativamente alta de famílias educadas que tinham guardado documentos escritos. Em Perm, foi o fato de que a cidade permanecera fora da zona ocupada entre 1941-45, de forma que a memória do período stalinista não se confundiu com o trauma da guerra, assim como o grande número de ex-exilados e prisioneiros do Gulag na população da área, que abrigou muitos campos de trabalho e "assentamentos especiais".

A equipe de São Petersburgo era chefiada por Irina Flige, cujas percepções e conselhos inteligentes, assim como críticas, foram inestimáveis para o projeto. Apreciei e aprendi muito trabalhando com ela e lhe serei sempre grato. O restante do time em São Petersburgo era composto por Tatiana Kosinova, uma ouvinte solidária que, como Irina, conseguiu de algum modo extrair muito mais de suas entrevistas do que qualquer um poderia ter esperado; e Tatiana Morgacheva, que fazia entrevistas e organizava os arquivos com muita habilidade. Irina Flige e Tatiana Kosinova também chefiaram a expedição a Norilsk, e Irina viajou sozinha a Moscou, Saratov, Petrozadovsk, Krasnoiarsk e Stavropol para conduzir entrevistas e coletar material.

Alyona Kozlova conduziu a equipe de Moscou com uma autoridade tranquila, sempre dando conselhos previdentes e inteligentes. Irina Ostrovskaia, Olga Binkina, Natalia Malykhina e Alyona Kozlova conduziram entrevistas com grande sensibilidade, enquanto Galia Buvina organizava os arquivos com eficiência exemplar. Sou profundamente grato a todas elas.

Em Perm, o time foi organizado pelo capaz e entusiástico Aleksandr Kalykh, assistido por Elena Skriakova, com entrevistas conduzidas por Robert Latypov, Andrei Grebenshchikov, Svetlana Grebenshchikova e Mikhail Cherepanov. Gostaria de agradecer a todos, em particular a Ro-

EPÍLOGO E AGRADECIMENTOS

bert e Andrei, que fizeram a maior parte das entrevistas, sempre produzindo resultados interessantes, e escreveram comentários interessantes.

Algumas palavras sobre a metodologia da pesquisa. Fiz a seleção das famílias a serem incluídas no projeto a partir de um banco de dados, reunido pelas equipes de pesquisa por meio de entrevistas telefônicas com mais de mil pessoas no total. Minha preocupação principal foi assegurar que a amostragem final fosse extraída de uma base social representativa (teria sido muito fácil orientá-la em direção aos intelectuais, em especial em Moscou e São Petersburgo), atendo-me ao princípio de que todas as famílias deveriam ter algum tipo de arquivo que corroborasse os testemunhos dados durante as entrevistas. Em Perm, isso foi difícil. É uma região densamente povoada por antigos *kulaks*, arrancados de suas casas, e por outras vítimas do stalinismo. A vasta maioria das pessoas entrevistadas por telefone não tinha qualquer documento pessoal (muitos sequer possuíam fotos dos pais), mas valia a pena ir atrás dos que mantinham arquivos de família.

Na primeira entrevista, era permitido às pessoas reconstruírem sua história de vida com intervenções mínimas (prática padrão da história oral), embora eu preparasse um questionário para os entrevistadores e lhes pedisse que desenvolvessem certos temas, já surgidos a partir do banco de dados. Essas entrevistas eram muito longas, durando em geral algumas horas e, muitas vezes, estendendo-se por dias. Após analisar as transcrições editadas, eu decidia então a direção principal e colocava questões para as entrevistas secundárias, que exploravam em profundidade temas específicos. Em geral, eram feitas duas ou três entrevistas com cada família. Mais ou menos uma vez por mês, eu me encontrava com as equipes de pesquisa para discutir as entrevistas e selecionar material dos arquivos de família para transcrição e escaneamento. A seleção dos arquivos era relativamente fácil: pegávamos o máximo que podíamos — documentos pessoais, diários, memórias, cadernos, séries inteiras de cartas —, desde que o material tivesse sido escrito antes de 1960 ou esclarecesse aspectos do período stalinista. Nas entrevistas, paradoxalmente, encontrávamos muitos desafios, sendo a maioria familiar aos profissionais que lidam com história oral na ex-União Soviética.

EPÍLOGO E AGRADECIMENTOS

Tiveram de ser desenvolvidas técnicas que fizessem as pessoas pensarem de modo mais reflexivo sobre suas vidas; desenredarem lembranças diretas de impressões e opiniões recebidas posteriormente; verem o passado e lembrarem o que haviam pensado sem uma percepção retrospectiva; e superarem o medo de falar com estranhos. A aquisição gradual da confiança era essencial. Muitas vezes, eu tinha de fazer uma dúzia de visitas até que documentos preciosos fossem entregues a nossas equipes para que os copiassem (escâneres portáteis e câmeras digitais tornavam possível fazer isso de modo rápido na própria casa).

Sou profundamente grato a todas as famílias que contribuíram para o projeto com o Memorial. É impraticável agradecê-las individualmente (elas estão todas nomeadas na Lista de Entrevistas), mas agradecimentos especiais devem ser feitos a Antonina Znamenskaia, Inna Shikheyeva, Marksena Nikiforova, Elizaveta Delibash, Angelina Bushueva, Valentina Tikhanova, Nina Feofilaktova, Maria Vitkevich, Marianna Barkovskaia, Georgii Fursei, Maria Kuznetsova, Yevgeniia Vasileva, Nikolai Kovach, Valentin Muravsky, Rada Poloz, Anzhelika Sirman, Zoia Timofeyeva, Nikolai Lileyev, Vladimir Piatnitsky, Lev Netto, Julia Volkova, Larisa e Vitalii Garmash, Maia Rodak, Galina Adasinskaia, Roza Novoseltseva, Veronika Nevskaia, Svetlana Khlystova, Vera Minusova, Nikolai Meshalkin, Elfrida Meshalkina, Leonid Saltykov, Dmitry Streletsky, Irina Mikueva, Rezeda Taisina, Liubov Tetiueva, Vera Vasiltseva, Natalia Stepantseva, Ivan Uglitskikh, Sofia Ozemblovskaia, Valentina Kropotina, Tamara Trubina e Vera Turkina, que deram todos muitas horas de seu tempo e documentos preciosos ao projeto. Gostaria de agradecer também a Elena Bonner, que foi entrevistada como parte do projeto do Memorial por Irina Flige, em Boston, por ter me dado permissão de citar trechos da tradução, feita por Antonina W. Bouis, de seu livro *Mothers and Daughters* (Londres: Hutchinson, 1992).

Essas pessoas são os heróis de *Sussurros*. Em sentido verdadeiro, este é seu livro: eu apenas lhes dei voz. Para nós, essas são histórias; para elas, são suas vidas.

A cada estágio do trabalho neste livro, estive sempre muito consciente do meu dever como historiador de contar a história dessas pessoas

EPÍLOGO E AGRADECIMENTOS

de uma forma que elas pudessem reconhecer como sendo uma reflexão verdadeira sobre sua experiência. Não há um só testemunho anônimo: com uma ou duas exceções, todas as pessoas que concederam entrevistas ou entregaram documentos concordaram em ter os nomes revelados. Por isso, seções dos últimos rascunhos foram traduzidas para o russo e entregues às famílias participantes, a fim de que pudessem fazer as correções necessárias e sugerir alterações no texto. Esse processo foi longo e complexo — porque a forma como uma pessoa vê a própria biografia é, com frequência, muito diferente da visão que o outro tem a partir da leitura de suas memórias, cartas, diários e palavras registradas —, mas foi importante que os sujeitos deste livro tivessem uma chance de corrigi-lo. Não houve nenhum caso em que eu fosse forçado a alterar minha interpretação geral, mas muitos em que minha visão foi enriquecida e melhorada pela contribuição da família. Só houve problema com uma família, os Shikheyev (Gaister): alguns de seus membros fizeram objeções ao testemunho da filha mais velha de Inna, que foi cortado da prova tipográfica a pedido deles. Ela viu e corrigiu todas as passagens remanescentes da família, mas depois interditou seu arquivo no Memorial. Eu gostaria de agradecer a Zhanna Bogdanovich e Natalia Leshchenko por traduzirem seções do livro para o russo; a Irina Flige, Alyona Kozlova e Irina Ostrovskaia por verificarem os últimos rascunhos; a Leo Viprinski por sua assistência generosa e reflexiva nas seções que tratam dos Slavin; e a Aleksei Simonov, não apenas por corrigir o texto em inglês sobre os Laskin e os Simonov, mas por me mostrar a necessidade de pensar de novo sobre o enigma de "K. M".

A maior parte do material produzido pelo projeto de pesquisa de *Sussurros* está disponível na internet (http://www.orlandofiges.com). Aí podem ser encontrados os principais arquivos de família juntamente com as transcrições e os trechos sonoros das entrevistas. Parte do material foi traduzida para o inglês. Sem esse website, muitos dos arquivos teriam sido perdidos quando os proprietários faleceram, pois a nova geração russa tem pouco interesse pelo passado soviético e não possui muito espaço de armazenamento para guardar esse tipo de coisa. Eu gostaria de agradecer a Emma Beer, Aibek Baratov e Ding Zhang por

EPÍLOGO E AGRADECIMENTOS

sua ajuda no planejamento e na construção do website. Com o apoio de Jerry Kuehl, Emma tomou a dianteira na tentativa de obter interesse num projeto de vídeo, cujo objetivo era criar um arquivo cinematográfico de entrevistas com os heróis de *Sussurros*, disponível em tempo real no website.

O trabalho nesse projeto acarretou uma série de viagens, meses passados longe de minha família, Stephanie, Lydia e Alice, que tiveram de suportar muita coisa, mas que agora verão, espero, que valeu a pena. Através de seu amor e apoio, elas me fizeram lembrar o significado de uma família.

Tenho que agradecer a meu amigo Robert (lorde) Skidelsky por sua generosa hospitalidade em Moscou, e a Aleksei Iurasovsky por ser um senhorio tão bom. Gostaria de agradecer também a Elena (Helen) Volkonskaia pelo convite para ficar em sua encantadora casa na Toscana, onde a maior parte do segundo rascunho foi escrito no verão de 2006.

Como escritor, tenho a bênção de um apoio maravilhoso. Minha agente Deborah Rogers tem sido generosa e entusiasmada como sempre em seus esforços no meu interesse, e Melanie Jackson, nos Estados Unidos, tem também ajudado de muitas formas. Simon Winder, na Penguin, e Sara Bershtel, na Metropolitan, são um time dos sonhos de editores para qualquer escritor. De maneiras diferentes — Simon inspirando com comentários entusiásticos e incentivo, Sara corrigindo as cópias digitadas linha por linha com paixão e atenção extraordinárias aos detalhes — os dois exerceram uma influência imensa na escritura deste livro. Devo muito a ambos. Gostaria de agradecer também a David Watson por sua edição, a Merle Read por verificar a transliteração dos nomes russos, a Alan Gilliland por desenhar os diagramas e a Donald Winchester pelo apoio extraeditorial. Sou grato também a Andrei Bobrov da agência de fotos ITAR-TASS pelo auxílio na descoberta de algumas fotografias difíceis de encontrar.

Gostaria de agradecer aos professores que me ajudaram com sugestões de detalhes e me orientaram em direção a fontes que eu não conhecia: Valerii Golofast, Katerina Gerasimova, Stephen Wheatcroft, Catriona Kelly, Boris Kolonitsky, Jonathan Haslam, Daniel Beer e Daniel Pick. Também sou grato a Rob Perks, que compartilhou sua sabedoria de história oral. Jennifer Davis me deu bons conselhos sobre os aspectos legais dos contratos com o Memorial, pelos quais sou muito grato. Raj Chandarvarkar deu apoio e ajuda de inúmeras formas. Só gostaria que estivesse vivo para discutir o livro comigo.

Finalmente, gostaria de agradecer ao meu velho amigo e colega, Hiroaki Kuromiya, um dos melhores e mais cuidadosos historiadores do período stalinista, que leu o manuscrito com instruções precisas para denunciar qualquer coisa que pudesse ser interpretada como erro. Os erros que restaram são meus.

Londres
Abril de 2007

Notas

Introdução

1. MSP, f. 3, op. 14, d. 2, l. 31; d. 3, ll. 18-19.
2. Baseei minha estimativa nos números citados em M. Ellman, "Soviet Repression Statistics: Some Comments", *Europe-Asia Studies*, vol. 54, n° 7 (novembro de 2002), p. 1151-72. Ellman fornece o número de 18,75 milhões de sentenças no Gulag entre 1934 e 1953, mas muitos prisioneiros cumpriram mais de uma pena nesse período. Ele também fornece os seguintes números para esses anos: pelo menos, um milhão de execuções; dois milhões de pessoas nas frentes de trabalho e em outras unidades de trabalho forçado subordinadas ao Gulag; cinco milhões de pessoas entre os nacionalistas deportados. Segundo as estimativas mais confiáveis, cerca de dez milhões de pessoas foram reprimidas como *kulaks* após 1928. Isso perfaz um total de 36,5 milhões de pessoas; fazendo-se uma concessão à duplicação de penas no Gulag, um número total de 25 milhões de pessoas soa razoável, mas provavelmente é subestimado.
3. Entrevista com Elena Dombrovskaia, Moscou, janeiro de 2003.
4. MP, f. 4, op. 25, d. 2, ll. 9-10.
5. M. Gefter, "V predchuvstvii proshlogo", *Vek XX i mir*, 1990, n° 9, p. 29.
6. Ver V. Kaverin, *Epilog: Memuary* (Moscou, 1989); K. Simonov, *Glazmi cheloveka moego pokoleniia* (Moscou, 1990).
7. A literatura é vasta, mas ver, por exemplo, A. Barmine, *One Who Survived* (Nova York, 1945); V. Kravchenko, *I Chose Freedom: The Personal and Political Life of a Soviet Official* (Londres, 1947); A. Gorbatov, *Years off My Life* (Londres, 1964); N. Kaminskaya, *Final Judgment: My Life as a Soviet Defence Attorney* (Nova York, 1982); N. Mandelstam, *Hope Against Hope* (Londres, 1989); mesmo autor, *Hope Abandoned* (Londres, 1990); E. Ginzburg, *Journey into the Whirlwind* (Nova York, 1967); mesmo autor, *Within the Whirlwind* (Nova York, 1981); L. Bogoraz, "Iz vospominanii", *Minuvshee*, vol. 2 (Paris, 1986); L. Kopelev, *No Jail for Thought* (Londres, 1979); mesmo autor, *The Education of a True Believer* (Londres, 1980); T. Aksakova-Sivers, *Semeinaia khronika*, 2 vols. (Paris, 1988): Mikhail Baitalsky, *Notebooks for the Grandchildren: Recollections of a Trotskyist Who Survived the Stalin Terror* (Nova Jersey, 1995).
8. A. Krylova, "The Tenacious Liberal Subject in Soviet Studies", *Kritika: Explorations in Russian and Eurasian History*, vol. 1, n° 1 (inverno de 2000), p. 119-46.
9. Mais uma vez, a literatura é extensa, mas entre os mais interessantes estão: O. Adamova-Sliuzberg, *Put'* (Moscou, 1993); A. Raikin, *Vospominaniia* (São Petersburgo, 1993); I. Diakonov, *Kniga vospominanii* (São Petersburgo, 1995); Iu. Liuba, *Vospominaniia* (São Petersburgo, 1998); I.

Shikheeva-Gaister, *Semeinaia khronika vremen kul'ta lichnosti (1925-53 gg.)* (Moscou, 1998); I. Dudareva, *Proshloe vsegda s nami: vospominaniia* (São Petersburgo, 1998); E. Evangulova, *Krestnyi put'* (São Petersburgo, 2000); K. Atarova, *Vcherashnyi den': vokrug sem'i Atarovykh-Dal'tsevykh: vospominaniia* (Moscou, 2001); L. El'iashova, *My ukhodim, my ostaemsia. Kniga I: Dedy, ottsy* (São Petersburgo, 2001); N. Iudkovskii, *Rekviem dvum semeistvam: vospominaniia* (Moscou, 2002); E. Vlasova, *Domashnyi al'bom: vospominaniia* (Moscou, 2002); P. Kodzaev, *Vospominaniia reabilitirovannogo spetspereselentsa* (Vladikavkaz, 2002); E. Liusin, *Pis'mo-vospominaniia o prozhitykh godakh* (Kaluga, 2002); A. Bovin, *XX vek kak zhizn': vospominaniia* (Moscou, 2003). Ver também: I. Paperno, "Personal Accounts of the Soviet Experience", *Kritika: Explorations in Russian and Eurasian History*, vol. 3, n° 4 (outono de 2002), p. 577-610.

10. Ver S. Fitzpatrick, *Stalin's Peasants: Resistance and Survival in the Russian Village After Collectivization* (Nova York, 1994); S. Davies, *Popular Opinion in Stalin's Russia: Terror, Propaganda and Dissent, 1934-1941* (Cambridge, 1997); S. Kotkin, *Magnetic Mountain: Stalinism as a Civilization* (Berkeley, 1997).

11. Ver N. Kosterina, *Dnevnik* (Moscou, 1964); O. Berggol'ts, "Bezumstvo predannosti: iz dnevnikov Ol'gi Berggol'ts", *Vremia i my*, 1980, n° 57, p. 270-85; A. Mar'ian, *Gody moi, kak soldaty: dnevnik sel'skogo aktivista, 1925-1953 gg.* (Kishinev, 1987); M. Prishvin, *Dnevniki* (Moscou, 1990); E. Bulgakova, *Dnevnik Eleny Bulgakovoi* (Moscou, 1990); N. Vishniakova, *Dnevnik Niny Vishniakovoi* (Sverdlovsk, 1990).

12. Ver V. Vernadskii, "Dnevnik 1938 goda", *Druzhba narodov*, 1992, n° 2, p. 219-39; n° 3, p. 241-69; mesmo autor, "Dnevnik 1939 goda", *Druzhba narodov*, 1993, n° 11/12, p. 3-41; A. Solov'ev, *Tetradi krasnogo professora (1912-1941 gg.), Neizvestnaia Rossiia. XX vek*, vol. 4 (Moscou, 1993), p. 140-228; "'Ischez chelovek i net ego, kuda devalsia — nikto ne znaet': iz konfiskovannogo dnevnika", *Istochnik*, 1993, n° 4, p. 46-62; *Golfofa. Po materialam arkhivno-sledstvennogo dela n° 603 na Sokolovu-Piatnitskuiu Iu. I.*, ed. V I. Piatnitskii (São Petersburgo, 1993); A. Afinogenov, "Dnevnik 1937 goda", *Sovremennaia dramaturgiia*, 1993, n° I, p. 219-33; n° 2, p. 223-41; n° 3, p. 217-39; K. Chukovskii, *Dnevnik 1930-1969* (Moscou, 1994); M. Prishvin, "'Zhizn' stala veselei...': iz dnevnika 1936 goda", *Oktiabr'*, 1993, n° 10, p. 3-21; mesmo autor, "Dnevnik 1937 goda", *Oktiabr'*, 1994, n° 11, p. 144-71; 1995, n° 9, p. 155-71; M. Prishvin e V. Prishvin, *My s toboi: dnevnik liubvi* (Moscou, 1996); A. Kopenin, "Zapiski nesumashedshego: iz dnevnika sel'skogo uchitelia", *Rodina*, 1996, n° 2, p. 17-29; *Dnevnye zapiski ust'-kulomskogo krest'ianina I. S. Rassukhaeva (1902-1953)* (Moscou, 1997); M. Krotova, *Bavykinskii dnevnik: vospominaniia shkol'nogo pedagoga* (Moscou, 1998); A. Tsember, *Dnevnik* (Moscou, 1997); V. Sitnikov, *Perezhitoe: dnevnik saratovskogo obyvatelia 1918-1931 gg.* (Moscou, 1999); E. Filipovich, *Ot sovetskoi pionerki do cheloveka-pensionerki: moi dnevniki* (Podol'sk, 2000); A. Man'kov, *Dnevniki tridtsatykh godov* (São Petersburgo, 2001); Iu. Nagibin, *Dnevnik* (Moscou, 2001); N. Lugovskaya, *I Want to Live: The Diary of a Soviet Schoolgirl 1932-1937* (Moscou, 2003); M. Shirshova, *Zabytyi dnevnik poliarnogo biologa* (Moscou, 2003). Trechos de dez diários foram publicados com tradução *in* V. Garros, N. Korenevskaya e T. Lahusen (eds.), *Intimacy and Terror: Soviet Diaries of the 1930s* (Nova York, 1995).

13. O historiador Jochen Hellbeck foi pioneiro no estudo dos diários soviéticos da década de 1930, em particular o diário de Stepan Podlubny, que está reproduzido in J. Hellbeck (org.), *Tagebuch aus Moskau, 1931-1939* (Munique, 1996). Ver também a discussão de Hellbeck de quatro diários soviéticos da década de 1930 em *Revolution on My Mind: Writing a Diary Under Stalin* (Cambridge, Mass., 2006). A visão controversa de Hellbeck é de que os cidadãos soviéticos, na década de 1930, pensavam em categorias soviéticas porque não tinham uma alternativa conceitual e que, em seus diários, eles tentavam se amoldar a uma Nova Pessoa Soviética, expurgando de si todos os elementos não soviéticos de sua personalidade (que eles viam como uma "crise do eu"). Ver também: J. Hellbeck, "Self-Realization in the Stalinist System: Two Soviet Diaries of the 1930s", in M. Hildermeier (org.), *Stalinismus vor dem Zweiten Weltkrieg: neue Wege der Forschung* (Munique, 1998), p. 275-90. A visão de Hellbeck tem sido fortemente criticada, em particular por A. Etkind, "Soviet Subjectivity: Torture for the Sake of Salvation?", *Kritika: Explorations in Russian and Eurasian History*, vol. 6, n° I (inverno de 2005), p. 171-86; e S. Boym em "Analiz praktiki sub'ektivatsii v rannestalinskom obshchestve", *Ab Imperio*, 2002, n° 3, p. 209-418.

NOTAS

14. Ver J. Hellbeck, "Fashioning the Stalinist Soul: The Diary of Stepan Podlubnyi (1931-1939)", *Jahrbücher für Geschichte Osteuropas*, 44 (1996), p. 344-73; I. Halfin e J. Hellbeck, "Rethinking the Stalinist Subject: Stephen Kotkin's 'Magnetic Mountain' and the State of Soviet Historical Studies", *Jahrbücher für Geschichte Osteuropas*, 44 (1996), p. 456-63; I. Halfin, *Terror in My Soul: Communist Autobiographies on Trial* (Cambridge, Mass., 2003); C. Kaier e E. Naiman (orgs.), *Everyday Life in Early Soviet Russia: Taking the Revolution Inside* (Bloomington, 2006).
15. Esse é o argumento principal de Hellbeck (ver as referências para seu trabalho acima).
16. MP, f. 4, op. 18, d. 2, ll. 49-50.
17. Ver, em particular, os dois livros de Catherine Merridale, *Night of Stone: Death and Memory in Russia* (Londres, 2000) e *Ivan's War: The Red Army 1939-1945* (Londres, 2005), ambos parcialmente baseados em entrevistas.
18. Ver *Golos krest'ian: Sel'skaia Rossiia XX veka v krest'ianskhik memuarakh* (Moscou, 1996); *Sud'ba liudei: Rossiia xx vek. Biografii semei kak ob'ekt sotsiologicheskogo issledovaniia* (Moscou, 1996); D. Bertaux, P. Thompson e A. Rotkirch (orgs.), *On Living through Soviet Russia* (Londres, 2004); V. Skultans, *The Testimony of Lives: Narrative and Memory in Post-Soviet Latvia* (Londres, 1998); A. Shternshis, *Soviet and Kosher: Jewish Popular Culture in the Soviet Union, 1923-1939* (Bloomington, 2006). Muitos livros têm explorado as entrevistas, entre eles notavelmente: N. Adler, *Beyond the Soviet System: The Gulag Survivor* (New Brunswick, 2002); A. Applebaum, *Gulag: A History of the Soviet Camps* (Londres, 2003).
19. A primeira história oral importante foi o Harvard Project sobre o Sistema Social soviético (329 entrevistas com refugiados soviéticos na Europa e nos EUA, realizadas em 1950-51). A maioria dos entrevistados havia deixado a União Soviética entre 1943 e 1946, e suas opiniões, tingidas pela experiência de viver no Ocidente, eram conscientemente antissoviéticas, de uma forma que não representava a população soviética como um todo. No entanto, o projeto resultou na publicação de alguns livros de sociologia que influenciaram a visão ocidental da vida cotidiana soviética durante a Guerra Fria: R. Bauer, A. Inkeles e C. Klukhohn, *How the Soviet System Works: Cultural, Psychological and Cultural Themes* (Cambridge, Mass., 1957); J. Berliner, *Factory and Manager in the USSR* (Cambridge, Mass., 1958); M. Field, *Doctor and Patient in Soviet Russia* (Cambridge, Mass., 1958); e A. Inkeles e R. Bauer, *The Soviet Citizen: Daily Life in a Totalitarian Society* (Cambridge, Mass., 1959), que se dedicava a estudar especificamente "como a sociedade soviética se impõe sobre o indivíduo e como ele se encaixa no padrão de funcionamento da vida soviética" (p. 3). Projetos de história oral menores, adotando uma abordagem sociológica, foram conduzidos no princípio da década de 1990 por Daniel Bertaux e Paul Thompson (publicados em *Sud'ba liudei* e *On Living Through Soviet Russia*) e pela Escola de Ciências Sociais e Econômicas de Moscou (publicados em *Golos krest'ian*). A Sociedade Memorial (http://www.memo.ru) foi pioneira no trabalho com a história oral do Gulag, embora a primeira grande história oral sobre o assunto tenha sido, é claro, *O arquipélago Gulag*, de Aleksandr Solzhenitsyn, 3 vols., que recorria fartamente a entrevistas com sobreviventes dos campos de trabalhos.

I: Crianças de 1917 (1917-28)

1. RGALI, f. 3084, op. I, d. 1389, l. 17; f. 2804, op. I, d. 45.
2. E. Drabkina, *Chernye sukhari* (Moscou, 1975), p. 82-3.
3. S. Sebag Montefiore, *Stalin: The Court of the Red Tzar* (Londres, 2003), p. 61.
4. RGALI, f. 2804, op. I, d. 22, l. 4; f. 3084, op. I, d. 1389, l. 3; Drabkina, *Chernye sukhari*, p. 23-29; N. Burenin, *Pamiatnye gody: vospominaniia* (Leningrado, 1961), p. 150-51.
5. *Partiinaia etika: dokumenty i materialy diskussii dvadtsatykh godov* (Moscou, 1989), p. 16; M. Gorki, *Untimely Thoughts: Essays on Revolution, Culture and the Bolsheviks, 1917-18* (Londres, 1970), p. 7.
6. Citado em E. Naiman, *Sex in Public: The Incarnation of Early Soviet Ideology* (Princeton, 1997), p. 91-2.
7. RGALI, f. 2804, op. I, dd. 22, 40, 1389; V. Erashov, *Kak molniia v nochi* (Moscou, 1988), p. 344.
8. O. Figes, *A tragédia de um povo: a Revolução Russa 1891-1924* (Rio de Janeiro, 1999).

NOTAS

9. I. Stalin, *Sochineniia*, 13 vols. (Moscou, 1946-55), vol. 6, p. 248.
10. K. Geiger, *The Family in Soviet Russia* (Cambridge, Mass., 1968), p. 61.
11. L. Kirschenbaum, *Small Comrades: Revolutionizing Childhood in Soviet Russia, 1917-32* (Nova York, 2001), p. 48.
12. O. Maitich, "Utopia in Daily Life", in J. Bowlt e O. Maitich (orgs.), *Laboratory of Dreams: The Russian Avant-garde and Cultural Experiment* (Stanford, 1996), p. 65-66; V. Buchli, *An Archaeology of Socialism* (Oxford, 1999), p. 65-68.
13. W. Goldman, *Women, the State and Revolution: Soviet Family Policy and Social Life, 1917-36* (Cambridge, 1993), p. 107; N. Lebina, *Povzednevnaia zhizn' sovetskogo goroda: normy i anomalii, 1920-1930 gody* (São Petersburgo, 1999), p. 272.
14. I. Halfin, "Intimacy in an Ideological Key: The Communist Case of the 1920s and 1930s", no mesmo autor (org.), *Language and Revolution: Making Modern Political Identities* (Londres, 2002), p. 187-8.
15. L. Trotski, *Problems of Everyday Life: Creating the Foundations of a New Society in Revolutionary Russia* (Londres, 1973), p. 72; A. Inkeles e R. Bauer, *The Soviet Citizen: Daily Life in a Totalitarian Society* (Cambridge, Mass. 1959), p. 205.
16. Trotski, *Problems of Everyday Life*, p. 48.
17. MSP, f. 3, op. 16, d. 2, ll. 2, 7, 46-62.
18. Ver O. Figes, *Natasha's Dance: A Cultural History of Russia* (Londres, 2002), p. 119-30.
19. MSP, f. 3, op. 18, d. 2, ll. 24, 26.
20. MSP, f. 3, op. 12, d. 2, l. 15.
21. E. Bonner, *Mothers and Daughters* (Londres, 1992), p. 40, 46, 61-62, 101.
22. Buchli, *An Archaeology of Socialism*, p. 131.
23. V. Maiakovskii, *Polnoe sobranie sochinenii*, 13 vols. (Moscou, 1955-61), vol. 2, p. 74-75.
24. V. Dunham, *In Stalin's Time: Middle-Class Values in Soviet Fiction* (Durham, 1990), p. 64 (tradução ligeiramente alterada para ficar mais clara).
25. W. Rosenberg (org.), *Bolshevik Visions: First Phase of the Cultural Revolution in Soviet Russia*, 2 vols. (Ann Arbor, 1990), vol. I, p. 37 (tradução ligeiramente alterada para ficar mais clara).
26. MM, f. 1, op. 1, dd. 167, 169; f. 12, op. 27, d. 2, ll. 47-54.
27. MSP, f. 3, op. 47, d. 2, ll. 32-33, 59-64; d. 3, ll. 1-6; L. El'iashova, *My ukhodim, my ostaemsia. Kniga I: Dedy, Ottsy* (São Petersburgo, 2001), p. 191-94.
28. OR RNB, f. 1156, d. 597, ll. 3, 14; IISH, Vojtinskij, n° 11 (caixa 3, arquivo 5/b); VOFA, A. Levidova, "Vospominaniia", ms. p. 11; entrevista com Ada Levidova, São Petersburgo, maio de 2004.
29. OR RNB, f. 1156, d. 576, ll. 4, 12-19; d. 577, l. 1; d. 597, l. 51; VOFA, A. Levidova, "Vospominaniia", ms. p. 12.
30. V. Zenzinov, *Deserted: The Story of the Children Abandoned in Soviet Russia* (Londres, 1931), p. 27.
31. A. Lunacharskii, *O narodnom obrazovanii* (Moscou, 1948), p. 445.
32. E. M. Balashov, *Shkola v rossiiskom obshchestve 1917-1927 gg. Stanovlenie 'novogo cheloveka'* (São Petersburgo, 2003), p. 33; J. Ceton, *School en kind in Sowjet-Rusland* (Amsterdã, 1921), p. 3. Sobre trabalho e brincadeiras em jardins de infância ver L. Kirschenbaum, *Small Comrades: Revolutionizing Childhood in Soviet Russia, 1917-32* (Nova York, 2001), p. 120-23.
33. MP, f. 4, op. 18, d. 2, ll. 1-2, RGAE, f. 9455, op. 2, d. 154; L. Holmes, "Part of History: The Oral Record and Moscow's Model School N° 25, 1931-1937", *Slavic Review*, 56 (verão de 1997), p. 281-83; S. Fitzpatrick, *Education and Social Mobility in the Soviet Union 1921-1934* (Cambridge, 1979), p. 27; SFA, I. Slavina, "Tonen'kii nerv istorii", ms., p. 16.
34. RGAE, f. 9455, op. 2, d. 30, ll. 241-56; d. 51, ll. 113-14; d. 154, ll. 47-48.
35. RGAE, f. 9455, op. 2, d. 154, l. 397; d. 155, ll. 5, 8, 9, 15; d. 156, ll. 11-12, 171; d. 157, ll. 98-103.
36. R. Berg, *Sukhovei: vospominaniia genetica* (Moscou, 2003), p. 29.
37. A. Mar'ian, *Gody moi, kak soldaty: dnevnik sel'skogo aktivista, 1925-1953 gg.* (Kishinev, 1987), p. 17; E. Liusin, *Pis'mo — vospominaniia o prozhitykh godakh* (Kaluga, 2002), p. 18-19. Ver também

NOTAS

C. Kelly, "Byt, Identity and Everyday Life", in S. Franklin e E. Widdis (orgs.), *National Identity in Russian Culture: An Introduction* (Cambridge, 2004), p. 157-67.
38. Balashov, *Shkola v rossiiskom obshchestve*, p. 137.
39. MSP, f. 3, op. 37, d. 2, ll. 8-9; op. 14, d. 3, ll. 24-26; MP, f. 4, op. 24, d. 2, ll. 41-42; op. 3, d. 2, l. 24; V. Frid, *581/2: zapiski lagernogo pridurka* (Moscou, 1996), p. 89.
40. MSP, f. 3, op. 8, d. 2, ll. 1, 7; MP, f. 4, op. 9, d. 2, ll. 11-12.
41. C. Kelly, "Shaping the 'Future Race': Regulating the Daily Life of Children in Early Soviet Russia", in C. Kaier e E. Naiman (orgs.), *Everyday Life in Early Soviet Russia: Taking the Revolution Inside* (Bloomington, 2006), p. 262; Rosenberg, *Bolshevik Visions*, vol. 2, p. 86; MP, f. 4, op. 24, d. 2, l. 43.
42. Entrevista com Vasily Romashkin, Norilsk, julho de 2004.
43. Entrevista com Ida Slavina, Colônia, junho de 2003.
44. MSP, f. 3, op. 17, d. 2, l. 8.
45. P. Kenez, *The Birth of the Propaganda State: Soviet Methods of Mass Mobilization, 1917-1929* (Cambridge, 1985), p. 168-69.
46. N. Vishniakova, *Dnevnik Niny Vishniakovy* (Sverdlovsk, 1990), p. 28-29.
47. E. Dolmatovskii, *Bylo: zapiski poeta* (Moscou, 1982), p. 22-23.
48. V. Pirozhkova, *Poteriannoe pokolenie* (São Petersburgo, 1998), p. 46-47.
49. Entrevista com Vasily Romashkin, Norilsk, julho de 2004; D. Hoffman, *Stalinist Values: The Cultural Norms of Stalinist Modernity* (Cornell, 2003), p. 121-22.
50. M. Baitalsky, *Notebooks for the Grandchildren: Recollections of a Trotskist Who Survived the Stalin Terror* (Nova Jersey, 1995), p. 56, 68, 71 (tradução ligeiramente alterada para ficar mais clara).
51. Lebina, *Povsednevnaia zhizn'*, p. 274.
52. Baitalsky, *Notebooks for the Grandchildren*, p. 94-96, 161-62.
53. Stalin, *Sochineniia*, vol. 6, p. 46; *Partiinaia etika*, p. 287.
54. M. Rubinshtein, *Sotsial'no-pravovye predstavleniia i samoupravleniia u detei* (Moscou, 1925), p. 69-70.
55. *Partiinaia etika*, p. 329.
56. O. Khakhordin, *The Collective and the Individual in Russia: A study of Practices* (Berkeley, 1999), p. 35-74, 212-28. De maneira semelhante, a "consciência proletária" requeria uma prova de consciência (comprometimento ideológico com a causa do Partido); não era o bastante ter nascido no proletariado, pois havia muitas pessoas originárias das classes trabalhadoras que tinham adquirido uma mentalidade "pequeno-burguesa".
57. L. Schapiro, *The Communist Party of the Soviet Union* (Londres, 1970), p. 385.
58. Ver também I. Halfin, "From Darkness to Light: Student Communist Autobiography During NEP", *Jahrbücher für Geschichte Osteuropas*, 45 (1997), p. 210-36; mesmo autor, *Terror in My Soul: Communist Autobiographies on Trial* (Cambridge, Mass., 2003).
59. Kakhordin, *The Collective and the Individual in Russia*, p. 123-25.
60. V. Kozlov, "Denunciation and Its Functions in Soviet Governance: A Study of Denunciations and Their Bureaucratic Handling from Soviet Police Archives, 1944-1953", *Journal of Modern History*, 68 (dezembro de 1996), p. 867; C. Hooper, "Terror from Within: Participation and Coercion in Soviet Power, 1924-64" (dissertação de mestrado, Princeton University, 2003), p. 13.
61. *XIV s'ezd VKP (b): stenograficheskii otchet* (Moscou, 1926), p. 600.
62. Ibid. p. 615.
63. Bonner, *Mothers and Daughters*, p. 148.
64. *Partiinaia etika*, p. 329.
65. Entrevista com Elena Dombrovskaia, Moscou, janeiro de 2003.
66. MSP, f. 3, op. 48, d. 2, ll. 1, 23, 32-34.
67. MSP, f. 3, op. 42, d. 2, ll. 5-6.
68. MP, f. 4, op. 9, d. 1, ll. 4-8; d. 2, l. 13.
69. MP, f. 4, op. 12, d. 2, l. 7.
70. Bonner, *Mothers and Daughters*, p. 17.

NOTAS

71. V. Semenova, "Babushki: semeinye i sotsial'nye funktsii praroditel'skogo pokoleniia", in *Sud'ba liudei: Rossiia xx vek. Biografii semei kak ob'ekt sotsiologicheskogo issledovaniia* (Moscou, 1996), p. 326-54.
72. Bonner, *Mothers and Daughters*, p. 14, 15, 16, 27, 40, 78, 145; entrevista com Elena Bonner, Boston, novembro de 2006.
73. GFA, O. Golovnia, "Predislovie k pis'mam', ms., p. 20; entrevista com Yevgeniia Golovnia, Moscou, novembro de 2004.
74. Entrevista com Vladimir Fomin, São Petersburgo, setembro de 2003.
75. Entrevista com Yevgeniia Yevangulova, São Petersburgo, março de 2004; E. P. Evangulova, *Krestnyi put'* (São Petersburgo, 2000), p. 7-9, 36; RGAE, f. 5208, op. 1, d. 28.
76. Entrevista com Boris Gavrilov, São Petersburgo, junho de 2003.
77. "Obydennyi NEP (Sochineniia i pis'ma shkol'nikov 20-x godov)", in *Neizvestnaia Rossia xx vek*, vol. 3 (Moscou, 1993), p. 285-87; HP, 59 A, vol. 5, p. 25; Inkeles e Bauer, *The Soviet Citizen*, p. 216. Ver, igualmente, S. Tchouikina, "The 'Old' and 'New' Intelligentsia and the Soviet State", in T. Vihavainen (org.), *The Soviet Union — A Popular State?* (São Petersburgo, 2003), p. 99-100.
78. Inkeles e Bauer, *The Soviet Citizen*, p. 223; MSP, f. 3, op. 52, d. 2, l. 19.
79. E. Olitskaia, *Moi vospominaniia*, 2 vols. (Frankfurt, 1971), vol. 2, p. 56, MP, f. 4, op. 8, d. 2, l. 6. Ver, também, MM, f. 12, op. 31, d. 2, ll. 1-2; MSP, f. 3, op. 53, d. 2, ll. 11-12; f. 3, op. 8, d. 2, ll. 1-7.
80. *Partiinaia etika*, p. 437; Liusin, *Pis'mo*, p. 11; MP, f. 4, op. 32, d. 4, l. 7.
81. Bonner, *Mothers and Daughters*, p. 41, 139-39, 200-202.
82. MSP, f. 3, op. 16, d. 2, ll. 3-4, 7.
83. MSP, f. 3, op. 37, d. 2, ll. 13-15; I. Shikheeva-Gaister, *Semeinaia khronika vremen kul'ta lichnosti: 1925-1953* (Moscou, 1998), p. 5-6.
84. V. Danilov, *Sovetskaia dokolkhoznaia derevnia: naselenie, zemlepol'zovanie, khoziaistvo* (Moscou, 1997), p. 31.
85. MSP, f. 3, op. 14, d. 3, ll. 34-35.
86. Sobre a revolução camponesa, ver O. Figes, *Peasant Russia, Civil War: The Volga Countryside in Revolution, 1917-1921* (Oxford, 1989).
87. MSP, f. 3, op. 14, d. 3, ll. 8, 104; G. Dobronozhenko, *Kollektivizatsiia na Severe, 1929-1932* (Syktyvkar, 1994), p. 27-28.
88. MSP, f. 3, op. 14, d. 3, ll. 7-8.
89. MSP, f. 3, op. 14, d. 2, ll. 18, 69.
90. MSP, f. 3, op. 2, d. 2, ll. 20, 43-45.
91. VFA, E. Vittenburg, "Pamiati P. V. Vittenburga", ms., p. 4; entrevistas com Yevgeniia Vittenburg, São Petersburgo, agosto de 2003, setembro de 2004; E. Vittenburg, *Vremia poliarnykh stran* (São Petersburgo, 2002), p. 44-74.
92. RGALI, f. 1814, op. 9, d. 351, l. 3; entrevista com Aleksei Simonov, Moscou, novembro de 2003.
93. RGALI, f. 1814, op. 9, d. 2613, ll. 7, 13; K. Simonov, *Segodnia i davno* (Moscou, 1978), p. 65. Uma lenda de família conta que Aleksandra responsabilizou Mikhael pelo aborto de uma filha e decidiu abandoná-lo (entrevista com Aleksei Simonov, Moscou, junho de 2003).
94. RGALI, f. 1814, op. 10, d. 360; op. 9, d. 2613, ll. 3, 13.
95. RGALI, f. 1814, op. 9, d. 2698, l. 1.
96. RGALI, f. 1814, op. 10, d. 360, l. 31.
97. RGALI, f. 1814, op. 9, d. 353, l. 38; d. 337, l. 7.
98. RGALI, f. 1814, op. 10, d. 339, l. 11; op. 9, d. 1534, l. 31.
99. RGALI, f. 1814, op. 6, d. 70, l. 103; d. 170, l. 17; op. 9, d. 2613, l. 13; dd. 23, 24.
100. RGALI, f. 1814, op. 9, d. 1533, l. 18; d. 24, l. 16; d. 25, ll. 6, 17, 26; d. 1010, ll. 9-10; Simonov, *Segodnia i davno*, p. 66.
101. K. Simonov, *Glazami cheloveka moego pokoleniia* (Moscou, 1990), p. 25-26.
102. RGALI, F. 1814, op. 9, d. 25, l. 12; d. 1010, ll. 16-19; op. 10, d. 339, l. 11.
103. SLFA, M. Laskin, "Vospominaniia", ms. p. 2.

NOTAS

104. SLFA, "Lichnyi listok po uchety kadrov" (Samuil Laskin); entrevistas com Fania Laskina, Moscou, novembro de 2003, março de 2005.
105. A. Ball, *Russia's Last Capitalists: The NEPmen 1921-1929* (Berkeley, 1987), p. 39.
106. Entrevistas com Fania Laskina, Moscou, junho, novembro de 2003, fevereiro, julho de 2004; entrevistas com Aleksei Simonov, Moscou, novembro de 2003; SLFA, M. Laskin, "Vospominaniia" ms., p. 20, 21, 29.
107. Y. Slezkine, *The Jewish Century* (Berkeley, 2005), p. 217; *Vsesoiuznaia perepis' naseleniia. 1937 g. Kratkie itogi* (Moscou, 1991), p. 90.
108. A. Shternshis, *Soviet and Kosher: Jewish Popular Culture in the Soviet Union, 1923-1939* (Bloomington, 2006), p. 35-43; J. Veidlinger, *The Moscow State Yiddish Theatre: Jewish Culture on the Soviet Stage* (Bloomington, 2000).
109. Entrevistas com Fania Laskina, Moscou, junho, novembro de 2003; entrevista com Aleksei Simonov, Moscou, novembro de 2003; SLFA, M. Laskin, "Vospominaniia", p. 19.
110. Entrevista com Rebekka (Rita) Kogan, São Petersburgo, maio de 2003.
111. I. Slavin, *Protsess v Novikakh* (Vitebsk, 1920).
112. SFA, I. Slavina, "Tonen'kii nerv istorii", ms., p. 11; entrevista com Ida Slavina, Colônia, outubro de 2003.
113. Entrevista com Fania Laskina, Moscou, março de 2005.
114. A. Barmine, *One Who Survived: The Life Story of a Russian Under the Soviets* (Nova York, 1945), p. 124-25; H. Kuromiya, *Stalin's Industrial Revolution: Politics and Workers, 1928-1932* (Cambridge, 1988), p. 110; RGAE, f. 9455, op. 2, d. 157, l. 183.
115. V. Danilov, "Vvedenie: sovetskaia derevnia v gody 'Bol'shogo terrora'", in *Tragediia sovetskoi derevni: kollektivizatsiia i raskulachivanie. Dokumenty i materialy v 5 tomakh 1927-1939*, 5 vols. (Moscou, 19-2004), vol. 5: *1937-1939*, Parte 1, *1937*, p. 9; A. Meyer, "The War Scare of 1927", *Soviet Union/Union Soviétique*, vol. 5, n° 1 (1978), p. 1-25; S. Fitzpatrick, "The Foreign Threat During the First Five Year Plan", *Soviet Union/Union Soviétique*, vol. 5, n° 1 (1978), p. 26-35; Stalin, *Sochineniia*, vol. 2, p. 170-72.
116. R. Davies, *The Industrialization of Soviet Russia 3: The Soviet Economy in Turmoil, 1929-1930* (Londres, 1989), p. 76: Ball, *Russia's Last Capitalists*, p. 76-77.
117. SLFA, "Lichnyi listok po uchety kadrov" (Samuil Laskin); entrevistas com Fania Laskina, Moscou, novembro de 2003, março de 2005.
118. N. Mandelstam, *Hope Abandoned* (Londres, 1989), p. 551.

2: A Grande Ruptura (1928-32)

1. MSP, f. 3, op. 14, d. 2, l. 38; d. 3, l. 10.
2. AFSBVO, Arkhivno-sledstvennoe delo N. A. Golovina.
3. MSP, f. 3, op. 14, d. 2, ll. 102-4.
4. MSP, f. 3, op. 14, d. 2, l. 93.
5. AFSBVO, Arkhivno-sledstvennoe delo N. A. Golovina; MSP, f. 3, op. 14, d. 2, l. 69; d.3 ll. 7-8.
6. GAVO, f. 407, op. 1, d. 98, l. 7.
7. AFSBVO, Arkhivno-sledstvennoe delo N. A. Golovina; MSP, f. 3, op. 14, d. 3, l. 9.
8. AFSBVO, Arkhivno-sledstvennoe delo N. A. Golovina.
9. MSP, f. 3, op. 14, d. 3, l. 11.
10. *Tragediia sovetskoi derevni: kollektivizatsiia i raskulachivanie. Dokumenty i materialy*, 5 vols. (Moscou, 1999-2004), vol. 1, p. 36, 148-50, 228-30, 742; *Izvestiia TsK KPSS*, 1991, n° 5, p. 196-202.
11. Citado in M. Lewin, *Russian Peasants and Soviet Power: A Study of Collectivization* (Londres, 1968), p. 257.
12. R. Davies, *The Soviet Economy in Turmoil, 1929-30* (Londres, 1989), p. 198-99; *Pravda*, 1° de setembro, 10 de novembro, 1929.
13. *Pravda*, 7 de novembro de 1929; I. Stalin, *Sochineniia*, 13 vols. (Moscou, 1946-55), vol. 12, p. 174.

NOTAS

14. R. Davies, *The Socialist Offensive: The Collectivization of Soviet Agriculture, 1929-1930* (Londres, 1980), p. 111; *Tragediia sovetskoi derevni*, vol. 1, p. 702-10, 716-27; M. Hindus, *Red Bread: Collectivization in a Russian Village* (Bloomington, 1988), p. 246.
15. Davies, *The Socialist Offensive*, p. 218; V. Kravchenko, *I Chose Freedom* (Nova York, 1946), p. 91.
16. M. Vareikis, "O partiinom rukovodstve kolkhozam", *Na agrarnom fronte*, 1929, n° 8, p. 65; *Izvestiia*, 19 de abril de 1930; GARK, f. 3, op. 1, d. 2309, l. 6.
17. Davies, *The Socialist Offensive*, p. 198.
18. M. Fainsod, *Smolensk Under Soviet Rule* (Cambridge, Mass., 1958), p. 250.
19. R. Conquest, *The Harvest of Sorrow: Soviet Collectivization and the Terror-Famine* (Londres, 1986), p. 120-21; S. Fitzpatrick, *Stalin's Peasants: Resistance and Survival in the Russian Village After Collectivization* (Nova York, 1994), p. 54-55.
20. GAVO, f. 22, op. 1, d. 37, l. 41; GARK, f. 136, op. 1, d. 121, l. 153; MSP, f. 3, op. 14, d. 3, l. 75; *Tragediia sovetskoi derevni*, vol. 3, p. 66-68.
21. MP, f. 4, op. 18, d. 2, l. 44.
22. Conquest, *Harvest of Sorrow*, p. 137; *Tragediia sovetskoi derevni*, vol. 3 p. 15; Lewin, *Russian Peasants and Soviet Power*, p. 508.
23. MP, f. 4, op. 18, d. 5, l. 15.
24. MP, f. 4, op. 7, d. 2, l. 39.
25. MP, f. 4, op. 5, d. 2, l. 30.
26. VFA, "Vospominaniia", ms., p. 8, *Komsomol'skaia pravda*, 8 de setembro de 1989, p. 2.
27. LFA, "Roditeli", p. 24.
28. A. Zverev, *Zapiski ministra* (Moscou, 1973), p. 54.
29. L. Kopelev, *The Education of a True Believer* (Londres, 1981), p. 235.
30. *Tragediia sovetskoi derevni*, vol. 1, p. 8-9; R. Davies e S. Wheatcroft, *The Years of Hunger: Soviet Agriculture, 1931-1933* (Londres, 2004), p. 451.
31. Davies, *The Socialist Offensive*, p. 442-43; *Tragediia sovetskoi derevni*, vol. 3, p. 8-9; Davies e Wheatcroft, *The Years of Hunger*, p. 31-37; *Politburo I krest'ianstvo: vysylka, spetsposelenie 1930-1940*, 2 vols. (Moscou, 2006), vol. 2, p. 43.
32. AFSBVO, Arkhivno-sledstvennoe delo N. A. Golovina; MSP, f. 3, op. 14, d. 2, ll. 82-101, 122-23; d. 3, ll. 11, 56-58.
33. Hindus, *Red Bread*, p. 142.
34. E. Foteeva, "Coping with Revolution: The Experience of Well-to-do Russian Families", in D. Bertaux, P. Thompson e A. Rotkirch (orgs.), *On Living through Soviet Russia* (Londres, 2004), p. 75.
35. Entrevistas com Olga Ramenskaia (nascida Zapregaeva) e Galina Petrova, Strugi Krasnye (Pskov oblast), agosto de 2003.
36. RGAE, f. 7486, op. 37, d. 101, ll. 61-62; M. Tauger, "The 1932 Harvest and the Soviet Famine of 1932-33", *Slavic Review*, vol. 50, n° 1 (Primavera de 1991); Davies e Wheatcroft, *The Years of Hunger*, p. 181-224, 411, 415; Conquest, *Harvest of Sorrow*, p. 3, 196, 272-73, 441. A acusação de genocídio também é feita por J. Mace, "The Man-Made Famine of 1933 in the Soviet Ukraine: What Happened and Why?", in I. Charny (org.), *Toward the Understanding and Prevention of Genocide: Proceedings of the International Conference on the Holocaust and Genocide* (Boulder, 1984), p. 67; e "Famine and Nationalism in Soviet Ukraine", *Problems of Communism*, vol. 33, n° 3 (maio-junho de 1984), p. 39.
37. Para entender a ligação entre a fome e a introdução do sistema de passaportes, em dezembro de 1932, ver RGASPI, f. 81, op. 3, d. 93, ll. 24-25: f. 558, op. 11, d. 45, l. 109.
38. Fitzpatrick, *Stalin's Peasants*, p. 80; Conquest, *Harvest of Sorrow*, p. 237.
39. G. Kessler, "The Passport System and State Control over Population Flows in the Soviet Union, 1932-1940", *Cahiers du Monde Russe*, vol. 42, n°s 2-4 (2001), p. 477-504; D. Shearer, "Social Disorder, Mass Repression and the NKVD during the 1930s", *Cahiers du Monde Russe*, vol. 42, n°s 2-4 (2001), p. 505, 519-20. Ver também D. Shearer, "Elements Near and Alien: Passportization, Policing, and Identity in the Stalinist State, 1932-1952", *Journal of Modern History*, vol. 76 (dezembro de 2004), p. 835-81.

NOTAS

40. *Tragediia sovetskoi derevni*, vol. 3, p. 63; A. Applebaum, *Gulag: A History of the Soviet Camps* (Londres, 2003), p. 333; GARF, f. 5207, op. 3, d. 49, l. 190; f. 8131, op. 37, d. 137, l. 4.
41. L. Viola, "Tear the Evil From the Root: The Children of Spetspereselentsy of the North", in N. Baschmakoff e P. Fryer (orgs.), *Modernization of the Russian Provinces*, edição especial de *Studia Slavica Finlandensia*, 17 (abril de 2000), p. 4, 44, 48-49 (tradução ligeiramente alterada para ficar mais clara), 51; *Politbiuro i krest'ianstvo*, p. 47. Para saber mais sobre os "assentamentos especiais", ver L. Viola, *The Unknown Gulag: The Lost World of Stalin's Special Settlements* (Oxford, 2007); N. Werth, *Cannibal Island: Death in a Siberian Gulag* (Princeton, 2007).
42. MSP, f. 3, op. 14, d. 2, ll. 25-26; d. 3, ll. 12-18, 125.
43. MP, f. 4, op. 18, d. 2; d. 5, ll. 16-17.
44. MP, f. 4, op. 5, d. 2, ll. 37, 38.
45. *Politbiuro i krest'ianstvo*, p. 467-553; Viola, *The Unknown Gulag*, p. 232.
46. MP, f. 4, op. 9, d. 5, ll. 2-7.
47. AMILO, M. A. Solomonik, "Zapiski raskulachennoi", ts., p. 7-34.
48. *Pravda*, 7 de novembro de 1929.
49. AFA, A. M. Alekseyev, "Vospominaniia", p. 18.
50. Ver GARF, f. 9414, op. 1, d. 368, l. 115. Ver também os comentários experientes e reveladores de Aleksei Loginov, diretor do complexo de mineração do Gulag em Norilsk, de 1954 a 1957, in A. Macqueen, "Survivors", *Granta*, 64 (inverno de 1998), p. 45.
51. Para uma interpretação política clássica do sistema Gulag, ver R. Conquest, *The Great Terror: A Reassessment* (Londres, 1992), e mesmo autor *Kolyma: The Arctic Death Camps* (Nova York, 1978). A dimensão econômica foi enfatizada por M. Jakobson, *Origins of the Gulag: The Soviet Prison Camp System, 1917-1934* (Lexington, 1993); G. Ivanova, *Gulag v sisteme totalitarnogo gosudarstva* (Moscou, 1997); e por vários acadêmicos in P. Gregory e V. Lazarev (orgs.), *The Economics of Forced Labour: The Soviet Gulag* (Stanford, 2003). Para um relato acadêmico dos primeiros anos do Gulag, que combina essas duas visões, ver O. Khlevniuk, *The History of the Gulag: From Collectivization to the Great Terror* (New Haven, 2004).
52. *Sistema ispravitel'no-trudovykh lagerei v SSSR, 1923-1960. Spravochnik* (Moscou, 1998), p. 395; Applebaum, *Gulag*, p. 31-40.
53. GARF, f. 5446, op. 11a, d. 555, l. 32; RGASPI, f. 17, op. 3, d. 746, l. 11; *Sistema ispravitel'no-trudovykh lagerei v SSSR*, p. 38.
54. GARF, f. 9414, op. 1, d. 2920, l. 178; Applebaum, *Gulag*, p. 62-65; C. Joyce, "The Gulag in Karelia, 1929-41", in Gregory e Lazarev (orgs.), *The Economics of Forced Labour*, p. 166; N. Baron, "Conflict and Complicity: The Expansion of the Karelian Gulag, 1923-33", *Cahiers du Monde Russe*, vol. 42, nos 2-4 (2001), p. 643; A. Solzhenitsyn, *The Gulag Archipelago, 1918-1956*, 3 vols. (Londres 1974-78), vol. 2, p. 99.
55. MSP, f. 3, op. 19, d. 2. ll. 1-4.
56. GARF, f. 5515, op. 33, d. 11, ll. 39-40; GASO, f. 148, op. 5, d. 26, l. 75.
57. GARF, f. 9414, op. 1, d. 3048, ll. 25-36; V. Shalamov, *Vishera: antiroman* (Moscou, 1989), p. 23.
58. D. Nordlander, "Magadan and the Economic History of the Dalstroi in the 1930s", in Gregory e Lazarev (orgs.), *The Economics of Forced Labour*, p. 110.
59. V. Shalamov, *Kolyma Tales* (Londres, 1994), p. 368-69. Shalamov chegou a Kolyma em 1937, e muito do que escreve sobre o período Berzin é baseado em lendas de campo.
60. MP, f. 4, op. 10, d. 1, ll. 1-4, 14-17.
61. A. Barmine, *One Who Survived: The Life Story of a Russian Under the Soviets* (Nova York, 1945), p. 196.
62. C. Ward, *Stalin's Russia* (Londres, 1999), p. 56; A. Smith, *I Was a Soviet Worker* (Londres, 1937), p. 43.
63. Entrevistas com Lydia Pukhova, São Petersburgo, maio, outubro de 2004.
64. MSP, f. 3, op. 14, d. 2, ll. 23-24, 26, 29; d. 3, ll. 20, 63-70.
65. Y. Druzhnikov, *Informer 001: The Myth of Pavlik Morozov* (Londres, 1997), p. 45-46, 155-56; C. Kelly, *Comrade Pavlik: The Rise and Fall of a Soviet Boy Hero* (Londres, 2005), p. 66.

66. Druzhnikov, *Informer*, p. 19-20, 30-31, 42, 114, 152; Kelly, *Comrade*, p. 13, 94. Kelly (que viu o arquivo secreto da polícia) duvida que tenha havido um julgamento de Morozov. Na sua opinião, a denúncia contra Pavlik foi fabricada pela polícia e a imprensa (p. 251-58).
67. Kelly, *Comrade*, p. 26-72.
68. Druzhnikov, *Informer*, p. 9-11; Kelly, *Comrade*, p. 14.
69. Kelly, *Comrade*, p. 156 (tradução ligeiramente alterada para ficar mais clara).
70. Ver ibid., p. 22, 26-29, 169-71.
71. M. Nikolaev, *Detdom* (Nova York, 1985), p. 89.
72. V. Danilov, *Sovetskaia dokolkhoznaia derevnia: naselenie, zemlepol'zovanie, khoziaistvo* (Moscou, 1997), p. 25; P. Kenez, *The Birth of the Propaganda State: Soviet Methods of Mass Mobilization, 1917-1929* (Cambridge, 1985), p. 186; *Ocherki byta derevenskoi molodezhi* (Moscou, 1924), p. 10-12.
73. Entrevistas com Nina Gribelnaia, São Petersburgo, março, junho, outubro de 2004; AFSBTO, Arkhivno-sledstvennoe delo F. Z. Medvedeva.
74. Conquest, *Harvest of Sorrow*, p. 295; Fitzpatrick, *Stalin's Peasants*, p. 256.
75. *Vskhody kommuny*, 19 de dezembro de 1932; K. Geiger, *The Family in Soviet Russia* (Cambridge, Mass., 1968), p. 308 (tradução ligeiramente alterada para ficar mais clara).
76. A. Mar'ian, *Gody moi, kak soldaty:dnevnik sel'skogo aktivista, 1925-53* (Kishinev, 1987), p. 55, 71, 78-79.
77. Citado in Geiger, *The Family in Soviet Russia*, p. 140.
78. A. Shternshis, *Soviet and Kosher: Jewish Popular Culture, 1923-1939* (Bloomington, 2006), p. 61. Agradeço a Anna Shternshis por disponibilizar uma transcrição da entrevista com Sofia G.
79. V. Baevskii, "Syn kulaka i vrag naroda: A. T. Tvardovskii v Smolenske v 1937 g.", in *Stalinizm v rossiiskoi provinstii: smolenskie arkhivnye dokumenty v pochtenii zarubezhnykh i rossiiskikh istorikov* (Smolensk, 1999), p. 256.
80. *Istoriia sovetskoi politicheskoi tsenzury* (Moscou, 1997), p. 109; Baevskii, "Syn kulaka", p. 255-58.
81. I. Tvardovskii, "Stranitsy perezhitogo", *Iunost'*, 1998, n° 3, p. 14, 18.
82. Ibid., p. 23.
83. Ibid., p. 26.
84. Ibid., p. 27.
85. E. Iaroslavskii (org.), *Kak provodit' chistku partii* (Moscou, 1929), p. 10.
86. Ver S. Fitzpatrick, "The Problem of Class Identity in NEP Society", in S. Fitzpatrick, A. Rabinowitch e R. Stites (orgs.), *Russia in the Era of NEP: Explorations in Soviet Society and Culture* (Bloomington, 1991), p. 21-33.
87. G. Alexopoulos, "Portrait of a Con Artist as a Soviet Man", *Slavic Review*, vol. 57, n° 4 (inverno de 1998), p. 774-90. Ver também, S. Fitzpatrick, "Making a Self for the Times: Impersonation and Imposture in 20th Century Russia", *Kritika: Explorations in Russian and Eurasian History*, vol. 2, n° 3 (verão de 2001), p. 469-87; e mesmo autor, *Tear off the Masks! Indentity and Imposture in Twentieth-Century Russia* (Princeton, 2005).
88. E. Bonner, *Mothers and Daughters* (Londres, 1992), p. 317.
89. S. Fitzpatrick, *Everyday Stalinism: Ordinary Life in Extraordinary Times: Soviet Russi in the 1930s* (Oxford, 1999), p. 118-38.
90. Geiger, *The Family in Soviet Russia*, p. 141-42. Ver também Fitzpatrick, *Everyday Stalinism*, p. 133.
91. B. Engel e A. Posadskaya-Vanderbeck, *A Revolution of their Own: Voices of Women in Soviet History* (Boulder, 1997), p. 29-32 (tradução ligeiramente alterada para ficar mais clara).
92. Geiger, *The Family in Soviet Russia*, p. 143; N. Novak-Decker (org.), *Soviet Youth: Twelve Komsomol Histories* (Munique, 1959), p. 99.
93. RGALI, f. 1814, op. 10, d. 339, l. 6.
94. RGALI, f. 1814, op. 10, d. 339, l. 3.
95. K. Simonov, *Glazami cheloveka moego pokoleniia* (Moscou, 1990), p. 29-30.
96. RGALI, f. 1814, op. 10, d. 339, l. 5.

NOTAS

97. Simonov, *Glazami cheloveka*, p. 32.
98. Ibid., p. 33.
99. Ibid., p. 35-36.
100. W. Leonhard, *Child of the Revolution* (Londres, 1957), p. 143.
101. J. Hellbeck, "Fashioning the Stalinist Soul: The Diary of Stepan Podlubnyi (1931-1939)", *Jahrbücher für Geschichte Osteuropas*, 44 (1996), p. 350, 353-55 (tradução ligeiramente alterada para ficar mais clara).
102. MSP, f. 3, op. 14, d. 3, l. 22.
103. MSP, f. 3, op. 14, d. 2, l. 31; d. 3, ll. 18-19.
104. MSP, f. 3, op. 14, d. 2, l. 38.
105. MSP, f. 3, op. 14, d. 2, l. 84.
106. MSP, f. 3, op. 14, d. 2, ll. 119-20.

3: A Busca da Felicidade (1932-36)

1. SLFA, carta de Fania e Sonia Laskina a Gavril Popov, 18 de maio de 1990; M. Laskin, "Vospominaniia", ms., p. 31; entrevistas com Fania Laskina e Aleksei Simonov, Moscou, julho de 2004, março de 2005.
2. T. Colton, *Moscow: Governing the Socialist Metropolis* (Cambridge, Mass., 1995), p. 214, 270ff.
3. RGALI, f. 2772, op. 1, d. 93, l. 2; Colton, *Moscow*, p. 280, 327.
4. RGALI, f. 2772, op. 1, d. 6. l. 24; d. 87, l. 5.
5. RGALI, f. 2772, op. 1, d. 94, l. 55; D. Neutatz, *Die Moskauer Metro: Von den ersten Planen bis zur Grossbaustelle des Stalinismus (1897-1935), Beitrage zur Geschichte Osteuropas 33* (Viena, 2001), p. 173, 181-82; Colton, *Moscow*, p. 257; *Pravda*, 20 de maio de 1935, p. 3.
6. RGALI, f. 2772, op. 1, d. 97, ll. 17-18.
7. RGALI, f. 2772, op. 1, d. 87, l. 87; d. 90, ll. 20-21; entrevista com Fania Laskina, Moscou, novembro de 2003.
8. E. Zaleski, *Planning for Economic Growth in the Soviet Union, 1918-1932* (Chapel Hill, 1971), p. 120; N. Lampert, *The Technical Intelligentsia and the Soviet State: A Study of Soviet Managers and Technicians 1928-1935* (Londres, 1979), p. 71; S. Fitzpatrick, *Education and Social Mobility in the Soviet Union 1921-1934* (Cambridge, 1979), p. 199-200; R. Davies, *The Soviet Economy in Turmoil, 1929-30* (Londres, 1989), p. 134-35.
9. Uma boa amostragem dessas cartas pode ser encontrada em *Obshchestvo i vlast' 1930-e gody: povestvovanie v dokumentakh* (Moscou, 1998) e *Stalinism as a Way of Life: A Narrative in Documents*, organizado por L. Siegelbaum e A. Sokolov (New Haven, 2000).
10. Ver L. Viola, *Peasant Rebels Under Stalin: Collectivization and the Culture of Peasant Resistance* (Oxford, 1996); do mesmo autor, "Popular Resistance in the Stalinist 1930s: Soliloquy of a Devil's Advocate", *Kritika: Explorations in Russian and Eurasian History*, vol. 1, nº 1 (inverno de 2000), p. 45-69; J. Rossman, "The Teikovo Cotton Workers Strike of April 1932: Class, Gender and Identity Politics in Stalin's Russia", *Russian Review*, vol. 56, nº 1 (janeiro de 1997), pp. 44-69.
11. Entrevistas com Lev Molotkov, São Petersburgo, maio de 2003; Zinaida Belikova, São Petersburgo, outubro de 2003; MUFA, A. Golovanov, "Tetradki", ms., p. 16.
12. TsKhDMO, f. 1, op. 23, d. 1265, l. 43.
13. J. Arch Getty e O. Naumov, *The Road to Terror: Stalin and the Self-Destruction of the Bolsheviks, 1932-1939* (New Haven, 1999), p. 52-54.
14. Ibid., p. 126.
15. S. Fitzpatrick, *The Cultural Front: Power and Culture in Revolutionary Russia* (Ithaca, 1992), p. 160-61; do mesmo autor, *Education and Social Mobility*, p. 178, 246.
16. A. Man'kov, *Dnevniki tridtsatykh godov* (São Petersburgo, 2001), p. 82-83.
17. *Stalinism as a Way of Life*, p. 124-25 (tradução ligeiramente alterada para ficar mais clara).
18. L. Trotski, *The Revolution Betrayed* (Nova York, 1972), p. 136, 138.
19. J. Gronow, *Caviar with Champagne: Common Luxury and the Ideals of the Good Life in Stalin's Russia* (Oxford, 2003), p. 36; Fitzpatrick, *The Cultural Front*, p. 224.

20. RGASPI, f. 17, op. 120, d. 138, ll. 78-79.
21. D. Hoffman, *Stalinist Values: The Cultural Norms of Stalinist Modernity* (Ithaca, 2003), p. 126, 131; N. Timasheff, *The Great Retreat: The Growth and Decline of Communism in Russia* (Nova York, 1946), p. 317-18. Sobre o papel ideológico da *kul'turnost'* ("vida cultural") na década de 1930: V. Volkov, "The Concept of *Kul'turnost'*: Notes on the Stalinist Civilizing Process", in S. Fitzpatrick (org.), *Stalinism: New Directions* (Londres, 2000), p. 210-30.
22. L. Trotski, *Problems of Everyday Life: Creating the Foundations of a New Society in Revolutionary Russia* (Londres, 1973), p. 98.
23. K. Gerasimova, "Public Privacy in the Soviet Communal Apartment", in D. Crowley e S. Reid (orgs.), *Socialist Spaces: Sites of Everyday Life in the Eastern Bloc* (Oxford, 2002), p. 210; V. Buchli, *An Archaeology of Socialism* (Oxford, 1999), p. 78.
24. S. Fitzpatrick, *Everyday Stalinism: Ordinary Life in Extraordinary Times: Soviet Russia in the 1930s* (Oxford, 1999), p. 150-55; K. Clark, *The Soviet Novel: History as Ritual in the 1930s* (Chicago, 1981), p. 115; J. Brooks, "Revolutionary Lives: Public Identities in *Pravda* during the 1920s", in S. White (org.), *New Directions in Soviet History* (Cambridge, 1992), p. 34; Timasheff, *The Great Retreat*, p. 199-200, 202; C. Kelly, *Comrade Pavlik: The Rise and Fall of a Soviet Boy Hero* (Londres, 2005), p. 158.
25. Entrevista com Marina Ivanova, São Petersburgo, março de 2004.
26. I. Shikheva-Gaister, *Semeinaia khronika vremen kul'ta lichnosti: 1925-1953* (Moscou, 1998), p. 15-17.
27. J. Barber, "The Worker's Day: Time Distribution in Soviet Working-Class Families, 1923-36", trabalho apresentado no Centro de Estudos Russos e do Leste Europeu, Universidade de Birmingham, 1978.
28. Trotski, *The Revolution Betrayed*, p. 156.
29. MFA, L. Makhnach, "Oskolki bylogo s vysoty nastoiashchego", ms., p. 2-5; entrevistas com Leonid Makhnach, Moscou, março, julho de 2004.
30. MFA, L. Makhnach, "Otets", ms., p. 2-4.
31. MFA, de Vladimir a Maria Makhnach, 29 de novembro de 1935.
32. GFA, O. Golovnia, "Predisloviia k pis'mam...", ms., p. 3-4, 6, 12, 14, 47.
33. GFA, O. Golovnia, "Mezhdu kratovym i otdykhom", ms., p. 1; "Predisloviia k pis'man...", ms., p. 31; A. Golovnia, "Dnevnik"; entrevistas com Yevgeniia Golovnia, Moscou, março, julho, outubro de 2004.
34. GFA, "Predisloviia k pis'mam...", ms., p. 40-43, 58-61.
35. Ibid., p. 51.
36. E. Osokina, *Za fasadom "stalinskogo izobiliia". Raspredelenie i rynok v snabzhenii naseleniia v gody industrializatsii, 1927-41* (Moscou, 1998), p. 128, 134; Man'kov, *Dnevniki tridtsatykh godov*, p. 272. Ver também Gronow, *Caviar with Champagne*, p. 126-27.
37. A. Ledeneva, *Russia's Economy of Favours: Blat, Networking and Informal Exchange* (Cambridge, 1998); Fitzpatrick, *Everyday Stalinism*, p. 63.
38. Fitzpatrick, *Everyday Stalinism*, p. 46.
39. S. Kotkin, *Magnetic Mountain: Stalinism as a Civilization* (Berkeley, 1997), p. 161, 171, 175-76, 477.
40. N. Mandelstam, *Hope Against Hope* (Londres, 1989), p. 135.
41. Ver, MSP, f. 3, op. 36, d. 2, ll. 3-9.
42. MSP, f. 3, op. 44, d. 2, l. 57.
43. A seção seguinte é baseada em entrevistas com 37 moradores de apartamentos comunitários durante a década de 1930. Ver a Lista de Entrevistas.
44. K. Gerasimova, "Public Privacy in the Soviet Communal Apartment", p. 208; V. Semenova, "Ravenstvo v nishchete: simvolicheskoe znachenie 'kommunalok'", in *Sud'ba liudei: Rossiia xx vek. Biografii semei kak ob'ekt sotsiologicheskogo issledovaniia* (Moscou, 1996), p. 374.
45. K. Gerasimova, "Public Spaces in the Communal Apartment", in G. Rittersporn, M. Rolfe e J. Behrends (orgs.), *Public Spheres in Soviet-Type Societies* (Sonderdruck, 2003), p. 167; I. Utekhin, *Ocherki kommunal'nogo byta* (Moscou, 2001), p. 148-49.

NOTAS

46. Entrevistas com Aleksei Iurasovsky, Moscou, março, junho de 2005.
47. P. Messana, *Kommunalka. Une histoire de l'Union soviétique à travers l'appartement communautaire* (Paris, 1995), p. 16-17. Ver também R. Berg, *Sukhovei. Vospominaniia genetika* (Moscou, 2003), p. 140.
48. SSEES, Coleção Pahl-Thompson, E. V. Mamlin, p. 1-7.
49. Entrevista com Minora Novikova, Moscou, maio de 2005.
50. Entrevista com Nina Paramonova, São Petersburgo, junho de 2005.
51. Entrevista com Ninel Reifshneider, Moscou, abril de 2005.
52. MSP, f. 1, op. 16, d. 2, ll. 65-66; op. 23, d. 2, l. 93; Berg, *Sukhovei*, p. 141; entrevista com Elena Baigulova, São Petersburgo, maio de 2005; SSEES, Coleção Pahl-Thompson, E. V. Mamlin, p. 4.
53. Gerasimova, "Public Spaces", p. 185-86.
54. Entrevista com Nina Paramonova, São Petersburgo, junho de 2005.
55. V. Semystiaha, "The Role and Place of Secret Collaborators in the Informational Activity of the GPU-NKVD in the 1920s and 1930s (on the Basis of Materials of the Donbass Region)", *Cahiers du Monde Russe*, vol. 42, n°s 2-4 (2001), p. 231-44. Ver também P. Holquist, "'Information is the Alpha and Omega of Our Work': Bolshevik Surveillance in its Pan-European Context", *Journal of Modern History*, 69 (setembro de 1997), p. 415-50.
56. Entrevista com Nina Paramonova, São Petersburgo, junho de 2005; M. Baitalsky, *Notebooks for the Grandchildren: Recollections of a Trostskyist Who Survived the Stalin Terror* (Nova Jersey, 1995), p. 144.
57. Entrevista com Natalia Grigoreva, São Petersburgo, maio de 2005.
58. Entrevista com anônimo, Moscou, março de 2003.
59. Entrevista com Yevgeniia Moiseyenko, São Petersburgo, setembro de 2005.
60. Entrevista com Minora Novikova, Moscou, maio de 2005; SSEES, Coleção Pahl-Thompson, G. E. Mamlina, p. 6.
61. Entrevista com Nina Paramonova, São Petersburgo, junho de 2005; entrevista com Yevgeniia Moiseyenko, São Petersburgo, setembro de 2005; MSP, f. 3, op. 16, d. 2, ll. 71-72.
62. Gerasimova, "Public Privacy", p. 224.
63. Entrevistas com Inna Shikheyeva (Gaister), Moscou, maio de 2005; Elizaveta Chechik, Moscou, abril de 2005; Minora Novikova, Moscou, maio de 2005; Maia Rodak, Moscou, outubro de 2004; Tatiana Vasileva, São Petersburgo, maio de 2005; Elena Baigulova, São Petersburgo, maio de 2005.
64. Entrevistas com Elizaveta Chechik, Moscou, abril de 2005; Inna Shikheyeva (Gaister), Moscou, maio de 2005; Minora Novikova, Moscou, maio de 2005; SSEES, Coleção Pahl-Thompson, E. V. Gavrilova, p. 6-7; G. E. Mamlina, p. 12; MSP, f. 3, op. 16, d. 2, ll. 64-65.
65. SSEES, Coleção Pahl-Thompson, A. A. Dobriakova, p. 5-8.
66. Entrevista com Aleksei Iurasovsky, Moscou, março de 2005. Ver também E. A. Skriabina, *Stranitsy zhizni* (Moscou, 1994), p. 84.
67. Entrevistas com Inna Shikheyeva (Gaister), Moscou, maio de 2005; Elizaveta Chechik, Moscou, abril de 2005; Minora Novikova, Moscou, maio de 2005; Maia Rodak, Moscou, outubro de 2004; Tatiana Vasileva, São Petersburgo, maio de 2005; SSEES, Coleção Pahl-Thompson, E. V. Gavrilova, p. 7; E. V. Mamlin, p. 12.
68. Utekhin, *Ocherki*, p. 94-95, 151, 153, 166; entrevista com Galina Markelova, São Petersburgo, junho de 2004. Ver também, MM, f. 12, op. 7, d. 2, ll. 12-15. TsGASP, f. 7384, op. 42, d. 343, ll. 421-24.
69. N. Lebina, *Povsednevnaia zhizn' sovetskogo goroda: normy i anomalii, 1920-1930 gody* (São Petersburgo, 1999), p. 195; entrevista com Elizaveta Chechik, Moscou, abril de 2005.
70. Entrevistas com Minora Novikova, Moscou, maio de 2005; Inna Shikheyeva (Gaister), Moscou, maio de 2005.
71. K. Mannheim, *Ideology and Utopia: An Introduction to the Sociology of Knowledge* (Londres, 1991), p. 184, 219. Ver também A. Kelly, "In the Promised Land", *New York Review of Books*, vol. 48, n° 19 (29 de novembro de 2001), de onde extraí material para esse parágrafo.

NOTAS

72. N. Patolichev, *Ispytaniia na zrelost'* (Moscou, 1977), p. 170.
73. V. Petrov, *Byt derevni v sochineniiakh shkol'nikov* (Moscou, 1927); T. Egorov, *Kem khotiat byt' nashi deti? Sbornik detskikh pisem dlia ottsov* (Moscou e Leningrado, 1929); G. Petelin, *Dadim slovo shkol'niku* (Moscou, 1931).
74. MSP, f. 3, op. 47, d. 2, l. 7.
75. R. Orlova, *Vospominaniia o neproshedshem vremeni* (Ann Arbor, 1983), p. 30.
76. *Izvestiia*, 14 de julho de 1935, p. 2; A. Tertz, *On Socialist Realism* (Nova York, 1960), p. 78; *Soviet Writers' Congress, 1934: The Debate of Socialist Realism and Modernism* (Londres, 1977), p. 157; S. Fitzpatrick, *The Cultural Front: Power and Culture in Revolutionary Russia* (Ithaca, 1992), p. 217; W. Leonhard, *Child of the Revolution* (Londres, 1957), p. 22.
77. N. Kaminskaya, *Final Judgment: My Life as a Soviet Defence Attorney* (Nova York, 1982), p. 18-21.
78. *The Correspondence of Boris Pasternak and Olga Freidenberg, 1910-1954* (Nova York, 1982), p. 154; N. Mandelstam, *Hope Against Hope: A Memoir* (Londres, 1989), p. 115.
79. L. Kopelev, *No Jail for Thought* (Londres, 1975), p. 11-13.
80. Leonhard, *Child of the Revolution*, p. 81.
81. D. Shearer, "Social Disorder, Mass Repression and the NKVD During the 1930s", *Cahiers du Monde Russe*, vol. 42, n° 2-4 (2001), p. 505-34; P. Hagenloh, "'Socially Harmful Elements' and the Great Terror", in S. Fitzpatrick (org.), *Stalinism: New Directions* (Londres, 2000), p. 286-308.
82. RGALI, f. 1604, op. 1, d. 21, l. 32; A. Avdeenko, "Otluchenie", *Znamiia*, n° 3 (1989), p. 11.
83. C. Ruder, *Making History for Stalin: The Story of the Belomor Canal* (Gainesville, Fl., 1998), p. 50; G. Smith, *D. S. Mirsky: a Russian-English Life, 1890-1939* (Oxford, 2000), p. 209; Avdeenko, "Otluchenie", p. 18; *Belomorsko-baltiiskii kanal imeni Stalina: istoriia stroitel'stva 1931-1934 gg.* (Moscou, 1934).
84. A. Starkov, *Mikhail Zoshchenko: sud'ba khudozhnika* (Moscou, 1990), p. 139.
85. S. e B. Webb, *Soviet Communism: a New Civilization?*, 2 vols. (Londres, 1935), vol. 2, p. 591; Ivan Chukhin, *Kanalo-armeitsy: istoriia stroitel'stva Belomorkanala v dokumentakh, tsifrakh, faktakh, fotografiiakh, svidetel'stvakh ychastnikov i ochevidtsev* (Petrozadovsk, 1990), p. 37.
86. Ruder, *Making History for Stalin*, p. 56-59.
87. Avdeenko, "Otluchenie", p. 8; RGALI, f. 1814, op. 1, d. 944, ll. 6, 14.
88. RGALI, f. 1814, op. 10, d. 339; d. 360, ll. 33, 35-36. Sobre Simonov e Pudovkin: K. Simonov, "O Vsevolod Illarionoviche Pudovkine", in *Pudovkin v vospominaniiakh sovremennikov* (Moscou, 1989), p. 274-81.
89. K. Simonov, *Glazami cheloveka moego pokoleniia* (Moscou, 1990), p. 39-41.
90. RGALI, f. 1814, op. 10, d. 360, l. 34; Simonov, *Glazami*, p. 39, 41, 45.
91. RGALI, f. 1814, op. 1, d. 1, ll. 13-14, 60; d. 848, l. 5; op. 10, d. 360, ll. 34-35.
92. RGALI, f. 1814, op. 10, d. 339, l. 4.
93. RGALI, f. 1814, op. 10, d. 360, l. 36.
94. RGALI, f. 632, op. 1, d. 1; d. 16, ll. 5, 12.
95. N. Tipot (Sokolova), "Dnevnik", arquivo particular.
96. RGALI, f. 632, op. 1, d. 15, ll. 23-27; d. 16, ll. 7-8; f. 1814, op. 9, d. 2606, l. 6; op. 10, d. 339, l. 11; entrevista com Lazar Lazarev, Moscou, novembro de 2003.
97. L. Lazarev, *Konstantin Simonov. Ocherk zhizni i tvorchestva* (Moscou, 1985), p. 18, 35; A. Karaganov, *Konstantin Simonov vblizi i na rasstoianii* (Moscou, 1987), p. 9-10; RGALI, f. 1814, op. 1, d. 71.
98. Simonov, *Glazami*, p. 42-45; RGALI, f. 1814, op. 9, d. 25, l. 13; d. 1010, ll. 16-19, 25.
99. Simonov, *Glazami*, p. 46-47.
100. Ibid., p. 48-49.
101. Ibid., p. 47.
102. TsGAIPD, f. 1278. op. 1, d. 439869, l. 4.
103. SFA, I. Slavina, "Tonen'kii nerv istorii", ms., p. 16-17, 30; entrevista com Ida Slavina, Colônia, setembro de 2003.

104. I. Slavin, *Vreditel'stvo na fronte sovetskogo ugolovnogo prava* (Moscou, 1931), p. 76; SFA, I. Slavina, "Put' na plakhu", ms., p. 29.
105. I. Slavin, "K voprosu o prinuditel'nykh rabotakh bez soderzhaniia pod strazhei", *Ezhenedel'nik sovetskoi iustitsii*, 1922, n° 36; "Proizvodstvennye tovarishcheskie sudi i revoliutsiia", *Sovetskoe gosudarstvo i pravo*, 1931, n° 7; "Nekotorye voprosy praktiki proizvodstvenno-tovarishcheskikh sudov", *Sovetskoe gosudarstvo i pravo*, 1932, n°s 5-6.
106. SPbF ARAN, f. 229, op. 1, d. 100, ll. 44-45.
107. TsGAIPD, f. 1816, op. 2, d. 5095, l. 66.
108. SPbF ARAN, f. 229, op. 1, d. 93, ll. 4, 6; d. 100, l. 67; d. 120, ll. 7-12; d. 122, ll. 6-10; SFA, "Put' na plakhu", p. 79-81; entrevistas com Ida Slavina, Colônia, junho, outubro de 2003; TsGAIPD, f. 563, op. 1, d. 1467, l. 117.
109. S. Wheatcroft, "The Scale and Nature of German and Soviet Repression and Mass Killings, 1930-45", *Europe-Asia Studies*, vol. 48, n° 8 (1996), p. 1338-40.
110. Entrevista com Yevgeniia Vittenburg, São Petersburgo, agosto de 2003; E. Vittenburg, *Vremia poliarnykh stran* (São Petersburgo, 2002), p. 106-12.
111. I. Flige, "Osoblag Vaigach", *Vestnik Memoriala*, n° 6 (São Petersburgo, 2001), p. 12-19.
112. VFA, carta de Zinaida a Veronika e Valentina Vittenburg, 26 de agosto de 1933.
113. Entrevista com Yevgeniia Vittenburg, São Petersburgo, agosto de 2003.
114. Entrevista com Yevgeniia Vittenburg, São Petersburgo, setembro de 2004.
115. VFA, "Sotsdogovor ambulatornogo vracha sanotdela vaigachskoi ekspeditsii NKVD Vittenburg Z. I. ot 2 marta 1933"; carta de Zinaida a Veronika e Valentina Vittenburg, sem data [1935]; entrevista com Yevgeniia Vittenburg, São Petersburgo, setembro de 2004.
116. Entrevistas com Yevgeniia Vittenburg, São Petersburgo, agosto de 2003, setembro de 2004; VFA, carta de Zinaida a Yevgeniia Vittenburg, 3 de novembro de 1935; "Dnevnik v pis'makh P. V. Vittenburga docheri Evgenii", p. 54; Vittenburg, *Vremia poliarnykh stran*, p. 134.
117. VFA, carta de Pavel a Yevgeniia Vittenburg, 13 de setembro de 1936; "Dnevnik v pis'makh P. V. Vittenburga docheri Evgenii", ms., p. 7.
118. MM, f. 1, op. 4, Trudovaia kniga; f. 12, op. 9, d. 2.
119. MM, f. 12, op. 2, d. 2, l. 13; d. 3, l. 43.
120. S. Rosefield, "Stalinism in Post-Communist Perspective: New Evidence on Killings, Forced Labour and Economic Growth in the 1930s", *Europe-Asia Studies*, vol. 48, n° 6 (1996), p. 969.
121. MSP, f. 3, op. 1, d. 2, ll. 1-14; d. 5, ll. 1-5, 12-15; *Pravda*, 3 de novembro de 1929, p. 5; P. Broué, *Trotsky* (Paris, 1988), p. 638.
122. MSP, f. 3, op. 1, d. 5, ll. 10, 19.
123. MSP, f. 3, op. 1, d. 4 (citações das cartas podem ser encontradas pelas datas).
124. MSP, f. 3, op. 1, d. 2, ll. 21, 59.
125. MSP, f. 3, op. 1, d. 2, l. 58.
126. MSP, f. 3. op. 1, d. 2, l. 50.
127. MSP, f. 3, op. 1, d. 2, l. 50.
128. MSP, f. 3, op. 1, d. 5, ll. 7, 8, 21, 25-26.
129. *Stalin's Letters to Molotov*, organizadas por L. Lih, O. Naumov e O. Khlevniuk, traduzidas por C. Fitzpatrick (New Haven, 1995), p. 200.
130. RGAE, f. 769, op. 1, d. 23-35.
131. RGAE, f. 769, op. 1, d. 25, l. 10.
132. RGAE, f. 769, op. 1, d. 31, l. 9.
133. RGAE, f. 769, op. 1, d. 13.
134. RGAE, f. 769, op. 1, d. 29, l. 44.

4: O Grande Medo (1937-38)

1. *Pravda*, 31 de janeiro de 1932; *Golgofa. Po materialam arkhivno-sledstvennogo dela n° 603 na Sokolovu-Piatnitskuiu Iu I.*, org. V. I. Piatnitskii (São Petersburgo, 1993), p. 42.
2. Ibid., p. 8-9.

NOTAS

3. V. Piatnitskii, *Zagovor protiv Stalina* (Moscou, 1998), p. 198.
4. *Golgofa*, p. 9.
5. J. Haslam, "Political Opposition to Stalin and the Origins of the Terror, 1932-1936", *Historical Journal*, vol. 29, n° 2 (junho de 1986), p. 412. Ver também do mesmo autor, "The Soviet Union, the Comintern and the Demise of the Popular Front, 1936-39", in H. Graham e O. Preston (orgs.), *The Popular Front in Europe* (Londres, 1987), p. 152-60; K. McDermott, "Stalinist Terror in the Comintern: New Perspectives", *Journal of Contemporary History*, vol. 30, n° 1 (janeiro de 1995), p. 111-30.
6. *The Diary of Georgi Dimitrov, 1933-1949* (New Haven, 2003), p. 110; McDermott, "Stalinist Terror", p. 118.
7. B. Starkov, "The Trial That Was Not Held", *Europe-Asia Studies*, vol. 46, n° 8 (1994), p. 1303.
8. *Golgofa*, p. 20, 21, 24; entrevistas com Vladimir Piatnitsky, São Petersburgo, setembro de 2005.
9. *Golgofa*, p. 62-63.
10. Ibid., p. 25, 39-40.
11. Ibid., p. 26, 34; entrevistas com Vladimir Piatnitsky, São Petersburgo, setembro de 2005.
12. M. Ellman, "Soviet Repression Statistics: Some Comments", *Europe-Asia Studies*, vol. 54, n° 7 (novembro de 2002); H. Kuromiya, "Accounting for the Great Terror", *Jahbücher für Geschichte Osteuropas*, 53 (2005), p. 88; A. Applebaum, *Gulag: A History of the Soviet Camps* (Londres, 2003), p. 516, 519. Os números para 1929-32 são de V. Popov, "Gosudarstvennyi terror v sovetskoi Rossii. 1923-1953 gg.", *Otechestvennyi arkhiv*, 1992, n° 2, p. 28.
13. J. Getty, *Origins of the Great Purges: The Soviet Communist Party Reconsidered, 1933-1938* (Cambridge, 1985).
14. P. Solomon, *Soviet Criminal Justice Under Stalin* (Cambridge, Mass., 1996), cap. 5; O. Khlevniuk, "The Politburo, Penal Policy and 'Legal Reforms' in the 1930s", in P. Solomon (org.), *Reforming Justice in Russia, 1864-1996: Power, Culture, and the Limits of Legal Order* (Armonk, 1997), p. 190-206.
15. J. Getty, "'Excesses Are Not Permitted': Mass Terror and Stalinist Governance in the Late 1930s", *Russian Review*, 61 (2002), n° 1, p. 113-38.
16. S. Fitzpatrick, "Varieties of Terror", do mesmo autor (org.), *Stalinism: New Directions* (Londres, 2000), p. 258. Para uma visão semelhante: B. McLoughlin e K. McDermott, "Rethinking Stalinist Terror", dos mesmos autores (orgs.), *Stalin's Terror: High Politics and Mass Repression in the Soviet Union* (Nova York, 2003), p. 1-18.
17. O. Khlevniuk, "The Reasons for the 'Great Terror': The Foreign Political Aspect", *Annali della Fondazione Giangiacomo Feltrinelli*, vol. 34 (1998), p. 163ff; do mesmo autor, "The Objectives of the Great Terror, 1937-38", in J. Cooper, M. Perrie e E. Rees (orgs.), *Soviet History, 1917-1953: Essays in Honour of R. W. Davies* (Londres, 1995), p. 158-76. Ver também H. Kuromiya, "Accounting for the Great Terror", no qual me baseei para escrever os parágrafos seguintes.
18. Kuromiya, "Accounting for the Great Terror", p. 94; S. Payne, *The Spanish Civil War, the Soviet Union, and Communism* (New Haven, 2004), p. 309.
19. S. Allilueva, *Twenty Letters to a Friend* (Londres, 1967), p. 88-89; J. Getty e O. Naumov, *The Road to Terror: Stalin and the Self-Destruction of the Bolsheviks, 1932-1939* (New Haven, 1999), p. 157, 256-57.
20. V. Kravchenko, *I Chose Freedom* (Londres, 1947), p. 213.
21. V. Rogovin, *Partiia rasstreliannykh* (Moscou, 1997), p. 487-89; *Reabilitatsia. Kak eto bylo*, 3 vols. (Moscou, 2000-2004), vol. 1, p. 30; O. Suverinov, *Tragediia RKKA, 1938-1938* (Moscou, 1998), p. 315.
22. *Istochnik*, 1994, n° 3, p. 80; N. Khrushchev, *Khrushchev Remembers* (Londres, 1971), p. 283; M. Jansen e N. Petrov, *Stalin's Loyal Executioner: People's Commissar Nikolai Ezhov, 1895-1940* (Stanford, 2002), p. 89, 201.
23. F. Chuev, *Sto sorok besed s Molotovym* (Moscou, 1991), p. 390, 413; Piatnitskii, *Zagovor protiv Stalina*, p. 65; Kuromiya, "Accounting for the Great Terror", p. 96.
24. *Tragediia sovetskoi derevni: kollektivizatsiia i raskulachivanie. Dokumenty i materialy*, 5 vols. (Moscou, 1999-2004), vol. 5: *1937-1939*, Parte 1, *1937*, p. 32, 33, 46, 54, 387; Kuromiya, "Accounting for the Great Terror", p. 92-93.

25. N. Petrov e A. Roginskii, "'Pol'skaia operatsiia' NKVD 1937-1938 gg.", in L. Eremina (org.) *Repressii protiv poliakov i pol'skikh grazhdan* (Moscou, 1996), p. 40-43. Sobre as "operações nacionais" como forma de "limpeza étnica", ver T. Martin, *The Affirmative Action Empire: Nations and Nationalism in the Soviet Union, 1923-1939* (Ithaca, 2001), p. 328-43.
26. V. Garros, N. Korenevskaia e T. Lahusen (orgs.), *Intimacy and Terror* (Nova York, 1995), p. 357.
27. Entrevista com Vladimir Piatnitsky, São Petersburgo, setembro de 2005.
28. R. Thurston, *Life and Terror in Stalin's Russia* (New Haven, 1996), p. 72-77.
29. V. Frid, *58½,: zapiski lagernogo pridurka* (Moscou, 1996), p. 91.
30. Entrevista com Viacheslav Kolobkov, São Petersburgo, maio de 2004.
31. E. Ginzburg, *Journey into the Whirlwind* (Nova York, 1967), p. 21-22.
32. E. Bonner, *Mothers and Daughters* (Londres, 1992), p. 263.
33. MP, f. 4, op. 4, d. 2, ll. 2, 25; op. 5, d. 5, ll. 3-4; L. Il'ina, *Moi otets protiv NKVD* (São Petersburgo, 1998), p. 16-21.
34. MSP, f. 3, op. 12, d. 2, ll. 35-40, 116-17.
35. SFA, I. Slavina, "Tonen'kii nerv istorii", ms., p. 9-13.
36. R. Conquest, *The Great Terror: A Reassessment* (Londres, 1992), p. 75, 87, 89, 127.
37. V. Bronshtein, "Stalin e Trotsky's Relatives in Russia", in T. Brotherstone e P. Dukes (orgs.), *The Trotsky Reappraisal* (Edimburgo, 1992), p. 8-15.
38. Getty e Naumov, *The Road to Terror*, p. 486-87; Chuev, *Sto sorok besed*, p. 415.
39. *Golgofa*, p. 29.
40. Ver também MSP, f. 3, op. 34, d. 2; MP, f. 4, op. 16, dd. 2, 3.
41. *Golgofa*, p. 31, 34, 35-36, 43, 45; entrevista com Vladimir Piatnitsky, São Petersburgo, agosto de 2005.
42. *Golgofa*, p. 37.
43. M. Prishvin, "Dnevnik 1937 goda", *Oktiabr'*, 1995, nº 9, p. 168.
44. Conquest, *The Great Terror*, p. 256; M. Prishvin e V. Prishvin, *My s toboi. Dnevnik liubvi* (Moscou, 1996), p. 13.
45. MP, f. 4, op. 25, d. 2, ll. 9-10.
46. MSP, f. 3, op. 8, d. 2, l. 9.
47. MP, f. 4, op. 6, d. 2, ll. 18, 37.
48. E. Gerstein, *Moscow Memoirs* (Londres, 2004), p. 79.
49. MM, f. 12, op. 14, d. 2, ll. 15-16.
50. MM, f. 12, op. 7, d. 2, l. 23.
51. Gerstein, *Moscow Memoirs*, p. 214.
52. MP, f. 4, op. 8, d. 2, l. 22.
53. MM, f. 12, op. 28, d. 2, ll. 12, 35-36.
54. GFA, O. Golovnia, "Dom na Vasil'evskoi", ms., p. 2-3.
55. Prishvin, "Dnevnik 1937 goda", *Oktiabr'*, 1995, nº 9, p. 158.
56. A. Man'kov, *Dnevniki tridtsatykh godov* (São Petersburgo, 2001), p. 144.
57. Prishvin, "Dnevnik 1937 goda", *Oktiabr'*, 1995, nº 9, p. 165.
58. Para uma visão diferente do papel da escritura de diários, ver os trabalhos de Jochen Hellbeck citados na Introdução.
59. "'Zhizn' stala veselei...' Iz dnevnika 1936 goda", *Oktiabr'*, 1993, nº 10, p. 4; M. Prishvin, "Dnevnik 1937 goda", *Oktiabr'*, 1994, nº 11, p. 144; do mesmo autor, *Sobranie sochinenii*, 8 vols. (Moscou, 1986), vol. 8, p. 473.
60. J. Hellbeck, *Revolution on My Mind: Writing a Diary Under Stalin* (Cambridge, Mass., 2006), p. 304-5, 306, 308-9, 311-22; RGALI, f. 2172, op. 3, d. 5, l. 249.
61. E. Evangulova, *Krestnyi put'* (São Petersburgo, 2000), p. 68, 81, 83.
62. Man'kov, *Dnevniki*, p. 59.
63. Prishvin e Prishvin, *My s toboi*, p. 22-23, 35, 37.
64. MM, f. 12, op. 25, d. 2, l. 136; Kravchenko, *I Chose Freedom*, p. 448; Thurston, *Life and Terror in Stalin's Russia*, p. 71. Um número mais baixo que 10 mil informantes para Moscou, em 1930, é

fornecido por um OGPU oficial citado em G. Agabekov, *GPU: zapiski chekista* (Moscou, 1931). Ver também V. Semystiaha, "The Role and Place of Secret Collaborators in the Informational Activity of the GPU-NKVD in the 1920s and 1930s (on the Basis of Materials of the Donbass Region)", *Cahiers du Monde Russe*, vol. 42, n⁰ˢ 2-4 (2001), p. 231-44.
65. Sobre essas redes de informantes de baixo escalão, ver C. Hooper, "Terror from Within: Participation and Coercion in Soviet Power, 1924-64" (dissertação de mestrado, Princeton University, 2003), p. 154-64.
66. K. Simonov, *Glazami cheloveka moego pokoleniia* (Moscou, 1990), p. 50.
67. W. Leonhard, *Child of the Revolution* (Londres, 1957), p. 100-102.
68. Frid, *58½*, p. 160-61.
69. MP, f. 4, op. 9, d. 2, ll. 25-27; d. 5, ll. 8-9.
70. O. Adamova-Sliuzberg, *Put'* (Moscou, 2002), p. 172.
71. TsAODM, f. 369, op. 1, d. 161, ll. 1-2.
72. Entrevistado em *The Hand of Stalin* (Parte 2), October Films, 1990.
73. Adamova-Sliuzberg, *Put'*, p. 19-20.
74. Citado in Thurston, *Life and Terror in Stalin's Russia*, p. 154.
75. MSP, f. 3, op. 16, d. 2, ll. 3-4, 63-65.
76. Entrevista com Lev Molotkov, São Petersburgo, maio de 2003.
77. N. Adler, *Beyond the Soviet System: The Gulag Survivor* (New Brunswick, 2002), p. 216; I. Shikheeva-Gaister, *Semeinaia khronika vremen kul'ta lichnosti: 1925-1953* (Moscou, 1998), p. 32.
78. Conquest, *The Great Terror*, p. 222; V. Kozlov, "Denunciation and Its Functions in Soviet Governance: A Study of Denunciation and Their Bureaucratic Handling from Soviet Police Archives, 1944-1953", *Journal of Modern History*, vol. 68, n° 4 (dezembro de 1996), p. 875. Sobre apartamentos, ver V. Buchli, *An Archaeology of Socialism* (Oxford, 1999), p. 113-17.
79. MSP, f. 3, op. 36, d. 2, ll. 3, 13-14; d. 3, ll. 4-6.
80. Simonov, *Glazami*, p. 55, 62.
81. RGALI, f. 1814, op. 9, d. 5, ll. 65-67; entrevista com Lazar Lazarev, Moscou, novembro de 2003.
82. RGALI, f. 632, op. 1, d. 12, ll. 28-29; d. 13, l. 10; entrevista com Semyon Vorovsky, Moscou, junho de 2005.
83. RGALI, f. 631, op. 15, d. 242, ll. 6-8; f. 618, op. 3, d. 27, ll. 5-14.
84. RGALI, f. 653, op. 1, d. 1087, l. 4.
85. RGALI, f. 631, op. 15, d. 226, l. 72.
86. RGALI, f. 1814, op. 1, d. 437, ll. 1-7.
87. RGALI, f. 632, op. 1, d. 15, l. 23.
88. RGALI, f. 632, op. 1, d. 12, l. 13.
89. E. Dolmatovskii, *Bylo: zapiski poeta* (Moscou, 1982); entrevista com Lazar Lazarev, Moscou, novembro de 2003.
90. RGALI, f. 1812, op. 1, d. 96, l. 7.
91. RGALI, f. 631, op. 15, d. 265, l. 34.
92. A. Granovsky, *All Pity Choked: The Memoirs of a Soviet Secret Agent* (Londres, 1952), p. 101.
93. Ginzburg, *Journey into the Whirlwind*, p. 90-92.
94. A. Gorbatov, *Years off My Life* (Londres, 1964), p. 103-104.
95. Conquest, *The Great Terror*, p. 203-204. Pode ser que parte dos motivos de Iakir tenha sido salvar sua família (que foi mais tarde fuzilada ou enviada para os campos de trabalho).
96. F. Beck e W. Godin, *Russian Purge and the Extraction of Confessions* (Londres, 1951), p. 86.
97. S. Vilenskii (org.), *Till My Tale is Told* (Londres, 1999), p. 124-26.
98. Entrevistado em *The Hand of Stalin* (Parte 2), October Films, 1990.
99. Kravchenko, *I Chose Freedom*, p. 206. Ver também: S. Davies, *Popular Opinion in Stalin's Russia: Terror, Propaganda and Dissent, 1934-1941* (Cambridge, 1997), p. 131-35; Thurston, *Life and Terror in Stalin's Russia*, p. 143-46.
100. Entrevista com Ida Slavina, Colônia, junho de 2003.
101. MM, f. 12, op. 21, d. 2, ll. 28-29; op. 32, d. 2, l. 17.

NOTAS

102. MP, f. 4, op. 18, d. 2, ll. 32-35, 49-50.
103. VFA, carta de Pavel a Yevgeniia Vittenburg, [fevereiro] de 1937.
104. TsMAMLS, f. 68, op. 1, d. 76, l. 77, d. 124, l. 19; d. 141, l. 88.
105. N. Kaminskaya, *Final Judgment: My Life as a Soviet Defence Attorney* (Nova York, 1982), p. 19.
106. MM, f. 12, op. 23, d. 2, ll. 37-38.
107. Simonov, *Glazami*, p. 54-55.
108. Adamova-Sliuzberg, *Put'*, p. 11.
109. *DetiGULAGa 1918-1956, Rossiia XX vek. Dokumenty* (Moscou, 2002), p. 272-73.
110. O. Khlevniuk, "The Objectives of the Great Terror, 1937-1938", in D. Hoffman (org.), *Stalinism* (Londres, 2003), p. 98; Jansen e Petrov, *Stalin's Loyal Executioner*, p. 187-88, 192.
111. SLFA, Mark Laskin, "Vospominaniia", ms., p. 41.
112. Simonov, *Glazami*, p. 59.
113. V. Shentalinsky, *The KGB's Literary Archives* (Londres, 1993), p. 186-87.
114. RGALI, f. 1712, op. 1, d. 21, l. 4; op. 4, d. 8, l. 37.
115. RGALI, f. 1712, op. 3, d. 13, l. 1.
116. GARF, F. 5446, op. 82, d. 66, ll. 287-88. Ver também L. Siegelbaum e A. Sokolov (orgs.), *Stalinism as a Way of life: A Narrative in Documents* (Yale, 2000), p. 237-41.
117. Adamova-Sliuzberg, *Put'*, p. 77-78.
118. P. Solomon, *Soviet Criminal Justice under Stalin* (Cambridge, 1996), p. 234.
119. M. Shreider, *NKVD iznutri: zapiski chekista* (Moscou, 1995), p. 42.
120. Ibid., p. 91.
121. Ibid. p. 104-5.
122. Ibid., p. 120.
123. Bonner, *Mothers and Daughters*, p. 304.
124. A. Solzhenitsyn, *The Gulag Archipelago*, 3. vols. (Londres, 1974-78), vol. 2, p. 637.
125. Adamova-Sliuzberg, *Put'*, p. 11-12.
126. MSP, f. 3, op. 37, d. 2, l. 93.
127. MSP, f. 3, op. 12, d. 2, ll. 42-43.
128. MP, f. 4, op. 6, d. 2, ll. 6-10, 39-41, 45-49; d. 3, ll. 1-6.
129. *Golgofa*, p. 30, 32, 35; entrevista com Vladimir Piatnitsky, São Petersburgo, agosto de 2005.
130. MSP, f. 3, op. 18, d. 1, l. 1; d. 2, ll. 2-3, 7-10.
131. MP, f. 4, op. 25, d. 2, ll. 7-8, 13-16, 18-19, 21-22, 26-30.
132. Ver MSP, f. 3, op. 4, d. 2; MP, f. 4, op. 4, d. 2; V. Shapovalov (org.), *Remembering the Darkness: Women in Soviet Prisons* (Lanham, 2001), p. 228-29; N. Ulanovskaia e M. Ulanovskaia, *Istoriia odnoi sem'i* (Nova York, 1982), p. 135.
133. MM, f. 12, op. 2, d. 2, ll. 16-20.
134. O. Liubchenko, "Arbat 30, kvartira 58", *Istochnik*, 1993, n°s 5-6, p. 26-29.
135. SFA, I. Slavina, "Tonen'kii nerv istorii", ms., p. 31; entrevista com Ida Slavina, Colônia, junho de 2003.
136. Bonner, *Mothers and Daughters*, p. 254-55 (em que Bonner nomeia erradamente a diretora da escola como Klavdia Vasileevna); entrevista com Elena Bonner, Boston, novembro de 2006.
137. Entrevista com Ida Slavina, Colônia, setembro de 2004.
138. MSP, f. 3, op. 46, d. 2, ll. 17-18, 42-43.
139. MP, f. 4, op. 18, d. 2, l. 53.
140. MSP, f. 3, op. 37, d. 2, ll. 23-25, 37.
141. MM, f. 1, op. 1, d. 169 (de Sofia a Vladimir Antonov-Ovseyenko, 16 de outubro de 1937).
142. GARF, f. 7523, op. 123, d. 202, ll. 16-19.
143. GARF, f. 5446, op. 26, d. 105, ll. 35-36.
144. Adamova-Sliuzberg, *Put'*, p. 60-63.
145. MP, f. 4, op. 6, d. 2, ll. 37-38.
146. MSP, f. 3, op. 4, d. 2, l. 24.
147. *The Diary of Nina Kosterina* (Londres, 1972), p. 35, 44, 53, 85, 163, 165.

NOTAS

148. M. Baitalsky, *Notebooks for the Grandchildren: Recollections of a Trotskyist Who Survived the Stalin Terror* (Nova Jersey, 1995), p. 334-35.
149. MSP, f. 3, op. 10, d. 1, l. 1; d. 3, ll. 7, 10-11.
150. *Golgofa*, p. 41, 46, 53-54; entrevista com Vladimir Piatnitsky, São Petersburgo, setembro de 2005.
151. *Golgofa*, p. 33, 42.
152. Ibid., p. 41-42.
153. Entrevista com Vladimir Piatnitsky, São Petersburgo, setembro de 2005. Ela estava recebendo ajuda psiquiátrica desde maio de 1938 (ver *Golgofa*, p. 88).
154. *Golgofa*, p. 42-43, 58.
155. Ibid., p. 57, 100.
156. Ibid., p. 52, 61; entrevista com Vladimir Piatnitsky, São Petersburgo, setembro de 2005.
157. L. Razgon, *True Stories* (Londres, 1997), p. 131.
158. Starkov, "The Trial", p. 1307.
159. *Lubianka. Stalin i glavnoe upravlenie gosbezopasnosti NKVD, 1937-1938* (Moscou, 2004), p. 544.
160. *Golgofa*, p. 80.
161. Ibid., p. 83-84.
162. Ibid., p. 99.
163. Entrevista com Vladimir Piatnitsky, São Petersburgo, setembro de 2005.
164. *Golgofa*, p. 114-16.

5: Resquícios do Terror (1938-41)

1. MP, f. 4, op. 2, d. 2, ll. 7-10.
2. MP, f. 4, op. 2, d. 2, l. 5. Ver também MM, f. 4, op. 11, d. 2, ll. 40-41.
3. MP, f. 4, op. 2, d. 2, l. 10.
4. MSP, f. 3, op. 41, d. 2, l. 10.
5. MSP, f. 3, op. 41, d. 2, ll. 6, 11, 31-32, 54, 59, 62-63, 65.
6. MSP, f. 3, op. 6, d. 2, ll. 6, 10, 25-26.
7. Para filhos primogênitos assumindo papel de adultos em famílias com um progenitor apenas, ver MP, f. 4, op. 24, d. 2, ll. 39-40; op. 13, d. 2, ll. 42-44.
8. MSP, f. 3, op. 37, d. 2, ll. 11-12, 40; I. Shikheeva-Gaister, *Semeinaia khronoika vremen kul'ta lichnosti: 1925-1953* (Moscou, 1998), p. 36-38, 41-47, 50, 53-54, 187.
9. MP, f. 4, op. 22, d. 2, ll. 3-4, 24-26, 34-35.
10. Ver S. Davies, *Popular Opinion in Stalin's Russia: Terror, Propaganda and Dissent, 1934-1941* (Cambridge, 1997), p. 131-32.
11. MM, f. 1, op. 3, d. 905 (25 de janeiro de 1939).
12. Ver em particular MM, f. 1, op. 1, d. 5401; op. 3, d. 5923; f. 12, op. 25, d. 2; op. 31, d. 2.
13. MM, f. 1, op. 3, d. 905 (25 de agosto de 1940); f. 12, op. 3, d. 2, l. 31.
14. L. Siegelbaum e A. Sokolov (orgs.), *Stalinism as a Way of Life: A Narrative in Documents* (Yale, 2000), p. 401.
15. GMPIR, f. 2, nos 51291-1345; VS 11026; f. 6, VS 1937, Vs 1938.
16. MM, f. 12, op. 22, d. 1, l. 1; d. 2, ll. 5-6, 14.
17. MSP, f. 3, op. 40, d. 2, ll. 10, 22; d. 5 (20 de maio de 1940).
18. MSP, f. 3, op. 40, d. 2, ll. 7, 18, 24, 34-35.
19. MSP, f. 3, op. 16, d. 2, ll. 71-72.
20. MSP, f. 3, op. 16, d. 1; d. 2, ll. 25-27.
21. GARF, f. 5207, op. 3, d. 49, l. 190; d. 56, l. 18.
22. A. Applebaum, *Gulag: A History of the Soviet Camps* (Londres, 2003), p. 300.
23. MSP, f. 3, op. 29, d. 2, ll. 1, 3, 14, 20-21.
24. MM, f. 12, op. 27, d. 2, ll. 4, 72.
25. MSP, f. 3, op. 13, d. 2, ll. 4-6, 21-24.
26. MSP, f. 3, op. 24, d. 2, ll. 10, 41; d. 4, l. 25.

27. MSP, f. 3, op. 24, d. 2, ll, 37-38.
28. MSP, f. 3, op. 24, d. 2, ll. 20, 39-40.
29. M. Nikolaev, *Detdom* (Nova York, 1985), p. 48-49, 89.
30. Ibid., p. 42, 65, 101.
31. Ibid., p. 77-79, 126; entrevista com Viktoriia Shweitser (viúva de Mikhail Nikolaev), Moscou, julho de 2004.
32. MSP, f. 3, op. 24, d. 2, l. 16; d. 4, l. 21.
33. MSP, f. 3, op. 12, d. 2, l. 68.
34. MSP, f. 3, op. 12, d. 2, ll. 127-30.
35. E. P. Evangulova, *Krestnyi put'* (São Petersburgo, 2000), p 59, 69, 75, 77, 81.
36. SFA, I. Slavina, "Na vesakh nadezhdy i otchaianiia", ms., p. 1.
37. MSP, f. 3, op. 42, d. 2, l. 23; d. 3, ll. 1-2.
38. MP, f. 4, op. 12, d. 2, ll. 10, 14, 32, 63-64.
39. MSP, f. 3, op. 11, d. 2, ll. 39, 61, 62, 63-64, 72.
40. Lynne Viola, "Tear the Evil from the Root: The Children of Spetspereselentsky of the North", in Natalia Baschmakoff e Paul Fryer (orgs.), *Modernization of the Russian Provinces*, edição especial de *Studia Slavica Finlandensia*, 17 (abril de 2000), p. 60-61.
41. MP, f. 4, op. 18, d. 2, ll. 11, 16, 50, 52, 65, 76; d. 5, ll. 22-23.
42. MP, f. 4, op. 2, d. 2, l. 14.
43. Entrevistas com Oksana Kozmina (Moscou, 1988), Klavdiia Goncharova (Moscou, 1986), Inna Ilina (Moscou, 1988), Lydia Violina (Moscou, 1988), Klavdiia Babaeva (Moscou, 1988); GFA, entrevistas com Sergei Barinov (Akmolinsk, 1988); *Leninskaia smena*, 2 de junho de 1988, p. 2; M. Shreider, *NKVD iznutri: zapiski chekista* (Moscou, 1995), p. 117. Ver também A. Kukushkina, *Akmolinskii lager' zhen 'izmennikov rodiny'. Istoriia i sud'by* (Karaganda, 2002).
44. MP, f. 4, op. 2, d. 2, ll. 4, 45, 51.
45. A. Applebaum, *Gulag*, p. 234; I. Shikheeva-Gaister, *Semeinaia khronika vremen kul'ta lichnosti, 1925-1953* (Moscou, 1998), p. 47-48.
46. SFA, I. Slavina, "Na vesakh nadezhdy i otchaianiia", ms., p. 6-7.
47. Entrevista com Oksana Kozmina, Moscou, 1988.
48. A discussão mais detalhada sobre os trustes está in A. Solzhenitsyn, *The Gulag Archipelago*, 3 vols. (Londres, 1974-78), vol. 2, p. 251-91.
49. MM, f. 12, op. 29, d. 2, ll. 1, 18.
50. H. Volovich, "My Past", in S. Vilenskii (org.), *Till My Tale is Told: Women's Memoirs of the GULAG* (Bloomington, 1999), p. 260-64.
51. Applebaum, *Gulag*, p. 293.
52. Entrevistas com Oksana Kozmina (Moscou, 1988), Klavdiia Goncharova (Moscou, 1986), Inna Ilina (Moscou, 1988), Lydia Violina (Moscou, 1988), Klavdiia Babaeva (Moscou, 1988), Mikhail Iusipenko (Akmolinsk, 1988).
53. Sobre isso, ver Solzhenitsyn, *Gulag*, vol. 2, p. 229-34; Applebaum, *Gulag*, p. 285-91.
54. MIFA, Tina Mikheladze, "Vospominaniia", ms., p. 1-8; entrevista com Vakhtang Mikheladze, abril de 2003.
55. MSP, f. 3, op. 41, d. 2, ll. 10-12, 40-41, 83-91.
56. GFA, Oksana Golovnia, "Vospominaniia", ms., p. 5-7.
57. GFA, carta de Anatoly a Liuba Golovnia, 22 de junho de 1940; cartas de Polina Eisner a Liuba Golovnia, 11 de dezembro de 1940, 22 de março de 1941.
58. GFA, Oksana Golovnia, "Predislovie k pis'mam", ms., p. 42; Polina Eisner (Ivanova), "Avtobiografiia" (fevereiro de 1942); entrevista com Oksana Kozmina, Moscou, 1988; cartas de Anatoly a Liuba Golovnia, 23 de julho de 1939; 1º de março, 27 de março, 3 de abril de 1940.
59. Entrevista com Aleksei Simonov, Moscou, novembro de 2003.
60. RGALI, f. 632, op. 1, d. 14, ll. 26-27.
61. RGALI, f. 631, op. 2, d. 453, l. 21; f. 2897, op. 1, d. 114; A. Simonov, *Chastnaia kollektsiia* (Nizhny Novgorod, 1999), p. 35-36, 49; entrevistas com Aleksei Simonov, Moscou, novembro de 2003;

NOTAS

SLFA, Yevgeniia Laskina a Aleksandra Ivanisheva, 8 de setembro de 1939; Konstantin Simonov a Yevgeniia Laskina, agosto de 1939.
62. RGALI, f. 1814, op. 1, d. 93, l. 20.
63. J. Colvin, *Nomonhan* (Londres, 1999), p. 169-75.
64. RGALI, f. 1814, op. 1, d. 480, l. 106; op. 6, d. 170, l. 46; op. 10, d. 339, l. 11; K. Simonov, *100 sutok voiny* (Moscou, 1999), p. 295.
65. G. Roberts, "The Soviet Decision for a Pact with Nazi Germany", *Soviet Studies*, vol. 44, n° 1 (1992), p. 57-78; R. Overy, *The Dictators: Hitler's Germany and Stalin's Russia* (Londres, 2004), p. 486.
66. C. Merridale, *Ivan's War: The Red Army 1939-45* (Londres, 2005), p. 44.
67. RGALI, f. 1814, op. 6, d. 170, ll. 44-46; K. Simonov, *Glazami cheloveka moego pokoleniia* (Moscou, 1990), p. 67; Simonov, *100 sutok voiny*, p. 292-93.
68. Simonov, *100 sutok voiny*, p. 297-98.
69. *Konstantin Simonov v vospominaniiakh sovremennikov* (Moscou, 1984), p. 18-20.
70. N. Pushnova, *Valentina Serova* (Moscou, 2003), p. 10, 298-99; entrevista com Maria Simonova, Moscou, março de 2004.
71. Pushnova, *Valentina Serova*, p. 48-49.
72. Ibid., p. 96.
73. Entrevista com Fania Laskina, Moscou, julho de 2004.
74. Pushnova, *Valentina Serova*, p. 115; M. Simonova, "Ia pomniu", *Ogonek*, 1993, n° 6, p. 22-23; entrevista com Fania Laskina, Moscou, novembro de 2003.

6: "Espere por Mim" (1941-45)

1. MFA, L. Makhnach, "Oskolki bylogo s vysoty nastoiashchego", ms., p. 1-14; Vladimir a Maria Makhnach, novembro de 1941; TsAODM, f. 3, op. 52, d. 27, l. 21.
2. RGALI, f. 1814, op. 10, d. 339, l. 6; K. Simonov, *100 sutok voiny* (Moscou, 1999), p. 6-17.
3. Simonov, *100 sutok voiny*, p. 51-52; SLFA, M. Laskin, "Vospominaniia", ms., p. 55.
4. RGALI, f. 1814, op. 4, d. 5, ll. 7, 58. Para mais sobre o desenvolvimento das ideias de Simonov sobre o Terror durante os anos de guerra: A. Karaganov, *Konstantin Simonov vblizi i na rasstoianii* (Moscou, 1987), p. 88-89. Sobre o legado do Terror nas forças armadas soviéticas: E. Seniavskaia, "Dukhovnyi oblik frontovogo pokoleniia: istoriko-psikhologicheskii ocherk", *Vestnik MGU: Istoriia*, 1992, n° 4, p. 39-51; M. von Hagen, "Soviet Soldiers and Officers on the Eve of the German Invasion: Toward a Description of Social Psychology and Political Attitudes", in R. Thurston e B. Bonwetsch (orgs.), *The People's War: Responses to World War II in the Soviet Union* (Urbana, 2000), p. 193ff.
5. Simonov, *100 sutok voiny*, p. 17-21, 53, 121, 409-11.
6. *Moskva voennaia 1941-1945: memuary i arkhivnye dokumenty* (Moscou, 1995), p. 475; C. Merridale, *Ivan's War: The Red Army 1939-1945* (Londres, 2005), p. 84; Simonov, *100 sutok voiny*, p. 50.
7. *Moskva voennaia*, p. 478; R. Bidlack, "The Political Mood in Leningrad During the First Year of the Soviet-German War", *Russian Review*, vol. 59, n° 1 (janeiro de 2000), p. 101-11; G. Bordiugov, "The Popular Mood in the Unoccupied Soviet Union: Continuity and Change During the War", in *The People's War*, p. 59-60; M. Gorinov, "Muscovites Moods, 22 June 1941 to May 1942", in *The People's War*, p. 119-20.
8. V. Shapovalov (org.), *Remembering the Darkness: Women in Soviet prisons* (Lanham, Maryland, 2001), p. 150-51; MSP, f. 3, op. 35, d. 1, l. 1; d. 2, l. 34.
9. R. Overy, *Russia's War* (Londres, 1997), p. 94.
10. E. Maksimova, *Deti voennoi pory* (Moscou, 1988), p. 235-308; Merridale, *Ivan's War*, p. 216.
11. Entrevistas com Iurii Streletsky, São Petersburgo, maio de 2003, fevereiro de 2004.
12. J. Dunstan, *Soviet Schooling in the Second World War* (Basingstoke, 1997), p. 82; J. Barber e M. Harrison, *The Soviet Home Front, 1941-1945: A Social and Economic History of the USSR in World War II* (Londres, 1991), p. 128.
13. MSP, f. 3, op. 3, d. 2, ll. 14-15, 34-42; d. 3, l. 28.

NOTAS

14. MSP, f. 3, op. 45, d. 2, ll. 9, 53, 88, 165.
15. MSP, f. 3, op. 45, d. 2, ll. 11, 46.
16. *Moskva voennaia*, p. 478, 481.
17. *Ibid.*, p. 149, 152.
18. K. Simonov, *Sobranie sochinenii*, 12 vols. (Moscou, 1979-87), vol. 1, p. 171. Usei a tradução de Mike Munford (www.simonov.co.uk).
19. Entrevista com Fania Laskina, Moscou, fevereiro de 2003; entrevista com Aleksei Simonov, Moscou, setembro de 2003; SLFA, papéis de Sonia Laskina; RGALI, f. 1814, op. 10, d. 339, l. 41.
20. N. Pushnova, *Valentina Serova: krug otchuzhdeniia* (Moscou, 2003), p. 150-52, 161-65; entrevista com Aleksei Simonov, Moscou, novembro de 2003; RGALI, f. 1814, op. 9, d. 2788, l. 1.
21. A. Todd e M. Hayward (orgs.), *Twentieth-Century Russian Poetry* (Londres, 1993), p. 623-24 (traduzido por L. Yakovleva).
22. L. Lazarev, *Konstantin Simonov. Ocherk zhizni i tvorchestva* (Moscou, 1985), p. 66-67, 71, 78-79; L. Pushkarev, *Po dorogam voiny: vospominaniia fol'klorista-frontovika* (Moscou, 1995), p. 56-57; B. Pankin, *Chetyre la Konstantina Simonova* (Moscou, 1999), p. 80; *Poslednie pis'ma s fronta. Sbornik*, 5 vols. (Moscou, 1992), vol. 3 (1943), p. 257.
23. RGALI, f. 1814, op. 1, d. 765, l. 9.
24. Pushkarev, *Po dorogam voiny*, p. 31, 57-58.
25. Sobre isso, ver Merridale, *Ivan's War*, p. 93, 208, 272-74.
26. RGALI, f. 1814, op. 8, d. 93, ll. 61-62.
27. Simonov, *Sobranie sochinenii*, vol. 1, p. 129-32.
28. Lazarev, *Konstantin Simonov*, p. 38-39, 70-72; do mesmo autor, *Pamiat' trudnoi godiny.Velikaia otechestvennaia voina v russkoi literature* (Moscou, 2000), p. 47-49; *Autobiographical Statements in Twentieth-Century Russian Literature* (Princeton, 1990), p. 13; R. Stites, "Soviet Russian Wartime Culture: Freedom and Control, Spontaneity and Consciousness", in *The People's War*, p. 175; V. Dunham, *In Stalin's Time: Middle-Class Values in Soviet Fiction* (Durham, 1990), p. 70-71; RGALI, f. 1814, op. 1, d. 772, l. 362.
29. L. Lazarev, *Shestoi etazh. Kniga vospominaniia* (Moscou, 1999), p. 202-3.
30. RGALI, f. 1814, op. 9, d. 1352, l. 4; d. 775, l. 1; entrevistas com Fania Laskina, Moscou, junho e setembro de 2003; Pushnova, *Valentina Serova*, p. 181-82, 290; T. Okunevskaia, *Tat'ianin den'* (Moscou, 1998), p. 119-20.
31. Ver RGALI, f. 1814, op. 1, d. 765, ll. 15, 66, 68, 77.
32. RGALI, f. 1814, op. 9, d. 1530, l. 2; d. 1533, ll. 29-30.
33. RGALI, f. 1418, op. 9, d. 2768, l. 10; d. 1, l. 1; d. 1533, ll. 18-19d. 2768, l. 15.
34. RGALI, f. 1418, op. 9, d. 1, l. 3.
35. RGALI, f. 1814, op. 9, d. 1533, l. 19.
36. N. Ivanova, "Konstantin Simonov 'Glazami cheloveka moego pokoleniia'", *Znamia*, 1997, n° 7; RGALI, f. 1814, op. 10, d. 339, l. 8; entrevista com Aleksei Simonov, Londres, maio de 2004; entrevista com Marina Babak, Moscou, novembro de 2003.
37. RGALI, f. 1814, op. 6, d. 170, l. 17; entrevista com Aleksei Simonov, Moscou, setembro de 2003; Lazarev, *Shestoi etazh*, p. 213.
38. Karaganov, *Konstantin Simonov*, p. 9-10; A. Simonov, *Chastnaia kollektsiia* (Nizhny Novgorod, 1999), p. 22-24; SLFA, Zhenia Laskina a Vladimir Lugovskoi, 28 de agosto de 1943; Sonia Laskina a Vladimir Lugovskoi, 21 de agosto de 1943; entrevista com Lazar Lazarev, Moscou, novembro de 2003; RGALI, f. 1814, op. 9, d. 1812, ll. 1-2.
39. RGALI, f. 1814, op. 10, d. 339, l. 20; K. Simonov, *Segodnia i davno* (Moscou, 1978), p. 321; E. Dolmatovskii, *Bylo: zapiski poeta* (Moscou, 1982), p. 58 (também RGALI, f. 1814, op. 6, d. 170, l. 2).
40. *Krasnaia zvezda*, 28 de agosto de 1941, p. 1; 7 de novembro de 1941, p. 4; RGALI, f. 1814, op. 1, d. 993, l. 37; K. Simonov, *Glazami cheloveka moego pokoleniia* (Moscou, 1990), p. 87.
41. Simonov, *100 sutok voiny*, p. 550-51.
42. *Ibid.*, p. 17-21.

NOTAS

43. Merridale, *Ivan's War*, p. 134-38.
44. R. McNeal, *Stalin: Man and Ruler* (Londres, 1988), p. 241; R. Parker, *Moscow Correspondent* (Londres, 1949), p. 21-22.
45. Pushkarev, *Po dorogam voiny*, p. 60; E. Seniavskaia, *Chelovek na voine. Istoriko-psikhologicheskie ocherki* (Moscou, 1997), p. 47-48; Lazarev, *Konstantin Simonov*, p. 68; Karaganov, *Konstantin Simonov*, p. 68; Simonov, *Sobranie sochinenii*, vol. 1, p. 105-7; A. Werth, *Russia at War 1941-1945* (Londres, 1964), p. 412. Werth se enganou a respeito das palavras finais da peça. A frase que ele cita aparece antes.
46. K. Simonov, *Pis'ma o voine, 1943-1979* (Moscou, 1990), p. 110.
47. D. Samoilov, *Podennye zapisi*, 2 vols. (Moscou, 2002), vol. 1, p. 140; "Zaveshchanie zhivym (pis'ma s fronta)", *Sovetskaia Rossiia*, 9 de maio de 1991.
48. Seniavskaia, "Dukhovnyi oblik", p. 49; V. Kondrat'ev, "Ne tol'ko o svoem pokolenii. Zametki pisatelia", *Kommunist*, 1997, n° 7, p. 122.
49. S. Conze e B. Fieseler, "Soviet Women as Comrades-in-Arms: A Blind Spot in Soviet History", in *The People's War*, p. 212.
50. Entrevistas com Rebekka (Rita) Kogan, São Petersburgo, junho, novembro de 2003.
51. A. Chuyanov, *Stalingradskii dnevnik, 1941-1943* (Volgogrado, 1968), p. 209; *Konstantin Simonov rasskazyvaet* (Moscou, 1981), p. 106.
52. RGASPI, f. 17, op. 125, d. 190, l. 16.
53. D. Glantz, *The Siege of Leningrad, 1941-1944: 900 Days of Terror* (Londres, 2001), p. 75-76.
54. A afirmação clássica dessa influente teoria está em E. Shils e M. Janowitz, "Cohesion and Disintegration in the Wehrmacht in World War II", *Public Opinion Quarterly*, 1948, n° 12, p. 280-315.
55. E. Seniavskaia, *Frontovoe pokolenie 1941-1945: istoriko-psikhologicheskoe issledovanie* (Moscou, 1995), p. 86; do mesmo autor, "Dukhovnyi oblik", p. 46-47; C. Merridale, *Night of Stone: Death and Memory in Russia* (Londres, 2000), p. 279.
56. R. Overy, *Russia's War* (Londres, 1998), p. 197.
57. J. Erickson, *The Road to Berlin* (Londres, 1983), p. 40.
58. V. Zemskov, "Ukaz ot 26 Iunia 1940 g. (Eshche odna kruglaia data)", *Raduga*, 1990, n° 6, p. 47.
59. MP, f. 4, op. 15, d. 2, ll. 7-9; d. 3, l. 2.
60. MP, f. 4, op. 11, d. 2, ll. 26-28.
61. E. Bacon, *The Gulag at War: Stalin's Forced Labour System in the Light of the Archives* (Londres, 1994), p. 144; L. Borodkin e S. Ertz, "Coercion versus Motivation: Forced Labour in Norilsk", in Paul Gregory e Valery Lazarev (orgs.), *The Economics of Forced Labour: The Soviet Gulag* (Stanford, 2003), p. 78.
62. S. Ertz, "Building Norilsk", in *The Economics of Forced Labour*, p. 127-50; *O vremeni, o Noril'ske, o sebe... Vospominaniia*, 5 vols. (Moscou, 2001-2006), vol. 3, p. 12; Borodkin e Ertz, "Coercion versus Motivation", p. 77, 86-8.
63. MM, f. 12, op. 18, d. 2, l. 27.
64. Entrevistas com Vasilina Dmitruk, Vera Pristupa, Maria Treimanis (nascida Fishchuk), Norilsk, julho de 2004.
65. Entrevista com Anna Darvina, Norilsk, julho de 2004.
66. Entrevista com Semyon Golovko, Norilsk, julho de 2004.
67. MM, f. 2, op. 5 ("Khranit vechno!", ms.).
68. RGALI, f. 3084, op. 1, d. 1390, ll. 1, 13; MSP, f. 3, op. 22, d. 2, ll. 19-21, 36-37; d. 4, ll. 15-16; entrevistas com Natalia Babailova, Severodvinsk, março e novembro de 2005; entrevista com Nina Sazhnova, Saratov, novembro de 2004; entrevista com Nina Levina, Krasnoiarsk, agosto de 2005.
69. N. Mandelstam, *Hope Abandoned* (Londres, 1989), p. 252; B. Pasternak, *Doutor Jivago* (Londres, 1958), p. 453; O. Ivinskaia, *V plenu vremeni: gody c B. Pasternakom* (Moscou, 1972), p. 96.
70. Kondrat'ev, "Ne tol'ko o svoem pokolenii", p. 224.
71. M. Gefter, "Stalin umer vchera...", in *Inogo ne dano* (Moscou, 1988), p. 305; VFA, A. Levidova, "Vospominaniia", ms., p. 118.

NOTAS

72. H. Smith, *The Russians* (Londres, 1976), p. 369; V. Kondrat'ev, "Parodoks frontovoi nostal'gii", *Literaturnaia gazeta*, 9 de maio de 1990, p. 9.
73. Entrevista com Lazar Lazarev, Moscou, novembro de 2003.
74. P. Blake e M. Hayward (orgs.), *Dissonant Voices in Soviet Literature* (Nova York, 1962), p. 164-67 (traduzido por Walter Vickery).
75. Sobre o colapso dos centros de treinamento ideológicos do Partido durante a guerra, ver R. Brody, *Ideology and Political Mobilization: The Soviet Home Front During World War II* (Pittsburgh, 1994), p. 24-26.
76. Merridale, *Ivan's War*, p. 141; Werth, *Russia at War*, p. 943; *Pravda*, 24 de junho de 1944, p. 2; entrevista com Lazar Lazarev, Moscou, novembro de 2003; MSP, f. 3, op. 30, d. 2, l. 23.
77. Smith, *The Russians*, p. 370.
78. MM, f. 12, op. 25, d. 2.
79. MSP, f. 3, op. 14, d. 2, ll. 46-53, 87-90; d. 3, ll. 27-33.
80. MP, f. 4, op. 11, d. 2, ll. 10, 34-37.
81. V. Pirozhkova, *Poteriannoe pokolenie* (São Petersburgo, 1998), p. 154.
82. TsAODM, f. 1870, op. 3, d. 1, ll. 15-17; d. 3, ll. 33-34.
83. MM, f. 12, op. 21, d. 2, ll. 31-32.
84. E. Zubkova, *Russia After the War: Hopes, Illusions and Disappointments, 1945-1957* (Londres, 1998), p. 17; "Voina, kotoruiu ne znali: iz dnevnika, prokommentirovannogo samym avtorom 45 let spustia", *Sovetskaia kul'tura*, 5 de maio de 1990, p. 4; entrevista com Lazar Lazarev, Moscou, novembro de 2003.
85. M. Prishvin, *Sobranie sochinenii*, 8 vols. (Moscou, 1986), vol. 8, p. 392, 435-36; VFA, A. Levidova, "Vospominaniia", ms., p. 119; S. Gus'kov, *Esli ostanus'zhiv* (Moscou, 1989), p. 215; entrevista com Lazar Lazarev, Moscou, novembro de 2003.
86. GARF, f. 9041, op. 2, d. 202, l. 8; RGASPI, f. 558, op. 11, d. 868, l. 56; f. 17, op. 122, d. 122, ll. 27-30; *Pravda*, 11 de setembro de 1989.
87. GARF, f. 7253, op. 16, d. 79, l. 173; Merridale, *Ivan's War*, p. 292-93.
88. Seniavskaia, "Dukhovnyi oblik", p. 49-50.
89. T. Dunmore, *Soviet Politics 1945-53* (Londres, 1984), p. 129; Zubkova, *Russia After the War*, p. 94; Bordiugov, "The Popular Mood", p. 66, 68.
90. MSP, f. 3, op. 4, d. 2, ll. 41-42, 46, 57-58.
91. MSP, f. 3, op. 16, d. 2, ll. 30-34, 74-78, 98.
92. Simonov, *Sobranie sochinenii*, vol. 9, p. 639.
93. SLFA, M. Laskin, "Vospominaniia", ms., p. 72.
94. *Pravda*, 27 de junho de 1945.
95. *Chelovek v istorii, Rossiia — XX vek: sbornik rabot pobeditelei* (Moscou, 2002), p. 293.
96. Ver Merridale, *Ivan's War*, p. 232-34.
97. Kondrat'ev, "Ne tol'ko o svoem pokolenii", p. 112-16; do mesmo autor, "Paradoks frontovoi nostal'gii".
98. MSP, f. 3, op. 29, d. 2, ll. 5-6.
99. MM, f. 1, op. 1, d. 1942; d. 1944; f. 12, op. 16, d. 2, ll. 12-15, 68-69.
100. MM, f. 1, op. 1, d. 1944.
101. MM, f. 1, op. 1, d. 1944; f. 12, op. 16, d. 2, ll. 27, 29, 69.
102. MM, f. 12, op. 16, d. 2, ll. 32-33.
103. MM. f. 12, op. 16, d. 2, ll. 34, 71-72, 85.

7: Stalinistas Comuns (1945-53)

1. MP, f. 4, op. 2, d. 2, ll. 64-89.
2. E. Zubkova, *Russia After the War: Hopes, Illusions and Disappointments, 1945-1957* (Londres, 1998), p. 20-21, 38; *Liudskie poteri SSSR v period vtoroi mirovoi voiny: sbornik statei* (São Petersburgo, 2005), p. 130.

NOTAS

3. M. Heller e A. Nekrich, *Utopia in Power: The History of the Soviet Union from 1917 to the Present* (Londres, 1986), p. 472-73; RGALI, f. 1814, op. 10, d. 387, l. 4; d. 389, l. 10.
4. Zubkova, *Russia After the War*, p. 11, 40. Uma taxa de mortalidade baixa (1,5 milhão de mortos) é dada por M. Ellman, "The 1947 Soviet Famine and the Entitlement Approach to Famines", *Cambridge Journal of Economics*, 24 (setembro de 100), p. 615.
5. MP, f. 4, op. 2, d. 2, ll. 13, 19-20, 24-26, 76-79.
6. RGASPI, f. 17, op. 117, d. 530, ll. 37-38.
7. "Iz suzhdenii sovetskikh liudei o poslevoennykh problemakh i o zhizni v SSSR", *Istoriia otechestva v dokumentakh, 1945-1993* (Moscou, 1995), p. 17.
8. I. Ehrenburg, *The War, 1941-45* (Londres, 1964), p. 124; R. Service, *A History of Twentieth-Century Russia* (Londres, 1997), p. 299 (citação modificada para ficar mais clara); A. Mikoian, *Tak bylo: razmyshleniia o minuvshem* (Moscou, 1999), p. 513-14.
9. Entrevista com Marianna Gordon, São Petersburgo, outubro de 2003.
10. Entrevista com Valentina Aleksandrova, São Petersburgo, dezembro de 2003.
11. RGASPI, f. 17, op. 125, d. 424, ll. 58-71. Sobre esses grupos, ver J. Fürst, "Prisoners of the Self? Political Opposition Groups in Late Stalinism", *Europe-Asia Studies*, vol. 54, n° 3 (2002), p. 353-75; H. Kuromiya, "'Political Youth Opposition in Late Stalinism': Evidence and Conjecture", *Europe-Asia Studies*, vol. 55, n° 4 (2003), p. 631-38.
12. MSP, f. 3, op. 20, d. 2, ll. 53, 59.
13. MSP, f. 3, op. 47, d. 2, ll. 21, 31, 35, 38, 55.
14. Ver N. Tumarkin, *The Living and the Dead: The Rise and Fall of the Cult of World War II in Russia* (Nova York, 1994), p. 104; L. Lazarev, *Pamiat' trudnoi godiny. Velikaia otechestvennaia voina v russkoi literature* (Moscou, 2000), p. 61-63.
15. *Pravda*, 10 de fevereiro de 1946; A. Applebaum, *Gulag: A History of the Soviet Camps* (Londres, 2003), p. 415.
16. R. Overy, *Russia's War* (Londres, 1997), p. 304-7.
17. A. Danilov e A. Pyzhikov, *Rozhdenie sverkhderzhavy: SSSR v pervye poslevoennye gody* (Moscou, 2001), p. 108.
18. GARF, f. 9401, op. 2, d. 234, ll. 148, 153; d. 199, l. 392; S. Fitzpatrick, "Postwar Soviet Society: The 'Return to Normalcy', 1945-1953", in S. Linz (org.), *The Impact of World War II on the Soviet Union* (Totowa, 1985), p. 143-45.
19. P. Gregory, "An Introduction to the Economics of the Gulag", in P. Gregory e V. Lazarev (orgs.), *The Economics of Forced Labour: The Soviet Gulag* (Stanford, 2003), p. 14, 16; G. Alexopoulos, "Amnesty 1945: The Revolving Door of Stalin's Gulag", *Slavic Review*, vol. 64, n° 2 (verão de 2005), p. 274; Y. Gorlizki e O. Khlevniuk, *Cold Peace: Stalin and The Soviet Ruling Circle, 1945-1953* (Oxford, 2004), p. 130-31, 268-71.
20. Para um bom exemplo de família reunida em Norilsk, ver o arquivo Kuznetsova-Babailova *in* MSP, f. 3, op. 22, dd. 2-5.
21. MM, f. 12, op. 20, d. 2.
22. MSP, f. 3, op. 8, d. 2.
23. L. Borodkin e S. Ertz, "Coercion versus Motivation: Forced Labour in Norilsk", in Gregory e Lazarev (orgs.), *The Economics of Forced Labour*, p. 102-3.
24. V. Dunham, *In Stalin's Time: Middle-Class Values in Soviet Fiction* (Nova York, 1976).
25. N. DeWitt, *Education and Professional Employment in the USSR* (Washington, 1961), p. 606-7, 638-39.
26. A. Inkeles e R. Bauer, *The Soviet Citizen: Daily Life in a Totalitarian Society* (Cambridge, Mass., 1959), p. 289, 326-27.
27. C. Milosz, *The Captive Mind* (Londres, 1953), p. 55, 57.
28. Entrevistas com Irina Aleksandrova, São Petersburgo, maio e novembro de 2003.
29. MSP, f. 3, op. 37, d. 2, ll. 44-45.
30. MFA, L. Makhnach, "Oskolki bylogo s vysoty nastoiashchego", ms., p. 76.
31. MSP, f. 3, op. 34, d. 2, l. 4. Ver também MM, f. 12, op. 32, d. 2, ll. 77-78.

NOTAS

32. MP, f. 4, op. 2, d. 2, ll. 32-33.
33. MP, f. 4, op. 13, d. 2, ll. 37-38, 39, 42-43, 56.
34. Entrevistas com Iurii Streletsky, São Petersburgo, maio de 2003 e fevereiro de 2004.
35. PFA, "Vospominaniia", ms., p. 17, 22-24; entrevistas com Tatiana Elagina, Moscou, maio e outubro de 2003 (nome mudado a pedido da informante).
36. MP, f. 4, op. 7, d. 2, ll. 3, 7, 11-12, 26, 28, 39-40.
37. RGALI, f. 1814, op. 10, d. 360, l. 45; K. Simonov, *Glazami cheloveka moego pokoleniia* (Moscou, 1990), p. 82; A. Karaganov, *Konstantin Simonov vblizi i na rasstoianii* (Moscou, 1987), p. 103.
38. RGALI, f. 1814, op. 10, d. 346.
39. K. Simonov, *Segodnia i davno* (Moscou, 1978), p. 143-44; N. Pushnova, *Valentina Serova* (Moscou, 2003), p. 215-16.
40. K. Chukovskii, *Dnevnik, 1901-1969*, 2 vols. (Moscou, 2003), vol. 2, p. 210; RGALI, f. 631, op. 15, d. 1004, l. 150; Simonov, *Glazami cheloveka moego pokoleniia*, p. 116.
41. Entrevista com Aleksei Simonov, Moscou, novembro de 2003; entrevista com Marina Babak, Moscou, novembro de 2003.
42. RGALI, f. 1814, op. 10, d. 343, l. 1; N. Bianki, *K. Simonov i A. Tvardovskii v "Novom mire"* (Moscou, 1999), p. 7; L. Fink, *Konstantin Simonov* (Moscou, 1979), p. 220, 235, 251, 274.
43. L. Chukovskaia, *Sochineniia v 2 tomakh* (Moscou, 2000), vol. 2, p. 182, 186, 216. Simonov foi acusado de modos ditatoriais semelhantes como editor do *Literaturnaia gazeta* (ver RGASPI, f. 558, op. 11, d. 878, l. 55).
44. RGALI, f. 1814, op. 9, d. 229, ll. 16, 20; Bianki, *K. Simonov i A. Tvardovskii v "Novom mire"*, p. 16; B. Pankin, *Chetyre Ia Konstantina Simonova* (Moscou, 1999), p. 19, 23, 35-5; entrevista com Aleksei Simonov, Moscou, novembro de 2003; entrevista com Marina Babak, Moscou, novembro de 2003.
45. RGALI, f. 1814, op. 9, d. 2590, ll. 1, 2. Sobre Portugalov em Kolyma, ver as comoventes recordações de Varlam Shalamov sobre ele in RGALI, f. 2596, op. 2, d. 133, ll. 1-10.
46. Karaganov, *Konstantin Simonov*, p. 136. Sobre Smeliakov: *Sluzhili dva tovarishcha: kniga o zhizni kinodramaturgov Dunskogo i Frida* (Moscou, 2002), p. 592-5.
47. RGALI, f. 1814, op. 1, d. 454, ll. 43, 45; d. 643, ll. 1-2; op. 9, d. 1812, l. 4.
48. I. Berlin, "Meetings with Russian Writers in 1945 e 1956", in *Personal Impressions* (Oxford, 1982), p. 160-61; N. Mandelstam, *Hope Abandoned* (Londres, 1989), p. 375.
49. G. Carleton, *The Politics of Reception: Critical Constructions of Mikhail Zoshchenko* (Evanston, 1998), p. 231-32.
50. "Doklad t. Zhdanova o zhurnalakh *Zvezda i Leningrad*", *Novyi mir*, 1946, n° 9, p. iv-xix.
51. Simonov, *Glazami cheloveka moego pokoleniia*, p. 104-7; RGASPI, f. 17, op. 132, d. 229, l. 21.
52. Simonov, *Segdonia i davno*, p. 337-38; A. Borshchagovsky, *Zapiski balovnia sud'by* (Moscou, 1991), p. 235.
53. RGALI, f. 1814, op. 9, d. 331, ll. 1-2; Simonov, *Glazami cheloveka moego pokoleniia*, p. 118-20, 137, 141; entrevista com Lazar Lazarev, Moscou, novembro de 2003.
54. SLFA, "K. M.", filme em duas partes, em DVD, com comentários de Benedikt Sarnov na Parte 1, aos 26 minutos; entrevista com Lazar Lazarev, Moscou, novembro de 2003.
55. B. Schwarz, *Music and Musical Life in Soviet Russia, 1917-1970* (Londres, 1972), p. 208, 218; Gorlizki e Khlevniuk, *Cold Peace*, p. 35-38; Zubkova, *Russia After the War*, p. 119-23.
56. H. Salisbury, *American in Russia* (Nova York, 1955), p. 16-20, 38; G. Ivanova, "Poslevoennye repressii i Gulag", in *Stalin i kholodnaia voina* (Moscou, 1998), p. 255.
57. J. Brent e V. Naukov, *Stalin's Last Crime: The Doctors' Plot* (Londres, 2003), p. 96.
58. "Evreiskii antifashistskii komitet", *Izvestiia TsK KPSS*, 1989, n° 12, p. 40; *Reabilitatsiia: politicheskie protsessy 30-50 kh godov* (Moscou, 1991), p. 326.
59. Citado in A. Weiner, *Making Sense of War: The Second World War and the Fate of the Bolshevik Revolution* (Princeton, 2001), p. 195.
60. RGALI, f. 1814, op. 9, d. 2645, ll. 3-4, 9, 18; Borshchagovsky, *Zapiski balovnia sud'by*, p. 3, 77, 94; G. Kostyrchenko, *Tainaia politika Stalina. Vlast' i antisemitizm* (Moscou, 2001), p. 319ff.

NOTAS

61. A. Gerasimov, "Za sovetski patriotism v iskusstve", *Pravda,* 10 de fevereiro de 1949; N. Gribachev, "Protiv kosmopolitizma i formalizma v poezii", *Pravda,* 16 de fevereiro de 1949; T. Khrennikov, "Burzhuaznye kosmopolity v muzykal'noi kritike", *Kul'tura i zhizn',* 20 de fevereiro de 1949; "Do konsta razoblachit' kosmopolitov-antipatriotov", *Pravda,* 26-27 de fevereiro de 1949; L. Bol'shakov, "Razgromit burzhuaznyi kosmopolitizm v kinois-kusstve", *Pravda,* 3 de março de 1949; etc.
62. Kostyrchenko, *Tainaia politika Stalina,* p. 334-35; Borshchagovsky, *Zapiski balovnia sud'by,* p. 185, 188-91; RGASPI, f. 83, op. 1, d. 5, ll. 92-95.
63. RGASPI, f. 17, op. 132, d. 237, ll. 13-15. Ver também RGASPI, f. 77, op. 4, d. 73, ll. 7-11; Bianki, K. *Simonov i Tvardovskii v "Novom mire",* p. 19.
64. RGASPI, f. 17, op. 118, d. 229, l. 17.
65. N. Tipot (Sokolova), "Dnevnik", arquivo pessoal. Sobre Sofronov e Simonov como rivais na sucessão de Fadeyev, ver as ideias de Borshchagovsky in A. Borshchagovsky, *Pustotelyi monolit* (Moscou, 2002), p. 133-34.
66. RGALI, f. 1814, op. 9, d. 19 ("Vospominaniia o kampanii po bor'be s kosmopolitizmom', ts., 1976); Borshchagovsky, *Zapiski balovnia sud'by,* p. 214.
67. Ver K. Simonov, "Zadachi sovetskoi dramaturgii i teatral'naia kritika", *Pravda,* 27-28 de fevereiro de 1949 (de onde vem a citação de Sartre e Miller); do mesmo autor, "Zadachi sovetskoi dramaturgii i teatral'naia kritika", *Literaturnaia gazeta,* 5 de março de 1949.
68. RGASPI, f. 17, op. 132, d. 226, ll. 1-6; d. 229, l. 30; Kostyrchenko, *Tainaia politika Stalina,* p. 339-40.
69. Borshchagovsky, *Zapiski balovnia sud'by,* p. 19, 35-36, 49, 187, 200, 204, 215, 223, 272, 278-79; entrevista com Aleksandr Borshchagovsky, Moscou, novembro de 2003.
70. Borshchagovsky, *Zapiski balovnia sud'by,* p. 266, 279; entrevista com Aleksandr Borshchagovsky, Moscou, novembro de 2003; RGALI, f. 1814, op. 9, d. 4, l. 4.
71. Entrevista com Aleksandr Borshchagovsky, Moscou, novembro de 2003; Borshchagovsky, *Zapiski balovnia sud'by,* p. 4, 240.
72. Ibid., p. 261-62.
73. Ver A. Kozhevnikov, "President of Stalin's Academy: The Mask and Responsibility of Sergei Vavilov", *Isis,* vol. 87, n° 1 (março de 1996), p. 18-50; N. Tolstoi (org.), *Brat'ia Nikolai i Sergei Vavilovy* (Moscou, 1991); M. Popovsky, *The Vavilov* Affair (Handen, 1984); S. Ivanovich Vavilovy: *ocherki i vospominaniia* (Moscou, 1991). Vavilov agia secretamente contra as decisões oficiais e sua oposição não foi notada por muitos anos — talvez uma das razões de ter sido difamado como "presidente lacaio da Academia de Ciências" por Solzhenitsyn: A. Solzhenitsyn, *The Gulag Archipelgo,* 3 vols. (Londres, 1974-78), vol. 2, p. 638.
74. RGASPI, f. 17, op. 132, d. 237, ll. 14-15; RGALI, f. 1814, op. 9, d. 1365, l. 1; f. 2203, op. 1, d. 333, l. 1; f. 631, op. 16, d. 90; f. 2203, op. 1, d. 333, l. 5; d. 336, l. 11; entrevista com Nina Arkhipova, Moscou, novembro de 2003; Borshchagovsky, *Zapiski balovnia sud'by,* p. 321.
75. RGALI, f. 1814, op. 6, dd. 70, 173; d. 170, l. 17; entrevista com Lazar Lazarev, Moscou, novembro de 2003; entrevista com Aleksei Simonov, Moscou, julho de 2004.
76. RGALI, f. 1814, op. 1, d. 500.
77. Simonov, *Glazami cheloveka moega pokoleniia,* p. 126-28; Fink, *Konstantin Simonov,* p. 229.
78. RGALI, f. 1814, op. 1, d. 563; op. 4, d. 10; op. 9, d. 5, ll. 69-70; RGASPI, f. 82, op. 2, d. 1458, l. 49; f. 558, op. 11, d. 806, l. 164; Simonov, *Glazami cheloveka moego pokoleniia,* p. 128-31.
79. Ibid., p. 135-37.
80. RGALI, f. 1814, op. 9, d. 809, ll. 1-6; Karaganov, *Konstantin Simonov,* p. 88-89; Simonov, *Segodnia i davno,* p. 609-10.
81. K. Simonov, *Sobranie sochinenii,* 12 vols. (Moscou, 1979-87), vol. 12, p. 41.
82. Entrevista com Aleksei Simonov, Moscou, novembro de 2003; RGALI, f. 1814, op. 1, d. 454, ll. 28-41.
83. Simonov, *Glazami cheloveka moego pokoleniia,* p. 185-89.
84. Ver *Gosudarstvennyi antisemitizm v SSSR: ot nachala do kul'minatsii, 1938-1953* (Moscou, 2005), p. 27-61.

NOTAS

85. Borshchagovsky, *Zapiski balovnia sud'by*, p. 267.
86. MSP, f. 3, op. 37, d. 2, ll. 13, 52; I. Shikheeva-Gaister, *Semeinaia khronika vremen kul'ta lichnosti: 1925-1953* (Moscou, 1998), p. 72-73, 78-79, 257.
87. MM, f. 2, op. 5, d. 3; f. 12, op. 30, d. 2, l. 27.
88. Entrevistas com Mark Epshtein, São Petersburgo, junho e outubro de 2003.
89. SLFA, vários documentos; entrevista com Fania Laskina, Moscou, junho de 2003; entrevista com Aleksei Simonov, Moscou, novembro de 2003; RGALI, f. 1814, op. 9, d. 1533; RGASPI, f. 495, op. 199, d. 207 (Zaidler).
90. A. Simonov, *Chastnaia kollektsiia* (Nizhny Novgorod, 1999), p. 61.
91. RGALI, f. 1814, op. 9, d. 1541, l. 36; d. 1770, l. 2.
92. Simonov, *Chastnaia kollektsiia*, p. 59-61.
93. RGALI, f. 1814, op. 9, d. 2581.
94. Kostyrchenko, *Tainaia politika Stalina*, p. 619-26.
95. Entrevistas com Fania Laskina, Moscou, junho de 2003 e julho de 2004; entrevistas com Aleksei Simonov, Moscou, novembro de 2003; SLFA, Iakov Kharon a Sonia Laskina, 8 de março de 1954; Yevgeniia a Sonia Laskina, 28 de maio de 1954.
96. RGALI, f. 1814, op. 1, d. 454, l. 32; op. 10, d. 92, l. 37; RGASPI, f. 17, op. 133, d. 390, ll. 81-84; d. 389, ll. 158-63; entrevista com Lazar Lazarev, Moscou, novembro de 2003. Para evidências sobre a autoria da carta de Simonov, de 24 de março, ver *Nash sovremennik*, 1999, n° 1, p. 206.
97. Simonov, *Glazami cheloveka moego pokoleniia*, p. 189-204.
98. RGALI, f. 1814, op. 1, d. 902, l. 95.
99. RGASPI, f. 17, op. 119, d. 452, ll. 4-6; Simonov, *Glazami cheloveka moego pokoleniia*, p. 220-22; Fink, *Konstantin Simonov*, p. 112.
100. Brent e Naukov, *Stalin's Last Crime*, p. 9, 129, 176, 184; SLFA, M. Laskin, "Vospominaniia", ms., p. 86; Zubkova, *Russia After the War*, p. 137.
101. S. Sebag Montefiore, *Stalin: The Court of the Red Tsar* (Londres, 2003), p. 568.
102. Simonov, *Glazami cheloveka moego pokoleniia*, p. 223-27.
103. Ibid., p. 229.
104. RGALI, f. 1814, op. 4, d. 10, l. 5.
105. SLFA, M. Laskin, "Vospominaniia", ms., p. 87-88.
106. MP, f. 4, op. 2, d. 2, ll. 13, 30.
107. MP, f. 4, op. 23, d. 2, l. 15.
108. Mandelstam, *Hope Abandoned*, p. 385.
109. MM, f. 12, op. 9, d. 2, l. 67.
110. MP, f. 4, op. 11, d. 2, l. 46; op. 5, d. 2, l. 12.
111. MSP, f. 3, op. 4, d. 2, l. 31.
112. A. Knight, *Beria: Stalin's First Lieutenant* (Princeton, 1993), p. 185; A. Lokshin, "'Delo vrachei': 'Otkliki trudiashchikhsia'", *Vestnik evreiskogo universiteta v Moskve*, 1994, n° 1, p. 52-62.
113. MSP, f. 3, op. 4, d. 2, ll. 43-44.
114. Entrevista com Zinaida Belikova, São Petersburgo, maio de 2003.
115. Shikheeva-Gaister, *Semeinaia khronika*, p. 175.
116. *Sluzhili dva tovarishcha*, p. 357; MM, f. 12, op. 30, d. 2, l. 22; O. Adamova-Sliuzberg, *Put'* (Moscou, 2002), p. 201.
117. Ver Applebaum, *Gulag*, p. 435-53.
118. A. Makarova, "Noril'skoe vosstanie. Mai — avgust 1953 goda", ms.; Applebaum, *Gulag*, p. 437, 440; MM, f. 12, op. 20, d. 2, ll. 74-75, 89, 91.
119. MM, f. 12, op. 20, d. 2, ll. 34, 48; f. 1, op. 1, d. 1925, ll. 11-30.
120. MM, f. 12, op. 20, d. 2, l. 92; MSP, f. 3, op. 8, d. 2, l. 18; d. 3, ll. 20-22; entrevista com Vasilina Dmitruk, Norilsk, julho de 2004.
121. Sobre as exigências igualmente moderadas do levante na divisão Kengir do campo especial de Steplag, no Cazaquistão, em maio-junho de 1954, ver S. Barnes, "'In a Manner Befitting Soviet Citizens': An Uprising in the Post-Stalin Gulag", *Slavic Review*, vol. 64, n° 4 (inverno de 2005), p. 823-50.

122. MM, f. 12, op. 20, d. 2, ll. 98, 101.
123. *Istoriia stalinskogo gulaga: konets 1920-kh — pervaia polovina 1950-kh godov. Sobranie dokumentov v semi tomakh*, vol. 6, *Vosstaniia, bunty i zabastovski zakliuchennykh* (Moscou, 2004), p. 320-413; Applebaum, *Gulag*, p. 441-42; entrevista com Semyon Golovko, Norilsk, julho de 2004.

8: Retorno (1953-56)

1. SLFA, Spravka MVD, 11 de novembro de 1955; Yevgeniia a Sonia Laskina, 8 de setembro de 1955, 5 de outubro de 1955; entrevista com Fania Laskina, setembro de 2003; entrevista com Aleksei Simonov, novembro de 2003.
2. *Reabilitatsiia: kak eto bylo. Dokumenty prezidiuma TsKPSS i drugie materialy: mart 1953-fevral' 1956* (Moscou, 2000), p. 213.
3. SLFA, Sonia Laskina a Dmitry Shepilov, 4 de junho de 1955; V. Frid, *581/2 zapiski lagernogo pridurka* (Moscou, 1996), p. 358-59.
4. Y. Gorlizki e O. Khlevniuk, *Cold Peace: Stalin and the Soviet Ruling Circle, 1945-1953* (Oxford, 2004), p. 131; D. Shepilov, *Neprimknuvshii* (Moscou, 2001), p. 267; A. Knight, *Beria: Stalin's First Lieutenant* (Princeton, 1993), p. 209-10; K. Simonov, *Glazami cheloveka moego pokoleniia* (Moscou, 1990), p. 246-47.
5. V. Naumov, "Repression and Rehabilitation", in W. Taubman, S. Khrushchev e A. Gleason (orgs.), *Nikita Khrushchev* (New Haven, 2000), p. 90-91; SLFA, Sonia Laskina a Dmitry Shepilov, 4 de junho de 1955; Konstantin Simonov a Yevgeniia Laskina, 24 de setembro de 1955.
6. N. Khrushchev, *Khrushchev Remembers: The Last Testament*, traduzido e editado por S. Talbott (Boston, 1974), p. 79; A. Hochschild, *The Unquiet Ghost: Russians Remember Stalin* (Londres, 1994), p. 223; N. Adler, *Beyond the Soviet System: The Gulag Survivor* (New Brunswick, 2002), p. 90-93.
7. SLFA, Yevgeniia to Sonia Laskina, 16 de setembro de 1955; Vladimir Lugovskoi a Yevgeniia Laskina, 20 de julho de 1956; Maia Bykova a Yevgeniia Laskina, 25 de dezembro de 1974; entrevista com Aleksei Simonov, Moscou, junho de 2003.
8. E. Bonner, *Mothers and Daughters* (Londres, 1992), p. 89-90, 328, 330-31; entrevista com Elena Bonner, Boston, novembro de 2006.
9. Comparar com as memórias da dissidente Liudmila Alekseyeva, que se recorda de que seu distanciamento moral do regime soviético foi igualmente influenciado por sua leitura de Herzen e pelo exemplo dos dezembristas: L. Alekseyeva e P. Goldberg, *The Thaw Generation: Coming of Age in the Post-Stalin Era* (Boston, 1990), p. 34-35.
10. MSP, f. 3, op. 33, d. 2, ll. 33, 39.
11. MSP, f. 3, op. 45, d. 3, l. 47.
12. MSP, f. 3, op. 45, d. 2, ll. 132, 166.
13. MSP, f. 3, op. 45, d. 2, ll. 26-27, 89-90, 134.
14. MSP, f. 3, op. 24, d. 2, l. 38.
15. MSP, f. 3, op. 35, d. 2, ll. 40-54.
16. MSP, f. 3, op. 39, d. 2, ll. 27, 29.
17. MSP, f. 3, op. 39, d. 3, ll. 1-5.
18. MSP, f. 3, op. 39, d. 2, l. 31.
19. MSP, f. 3, op. 39, d. 2, ll. 36, 47, 52, 54.
20. B. Okudzhava, "Devushka moei mechty", in *Izbrannye proizvedeniia v dvukh tomakh* (Moscou, 1989), vol. 2, p. 283-94.
21. MP, f. 4, op. 10, d. 2, ll. 9, 28.
22. MSP, f. 3, op. 38, d. 2, ll. 19, 36.
23. MM, f. 12, op. 29, d. 2, l. 20.
24. SFA, I. Slavina, "Tonen'kii nerv istorii", ms., p. 17, entrevista com Ida Slavina, Colônia, junho de 2003.
25. MP, f. 4, op. 2, d. 2, ll. 23-24, 43-45.

26. GFA, carta de Anatoly a Liuba Golovnia, 5 de dezembro de 1940; O. Golovnia, "Predislovie k pis'mam", ms., p. 70; L. Golovnia-Babitskaia, "Predsmertnye zapiski", ms., p. 4; A. Bachinskii, "Zhizn', liubov' i smert' Anatoliia Golovni", *Stolitsa S*, 17 de janeiro de 1997; entrevista com Yevgeniia Golovnia, Moscou, julho de 2004.
27. MSP, f. 3, op. 46, d. 3, l. 43; MM, f, 12, op. 29, d. 2, ll. 34-35.
28. M. Nikolaev, *Detdom* (Nova York, 1985), p. 96; entrevista com Viktoriia Shweitser, Moscou, julho de 2004; Amherst, novembro de 2006.
29. O. Adamova-Sliuzberg, *Put'* (Moscou, 2002), p. 153.
30. Ibid., p. 154-55.
31. Sobre isso, ver D. Field, "Communist Morality and Meanings of Private Life in Post-Stalinist Russia, 1953-64" (dissertação de mestrado, Universidade de Michigan, 1996). Sobre cultura jovem: J. Fürst, "The Importance of Being Stylish: Youth, Culture and Identity in Late Stalinism", in, do mesmo autor (org.), *Late Stalinist Russia: Society between Reconstruction and Reinvention* (Londres, 2006), p. 209-30.
32. MM, f. 12, op. 16, d. 2, ll. 78, 79-80, 85, 97.
33. MFA, L. Makhnach, "Otets", ms., p. 3-8; entrevista com Leonid Makhnach, Moscou, julho de 2004.
34. MSP, f. 3, op. 8, d. 2, l. 24.
35. L. El'iashova, "'Kak zhit'? O zhizni Sof'i Mikhailovny Firsovoi", *Sankt-Petersburgskii Universitet*, n° 22 (3489), 20 de outubro de 1998, p. 24; Frid, 58½, p. 389; *Sluzhili dva tovarishcha: kniga o zhizni kinodramaturgov Dunskogo i Frida* (Moscou, 2002), p. 146.
36. MM, f. 12, op. 18, d. 2, ll. 12-14, 17-19.
37. MSP, f. 3, op. 41, d. 2, ll. 37-41, 83-86; d. 3, l. 2.
38. MP, f. 4, op. 22, d. 2, ll. 16, 29, 35, 50, 53, 59.
39. MM, f. 1, op. 1, dd. 841, 2676; f. 12, op. 4, d. 2, ll. 59-80.
40. GFA, N. Iznar, "Avtobiografiia"; Natalia Iznar a Elena Abezgauz, sem data.
41. RGALI, f. 1814, op. 9, d. 2581, ll. 28-36.
42. RGALI, f. 1814, op. 9, d. 229, ll. 15, 17, 18, 21, 32, 47, 48.
43. MM, f. 2, op. 1, d. 45, l. 1105; A. Solzhenitsyn, *The Gulag Archipelago*, 3 vols. (Londres, 1974-78), vol. 3, p. 455.
44. A. Applebaum, "After the Gulag", *New York Review of Books*, vol. 49, n° 16 (24 de outubro de 2002), p. 41.
45. MP, f. 4, op. 10, d. 2, ll. 10-13.
46. Adler, *Beyond the Soviet System*, p. 30-31; A. Applebaum, *Gulag: A History of the Soviet Camps* (Londres, 2003), p. 460; C. Hooper, "Terror from Within: Participation and Coercion in Soviet Power, 1924-64" (dissertação de mestrado, Princeton University, 2003), p. 377.
47. Solzhenitsyn, *O arquipélago Gulag*, vol. 3, p. 451.
48. RGASPI, f. 560, op. 1, d. 37, l. 487.
49. MM, f. 2, op. 1, d. 29 (Anatolii Brat [Zhukov], "Zhutkie gody").
50. MSP, f. 3, op. 8, d. 2, l. 28.
51. MP, f. 4, op. 6, d. 2, ll. 28-30, 39-40.
52. MM, f. 12, op. 20, d. 2, l. 124.
53. MP, f. 4, op. 6, d. 2, l. 29.
54. MP, f. 4, op. 2, d. 2, l. 26.
55. Adamova Sliuzberg, *Put'*, p. 207-8.
56. MP, f. 4, op. 2, d. 2, l. 46.
57. MP, f. 4, op. 43, d. 2, l. 2.
58. MSP, f. 3, op. 46, d. 2, ll. 51-54; d. 3, ll. 49-50.
59. TsAFSB, Arkhivno-sledstvennoe delo I. V. Slavina (P-51969); "Delo reabilitatsii" (N4N-012826/55); SFA, I. Slavina, "Put' na plakhu", ms., p. 3-6, 103; entrevista com Ida Slavina, Colônia, junho de 2003.
60. MSP, f. 3, op. 10, d. 2, ll. 15, 30-31; d. 3, ll. 34-35. Ver também MSP, f. 3, op. 38, d. 2, ll. 23-26; MM, f. 12, op. 2, d. 2, ll. 28-30.

NOTAS

61. L. Chukovskaia, *Zapiski ob Anne Akhmatovoi*, 3 vols. (Paris, 1980), vol. 2, p. 137.
62. MSP, f. 3, op. 12, d. 2, ll. 60-67, 131-33.
63. MSP, f. 2, op. 51, d. 2, ll. 3-7.
64. MM, f. 12, op. 10, d. 2, ll. 18-23.
65. MSP, f. 3, op. 14, d. 2, ll. 66-68; d. 3, ll. 54-55.
66. I. Sherbakova, "The Gulag in Memory", in L. Passerini (org.), *International Yearbook of Oral History and Life Stories*, vol. 1: *Memory and Totalitarianism* (Oxford, 1992), p. 114 (tradução ligeiramente alterada para ficar mais clara).
67. Ver A. Inkeles e R. Bauer, *The Soviet Citizen: Daily Life in a Totalitarian Society* (Cambridge, Mass., 1959).
68. N. Mandelstam, *Hope Against Hope* (Londres, 1989), p. 48.
69. Ibid., p. 49.
70. *Vokrug Fadeeva: neizvestnye pis'ma, zametki i dokumenty* (Moscou, 1996), p. 12, 122; RGALI, f. 1814, op. 9, d. 5, l. 30; V. Kaverin, *Epilog: memuary* (Moscou, 2002), p. 313-24.
71. *Izvestiia TsK KPSS*, 1990, n° 10, p. 147.
72. Sobre a generosidade de Fadeyev, ver K. Chukovskii, *Dnevnik, 1901-69*, 2 vols. (Moscou, 2003), vol. 2, p. 282-83; A. Borshchagovsky *Zapiski balovnia sud'by* (Moscou, 1991), p. 21; e a carta de Akhmatova a Fadeyev, de 10 de março de 1956, em que ela lhe agradecia pelos esforços para libertar seu filho, Lev Gumilyov, de um campo de trabalhos na Sibéria ("Você foi mais bondoso e simpático do que qualquer pessoa nesses anos assustadores") in *Vokrug Fadeeva*, p. 161.
73. RGALI, f. 618, op. 16, d. 88, l. 16.
74. *Literaturnaia gazeta*, 17 de julho de 1954, p. 2-3; 20 de julho de 1954, p. 2-3.
75. Simonov, *Glazami cheloveka moego pokoleniia*, p. 248-53; entrevista com Lazar Lazarev, Moscou, novembro de 2003.
76. *Pravda*, 4 de julho de 1954, p. 3.
77. RGALI, f. 1814, op. 9, d. 1770, ll. 21-22. Sobre a reação do público ao romance, ver D. Kozlov, "Naming the Social Evil: The Readers of *Novyi mir* e *Nem só de pão vive o homem*, de Vladimir Dudintsev, 1956-59", in P. Jones (org.), *The Dilemmas of De-Stalinization: A Social and Cultural History of Reform in the Khrushchev Era* (Londres, 2005), p. 80-98.
78. RGALI, f. 1814, op. 9, d. 1770, l. 15; K. Simonov, *Segodnia i davno* (Moscou, 1978), p. 78; *A za mnoiu shum pogoni: Boris Pasternak i vlast'. Dokumenty 1956-72* (Moscou, 2001), p. 89-90.
79. L. Lazarev, *Shestoi etazh: kniga vospominaniia* (Moscou, 1999), p. 201.
80. *Reabilitatsiia: kak eto bylo*, p. 349-51; W. Taubman, *Khrushchev: The Man and His Era* (Londres, 2003), p. 270, 272, 274, 278.
81. *Reabilitatsiia: kak eto bylo*, p. 5-6; Taubman, *Krushchev*, p. 273-74.

9: Memória (1956-2006)

1. W. Taubman, *Khrushchev: The Man and His Era* (Londres, 2003), p. 282-83.
2. P. Jones, "From the Secret Speech to the Burial of Stalin: Real and Ideal Responses to De-Stalinization", do mesmo autor (org.), *The Dilemmas of De-Stalinization: A Social and Cultural History of Reform in the Khrushchev Era* (Londres, 2005), p. 47.
3. L. Alexeyeva e P. Goldberg, *The Thaw Generation: Coming of Age in the Post-Stalin Era* (Boston, 1990), p. 4.
4. MM, f. 12, op. 4, d. 2, ll. 47, 78.
5. MSP, f. 3, op. 18, d. 2, ll. 21-22.
6. MP, f. 4, op. 26, d. 2, ll. 12-14.
7. MP, f. 4, op. 22, d. 2, ll. 14, 62-64.
8. MP, f. 4, op. 2, d. 2, ll, 36-41.
9. MSP, f. 3, op. 19, d. 2, ll. 5, 24-33.
10. MP, f. 4, op. 19, d. 2, ll. 26-27, 41-45; d. 3, l. 1; d. 4, ll. 1-3.
11. I. Shikheeva-Gaister, *Semeinaia khronika vremen kul'ta lichnosti: 1925-1953* (Moscou, 1998), p. 266-67; MSP, f. 3, op. 37, d. 2, ll. 31-32, 76.

NOTAS

12. MSP, f. 3, op. 8, d. 2, l. 25; MP, f. 4, op. 2, d. 2, l. 23; MM, f. 12, op. 30, d. 2, ll. 36-38.
13. V. Shalamov, "Dry Rations", in *Kolyma Tales* (Londres, 1994), p. 43; MSP, f. 3, op. 37, d. 2, l. 45. Ver também: op. 1, d. 2, ll. 33-34; op. 36, d. 2, ll. 7-9.
14. C. Merridale, *Night of Stone: Death and Memory in Russia* (Londres, 2000), p. 21.
15. C. Garland (org.), *Understanding Trauma: A Psychoanalytical Approach* (Londres, 1998), p. 4-5; D. Laub, "Truth and Testimony: The Process and the Struggle", in C. Caruth (org.), *Trauma: Explorations in Memory* (Baltimore, 1995), p. 61-75.
16. MSP, f. 3, op. 15, d. 3, l. 1.
17. Entrevista com Aleksei Simonov, Moscou, novembro de 2003; entrevista com Marina Babak, Moscou, novembro de 2003; entrevista com Nina Arkhipova, Moscou, novembro de 2003.
18. RGALI, f. 1814, op. 9, d. 1538; V. Pushnova, *Valentina Serova* (Moscou, 2003), p. 258-84; entrevista com Maria Simonova, Moscou, março de 2004.
19. Pushnova, *Valentina Serova*, p. 322; RGALI, f. 1814, op. 9, d. 775, l. 1.
20. Entrevista com Maria Simonova, Moscou, março de 2004; RGALI, f. 1814, op. 9, d. 775, l. 1.
21. RGALI, f. 1814, op. 9, d. 1770, l. 18; entrevista com Aleksei Simonov, Moscou, setembro de 2003.
22. SLFA, Yevgeniia Laskina a Aleksei Simonov, 28 de agosto de 1957; Mark Laskin, "Vospominaniia", ts., p. 15; RGALI, f. 1814, op. 10, d. 342, l. 20; entrevista com Fania Laskina, Moscou, julho de 2004; A. Simonov, *Chastnaia kollektsiia* (Nizhny Novgorod, 1999), p. 42, 44-45, 148.
23. RGALI, f. 1814, op. 9, d. 2199, l. 2.
24. SLFA, Aleksei Simonov a Yevgeniia Laskina, 19 de agosto de 1956; Aleksei Simonov a Konstantin Simonov, 24 de outubro de 1956; Konstantin a Aleksei Simonov, 31 de agosto de 1956.
25. SLFA, Yevgeniia Laskina a Aleksei Simonov, 26 de setembro de 1956; Simonov, *Chastnaia kollektsiia*, p. 67; Aleksei a Konstantin Simonov, 7 de fevereiro de 1957.
26. Entrevista com Aleksei Simonov, Moscou, novembro de 2003; SLFA, Aleksei Simonov, Diário, 23 de dezembro de 1956; Aleksei Simonov a Vladimir Dudintsev, 13 de dezembro de 1956; RGALI, f. 1814, op. 9, d. 1770, ll. 15-17, 22.
27. K. Simonov, *Glazami cheloveka moego pokoleniia* (Moscou, 1990), p. 12; entrevista com Lazar Lazarev, Moscou, novembro de 2003; RGALI, f. 1814, op. 2, d. 127, ll. 2-3, 8.
28. RGALI, f. 1814, op. 9, d. 1770, l. 12.
29. RGALI, f. 1814, op. 9, d. 1770, l. 13.
30. RGALI, f. 1814, op. 6, d. 170, l. 17.
31. V. Kondrat'ev, "Ne tol'ko o svoem pokolenii. Zametki pisatelia", *Kommunist*, 1997, nº 7, p. 122.
32. Entrevista com Marina Babak, Moscou, novembro de 2003.
33. K. Simonov, *Sto sutok voiny* (Smolensk, 1999); mesmo autor, *Raznye dni voiny: dnevnik pisatelia*, 2 vols. (Moscou, 1977-78).
34. RGALI, f. 1814, op. 9, d. 11, ll. 1-21; op. 8, d. 58, l. 98.
35. RGALI, f. 1814, op. 9, dd. 2590, 681, 1857.
36. Simonov, *Chastnaia kollektsiia*, p. 147-55. Os cortes, que perfizeram 60 páginas datilografadas, apareceram imediatamente sob forma de *samizdat* e foram incluídos nas edições estrangeiras do romance, de 1969. A versão completa da obra surgiu pela primeira vez na União Soviética em 1973. Ver a "Introdução" de R. Pevear e as notas que escreveu sobre o texto na sua tradução de *The Master and Margarita*, de M. Bulgakov (Londres, 1997), p. vii-xix.
37. Entrevistas com Aleksei Simonov, Moscou, setembro e novembro de 2003, fevereiro de 2004.
38. RGALI, f. 1814, op. 10, d. 376, ll. 20-21; *Konstantin Simonov v vospominaniiakh sovremennikov* (Moscou, 1984), p. 291; N. Bianki, *K. Simonov i A. Tvardovskii v "Novom Mire"* (Moscou, 1999), p. 32-33.
39. L. Lazarev, *Shestoi etazh: kniga vospominaniia* (Moscou, 1999), p. 208, 210; entrevista com Lazar Lazarev, Moscou, novembro de 2003; Simonov, *Sto sutok voiny*, p. 550-54; RGALI, f. 1814, op. 9, d. 5, l. 63; op. 9, d. 19 ("Vospominaniia o kampanii po bor'be s kosmopolitizmom", ts., 1976).
40. K. Simonov e I. Ehrenburg, *V odnoi gazete: reportazhi i stati 1941-1945* (Moscou, 1979); Lazarev, *Shestoi etazh*, p. 201-2.

41. A. Solzhenitsyn, *The Oak and the Calf: Sketches of Literary Life in the Soviet Union* (Londres, 1980), p. 299.
42. Entrevista com Viktor Erofeev, Moscou, novembro de 2003; entrevista com Andrei Erofeev, Moscou, abril de 2004; entrevista com Nina Arkhipova, Moscou, novembro de 2003; D. Gillespie, "Metropol", *The Literary Encyclopedia*, 19 de novembro de 2005.
43. Simonov, *Glazami cheloveka moego pokoleniia*, p. 7-8.
44. Ibid. Alguns fragmentos das memórias foram publicados pela primeira vez no periódico *Znamia* em 1988, n° 3, p. 3-66; n° 4, p. 49-121; n° 5, p. 69-96.
45. Ver A. Mikoian, *Tak bylo: razmyshleniia o minuvshem* (Moscou, 1999), p. 589 ("É claro que carregamos uma grande responsabilidade. Mas temos que entender as circunstâncias em que trabalhávamos. Existia muita coisa que não sabíamos, acreditávamos nós, mas de qualquer jeito não havia nada que pudéssemos mudar".)
46. Lev Razgon, *True Stories* (Londres, 1997), p. 21-34.
47. Entrevista com Ivan Korchagin, Akmolinsk, setembro de 1998.
48. IFA, "Kommentarii k pis'mam", ts., 1988; Mikhail Iusipenko a M. Zelder, 29 de dezembro de 1988; Mikhail Iusipenko a Sergei Barinov, 18 de agosto de 1988; entrevista com Oksana Kozmina, Moscou, 1988.
49. MM, f. 1, op. 2; f. 2, op. 5; f. 12, op. 9, dd. 2-3.
50. Sobre a relação entre memória e narrativa, ver V. Skultans, *The Testimony of Lives: Narrative and Memory in Post-Soviet Latvia* (Londres, 1998).
51. *Alexander Dolgun's Story: An American in the Gulag* (Nova York, 1975), p. 4.
52. I. Sherbakova, "The Gulag in Memory", in L. Passerini (org.), *International Yearbook of Oral History and Life Stories*, vol. 1: *Memory and Totalitarianism* (Oxford, 1992), p. 112-13 (tradução ligeiramente alterada para ficar mais clara).
53. Ver MSP, f. 3, op. 42, d. 3, ll. 1-24.
54. M. McAuley, *Soviet Politics 1917-1991* (Oxford, 1992), p. 56-57.
55. Sobre as memórias do Gulag como gênero literário, ver Leona Toker, *Return from the Archipelago: Narratives of Gulag Survivors* (Bloomington, 2000).
56. E. Ginzburg, *Journey into the Whirlwind* (Londres, 1968); *Within the Whirlwind* (Londres, 1981).
57. C. Merridale, *Ivan's War: The Red Army 1939-1945* (Londres, 2005), p. 334; A. Applebaum, "The Real Patriotic War", *New York Review of Books*, vol. 53, n° 6 (6 de abril de 2006), p. 16, 18.
58. Ginzburg, *Within the Whirlwind*, p. 201.
59. *O vremeni, o Noril'ske, o sebe: vospominaniia*, 5 vols. (Moscou, 2001-4); A. MacQueen, "Survivors", *Granta*, 64 (inverno de 1998), p. 39.
60. Entrevista com Vasily Romashkin, Norilsk, julho de 2004.
61. Entrevista com Olga Iaskina, Norilsk, julho de 2004. Esse parágrafo é baseado em entrevistas com mais de 50 pessoas em Norilsk, durante julho de 2004. Ver a Lista de Entrevistas em Fontes.
62. *Moscow News*, 4 de março de 2005.
63. Mikhail Baitalsky, *Notebooks for the Grandchildren: Recollections of a Trotskyi Who Survived the Stalin Terror* (Nova Jersey, 1995), p. 97-98.
64. MP, f. 4, op. 13, d. 2, l. 18.
65. MP, f. 4, op. 24, d. 2, ll, 64-67.
66. MP, f. 4, op. 22, d. 2, ll. 67-71.
67. Sobre esse fenômeno em geral, ver H. Krystal, *Massive Psychic Trauma* (Nova York, 1968); D. Wardl, *Memorial Candles: Children of the Holocaust*, Londres, 1992; N. Burchardt, "Transgenerational Transmission in the Families of Holocaust Survivors in England", in D. Bertaux e P. Thompson (org.), *International Yearbook of Oral History and Life Stories*, vol. 2: *Between Generations: Family Models, Myths and Memories* (Oxford, 1993), p. 121-37. Para mais detalhes sobre um interessante estudo piloto acerca dessas questões, realizado pela psicóloga Marina Gulina, entre crianças criadas por sobreviventes do cerco de Leningrado, ver "Malen'kii prints v blokadnom Leningrade: psikhoanaliticheskoe issledovanie", *Sankt-Peterburgskii Universitet*, n° 9 (3698), 5 de maio de 2005, p. 32-35.

68. MSP, f. 3, op. 11, d. 1, ll. 1-2; d. 2, ll. 53-60, 74-84.
69. MSP, f. 3, op. 37, d. 2, l. 63; entrevista com Vladimir Korsakov, São Petersburgo, maio e outubro de 2003.
70. Entrevistas com Aleksei Iurasovsky, Moscou, julho de 2004 e outubro de 2005.
71. MP, f. 4, op. 24, d. 2, ll. 36-37, 44-47; MSP, f. 3, op. 16. d. 2, l. 91.
72. MP, f. 4, op. 26, d. 2, ll. 6-8; op. 3, d. 2, l. 37.
73. MP, f. 12, op. 4, d. 2, ll. 75-76.
74. MP, f. 12, op. 16, d. 2, l. 23; op. 17, d. 2, l. 52.
75. MP, f. 12, op. 17, d. 2, ll. 52-53.
76. B. Slutskii, *Sud'ba. Stikhi raznykh let* (Moscou, 1990), p. 40.
77. Ver MP, f. 4, op. 5, d. 2, l. 20; op. 24, d. 2, ll. 70-73. Alguns historiadores orais argumentam que, sob o governo autoritário de Vladimir Putin, após o ano de 2000, os russos se tornaram "socializados na reticência", como haviam sido no período soviético, e que, comparado ao início da década de 1990, eles "relutavam em conceder entrevistas sinceras" (D. Bertaux, P. Thompson e A. Rotkirch (orgs.), *On Living Through Soviet Russia* (Londres, 2004), p. 8-9).
78. MSP, f. 3, op. 14, d. 3, ll. 52-54.
79. MSP, f. 3, op. 14, d. 2, ll. 41-45, 59-64, 76, 85-89, 93, 119; d. 3, ll. 34, 39-40, 45-46. Antonia morreu em dezembro de 2006.

Fontes

Arquivos

Arquivos Públicos

AFSBTO	Arquivo do Serviço de Segurança Federal de Tambov Oblast, Tambov
AFSBVO	Arquivo do Serviço de Segurança Federal de Vologda Oblast, Vologda
AMILO	Arquivo da Sociedade Histórico-Literária de Moscou ("Vozvrashchenie")
ARAN	Arquivo da Academia Russa de Ciências, Moscou
GAOO	Arquivo Oficial de Orel Oblast, Orel
GAPO	Arquivo Oficial de Perm Oblast, Perm
GARF	Arquivo Oficial da Federação Russa, Moscou
GARK	Arquivo Oficial da República de Komi, Syktyvkar
GASO	Arquivo Oficial de Sverdlovsk Oblast, Ecaterimburgo
GAVO	Arquivo Oficial de Vologda Oblast, Vologda
GMPIR	Museu Oficial de História Política da Rússia, São Petersburgo
GOPAPO	Arquivo Oficial Sociopolítico de Perm Oblast, Perm
HP	Projeto Harvard ("Projeto do Sistema Social Soviético"), Universidade de Harvard, EUA.
IISH	Instituto Internacional de História Social, Amsterdã
IRL RAN	Instituto de Literatura Russa, Academia de Ciências Russa ("Casa de Pushkin"), São Petersburgo.
MM*	Arquivo da Sociedade Memorial, Moscou
MP*	Arquivo da Sociedade Memorial, Perm
MSP*	Arquivo da Sociedade Memorial, São Petersburgo
OR RNB	Departamento de Manuscritos, Biblioteca Nacional Russa, São Petersburgo
RGAE	Arquivo Oficial Russo de Economia, Moscou
RGAKFD	Arquivo Oficial Russo de Filmes Documentários e Fotografias, Krasnogorsk
RGALI	Arquivo Oficial Russo de Literatura e Arte, Moscou
RGASPI	Arquivo Oficial Russo de História Política e Social, Moscou SPbF
ARAN	Filial de São Petersburgo do Arquivo da Academia Russa de Ciências
SSEES	Escola de Estudos Eslavos e do Leste Europeu, Universidade de Londres

---

* Todo o material citado dos arquivos do Memorial foi coletado e organizado pelo projeto de pesquisa ligado a este livro. A maior parte dele está disponível online em http://www.orlandofiges.com, onde mais detalhes sobre o projeto podem ser encontrados.

FONTES

TsAFSB	Arquivo Central do Serviço de Segurança Federal, Moscou
TsAODM	Arquivo Central de Movimentos Sociais de Moscou
TsDNA	Centro de Documentos, "o Arquivo do Povo", Moscou
TsGAIPD	Arquivo Oficial Central de Documentos Históricos e Políticos, Moscou
TsGASP	Arquivo Oficial Central de São Petersburgo
TsIAM	Arquivo Histórico Central de Moscou
TsKhDMO	Centro para Preservação de Documentos das Organizações Juvenis, Moscou
TsMAMLS	Arquivo-Museu Central de Coleções Pessoais de Moscou

Arquivos particulares

AFA	Arquivo da Família Alekseyeva
GFA	Arquivo da Família Golovnia
IFA	Arquivo da Família Iusipenko, Akmolinsk, Cazaquistão
LFA	Arquivo da Família Levitina, São Petersburgo
MFA	Arquivo da Família Makhnach, Moscou
MIFA	Arquivo da Família Mikheladze, Tbilisi, Geórgia
MUFA	Arquivo da Família Muratov, Moscou
PFA	Arquivo da Família Pavlukhina, São Petersburgo
RFA	Arquivo da Família Ramensky, Strugi Krasnye
SFA	Arquivo da Família Slavin, Colônia, Alemanha
SLFA	Arquivo da Família Simonov-Laskin, Moscou
VFA	Arquivo da Família Vittenburg, São Petersburgo
VOFA	Arquivo da Família Voitinsky, São Petersburgo

Lista de Entrevistas

Adasinskaia, Galina Antonovna (São Petersburgo)
Akkuratnova, Maia Pavlovna (Moscou)
Aksyonova, Iraida Petrovna (Usole)
Aleksandrova, Irina Mikhailovna (São Petersburgo)
Aleksandrova, Valentina Lvovna (São Petersburgo)
Aliavdina, Veronika Anatolevna (São Petersburgo)
Alkaeva, Raifa Izmagilovna (Krasnokamsk)
Anastaseva, Margarita Viktorovna (Moscou)
Andreyev, Oleg Grigorevich (São Petersburgo)
Arapov, Aleksandr Pavlovich (São Petersburgo)
Arkhipova, Nina Nikolaeva (Moscou)
Atapov, Sergei Mikhailovich (Tambov)
Avdasheva, Ninel Nikolaevna (São Petersburgo)
Babaeva, Klavdiia Mikhailovna (Moscou)
Babailova, Natalia Borisovna (Severodvinsk)
Babak, Marina Mikhailovna (Moscou)
Babikova, Yevgeniia Spiridonovna (Norilsk)
Babina, Rada Lvovna (Moscou)
Babitskaia, Vlada Alekseyevna (Moscou)
Babushkina, Lydia Vasilevna (Perm)
Badaeva, Valentina Fyodorovna (Perm)
Badiaeva, Galina Ivanovna (Perm)
Baigulova, Elena Alekseyevna (Moscou)
Balandin, Grigorii Pavlovich (Perm)
Baranenko, Nadezhda Pavlovna (Perm)
Barinov, Sergei Mikhailovich (Akmolinsk)
Barkovskaia, Marianna Iosifovna (Izobilnoe, distrito de Stavropol)
Batin, Pyotr Yefimovich (Usole)

FONTES

Batishcheva, Maria Karlovna (Norilsk)
Batrakova, Nina Dmitrevna (Perm)
Bazilevskaia, Valentina Borisovna (Voronezh)
Bazilevskaia, Vladilena Borisovna (Moscou)
Bekker, Valentin Vladimirovich (São Petersburgo)
Belikova, Zinaida Vasilevna (São Petersburgo)
Beloborodov, Nikolai Nikolaevich (Perm)
Belousov, Arkadii Sergeyevich (Penza)
Belova, Anna Pavlovna (Krasnokamsk)
Beneta, Svetlana Anatolevna (Norilsk)
Blagoveshchensky, Andrei Borisovich (Moscou)
Bletsko, Tatiana Nikolaevna (São Petersburgo)
Blium, Arlen Viktorovich (São Petersburgo)
Blium, Igor Vsevolodovich (São Petersburgo)
Bogdanov, Sergei Nikolaevich (São Petersburgo)
Bogdanova, Natalia Borisovna (Moscou)
Bolchis, Tatiana Vasilevna (São Petersburgo)
Bonner, Elena Georgievna (Boston, EUA)
Borodina, Valentina Semyonovna (Norilsk)
Borozna, Mikhail Danilovich (Orel)
Borshchagovsky, Aleksandr Mikhailovich (Moscou)
Bronshtein, Svetlana Aleksandrovna (Moscou)
Bronshtein, Yekaterina Mikhailovna (São Petersburgo)
Budkevich, Maria Stanislavovna (São Petersburgo)
Bulat, Inessa Pavlovna (São Petersburgo)
Burylovna, Zoia Pavlovna (Perm)
Bushueva, Angelina Vladimirovna (Perm)
Chechik, Elizaveta Natanovna (Moscou)
Cherepanova, Praskovia Iakimovna (Perm)
Cherkasova, Karina Leonidovna (Moscou)
Cherkasskaia, Bella Martynovna (São Petersburgo)
Cherkesov, Oleg Vsevolodovich (São Petersburgo)
Cherkesova, Svetlana Vsevolodovna (São Petersburgo)
Cherniaev, Boris Dmitrievich (Tambov)
Cherniaeva, Dalita Artyomovna (Krasnokamsk)
Chesnokov, Vladimir Ivanovich (São Petersburgo)
Chulkova, Antonina Alekseyevna (Perm)
Chuprun, Gerta Yevgenevna (Moscou)
Dadzis, Lydia Ianovna (São Petersburgo)
Danilenko, Irina Aleksandrovna (Norilsk)
Danilov, Viktor Petrovich (Moscou)
Danilova, Natalia Stepanovna (Moscou)
Danilovich, Liia Iakovlevna (Perm)
Darvina, Anna Andreyevna (Norilsk)
Davydova, Inna Pavlovna (Voronezh)
Delibash, Elizaveta Aleksandrovna (São Petersburgo)
Dmitrenko, Irina Aleksandrovna (Norilsk)
Dmitruk, Stepan Kuzmich (Norilsk)
Dmitruk, Vasilina Korneyevna (Norilsk)
Dobrovolskaia, Ella Dmitrievna (Moscou)
Dombrovskaia, Elena Petrovna (Moscou)
Drozdov, Boris Pavlovich (Moscou)

FONTES

Dudareva, Galina Vasilevna (São Petersburgo)
Eisenberg, Vera Ignatevna (Kolpino)
Eliashova, Liudmila Leonidovna (São Petersburgo)
Eliashova, Marksena Leonidovna (São Petersburgo)
Ender, Zoia Borisovna (Roma, Itália)
Epshtein, Mark Borisovich (São Petersburgo)
Erofeev, Andrei Vladimirovich (Moscou)
Erofeev, Viktor Vladimirovich (Moscou)
Feofilaktova, Nina Ivanovna (São Petersburgo)
Filimonova, Larisa Fyodorovna (São Petersburgo)
Filippova, Kira Ivanovna (São Petersburgo)
Fomin, Vladimir Leonidovich (São Petersburgo)
Fursei, Georgii Nikolaevich (São Petersburgo)
Gabaeva, Natalia Sergeyevna (São Petersburgo)
Galchinskaia, Liudmila Mikhailovna (São Petersburgo)
Galitsky, Pavel Kalinikovich (São Petersburgo)
Garmash, Larisa Danilovna (Moscou)
Garmash, Vitalii Ivanovich (Moscou)
Gavrilov, Boris Nikolaevich (São Petersburgo)
Genishta, Vladimir Sergeyevich (Novosibirsk)
Genishta, Yevgeny Sergeyevich (Moscou)
Gernet, Galina Yevgenevna (São Petersburgo)
Glazova, Margarita Nikolaevna (São Petersburgo)
Godes, Anri Mikhailovich (São Petersburgo)
Goldevskaia, Yekaterina Ivanovna (São Petersburgo)
Goldobin, Andrei Borisovich (São Petersburgo)
Golovanova, Genrietta Ivanovna (Severodvinsk)
Golovko, Semyon Georgievich (Norilsk)
Golovnia, Oksana Anatolevna (Moscou)
Golovnia, Yevgeniia Viktorovna (Moscou)
Golubiatnikova, Natalia Nikolaevna (Norilsk)
Goncharov, Yevgeny Yefimovich (Norilsk)
Goncharova, Klavdiia (Moscou)
Gorbach, Larisa Fyodorovna (Perm)
Gordon, Marianna Lvovna (São Petersburgo)
Gorshkova, Tamara Filippovna (Perm)
Gotman, Rudolf Gotlibovich (Perm)
Gremiakina, Antonina Dmitrevna (Krasnokamsk)
Gribelnaia, Nina Andreyevna (São Petersburgo)
Grigoreva, Natalia Vasilevna (Moscou)
Gukovsky, Maksim Stepanovich (Voronezh)
Gurevich, Sergei Grigorevich (São Petersburgo)
Gurova, Irina Gavrilovna (Moscou)
Iablokov, Iurii Yevgenevich (Moscou)
Iakovlev Gennady Ilarionovich (Usole)
Iakovlev, Mikhail Ivanovich (São Petersburgo)
Iakovleva, Lelita Andreyevna (Adler, região de Krasnodar)
Iakovleva, Nina Andreyevna (São Petersburgo)
Iakubovich, Vladimir Andreyevich (São Petersburgo)
Ianchevskaia, Maria Leopoldovna (São Petersburgo)
Ianin, Vladimir Andreyevich (Moscou)
Ianovich, Elena Petrovna (São Petersburgo)

FONTES

Iashkov, Anatoly Vasilevich (São Petersburgo)
Iaskina, Olga Ivanovna (Norilsk)
Iazykov, Vladimir Aleksandrovich (Moscou)
Ibragim-Zade, Dilara Ibragimovna (Moscou)
Ilina, Inna Vasilevna (Moscou)
Ilina, Liana Lvovna (São Petersburgo)
Iodis, Praskovia Andreyevna (Norilsk)
Iurasovsky, Aleksei Mikhailovich (Moscou)
Iushkevich, Mikhail Ivanovich (São Petersburgo)
Iusipenko, Mikhail Terentevich (Akmolinsk)
Iusopova, Antonina Samsonovna (Krasnokamsk)
Ivanishcheva, Sofia Nikolaevna (Krasnokamsk)
Ivanov, Aleksei Petrovich (Voronezh)
Ivanov, Sergei Borisovich (Tambov)
Ivanova, Margarita Fyodorovna (Krasnokamsk)
Ivanova, Marina Nikolaevna (São Petersburgo)
Ivanova, Olga Stepanovna (São Petersburgo)
Ivanova, Tatiana Ivanovna (São Petersburgo)
Kagner, Irina Borisovna (Moscou)
Kalnina, Maia Konstantinovna (São Petersburgo)
Kanepei, Elena Vasilevna (Yeisk, região de Krasnodar)
Kasatkina, Lydia Dmitrevna (Perm)
Kashin, Boris Romanovich (Perm)
Kashtanov, Aleksei Mikhailovich (Penza)
Kasimova, Sanie Isliamovna (Berezniki)
Katseilidi, Vera Dmitrevna (Krasnokamsk)
Katseilidi, Yekaterina Dmitrevna (Krasnokamsk)
Kavelina, Olga Aleksandrovna (Moscou)
Kazakova, Zoia Pavlovna (Perm)
Kem, Vilgelmina Ivanovna (Usole)
Kharitonova, Ella Ilinichna (São Petersburgo)
Khlystova, Svetlana Veniaminovna (Perm)
Kiselyova, Yevgeniia Konstantinovna (Moscou)
Kleimenova, Zoia Izrailevna (Moscou)
Kofman, Maia Lazarevna (Moscou)
Kogan, Rebekka (Rita) Samoilovna (São Petersburgo)
Kolla, Galina Nikolaevna (Perm)
Kollakova, Julia Vasilevna (Moscou)
Kollang, Rene Almarovich (São Petersburgo)
Kolobkov, Viacheslav Petrovich (São Petersburgo)
Koltsova, Laura Vladimirovna (São Petersburgo)
Kondratenko, Dina Vladimirovna (São Petersburgo)
Kondrateva, Adalina Veniaminovna (Moscou)
Konstantinova, Elena Aleksandrovna (Petrozavodsk)
Konstantinova, Natalia Aleksandrovna (São Petersburgo)
Korchagin, Ivan Petrovich (Karaganda)
Korsakov, Vladimir Georgievich (São Petersburgo)
Kosaryov, Vladimir Valentinovich (São Petersburgo)
Kosheleva, Galina Andreyevna (São Petersburgo)
Kovach, Nikolai Ivanovich (Yeisk, região de Krasnodar)
Kozhin, Viktor Aleksandrovich (São Petersburgo)
Kozmina, Oksana Yevdokimovna (Moscou)

FONTES

Kozyrev, Aleksandr Nikolaevich (São Petersburgo)
Kraeva, Klara Maksimovna (Perm)
Kraevsky, Karl Borisovich (Moscou)
Krasilnikov, Grigorii Pavlovich (Krasnokamsk)
Krasnova, Elena Iosifovna (São Petersburgo)
Krasnova, Elena Ivanovna (São Petersburgo)
Krasovitov, Mikhail Gavrilovich (Krasnokamsk)
Krauze, Elena Fridrikhovna (Moscou)
Kreines, Natalia Mikhailovna (Moscou)
Krivulina, Julia Aleksandrovna (Ufa)
Kropotina, Valentina Andreyevna (Perm)
Kruglova, Tatiana Sergeyevna (Moscou)
Krutilova, Larisa Solomonovna (São Petersburgo)
Krylov, Nikolai Arkhipovich (Perm)
Krylova, Irma Adolfovna (São Petersburgo)
Krylova, Valentina Ivanovna (Perm)
Kulak, Lydia Fyodorovna (Krasnokamsk)
Kurko, Nadezhda Adolfovna (São Petersburgo)
Kurochkina, Olga Aleksandrovna (Perm)
Kuznetsov, Anatoly Pavlovich (Perm)
Kuznetsova, Julia Nikolaevna (Perm)
Kuznetsova, Maria Ilinichna (Moscou)
Kuznetsova, Tatiana Borisovna (São Petersburgo)
Lapchev, Vasily Stepanovich (Perm)
Lapko, Laris Ivanovich (Gaiva)
Lapko, Rem Ivanovich (Ecaterimburgo)
Lapko, Stanislav Ivanovich (Krasnokamsk)
Lapko, Stanislav Ivanovich (Perm)
Larionov, Maksim Mikhailovich (São Petersburgo)
Larkov, Sergei Alekseyevich (Moscou)
Laskina, Fania Samoilovna (Moscou)
Lazarev, Lazar Ilich (Moscou)
Lazareva, Valentina Grigorevna (Krasnokamsk)
Lazareva, Zoia Grigorevna (Krasnokamsk)
Lebedeva, Nadezhda Mikhailovna (São Petersburgo)
Lebedeva-Epshtein, Tatiana Valerevna (Moscou)
Leshchukova, Maria Ivanovna (Usole)
Leven, Leonid Petrovich (São Petersburgo)
Levidova, Ada Lvovna (São Petersburgo)
Levin, Valerii Pavlovich (Moscou)
Levina, Nina Pavlovna (Krasnoiarsk)
Levitina, Bella Iosifovna (São Petersburgo)
Liberman, Irina Solomonovna (São Petersburgo)
Likhachyov, Sergei Ivanovich (Penza)
Lileyev, Nikolai Ivanovich (São Petersburgo)
Liubavskaia, Mella Pavlovna (São Petersburgo)
Liubich, Olga Aleksandrovna (Moscou)
Liverovskaia, Olga Alekseyevna (São Petersburgo)
Lobachev, Vladimir Mikhailovich (Moscou)
Lomakin, Iurii Mikhailovich (Tambov)
Lopatin, Roman Aleksandrovich (Stavropol)
Lorentsson, Lilia Vikinitevna (Perm)

FONTES

Loshkareva, Taisia Grigorevna (Romanovo, distrito de Usole)
Loviagina, Polina Nikiforovna (Perm)
Lukomsky, Georgii Vladimirovich (São Petersburgo)
Makhnach, Leonid Vladimirovich (Moscou)
Makridin, Vasily Platonovich (São Petersburgo)
Maksimov, Vladimir Ivanovich (São Petersburgo)
Malakhovskaia, Terezia Valerianovna (São Petersburgo)
Malanichev, Nikolai Ivanovich (Krasnokamsk)
Margulin, Valentin Mikhailovich (São Petersburgo)
Markelova, Galina Georgievna (São Petersburgo)
Martinelli, Elena Arvidovna (São Petersburgo)
Medvedeva, Marina Sergeyevna (Moscou)
Melnikova, Tsetsiliia Vladimirovna (Colônia, Alemanha)
Meshalkin, Nikolai Ivanovich (Perm)
Meshalkina, Elfrida Gotlibovna (Perm)
Mezentseva, Klara Isaakovna (São Petersburgo)
Miftakhov, Tolgat Latfyllinoch (Krasnokamsk)
Miftakhova, Asia Sadykova (Krasnokamsk)
Mikhailov, Valentin Mikhailovich (Tambov)
Mikhailova, Nadezhda Nikolaeva (Moscou)
Mikheladze, Vakhtang Yevgenevich (Moscou)
Mikova, Nina Grigorevna (Usole)
Mikueva, Irina Ilinichna (Perm)
Mikueva, Tamara Nikolaevna (Stavropol)
Mikuevich, Anatoly Pavlovich (Voronezh)
Mileiko, Vitalii Bronislavovich (São Petersburgo)
Milkevich, Vladimir Vilkentivich (Berezniki)
Minusova, Vera Viktorovna (Perm)
Mitina, Valentina Nazarovna (Moscou)
Moiseyenko, Yevgeniia Mitrofanovna (Moscou)
Moiseyeva, Antonina Mikhailovna (Perm)
Molotkov, Lev Vladimirovich (São Petersburgo)
Monko, Ianina Davydovna (Moscou)
Morozov, Nikita Fyodorovich (São Petersburgo)
Mukhina, Nina Nikolaeva (Perm)
Muravnik, Leonid Iakovlevich (Moscou)
Muravsky, Valentin Tikhonovich (São Petersburgo)
Muravsky, Vladimir Valentinovich (São Petersburgo)
Nardina, Zoia Iakovlevna (Norilsk)
Nemishchenko, Galina Parfenevna (Moscou)
Netto, Lev Aleksandrovich (Moscou)
Neverova, Nina Vasilevna (Usole)
Nevskaia, Veronika Aleksandrovna (São Petersburgo)
Nikiforova, Marksena Mikhailovna (São Petersburgo)
Norkina, Maia Nikolaevna (Moscou)
Noskova, Tatiana Aleksandrovna (Perm)
Novikova, Minora Zinovevna (Moscou)
Novoseltseva, Roza Aleksandrovna (Moscou)
Obst, Elizaveta Iosifovna (Norilsk)
Orlova, Yekaterina Aleksandrovna (São Petersburgo)
Osipov, Pavel Aleksandrovich (Orel, distrito de Usole)
Ostasheva, Larisa Sergeyevna (Moscou)

Ovchinnikova, Nadezhda Ignatevna (São Petersburgo)
Ozemblovskaia, Sofia Aleksandrovna (Perm)
Paches, Nikolai Ivanovich (Perm)
Paduchikh, Lydia Andreyeva (Orel, distrito de Usole)
Panova, Nonna Vladimirovna (São Petersburgo)
Paramonova, Margarita Ivanovna (São Petersburgo)
Paramonova, Nina Pavlovna (São Petersburgo)
Pavlovich, Aleksandr Georgievich (Moscou)
Perepechenko, Elizaveta Dmitrievna (Moscou)
Petrova, Galina Ivanovna (Strugi Krasnye)
Petrovich, Valentina Iakovlevna (Perm)
Piatnitsky, Vladimir Iosifovich (São Petersburgo)
Pikulova, Anastasia Nikolaevna (Perm)
Pishchalnikova, Aleksandra Gavrilovna (Moscou)
Pleskina, Anastasia Gavrilovna (Krasnokamsk)
Poloz, Rada Mikhailovna (Moscou)
Ponomaryov, Nikolai Iakovlevich (Usole)
Popkova, Linda Emmanuilova (Usole)
Potapova, Nona Petrovna (Perm)
Potapova, Olga Mikhailovna (Petrozavodsk)
Potter, Nadezhda Nikolaevna (São Petersburgo)
Pristupa, Vera Ignatevna (Norilsk)
Proskurina, Marina Semyonovna (Krasnokamsk)
Pukhova, Lydia Aleksandrovna (São Petersburgo)
Radzevsky, Nikolai Semyonovich (Krasnokamsk)
Ragozina, Nadezhda Nikolaevna (Perm)
Ramenskaia, Olga Ivanovna (Strugi Krasnye)
Reifshneider, Ninel Kirillovna (Moscou)
Remchuk, Olga Grigorevna (Norilsk)
Riabova, Tamara Nikolaevna (Perm)
Riabtseva, Tatiana Yevgenevna (São Petersburgo)
Riabushinsky, Mikhail Petrovich (Stavropol)
Rimm, Eduard Robertovich (Perm)
Rodak, Maia Isaakovna (Moscou)
Roginsky, Martyn Aleksandrovich (São Petersburgo)
Romanov, Sergei Dmitrievich (Krasnokamsk)
Romanova, Natalia Ivanova (Krasnokamsk)
Romashkin, Mstislav Antonovich (Penza)
Romashkin, Vasily Feoktistovich (Norilsk)
Rozonovskaia, Svetlana Leonidovna (São Petersburgo)
Sakulina, Ella Iakovlevna (Perm)
Saltykov, Leonid Konstantinovich (Perm)
Samieva, Inessa Petrovna (Pushkino)
Samsonov, Gennady Mikhailovich (Stavropol)
Sazhnov, Igor Natanovich (Norilsk)
Sazhnova, Nina Petrova (Saratov)
Sedukhina, Inessa Mikhailovna (Perm)
Selezneva, Vera Petrovna (Krasnokamsk)
Serbin, Semyon Semyonovich (Usole)
Serpokril, Nina Vasilevna (São Petersburgo)
Shabrova, Iia Ivanovna (Moscou)
Shangina, Tatiana Mstislavovna (São Petersburgo)

FONTES

Shchegoleva, Yevgeniia Sergeyevna (Usole)
Shcherbakova, Emiliia Aleksandrovna (Perm)
Shchukina, Klavdiia Pavlovna (Perm)
Shchurenkova, Vera Anatolevna (Moscou)
Shenshina, Inna Yevgenevna (Perm)
Shikheyeva, Inna Aronovna (Moscou)
Shirkunova, Aleksandra Romanovna (Krasnokamsk)
Shirokikh, Pyotr Grigorevich (Perm)
Shishkina, Emma Ivanovna (Usole)
Shliapnikova, Klara Konstantinova (Krasnokamsk)
Shmelyov, Boris Vasilevich (São Petersburgo)
Shtakelberg, Iurii Ivanovich (São Petersburgo)
Shtein, Galina Aleksandrovna (Kirishi, distrito de Leningrado)
Shumatov, Aleksandr Petrovich (Perm)
Shumilo, Vera Ivanovna (Norilsk)
Shumovsky, Teodor Abramovich (São Petersburgo)
Shuvalova, Elena Vladimirovna (São Petersburgo)
Shvartsvald-Khmyznikova, Elena Pavlovna (São Petersburgo)
Shvartsvald-Khmyznikova, Konstantin Pavlovich (São Petersburgo)
Shweitser, Viktoriia (Moscou)
Simonov, Aleksei Kirillovich (Moscou)
Simonova, Anna Iosifovna (São Petersburgo)
Simonova, Maria Kirillovna (Moscou)
Simonova, Tatiana Petrovna (Krasnokamsk)
Sirman, Anzhelika Alekseyevna (São Petersburgo)
Siuz-sin-Nian, Boris Ivanovich (Moscou)
Skachkova, Aleksandra Petrovna (Moscou)
Skachkova, Varvara Petrovna (São Petersburgo)
Skanchenko, Nadezhda Ivanovna (Moscou)
Skorobogatov, Mikhail Mikhailovich (Perm)
Skripnik, Marta Ivanovna (Moscou)
Slanskaia, Veronika Petrovna (São Petersburgo)
Slavina, Ida Ilinichna (Colônia, Alemanha)
Smelskaia, Valentina Stepanovna (São Petersburgo)
Smirnova, Yevgeniia Vladimirovna (Moscou)
Soboleva, Nina Aleksandrovna (Perm)
Sorokina, Yekaterina Nikolaevna (Usole)
Stepanova, Antonina Fyodorovna (Perm)
Stepantseva, Natalia Ilinichna (Perm)
Stogova, Alla Aleksandrovna (Moscou)
Stogova, Liubov Ivanovna (Moscou)
Streletsky, Dmitry Nikolaevich (Perm)
Streletsky, Iurii Sergeyevich (São Petersburgo)
Striapunin, Vasily Nikolaevich (Krasnokamsk)
Sukhobaevsky, Igor Iurevich (Norilsk)
Sushentseva, Liudmila Vasilevna (Perm)
Suutarinen, Khugo Ivanovich (Shemeinyi, distrito de Usole)
Suvorov, Artur Mikhailovich (Moscou)
Suvorova, Diana Mikhailovna (Moscou)
Suvorova, Elizaveta Petrovna (Usole)
Svetlov, Iurii Valentinovich (Moscou)
Taisina, Rezeda Shamsuvalievna (Perm)

Tamanov, Boris Borisovich (Voronezh)
Tarasova, Nina Fyodorovna (Krasnokamsk)
Tell, Vilgelm Tosifovich (Moscou)
Tetiueva, Liubov Aleksandrovna (Perm)
Tikhanova, Valentina Aleksandrovna (Moscou)
Tikhantovskaia, Margarita Vasilevna (Perm)
Tikhomirov, Sergei Aleksandrovich (São Petersburgo)
Tikhomirova, Elvina Georgievna (Perm)
Timofeyeva, Zoia Andreyevna (São Petersburgo)
Titorenko, Nikita Stepanovich (Voronezh)
Tokmacheva, Yevgeniia Ivanovna (São Petersburgo)
Torchinskaia, Elga Grigorevna (São Petersburgo)
Treimanis, Maria Aleksandrovna (Norilsk)
Trofimova, Galina Yevgenevna (São Petersburgo)
Tronina, Anna Ivanovna (Perm)
Tropina, Sofia Mikhailovna (Kolpino)
Trubina, Tamara Konstantinovna (Perm)
Turkina, Vera Aleksandrovna (Perm)
Uglitskikh, Ivan Ivanovich (Krasnokamsk)
Usanina, Valeriia Viktorovna (Perm)
Vangengeim, Eleonora Alekseyevna (Moscou)
Vasileva, Tatiana Pavlovna (São Petersburgo)
Vasileva, Yevgeniia Pavlovna (São Petersburgo)
Vasileva-Ruzova, Tatiana Sergeyevna (São Petersburgo)
Vasiltseva, Vera Ivanovna (Perm)
Veber, Nina Vasilevna (Moscou)
Veksler, Arkadii Favishevich (São Petersburgo)
Verzakova, Liudmila Nikolaevna (Krasnokamsk)
Vikhrova, Aleksandra Antonovna (Norilsk)
Vilensky, Nikolai Alekseyevich (Moscou)
Vinogradov, Iurii Abramovich (São Petersburgo)
Violina, Lydia Mikhailovna (Moscou)
Vishniakova, Angelina Dmitrevna (Perm)
Vitkevich, Maria Ivanovna (São Petersburgo)
Vittenburg, Yevgeniia Pavlovna (São Petersburgo)
Vlasov, Vladimir Aleksandrovich (São Petersburgo)
Volkonskaia, Elena (Cettona, Itália)
Volkov, Sergei Aleksandrovich (São Petersburgo)
Volkova, Julia Mikhailovna (Moscou)
Volynets, Viktor Flegontovich (São Petersburgo)
Vorobyov, Aleksei Mikhailovich (Moscou)
Vorovsky, Semyon Leonidovich (Moscou)
Yefremova, Nina Aleksandrovna (Perm)
Yegorovna, Vera Nikolaevna (Usole)
Yelsukova, Liudmila Anatolevna (Perm)
Yevangulova, Yevgeniia Pavlovna (São Petersburgo)
Yevgenova, Irina Nikolaevna (São Petersburgo)
Zagurskaia, Lilia Grigorevna (Moscou)
Zagurskaia, Tamara Grigorevna (Moscou)
Zaletaeva, Avgusta Pavlovna (Krasnokamsk)
Zavadskaia, Olga Sergeyevna (Irkutsk)
Zelenina, Nina Ignatevna (Perm)

FONTES

Zelenina, Valentina Abramovna (Romanovo, distrito de Usole)
Zeziulina, Anna Leonidovna (Perm)
Zhuravleva, Margarita Udovna (São Petersburgo)
Zimniaia, Irina Nikolaevna (Moscou)
Znamenskaia, Antonina Nikolaevna (São Petersburgo)
Zorin, Ilia Mikhailovich (Romanovo, distrito de Usole)

Índice

números de página em itálico se referem a ilustrações

Abakumov, Viktor, 521
ABC do comunismo, O, 9
Abezgauz, Grigorii, 571
aborto, ilegal, 110, 264
Academia da Agricultura, 165
Academia de Ciências, 208, 502
Academia Médico-Militar, Petrogrado, 13
Academia Militar de Frunze, 616
aceitação social, desejo das crianças de, 341, 343, 345-47, 352-53, 354, 355-56
aço, produção, 426, 427
Acordo de Transferência de Mercadorias e Serviços, 410, 443
Adamova-Sliuzberg, Olga, 261, 263, 278-79, 281-82, 286, 301-3, 529, 560-61, 580-81
Adasinskaia, Galina, 39, 347
"Adventures of a Monkey" (Zoshchenko), 489
Afinogenov, Aleksandr, 256-57, 374
Agitprop, 143, 504, 505
agricultura
 Campanha das Terras Virgens, 543-44, 547, 561
 cultura em faixas, 51, 52
 declínio terminal, 87
 perda demográfica do pós-guerra, 457
 pós-Revolução, 51-52
 práticas tradicionais, 51, 76, 77
 revolução (1917-18), 77, 81
 Ver também coletivização agrícola; fome; terra
Akhmatova, Anna, 218, 431, 488-89, 490, 491, 492, 583

Akmolinsk, Campo de Trabalhos para Esposas de Traidores da Pátria (ALZhIR), 294, 316-17, 324, 356-61, 364-65, 366, 447, 510, 525, 540, 544
 adolescentes, 360
 complexos infantis, 364
 condições, 357-59
 efeito nos prisioneiros, 556-57, 571-72
 guardas, 364, 630-32
 orfanato de Dolinka, 317, 358
 Pioneiros, 359
 "regime especial", 357-58, 360, 367-68
 regras de correspondência, 359-61
 relações sexuais, 364-65
Aksyonov, Vasily, 626-27
Aleksandrov, Grigorii, 366, 557
Aleksandrova, Irina, 473
Aleksandrova, Valentina, 461
Aleksandrovna, Liudmila, 572
Aleksayeva, Liudmila, 597-98
Alekseyeva, Klavdiia, 294-96
Alekxandr Nevsky (filme), 270
Alemanha Oriental, domínio soviético, 537
Alemanha
 agressão militar, 235
 Grã-Bretanha e França declaram guerra (1939), 372
 guerra em potencial com, 235-36, 270
 invasão da Polônia (1939), 372
 invasão da Rússia (1941), 379-87
 invasão da Tchecoslováquia, 371, 372
 ocupação do vale do Reno, 235
 pacto com o Japão (1936), 236

ÍNDICE

Pacto Nazi-Soviético (1939), 372, 373, 374, 381
Ver também exército alemão
alfabetização, rural, 126
alianças de casamento, 161
Aliger, Margarita, 199, 400, 407
Alliluev, Fyodor, 177
Allilueva, Nadezhda, 155, 236
Allilueva, Svetlana, 402
Altman, Iogann, 494, 496, 589
ALZhIR, *ver* Campo para Esposas de Traidores da Pátria de Akmolinsk
Andronnikov, Iraklii, 406
anketa, *ver* questionários
Anna Karenina (Tolstoi), 562
Antigos Crentes, 48n, 215, 242, 264
antissemitismo, 420, 508-12, 518, 521, 570, 646, 647, 648
Antonov-Ovseyenko, Sofia, 298-300, 336
Antonov-Ovseyenko, Valentina, 299, 336-38, 337
Antonov-Ovseyenko, Vladimir, 16, 298, 299, 336
aparência pessoal, 15-16, 158-59
apartamentos comunitários, 9, 152-53, 172-86
  "sistema de corredor", 177-79
  banheiros, 183-84
  como microcosmo da sociedade comunista, 179
  conversas nos, 253
  cozinhas, 182
  desavenças nos, 181-82
  e o sentimento de companheirismo, 184-85
  falta de privacidade, 180, 182-84
  impacto sobre os moradores, 186
  mais velho, posto de, 179-80
  nostalgia dos, 185
  responsabilidades compartilhadas, 179
  vigilância mútua, 180-82
apartamentos, *ver* apartamentos comunitários; moradia
apoio para crianças, 161
Arkhangelsk, 546
  campos de trabalho, 326, 568, 599
  exílio em, 116, 143, 216-17, 292, 390, 391, 392, 424, 544, 545, 601
Arquipélago Gulag (Solzhenitsyn), 634, 635
arquitetura
  construtivista, 10, 150, 152
  moradias coletivas, 9-10
arrependimento, Partido e, 35, 244
Arsenteva, Zoia, 331-32, *332*
artigos de luxo, produção, 157-58
Artseulov, família, 292-93

asceticismo, ideal bolchevique, 14-19, 30, 158, 161
Assembleia Constituinte, 38n
"assentamentos especiais" de Shaltyr, 100-103, 121, 122, 145, 656
"assentamentos especiais", 87, 88, *101*
  condições, 100-103
  fugas, 105-10
  fugitivos, 242
  para *kulaks*, 93, 100, 353
  redução populacional, 102
  remuneração, 354
Associação Russa de Escritores Proletários (RAPP), 132, 256
atestados de óbito, forjados, 582
atitudes sexuais, 11, 161
Avdeyenko, Aleksandr, 192, 193, 195
Averbakh, Leopold, 256
"averbakhianos", 281
avós
  como correspondentes, 326
  como transmissores de valores tradicionais, 41-44
  cuidando de crianças, 13, 41
  fé religiosa, 44-46
  recuperando crianças abandonadas, 317, 318-23, 325-27, 336, 350, 351

Babak, Marina, 621
babás, 47-50, 48-50
Babel, Isaak, 251, 280
Babitskaia, Liuba (nascida Ivanova, anteriormente Golovnia), *170*, 155, 557-59
Babitsky, Boris, 168, *168*, 169, 170, 195, 366, 558
Babitsky, Volik, 168, 170, *170*, 366, 367
Babushkina, Lydia, 598-99, 650
Bagirov, Doutor em Medicina, 585
Baigulova, Elena, 183
Baitalsky, Mikhail, 30-31, 180, 641-42
Baku, Instituto de Medicina de, 585-86
Bargin, Ivan, 424-25
Barinov, Sergei, 358, 368
batalha de Stalingrado (depois Volgogrado) (1942), 412, 413, 418, 419
  contraofensiva soviética, 418
  desequilíbrio entre gêneros no pós-guerra, 457
  espaço para lamentações, 619
batalhões penais, 413
Bazanov, Filipp, 216
Begicheva, Natalia, 494, 497
Belikova, Zinaida, 528
Belinsky, Vissarion, 494
Belykh, Gregorii, 12-13
bens de consumo, 467

ÍNDICE

demanda (1928-), 119
escassez do pós-guerra, 457, 458-59
Berg, Raisa, 24
Berggolts, Olga, 523
Beria, Lavrenty
   detenções, revisão, 279, 280
   e a anistia (1953-54), 530, 536-37
   e a greve em Norilsk, 533
   e o sistema Gulag, 468, 527, 530
   estupro de Okunevskaia, 402n
   execução, 537
   medo de, 526, 527
   reformas na Alemanha Oriental (1953), 537
Berlin, Isaiah, 488
Berman, Matvei, 100
Berzin, Eduard, 116-17, 118, 215, 526, 633
Bezgodov, Viktor, 355
Bezymensky, Aleksandr, 286
Bielorrússia, 89, 105, 106, 108, 164, 260
   antissemitismo, 509
   detenções no pós-guerra, 467, 468, 469
   judeus, emancipação, 69
   orfanatos, 99, 235
Bindel, Riab, 273-74
biografias comprometedoras, 199, 401, 462, 476, 598, 647
   afrouxamento dos controles na época da guerra, 435
   consequências, 199, 436, 473, 476, 510, 647
   ocultação perante as famílias, 147, 548, 601, 649-50, 652, 653-54
   ocultação perante autoridades, 131, 137, 147, 167, 329, 334, 473-78, 563-64, 598, 599, 601, 603, 604
   reparação, 262, 344-45, 347, 401, 435, 473, 478
   Ver também questionários
Black Book, The (Grossman & Ehrenburg), 494
Bliukher, Marshal, V. K., 289
Bobrovskaia, Tsetsiliia, 288
Bonner, Elena, 14, 36-37, 42, 243, 285, 289, 295-96, 540-41
Bonner, família, 14, 36-37, 41-43, 48, 137, 540-41
Borshchagovsky, Aleksandr, 490, 494, 497-501, 501, 502, 622
Botova, Afanasia, 581-82
Bragin, família, 435, 437, 526
Brezhnev, Leonid, 155
   e o sofrimento no tempo de guerra, 621
   repressão política, 605, 616-17, 623
Brigada de Rifles Letoniana, 469
Brik, Lilia, 625
brincadeiras de crianças, 24-25, 32-33
Briukhova, Marfa, 326

Brodsky, Iosif, 646, 648
Bronhstein, Vera, 511, 529
Bronshtein, Katia (nascida German), 545n
Bronshtein, Svetlana, 511, 606-7
Bubennov, Mikhail, 519
Budkevich, família, 14, 245, 286-87, 343-34, 583-84
Bukharin, Nikolai, 9, 309
   derrota de Stalin, 71
   e a NEP, 6-7, 71, 72, 83, 154
   julgamento e execução, 238, 297, 309
   Oposição de Direita, 230
   retratação (1934), 197
   sobre o Plano Mestre de Moscou, 150
   Stalin e, 72, 74, 595
   supostos crimes, 238, 272, 276
Bulat, família, 335-36, 449
Bulgakov, Mikhail, 194, 489, 622
Bulgakova, Elena, 408, 622, 623
Bulganin, Nikolai, 536, 537
Bunin, Ivan, 482
buracos no chão, vivendo em, 100, 101, 110, 173, 189, 397, 457, 576
burguesia
   contra o "Terror Vermelho", 5
   "especialistas burgueses", 42, 55, 73, 113, 153
   pós-guerra, 470-73
   repressão, 136
   retorno temido, 72-73
   Soviete, emergência (meados da década de 1930), 157-63
busca e requerimento, brincadeira infantil, 25
Bushev, família, 316-20, 356-59, 455, *456*, 458, 475-76, 525, 556-57, 580, 581, 600-601, *601*, 606, 316, *317*, 318, 358, *359*, 455, *600*
Bykov, Rolan, 185
"*byt* filisteu", 15, 16

camaradagem
   apartamentos comunitários e, 184-85
   época da guerra, 420-21
   campanha "anticosmopolita", 494-503, 508, 509, 518
Campanha das Terras Virgens, 543-44, 547, 561
campo de férias de Artek, 129, 249
campo de trabalhos de Amur, 90
campo de trabalhos de Belbaltlag, 113-14
campo de trabalhos de Inta, 529, 536, 566
campo de trânsito de Bikin, Khabarovsk, 629-30
Campo Solovetsky de Importância Especial (SLON), 81, 112-13, 114, 116, 121, 219, 338-39, 390
   eficiência, 112-13

ÍNDICE

elogio de Gorki, 194
camponeses
  alfabetização, 126
  classe social, 78
  comércio e manufaturas, 52
  comércio na época da guerra, 467
  como "família", 50-51
  como "pequena burguesia", 82
  como proletariado rural, 82
  como trabalhadores industriais, 98, 172
  comunas, 41
  criação, matança, 93, 96
  detenção, 82
  disparidades culturais/de geração, 126
  e a NEP, 6, 86
  e a propriedade privada, 84, 94, 97
  e coletivização, 76-77, 83, 84-93, 92-94, 96-97, 128-29
  e o mercado de grãos, 72, 82
  e preços, 72
  emancipação (1861), 51, 77
  ética de trabalho, 52, 86
  fazendas familiares, erradicação, 81-87, 94
  fome (1921), 5
  greves, 442
  guerra do Partido contra, 83-86
  idade, 126
  impostos sobre, 86, 95
  individualismo, 50
  migração urbana, 98-99, 118-19, 120, 121, 126-27, 128, 172
  poder de compra, 467
  porcentagem de população, 50
  queixas, 154
  rebeliões (1921), 5, 6
  revolução (1917), 81, 92-93
  trabalho pago, 86
  tradicionalismo, 50, 53, 76, 77, 84, 87, 126, 127
  união com, 72
  Ver também kulaks
"campos de filtragem", 469, 531
campos de trabalho do Extremo Norte, 112, 113, 123, 357, 362, 467, 515, 517
campos de trabalho Potma, 331, 449, 450, 511, 561, 570, 650,
campos de trabalho, 112-18
  amizades, 565-72
  assassinatos (1937-38), 234
  casamentos, 566-71
  casas para as crianças nos, 363, 364, 599-600
  como empreendimento econômico, 117-18, 208, 423, 425-31, 576
  condições, 100, 106, 110, 114-15, 118, 357, 362, 516-17, 530, 532-33
  conhecimento sobre, 438
  correspondência, 142, 203, 218, 220-22, 224-26, 278, 311, 322, 359, 360-61, 368
  crescimento populacional, 113, 208, 234
  e "remodelação", 101, 117, 193-94, 196, 206-7, 215
  e a morte de Stalin, 529-31, 532-34
  efeito sobre os prisioneiros, 553-60, 563, 571-72
  envio de "*kulaks* mal-intencionados", 82, 87, 88
  greves e protestos (1953-54), 529-34
  guardas, 468, 629-32
  justificativa legal, 206
  mortalidade, 218, 426
  orgulho patriótico, 447
  penas, 113-115
  "pessoas de confiança", 361
  prisioneiros libertados, 535-37, 538, 540, 542, 552-73
  recompensas materiais, 196, 468, 470
  relações sexuais, 362, 364-66
  silêncio das vítimas, 560, 564, 565, 599-604, 605-7
  tortura, 303
  trabalhadores voluntários, 213, 214-15, 469, 567, 576
  Ver também sistema Gulag
canal do mar Branco (Belomorkanal), 94, 111, 206, 624
  construção, 114-15, 121, 136, 196
  giro dos escritores (1933), 192-97
  na propaganda, 192-95, 624
canal do mar Branco, O, 193-94
canal Moscou-Volga, 111, 151, 206, 213
carnavais, 159
carreiristas, 29, 266, 461, 472, 474
carvão, produção de, 83, 110, 113, 159n, 426
Casa Central da Literatura, 623, 624
casa Narkomfin, Moscou, 10, 14
casamentos
  campos de trabalho, 566-71
  certidões, 161
  civis, 10
  com estrangeiros, 493
  como camuflagem, 137-38
  como convenção burguesa, 30
  de facto, 10
  estímulo na década de 1930, 161
  falsos, para conseguir moradia, 173-74
  medo herdado, 649-51
  patriarcal, 8
  segredo, 649-50, 653
casas para crianças

ÍNDICE

apagamento de identidade, 125-26, 316, 327, 342
   como fonte de recrutamento, 341
   condições, 318-19, 320, 335-43
   crianças libertadas, 547-48
   danos cometidos, 335
   em campos de trabalho, 363, 364
   fugitivas, 343
   orfanatos, 99, 316, 317, 329
   população, 99
   propaganda soviética, 341
   sistema moral, 341
   trabalho, 342
Caso da Fábrica Stalin, 515, 536, 538
"Caso de Leningrado", 466, 473, 512, 537-38
Cáucaso, êxitos alemães no, 410, 429
Cazaquistão,
   antissemitismo, 420
   "assentamentos especiais", 93
   Campanha das Terras Virgens, 543-44, 547
   campos de trabalho, 87, 357, 553-54, 631
   mortalidade (1930-33), 98
Cement (Gladkov), 15
censura, 623
   afrouxamento, 561
   cartas de campos de trabalho, 218
   (década de 1960), 605, 621
   tempo de guerra, 371, 383, 443, 464
Centro Geral Russo para o Estudo da Opinião Pública, 641
Centro Público e Museu Andrei Sakharov, 634n
Chapaev (Furmanov), 59
Chaplin, Charles, 482
Chausova, Maria, 164-66, *166*
chechenos, 420, 424
Chechik, Elizaveta, 185
Chechneva, Marina, 407
Cheka, 30, 36, 58, 167, 283, 293
   Ver também KGB; MVD, NRVD; OGPU
Cheliabinsk, 43, 167, 394, 405, 460, 462, 476, 511
Cheliuskin, SS, 220
Cherdyn, 39-40, 118, 347-48, 553, 576
Cheremkhovo, Irkutsk, 104, 450
Cherkesov, Vsevolod, 582
Cherkesova, Elena, 559, 582
Cherkesova, Svetlana, 296-97
Chermoz, 297, 348
   "assentamento especial", 103, 353-54, 355
Chernoutsin, Igor, 595-96
China, Revolução Cultural, 37
"choque de trabalho", 159n, 212
Chubar, Vlas, 301
Chuianov, A. S., 412
Chukovskaia, Lydia, 484-85

Chukovsky, Kornei, 482, 485, 622
cidades
   destruição durante a guerra, 457
   e a fome (década de 1930), 98
   escassez de moradia, 120-22, 172, 174
   expurgos, 98-99
   migração para (década de 1930), 98-99, 118-19, 126-27, 128
   trabalhadores e NEP, 7
ciências
   conquistas soviéticas, 487-88
   "elementos antissoviéticos", medidas repressivas, 492
classe média
   NEP e, 7
   pós-guerra, 470-473
   Soviete, surgimento, 157-63
classes sociais, manipulação, 136-47
Código Criminal, 82, 204
Código do Casamento e da Família (1918), 10
coletivização agrícola, 81, 93
   como trauma, 128-29
   criação dos camponeses, 158
   críticas à, 85, 129, 438, 441
   fracasso, 96-97
   Komsomol e, 77, 79
   mau estado, 96
   na NEP, 83
   parada temporária (1930), 93
   políticas de taxação, 83
   resistência dos camponeses à, 84-85, 92-93
   segunda onda (1930), 93
   Ver também kolkhoz
"colônias de trabalho educacional", 99
colônias de trabalho para crianças, 329
comerciantes
   exclusão social, 136, 137
   prisão, 113
comércio privado, 171-72
   ataque nacional contra (1927-), 71
   erradicação, 5-6, 65
   escassez e, 171-72
   impostos, 66, 71, 79
   legalização (1921), 6, 65
   ressentimento contra, 66
Comintern, 311
   expurgo (1937), 540
   Piatnitsky no, 228, 229-32
   rearrumação da liderança (1935), 230
   Stalin e, 230-31, 234
Comissão de Controle Central, 35, 36
Comissão Orçamentária Soviética de Toda a União, 219
Comitê Central, 230, 231, 458

ÍNDICE

censura sobre Kliueva/Roskin, 492
decreto contra Akhmatova/Zoshchenko (1946), 488, 489, 491, 500n
e os dissidentes (1956), 597
execução ou prisão de membros (1937-38), 238
Comitê Judeu Antifascista (JAFC), 493-94, 496n, 515
complexo Dallag Gulag, 553
complexo de Bamlag, 581, 585
comunismo de guerra, 5-6
comunismo
　"marcha em direção", 191, 616
　comunismo de guerra, 5, 6
　consumismo e, 158
　defesa, 30
　e a NEP, 7
　e fascismo, 236, 373
　instilação, 20-22
　recompensas futuras, 159, 188
　saltos violentos em direção, 4-5, 91-92
　vida pessoal e, 4
confiança, Grande Terror e, 298-313
confissão, pública, 33
confissões, extração de, 272-73
conflito de gerações (década de 1920), 40-41
Conquest, Robert, 98
Conspiração dos Médicos (1948), 521, 522, 527, 528, 529, 627
construtivismo, 10, 150, 152
conversas, particulares, 36-40, 183-84, 251-55
Cooper, Gary, 482
coreanos
　em exército de trabalho, 424
　exclusão social, 137
　vistos como espiões, 240
cossacos, 429
costumes de Nova York, 146n, 163
cremação, 54n
Crianças de outubro, 21
crianças
　kulaks, 90, 99, 131, 142-47, 353, 436, 479, 480-81, 656
　abandonadas, 99, 106-7, 160, 285, 289-92, 329-35
　aceitação social, desejo de, 341, 343, 345-47, 349, 352-53, 354, 355-56
　aprendizado através de brincadeiras, 24
　batismo, 44
　brincadeiras, 24-25
　como informantes, 107, 122-26, 124-25, 129, 261
　da elite, 276-77
　de especialistas, 211, 213, 216-17

de pais presos, 221-23, 224-26, 246-47, 249, 285-87, 294-97, 316-69, 435, 436
dias de aula, 294-98
doutrinação política, 20-22, 24-25, 27, 273-74
e a culpa dos pais, 53, 77, 274-75, 307, 322, 342, 344, 345, 347, 444, 445
e a prisão dos pais, 208-9, 274-75, 300-305, 307-8, 309, 313-14, 390-92, 439
e a utopia comunista, 188-90
e prisão de parentes, 300-305
em apartamentos comunitários, 39, 40, 167, 177, 183, 184, 185-6, 204-5
em fuga, 107-10, 343
evacuadas (década de 1940), 387, 388-92
famílias patriarcais, 53, 77
ignorância do Grande Terror, 276-77
imagem de pais ausentes, 548, 550, 551-52
judias, 66, 70
libertadas de orfanatos, 547-48
medo, 352
moradia familiar particular, 168-69
mudança de valores, 32-33, 50
no exílio, 87-91, 95, 99, 106, 108, 116, 143, 145, 210-11, 216-17, 350, 351, 353, 354, 356, 358-59, 363-64, 462
no Gulag, 99
nomes alterados, 316, 327, 342
ocultamento da história dos pais, 391-92, 646-47, 652, 654
pais, denúncias, 122-26, 129-30
perda dos pais, 319, 390-92
pobreza, 458
regras para escutar e conversar, 38-40, 254
renúncia de pais, 130-32, 300-304, 343-44, 349, 475-77
responsabilidades domésticas, 324-25
reunidas aos pais, 108, 449-54, 544-58, 560, 561-65, 571
rurais, 126-29
sem-teto, 99
silenciadas, 254
Ver também órfãos; Pioneiros
vida familiar, 11-14, 162-69, 175, 177-79, 228
vida no pós-guerra, 458
Crimeia, alemães soviéticos, 651
"cultura burguesa", 7, 8, 16
cultura do consumidor, soviética (meados da década de 1930), 158-59, 166
cultura iídiche, 68
Curso breve (Stalin), 156, 354, 511

dachas, 161, 163, 165, 169, 184

798

ÍNDICE

Dalstroi (Truste de Construções do Extremo Norte), 117, 215, 602, 632, 633
dança, 159
Daniel, Iulii, 605
Daniets, Aleksandr, 430-31
Danilova, Natalia, 253
Darvina, Anna, 429
Degtiarev, Aleksandr, 578
Delibash, Elizaveta, 349-53, *351*, 645-48
Delibash, Nina, 349, 350
Denikin, Anton, 218
denúncias, 35-40, 259, 261-62
    amantes, indesejados, 265
    cultura russa das, 36
    denunciantes confrontados, 583-89
    motivadas por malícia, 263-65
    perdão para, 586-87
    por crianças, 122-26, 128, 129-30
    por espaço para morar, 173
    retórica das, 137
Departamento Soviético de Informação, 383
desaparecimentos, 87, 272, 276, 278, 280, 305, 646
desemprego, 438
detenções
    denunciado (1956), 594
    dúvidas acerca, 276-81, 283
    e fornecimento de trabalhadores, 423, 427
    em massa (década de 1930), 73, 76, 112, 113, 191, 231, 234, 235, 279, 303, 335, 351, 584, 602, 630, 643
    falando contra, 231-32, 281-85
    famílias banidas, 285-92
    "por engano", 141, 272, 273, 275, 278, 279, 284, 305, 309
    preparação para, 241-47, 277, 304
    revisão (1939), 279, 280
    tempo da guerra, 392
détente (1956-64), 383, 433, 486, 561, 562, 593, 611, 619
    e vítimas de Stalin, 604-5
    entendimento aceito, 599
    literatura e, 504, 590-91
    reversão, 616-17
dezembristas, 543
Diakonov, Volodia, 271
Dimitrov, Georgi, 229
Dina, 361, 362, 554-55
"dissidentes", perseguição, 605
dissimulação, como prática de sobrevivência, 472-78, 563-64, 598
Ditsklan, Aleksei, 210
divórcio, 160, 161, 173, 305
Dmitrov, campo de trabalhos, 213

Dmitruk, Vasilina, 427-29
Dobriakova, Alina, 184
Dolgun, Aleksandr, 634
Dolmatovsky, Yevgeny, 29, 199, 269-70, 409
    denúncia de Simonov, 269-70, 369
Doutor Jivago (Pasternak), 431, 593&n
Dovzhenko, Aleksandr, 442
Drabkin, Iakov, *ver* Gusev, Sergei
Drabkina, Elizaveta, 1-2, 3, 4, 349, 430-31
Drozdov, família, 26, 214-15, 217, 252, 365, 469-70, 526, 565-66, 579, 632-33
Dubcek, Alexander, 623
Dubov, família, 137-38
Dudarev, família, 305-7, 583
Dudinka, 427
Dudintsev, Vladimir, 592, 615
Dunsky, Iurii, 529, 566
Dzerzhinsky, Feliks, 283, 284
Dzhugashvili, Iakov, 411
Dzhugashvili, Vasily, 395, 402

"economia de favores" (*blat*), 172, 182
economia
    civis e Gulag, fusão, 468
    contribuição dos prisioneiros, 638, 640
    crescimento (década de 1950), 561
    época de guerra, 423, 425-31, 466
    mercado, retorno ao (1921), 5, 6-7
    mista, 6-7, 65, 71, 466n
    planejada, 5-6, 81, 171, 423, 466-67, 471
    pós-guerra, 457-58, 466-67
    reforma, discussão sobre, 444
    ruína (1921), 5
    setor agrícola, declínio terminal, 87
    tempo, aceleração, 187
    trabalho forçado, 467
    Ver também Nova Política Econômica (NEP)
educação das crianças, 41-50
    no papel de mães, 161
    papel das avós, 41-45
educação superior
    entrada para, 63, 435-36, 473, 510
    expansão no pós-guerra, 471
    lishentsy excluídos, 66, 74
    suspeitos, eliminação de, 478-79
    Ver também universidades
educação, política bolchevique, 20-25
Ehrenburg, Ilia, 355, 410, 421, 459, 492, 494, *495*, 590-91
    atacado, 494, 495n
    e a campanha do ódio (1941), 414
    Simonov e, 591, 625-26
Eidinov, Aleksandr, 515
Eikhmans, Fyodor, 210
Eisenstein, Sergei, 270

ÍNDICE

Eismont, N. B., 154
Elagin família, 478-79
Eliashov família, 16-18, 188, 462-64
elite (soviética)
   alianças familiares e políticas, 248
   concessão de dachas à, 161, 163, 165
   filhos da, 276-77
   membros do Partido na, 32-33, 68
   pós-guerra, 470-73
   ressentimento, 263-64, 274, 508
emigrados, retorno, 482
Engels, Friedrich, 155n
engenheiros
   aceitação da economia planejada, 471
   demanda por, 118, 153, 471
   detenção, 113
   expurgados (1928-32), 153
enterros, 54
Epshtein, família, 511-12
Erofeev, família, 626-27
escassez
   comércio particular e, 171-72
   crônica, 6, 170, 171-72
   (década de 1920), 66, 72
   época da guerra, 438
Escola de Aprendizes para Fábricas (FZU), 63, 64, 118, 138, 139, 153
Escola Industrial Sokolniki, Moscou, 67
escolas soviéticas
   "cantos de Lenin", 21, 24
   camponeses nas, 126
   currículo, 20
   e crianças *kulaks*, 142, 145-46
   e mudanças nos valores das crianças, 32, 126
   exclusão das, 142, 294-95, 330, 345
   marxismo, papel, 20
   papel básico, 20, 24
   população, 471
   professores humanitários, 294-98
   progressistas, 21-22
   propaganda, 273-74
Escolas Unidas de Trabalho, 20, 22-23
escritura de diários, 255-58, 280, 309
Espanha, governo da Frente Popular (1936), 230
especialistas técnicos
   correspondência permitida, 327
   demanda por, 118, 153, 210, 214, 436
esposas
   indesejadas, denúncia, 265
   pressão para renunciarem aos maridos, 305, 306
   prisão, 305
Estados Bálticos
   domínio soviético, 537
   invasão soviética (1939), 372-73
Estados Unidos
   Acordo de Transferência de Mercadorias e Serviços, 410, 443
   alinhamento de Israel com, 493, 494
   campos de prisioneiros de guerra, 531
   judeus vistos como aliados dos, 509
   Ver também Guerra Fria
   visita de Simonov (1946), 481-82
Estônia, 372-73, 469, 470, 531
estonianos, detenções no pós-guerra, 467, 468, 469
estrangeiros
   contato com, 493, 558
   medo de, 492-93
estudantes
   como informantes, 478-81
   dissensão no pós-guerra, 460-64
   expansão no pós-guerra, 471
   retratações, 268
Ética partidária (Solts), 31-32, 37
Etinger, Iakov, 521
etiqueta, 158-59
execuções (década de 1930), 238-39, 241, 248, 285, 311
exército alemão
   avanço para o sudeste, 410
   batalha por Stalingrado, 412, 413
   cerco de Leningrado (1941-44), 334-35, 381, 386-87, 388-89, 419, 444, 648
   contenção, 229
   contraofensiva soviética (1941-42), 393
   e o inverno russo, 393
   Karlshorst, rendição, 446
   ódio ao, 414
   retirada, 421-22, 441
Exército Branco, 4, 5, 58, 167, 218, 648, 654
exército de trabalho, 5, 355, 423-25, 467, 526
Exército do Extremo Oriente, 289
Exército Vermelho
   áreas de recrutamento, 341
   comandantes presos (1941), 411
   comando militar, 422, 615
   contraofensiva (1941-42), 393, 441
   controle do Partido, 422
   crianças abandonadas com, 387-88
   crítica e debate, 434, 439-43
   equipamento, 422-23
   expurgo do pós-guerra, 464-65, 625
   expurgo, 237-38, 289, 383, 422, 615
   Guerra Civil, 4, 13, 35, 54, 58
   invasão da Polônia (1939), 373
   invencibilidade, 371

kulaks banidos da linha de frente, 355
movimento de reforma, época da guerra,
    441-43
mulheres, 4, 417-19
perdas (1941-42), 381-83, 386-87, 410,
    420-21
Quarto, 395
retirada (1941), 381-84, 382, 411, 416
retratado como "grande família", 162
tamanho, 441
Terceiro, 382, 399
Ver também soldados
exilados, 192, 201, 248, 292
    "especialistas", 214-15, 216
    kulaks, 85, 87-91, 93, 94, 95, 99-106, 186
    crianças, 106, 108, 116, 143, 145, 297, 320,
        350, 351, 353, 354, 356, 359-59, 363-64,
        462
    e família, valor, 218
    encomendas enviadas a, 142, 203, 278, 311,
        331, 332, 359, 360, 361
    fuga, 105-10
exploração do Ártico, 416
expulsão, 57, 107, 115, 141, 174, 219, 250, 256,
    266, 286, 288, 290, 291, 292, 305, 308, 324,
    367, 509, 660
expurgos militares
    (1946-48), 464-65, 625
    (década de 1930), 237-39, 383, 422, 615
expurgos, 508
    Academia de Ciências, 208
    acadêmicos legais, 205
    alvo dos, 34
    como inquisição das almas, 33
    cultura dos, 36, 137
    denúncias, 36
    Grande Expurgo (1937), 154, 239, 240, 283,
        540
    "inimigos da classe", 137
    inocência e, 34
    intensificados (1933-), 155, 157, 192
    judeus, 517, 519
    Komsomol (1938), 376
    militares (1937-38), 237-39, 289, 383, 422,
        615
    militares (1946-48), 464-65, 625
    origens, 34
    reuniões, 36-37, 268, 269, 369, 376, 473, 492
    União dos Escritores, 505, 519

Fábrica de Bolos Bolchevique, 138
Fábrica do Arsenal Vermelho, Leningrado, 155n
Fábrica do Báltico, 648
Fábrica Putilov Vermelho, Leningrado, 30
fábricas

destruição na época da guerra, 457
transportadas para o leste (1941), 388, 423
Fadeyev, Aleksandr, 3n, 461n, *482*, 494-95&n,
    495, 496, 498, 589-90
Fadeyev, Seryozha, 129
Faivisovich, família, 326, 568-70, *569*, 599-600,
    644-45
família
    "pequeno-burguesa", 20
    burguesa, 8
    como unidade básica do Estado, 162
    como unidade primária de produção e
        consumo, 9
    confiança, Grande Terror e, 298-313
    desintegração, 99
    egoísmo, 82
    erradicação, 8-9, 10-11, 160
    estabilidade sob pressão, 540-48
    patriarcal, 50, 53
    política sexual, 164
    reconstituição (1945-46), 449
    renúncia, 130-32
    responsabilidade coletiva pelo crime, 248-49,
        300-307, 308
    restauração, 161-64
    valor atribuído à, 218
fascismo, luta contra, 37, 192, 200, 230, 236,
    373, 374
férias, 12, 46, 159, 161, 163
ferrovia Baikal-Amur, 468, 581
ferrovia do Ártico, 468
Ferrovia do Leste da China, 240
Ferrovia Murmansk, 338
Feuchtwanger, Leon, 482
Fillipova, Aleksandra, 559
finlandeses
    exclusão social, 137
    no exército do trabalho, 424
Finlândia, invasão soviética (1939), 372-73
Firin, Semyon, 192-93
Fischer, Markoosha, 263-64
fome
    (1921), 5-6, 43, 49
    (1932-33), 81, 98, 103-4, 273
    pós-guerra, 457
Fomin, Vladimir, 44
força de trabalho, 5, 81, 83, 98, 355, 423-25,
    467, 526
    Ver também campos de trabalho
França
    declaração de guerra à Alemanha (1939), 372
    governo da Frente Popular (1936), 230
    negociações com a União Soviética (1939),
        372
    política de pacificação, 371

801

ÍNDICE

Franco, general Francisco, 230
Frenkel, Naftaly, 112, 114, 564, 565
Frid, Valerii, 26, 242, 259-60, 529, 566
Froebel, Friedrich, 24
Furmanov, Dmitry, 59
Fursei, Anastasia, 390, *391*
Fursei, Georgii, 390, 391, *391*, 544, 545, 546
Fursei, Marianna, 389-92, *391*, 544-47
Fursei, Nikolai, 389-90
FZU, *ver* Escola de Aprendizes para Fábricas

Gabaev, família, 388-89
gado, números, 93
Gaidar, Arkadii, 417
Gaister, família, 49, 69, 163, 324, 326, 510, 529
Gaister, Inna, *326*, 360, *474*, 605-6, 607
  antepassados judeus, 69, 510
  infância, 49, 50, 69, 163, 286, 324-25
  na universidade, 474
  prisão dos pais, 286, 324, 474, 475
  responsabilidades domésticas, 324-25
  tempo de escola, 297-98
Galitsky, Pavel, 155n
Garmash, família, 650
Gavrilov, Boris, 45
Gefter, Mikhail, 432
"geração de 1941", 416, 419
German, família, 389-91, 491, 545
Gershtein, Emma, 252-53
Gershtein, Margarita, 253-54
Ginzburg, Moisei, 10
Ginzburg, Yevgeniia, 243, 271, 634, 635, 636, 638
Girl of My Dreams, The (Okudzhava), 552-53
Gladkov, Fyodor, 15, 484
glasnost (década de 1980), 580, 581, 595, 623, 631, 632, 646, 652
Glavlit, 623
Gliner, Zina, 390
Goldenshtein, família, 390-92, 544, *546*
Golovin, família, 43, 50-53, 76-81, 86 &n, 94, 99-103, 113, 121, 145, 417n, 586, 655-56
  exílio, 94-95, 101-3, 121
  perdão do denunciante, 586
  reunião, 121-22
Golovina, Antonina, 50, 52-53, 79, 81, 94, 586, *655*
  exilada, 94-95, 99-103
  família reunida, 121, 122
  identidade, ocultação, 65, 147, 652-53
  na universidade, 436-37
  retornos a Obukhovo (1995), 654-56
  tempos de escola, 145-47, *147*
Golovko, Semyon, 429, 533-34

Golovnia, Anatoly, 166-68, *168*, 169, 195, 254, 366-69, *557*
  FILMES: *The Deserter*, 166, 195; *Mother*, 166; *Storm Over Asia*, 166
Golovnia, Liuba (nascida Ivanova, depois Babitskaia), 43, 167-70, *168*, 366, 367-69, *557*-59
Golovnia, Oksana, 43, 44, 167, 168, 169, 170, 254, 366-67, *557*, 558-59
Golovnia, Pyotr, 166, 167
Gorbachev, Mikhail, 595, 623
Gorbatov, Anatoly, 272
Gorbatov, Boris, 402&n, 502-3
Gordon, Iosif, 485-86, 574-75
Gordon, Marianna, 460
Gordon, Nina, 485-86, 574-75
Gorki, Máximo, 4, 22, 124, 125, 499
  e o canal do mar Branco, 192-93, 194
  e os campos de trabalho, 194
Goslitizdat (Editora Oficial do Estado), 195
Gosplan, 49, 163, 466
Gotman, Elfrida, 650-51, *651*
Gotman, Rudolf, 424
governantas, 13
Governo Provisório (1917), 3n, 18
Grã-Bretanha
  declaração de guerra à Alemanha (1939), 372
  negociações com a União Soviética (1939), 372
  política de apaziguamento, 371
grafites, antissoviéticos, 154
Grande Enciclopédia Soviética, 117
"Grande Guerra Patriótica", 652
  comemoração, 617, 618-20
  na memória coletiva, 637
  Ver também Segunda Grande Guerra
"Grande Ruptura" (1928-1932), 84, 136, 153, 160
Grande Terror (1937-38), 37, 74, 154, 218, 234-66, 268, 272
  como assassino de massas, 234
  comunicações, 251-55, 255-58, 313
  conluio silencioso, 203-4, 266-67
  e a confiança das famílias, 298-313
  e o número de órfãos, 335
  expurgos militares, 237-39, 383, 422, 615
  ignorância sobre, 276-77
  justificativa, 239-40, 272, 275-76
  lealdade e, 191
  opinião das pessoas sobre, 272-81
  oposição ao, 282-85
  origem, 234-36
  propaganda, 261, 273

ÍNDICE

responsabilidade coletiva da família, 248-49, 300-307, 308
retratações, 268-69
Ver também detenções; execuções; informantes; "operação *kulak*"; campos de trabalho; expurgos; "julgamentos encenados"
vítimas, e a morte de Stalin, 525-30
Grankina, Nadezhda, 273
grãos
    açambarcamento, 78n
    busca pelo Estado, 72, 97, 98
    colheitas, 97-98
    crise (1927-28), 82
    escassez (década de 1920), 72
    requisição, 49, 72, 78n, 81, 82, 92
Grigorevna Rakhil, 298
Gromov, Vladimir, 136-37
Gromyko, Andrei, 155
Grossman, Vasily, 409-10, 490n, 494, 619
Guardas Vermelhos, 3, 164
Guberman, Samuil, 231n
Gudzenko, Semyon, 608
Guerra Civil (1918-20), 4, 13, 18, 32, 34, 35, 38, 54, 58, 200, 240-41
    campanhas contra *kulaks*, 34, 87
    comércio privado na ilegalidade, 65
    escassez, 6, 73
    guerra de classes, rural, 78n
    guerras camponesas, 93
    invasão polonesa, 164, 240
    reféns, 58
    relacionamentos casuais, 10
    requisição de grãos, 49, 72
    romance da, 59, 73, 92, 416
Guerra Civil espanhola, 200, 230, 236, 267, 373, 376
guerra de classe, 74
    rural, 78n, 124
    sustada pela NEP, 62
Guerra Fria, 464, 481
    demanda militar, 458
    e a defesa da cultura soviética, 488, 499
    e o medo de estrangeiros, 492-93
Gulag de Vaigach, 55
Gulags do Ártico, 55, 208, 213
Gumilyvov, Nikolai, 268
Gurevich, Mikhail, 558
Gusev, Sergei (Iakov Drabkin), 1-2, 3-4, 36, 430

Hasek, Jaroslav, 622
hierarquia social, 159, 171
hierarquia, *ver* hierarquia social
higiene pessoal, 159, 175
Hindus, Maurice, 96

History of European Philosophy (Aleksandrov), 492
History of the CPSU, The, 343
Hitler, Adolf, 191, 235, 371-74, 386-87
How the Steel Was Tempered (Ostrovsky), 43n
Hungria, levante (1956), 575, 614, 616

Iagoda, Genrikh, 112, 113, 237, 238
Iakir, general, 237-38, 272
Iakovlev, Aleksandr, 595
Iakovlva, Nina, 38-39
Iakutsk, rebelião (1927), 208
Ianin, Vladimir, 275
Ianson, N. M., 113
Iaskina, Olga, 641
identidade de classe, manipulação, 136-47
Ideology and Utopia (Mannheim), 187
Ielson-Grodziansky, família,
Igreja, Ortodoxa Russa
    afrouxamento dos controles (1943-48), 435, 437
    campanha contra, 5, 7, 68, 127, 349
    confissão e penitência pública, 33
    papel em casamentos e divórcios, 10
    redistribuição de terras, 51-52, 77
    tempo de guerra, 414
    Ver também sacerdotes, religião
    violento ataque contra, 85
igrejas destruídas, 85
Ilin, família, 244-45, 449-54, 561-63
Império Russo, antissemitismo, 508
individualismo
    camponeses, 50
    erradicação, 1, 2, 3-4, 8-9, 30
indústria da turfa, 22, 165
indústria
    força de trabalho, 5, 81, 83, 98, 355, 423-25, 467, 526
    prioridades no pós-guerra, 458
    proposta do mercado interno, 444
    reorganização na época da guerra, 422-23
industrialização, 67, 72, 81, 111, 564
indústrias de bens de consumo, 466n
    investimentos, 157-60
inflação, década de 1920, 72
informantes, 251, 258-71, 478-81
    "confiáveis", 258-59
    confrontados com as vítimas, 583-89
    crianças, 107, 122-26, 129
    obrigados, 259
    razões, 39, 259, 261-63, 264-66, 478-80, 587
    recompensas materiais, 265-66
    recrutamento, 144, 259-61, 262, 267
    registrados, 258
    voluntários, 259

ÍNDICE

"inimigos do povo", 91
   crença em, 137, 145, 262, 272, 273, 274-76
   denúncias, 277, 473, 474
   expurgo (1937-38), 352
   famílias ajudadas, 292-98
   famílias banidas, 285-92
   famílias separadas, 316, 335
   filhos de, 145, 257, 274-75, 435, 452, 473, 474, 510
   ocultos, 278
   provas forjadas, 231
   Ver também detenções
Instituto da Turfa, 165
Instituto de Comércio Exterior, 13
Instituto do Aço, 67
Instituto dos Bibliotecários, 156
Instituto dos Professores Vermelhos, 49
Instituto Estatal de Cinema de Toda a União (VGIK), 260
intelectuais
   apoio aos bolcheviques, 593
   ataques a, 5, 241, 487-94, 494, 506, 648
   barrados em universidades, 63
   e a liberdade de expressão, 597-99
   e a reforma política, 443
   e Fadeyev, 589
   e o regime soviético, 53-64, 190, 488
   filhos de, 471
   "*lishentsy*", 39n
   mulheres, 11
   NEP e, 7
   proletários, 153
   sistema de valores do serviço público, 55
   valores, 15, 16, 296, 485, 591
internacionalismo, 67, 487, 494, 509
Internationale, 17, 92, 414
intimidação, 393, 528
   em orfanatos, 319, 335, 340
   na escola, 289, 307, 334, 348, 417, 512
   na universidade, 348, 354
Ioganson, Boris, 653, 654
Iosilevich, Aleksandr, 349, 350
Isaev, Mikhail, 276
Israel, 493, 494, 509, 515
Iurasovsky, Alexei, 648-49
Iusipenko, Mikhail, 358, 364, 631-32, *632*
Ivanishev, Aleksandr, 58, *60*, 63, 203, 394-95, 405
   e a família Laskin, 516
   princípios militares, 58-59, 200, 406
   prisão, 139-41, 142, 202, 278
Ivanisheva, Aleksandra (nascida Obolenskaia), 56-58, *60*, 201, 202, 203, 394-95, 513, 514
   critica Simonov, 403-6

   e a família Laskin, 394-95, 516
   e Serova, 404
Ivanov, Vsevolod, 622
Ivanova, Elizaveta, 338
Ivanova, Marina, 162-63
Ivanova, Tamara, 193
Izmail-Zade, Ibragim, 585-86
Iznar, Natalia, 571-72
Izvestiia, 201, 486

JAFC *ver* Comitê Judeu Antifascista
Japão
   ambições imperiais, 371
   conflito de fronteiras, 371
   ocupa a Manchúria, 235, 371
   suposta invasão da Sibéria, 240
panfleto, 143
judeus
   campanhas contra, 493-503, 518, 521, 570, 625, 646, 647, 648
   como "forasteiros alienígenas", 509
   como bolcheviques, 420
   culpados pelos excessos stalinistas, 420
   e o regime soviético, 64, 67-69, 70, 75
   educação universitária, 65n
   escritores, pseudônimos, 519-20
   fuga do exército alemão (1941), 380
   identidade, 68, 114
   iídiche
   massacre de Babi Yar (1941), 570, 571
   morte pelos alemães, 382
   nacionalidade, 509-510
   observância religiosa, 65, 68, 69
   recusa do visto de saída, 646
   urbanização, 67-68
   Ver também campanha "anticosmopolita"; antissemitismo; cultura
   vistos como espiões, 521
julgamentos encenados, 33, 230, 235, 237-38, 248, 276
justiça,
   crença em, 278, 279
   o Partido como fonte, 34, 272
juventude rural, 126-29

Kaganovich, Lazar, 151, 231, 232, 239-40, 538, 594, 604
Kalinin, Mikhail, 154, 156, 300, 442
Kamenev (Lev Borisovich Rosenfeld), 72, 197, 230, 237, 248
Kaminskaya, Nina, 189-90, 276-77
Kandalaksha, campo de trabalhos, 313
Kaplan, Lipa, 265
Kaplan, Rakhil, 49, 510, 529

ÍNDICE

Karaganda, campo de trabalhos, 314-15, 316-17, 365, 552, 566, 631
　Ver também Campo de Trabalhos de Akmolinsk
Karelia, 113, 223
Kariakin, Vasily, 175
Karpetnin, Aleksandr, 262
Karpitskaia, Anna, 11-13, 48, 264
Karpitskaia, Marksena, 333-35, *334*, 445-46, 649, 650
Kashin, Boris, 650
Kataev, Valentin, 193
Katyn, massacre de, 373
Kazan, prisão, 271, 273, 301-3
Kem, campo de trabalhos, 209
Kerch, ofensiva (1942), 395, 410
Kerensky, Aleksandr, 196n
KGB, 605-7
　Ver também Cheka; MVD; NKVD; OGPU
Khabarovsk, 289, 290
　campo de trabalho, 386, 629
　Instituto Ferroviário, 333
Khachaturian, A. I., 492
Khalkin Gol, batalha (1939), 370-71, 373, 374, 410
Khaneyevsky, família, 175, *176*, 177, 184, 648
Kharkov, Ucrânia, 218, 258, 399
Kharkov, Universidade de, 69, 301
Khataevich, Mendel, 84-85
Kherson, Assembleia dos Nobres, 166, 167
Khrushchev, Nikita, 239, 497
　"conspirações antissoviéticas", 536
　Détente, 433, 486, 504, 561, 562, 593, 599, 604-5, 611, 616, 619
　denúncia contra Stalin (1956), 575, 593-96, 597-99, 614, 615, 646
　e Beria, 536, 537
　e o Caso da Fábrica Stalin, 515
　e Simonov, 591
　poder crescente, 536, 537, 538, 594
Kiev
　captura pelos alemães (1941), 387
　Fábrica de Tanques Gorki, 527
　massacre de Babi Yar (1941), 570, 571
　recapturada (1943), 422
Kipling, Rudyard, 268
Kirov, Balé, 648
Kirov, mina, Khakasin, 104
Kirov, Sergei, 169, 192, 201, 234-35, 236, 264, 265
Kirsanov, Semyon, 400
Kliueva, Nina, 492
Kogan, Rebekka, 69
Kogan, Rita, 417-19

Kolchak, almirante Aleksandr, 4, 227-28
Kolchina, Klavdiia, 293
Kolibin, Pronia, 129
kolkhoz (fazendas coletivas), 76, 88
　brigadas, 96-97
　campanha a favor, 79
　Campanha das Terras Virgens, 544, 547, 561
　crescimento, 83
　criação dos trabalhadores, 158
　fracasso, 96, 97-98
　greves, 442
　kulaks e, 86, 103, 118
　oposição, 76-77, 84, 85, 93, 94, 124, 128, 154
　organização forçada, 84, 85, 128
　partida dos camponeses, 93, 98
　perda demográfica do pós-guerra, 457
　produção, 83, 96-97
　rejeição, 106, 128
　roubo de grãos, 129
　segunda onda, 93-94
　TOZy, 83
　votos a favor, 81, 85, 128
Kolobkov, Viacheslav, 242
Koltsov, Mikhail, 267, 485
Kolyma Tales (Shalamov), 117-18, 607
Kolyma, campos de ouro, 56, 117, 208
Kolyma, campos de trabalho, 55, 206, 223, 265, 268, 281, 402n, 435, 567, 570, 576, 602-3, 636, 638, 650
Komi, campos de trabalho, 106, 107, 607-8, 651
Komsomol (Liga da Juventude Comunista), 28-30, 39, 45, 126, 303, 304, 343-44, 480, 560, 561
　aceitação social, 347, 352-53, 354
　admissão, 29, 47, 191, 197, 347
　autocrítica, espírito de, 269
　comprometimento com o proletariado, 10
　"culto da luta", 73
　cultura conformista, 344, 461
　defesa cívica, 444
　domínio de elementos "carreiristas", 461
　e a Campanha das Terras Virgens, 547
　e a coletivização, 77-81, 84
　e os "inimigos do povo", 274-75, 344
　exclusão, 35, 40, 142, 143, 146, 397
　função, 20, 29, 79, 80
　guerra contra *kulaks*, 87, 92
　hipocrisia, 615
　lishentsy, excluídos, 67
　militarismo, 417
　organizadores (Komsorg), 296
　participação, 28
　"planos de trabalho", 27
　privilégios, 28

ÍNDICE

propaganda, 344
renúncia, pressões, 300, 343
retratação de estudantes, 268
retratada como "grande família", 162
"revisões", 27
reuniões de expurgo, 473
sistema de valores (década de 1920), 30-31
trabalho voluntário, 469
Komsomolskaia Pravda, 162, 519
Kondratiev, Nikolai, 223-26, *225*
Kondratiev, Viacheslav, 417, 431-32, 433, 448, 618
Kondratieva, Elena ("Alyona"), 224-26, *225*
Kondratieva, Yevgeniia, 224
Konev, marechal, 418, 465
Konstantinov, família, 320-23, *322*, 365-66, 567-68, *568*
Kopelev, Lev, 92, 191, 575, 606
Korchagin, Ivan, 630-31, *631*
Korchagin, Pavel, 43n
Korenkov, Konstantin, 35
Korneichuk, Aleksandr, 497, 592
Kornilov, Vladimir, 41
Korsakov, Vladimir, 648
Kosaryov, Aleksandr, 376
Kosheleva, Galina, 338
Kosior, Stanislav, 248
Kosterina, Nina, 304-5
Kostikova, Antonina, 47
Kosygin, Aleksei, 155
Kotlas, campo de trabalhos, 100, 107, 108, 248, 424
Kovach, Nikolai, 338-41, 343, 547
Krasnaia zvezda, jornal, 383, 397, 399, 401, 506
Krasnodar, 457, 528, 645
Krasnoe Selo, 252, 565
Krasnoiarsk, 427
Krasnokamsk, fábrica de papel, 424, 437
Krasnokamsk, olaria, 576
Krasnovishersk, 214-215
  fábrica de papel, 117, 118
Kremenchug, 62, 141
Kresty, prisão, 294
Krivitsky, Aleksandr, 519, 625
Krivko, Anna, 301
Kronstadt, motim (1921), 5, 6, 13
Kropotina, Valentina, 89-90, *90*, 479-481, *481*
Kruglov, família, 253
Krupskaia, Nadezhda, 4, 22, 27, 227, 232
Kruzhkov, Vladimir, 520
Kuibyshev
  estação hidroelétrica, 468
  governo evacuado para (1941), 392
  informantes, 258
kulaks

"maliciosos", 82, 87, 88
"remodelagem", 118, 193, 194, 211, 212, 213, 215, 353
barrados nos Pioneiros/Komsomol, 26, 142
campanha contra, 34, 79-81, 82, 84-93, 479, 480-81
como "burguesia rural", 51, 73, 86
detenções, 112, 113
exclusão social, 136, 137
exclusão, 142
exilados, 82, 85, 87-91, 93, 94, 95, 99-106, 112, 113
filhos, 90, 99, 131-32, 142-47, 353, 436, 479, 480-81, 656
fugitivos, 105, 106-8
indústria de, 86, 96
proibidos de servir na linha de frente, 355
recrutamento na época da guerra, 424-25
retorno, prisão e execução (1937-38), 240
uso do termo, 78n, 86
Kurgan, região, 88, 103
Kurin, Leonid, 416
Kursk, 637
  batalha (1943), 421
  desequilíbrio de gênero no pós-guerra, 457
Kuzmin, Kolia, 79, 80, 81, 94-95, 96, 586
Kuznetsov, Aleksei, 466

Laskin, Boris, 611
Laskin, família, 65-69, *67*, 382, 408, 447, 487, 512, *514*, 535, *539*, 539-40, 611-12, 614
  e Simonov, 518, 612
Laskin, Iakov, 382
Laskin, Mark, 67, 280, 447, 524
Laskin, Moisei, 65
Laskin, Samuil, 64, 65-66, 447, *514*, 535, *539*, 539-40
  negócio de pesca, 64, 66, 75, 512
  no exílio, 71, 74-75
  origem judaica, 64, 65, 68-69, 516
Laskina, Berta, 65, 68, 69, 74, 447, 512, 513, 514, *514*, 515, 516, 535, *539*, 614
Laskina, Fania, 65, 66, 67, 68, 74, 148, *148*, 152, 394, 447, 512, 515, 518, *539*
Laskina, Sonia, 65, 66-67, 74, 394, 408, 447, *514*, *517*, 540
  e Simonov, 514-15
  em Vorkuta, 515-17, 566
  libertada de Vorkuta, 535, 572, *573*
  na Fábrica Stalin, 512, 539
Laskina, Yevgeniia (Zhenia), 65, 67, 74, 394, 405, 408, 447, 497, *514*, 515, 516-17, *517*, 540
  casamento com Simonov, 198, 369-70, *370*, 377, 394, 401, 402

806

ÍNDICE

e Simonov, 369-70, 405, 512-13, 515, 517-18, 612
em *Moskva*, 612&n, 622, 623
lavoura, *ver* agricultura
Lazarev, Lazar, 433, 434, 439, 441, 616, 624
lealdade
   mostras, 37
   recompensa material e, 14, 153, 159, 165, 265
Lebedev, Yevgeny, 62, 141
Lebedeva, Elena, 320-23, *322*, 568
"legalidade, socialista", 537
"Lenin e o guarda" (Zoshchenko), 489
Lenin, V. I., 2
   e economia mista, 71
   e NEP, 6-7, 8, 72
   e rebeliões (1921), 5, 6
   e vigilância, 36
   seguidores, 579
   sobre os bolcheviques, 32
Leningrad, periódico, 488
Leningrado
   Academia Comunista, 204, 205, 207
   Academia de Mineração, 35
   antissemitismo, 511-12
   apartamentos comunitários, 174, 176, 177, 181, 183, 185
   Astoria, Hotel, 14, 192
   atmosfera antissoviética (1941), 385
   Biblioteca Pública, 334, 445-46, 585
   Casa do Soviete, 294
   Casa dos Pioneiros, 329, 330
   cerco (1941-44), 330, 334-35, 381, 386-87, 388-89, 419, 444, 648
   condições de moradia (1929), 120-21
   defesa dos cidadãos, 420
   defesa, 444
   escassez de moradia, 511
   Fábrica Kirov, 351
   Fábrica Triângulo Vermelho, 201
   Faculdade dos Trabalhadores, 344, 345
   Hermitage, 389
   importância simbólica, 386
   Instituto de Engenharia Elétrica, 478
   Instituto de Pediatria, 436-37, 652
   Instituto de Tecnologia, 257
   Instituto Politécnico, 344-45, 461, 473, 477
   Instituto Smolny, 1, 3, 43, 44n, 56, 349, 365, 430
   intelectuais, perseguição, 487-92
   liderança do Partido, 465-66
   Museu da Defesa, 466
   Museu Etnográfico, 528
   nobreza e burguesia, expurgo, 192
   Observatório de Pulkovo, 365
   pós-guerra, 461
   prisões em massa (1934), 235
   sentimento antimoscovita, 460, 465
   Stalin e, 488
   vida, 79-80
   Voluntários do Povo, 331
Leningrado-Murmansk, ferrovia, 115-16
Leninskaia smena, jornal, 632
Leonhard, Wolfgang, 142-43, 189, 191, 259
Lesgaft, Pyotr, 22
letões
   detenções no pós-guerra, 467, 468, 469
   vistos como espiões, 240
Letônia, invasão soviética (1939), 372-73
Levanevsky, Sigizmund, 384
Levidova, Ada, 432, 440
Levin, Daniil, 570
Levin, família, 570, 571, 598, 650
Levitan, Iurii, 460
Lialia, "assentamento especial", Urais, 133
liberdade de expressão
   détente e, 597-99
   época da guerra, 437-40, 443-46
   pós-guerra, 458, 459
Liberman, família, 645-48
Lie, The (Afinogenov), 256-57
Life and Fate (Grossman), 410, 619
Likhachyov, Ivan, 444
Lileyev, Nikolai, 607-8
Lilina, Zlata, 9
lishentsy, 39n, 66, 67, 74
literatura
   "grupos antipatrióticos", 494, 495, 496, 498, 499, 625
   e a *détente*, 590-91
   tarefas da, 192
Literaturnaia gazeta, 483, 518, 519, 520, 591
Lituânia, invasão soviética (1939), 372-73
lituanos, prisões no pós-guerra, 467, 468, 469
Liubchenko, Oleg, 293
Lobacheva, Olga, 430, 566-67
Lobova, Tatiana, 557
Loginov, Yevgeny, 289, 313
lojas comissionadas pelo Estado, 172, 333
Loputina-Epshtein, Olga, 511-12
lugar para viver
   austeridade, 15, 161
   luta por, 173
   urbano, 172
Lugovskoi, Vladimir, 200, 268-69, 270, 408-9, 487, 539
Lukach, general, *ver* Zalka, Mate
Lukonin, Mikhail, 374
Lunacharsky, Anatoly, 8, 20
Lysenko, Trofim, 488

ÍNDICE

mães, trabalho, 11-12
Magadan, campos de trabalho, 215, 282, 320, 339, 365, 449, 450, 485, 581, 633
Magadan, cidade, 567, 638
Magnitogorsk, 111, 151, 172, 427
Maiakovski, V., 15, 489, 625
Mai-Guba, campo madeireiro, 209
Makedonov, Adrian, 133
Makhnacha, Maria, 379-81, 563, 565
Maknach, Leonid, 165, *166*, 379, 380, 384, 474-75, 563-64, *564*
Maknach, Vladimir, 164-66, *166*, 379, 380, 381-83, 563-65, *564*
Maksimov, família, 115-16, *116*, 601, 602
Malenkov, Grigorii, 488n, 498, 499, 508
    como diretor do Conselho, 536, 537
    e o Caso de Leningrado, 537-38
    e o Gulag, 468
    expulso do Partido, 604
    inspeção do Partido em Leningrado, 466
Maltsev, Orest (Rovinsky), 519&n
Malygin, Ivan, 265-66
Mamlin, Yevgeny, 184
Manchukuo, 240, 371
Manchúria, ocupação japonesa, 235, 370, 371
Mandelshtam, Nadezhda, 75, 173, 190, 431, 526, 587-88, 622
Mandelshtam, Osip, 190, 252-53, 400, 622
    denúncia, 280
Mankov, Arkadii, 156, 171, 255, 257
Mannheim, Karl, 187
Marian, família, 129-30
Mariupol, ataques alemães (1942), 390
Markelova, Galina, 185
Martinelli, família, 553-54
Marx, Karl, 8, 463
massacre de Babi Yar (1941), 570, 571
Matveyev, Vladimir, 426
"Máximo do Partido", 17, 18, 42
Mazina, Antonina, 450, 451
mecanismos de sobrevivência, 601
    estratégia de conformismo, 277, 472-78
    lembranças, supressão, 604
Medidas de Emergência (1928), 82
medo de guerra (1927), 73
medo, 255, 603, 652
    de nova detenção, 605-6
    e ostracismo, 285-92
    herdado, 645-51
    nas crianças, 352
    nos sobreviventes, 643
Medvedev, família, 127-28
Medvezhegorsk, campo de trabalhos, 195-96
Meir, Golda, 493
Memorial, Sociedade, 587, 634n

memórias, 633-37
mencheviques, 3n, 18, 39, 218
mercado negro, 172, 242
Merridale, Catherine, 607, 637
Meshalkin, família, 650-51, *651*, 654
mestre e Margarida, O (Bulgakov), 622-23
Mesunov, Anatoly, 111
Metropol', 626-27
Meyerhold, Vsevolod, 280
Mezhrabpomfilm, estúdios, 167-68, 195, 198, 366, 557
MGB, 464, 465, 515, 521, 564
    Ver também Cheka; KGB; NKVD; OGPU
Miachin, Ivan, 265
Mikheladze, família, 364
Mikhoels, Solomon, 68, 493, 494, 496, 536
Mikoian, Anastas, 137, 460, 538, 540
Miller, Henry, 499
Milosz, Czeslaw, 472
minorias
    deportação e execução (1937-38), 240-41
    detenções no pós-guerra, 467, 468, 469
Minsk
    captura pelas forças alemãs, 381
    front, 411
    recaptura (1944), 441
    tomada de poder (1917), 164
Minusova, Vera, 26, *26*, 27, *643*, 643-44, 649
Mironov, Mikhail, 329-30
Mirsky, Dmitry, 193, 194
moda, 159
Mogilyov
    batalha (1941), 628
    prisão, 205
Moiseyenko, Mitrofan, 181-82
Moiseyev, família, 254
Molostvov, Mikhail, 646
Molotkov, Boris, 264
Molotov (V. M. Skriabin), 379, 481, 522
    e Beria, 537
    e o Grande Terror, 239, 249, 594
    e Piatnitsky, 231-32
    Khrushchev e, 538, 604
monastério de Spaso-Yefimeyev, Suzdal, 224
Mongólia
    ambições imperiais do Japão, 371
    sob influência soviética, 371
MOPR, *ver* Sociedade Internacional para o Auxílio ao Trabalhador
moradia particular, 152
moradia
    austeridade, 14-19, 161
    crise no pós-guerra, 457, 458
    direito de propriedade, NEP, 71

ÍNDICE

escassez (década de 1930), 120-22, 172, 174
família particular, 153, 160-61, 162-63, 168-69
lishentsy excluídos, 74
mudança de política (década de 1930), 152-53
nacionalização, 74
política de "condensação", 9, 174-75
propriedade privada, extinção, 74
Ver também apartamentos comunitários; expulsão
moralidade,
  comunista, 244
  subordinada às necessidades da Revolução, 33
Morozov, Pavlik, 122-25, 126, 129, 261
  culto, 124-25, 129, 162, 297, 300, 303, 341
Moscou
  apartamentos comunitários, 174-77
  área de Arbat, 148, *149*, 293, 512
  batalha por (1941), 330, 384, 392-93, 394, 395, 419
  campos de trabalho, 151
  Casa do Aterro, 163, 219, 228, 241-42, 249, 324
  Catedral de São Basílio, 150
  comemorações da vitória, 446-47, 465n
  comida, 170-71, 392
  Comitê dos Artistas, 293
  como símbolo da utopia socialista, 189
  crescimento populacional (década de 1930), 149
  defesa dos cidadãos, 420
  destruição à época da guerra, 457
  Dinamo, 532n
  Editora Jovem Guarda, 336
  energia, 214-15
  escassez de moradia (década de 1930), 120, 149, 152-53, 172
  Escola de Cinema, 475, 564
  Escola Experimental (MOPSh), 297
  Escola nº 19, 297-98
  espaço para morar, 172
  Estação de Avtozavod, 151
  Estação Maiakovski, 151
  Estúdio de Cinema Gorki, 574, 575
  Fábrica Stalin, 444, 512, 515, 536, 538, 539
  Hospital Kremlin, 521
  Hotel Comintern, 168-69
  Hotel Lux, 231
  informantes, 258
  Instituto de Arquitetura, 215
  Instituto de Economia e Ciência, 650
  Instituto de Engenharia Elétrica, 562
  Instituto Eletromecânico, 478
  Instituto Legal Soviético, 204
  Instituto Literário Gorki, 198, 199, 200, 259, 267-68, 369, 374, 408, 486, 487
  Instituto Pedagógico, 510
  julgamentos encenados (1937-38), 237-38
  loja Yeliseyev (Mercearia nº 1), 158
  mansão Riabushinsky, 194
  Mausoléu de Lenin, 150, 447
  Mercado Sukharevka, 64, 65
  Monastério Danilov, centro de detenção, 314, 336-37, 343
  moradia particular, 153, 160-61
  Museu Politécnico, 489
  NEP e, 6, 65
  nível salarial, 171
  Palácio dos Sovietes, 150, 151
  parada do Dia da Revolução (1941), 393
  Plano Mestre para Reconstrução, 149-150, 189
  pobreza (década de 1930), 119-20
  população judaica, 68
  Praça Bolotnaia, 65
  Praça Vermelha, 150
  Praça Zubov, 71, 74-75, 148, 539
  primeira rua Meshchanskaia, 66, 70
  prisão Butyrki, 75, 215-16, 250, 261, 285, 308, 310, 311, 324, 395
  prisão de Lefortovo, 311, 515
  prisão de Lubianka, 284, 606
  propaganda, 149
  rua Gorki, 150, 158, 189, 484, 498, 608
  rua Sretenskaia, 66
  rua Tverskaia (depois Gorki), 43, 150, 189
  sistema de metrô, 149, 150-51, 468
  Sociedade Histórico-literária, 634n
  Sociedade Memorial, 587, 634n
  suprimento de energia, 165
  Teatro Bolshoi, 66, 163
  Teatro Iídiche Oficial de Moscou, 68
  Teatro Judaico, 493, 494, 496, 515, 536
  Teatro Kamerny, 376
  Teatro Lenin da Komsomol, 374, 375, 376
  Teatro Soviético, 609
  Terceira Casa dos Sovietes, 177-79, *182*
  tomada de poder pelos bolcheviques (1917), 511
movimento dos escoteiros, 25
movimento nazista, 37
  propaganda, 420
  propaganda antissemita, 509
Mozhaisk, 292, 360
mulheres
  casamento como camuflagem, 137-38
  como tomadoras de conta de crianças, 161
  em campos de trabalho, 356-68

ÍNDICE

em Norilsk, 427-29
escravidão doméstica, 164, 165-66
estupradas por guardas, 248, 364, 631, 632
igualdade, 8
independência, 127
inocência dos maridos, crença na, 305-7
o regime e as, 163-64
serviço militar, 417-19
Ver também Campo de Trabalhos de Akmolinsk; avós; mães; esposas
Muravsky, Valentin, 542-48, *543*
Museu das Forças Armadas, 619
Museu Oficial de Arte Moderna Ocidental, 492
MVD, 486, 512, 548
    Departamento Político, 571
    enganando parentes de prisioneiros executados, 582-83
    formação (1946), 464
    guardas de campos de trabalho, 468
    matadores, 493
    suicídio de funcionários, 588
    Ver também Cheka; KGB; NKVD; OGPU

nacionalismo muçulmano, 290, 291
nacionalismo
    "judaico", 499, 509-10, 584
    muçulmano, 290, 291
    russo-soviético, 487, 509
    xenofóbico, 487, 493
"nacionalistas", pós-guerra
    detenções, 467, 468, 469
Natal, 146n
negros, 183-84
Neiman, Julia, 433
Nekrasov, Viktor, 619n
NEP, *ver* Nova Política Econômica
Nestorova, Maria, 528
Netto, Igor, 532n
Netto, Lev, 469, 530, 531-32, 533, 579
Nevskaia, Veronika, 323-24, *323*
New York Times, 597
Nicolau II, tsar, 162
Nikitin, família, 287-88
Nikolaev, Mikhail, 125-26, 341-43, 559-60
Nikolina Gora, 163, 286
Niva-GES, estação hidroelétrica, 313, 314
Nizhny Novgorod, 71, 74, 244
Nizovtsev, Pyotr, 11-13, 48, 264
NKVD (Comissariado de Assuntos Internos do Povo), 216, 431, 557, 631
    administração do Gulag, 208, 426, 631
    áreas de recrutamento, 341
    centro de detenção do monastério Danilov, 314, 336-37, 343
    colônias de trabalho para crianças, 329

corrupção, 283
e a dissensão estudantil, 462
e crianças fugitivas, 343
e famílias de "inimigos", 316
e o Grande Terror (1937-38), 239, 240, 242
e o trabalho na época da guerra, 423, 424
em *troikas*, 283
fusão com o OGPU, 113
informantes, recrutamento, 180, 258-66, 259, 270, 271, 445, 478-81, 587
massacre de Katyn (1939), 373
matanças de Trotski, 248
passividade das vítimas, 242
prisões, oposição às, 283
progresso profissional, 208, 283
provas, fabricação, 231, 234, 235, 237
queixas, 459
reorganização (1946), 464
tortura, uso, 303, 427-29
"unidades de bloqueio", 413
unidades de resistência, 469
Ver também Cheka; KGB; MVD; OGPU
nomes soviéticos, 11n, 31
Nomonham, incidente (Khalkin Gol), 370-71, 373, 374
Norilsk, complexo de campos de trabalho, 313n, 327, 426-31, 549, 565
    condições, 426-27, 429
    Gorlag, prisão, 530-34
    insurreição (1953), 529, 530-34, 579
    mão de obra, 327, 430, 468-70
    pós-Gulag, 638,639-41
    reservas minerais, 327, 426
    salários, 470
Norkina, Maia, 330-3
Not yb Bread Alone (Dudsintiv), 592, 615
Nova Política Econômica (NEP), 6-7, 75, 443, 466
    apoio, 154
    campanha contra, 71-75
    camponeses e, 52, 86
    cultura "burguesa" e, 7, 16, 157
    derrubada, 71-75, 224
    direitos de propriedade da moradia, 71
    e a escassez de grãos (década de 1920), 72
    e a família, 9
    fazendas coletivas na, 83
    guerra de classes estancada pela, 62
    introdução (1921), 6-7, 93
    mecanismos de mercado, 6, 65, 83
    ressentimento da classe trabalhadora, 66, 508
Novgi mir, jornal, 483, 484-5, 486, 489, 497, 499, 590, 591, 592, 593, 615
    "assentamentos especiais", 93, 100
    e o canal do mar Branco (1933), 192, 194

ÍNDICE

Ver também Ckeka; KGB; MVD; NKVD
Novkova, Minova, 177, 182, 186

Obolenskaia, Aleksandra, *ver* Ivanisheva, Aleksandra
Obolenskaia, Daria ("Dolly"), 61, 201-2, 203, 573
Obolenskaia, Liudmila (posteriormente Tideman), 61, 201, 202, 203, 573-4
Obolenskaia, Sonia, 61, 202, 203, 204, 573
Obolensky, família, 56, 58, 201-4
Obolensky, Leonia, 56
Obolensky, Nikolai, 61
Obruchev, Vladimir, 12
Obukhovo, Vila, 50, 51, 52, 53, 76-81, 121, 586, 654-6
   Kolkhoz, 76, 93-4, 146
OGPU (polícia política), 32-3, 80, 81, 112, 195, 216, 349
   Departamento Cultural-Educacional, 198
   informantes, recrutamento, 39, 144
   Kulaks, cotas, 87, 144
   campos de trabalho, 112, 113, 114, 116
   fusão NKYD, 113
   nos camponeses, 84
   buscas, 62, 140-41
Oklander, Sofya, 567
Okorokov, família, 108-10
Okudzhava, Bulat, 552-53
Okunevskaia, Tatiana, 402&n
Olgino, dachas, 55, 56, 208, 209, 213
Olgino, orfanato, 339-40
Olitskaia, Yekaterina, 46-47
Omsk, 283, 354, 388, 389, 525, 629
   Fábrica nº 174, greve, 458-59
   Instituto Agrícola, 354
Oparino, orfanato, 338
"operação *kulak*" (1937-38), 234, 240, 283, 338
"operações nacionais", 235, 240-41
oposição da direita (década de 1930), 154, 230
oposição da esquerda (década de 1920), 154, 219, 230
"Oposição de Leningrado", 237
Oposição Unida, 72, 237
Orakhelashvili, Ketevon, 364-65, *365*
Ordzhonikidze, Sergo, 267
Orenburg, 201, 202, 203, 573
orfanato de Cherkassy, 450-52
órfãos
   feridos, 335
   grupos de apoio mútuo, 340
   nomes trocados, 125-26, 316, 327, 342
   números, 99, 329, 335
   perseguidos, 319, 335, 340
   trabalho, 342

Ver também lares para crianças, orfanato
"Organização Contrarrevolucionária transpacífica", 331
Orlov, Vladimir, 520
Orlova, Liubov, 557-58
Orlova, Raisa, 188-89
Orlova, Vera, 176-77
Orsha, 65, 66, 382
Ortenberg, David, 420, 506-7
Osipenko, Polina, 377
Osipovichi, Bielorrússia, 106, 108, 260
Osorgin, família, 253
Ostrovsky, Nikolai, 43n
Ozemblovsky, família, 26-27, 39, 49-50, *49*, 105-8, 260-61

Pacto Nazi-Soviético (1939), 372, 373, 374, 381
pais
   história, segredo, 391-92, 646-47, 652, 654
   papel, 162
   perda, 319
   renúncia, 295, 343-34, 349
   reunidos aos filhos, 108, 449-54, 544-58, 560, 561-65, 571
países ocidentais
   influência, 441-43, 488
   relações dos soviéticos com, 229-30, 236, 371-72
Palchinsky, Pyotr, 196n
Panfleto
Panova, Vera, 622
Panteleyev, Aleksei, 13
Paramonova, Nina, 177, 179
Partido Comunista, comunistas (bolcheviques)
   chegada ao poder (1917), 3
   como coletividade autorreguladora, 37
   como fonte de toda justiça, 272
   como fonte de Verdade, 190-91
   Congressos, 11; (1925), 36; (1927), 72; (1934), 193; (1961), 538; (1956), 575, 593-96, 597-99, 614, 615, 646
   crença no, 33-34
   desconfiança dos camponeses, 81-82
   e a NEP, 71-72
   e aparência pessoal, 158-59
   e camponeses, 50, 51, 77, 83-86
   e o Grande Terror, 272-73
   em *troikas*, 283
   fuga do exército alemão (1941), 380
   funcionários, alternância no poder, 422, 432
   funcionários, servidores do NKVD, 264
   identidade, 33
   influência enfraquecida, época da guerra, 422, 432, 434-46
   julgamento, aceitação, 272-73

ÍNDICE

liderança coletiva, 536, 594
líderes, expurgo, 238, 464-65
moralidade, 33
número de membros, 3n
política de "condensação", 9, 174-75
política educacional, 20-25
política familiar, 8-9, 160-164, 166
políticas agrárias, 215
religião, campanha contra, 68, 127
retratado como "grande família", 162
sessão plenária (1953), 537
sistema de valores, domínio, 32
sistemas de controle, 34-40
trabalho e disciplina, sistema de valores, 168
unidade, arrependimento e, 244
Ver também Comitê Central; membros do Partido; regime soviético
visto como judeu, 420, 508
Partido Democrata (Norilsk), 531-32
Partido Socialista Revolucionário, 38n, 39, 47, 218, 224
Partido, membros
  arrogância, 393
  austeridade, 14-19, 30, 158, 161
  autobiografias, 35
  como maridos e pais, 11
  conduta/convicções pessoais, 34, 36
  crianças do, 32-33
  cuidado com as crianças, 47
  dedicação abnegada ao Partido, 1, 2, 3-4, 8-9
  denúncias, 36, 306
  detenção (década de 1930), 238, 273, 330, 594
  deveres, 33-34
  e as prisões em massa, 281
  e o discurso de Khrushchev (1956), 597
  e vida familiar, 161
  engenheiros, 153
  época da guerra, 385
  expurgo (1933), 157
  influências ocidentais no, 443
  inspeção e controle, 34-40
  judeus, 68
  kulaks barrados, 355-56
  luta, culto da, 73
  observância religiosa, 47
  personalidade submergida no Partido, 34-35
  promiscuidade sexual, 11
  qualificações, 32, 34-35, 36
  questionários, 35
  reabilitação, 578, 579-80
  salários, 17, 18
  suspeita, desvio, 653
  Ver também elite (Soviete)
  vida dupla, 37-38

vydvizhentsy, elite, 155-57, 160
Partisan Tales (Zoshchenko), 491
passaportes internos, 98-99, 104, 110, 137, 149, 174, 273
Pasternak, Boris, 190, 268, 431, 484-85, 593&n
Patolichev, Nikolai, 188
patriotismo, 413-14, 419, 620
  local, 393, 419, 420, 639
  poesia e, 401, 414-15
Pavlov, general Dmitry, 411
Pedro, o Grande, 488
"pequena burguesia"
  famílias, 20
  hábitos, erradicação dos, 15
  impureza social, 136
"pequeno terror", pós-guerra, 501
Peredelkino, 256, 484, 500, 503
Perekovka (periódico), 195, 196
perekovka, ver "remodelamento"
Perepechenko, Elizaveta, 547-48
periódico *Moskva*, 612&n, 622, 623
Perm (Molotov), 252, 287, 303, 316, 317, 356, 652
  escassez de alimentos (1941), 318-19
  Instituto Pedagógico, 475
  pós-guerra, 455, 458
  prisão de "trotskistas" (1936), 580
Pestovo, 121, 145
Petropavlovsk-Kamchatny, prisão de, 331
Petrov-Vodkin, Kuzma, 484
Petrozavodsk, campo de concentração, 338
Piatakov, Georgii, 237, 276
Piatakov, Iurii, 34, 197
Piatnitskaia, Julia, 227-29, *229*, 232-33, 249-51, 288-89, 307-15
Piatnitsky, família, 228-29, 288-89
Piatnitsky, Igor, 228, *229*, 249, 289, 314, 315
  denúncia, 231, 232
  detenção, 307, 308, 309, 310, 311
  e a prisão de Osip, 233, 307
  julgamento, 312-13n
Piatnitsky, Osip, 228-30, *229*, 244, 249
  detenção, 288, 307, 308, 312
  na Comintern, 228, 229-32, *232*
  tortura, 309, 310-11
Piatnitsky, Vladimir, 228, *229*, 231n, 241, 249, 297, 309
  e a prisão de Osip, 307-8
  perseguido, 289
  se entrega, 313-14
pilotos, 376-77, 416
Pilsudski, marechal Jozef, 241
Pioneiros, 20, 25-28, 39, 45, 480
  como família, 125
  confiança, 46, 126

ÍNDICE

e sentido de aceitação, 341, 343, 349
exclusão, 26, 142, 146
função, 129
militarismo, 417
nos campos de trabalho, 359
objetivo, 27
planos de trabalho, 27
renúncia, 300
"resenhas", 27
Pirozhkova, Vera, 438
Planos Quinquenais, 5-6, 72
   (1928-32), 63, 67, 81, 416; asceticismo, 158; projetos de construção, 111, 152; FZUs, 153; taxas de crescimento, 111-12; dificuldades, queixas, 154; lançamento, 137; promessas, 111; propaganda, 91, 92, 111, 114, 131; especialistas, demanda por, 153; números das metas, 83, 111-12, 153; *vydvizhentsy*, 155
   (1933-37), 157; meta de eficiência, 159n; lema, 160
   (1946-51), 467; projetos de construção, 467, 468; propaganda, 467; metas estabelecidas, 467 (1971-75), 640
   "aceleração" na produção, 187
   argumentos a favor, 72, 74
   "conquistas", 151, 187, 192, 194
   esperanças, 200
   levantamento de capital, 172
   metas estabelecidas, 187, 641
   programa de industrialização, 564
pobreza
   depois das prisões, 234, 249-51, 318, 405, 563
   hierarquia, 171
   igualdade, 181
   pós-guerra, 458
   socialismo e, 158
   urbano, 7
Podlubny, Stepan, 143-5
poesia
   patriotismo e, 401, 414-15
   realismo socialista, 397, 400
   tempo de guerra, 396-401
Politburo
   e *kulaks*, 87, 93
   e trabalhos forçados, 113, 117
   e Zhukov, 465
   Expurgo (1993), 155
   lei contra *History of European Philosophy*, 492
   Leningrados no, 455-6
   liderança coletiva, 536
   sistema interno de passaporte, 98
política de "condensação", 9, 174-75

Pollitt, Harry, 229
Poloneses
   prisões pós-guerra, 467, 468, 469
   vistos como espiões, 240
Polônia
   insurreição do tempo de guerra, 456n
   invasão alemã (1939), 372
   invasão da Rússia, 164, 241
   invasão da Ucrânia, 240-41
   invasão soviética da (1939), 372, 373
   relutância em permitir as tropas soviéticas, 372
Polovyk, Vasily, 375
Poloz, família, 218-23
Popov, Yevgeny, 622
população de *nenets*, 210
Portugalov, Valentin, 268
Potapov, Pjotr, 244
Potências do Eixo, ameaça, 235-36, 371-72, 467
Potupchik, Ivan, 124
Pozern, Boris, 333-34
Pravda, 93, 143, 159, 191, 397, 434, 490n, 491, 495, 498, 522, 527, 528, 592
preços, inflação, 72, 467
Preobrazhensky, família, 54
Priazhka, Hospital Psiquiátrico, Petrogrado, 54
Priestley, J. B., 482
"Primavera de Praga", 623
Primeira Guerra Mundial (1914-18), 57, 175, 227, 236, 491
prisão de Iaroslav, 430
Prishvin, Mikhail, 251, 255-56, 257-58, 440
prisioneiros de guerra
   alemães, 467
   "campos de filtragem", 469, 531
   campos dos EUA, 531
   nacionalidades do Eixo, 467
   soviéticos, 469-70, 531
prisioneiros
   amizades, 565-72
   anistia (1945-46), 467, 468
   anistia (1953-54), 530, 534, 535-37, 538, 539, 542, 552-73
   anistia (1956), 424
   atitudes com relação a, 575
   casamentos nos campos, 566-71
   certidões de soltura, 572, *573*, 576
   compensação, 580-81
   compromisso com o ideal soviético, 578
   contribuição à economia, 638, 640
   correspondência, 142, 203, 218, 220-22, 224-26, 278, 311, 322, 359, 360-61, 368
   crianças, concepção, 364, 570
   crimes desconhecidos, 241

ÍNDICE

e a família, 218
e a morte de Stalin, 529-31, 532-34
efeito dos campos de trabalho, 553-60, 563, 571-72
emprego após a libertação, 575-76
estoicismo, 607
exigência por dignidade humana, 532-33, 534
falando abertamente, 598-99
informantes, confrontados, 583-89
lealdade ao regime, 360
medo de nova prisão, 605-7
memórias, 633-37
moradia após a libertação, 572-75
mortes (1937-38), 234
mudança de valores e prioridades nos Gulag, 218
na força de trabalho, 467
orgulho patriótico, 447
política após a libertação, 561-63, 564-65
políticos, 536, 538, 575
promoção, 208
reabilitação (1953-57), 576-80
"redenção da culpa", 425
segredo sobre destino, 581-83
silêncio sobre a libertação, 560, 564, 565, 599-604, 605-7
trabalho no Gulag após a libertação, 213, 214-15, 567, 576
Ver também "remodelamento" (perekovka)
visitas, 517
privacidade, 161, 173
apartamentos comunitários e, 180, 182-84
Procuradoria Soviética, 283, 536, 537, 538-39
produção de ouro, 113, 117, 210
professores humanitários, 294-98
Prokofiev, Sergei, 492
"proletariado"
diluição, 136
retratado como "grande família", 162
Proletários de Sião, 70
propaganda, 111, 113, 131, 273-74, 275, 341
propriedade privada
atitudes com relação à, 168, 169
erradicação, 5, 9
perda dos camponeses, 97
retorno à (meados da década de 1930), 158
pseudônimos, uso por escritores judeus, 519-20
Pudovkin, Vsevolod, 43, 166, 195, 254
Pukhova, Nadezhda, 120-21
Pushkarev, Lev, 414

questionários (anketa), 35, 344, 354, 436, 473, 474, 475, 478, 510, 548, 598, 601, 654, 662

Rachkovaia, Maria, 323-24

racionamento, 5, 39, 74, 119, 423
Radchenko, família, 3n, 22-24, *23*, 73, 165
Radek, Karl, 237, 246
RAPP, *ver* Associação dos Escritores Russos
Razgon, Lev, 310, 629-30
Razumikhina, Zina, 55
reabilitação, 576-80
compensação e, 580-81
necessidade de, 578, 579
processo de, 577
realismo socialista, 188, 200, 397, 400, 590, 592
rebeldes muçulmanos Basmachi, 200
"rebeliões de escravos", 529-30
recordações
emprestadas, 634
entremeadas com mitos, 633
supressão, 604
traumáticas, 634
Redens, Stanislav, 284-85
reforma monetária (1947), 467
refuseniks, 646
região de Altai, 240, 435, 656
regime soviético,
afrouxamento na época da guerra, 432, 434, 435, 437-38
apoio de Simonov, 60, 64, 141, 198, 204, 270, 406, 409, 410, 411, 507, 510, 616, 622, 624-25
ateísmo, 46, 54
bode expiatório étnico, 420
burocracia, 32, 187
camponeses e, 82, 93, 99
caos, 234, 235
colapso (1991), 581, 601, 629, 641, 652
comerciantes e, 75
como desvio dos princípios marxistas, 531
conduta na guerra, 615, 618
conluio silencioso com, 190, 266-67, 276, 502
consolidação, 81, 159
crimes, denúncias de, 594, 604-5
críticas ao, 385, 458-64
críticas na época da guerra, 434, 438-40, 442, 443, 444-46
cultura da denúncia, 36
e a classe média educada, 470-72, 476
e a dança, 159
e a fome, 98
e as mulheres, 163-64
e Gulag, 112, 529-30, 534
e judeus, 420, 493, 614
e Norilsk, 427
e os intelectuais de Leningrado, 488
e valores familiares, 160, 161, 162

ÍNDICE

elite, 153, 156, 159, 265, 661
escritores e, 256, 270, 590
esfera privada, controle, 561
especialistas em, 35, 56, 213
glasnost, 652
"inimigos", 131, 214, 234-35, 240, 275, 444, 464
justificativa, 618
lealdade ao, 61, 77, 139, 153, 355, 360, 393
legado, 645
metáfora familiar, 162
natureza urbana, 126
oposição, 154, 201, 263, 283, 385, 426, 460, 461, 463, 468, 530, 599
Planos Quinquenais, 81, 111, 172
propaganda, 125, 341, 401, 444
questionamento, 439, 444
"rebeliões de escravos", 529-30
reforma monetária (1947), 467
"trabalho de choque", 159n
valores da Komsomol, 30
valores, 186, 188, 618
vigilância mútua, 265
vitória na época da guerra, 618
Reifshneider, família, 177, *182*, 183
religião
   afrouxamento de controle sobre, 435, 437
   campanha contra, 5, 7, 68, 127
   conflitos de família por causa de, 45-46
   observância em segredo, 46-47, 61
   transmissão, 44-46
   Ver também Igreja Ortodoxa Russa; sacerdotes
"remodelamento" (*perekovka*), 205-7, 211, 212, 213, 215
   crianças *kulak*, 353
   escritores e, 193-94, 196, 197-98, 200
   fracasso, 206-7
   importância, no sistema Gulag, 101, 117
renúncia, por crianças, 130-32, 300-304, 343-44, 349, 475-77
República de Shkid (Belykh), 12-13
residência, direito de, 98, 573-74, 652-53
responsabilidade criminal, idade, 99, 247-48, 329
Revolução (1905), 3
Revolução (1917)
   cultura ascética, 158
   intelectuais e, 593
   internacionalismo, 67
   judeus e, 65
   objetivo fundamental, 4
   projeções utópicas, 187
Revolução de Fevereiro (1917), 3
Revolução traída (Trotski), 157

Revoluções de outubro (1917), *ver* Revolução (1917)
Riazan, 47, 49, 50, 58, 61, 201, 293
   Escola Militar, 58
Riutin, N. N., 154
Rodak, Maia, 277-80
Rodchenko, Aleksandr, 193
Rokossovsky, general Konstantin, 395, 465
Romashkin, Vasily, 27-28, 29-30, 640, *640*
Roskin, Gregorii, 492
ROVS, *ver* União Militar Geral Russa
Rubina, Liubov, 445-46
Rublyov, família, 90-91, 104-5, *105*, 526
russos, superioridade cultural/política, 487
Rykov, A. I., 154, 230, 238, 438

"sabotadores", prisão, 113
sacerdotes
   exclusão social, 136, 137
   prisão, 85, 113, 347, 348
   sob o regime soviético, 54
sacrifício militar, como ideal, 487
sacrifício pessoal
   culto ao, 416
   disposição para, 416-17, 419
   pós-guerra, 467
   Revolução e, 30, 158
Sagatsky, Aleksandr, 548-52, *551*
Sakharov, Andrei, 541n
Sakharov, Nikolai, 265
Salisbury, Harrison, 492-93
Saltykov, Leonid, 476-77, *642*, 642-43
Salyn, Eduard, 283
samizdat, literatura, 605, 634, 635, 647
samoiédicos, 210
Samoilov, David, 416, 443-44
São Petersburgo (depois Petrogrado e Leningrado), 3, 18, 365, 430
Saratov, 38, 63, 139, 141
Sartre, Jean-Paul, 499
satiristas soviéticos, 489
Sazonov, família, 175, 184
Sbitneva, Svetlana, 525-26
Segunda Guerra Mundial (1941-45), 379-87, 392-94
   canções antiestalinistas, 434
   censura durante, 371, 383, 443, 464
   como "libertação", 431-46
   como evento marcante, 618
   como purificação espiritual, 440-41
   como vitória do povo, 615-16, 617, 618
   consequências demográficas, 456-57
   contraofensiva soviética (1941-42), 393
   defesa dos cidadãos, 420

"desestalinização espontânea" (1941-43), 432, 618
devastação causada, 455-58
escassez de alimentos (1941), 392
evacuados, 387, 388-92
"exército de trabalho", 423-25
fábricas transportadas para o leste (1941), 388, 423
ferrovias construídas, 423
Frente Bielorrussa, 381, 441, 442
Frente de Briansk, 395, 399, 410
frente ucraniana, 418-19, 441
front de Minsk, 411
front do sudoeste, 418
front ocidental, 386
governo evacuado para Kuibyshev (1941), 392
guerra contra os "criadores de pânico", 381, 383, 385-86
Igreja durante, 414
jornais, 619
mortalidade soviética, 456-57
ofensiva Kerch (1942), 395, 410
Operação Pequeno Saturno, 418, 421
Operação Urano, 418, 241
papel de Stalin, 615-616, 619
patriotismo durante, 413-15
perda de Voronezh (1942), 410
perdas soviéticas (1941-42), 420-21, 616, 625
propaganda, 383, 401, 411, 413-14, 624-25
racionamento, 423
recordações, 618-20
rendição alemã, 446
reorganização industrial, 422-23
retirada alemã, 421-22
retirada soviética (1941), 381-84, 411, 416
rumores, propagação, 384
unidade nacional durante, 419-20, 440
Ver também Grande Guerra Patriótica
vitória, 446-49, 617, 618-20
Semashko, Nikolai, 14
sem-teto, 99, 457
Semyonova, Anna, 279
Serebrianyi, Bor, 165
Serov, Anatoly, 376-77
Serova, Valentina, *375*, 375-78, 482, 484
    alcoolismo, 402, 608
    colapso, 609-10
    divórcio de Simonov, 608-10
    Simonov e, 375, 377-78, 394-97, 401-3, *403*, *609*
    Stalin e, 377
setor cooperativo, 466n
Severnaia Zemlia, 214, 276
Shalamov, Varlam, 117, 566, 607, 635
Shaporina, Liubov, 241
Shaw, G. B., 482
Shcherbakov, Aleksandr, 401
Shcherbov-Nefedovich, Irina, 386
Sherbakova, Irina, 587, 635
Shklov, captura pelos alemães (1941), 382
Shklovsky, Viktor, 193, 194-95
Sholokov, Mikhail, 519
Shostakovich, Dmitry, 492, 495n
Shreider, Mikhail, 283-85, 358
Shtakelberg, Iurii, 584-85
Shtein, Galina, 548-52, *551*
Shtern, Yevgeniia, 435
Shuvalova, Elena, 462
Shweister, Viktoriia, 559-60
Sibéria
    ambições imperiais do Japão, 371
    antissemitismo, 420
    Campanha das Terras Virgens, 544
    campos de trabalho, 88, 93, 100-101, 112, 113, 117, 206, 332, 333, 349, 357, 430, 475, 602
    exílio na, 55, 87, 90, 95, 128, 215, 349, 424, 543, 555
    grãos, 82
    kulaks, 82, 88, 99, 100, 108
    "operação *kulak*", 240
    recursos minerais, 112, 113, 208
    suposta invasão japonesa, 240
siderúrgica de Motovilikha, 287
silêncio
    crianças, 254
    ex-prisioneiros, 560, 564, 565, 599-604, 605-7
    trauma, perpetuação do, 607
Simonov, Aleksei, 370, 377, 401, *406*, 447, 512-15, *514*, 517, 535, 539-40, *592*, 611, *617*
    opiniões políticas, 614-15
    relação com Simonov, 513-14, 612-14
    saúde, 405, 512-13
Simonov, Kirill (Konstantin), *60*, 195-204, *199*, *406*, *407*, *409*, 416, 443, *483*, 492, *495*, *504*, *507*, *592*, *617*, *627*
    acusado, 259
    aparência pessoal, 199, 409, 483, 484, 507
    apoio ao regime, 60, 64, 141, 198, 204, 270, 406, 409, 410, 411, 507, 510, 616, 622, 624-25
    arquivo da época de guerra, 620n
    autocensura, 506
    autocrítica, 269, 506
    campanha em surdina contra, 520
    carreira, 199, 201, 266, 270
    casamento com Larisa Zhadova, 608, 611

ÍNDICE

casamento com Natalia Tipot (Sokolova), 198, 369
casamento com Valentina Serova, 401-2, 403, 608-9
casamento com Zhenia Laskina, 198, 369-70, 370, 378, 517
cautela, 486-87
censura, 621
como conservador moderado (1956-64), 616
como correspondente de guerra, 370-71, 381-84, 394, 399, 406-12, 446
como deputado soviético, 457
como pai, 513-15, 612-14
consciência, 503
críticas da mãe, 403-6
dever público, senso de, 503
Dolmatovsky, denúncia, 269-270, 369
e *détente* (1956-64), 615, 616
e "remodelamento", 197-98, 200
e "Zhdanovshchina", 487, 489-90, 491, 506
e a campanha de ódio, 414
e a campanha do "anticosmopolitismo", 496-501, 507, 518-19
e a família Laskin, 612
e a morte de Stalin, 522-23, 524
e a prisão de parentes, 278
e a revisão de detenções, 280
e Akhmatova, 490, 491
e Borshchagovsky, 497-501
e Ivanishev, 58-59, 406
e Koshchenko, 490, 491-92
e o canal do mar Branco, 195-97
e o Grande Terror, 266-67, 270-71
e o Pacto Nazi-Soviético, 373-74
e os intelectuais que evitaram a "luta", 490-91
e Pasternak, 484-85
e Serova, 375, 377-78, 394-97, 401-3, *403, 609*
e Stalin, 266, 385, 409, 410-11, 503-6, 591, 593, 595, 611, 615, 621-22, 624-25, 626
educação, 139, 141, 198, 199, 200
escritores liberais, ataques a, 591, 592-93
escritos banidos, 621
estilo de vida, 483-84
identidade proletária, 197, 203
importância na época da guerra, 401
infância, 58-64, *61*
liberalização, 622-27
morte, 627, 628-29
na liderança da União dos Escritores, 482-83, 489
na *Literaturnaia gazeta*, 483, 518-19, 520, 591

no *Novyi mir*, 483, 484-85, 486, 489, 497, 499, 591, 592, 593, 615
obediência política, 278, 501-6, 507-8, 519, 612
OBRAS: *Alien Shadow*, 505; *Days and Nights*, 419, 482; "Father", 59; "Five Pages", 369; *Four Is*, 627-28; "The General", 200; "Horizon", 198; *A Hundred Days of War*, 621; "Ice Battle", 270; *If Your House Is Dear to You* (filme), 621; "Kill Him!", 414-15; *The Living and the Dead*, 383, 411, 614, 615-16, 619n; "New Year's Toast", 201; "Ode a Stalin", 591; "An Open Letter to the Woman of Vichuga", 399; "Parade", 270; "Pavel Chorny", 198; "Photograph", 370; *The Russian People*, 415; *Smoke of the Fatherland*, 503-5; *So It Will Be*, 449; *Soldiers Are Not Born* (filme), 621; *A Soldier Went* (filme), 620-21; "Tank", 371; *Through the Eyes of a Person of My Generation*, 628; *Various Days of War*, 621; *Wait for Me* (filme), 397; "Wait for Me", 378, 396-401, 403-4, 449, 482; "The White Sea Canal", 195; *With You and Without You*, 400; *A Young Man from Our Town*, 374-75, 377
origens sociais, 56-57, 60-62, 63, 64, 139, 141, 197, 198, 199, 268
patronato, exercício de, 485-87, 518, 574-75
pressionado a denunciar, 267-68, 270-71
reciclagem de poemas de amor, 369, 377-78
relacionamentos terminados, 610-11
remorso, 622, 624, 625, 629
Stalin e, 497
sucesso, 401, 415, 481, 482-83
talento literário, 198, 199, 269
trabalho em fábrica, 139, 141-42, 613
visitas ao estrangeiro, 481-82
Simonov, Mikhail, 57
Simonova, Aleksandra (filha), 611, 612, 626-27
Simonova, Aleksandra (nascida Obolenskaia, depois Ivanisheva), 56-58, 140-41, 142
Simonova, Maria (Masha), 403, 608, 609, 610-11
sinagogas, fechamento, 68
Siniavsky, Andrei, 605
Sinilov, K. R., 393
Sinkevich, Zinaida, 609-10
sionismo, 70, 536
sistema Gulag, 192
  afrouxamento (1950), 516-17
  anistia (1956), 424
  Ártico, 52, 213
  cartas, 218, 220-22
  cidades, 426

ÍNDICE

como forma de industrialização, 116-17, 214, 467-70
crescimento populacional, 208, 234, 467
crianças, 99
e a economia civil, fusão, 468
especialistas, 214
extinção, 529-30, 534, 536
força de trabalho, 81, 467, 468
funcionários, 631, 632-33
incentivos materiais, 468, 470
"instalações especiais", 629
justificativa legal, 206
legitimidade, 193
libertação em massa (1945-46), 449
memórias, 633-37
mortalidade, época da guerra, 426
mudanças nos valores dos prisioneiros, 218
na economia de guerra, 423, 425-31
planos de Beria para, 527, 530
razão econômica, 112
Ver também campos de trabalho; prisioneiros; "assentamentos especiais"
Skachkov, Pyotr, 46
Skachkova, Maria, 46
Skachkova, Nadlzhda, 174
Slavin, família, 69-70, *71*
Slavin, Ilia, 69-70, 204-7, *206*
  e *perekovka*, 205-7
  morte, 582-83
  prisão, 245-47, 293
Slavin, Isaak, 70
Slavina, Esfir, 70, *71*, 293-94, 360-61, 555-56, *556*
Slavina, Ida, *247*, 540, 555-56, *556*, 582-83
  infância, 28, 69, 70, *71*, 204-5, 206
  prisão dos pais, 245-47, 274-75, 293, 294, 360
  tempo de escola, 22, 294-95, 296, 345-47, *346*, 360, 361
SLON, *ver* Campo Solovetsky de Importância Especial
Slutsky, Boris, 652
Smeliakov, Iaroslav, 487, 529
Smidovich, Sofia, 35
Smirnov, Fyodor, 531
Smirnov, I. N.,154, 219
Smirnov, Ivan, 248
Smith, Hedrick, 432, 435
Smolensk, 133, 134, 305
  bombardeio, 457
  captura pelos alemães, 383, 386, 429
  Instituto Pedagógico, 132
Sobolev, Ivan, 121
Sociedade Internacional para o Auxílio ao Trabalhador (MOPR), 64

Sofronov, Anatoly, 496
Sokolova (Tipot), Natalia, 198, 396, 498
Sokolovskaia, Aleksandra, 248
soldados
  batalhões penais, 413
  bravura, 411, 412-17, 419, 422
  camaradagem, 420-21
  críticas e debates, 434, 439-43
  determinação para lutar, 411, 412, 415-16
  do sexo feminino, 417-19
  e a fidelidade das esposas, 397-401, 448
  execuções na época da guerra, 411, 413
  expectativas em relação ao futuro, 441-42
  feridos, 448, 456
  força no campo de batalha, 433
  influências ocidentais, 441-43
  lembranças, 620-21
  medalhas recebidas, 422
  volta para casa, 448-49
Solomein, Pavel, 125
Solts, Aron, 16, 31-32, 37, 288
Solzhenitsyn, A., 285-86, 604-5, 623, 634, 635, 636
Soviete de Moscou, 314
  e a reconstrução da cidade, 149, 150
  política de "condensação", 175
SR, *ver* Partido Socialista Revolucionário
Stakhanov, Aleksei, 159n
stakhanovismo, 159&n, 416, 427, 429, 430, 640
Stalin, Iosif
  apoio, 352, 410-11, 433, 463, 475, 477, 480, 507, 560
  ascensão, 71
  burocratas, 156, 157
  campanha "anticosmopolitismo", 494-503, 508, 509, 518, 521, 625
  colapso (1941), 384
  como "contrarrevolucionário", 579
  como Comissário de Defesa, 386, 422
  corpo removido do mausoléu de Lenin, 604
  crença em, 275, 300, 460
  crimes, denúncias, 538, 575, 593-96, 597-99, 614, 615, 646
  críticas a, 154, 263, 446, 460
  culto, 162, 270, 296, 341, 342, 433, 434, 461, 477, 527, 560-61
  Curso breve, 156, 354, 511
  e "Espere por Mim", 401
  e "luta", 73-74, 124, 191
  e "remodelamento", 193
  e a Conspiração dos Médicos, 521
  e a reconstrução de Moscou, 149, 150, 151
  e a resistência ao comunismo, 191

ÍNDICE

e a responsabilidade coletiva da família, 248-49
e abnegação, 2
e Afinogenov, 256
e Akhmatova, 489
e as virtudes da Guerra Civil, 73
e Bukharin, 72, 74
e camponeses, 84
e Canal do Mar Branco, 114
e Comintern, 230-31, 234
e consumismo, 158, 159
e escritores soviéticos, 192
e Guerra Civil espanhola, 230, 236
e JAFC, 494
e Japão, 236, 371
e judeus, 493, 515, 518, 519, 521
e Komsomol, 30, 376
e Kosaryov, 376
e Leningrado, 465, 488
e NEP, 72, 73, 508
e o assassinato de Kirov, 236&n, 264
e o sistema Gulag, 468, 526
e os russos, importância, 487
e Piatakov, 34
e Piatnitsky, 231&n
e poloneses, 240-41
e propriedade privada, 158
e sátira, 489
e Serova, 377
e Simonov, 402, 491, 497, 498, 504, 505
e socialismo, 158
e trabalhos forçados, 112, 467
e vitória, 447
e Zhukov, 465
evacuação do governo para Kuibyshev (1941), 392
execuções, 234, 238-39, 248, 311
fazendo jogo, 508
filhos, 161n
"Grande Ruptura", 84
humilhação na Guerra Civil, 240-41
industrialização forçada, 81, 83, 111, 113, 165, 564, 565
influência ocidental, campanha contra, 488
invasão alemã, despreparo diante, 381, 383, 384-85
kulaks, guerra contra, 82, 84, 86, 87, 240
lealdade das crianças a, 300, 303, 341, 342, 344
lealdade, recompensa, 14, 153, 159, 165, 265
liderança desestabilizada (meados da década de 1930), 153-55
liderança durante a guerra, 383, 384-5, 386, 392, 393, 395, 410, 411, 413, 422, 605, 615-16, 619

medo da guerra (1937-39), 235-36, 371, 372
medo paranoico de "inimigos", 154-55, 236
morte (1953), 496, 522-30, *524*, 547
Moscou, apoio a (1941), 393
nostalgia de, 641-44
oposição a, 197, 219, 230, 237, 253, 264, 461, 462-63, 551
Ordem n° 227 ("Não recue nem um passo!"), 413, 414
Ordem n° 270, 411
Pacto Nazi-Soviético (1939), 372, 373, 374, 381
política agrícola, 82, 83-84, 93, 564
política econômica, 5, 72, 73-74, 187
política exterior (década de 1930), 229-30, 236
política familiar, 161&n, 162
prisões em massa, revisão (1939), 279
repressão política no pós-guerra, 464-66, 487
reputação, 605
sobre a culpa do pai, 295&n
sobre a cultura burguesa, 7
sobre comunistas, 31
sobre Kondratiev, 224
Ver também Grande Terror (1937-38)
visão da política, 236
vítimas inocentes, 275, 279, 599
Stalinsk, 110
Starostin, Andrei, 532n
Stavsky, Vladimir, 267-68, 269, 270, 280-81, 371
Stepan Razin (Zlobin), 507-8
Streletsky, Dmitry, 87-89, 103, 275, 297, 353-56, *355*
Streletsky, família, 103
Streletsky, Iurii, 387-88, 477-78
Streletsky, Nikolai, 89
Stroikov, família, 215, 216-17, 292-93
Subbotniki, 27n
Sukhobezvodny, campo de trabalhos, 349, 350
Surkov, Aleksei, 414, 506, 520
Suslov, Mikhail, 619, 625
sussurros, 40, 44&n, 110, 184, 207, 230, 253, 264, 294
Suzdal, campo de prisioneiros com isolamento especial, 38
Sverdlov, Iakov, 3, 4
Sverdlovsk, 395
  Instituto de Mineração, 354
  universidade, 436

Tagirov, família, 290-92, *291*
Taishet, campo de trabalhos, 430
Taisina, Razeda, 251
Tambov, levante (1921), 38
tártaros da Crimeia, 420, 424

ÍNDICE

tártaros, 290, 420
Tatlin, Vladimir, 622
taxa de natalidade, declínio (década de 1930), 160
Tbilisi (Tiflis), 161n, 350, 351, 387-88, 391, 477, 545, 546, 645
Tbilisi, Universidade de, 552
Tchecoslováquia
  invasão alemã (1939), 371, 372
  invasão soviética (1968), 541n, 623
Teatro do Exército Vermelho, 500
teatro soviético, 494-95
  críticos denunciados, 494, 496
Tell, Vilgelm, 254
Temnikovsky, campo de trabalhos, 357, 559
tempestade, A (Ehrenburg), 590-91
"terror de Yezhov", 279
terror industrial (1928-32), 153
Terror Vermelho (1918), 5, 57-58
Tetiuev, família, 39-40, *40*, 347-49
Tideman, Liudmila, 573-74
Tideman, Maximilian, 201
Tikhanov, Aleksandr, 336, 337
Tikhanova, Valentina, 16
Timashuk, Lydia, 521
Timoshenko, marechal S. K., 386
Timur and His Team (Gaidar), 417
Tipot, Natalia, *Ver* Sokolova, Natalia
Tito, Josip, 402n
Tolmachyov, V. N., 113, 154
Tolmachyovo, orfanato, 339
Tolstoi, Aleksei, 193
Tolstoi, Leo, 12, 499, 532n
Tomsk, campo de trabalhos, 357
Tomsky, Mikhail Pavlovich, 197
Torchinskaia, Elga, 303, 444-45, 527, 528
Torgsin, lojas, 172
tortura, uso, 142, 248, 272, 283, 284, 303, 310-11
trabalhadores
  espaço vivo, 172-73
  espírito antissoviético (1941), 385
  protestos no pós-guerra, 458-59
  queixas, 154, 187
  recompensas, 153, 159-60, 161
trabalho conscrito, 467-68
trabalho escravo, 112, 468, 641
  Ver também campos de trabalho; prisioneiros
trabalho forçado, 111-12, 151, 467-70
  Ver também trabalho escravo
"tribunais de honra", 492
Tribunais do Povo, 70
tribunais em local de trabalho, 206
troikas, 282-83, 305
Trotski, Aleksandr, 248

Trotski, família, 248
Trotski, Leon, 58, 69, 181, 469
  derrota, 71
  e colapso da família, 11
  e industrialização, 72
  e motim de Kronstadt, 6
  e mudança de política (meados da década de 1930), 160
  e o papel das mulheres, 163-64
  expulsão, 31
  oposição de esquerda, 154, 219, 230, 237
  política sexual das famílias, 164
  repressão de seguidores, 214, 223, 237, 277, 595
  Revolução traída, 157
Trubin, família, 602-4, *603*
Truste Madeireiro do Extremo Oriente, 289
Truste Mosgaz, 165, 379, 381
Tselmerovsky, Lev, 300
Tukhachevsky, marechal M. N., 237, 245, 272, 278, 298, 642
Turkin, família, 252, 287, 303, 579, 580
Tvardovsky, Aleksandr, 132-36, 523, 591
Tvardovsky, família, 132-36
Tychina, Pavlo, 452

Uborevich, general, 237
Ucrânia
  antissemitismo, 509
  domínio soviético, 218, 537
  época da guerra, 418-19, 427-28
  fome do pós-guerra, 457
  guerrilheiros nacionalistas, 427
  Hitler e, 386
  mortalidade (1930-33), 98
  Organização Pioneiros, 570
ucranianos
  prisões no pós-guerra, 467, 468, 469
Uglitskikh, Ivan, 118, *119*, 553, 576
Ulbricht, Walter, 597
Um dia na vida de Ivan Denisovich (Solzhenitsyn), 604-5
União de Arquitetos Contemporâneos, 10, 152
União dos Escritores, 255, 267, 268, 280, 281, 489
  admissão, 486
  antissemitismo, 494-95, 496, 497, 498, 499, 500, 501, 502, 519, 520
  campo dos Pioneiros, 540
  Primeiro Congresso (1934), 188
  reorganização (1946), 482-83
União Militar Geral Russa (ROVS), 240
União Soviética
  Acordo de Transferência de Mercadorias e Serviços, 443

ÍNDICE

ameaça internacional (1937-38), 235-36
antissemitismo, 420, 508-12, 518, 521, 570, 646, 647, 648
conflito de fronteira com Japão, 371
devastação na época da guerra, 455-58
divisões étnicas, 420
e Aliados, 443
entrada na Liga das Nações (1934), 229
força aérea, 376
Grã-Bretanha, negociações com (1939), 372
invasão da Finlândia (1939), 373
invasão da Polônia (1939), 372, 373
invasão da Tchecoslováquia (1968), 541n
invasão dos Estados Bálticos (1939), 372-73
liderança coletiva, 536
política exterior (década de 1930), 229-30, 236
reservas minerais, 113, 327, 426, 427, 533, 639
superioridade cultural/política, 487
unidade nacional, época da guerra, 419-20, 440
velocidade das mudanças (início da década de 1930), 189
Ver também Rússia; regime soviético
Universidade de Leningrado, 334, 462, 466, 584, 645
Universidade de Moscou, 214-15, 435, 468, 474, 510
universidades
admissão, 435-36, 473, 510
expansão no pós-guerra, 471
filhos de *kulaks* excluídos, 142, 145, 301
Urais
"assentamentos especiais", 93
campos de trabalho, 87, 88, 89
Ustiuzhna, 79, 80, 81
utopia comunista, 187-89

Vaigach, expedição (1931), 209-13
valores
escolas e, 32-33
mudança na época da guerra, 432, 440
"vandalismo", 575
Vavilov, Nikolai, 502
Vavilov, Sergei, 502
Vdovichenko, Viktor, 497
velhos bolcheviques, 230, 281
culto espartano, 14-19, 30, 157, 161
Grande Expurgo (1937), 154, 155
julgamentos encenados, 235, 248
prisões em massa, 231&n
vistos como judeus, 420, 508
Venivitinov, Dmitry, 229
verdade,

baseada na experiência, 273
Partido, 273
revolucionária, 190-91
subjetiva, 191
Verkneuralsk, campo de prisioneiros, 219, 22
Vermelhos e Brancos, brincadeira de criança, 24-25
Verzhbitsky, N. K., 384, 385, 392
Vesnin, Irmãos
oficinas de arquitetura, 148, 149, 150, 151, 152
Vetlag, complexo Gulag, 349
Vetukhnovskaia, Roza, 385-86
VGIK, *ver* Instituto Estatal de Cinema de Toda a União
Viatka, campos de trabalho, 511, 529, 606
vida comunitária, 9-10, 51, 152, 167, 172-86, 176-77
vida familiar
influências sobre, 48-50
prisioneiros e, 216-17, 220-26
vida pessoal
ideia, promoção, 160
sacrifício, 30, 158
vida privada, 7
escrutínio público, 34-40, 160, 183, 474
rejeição à ideia, 160
subordinação ao Partido, 1, 2, 3-4, 8-9, 19
vigilância
como virtude soviética, 87, 143, 265, 281, 519
falta de, 129, 239, 249, 259, 262, 268
vigilância
mútua, 35, 37, 180
nível de, 258
sistema de, 34-40, 174, 180, 264, 385, 464, 605
Ver também informantes
Virag, Terez, 645n
Vishlag, fábrica de papel, 116, 117, 118, 214-15
Vishnevsky, Vsevolod, 443
Vishniakova, Nina, 28-29
Vitkevich, Maria, 606
Vitkovsky, Dmitry, 114
Vitória, Dia da, 618, 619-20
Vittenburg, família, 55-56, 56, 208-14, 217
Vittenburg, Pavel, 55-56, 113, 208-14, *209*, *212*, 275-76
Vladivostok, Sibéria, 55, 331-32
Vlasov, Vladimir (Zikkel), 475
Vlasova, Olga, 475
Voitinsky, família, 18-19, *19*
Volga, alemães, 420
exclusão social, 137
no exército de trabalho, 424

821

ÍNDICE

Volga-Don, Canal, 468, 591
Volkonskaia, Elena, 44n
Vologda, região, 52, 79, 100
Volovich, Hava, 362-64
Vorkuta, campos de trabalho, 248, 329, 515, 517, 535
   amizades, 566
   levante (1953), 529
Vorobyov, família, 327-29, *328*
Voronezh, 75
   desequilíbrio entre gêneros no pós-guerra, 457
   Komsomol, 126
   perda (1942), 410
Voroshilov, Kliment, 77, 231, 536, 538, 594
Voshchinsky, Mikhail, 148, *148*, 152
Voznesensky, Aleksandr, 463, 466
Voznesensky, Nikolai, 466
vydvizhentsy, 155-57, 160, 170-71
Vyshinsky, Aleksandr, 235

Werth, Alexander, 415
Wolf, Christa, 506

xenofobia, pós-guerra, 487, 493, 585
Yefimov, Mikhail, 365-66, 567-68
Yeliseyeva, Vera, 296-97
Yevangulov, família, 44
Yevangulova, Yevgeniia (Zhenia), 44-45, 257, 344-45
Yevseyev, família, 289-90
Yevseyeva, Angelina, 13, 289, 290, 598
Yevtushenko, Yevgeny, 612n
Yezhov, Nikolai, 275
   denúncia de Piatnitsky, 232, 233
   e "círculo de espiões" do Kremlin, 237
   e prisões em massa, 239, 279, 284
   queda, 279-80
Young Guard, The (Fadeyev), 461n, 504

Zabolotsky, Nikolai, 484
Zaidler, Ernst, 512
Zalka, Mate (general Lukach), 200
Zalkind, A. B., 27
Zamiatin, Yevgeny, 10, 489
Zapregaeva, Olga, 97
Zaslavsky, David, 495&n
Zaveniagin, Avraam, 427
zeladores, como informantes, 180
Zhadova, Katia, 610
Zhadova, Larisa, 608, 609, 610, 611
Zhdanov, Andrei, 487, 488&n, 491, 505
   e Akhmatova, 489, 490
   morte, 465, 521
   proteção a Leningrado, 465
"Zhdanovshchina", 487-92, 506
Zhukov, Anatoly, 578
Zhukov, marechal Georgii
   em Khalkin Gol, 371
   expurgo do pós-guerra, 464-65&n
   Segunda Guerra Mundial, 393, 422, 447
Zinoviev, Gregorii, 72, 230, 237, 248
   retratação (1934), 197
"zinovievitas", 237
Zlobin, Stepan, 507-8
Znamensky, Georgii, 652, 653, 654
Znamia, periódico, 506, 619
Zona de Residência, 49, 65, 68, 69, 70, 511
Zoshchenko, Mikhail, 193-94, 488, 489, 490-92, 500n
Zuevka, orfanato, 338
Zvezda, periódico, 488, 489

Este livro foi composto na tipografia
Minion-Regular, em corpo 11,5/15,5, e impresso em
papel off-white no Sistema Digital Instant Duplex
da Divisão Gráfica da Distribuidora Record.